D1671839

Andrea Kießling

Infektionsschutzgesetz

Infektionsschutzgesetz

Kommentar

Herausgegeben von

Dr. Andrea Kießling

Ruhr-Universität Bochum

Bearbeitet von

Dr. Martin Diesterhöft, Friederike Gebhard, Anke Harney,
Dr. Anna-Lena Hollo, Dr. Andrea Kießling, Dr. Rike Krämer-Hoppe,
Dr. Boas Kümper, Henning Lorenz, Dr. Jutta Mers, Dirk Müllmann,
Dr. Mustafa Temmuz Oğlakcıoğlu, Dr. Gregor-Julius Ostermann,
Prof. Dr. Daniela Schweigler, Dr. Rike Sinder, M.A.

2. Auflage 2021

C.H.BECK

Zitiervorschlag:
Kießling/*Hollo,* IfSG, § 5 Rn. 2

www. beck.de

ISBN 978 3 406 77757 8

© 2021 Verlag C. H. Beck oHG
Wilhelmstraße 9, 80801 München

Druck und Bindung: Friedrich Pustet GmbH & Co. KG
Gutenbergstraße 8, 93051 Regensburg

Satz: Jung Crossmedia GmbH
Gewerbestraße 17, 35633 Lahnau

chbeck.de/nachhaltig

Gedruckt auf säurefreiem, alterungsbeständigem. Papier
(hergestellt aus chlorfrei gebleichtem Zellstoff)

Verzeichnis der Bearbeiterinnen und Bearbeiter

Dr. Martin Diesterhöft Richter am Verwaltungsgericht Freiburg

Friederike Gebhard Rechtsreferendarin im OLG-Bezirk Celle; Lehrstuhl für Öffentliches Recht und Sozialrecht der Gottfried Wilhelm Leibniz Universität Hannover

Anke Harney Wiss. Mitarbeiterin am Institut für Sozial- und Gesundheitsrecht (ISGR) der Ruhr-Universität Bochum; Rechtsanwältin und Fachanwältin für Medizinrecht

Dr. Anna-Lena Hollo Akad. Rätin a.Z. am Lehrstuhl für Öffentliches Recht und Sozialrecht der Gottfried Wilhelm Leibniz Universität Hannover

Dr. Andrea Kießling Akad. Rätin a.Z. am Lehrstuhl für Öffentliches Recht, Sozial- und Gesundheitsrecht und Rechtsphilosophie der Ruhr-Universität Bochum

Dr. Rike Krämer-Hoppe Akad. Rätin a.Z. am Lehrstuhl für Öffentliches Recht, Rechtsphilosophie und Rechtsökonomik der Ruhr-Universität Bochum

Dr. Boas Kümper Wiss. Referent am Zentralinstitut für Raumplanung an der Universität Münster

Henning Lorenz, M.mel. Wiss. Mitarbeiter am Lehrstuhl für Strafrecht, Strafprozessrecht und Medizinrecht der Martin-Luther-Universität Halle-Wittenberg

Dr. Jutta Mers Richterin im LG-Bezirk Bielefeld

Dirk Müllmann Wiss. Mitarbeiter am Lehrstuhl für Öffentliches Recht, Informationsrecht, Umweltrecht und Verwaltungswissenschaft sowie der Forschungsstelle Datenschutz der Goethe Universität Frankfurt a. M.

Bearbeiter

Dr. Mustafa Temmuz Oğlakcıoğlu

Akad. Rat a.Z. am Institut für Strafrecht, Strafprozessrecht, Kriminologie und am Lehrstuhl für Strafrecht, Strafprozessrecht und Rechtsphilosophie der Friedrich-Alexander-Universität Erlangen-Nürnberg

Dr. Gregor-Julius Ostermann

Richter am Verwaltungsgericht Gelsenkirchen

Prof. Dr. Daniela Schweigler

Professorin für Sozialrecht und Bürgerliches Recht an der Universität Duisburg-Essen

Dr. Rike Sinder, M.A.

Wiss. Mitarbeiterin am Institut für Staatswissenschaft und Rechtsphilosophie (Abteilung 3: Rechtstheorie) der Albert-Ludwigs-Universität Freiburg

Vorwort

Seit über einem Jahr nun ist Deutschland von der Corona-Epidemie betroffen, der Beginn des 1. „Lockdowns" liegt ein gutes Jahr zurück. Die 1. Auflage war Reaktion auf den großen Bedarf an einem fundierten Kommentar, der während der laufenden Pandemie Antworten auf die drängendsten Fragen liefern konnte. Kritisch setzte sich unsere Erläuterung mit den Rechtsgrundlagen der Maßnahmen zur Eindämmung von SARS-CoV-2/COVID-19 und ihren Folgeproblemen auseinander. Einige der Kritikpunkte wurden mittlerweile vom Gesetzgeber aufgegriffen, der im November 2020 durch das 3. Bevölkerungsschutzgesetz (BevSchG) das IfSG in zentralen Punkten änderte.

Schnell wurde deutlich, dass diese Änderungen einer zeitnahen Erläuterung bedürfen, die auch die Rechtsprechung und die zwischenzeitlich umfangreich erschienene Literatur verarbeitet und einordnet. Seit Impfstoffe gegen das Virus zugelassen sind, stellen sich neue Fragen, etwa nach der Rechtsgrundlage für die Festlegung der Impffreihenfolge. Ungeklärt ist nach wie vor, ob von Schließungen betroffene Betriebe entschädigt werden müssen.

Bei den Autorinnen und Autoren möchte ich mich herzlich dafür bedanken, dass sie erneut bereit waren, innerhalb eines kurzen Zeitfensters die 2. Auflage anzugehen. Während unserer Überarbeitungen wurde das Epi-Lage-FortgeltungsG in den Bundestag eingebracht, das – anders als zunächst erwartet – nicht nur eine Fortgeltung auslaufender Vorschriften anordnete, sondern in einigen Bereichen – ua bei §§ 5, 20, 36 und dem Entschädigungsrecht – umfangreiche Änderungen mit sich brachte. Diese Änderungen haben wir vollumfänglich berücksichtigt und ausführlich kommentiert. Besonderer Dank gilt den von den Änderungen betroffenen Autorinnen und Autoren, die sich mit maximalem Einsatz sehr kurzfristig dieser Aufgabe annahmen. Kurz vor Drucklegung wurden wir dann vom 4. BevSchG überrascht, dessen Änderungen wir auch noch aufnehmen konnten.

Auch dieses Mal gilt mein Dank wieder dem Verlag C. H. BECK, insbesondere Herrn Dr. Rolf-Georg Müller, vor allem für die produktive Zusammenarbeit während der notwendigen Abstimmungsprozesse im Rahmen der laufenden Gesetzgebungsverfahren, die unseren Zeitplan arg strapazierten.

Bochum, im Mai 2021   *Andrea Kießling*

Inhaltsverzeichnis

Kommentar

Gesetz zur Verhütung und Bekämpfung von Infektionskrankheiten beim Menschen (Infektionsschutzgesetz – IfSG)

1. Abschnitt – Allgemeine Vorschriften

2. Abschnitt – Koordinierung und epidemische Lage von nationaler Tragweite

3. Abschnitt – Überwachung

Inhalt

Inhalt

Abkürzungsverzeichnis

A

aA . . . . anderer Ansicht/Auffassung
a. a. O. . . . . am angegebenen Ort
ABl. . . . . Amtsblatt
Abs. . . . . Absatz
abschl. . . . . abschließend
abw. . . . . abweichend
aE . . . . am Ende
AEUV . . . . Vertrag über die Arbeitsweise der Europäischen Union
aF . . . . alte Fassung
ähnl. . . . . ähnlich
AHP . . . . Anhaltspunkte für die ärztliche Gutachtertätigkeit
allg. . . . . allgemein
AllgVerf. . . . . Allgemeinverfügung
Alt. . . . . Alternative
AMG . . . . Arzneimittelgesetz
ÄndG . . . . Änderungsgesetz
Anm. . . . . Anmerkung
ArbMedVV . . . . . Verordnung zur arbeitsmedizinischen Vorsorge
ART . . . . Kommission Antiinfektiva, Resistenz und Therapie
Art. . . . . Artikel
ArztR . . . . Arztrecht
Aufl. . . . . Auflage
ausdr. . . . . ausdrücklich
ausf. . . . . ausführlich
AVB . . . . Allgemeine Versicherungsbedingungen

B

BAnz. . . . . Bundesanzeiger
BÄO . . . . Bundesärzteordnung
Bay. . . . . Bayern
Bbg. . . . . Brandenburg
BDSG . . . . Bundesdatenschutzgesetz
BeckRS . . . . beck-online.RECHTSPRECHUNG
Beschl. . . . . Beschluss
BevSchG . . . . . . Bevölkerungsschutzgesetz (= Gesetz zum Schutz der Bevölkerung
bei einer epidemischen Lage von nationaler Tragweite)
BfArM . . . . Bundesinstitut für Arzneimittel und Medizinprodukte
BGBl. . . . . Bundesgesetzblatt
BGebG . . . . Bundesgebührengesetz
BGesBl . . . . Bundesgesundheitsblatt
BGH . . . . Bundesgerichtshof
BImSchG . . . . . . Bundes-Immissionsschutzgesetz

Abkürzungsverzeichnis

Abkürzungsverzeichnis

EL . . . . Ergänzungslieferung
endg. . . . . endgültig
entspr. . . . . entsprechend
EpiLage-
FortgeltungsG . . . . Gesetz zur Fortgeltung der die epidemische Lage von nationaler
                Tragweite betreffenden Regelungen
Erg. . . . . Ergebnis
etc. . . . . et cetera
evtl. . . . . eventuell

F
f., ff. . . . . folgende
FamFG . . . . Gesetz über das Verfahren in Familiensachen und in den
                Angelegenheiten der freiwilligen Gerichtsbarkeit
Fn. . . . . Fußnote
FS . . . . Festschrift

G
G . . . . Gesetz
GB . . . . Gerichtsbescheid
G-BA . . . . Gemeinsamer Bundesausschuss
GdS . . . . Grad der Schädigungsfolgen
GefStoffV . . . . . . Gefahrstoffverordnung
gem. . . . . gemäß
GenTG . . . . Gentechnikgesetz
GeschlKrG . . . . . . Gesetz zur Bekämpfung der Geschlechtskrankheiten
GesR . . . . GesundheitsRecht
GewO . . . . Gewerbeordnung
GFK . . . . Genfer Flüchtlingskonvention
GG . . . . Grundgesetz
ggf. . . . . gegebenenfalls
ggü. . . . . gegenüber
GKV . . . . Gesetzliche Krankenversicherung
GMÜK . . . . Gesetz zur Modernisierung der epidemiologischen Überwachung
                übertragbarer Krankheiten
GPEI . . . . Global Polio Eradication Initiative
GRC . . . . Charta der Grundrechte der Europäischen Union
grdl. . . . . grundlegend
grds. . . . . grundsätzlich
GRV . . . . Gesetzliche Rentenversicherung
GSZ . . . . Zeitschrift für das gesamte Sicherheitsrecht
GuP . . . . Gesundheit und Pflege
GVBl. . . . . Gesetz- und Verordnungsblatt
GYIL . . . . German Yearbook of International Law

H
Hmb. . . . . Hamburg
Hdb. . . . . Handbuch

Abkürzungsverzeichnis

L

Lfg.	Lieferung
Lit.	Literatur
lit.	Buchstabe
LK	Der Landkreis
LMuR	Lebensmittel & Recht
Ls.	Leitsatz
LSA	Sachsen-Anhalt
lt.	laut
LT-Drs.	Landtags-Drucksache

M

mAnm	mit Anmerkung
maW	mit anderen Worten
max.	maximal
MBl.	Ministerialblatt
MDR	Monatsschrift für Deutsches Recht
MedR	Medizinrecht
mind.	mindestens
mN	mit Nachweisen
mtl.	monatlich
MPAV	Medizinprodukte-Abgabenverordnung
MPG	Medizinproduktegesetz
MRW	multiresistente Erreger
MRSA	Methicillin-resistenter Staphylococcus aureus
MTAG	Gesetz über technische Assistenten in der Medizin
MV	Mecklenburg-Vorpommern
mwN	mit weiteren Nachweisen
mWv	mit Wirkung vom

N

Nds.	Niedersachsen
nF	neue Fassung
NJ	Neue Justiz
NJW	Neue Juristische Wochenschrift
NPOG	Niedersächsisches Polizei- und Ordnungsbehördengesetz
Nr.	Nummer
NRW	Nordrhein-Westfalen
NRZ	nationale Referenzzentren
NStZ	Neue Zeitschrift für Strafrecht
NUR	Natur und Recht
NVwZ	Neue Zeitschrift für Verwaltungsrecht
NVwZ-RR	NVwZ-Rechtsprechungsreport
NWVBl	Nordrhein-Westfälische Verwaltungsblätter
NZA	Neue Zeitschrift für Arbeitsrecht
NZBau	Neue Zeitschrift für Baurecht und Vergaberecht
NZFam	Neue Zeitschrift für Familienrecht
NZS	Neue Zeitschrift für Sozialrecht

Abkürzungsverzeichnis

sog . . . . sogenannt
st. . . . . ständig
Stellungn. . . . . . . Stellungnahme
StGB . . . . Strafgesetzbuch
StRR . . . . Strafrechtsreport
STIKO . . . . Ständige Impfkommission
str. . . . . streitig, strittig
StR . . . . Staatsrecht
StrafR . . . . Strafrecht
stRspr . . . . ständige Rechtsprechung
StV . . . . Strafverteidiger
SVG . . . . Soldatenversorgungsgesetz

T
TB . . . . Tuberkulose
teilw. . . . . teilweise
TFG . . . . Transfusionsgesetz
Thür. . . . . Thüringen
TierGesG . . . . . . Tiergesundheitsgesetz
TrinkwV . . . . . . Trinkwasserverordnung
TSVG . . . . Terminservice- und Versorgungsgesetz

U
ua . . . . unter anderem
Überbl. . . . . Überblick
überw. . . . . überwiegend
umfangr. . . . . . . umfangreich
umstr. . . . . umstritten
undiff. . . . . undifferenziert
unstr. . . . . unstreitig
unzutr. . . . . unzutreffend
Urt. . . . . Urteil

V
v. . . . . vom, von
va . . . . vor allem
VA . . . . Verwaltungsakt
VAe . . . . Verwaltungsakte
Var. . . . . Variante
Verf. . . . . Verfasser, Verfassung
VerfassungsR . . . . Verfassungsrecht
VerfGH . . . . Verfassungsgerichtshof
VersMedVO . . . . Versorgungsmedizin-Verordnung
VersR . . . . Versicherungsrecht
vs. . . . . versus
Verw. . . . . Verwaltung
VerwProzR . . . . . Verwaltungsprozessrecht
VerwR . . . . Verwaltungsrecht

Abkürzungsverzeichnis

VerwVerfR . . . . . . Verwaltungsverfahrensrecht
VG . . . . Verwaltungsgericht
VGH . . . . Verwaltungsgerichtshof
vgl. . . . . vergleiche
VO . . . . Verordnung
Vorb. . . . . Vorbemerkung
VR . . . . Verwaltungsrundschau
VwGO . . . . Verwaltungsgerichtordnung
VwVfG . . . . Verwaltungsverfahrensgesetz

W
WD BT . . . . Wissenschaftlicher Dienst des Bundestages
WHG . . . . Wasserhaushaltsgesetz
WHO . . . . World Health Organization – Weltgesundheitsorganisation
Wiss. . . . . Wissenschaft

Z
ZAP . . . . Zeitschrift für anwaltliche Praxis
zB . . . . zum Beispiel
ZfWR . . . . Zeitschrift für deutsches und internationales Bau- und Vergabe-
                       recht
Ziff. . . . . Ziffer
ZivilProzR . . . . . . Zivilprozessrecht
ZJS . . . . Zeitschrift für das Juristische Studium
ZRP . . . . Zeitschrift für Rechtspolitik
ZstW . . . . Zeitschrift für die gesamte Strafrechtswissenschaft
zT . . . . zum Teil
ZUR . . . . Zeitschrift für Umweltrecht
zust. . . . . zustimmend
zutr. . . . . zutreffend
ZWE . . . . Zeitschrift für Wohnungseigentumsrecht

Verzeichnis der abgekürzt zitierten Literatur

BBS	Bales/Baumann/Schnitzler, IfSG, Kommentar, 2. Aufl. 2003
Becker/Kingreen	Becker/Kingreen (Hrsg.), SGB V, Kommentar, 7. Aufl. 2020
BeckOK Ausländerrecht	Kluth/Heusch (Hrsg.), Beck'scher Online-Kommentar Ausländerrecht, Stand: 1.1.2021
BeckOK BGB	Hau/Poseck (Hrsg.), Beck'scher Online-Kommentar BGB, Stand: 1.2.2021
BeckOK DatenschutzR	Wolff/Brink (Hrsg.), Beck'scher Onlinekommentar Datenschutzrecht, Stand: 1.8.2020
BeckOK GG	Epping/Hillgruber (Hrsg.), Beck'scher Online-Kommentar Grundgesetz, Stand: 15.2.2021
BeckOK InfSchR	Eckart/Winkelmüller (Hrsg.), Beck'scher Online-Kommentar Infektionsschutzrecht, Stand: 1.1.2021
BeckOK Sozialrecht	Rolfs/Giesen/Kreikebohm/Udsching (Hrsg.), Beck'scher Online-Kommentar Sozialrecht, Stand: 1.12.2020
BeckOK StGB	v. Heintschel-Heinegg (Hrsg.), Beck'scher Online-Kommentar StGB, Stand: 1.2.2021
BeckOK Umweltrecht	Giesberts/Reinhardt (Hrsg.), Beck'scher Online-Kommentar Umweltrecht, Stand: 1.4.2020
BeckOK VwVfG	Bader/Ronellenfitsch (Hrsg.), Beck'scher Online-Kommentar VwVfG, Stand: 1.1.2021
Calliess/Ruffert	Calliess/Ruffert (Hrsg.), EUV/AEUV, Kommentar, 5. Aufl. 2016
Czychowski/ Reinhardt	Czychowski/Reinhardt, Wasserhaushaltsgesetz, Kommentar, 12. Aufl. 2019
Dreier GG	Dreier (Hrsg.) Grundgesetz, Kommentar, 3. Aufl. 2015
EFP	Ehlers/Fehling/Pünder (Hrsg.), Besonderes Verwaltungsrecht, Band 2 (§§ 38–63), Band 3 (§§ 64–89), 3. Aufl. 2013
Erdle	Erdle, Infektionsschutzgesetz, Kommentar, 7. Aufl. 2020
Erdle Akt.	Erdle, Infektionsschutzgesetz, Kommentar, Aktualisierung zur 7. Auflage 2020
Eyermann	Eyermann (Hrsg.), VwGO, Kommentar, 15. Aufl. 2019
Frankenberg	Frankenberg, AIDS-Bekämpfung im Rechtsstaat, 1988
Gerhardt	Gerhardt, Infektionsschutzgesetz, Kommentar, 5. Aufl. 2021
Gerhardt 2. Aufl.	Gerhardt, Infektionsschutzgesetz, Kommentar, 2. Aufl. 2018
Haage HeilprG	Haage, Heilpraktikergesetz, 2. Aufl. 2013
Hess	Hess, Seuchengesetzgebung in den deutschen Staaten und im Kaiserreich vom ausgehenden 18. Jahrhundert bis zum Reichsseuchengesetz 1900, 2009

Literaturverzeichnis

Huster/Kingreen Hdb. InfSchR	Huster/Kingreen (Hrsg.), Handbuch Infektionsschutzrecht, 2021
Kersten/Rixen	Kersten/Rixen, Der Verfassungsstaat in der Corona-Krise, 2020
Klafki, Risiko	Klafki, Risiko und Recht, 2017
Kluckert	Kluckert (Hrsg.), Das neue Infektionsschutzrecht, 2020
Knickrehm	Knickrehm (Hrsg.), Gesamtes Soziales Entschädigungsrecht, Handkommentar, 2011
Kniesel in Lisken/ Denninger	Kniesel, Teil II: Gesundheitsrecht, in Lisken/Denninger, Handbuch des Polizeirechts, hrsg. v. Bäcker/Denninger/Graulich, 6. Aufl. 2018
Kopp/Ramsauer	Kopp/Ramsauer, VwVfG, Kommentar, 20. Aufl. 2019
Kügel/Müller/ Hofmann AMG	Kügel/Müller/Hofmann (Hrsg.), AMG, Kommentar, 2. Aufl. 2016
Kühling/Buchner	Kühling/Buchner (Hrsg.), DS-GVO/BDSG, Kommentar, 2. Aufl. 2018
Lutz	Lutz, IfSG, Kommentar, 2. Aufl. 2020
Maunz/Dürig GG	Maunz/Dürig, Grundgesetz, Kommentar (Losebl.), 2020
Maurer/Waldhoff	Maurer/Waldhoff, Allgemeines Verwaltungsrecht, 20. Aufl. 2020
Mers	Mers, Infektionsschutz im liberalen Rechtsstaat, 2019
MKS	v. Mangoldt/Klein/Starck (Hrsg.), GG, Kommentar, 7. Aufl. 2018
MüKo-ZPO	Krüger/Rauscher (Hrsg.), Münchener Kommentar zur ZPO, 6. Aufl. 2020
NK-AuslR	Hofmann (Hrsg.), Nomos-Kommentar zum Ausländerrecht, 2. Aufl. 2016
Ossenbühl/Cornils	Ossenbühl/Cornils, Staatshaftungsrecht, 6. Auflage 2013
Pflug	Pflug, Pandemievorsorge – informationelle und kognitive Regelungsstrukturen, 2013
Quarch/Geissler/ Plottek/Epe	Quarch/Geissler/Plottek/Epe (Hrsg.), Staatshaftung in der Coronakrise. Ansprüche bei rechtmäßigen und unrechtmäßigen COVID-19-Schutzmaßnahmen, 2021
RBD	Ridder/Breitbach/Deiseroth (Hrsg.), Versammlungsrecht des Bundes und der Länder, 2. Aufl. 2020
Rehmann AMG	Rehmann, Arzneimittelgesetz, Kommentar, 5. Aufl. 2020
RKI- Fachwörterbuch Infektionsschutz und Infektionsepidemiologie	RKI (Hrsg.) Fachwörterbuch Infektionsschutz und Infektionsepidemiologie, 2015
Rixen in Kloepfer	Rixen, Befugnisse und Grenzen des staatlichen Infektionsschutzrechts, in Kloepfer (Hrsg.), Pandemien als Herausforderung für die Rechtsordnung, 2011
SBS VwVfG	Stelkens/Bonk/Sachs (Hrsg.), VwVfG, Kommentar, 9. Aufl. 2018

Literaturverzeichnis

Schmidt	Schmidt (Hrsg.), COVID-19. Rechtsfragen zur Corona-Krise, 3. Aufl. 2021
Schoch	Schoch, Kap. 1, Polizei- und Ordnungsrecht, in ders. (Hrsg.), Besonderes Verwaltungsrecht, 2018
Schumacher/Meyn	Schumacher/Meyn, Bundes-Seuchengesetz, Kommentar, 4. Aufl. 1992
SHS	Simitis/Hornung/Spiecker gen. Döhmann (Hrsg.), Datenschutzrecht, Kommentar, 2019
Sodan/Ziekow	Sodan/Ziekow (Hrsg.), VwGO, Großkommentar, 5. Aufl. 2018
Spickhoff	Spickhoff (Hrsg.), Medizinrecht, 3. Aufl. 2018
S/S VwGO	Schoch/Schneider (Hrsg.), VwGO, Kommentar (Losebl.), Stand: 2020
v. Steinau-Steinrück	v. Steinau-Steinrück, Die staatliche Verhütung und Bekämpfung von Infektionskrankheiten, 2013
Sydow	Sydow (Hrsg.), Europäische Datenschutzgrundverordnung, 2. Aufl. 2018
Wiesner SGB VIII	Wiesner (Hrsg.), SGB VIII, Kinder- und Jugendhilfe, Kommentar, 5. Aufl. 2015
Zipfel/Rathke	Zipfel/Rathke, Lebensmittelrecht – Kommentar (Losebl.), Stand: 2020

Einführung

Übersicht

Schrifttum: *Engels,* Infektionsschutzrecht als Gefahrenabwehrrecht?, DÖV 2014, 464; *Kießling,* Der deutsche Sozialstaat als Sozialversicherungsstaat und seine Auswirkungen auf das Präventionsrecht, RW 2016, 597; *Klafki,* International Health Regulations and Transmissible Diseases, GYIL 2018, 73; *Kloepfer/Deye,* Pandemien als Herausforderung für die Rechtsordnung, DVBl. 2009, 1208; *Ritgen,* Die Rolle der Landkreise in der Corona-Pandemie, LK 2020, 127; *Seewald,* Zur Verantwortlichkeit des Bürgers nach dem Bundes-Seuchengesetz, NJW 1987, 2265; *ders.,* Verfassungs- und verwaltungsrechtliche Aspekte von Aids, in Prittwitz (Hrsg.), Aids, Recht und Gesundheitspolitik, 1990, 37.

A. Ziel des Infektionsschutzrechts

Das Infektionsschutzrecht regelt die staatlichen Maßnahmen zur Verhütung **1** und Bekämpfung übertragbarer Krankheiten. Es gehört somit zum **Gesundheitsrecht.** Anders als im Krankenversicherungsrecht steht jedoch nicht die Gesundheit des Einzelnen im Mittelpunkt, sondern die **öffentliche Gesundheit (Public Health),** also die Gesundheit der Bevölkerung, die durch das Gesetz geschützt werden soll. Staatlicher Akteur ist vorrangig der ÖGD, zu dem ua das RKI und die Gesundheitsämter gehören.

Das **Ausmaß der Verbreitung** der übertragbaren Krankheiten ist für das **2** IfSG zunächst **irrelevant;** unerheblich ist es grundsätzlich, ob es um eine vereinzelte Übertragung geht, um einen lokalen Ausbruch, um eine Epidemie oder eine Pandemie (→ Rn. 34). Um eine Epidemie handelt es sich, wenn sich ein Ausbruchsgeschehen vergrößert, eine Krankheit also zeitlich und örtlich begrenzt in großer Häufung auftritt. Hieraus kann sich wiederum eine

Pandemie entwickeln, wenn die Krankheit weltweit stark auftritt (vgl. RKI-Fachwörterbuch Infektionsschutz und Infektionsepidemiologie, Stichworte „Ausbruch, „Epidemie", „Pandemie").

B. Verfassungsrechtlicher Rahmen des Infektionsschutzrechts

I. Gesetzgebungs- und Verwaltungskompetenz

3   Das Infektionsschutzrecht unterfällt der konkurrierenden Gesetzgebungskompetenz aus **Art. 74 Abs. 1 Nr. 19 GG.** Es ist nicht von der Erforderlichkeitsklausel des Art. 74 Abs. 2 GG erfasst. Die Länder können deswegen eigene Gesetze erlassen, solange und soweit der Bund nicht von seiner Gesetzgebungskompetenz Gebrauch gemacht hat (Art. 72 Abs. 1). Das IfSG ist zunächst als abschließend anzusehen für die Eingriffsbefugnisse, die es unmittelbar zur Verhütung und Bekämpfung übertragbarer Krankheiten enthält (so auch *Eckart* in BeckOK InfSchR § 1 Rn. 2). Durch das G zum Schutz der Bevölkerung bei einer epidemischen Lage von nationaler Tragweite v. 27. 3. 2020 (BGBl. I 587) wurden nun auch Befugnisse des Bundes geregelt, die ua Maßnahmen zur Sicherstellung der Versorgung mit Arzneimitteln, Medizinprodukten, Labordiagnostik und Schutzausrüstung betreffen (vgl. § 5 Abs. 2 Nr. 4), die sich in ähnlicher Form auch in den **Infektionsschutzgesetzen Bayerns und Nordrhein-Westfalens** finden lassen, die im Frühjahr 2020 verabschiedet wurden (BayIfSG v. 25. 3. 2020, BayGVBl. 2020, 174, außer Kraft getreten am 31. 12. 2020; Infektionsschutz- und BefugnisG NRW v. 14. 4. 2020, GV. NRW. 2020, 218b). Hier können sich – je nachdem, in welcher Form der Bund von seinen neuen Ermächtigungen Gebrauch macht – Abgrenzungsfragen stellen (dazu → § 5 Rn. 10; *J. F. Lindner* in Schmidt, § 18 Rn. 14; *Kluckert* in ders., § 2 Rn. 15; *Rixen* in Kluckert, § 4 Rn. 38 ff.; *Kingreen* in Huster/Kingreen Hdb. InfSchR Kap. 1 Rn. 84 ff.).

4   Der Bund hat außerdem von seiner **Verwaltungskompetenz des Art. 87 Abs. 3 S. 1 GG** Gebrauch gemacht und mit dem **RKI** eine selbstständige Bundesoberbehörde errichtet, das aber keine eigenen Vollzugsaufgaben hat (dazu *Walus* DÖV 2010, 127 (129); *Ritgen* LK 2020, 127 (131); zu den Aufgaben → Rn. 18, außerdem → § 4). Grundsätzlich führen die Länder das IfSG gem. Art. 30 und 83 GG als eigene Angelegenheit aus (einen Überblick über die Landesgesetze zum Vollzug des IfSG und die zuständigen Behörden findet sich bei *Kingreen* in Huster/Kingreen Hdb. InfSchR Kap. 1 Rn. 95). Auch bei bundesländerübergreifenden Epidemien sind sie lange Zeit rechtlich nicht zur Abstimmung gezwungen. Der durch das 4. BevSchG eingeführte § 28b ändert das nun für bestimmte Situationen.

II. Grundrechtliches Spannungsfeld

5   Die **grundrechtliche Schutzpflicht aus Art. 2 Abs. 2 S. 1 GG** verpflichtet den Staat dazu, die Gesundheit jedes Einzelnen vor Gefahren zu schützen (st. Rspr., vgl. nur BVerfG NVwZ 2018, 1555 (1556 f.)). Wenn von der „Gesundheit der Bevölkerung" oder der „Gesundheit der Allgemeinheit" die Rede ist, geht der Bezug zu der Gesundheit der Einzelnen nicht verloren;

eine überindividuelle „Volksgesundheit" gibt es nicht. Deswegen ist die Gegenüberstellung von der Gesundheit des Einzelnen und der Gesundheit der Allgemeinheit (so § 16 Abs. 1 S. 1; BT-Drs. 14/2530, 43; *Sodan* in EFP, § 56 Rn. 11) nicht weiterführend.

Das IfSG konkretisiert diese Schutzpflicht durch die Ausgestaltung der einzelnen staatlichen Instrumente und Interventionsmöglichkeiten. Bleibt die zuständige Behörde untätig, kann der von einer übertragbaren Krankheit Bedrohte auf behördliches Einschreiten vor den Verwaltungsgerichten klagen (vgl. VG Düsseldorf Beschl. v. 21.4.2020 – 7 L 695/20, Rn. 7 ff.; *Seewald* NJW 1987, 2265 (2270)). Der Gesetzgeber sah dies 1979 während der Reform des BSeuchG noch anders (BT-Drs. 8/2468, 34); diese Ansicht ist seit der Entwicklung der grundrechtlichen Schutzpflichten (dazu *Isensee* in Isensee/Kirchhof HdB StR, 3. Aufl. 2011, § 191 Rn. 146 ff.) jedoch überholt. Auch im allg. Ordnungsrecht (→ Rn. 23 ff.) ist anerkannt, dass **Ansprüche auf behördliches Einschreiten** bestehen können (*Dietlein* DVBl. 1991, 685). 6

Durch die einzelnen infektionsschutzrechtlichen Maßnahmen wird in der Regel in die **Freiheitsrechte Einzelner** eingegriffen. Das BVerfG spricht regelmäßig davon, dass es sich bei der Gesundheit der Bevölkerung um ein „besonders wichtiges" bzw. „überragend wichtiges" Gemeinschaftsgut (vgl. nur BVerfG NJW-RR 2004, 705; BVerfGE 126, 112 (140 f.)) handele. Der Schutz der öffentlichen Gesundheit ist damit ein Zweck, der den strengsten Anforderungen der Drei-Stufen-Theorie bei Art. 12 Abs. 1 GG genügt; gleichzeitig verhilft die grundrechtliche Schutzpflicht dem Gesundheitsschutz zu Verfassungsrang, wie es bei vorbehaltlos gewährleisteten Grundrechten wie Art. 4 GG zur Einschränkung erforderlich ist. Daraus folgt jedoch nicht, dass der öffentlichen Gesundheit im Rahmen der **Abwägung** stets der Vorrang gegenüber anderen grundrechtlich geschützten Interessen zukommt. Bei der Abwägung darf außerdem nicht auf das pauschale Ziel verwiesen werden, dass diese Maßnahmen die Gesundheit der Bevölkerung schützen bzw. eine „Infektionsgefahr abwehren" sollen; es ist vielmehr das **konkrete Ziel** der jeweiligen Maßnahme zu benennen. Dieses Ziel kann bei einer Impfpflicht die Herstellung von Herdenimmunität zum Schutz von Personen, die nicht geimpft werden können, sein (→ § 20 Rn. 5, 36), bei der Anordnung von Absonderungsmaßnahmen die Vermeidung der Ansteckung Gesunder durch einen Erkrankten und bei flächendeckenden Schließungen von Gemeinschaftseinrichtungen, Geschäften und Kontaktverboten die Verlangsamung der Ausbreitung eines Virus, um das Gesundheitssystem nicht durch zu viele Intensivpatienten zur gleichen Zeit zu überlasten (→ § 1 Rn. 10). Nur durch die Nennung des konkretisierten Zwecks kann überprüft werden, ob die jeweilige Maßnahme geeignet und erforderlich und letztlich auch angemessen ist. 7

C. Die Entwicklung des Infektionsschutzrechts

Der Versuch der Prävention von Infektionskrankheiten, die man früher Seuchen nannte, hat eine **lange Geschichte** (ausf. *Kingreen* in Huster/Kingreen Hdb. InfSchR Kap. 1 Rn. 6 ff.), da sie lange Zeit mangels wirksamer Therapien die einzige Handlungsmöglichkeit darstellte. Bis ins 19. Jahrhundert 8 kämpfte die Menschheit insbes. mit Pest, Cholera, Diphterie und den Pocken. Diese wurden schließlich nicht nur durch **Hygienemaßnahmen in den Lebenswelten** der Menschen (etwa durch funktionierende Trinkwasser- und Abwassersysteme), sondern auch durch die Entwicklungen des Arzneimittelsektors (durch kurative Therapien, insbes. den Einsatz von Antibiotika, und präventiv durch Impfstoffe) zurückgedrängt. Die bereits im 19. Jahrhundert entwickelte Impfung gegen Pocken stellte den ersten großen Erfolg im Bereich des Infektionsschutzes dar (*Mers*, S. 22), seit den 1970er Jahren gelten die Pocken weltweit als ausgerottet.

9   In den Vordergrund rückten in Deutschland im 20. Jahrhundert, als Pest, Cholera und Diphterie keine Rolle mehr spielten, zunächst die „Kriegsseuchen" Ruhr und Typhus sowie Geschlechtskrankheiten und Tuberkulose (*Thießen* VfZ 2013, 35 (40)). Auch deren Verbreitung nahm durch den Einsatz von Arzneimitteln und Impfungen nach dem 2. Weltkrieg schließlich ab (BT-Drs. 14/2530, 37). Die **Dominanz der Ärzteschaft** wuchs, der ÖGD wurde in den Hintergrund gedrängt (ausf. zu dieser zweigleisigen Entwicklung *Kießling* RW 2016, 597 (602 ff.)). Dass der ÖGD deswegen an seine Kapazitätsgrenzen stößt, wenn sich ein neuer Krankheitserreger schnell innerhalb der Bevölkerung ausbreitet, sah man besonders deutlich in der ersten Phase der Corona-Epidemie 2020.

I. Seuchengesetze bis zum Erlass des IfSG

10   Ein reichsweites Gesetz zur Bekämpfung von Infektionskrankheiten gab es nach der Reichsgründung im 19. Jahrhundert zunächst nicht (zur früheren Seuchengeschichte *Hess*, S. 82 ff.); soweit die Länder keine Spezialregelungen erlassen hatten, wurde bei Seuchenausbrüchen das allg. Polizeirecht herangezogen (BT-Drs. 3/1888, 18). Eine Cholera-Epidemie in Hamburg im Jahr 1892, die durch ungefiltertes Leitungswasser verursacht worden war und insgesamt über 8.000 Todesfälle forderte (*Vögele* in Vögele/Knöll/Noack, Epidemien und Pandemien in historischer Perspektive, 2016, S. 14), war dann Auslöser eines Umdenkens (BT-Drs. 3/1888, 18; ausf. auch *v. Steinau-Steinrück*, S. 72 ff.); in der Folge wurde im Jahr 1900 das **RSeuchG** – das G „betreffend die Bekämpfung gemeingefährlicher Krankheiten" v. 30.6.1900 (RGBl. I 306) – verabschiedet, das für „Aussatz, Cholera, Fleckfieber, Gelbfieber, Pest und Pocken" galt. Sein Anwendungsbereich wurde später durch RVOen auf weitere übertragbare Krankheiten ausgedehnt (BT-Drs. 3/1888, 18). Für die Maßnahmen zuständig war die **Gesundheitspolizei** im Rahmen der Eingriffsverwaltung; sie konnten teils mit Zwang durchgesetzt werden. 1927 wurde das **G zur Bekämpfung der Geschlechtskrankheiten** (RGBl. I 61) verabschiedet, das ua eine Behandlungspflicht für Erkrankte regelte.

11   Nach dem 2. Weltkrieg galten zunächst die vorkonstitutionellen Gesetze fort. **1953** wurde ein neues **GeschlKrG** (BGBl. 1953 I 700) verabschiedet, das an der Behandlungspflicht festhielt (§ 3 Abs. 1 Nr. 1) und zu einer aufgeteilten Zuständigkeit führte: Die Behandlung sollte durch niedergelassene Ärzte erfolgen (§§ 9 ff.), die Gesundheitsämter waren für die Überwachung und ggf. Zwangsmaßnahmen zuständig, außerdem sollte dort Beratung stattfinden (§§ 15, 17 f.) (dazu *Seewald* in Prittwitz, 37 (55 ff.)). Letztere wurde aber dadurch, dass „normale" Kranke zur Behandlung bereits einen Arzt aufsuchten, überflüssig, so dass die Aufgaben der Gesundheitsämter in der Praxis hauptsächlich auf die Prostitutionskontrolle reduziert wurden (*U. Lindner,* Gesundheitspolitik in der Nachkriegszeit, 2004, S. 344).

Im Jahr **1961** löste das BSeuchG (BGBl. I 1012) das **RSeuchG** und dieses **12** ergänzende Verordnungen ab. Es erweiterte die Befugnisse der Behörden im Vergleich zum RSeuchG dahingehend, dass Krankheiten nicht erst nach Ausbruch bekämpft, sondern bereits im Vorfeld verhütet werden sollten (BT-Drs. 3/1888, 19). Das gesamte Seuchenrecht war damit jedoch nicht in einem Gesetz kodifiziert. So galten parallel ua Vorschriften des Lebensmittelrechts, des Fleischbeschaugesetzes, landesrechtliche Vorschriften über das Leichenwesen (*Häberle/Lutz,* Vorb. Rn. 2), das G über die Pockenschutzimpfung (bis 1983) und das GeschlKrG fort.

Als in den **1980er Jahren** immer mehr Fälle von **HIV/AIDS** auftraten, **13** stellte sich die Frage, mit welchem Instrumentarium hierauf reagiert werden sollte, da bis in die 1990er Jahre nur symptomatisch behandelt werden konnte (*Rosenbrock/Schmidt* BGesBl 2012, 535); nach wie vor kann die Krankheit nicht geheilt werden. Bei der AIDS-Bekämpfung standen sich – verkürzt gesagt – **Maximalisten und Minimalisten** gegenüber (*Frankenberg* in Kirp/Bayer, Strategien gegen Aids, 1994, S. 134; sa *Gerhardt* in Schünemann/Pfeiffer, Die Rechtsprobleme von AIDS, 1988, S. 73). Die Maximalisten befürworteten die konsequente Anwendung des – grundsätzlich anwendbaren (hierzu ausf. *Müller* DVBl 1991, 143) – BSeuchG; der bayerische Maßnahmenkatalog v. 19.5.1987 (MABl. 1987, 246) in Form einer Verwaltungsvorschrift (VGH Bay. NJW 1988, 758) hielt die Behörden ua zur Durchführung von Reihenuntersuchungen von Risikogruppen an (→ § 25 Rn. 16); man dachte über die „Kasernierung" kranker Prostituierter nach (*Gauweiler* ZRP 1989, 85; → § 30 Rn. 25). Vereinzelt wurde angeregt, das GeschlKrG anwendbar zu machen, weil dadurch die Betroffenen einer Kontrolle durch den behandelnden Arzt unterstellt worden wären (*v. Hippel* ZRP 1987, 123 (129); vgl. aber auch *Seewald* in Prittwitz, 37 (60f.)). Die Minimalisten hingegen nahmen Abstand von ordnungsrechtlichen Maßnahmen und setzten auf Aufklärung und eine enge Zusammenarbeit mit Selbsthilfegruppen, was sich letztlich als der erfolgreiche Weg darstellte (*Rosenbrock/Schmidt* BGesBl 2012, 535; krit. hingegen *Dennin/Lafrenz/Sinn* MedR 2009, 257; → § 19).

Nicht nur das Auftreten von HIV/AIDS, auch die Erfahrungen mit BSE, **14** die Zunahme multiresistenter Erreger in Krankenhäusern und Befürchtungen „vor anderen, noch nicht entdeckten oder zwar bekannten, aber in ihrem Virulenz- und Resistenzverhalten veränderten Erregern" ließen das Interesse an präventiven Gesundheitsschutz in den 1990er Jahren wieder größer werden (BT-Drs. 14/2530, 37). 2000 wurde das Infektionsschutzrecht deswegen modernisiert, das **IfSG ersetzte mWv 1.1.2001 das BSeuchG und das GeschlKrG** (Art. 1 SeuchRNeuG v. 20.7.2000, BGBl. I 1045) sowie weitere Regelungen (vgl. BT-Drs. 14/2530, 1).

Geschlechtskrankheiten sollten nicht mehr durch die Ausübung von **15** Zwang, namentlicher Erfassung und polizeilicher Kontrolle bekämpft werden (BT-Drs. 14/2530, 70), das IfSG sieht für den nun verwendeten, weiteren Begriff der sexuell übertragbaren Krankheiten, wozu auch AIDS zählt, eine Beratung durch das Gesundheitsamt vor (§ 19). Zuständig für die Verhütung und

Bekämpfung übertragbarer Krankheiten nach dem IfSG – also für die Anordnung der Interventionen, die auf die Aufdeckung und Unterbrechung von Infektionsketten gerichtet sind – sind jedoch nach wie vor in einigen Bundesländern die örtlichen **Ordnungsbehörden** (vgl. für NRW §§ 5 Abs. 1, 6 Abs. 1 IfSBG NRW) (zur Zuständigkeitsverteilung zwischen Gesundheitsämtern und Ordnungsbehörden *Klafki*, Risiko, S. 313 f.; *Engels* DÖV 2014, 464 (473); *Ritgen* LK 2020, 127 (128)). Das IfSG unterscheidet zwischen den „Gesundheitsämtern" und den „zuständigen Behörden", die durch das Landesrecht bestimmt werden. Die Bundesländer können die jeweiligen Aufgaben unterschiedlichen kommunalen Trägern zuweisen (hiervon haben Baden-Württemberg, NRW und das Saarland Gebrauch gemacht), müssen dies jedoch nicht (ausf. *Ritgen* LK 2020, 127 (131); *ders.* in Kluckert, § 12 Rn. 62 ff.; *Poscher* in Huster/Kingreen Hdb. InfSchR Kap. 4 Rn. 45).

16   Das Instrumentarium des Infektionsschutzrechts in besonderem Maße auf die Probe stellte die 2020 beginnende **Corona-Epidemie.** Nachdem im Frühjahr 2020 zunächst die Isolierung Infizierter und die Anordnung häuslicher Quarantäne für Kontaktpersonen Infizierter im Vordergrund gestanden hatten, um die Infektionsketten zu unterbrechen, wurden später auch Veranstaltungen verboten und Kitas und Schulen geschlossen; schließlich wurde von März bis Mai 2020 das öffentliche Leben durch weitergehende Anordnungen heruntergefahren, bis Ausgangsbeschränkungen, Kontakt- und Betretungsverbote verfügt wurden; seit Ende April 2020 gilt eine – nach und nach verschärfte – Maskenpflicht. Auch im Sommer 2020 wurden viele Verbote aufrechterhalten; ab dem Herbst 2020 galt dann zunächst ein „Lockdown light", der später noch verschärft wurde (zu den Maßnahmen im Überblick *Kingreen* in Huster/Kingreen Hdb. InfSchR Kap. 1 Rn. 19 ff.). Heftig umstritten war die Frage, ob das IfSG für solch weitreichende Maßnahmen überhaupt eine Rechtsgrundlage bereithielt (→ § 28 Rn. 3). Im Eilverfahren änderte der Gesetzgeber zunächst im März 2020 das IfSG, um dem BMG im Falle einer „epidemischen Lage von nationaler Tragweite" (vgl. § 5) weitreichende neue Befugnisse einzuräumen (→ Rn. 3, → § 5), die ebenso kritisch diskutiert werden; durch das 2. BevSchG v. 19.5.2020 (BGBl. I 1018) wurden diese Befugnisse noch einmal erweitert. Erst im November 2020 reagierte der Gesetzgeber auf die Kritik an der Heranziehung des § 28 für die weitreichenden Ge- und Verbote und schuf durch das 3. BevSchG v. 18.11.2020 (BGBl. I 2397) den nur auf die Corona-Epidemie zugeschnittenen § 28a. Viele der Befugnisse, die an die Feststellung der epidemischen Lage von nationaler Tragweite gem. § 5 anknüpfen, sollten zunächst mWv 1.4.2021 auslaufen; die bis dahin geltende Rechtslage wurde jedoch – leicht modifiziert – durch das EpiLage-FortgeltungsG v. 29.3.2021 (BGBl. I 370) im März 2021 verlängert. Im April wurde durch das 4. BevSchG v. 22.4.2021 (BGBl. I 802) § 28b eingefügt, der bundesweit einheitliche Maßnahmen sicherstellen soll.

II. Systematik und dogmatische Einordnung des IfSG

17   **1. Instrumente.** Um rechtzeitig Maßnahmen der Verhütung oder Bekämpfung einsetzen zu können, benötigt der Staat zunächst früh einen Überblick über eine mögliche Häufung von Infektionskrankheiten. Deswegen wurde auf Grundlage des IfSG ein infektionsepidemiologisches Informationssystem eingeführt (§§ 6 ff.). Das kontinuierliche systematische Sammeln, Analysieren und Interpretieren infektionsepidemiologisch relevanter Daten nennt man auch **infektionsepidemiologische Surveillance** (RKI-Fachwörterbuch Infektionsschutz und Infektionsepidemiologie, Stichwort „Surveillance, infektionsepidemiologische").

Eine zentrale Rolle spielt in diesem Zusammenhang das 1994 gegründete **18** **RKI** (vgl. § 2 BGA-NachfG v. 24.6.1994, BGBl. I 1416); die Aufgaben regelt § 4 IfSG. Durch die infektionsepidemiologische Auswertung der dem RKI gemeldeten Daten werden die zuständigen Behörden in die Lage versetzt, das Auftreten von Epidemien zu erkennen und die entsprechenden Gesundheitsgefahren einschätzen zu können, um so die ggf. erforderlichen Interventionen ergreifen zu können.

Das IfSG unterscheidet **zwei Interventionsarten,** die zunächst in zwei **19** unterschiedlichen Abschnitten geregelt sind: Zum einen soll bereits die Entstehung von Krankheiten **verhütet** werden **(4. Abschnitt),** so dass diese Interventionen in einem frühen Stadium ansetzen. Zum anderen sollen Infektionskrankheiten, sobald sie aufgetreten sind, **bekämpft** werden **(5. Abschnitt).** Missverständlich sind eine Gleichsetzung von „Verhütung und Bekämpfung" mit „Prävention und Repression" und eine entsprechende Gegenüberstellung der Begriffe (so aber *Mers,* S. 25, 29, 31, 36, 39, 107; OVG Weimar BeckRS 2020, 8272 Rn. 25; VGH Mannheim Beschl. v. 18.12.2020 – 1 S 4028/20, Rn. 22; Beschl. v. 18.2.2021 – 1 S 398/21, Rn. 42; *Putzer* in BeckOK InfSchR § 3 Rn. 5; *Johann/Gabriel* in BeckOK InfSchR § 28 Rn. 1). Der Begriff der **Repression** bezeichnet im Recht der Polizei die Verfolgung und Ahndung eines Rechtsverstoßes, er gehört deswegen zum Strafrecht und **nicht zum Gefahrenabwehrrecht.** Da durch die Bekämpfung von Infektionskrankheiten nach dem 5. Abschnitt deren Verbreitung verhindert (→ § 1 Rn 9 f.) werden soll, handelt es sich auch bei ihr um Prävention. Der 4. Abschnitt setzt jedoch früher an als der 5. Abschnitt.

Im Einzelfall kann nur eine dieser Interventionsarten gleichzeitig einschlä- **20** gig sein (OVG Lüneburg Urt. v. 3.2.2011 – 13 LC 198/08, Rn. 40; Beschl. v. 29.6.2020 – 13 MN 244/20, Rn. 21; sich jedenfalls leicht distanzierend *Sodan* in EFP, § 56 Rn. 27; etwas unklar *Johann/Gabriel* in BeckOK InfSchR § 28 Rn. 2). Ein gewisser Bruch besteht darin, dass auch nach Auftreten einer Infektionskrankheit Impfungen eingesetzt werden (*Klafki,* Risiko, S. 306 Fn. 1695), die der Verhütung dienen, und dass RVOen auf Grundlage des § 17 Abs. 5 sowohl zur Verhütung als auch zur Bekämpfung übertragbarer Krankheiten erlassen werden können (→ 17 Rn. 28). Dieser Bruch zeigt sich jedoch nur dann, wenn man während einer Epidemie die eingesetzten Interventionen allein aus der Makroperspektive betrachtet. Das **Exklusivitätsverhältnis** darf nicht so verstanden werden, dass alle Verhütungsmaßnahmen ausgeschlossen sind, sobald eine übertragbare Krankheit aufgetreten ist (dazu *v. Steinau-Steinrück,* S. 91 f.). Vorrangig gilt dieses Verhältnis für die Generalklausel des 4. Abschnitts (§ 16 Abs. 1 S. 1) und die des 5. Abschnitts (§ 28 Abs. 1 S. 1) inklusive der Schutzmaßnahmen der §§ 28a–31 (zur Abgrenzung von § 16 und § 28 auch → § 16 Rn. 10 f., → § 28 Rn. 14 f.; *Fleischfresser* in Kluckert, § 13 Rn. 3). Dass die Unterscheidung nicht nur theoretischer Natur ist, zeigt sich auf Rechtsfolgenseite daran, dass die Entschädigungsregelung des § 65 im Falle des § 16, aber nicht des § 28 anwendbar ist (→ § 65 Rn. 5f.). Der Sonderfall des § 17 Abs. 5 wiederum lässt sich durch die besondere Situation bei Kopfläusen und Krätzmilben erklären (ausf. → § 17 Rn. 29).

21   Daneben enthält das IfSG Vorschriften für den Infektionsschutz in **besonderen Bereichen,** die sowohl Regelungen der Verhütung als auch Regelungen der Bekämpfung enthalten: für Gemeinschaftseinrichtungen (§§ 33 ff.), die Beschaffenheit von Wasser (§§ 37 ff.), den Umgang mit Lebensmitteln (§§ 42 f.) und den Umgang mit Krankheitserregern (§§ 44 ff.). Ergänzt werden diese Befugnisse durch Straf- und Bußgeldvorschriften (§§ 73 ff.) und Entschädigungsregelungen (§§ 56 ff.).

22   **2. Dogmatische Einordnung. a)** Das IfSG erscheint damit als **Querschnittsmaterie,** die Datenschutzrecht, Ordnungsrecht, Umweltrecht, Staatshaftungsrecht und Strafrecht verknüpft.

23   **b)** Bei formaler Betrachtung wird jedoch deutlich, dass das IfSG aufgrund seiner Entwicklung aus dem Gesundheitspolizeirecht (→ Rn. 10 ff.) nach wie vor **systematisch** zum **Gefahrenabwehrrecht** gehört (*Seewald* NJW 1987, 2265 (2266); *Sodan* in EFP, § 56 Rn. 14; *v. Steinau-Steinrück,* S. 88; *Mers,* S. 26 ff.; *Kluckert* in ders., § 2 Rn. 160; *Eckart* in BeckOK InfSchR § 1 Rn. 4; krit. *Rixen* in Kloepfer, S. 67; *Engels* DÖV 2014, 464; differenzierter *Kingreen* in Huster/Kingreen Hdb. InfSchR Kap. 1 Rn. 74 ff.; zum Verständnis des Begriffs „Gefahrenabwehrrecht" in diesem Zusammenhang *Poscher* in Huster/Kingreen Hdb. InfSchR Kap. 4 Rn. 5). Es stellt somit **Sonderordnungsrecht** dar. Dies zeigt sich besonders deutlich an den Interventionen, die die Behörden zur Verhütung und Bekämpfung übertragbarer Krankheiten ergreifen dürfen. Hier handeln die Behörden durch Eingriffe (das Infektionsschutzrecht gehört deswegen zum Gesundheitsschutzeingriffsrecht (zum Begriff schon *Kießling* RW 2016, 597 (608 f.))), zuständig sind in vielen Bundesländern die Ordnungsbehörden und nicht die Gesundheitsämter (→ Rn. 15) und die Terminologie weist eine große Nähe zu den Begriffen des allg. Gefahrenabwehrrechts auf. Dieser gefahrenabwehrrechtliche Kern des IfSG muss bei der Auslegung und Anwendung berücksichtigt werden. Gleichzeitig muss den Abweichungen, die ausdr. im Gesetz geregelt sind, und den Besonderheiten des Regelungsgegenstands „öffentliche Gesundheit" Rechnung getragen werden. Letzteres bedeutet ua, dass das IfSG die Verarbeitung medizinischer und epidemiologischer Erkenntnisse ermöglichen muss (vgl. *Rixen* in Kloepfer, S. 67 (70, 77); *Seewald* NJW 1987, 2265 (2270 f.)).

24   Für die Ermächtigungsgrundlagen zur Verhütung und Bekämpfung übertragbarer Krankheiten wollte der Gesetzgeber bei Schaffung des BSeuchG ausdr. das allg. Polizei- und Ordnungsrecht ablösen (BT-Drs. 3/1888, 21). Das IfSG ist also nicht nur spezieller, sondern für die Ermächtigungsgrundlagen auch abschließend. Es hat ua mit den Begriffen „krankheits-" und „ansteckungsverdächtig" eigene ordnungsrechtliche Kategorien geschaffen, die sich von der Gefahrenlage lösen, die im Zentrum des allg. Polizei- und Ordnungsrechts steht. Deswegen wird das Infektionsschutzrecht vereinzelt auch dem Risikoverwaltungsrecht zugeordnet (*Engels* DÖV 2014, 464 (468 f.)). Selbst wenn Gefahrverdacht und Gefahrerforschung „normative[s] Leitbild" des IfSG sind

(so *Rixen* in Kloepfer, S. 76), bedeutet dies zunächst nur eine Verschiebung des Zeitpunktes, in dem gehandelt werden darf, also eine **Vorverlagerung der Befugnisse.** Eine Loslösung vom Gefahrenabwehrrecht im weiteren Sinne erfolgt dadurch noch nicht. Auch im sonstigen Gefahrenabwehrrecht sind „aktionelle Maßnahmen" im Gefahrenvorfeld unter bestimmten Voraussetzungen zulässig (ausf. *Kießling* in Kulick/Goldhammer, Der Terrorist als Feind? Personalisierung in Polizei- und Völkerrecht, 2020, S. 261; aA offenbar *Schwarz* JA 2020, 321 (325)).

Bei den Maßnahmen des 4. und 5. Abschnitts kann man somit zunächst ge- **24a** fahrenabwehrrechtlich zwischen einem Einschreiten im **Gefahrenvorfeld** (§ 16) und einem Einschreiten bei Vorliegen einer **konkreten Gefahr** (§ 28, §§ 29–31) unterscheiden. Einen Fremdkörper in diesem System stellt nun jedoch § 28a dar, der auf Infektionsrisiken mit Maßnahmen reagieren soll, die eigentlich der **Risikovorsorge** zuzuordnen sind; er wurde vom Gesetzgeber jedoch nur als Konkretisierung des § 28 Abs. 1 konzipiert, was dem dogmatischen Problem nicht gerecht wird (ausf. → § 28 Rn. 5; § 28a Rn. 4ff.): Erforderlich wäre eine risikoverwaltungsrechtliche Regelung gewesen.

aa) Die gefahrenabwehrrechtliche Einordnung ersetzt auch nicht die an **25** § 1 orientierte Auslegung einzelner Vorschriften. Kritisch zu bewerten ist die pauschale Behauptung, das IfSG sei lückenhaft in der Regelung der **infektionsschutzrechtlich Verantwortlichen** – der sogenannten Störer –, weswegen die allg. Polizei- und Ordnungsbehördengesetze ergänzend herangezogen werden sollen (so BT-Drs. 3/1888, 21; *Sodan* in EFP, § 56 Rn. 14; *v. Steinau-Steinrück,* S. 93ff.; *Eckart* in BeckOK InfSchR § 1 Rn. 4; für das BSeuchG *Seewald* NJW 1987, 2265 (2266)). Verwiesen wird hier regelmäßig auf die Landesgesetze, ohne sich mit der Frage auseinanderzusetzen, ob nicht vielmehr auf bundesrechtliche Regelungen zurückgegriffen werden müsste (→ § 49 Rn. 31; ausf. *Beckermann* DÖV 2020, 144 (146f.)).

In der Rspr. wird auf das allg. Gefahrenabwehrrecht jedoch nur bei § 16 **26** Abs. 1 S. 1 (VG Arnsberg Beschl. v. 9.5.2008 – 3 L 336/08, Rn. 9; VG Karlsruhe Urt. v. 20.10.2011 – 9 K 2215/10, Rn. 21ff.) und bei § 17 verwiesen (zu Abs. 2: BVerwG Beschl. v. 18.9.1987 – 3 B 21/87, Rn. 6; OVG Münster Beschl. v. 6.9.2004 – 13 A 3802/02, Rn. 15; BVerwG Beschl. v. 16.6.2005 – 3 B 129/04, Rn. 3; zu Abs. 1: VG Mainz Urt. v. 29.11.2017 – 1 K 1430/16. MZ, Rn. 53), Abs. 3 S. 1 (VG Weimar Beschl. v. 25.2.2016 – 3 L 336/08, Rn. 11). Die **§§ 16ff.** setzen allerdings im Vorfeld einer konkreten Infektionsgefahr an (→ Rn. 19), aus den gefahrenabwehrrechtlichen Begrifflichkeiten überdehnt, hier von „Störern" zu sprechen (vgl. allg. *Kießling,* JURA 2016, 482 (489f.)); die **Heranziehung der Störervorschriften** nach dem allg. Gefahrenabwehrrecht ist deswegen nicht unproblematisch und muss jedenfalls an die in § 16 vorausgesetzte Vorfeldlage angepasst werden (*Mers,* S. 28ff.; → § 16 Rn. 22).

Bei **§ 28** Abs. 1 S. 1 Hs. 1 wiederum wird zum Teil davon ausgegangen, dass **27** die dort Genannten (Kranke, Krankheitsverdächtige, Ansteckungsverdächtige und Ausscheider) die Adressaten der Vorschrift darstellen und ergänzend **Nichtstörer** nach dem allg. Gefahrenabwehrrecht herangezogen werden können (VG Hannover Urt. v. 23.10.2008 – 7 A 3697/07, Rn. 29, 34; OVG Lüneburg Urt. v. 3.2.2011 – 13 LC 198/08, Rn. 25, 28f.; BVerwGE 142, 205

(212, 219); außerdem ständige Rspr. in der Corona-Epidemie; *Rixen* NJW 2020, 1097 (1101); vgl. auch *Klafki,* Risiko, S. 307; *Schwarz* JA 2020, 321 (324)), wobei mit „Nichtstörern" in der Regel wohl Personen gemeint sind, die nach den Vorschriften über den polizeilichen Notstand (vgl. etwa § 20 BPolG, § 19 OBG NRW) in Anspruch genommen werden. Genannt werden Kranke, Krankheitsverdächtige, Ansteckungsverdächtige und Ausscheider in § 28 Abs. 1 S. 1 1. HS jedoch nicht als Adressaten, sondern durch sie (bzw. ihre „Feststellung") wird die Gefahrenlage beschrieben. Zu berücksichtigen ist, dass in den Fällen des § 28 (anders als bei §§ 16 ff.) bereits eine übertragbare Krankheit aufgetreten ist. Allein deswegen kann die Vorschrift überhaupt voraussetzen, dass es bereits Kranke, Krankheitsverdächtige, Ansteckungsverdächtige oder Ausscheider gibt. Gleichzeitig richten sich viele Maßnahmen an einen unbestimmten Personenkreis (an die Allgemeinheit), der nicht als Ganzes einer der vier Kategorien zugeordnet werden kann. Dies spricht dafür, dass § 28 Abs. 1 S. 1 Hs. 1 in Bezug auf die **Adressaten eine eigene Regelung** trifft, die den Rückgriff auf das allg. Ordnungsrecht entbehrlich macht bzw. genaugenommen sperrt (ausf. → § 28 Rn. 6 ff.), was auch dazu führt, dass nicht auf die Vorschriften des polizeilichen Notstands zurückgegriffen werden kann bzw. muss (vgl. auch *J. F. Lindner* in Schmidt, § 18 Rn. 61 ff.).

28   **bb)** Da das IfSG keine Regelung für die **Schriftform** enthält, sind jedenfalls dann, wenn Ordnungsbehörden tätig werden, die Ordnungsbehördengesetze (zB § 20 OBG NRW) anwendbar.

III. Gesetze mit infektionsschutzrechtlichem Bezug, die das IfSG ergänzen

29   **1. Formelle Gesetze.** Das IfSG wird zunächst durch die **Gesundheitsdienstgesetze** der Bundesländer ergänzt, die auch Regelungen zum Infektionsschutz enthalten (vgl. zB §§ 2 Abs. 2 Nr. 2, 9 ÖGDG NRW). Das gleiche gilt für das **ProstSchG**, das mit dem Ziel der Verringerung des Übertragungsrisikos sexuell übertragbarer Infektionen ua eine verpflichtende gesundheitliche Beratung für Prostituierte (§ 10 Abs. 3), eine Kondompflicht (§ 32 Abs. 1) und ein Werbeverbot für entgeltlichen, ungeschützten Geschlechtsverkehr (§ 32 Abs. 3 S. 1 Nr. 1) regelt.

30   Bayern und NRW haben außerdem eigene, das IfSG ergänzende Infektionsschutzgesetze erlassen (**BayIfSG** v. 25.3.2020; **IfSBG NRW** v. 14.4.2020 → Rn. 3).

31   Nur punktuelle Regelungen, die den Infektionsschutz betreffen, enthalten zB das TFG (§§ 19, 20, 22), das MuSchG (§ 11, insbes. § 11 Abs. 2 S. 2 Nr. 2) und das SG (§ 17 a Abs. 2 S. 1 Nr. 1).

32   **2. Rechtsverordnungen.** Das IfSG ermächtigt das BMG bzw. die Landesregierungen in einzelnen Vorschriften dazu, in bestimmten Fällen durch RVOen konkretisierende oder abweichende Regelungen zum IfSG zu einzuführen. Auf diesem Wege kann zB die **Meldepflicht** an die epidemische Lage angepasst werden (§ 15), d. h. auf neue Krankheiten oder Krankheitserreger erweitert werden (vgl. nur die auf § 15 Abs. 1, 2 gestützte CoronaVMeldeV v. 30.1.2020, BAnz AT 31.1.2020 V1). Einige Bundesländer haben gestützt auf

§ 15 Abs. 3 eigene Meldepflichtverordnungen erlassen. Verordnungsermächtigungen für das BMG enthalten außerdem insbesondere § 5 Abs. 2 und § 36 Abs. 7 ff.

Dem Schutz der menschlichen Gesundheit vor den Gefahren, die sich aus **33** der Verunreinigung von Trinkwasser ergeben können, dient die **Trinkwasserverordnung** (TrinkwV, idF der Neubekanntmachung v. 10. 3. 2016, BGBl. I 459).

D. Pandemien

I. IfSG

Nur vereinzelt sieht das IfSG besondere Vorschriften vor, die den **Epi- 34 demiecharakter** einer übertragbaren Krankheit aufgreifen (§§ 5, 5a, 15, 16 Abs. 3, 20 Abs. 6). Ob eine gehäuft auftretende Krankheit schon als Pandemie zu bezeichnen ist, spielt dagegen für das IfSG keine Rolle (→ Rn. 2), es nimmt einen vorrangig nationalen Blick ein. Da eine Pandemie jedoch begrifflich eine Epidemie miteinschließt, kommen in diesen Fällen die genannten Vorschriften zur Anwendung (s. darüber hinaus speziell zur **Pandemievorsorge** – verstanden als „Vorbereitung auf die Ausbreitung von Infektionskrankheiten etwa durch Pandemiepläne, die Bevorratung von antiviralen Medikamenten und Impfstoffen" – *Kloepfer/Deye* DVBl. 2009, 1208 (1213); *Pflug,* S. 175 ff.; *Klafki,* Risiko, S. 243 ff.).

Falls eine Pandemie die staatlichen Stellen, die die Ausbreitung der Krank- **35** heit bekämpfen, überfordert, kann eine Pandemie zur Großschadenslage werden, die das **Katastrophenschutzrecht** zur Anwendung bringt (*Kloepfer/Deye* DVBl. 2009, 1208 (1209, 1216); *Walus* DÖV 2010, 127 (128, 130 f.); *Pflug,* S. 67 ff.; *Klafki,* Risiko, S. 262 ff., 321 ff.; zum Katastrophenrecht ausf. *Gusy* GSZ 2020, 101).

II. Länderübergreifende Regelungen

Länderübergreifend auftretende Infektionskrankheiten und insbes. Pande- **36** mien erfordern ein internationales Vorgehen, insbes. eine **länderübergreifende Surveillance** (→ Rn. 17). Entsprechende Regelungen lassen sich im internationalen und im Europäischen Recht finden. Auf beiden Ebenen wurden insbes. Surveillance-Netzwerke bzw. -systeme eingerichtet (dazu *Hollmeyer/Eckmanns/Krause* BGesBl 2009, 168; *Ammon/Faensen* BGesBl 2009, 176).

1. Internationales Recht. Die **WHO** ist die wichtigste Akteurin auf in- **37** ternationaler Ebene (ausf. – auch zu anderen Akteuren – *Klafki* GYIL 2018, 73 ff.; *Pflug,* S. 81 ff.; *Gassner* in Kluckert, § 1 Rn. 11 ff.; zur WHO ausf. *Kaltenborn/Kreft* in Huster/Kingreen Hdb. InfSchR Kap. 3 Rn. 7 ff.). Ihr kommt insbes. eine Leit- und Koordinierungsfunktion zu (vgl. zu den Aufgaben Art. 2 WHO-Satzung).

a) Auf der Grundlage von Art. 21 WHO-Verfassung wurden die **Interna- 38 tionalen Gesundheitsvorschriften** (IGV) (2005) erlassen (ausf. *Pflug,*

S. 86 ff.; *Klafki* GYIL 2018, 73 (77 ff.); *Gassner* in Kluckert, § 1 Rn. 33 ff.; *Kaltenborn/Kreft* in Huster/Kingreen Hdb. InfSchR Kap. 3 Rn. 9 ff.). Sie wurden durch das G zu den Internationalen Gesundheitsvorschriften (2005) v. 20.7.2007 (BGBl. II 930) und durch das G zur Durchführung der Internationalen Gesundheitsvorschriften (2005) und zur Änderung weiterer Gesetze v. 29.3.2013 (BGBl. I 566) ins deutsche Recht umgesetzt.

39   Zweck und Anwendungsbereich der IGV (2005) bestehen gem. Art. 2 Abs. 1 IGV darin, die **grenzüberschreitende Ausbreitung** von Krankheiten zu verhüten und zu bekämpfen, davor zu schützen und dagegen Gesundheitsschutzmaßnahmen einzuleiten. Die IGV (2005) regeln insbes. den internationalen Reise- und Frachtverkehr.

40   Sie verpflichten die Mitgliedstaaten, Ereignisse, die eine gesundheitliche Notlage von internationaler Tragweite in seinem Hoheitsgebiet darstellen können, an die WHO zu melden (Art. 6 Abs. 1 IGV (2005)) (ausf. *Klafki*, Risiko, S. 177 ff.). Nach Art. 12 Abs. 1 IGV (2005) kann der Generaldirektor dann eine **gesundheitliche Notlage von internationaler Tragweite** feststellen, was ihn wiederum gem. Art. 15 Abs. 1 IGV (2005) ermächtigt, befristete, rechtlich unverbindliche Empfehlungen auszusprechen (ausf. *Klafki*, Risiko, S. 297 ff.; *Kaltenborn/Kreft* in Huster/Kingreen Hdb. InfSchR Kap. 3 Rn. 29 ff.), die sich gem. Art. 15 Abs. 2 ua auf Personen, Fracht, Beförderungsmittel und Postpakete beziehen können.

41   Eine solche gesundheitliche Notlage von internationaler Tragweite wurde bislang **sechs Mal** festgestellt: bei der Schweinegrippe (April 2009), Poliomyelitis (Mai 2014), Ebolafieber (August 2014), Zikavirus (Februar 2016), Ebolafieber (Juli 2019) und dem Coronavirus SARS-CoV-2 (damals noch: 2019-nCoV) (30.1.2020) (www.rki.de → Internationale Gesundheitsvorschriften (IGV)).

42   In Deutschland hat eine solche Feststellung **keine** automatischen **rechtlichen Auswirkungen.** Die Feststellung einer epidemischen Lage von nationaler Tragweite durch den BT gem. § 5 Abs. 1 S. 1 IfSG setzt nicht voraus, dass die WHO vorher tätig geworden ist (→ § 5 Rn. 6 f.).

43   **b)** Die WHO koordiniert außerdem das **„Global Outbreak Alert and Response Network"** (GOARN) (dazu *Kloepfer/Deye* DVBl. 2009, 1208 (1212); *Pflug*, S. 85). Dieses Netzwerk besteht aus Einrichtungen, die über die ganze Welt verteilt Infektionen beobachten und deren Gefährdungspotential einschätzen.

44   Für **Influenza** hat die WHO einen **Pandemieplan** entwickelt (ausf. *Klafki*, Risiko, S. 228 ff.). Auch andere Epidemien charakterisiert sie offiziell als Pandemie. Dies geschah zB am 11.3.2020 für COVID-19. Die Feststellung einer Pandemie durch die WHO hat keine rechtlichen Auswirkungen; die Staaten sollen vielmehr eigene Risikobewertungen treffen.

45   **2. Europäisches Recht.** Die Surveillance auf europäischer Ebene (zu den Kompetenzen der Union *Gassner* in Kluckert, § 1 Rn. 74) wird durch das 2005 gegründete Europäische Zentrum für die Prävention und die Kontrolle von Krankheiten **(European Center for Disease Prevention and Control, ECDC)** (VO (EG) Nr. 851/2004 des Europäischen Parlaments und des Rates v. 21.4.2004 zur Errichtung eines Europäischen Zentrums für die Prävention und die Kontrolle von Krankheiten, ABlEG L 142, S. 1, gestützt auf Art. 152 Abs. 4 EGV; vgl. jetzt Art. 168 Abs. 1, UAbs. 2, Abs. 5 AEUV, der die Tätigkeit der Union gegenüber der früheren Rechtslage auf die Beobachtung, frühzeitige Meldung und Bekämpfung schwerwiegender grenzüberschreitender Gesundheitsgefahren ausweitet) koordiniert. Der Auftrag des ECDC besteht darin, die durch übertragbare Krankheiten bedingten derzeitigen und neu auftretenden Risiken für die menschliche Gesundheit zu ermitteln, zu bewerten und Informationen darüber weiterzugeben (Art. 3 Abs. 1 S. 1 VO (EG) Nr. 851/2004) (dazu *Gassner* in Kluckert, § 1 Rn. 76). Die dafür erforderlichen wissenschaftlichen und technischen Daten übermitteln die Mitgliedstaaten (Art. 4 VO (EG) Nr. 851/2004).

Das ECDC betreibt außerdem das **Netz zur epidemiologischen Über-** **46** **wachung übertragbarer Krankheiten** und damit zusammenhängender besonderer Gesundheitsrisiken und das Europäische Frühwarn- und Reaktionssystem (Art. 6 und 8 Beschl. (EU) Nr. 1082/2013 des Europäischen Parlaments und des Rates v. 22. 10. 2013, ABlEU L 293, S. 1; ausf. *Pflug*, S. 106 ff.; *Klafki*, Risiko, S. 302 f.) und unterstützt die WHO und die Mitgliedstaaten bei der Planung ihrer Maßnahmen gegen Infektionskrankheiten (*Kloepfer/Deye* DVBl. 2009, 1208 (1213); *Gassner* in Kluckert, § 1 Rn. 77).

Die Kommission kann gem. Art. 12 Beschl. (EU) Nr. 1082/2013 bei Aus- **47** bruch einer Influenzapandemie oder bei anderen schwerwiegenden grenzüberschreitenden Gesundheitsgefahren feststellen, dass eine **gesundheitliche Krisensituation** vorliegt. Rechtlich führt dies zu einer Lockerung der Bestimmungen der Arzneimittelzulassung auf Unionsebene (Art. 13 Beschl. (EU) Nr. 1082/2013, vgl. *Klafki*, Risiko, S. 303).

Kommentar

Gesetz zur Verhütung und Bekämpfung von Infektionskrankheiten beim Menschen (Infektionsschutzgesetz – IfSG)

Vom 20. Juli 2000

(BGBl. I 1045; zuletzt geändert durch Art. 1 G vom 22. April 2021 BGBl. I 802)

FNA 2126-13

1. Abschnitt – Allgemeine Vorschriften

§ 1 Zweck des Gesetzes

(1) Zweck des Gesetzes ist es, übertragbaren Krankheiten beim Menschen vorzubeugen, Infektionen frühzeitig zu erkennen und ihre Weiterverbreitung zu verhindern.

(2) [1]Die hierfür notwendige Mitwirkung und Zusammenarbeit von Behörden des Bundes, der Länder und der Kommunen, Ärzten, Tierärzten, Krankenhäusern, wissenschaftlichen Einrichtungen sowie sonstigen Beteiligten soll entsprechend dem jeweiligen Stand der medizinischen und epidemiologischen Wissenschaft und Technik gestaltet und unterstützt werden. [2]Die Eigenverantwortung der Träger und Leiter von Gemeinschaftseinrichtungen, Lebensmittelbetrieben, Gesundheitseinrichtungen sowie des Einzelnen bei der Prävention übertragbarer Krankheiten soll verdeutlicht und gefördert werden.

A. Zweck und Bedeutung der Norm

Abs. 1 stellt den **präventiven Zweck** des IfSG klar, an dem sich die Auslegung aller Vorschriften zu orientieren hat. Eine vergleichbare Vorschrift war im BSeuchG nicht enthalten. **1**

Abs. 2 S. 1 verweist zunächst auf die notwendige Zusammenarbeit der unterschiedlichen Akteure, die „gestaltet und unterstützt" werden soll. Außerdem wird auf den Stand der medizinischen und epidemiologischen Wissenschaft und Technik verwiesen, der bei der Anwendung einzelner Regelungen des IfSG die entscheidende Rolle spielt. Abs. 2 S. 2 hebt zusätzlich die Eigenverantwortung (vgl. § 1 S. 3 SGB V für eine entsprechende Regelung im Krankenversicherungsrecht) hervor. **2**

3 Rechte oder Pflichten lassen sich aus der Vorschrift nicht herleiten (*Gerhardt,* § 1 Rn. 1), insbes. handelt es sich **nicht** um eine **drittschützende** Norm (VGH München Beschl. v. 16.11.2011 – 12 CE 11.1961, Rn. 32). Drittschützend können aber einzelne Vorschriften des IfSG aus den anderen Abschnitten sein (→ Einf. Rn. 6).

B. Präventiver Zweck des IfSG (Abs. 1)

4 Zweck des Gesetzes ist es laut Gesetzgeber, **Leben und Gesundheit der Bevölkerung** vor den Gefahren durch Infektionskrankheiten zu schützen (BT-Drs. 14/2530, 43); die Prävention ist der „Leitgedanke" des gesamten IfSG (LG Köln Urt. v. 18.12.2018 – 5 O 286/18, Rn. 49; → Einf. Rn. 1). Die Rechtsprechung liest in § 1 das Ziel des IfSG hinein, eine effektive Gefahrenabwehr auf dem Gebiet des Infektionsschutzes zu ermöglichen (gestützt auf BVerwGE 142, 205 (216)). Dies erklärt sich nur durch die Einordnung des IfSG als Gefahrenabwehrrecht (→ Einf. Rn. 23 ff.).

5 Abs. 1 nennt die „die **wesentlichen Elemente**" zum Schutz vor übertragbaren Krankheiten (BT-Drs. 14/2530, 43): Vorbeugung, frühzeitige Erkennung von Infektionen und Verhinderung der Weiterverbreitung. Diese drei Elemente entsprechen den drei unterschiedlichen Ansätzen, die sich in den restlichen Vorschriften des IfSG wiederfinden (→ Einf. Rn. 17 ff.).

I. Frühzeitiges Erkennen von Infektionen

6 Das frühzeitige Erkennen von Infektionen verweist u. a. auf das **Meldewesen,** dass durch die §§ 6 ff. eingerichtet wird. Zu dem Begriff „Infektion" → § 2 Nr. 2.

7 Das frühzeitige Erkennen stellt die Grundlage der Vorbeugung und der Verhinderung der Weiterverbreitung dar. Erkennen umfasst „die ärztliche oder labormedizinische Diagnose, die Veranlassung antiepidemischer Maßnahmen im Einzelfall, die Übermittlung der diagnostischen Beobachtungen an koordinierende Stellen sowie die Analyse und Bewertung dieser Meldungen" (BT-Drs. 14/2530, 43).

II. Vorbeugung übertragbarer Krankheiten

8 Unter „Maßnahmen der Vorbeugung" versteht der Gesetzgeber zunächst die **Aufklärung und Information** der Bevölkerung (vgl. § 3), aber auch die Maßnahmen der **Verhütung** nach §§ 16 ff. (ua den Impfschutz) und einzelne Präventionsmaßnahmen in Lebensmittel- und anderen Bereichen einschließlich Gemeinschaftseinrichtungen (vgl. §§ 42 f., §§ 33 ff.) (BT-Drs. 14/2530, 43). Es geht also um ein Stadium, dass noch vor Ausbruch einer Krankheit liegt. Zum Begriff „übertragbare Krankheit" → § 2 Nr. 3. Durch die dort geregelte abstrakt gehaltene Legaldefinition, auf die § 1 sowie viele andere Vorschriften des IfSG verweisen, können infektionsschutzrechtliche Maßnahmen nicht nur bei bestimmten Krankheiten, sondern auch bei bis dahin unbekannten oder in der Regel weniger bedeutenden Krankheiten eingeleitet werden (BT-Drs. 3/1888, 20).

III. Verhinderung der Weiterverbreitung

Die Verhinderung der Weiterverbreitung setzt begriffsnotwendig voraus, **9** dass bereits eine Krankheit aufgetreten ist. Deswegen ist hiermit insbes. die **Bekämpfung** iSd §§ 24 ff., § 34 Abs. 1–9 gemeint.

2020 wurde durch die Rspr. unter den Begriff der Verhinderung auch die **10** **Verlangsamung der Ausbreitung** subsumiert (VG Hamburg Beschl. v. 27.3.2020 – 14 E 1428/20, Rn. 49), also die Begrenzung der Ausbreitungsgeschwindigkeit der Krankheit (OVG Greifswald Beschl. v. 8.4.2020 – 2 KM 236/20 OVG, Rn. 24). Ist dies das Ziel infektionsschutzrechtlicher Maßnahmen, werden Leben und Gesundheit der Bevölkerung nicht direkt durch die Verhütung der Erkrankung im konkreten Fall, sondern mittelbar durch die Verhinderung der **Überlastung des Gesundheitssystems** geschützt. Durch die Verlangsamung der Ausbreitungsgeschwindigkeit einer Krankheit kann so gewährleistet werden, dass stets genügend freie Kapazitäten in den Krankenhäusern (ua, aber nicht nur Intensivplätze) verfügbar sind, so dass alle Erkrankten angemessen versorgt werden können. An dieses Ziel dachte der Gesetzgeber im Jahr 2000 offensichtlich nicht (hierauf weist *Arzt* DÖV 2021, 262 (263), zu Recht hin). Seit Geltung des 3. BevSchG v. 18.11.2020 (BGBl. I 2397) hat der Gesetzgeber dieses Unterziel nun ausdrücklich in **§ 28 a Abs. 3 S. 1** als konkretes Ziel der Epidemiebekämpfungsmaßnahmen ins Gesetz geschrieben (→ § 28 a Rn. 20).

C. Kooperation, Eigenverantwortung (Abs. 2)

Das IfSG soll außerdem die Regeln für eine „organisierte, effektive und ver- **11** trauensvolle **Zusammenarbeit**" festlegen (BT-Drs. 14/2530, 43). Die hierfür geltenden Rahmenbedingungen sind in Abs. 2 niedergelegt.

I. Mitwirkung und Zusammenarbeit

Abs. 2 S. 1 geht zunächst davon aus, dass es zur Erfüllung des Zwecks nach **12** Abs. 1 der Mitwirkung und Zusammenarbeit von **Behörden** des Bundes, der Länder und der Kommunen, Ärzten, Tierärzten, Krankenhäusern, wissenschaftlichen Einrichtungen sowie sonstigen Beteiligten bedarf. Mit Behörden ist vorrangig der ÖGD gemeint, dazu gehören insbes. Gesundheitsämter und Medizinaluntersuchungsämter (BT-Drs. 14/2530, 43). Nach dem Landesrecht sind für die Anordnung von Verhütungs- und Schutzmaßnahmen nach dem IfSG oft die örtlichen Ordnungsbehörden zuständig (vgl. etwa §§ 5 Abs. 1, 6 Abs. 1 IfSBG NRW). Aber auch das RKI, das Bundesamt für Verbraucherschutz und Lebensmittelsicherheit und das Bundesinstitut für Risikobewertung, die BZgA und das Paul-Ehrlich-Institut spielen eine besondere Rolle (*Gerhardt*, § 1 Rn. 8).

Mit **„Ärzten"** verweist der Gesetzgeber auf die niedergelassenen ÄrztIn- **13** nen aller Fachrichtungen (BT-Drs. 14/2530, 43); die erwähnten TierärztInnen sind im Hinblick auf Zoonosen und Lebensmittelvergiftungen (vgl. § 4 Abs. 1 S. 3 IfSG) von wesentlicher Bedeutung (BT-Drs. 14/2530, 91).

14   Abs. 2 S. 1 hat nur **Appellfunktion;** konkrete Kooperationspflichten zwischen den verschiedenen Akteuren sind im IfSG gesetzlich festgeschrieben. Für Unterrichtungspflichten zwischen Behörden → §§ 16 Abs. 6, 7, § 27, § 36 Abs. 8; für Pflichten innerhalb der Surveillance siehe für Meldepflichten § 8, für Übermittlungspflichten §§ 11, 12; für Mitteilungspflichten im Rahmen der Betreuung in Gemeinschaftseinrichtungen § 34 Abs. 5, 6.

15   Die Mitwirkung und Zusammenarbeit soll entsprechend dem jeweiligen Stand der medizinischen und epidemiologischen Wissenschaft und Technik gestaltet und unterstützt werden. Sie müssen sich deswegen in ihrer konkreten Ausgestaltung fortlaufend der **Weiterentwicklung** anpassen (*Gerhardt*, § 1 Rn. 9). Das IfSG erkennt dadurch ausdrücklich die „Wandelbarkeit und Entwicklungsoffenheit forschungsbezogener Standards im medizinischen Bereich" an und verlangt, dass der jeweilige Stand zugrunde gelegt wird (LG Ravensburg Urt. v. 12.3.2015 – 4 O 346/13, Rn. 84).

II. Eigenverantwortung

16   Abs. 2 S. 2 betont die Eigenverantwortung der Träger und Leiter von Gemeinschaftseinrichtungen, Lebensmittelbetrieben, Gesundheitseinrichtungen sowie des Einzelnen bei der Prävention übertragbarer Krankheiten. Diese Eigenverantwortung „soll verdeutlicht und gefördert werden". Da keine vollständige Überwachung und Durchsetzung der bestehenden Pflichten nach dem IfSG möglich sind, **appelliert** das IfSG an die Verantwortung der verschiedenen Akteure.

17   Besondere Bedeutung erlangt die Eigenverantwortung jedoch dort, wo gerade **keine Pflicht** zum Handeln besteht. Dies gilt insbes. für die Inanspruchnahme von Schutzimpfungen durch den Einzelnen, die – mit Ausnahme der Masern, vgl. § 20 Abs. 8 – alle in der Eigenverantwortung des Einzelnen liegen (→ § 20 Rn. 1 f.). Auch die Verhütung von AIDS und anderen sexuell übertragbaren Krankheiten ist davon abhängig, dass sich der Einzelne selbst schützt, etwa durch den Gebrauch von Kondomen während des Geschlechtsverkehrs (eine Kondompflicht gilt für Prostituierte und deren Kunden gem. § 32 Abs. 1 ProstSchG).

§ 2 Begriffsbestimmungen

Im Sinne dieses Gesetzes ist
1.   **Krankheitserreger**
      ein vermehrungsfähiges Agens (Virus, Bakterium, Pilz, Parasit) oder ein sonstiges biologisches transmissibles Agens, das bei Menschen eine Infektion oder übertragbare Krankheit verursachen kann,
2.   **Infektion**
      die Aufnahme eines Krankheitserregers und seine nachfolgende Entwicklung oder Vermehrung im menschlichen Organismus,
3.   **übertragbare Krankheit**
      eine durch Krankheitserreger oder deren toxische Produkte, die unmittelbar oder mittelbar auf den Menschen übertragen werden, verursachte Krankheit,

3a. bedrohliche übertragbare Krankheit
eine übertragbare Krankheit, die auf Grund klinisch schwerer Verlaufsformen oder ihrer Ausbreitungsweise eine schwerwiegende Gefahr für die Allgemeinheit verursachen kann,

4. Kranker
eine Person, die an einer übertragbaren Krankheit erkrankt ist,

5. Krankheitsverdächtiger
eine Person, bei der Symptome bestehen, welche das Vorliegen einer bestimmten übertragbaren Krankheit vermuten lassen,

6. Ausscheider
eine Person, die Krankheitserreger ausscheidet und dadurch eine Ansteckungsquelle für die Allgemeinheit sein kann, ohne krank oder krankheitsverdächtig zu sein,

7. Ansteckungsverdächtiger
eine Person, von der anzunehmen ist, dass sie Krankheitserreger aufgenommen hat, ohne krank, krankheitsverdächtig oder Ausscheider zu sein,

8. nosokomiale Infektion
eine Infektion mit lokalen oder systemischen Infektionszeichen als Reaktion auf das Vorhandensein von Erregern oder ihrer Toxine, die im zeitlichen Zusammenhang mit einer stationären oder einer ambulanten medizinischen Maßnahme steht, soweit die Infektion nicht bereits vorher bestand,

9. Schutzimpfung
die Gabe eines Impfstoffes mit dem Ziel, vor einer übertragbaren Krankheit zu schützen,

10. andere Maßnahme der spezifischen Prophylaxe
die Gabe von Antikörpern (passive Immunprophylaxe) oder die Gabe von Medikamenten (Chemoprophylaxe) zum Schutz vor Weiterverbreitung bestimmter übertragbarer Krankheiten,

11. Impfschaden
die gesundheitliche und wirtschaftliche Folge einer über das übliche Ausmaß einer Impfreaktion hinausgehenden gesundheitlichen Schädigung durch die Schutzimpfung; ein Impfschaden liegt auch vor, wenn mit vermehrungsfähigen Erregern geimpft wurde und eine andere als die geimpfte Person geschädigt wurde,

12. Gesundheitsschädling
ein Tier, durch das Krankheitserreger auf Menschen übertragen werden können,

13. Sentinel-Erhebung
eine epidemiologische Methode zur stichprobenartigen Erfassung der Verbreitung bestimmter übertragbarer Krankheiten und der Immunität gegen bestimmte übertragbare Krankheiten in ausgewählten Bevölkerungsgruppen,

14. Gesundheitsamt
die nach Landesrecht für die Durchführung dieses Gesetzes bestimmte und mit einem Amtsarzt besetzte Behörde,

15. **Leitung der Einrichtung**
    die Person, die mit den Leitungsaufgaben in der jeweiligen Ein-
    richtung beauftragt ist; das betrifft auch
    a) **die selbständig tätige Person für ihren Zuständigkeitsbereich**
       selbst,
    b) **die Person, die einrichtungsübergreifend mit den Leitungs-**
       aufgaben beauftragt ist,
16. **personenbezogene Angabe**
    Name und Vorname, Geschlecht, Geburtsdatum, Anschrift der
    Hauptwohnung oder des gewöhnlichen Aufenthaltsortes und,
    falls abweichend, Anschrift des derzeitigen Aufenthaltsortes der
    betroffenen Person sowie, soweit vorliegend, Telefonnummer
    und E-Mail-Adresse,
17. **Risikogebiet**
    ein Gebiet außerhalb der Bundesrepublik Deutschland, für das
    vom Bundesministerium für Gesundheit im Einvernehmen mit
    dem Auswärtigen Amt und dem Bundesministerium des Innern,
    für Bau und Heimat ein erhöhtes Risiko für eine Infektion mit
    einer bestimmten bedrohlichen übertragbaren Krankheit fest-
    gestellt wurde; die Einstufung als Risikogebiet erfolgt erst mit
    Ablauf des ersten Tages nach Veröffentlichung der Feststellung
    durch das Robert Koch-Institut im Internet unter der Adresse
    https://www.rki.de/risikogebiete.

Übersicht

A. Zweck und Bedeutung der Norm

§ 2 enthält die **Legaldefinitionen** für bestimmte Begriffe, die im IfSG **1** (wiederholt) verwendet werden. Viele der Begriffe übertragen die medizinischen Hintergründe unmittelbar in das Recht (Nr. 1–3, Nr. 8–10, Nr. 12). Andere Begriffe verlangen, dass im Einzelfall medizinische und epidemiologische Erkenntnisse zur Ausfüllung herangezogen werden (insbes. Nr. 3a–7, Nr. 11).

B. Legaldefinitionen

I. Krankheiten und Krankheitserreger (Nr. 1–3a, Nr. 8)

1. Krankheitserreger (Nr. 1). Der Begriff „Krankheitserreger" spielt zu- **2** sammen mit den Begriffen „Infektion" und „übertragbare Krankheit" eine zentrale Rolle für das IfSG; auf ihn stützt sich außerdem der 9. Abschnitt. Aus dem Begriff „Agens" ergibt sich, dass nur solche Viren, Bakterien, Pilze oder Parasiten erfasst werden, die „krankmachende Faktoren" beinhalten (*Gabriel* in BeckOK InfSchR § 2 Rn. 5), die also **beim gesunden, nicht abwehrgeschwächten Menschen** zu einer übertragbaren Krankheit führen können. Für den Menschen nicht oder nur fakultativ pathogene Mikroorganismen werden von der Definition nicht erfasst (BT-Drs. 14/2530, 43).

Für den Begriff „vermehrungsfähiges Agens" ist der Klammerzusatz ab- **3** schließend. Durch die Begrenzung auf **biologische Agentia** werden chemische Agentia wie Schadstoffe ausgeschlossen (*Gerhardt*, § 2 Rn. 6). Das „sonstige biologische transmissible Agens" wurde wegen der fehlenden eindeutigen wissenschaftlichen Klärung der Natur des mit den humanen spongiformen Enzephalopathien assoziierten Agens ins Gesetz aufgenommen (BT-Drs. 14/2530, 43).

Tiere, die Krankheiten übertragen, aber **nicht kausal** (vgl. „verursachen") **4** für die Infektion oder übertragbare Krankheit sind, sind keine Krankheitserreger, können jedoch unter den Begriff **„Gesundheitsschädlinge"** (Nr. 12 → Rn. 41) fallen (*BBS*, § 2 Rn. 3; *Gerhardt*, § 2 Rn. 12).

2. Infektion (Nr. 2). Die Definition macht deutlich, dass **nicht jede In- 5 fektion** zu einer **Erkrankung** (also zu Symptomen, vgl. Nr. 4 → Rn. 21) führt, so entwickelt sich nicht aus jeder HIV-Infektion eine AIDS-Erkrankung und nicht aus jeder SARS-CoV-2-Infektion COVID-19. Personen, die einen Krankheitserreger aufgenommen haben, der sich in ihrem Organismus entwickelt oder vermehrt, können diesen jedoch weiterverbreiten (BT-Drs. 14/2530, 43). Sie gelten nicht als Kranke, sondern als Ausscheider, wenn durch das Ausscheiden des Erregers eine Ansteckungsquelle für die Allgemeinheit entsteht (→ Rn. 25 ff.).

„Aufnahme" setzt voraus, dass der Krankheitserreger **in den mensch- 6 lichen Organismus** gelangt (dazu *BBS*, § 2 Rn. 4 f.); eine bloße Anhaftung oder Besiedelung der (Schleim-)Haut ohne Verletzung der körperlichen Integrität ist nicht ausreichend (*Gerhardt*, § 2 Rn. 17). Hat eine Aufnahme, jedoch keine Entwicklung oder Vermehrung im menschlichen Organismus stattgefunden (etwa bei Giftstoffen), liegt keine Infektion vor (*Gerhardt,* § 2 Rn. 19).

6a   Der Krankheitserreger muss sich im menschlichen Organismus vermehren. Für den Nachweis einer Infektion mit SARS-CoV-2 wird die Polymerasekettenreaktion (Polymerase Chain Reaction) herangezogen, auch als **„PCR-Test"** bezeichnet, der die Anwesenheit des viralen Genoms nachweist, wofür Grundvoraussetzung eine Vermehrung des Virus im Körper ist (ausf. zur Diagnostik https://www.g-f-v.org/node/1387). Der PCR-Test stellt deswegen ein **geeignetes Instrument zum Nachweis einer SARS-CoV-2-Infektion** dar (so auch VG Würzburg Beschl. v. 27. 11. 2020 – W 8 S 20.1844, Rn. 20; VGH Mannheim Beschl. v. 15. 1. 2021 – 1 S 4180/20, Rn. 30 ff.). Auch Antigentests (→ § 24 Rn. 6f) weisen eine Infektion direkt nach, wegen ihrer geringeren Verlässlichkeit sollte hier jedoch in der Regel eine Bestätigung durch einen PCR-Test erfolgen.

6b   **Schwächen** hat der PCR-Test beim **Nachweis der Kontagiösität** einer Person; ein positiver Test sagt nicht zwingend aus, dass die getestete Person ansteckend ist. So kann etwa ein hoher Ct-Wert (dazu www.rki.de → Hinweise zur Testung von Patienten auf Infektion mit dem neuartigen Coronavirus SARS-CoV-2, Stand: 12.2.2021) bedeuten, dass die Person entweder nur noch schwach bzw. nicht mehr ansteckend (wenn der Test sehr spät in der infektiösen Phase erfolgt) oder noch nicht ansteckend ist (wenn der Test zu früh erfolgt). In der Praxis empfiehlt es sich deswegen, bei hohen Ct-Werten den PCR-Test zu einem späteren Zeitpunkt zu wiederholen. Erste Anhaltspunkte zur Kontagiösität kann auch ein Antigentest liefern. Das RKI weist außerdem darauf hin, dass die individuelle Viruslast nicht ausreichend ist, um die Kontagiösität eines Patienten zu beurteilen (www.rki.de → Hinweise zur Testung von Patienten auf Infektion mit dem neuartigen Coronavirus SARS-CoV-2, Stand: 12.2.2021). Die Verwaltungsgerichte sehen den PCR-Test (im Eilverfahren) als ausreichendes Instrument an, die Übertragungsgefahr nachzuweisen (VGH München Beschl. v. 8.9.2020, 20 NE 20.2001, Rn. 28; VG Saarlouis Beschl. v. 27. 11. 2020 – 6 L 1468/20; VG Regensburg Beschl. v. 4. 12. 2020 – RO 14 E 20.2978, Rn. 61).

7   **3. Übertragbare Krankheit (Nr. 3).** Eine ähnliche Definition enthielt § 1 BSeuchG. Sie stellt klar, dass das IfSG nur für **auf den Menschen übertragbare Krankheiten** gilt; für Tierseuchen (dh für Infektionen oder Krankheiten, die von einem Tierseuchenerreger unmittelbar oder mittelbar verursacht wird, bei Tieren auftreten und auf Tiere oder Menschen (Zoonosen) übertragen werden können, vgl. § 2 Nr. 1 TierGesG) gilt das **TierGesG.**

8   Nicht nur Krankheitserreger, sondern auch die von ihnen freigesetzten toxischen Produkte können Krankheitsursache sein, da bei einigen Infektionskrankheiten nicht die Krankheitserreger selbst, sondern die von ihnen produzierten **toxischen Substanzen** die Ursache der Erkrankung darstellen. Dies gilt zB für die Lebensmittelvergiftung durch Botulinus-Toxin (BT-Drs. 14/2530, 43).

9   Unerheblich ist es, ob die Übertragung durch den **Kontakt zu Menschen, Tieren oder Gegenständen** (zB Lebensmittel, Staub oder Schmutz) erfolgt

(*Erdle,* § 1, S. 19; *Sodan* in EFP, § 56 Rn. 15). Die Krankheit muss nicht von
Mensch zu Mensch übertragbar sein, es muss nur auf den Menschen übertragbar sein (*BBS,* § 2 Rn. 7; *Gerhardt,* § 2 Rn. 24), wie dies zB bei Tetanus der Fall
ist. Auch die Krankheit des Botulismus, die durch das Bakterium Clostridium
botulinum hervorrufen wird und nicht von Mensch zu Mensch übertragbar
ist, fällt unter § 2 Nr. 3 (aA VG Augsburg GB v. 15.4.2013 – Au 1 K 12.590;
Gabriel in BeckOK InfSchR § 2 Rn. 16). Zwar sind für solche Krankheiten
die Regelungen des IfSG, die die Verhinderung der Weiterverbreitung bezwecken (wie der 5. Abschnitt) nicht einschlägig. Zu solchen Krankheiten darf
aber zB das RKI gem. § 4 Abs. 2 Nr. 1 Richtlinien, Empfehlungen und Merkblätter erstellen; die STIKO berücksichtigt sie in ihrem Impfempfehlungen
gem. § 20 Abs. 2.

Das IfSG unterscheidet auch nicht danach, ob die Krankheit örtlich oder **10**
zeitlich begrenzt oder unbegrenzt auftritt (*Sodan* in EFP, § 56 Rn. 15; *Erdle,*
§ 2, S. 19; *Gerhardt,* § 2 Rn. 26), ob es sich also um einen einzelnen oder lokal
begrenzten Ausbruch oder um eine Epidemie oder gar Pandemie handelt
(→ Einf. Rn. 2, 34f.).

4. Bedrohliche übertragbare Krankheit (Nr. 3 a). Der Begriff wird seit **11**
2017 (GMÜK v. 17.7.2017, BGBl I 2615) legaldefiniert, nachdem er bereits
vorher an verschiedenen Stellen im IfSG genannt wurde. Er regelt eine **qualifizierte Gefahrensituation** im Vergleich zur „einfachen" übertragbaren
Krankheit.

Nach Ansicht des Gesetzgebers kann sich die schwerwiegende Gefahr für **12**
die Allgemeinheit alternativ aus der schweren Verlaufsform oder aus der Ausbreitungsweise ergeben (BT-Drs. 18/10938, 47; so auch *Gabriel* in BeckOK
InfSchR § 2 Rn. 21). Was die einzelnen Merkmale der Definition bedeuten,
definiert der Gesetzgeber nicht; die Legaldefinition enthält deswegen **unbestimmte Rechtsbegriffe,** die der weiteren Definition bedürfen. Für das
Kriterium „klinisch schwere Verlaufsform" obliegt dies den Medizinern; einen
groben Anhaltspunkt kann die Aufzählung in § 6 Abs. 1 S. 1 Nr. 1 a lit. b bieten. Durch einzelne schwere Krankheitsfälle wird allerdings noch keine
schwerwiegende Gefahr für die Allgemeinheit verursacht. Das Kriterium der
„klinisch schweren Verlaufsformen" kann anders als vom Gesetzgeber beabsichtigt **nicht allein** die schwerwiegende Gefahr für die Allgemeinheit begründen.

Die Ausbreitungsweise bezieht sich auf **Infektiosität und Kontagiosität** **13**
eines Krankheitserregers; je höher sie jeweils sind, desto schneller breitet sich
die Krankheit innerhalb der Bevölkerung aus. Eine Gefahr für die Allgemeinheit kann etwa vorliegen, wenn die Krankheit sich so schnell ausbreitet, dass
die einzelnen Infektionsketten nicht mehr nachverfolgt werden können. Da
dies jedoch auch für harmlose Erkältungsviren gilt, kann eine schwerwiegende
Gefahr für die Allgemeinheit erst dann vorliegen, wenn **gleichzeitig** die
Krankheit nicht nur in seltenen Fällen zu klinisch schweren Verlaufsformen
führt. Die Merkmale „klinisch schwere Verlaufsform" und „Ausbreitungsweise" müssen somit **kumulativ** vorliegen.

5. Nosokomiale Infektion (Nr. 8). Nr. 8 betrifft Infektionen, die wäh- **14**
rend eines Aufenthalts oder einer Behandlung in einem Krankenhaus oder

einer Pflegeeinrichtung auftreten. **Lokale Infektionszeichen** können Überwärmung, Rötung, Schmerzen, Bewegungseinschränkungen, Schwellungen oder Entzündungen sein; zu den systemischen Infektionszeichen gehören zB Fieber, Sepsis oder Lymphknotenschwellung (*Gerhardt,* § 2 Rn. 51).

15   Die Infektion kann durch endogene oder exogene Erreger hervorgerufen worden sein. Dazu gehören auch fakultativ pathogene Mikroorganismen (BT-Drs. 14/2530, 44), also solche, die **beim gesunden, nicht abwehrgeschwächten Menschen nicht** zu einer übertragbaren Krankheit führen (*BBS,* § 2 Rn. 16; *Gerhardt,* § 2 Rn. 53) und deswegen nicht unter den Begriff des Krankheitserregers nach Nr. 1 fallen (→ Rn. 2 ff.). Bei Toxinen handelt es sich um die von einem Erreger abgegebenen Giftstoffe (*Gerhardt,* § 2 Rn. 53).

16   „Stationäre Maßnahme" bezieht sich **nicht nur** auf **Krankenhausaufenthalte,** sondern auch auf „sonstige stationär durchgeführte medizinische Maßnahmen", wie zB solche auf „Krankenstationen in Alten- und Pflegeheimen" (BT-Drs. 14/3194, 79).

17   Die Begriffe „Vorhandensein" und „im zeitlichen Zusammenhang" sollen ausdrücken, dass auch **Infektionen,** die während der medizinischen Behandlung erworben worden sind und erst **nach Abschluss der Behandlung** evident werden, erfasst werden (BT-Drs. 14/2530, 44). Infektionen, die allerdings mit Komplikationen oder Ausweitungen von bereits bei Beginn der Behandlung vorhandenen Infektionen verbunden sind, gehören nicht zu den nosokomialen Infektionen iSd Vorschrift (BT-Drs. 14/2530, 44). Ob ein zeitlicher Zusammenhang besteht, bedarf der medizinischen Einschätzung im Einzelfall (*Gerhardt,* § 2 Rn. 56).

II. Infektionsschutzrechtlich relevante Personengruppen (Nr. 4–7)

18   Nr. 4–7 enthalten die Legaldefinitionen für bestimmte infektionsschutzrechtlich relevante Personengruppen, die früher nahezu deckungsgleich in § 2 lit. a–d BSeuchG geregelt waren. Diese Personen werden auch als **„infektionsschutzrechtliche Störer"** bezeichnet (OVG Lüneburg Urt. v. 3. 2. 2011 – 13 LC 198/08, Rn. 25; *Sodan* in EFP, § 56 Rn. 17; *v. Steinau-Steinrück,* S. 98). Der Begriff ist jedoch **irreführend,** weil nach der Systematik des IfSG diese vier Personen vorrangig im Rahmen des infektionsschutzrechtlichen Anlasses, also der bestehenden Gefahrenlage (vgl. § 28 Abs. 1 S. 1 → § 28 Rn. 14), erwähnt werden und nur in einzelnen Standardermächtigungen (§§ 29–31) als Adressaten (→ § 28 Rn. 6 ff.).

19   Zwischen diesen Personengruppen besteht hinsichtlich des **Gefahrengrades** ein **Stufenverhältnis** (OVG Lüneburg Urt. v. 3. 2. 2011 – 13 LC 198/08, Rn. 25; BVerwGE 142, 205 (213)). Eine Person kann nicht gleichzeitig unter mehrere dieser Kategorien fallen; dies schließen die Definitionen ausdrücklich aus.

20   Es handelt sich um unbestimmte Rechtsbegriffe, die vollständig durch die Gerichte überprüfbar sind (VG Hannover Urt. v. 23. 10. 2008 – 7 A 3697/07, Rn. 29). Sie müssen unter **Heranziehung des medizinischen und epidemiologischen Erkenntnisstands** zu der jeweiligen Krankheit ausgefüllt werden (BVerwGE 142, 205 (213); *Seewald* NJW 1987, 2265 (2271)); dieser

Erkenntnisstand prägt auch die Auslegung des Begriffs „Verdacht" (→ Rn. 23 und 29 ff.).

1. Kranker (Nr. 4). Wie gem. § 2 Nr. 1 BSeuchG ist ein Kranker nach **21** Nr. 4 eine Person, die an einer übertragbaren Krankheit „erkrankt" ist, dh es müssen **Symptome** vorliegen (*Gerhardt,* § 2 Rn. 33). Bei symptomlosen Infizierten handelt es sich um Ausscheider nach Nr. 6 oder um sogenannte Carrier → Rn. 28.

Notwendig ist die **medizinische-diagnostische Absicherung** (*Erdle,* **22** § 1, S. 19; *Gerhardt,* § 2 Rn. 33; *Sodan* in EFP, § 56 Rn. 17).

2. Krankheitsverdächtiger (Nr. 5). Ein Krankheitsverdächtiger weist **23** nur **Symptome** auf, die das Vorliegen einer bestimmten übertragbaren Krankheit vermuten lassen; eine abschließende Beurteilung ist jedoch (noch) nicht möglich. Im Vergleich zum Kranken besteht also eine **Gefahrverdachtslage** (BVerwGE 142, 205 (212); *Sodan* in EFP, § 56 Rn. 18; *Rixen* NJW 2020, 1097 (1100)). Eine entsprechende Vermutung ergibt sich etwa, wenn ein Ansteckungsverdächtiger (→ Rn. 29 ff.) einschlägige Symptome entwickelt (*BBS,* § 2 Rn. 10; *Gerhardt,* § 2 Rn. 38).

Zum Begriff der übertragbaren Krankheit → Nr. 3 (→ Rn. 7 ff.). **24**

3. Ausscheider (Nr. 6). Der Begriff des Ausscheiders verweist mit dem Be- **25** griff des Krankheitserregers auf die Legaldefinition des § 2 Nr. 1 (→ Rn. 2 ff.). Bei Ausscheidern handelt es sich um **symptomlos Infizierte** (zB bei nachgewiesener SARS-CoV-2-Infektion ohne Symptome). Ggf. entwickeln diese Personen später noch Symptome und werden zu Kranken; in anderen Fällen werden Personen nach einer überstandenen Erkrankung zu symptomlosen **Dauerausscheidern** (so werden zB bei Typhus 2−5% der Infizierten zu Salmonellen-Dauerausscheidern (RKI-Ratgeber Typhus abdominalis, Paratyphus, www.rki.de)).

Unter den Begriff des Ausscheidens fallen sämtliche **Vorgänge,** durch die **26** Krankheitserreger den **Körper** des Menschen **verlassen** können (*Gerhardt,* § 2 Rn. 42; enger der Begriff bei *BBS,* § 2 Rn. 11). Dazu gehört der Weg über den Magen-Darm-Trakt, die Atemwege (Aerosole) und Körperflüssigkeiten wie Sperma, Speichel oder Blut.

Die Tatsache, dass Krankheitserreger ausgeschieden werden, muss festste- **27** hen; anders als bei den Krankheits- und Ansteckungsverdächtigen des § 2 Nr. 5 und 7 besteht somit **Gewissheit** über das Vorliegen der Gefahr, dass der Erreger auf andere Menschen weiter übertragen werden kann (BVerwGE 142, 205 (213)).

Nicht ausreichend ist es, dass Krankheitserreger ausgeschieden werden; die **28** Person muss − anders als beim früheren § 2d) BSeuchG − „dadurch" auch eine **Ansteckungsquelle für die Allgemeinheit** sein. Das ist nicht der Fall, wenn in der Blutbahn zwar Krankheitserreger zirkulieren (zB HIV oder das Hepatitis-B-Virus), diese aber nicht durch allg. soziale Kontakte übertragen werden können, sondern nur durch Geschlechtsverkehr oder Bluttransfusionen bzw. andere Blutkontakte (BT-Drs. 14/2530, 44). Diese Personen gelten nicht als Ausscheider, sondern als **Carrier** (*BBS,* § 2 Rn. 12; *Erdle,* § 1, S. 20; *Gerhardt,* § 2 Rn. 43); nur in besonders geregelten Fällen können ihnen gegenüber

Maßnahmen verfügt werden (→ § 31 S. 2; → 34 Abs. 9). HIV-Infizierte, bei denen die Viruslast im Blut durch eine erfolgreiche antiretrovirale Therapie mindestens sechs Monate lang unter der Nachweisgrenze liegt, sind keine Carrier, weil sie keine Krankheitserreger so in sich tragen, dass die Gefahr einer Weiterverbreitung besteht (RKI-Ratgeber HIV-Infektion/AIDS, abrufbar unter www.rki.de).

29   **4. Ansteckungsverdächtiger (Nr. 7).** Auch bei Ansteckungsverdächtigen besteht ein **Gefahrverdacht** (*Sodan* in EFP, § 56 Rn. 20; *Rixen* NJW 2020, 1097 (1100)); die objektiven Anhaltspunkte sind jedoch weniger dicht als beim Krankheitsverdächtigen, weil noch keine Symptome bestehen. Deswegen handelt es sich um die „**geringste Gefährdungsstufe** mit dem weitesten denkbaren Personenkreis" bei den infektionsschutzrechtlich relevanten Personen (OVG Lüneburg Urt. v. 3.2.2011 – 13 LC 198/08, Rn. 25).

30   Die Verdachtslage kann sich zB aus dem **Kontakt mit infizierten Personen,** Gegenständen (BVerwGE 142, 205 (213)) oder mit Gesundheitsschädlingen oder dem Verzehr bestimmter Lebensmittel (*BBS*, § 2 Rn. 13) ergeben. Die Feststellung eines Ansteckungsverdachts setzt deswegen voraus, dass die Behörde **Ermittlungen nach § 25** zu infektionsrelevanten Kontakten (BVerwGE 142, 205 (217)) des Betroffenen und weiterer Umstände anstellt. „Infektionsrelevant" bedeutet, dass die Art der Übertragung (Tröpfcheninfektion; Schmierinfektion; nur über Blutaustausch etc.) entscheidend ist. Ein starker Verdacht besteht bei einem positiven SARS-CoV-2-Antigentest (→ Rn. 6 a f.; → § 24 Rn. 6 f; vgl. auch BT-Drs. 19/27291, 61, allerdings im Zusammenhang mit der Meldepflicht).

31   Nach Ansicht des BVerwG ist die Aufnahme von Krankheitserregern „anzunehmen", wenn „die Annahme, der Betroffene habe Krankheitserreger aufgenommen, **wahrscheinlicher ist als das Gegenteil**" (BVerwGE 142, 205 (216). Diese Passage wird in infektionsschutzrechtlichen Entscheidungen der Gerichte regelmäßig zitiert. Sie ist jedoch insofern missverständlich, als sie nahelegt, dass die Wahrscheinlichkeit mathematisch bestimmt wird, indem bei einer 51%igen Wahrscheinlichkeit eine überwiegende Wahrscheinlichkeit vorliege. Beim **Gefahrbegriff** des allg. Gefahrenabwehrrechts handelt es sich jedoch um einen **normativ zu verstehenden Begriff** (*Di Fabio* JURA 1996, 566 (568)). Im Infektionsschutzrecht bedeutet dies, dass miteinbezogen werden muss (wie es das BVerwG dann auch tut, vgl. BVerwGE 142, 205 (216)), dass sich die möglichen **Krankheiten** nach ihrer **Verbreitungsart,** und **Infektiosität** und ihren Auswirkungen auf die Gesundheit unterschiedlich darstellen. Die Anforderungen an die Annahme, dass eine Person Kontakt zu einer infizierten Person hatte, sind deswegen umso geringer, je ansteckender der Krankheitserreger ist und je schwerwiegender die Auswirkungen auf die Gesundheit sind. Hier spielen die verfügbaren **medizinischen und epidemiologischen Erkenntnisse** die entscheidende Rolle (BVerwGE 142, 205 (216 f.)). Vgl. für SARS-CoV-2 die Kriterien in § 2 Abs. 2 Coronavirus-Testverordnung (TestV) v. 8.3.2021 (BAnz AT 9.3.2021 V), bei deren Vorliegen von einem Ansteckungsverdacht ausgegangen wird.

31a   **Nicht ansteckungsverdächtig** sind **Geimpfte,** die alle für den Immunschutz erforderlichen Impfungen erhalten haben, ab dem Zeitpunkt, in dem von einem vollständigen Immunschutz ausgegangen werden kann (vgl. auch VGH München Beschl. v. 2.3.2021 – 20 NE 21.353, Rn. 14ff.). Dies gilt jedenfalls für die Impfstoffe, bei denen nachgewiesen ist, dass sie auch vor einer Weiterverbreitung des Erregers schützen. Entsprechendes gilt für Personen, die die Infektion durchgemacht haben, wenn unterstellt werden kann, dass es nicht zu einer Reinfektion kommen kann.

Die Zugehörigkeit zu einer **abstrakt gefassten Risikogruppe** ist für die 32 Annahme eines Ansteckungsverdachts **nicht** ausreichend (ausf. *Breitbach/Breitbach/Rühl* KJ 1988, 62 (67f.); *Loschelder* NJW 1987, 1467 (1469), *Frankenberg,* S. 83ff.; iErg auch *Seewald* NJW 1988, 2921 (2926f.); *Schenke* NJW 1989, 755; *v. Steinau-Steinrück,* S. 96; aA der bay. Maßnahmenkatalog v. 25.2.1987 (→ Einf. Rn. 13), der männliche und weibliche Prostituierte und intravenös Drogensüchtige pauschal als ansteckungsverdächtig in Bezug auf **HIV/AIDS** definierte; VGH München NJW 1988, 2318 (2320); *Gallwas* NJW 1989, 1516). Der **Aufenthalt** in Gegenden, die als **Risikogebiet** iSv Nr. 17 gelten, begründet keinen Ansteckungsverdacht (aA *Lutz* IfSG § 2 Rn. 2), ausf. → § 30 Rn. 20f.

Zum Begriff der Aufnahme → Rn. 6, zum Begriff des Krankheitserregers 33 → Rn. 2ff.

III. Impfungen (Nr. 9–11)

Die Legaldefinition für „Schutzimpfung" (Nr. 9) und „andere Maßnahme 34 der spezifischen Prophylaxe" (Nr. 10) sind relevant für **§§ 20, 30 Abs. 5** und zusammen mit der Definition für „Impfschaden" (Nr. 11) für die Entschädigungsregelung des **§ 60.**

1. Schutzimpfung. Die Definition von „Schutzimpfung" (Nr. 9) verweist 35 auf zwei andere Legaldefinitionen: die des **Impfstoffs** in § 4 Abs. 4 AMG (BT-Drs. 14/2530, 44) und die der übertragbaren Krankheit gem. Nr. 3 (→ Rn. 7ff.). Unter den Begriff fallen auch Impfungen, die nicht dem Schutz Dritter, sondern allein dem Schutz des Geimpften dienen, etwa bei Tetanus, da diese Krankheit zwar übertragbar ist, jedoch nicht von Mensch zu Mensch (aA *Gabriel* in BeckOK InfSchR § 2 Rn. 49; → schon Rn. 9). Auf § 2 Nr. 9 verweist auch **§ 20i SGB V,** der die Übernahme der Kosten für Schutzimpfungen durch die GKV regelt.

2. Andere Maßnahme der spezifischen Prophylaxe. Mit den „ande- 36 ren Maßnahmen der spezifischen Prophylaxe" (Nr. 10) sind **„passiv verabfolgte spezifische Antikörper oder wirksame Therapeutika"** gemeint, die eine Weiterverbreitung spezifischer Krankheitserreger bei bereits Infizierten (zB bei einer Meningokokkeninfektion) und bei Ansteckungsverdächtigen (*BBS,* § 2 Rn. 22) verhindern können (BT-Drs. 14/2530, 44). Durch das angegebene Ziel (Schutz vor Weiterverbreitung bestimmter übertragbarer Krankheiten) sind Maßnahmen der Prophylaxe, die nur dem Eigenschutz dienen, nicht von dem Begriff erfasst.

3. Impfschaden (Nr. 11). Der Begriff des Impfschadens besteht aus 37 **drei Teilen:** Schutzimpfung (vgl. Nr. 9 → Rn. 35), dadurch kausal verursachte, über das übliche Ausmaß einer Impfreaktion hinausgehende gesundheitliche Schädigung, dadurch kausal verursachte Schädigungsfolge (ausf. → § 60 Rn. 6 ff.).

38   Die **Impfreaktion** muss über das übliche Ausmaß hinausgehen, das bei jeder Impfung mit dem einzelnen Impfstoff vorkommen kann (wie Rötung und Schwellung an der Einstichstelle, leichte Symptome der Krankheit, gegen die geimpft wird (etwa bei den sogenannten Impfmasern)). Die Abgrenzung kann im Einzelfall schwierig sein und muss durch **medizinische Gutachten** erfolgen. Das RKI hat hierfür gem. **§ 20 Abs. 2 S. 3** Kriterien entwickelt.

39   Ein Impfschaden liegt nach Hs. 2 auch vor, wenn mit vermehrungsfähigen Erregern geimpft wurde und eine **andere als die geimpfte Person** geschädigt wurde. Geimpfte und geschädigte Person sind zB dann nicht identisch, wenn durch die Rötelnschutzimpfung einer Schwangeren das ungeborene Kind geschädigt wird (BT-Drs. 8/2468, 31).

40   Die Schädigungsfolge kann gesundheitlicher *oder* wirtschaftlicher Art sein (ausf. → § 60 Rn. 20; zu den Widersprüchen zwischen § 2 Nr. 11 und § 60, die jedoch in der Praxis nicht zu Schwierigkeiten führen → § 60 Rn. 16).

IV. Nr. 12–17

41   **1. Gesundheitsschädling (Nr. 12).** Die **Übertragung** der Krankheitserreger kann **direkt** (zB durch Bisse oder Stiche von Zecken oder Moskitos) oder **indirekt** (zB durch den Fraß an Nahrungsmitteln durch Mäuse oder Ratten) erfolgen (ausf. *Faulde/Freise* BGesBl 2014, 495 (498 ff.)). Ob Tauben Gesundheitsschädlinge sind, ist in der Rspr. umstritten (dafür VG Weimar Beschl. v. 25.2.2016 – 3 E 73/16 We, Rn. 10, mwN). Tiere, die keine Krankheitserreger auf den Menschen übertragen, sondern Allergene oder Toxine erzeugen, sind keine Gesundheitsschädlinge (BT-Drs. 14/2530, 44); für Krätzmilben (als Parasiten) und Kopfläuse gelten deswegen die besonderen Regelungen der § 17 Abs. 5, § 18 und § 34 Abs. 1.

42   **2. Sentinel-Erhebung (Nr. 13).** Relevant ist diese Legaldefinition nur für **§ 13 Abs. 2** (→ § 13 Rn. 5 ff.). Sie ist weit, so dass unterschiedliche Sentinel-Ansätze davon erfasst sind (*BBS*, § 2 Rn. 32). Für den Begriff „übertragbare Krankheit" siehe Nr. 3 (→ Rn. 7 ff.).

43   **3. Gesundheitsamt (Nr. 14).** Das Gesundheitsamt wird als Behörde an vielen Stellen des IfSG als die zuständige benannt (dazu *Ritgen* in Kluckert, § 12 Rn. 53); es obliegt jedoch dem Landesrecht zu bestimmen, welche Behörde das IfSG durchführt. Das IfSG schreibt in Nr. 14 nur vor, dass sie mit einem **Amtsarzt** besetzt ist, der aber nicht zwingend ihr Leiter sein muss. Der BR hatte im Gesetzgebungsverfahren zum IfSG vorgeschlagen, im gesamten Gesetz das Wort „Gesundheitsamt" durch die Wörter „nach Landesrecht für die Durchführung dieses Gesetzes bestimmten Behörden" zu ersetzen, weil die Aufgabenzuweisung durch den Bundesgesetzgeber im Widerspruch zur Kompetenzordnung des Grundgesetzes stehe (BT-Drs. 14/2530, 91 f.). Der BT lehnte dies jedoch ab, ua weil der Begriff und die Institution „Gesundheitsamt" historisch gewachsen und im Bewusstsein der Bevölkerung etabliert und verankert seien (BT-Drs. 14/3194, 79).

4. Leitung der Einrichtung (Nr. 15). Verschiedene Vorschriften legen 44
den Leitern von Einrichtungen Pflichten auf. Einrichtungen sind die Gemeinschaftseinrichtungen nach §33 und die in §23 Abs. 3, 5 und §36 Nr. 2–6
genannten Einrichtungen. Die Leitung wird entweder durch den Träger der
Einrichtung oder durch denjenigen, der nach Landesrecht sonst dafür zuständig ist, beauftragt (vgl. BT-Drs. 19/15164, 43).

Gem. **Nr. 15 lit. a** soll eine Person, die in einem bestimmten Zuständig 45
keitsbereich innerhalb der Einrichtung selbstständig tätig ist, für diesen Bereich
als Leitung der Einrichtung anzusehen sein (BT-Drs. 19/13452, 22). Missverständlich ist zunächst die Formulierung „selbstständig tätig", die auf den arbeits- bzw. sozialversicherungsrechtlichen Begriff des selbstständig Tätigen
(vgl. §7 SGB IV) zu verweisen scheint. In Nr. 15 lit. a hingegen soll damit
wohl die **eigenverantwortliche Aufgabenerledigung** gemeint sein. Ohne
dass dies in der Begründung des Gesetzentwurfs (BT-Drs. 19/13452) erwähnt
wird, zielt Nr. 15 lit. a wohl auf hauptamtliche **KrankenhaushygienikerInnen** ab, die in medizinischen Einrichtungen eigenständige Organisationseinheiten leiten und dabei eine die fachliche Unabhängigkeit gewährleistende
Stabsfunktion innehaben (vgl. KRINKO-Empfehlungen BGesBl 2009, 951
(953); → §23 Rn. 24ff.). Die Übertragung bestimmter Hygieneaufgaben
(wie Belehrungspflichten) in einem weniger institutionalisierten Kontext
(etwa in einer Kita auf einen bestimmten Erzieher) wird für die Annahme
einer „selbstständigen" Tätigkeit iSd Vorschrift wohl nicht ausreichen, dies
gilt insbes. dann, wenn diese Personen in Hygienefragen nicht besonders ausgebildet sind.

Obwohl der Wortlaut („das betrifft auch") so klingt, als sollten die mit den 46
Leitungsaufgaben in der jeweiligen Einrichtung beauftragte Person und die
selbstständig tätige Person gleichzeitig als Leitung der Einrichtung gelten, ist
der Gesetzgeber wohl so zu verstehen, dass die selbstständig tätige Person für
ihren Bereich **allein als Leitung** der Einrichtung gilt (BT-Drs. 19/13452, 22).

Soweit eine Person einrichtungsübergreifend mit den Leitungsaufgaben be 47
auftragt ist (etwa bei Kitas), gilt sie gem. **Nr. 15 lit. b** als Leitung der verschiedenen Einrichtungen, für die sie zuständig ist.

5. Personenbezogene Angabe (Nr. 16). Nr. 16 regelt aus Gründen 48
der Rechtsklarheit die Daten, die als „personenbezogen" gelten (BT-Drs.
19/13452, 22). Zur Vereinbarkeit der Definition mit datenschutzrechtlichen
Vorgaben → §9 Rn. 3.

6. Risikogebiet (Nr. 17). Nr. 17 wurde durch das 3. BevSchG v. 49
18.11.2020 (BGBl. I 2397) eingefügt, nachdem das Konzept des Risikogebiets
schon länger Teil der Corona-Eindämmungsstrategie war; so galt seit August
2020 eine Testpflicht für Einreisende aus ausländischen Risikogebieten
(→ §36 Rn. 56). Auch Nr. 17 definiert „Risikogebiet" allein als **Gebiet au
ßerhalb der Bundesrepublik;** Regionen im Inland, die vergleichbare Kriterien erfüllen, gelten nicht als Risikogebiete iSd Nr. 17. Relevant wird die Legaldefinition des Nr. 17 nur für §36 Abs. 8 und 10 und §56.

Die **Feststellung** (dh die **Einstufung** als Risikogebiet) trifft das **BMG in** 50
Einvernehmen mit dem Auswärtigem Amt und dem BMI; die Einstufung erfolgt erst mit Ablauf des ersten Tages nach Veröffentlichung der Fest-

stellung durch das RKI im Internet unter der Adresse https://www.rki.de/risikogebiete. Die Veröffentlichung der Feststellung hat **konstitutive Wirkung** (*Gabriel* in BeckOK InfSchR § 2 Rn. 77).

51   Als Risikogebiet gilt ein ausländisches Gebiet, in dem ein erhöhtes Risiko für eine Infektion mit einer bestimmten bedrohlichen übertragbaren Krankheit besteht; zum Begriff der bedrohlichen übertragbaren Krankheit iSd Nr. 3a) → Rn. 11 ff. Die Feststellung erfolgt laut Gesetzesbegründung „nach **epidemiologischen Kriterien,** wie insbesondere anhand der Inzidenzzahlen, der Ausbruchsgeschwindigkeit, der Pathogenität und Letalität" der Krankheit (BT-Drs. 19/23944, 21). Laut RKI erfolgt eine **zweistufige Bewertung:** Zunächst wird festgestellt, in welchen Staaten/Regionen es in den letzten sieben Tagen mehr als 50 Neuinfizierte pro 100.000 EinwohnerInnen gab. In einem zweiten Schritt wird nach qualitativen und weiteren Kriterien festgestellt, ob zB für Staaten/Regionen, die den genannten Grenzwert nominell über- oder unterschreiten, dennoch die Gefahr eines nicht erhöhten oder eines erhöhten Infektionsrisikos vorliegt. Für den zweiten Bewertungsschritt liefern insbes. die deutschen Auslandsvertretungen (dazu BT-Drs. 19/23944, 21) qualitative Berichte zur Lage vor Ort, die auch die jeweils getroffenen Corona-Schutzmaßnahmen beleuchten (weitere Informationen zum Vorgehen unter www.rki.de/risikogebiete).

52   Seit Januar 2021 weist das RKI auch **„Virusvarianten-Gebiete"** und **„Hochinzidenzgebiete"** auf der genannten Internetseite aus. Hierbei handelt es sich um „Regionen mit einem besonders hohen Infektionsrisiko", weil dort „eine besonders hohe Inzidenz für die Verbreitung des Coronavirus SARS-CoV-2 besteht (Hochinzidenzgebiet) oder weil in diesem Risikogebiet bestimmte Varianten des Coronavirus SARS-CoV-2 verbreitet aufgetreten sind (Virusvarianten-Gebiet)" (www.rki.de/risikogebiete). Rechtlich handelt es sich bei diesen Gebieten um Risikogebiete iSd Nr. 17; für Einreisende aus diesen Gebieten wurden jedoch per RVO verschärfte Anforderungen geregelt (→ § 36 Rn. 74, 76).

§ 3 Prävention durch Aufklärung

¹Die Information und Aufklärung der Allgemeinheit über die Gefahren übertragbarer Krankheiten und die Möglichkeiten zu deren Verhütung sind eine öffentliche Aufgabe. ²Insbesondere haben die nach Landesrecht zuständigen Stellen über Möglichkeiten des allgemeinen und individuellen Infektionsschutzes sowie über Beratungs-, Betreuungs- und Versorgungsangebote zu informieren.

A. Zweck und Bedeutung der Norm

1   Eine eigenverantwortliche Prävention (→ § 1 Abs. 2 S. 1) kann der Einzelne nur wahrnehmen, wenn er über die hierfür **notwendigen Informationen** verfügt, wenn er also weiß, wie er sich selbst vor Erkrankungen schützen kann. Diese individuelle Prävention spielt eine große Rolle bei der Verhütung übertragbarer Krankheiten auch für die Allgemeinheit. Deswegen hat der Gesetzgeber Aufklärung und Information der Bevölkerung als Verpflichtung in den Abschnitt „Allgemeine Vorschriften" aufgenommen (BT-Drs. 14/2530, S. 9, 44).

B. Information und Aufklärung (S. 1)

Auf die individuelle, verantwortungsvolle Prävention des Einzelnen ist der **2** Staat dort angewiesen, wo nicht spezielle Verhaltenspflichten normiert sind oder angeordnet werden können. Dies gilt insbes. für die Durchführung von Schutzimpfungen, die – mit Ausnahme der Masern, vgl. § 20 Abs. 8 – alle in der **Eigenverantwortung** des Einzelnen liegen. Auch die Verhütung von AIDS und anderen sexuell übertragbaren Krankheiten ist davon abhängig, dass sich der Einzelne selbst schützt (vgl. zu der Präventionsstrategie bei AIDS → Einf. Rn. 13).

Das IfSG regelt nur vereinzelt, in welchen Fällen eine Beratung angeboten **3** bzw. die Bevölkerung informiert werden soll bzw. muss. Gem. **§ 19 Abs. 1** bietet das Gesundheitsamt bezüglich sexuell übertragbarer Krankheiten und TB Beratung (und Untersuchung) an oder stellt diese in Zusammenarbeit mit anderen medizinischen Einrichtungen sicher. Gem. **§ 20 Abs. 1 S. 1** informieren die Bundeszentrale für gesundheitliche Aufklärung (BZgA), die obersten Landesgesundheitsbehörden und die von ihnen beauftragten Stellen sowie die Gesundheitsämter die Bevölkerung zielgruppenspezifisch über die Bedeutung von Schutzimpfungen und andere Maßnahmen der spezifischen Prophylaxe übertragbarer Krankheiten. Gem. **§ 34 Abs. 10** sollen die Gesundheitsämter und die in § 33 genannten Gemeinschaftseinrichtungen die betreuten Personen oder deren Sorgeberechtigte gemeinsam über die Bedeutung eines vollständigen, altersgemäßen, nach den Empfehlungen der STIKO ausreichenden Impfschutzes und über die Prävention übertragbarer Krankheiten aufklären.

Die gesundheitliche Beratung von **Prostituierten** durch eine für den ÖGD **4** zuständige Behörde regelt § 10 ProstSchG, die gem. § 4 Abs. 3 ProstSchG verpflichtend ist.

Laut Gesetzgeber schließt es die sachgerechte Aufklärung ein, dass die zu- **5** ständigen Stellen „gezielte und wirksame **Präventionsstrategien** entwickeln und diese regelmäßig auf Effizienz und Effektivität überprüfen" (BT-Drs. 14/2530, 44). Die BZgA hat zB Impfkampagnen (etwa die Plakataktion „Deutschland sucht den Impfpass") und die „Gib AIDS keine Chance-Kampagne" entwickelt (wobei es sich bei der AIDS-Kampagne nicht um eine Plakataktion, sondern um einen systematischen, mehrdimensionalen Ansatz handelt, der verschiedene Maßnahmen kombiniert (dazu *Rosenbrock/Michel* Primäre Prävention, 2007, S. 75 ff.)).

C. Information durch nach Landesrecht zuständige Stellen (S. 2)

S. 2 verpflichtet zunächst ausdrücklich die nach Landesrecht zuständigen **6** Stellen, über Möglichkeiten des allgemeinen und individuellen Infektionsschutzes sowie über Beratungs-, Betreuungs- und Versorgungsangebote zu informieren; die entsprechenden Pflichten der Behörden (dies sind nach Landesrecht die Gesundheitsämter, vgl. etwa § 4 Abs. 2 IfSBG NRW) sind in den **Landesgesetzen über den ÖGD** geregelt (vgl. etwa §§ 9, 15 ÖGDG NRW).

7   S. 2 wendet sich jedoch nicht nur an „die nach Landesrecht zuständigen Stellen" („insbes."). Der Gesetzgeber will die Vorschrift außerdem an Behörden wie Jugendamt oder Schulamt gerichtet sehen (BT-Drs. 14/2530, 44). § 3 bleibt insofern jedoch vage und kann nur eine **Appellfunktion** übernehmen; die entsprechende Pflicht ist in § 34 Abs. 10 gesondert geregelt. Eine besondere Rolle auf dem Gebiet der Aufklärung und Information spielen außerdem die BZgA (→ Rn. 3, 5), das BMG und das RKI (→ § 4 Abs. 2 Nr. 1).

2. Abschnitt – Koordinierung und epidemische Lage von nationaler Tragweite

§ 4 Aufgaben des Robert Koch-Institutes

(1) [1]Das Robert Koch-Institut ist die nationale Behörde zur Vorbeugung übertragbarer Krankheiten sowie zur frühzeitigen Erkennung und Verhinderung der Weiterverbreitung von Infektionen. [2]Dies schließt die Entwicklung und Durchführung epidemiologischer und laborgestützter Analysen sowie Forschung zu Ursache, Diagnostik und Prävention übertragbarer Krankheiten ein. [3]Es arbeitet mit den jeweils zuständigen Bundesbehörden, den zuständigen Landesbehörden, den nationalen Referenzzentren, weiteren wissenschaftlichen Einrichtungen und Fachgesellschaften zusammen. [4]Auf dem Gebiet der Zoonosen und mikrobiell bedingten Lebensmittelvergiftungen sind das Bundesamt für Verbraucherschutz und Lebensmittelsicherheit, das Bundesinstitut für Risikobewertung und das Friedrich-Loeffler-Institut zu beteiligen. [5]Auf Ersuchen der zuständigen obersten Landesgesundheitsbehörde kann das Robert Koch-Institut den zuständigen Stellen bei Maßnahmen zur Überwachung, Verhütung und Bekämpfung von bedrohlichen übertragbaren Krankheiten, auf Ersuchen mehrerer zuständiger oberster Landesgesundheitsbehörden auch länderübergreifend, Amtshilfe leisten. [6]Soweit es zur Erfüllung dieser Amtshilfe erforderlich ist, darf es personenbezogene Daten verarbeiten. [7]Beim Robert Koch-Institut wird eine Kontaktstelle für den öffentlichen Gesundheitsdienst der Länder eingerichtet, die die Amtshilfe nach Satz 5 und die Zusammenarbeit mit den zuständigen Landesbehörden und die Zusammenarbeit bei der Umsetzung des elektronischen Melde- und Informationssystems nach § 14 innerhalb der vom gemeinsamen Planungsrat nach § 14 Absatz 1 Satz 7 getroffenen Leitlinien koordiniert.

(1 a) [1]Das Bundesministerium für Gesundheit legt dem Deutschen Bundestag nach Beteiligung des Bundesrates bis spätestens zum 31. März 2021 einen Bericht zu den Erkenntnissen aus der durch das neuartige Coronavirus SARS-CoV-2 verursachten Epidemie vor. [2]Der Bericht beinhaltet Vorschläge zur gesetzlichen, infrastrukturellen und personellen Stärkung des Robert Koch-Instituts sowie gegebenenfalls zusätzlicher Behörden zur Erreichung des Zwecks dieses Gesetzes.

(2) Das Robert Koch-Institut
1. erstellt im Benehmen mit den jeweils zuständigen Bundesbehörden für Fachkreise als Maßnahme des vorbeugenden Gesundheitsschutzes Richtlinien, Empfehlungen, Merkblätter und sonstige Informationen zur Vorbeugung, Erkennung und Verhinderung der Weiterverbreitung übertragbarer Krankheiten,
2. wertet die Daten zu meldepflichtigen Krankheiten und meldepflichtigen Nachweisen von Krankheitserregern, die ihm nach die-

sem Gesetz und nach § 11 Absatz 5, § 16 Absatz 4 des IGV-Durchführungsgesetzes übermittelt worden sind, infektionsepidemiologisch aus,

3. stellt die Ergebnisse der infektionsepidemiologischen Auswertungen den folgenden Behörden und Institutionen zur Verfügung:
   a) den jeweils zuständigen Bundesbehörden,
   b) dem Kommando Sanitätsdienst der Bundeswehr,
   c) den obersten Landesgesundheitsbehörden,
   d) den Gesundheitsämtern,
   e) den Landesärztekammern,
   f) dem Spitzenverband Bund der Krankenkassen,
   g) der Kassenärztlichen Bundesvereinigung,
   h) dem Institut für Arbeitsschutz der Deutschen Gesetzlichen Unfallversicherung und
   i) der Deutschen Krankenhausgesellschaft,
4. veröffentlicht die Ergebnisse der infektionsepidemiologischen Auswertungen periodisch und
5. unterstützt die Länder und sonstigen Beteiligten bei ihren Aufgaben im Rahmen der epidemiologischen Überwachung nach diesem Gesetz.

(3) ¹Das Robert Koch-Institut arbeitet zu den in § 1 Absatz 1 genannten Zwecken mit ausländischen Stellen und supranationalen Organisationen sowie mit der Weltgesundheitsorganisation und anderen internationalen Organisationen zusammen. ²Im Rahmen dieser Zusammenarbeit stärkt es deren Fähigkeiten, insbesondere einer möglichen grenzüberschreitenden Ausbreitung von übertragbaren Krankheiten vorzubeugen, entsprechende Gefahren frühzeitig zu erkennen und Maßnahmen zur Verhinderung einer möglichen grenzüberschreitenden Weiterverbreitung einzuleiten. ³Die Zusammenarbeit kann insbesondere eine dauerhafte wissenschaftliche Zusammenarbeit mit Einrichtungen in Partnerstaaten, die Ausbildung von Personal der Partnerstaaten sowie Unterstützungsleistungen im Bereich der epidemiologischen Lage- und Risikobewertung und des Krisenmanagements umfassen, auch verbunden mit dem Einsatz von Personal des Robert Koch-Institutes im Ausland. ⁴Soweit es zur Abwendung von Gefahren von Dritten und zum Schutz von unmittelbar Betroffenen im Rahmen der frühzeitigen Erkennung und Verhinderung der Weiterverbreitung von bedrohlichen übertragbaren Krankheiten, der Unterstützung bei der Ausbruchsuntersuchung und -bekämpfung, der Kontaktpersonennachverfolgung oder der medizinischen Evakuierung von Erkrankten und Ansteckungsverdächtigen erforderlich ist, darf das Robert Koch-Institut im Rahmen seiner Aufgaben nach den Sätzen 1 bis 3 personenbezogene Daten verarbeiten.

Schrifttum: *Hollo,* Das Verfahren zur Anerkennung von Berufskrankheiten, 2018; *Meß-ling,* Gesetz zum Schutz der Bevölkerung bei einer epidemischen Lage von nationaler Tragweite vom 27.3.2020, NZS 2020, 321; *Ritgen,* Rechtsetzung im Schatten der Corona-Pandemie – Das Gesetz zum Schutz der Bevölkerung bei einer epidemischen Lage von nationaler Tragweite, Der Landkreis 2020, 137; *Rixen,* Gesundheitsschutz in der Coronavirus-Krise – Die (Neu-)Regelungen des Infektionsschutzgesetzes, NJW 2020, 1097; *Trute,* Ungewissheit in der Pandemie als Herausforderung, GSZ 2020, 93.

A. Zweck und Bedeutung der Norm

In der Vorschrift werden **Bedeutung und Aufgaben des RKI** speziell für **1** das Gebiet der Infektionskrankheiten definiert und gesetzlich festgeschrieben. Ziel ist es dabei, das RKI als „infektionsepidemiologische Leitstelle (Zentrum) für die Bundesrepublik Deutschland zu etablieren" (*Erdle,* § 4 S. 24; *Winkelmüller* in BeckOK InfSchR § 4 Rn. 1). Auf der Grundlage der Erkenntnisse des RKI können die zuständigen Behörden über die notwendigen Maßnahmen zur Verhütung und Bekämpfung übertragbarer Krankheiten entscheiden (→ Einf. Rn. 19 ff.). Neu eingeführt wurde eine einmalige Berichtpflicht des BMG zum 31.3.2021 (§ 4 Abs. 1a), um sicherzustellen, dass der Deutsche BT über die Erkenntnisse der durch das Coronavirus SARS-CoV-2 verursachten Epidemie informiert wird (BT-Drs. 19/18111, 19; *Meßling* NZS 2020, 321 (321)).

Angesichts der großen Bedeutung und Autorität des RKI im Rahmen der **2** Bekämpfung von Infektionskrankheiten drängt sich die Frage auf, ob das RKI einer **demokratischen Legitimation** bedarf. Dagegen könnte angeführt werden, dass es sich dabei rein rechtlich lediglich um ein **Sachverständigengremium mit Beraterfunktion** handelt. Die politisch verantwortlichen Hoheitsträger dürfen und müssen für ihre Entscheidungen sachverständige Expertise einholen. Die jeweiligen Sachverständigen(-gremien) müssen dabei in der Regel nicht selbst demokratisch legitimiert sein, weil die außenwirksamen Entscheidungen von den Hoheitsträgern getroffen und verantwortet werden. Erlangt ein Sachverständigengremium aber eine derart prominente Position, dass sein Wirken jedenfalls **mittelbar-faktisch außenwirksam** wird, weil es die letztendliche politische Entscheidung praktisch vorgibt oder zumindest maßgeblich lenkt, bedarf es aufgrund des Demokratie- und Rechtsstaatsprinzips aus Art. 20 GG einer **parlamentsgesetzlichen Verankerung** dieses Gremiums, um seine wesentliche Einflussnahme demokratisch zu legitimieren (zur verfassungsrechtlichen Legitimation von Sachverständigengremien *Hollo*, S. 110 ff.). Zwar kommen dem RKI rechtlich in erster Linie beratende und analytische Kompetenzen, nicht dagegen Befugnisse zum Vollzug des IfSG iSd Erlasses von Einzelmaßnahmen zu. Dies wäre mit Art. 83, 84 GG auch nicht vereinbar (dazu *Lindner* in Schmidt, § 17 Rn. 16). Nichtsdestotrotz genießt das RKI eine zentrale Stellung und große Autorität auf dem Gebiet der Infektionskrankheiten, die sich im Rahmen der COVID-19-Pandemie eindrücklich im Sinne einer „Steuerung durch Wissen" (*Rixen* NJW 2020, 1097) gezeigt haben. Dies setzt sich dahingehend fort, dass die Gerichte in ihren Entscheidungen über „Corona-Maßnahmen" die Aussagen und Erkenntnisse des RKI zur Grundlage ihrer Entscheidungsbegründung machen (s. jüngst etwa OVG Bremen Beschl. v. 7.1.2021 – 1 B 470/20; Beschl. v. 30.12.2020 – 1 B 474/20). Aufgrund dieser großen Bedeutung des RKI ist die explizite Regelung des Instituts und seiner Aufgaben durch ein Parlamentsgesetz verfassungsrechtlich erforderlich. Denn der bedeutende Einfluss des RKI auf die politischen Entscheidungen und Prozesse bei der Bekämpfung von Infektionskrankheiten geht in den faktischen Wirkungen über eine bloße Hintergrund-Beraterfunktion weit hinaus und erfordert daher ein gewisses Maß an demokratischer Legitimation, auch wenn diese mittelbar, dh vermittelt über den Parlamentsgesetzgeber, sein kann.

B. Entstehungsgeschichte

3   Das RKI war durch § 2 des Gesundheitseinrichtungen-Neuordnungs-G v. 24.6.1994 als Nachfolgeeinrichtung des Bundesgesundheitsamtes zum Zwecke der übergreifenden Koordinierung einer effektiven Vorbeugung übertragbarer Krankheiten und der frühzeitigen Erkennung von Infektionen zur Verhinderung ihrer Weiterverbreitung neu installiert worden (*Gerhardt*, § 4 Rn. 1). Dadurch hatte der Gesetzgeber der Aufforderung der Konferenz der für das Gesundheitswesen zuständigen Minister und Senatoren der Länder (GMK) Rechnung getragen, die 1991 das BMG aufgefordert hatte, ein infektionsepidemiologisches Zentrum einzurichten, das die Daten aus den Ländern zusammenführt, eigene Daten erhebt, analysiert und veröffentlicht (BT-Drs. 14/2530, 45). Damit wurde dem Beispiel zahlreicher Staaten gefolgt, etwa den USA, wo das Center for Disease Control and Prevention (CDC) als Bundeseinrichtung seit Jahrzehnten für eine die Einzelstaaten übergreifende effektive Überwachung und Bekämpfung übertragbarer Krankheiten beispielhaft ist (BT-Drs. 14/2530, 45; zu den Hintergründen *Trute* GSZ 2020, 93 (96 f))

4   Ziel der Neuausrichtung des RKI war es, „eine Struktur zu etablieren, die es erlaubt, die für die Bekämpfung von Infektionskrankheiten relevanten Informationen kontinuierlich aus allen einschlägigen Bereichen im RKI zusammenzuführen, defizitäre Bereiche zu identifizieren, fehlende Informationen gezielt zu ermitteln und entsprechende wissenschaftliche Arbeiten sowohl anzuregen als auch subsidiär durchzuführen" (BT-Drs. 14/2530, 45).

Schon vor der COVID-19-Pandemie enthielt § 4 eine konkrete Beschrei- **5**
bung der Aufgaben des RKI und maß dabei der Prävention eine herausgehobene Bedeutung zu (*Gerhardt,* § 4 Rn. 1). Im Jahr 2020 wurde § 4 bereits dreimal geändert und ergänzt, namentlich durch die drei BevSchGe v. 27.3.2020
(BGBl. I 587), v. 19.5.2020 (BGBl. I 1018) und v. 18.11.2020 (BGBl. I 2397).
Im Zuge des 3. BevSchG wurden allerdings nur in Abs. 1 S. 7 der Verweis auf
§ 14 Abs. 1 S. 3 in einen Verweis auf § 14 Abs. 1 S. 7 geändert und in Abs. 3 S. 4
das Wort „schwerwiegenden" durch das Wort „bedrohlichen" ersetzt (BGBl. I
2397). Es handelt sich hierbei lediglich um redaktionelle Änderungen (BT-
Drs. 19/23944, 24 f.).

C. Das Robert Koch-Institut

Das RKI (Sitz in Bln.) wurde 1891 gegründet und bezeichnet sich selbst als **6**
eine der ältesten biomedizinischen Forschungseinrichtungen der Welt
sowie als „das Public-Health-Institut für Deutschland" (www.rki.de → Institut
→ Leitbild). Das RKI ist eine **wissenschaftlich orientierte Bundesoberbehörde ohne eigenen Verwaltungsunterbau im Geschäftsbereich des
BMG** und die zentrale Einrichtung der Bundesregierung auf dem Gebiet der
Krankheitsüberwachung und -prävention und der anwendungs- und maßnah-
menorientierten biomedizinischen Forschung (www.rki.de → Institut → Leitbild). Seine Errichtung konnte auf **Art. 87 Abs. 3 S. 1 GG** gestützt werden.
Die **Kernaufgaben des RKI** sind die Erkennung, Verhütung und Bekämpfung von Krankheiten, insbes. der Infektionskrankheiten. Zu den Aufgaben
gehört der generelle gesetzliche Auftrag, wissenschaftliche Erkenntnisse als Basis für gesundheitspolitische Entscheidungen zu erarbeiten. Vorrangige Aufgaben liegen in der wissenschaftlichen Untersuchung, der epidemiologischen
und medizinischen Analyse und Bewertung von Krankheiten mit hoher Gefährlichkeit, hohem Verbreitungsgrad oder hoher öffentlicher oder gesund-
heitspolitischer Bedeutung (www.rki.de → Institut; *Trute* GSZ 2020, 93
(96 f.)). Das RKI **berät die zuständigen Bundesministerien,** insbes. das
BMG, und wirkt bei der Entwicklung von Normen und Standards mit. Es informiert und berät die Fachöffentlichkeit sowie zunehmend auch die breitere
Öffentlichkeit. Im Hinblick auf das Erkennen gesundheitlicher Gefährdungen
und Risiken nimmt das RKI für sich eine zentrale „Antennenfunktion" im
Sinne eines Frühwarnsystems in Anspruch (www.rki.de → Institut). Auch für
die Rechtsprechung stellen die Risikoeinschätzungen des RKI eine wesentliche Wissensgrundlage dar (*Trute* GSZ 2020, 93 (97)).

Die rechtliche Stellung des RKI und seine Aufgaben auf den Gebieten der **7**
Infektionskrankheiten und der nicht übertragbaren Krankheiten sind grundlegend in § 2 des G über Nachfolgeeinrichtungen des Bundesgesundheitsamtes (BGA-NachfolgeG) v. 24.6.1994 (BGBl. I 1416) geregelt. Das IfSG regelt
darauf aufbauend speziell die Aufgaben des RKI auf dem Gebiet der Infektionskrankheiten. In diesem Zusammenhang kommt dem RKI auch nach dem
IGV-DurchführungsG v. 21.3.2013 (BGBl. I 566) eine zentrale Rolle zu.
Weitere besondere Aufgabenbereiche sind in anderen Gesetzen geregelt, zB
im TFG, im ChemG, im GefahrgutbeförderungsG und im GenTG.

D. Allgemeine Aufgaben und Stellung (Abs. 1)

8   Der Gesetzgeber hat dem RKI im Zusammenhang mit dem Infektionsschutz eine besondere Rolle eingeräumt (BayVerfGH Beschl. v. 26.3.2020 – Vf. 6-VII-20 = BeckRS 2020, 4602 Rn. 16). In Abs. 1 ist dem RKI ua die Aufgabe übertragen, Konzeptionen zur Vorbeugung übertragbarer Krankheiten sowie zur frühzeitigen Erkennung und Verhinderung der Weiterverbreitung von Infektionen zu entwickeln. Dazu zählt das Gesetz auch die Entwicklung und Durchführung epidemiologischer und laborgestützter Analysen sowie Forschung zu Ursache, Diagnostik und Prävention übertragbarer Krankheiten. Das bedeutet, dass das RKI zur Erfüllung der ihm übertragenen Aufgaben auch eigene Forschung durchführen darf und muss. Eine weitere Konkretisierung der Konzeptionen ist im Gesetz nicht enthalten, so dass das RKI hinsichtlich des Inhalts und der Ausgestaltung der Konzeptionen über einen erheblichen Spielraum verfügt (*Gerhardt,* § 4 Rn. 3). Die amtliche Begründung lenkt die Ausübung dieses Spielraumes dahingehend, dass die „Konzepte zur Bekämpfung übertragbarer Krankheiten […] sich auf den Stand des Wissens und der Technik, eine qualifizierte Analyse erhobener Daten sowie deren Bewertung und Schlussfolgerungen für Interventionen" gründen müssen (BT-Drs. 14/2530, 45).

I. Zusammenarbeit mit anderen Institutionen (S. 3)

9   Abs. 1 S. 3 bestimmt, dass das RKI bei der Erfüllung seiner Aufgaben mit anderen zuständigen Bundes- und Landesbehörden, mit nationalen Referenzzentren (NRZ) und mit weiteren wissenschaftlichen Einrichtungen und Fachgesellschaften zusammenarbeitet. Dies soll eine **umfassende Kooperation** und ein **besonderes Maß an Effektivität des Handelns** sicherstellen. Die NRZ werden vom BMG jeweils für bestimmte Bereiche ernannt und finanziell gefördert. Eine Gesamtliste der gegenwärtig insgesamt 20 NRZ sowie ein Aufgabenkatalog sind auf der Homepage des RKI abrufbar (www.rki.de → Infektionsschutz → NRZ und Konsiliarlabore).

II. Beteiligung anderer Bundesinstitute (S. 4)

10   Nach Abs. 1 S. 4 muss das RKI das Bundesamt für Verbraucherschutz und Lebensmittelsicherheit, das Bundesinstitut für Risikobewertung und das Friedrich-Loeffler-Institut beteiligen, deren Zuständigkeiten in den aufgeführten Bereichen berührt werden. Mangels näherer Ausgestaltung kann das RKI Art und Umfang der Beteiligung **nach pflichtgemäßem Ermessen** bestimmen (*Gerhardt,* § 4 Rn. 4). Im Übrigen stellt eine bloße Beteiligung eine geringe Mitwirkungs- und Einflussmöglichkeit weit unter der Schwelle eines Zustimmungserfordernisses dar. So liegt eine Beteiligung schon dann vor, wenn das RKI einen Austausch veranlasst und die Einschätzungen der zu beteiligenden Einrichtungen zur Kenntnis nimmt. Das RKI ist nicht an die Einschätzungen und an etwaige Einwände gebunden (*Gerhardt,* § 4 Rn. 5).

III. Amtshilfe (S. 5, 6)

Die Sätze 5 und 6 enthalten Regelungen hinsichtlich einer Amtshilfe durch **11** das RKI auf entsprechendes Ersuchen von zuständigen obersten Landesgesundheitsbehörden. Ersuchen mehrere zuständige oberste Landesgesundheitsbehörden gleichzeitig um Amtshilfe, darf das RKI diese auch länderübergreifend leisten. Die Berechtigung zur Amtshilfe stellt sicher, dass das Wissen und die Erfahrungen des RKI den Ländern bei Bedarf zur Verfügung gestellt werden (so BT-Drs. 14/2530, 45, zu der – damals noch etwas anders lautenden – ersten Fassung des § 4) und ein zentral koordiniertes Vorgehen gewährleistet ist. Die zuständige Behörde bestimmt sich nach dem jeweiligen Landesrecht. Eine besondere Form für das Ersuchen ist nicht vorgeschrieben, so dass eine bloße mündliche Anfrage genügen dürfte. Die erbetene Amtshilfe muss nach dem Gesetzeswortlaut mit Maßnahmen zur Überwachung, Verhütung und Bekämpfung von bedrohlichen übertragbaren Krankheiten (→ § 2 Nr. 3a) im Zusammenhang stehen. Diese Einschränkung dient dazu, die Kapazitäten des RKI nur in schwerwiegenden Fällen zu strapazieren (*Gerhardt*, § 4 Rn. 9a). Mangels näherer gesetzlicher Festlegung steht die konkrete Ausgestaltung der Amtshilfe **im pflichtgemäßen Ermessen des RKI** und orientiert sich am jeweiligen Bedarf des Einzelfalls (*Gerhardt*, § 4 Rn. 10). So kann sie sich in reiner Beratung erschöpfen, aber auch weitergehende Unterstützungstätigkeiten umfassen (BT-Drs. 19/15164, 50). Hintergrund ist insbes. das Bestreben, den ÖGD vor Ort insoweit zu unterstützen, dass ein schnelles Handeln und eine unverzügliche Einleitung von Maßnahmen zur Eindämmung eines Infektionsgeschehens erfolgen können (BT-Drs. 19/15164, 51).

Durch die Amtshilferegelungen erwachsen dem RKI keine zusätzlichen **12** Befugnisse (BT-Drs. 19/15164, 51). § 4 Abs. 1 S. 5 stellt also **keine eigene Ermächtigungsgrundlage** dar. Die im Rahmen der Amtshilfe zulässigen Handlungen müssen sich vielmehr aus dem übrigen für das RKI maßgeblichen Recht ergeben. Vor allem für etwaige Eingriffshandlungen bedarf das RKI einer separaten gesetzlichen Ermächtigungsgrundlage (BT-Drs. 19/15164, 51). Durch S. 5 nicht möglich ist die Übernahme von Aufgaben und Befugnissen der obersten Landesgesundheitsbehörden, die dem RKI nicht selbst aufgrund einer anderen gesetzlichen Aufgabenzuweisung oder einer anderen gesetzlichen Eingriffsermächtigung zugewiesen sind (BT-Drs. 19/15164, 51). Eine eigenständige Befugnis enthält S. 6, wonach das RKI im Rahmen der Amtshilfe personenbezogene Daten verarbeiten darf. Dadurch kann das RKI im Rahmen der Amtshilfe konkrete personenbezogene Empfehlungen abgeben, soweit dies zur Erfüllung der jeweiligen Amtshilfeleistung erforderlich ist (BT-Drs. 19/15164, 51).

IV. Einrichtung einer Kontaktstelle (S. 7)

Nach Abs. 1 S. 7, der durch das 2. BevSchG v. 19.5.2020 (BGBl. I 1018) **13** hinzugekommen ist, wird beim RKI eine Kontaktstelle für den ÖGD der Länder eingerichtet, die die Amtshilfe nach S. 5 sowie die Zusammenarbeit des Bundes mit den zuständigen Landesbehörden und die Zusammenarbeit bei der Umsetzung des elektronischen Melde- und Informationssystems nach

§ 14 koordinieren soll. Der Grund für diese Neuregelung liegt darin, dass sich im Zuge der COVID-19-Pandemie durch die vielfach gesteigerten Anforderungen an den ÖGD ein erhöhter Informations- und Unterstützungsbedarf durch den Bund gezeigt hat, dem nun Rechnung getragen werden soll (BT-Drs. 19/18967, 53). Dabei ist die Zusammenarbeit mit dem gemeinsamen Planungsrat nach § 14 Abs. 1 S. 7 nach dessen Maßgaben auszurichten, damit dessen Aufgaben unberührt bleiben (BT-Drs. 19/18967, 54).

E. Bericht über Corona-Epidemie (Abs. 1a)

14   **Abs. 1a** legt dem BMG eine **besondere Berichtspflicht** auf. Dadurch soll sichergestellt werden, dass der BT über die Erkenntnisse der durch das Coronavirus SARS-CoV-2 verursachten Epidemie informiert wird (BT-Drs. 19/18111, 19). Dies hängt insbes. auch mit der Vorläufigkeit des Wissens und des weiterhin großen Unwissens bzgl. der Pandemie zusammen (dazu *Trute* GSZ 2020, 93). Da der Gesetzgeber mit den neuen Regelungen des IfSG „fraglos Neuland" betritt, ist es „nur folgerichtig" (*Ritgen,* LK 2020, 137 (142)), wenn § 4 Abs. 1a vom BMG verlangt, dem BT bis zum 31.3.2021 einen Bericht zu den gewonnenen Erkenntnissen vorzulegen. Bei der Erstellung des Berichts ist der BR zu beteiligen, was sicherstellt, dass die Sichtweise der Bundesländer und die dort gemachten Erfahrungen berücksichtigt werden. Der Bericht soll auch Vorschläge zur gesetzlichen, infrastrukturellen und personellen Stärkung des RKI sowie ggf. zusätzlicher Behörden zur Umsetzung und Erreichung der Zwecke des IfSG beinhalten. Perspektivisch soll das RKI mithin eine noch prominentere Bedeutung und Rolle spielen. Welche weiteren Behörden eingerichtet werden könnten, bleibt offen.

15   Der Gesetzgeber geht davon aus, dass sich insbes. durch den Klimawandel und die zunehmende Mobilität der Bevölkerung eine ähnliche Gefahrensituation, wie sie durch das neuartige Coronavirus hervorgerufen worden ist, wiederholen kann. Deshalb soll der Bericht dabei helfen, aus den Erfahrungen vor und nach der Einführung der Corona-bedingten Gesetzesänderungen zu lernen, um die zukünftige proaktive Gefahrenbewältigung zu stärken und zu effektuieren (BT-Drs. 19/18111, 19).

F. Konkrete Aufgaben (Abs. 2)

16   Gemäß **Abs. 2** erstellt das RKI ua im Benehmen mit den jeweils zuständigen Bundesbehörden für Fachkreise als Maßnahme des vorbeugenden Gesundheitsschutzes Richtlinien, Empfehlungen, Merkblätter und sonstige Informationen zur Vorbeugung, Erkennung und Verhinderung der Weiterverbreitung übertragbarer Krankheiten, wertet Daten zu meldepflichtigen Krankheiten und meldepflichtigen Nachweisen von Krankheitserregern infektionsepidemiologisch aus und stellt die Ergebnisse bestimmten Behörden und Institutionen zur Verfügung. Es unterstützt die Länder und sonstigen Beteiligten bei ihren Aufgaben im Rahmen der epidemiologischen Überwachung nach diesem Gesetz (§ 4 Abs. 2 Nr. 5). Damit beschreibt Abs. 2 wesentliche Aufgaben, durch deren Wahrnehmung das RKI in erheblichem Umfang zu einer Erleichterung der täglichen Arbeit und zu einer Vereinheitlichung der medizinischen Bewertung bei den zuständigen Behörden und Gesundheitsämtern beiträgt (*Gerhardt*, § 4 Rn. 14).

I. Nr. 1

Die Erstellung von Richtlinien, Empfehlungen, Merkblättern und sonstigen **17** Informationen dient der **Koordinierung und Lenkung** einer effektiven und zielgerichteten Vorbeugung, Erkennung und Verhinderung der Weiterverbreitung übertragbarer Krankheiten. Das RKI soll dadurch die aktuellen wissenschaftlichen Informationen über Infektionskrankheiten den Fachkreisen zugänglich machen, damit diese möglichst zeitnah in der Prävention, Diagnostik und Therapie berücksichtigt und nutzbar gemacht werden können (BT-Drs. 14/2530, 45). Damit alle involvierten Behörden dabei an einem Strang ziehen, ist das **Benehmen** mit den jeweils zuständigen Bundesbehörden erforderlich. „Benehmen" bedeutet dabei, dass die jeweils zuständigen Bundesbehörden **beteiligt werden** und ein **inhaltlicher Konsens** mit ihnen gesucht wird.

Mit **Richtlinien** sind in diesem Zusammenhang Leitlinien im Sinne von **18** medizinischen Standards gemeint, die nicht in Gesetzeskraft erwachsen (*Gerhardt*, § 4 Rn. 17). Dennoch kommt ihnen eine hohe – auch rechtliche – Verbindlichkeit zu, da sie aufgrund der anerkannten Fachlichkeit des RKI als **antizipierte Sachverständigengutachten** anzusehen sind (so auch *Gerhardt*, § 4 Rn. 17). Das bedeutet, dass ein mit den Richtlinien im Einklang stehendes Handeln im Zweifel als lege artis anzuerkennen ist, während ein von einer einschlägigen Richtlinie abweichendes Verhalten einem besonderen Rechtfertigungs- und Begründungsbedürfnis ausgesetzt ist.

Empfehlungen und **Merkblättern** kommt ein weniger verbindlicher **19** Charakter zu als den Richtlinien. **Empfehlungen** sind fachliche Ratschläge zu einzelnen Aspekten der Vorbeugung, Erkennung und Verhinderung von Infektionskrankheiten, während **Merkblätter** die wesentlichsten Erkenntnisse und Eckpunkte einzelner Themen zusammenfassen. Sowohl Empfehlungen als auch Merkblätter sollen die jeweiligen Adressaten bei ihrer Arbeit unterstützen (*Gerhardt*, § 4 Rn. 18). Eine Übersicht der Publikationen des RKI ist unter www.rki.de → Service → Publikationen abrufbar.

II. Nr. 2–4

§ 4 Abs. 2 **Nr. 2–4** regeln die infektionsepidemiologische Auswertung, **20** Zurverfügungstellung und Veröffentlichung von Daten zu meldepflichtigen Krankheiten (→ § 6) und meldepflichtigen Nachweisen von Krankheitserregern (→ § 7) nach dem IfSG und dem IGV-DurchführungsG durch das RKI. Durch diese gesetzlichen Aufträge wird sichergestellt, dass das RKI stets auf dem aktuellen Stand über das epidemiologische Geschehen ist und epidemiologische Zusammenhänge frühzeitig erkennen kann. Diese Kenntnisse sind zwingende Voraussetzung für die effektive Wahrnehmung aller anderen Aufgaben des RKI sowie für die schnellstmögliche Aufdeckung und Bekämpfung von Epidemien, Pandemien, neuen Infektionskrankheiten und allen damit einhergehenden Folgen und Risiken. Die periodischen Veröffentlichungen der Ergebnisse der infektionsepidemiologischen Auswertungen nach § 4

Abs. 2 Nr. 4 erfolgen in der Regel im Rahmen des epid. Bulletins (nach Jahres-zahlen geordnet abrufbar unter https://edoc.rki.de/handle/176904/10).

III. Nr. 5

21   **Nr. 5** enthält einen weiteren **allgemeinen Unterstützungsauftrag** ohne nähere Spezifizierung. Danach ist das RKI dazu berufen, all diejenigen, die Aufgaben im Rahmen der epidemiologischen Bewachung nach dem IfSG wahrnehmen, zu unterstützen. Diese allgemeine Unterstützungsaufgabe macht erneut die Stellung des RKI als Zentralstelle bei der Bekämpfung von Infekti-onskrankheiten deutlich. Die weitere Ausgestaltung der Unterstützung liegt auch hier wieder im **pflichtgemäßen Ermessen** des RKI und belässt ihm einen **weiten Spielraum**.

G. Internationale Zusammenarbeit (Abs. 3)

22   Gemäß **Abs. 3** arbeitet das RKI mit ausländischen Stellen und supranatio-nalen Organisationen sowie mit der WHO und anderen internationalen Or-ganisationen zusammen (ausführlich dazu *Winkelmüller* in BeckOK InfSchR § 4 Rn. 28 ff.). Dem liegt die – jüngst eindrücklich durch die COVID-19-Pan-demie bestätigte – Erkenntnis zugrunde, dass es angesichts der zunehmenden Globalisierung und internationalen Vernetzung, des intensiven grenzüber-schreitenden Waren- und Reiseverkehrs zunehmend wichtiger ist, den Gefah-ren einer Ausbreitung von übertragbaren Krankheiten frühzeitig zu begegnen. Das RKI soll dazu beitragen, ausländische Staaten, die ein weniger leistungs-fähiges öffentliches Gesundheitswesen haben, auf deren Hoheitsgebiet jedoch zB bedrohliche übertragbare Krankheiten auftreten und sich ausbreiten kön-nen, (freilich auch im nationalen und europäischen Interesse) dabei zu unter-stützen, entsprechenden Gefahren vorzubeugen, sie frühzeitig zu erkennen und wirksame Bekämpfungsmaßnahmen zu ergreifen (BT-Drs. 18/10938, 48; *Gerhardt,* § 4 Rn. 23; dazu *Winkelmüller* in BeckOK InfSchR § 4 Rn. 27). Der Gesetzgeber bringt damit zum Ausdruck, dass den Einschätzungen des RKI im Bereich des Infektionsschutzes auch international besonderes Gewicht zukommt (BayVerfGH Beschl. v. 26.3.2020 – Vf. 6-VII-20 = BeckRS 2020, 4602, Rn. 16). Zugleich hat das RKI aber auch ein Interesse daran, im Zuge dieser internationalen Kooperation neue wissenschaftliche Erkenntnisse zu ge-winnen und sie für die Zwecke des internationalen und nationalen Gesund-heitsschutzes einzusetzen (*Winkelmüller* in BeckOK InfSchR § 4 Rn. 27).

23   Während Abs. 3 S. 2 das Ziel dieser Zusammenarbeit noch einmal betont, konkretisiert S. 3 (nicht abschließend) ihre mögliche Ausgestaltung: Der Ge-setzgeber hat insbes. an eine dauerhafte wissenschaftliche Zusammenarbeit mit Einrichtungen in Partnerstaaten, an die Ausbildung von Personal in Part-nerstaaten sowie an Unterstützungsleistungen im Bereich der epidemiologi-schen Lage- und Risikobewertung und des Krisenmanagements gedacht. Dazu darf das RKI auch eigenes Personal im Ausland einsetzen. Der Gesetz-geber macht deutlich, dass er von einer internationalen Vorreiterstellung des RKI und seiner Expertise im Bereich des Infektionsschutzes ausgeht. Abs. 3 S. 4 ermächtigt das RKI auch zu diesen Zwecken zu einer – ausdrücklich auf diese Zwecke begrenzten – Verarbeitung etwaig erforderlicher personenbezogener Daten. Durch die im Zuge des 3. BevSchG erfolgte redaktionelle Änderung des Begriffs „schwerwiegenden" in „bedrohlichen" (Abs. 3 S. 4) wurde die im Gesetz verwendete Terminologie vereinheitlicht (BT-Drs. 19/23944, 25). Im Gegensatz zur „schwerwiegenden" übertragbaren Krankheit ist der Begriff der „bedrohlichen" übertragbaren Krankheit bereits in § 2 Nr. 3 lit. a legaldefiniert (→ § 2 Rn. 11 ff.).

§ 5 Epidemische Lage von nationaler Tragweite

(1) [1]Der Deutsche Bundestag kann eine epidemische Lage von nationaler Tragweite feststellen, wenn die Voraussetzungen nach Satz 6 vorliegen. [2]Der Deutsche Bundestag hebt die Feststellung der epidemischen Lage von nationaler Tragweite wieder auf, wenn die Voraussetzungen nach Satz 6 nicht mehr vorliegen. [3]Die Feststellung nach Satz 1 gilt als nach Satz 2 aufgehoben, sofern der Deutsche Bundestag nicht spätestens drei Monate nach der Feststellung nach Satz 1 das Fortbestehen der epidemischen Lage von nationaler Tragweite feststellt; dies gilt entsprechend, sofern der Deutsche Bundestag nicht spätestens drei Monate nach der Feststellung des Fortbestehens der epidemischen Lage von nationaler Tragweite das Fortbestehen erneut feststellt. [4]Die Feststellung des Fortbestehens nach Satz 3 gilt als Feststellung im Sinne des Satzes 1. [5]Die Feststellung und die Aufhebung sind im Bundesgesetzblatt bekannt zu machen. [6]Eine epidemische Lage von nationaler Tragweite liegt vor, wenn eine ernsthafte Gefahr für die öffentliche Gesundheit in der gesamten Bundesrepublik Deutschland besteht, weil

1. die Weltgesundheitsorganisation eine gesundheitliche Notlage von internationaler Tragweite ausgerufen hat und die Einschleppung einer bedrohlichen übertragbaren Krankheit in die Bundesrepublik Deutschland droht oder
2. eine dynamische Ausbreitung einer bedrohlichen übertragbaren Krankheit über mehrere Länder in der Bundesrepublik Deutschland droht oder stattfindet.

[7]Solange eine epidemische Lage von nationaler Tragweite festgestellt ist, unterrichtet die Bundesregierung den Deutschen Bundestag regelmäßig mündlich über die Entwicklung der epidemischen Lage von nationaler Tragweite.

(2) [1]Das Bundesministerium für Gesundheit wird im Rahmen der epidemischen Lage von nationaler Tragweite unbeschadet der Befugnisse der Länder ermächtigt,

1. bis 3. (weggefallen)
4. durch Rechtsverordnung ohne Zustimmung des Bundesrates Maßnahmen zur Sicherstellung der Versorgung mit Arzneimitteln einschließlich Impfstoffen und Betäubungsmitteln, mit Medizinprodukten, Labordiagnostik, Hilfsmitteln, Gegenständen der persönlichen Schutzausrüstung und Produkten zur Desinfektion sowie

zur Sicherstellung der Versorgung mit Wirk-, Ausgangs- und Hilfs-
stoffen, Materialien, Behältnissen und Verpackungsmaterialien, die
zur Herstellung und zum Transport der zuvor genannten Produkte
erforderlich sind, zu treffen sind

a) Ausnahmen von den Vorschriften des Arzneimittelgesetzes, des
   Betäubungsmittelgesetzes, des Apothekengesetzes, des Fünften
   Buches Sozialgesetzbuch, des Transfusionsgesetzes sowie der auf
   ihrer Grundlage erlassenen Rechtsverordnungen, der medizin-
   produkterechtlichen Vorschriften und der die persönliche Schutzausrüstung betreffenden Vorschriften zum Arbeitsschutz, die die
   Herstellung, Kennzeichnung, Zulassung, klinische Prüfung, Anwendung, Verschreibung und Abgabe, Ein- und Ausfuhr, das Verbringen und die Haftung, sowie den Betrieb von Apotheken einschließlich Leitung und Personaleinsatz regeln, zuzulassen,

b) die zuständigen Behörden zu ermächtigen, im Einzelfall Ausnahmen von den in Buchstabe a genannten Vorschriften zu
   gestatten, insbesondere Ausnahmen von den Vorschriften zur
   Herstellung, Kennzeichnung, Anwendung, Verschreibung und
   Abgabe, zur Ein- und Ausfuhr und zum Verbringen sowie zum
   Betrieb von Apotheken einschließlich Leitung und Personaleinsatz zuzulassen,

c) Maßnahmen zum Bezug, zur Beschaffung, Bevorratung, Verteilung und Abgabe solcher Produkte durch den Bund zu treffen
   sowie Regelungen zu Melde- und Anzeigepflichten vorzusehen,

d) Regelungen zur Sicherstellung und Verwendung der genannten
   Produkte sowie bei enteignender Wirkung Regelungen über
   eine angemessene Entschädigung hierfür vorzusehen,

e) ein Verbot, diese Produkte zu verkaufen, sich anderweitig zur
   Überlassung zu verpflichten oder bereits eingegangene Verpflichtungen zur Überlassung zu erfüllen sowie Regelungen
   über eine angemessene Entschädigung hierfür vorzusehen,

f) Regelungen zum Vertrieb, zur Abgabe, Preisbildung und -ge-
   staltung, Erstattung, Vergütung sowie für den Fall beschränkter
   Verfügbarkeit von Arzneimitteln einschließlich Impfstoffen zur
   Priorisierung der Abgabe und Anwendung der Arzneimittel
   oder der Nutzung der Arzneimittel durch den Bund und die
   Länder zu Gunsten bestimmter Personengruppen vorzusehen,

g) Maßnahmen zur Aufrechterhaltung, Umstellung, Eröffnung oder
   Schließung von Produktionsstätten oder einzelner Betriebsstätten von Unternehmen, die solche Produkte produzieren sowie
   Regelungen über eine angemessene Entschädigung hierfür vorzusehen;

5. nach § 13 Absatz 1 des Patentgesetzes anzuordnen, dass eine Erfindung in Bezug auf eines der in Nummer 4 vor der Aufzählung genannten Produkte im Interesse der öffentlichen Wohlfahrt oder im
   Interesse der Sicherheit des Bundes benutzt werden soll; das Bundesministerium für Gesundheit kann eine nachgeordnete Behörde
   beauftragen, diese Anordnung zu treffen;

6. die notwendigen Anordnungen
   a) zur Durchführung der Maßnahmen nach Nummer 4 Buchstabe a und
   b) zur Durchführung der Maßnahmen nach Nummer 4 Buchstabe c bis g

   zu treffen; das Bundesministerium für Gesundheit kann eine nachgeordnete Behörde beauftragen, diese Anordnung zu treffen;

7. durch Rechtsverordnung ohne Zustimmung des Bundesrates Maßnahmen zur Aufrechterhaltung der Gesundheitsversorgung in ambulanten Praxen, Apotheken, Krankenhäusern, Laboren, Vorsorge- und Rehabilitationseinrichtungen und in sonstigen Gesundheitseinrichtungen in Abweichung von bestehenden gesetzlichen Vorgaben vorzusehen und
   a) untergesetzliche Richtlinien, Regelungen, Vereinbarungen und Beschlüsse der Selbstverwaltungspartner nach dem Fünften Buch Sozialgesetzbuch und nach Gesetzen, auf die im Fünften Buch Sozialgesetzbuch Bezug genommen wird, anzupassen, zu ergänzen oder auszusetzen,
   b) abweichend von der Approbationsordnung für Ärzte die Regelstudienzeit, die Zeitpunkte und die Anforderungen an die Durchführung der einzelnen Abschnitte der Ärztlichen Prüfung und der Eignungs- und Kenntnisprüfung festzulegen und zu regeln, dass Medizinstudierenden infolge einer notwendigen Mitwirkung an der Gesundheitsversorgung keine Nachteile für den Studienfortschritt entstehen,
   c) abweichend von der Approbationsordnung für Zahnärzte, sofern sie nach § 133 der Approbationsordnung für Zahnärzte und Zahnärztinnen weiter anzuwenden ist, die Regelstudienzeit, die Anforderungen an die Durchführung der naturwissenschaftlichen Vorprüfung, der zahnärztlichen Vorprüfung und der zahnärztlichen Prüfung festzulegen und alternative Lehrformate vorzusehen, um die Fortführung des Studiums zu gewährleisten,
   d) abweichend von der Approbationsordnung für Apotheker die Regelstudienzeit, die Zeitpunkte und die Anforderungen an die Durchführung der einzelnen Prüfungsabschnitte der pharmazeutischen Prüfung sowie die Anforderungen an die Durchführung der Famulatur und der praktischen Ausbildung festzulegen und alternative Lehrformate vorzusehen, um die Fortführung des Studiums zu gewährleisten,
   e) abweichend von der Approbationsordnung für Psychotherapeutinnen und Psychotherapeuten die Regelstudienzeit festzulegen,
   f) abweichend von der Approbationsordnung für Zahnärzte und Zahnärztinnen die Regelstudienzeit, Zeitpunkte und Anforderungen an die Durchführung der einzelnen Abschnitte der Zahnärztlichen Prüfung und der Eignungs- und Kenntnisprüfung, des Krankenpflegedienstes und der Famulatur festzulegen und alternative Lehrformate vorzusehen, um die Fortführung des Studiums und die Durchführung der Prüfungen zu gewährleisten;

8. durch Rechtsverordnung ohne Zustimmung des Bundesrates Maßnahmen zur Aufrechterhaltung der pflegerischen Versorgung in ambulanten und stationären Pflegeeinrichtungen in Abweichung von bestehenden gesetzlichen Vorgaben vorzusehen und

   a) bundesgesetzliche oder vertragliche Anforderungen an Pflegeeinrichtungen auszusetzen oder zu ändern,

   b) untergesetzliche Richtlinien, Regelungen, Vereinbarungen und Beschlüsse der Selbstverwaltungspartner nach dem Elften Buch Sozialgesetzbuch und nach Gesetzen, auf die im Elften Buch Sozialgesetzbuch Bezug genommen wird, anzupassen, zu ergänzen oder auszusetzen,

   c) Aufgaben, die über die Durchführung von körperbezogenen Pflegemaßnahmen, pflegerischen Betreuungsmaßnahmen und Hilfen bei der Haushaltsführung bei Pflegebedürftigen hinaus regelmäßig von Pflegeeinrichtungen, Pflegekassen und Medizinischen Diensten zu erbringen sind, auszusetzen oder einzuschränken;

9. Finanzhilfen gemäß Artikel 104b Absatz 1 des Grundgesetzes für Investitionen der Länder, Gemeinden und Gemeindeverbände zur technischen Modernisierung der Gesundheitsämter und zum Anschluss dieser an das elektronische Melde- und Informationssystem nach § 14 sowie zum Aufbau oder zur Aufrechterhaltung von Kernkapazitäten im Sinne der Anlage 1 Teil B der Internationalen Gesundheitsvorschriften (2005) (BGBl. 2007 II S. 930, 932), auf Flughäfen, in Häfen und bei Landübergängen, soweit dies in die Zuständigkeit der Länder fällt, zur Verfügung zu stellen; das Nähere wird durch Verwaltungsvereinbarungen mit den Ländern geregelt;

10. durch Rechtsverordnung ohne Zustimmung des Bundesrates unbeschadet des jeweiligen Ausbildungsziels und der Patientensicherheit abweichende Regelungen von den Berufsgesetzen der Gesundheitsfachberufe und den auf deren Grundlage erlassenen Rechtsverordnungen zu treffen, hinsichtlich

    a) der Dauer der Ausbildungen,

    b) des theoretischen und praktischen Unterrichts, einschließlich der Nutzung von digitalen Unterrichtsformen,

    c) der praktischen Ausbildung,

    d) der Besetzung der Prüfungsausschüsse,

    e) der staatlichen Prüfungen und

    f) der Durchführung der Eignungs- und Kenntnisprüfungen.

²Die Ermächtigung nach Satz 1 Nummer 10 umfasst die folgenden Ausbildungen:

1. zur Altenpflegerin oder zum Altenpfleger nach § 58 Absatz 2 des Pflegeberufegesetzes,

2. zur Altenpflegerin oder zum Altenpfleger nach § 66 Absatz 2 des Pflegeberufegesetzes,

3. zur Diätassistentin oder zum Diätassistenten nach dem Diätassistentengesetz,

4. zur Ergotherapeutin oder zum Ergotherapeuten nach dem Ergotherapeutengesetz,

5. zur Gesundheits- und Krankenpflegerin oder zum Gesundheits- und Krankenpfleger nach § 66 Absatz 1 Satz 1 Nummer 1 des Pflegeberufegesetzes,

6. zur Gesundheits- und Kinderkrankenpflegerin oder zum Gesundheits- und Kinderkrankenpfleger nach § 58 Absatz 1 Satz 1 des Pflegeberufegesetzes,

7. zur Gesundheits- und Kinderkrankenpflegerin oder zum Gesundheits- und Kinderkrankenpfleger nach § 66 Absatz 1 Satz 1 Nummer 2 des Pflegeberufegesetzes,

8. zur Hebamme oder zum Entbindungspfleger nach § 77 Absatz 1 und § 78 des Hebammengesetzes,

9. zur Hebamme nach dem Hebammengesetz,

10. zur Logopädin oder zum Logopäden nach dem Gesetz über den Beruf des Logopäden,

11. zur Masseurin und medizinischen Bademeisterin oder zum Masseur und medizinischen Bademeister nach dem Masseur- und Physiotherapeutengesetz,

12. zur Medizinisch-technischen Laboratoriumsassistentin oder zum Medizinisch-technischen Laboratoriumsassistenten nach dem MTA-Gesetz,

13. zur Medizinisch-technischen Radiologieassistentin oder zum Medizinisch-technischen Radiologieassistenten nach dem MTA-Gesetz,

14. zur Medizinisch-technischen Assistentin für Funktionsdiagnostik oder zum Medizinisch-technischen Assistenten für Funktionsdiagnostik nach dem MTA-Gesetz,

15. zur Notfallsanitäterin oder zum Notfallsanitäter nach dem Notfallsanitätergesetz,

16. zur Orthoptistin oder zum Orthoptisten nach dem Orthoptistengesetz,

17. zur Pflegefachfrau oder zum Pflegefachmann nach dem Pflegeberufegesetz,

18. zur pharmazeutisch-technischen Assistentin oder zum pharmazeutisch-technischen Assistenten nach dem Gesetz über den Beruf des pharmazeutisch-technischen Assistenten,

19. zur Physiotherapeutin oder zum Physiotherapeuten nach dem Masseur- und Physiotherapeutengesetz,

20. zur Podologin oder zum Podologen nach dem Podologengesetz,

21. zur Veterinärmedizinisch-technischen Assistentin oder zum Veterinärmedizinisch-technischen Assistenten nach dem MTA-Gesetz.

(3) [1]Rechtsverordnungen nach Absatz 2, insbesondere nach Nummer 3, 4, 7 und 8, bedürfen des Einvernehmens mit dem Bundesministerium für Arbeit und Soziales, soweit sie sich auf das Arbeitsrecht oder den Arbeitsschutz beziehen. [2]Rechtsverordnungen nach

Absatz 2 Nummer 4 und Anordnungen nach Absatz 2 Nummer 6 ergehen im Benehmen mit dem Bundesministerium für Wirtschaft und Energie. [3]Rechtsverordnungen nach Absatz 2 Nummer 10 werden im Benehmen mit dem Bundesministerium für Bildung und Forschung erlassen und bedürfen, soweit sie sich auf die Pflegeberufe beziehen, des Einvernehmens mit dem Bundesministerium für Familie, Senioren, Frauen und Jugend. [4]Bei Gefahr im Verzug kann auf das Einvernehmen nach Satz 1 verzichtet werden.

(4) [1]Eine auf Grund des Absatzes 2 oder § 5a Absatz 2 erlassene Rechtsverordnung tritt mit Aufhebung der Feststellung der epidemischen Lage von nationaler Tragweite außer Kraft. [2]Abweichend von Satz 1 bleibt eine Übergangsregelung in der Verordnung nach Absatz 2 Satz 1 Nummer 7 Buchstabe b bis f bis zum Ablauf der Phase des Studiums in Kraft, für die sie gilt. [3]Abweichend von Satz 1 ist eine Verordnung nach Absatz 2 Nummer 10 auf ein Jahr nach Aufhebung der Feststellung der epidemischen Lage von nationaler Tragweite zu befristen. [4]Nach Absatz 2 getroffene Anordnungen gelten mit Aufhebung der Feststellung der epidemischen Lage von nationaler Tragweite als aufgehoben. [5]Eine Anfechtungsklage gegen Anordnungen nach Absatz 2 hat keine aufschiebende Wirkung.

(5) Das Grundrecht der körperlichen Unversehrtheit (Artikel 2 Absatz 2 Satz 1 des Grundgesetzes) wird im Rahmen des Absatzes 2 insoweit eingeschränkt.

(6) Aufgrund einer epidemischen Lage von nationaler Tragweite kann das Bundesministerium für Gesundheit unter Heranziehung der Empfehlungen des Robert Koch-Instituts Empfehlungen abgeben, um ein koordiniertes Vorgehen innerhalb der Bundesrepublik Deutschland zu ermöglichen.

(7) [1]Das Robert Koch-Institut koordiniert im Rahmen seiner gesetzlichen Aufgaben im Fall einer epidemischen Lage von nationaler Tragweite die Zusammenarbeit zwischen den Ländern und zwischen den Ländern und dem Bund sowie weiteren beteiligten Behörden und Stellen und tauscht Informationen aus. [2]Die Bundesregierung kann durch allgemeine Verwaltungsvorschrift mit Zustimmung des Bundesrates Näheres bestimmen. [3]Die zuständigen Landesbehörden informieren unverzüglich die Kontaktstelle nach § 4 Absatz 1 Satz 7, wenn im Rahmen einer epidemischen Lage von nationaler Tragweite die Durchführung notwendiger Maßnahmen nach dem 5. Abschnitt nicht mehr gewährleistet ist.

(8) Aufgrund einer epidemischen Lage von nationaler Tragweite kann das Bundesministerium für Gesundheit im Rahmen der Aufgaben des Bundes insbesondere das Deutsche Rote Kreuz, die Johanniter-Unfall-Hilfe, den Malteser Hilfsdienst, den Arbeiter-Samariter-Bund und die Deutsche Lebens-Rettungs-Gesellschaft gegen Auslagenerstattung beauftragen, bei der Bewältigung der epidemischen Lage von nationaler Tragweite Hilfe zu leisten.

(9) [1]**Das Bundesministerium für Gesundheit beauftragt eine externe Evaluation zu den Auswirkungen der Regelungen in dieser Vorschrift und in den Vorschriften der §§ 5 a, 28 bis 32, 36 und 56 im Rahmen der nach Absatz 1 Satz 1 festgestellten epidemischen Lage von nationaler Tragweite und zu der Frage einer Reformbedürftigkeit.** [2]**Die Evaluation soll interdisziplinär erfolgen und insbesondere auf Basis epidemiologischer und medizinischer Erkenntnisse die Wirksamkeit der auf Grundlage der in Satz 1 genannten Vorschriften getroffenen Maßnahmen untersuchen.** [3]**Die Evaluation soll durch unabhängige Sachverständige erfolgen, die jeweils zur Hälfte von der Bundesregierung und vom Deutschen Bundestag benannt werden.** [4]**Das Ergebnis der Evaluierung soll der Bundesregierung bis zum 31. Dezember 2021 vorgelegt werden.** [5]**Die Bundesregierung übersendet dem Deutschen Bundestag bis zum 31. März 2022 das Ergebnis der Evaluierung sowie eine Stellungnahme der Bundesregierung zu diesem Ergebnis.**

Übersicht

Schrifttum: *Dreier,* Rechtsstaat, Föderalismus und Demokratie in der Corona-Pandemie, DÖV 2021, 229; *Gärditz / Abdulsalam,* Rechtsverordnungen als Instrument der Epidemie-Bekämpfung, GSZ 2020, 108; *Hollo,* Verbessern statt verlängern, Verfassungsblog v. 9. 2. 2021; *Kingreen,* Whatever it Takes? Der demokratische Rechtsstaat in Zeiten von Corona, Verfassungsblog v. 20. 3. 2020; *ders.,* Der R-Faktor der Juristen ist das GG, lto.de v. 23. 5. 2020; *ders.,* Die Feststellung der epidemischen Lage von nationaler Tragweite durch den Deutschen Bundestag – Rechtsgutachten für die Fraktion der Freien Demokraten im Deutschen Bundestag, 11. 6. 2020; *ders.,* Ein Sonderregime ohne Ende?, FAZ v. 25. 2. 2021, 6; *Klafki,* Wer bekommt den knappen Covid-19-Impfstoff?, Verfassungsblog v. 22. 9. 2020; *Leisner-Egensperger,* Impfpriorisierung und Verfassungsrecht, NJW 2021, 202; *Möllers,* Parlamentarische Selbstentmächtigung im Zeichen des Virus, Verfassungsblog v. 26. 3. 2020; *Ritgen,* Die Rolle der Landkreise in der Corona-Pandemie, LK

2020, 127; *ders.,* Rechtsetzung im Schatten der Corona-Pandemie – Das Gesetz zum
Schutz der Bevölkerung bei einer epidemischen Lage von nationaler Tragweite, LK
2020, 137; *Rixen,* Gesundheitsschutz in der Coronavirus-Krise – Die (Neu-)Regelungen
des Infektionsschutzgesetzes, NJW 2020, 1097; *Steinbeis,* Sancta Corona, ora pro nobis,
Verfassungsblog v. 27.3.2020; *Thielbörger/Behlert,* COVID-19 und das Grundgesetz:
Neue Gedanken vor dem Hintergrund neuer Gesetze, Verfassungsblog v. 30.3.2020;
Trute, Ungewissheit in der Pandemie als Herausforderung, GSZ 2020, 93; *Wissenschaftlicher Dienst des Bundestages,* WD 3 - 3000 - 081/20.

A. Zweck und Bedeutung der Norm

1   § 5 hat seine aktuelle Fassung durch die drei BevSchG v. 27.3.2020 (BGBl. I
587), v. 19.5.2020 (BGBl. I 1018) und v. 18.11.2020 (BGBl. I 2397) sowie
durch das EpiLage-FortgeltungsG v. 29.3.2021 (BGBl. I 370) erhalten. Grund
für diese Gesetzesänderungen war stets die Covid-19-Pandemie. § 5 wird auf
die konkurrierende Gesetzgebungskompetenz aus **Art. 74 Abs. 1 Nr. 19 GG**
(übertragbare Krankheiten und Zulassung zu Heilberufen) gestützt (BT-Drs.
19/18111, 16; → Einf. Rn. 3). § 5 stellt eine der zentralen Normen im Rahmen der Gesetzesänderungen und der Diskussion um die Änderungsgesetze
dar und hat kontroverse Debatten ausgelöst, vor allem hinsichtlich des zweiten
Absatzes, der **weitreichende Anordnungs- und Verordnungsermächtigungen für das BMG** für den Fall enthält, dass der BT nach Abs. 1 eine **epidemische Lage von nationaler Tragweite** festgestellt hat. Insofern hat § 5
„grundlegende Auswirkungen auf die Tektonik der verfassungsrechtlichen
Staatsorganisation" der Bundesrepublik (*Kingreen* Rechtsgutachten, S. 17).
Teilweise wird sogar eine Parallele zum Ermächtigungsgesetz des Jahres 1933
gezogen (vgl. *Gärditz/Meinel* FAZ Nr. 73 v. 26.3.2020, S. 6; ähnlich *Kingreen*
SZ v. 26.3.2020). Ziel der Ermächtigungen in § 5 Abs. 2 ist es, die Bundesregierung im Rahmen der aktuellen Corona-Pandemie in die Lage zu versetzen, schnell mit Maßnahmen zum Schutz der öffentlichen Gesundheit zu
reagieren, wenn in einer sich dynamisch entwickelnden Ausbruchssituation
einer Destabilisierung des gesamten Gesundheitssystems vorgebeugt werden
muss (BT-Drs. 19/18111, 15). Jüngster Anlass für eine weitere kontroverse Diskussion (auch) um § 5 ist zum einen die Aufstellung einer Reihenfolge der
Impfung verschiedener Bevölkerungsgruppen (sog. Impfpriorisierung) in einer
RVO, die ua auf § 5 Abs. 2 S. 1 Nr. 4 lit. c und f gestützt wird (→ Rn. 27, 33).
Zum anderen gehört § 5 zu den Normen, die im Zuge des EpiLage-FortgeltungsG erneut eine Vielzahl von Änderungen erfahren haben.

2   Zusammengefasst werden dem BMG für den vom BT festgestellten Fall
einer epidemischen Lage von nationaler Tragweite und zeitlich begrenzt bis
zur (tatsächlichen oder fingierten, → Rn. 7) Aufhebung dieser Lage ein ganzer
Katalog an Befugnissen und Durchgriffsrechten eingeräumt, die weit über die
Kompetenzen hinausgehen, die ihm nach der Verfassungsordnung des GG
selbst für den Fall einer Naturkatastrophe oder eines ähnlichen Ereignisses mit
bundesweiten Auswirkungen (Art. 35 Abs. 2 S. 2, Abs. 3 GG) zustehen (*Ritgen*
LK 2020, 137 (137)). Das bisherige System des Vollzugs des IfSG durch die
Länder und die zuständigen kommunalen Behörden, vor allem durch die
Landkreise und kreisfreien Städte (*Ritgen* LK 2020, 127 (131 ff.)), wird damit

teilweise ausgesetzt, jedenfalls aber unter den Vorbehalt bundesrechtlicher Maßnahmen gestellt. Dem liegt die gesetzgeberische Einschätzung zugrunde, dass die grundsätzlich vorgesehene landeseigene Ausführung des IfSG nur begrenzt geeignet ist, um Ausbruchssituationen zu begegnen, die aufgrund einer sich grenzüberschreitend ausbreitenden übertragbaren Krankheit eine erhebliche Gefährdung für die öffentliche Gesundheit im gesamten Bundesgebiet begründen (BT-Drs. 19/18111, 1). Dem BMG werden dabei nicht nur koordinierende oder empfehlende, sondern vor allem echte **operative Befugnisse** übertragen und es wird zu **Eingriffen in die Grundrechte** von BürgerInnen und Unternehmen und zum Zugriff auf kommunale Einrichtungen wie Krankenhäuser oder Pflegeeinrichtungen ermächtigt, „die sich in ihrer Intensität nur mit denjenigen vergleichen lassen, die die regelmäßig erst im Spannungs- oder Verteidigungsfall entsperrten Sicherstellungsgesetze vorsehen" (*Ritgen* LK 2020, 137 (138)).

B. Entstehungsgeschichte

Vor den Gesetzesänderungen war in § 5 aF das Bund-Länder-Informationsverfahren für „epidemisch bedeutsame Fälle" geregelt. Ob ein solcher Fall vorlag, konnte nur medizinisch-epidemiologisch unter Berücksichtigung der zur Verfügung stehenden Informationen beantwortet werden (*Gerhardt,* 2. Aufl., § 5 Rn. 4). Der aktuellen Gesetzesfassung liegt eine Kabinettsvorlage aus der Feder des BMG zugrunde, die allerdings in abgeänderter Form Gesetz geworden und nun innerhalb eines Jahres noch dreimal geändert und erweitert worden ist (dazu allg. *Gerhardt,* § 5 Rn. 1 ff.). Die ursprüngliche Kabinettsvorlage enthielt in § 5 Abs. 1 eine Legaldefinition der „epidemischen Lage von nationaler Tragweite", die in dem schließlich in Kraft getretenen G zunächst einmal nicht mehr vorhanden war. Die Legaldefinition der Kabinettsvorlage hat erst mit der dritten im Jahr 2020 erfolgten Änderung des IfSG Eingang in § 5 Abs. 1 gefunden. Nach dem ersten Entwurf sollte ferner nicht der BT das Vorliegen einer solchen epidemischen Lage von nationaler Tragweite feststellen, sondern die Bundesregierung als Kollegialorgan. Diese „ursprünglich erstaunlicherweise durch das Bundesministerium für Gesundheit als Selbstermächtigung angelegt[e]" (*Möllers* Verfassungsblog v. 26. 3. 2020) Kompetenz hatte für derart viel Kritik gesorgt, dass die Feststellungskompetenz in der letztendlich beschlossenen geänderten Fassung dem BT zugeschrieben wurde (sa *Gärditz / Abdulsalam* GSZ 2020, 108 (113 f.)).

Mit dem **2. BevSchG** v. 19. 5. 2020 (BGBl. I 1018), das am 23. 5. 2020 in Kraft getreten ist, wurde § 5 in nur kurzem zeitlichem Abstand zum 1. BevSchG redaktionell überarbeitet, präzisiert und ergänzt. Neben einer Reihe eher technischer Anpassungen wurde § 5 Abs. 2 S. 1 um eine neue Nr. 9 ergänzt, die das BMG ermächtigt, während der epidemischen Lage von nationaler Tragweite Finanzhilfen zur Unterstützung des öffentlichen Gesundheitsdienstes gem. Art. 104b Abs. 1 GG für Investitionen der Länder, Gemeinden und Gemeindeverbände zur technischen Modernisierung der Gesundheitsämter und zum Anschluss an das elektronische Melde- und Informationssystem nach § 14 zur Verfügung zu stellen.

5   Mit dem **3. BevSchG** v. 18. 11. 2020 (BGBl. I 2397), das am 19. 11. 2020 in
Kraft getreten ist, hat der Gesetzgeber die epidemische Lage von nationaler
Tragweite in § 5 Abs. 1 erstmals offiziell definiert und damit die – der Sache
nach bereits zuvor erforderlichen (s. dazu in der Voraufl. Rn. 6f.) – materiellen
Voraussetzungen für die Feststellung des BT nun auch ausdrücklich geregelt.
Die Anordnungsermächtigungen in Abs. 2 S. 1 Nr. 1 und 2 wurden in § 36
Abs. 8 bis 13 überführt. Die im Schrifttum am umstrittenste weitreichende Ver-
ordnungsermächtigung des Abs. 2 S. 1 Nr. 3, nach der das BMG durch RVO
Ausnahmen von den Vorschriften des IfSG sowie der auf seiner Grundlage erlassenen RVOen ua in Bezug auf die Verhütung und Bekämpfung übertragbarer
Krankheiten und den Infektionsschutz zulassen durfte, um die Abläufe im Gesundheitswesen und die Versorgung der Bevölkerung aufrechtzuerhalten (s.
krit. hierzu Voraufl. Rn. 24; *Dingemann/Gausing* in BeckOK InfSchR § 5
Rn. 33ff.; WD 3 - 3000 - 080/20 (6); *Gärditz/Abdulsalam* GSZ 2020, 108
(114); *Mayen* NVwZ 2020, 828 (832); *Rixen* NJW 2020, 1097 (1102f.)), wurde
ersatzlos gestrichen, weil das BMG von ihr keinen Gebrauch gemacht hat (BT-
Drs. 19/23944, 25). Abs. 2 S. 1 Nr. 9 wurde um die Möglichkeit ergänzt, Finanzhilfen gem. Art. 104b Abs. 1 GG auch zum Aufbau oder zur Aufrechterhaltung von nach den IGV erforderlichen Kernkapazitäten zur Verfügung zu
stellen. Neu hinzugekommen ist Abs. 8, der es dem BMG ermöglicht, anerkannte Hilfsorganisationen zu beauftragen, bei der Bewältigung der epidemischen Lage von nationaler Tragweite Hilfe zu leisten.

6   Durch das **EpiLage-FortgeltungsG** v. 29. 3. 2021 (BGBl. I 370), das am
31. 3. 2021 in Kraft getreten ist, wurden neben einer redaktionellen Anpassung
in Abs. 3, die im Rahmen des 3. BevSchG wohl vergessen worden war, **sämtliche Befristungen auf den 31. 3. 2021 aufgehoben.** Die Dauer der An- und
Verordnungsbefugnisse in Abs. 2 sowie der auf dieser Grundlage erlassenen Anordnungen und RVOen ist nunmehr – ohne festes Enddatum – an die Feststellung einer epidemischen Lage von nationaler Tragweite geknüpft. Angesichts
der fortbestehenden dynamischen Lage im Hinblick auf die Verbreitung vor
allem der neuen Mutationen des Coronavirus SARS-CoV-2 und der hierdurch
verursachten Krankheit COVID-19 hält der Gesetzgeber es für notwendig, die
Geltung der gegenwärtig geltenden Regelungen und Maßnahmen zur Bewältigung der Pandemie über den 31. 3. 2021 hinaus zu verlängern und zugleich für
künftige pandemische Lagen die geschaffenen rechtlichen Grundlagen zu erhalten (BT-Drs. 19/27291, 2, 44; letztes zu Recht krit. sehend *Wollenschläger*
Ausschussdrs. 19(14)288(18), 14f.). Neben verschiedenen Änderungen und
Ergänzungen vor allem der Verordnungsermächtigungen in Abs. 2 ist ganz neu
hinzugekommen der Abs. 9. Darin wird dem BMG aufgegeben, eine externe
interdisziplinäre Evaluation der Regelungsgesamtheit zur epidemischen Lage
von nationaler Tragweite durch unabhängige Sachverständige zu beauftragen
(→ Rn. 46).

C. Feststellung und Aufhebung (Abs. 1)

7   § 5 Abs. 1 wurde im Zuge des 3. BevSchG auf Betreiben des Ausschusses für
Gesundheit (BT-Drs. 19/24334, 13) neu gefasst und durch das EpiLage-Fort-

geltungsG nochmals modifiziert. Abs. 1 S. 1 legt fest, dass der BT eine **epidemische Lage von nationaler Tragweite** feststellen **kann,** wenn die Voraussetzungen aus Abs. 1 S. 5 vorliegen. Dabei handelt es sich mangels unmittelbarer Rechtsfolgen (die Feststellung ist nur eine von mehreren Voraussetzungen für weitere konkrete, einzelfallrelevante Rechtsfolgen) nicht um einen selbstständig anfechtbaren VA (*Lindner* in Schmidt, § 18 Rn. 7 Fn. 6, Rn. 13 Fn. 10; *Gerhardt,* § 5 Rn. 9: „unselbstständige Verfahrenshandlung iSv § 44a VwGO"). Diese Feststellung steht seit dem 3. BevSchG ausdrücklich **im Ermessen des BT** („kann", während es vorher noch hieß: „stellt fest") (dies für „bemerkenswert" haltend *Sangs* NVwZ 2020, 1780 (1781); von einer Ermessensreduktion auf Null ausgehend, wenn die Voraussetzungen aus S. 6 vorliegen, *Gerhardt,* § 5 Rn. 8). Der BT hat diese Feststellung wieder aufzuheben, wenn die Voraussetzungen nach S. 5 nicht mehr vorliegen, und die Aufhebung im BGBl. zu veröffentlichen (Abs. 1 S. 2, 4). Seit dem 3. BevSchG ist, wie noch in der ersten Kabinettsvorlage zum 1. BevSchG vorgesehen, aber zunächst unverständlicherweise nicht in die Gesetzesfassung aufgenommen (s. dazu die Voraufl. Rn. 4), auch die Feststellung selbst im BGBl. bekannt zu machen (Abs. 1 S. 4). Nach dem durch das 3. BevSchG neu eingefügten Abs. 1 S. 6 (nunmehr S. 7) muss die BReg den BT nun regelmäßig mündlich über die Entwicklung der epidemischen Lage von nationaler Tragweite unterrichten, solange eine solche festgestellt ist. Nach dem durch das EpiLage-FortgeltungsG eingefügten S. 3 muss der BT mindestens alle drei Monate über die Fortdauer der epidemischen Lage von nationaler Tragweite erneut entscheiden (die Frist von drei Monaten für „angemessen und sinnvoll" haltend *Brenner* Ausschussdrs. 19(14)288(20), 3). Unterlässt er dies, wird die Aufhebung nach S. 2 **fingiert.** Diese neue Regelung ist im Gegenzug zu der Aufhebung der Befristung weiter Teile des § 5 auf den 31.3.2021 in Abs. 1 aufgenommen worden. Krit. zu der Konstruktion, dass durch einen einfachen BT-Feststellungsbeschluss Regelungsbefugnisse der Exekutive ausgelöst werden *Kingreen* Ausschussdrs. 19(14)288(3), 2 f.

Es stellt sich die Frage, ob § 5 Abs. 1 wegen **Verstoßes gegen Art. 83 f. GG** und **gegen den Gewaltenteilungsgrundsatz verfassungswidrig** ist. **8** Denn das IfSG wird nach Art. 83, 84 GG von den Ländern als eigene Angelegenheit ausgeführt (sa *Lindner* in Schmidt, § 18 Rn. 15 ff.; *Kluckert* in ders., § 2 Rn. 18 ff.). Dennoch räumt sich der BT durch § 5 Abs. 1 eine eigene Kompetenz ein, die einer Ausführungskompetenz zumindest sehr nahekommt, auch wenn es sich bei der Feststellung nach Abs. 1 nicht um einen VA oder um eine RVO handelt (sa *Lindner* in Schmidt, § 18 Rn. 25).

Im Gegensatz zu den Fassungen des § 5 durch das 1. und das 2. BevSchG enthält § 5 seit dem 3. BevSchG nun die schon in der ersten Kabinettsvorlage des **9** 1. BevSchG vorgesehene (jetzt nur redaktionell angepasste) **Legaldefinition** des Begriffs der epidemischen Lage von nationaler Tragweite: Nach Abs. 1 S. 5 der Fassung durch das 3. BevSchG und das EpiLage-FortgeltungsG liegt eine epidemische Lage von nationaler Tragweite dann vor, wenn eine ernsthafte Gefahr für die Gesundheit in der gesamten Bundesrepublik Deutschland besteht, weil entweder

- die WHO eine gesundheitliche Notlage von internationaler Tragweite ausgerufen hat und eine Einschleppung einer bedrohlichen übertragbaren Krankheit in die Bundesrepublik Deutschland droht oder

- eine dynamische Ausbreitung einer bedrohlichen übertragbaren Krankheit über mehrere Länder in der Bundesrepublik Deutschland droht oder stattfindet.

Die nunmehr ausdrückliche Normierung der Voraussetzungen stellt hinsichtlich des Bestimmtheitsgrundsatzes und der Normenklarheit einen deutlichen Fortschritt dar, wenn auch die Voraussetzungen sehr weit gefasst sind (so auch *Dreier* DÖV 2021, 229 (234); *Gerhardt,* § 5 Rn. 4, 7 spricht von einer Einschätzungsprärogative als nur eingeschränkt gerichtlich überprüfbarem Beurteilungsspielraum).

10   Aus dem zeitlichen Kontext, aus der endgültigen Gesetzesbegründung zum 1. BevSchG sowie aus der bisherigen Befristung der Neufassung des § 5 bis zum 31.3.2021 lässt sich ableiten, dass mit der „epidemischen Lage von nationaler Tragweite" ursprünglich nur die durch das neuartige Virus SARS-CoV-2 verursachte bundesweite Epidemie gemeint war, der allein auf Landesebene nicht begegnet werden kann (ausf. Auslegung bei *Kingreen* Rechtsgutachten, S. 8 ff.). Durch die Entfristung im Zuge des EpiLage-FortgeltungsG wurde dieser ausschließliche Zuschnitt auf die Corona-Pandemie gelockert, um die geschaffenen rechtlichen Grundlagen für künftige pandemische Lagen zu erhalten (BT-Drs. 19/27291, 2). Die Formulierung „epidemische Lage von nationaler Tragweite" erinnert an den Begriff **„Gesundheitliche Notlage internationaler Tragweite",** die von dem Generaldirektor der WHO nach Art. 12 IGV (2005) festgestellt wird (→ Einf. Rn. 40 ff.) und an den die Legaldefinition ausweislich der Entwurfsbegründung zum ersten Kabinettsentwurf angelehnt war (Formulierungshilfe – Entwurf eines Gesetzes zum Schutz der Bevölkerung bei einer epidemischen Lage von nationaler Tragweite, Bearbeitungsstand 20.3.2020, 23:23 Uhr, S. 21). Eine solche Notlage wird in Art. 1 IGV (2005) definiert als „ein außergewöhnliches Ereignis, das […] (i) durch die grenzüberschreitende Ausbreitung von Krankheiten eine Gefahr für die öffentliche Gesundheit in anderen Staaten darstellt und (ii) möglicherweise eine abgestimmte internationale Reaktion erfordert". Näher zu der neuen Definition in § 5 Abs. 1 S. 5 *Kingreen* in Huster/Kingreen Hdb. InfSchR Kap. 1 Rn. 104; *Sangs* NVwZ 2020, 1780 (1781).

11   Einen solchen **Feststellungsbeschluss** iSv Abs. 1 S. 1, S. 6 hat der BT auf Empfehlung seines Gesundheitsausschusses (BT-Drs. 19/18156) gleichzeitig mit der Verabschiedung des Gesetzesentwurfs und für den Fall seines Inkrafttretens „aufgrund der derzeitigen Ausbreitung des neuen Coronavirus (SARS-CoV-2) in Deutschland" gefasst (Plenarprotokoll 19/154, 19169). Dabei handelte es sich um einen Vorratsbeschluss, dessen Wirksamkeit durch das Inkrafttreten des Gesetzes aufschiebend bedingt war (*Ritgen* LK 2020, 137 (138)). Da das 1. BevSchG am 28.3.2020 in Kraft getreten ist, liegt seither aufgrund des aktuellen Ausbruchsgeschehens eine solche „epidemische Lage von nationaler Tragweite" vor. Die **besonderen Befugnisse** des BMG nach Abs. 2 sind damit **entsperrt,** und zwar solange, bis der BT seine Feststellung gem. § 5 Abs. 1 S. 2 wieder aufhebt oder die Aufhebung gem. § 5 Abs. 1 S. 3 fingiert wird. Am 17.11.2020 hat der BT anlässlich der Verabschiedung des 3. BevSchG den Fortbestand der epidemischen Lage von nationaler Tragweite festgestellt (BT-PlPr 19/191, 24109C; BT-Drs. 19/24387). Dies hatte indes rein deklaratorischen Charakter, da die Neufassung des Abs. 1 die ursprüngliche Feststellung

nicht berührt hätte und die Aufhebungsfiktion noch nicht vorhanden war (sa *Sangs* NVwZ 2020, 1780 (1781): „politisch-deklaratorische[r] Beschluss"). Deshalb wirkt sich die fehlende Veröffentlichung des neuerlichen Beschlusses im BGBl. nicht aus, obwohl sie diesmal gem. § 5 Abs. 1 S. 5 (neu, im November 2020 noch S. 3) gesetzlich zwingend gewesen wäre (s. dazu *Kingreen* in Huster/Kingreen Hdb. InfSchR Kap. 1 Rn. 102). Im Falle einer nachhaltig positiven Entwicklung des Infektionsgeschehens und des Nichteintritts der befürchteten Überlastung des Gesundheitssystems ist der BT verpflichtet, die Feststellung nach S. 1 wieder aufzuheben (→ Rn. 38; sa *Kingreen* Rechtsgutachten, S. 14 ff., 28: „verfassungsrechtliche[…] Rückholverantwortung"), oder er muss zumindest die 3-Monats-Frist des § 5 Abs. 1 S. 3 verstreichen lassen, damit die Fiktion der Aufhebung eintritt. Denn dann liegen die Voraussetzungen einer epidemischen Lage von nationaler Tragweite nach S. 6 nicht mehr vor.

D. Ermächtigung (Abs. 2)

In Abs. 2 S. 1 wird das BMG in sieben (vor dem 3. BevSchG waren es noch **12** zehn) Nummern für den Fall der Feststellung iSv § 5 Abs. 1 S. 1, S. 6 ermächtigt, teilweise durch Anordnung und teilweise durch RVO ohne Zustimmung des BR Maßnahmen zur Grundversorgung mit Arzneimitteln, einschließlich Betäubungsmitteln, Medizinprodukten, Labordiagnostik, Hilfsmitteln, Gegenständen der persönlichen Schutzausrüstung und Produkten zur Desinfektion sowie zur Stärkung der personellen Ressourcen im Gesundheitswesen und zur Abweichung von Berufsgesetzen der Gesundheitsfachberufe zu treffen. Etabliert wird hier „ein auf das Gesundheitswesen bezogenes Notstandsrecht" (*Gärditz/Abdulsalam* GSZ 2020, 108 (113); *Rixen* in Kluckert, § 4 Rn. 6). Der Grund für die Unterscheidung zwischen Anordnungen in den einen und RVOen in den anderen Fällen erschließt sich nicht (sa *Kingreen* Ausschussdrs. 19(14)160(27), 2, der für eine Vereinheitlichung plädiert). Etwas aus dem Rahmen fällt die Regelung in Nr. 9, die keine Anordnungs- oder Rechtsverordnungsbefugnis enthält, sondern das BMG zur Verfügungstellung von Finanzhilfen nach Art. 104b Abs. 1 GG ermächtigt.

Die bestehenden **Kompetenzen der Länder** sollen ausweislich der Geset-   **13** zesbegründung (BT-Drs. 19/18111, 20) durch das Gesetz **nicht beschnitten werden.** Vielmehr sollen die neuen Anordnungs- und Rechtsverordnungsbefugnisse des BMG neben die Rechtsetzungs- und Verwaltungsbefugnisse der Länder treten, gleichgültig ob sie auf dem IfSG oder auf Grundlage anderer Vorschriften bestehen (BT-Drs. 19/18111, 20). Regelungen der Länder dürfen den Regelungen des Bundes in diesem Rahmen allerdings nicht widersprechen (BT-Drs. 19/18111, 20). Zudem entfalten die neuen Bundesregelungen eine **Sperrwirkung** für zukünftige Regelungen der Länder, die denselben Bereich betreffen (*Kluckert* in ders., § 2 Rn. 15 mwN; *Schütz* in Kluckert, § 9 Rn. 10 f.; allg. zu einer solchen Sperrwirkung *Uhle* in Maunz/Dürig GG Art. 72 Rn. 78). Dies gilt auch für Aspekte, die der Bund bewusst *nicht* geregelt hat (*Uhle* in Maunz/Dürig GG Art. 72 Rn. 78, 107; *Schütz* in Kluckert, § 9 Rn. 11 f.). Dementsprechend bestehen verfassungsrechtliche Bedenken gegen die in demselben Zeitraum erlassenen Infektionsschutzgesetze

mancher Länder (insbes. gegen die Verfassungsmäßigkeit des bay. Infektionsschutzgesetzes, das am 25.3.2020 vom bay. Landtag beschlossen worden ist; s.
dazu *LTO-Redaktion,* Pressemeldung v. 15.4.2020; WD 3 - 3000 - 081/20;
Lindner in Schmidt, § 18 Rn. 6ff.; wohl zT aA *Kluckert* in ders., § 2 Rn. 15;
ausf. zum BayIfSG und zum IfSBG-NRW *Rixen* in Kluckert, § 4 Rn. 30–44).
Die Vollzugskompetenz der Länder bei der Durchführung der auf Grund von
§ 5 Abs. 2 erlassenen Anordnungen und RVOen soll nach der Gesetzesbegründung unberührt bleiben (BT-Drs. 19/18111, 20). Nichtsdestotrotz dürfte die
bundesgesetzliche Zuweisung von Ausführungskompetenzen an das BMG **gegen Art. 83f. GG verstoßen,** da eine solche Zuweisung bundesrechtlicher
Vollzugskompetenzen im Bereich der Art. 83, 84 GG grundsätzlich nicht vorgesehen ist (sa *Lindner* in Schmidt, § 18 Rn. 27ff.; *Dreier* DÖV 2021, 229
(238ff.); differenzierend *Kluckert* in ders., § 2 Rn. 32ff., 37f.).

I. Anordnungsbefugnisse des BMG

14   In § 5 Abs. 2 S. 1 Nr. 5 und 6 sind verschiedene Anordnungsbefugnisse des
BMG zur Vorbeugung einer Destabilisierung des Gesundheitssystems vorgesehen. Bei diesen Anordnungen handelt es sich um **VAe und AllgVfg. iSv
§ 35 S. 1 und 2 VwVfG** (*Kingreen* Ausschussdrs. 19(14)160(27), 2; *ders.*
Rechtsgutachten, S. 36; *Ritgen* LK 2020, 137 (138); WD 3 - 3000 - 080/20,
S. 9; zur Definition des VA *v. Alemann/Scheffczyk* in BeckOK VwVfG § 35
Rn. 141ff.), denn sie „schließ[en] ein behördliches Verwaltungsverfahren ab
und bestimm[en] mit staatlicher Autorität und der Bestandskraft fähiger Wirkung […] unmittelbar die subjektiv-öffentlichen Rechte oder Pflichten der
Beteiligten" (*v. Alemann/Scheffczyk* in BeckOK VwVfG § 35 Rn. 141; WD
3 - 3000 - 080/20, S. 10). Die Wahl des Begriffs der Anordnung ist im Hinblick auf den Grundsatz der **Rechtsklarheit und Rechtssicherheit** un-
glücklich; der Begriff des VA oder der AllgVfg. wäre vorzugswürdig gewesen.
Die Zulässigkeit einer solchen „direkten Ministerialverwaltung" ist höchst-
richterlich bislang nicht geklärt (vgl. auch *Kingreen* Ausschussdrs. 19(14)160
(27), 2). Das verfassungsrechtliche Schrifttum hält sie mit Hinweis darauf, dass
die Bundesverwaltung nur nach Maßgabe der Ausnahmevorschrift des Art. 87
Abs. 3 S. 1 GG zulässig ist, für **verfassungswidrig** (*Sachs* in Sachs GG Art. 87
Rn. 69; *Dreier* DÖV 2021, 229 (238ff.)).

15   **Unklar** ist das Verhältnis der Anordnungsbefugnisse des BMG zu der **Verwaltungskompetenz der Länder,** die ihnen nach **Art. 83, 84 GG** obliegt.
Mangels anderweitiger grundgesetzlicher Bestimmung führen danach die Länder das IfSG als eigene Angelegenheit aus. Nach der Kompetenzordnung des
Grundgesetzes können daher nur die Länder Anordnungen nach § 5 Abs. 2
Nr. 5 und Nr. 6 treffen. Dem Wortlaut nach räumt ihnen § 5 Abs. 2 diese Befugnis nicht ausdrücklich ein (WD 3 - 3000 - 080/20, S. 9), bestimmt aber,
dass die Anordnungsbefugnis des BMG „unbeschadet der Befugnisse der Länder" besteht. Laut dem *WD BT* ist diese Formulierung „gesetzgebungstech-
nisch neu" (WD 3 - 3000 - 080/20, S. 10). Während der *WD BT* sie dahingehend versteht, dass die Befugnisse des BMG „nur zum Tragen kommen
[können], insoweit die Länder keine ‚Befugnisse' haben" (in der Praxis also
nie) (WD 3 - 3000 - 080/20, S. 10), den Vorbehalt also auf die Anordnungs-

und RVO-Befugnis als solche bezieht, scheint der Gesetzgeber davon auszugehen, dass der Ländervorbehalt nur die „Vollzugskompetenz der Länder
bei der Durchführung der auf Grund dieses Absatzes erlassenen Anordnungen
und Rechtsverordnungen" betrifft und damit nicht den Erlass der Anordnungen und RVOen selbst (BT-Drs. 19/18111, 20: „Diese Anordnungsbefugnisse [nach § 5 Abs. 2 IfSG] treten neben die Rechtsetzungs- und Verwaltungsbefugnisse der Länder, gleichgültig ob sie nach diesem Gesetz oder auf
Grundlage anderer Vorschriften bestehen. Regelungen der Länder dürfen den
Regelungen des Bundes in diesem Rahmen nicht widersprechen. Die Vollzugskompetenz der Länder bei der Durchführung der auf Grund dieses Absatzes erlassenen Anordnungen und Rechtsverordnungen bleibt unberührt";
ausf. dazu *Rixen* in Kluckert, § 4 Rn. 21 ff.).

1. Die einzelnen Anordnungsbefugnisse. Nr. 5 ermächtigt das BMG, **16**
durch Anordnung die Wirkung eines Patentes nach § 13 PatG dahingehend
einzuschränken, dass eine Erfindung in Bezug auf eines der in Nr. 4, Hs. 1 genannten Produkte im Interesse der öffentlichen Wohlfahrt oder im Interesse
der Sicherheit des Bundes benutzt werden, bspw. um lebenswichtige Wirkstoffe oder Arzneimittel herstellen zu können (dazu *Böck* in Kluckert, § 7
Rn. 68 ff.; *Zumdick* in Kluckert, § 8 Rn. 60 ff.; *Metzger/Zech* GRUR 2020,
561 (565)). Zwar erfasst Nr. 5 alle in Nr. 4 genannten Produkte; der primäre
Anwendungsbereich dürfte aber im Bereich der Arzneimittel liegen (*Huster* in
Huster/Kingreen Hdb InfSchR Kap. 8 Rn. 67). Die Norm nimmt damit eine
Diskussion auf, die durch Marktaustritte im Rahmen des durch das Arzneimit-
telmarktneuordnungsG eingeführten Verfahrens der frühen Nutzenbewer-
tung und der Vereinbarung oder Festsetzung von Erstattungsbeträgen (§§ 35a,
130b SGB V) bereits begonnen hatte (*Huster* in Huster/Kingreen Hdb Inf-
SchR Kap. 8 Rn. 67 mwN). Hintergrund ist die Sicherstellung einer Versorgung mit Produkten im Krisenfall (BT-Drs. 19/18111, 21). Das BMG darf
diese Befugnis auch auf eine nachgeordnete Behörde delegieren.

Nr. 6 soll die Durchführung der Maßnahmen nach Nr. 4 lit. a und c bis g **17**
sicherstellen und verleiht dem BMG dafür weitere Anordnungsbefugnisse, die
ebenfalls auf nachgeordnete Behörden delegiert werden dürfen (*Böck* in
Kluckert, § 7 Rn. 67: Anordnung einer „Gesetzesausführung durch bundes-
eigene Verwaltung im Sinne des Art. 86 Abs. 1 GG"; ebenso *Rixen* NJW
2020, 1097 (1102)). Hintergrund dessen ist, dass es nach Ansicht des Gesetzgebers „erforderlich sein [kann], dass in einem Krisenfall neben den für den
Vollzug zuständigen Landesbehörden das Bundesministerium für Gesundheit
oder seine nachgeordneten Behörden die notwendigen Anordnungen treffen"
(BT-Drs. 19/18111, 21). Ausweislich der Gesetzesbegründung (BT-Drs.
19/18111, 21) sollen die Anordnungskompetenzen des BMG **neben** die Vollzugskompetenz der Länder treten.

2. Kritik. Mit den Anordnungskompetenzen des BMG aus § 5 Abs. 2 wird **18**
der nach Art. 83 GG den Ländern obliegende Vollzug des Gesetzes dem BMG
selbst überantwortet (*Möllers* Verfassungsblog v. 26.3.2020). Unabhängig
davon, ob die Anordnungskompetenz des BMG neben die Verwaltungskompetenz der Länder treten oder diese gar verdrängen soll, ist eine solche
Verschiebung grundgesetzlich festgelegter Zuständigkeiten durch ein

einfaches Bundesgesetz, wie es das IfSG darstellt, vor dem Hintergrund der **Normenpyramide** als Teil des Rechtsstaatsprinzips nicht möglich (sa *Dreier* DÖV 2021, 229 (238ff.)). Denn eine derartige Beschränkung der Verwaltungskompetenz der Länder ist mit Art. 83 GG nicht vereinbar und verstößt damit gegen das Bundesstaatsprinzip (so auch WD 3 - 3000 - 080/20, S. 10; *Dreier* DÖV 2021, 229 (238f.)). So erstrecken sich die Ermächtigungen aus § 5 Abs. 2 S. 1 Nr. 5 und Nr. 6 auch darauf, die notwendigen Anordnungen zur Durchführung der genannten Maßnahmen zu treffen. Insoweit geht es um einen Fall des **bundeseigenen Vollzugs von Bundesrecht,** als dessen verfassungsrechtliche Grundlage nur Art. 87 Abs. 3 GG in Betracht kommt, der bereits von seinem Wortlaut her nicht einschlägig ist (*Ritgen* LK 2020, 137 (140); ausführlich *Dingemann / Gausing* in BeckOK InfSchR § 5 Rn. 5ff. sowie *Dreier* DÖV 2021, 229 (239)).

19   Unklar bleiben ferner das genaue Ziel dieser Kompetenzzuweisung und ihre konkrete Umsetzung. So wurden etwa die Fragen aufgeworfen, ob das BMG an den Grenzen eine eigene Gesundheitspolizei vorhalten solle und ob auf der Grundlage dieser Anordnungsbefugnis auch die Möglichkeit verbunden ist, deutsche Staatsangehörige an der Einreise zu hindern (*Möllers* Verfassungsblog v. 26.3.2020). Hierzu schweigt die Gesetzesbegründung. Hinzu kommen mögliche Kompetenzkollisionen mit Zuständigkeiten einerseits der Bundespolizei und andererseits der Landesgesundheitsbehörden (weiterführend *Kluckert* in ders., § 2 Rn. 32). Zu den vormaligen Nrn. 1 und 2 s. nun → § 36 Rn. 46ff.

II. Verordnungsermächtigungen

20   In § 5 Abs. 2 S. 1 Nr. 4, 7, 8 und 10 ermächtigt der Gesetzgeber das BMG, **durch RVO Ausnahmen von Gesetzesvorschriften zuzulassen** (eine Auflistung der bis zum 30.11.2020 auf der Grundlage des § 5 Abs. 2 ergangenen RVOen findet sich bei *Kingreen* in Huster/Kingreen Hdb. InfSchR Kap. 1 Rn. 30ff.). Sämtliche Verordnungen nach Abs. 2 S. 1 dürfen **ohne Zustimmung des BR** erlassen werden. Zwar sieht Art. 80 Abs. 2 GG vor, dass RVOen auf Grund von Bundesgesetzen, die der Zustimmung des BR bedürfen oder die – wie das IfSG – von den Ländern als eigene Angelegenheit ausgeführt werden, der Zustimmung des BR bedürfen. Allerdings steht dies ausweislich des Wortlautes unter dem Vorbehalt einer abweichenden bundesgesetzlichen Regelung, die mit § 5 Abs. 2 S. 1 Nr. 4, 7, 8 und 10 jeweils existiert. Nichtsdestotrotz ist fraglich, ob der pauschale Verzicht auf die Zustimmung des BR in § 5 Abs. 2 nicht „die sinnvolle Leitidee des Art. 80 II GG unterläuft" (*Gärditz / Abdulsalam* GSZ 2020, 108 (114)), zumal nicht nur Länderinteressen betroffen sind, sondern die Länder weiterhin nach Art. 83 GG für die Ausführung verantwortlich sind. Die bundesgesetzliche Regelung selbst bedarf der Zustimmung des BR, die hier vorliegt.

21   **1. Die einzelnen Verordnungsermächtigungen.** Die ehemalige – unter den Verordnungsermächtigungen aus § 5 Abs. 2 problematischste (s. Voraufl. Rn. 24) – **Nr. 3,** die das BMG ermächtigte, durch RVO ohne Zustimmung des BR Ausnahmen von den Vorschriften des IfSG sowie der auf seiner Grundlage erlassenen RVOen mit anschließender „wenig pauschale[r] Spezifi-

zierung" (*Möllers* Verfassungsblog v. 26.3.2020), insbes. „in Bezug auf die Verhütung und Bekämpfung übertragbarer Krankheiten […] zuzulassen, um die Abläufe im Gesundheitswesen und die Versorgung der Bevölkerung aufrecht zu erhalten", wurde im Zuge des 3. BevSchG ersatzlos gestrichen. Dies wurde damit begründet, dass das BMG von dieser Ermächtigung keinen Gebrauch gemacht habe (BT-Drs. 19/23944, 25). Nach **Nr. 4** kann das BMG durch RVO Ausnahmen von gesetzlichen Vorschriften betreffend Arzneimittel, Medizinprodukte, Labordiagnostik, Hilfsmittel, Schutzausrüstung und Desinfektionsprodukte zulassen (ausf. dazu *Böck* in Kluckert, § 7; *Gerhardt,* § 5 Rn. 17 ff.; eine Auflistung der bis zum 15.1.2021 auf der Grundlage der Nr. 4 erlassenen RVOen findet sich bei *Dingemann/Gausing* in BeckOK InfSchR § 5 Rn. 23.1). **Nr. 7** ermächtigt das BMG zu RVOen mit dem Ziel der Aufrechterhaltung der Gesundheitsversorgung in wichtigen Gesundheitseinrichtungen (ausf. dazu *Schütz* in Kluckert, § 9; *Schüffner* in Kluckert, § 10 Rn. 21 ff.; *Dingemann/Gausing* in BeckOK InfSchR § 5 Rn. 35 ff.; *Gerhardt,* § 5 Rn. 34 ff.), während **Nr. 8** zu RVOen mit dem Ziel der Aufrechterhaltung der pflegerischen Versorgung in ambulanten und stationären Pflegeeinrichtungen ermächtigt (dazu *Schüffner* in Kluckert, § 10 Rn. 41 ff.; *Dingemann/Gausing* in BeckOK InfSchR § 5 Rn. 43 ff.; *Gerhardt,* § 5 Rn. 41 ff). Nach der durch das 2. BevSchG neu eingeführten **Nr. 10** wird das BMG ferner dazu ermächtigt, abweichende Regelungen von den Berufsgesetzen der in § 5 Abs. 2 S. 2 genannten Gesundheitsfachberufe zu erlassen. Dies betrifft – abschließend – Regelungen zur Dauer der Ausbildungen, des theoretischen und praktischen Unterrichts, einschließlich der Nutzung von digitalen Unterrichtsformaten, der praktischen Ausbildung, zur Besetzung der Prüfungsausschüsse, zu staatlichen Prüfungen und zur Durchführung der Eignungs- und Kenntnisprüfungen. Im Zuge des EpiLage-FortgeltungsG wurde in allen VO-Ermächtigungen aus Abs. 2 S. 1 das Wort „insbesondere" vor den Aufzählungen gestrichen, so dass diese nun abschließend sind. Damit sollte die Regelungsdichte der Norm aus Gründen der Bestimmtheit erhöht werden, um eine hinreichende Vorhersehbarkeit der Verordnungsermächtigungen zu gewährleisten (BT-Drs. 19/27291, 59 f.).

2. Kritik. Die Ermächtigung der Exekutive, durch RVOen Ausnahmen **22** von Gesetzesvorschriften zuzulassen, ist nach stRspr des BVerfG **nur in engen Grenzen und unter engen Voraussetzungen** möglich (s dazu auch *Dreier* DÖV 2021, 229 (235 f.)). Zwar hat das **BVerfG** keine „[g]enerelle[n] Bedenken gegen die Verwendung dieser gesetzgebungstechnischen Formen der Anwendungsbeschränkung von Gesetzen", da das GG ihre Existenz und ihre Zulässigkeit voraussetze (BVerfGE 8, 155 (170 f.); s dazu mwN aus der Lit. *Wollenschläger* Ausschussdrs. 19(14)160(31), 16 f.; *ders.* Ausschussdrs. 19(14)288 (18), 5 ff.; *Kingreen* Rechtsgutachten, S. 20; *Kluckert* in ders., § 2 Rn. 143 ff.). Es stehe dem Gesetzgeber „frei, die Anwendbarkeit einer Vorschrift dadurch zu beschränken, dass er ihr eine Subsidiarität gegenüber bestimmten staatlichen Willensäußerungen niedrigeren Ranges beilegt" (BVerfGE 8, 155 (170 f.)). Er könne „einer einzelnen Vorschrift oder auch einer Gruppe von Vorschriften einen subsidiären Charakter geben" (BVerfGE 8, 155 (170 f.)). Es darf dabei aber innerhalb des Staatsgefüges nicht zu einer „Gewichtsverschiebung zwischen gesetzgebender Gewalt und Verwaltung" kommen (BVerfGE 8, 155 (171)). Der Gesetzgeber könne „den Vorrang des Gesetzes als Prinzip nicht beseitigen" (BVerfGE 8, 155 (170f.)). Diejenigen Abweichungen, die das BVerfG bisher ausnahmsweise für verfassungsgemäß gehalten hat, haben sich „auf eher marginale Aspekte bezog[en]", in denen „die Beschränkung des Geltungsanspruches des Gesetzes schon in diesem selbst normiert war" (*Dreier* DÖV 2021, 229 (236)).

23   Die **Grenze** ergibt sich aus **Art. 80 Abs. 1 GG,** dessen Sinn es ist, „das Parlament darin zu hindern, sich seiner Verantwortung als gesetzgebende Körperschaft zu entäußern. Es soll nicht einen Teil seiner Gesetzgebungsmacht der Exekutive übertragen können, ohne die Grenzen dieser Befugnis bedacht und diese nach Tendenz und Programm so genau umrissen zu haben, dass schon aus der Ermächtigung erkennbar und vorhersehbar ist, was dem Bürger gegenüber zulässig sein soll [...]" (BVerfGE 78, 249 (272); weiterführend *Dreier* DÖV 2021, 229 (236f.)). Art. 80 Abs. 1 GG konkretisiert damit das **Rechtsstaats- und Demokratieprinzip** aus Art. 20 Abs. 2, 3 GG, zwei „Staatsfundamentalprinzipen unseres Grundgesetzes" (*Kingreen* Ausschussdrs. 19(14)160 (27), 3; *ders.* Rechtsgutachten, S. 24ff.; krit. auch *Kluckert* Ausschussdrs. 19(14) 160(29), 3ff.; *Gärditz/Abdulsalam* GSZ 2020, 108 (114); mwN aus der Lit. *Wollenschläger* Ausschussdrs. 19(14)160(31), 17f., 19ff.), die durch die **Ewigkeitsgarantie des Art. 79 Abs. 3 GG** einen ganz besonderen Schutz genießen und fordern.

24   Vor diesem Hintergrund erweisen sich die Verordnungsermächtigungen in § 5 Abs. 2 S. 1 in weiten Teilen als verfassungswidrige „Selbstentmächtigung" des Gesetzgebers (*Gärditz/Abdulsalam* GSZ 2020, 108 (114); *Möllers* Verfassungsblog v. 26.3.2020; *Lindner* in Schmidt, § 18 Rn. 46; sehr krit. auch *Dreier* DÖV 2021, 229 (236f., 241), der den BT Handlungsunwilligkeit attestiert; sa WD 3 - 3000 - 080/20, S. 6: „zumindest erheblich problematisch"; für eine „höchst restriktive [...], regelungsplanwahrende[...] Auslegung", „um das Verdikt der Verfassungswidrigkeit zu vermeiden" *Rixen* in Kluckert, § 4 Rn. 19f., was jedoch hinsichtlich des Bestimmtheitsgrundsatzes problematisch sein dürfte und sich ohnehin die Feststellung der Verfassungswidrigkeit einer Norm „nicht durch ihre restriktive Handhabung abwenden [lässt]" (*Dreier* DÖV 2021, 229 (236))). Denn es dürfen nicht nur von bestimmten einzelnen Gesetzen abweichende Vorschriften erlassen werden, sondern es darf sehr umfassend abgewichen werden (*Kingreen* Ausschussdrs. 19(14)160(27), 3ff.; *ders.* Rechtsgutachten, S. 22f.: „Blankovollmacht", „Systemverschiebung"; *Kluckert* Ausschussdrs. 19(14)160(29), 4; *Gärditz/Abdulsalam* GSZ 2020, 108 (114): „letztlich uferlos"). Dadurch wird die Bindung des BMG an Recht und Gesetz aus **Art. 20 Abs. 3 GG konterkariert** und in Widerspruch zu sich selbst gesetzt, wenn der Bundesgesundheitsminister das ihn bindende Recht und Gesetz außer Kraft setzen und durch eigenes Recht ersetzen darf. Er kann das Recht, an das er gebunden ist, selbst erschaffen und wird gleichsam „zu einem Verteidigungsminister im Pandemiefall" (so *Kingreen* lto.de v. 23.5.2020; sa *Gärditz/Abdulsalam* GSZ 2020, 108 (114)). Dies **widerspricht der Kontroll- und Sicherungsfunktion des Art. 20 Abs. 3 GG.** Zudem steht dies im **Widerspruch zur Gewaltenteilung** und der damit intendierten gegenseitigen Kontrolle der Gewalten („checks and balances"; sa *Kluckert* in ders., § 2

Rn. 150 mwN). Nach den Grundwerten des GG sollen die Gesetze gerade nicht von der Regierung geschaffen werden, sondern sie binden (s auch *Dreier* DÖV 2021, 229 (235): „Diese verfassungsrechtlich fundierte Normenhierarchie sieht sich […] auf den Kopf gestellt.").

Hinsichtlich der vom BVerfG gesetzten Grenzen sind die Verordnungs- **25** ermächtigungen im Einzelnen zu betrachten. Die nun weggefallene **Nr. 3** ermächtigte die Exekutive im Ergebnis dazu, von einer **unüberschaubaren Zahl an gesetzlichen Vorschriften des IfSG abzuweichen** (sa WD 3 - 3000 - 080/20, S. 6), und war deshalb wegen Verstoßes gegen Art. 80 Abs. 1 GG verfassungswidrig (s dazu die Voraufl. Rn. 24 mwN). Dies hat der Gesetzgeber mittlerweile wohl selbst (an)erkannt und die Regelung ersatzlos gestrichen, wenn auch mit anderer Begründung (das BMG habe davon keinen Gebrauch gemacht, BT-Drs. 19/23944, 25).

Im Vergleich zu der ausufernden Verordnungsermächtigung der ehe- **26** maligen Nr. 3 hat der Gesetzgeber in § 5 Abs. 2 S. 1 **Nr. 4** die Ermächtigung für RVOen zumindest programmatisch enger gefasst. Doch bei genauerer Betrachtung betreffen die möglichen Ausnahmen auch hier eine **unüberschaubare Zahl an gesetzlichen Vorschriften** in insgesamt fünf Gesetzen (sa WD 3 - 3000 - 080/20, S. 6). Betroffen sein sollen weit mehr als 1.000 Paragrafen (*Dingemann/Gausing* in BeckOK InfSchR § 5 Rn. 25). Zwar sind diese Ausnahmen wenigstens thematisch umrissen: Herstellung, Kennzeichnung, Zulassung, klinische Prüfung, Anwendung, Verschreibung und Abgabe, Ein- und Ausfuhr, das Verbringen und die Haftung sowie der Betrieb von Apotheken einschließlich Leitung und Personaleinsatz. Ein enger Rahmen hinsichtlich der Vorschriften, von denen abgewichen werden kann, ergibt sich daraus aber trotzdem nicht. Auch die Gesetzesbegründung begnügt sich mit sehr allgemeinen Erwägungen: Die einzige Begrenzung ist der immer wieder genannte Zweck der Sicherstellung der Versorgung im Krisenfall (BT-Drs. 19/18111, 20 f.). Deshalb sind auch hier die Grenzen der Ermächtigung nicht „eindeutig" im Sinne des BVerfG (BVerfGE 8, 155 (171); sa WD 3 - 3000 - 080/20, S. 6; ebenso *Lindner* in Schmidt, § 18 Rn. 46: „Reichweite solcher Rechtsverordnungsermächtigungen kaum erkennbar"; allg. zu § 5 Abs. 2 *Gärditz/Abdulsalam* GSZ 2020, 108 (114): „inhaltsleere Globalermächtigung"). Daran ändert auch die durch das EpiLage-FortgeltungsG erfolgte Streichung des Wortes „insbesondere" vor der Aufzählung nichts, obgleich dies zumindest formal ein richtiger Schritt ist. Angesichts der weit gefassten Aufzählung verhilft dies der Ermächtigung aber nicht zu hinreichender Bestimmtheit iSv Art. 80 Abs. 1 S. 2 GG. Zusammengefasst kann das BMG unter Berufung auf § 5 Abs. 2 S. 1 Nr. 4 und 5 nach wie vor umfassend und lenkend in die Produktions- und Distributionsprozesse der genannten Güter eingreifen. Soweit solche Maßnahmen – und das wird vielfach der Fall sein – enteignende Wirkung haben, sind Regelungen über angemessene Entschädigungen vorzusehen (sa *Ritgen* LK 2020, 137 (140)).

Durch das EpiLage-FortgeltungsG wurde **Nr. 4 lit. f** um die ausdrückliche **27** Ermächtigung des BMG **erweitert,** durch RVO Regelungen für den Fall beschränkter Verfügbarkeit von Arzneimitteln einschließlich Impfstoffen zur Priorisierung der Abgabe und Anwendung der Arzneimittel oder der Nutzung der Arzneimittel durch den Bund und die Länder zu Gunsten bestimmter

Personengruppen vorzusehen. Damit wurde auf die Kritik reagiert, die an der Heranziehung der vormaligen Nr. 4 lit. f als Teil der Ermächtigungsgrundlage für die Verordnung zum Anspruch auf Schutzimpfung gegen das Coronavirus SARS-CoV-2 (Coronavirus-Impfverordnung – CoronaImpfV) v. 18.12.2020 (BAnz AT 21.12.2020 V3) geäußert worden ist (s nur *Kießling* Ausschussdrs. 19(14)263(5), 5; *Leisner-Egensperger* Ausschussdrs. 19(14)263(1), 5 f.). Denn die bisherigen Fassungen der Nr. 4 lit. c und lit. f haben die Aufstellung einer Impfreihenfolge im Verordnungswege ebenso wenig gedeckt wie die ebenfalls als Ermächtigungsgrundlage genannte vormalige Regelung in § 20 i Abs. 3 SGB V (*Kießling* Ausschussdrs. 19(14)263(5), 5 ff.; *Leisner-Egensperger* Ausschussdrs. 19(14)263(1), 4 ff.). Die Erweiterung der Nr. 4 lit. f soll ausweislich der Gesetzesbegründung hinsichtlich der Regelungen zur **Abgabe** der Arzneimittel „konkretisieren", dass die Verordnungsermächtigung auch Regelungen zur priorisierten Abgabe durch die Apotheken sowie durch den Bund und die Länder erlaubt (BT-Drs. 19/27291, 59). Genau genommen handelt es sich hierbei allerdings nicht um eine Konkretisierung, sondern um eine neu eingeführte Ermächtigungsgrundlage, da es an einer solchen für eine Impfpriorisierung bislang gefehlt hat (sa *Kießling* Ausschussdrs. 19(14)263(5), 5 ff.; *Leisner-Egensperger* Ausschussdrs. 19(14)263(1), 4 ff.; *dies.* NJW 2021, 202 (205 f.)). Im Hinblick auf eine priorisierte **Nutzung** der Arzneimittel durch den Bund oder die Länder sowie die priorisierte **Anwendung** der Arzneimittel geht der Gesetzgeber selbst von einer Erweiterung der Ermächtigungsgrundlage aus, jedoch nicht, um das bisherige Fehlen einer solchen für bereits erlassene Regelungen zu beseitigen, sondern um ua den Erlass von Regelungen zu ermöglichen, „die über den derzeitigen Regelungsinhalt der Corona-Impfstoffverordnung zur priorisierten Nutzung und Anwendung der Corona-Impfstoffe vom 8. Februar 2021 hinausgehen" (BT-Drs. 19/27291, 59). Inwieweit sich „Abgabe", „Nutzung" und „Anwendung" unterscheiden, bleibt unklar. Der Gesetzgeber will durch die Erweiterung von Abs. 2 S. 1 Nr. 4 lit. f der Bestimmtheitstrias aus Art. 80 Abs. 1 S. 2 GG genüge tun. Es bedarf indes mehrfachen Anlaufs, um die immer komplizierter werdende Formulierung zu verstehen. Zudem enthält § 5 Abs. 2 S. 1 Nr. 4 lit. f nach wie nicht die geforderten Priorisierungskriterien und Impfziele, genügt also noch immer nicht Art. 80 Abs. 1 S. 2 GG. Angesichts der neuen Fassung von Nr. 4 lit. f stellt sich darüber hinaus die Frage, weshalb Nr. 4 lit. c laut der CoronaImpfV nach wie vor als Ermächtigungsgrundlage für die CoronaImpfV herangezogen wird. Hinsichtlich des Inhalts der aktuellen CoronaImpfV scheint Nr. 4 lit. c keine über lit. f hinausgehenden oder von lit. f nicht gedeckten Regelungen zu legitimieren. Bei der fehlenden Änderung der CoronaImpfV dürfte es sich um ein redaktionelles Versehen handeln, weil ein Verweis auf Nr. 4 lit. c in der neuen Fassung des § 20 Abs. 2 a – entgegen der noch im ersten Gesetzesentwurf enthaltenen Fassung (BT-Drs. 19/26545, 6) – nicht mehr vorhanden ist (BT-Drs. 19/27291, 14). Drängender ist die weitere Frage des Verhältnisses des erweiterten § 5 Abs. 2 S. 1 Nr. 4 lit. f und dem neuen § 20 i Abs. 3 SGB V, der ebenfalls im Zuge des EpiLage-FortgeltungsG deutlich ausgeweitet und konkretisiert worden ist. § 20 i Abs. 3 S. 4 SGB V enthält nunmehr – was in § 5 Abs. 2 S. 1 Nr. 4 lit. f nach wie vor fehlt – Priorisierungskriterien, nicht jedoch eigene Impfziele. Hinsichtlich der Impfziele verweist die Norm auf den neuen § 20

Abs. 2 a, der seit dem EpiLage-FortgeltungsG nun (endlich) selbst Impfziele aufzählt – allerdings nicht gerichtet an den Verordnungsgeber, sondern an die STIKO (→ § 20 Rn. 157 ff.; dazu auch *Kingreen* Ausschussdrs. 19(14)288(3), 7 f.). Neben diesem neuen „Kaskadenmodell" (*Kingreen* Ausschussdrs. 19(14) 288(3), 7) hat der – mangels Priorisierungskriterien und Impfzielen nach wie vor nicht als Ermächtigungsgrundlage ausreichende – § 5 Abs. 2 S. 1 Nr. 4 lit. f keinen eigenen Mehrwert, sondern verkomplizierte das insgesamt „überkomplexe[…] Kaskadenmodell" (*Kingreen* Ausschussdrs. 19(14)288(3), 7) nur noch weiter (treffend *Kingreen* FAZ Nr. 47 v. 25. 2. 2021, S. 6: „Schnitzeljagd durch zwei Gesetze").

Auch die Verordnungsermächtigung in § 5 Abs. 2 S. 1 **Nr. 7** ist nur pro- **28** grammatisch enger gefasst als die ehemalige Nr. 3. Durch das Ziel der „Aufrechterhaltung der Gesundheitsversorgung" in bestimmten Einrichtungen wirkt der Umfang zunächst vorhersehbar, denn die Abweichungsbefugnis ist im Wesentlichen beschränkt auf das SGB V und auf in „Bezug genommene" Gesetze. Das SGB V enthält allerdings über 330 Paragrafen und nimmt Bezug auf rund 80 unterschiedliche Gesetze (sa WD 3 - 3000 - 080/20, S. 6; *Schütz* in Kluckert, § 9 Rn. 44). Zwar ist die Aufzählung in Nr. 7 lit. a–f durch die durch das EpiLage-FortgeltungsG erfolgte Streichung des Wortes „insbesondere" nun nicht mehr lediglich beispielhaft, jedoch wurde Nr. 7 im Gegenzug erweitert um eine Abweichungskompetenz hinsichtlich der Regelstudienzeit der bislang bereits benannten Personengruppen und um die Aufnahme auch der PsychotherapeutInnen und solcher ZahnärztInnen, die ihr Studium nach der neuen Approbationsordnung für Zahnärzte und Zahnärztinnen beginnen bzw. begonnen haben (s dazu Ausschussdrs. 19(14)287.1neu, 4 f.). Ohnehin wirkt die Regelung durch die Streichung des Wortes „insbesondere" nicht bestimmter als vorher, denn zuvor wirkte es zumindest so, als handle es sich bei der Aufzählung um Untergruppen der „Maßnahmen zur Aufrechterhaltung der Gesundheitsversorgung …" aus Hs. 1, wohingegen jetzt der Eindruck entsteht, als träten die aufgezählten Regelungsaspekte neben die „Maßnahmen zur Aufrechterhaltung der Gesundheitsversorgung …" aus Hs. 1. Unter „Maßnahmen" lässt sich angesichts der Unbestimmtheit dieses Begriffs nun alles fassen, was vorher mit dem Argument des lediglich (regel-) beispielhaften Charakters der Aufzählung im 2. Hs. gerechtfertigt worden wäre. Die Regelung bleibt also unklar, unbestimmt und genauso ausufernd wie vorher. Von einer rechtsstaatlich erforderlichen Begrenzung des Ausmaßes und des Umfangs der Abweichungsermächtigung durch RVO kann nach wie vor keine Rede sein (s zur vorherigen Fassung der Nr. 7 *Schütz* in Kluckert, § 9 Rn. 25 ff., Rn. 50: Nr. 7 begegnet „allerhöchsten verfassungsrechtlichen Bedenken"). Zu beachten ist ferner, dass in unbestimmtem Ausmaß von Entscheidungen der Selbstverwaltung, einem wesentlichen Charakteristikum der Sozialversicherung, abgewichen werden kann (sa BT-Drs. 19/18111, 22; *Schütz* in Kluckert, § 9 Rn. 31 ff.). Auch hinsichtlich solcher wesentlichen Abweichungen bedarf es einer umso genaueren und begrenzteren Verordnungsermächtigung.

Das zu Nr. 7 Genannte gilt für § 5 Abs. 2 S. 1 **Nr. 8** entsprechend, hier in **29** Bezug auf die „Aufrechterhaltung der pflegerischen Versorgung" und das einschlägige SGB XI. Auch hier ist das Ausmaß der Verordnungsermächtigung

nicht vorhersehbar und nicht eindeutig (so auch WD 3 - 3000 - 080/20,
S. 6). So sagt die Gesetzesbegründung selbst etwa, dass Nr. 8 lit. b „die Möglichkeit eröffnet, *sämtliche* untergesetzliche Festlegungen einschließlich von
Vereinbarungen und Beschlüssen der Pflegeselbstverwaltung auf Bundes- und
Landesebene anzupassen, zu ergänzen oder auszusetzen" (BT-Drs. 19/18111,
23 – Hervorhebung durch Verf.), oder dass Nr. 8 lit. c das BMG dazu ermächtigt, durch RVO Aufgaben, die regelmäßig die Pflegekassen, Pflegeeinrichtungen und der Medizinische Dienst wahrnehmen, „*grundsätzlich* auszusetzen
oder einzuschränken" (BT-Drs. 19/18111, 23 – Hervorhebung durch Verf.).
Von einem Ausnahmecharakter mit engen Grenzen ist hier nichts zu erkennen. Durch die Streichung des Wortes „insbesondere" vor der Aufzählung ist
auch hier die Unbestimmtheit nur von Hs. 2 auf Hs. 1 verschoben worden
(s dazu → Rn. 28).

30   Die Abweichungsbefugnis nach § 5 Abs. 2 S. 1 **Nr. 10** (dazu auch *Wollenschläger* Ausschussdrs. 19(14)160(31), 24 ff.) umfasst **weite Bereiche des Aus-
bildungsrechts** und mit dem Prüfungsrecht auch einen ausgesprochen grundrechtsrelevanten Bereich (Art. 12 Abs. 1 GG, Art. 3 Abs. 1 GG). Sie ist dennoch
nicht so weitreichend wie die anderen Verordnungsermächtigungen. Ziel ist es,
„in der epidemischen Lage von nationaler Tragweite die Ausbildung und die
Prüfungen in den Gesundheitsfachberufen weiterhin zu ermöglichen und
soweit notwendig, durch an die Lage angepasste Formate zu unterstützen"
(BT-Drs. 19/18967, 53). Die Aufzählung möglicher Inhalte einer RVO nach
Nr. 10 ist vom Wortlaut her durch die Streichung des Wortes „insbesondere"
durch das EpiLage-FortgeltungsG nun abschließend (anders wohl davor: BT-
Drs. 19/18967, 53). Im Gegenzug wurde die Aufzählung allerdings erweitert
um sehr umfassende – und wiederum für sich unbestimmte – Abweichungs-
kompetenzen, namentlich hinsichtlich des gesamten „theoretischen und praktischen Unterrichts" (lit. b) und „der praktischen Ausbildung" (lit. c neu); dazu
Ausschussdrs. 19(14)287.1neu, 5). Da damit im Grunde alle denkbaren Aspekte
abgedeckt sind, bedarf es eines „insbesondere" gar nicht mehr, und die fehlende
Begrenzung des Ausmaßes der Abweichungskompetenz ist auch hier nur verschoben worden. Die mit der Verordnungsermächtigung ermöglichten Regelungen sollen ua Rechtssicherheit für die Auszubildenden schaffen, dass ihnen
digitale Unterrichtsformate auf die Dauer der Ausbildung angerechnet werden
können (BT-Drs. 19/18967, 53). Auch RVOen zur Regelung der staatlichen
Prüfung sind möglich. § 5 Abs. 2 **S. 2** zählt konkret die Berufe und die Berufs-
gesetze auf, von denen durch die Verordnung nach Abs. 2 S. 1 Nr. 10 abgewichen werden darf. Dabei ist eine große Zahl an Gesundheitsberufen (21) betroffen. Mit der genauen Aufzählung der Gesundheitsberufe und wenigstens der
beispielhaften Nennung einiger Abweichungsgegenstände werden Inhalt und
Umfang der Verordnungsermächtigung zumindest umrissen und begrenzt.
Das Ziel der Regelung wird zwar nicht im Gesetz, aber in seiner Begründung
aufgeführt (BT-Drs. 19/18967, 54). Um den Anforderungen des Art. 80 Abs. 1
S. 2 GG, insbes. angesichts der hohen Grundrechtsrelevanz der Abweichungsbefugnis, zu entsprechen, sollte dieses Ziel ins Gesetz aufgenommen werden
(so auch *Wollenschläger* Ausschussdrs. 19(14)160(31), 24 ff.). Aufgrund der **hohen Grundrechtsrelevanz** ist jedenfalls fraglich, ob die **mitunter unpräzise
Formulierung** der Nr. 10, etwa „unbeschadet des jeweiligen Ausbildungsziels

und der Patientensicherheit", und die **nur scheinbare Begrenzung der Regelungsgegenstände** ausreichen, um den vom BVerfG konkretisierten Anforderungen des Art. 80 Abs. 1 S. 2 GG gerecht zu werden.

III. Besondere Grundrechtsrelevanz – Parlamentsvorbehalt und Legitimation

Eine weitere verfassungsrechtliche Problematik birgt die **hohe Grund-** 31 **rechtsrelevanz** der Anordnungs- und Verordnungsermächtigungen in § 5 Abs. 2. Bei den vorgenannten Maßnahmen geht es überwiegend, worauf der Gesetzgeber in § 5 Abs. 5 selbst hinweist und wie es im Gesundheitsrecht häufig der Fall ist, um erhebliche Grundrechtseingriffe, insbes. in das Recht auf Leben und körperliche Unversehrtheit aus Art. 2 Abs. 2 S. 1 GG. Dieser Umstand spricht umso mehr gegen die Zulässigkeit einer umfassenden Delegation der Gesetzesabweichung an die Exekutive. So muss etwa „die Verantwortung für die Freigabe unzureichend getesteter Arzneimittel […] der *Gesetzgeber selbst* übernehmen" (*Gärditz/Meinel* FAZ Nr. 73 v. 26.3.2020, S. 6 – Hervorhebung nur hier; WD 3 - 3000 - 080/20, S. 7). Nicht ohne Grund ist das Gesundheitsrecht mit all seinen Facetten parlamentsgesetzlich geregelt (für eine beispielhafte Aufzählung s. *Kingreen* Ausschussdrs. 19(14)160(27), 4). Durch § 5 Abs. 2 kann aber ein einzelnes Bundesministerium (nicht einmal die Bundesregierung als Kollegialorgan, sa *Thielbörger/Behlert* Verfassungsblog v. 30.3.2020; *Gärditz/ Abdulsalam* GSZ 2020, 108 (110)) durch Notverordnung bzw. sogar durch Notanordnung grundrechtsrelevante Gesetze des BT ändern, ohne dass der BT die Möglichkeit hat, dies zu verhindern (sa *Kingreen* SZ v. 26.3.2020, S. 6; *ders.* Verfassungsblog v. 20.3.2020; *Steinbeis* Verfassungsblog v. 27.3.2020: „Kompetenzen […], die dem Verfassungsjuristen die Augen aus den Höhlen treten lassen"). Dies widerspricht dem **Vorbehalt des Gesetzes** in seinen Ausprägungen des **Parlamentsvorbehalts** und des **Wesentlichkeitsgrundsatzes** (sa *Ritgen* LK 2020, 137 (140); *Kingreen* Ausschussdrs. 19(14)160(27), 4; zum Wesentlichkeitsvorbehalt allg. *Kluckert* in ders., § 2 Rn. 102 ff.). Danach muss der Gesetzgeber „in grundlegenden normativen Bereichen, zumal im Bereich der Grundrechtsausübung, soweit diese staatlicher Regelung zugänglich ist, alle wesentlichen Entscheidungen selbst […] treffen" (BVerfGE 61, 260 (275)) und darf sie nicht an die Verwaltung delegieren. Der Parlamentsvorbehalt „stellt sicher, dass die Grenzen zwischen zulässigem und unzulässigem Grundrechtsgebrauch, zwischen zulässiger und unzulässiger Grundrechtseinschränkung *nicht fallweise nach beliebiger Einschätzung von beliebigen Behörden oder Gerichten, sondern primär* – in der Form eines allg. Gesetzes – durch den Gesetzgeber gezogen werden" (BVerfGE 133, 112 (132) – Hervorhebung nur hier; *Dreier* DÖV 2021, 229 (241) nennt das Parlament „das Gravitationszentrum der Demokratie"). Von diesen Prinzipien kann auch in Zeiten einer Pandemie nicht abgewichen werden, im Gegenteil: Gerade in einer Zeit, in der ein allg. Versammlungsverbot und Ausgangsbeschränkungen herrschen ($\rightarrow$ § 28 a Rn. 40 ff., 105 ff., 110 ff.) und dadurch wichtige demokratische Bürgerrechte gegen Hoheitshandeln beschnitten sind, müssen der Parlamentsvorbehalt und der Wesentlichkeitsgrundsatz besondere Beachtung finden. Denn gerade in einer solchen Zeit der Reduzierung und Minimierung bürgerlich-demokratischer Artikulationsmöglichkeiten muss der Gesetzgeber wichtige Entscheidungen im Rahmen eines wenn auch zügigen, aber transparenten Gesetzgebungsverfahrens selber treffen, anstatt „sich aus dem Geschäft der Normsetzung zurückzuziehen" (*Möllers* Verfassungsblog v. 26.3.2020).

32   Problematisch (und die eben genannte Problematik verstärkend) ist daneben, dass auf eine **Mitwirkung des Bundeskabinetts** als „letzte demokratische Koordinationsstelle" (*Möllers* Verfassungsblog v. 26.3.2020) und auf jegliche vor einer Bekanntgabe erfolgende Zuleitung an BT und BR verzichtet wird (sa *Kluckert* Ausschussdrs. 19(14)160(29), 6; *Kluckert* in ders., § 2 Rn. 155 ff.). Angesichts der Reichweite der dem BMG überantworteten Entscheidungen ist es nicht vertretbar, dass diese ohne Rücksprache und ohne Korrektiv „von einem einzelnen Ministerium ausgeführt werden können, das sich nur noch mit der eigenen Hierarchie und punktuell mit den ins Einvernehmen zu setzenden anderen Ministerien auseinanderzusetzen hat" (*Möllers* Verfassungsblog v. 26.3.2020). Hinsichtlich der grundrechtsrelevanten Befugnisse des BMG in § 5 Abs. 2 dürfte es – neben der Gewaltenteilungsproblematik – dadurch schon an der **hinreichenden Legitimation** der Entscheidungen **fehlen,** da die Legitimationskette umso unmittelbarer sein muss, je wesentlicher und grundrechtsrelevanter die zu treffenden Entscheidungen sind. Die nur über mehrere aufeinander aufbauende Wahl-, Vorschlags-, Ernennungs- und Abstimmungsakte vermittelte Rückführbarkeit der Entscheidungen des BMG auf das Volk dürfte hierfür nicht ausreichen.

33   Besondere Bedeutung erhalten der Wesentlichkeitsgrundsatz und der Parlamentsvorbehalt im Zusammenhang mit der sog. **Impfpriorisierung** (s dazu auch *Wollenschläger* Ausschussdrs. 19(14)288(18), 6 f., 23 ff.). Angesichts des knappen Impfstoffes ist die Festlegung einer Impf-Reihenfolge unvermeidbar. Dies ist durch die CoronaImpfV v. 18.12.2020 (BAnz AT 21.12.2020 V3) erfolgt. § 5 Abs. 2 S. 1 Nr. 4 lit. f gilt gemeinsam mit § 20i Abs. 3 S. 2 Nr. 1 lit. a und Nr. 2 S. 3, 7, 8, 10 bis 11 SGB V als Rechtsgrundlage für diese Verordnung (unklar ist, ob § 5 Abs. 2 S. 1 Nr. 4 lit. c nach Inkrafttreten des EpiLage-FortgeltungsG – wie ursprünglich – ebenfalls noch zu der Ermächtigungsgrundlage gehören soll, → Rn. 27). Es ist höchst zweifelhaft, ob das „überkomplexe […] Kaskadenmodell" (*Kingreen* Ausschussdrs. 19(14)288(3), 7) aus Ermächtigungen und Verweisen, das das Verhältnis zwischen Parlamentsgesetz, Rechtsverordnung und STIKO-Empfehlungen völlig verunklart (*Kingreen* Ausschussdrs. 19(14)288(3), 7), eine verfassungsfeste Ermächtigungsgrundlage für eine Impfpriorisierung im Verordnungswege darzustellen vermag (dafür *Wollenschläger* Ausschussdrs. 19(14)288(18), 6 f., der aber ebenfalls Verbesserungen anmahnt). Hält man § 5 Abs. 2 S. 1 Nr. 4 ohnehin für verfassungswidrig (→ Rn. 26), verbleibt nur ein rein sozialversicherungsrechtlicher Verteilungsansatz und dadurch eine Regelungslücke bezüglich eines Verbots der Abgabe des Impfstoffs an Selbstzahler (*Kießling* Ausschussdrs. 19(14)263(5), 2, 6 f.). Doch auch wenn man § 5 Abs. 2 S. 1 Nr. 4 lit. f für verfassungskonform hält, genügt diese Regelung angesichts der **Wesentlichkeit** der Impfpriorisierung den Anforderungen an eine hinreichend bestimmte Rechtsgrundlage für eine solche Regelung auch nach den Änderungen durch das EpiLage-FortgeltungsG nicht (für die Rechtslage vor dem EpiLage-FortgeltungsG *Klafki* Verfassungsblog v. 22.9.2020). In § 5 Abs. 2 S. 1 Nr. 4 lit. f fehlt es nach wie vor an einer Zielvor-

gabe und an etwaigen Kriterien für die Verteilung des Impfstoffes (WD 3-3000−271/20, S. 6; *Kießling* Ausschussdrs. 19(14)263(5), 3f.). Es wird nicht einmal auf die einschlägigen Normen (§ 20i Abs. 3 SGB V, § 20 Abs. 2a), die mittlerweile solche Vorgaben enthalten, verwiesen.

IV. Sonderfall Nr. 9: Finanzhilfen nach Art. 104b Abs. 1 GG

In § 5 Abs. 2 S. 1 Nr. 9 geht es um eine **Bundesfinanzierung** von Inves- **34** titionen im Rahmen der **IT-Ausstattung** der Gesundheitsämter (*Kluckert* Ausschussdrs. 19(14)160(29), 7) und − insoweit neu eingefügt durch das 3. BevSchG − von Investitionen zum Ausbau oder zur Aufrechterhaltung von Kernkapazitäten im Sinne der Anlage 1 Teil B der IGV 2005, auf Flughäfen, in Häfen und bei Landübergängen, soweit dies in die Zuständigkeit der Länder fällt. Der Grund für die Ergänzung der Nr. 9 liegt darin, dass die Vertragsstaaten der IGV gem. §§ 8 Abs. 5, 13 Abs. 5 IGV-DurchführungsG verpflichtet sind, an bestimmten Flughäfen, Häfen und Landübergängen, sog. Grenzübergangsstellen („points of entry"), gesundheitsbezogene Kapazitäten vorzuhalten, um routinemäßig oder anlassbezogen Infektionsschutzmaßnahmen durchführen zu können. Hierzu gehören insbes. die Schaffung und Unterhaltung von Räumlichkeiten für die Befragung, Untersuchung und Versorgung von kranken oder krankheitsverdächtigen Reisenden bzw. für die Lagerung der hierzu erforderlichen Materialen des öffentlichen Gesundheitsdienstes sowie die Schaffung und Unterhaltung von Vorkehrungen für die Desinfektion und die Entseuchung von Gepäckstücken, Frachtstücken oder Containern (BT-Drs. 19/23944, 25).

Auch der Ermächtigung des BMG in Nr. 9 ist **verfassungsrechtlich pro- 35 blematisch** (*Kluckert* in ders., § 2 Rn. 48: „verfassungswidrig"; *Rixen* in Kluckert, § 4 Rn. 27). Nach der **allg. Lastenverteilungsregel des Art. 104a Abs. 1 GG** tragen die Länder die Ausgaben, die sich aus der Wahrnehmung ihrer Aufgaben ergeben, selbst; dies gilt umgekehrt auch für den Bund **(Konnexitätsprinzip)**. Zu den von den Ländern selbst zu tragenden Ausgaben gehören insbes. Ausgaben im Zusammenhang mit IT-Systemen, die von Landesbehörden zur Aufgabenerfüllung verwendet werden. Mit der Pflicht, die Ausgaben selbst zu tragen, geht spiegelbildlich ein an den Bund gerichtetes Verbot einher, die betreffenden Ausgaben mitzufinanzieren (allg. *Heun* in Dreier GG Art. 104a Rn. 17). Selbst wenn Art. 104b Abs. 1 GG nicht durch Art. 104a Abs. 5 S. 1 Hs. 1 GG gesperrt ist (s dazu mwN *Kluckert* Ausschussdrs. 19(14)160 (29), 8f.; *Kluckert* in ders., § 2 Rn. 48), liegen jedenfalls die allg. Voraussetzungen für Bundesfinanzhilfen nach Art. 104b Abs. 1 GG nicht vor. Mangels Gewährung an nur einzelne benachteiligte Länder zur Bewältigung regionaler Strukturprobleme (zu dieser Voraussetzung allg. *Kube* BeckOK GG Art. 104b Rn. 13) sollen sie nicht dem **„Ausgleich unterschiedlicher** Wirtschaftskraft im Bundesgebiet" (Nr. 2) dienen. Dies gilt auch für die neu eingeführte Bundesunterstützung hinsichtlich der gesundheitsbezogenen Kapazitäten an etwaigen Grenzübergangsstellen. Solche „points of entry" befinden sich zwar nicht in allen Bundesländern gleichermaßen, doch dienen die Bundesfinanzhilfen nicht dem Ausgleich einer daraus resultierenden unterschiedlichen Wirtschaftskraft. Die Bundeshilfen nach Nr. 9 sind wohl auch nicht **„zur** Abwehr einer Störung des gesamtwirtschaftlichen Gleichgewichts" (Nr. 1) erforderlich. Denn auch wenn die Corona-Pandemie zu einer Störung des gesamtwirtschaftlichen Gleichgewichts geführt haben dürfte, werden weder die IT-Hilfen noch die Hilfen zum Ausbau und zur Aufrechterhaltung gesundheitsbezogener Kapazitäten an Grenzübergangsstellen mit dem **Zweck** vergeben, diese Störung **abzuwehren** und einen Konjunkturausgleich zu schaffen (zu dieser Voraussetzung allg. *Siekmann* in Sachs GG Art. 104b Rn. 15), sondern allenfalls **anlässlich** der Pandemie (dazu *Kluckert* Ausschussdrs. 19(14)160(29), 9f.). Einen Beitrag zur Abwehr bzw. Bewältigung der Störung des gesamtwirtschaftlichen Gleichgewichts iSv Art. 109 Abs. 2 GG (zu dieser Voraussetzung allg. *Kube* in BeckOK GG Art. 104b Rn. 12) werden sie nicht leisten, sondern höchstens zur Bewältigung der Pandemie. Gleichermaßen am Fehlen des erforderlichen Finalzusammenhangs scheitert Art. 104b Abs. 1 S. 1 Nr. 3 GG: Selbst bei einer weiten Auslegung der Voraussetzung „zur Förderung des wirtschaftlichen Wachstums erforderlich" (von einer weiten Auslegung ausgehend etwa *Kube* BeckOK GG Art. 104b Rn. 14; sa *Kluckert* Ausschussdrs. 19(14)160(29), 10) muss die Förderung des wirtschaftlichen Wachstums das Endziel sein, dh die Finanzhilfe darf nicht vordergründig einem anderen primären (Selbst-)Zweck dienen. Die IT-Finanzhilfen nach § 5 Abs. 2 S. 1 Nr. 9 sollen aber primär die IT-Ausstattung der Gesundheitsämter ertüchtigen, ohne dass sie gezielt auf die Förderung des wirtschaftlichen Wachstums bzw. die Bewältigung etwaiger **Wachstums**schwächen ausgerichtet sind. Eine etwaige derartige Förderung wäre allenfalls ein Reflex der IT-Ertüchtigung; primär hatte der Gesetzgeber ein wie auch immer geartetes Wachstum hier jedenfalls nicht im Sinn, sondern die Krisenbewältigung (sa BT-Drs. 19/18967, 53). Dies reicht für den von Art. 104b Abs. 1 S. 1 Nr. 3 ausdrücklich geforderten **Finalzusammenhang** („zur") nicht aus (so auch *Kluckert* Ausschussdrs. 19(14)160(29), 10). Hinsichtlich der Bundesfinanzhilfen für den Ausbau und die Aufrechterhaltung gesundheitsbezogener Kapazitäten an den Grenzübergangsstellen ist das Ziel einer Förderung des wirtschaftlichen Wachstums bzw. die Bewältigung etwaiger Wachstumsschwächen erst recht nicht erkennbar.

V. Rechtsschutzmöglichkeiten

36   Da die **Anordnungen** VAe darstellen (→ Rn. 14), ist in der Hauptsache eine **Anfechtungsklage** nach § 42 Abs. 1 Alt. 1 VwGO statthaft, bei Erledigung der Anordnung und Vorliegen des erforderlichen Fortsetzungsfeststellungsinteresses eine **Fortsetzungsfeststellungsklage**. Aufgrund der in § 5 Abs. 4 S. 5 angeordneten sofortigen Vollziehbarkeit (→ Rn. 40) ist zudem ein Antrag nach § 80 Abs. 5 S. 1 Alt. 1 VwGO auf **Anordnung der aufschiebenden Wirkung** zu stellen. Teilweise wird sogar vertreten, dass Anordnungen des BMG im Vollzug des § 5 Abs. 2 S. 1 wegen **absoluter sachlicher Unzuständigkeit** gem. § 44 Abs. 1 VwVfG nichtig seien, so dass es gar keiner Anfechtung mehr bedürfe (*Rixen* in Kluckert, § 4 Rn. 26). S weiterführend *Dingemann/Gausing* in BeckOK InfSchR, § 5 Rn. 68ff. Die Rechtmäßigkeit einer Benutzungsanordnung nach § 5 Abs. 2 S. 1 Nr. 5 kann nach der Sondervorschrift des § 13 Abs. 2 PatG iVm § 190 Abs. 1 Nr. 8 VwGO durch Anfechtung beim BVerwG zur Überprüfung gestellt werden.

Da die nach § 5 Abs. 2 ermöglichten **RVOen** durch den Bund erlassen wer- 37
den, können sie nicht mit einer Normenkontrolle nach § 47 VwGO angegriffen werden. Aufgrund der klaren Regelung in § 47 Abs. 1 VwGO kann auch
nicht von einer planwidrigen Regelungslücke ausgegangen werden, so dass
eine analoge Anwendung ausscheidet. Verwaltungsgerichtlich besteht nur die
Möglichkeit einer **Inzidentüberprüfung** im Rahmen einer **Anfechtungsklage** gegen auf die RVO gestützte VAe (*Lindner* in Schmidt, § 18 Rn. 131;
Kingreen Rechtsgutachten, S. 38). Gegen RVOen, die ohne weiteren Vollzugs-
akt unmittelbare Rechtswirkungen haben, besteht ferner die Möglichkeit einer
Feststellungsklage nach § 43 VwGO (dazu *Kingreen* Rechtsgutachten, S. 38;
Lindner in Schmidt, § 18 Rn. 132 ff., auch zur Möglichkeit einer Verfassungs-
beschwerde). Für Streitigkeiten nach der CoronaImpfV verweist der durch das
EpiLage-FortgeltungsG neu eingefügte § 68 Abs. 1a trotz der − auch − im
SGB V geregelten Verordnungsermächtigung auf den Verwaltungsrechtsweg.

Fraglich ist, ob der BT zur Aufhebung der Feststellung nach § 5 Abs. 1 S. 1 38
bzw. zur Unterlassung einer erneuten Feststellung innerhalb der Drei-Monats-
Frist gerichtlich gezwungen werden kann. In § 5 Abs. 1 S. 2 heißt es im Indikativ, dass der BT die Feststellung nach S. 1 wieder aufhebt, wenn die Voraussetzungen nach S. 6 nicht mehr vorliegen. Hinsichtlich der Aufhebung der
Feststellung besteht − das wird auch durch den Indikativ deutlich − im Gegensatz zu der Feststellung nach S. 1, S. 6 („kann") kein Ermessensspielraum.
Daher ist eine Feststellung nach S. 1 bzw. nach S. 3, S. 4 nur **solange zulässig,**
wie die **materiell-rechtlichen Voraussetzungen** nach S. 6 vorliegen (sa
Kingreen Rechtsgutachten, S. 16 f.). Dies ergibt sich auch aus dem **Grundsatz
der Gewaltenteilung,** weil die Feststellung nach S. 1 bzw. S. 3, S. 4 zu einer
nicht unerheblichen Verschiebung der Kompetenzen der Legislative auf die
Exekutive führt, die nur unter den Voraussetzungen des S. 6 ausnahmsweise
zulässig ist und auf diesen Extremfall begrenzt bleiben muss. Insofern muss der
BT die Feststellung bei Wegfall dieser Voraussetzungen wieder aufheben bzw.
darf keine Fortgeltung der epidemischen Lage von nationaler Tragweite innerhalb der Drei-Monats-Frist beschließen. Dies hat zur Folge, dass der BT den
Fortbestand der Voraussetzungen regelmäßig überprüfen muss, was nun durch
das EpiLage-FortgeltungsG explizit in S. 3 festgelegt ist. Dabei helfen dem BT
die regelmäßigen mündlichen Berichte der BReg nach Abs. 1 S. 7 (sa *Gerhardt,*
§ 5 Rn. 11 a). Mangels VA-Qualität der Feststellung nach S. 1 bzw. S. 3, S. 4
(→ Rn. 7) und somit auch ihrer Aufhebung als actus contrarius kommt eine
Anfechtungsklage nach § 42 Abs. 1 Alt. 1 VwGO gegen die Feststellung nach
Abs. 1 S. 1 bzw. S. 3, S. 4 oder eine Verpflichtungsklage nach § 42 Abs. 1 Alt. 2
VwGO auf Aufhebung der Feststellung nicht in Betracht (sa *Gerhardt,* § 5
Rn. 9). Eine allg. Leistungsklage scheitert zumindest an der fehlenden Klage-
befugnis des Einzelnen (so auch *Dingemann/Gausing* in BeckOK InfSchR, § 5
Rn. 66). Vielmehr muss gegen die einzelnen, auf Grundlage der durch die
Feststellung ausgelösten Befugnisse erlassenen Anordnungen, RVOen oder ge-
gen die auf der Grundlage einer solchen RVO ergangenen VAe gerichtlich
vorgegangen werden. Unmittelbar gegen die Weigerung des BT, die Feststellung nach § 5 Abs. 1 S. 1 aufzuheben bzw. die Fortgeltungsfeststellung nach
S. 3, S. 4 zu unterlassen, ist allenfalls ein Organstreitverfahren durch Abgeord-
nete des BT bzw. durch eine oder mehrere Fraktionen erwägenswert (dazu

Kingreen Rechtsgutachten, S. 30 ff.; *Dingemann/Gausing* in BeckOK InfSchR § 5 Rn. 67). Eine andere Frage ist indes der gerichtliche Prüfungsmaßstab und der Umfang der gerichtlichen Nachprüfbarkeit. Dieser ist schon deshalb eingeschränkt, weil die in Abs. 1 S. 6 normierten Voraussetzungen weit gefasst sind. Zudem handelt es sich bei den Einschätzungen, ob die Einschleppung einer bedrohlichen übertragbaren Krankheit in die Bundesrepublik Deutschland droht und ob eine dynamische Ausbreitung einer bedrohlichen übertragbaren Krankheit über mehrere Länder in der Bundesrepublik Deutschland droht oder stattfindet, um Risiko- bzw. Prognoseentscheidungen, auf die es häufig keine eindeutige Antwort gibt (*Gerhardt*, § 5 Rn. 7, spricht deshalb von einem nur eingeschränkt gerichtlich überprüfbaren Beurteilungsspielraum des BT).

E. Einvernehmen und Benehmen (Abs. 3)

39   Abs. 3 sieht hinsichtlich der Anordnungs- und Rechtsverordnungsbefugnisse des Abs. 2 verschiedene **Einvernehmens-** (S. 1, S. 3 Hs. 2) **und Benehmenserfordernisse** (S. 2, S. 3 Hs. 1) mit anderen Bundesministerien vor, die eine Berührung mit der jeweils zu regelnden Materie haben. Bei Gefahr im Verzug kann auf das Einvernehmen (nicht aber auf das Benehmen) verzichtet werden (S. 4); es muss auch nicht im Nachhinein eingeholt werden. Die Bezugnahme auf Abs. 2 S. 1 Nr. 3 in Abs. 3 S. 1 ist durch das 3. BevSchG hinfällig geworden, da die in Bezug genommene Nr. 3 ersatzlos weggefallen ist. Die fehlende Streichung stellt lediglich ein Redaktionsversehen dar. Was genau unter „Einvernehmen" und „Benehmen" zu verstehen ist, sagen weder das Gesetz noch die Gesetzesbegründung. Letztere weist nur darauf hin, dass „[d]ie Abstimmung der Rechtsverordnungen auf Grundlage des Absatzes 2 [...] nach Maßgabe der Gemeinsamen Geschäftsordnung der Bundesministerien [erfolgt]" (BT-Drs. 19/18111, 23). Die Gemeinsame Geschäftsordnung der Bundesministerien (GGO) gibt zwar nicht vor, was unter „Einvernehmen" und „Benehmen" genau zu verstehen ist. Aus § 19 Abs. 2 S. 3 GGO lässt sich aber ableiten, dass Einvernehmen dann vorliegt, wenn keine Meinungsverschiedenheiten (mehr) herrschen, dh wenn die anderen Bundesministerien einverstanden sind. Ein „Benehmen" ist schon vom allg. Sprachverständnis eine schwächere Beteiligungsform. Es muss ein Austausch stattgefunden haben und die Ansicht des zu beteiligenden Ministeriums muss zur Kenntnis genommen worden sein (*Gerhardt*, § 5 Rn. 52). Eine Bindung an die Einschätzungen des zu beteiligenden Ministeriums besteht aus einem Umkehrschluss zu § 19 Abs. 2 S. 3 GGO im Falle des Benehmens nicht.

F. Außerkrafttretensregelungen und sofortige Vollziehbarkeit (Abs. 4)

40   Abs. 4 enthält zunächst verschiedene Regelungen zum Außerkrafttreten von An- und Verordnungen nach Abs. 2 und von RVOen nach § 5a Abs. 2. Der regelhafte Zeitpunkt des Außerkrafttretens ist die Aufhebung der Feststellung der epidemischen Lage von nationaler Tragweite. Die bisherige maximale Befristung auf den 31.3.2021 wurde durch Art. 1 Nr. 1 lit. d EpiLage-FortgeltungsG kurz vor dem Erreichen dieses Datums aufgrund der Erkenntnis aufgehoben, dass die Corona-Pandemie zu diesem Zeitpunkt noch nicht beendet sein wird. Abweichende Zeitpunkte sind vor allem für das Außerkrafttreten der Regelungen zu veränderten Prüfungs- und Approbationsordnungen vorgesehen, damit die entsprechenden Ausbildungen und Qualifikationen sinnvoll zu Ende gebracht werden können. Etwas versteckt und an dieser Stelle unerwartet regelt S. 5, dass Anfechtungsklagen gegen Anordnungen nach Abs. 2 **keine aufschiebende Wirkung** haben. Die Anordnungen sind also gemäß § 80 Abs. 2 S. 1 Nr. 3 VwGO **sofort vollziehbar.** Der Sofortvollzug wird vom Gesetzgeber aufgrund der Dynamik der epidemischen Lage von nationaler Tragweite und der hiermit verbundenen Notwendigkeit kurzfristiger Maßnahmen für notwendig gehalten (BT-Drs. 19/18111, 22).

G. Zitiergebot (Abs. 5)

Abs. 5 soll dem **grundgesetzlichen Zitiergebot** (Art. 19 Abs. 1 S. 2 GG) **41** Rechnung tragen. Angesichts der Überführung der Nrn. 1 und 2 in § 36 dürfte der Hauptanwendungsfall einer Betroffenheit von Art. 2 Abs. 2 S. 1 GG, namentlich die Verpflichtung zu einer ärztlichen Untersuchung nach Nr. 1 lit. e aF und damit verbunden Nr. 2 lit. f aF, weggefallen sein.

H. Empfehlungs- und Koordinationsbefugnisse (Abs. 6 und 7)

Neben die Anordnungs- und Verordnungsbefugnisse des Abs. 2 treten **42** **Empfehlungs- und Koordinationsbefugnisse des BMG sowie des RKI** nach Abs. 6 und 7 (zurückhaltend zur Koordinationsfunktion des RKI *Trute* GSZ 2020, 93 (97 Fn. 34)). So kann das BMG nach **Abs. 6** unter Heranziehung der Empfehlungen des RKI im Falle einer epidemischen Lage von nationaler Tragweite seinerseits Empfehlungen abgeben, um ein koordiniertes Vorgehen innerhalb Deutschlands zu ermöglichen. Nach **Abs. 7** koordiniert das RKI in einem solchen Fall die Zusammenarbeit zwischen den Ländern und zwischen den Ländern und dem Bund sowie weiterer beteiligter Behörden und Stellen (*Ritgen* LK 2020, 137 (140)). Die Bestimmung von „Näherem" durch allg. Verwaltungsvorschriften, dh durch Innenrecht (*Gerhardt*, 2. Aufl., § 5 Rn. 3, 5. Aufl., § 5 Rn. 2, wo auf die IfSGKoordinierungs-VwV hingewiesen wird), wird – immerhin mit dem Erfordernis der BR-Zustimmung – der BReg (diesmal als Kollegialorgan) überlassen.

„Empfehlungen" und „Koordination" sind Maßnahmen, die dem Bund **43** **keine unmittelbaren Durchgriffsrechte auf die Länder** einräumen. Dennoch darf ihre Bedeutung nicht unterschätzt werden (*Ritgen* LK 2020, 137 (140f.)). So stellt die Begründung zu Abs. 6 – zu Recht – selbst klar, dass damit der Bundesregierung „die Befugnis eingeräumt [wird], ein koordiniertes Vorgehen innerhalb der Bundesrepublik Deutschland einzuleiten und zu begleiten" (BT-Drs. 19/18111, 24). Anders als eine Weisung, wie sie Abs. 6 in seiner ersten Entwurfsfassung noch vorsah (s. weiterführend zu den vormaligen Entwürfen des neuen IfSG *Ritgen* LK 2020, 137 ff.), hat eine bloße Empfehlung des BMG für die Länder zwar **keine unmittelbare und vor allem keine rechtliche Bindungswirkung.** Der **mittelbar-faktische Druck** jedweder Äußerung des BMG und des Wirkens des RKI ist aber, wie sich in der Corona-Krise gezeigt hat, nicht zu unterschätzen und wird formell dadurch verstärkt, dass ein Bundesgesetz (das IfSG) dem BMG ausdrücklich die Befugnis zur Aussprache solcher Empfehlungen und dem RKI explizit die Koordinationsfunktion einräumt (*Ritgen* LK 2020, 137 (141); *ders.* in Kluckert, § 12 Rn. 52).

44   Abs. 6 und 7 waren von der Befristung durch den nunmehr aufgehobenen Art. 3 des 1. BevSchG ausgenommen. Vielmehr sollte die Befugnis des BMG, ein koordiniertes Verfahren zur Bekämpfung übertragbarer Krankheiten in Deutschland einzuleiten, als künftiger § 5 Abs. 1 nach dem 31. 3. 2021 fortbestehen. Auch die Vorschrift, die die koordinierende (und steuernde) Funktion des RKI ausweitet, sollte Dauerrecht werden, da sie ab 1. 4. 2021 den Inhalt des ab diesem Zeitpunkt geltenden § 5 Abs. 2 ausmachen sollte. Das Vorliegen einer epidemischen Lage von nationaler Tragweite sollte weiterhin Voraussetzung sein, wobei nicht geregelt war, wer eine solche Lage dann feststellen sollte, nachdem der aktuelle § 5 Abs. 1 weggefallen ist. Nunmehr soll die aktuelle Fassung des § 5 scheinbar von der COVID-19-Pandemie gelöst werden und auch zukünftig zur Bewältigung weiterer Pandemien fortbestehen. Dies ist angesichts der vielen verfassungsrechtlichen Probleme dieser Norm ohne eine grundlegende Überarbeitung indes nicht anzuraten, auch wenn die Erkenntnis der Notwendigkeit eines generellen Regelungsregimes für gesundheitsbezogene Notstandslagen richtig ist (sa *Hollo,* Verfassungsblog v. 9. 2. 2021).

I. Hilfeleistung durch anerkannte Hilfsorganisationen (Abs. 8)

45   Nach **Abs. 8,** der durch das 3. BevSchG neu hinzugekommen ist, kann das BMG aufgrund einer epidemischen Lage von nationaler Tragweite im Rahmen der Aufgaben des Bundes anerkannte Hilfsorganisationen gegen Auslagenerstattung beauftragen, bei der Bewältigung der epidemischen Lage von nationaler Tragweite Hilfe zu leisten. Als solche anerkannten Hilfsorganisationen nennt Abs. 8 das Deutsche Rote Kreuz, die Johanniter-Unfall-Hilfe, den Malteser Hilfsdienst, den Arbeiter-Samariter-Bund und die Deutsche Lebens-Rettungs-Gesellschaft. Zu den Pflichten der mitwirkenden Organisationen können in Anlehnung an die für den Zivilschutz und die Katastrophenhilfe geltenden § 26 Abs. 2 ZSKG insbes. die Bereitstellung der erforderlichen Helfer, die sachgerechte Unterbringung und Pflege der ergänzenden Ausstattung und die Sicherstellung der Einsatzbereitschaft der mitwirkenden Einheiten und Einrichtungen gehören (vgl. BT-Drs. 19/23944, 25). Eine Beauftragung dieser Organisationen im Rahmen einer Amtshilfe lässt Abs. 8 unberührt (BT-Drs. 19/23944, 25).

J. Externe wissenschaftliche Evaluation (Abs. 9)

Abs. 9, der durch das EpiLage-FortgeltungsG neu hinzugekommen ist, **46**
verpflichtet das BMG, eine **externe Evaluation** zu den Auswirkungen der
Regelungen in § 5 und in den §§ 5a, 28 bis 32, 36 und 56 im Rahmen der
nach § 5 Abs. 1 S. 1 festgestellten epidemischen Lage von nationaler Tragweite
und zu der Frage einer Reformbedürftigkeit in Auftrag zu geben (für eine
Ausweitung der Evaluation auf die Impfpriorisierungsregelung *Wollenschläger*
Ausschussdrs. 19(14)288(18), 34; für eine zusätzliche zeitnahe regelmäßige
Evaluation im Abstand von drei Monaten im Gleichlauf mit Abs. 1 S. 3 *Brenner*
Ausschussdrs. 19(14)288(20), 3). Während diese Evaluation nach dem ursprünglichen Gesetzentwurf durch die Deutsche Akademie der Naturforscher
Leopoldina e. V. und damit ausschließlich naturwissenschaftlich vorgenommen
werden sollte (BT-Drs. 19/26545, 6), normiert die letztendlich beschlossene
Fassung des Abs. 9 nunmehr, dass die Evaluation **interdisziplinär** und **(lediglich) insbes.** auf Basis epidemiologischer und medizinischer Erkenntnisse erfolgen soll. Die Evaluation soll von einem unabhängigen Sachverständigengremium durchgeführt werden, das jeweils zur Hälfte von der BReg und vom BT
besetzt werden soll. Hintergrund dieser Änderung gegenüber der ersten Entwurfsfassung ist die – richtige – Erkenntnis, dass es sich bei den sich stellenden
Fragen und Problemen nicht allein um naturwissenschaftliche Themen handelt, sondern dass insbes. auch sozialwissenschaftlicher Sachverstand (etwa
durch den Verband der alleinerziehenden Mütter und Väter) erforderlich ist.
Damit soll der vielfach geäußerten Kritik (s etwa *Kingreen* FAZ v. 25.2.2021,
6 sowie den Hinweis auf eine entspr. Kritik der Fraktion BÜNDNIS 90/DIE
GRÜNEN in BT-Drs. 19/27291, 58) an der einseitigen Politikberatung ab-
geholfen und eine Betroffenenpartizipation ermöglicht werden. Warum
Abs. 9 S. 2, 3 entgegen S. 1 als Soll-Vorschriften formuliert sind, erschließt
sich nicht. Offen und unklar bleibt, aus wie vielen Sachverständigen das Eva-
luationsteam bestehen soll, welche und wie viele Disziplinen genau einbezogen werden sollen und in welchem zahlenmäßigen Verhältnis die Vertreter
der einzelnen Disziplinen zueinander stehen sollen.

K. Zuwiderhandlungen

Wer vorsätzlich oder fahrlässig gegen eine vollziehbare Anordnung nach § 5 **47**
Abs. 2 Nr. 6 lit. b verstößt, begeht eine Ordnungswidrigkeit nach **§ 73 Abs. 1a
Nr. 1.** Soweit eine RVO nach § 5 Abs. 2 Nr. 4 lit. c–f oder g oder Nr. 8 lit. c für
einen bestimmten Tatbestand auf § 73 verweist, liegt bei einem vorsätzlichen
oder fahrlässigen Verstoß gegen diese RVO oder gegen eine vollziehbare Anordnung auf Grund einer solchen RVO eine Ordnungswidrigkeit nach **§ 73
Abs. 1a Nr. 24** vor. Im Falle eines vorsätzlichen Verstoßes gegen die in § 73
Abs. 1a Nr. 1 und Nr. 24 genannten Vorschriften nach § 5 Abs. 2 und einer dadurch verursachten Verbreitung einer in § 6 Abs. 1 S. 1 Nr. 1 oder einer in
einer RVO nach § 15 Abs. 1 oder Abs. 3 genannten Krankheit oder eines in
§ 7 genannten Krankheitserregers liegt sogar eine Straftat nach **§ 74** vor.

§ 5a Ausübung heilkundlicher Tätigkeiten bei Vorliegen einer epidemischen Lage von nationaler Tragweite, Verordnungsermächtigung

(1) ¹Im Rahmen einer epidemischen Lage von nationaler Tragweite wird die Ausübung heilkundlicher Tätigkeiten folgenden Personen gestattet:
1. Altenpflegerinnen und Altenpflegern,
2. Gesundheits- und Kinderkrankenpflegerinnen und Gesundheits- und Kinderkrankenpflegern,
3. Gesundheits- und Krankenpflegerinnen und Gesundheits- und Krankenpflegern,
4. Notfallsanitäterinnen und Notfallsanitätern und
5. Pflegefachfrauen und Pflegefachmännern.

²Die Ausübung heilkundlicher Tätigkeiten ist während der epidemischen Lage von nationaler Tragweite gestattet, wenn
1. die Person auf der Grundlage der in der jeweiligen Ausbildung erworbenen Kompetenzen und ihrer persönlichen Fähigkeiten in der Lage ist, die jeweils erforderliche Maßnahme eigenverantwortlich durchzuführen und
2. der Gesundheitszustand der Patientin oder des Patienten nach seiner Art und Schwere eine ärztliche Behandlung im Ausnahmefall einer epidemischen Lage von nationaler Tragweite nicht zwingend erfordert, die jeweils erforderliche Maßnahme aber eine ärztliche Beteiligung voraussetzen würde, weil sie der Heilkunde zuzurechnen ist.

³Die durchgeführte Maßnahme ist in angemessener Weise zu dokumentieren. ⁴Sie soll unverzüglich der verantwortlichen Ärztin oder dem verantwortlichen Arzt oder einer sonstigen die Patientin oder den Patienten behandelnden Ärztin oder einem behandelnden Arzt mitgeteilt werden.

(2) Das Bundesministerium für Gesundheit wird ermächtigt, durch Rechtsverordnung ohne Zustimmung des Bundesrates weiteren Personen mit Erlaubnis zum Führen der Berufsbezeichnung eines reglementierten Gesundheitsfachberufs während einer epidemischen Lage von nationaler Tragweite die Ausübung heilkundlicher Tätigkeiten nach Absatz 1 Satz 2 zu gestatten.

Schrifttum: *Kingreen*, Die Feststellung der epidemischen Lage von nationaler Tragweite durch den Deutschen Bundestag – Rechtsgutachten für die Fraktion der Freien Demokraten im Deutschen Bundestag, 11. Juni 2020; *Taupitz*, Körperpsychotherapie als erlaubnispflichtige Heilkundeausübung, ArztR 1993, 173.

A. Zweck und Bedeutung der Norm

§ 5 a wurde neu durch das 1. BevSchG v. 27.3.2020 (BGBl. I 587) ein- **1** geführt und hat weder durch das 2. BevSchG v. 19.5.2020 (BGBl. I 1018) noch durch das 3. BevSchG v. 18.11.2020 (BGBl. I 2397) und auch nicht durch das EpiLage-FortgeltungsG v. 29.3.2021 (BGBl. I 370) Änderungen erfahren. Mit der Vorschrift wird für den Fall einer epidemischen Lage von nationaler Tragweite (→ § 5 Rn. 9 ff.) bestimmten **Angehörigen von Gesundheitsfachberufen** (AltenpflegerInnen, Kranken- und KinderkrankenpflegerInnen, NotfallsanitäterInnen und Pflegefachfrauen und -männern) während der Dauer der epidemischen Lage vorübergehend und im Rahmen der von ihnen in der Berufsausbildung erlangten Kompetenzen die **Befugnis zur Ausübung heilkundlicher Tätigkeiten** übertragen. Damit sollen ÄrztInnen insbes. von Behandlungen entlastet werden, die ein ärztliches Tätigwerden im Ausnahmefall einer epidemischen Lage von nationaler Tragweite nicht zwingend erfordern (BT-Drs. 19/18111, 23). Das BMG wird darüber hinausgehend in Abs. 2 ermächtigt, durch RVO den ausnahmsweise zur heilkundlichen Behandlung zugelassenen Personenkreis zusätzlich zu vergrößern.

B. Entstehungsgeschichte

§ 5 a hat keine Vorgängervorschrift. Mit § 5 a ist es Pflegekräften **erstmalig** **2** gestattet, heilkundliche Tätigkeiten auszuüben. Die Erlaubnis sollte ursprünglich auch nicht von langer Dauer sein, denn § 5 a sollte über den 31.3.2021 hinaus nicht fortbestehen (Art. 3 Nr. 3 iVm Art. 7 Abs. 4 des 1. BevSchG). Diese enge zeitliche Befristung machte deutlich, dass der Hintergrund der Regelung nicht darin liegt, dass der Aufgabenkreis der medizinischen Fachkräfte aufgrund eines von Seiten des Gesetzgebers gewachsenen Vertrauens in die fachlichen Fähigkeiten, etwa infolge der Aufwertung der Ausbildung durch das G zur Reform der Pflegeberufe v. 17.7.2017 (PflegeberufereformG, BGBl. I 2581), langfristig ausgeweitet werden soll. Vielmehr liegt der Grund für die befristete Erlaubnis in der befürchteten Ärzteknappheit bei einer plötzlichen COVID-19-Infektionswelle. Aufgrund des mittlerweile sicheren Fortbestands der durch das Corona-Virus ausgelösten epidemischen Lage von nationaler Tragweite über den 31.3.2021 hinaus wurden Art. 3 iVm Art. 7 Abs. 4 des 1. BevSchG nun aber durch Art. 7 EpiLage-FortgeltungsG v. 29.3.2021 (BGBl. I 370) aufgehoben. Damit ist die Befristung des § 5 a auf den 31.3.2021 weggefallen; eine neue zeitliche Befristung ist nicht vorgesehen, so dass § 5 a generell für epidemische Lagen von nationaler Tragweite fortbesteht.

C. Gestattung der Ausübung heilkundlicher Tätigkeiten (Abs. 1)

I. S. 1

3   § 5a Abs. 1 enthält eine **gesetzesunmittelbare Rechtsfolge** für den Fall, dass der BT eine epidemische Lage von nationaler Tragweite nach § 5 Abs. 1 S. 1 feststellt und die weiteren in § 5a Abs. 1 normierten Voraussetzungen erfüllt sind (*Lindner* in Schmidt § 18 Rn. 13 Fn. 10). § 5a Abs. 1 S. 1 benennt **abschließend** den Personenkreis, der von der Regelung umfasst ist. Die Personen müssen eine Erlaubnis zum Führen der Berufsbezeichnung nach den jeweiligen Berufsgesetzen haben (BT-Drs. 19/18111, 23).

4   Der Begriff der **heilkundlichen Tätigkeit** ist im IfSG nicht definiert. Deshalb kann und muss auf die Legaldefinition aus **§ 1 Abs. 2 HeilprG** zurückgegriffen werden. Danach ist Heilkunde jede berufs- oder gewerbemäßig vorgenommene Tätigkeit zur Feststellung, Heilung oder Linderung von Krankheiten, Leiden oder Körperschäden bei Menschen, auch wenn sie im Dienste anderer ausgeübt wird. Der Begriff ist **abstrakt–objektiv auszulegen,** so dass es nicht auf persönliche Eigenschaften der fraglichen Person ankommt (BVerwG NJW 1973, 579 (580); BayObLG NStZ 1982, 474 (475); *Dünisch* in Dünisch/Bachmann Das Recht des Heilpraktikerberufs und der nichtärztlichen Heilkundeausübung, 2000, § 1 HPG Nr. 6.2; *Schelling* in Spickhoff § 1 HeilprG Rn. 7 ff.; *Taupitz* ArztR 1993, 173 (174); aA LG Augsburg NStZ 1982, 425 f.). Das Ausüben von Heilkunde erfordert in der Regel eine Erlaubnis nach § 1 Abs. 1 HeilprG. Ohne eine explizite Erlaubnis stellt das Ausüben von Heilkunde eine Straftat nach § 5 HeilprG dar. Die Regelung des § 5a erteilt für die besondere Situation des Vorliegens einer epidemischen Lage von nationaler Tragweite eine spezielle Erlaubnis.

5   Nach stRspr und hM in der Literatur muss der Heilkundebegriff **verfassungskonform** dahingehend ausgelegt werden, dass Heilkundeausübung immer dann vorliegt, wenn die Tätigkeit **ärztliche oder medizinische Fachkenntnisse erfordert** und die Behandlung bei generalisierender und typisierender Betrachtung der Tätigkeit **gesundheitliche Schäden verursachen kann** (BVerwG NJW 1959, 833; OVG Münster MedR 2006, 487; *Haage* HeilprG § 1 Rn. 10; *Schelling* in Spickhoff § 1 HeilprG Rn. 11 ff.). Deshalb gehört auch die **Verschreibung von Arzneimitteln nach § 48 AMG** dazu. Bagatellartige Heilbehandlungen, wie sie ohne Vorkenntnisse von jedermann vorgenommen werden können, stellen keine Ausübung von Heilkunde dar (*Haage* HeilprG § 1 Rn. 8; *Schelling* in Spickhoff § 1 HeilprG Rn. 13). So sind das bloße Messen von Körperfunktionen wie etwa des Blutdrucks sowie bestimmte Laboruntersuchungen wie Harnuntersuchungen noch keine Ausübung von Heilkunde. Sobald aber infolge der Bestimmung von Messwerten darauf bezogene therapeutische Ratschläge erteilt werden und die Werte für Diagnose, Therapie oder Prognose einer Krankheit ausgewertet werden sollen, wird Heilkunde ausgeübt (*Haage* HeilprG § 1 Rn. 8 mwN). Zur Heilkunde zählen auch Tätigkeiten mit mittelbarem Gefährdungspotential, wenn durch die Behandlung ein frühzeitiges Erkennen ernster Leiden und damit die entsprechend gebotene Therapie verzögert wird und die Wahrscheinlichkeit einer solchen Gefährdung nicht nur geringfügig ist (*Haage* HeilprG § 1 Rn. 10, sa die Auflistungen in Rn. 16f.; *Schelling* in Spickhoff § 1 HeilprG Rn. 13ff., ebenfalls mit Auflistung in Rn. 16f.).

Die generellen Aufgaben des medizinischen Fachpersonals stellen keine **6** Heilkunde iSd HeilprG dar, sondern werden als rein medizinische Hilfstätigkeiten eingestuft, weil sie der Aufsicht und Verantwortung eines Arztes oder Heilpraktikers unterliegen (BVerwG NJW 1970, 1987; *Schelling* in Spickhoff § 1 HeilprG Rn. 21).

II. S. 2

§ 5a Abs. 1 S. 2 legt **weitere Voraussetzungen** für die Ausübung heil- **7** kundlicher Tätigkeiten während einer epidemischen Lage von nationaler Tragweite fest, davon eine, die in der die Tätigkeit durchführenden Person liegt, und eine weitere von der ausübenden Person unabhängige. Allein die Führung der Berufsbezeichnung reicht mithin nicht aus.

Nach § 5a Abs. 1 S. 2 **Nr. 1** setzt die vorübergehende Ausübung der jewei- **8** ligen heilkundlichen Tätigkeit die persönliche Kompetenz der jeweiligen Person voraus, die sich sowohl aus der Ausbildung als auch den persönlichen Fähigkeiten ergibt (BT-Drs. 19/18111, 23). Persönliche Fähigkeiten können sich beispielsweise aus Berufserfahrung oder aus Fort- und Weiterbildungen ergeben (BT-Drs. 19/18111, 23).

Nach **Nr. 2** ist ferner der Gesundheitszustand der Patientin oder des Patien- **9** ten im Einzelfall zu berücksichtigen. Erfordert dieser nach seiner Art und Schwere eine ärztliche Behandlung im Ausnahmefall einer epidemischen Lage von nationaler Tragweite nicht zwingend, ist die Vornahme der jeweils erforderlichen Maßnahme gestattet, auch wenn sie eine ärztliche Beteiligung voraussetzen würde, weil sie der Heilkunde zuzurechnen ist. Diese etwas komplizierte Formulierung beinhaltet die Wertung, dass im Fall einer epidemischen Lage von nationaler Tragweite ärztliche Kapazitäten nur für unaufschiebbare und zwingend notwendige Behandlungen beansprucht werden sollen, weil sie ansonsten für die Bewältigung der Pandemie und ihrer gesundheitlichen Auswirkungen benötigt werden bzw. vorbehalten bleiben sollen. Als „Kompromiss" ermöglicht § 5a deshalb die heilkundliche Versorgung durch medizinisches Fachpersonal. Dahinter steht die Abwägung, dass eine Versorgung durch die genannten Personenkreise einem vollständigen Absehen von einer Versorgung vorzuziehen ist. Durch die enge Begrenzung auf das Vorliegen einer epidemischen Lage von nationaler Tragweite wird aber an dem Grundsatz festgehalten, dass die Erbringung heilkundlicher Tätigkeit durch nichtärztliches Fachpersonal nicht erwünscht ist und **die Ausnahme bleiben soll** (→ Rn. 14ff.).

III. S. 3 und 4

Die verpflichtend vorgesehene **Dokumentation** der ausgeübten heilkund- **10** lichen Tätigkeit und die unverzüglich nachzuholende **Information** des verantwortlichen oder des behandelnden Arztes dienen der **Sicherung des Patientenwohls** (BT-Drs. 19/18111, 23). Die Information des Arztes dient zugleich der fachlichen Absicherung der vorgenommenen Maßnahme und als Grundlage weiterer ärztlicher Behandlungsentscheidungen (BT-Drs. 19/18111, 23). Für die Art und Weise der Dokumentation sind dabei keine neuen Verfahren zu entwickeln; die Dokumentation der ausgeübten heilkundlichen Tätigkeit wird im Rahmen der ohnehin erfolgenden Dokumentation mitberücksichtigt (BT-Drs. 19/18111, 23 f.).

11   Das Festhalten an dem Erlaubnis- und Arztvorbehalt im Rahmen heilkundlicher Tätigkeiten und die Formulierungen in der Gesetzesbegründung („dienen der Sicherstellung des Patientenwohls", „dient … der fachlichen Absicherung der vorgenommenen Maßnahme", BT-Drs. 19/18111, 23 f.) machen die Skepsis des Gesetzgebers hinsichtlich der fachlichen Expertise und Versiertheit von Gesundheitsfachpersonal deutlich. Derartige Vorbehalte sind indes angesichts der Eigenständigkeit und Souveränität, die in der Praxis bei Angehörigen der in Abs. 1 S. 1 aufgeführten Gesundheitsfachberufe zu beobachten sind, verfehlt und realitätsfremd, da viele dieser Fachpersonen in ihrem Arbeitsalltag bereits Herausforderungen meistern müssen, die per definitionem eigentlich heilkundlicher Tätigkeit zuzuordnen wären.

D. Verordnungsermächtigung (Abs. 2)

12   In Abs. 2 ist eine weitere **Verordnungsermächtigung des BMG** enthalten, wiederum ohne die Erforderlichkeit der Zustimmung des BR. Der Verzicht auf die BR-Zustimmung soll den Verordnungserlass vereinfachen und beschleunigen. Diese Verordnungsermächtigung, die das BMG zur Erweiterung des in Abs. 1 S. 1 genannten Personenkreises berechtigt, soll eine flexible und kurzfristige Anpassung der Regelung an die jeweilige Lage ermöglichen (BT-Drs. 19/18111, 24). Auch bei einer aufgrund einer solchen RVO bewirkten Ermächtigung zu heilkundlicher Tätigkeit müssen die Voraussetzungen des § 5a Abs. 1 S. 2 vorliegen. Des Weiteren gelten die Dokumentations- und Informationspflichten nach § 5a Abs. 1 S. 3 und 4. Gem. § 5 Abs. 4 S. 1 tritt eine aufgrund von § 5a Abs. 2 erlassene RVO des BMG mit Aufhebung der Feststellung der epidemischen Lage von nationaler Tragweite außer Kraft.

13   Angesichts des strikten Festhaltens an dem **grundsätzlichen Verbot mit Erlaubnisvorbehalt** wirkt die Verordnungsermächtigung, mit der der Gesetzgeber die Kontrolle über die eng begrenzten Erlaubnisse aus der Hand gibt, überraschend, widersprüchlich und systemfremd. Bislang (und durch Abs. 1 bestätigt) schien der Gesetzgeber davon auszugehen, dass eine Erlaubnis zu heilkundlicher Tätigkeit – wohl aufgrund der Grundrechtsrelevanz im Hinblick auf Art. 2 Abs. 2 S. 1 GG – einer parlamentsgesetzlichen Grundlage bedürfte. Daher wirkt es so, als würde er sich durch § 5a Abs. 2 unter dem Druck der Corona-Pandemie in Widerspruch zu sich selbst setzen.

E. Ausnahmecharakter und Verhältnis zu anderen Vorschriften

§5a ist eine **Ausnahmeregelung** speziell für den Fall einer epidemischen **14** Lage von nationaler Tragweite (BT-Drs. 19/18111, 23). Durch das grundsätzliche Verbot, heilkundliche Tätigkeiten auszuüben, ohne eine entsprechende Erlaubnis zu besitzen, ist auch im Falle einer epidemischen Lage von nationaler Tragweite eine ärztliche Veranlassung heilkundlicher Maßnahmen, also die ärztliche Delegation, vorrangig. Dabei sind die vielfältigen Kommunikationsmöglichkeiten (zB Telemedizin) oder vorhandene Behandlungsstandards (SOP – Standard Operating Procedures) umfangreich zu nutzen, um eine flexible und pragmatische Handhabung der ärztlichen Delegation zu ermöglichen (BT-Drs. 19/18111, 23f.). Dies wird allerdings in der Gesetzesformulierung nicht hinreichend klar, sondern ergibt sich erst unter Hinzuziehung der Gesetzesbegründung.

Als Sonderregelung für eine nach §5 Abs. 1 vom BT festgestellte Ausnahmesituation geht §5a bis zu einer Aufhebung dieser Lage **dem Arztvorbehalt nach §24 grundsätzlich vor.** Allerdings ist §5a aufgrund seines Ausnahmecharakters, der in der Gesetzesbegründung vorgesehenen Subsidiarität gegenüber einer ärztlichen Delegation und der in §24 enthaltenen Wertung **eng auszulegen.** Da der Wortlaut des §5a bis auf die Voraussetzungen, dass eine epidemische Lage von nationaler Tragweite festgestellt wurde, einer der aufgeführten Fachberufe erlernt wurde und die Anforderungen des Abs. 1 S. 2 Nr. 1 und 2 erfüllt sind, ansonsten keine Subsidiarität erkennen lässt, ist die Vorschrift unter Hinzuziehung der Gesetzesbegründung und der Wertung des §24 **teleologisch zu reduzieren.** Denn **Sinn und Zweck des §5a** ist es ausweislich der Gesetzesbegründung, ÄrztInnen zu entlasten, weil befürchtet wurde, dass das Gesundheitssystem aufgrund des Ausbruchs der Epidemie überfordert und an seine Grenzen gelangen würde (BT-Drs. 19/18111, 23). Daher muss gelten, dass §5a solange nicht einschlägig sein darf, wie es nicht zu einer solchen Überforderung und Überlastung gekommen ist bzw. nicht zumindest die Gefahr besteht, dass die Epidemie „systemische Auswirkungen auf das öffentliche Gesundheitswesen hat" (*Kingreen* Ausschussdrs. 19(14)160 (27), 13). §5a muss also als **ultima ratio** interpretiert und behandelt werden. Dies entspricht der Gesamtschau aus §§5 Abs. 1, 24, 75 Abs. 5 und §§1, 5 HeilprG (→§5 Rn. 9ff.; s insbes. *Kingreen* Rechtsgutachten, S. 8ff.; ähnlich zu §5 Abs. 1, 2 idF nach dem 2. BevSchG auch *Rixen* in Kluckert, §4 Rn. 18ff.).

Da die **Verschreibung von Arzneimitteln** ebenfalls zur Ausübung heil- **16** kundlicher Tätigkeit gehört (→Rn. 5), muss §5a konsequenterweise auch eine Ausnahmevorschrift zu §48 AMG darstellen. Daher darf das ermächtigte medizinische Fachpersonal unter den Voraussetzungen des §5a bei Bedarf **auch Arzneimittel verschreiben.** Dies macht die Notwendigkeit umso deutlicher, §5a teleologisch auf eine absolute Ausnahmeregelung noch über die einschränkenden Voraussetzungen hinaus zu reduzieren, die in der Norm selbst vorgesehen sind (→Rn. 15).

F. Zuwiderhandlungen

17   Wer heilkundliche Tätigkeiten ausübt, ohne dazu nach § 5a befugt zu sein – weil er nicht zu den in Abs. 1 S. 1 aufgeführten Personen oder zu dem nach Abs. 2 durch RVO ermächtigten Personal gehört oder weil die Voraussetzungen von Abs. 1 S. 2 nicht vorliegen – und auch nicht anderweitig zur Ausübung von Heilkunde berechtigt ist, begeht eine Straftat nach **§ 5 HeilprG** und wird mit Freiheitsstrafe bis zu einem Jahr oder mit Geldstrafe bestraft.

G. Ausblick

18   § 5a wurde nur anlässlich der COVID-19-Pandemie eingeführt. Nachdem er zunächst auch nur für die Zeit dieser Pandemie gelten sollte, ist dieser Zuschnitt nun aufgehoben. Vielmehr soll § 5a nunmehr allgemein im Falle und für die Dauer einer vom BT festgestellten epidemischen Lage von nationaler Tragweite einschlägig sein. Nach wie vor gelten die erweiterten Befugnisse nach § 5a Abs. 1 und Abs. 2 nichtsdestotrotz nur im absoluten Ausnahme- bzw. Notfall. Dies stößt auf Kritik; insbes. wird gefordert, Pflegekräften generell „mehr Eigenverantwortung [...] zu ermöglichen" (BT-Drs. 19/19136, 6) und dafür die Erlaubnis, heilkundliche Tätigkeiten auszuüben, „dauerhaft [gesetzlich] zu verankern" (BT-Drs. 19/19136, 6). Tatsächlich könnte dies vor allem in ländlichen Bereichen bei der Bewältigung des Ärztemangels und der Herausforderungen des demografischen Wandels helfen (sa BT-Drs. 19/19136, 6). Unabhängig davon wird davor gewarnt, dass „das infektionsschutzrechtliche Instrumentarium" (*Kingreen* Ausschussdrs. 19(14)288(3), 2) auch noch erforderlich sein kann, wenn die strengen Voraussetzungen einer epidemischen Lage von nationaler Tragweite nicht mehr vorliegen, weil dann noch lange kein Normalzustand erreicht sein muss (s insbes. *Kingreen* Ausschussdrs. 19(14)288(3), 2; *Leisner-Egensperger* Ausschussdrs. 19(14)288(9), 4).

3. Abschnitt – Überwachung

Vorbemerkung vor §§ 6 ff.

A. Ziel und Gliederung des 3. Abschnitts

Der 3. Abschnitt des IfSG behandelt die Überwachung übertragbarer **1** Krankheiten. Die Sammlung von Informationen über ihr Auftreten und ihre Verbreitung sind eine essentielle Voraussetzung, um sie bekämpfen und ihnen vorbeugen zu können. Die wichtigsten Quellen für diese Informationen sind behandelnde Ärzte und diagnostizierende Labore (BT-Drs. 14/2530, 47). Der Gesetzgeber etabliert daher zur **infektionsepidemiologischen Surveillance** ein **Meldesystem** (→ Einf. Rn. 17) und regelt zudem die Weitergabe der so erlangten Informationen an andere zuständige Stellen.

Die Meldepflicht wird auf zwei Wegen ausgelöst: entweder durch die Er- **2** krankung, den Verdacht einer Erkrankung oder den Tod eines Menschen mit Bezug zu einer im Gesetz aufgeführten **Krankheit** (§ 6) bzw. ausnahmsweise durch den Kontakt mit einer Infektionsquelle (→ § 6 Rn. 14) oder durch den direkten oder indirekten Nachweis eines im Gesetz genannten **Krankheitserregers** (§ 7).

In Abhängigkeit von der konkreten Erkrankung oder dem Erreger erfolgt die **3** Meldung **namentlich,** dh unter Nennung des Namens der/s Betroffenen, (§ 6 Abs. 1, 2, § 7 Abs. 1, 2) mit den in § 9 vorgesehenen Angaben oder **nichtnamentlich,** dh ohne Nennung des Namens der/s Betroffenen, (§ 6 Abs. 3, § 7 Abs. 3, 4) mit den in § 10 aufgeführten Angaben (vgl. auch *Erdle,* Allg. zu §§ 6 ff., S. 28). Die Einteilung der Krankheiten und Erreger in diese beiden Gruppen richtet sich danach, ob das Gesundheitsamt in der Folge weitere Maßnahmen, zB zum Schutz anderer Personen, einleiten muss oder nicht (BT-Drs. 14/2530, 47; *BBS,* Vor § 6 Rn. 2). Sofern dies nötig ist, muss eine namentliche Meldung erfolgen. Die nichtnamentliche Meldung dient demgegenüber dem Ziel, anhand epidemiologischer Daten die Ausbreitung und Veränderungen von Krankheiten und Erregern erkennen zu können (*BBS,* Vor § 6, Rn. 2). Sowohl die Angaben der namentlichen als auch der nichtnamentlichen Meldung sind personenbezogene Daten iSd Datenschutzrechts, da auch Angaben nichtnamentlicher Meldungen nicht anonymisiert werden (ausf. → § 10 Rn. 3; aA *BBS,* Vor § 6 Rn. 2). Die Meldung, insbesondere die namentliche, stellt einen intensiven Grundrechtseingriff dar (→ § 6 Rn. 2). Dies macht eine regelmäßige Überprüfung der Kataloge von Krankheiten und Erregern durch den Gesetzgeber dahingehend notwendig, ob der medizinische Fortschritt in der Behandlung der Krankheiten eine Meldung auch weiterhin erforderlich erscheinen lässt.

§ 8 bestimmt, wer die in §§ 6 und 7 aufgeführten Krankheiten und Erreger **4** zu melden hat. § 9 Abs. 4 nennt **Gesundheitsämter** als Adressaten der namentlichen, § 10 Abs. 2 das **RKI** als Adressaten der nichtnamentlichen Meldung.

§ 11 regelt die Aufbereitung und Ergänzung der von den Gesundheitsäm- **5** tern erhaltenen Meldungen sowie deren Übermittlung an die zuständige Lan-

desbehörde und das RKI. § 12 hingegen betrifft die Weitergabe von Daten an
übergeordnete Behörden zum Zweck der Erfüllung internationaler Verpflichtungen.

6   § 13 sieht weitere Möglichkeiten der **epidemiologischen Überwachung**
durch den Bund und die Länder, ggf. unter Einbindung des RKI, der kassenärztlichen Vereinigungen und anderer Einrichtungen vor. § 14 betrifft die Einrichtung und den Betrieb eines **elektronischen Meldesystems** für die Verarbeitung der zur Erfüllung der gesetzlichen Aufgaben verarbeiteten Daten.
Gem. § 15 besteht die Möglichkeit, die in §§ 6, 7 vorgesehenen Meldepflichten durch RVO an die epidemische Lage anzupassen.

B. Verhältnis zu datenschutzrechtlichen Rechtsquellen

7   Die Meldungen nach §§ 6, 7 mit den in §§ 9, 10 vorgesehenen Daten stellen
die **Verarbeitung personenbezogener Daten** im Sinne der VO (EU)
2016/679 dar (→ § 9 Rn. 2 ff., → § 10 Rn. 3 ff.). Die verarbeiteten personenbezogenen Daten fallen dabei teilweise unter den Begriff der **besonderen
Kategorien personenbezogener Daten** gem. Art. 9 Abs. 1 VO (EU)
2016/679 (→ § 9 Rn. 3). Das vor diesem Hintergrund einschlägige Datenschutzrecht folgt dem Grundsatz des **Verbots mit Erlaubnisvorbehalt** (*Al-
brecht* in SHS Art. 6 Rn. 1; *Bretthauer* in Specht/Mantz HdB DatenschutzR,
2019, Teil A Rn. 31; krit. in Bezug auf den Begriff *Roßnagel* in SHS Art. 5
Rn. 35). Personenbezogene Daten dürfen daher nur verarbeitet werden, sofern das Gesetz dies erlaubt. Erlaubnistatbestände finden sich sowohl in der
VO (EU) 2016/679 als auch in Spezialgesetzen.

8   Das IfSG ist Bestandteil des Gefahrenabwehrrechts (→ Einf. Rn. 23). Gem.
Art. 2 Abs. 2 lit. d VO (EU) 2016/679 ist die Verarbeitung personenbezogener
Daten durch zuständige Behörden zum Zweck der Verhütung, Ermittlung,
Aufdeckung oder Verfolgung von Straftaten oder der Strafvollstreckung, einschließlich des Schutzes vor und der Abwehr von Gefahren für die öffentliche
Sicherheit, vom sachlichen Anwendungsbereich der Europäischen DSGVO
ausgenommen. Der europäische Begriff der **öffentlichen Sicherheit** ist dabei
jedoch nicht mit dem deutschen Verständnis gleichzusetzen (vgl. *Müller/Graff*
in von der Groeben/Schwarze/Hatje Europ. Unionsrecht, 7. Aufl. 2015,
Art. 36 AEUV, Rn. 50 f. mwN). Es wäre außerdem mit dem Ziel der überwiegenden Harmonisierung auch des öffentlichen Datenschutzrechts durch die
VO (EU) 2016/679 (Erwägungsgründe 5 ff. VO (EU) 2016/679) unvereinbar,
wenn große Teile der Ordnungsverwaltung von ihrem Anwendungsbereich
ausgeschlossen wären (*Bäcker* in BeckOK DatenschutzR Art. 2 Rn. 28). Der
Begriff der öffentlichen Sicherheit ist in der Verordnung somit eng auszulegen
und umfasst den Bereich der Gefahrenabwehr nur, wenn Gefahrenabwehrmaßnahmen der Verhütung, Ermittlung, Aufdeckung und Verfolgung von
Straftaten dienen, während die allgemeine Gefahrenabwehr dem Anwen-
dungsbereich der DSGVO unterfällt (hM, vgl. *Roßnagel* in SHS Art. 2 Rn. 40;
Bäcker in BeckOK DatenschutzR Art. 2 Rn. 28; *Kühing/Raab* in Kühling/
Buchner Art. 2 Rn. 29). Angesichts des abschließenden Charakters der VO
(EU) 2016/679 müssen die Regelungen der §§ 6 ff. daher auf einer **Öff-**

nungsklausel in der DSGVO beruhen, da nur dann überhaupt noch eine autonome nationale Datenschutzrechtssetzung zulässig ist. Da es sich um besondere Kategorien personenbezogener Daten handelt, muss die Öffnungsklausel aus Art. 9 Abs. 2 lit. i VO (EU) 2016/679 herangezogen werden (*Kampert* in Sydow Art. 9 Rn. 78). Anders als lit. h zielt nämlich lit. i nicht auf die individuellen Interessen der Gesundheitsversorgung, sondern auf die öffentliche Gesundheitsversorgung und den Gesundheitsschutz der Bevölkerung ab, was dem Ziel der Meldepflicht entspricht (→ Rn. 1) (*Petri* in SHS Art. 9 Rn. 94; *Albers/Veit* in BeckOK DatenschutzR Art. 9 Rn. 78). Wenn die Verarbeitung auf der Basis einer nationalen Regelung erfolgt, wie es mit der Verarbeitung auf der Grundlage der Regelungen des IfSG der Fall ist, fordert Art. 9 Abs. 2 lit. i VO (EU) 2016/679 das Vorsehen **angemessener und spezifischer Maßnahmen zur Wahrung der Rechte und Freiheiten von Betroffenen.** In Deutschland wird das grundsätzlich durch die Generalklausel des § 22 BDSG sichergestellt (*Petri* in SHS Art. 9 Rn. 25 ff.; *Albers/Veit* in BeckOK DatenschutzR Art. 9 Rn. 96.). Vorliegend erscheint dieses Erfordernis angesichts der ausschließlichen Bezugnahme von § 22 Abs. 2 BDSG auf die Fälle seines Abs. 1 jedoch fraglich, da §§ 9, 10 die in § 22 Abs. 2 BDSG vorgesehenen Maßnahmen selbst nicht aufgreifen. Hier besteht Bedarf zur Nachbesserung durch den Gesetzgeber. Für das nach § 14 Abs. 1 einzurichtende elektronische Melde- und Informationssystem lassen sich § 14 Abs. 6, 9 hingegen einige Ansätze zur Etablierung solcher Schutzmaßnahmen entnehmen (→ § 14 Rn. 18).

Der Grundsatz des Verbots mit Erlaubnisvorbehalt bewirkt, dass im Rah- **9** men der Meldepflicht keine anderen als die in §§ 9, 10 vorgesehenen personenbezogenen Daten verarbeitet werden dürfen. Eine weitergehende Datenverarbeitung, zB zum Zweck der Ermittlung, muss daher an anderer Stelle vom Gesetz erlaubt sein.

Bei der Verarbeitung personenbezogener Daten auf der Grundlage der **9a** Normen des IfSG sind darüber hinaus zwingend die in Art. 5 VO (EU) 2016/679 normierten **Verarbeitungs- bzw. Datenschutzgrundsätze** zu beachten (ausf. *Kühling/Schildbach* in Huster/Kingreen Hdb. InfSchR Kap. 6 Rn. 46 ff.). Hierzu gehören insbes. der Grundsatz der Datensparsamkeit (Art. 5 Abs. 1 lit. c) VO (EU) 2016/679), demgemäß die Menge und Art der verarbeiteten Daten auf das für die Verarbeitung notwendige Maß beschränkt sein müssen (*Roßnagel* in SHS Art. 5 Rn. 126 f., 129 ff.), und der Grundsatz der Zweckbindung, laut dem der Zweck der Datenverarbeitung schon im Zeitpunkt der Datenerhebung eindeutig festgelegt sein muss, da die Daten auch nur in einer mit diesem Zweck vereinbaren Weise verarbeitet werden dürfen (Art. 5 Abs. 1 lit. b) VO (EU) 2016/679). Ebenso ist der Grundsatz der Richtigkeit der Daten (Art. 5 Abs. 1 lit. d) VO (EU) 2016/679) gerade im Zusammenhang mit den hier vorliegenden sehr sensiblen Daten und den einschneidenden staatlichen Maßnahmen, deren Grundlage sie sein können, dringend zu beachten. Der Grundsatz der Speicherbegrenzung (Art. 5 Abs. 1 lit. e) VO (EU) 2016/679) wird an verschiedenen Stellen im Gesetz insbes. durch die Statuierung von Löschfristen umgesetzt (vgl. → § 10 Rn. 21, → § 14 Rn. 10, 20). Wo das nicht der Fall ist, muss eine Löschung dann vorgenommen werden, sobald eine etwaige Aufbewahrungsfrist abgelaufen ist (→ § 9 Rn. 5; auch *Kühling/Schildbach* in Huster/Kingreen Hdb. InfSchR Art. 6 Rn. 50).

10   Das Datenschutzrecht gilt parallel zu den **berufsrechtlichen Verschwie-genheitspflichten,** zB zur ärztlichen Schweigepflicht (*Uwer* in BeckOK DatenschutzR Syst F Rn. 14; *Auer-Reinsdorff* ZAP 2018, 565). Die Meldepflicht des IfSG nimmt dabei im Zusammenhang mit § 203 StGB die Funktion als Rechtfertigungsgrund (*Cierniak/Niehaus* MK-StGB § 203 Rn. 91 f.; *Weidemann* in BeckOK StGB § 203 Rn. 52) für die Offenbarung gegenüber den gesetzlich vorgesehenen öffentlichen Stellen ein.

11   Im Zusammenhang mit dem vermehrten Auftreten von HIV- und Aids-Erkrankungen in den 1980er und 90er Jahren wurde die Möglichkeit bzw. sogar Pflicht für behandelnde Ärzte diskutiert, gestützt auf den Rechtfertigungsgrund des § 34 StGB ihre **Schweigepflicht zu durchbrechen,** um Personen, die unmittelbar von der Infektion eines anderen gefährdet sind, über das sie betreffende Risiko zu informieren (vgl. *BBS,* Vor § 6 Rn. 3, 6 mwN; OLG Frankfurt MDR 1999, 1444). Das hiergegen angeführte Argument der Existenz eines umfassenden Meldesystems, mit dem der Gesetzgeber eine differenzierte und abschließende Entscheidung über die Weitergabe von Informationen getroffen habe (vgl. *BBS,* Vor § 6 Rn. 4), gilt heute im Vergleich zu den 1990er Jahren umso mehr, als der Gesetzgeber in Kenntnis der Diskussion zu dieser Frage seither nicht tätig geworden ist. Das Argument, dass untypische Fälle nicht auch gesetzlich geregelt werden können, verfängt hingegen nicht, da es sich um eine Frage mit intensiver Grundrechtsberührung handelt, die umfassend diskutiert wurde und ein Bedürfnis nach Rechtssicherheit geschaffen hat. Die Möglichkeit des Bruchs der Schweigepflicht unter Berufung auf den rechtfertigenden Notstand kann in solchen Situationen daher nur in absoluten Ausnahmefällen bestehen. Voraussetzung muss dann die gesicherte Erkenntnis des Offenbarenden über die lebensgefährdende Bedrohung einer unwissenden Person und das sichere Nichterfolgen einer selbständigen Aufklärung durch den Gefährdenden sein. Von einer Pflicht zur Information kann außerdem nur bei Vorliegen einer Garantenstellung des Informierenden ausgegangen werden (*BBS,* Vor § 6 Rn. 6). Angesichts der medizinischen Fortschritte bei der Behandlung von HIV-Erkrankungen dürften in diesen Fällen die Voraussetzungen für einen Bruch der Schweigepflicht nicht mehr erfüllt sein.

C. Beispiele der Datenverarbeitung zur Kontaktverfolgung

12   Das mittels der **Corona-Warn-App** des Bundes durchgeführte *contact tracing* basiert rechtlich nicht auf dem IfSG, sondern auf einer nach Art. 9 Abs. 2 lit. a VO (EU) 2016/679 erteilten Einwilligung des Nutzers (*Kühling/Schildbach* NJW 2020, 1545 (1549); *dies.* in Huster/Kingreen Hdb. InfSchR Kap. 6 Rn. 163 ff.; *Kuhlmann* GSZ 2020, 115 (118)). Allgemeine Leitlinien zur Funktionsweise und dem Betrieb einer solche App sind zudem vom Europäischen Datenschutzausschuss herausgegeben worden (*EDSA* Leitlinien 04/2020; *Blasek* ZD-Aktuell 2020, 07120). Auf den Betrieb der App ist die VO (EU) 2016/679 anwendbar. Sie garantiert ein hohes Datenschutzniveau, wie zB durch das Erfordernis der Freiwilligkeit und Informiertheit einer wirksamen datenschutzrechtlichen Einwilligung, die Institutionalisierung von Betroffenenrechten oder die Festschreibung von Datensicherheitsmaßnahmen. Vor diesem Hintergrund erscheint eine eigenständige gesetzliche Regelung zur App (vgl. zur Diskussion nur ZD-Aktuell 2020, 07170) nicht erforderlich.

Die **Erfassung von Kontaktdaten** bei Veranstaltungen, in Restaurants 13 oder Cafés, wie sie während der Corona-Epidemie in Deutschland im Jahr 2020 erfolgte, geht ebenfalls nicht auf die Regelungen zum Meldesystem im IfSG zurück. Sie ist inzwischen vielmehr in § 28a Abs. 1 Nr. 17 (→ § 28a Rn. 86ff.) geregelt. Als datenschutzrechtliche Öffnungsklausel für diese nationale Regelung ist Art. 6 Abs. 1 lit. c, Abs. 3 VO (EU) 2016/679 einschlägig. Vor Einführung der Norm beruhte die Kontaktdatenerfassung auf Verordnungen der Bundesländer, die auf Grundlage der Verordnungsermächtigung in § 32 iVm § 28 Abs. 1 erlassen wurden (insoweit noch OVG Münster Beschl. v. 23.6.2020 – 13 B 695/20.NE, Rn. 42ff.; aA saarl. VerfGH Beschl. v. 28.8.2020, Lv 15/20, 5b).

§6 Meldepflichtige Krankheiten

(1) ¹**Namentlich ist zu melden:**

1. **der Verdacht einer Erkrankung, die Erkrankung sowie der Tod in Bezug auf die folgenden Krankheiten:**
   a) **Botulismus,**
   b) **Cholera,**
   c) **Diphtherie,**
   d) **humane spongiforme Enzephalopathie, außer familiär-hereditärer Formen,**
   e) **akute Virushepatitis,**
   f) **enteropathisches hämolytisch-urämisches Syndrom (HUS),**
   g) **virusbedingtes hämorrhagisches Fieber,**
   h) **Keuchhusten,**
   i) **Masern,**
   j) **Meningokokken-Meningitis oder –Sepsis,**
   k) **Milzbrand,**
   l) **Mumps,**
   m) **Pest,**
   n) **Poliomyelitis,**
   o) **Röteln einschließlich Rötelnembryopathie,**
   p) **Tollwut,**
   q) **Typhus abdominalis oder Paratyphus,**
   r) **Windpocken,**
   s) **zoonotische Influenza,**
   t) **Coronavirus-Krankheit-2019 (COVID-19),**
1a. **die Erkrankung und der Tod in Bezug auf folgende Krankheiten:**
   a) **behandlungsbedürftige Tuberkulose, auch wenn ein bakteriologischer Nachweis nicht vorliegt,**
   b) **Clostridioides-difficile-Infektion mit klinisch schwerem Verlauf; ein klinisch schwerer Verlauf liegt vor, wenn**
      aa) **der Erkrankte zur Behandlung einer ambulant erworbenen Clostridioides-difficile-Infektion in eine medizinische Einrichtung aufgenommen wird,**

bb) der Erkrankte zur Behandlung der Clostridioides-difficile-Infektion oder ihrer Komplikationen auf eine Intensivstation verlegt wird,

cc) ein chirurgischer Eingriff, zum Beispiel Kolektomie, auf
Grund eines Megakolons, einer Perforation oder einer
refraktären Kolitis erfolgt oder

dd) der Erkrankte innerhalb von 30 Tagen nach der Feststellung der Clostridioides-difficile-Infektion verstirbt und
die Infektion als direkte Todesursache oder als zum Tode
beitragende Erkrankung gewertet wurde,

2. der Verdacht auf und die Erkrankung an einer mikrobiell bedingten Lebensmittelvergiftung oder an einer akuten infektiösen Gastroenteritis, wenn

a) eine Person betroffen ist, die eine Tätigkeit im Sinne des § 42
Abs. 1 ausübt,

b) zwei oder mehr gleichartige Erkrankungen auftreten, bei denen
ein epidemischer Zusammenhang wahrscheinlich ist oder vermutet wird,

3. der Verdacht einer über das übliche Ausmaß einer Impfreaktion
hinausgehenden gesundheitlichen Schädigung,

4. die Verletzung eines Menschen durch ein tollwutkrankes, -ver-
dächtiges oder -ansteckungsverdächtiges Tier sowie die Berührung eines solchen Tieres oder Tierkörpers,

5. der Verdacht einer Erkrankung, die Erkrankung sowie der Tod, in
Bezug auf eine bedrohliche übertragbare Krankheit, die nicht bereits nach den Nummern 1 bis 4 meldepflichtig ist.

[2]Die Meldung nach Satz 1 hat gemäß § 8 Absatz 1 Nummer 1, 3 bis 8,
§ 9 Absatz 1, 2, 3 Satz 1 oder 3 zu erfolgen.

(2) [1]Dem Gesundheitsamt ist über die Meldung nach Absatz 1
Satz 1 Nummer 1 Buchstabe i hinaus zu melden, wenn Personen an
einer subakuten sklerosierenden Panenzephalitis infolge einer Maserninfektion erkranken oder versterben. [2]Dem Gesundheitsamt ist
über die Meldung nach Absatz 1 Satz 1 Nummer 1a Buchstabe a hinaus zu melden, wenn Personen, die an einer behandlungsbedürftigen
Lungentuberkulose erkrankt sind, eine Behandlung verweigern oder
abbrechen. [3]Die Meldung nach den Sätzen 1 und 2 hat gemäß § 8
Absatz 1 Nummer 1, § 9 Absatz 1 und 3 Satz 1 oder 3 zu erfolgen.

(3) [1]Nichtnamentlich ist das Auftreten von zwei oder mehr nosokomialen Infektionen zu melden, bei denen ein epidemischer Zusammenhang wahrscheinlich ist oder vermutet wird. [2]Die Meldung nach
Satz 1 hat gemäß § 8 Absatz 1 Nummer 1, 3 oder 5, § 10 Absatz 1 zu
erfolgen.

A. Zweck und Bedeutung der Norm

Die Norm statuiert eine **Meldepflicht** für die in ihr aufgeführten **Krank-** **1**
heiten. Die Pflicht soll es den Behörden ermöglichen, zum Schutz der Allgemeinheit vor übertragbaren Krankheiten schnell tätig zu werden (*Erdle,* § 6,
S. 30; *Gerhardt,* § 6 Rn. 1a). Die Meldung der in Abs. 1 genannten Krankheiten hat dabei ebenso **namentlich,** dh unter Nennung des Namens des/s Betroffenen, gem. den Anforderungen des § 9 zu erfolgen wie die nach Abs. 2.
Die in Abs. 3 vorgesehenen Krankheiten sind **nichtnamentlich,** dh ohne Bezugnahme auf die konkret betroffene Person, nach § 10 zu melden. Abs. 1 glie-
dert sich in sechs Ziffern, die sich nach dem Auslöser der Meldung unterscheiden.

B. Namentliche Meldepflicht für Krankheiten (Abs. 1, 2)

Die Pflicht zur namentlichen Meldung von Krankheiten stellt einen erheb- **2**
lichen Eingriff in das **Recht auf informationelle Selbstbestimmung** des
Betroffenen (Art. 2 Abs. 1 iVm Art. 1 Abs. 1 GG) sowie Art. 8 GRC dar. Es
handelt es sich um die **Verarbeitung besonderer Kategorien von perso-**
nenbezogenen Daten isd Art. 9 Abs. 1 VO (EU) 2016/679 (→ § 9 Rn. 2 ff.),
die zudem als Grundlage für Ermittlungen und Maßnahmen von Behörden
herangezogen werden. Die Daten haben bereits an sich das Potential, Betroffene zu diskriminieren, weshalb das Gesetz ihre Verarbeitung an strenge Voraussetzungen knüpft (*Petri* in SHS Art. 9 Rn. 10). Im vorliegenden Kontext
sind sie geeignet, Betroffene erheblich zu stigmatisieren. Ihre Verarbeitung ist
durch die wesentliche Gefahr gerechtfertigt, welche die aufgeführten Krankheiten für die Allgemeinheit darstellen und die ein umfangreiches Tätigwerden

der Behörden erforderlich macht (*Erdle*, § 6, S. 30; *BBS*, § 6 Rn. 1). Daraus folgt jedoch auch, dass der Gesetzgeber aufgerufen ist, Krankheiten aus der Liste zu streichen, sofern der medizinische Fortschritt in der Prävention oder Behandlung einer Krankheit die Gefahren für die Allgemeinheit auf ein hinzunehmendes Maß reduziert.

2a   Eine besondere Bedeutung haben die Kataloge der Krankheiten und Krankheitserreger in den §§ 6, 7 im Zuge der COVID-19-Pandemie im Zusammenhang mit **Betriebsschließungsversicherungen** erhalten. Die Verträge oder AVB nehmen oftmals für die Leistungspflicht der Versicherung im Fall behördlich angeordneter Betriebsschließungen zum Zweck des Infektionsschutzes auf unterschiedliche Weise Bezug auf die in §§ 6, 7 enthaltenen Auflistungen von Erregern und Krankheiten. Neben anderen problematischen Rechtsfragen, zB ob ein individueller Rechtsakt gegen den Versicherungsnehmer erforderlich ist (LG Oldenburg Urt. v. 14. 10. 2020 – 3 O 2068/20), ist vor diesem Hintergrund die Leistungsverpflichtung der Versicherung häufig angesichts der Argumentation umstritten, dass der SARS-CoV-2-Erreger zum Zeitpunkt der behördlichen Verfügung zur Betriebsschließung oder des Vertragsschlusses noch nicht in den §§ 6, 7 oder den ihnen nachempfundenen Auflistungen in den AVBen enthalten war. Gerade, wenn sich der Versicherungsumfang nach den AVBen bestimmt, ist dann regelmäßig fraglich, ob von einer Dynamik der Auflistung ausgegangen werden kann oder ob sie als abschließend angesehen werden muss. Diese Frage wird ebenso wie die nach der Leistungspflicht der Versicherer zur Zeit von der Rspr. noch uneinheitlich beantwortet (vgl. gegen eine Leistungspflicht wegen des abschließenden Charakters der AVBen nur: LG HH Urt. v. 10. 12. 2020 – 332 O 238/20; LG Regensburg Urt. v. 11. 12. 2020 – 34 O 1277/20; LG Bayreuth Urt. v. 15. 10. 2020 – 22 O 207/20; LG Bamberg Urt. v. 25. 1. 2021 – 43 O 306/20; aA LG München I Urt. v. 1. 10. 2020 – 12 O 5895/20 und LG Düsseldorf Urt. v. 19. 2. 2021 – 40 O 53/20, da eine Klausel gem. § 307 BGB wegen einseitiger Benachteiligung unwirksam sei, die den Schutz auf ausdrücklich aufgeführte Erreger beschränke; einen Anspruch unter Umständen grds. bejahend auch LG Mannheim Urt. v. 29.4.2020 – 11 O 66/20).

I. Katalog der namentlich zu meldenden Erkrankungen (Abs. 1 S. 1)

3   **1. Auslöser Verdacht einer Erkrankung, Erkrankung und Tod (Nr. 1).** § 6 Abs. 1 S. 1 Nr. 1 listet 20 Krankheiten auf, bei denen der Verdacht einer Erkrankung, die Erkrankung oder der Tod an einer Erkrankung namentlich zu melden ist. Die Bewertung des Auftretens einer Krankheit erfolgt anhand von Falldefinitionen, die das RKI gem. § 11 Abs. 2 (→ § 11 Rn. 12) erstellt und fortführt.

4   Eine Erkrankung liegt bei einem Kranken im Sinne des § 2 Nr. 4 (→ § 2 Rn. 21 f.) vor und setzt somit das Auftreten einer übertragbaren Krankheit bei einer Person voraus. Krankheit und Erkrankung unterscheiden sich dabei durch den Fallbezug. Eine **Krankheit** (auch → § 2 Rn. 7 ff.) ist das objektive oder subjektive Bestehen einer gesundheitlichen Störung psychischer oder körperlicher Natur, die auf der Grundlage von vorhandenen Symptomen und Befun-

den einer bestimmten Diagnose zugeordnet wird (*Hoffmann-La Roche* Lexikon Medizin, 2. Aufl. 1987, S. 989; RKI-Fachwörterbuch Infektionsschutz und Infektionsepidemiologie, Stichwort „Krankheit"). Eine **Erkrankung** ist demgegenüber das Auftreten einer Krankheit (RKI-Fachwörterbuch Infektionsschutz und Infektionsepidemiologie, Stichwort „Erkrankung"). Nach Abs. 1 Nr. 1 ist daher die Erkrankung einer Person an einer dort aufgelisteten Krankheit zu melden.

Ebenso meldepflichtig ist der **Krankheitsverdacht.** Er liegt bei einem 5 Krankheitsverdächtigen im Sinne des §2 Nr. 5 (→ §2 Rn. 23) vor. Von der Erkrankung unterscheidet sich der Verdacht durch das Element der Vermutung. Der Verdacht kann sich insbesondere durch den Nachweis eines Krankheitserregers, zB auch durch einen Schnelltest (BT-Drs. 19/27291, 61), ggf. aber auch durch das Zusammenkommen einer Vielzahl charakteristischer Symptome und Befunde zur Erkrankung verdichten. Die Meldung eines Erkrankungsverdachts ermöglicht es den Behörden, die Zeitspanne der laufenden Diagnostik, die Tage oder Wochen in Anspruch nehmen oder sogar erst nach dem Tod der erkrankten Person möglich sein kann, bereits für Ermittlungen und die Einleitung von Maßnahmen zur Eindämmung zu nutzen (vgl. *Gerhardt,* §6 Rn. 2; *BBS,* §6 Rn. 2). Bei den in Nr. 1 aufgeführten Krankheiten ist angesichts einer spezifischen klinischen Symptomatik eine Verdachtsdiagnose zudem auch möglich (*BBS,* §6 Rn. 2). Die **Bestätigung eines Verdachtsfalls** muss gem. §8 Abs. 3 S. 2 nicht erneut gemeldet werden. Anders verhält es sich, sofern ein **Verdacht** sich **nicht bestätigt.** Das ist gem. §9 Abs. 3 S. 3 dem Gesundheitsamt unverzüglich zu melden, um unnötige Ermittlungsarbeit zu verhindern (*BBS,* §6 Rn. 2).

Zudem ist der **Tod** aufgrund einer Erkrankung an einer der aufgeführten 6 meldepflichtigen Krankheiten zu melden. Die Erkrankung ist **Ursache** des Todes, wenn er unmittelbar auf sie zurückgeht, was anhand einer drei- oder viergliedrigen Kausalkette ausgehend von dem Grundleiden darzulegen ist (*Deutsche Gesellschaft für Rechtsmedizin* Regeln zur Durchführung der ärztlichen Leichenschau, Stand 10/2017, S. 8).

2. Auslöser Erkrankung und Tod (Nr. 1a). Durch Art. 1 Nr. 4 des Ma- 7 sernschutzG wurde mWv 1.3.2020 eine Meldepflicht für die Erkrankung und den Tod an einer **behandlungsbedürftigen TB** (lit. a) und einer **Clostridioides-difficile-Infektion mit klinisch schwerem Verlauf** (lit. b) eingeführt.

Die Behandlungsbedürftigkeit einer TB bestimmt sich allein anhand medi- 8 zinischer Kriterien (*Gerhardt,* §6 Rn. 5). Ein bakteriologischer Nachweis des Erregers ist zum Auslösen der Meldepflicht nicht erforderlich.

Die Meldung einer Clostridioides-difficile-Infektion geht auf §1 Abs. 1 9 IfSGMeldAnpV zurück. Meldepflichtig ist nur eine Infektion mit **klinisch schwerem Verlauf,** wobei lit. b selbst vier Fälle definiert, in denen ein solcher gegeben ist. So charakterisieren die Aufnahme eines Erkrankten in eine medizinische Einrichtung wegen einer ambulant erworbenen Clostridioides-difficile-Infektion (lit. aa) oder die Verlegung eines Erkrankten zur Behandlung einer solchen Infektion oder ihrer Komplikationen auf eine Intensivstation (lit. bb) einen schweren Verlauf. Darüber hinaus liegt ein schwerer Verlauf vor, wenn ihretwegen ein chirurgischer Eingriff (lit. cc) erfolgen muss. Bei der in der Norm genannten Kolektomie handelt es sich ebenso um ein Beispiel wie bei den für diese Operation aufgeführten Ursachen. Entscheidend ist, dass die Clostridioides-difficile-Infektion für den Eingriff ursächlich ist. Zuletzt deutet auch das Versterben eines Erkrankten binnen 30 Tagen nach Feststellung der Infektion (lit. dd) auf einen schweren Verlauf hin, sofern die Infektion als Todesursache oder als zum Tod beitragend gewertet wird. Die Aufzählung dieser Fälle eines schweren Verlaufs ist abschließend. Hierfür sprechen sowohl die gesetzliche Formulierung, die inhaltliche Vollständigkeit der durch die Aufzählung abgedeckten Fälle sowie das Erfordernis für die Meldenden sicher zu wissen, wann sie einen Fall melden müssen, um so eine Einheitlichkeit und Vergleichbarkeit der Meldungen zu erreichen.

10   **3. Auslöser Verdacht einer Erkrankung und Erkrankung (Nr. 2).** Der Meldepflicht unterfällt ferner der Verdacht einer Erkrankung sowie die Erkrankung an einer **mikrobiell bedingten Lebensmittelvergiftung** oder einer **akuten infektiösen Gastroenteritis.** Beide Krankheiten sind klinisch kaum voneinander zu unterscheiden, haben jedoch teilweise unterschiedliche Infektionsquellen (*BBS,* § 6 Rn. 20). Ziel der Meldepflicht ist deren frühzeitige Identifikation, um die von ihnen ausgehende Gefahr zu beseitigen, weshalb auch die Meldung des Verdachts einer Erkrankung erfasst wird.

11   Um eine Überlastung des Meldesystems angesichts der Häufigkeit von Durchfallerkrankungen zu vermeiden, wird die Meldepflicht auf zwei Fälle eingeschränkt. Gem. Nr. 2 lit. a muss eine Erkrankung nur gemeldet werden, wenn eine Person betroffen ist, die eine Tätigkeit iSd § 42 Abs. 1 ausübt. Gemeint sind damit die Tätigkeiten gem. § 42 Abs. 1 S. 1 lit. a, b, die das Herstellen, Behandeln oder Inverkehrbringen bestimmter Lebensmittel oder die Arbeit in Küchen von Gaststätten oder anderen Einrichtungen mit Gemeinschaftsverpflegung betreffen (→ § 42 Rn. 8 ff.). Hintergrund ist hier die Gefahr, dass die Erkrankten die Krankheit durch die Kontamination von Nahrungsmitteln mit Krankheitserregern an eine Vielzahl von Menschen weitergeben können (*BBS,* § 6 Rn. 23).

12   Nr. 2 lit. b sieht eine Meldung der beiden Krankheiten ferner vor, wenn zwei oder mehr gleichartige Erkrankungen auftreten, bei denen ein **epidemischer Zusammenhang wahrscheinlich** ist oder **vermutet** wird. Die Gleichartigkeit der Erkrankung bezieht sich in Abgrenzung zum epidemischen Zusammenhang auf die Symptome. An die Gleichartigkeit sind keine zu umfassenden Anforderungen zu stellen, sodass es ausreichend ist, wenn angesichts einer ähnlichen Symptomatik von demselben Erreger als Auslöser der Erkrankung ausgegangen werden kann. Der epidemische Zusammenhang ist demgegenüber gegeben, sofern die Erkrankungen auf eine gemeinsame Infektionsquelle zurückgeführt werden können (*Gerhardt,* § 6 Rn. 10; *BBS,* § 6 Rn. 24). Das Gesetz spricht von einem epidemischen und nicht von einem **epidemiologischen** Zusammenhang, da mit dem Wort epidemisch auf die Verbreitung von Infektionen, mit dem Begriff epidemiologisch hingegen auf die Wissenschaft der Epidemiologie und ihrer Methodik Bezug genommen wird (RKI-Fachwörterbuch Infektionsschutz und Infektionsepidemiologie, Stichworte „epidemiologisch", „epidemisch"). Der epidemische Zusammenhang muss wahrscheinlich sein oder vermutet werden. Beides unterscheidet sich durch den höheren Grad an Sicherheit, den die Wahrscheinlichkeit gegenüber der Vermutung hat (*Gerhardt, §6* Rn. 11). Ein Nachweis des Zusammenhangs ist – allein schon angesichts der Notwendigkeit einer Verdachtsmeldung – nicht erforderlich, sodass es genügt, wenn medizinische Indizien (*Gerhardt, §6* Rn. 11) oder Anhaltspunkte für einen solchen Zusammenhang sprechen. In der Praxis ist das Erkennen eines epidemischen Zusammenhangs nicht immer leicht. So wird das Erkennen der gemeinsamen Ursache einer an sich schon häufigen Durchfallerkrankungen dadurch weiter erschwert, dass Erkrankte unterschiedliche Ärzte zur Behandlung aufsuchen (*BBS, §6* Rn. 24). Obwohl daher lediglich zwei oder mehr gleichartige Erkrankungen vorliegen müssen, um eine Meldepflicht auszulösen, wird eine Meldung oftmals nicht erfolgen, da der epidemische Zusammenhang nicht erkannt wird.

4. Auslöser Verdacht einer übermäßigen Impfreaktion (Nr. 3). **13** Meldepflichtig ist gem. Nr. 3 außerdem der Verdacht einer über das Ausmaß einer **Impfreaktion** hinausgehenden gesundheitlichen Schädigung, dh eines **Impfschadens** iSd §2 Nr. 11 (→ §2 Rn. 37ff.). Ziel der Meldung bereits des Verdachts ist der Schutz anderer Impfwilliger, deren Handeln zum Wohl aller sowie meist auf Empfehlung und Förderung der Öffentlichkeit besondere staatliche Fürsorge verdient (*Erdle, §6,* S. 31; *BBS, §6* Rn. 25). Bei der Bestimmung, ob ein Impfschaden vorliegt, kann auf Hilfestellungen auf den Webseiten des RKI und des Paul-Ehrlich-Instituts zurückgegriffen werden. Die Meldung erfolgt mittels eines Formblatts, mit dem zugleich die Meldepflichten an die Landesbehörde (§11 Abs. 4), nach §77 AMG an das Paul-Ehrlich-Institut und die Arzneimittelkommission erfüllt werden können (*Erdle, §6,* S. 31 f.) und dessen Angaben auf den nach §§9, 11 Abs. 2 erforderlichen Angaben basieren (*BBS, §6* Rn. 26b).

5. Auslöser Verletzung durch oder Berührung von potentiellem tie- **14** **rischem Tollwutüberträger (Nr. 4).** Ebenso meldepflichtig ist die Verletzung eines Menschen durch ein **tollwutkrankes, –verdächtiges** oder **–ansteckungsverdächtiges Tier** sowie bereits die **Berührung** eines solchen **Tieres** oder **Tierkörpers.** Ansteckungsverdächtig ist ein Tier, bei dem ein Ansteckungsverdacht besteht (→ §2 Rn. 29ff.). Dem Begriff des **Ansteckungsverdachts** kommt auch in Bezug auf die Meldepflicht beim Menschen Bedeutung zu. So wird er vorliegend zum Anknüpfungspunkt der Meldepflicht gemacht (*BBS, §6* Rn. 29), indem das Gesetz sie bereits durch Situationen auslöst, in denen die Gefahr einer Übertragung besteht und somit noch vor dem Einsetzen von Symptomen ansetzt. Die Meldepflicht geht insoweit über die des Krankheitsverdachts hinaus. Dies ist bei der Tollwut auch erforderlich, da eine ausgebrochene Tollwut nicht geheilt werden kann und immer schwerste körperliche Schäden oder den Tod zur Folge hat (*RKI* Epid Bull 2003, 58f.). In den Fällen einer Exposition gegenüber dem Erreger ist daher eine **Postexpositionsprophylaxe** binnen 24 Stunden ab dem Kontakt erforderlich. Die Einleitung dieser Maßnahmen wird durch die früh ansetzende Meldepflicht ermöglicht (*Gerhardt, §6* Rn. 15). Die Forderung, auch die Exposition durch **Impfstoffköder** in die Meldepflicht aufzunehmen (*BBS, §6* Rn. 30), erscheint sinnvoll.

15   **6. Auslöser Verdacht einer Erkrankung, Erkrankung und Tod durch nicht genannte Krankheit (Nr. 5).** Nach Nr. 5 müssen zudem der Verdacht einer Erkrankung, die Erkrankung und der Tod in Bezug auf eine **bedrohliche übertragbare Erkrankung** gemeldet werden. Hierbei handelt es sich um einen **Auffangtatbestand,** der es den Gesundheitsbehörden ermöglicht, auch in anderen als den in Nr. 1–4 vorhergesehenen Fällen Gefahren für die Gesundheit frühzeitig zu erkennen und darauf zu reagieren (*Gerhardt,* § 6 Rn. 19). Er wurde durch Art. 1 Nr. 6 lit. a aa) bbb) des GMÜK v. 17.7.2017 (BGBl. I 2615) überarbeitet. Durch das Einfügen des Begriffs „bedrohliche übertragbare Krankheit", dessen Definition zeitgleich in § 2 Nr. 3 a etabliert wurde (→ § 2 Rn. 11 ff.), konnte das bis dahin in Nr. 5 lit. b vorgesehene Erfordernis des Auftretens mehrerer gleichartiger Erkrankungen mit einem wahrscheinlichen oder vermuteten epidemischen Zusammenhang entfallen, da sich laut Definition die Gefährlichkeit einer bedrohlichen übertragbaren Krankheit aus ihrer Ausbreitungsweise ergeben kann. Auch das bis dahin vorgesehene Merkmal der Gefahr für die Allgemeinheit ist Bestandteil der Definition, sodass es hier gestrichen werden konnte (BT-Drs. 18/10938, 48).

16   Die Krankheit darf nicht bereits nach Abs. 1 Nr. 1–4 meldepflichtig sein. Nr. 5 erfasst nicht nur neue, sondern auch bekannte Krankheiten, die lediglich nicht im Gesetz aufgeführt sind (*BBS,* § 6 Rn. 35). Der Grund für diese Auslegung ist, dass eine bekannte, aber zunächst unbedeutende Krankheit durch die Änderung der Umstände, zB die klimatischen Verhältnisse oder Mutationen des Erregers oder ein plötzlich auftretendes Infektionscluster, doch relevant werden kann.

II. Modalitäten der Meldung (Abs. 1 S. 2)

17   S. 2 regelt durch Verweis die **Modalitäten,** nach denen eine **Meldung** der in S. 1 genannten Krankheiten zu erfolgen hat. Zur Meldung verpflichtet sind die in § 8 Abs. 1 Nr. 1, 3–8 genannten Personen. Die von ihnen zu meldenden Angaben sowie die zur Verfügung stehende Zeitspanne einer Meldung ergeben sich aus § 9 Abs. 1, 2, 3.

III. Ergänzung der Meldepflicht nach Abs. 1 (Abs. 2)

18   In Abs. 2 werden die Meldepflichten für **Masern** aus Abs. 1 S. 1 Nr. 1 lit. i sowie für **TB** gem. Abs. 1 S. 1 Nr. 1 a lit. a erweitert.

19   S. 1 sieht die Meldung der Erkrankung oder des Todes einer Person an einer **subakuten sklerosierenden Panenzephalitis** infolge einer Maserninfektion vor. Hierbei handelt es sich um eine immer tödlich verlaufende Gehirnerkrankung als Spätfolge einer Maserninfektion (*Gerhardt,* § 6 Rn. 24a). Die Meldepflicht wurde durch das MasernschutzG v. 10.2.2020 (BGBl. I 148) eingeführt. Sie dient der Verbesserung der epidemiologischen Überwachung der Spätfolgen einer Masernerkrankung (BT-Drs. 19/13452, 23).

20   Nach S. 2 muss außerdem die **Verweigerung** oder der **Abbruch der Behandlung** einer **behandlungsbedürftigen Lungen-TB** gemeldet werden. Der Grund für die Meldepflicht liegt einerseits in der Gefahr, die eine unbehandelte aktive Lungen-TB als Infektionsquelle für andere Menschen darstellen kann (*Gerhardt,* § 6 Rn. 24b). Andererseits birgt der Abbruch einer Behandlung das Risiko, die Entstehung **resistenter Keime** zu fördern (*Gerhardt,* § 6 Rn. 24b; *BBS,* § 6 Rn. 42; *Erdle,* § 6, S. 32). Die Meldepflicht gibt den Gesundheitsbehörden die Möglichkeit, Maßnahmen gegen diese Gefahren zu ergreifen. Wann eine behandlungsbedürftige Lungen-TB vorliegt, bestimmt sich allein aus medizinischer Sicht. Die Behandlung wird verweigert, wenn eine Person ernsthaft vor dem Beginn der Behandlung Abstand von ihrer Durchführung nimmt; sie wird abgebrochen, wenn eine begonnene, aber nicht abgeschlossene Behandlung nicht fortgeführt wird (*Gerhardt,* § 6 Rn. 26).

S. 3 sieht vor, dass die Meldung beider in Abs. 2 vorgesehenen Fälle gem. **21** § 8 Abs. 1 Nr. 1 durch den feststellenden bzw. leitenden oder behandelnden (Abteilungs-)Arzt mit den in § 9 Abs. 1, 3 vorgesehenen Angaben einer namentlichen Meldung und unter Einhaltung der dort vorgesehenen Frist zu erfolgen hat.

C. Nichtnamentliche Meldepflicht (Abs. 3)

S. 1 statuiert eine Pflicht zur **nichtnamentlichen Meldung** beim Auftre- **22** ten von zwei oder mehr **nosokomialen Infektionen** mit einem **wahrscheinlichen** oder **vermuteten epidemiologischen Zusammenhang.** Der Begriff nosokomiale Infektion wird in § 2 Nr. 8 ($\rightarrow$ § 2 Rn. 14 ff.) definiert. Das früher vorgesehene Erfordernis eines gehäuften Auftretens solcher Infektionen ist durch das GMÜK v. 17.7.2017 (BGBl. I 2615) konkretisiert worden. Nunmehr sind, anders als früher vertreten, unabhängig von der Größe der Einrichtung, in der die Infektion auftritt, lediglich zwei oder mehr Fälle mit wahrscheinlichem oder vermutetem epidemiologischem Zusammenhang erforderlich (vgl. *Gerhardt,* § 6 Rn. 29). Für das Verständnis eines wahrscheinlichen oder vermuteten epidemiologischen Zusammenhangs $\rightarrow$ Rn. 12.

Die Pflicht zur Meldung der in Abs. 1 genannten Krankheiten trifft gem. **23** S. 2 die in § 8 Abs. 1 Nr. 1, 3 oder 5 genannten Personen. Inhalt und Frist der nichtnamentlichen Meldung ergeben sich aus § 10 Abs. 1.

D. Folgen einer Meldung

Die Meldung ist an das zuständige **Gesundheitsamt** zu richten (§§ 9 **24** Abs. 4, 10 Abs. 1 S. 1, ausf. $\rightarrow$ § 9, Rn. 24 f.; $\rightarrow$ § 10 Rn. 8), das in den Fällen einer namentlichen Meldung gem. § 25 weitere Ermittlungen anstellen und ggf. Maßnahmen nach § 28 ff. treffen muss.

E. Zuwiderhandlung, Kosten

Die Kosten der Übermittlung sind gem. **§ 69 Abs. 1 Nr. 1** aus öffentlichen **25** Mitteln zu tragen, sofern kein anderer Kostenträger sie übernehmen muss.

Das Unterlassen einer Meldung stellt ebenso wie eine unvollständige, un- **26** richtige, auf falsche Weise vorgenommene und zu späte Meldung nach **§ 73 Abs. 1a Nr. 2** eine Ordnungswidrigkeit dar. Kommt es bei einer vorsätzlichen Begehung dadurch zu einer Verbreitung der in §§ 6, 7 genannten Krankheiten oder Erreger, erfüllt dies zudem den Straftatbestand des **§ 74**. Soweit Meldende nur vorliegende Daten mitteilen müssen (→ § 9 Rn. 8, 16; → § 10 Rn. 10), ist eine Meldung nicht unvollständig iSd §§ 73 f., wenn ein Datum dem Meldenden nicht vorliegt.

§ 7 Meldepflichtige Nachweise von Krankheitserregern

(1) ¹Namentlich ist bei folgenden Krankheitserregern, soweit nicht anders bestimmt, der direkte oder indirekte Nachweis zu melden, soweit die Nachweise auf eine akute Infektion hinweisen:

1. Adenoviren; Meldepflicht nur für den direkten Nachweis im Konjunktivalabstrich
2. Bacillus anthracis
3. Bordetella pertussis, Bordetella parapertussis
3 a. humanpathogene Bornaviren; Meldepflicht nur für den direkten Nachweis
4. Borrelia recurrentis
5. Brucella sp.
6. Campylobacter sp., darmpathogen
6 a. Chikungunya-Virus
7. Chlamydia psittaci
8. Clostridium botulinum oder Toxinnachweis
9. Corynebacterium spp., Toxin bildend
10. Coxiella burnetii
10 a. Dengue-Virus
11. humanpathogene Cryptosporidium sp.
12. Ebolavirus
13. a) Escherichia coli, enterohämorrhagische Stämme (EHEC)
    b) Escherichia coli, sonstige darmpathogene Stämme
14. Francisella tularensis
15. FSME-Virus
16. Gelbfiebervirus
17. Giardia lamblia
18. Haemophilus influenzae; Meldepflicht nur für den direkten Nachweis aus Liquor oder Blut
19. Hantaviren
20. Hepatitis-A-Virus
21. Hepatitis-B-Virus; Meldepflicht für alle Nachweise
22. Hepatitis-C-Virus; Meldepflicht für alle Nachweise
23. Hepatitis-D-Virus; Meldepflicht für alle Nachweise
24. Hepatitis-E-Virus
25. Influenzaviren; Meldepflicht nur für den direkten Nachweis
26. Lassavirus
27. Legionella sp.
28. humanpathogene Leptospira sp.
29. Listeria monocytogenes; Meldepflicht nur für den direkten Nachweis aus Blut, Liquor oder anderen normalerweise sterilen Substraten sowie aus Abstrichen von Neugeborenen

30. Marburgvirus
31. Masernvirus
31a. Middle-East-Respiratory-Syndrome-Coronavirus (MERS-CoV)
32. Mumpsvirus
33. Mycobacterium leprae
34. Mycobacterium tuberculosis/africanum, Mycobacterium bovis; Meldepflicht für den direkten Erregernachweis sowie nachfolgend für das Ergebnis der Resistenzbestimmung; vorab auch für den Nachweis säurefester Stäbchen im Sputum
35. Neisseria meningitidis; Meldepflicht nur für den direkten Nachweis aus Liquor, Blut, hämorrhagischen Hautinfiltraten oder anderen normalerweise sterilen Substraten
36. Norovirus
37. Poliovirus
38. Rabiesvirus
39. Rickettsia prowazekii
40. Rotavirus
41. Rubellavirus
42. Salmonella Paratyphi; Meldepflicht für alle direkten Nachweise
43. Salmonella Typhi; Meldepflicht für alle direkten Nachweise
44. Salmonella, sonstige
44a. Severe-Acute-Respiratory-Syndrome-Coronavirus (SARS-CoV) und Severe-Acute-Respiratory-Syndrome-Coronavirus-2 (SARS-CoV-2)
45. Shigella sp.
45a. Streptococcus pneumoniae; Meldepflicht nur für den direkten Nachweis aus Liquor, Blut, Gelenkpunktat oder anderen normalerweise sterilen Substraten
46. Trichinella spiralis
47. Varizella-Zoster-Virus
48. Vibrio spp., humanpathogen; soweit ausschließlich eine Ohrinfektion vorliegt, nur bei Vibrio cholerae
48a. West-Nil-Virus
49. Yersinia pestis
50. Yersinia spp., darmpathogen
50a. Zika-Virus und sonstige Arboviren
51. andere Erreger hämorrhagischer Fieber
52. der direkte Nachweis folgender Krankheitserreger:
    a) Staphylococcus aureus, Methicillin-resistente Stämme; Meldepflicht nur für den Nachweis aus Blut oder Liquor
    b) Enterobacterales bei Nachweis einer Carbapenemase-Determinante oder mit verminderter Empfindlichkeit gegenüber Carbapenemen außer bei natürlicher Resistenz; Meldepflicht nur bei Infektion oder Kolonisation
    c) Acinetobacter spp. bei Nachweis einer Carbapenemase-Determinante oder mit verminderter Empfindlichkeit gegenüber Carbapenemen außer bei natürlicher Resistenz; Meldepflicht nur bei Infektion oder Kolonisation.

[2]Die Meldung nach Satz 1 hat gemäß § 8 Absatz 1 Nummer 2, 3, 4 oder Absatz 4, § 9 Absatz 1, 2, 3 Satz 1 oder 3 zu erfolgen.

(2) [1]Namentlich sind in Bezug auf Infektionen und Kolonisationen Nachweise von in dieser Vorschrift nicht genannten Krankheitserregern zu melden, wenn unter Berücksichtigung der Art der Krankheitserreger und der Häufigkeit ihres Nachweises Hinweise auf eine schwerwiegende Gefahr für die Allgemeinheit bestehen. [2]Die Meldung nach Satz 1 hat gemäß § 8 Absatz 1 Nummer 2, 3 oder Absatz 4, § 9 Absatz 2, 3 Satz 1 oder 3 zu erfolgen.

(3) [1]Nichtnamentlich ist bei folgenden Krankheitserregern der direkte oder indirekte Nachweis zu melden:
1. Treponema pallidum
2. HIV
3. Echinococcus sp.
4. Plasmodium sp.
5. Toxoplasma gondii; Meldepflicht nur bei konnatalen Infektionen
6. Neisseria gonorrhoeae mit verminderter Empfindlichkeit gegenüber Azithromycin, Cefixim oder Ceftriaxon.

[2]Die Meldung nach Satz 1 hat gemäß § 8 Absatz 1 Nummer 2, 3 oder Absatz 4, § 10 Absatz 2 zu erfolgen.

A. Zweck und Bedeutung der Norm

1   § 7 sieht **namentliche** und **nichtnamentliche Meldepflichten** (→ § 6 Rn. 1) für den Nachweis von **Krankheitserregern** vor. Wie schon bei § 6, der jedoch die Meldepflicht für Krankheiten betrifft, ist für die Zuordnung eines Erregers zur namentlichen oder nichtnamentlichen Meldepflicht die Frage entscheidend, ob der Erregernachweis eine unmittelbare Reaktion der Gesundheitsbehörde erfordert (BT-Drs. 14/2530, 50). Die Norm zielt darauf ab, dass die Behörden geeignete Maßnahmen zum Schutz vor der Weiterverbreitung der Erreger ergreifen sowie Erkenntnisse über die Verbreitung von Erregern und über notwendige Aufklärungs- und Informationsmaßnahmen gewinnen können (*Gerhardt*, § 6 Rn. 15).

2   Die Meldung des Nachweises der in Abs. 1 und 2 genannten Erreger muss namentlich erfolgen, wobei Abs. 2 einen Auffangtatbestand im Verhältnis zu Abs. 1 darstellt. Für den Nachweis eines in Abs. 3 genannten Erregers gilt hingegen eine Pflicht zur nichtnamentlichen Meldung. Zur Frage der Leistungspflicht von Betriebsschließungsversicherungen → § 6 Rn. 2a.

B. Meldepflicht für den Nachweis von Erregern

I. Namentliche Meldepflicht (Abs. 1, 2)

3   Wie bei § 6 gilt auch hier, dass die Rechtfertigung des erheblichen **Grundrechtseingriffs** durch die Pflicht zur namentlichen Meldung eines Erreger-

nachweises vor dem Hintergrund medizinischen und diagnostischen Fortschritts beständig überprüft werden muss (→ § 6 Rn. 2).

1. Katalog der namentlich zu meldenden Erregernachweise (Abs. 1 S. 1). Die Meldepflicht des Absatz 1 S. 1 gilt für den **direkten** oder **indirekten Nachweis** von 62 Arten von Erregern, wobei der Nachweis auf eine **akute Infektion** hindeuten muss. Der Begriff **„Krankheitserreger"** wird in § 2 Nr. 1 definiert (→ § 2 Rn. 2 ff.). Die Bewertung des Auftretens eines Erregers erfolgt anhand von Falldefinitionen, die das RKI gem. § 11 Abs. 2 (→ § 11 Rn. 12) erstellt und fortführt. 4

Ein **direkter Erregernachweis** liegt vor, sofern der Krankheitserreger oder seine Bestandteile mikroskopisch, kulturell, molekularbiologisch oder immunologisch nachgewiesen werden können (*Gerhardt,* § 7 Rn. 4; *BBS,* § 7 Rn. 4). Der **indirekte Nachweis** hingegen bezieht sich auf die Abwehrreaktion des Körpers und somit idR auf spezifische Antikörper (*Gerhardt,* § 7 Rn. 5; *BBS,* § 7 Rn. 5). Der Nachweis muss auf eine akute Infektion hindeuten. Der Begriff **„Infektion"** wird in § 2 Nr. 2 definiert (→ § 2 Rn. 5 f.). Die medizinische Definition, wann eine Infektion **akut** ist, ist im vorliegenden Kontext irreführend, da sie auf ein plötzliches Auftreten abstellt (RKI-Fachwörterbuch Infektionsschutz und Infektionsepidemiologie, Stichwort „Infektion"). Aus dem Zweck der Norm, die den Gesundheitsbehörden die Möglichkeit geben soll, Krankheitsausbrüche zu erkennen und darauf zu reagieren, wird jedoch deutlich, dass mit einer akuten Infektion vielmehr gemeint ist, dass sie im Gegensatz zur chronischen Infektion neu bzw. erneut auftritt (*Gerhardt,* § 7 Rn. 7; *BBS,* § 7 Rn. 7). 5

Der Erreger muss in **menschlichem Untersuchungsmaterial** nachgewiesen werden, es sei denn es besteht ausnahmsweise ein direkter **epidemiologischer Zusammenhang** zwischen einer akuten Infektion eines Menschen und **nicht-menschlichem Probenmaterial.** Ein solcher Zusammenhang ist anzunehmen, wenn unter Zugrundelegen der Methodik der Epidemiologie (vgl. RKI-Fachwörterbuch Infektionsschutz und Infektionsepidemiologie, Stichwort „epidemiologisch") eine kausale Verbindung zwischen dem Erregernachweis und der Erkrankung eines Menschen hergestellt werden kann. Käme es in diesen Fällen andernfalls zu einer Verzögerung der Bestätigung der Infektionsquelle oder der Diagnose, muss auch der Erregernachweis in nicht menschlichem Probenmaterial gemeldet werden (*BBS* § 7 Rn. 2). 6

Der Zweck der Norm, nämlich die Allgemeinheit vor dem Ausbruch von Krankheiten zu schützen, gebietet, dass auch der Nachweis von Erregern in Probenmaterial von **Toten** oder zwischenzeitlich wieder **genesenen Menschen** gemeldet wird (*Gerhardt,* § 7 Rn. 2). 7

Von der Regel, dass der direkte und indirekte Nachweis von Erregern gemeldet werden muss, weicht die Norm in einigen Fällen dahingehend ab, dass **nur der direkte Nachweis** ggf. auch nur aus bestimmten Proben oder von bestimmten Personengruppen meldepflichtig ist. Teilweise besteht die Meldepflicht auch nur bei einer, ggf. bestimmten, Infektion (→ § 2 Rn. 5 f.) oder **Kolonisation,** dh Besiedlung ohne Eindringen in den Körper eines Menschen (vgl. *Gerhardt,* § 7 Rn. 11). 8

9   **2. Modalitäten der Meldung (Abs. 1 S. 2).** Die Modalitäten der namentlichen Meldung des Nachweises von in Abs. 1 S. 1 genannten Erregern
regelt S. 2. Die Pflicht zur Meldung besteht für die in § 8 Abs. 1 Nr. 2–4 und
Abs. 4 genannten Personen. Sie hat an das zuständige Gesundheitsamt (§ 9
Abs. 4) mit den in § 9 Abs. 1, 2 vorgesehenen Daten und in der in § 9 Abs. 3
S. 1, 3 gesetzten Frist zu erfolgen.

10   **3. Auffangtatbestand für namentliche Meldung eines Erregernachweises (Abs. 2).** Abs. 2 S. 1 sieht die **namentliche Meldung** des Nachweises
einer Infektion oder Kolonisation durch nicht in § 7 aufgeführte Erreger vor,
wenn die **Art** des Erregers und die **Häufigkeit** seines Nachweises Anhaltspunkte für eine **schwerwiegende Gefahr für die Allgemeinheit** bieten.
Die Norm wurde durch das GMÜK v. 17.7.2017 (BGBl. I 2615) geändert.
Hierbei wurde das Erfordernis einer zeitlichen und örtlichen Häufung von
Nachweisen eines Erregers durch die Zusammenschau der Häufung des
Nachweises und der Art des Erregers ersetzt (BT-Drs. 18/10938, 50).

11   Die Norm stellt, vergleichbar mit § 6 Abs. 1 S. Nr. 5 (→ § 6 Rn. 15 f.), einen
Auffangtatbestand dar. Erforderlich ist der Nachweis einer Infektion oder
Kolonisation (→ Rn. 8) mit einem nicht in § 7 genannten Krankheitserreger.
Hierbei kann es sich um einen unbekannten aber auch einen bekannten, jedoch lediglich nicht aufgeführten Erreger handeln (→ § 6 Rn. 16; *BBS,* § 7
Rn. 65). Die Häufigkeit seines Nachweises und seine Art müssen zudem Hinweise auf eine schwerwiegende Gefahr für die Allgemeinheit geben. Eine
schwerwiegende Gefahr muss dabei deutlich über allgemeine Alltagsgefahren hinausgehen und einige Erheblichkeit aufweisen. Maßgeblich für die Annahme ist dabei eine Gesamtbetrachtung (BT-Drs. 18/10938, 50) des vom Erreger ausgelösten Krankheitsverlaufs, den Folgen einer Erkrankung sowie der
Art seiner Verbreitung (*Gerhardt,* § 6 Rn. 13) und der Häufigkeit seines Vorkommens. Dabei kann eine schwächere Ausprägung des einen Merkmals
durch eine stärkere Ausprägung eines anderen ausgeglichen werden. Die Annahme einer schwerwiegenden Gefahr ist daher sowohl bei einem weniger
weit verbreiteten Erreger möglich, der jedoch einen schweren Krankheitsverlauf und gravierende Krankheitsfolgen birgt, als auch bei einem sehr verbreiteten Erreger mit entsprechend schwächerem Verlauf oder weniger starken Folgen.

12   S. 2 regelt die **Modalitäten der Meldung** eines solchen unbenannten
Krankheitserregers. Zur Meldung sind die in § 8 Abs. 1 Nr. 2, 3, Abs. 4 genannten Personen verpflichtet. Der Inhalt und die Frist zur Meldung ergeben
sich aus § 9 Abs. 2, 3 S. 1, 3.

II. Nichtnamentliche Meldepflicht (Abs. 3)

13   Die Meldung des Nachweises der in Abs. 3 S. 1 genannten Erreger ist lediglich aus wissenschaftlicher bzw. epidemiologischer Sicht von Interesse. In der
Folge müssen keine Maßnahmen von den zuständigen Behörden ergriffen
werden, da sich Personen regelmäßig selbst vor einer Infektion schützen können. Daher sieht das Gesetz hier lediglich eine **nichtnamentliche** Meldung
vor (*Erdle,* § 7, S. 35; *Gerhardt,* § 7 Rn. 15; *BBS,* § 7 Rn. 68). S. 2 verpflichtet
dabei die in § 8 Abs. 1, Nr. 2, 3, Abs. 4 genannten Personen zur Meldung. Der

Inhalt der Meldung ergibt sich aus § 10 Abs. 2. Die Meldung des Nachweises von HIV muss gem. § 10 Abs. 2 S. 2 Nr. 1 **pseudonymisiert** erfolgen, um durch die regelmäßig vorliegenden Mehrfachtestungen bei unterschiedlichen Institutionen (*BBS,* § 7 Rn. 76) kein verzerrtes Bild der Erregerverbreitung zu erhalten. In Bezug auf **HIV-Nachweise und AIDS-Erkrankungen** wurde in den 1990er Jahren eine namentliche Meldepflicht teils intensiv diskutiert (vgl. BT-Drs. 11/7200, 179), jedoch nie umgesetzt.

Der durch das 2. BevSchG v. 19. 5. 2020 (BGBl. I 1018) eingefügte Abs. 4 ist **14** durch Art. 1 Nr. 5 3. BevSchG v. 18. 11. 2020 (BGBl. I 2397) wieder aufgehoben worden. Die Norm sah vor, dass bei Untersuchungen zum **direkten oder indirekten Nachweis des SARS-CoV- und SARS-CoV-2-Erregers** das Untersuchungsergebnis nichtnamentlich zu melden ist, wodurch auch negative Ergebnisse an die Behörden mitgeteilt worden wären (BT-Drs. 19/18967, 47). Das sollte eine Einschätzung der Verbreitung des Erregers und statistische Aussagen über die Erkrankungswahrscheinlichkeit abseits der reinen Zahl von insgesamt durchgeführten Tests ermöglichen. Die Pflicht des Abs. 4 trat zur namentlichen Meldepflicht des Erregernachweises nach Abs. 1 S. 1 Nr. 44 a hinzu. Sie wurde jedoch bis zur Fertigstellung des Deutschen Elektronischen Melde- und Informationssystems (DEMIS) ausgesetzt, da die große Anzahl der zu meldenden Untersuchungsergebnisse das bestehende Meldesystem überfordert hätte. Die vollständige Streichung dient der Entlastung der Meldepflichtigen, die nunmehr nur noch die namentliche Meldung vorzunehmen haben (vgl. BT-Drs. 19/24232, 25).

C. Folgen einer Meldung

Die Meldung ist an das zuständige **Gesundheitsamt** bzw. in den Fällen **15** nichtnamentlicher Meldungen an das **RKI** zu richten (§§ 9 Abs. 4, 10 Abs. 2 S. 1, Abs. 3 S. 1, ausf. → § 9 Rn. 24; → § 10 Rn. 14, 18). In Fällen der namentlichen Meldung muss das Gesundheitsamt gem. § 25 weitere Ermittlungen anstellen und ggf. Maßnahmen nach § 28 ff. treffen.

D. Zuwiderhandlung, Kosten

Die **Kosten** der Übermittlung sind gem. **§ 69 Abs. 1 Nr. 1** aus öffentlichen **16** Mitteln zu tragen, sofern kein anderer Kostenträger sie übernehmen muss.

Das Unterlassen einer Meldung stellt ebenso wie eine unvollständige, un- **17** richtige, auf falsche Weise vorgenommene und zu späte Meldung nach **§ 73 Abs. 1a Nr. 2** eine **Ordnungswidrigkeit** dar. Kommt es bei einer vorsätzlichen Begehung zu einer Verbreitung der in §§ 6, 7 genannten Krankheiten oder Erreger, erfüllt dies zudem den **Straftatbestand** des **§ 74**. Soweit Meldende nur vorliegende Daten mitteilen müssen (→ § 9 Rn. 8, 16; → § 10 Rn. 10), ist eine Meldung nicht unvollständig iSd §§ 73 f., wenn ein Datum dem Meldenden nicht vorliegt.

§ 8　Zur Meldung verpflichtete Personen

(1) **Zur Meldung sind verpflichtet:**

1. im Falle des § 6 der feststellende Arzt sowie bei der Anwendung patientennaher Schnelltests bei Dritten die feststellende Person, wenn sie nach § 24 Satz 2 oder aufgrund einer Rechtsverordnung nach § 24 Satz 3 Nummer 1 zu solchen Schnelltests befugt ist; in Einrichtungen nach § 23 Absatz 5 Satz 1 ist für die Einhaltung der Meldepflicht neben dem feststellenden Arzt auch der leitende Arzt, in Krankenhäusern mit mehreren selbständigen Abteilungen der leitende Abteilungsarzt, in Einrichtungen ohne leitenden Arzt der behandelnde Arzt verantwortlich,

2. im Falle des § 7 die Leiter von Medizinaluntersuchungsämtern und sonstigen privaten oder öffentlichen Untersuchungsstellen einschließlich von Arztpraxen mit Infektionserregerdiagnostik und Krankenhauslaboratorien sowie Zahnärzte und Tierärzte, wenn sie aufgrund einer Rechtsverordnung nach § 24 Satz 3 Nummer 2 befugt sind, im Rahmen einer Labordiagnostik den direkten oder indirekten Nachweis eines Krankheitserregers zu führen,

3. im Falle der §§ 6 und 7 die Leiter von Einrichtungen der pathologisch-anatomischen Diagnostik,

4. im Falle des § 6 Absatz 1 Satz 1 Nr. 4 und im Falle des § 7 Absatz 1 Satz 1 Nummer 38 bei Tieren, mit denen Menschen Kontakt gehabt haben, auch der Tierarzt,

5. im Falle des § 6 Absatz 1 Satz 1 Nr. 1, 2 und 5 und Abs. 3 Angehörige eines anderen Heil- oder Pflegeberufs, der für die Berufsausübung oder die Führung der Berufsbezeichnung eine staatlich geregelte Ausbildung oder Anerkennung erfordert,

6. (weggefallen)

7. im Fall des § 6 Absatz 1 Satz 1 Nummer 1, 2 und 5 die Leiter von den in § 36 Absatz 1 Nummer 1 bis 7 genannten Einrichtungen und Unternehmen,

8. im Falle des § 6 Absatz 1 Satz 1 der Heilpraktiker.

(2) [1]Die Meldepflicht besteht nicht für Personen des Not- und Rettungsdienstes, wenn der Patient unverzüglich in eine ärztlich geleitete Einrichtung gebracht wurde. [2]Die Meldepflicht besteht für die in Absatz 1 Nr. 5 bis 7 bezeichneten Personen nur, wenn ein Arzt nicht hinzugezogen wurde.

(3) [1]Die Meldepflicht besteht nicht, wenn dem Meldepflichtigen ein Nachweis vorliegt, dass die Meldung bereits erfolgte und andere als die bereits gemeldeten Angaben nicht erhoben wurden. [2]Eine Meldepflicht besteht ebenfalls nicht für Erkrankungen, bei denen der Verdacht bereits gemeldet wurde und andere als die bereits gemeldeten Angaben nicht erhoben wurden.

(4) **Absatz 1 Nr. 2 gilt entsprechend für Personen, die die Untersuchung zum Nachweis von Krankheitserregern außerhalb des Geltungsbereichs dieses Gesetzes durchführen lassen.**

(5) **(weggefallen)**

Übersicht

A. Zweck und Bedeutung der Norm

Die Norm bestimmt die **Adressaten der Meldepflichten** von Krankheiten und Krankheitserregern nach §§ 6 und 7. Das Leitmotiv der Regelung ist die Sicherstellung der Erfüllung dieser Meldepflichten durch die Verpflichtung eines breiten Adressatenkreises (BT-Drs. 14/2530, 65) bei – soweit möglich – gleichzeitiger Verhinderung von Doppelmeldungen.

Durch Art. 1 Nr. 8 lit. c des GMÜK v. 17.7.2017 (BGBl. I 2615) ist die Regelung des früheren Abs. 5 aufgehoben worden. Sie sah vor, dass Meldepflichtige dem Gesundheitsamt unverzüglich mitteilen müssen, sofern sich die Meldung des Verdachts einer Erkrankung an einer meldepflichtigen Krankheit nicht bestätigte. Die Pflicht findet sich nunmehr aus Gründen der gesetzlichen Systematik (BT-Drs. 18/10938, 51) in § 9 Abs. 3 S. 5 (→ § 9 Rn. 23).

B. Meldepflichtige Personen

I. Katalog der zur Meldung verpflichteten Personen (Abs. 1)

Abs. 1 bestimmt für sieben Fallgestaltungen die zur Meldung einer Krankheit iSd § 6 und bzw. oder die zur Meldung des Nachweises eines Krankheitserregers iSd § 7 **verpflichteten Personen.** Die Pflicht zur Meldung ist dabei von der Art der meldepflichtigen Krankheit bzw. des Erregers abhängig. Die Meldepflichten **überlagern** sich in den Fällen des Abs. 1 Nr. 1–4, 8, während die Meldepflicht nach Nr. 5–7 nur besteht, sofern kein Arzt hinzugezogen wurde (vgl. *Erdle,* § 8, S. 37). Die ursprünglich vorgesehene Meldepflicht für Piloten und Seeschiffskapitäne in Abs. 1 Nr. 6 wurde durch Art. 3 Nr. 4 des G zur Durchführung der IGV (2005) und Änderung weiterer Gesetze v. 21.3.2013 (BGBl. I 566) aufgehoben, da eine Meldepflicht bereits nach §§ 11, 16 des G zur Durchführung internationaler Gesundheitsvorschriften besteht (BT-Drs. 17/7576, 30).

4   Meldepflichtige können zur Erfüllung ihrer gesetzlichen Aufgabe auf Hilfen des RKI zurückgreifen, die auch online abrufbar sind. Auf der Seite des RKI finden sich sowohl Formblätter zur Meldung von Krankheiten oder Erregern als auch ein Hilfsmittel zur Bestimmung des zuständigen Gesundheitsamts, an das die Meldung erfolgen muss (§ 9 Abs. 4) (*Erdle,* § 8, S. 37; *Gerhardt,* § 8 Rn. 3).

5   **1. Feststellende, leitende und behandelnde Ärzte (Nr. 1).** Nr. 1 verpflichtet den **feststellenden Arzt** in den Fällen des § 6 zur Wahrnehmung der dort vorgesehenen Meldepflicht. Feststellender Arzt ist dabei der Arzt, der eine in § 6 genannte Situation erkennt und die Erkrankung an einer dort genannten Krankheit, deren Verdacht bzw. den Tod an ihr diagnostiziert oder einen anderen Auslöser der Meldepflicht aus dem Sachverhalt ableitet. Sofern nicht die Ausnahme des Abs. 3 S. 1 eingreift, ist grundsätzlich jeder feststellende Arzt zur Meldung verpflichtet. Hierdurch sollen die Erfüllung der Meldepflicht und die Kenntniserlangung über jedes meldepflichtige Ereignis unbedingt sichergestellt werden (BT-Drs. 14/2530, 65; *BBS,* § 8 Rn. 3; *Gerhardt,* § 8 Rn. 4).

5a   Durch Art. 1 Nr. 1a des EpiLage-FortgeltungsG v. 4.3.2021 (BGBl. I 370) wurde die Meldepflicht zudem auf **Personen** ausgedehnt, die zur **Durchführung eines patientennahen Schnelltests gem. § 24 S. 2** (→ § 24 Rn. 5) **oder aufgrund einer RVO nach § 24 S. 3** (→ § 24 Rn. 9) befugt sind und bei dessen Durchführung eine nach § 6 meldepflichtige Krankheit feststellen. Schnelltests iSd Norm sind Point-of-Care (PoC)-Antigen-Tests, die nicht laborgestützt sind (RKI, Epidemiologisches Bulletin, 43/2020, 4; → § 24 Rn. 6b). Selbsttests zur Heimanwendung werden nicht erfasst (BT-Drs. 19/27291, 61). Die Regelung ist konsequent, da die Schnelltests in aller Regel nicht von einem oder in Anwesenheit eines Arztes durchgeführt werden. Es gibt somit zumeist keinen feststellenden Arzt, der die Meldepflicht erfüllen könnte. Überschneidungen ergeben sich jedoch mit den durch Nr. 5 erfassten Berufsgruppen (→ Rn. 11ff.). Schnelltests mit Bezug zu bestimmten Erkrankungen dürfen daneben aber auch in einigen **Beratungsstellen** oder **Gesundheitsämtern** durchgeführt werden (→ § 24 Rn. 6), sodass der Test auch nicht zwangsläufig durch eine von Nr. 5 erfasste Person durchgeführt werden muss. Die Ergänzung schließt somit eine potentielle Meldelücke. Der Anwendungsbereich der Norm erstreckt sich insoweit auf Tests für alle in § 6 genannten Erkrankungen, für die Schnelltests existieren, wie zB HIV oder Hepatitis-C. Insbesondere im Zusammenhang mit Schnelltestungen auf SARS-CoV-2-Erreger, die im Rahmen der nationalen Teststrategien als wichtiger Baustein für die Rückkehr in den gesellschaftlichen Alltag angesehen werden, entfaltet die Regelung besondere Bedeutung. Der Meldepflicht muss in diesem Fall nachgekommen werden, obwohl ein positiver SARS-CoV-2-Erreger Schnelltest immer durch einen PCR-Test bestätigt werden muss, dessen positives Ergebnis ebenfalls zu melden ist (BT-Drs. 19/23944, 25; vgl. § 1 Abs. 3 S. 3 Coronavirus-Testverordnung vom 27. 1. 2021 (BAnz AT 20.01.2021 V2)). Die im Entwurf des 3. BevSchG vorgesehene Aussetzung der Meldepflicht für positive SARS-CoV-2-Erregernachweise mittels Schnelltests (BT-Drs. 19/23944, 26) ist hingegen nicht umgesetzt worden. Ausnahmen von der Meldepflicht für Erregernachweise auf Basis von Schnelltests können jedoch, auch temporär, vom BMG in einer Verordnung nach § 15 Abs. 1 S. 3 (→ § 15 Rn. 5aff.) angeordnet werden.

Für Einrichtungen, die in § 23 Abs. 5 S. 1 genannt werden, das sind ins- **6** besondere Krankenhäuser und Rehabilitationseinrichtungen (ausf. → § 23 Rn. 33ff.), ist zusätzlich zum feststellenden Arzt auch der **leitende Arzt** oder bei Einrichtungen mit mehreren selbständigen Abteilungen der **leitende Abteilungsarzt** zur Meldung verpflichtet. Ob ein Arzt leitender (Abteilungs-)arzt ist, bestimmt sich allein nach seiner Position in der Hierarchie (*Gerhardt* § 8 Rn. 5). Ist in einer Einrichtung kein leitender Arzt vorhanden, so ist stattdessen der **behandelnde Arzt** neben dem feststellenden Arzt zur Meldung verpflichtet. Auch die Überschneidung dieser Meldeverpflichtung dient der Sicherstellung, dass alle meldepflichtigen Sachverhalte dem Gesundheitsamt bekannt werden. Unter den Voraussetzungen des Abs. 3 S. 1 kann eine Befreiung von der Meldepflicht eintreten.

2. Leiter von Medizinaluntersuchungsämtern und Untersuchungs- 7 stellen sowie Zahn- und Tierärzte (Nr. 2). In den Fällen des § 7 (Nachweis meldepflichtiger Krankheitserreger) verpflichtet Abs. 2 die **Leiter von Medizinaluntersuchungsämtern und sonstigen privaten oder öffentlichen Untersuchungsstellen** einschließlich Arztpraxen mit Infektionserregerdiagnostik und Krankenhauslaboratorien zur Wahrnehmung der Meldepflicht. **Medizinaluntersuchungsämter** sind Landesbehörden des ÖGD auf der unteren Verwaltungsstufe, die mikrobiologische, virologische und chemische Untersuchungen vornehmen (vgl. auch *Mürbe/Stadler* Berufs-, Gesetzes- und Staatsbürgerkunde: Kurzlehrbuch für Pflegeberufe, 13. Aufl. 2019, S. 73). So gehören zB laut § 1 Abs. 1 Verordnung des Landes BW über die Gebühren der Medizinaluntersuchungsämter v. 15.5.2002 (GBl. S. 220) das Landesgesundheitsamt, das Institut für Mikrobiologie und Hygiene der Universität Freiburg, das Hygieneinstitut der Universität Heidelberg und das Institut für Allgemeine Hygiene und Umwelthygiene, für Medizinische Mikrobiologie und für Medizinische Virologie und Epidemiologie der Viruskrankheiten der Universität Tübingen zu dieser Gruppe. **Untersuchungsstellen** sind Stellen, die die Untersuchung, also hier die Erregerdiagnostik, durchführen. Erfasst werden sowohl private als auch öffentliche Stellen. Als Beispiele – und zur Klarstellung im Vergleich zur Vorgängerregelung des § 9 BSeuchG – sind auch Krankenhauslaboratorien (vgl. *Gerhardt* § 8 Rn. 6) und Labore zur Erregerdiagnostik in Arztpraxen genannt. Unter Nr. 2 sind zudem Untersuchungsstellen von Blut- und Plasmaspendeeinrichtungen zu subsumieren (*BBS,* § 8 Rn. 6).

8   Wer Leiter einer solchen Einrichtung ist, bestimmt sich gem. der Definition
des § 2 Nr. 15 (→ § 2 Rn. 44 f.). Wird die Diagnostik im Ausland durchgeführt, ist Abs. 4 zu beachten.

8a   Durch das 3. BevSchG v. 18.11.2020 (BGBl. I 2397) wurde darüber hinaus
eine Klarstellung in die Norm eingefügt, dass zum Kreis der Meldepflichtigen
auch Zahn- und Tierärzte gehören, sofern sie gem. einer RVO beruhend auf
§ 24 S. 3 Nr. 2 (→ § 24 Rn. 9a) dazu ermächtigt sind, im Rahmen einer Labordiagnostik den Nachweis eines in § 7 genannten Krankheitserregers zu führen.
Von der Ermächtigung dort hat das BMG in Bezug auf den Erreger SARS-
CoV-2 mit §§ 6, 17 Coronavirus-Testverordnung vom 27.1.2021 (BAnz AT
27.1.2021 V2) Gebrauch gemacht.

9   **3. Leiter von Einrichtungen pathologisch-anatomischer Diagnostik (Nr. 3).** Leiter von Einrichtungen **pathologisch-anatomischer Diagnostik** treffen sowohl die Meldepflichten des § 6 für Krankheiten als auch
des § 7 für Krankheitserreger. Die pathologisch-anatomische Diagnose ist die
abschließende Beurteilung eines Krankheitsfalles aufgrund der Durchführung
einer Leichenschau (*Hamperl* Leichenöffnung – Befund und Diagnose, 1972,
S. 80; *Beitzke* Pathologisch-anatomische Diagnostik an der Leiche, 1926, S. 1).
Entsprechende Einrichtungen sind daher insbesondere pathologische und ana-
tomische Institute. Die Norm verdeutlicht, dass auch Befunde nach Versterben
einer Person noch der Meldepflicht unterfallen, da auch sie bei der Nachverfolgung und Unterbrechung von Infektionsketten eine wesentliche Rolle
spielen (*Gerhardt,* § 8 Rn. 8). Einige Krankheiten oder Krankheitserreger können zudem endgültig nur bei Verstorbenen nachgewiesen werden. Zum Begriff der Leitung einer Einrichtung ausf. → § 2 Rn. 44 f.

10   **4. Tierarzt (Nr. 4).** Im Fall des § 6 Abs. 1 S. 1 Nr. 4 (Verletzung oder Berührung eines potentiellen tierischen Tollwutüberträgers (→ § 6 Rn. 14)) und
im Fall des § 1 Abs. 1 S. 1 Nr. 38 (Nachweis des Rabiesvirus) beim Tier ist gem.
Abs. 1 Nr. 4 auch der **Tierarzt** meldepflichtig, wenn Menschen mit dem betroffenen Tier Kontakt gehabt haben. **Kontakt** meint dabei wie in § 6 Abs. 1
S. 1 Nr. 4 die Berührung. Eine Meldepflicht für Tierärzte kann sich für andere
Erreger ferner aus § 8 Abs. 1 Nr. 2 ergeben (→ Rn. 8a).

11   **5. Angehörige anderer Heil- oder Pflegeberufe (Nr. 5).** Nr. 5 erlegt
zudem anderen **Angehörigen von Heil- und Pflegeberufen** die Pflicht zur
Meldung von Krankheiten nach § 6 Abs. 1 S. 1 Nr. 1, 2, 5, Abs. 3 auf. Hierbei
handelt es sich um die **namentliche** Meldung der Erkrankung, des Verdachts
einer Erkrankung oder des Todes an einer der in § 6 Abs. 1 S. 1 Nr. 1 genannten Krankheiten (→ § 6 Rn. 3 ff.), der Meldung der Erkrankung oder des Verdachts einer Erkrankung an einer mikrobiell bedingten Lebensmittelvergiftung oder einer akuten infektiösen Gastroenteritis (→ § 6 Rn. 10 ff.) sowie der
Meldung der Erkrankung, deren Verdacht und des Todes an einer nicht in § 6
Abs. 1 S. 1 Nr. 1–4 genannten bedrohlichen übertragbaren Krankheit (→ § 6
Rn. 15 f.). **Nichtnamentlich** muss von ihnen ferner das Auftreten von zwei
oder mehr nosokomialen Infektionen mit wahrscheinlichem oder vermutetem epidemischem Zusammenhang gemeldet werden (→ § 6 Rn. 22).

Damit ein Heil- oder Pflegeberuf in den Kreis der Meldepflichtigen fällt, **12** muss er für die Berufsausübung oder das Führen der Berufsbezeichnung eine **staatlich geregelte Ausbildung oder Anerkennung** erfordern. Auf Heilpraktiker trifft das nicht zu, sodass sie durch Nr. 8 (→ § 8 Rn. 14) gesondert erfasst werden müssen. Hintergrund der Regelung ist, dass mit einer staatlich anerkannten Ausbildung oder Anerkennung eine ausreichende Kenntnis angenommen werden kann, um die meldepflichtigen Fälle zu erkennen (*Gerhardt*, § 8 Rn. 11). Die Behandlung einer solchen Erkrankung ist den Berufsgruppen gem. § 24 jedoch nicht erlaubt. Beispiele für Heil- und Pflegeberufe iSd Nr. 6 sind Gesundheits- und KrankenpflegerInnen, Hebammen oder AltenpflegerInnen (*Erdle*, § 8, S. 37 f.). Diese Berufsgruppen haben gerade im Bereich der ambulanten und stationären Pflege dauerhaften Umgang mit von Erkrankungen potentiell betroffenen Menschen und sie stehen oftmals in engerem Kontakt mit ihnen als Ärzte. Zudem arbeiten sie an Orten mit besonderer Anfälligkeit für Krankheitsausbrüche. Durch die Verpflichtung dieser medizinisch ausgebildeten Berufsgruppen kann eine Meldung an das Gesundheitsamt sichergestellt werden, die zum frühestmöglichen Zeitpunkt, nämlich vor der Hinzuziehung eines Arztes, erfolgt, der gerade in reinen Pflegeeinrichtungen oftmals nicht regelmäßig anwesend ist (*BBS*, § 8 Rn. 10). Zugleich entfällt die Verpflichtung zur Meldung gem. Abs. 2 S. 2, wenn ein Arzt sofort hinzugezogen wurde (→ § 8 Rn. 16).

6. Leiter von Einrichtungen und Unternehmen iSd § 36 Abs. 1 **13** **Nr. 1–7 (Nr. 7). Einrichtungen und Unternehmen im Sinne des § 36 Abs. 1 Nr. 1–7** (→ § 36 Rn. 4 ff.) sind Gemeinschafts-, Pflege- und Massenunterkünfte oder auch Justizvollzugsanstalten. Hier ist das Risiko für eine Ausbreitung von Krankheiten angesichts der Vielzahl der dort zusammenkommenden Personen erhöht, wobei zugleich nicht immer unmittelbar ein Arzt anwesend ist (*BBS*, § 6 Rn. 12; *Gerhardt*, § 8 Rn. 12). Nr. 7 erlegt den **Leitern dieser Einrichtungen** die den § 6 Abs. 1 S. 1 Nr. 1, 2 und 5 entspringenden namentlichen Meldepflichten (→ § 8 Rn. 11) auf. Wer Leiter einer solchen Einrichtung ist, bestimmt sich gem. § 2 Nr. 15 (→ § 2 Rn. 44 f.). Durch das 3. BevSchG v. 18.11.2020 (BGBl. I 2397) ist der Anwendungsbereich der Nr. 7 zudem auf § 36 Abs. 1 Nr. 7 (→ § 36 Rn. 17) erweitert worden. Er erfasst nunmehr auch ambulante Pflegedienste und Unternehmen, die denen der Unternehmen nach § 36 Abs. 1 Nr. 2 vergleichbar sind, jedoch nicht § 23 Abs. 5 S. 1 unterfallen. Das sind hauptsächlich Unternehmen, die Pflegeleistungen im häuslichen Umfeld erbringen. Meldepflichtig ist hier ebenfalls der/ die Leiter/in des Unternehmens. Auch im Rahmen des § 8 Abs. 1 Nr. 7 entfällt die Pflicht zur Meldung gem. Abs. 2 S. 2, wenn ein Arzt sofort hinzugezogen wurde (→ § 8 Rn. 16).

7. Heilpraktiker (Nr. 8). Gem. Nr. 8 sind auch **Heilpraktiker** zur Vor- **14** nahme der in § 6 Abs. 1 S. 1 vorgesehenen namentlichen Meldungen verpflichtet. Heilpraktiker sind gem. § 1 HeilprG Personen, die ohne Bestallung als Arzt eine berufs- oder gewerbsmäßige Tätigkeit zur Feststellung, Heilung oder Linderung von Krankheiten, Leiden oder Körperschäden bei Menschen vornehmen. Heilpraktiker dürfen gem. § 24 Personen mit meldepflichtigen Erkrankungen nicht behandeln (→ § 24 Rn. 1, 7 f.). Sie dürfen eine kranke

Person jedoch untersuchen und müssen eine meldepflichtige Krankheit dann diagnostizieren können. (*Erdle*, § 8, S. 38; *BBS*, § 8 Rn. 13).

II. Ausnahmen vom meldepflichtigen Personenkreis (Abs. 2, 3)

15 **1. Ausnahmen für Personengruppen (Abs. 2).** Gem. Abs. 2 S. 1 müssen **Personen des Not- und Rettungsdienstes** der Meldepflicht nicht nachkommen, wenn ein Patient unverzüglich in eine ärztlich geleitete Einrichtung gebracht wird. Personen des Not- und Rettungsdienstes sind NotfallsanitäterInnen sowie NotärztInnen (*Gerhardt*, § 8 Rn. 16; *Erdle*, § 8, S. 38). Notfallsanitäter wären ggf. nach Abs. 1 Nr. 5 (→ § 8 Rn. 11 f.), Notärzte ggf. gem. Abs. 1 Nr. 1 (→ § 8 Rn. 5) zur Meldung verpflichtet. Die Pflicht geht auf die Ärzte der Einrichtung (Abs. 1 Nr. 1 → § 8 Rn. 5 f.) über, die sich intensiver um den Patienten kümmern (*BBS*, § 8 Rn. 15) und angesichts der zur Verwaltung erforderlichen Ausstattung der Pflicht auch besser nachkommen können. Eine **ärztlich geleitete Einrichtung** ist zB ein Krankenhaus oder eine Rehaklinik, meist aber nicht ein Pflegeheim. **Unverzüglich** ist das Verbringen, wenn nach einer ersten notfallmedizinischen Betreuung keine weitergehende Behandlung, sondern eine Überstellung in eine solche Einrichtung erfolgt.

16 **Angehörige eines anderen Heil- und Pflegeberufs** iSd Nr. 5 (→ § 8 Rn. 11 ff.) und **Leiter von Einrichtungen nach § 36 Abs. 1 Nr. 1–6** (→ § 8 Rn. 13) werden gem. Abs. 2 S. 2 von der Meldepflicht befreit, sofern sie einen Arzt hinzuziehen. Die Konsultation muss sofort erfolgen, da andernfalls der mit der Einbeziehung dieser Berufsgruppen in die Meldepflicht verbundene Zeitvorteil bei der Informationsbeschaffung verloren ginge. Die Ausnahme beruht auf dem Gedanken, dass Ärzte das Vorliegen einer Erkrankung aufgrund ihrer Ausbildung sicherer bewerten und fehlerhafte Meldungen somit vermieden werden können.

17 **2. Ausnahmen für Fallgestaltungen (Abs. 3).** Die Verpflichtungen zur Meldung von Krankheiten und Krankheitserregern **überlagern** sich mit dem Ziel sicherzustellen, dass ein meldepflichtiges Ereignis dem Gesundheitsamt auch sicher zur Kenntnis gelangt (→ § 8 Rn. 1, 3, 6). Abs. 3 fängt den breiten Adressatenkreis der Meldepflicht auf, indem er Meldepflichtige in bestimmten Situationen von der Pflicht nach Abs. 1 befreit. Das Vorgehen dient der **Verminderung von Vielfachmeldungen** desselben Falls an das Gesundheitsamt und somit dessen Entlastung.

18 Gem. Abs. 3 S. 1 muss eine Meldung durch einen Meldepflichtigen nicht erfolgen, wenn ihm/ihr ein **Nachweis** vorgelegt wird, dass eine Meldung bereits erfolgt ist und andere als die gemeldeten Daten von ihm/ihr nicht erhoben wurden. Erforderlich ist zunächst ein Nachweis. Der Zweck der Regelung streitet hier ebenso wie die Gesetzesbegründung (BT-Drs. 14/2530, 65) für einen schriftlichen, dauerhaften Nachweis (*BBS*, § 8 Rn. 16; *Gerhardt*, § 8 Rn. 19), da nur so beweisfest sichergestellt ist, dass eine Meldung tatsächlich erfolgt ist. Die Norm beabsichtigt mit der Verpflichtung des großen Adressatenkreises gerade, dass nicht eine Situation eintreten kann, in der ein Meldepflichtiger ohne gesichertes Wissen von der Erfüllung der Pflicht durch einen anderen ausgeht. Die Befreiung bezieht sich nur auf Angaben, die dem Gesundheitsamt bereits gemeldet wurden. Für darüberhinausgehende oder neue Informationen besteht die Meldepflicht hingegen weiter.

Abs. 3 S. 2 sieht ferner keine Meldepflicht bei Erkrankungen (§ 6) vor, bei **19** denen bereits der **Verdacht gemeldet** wurde. Dies bedeutet einerseits, dass Meldepflichtige die Erkrankung an einer meldepflichtigen Krankheit nicht melden müssen, wenn der Verdacht bereits durch einen anderen Meldepflichtigen dem Gesundheitsamt mitgeteilt wurde. In diesen Fällen ist jedoch analog zu Abs. 3 S. 1 auch das Vorliegen eines schriftlichen Nachweises über die Meldung des Verdachts zu fordern (so auch *BBS,* § 8 Rn. 17). Die Regelung besagt aber auch, dass keine Bestätigung der Meldung eines Verdachts durch die meldepflichtige Person erfolgen muss, die selbst einen Verdacht gemeldet hat (*Gerhardt,* § 8 Rn. 21).

III. Übergang der Meldepflicht bei Erregernachweis im Ausland (Abs. 4)

Abs. 4 lässt in Fällen des Abs. 1 Nr. 2 die Meldepflicht auf Personen über- **20** gehen, die Untersuchungen zum **Nachweis von Krankheitserregern außerhalb des Geltungsbereichs des IfSG** durchführen lassen. Die Norm dient der umfassenden Sicherstellung der für Krankheitserreger in § 7 vorgesehenen Meldepflicht.

Da das Gesetz nur innerhalb Deutschlands Geltung beansprucht, können **21** **Labore** mit **Sitz im Ausland** nicht Adressaten der gesetzlichen Meldepflichten in § § 6, 7 sein. Gerade in grenznahen Regionen wird Probenmaterial von im Inland wohnenden Personen jedoch regelmäßig im Ausland untersucht. Da die Meldepflicht der schnellen Reaktionsmöglichkeit der Gesundheitsbehörden dient und diese hierfür auf die Informationen über das Auftreten eines jeden meldepflichtigen Erregers im Inland angewiesen sind, muss die Befolgung der Meldepflicht unabhängig vom Ort des Erregernachweises sichergestellt werden können. Dies erfolgt in Abs. 4 durch die **Verlagerung der Meldepflicht** auf den inländischen Auftraggeber des im Ausland durchgeführten Erregernachweises.

C. Auslöser und Modalitäten der Meldepflicht

Die Meldepflicht gilt für die in § 6 genannten Krankheiten und in § 7 auf- **22** geführten Krankheitserreger. Inhalt, Adressat und Frist der Meldung ergeben sich für die namentliche Meldung aus § 9, für die nichtnamentliche aus § 10.

D. Zuwiderhandlung und Kosten

In Bezug auf die Kosten der Übermittlung einer Meldung sowie die Ord- **23** nungswidrigkeits- und Straftatbestände im Zusammenhang mit der Meldepflicht ausf. → § 6 Rn. 25 f.; → § 7 Rn. 16 f.

§ 9 Namentliche Meldung

(1) Die namentliche Meldung durch eine der in § 8 Absatz 1 Nummer 1 und 4 bis 8 genannten Personen muss, soweit vorliegend, folgende Angaben enthalten:

1. zur betroffenen Person:
   a) Name und Vorname,
   b) Geschlecht,
   c) Geburtsdatum,
   d) Anschrift der Hauptwohnung oder des gewöhnlichen Aufenthaltsortes und, falls abweichend: Anschrift des derzeitigen Aufenthaltsortes,
   e) weitere Kontaktdaten,
   f) Tätigkeit in Einrichtungen und Unternehmen nach § 23 Absatz 3 Satz 1 oder nach § 36 Absatz 1 und 2 mit Namen, Anschrift und weiteren Kontaktdaten der Einrichtung oder des Unternehmens,
   g) Tätigkeit nach § 42 Absatz 1 bei akuter Gastroenteritis, bei akuter Virushepatitis, bei Typhus abdominalis oder Paratyphus und bei Cholera mit Namen, Anschrift und weiteren Kontaktdaten der Einrichtung oder des Unternehmens,
   h) Betreuung oder Unterbringung in oder durch Einrichtungen oder Unternehmen nach § 23 Absatz 5 Satz 1 oder § 36 Absatz 1 oder Absatz 2 mit Name, Anschrift und weiteren Kontaktdaten der Einrichtungen oder Unternehmen sowie der Art der Einrichtung oder des Unternehmens,
   i) Diagnose oder Verdachtsdiagnose,
   j) Tag der Erkrankung, Tag der Diagnose, gegebenenfalls Tag des Todes und wahrscheinlicher Zeitpunkt oder Zeitraum der Infektion,
   k) wahrscheinlicher Infektionsweg, einschließlich Umfeld, in dem die Übertragung wahrscheinlich stattgefunden hat, mit Name, Anschrift und weiteren Kontaktdaten der Infektionsquelle und wahrscheinliches Infektionsrisiko,
   l) in Deutschland: Landkreis oder kreisfreie Stadt, in dem oder in der die Infektion wahrscheinlich erworben worden ist, ansonsten Staat, in dem die Infektion wahrscheinlich erworben worden ist,
   m) bei Tuberkulose, Hepatitis B und Hepatitis C: Geburtsstaat, Staatsangehörigkeit und gegebenenfalls Jahr der Einreise nach Deutschland,
   n) bei Coronavirus-Krankheit-2019 (COVID-19): Angaben zum Behandlungsergebnis und zum Serostatus in Bezug auf diese Krankheit,
   o) Überweisung, Aufnahme und Entlassung aus einer Einrichtung nach § 23 Absatz 5 Satz 1, gegebenenfalls intensivmedizinische Behandlung und deren Dauer,

p) Spender für eine Blut-, Organ-, Gewebe- oder Zellspende in den letzten sechs Monaten,

q) bei impfpräventablen Krankheiten Angaben zum diesbezüglichen Impfstatus,

r) Zugehörigkeit zu den in §54a Absatz 1 Nummer 1 bis 5 genannten Personengruppen,

2. Name, Anschrift und weitere Kontaktdaten der Untersuchungsstelle, die mit der Erregerdiagnostik beauftragt ist,

3. Name, Anschrift und weitere Kontaktdaten sowie die lebenslange Arztnummer (LANR) und die Betriebsstättennummer (BSNR) des Meldenden und

4. bei einer Meldung nach §6 Absatz 1 Satz 1 Nummer 3 die Angaben zur Schutzimpfung nach §22 Absatz 2.

(2) ¹Die namentliche Meldung durch eine in §8 Absatz 1 Nummer 2 und 3 genannte Person muss, soweit vorliegend, folgende Angaben enthalten:

1. zur betroffenen Person:

a) Name und Vorname,

b) Geschlecht,

c) Geburtsdatum,

d) Anschrift der Hauptwohnung oder des gewöhnlichen Aufenthaltsortes und, falls abweichend: Anschrift des derzeitigen Aufenthaltsortes,

e) weitere Kontaktdaten,

f) Art des Untersuchungsmaterials,

g) Entnahmedatum oder Eingangsdatum des Untersuchungsmaterials,

h) Nachweismethode,

i) Untersuchungsbefund, einschließlich Typisierungsergebnissen, und

j) erkennbare Zugehörigkeit zu einer Erkrankungshäufung,

2. Name, Anschrift und weitere Kontaktdaten des Einsenders und

3. Name, Anschrift und weitere Kontaktdaten sowie die lebenslange Arztnummer (LANR) und die Betriebsstättennummer (BSNR) des Meldenden sowie Zuordnungsmerkmale für weitere Untersuchungen.

²Der Einsender hat den Meldenden bei dessen Angaben nach Satz 1 zu unterstützen und diese Angaben gegebenenfalls zu vervollständigen. Bei einer Untersuchung auf Hepatitis C hat der Einsender dem Meldenden mitzuteilen, ob ihm eine chronische Hepatitis C bei der betroffenen Person bekannt ist.

(3) ¹Die namentliche Meldung muss unverzüglich erfolgen und dem zuständigen Gesundheitsamt nach Absatz 4 spätestens 24 Stunden, nachdem der Meldende Kenntnis erlangt hat, vorliegen. ²Eine Meldung darf wegen einzelner fehlender Angaben nicht verzögert werden. ³Die Nachmeldung oder Korrektur von Angaben hat unverzüglich nach deren Vorliegen an das Gesundheitsamt zu erfolgen, das die ursprüngliche

Meldung erhalten hat. [4]Das Gesundheitsamt ist befugt, von dem Meldenden Auskunft über Angaben zu verlangen, die die Meldung zu enthalten hat. [5]Der Meldende hat dem Gesundheitsamt unverzüglich anzugeben, wenn sich eine Verdachtsmeldung nicht bestätigt hat.

(4) [1]Meldungen nach den Absätzen 1 und 2 haben an das Gesundheitsamt zu erfolgen, in dessen Bezirk sich die betroffene Person derzeitig aufhält oder zuletzt aufhielt. [2]Sofern die betroffene Person in einer Einrichtung gemäß Absatz 1 Nummer 1 Buchstabe h betreut oder untergebracht ist, haben Meldungen nach Absatz 1 an das Gesundheitsamt zu erfolgen, in dessen Bezirk sich die Einrichtung befindet. [3]Abweichend von Satz 1 haben Meldungen nach Absatz 2 an das Gesundheitsamt zu erfolgen, in dessen Bezirk die Einsender ihren Sitz haben, wenn den Einsendern keine Angaben zum Aufenthalt der betroffenen Person vorliegen.

(5) Die verarbeiteten Daten zu meldepflichtigen Krankheiten und Nachweisen von Krankheitserregern werden jeweils fallbezogen mit den Daten der zu diesem Fall geführten Ermittlungen und getroffenen Maßnahmen sowie mit den daraus gewonnenen Erkenntnissen auch an das Gesundheitsamt übermittelt,

1. in dessen Bezirk die betroffene Person ihre Hauptwohnung hat oder zuletzt hatte oder

2. in dessen Bezirk sich die betroffene Person gewöhnlich aufhält, falls ein Hauptwohnsitz nicht feststellbar ist oder falls die betroffene Person sich dort gewöhnlich nicht aufhält.

(6) Die verarbeiteten Daten zu meldepflichtigen Krankheiten und Nachweisen von Krankheitserregern werden jeweils fallbezogen mit den Daten der zu diesem Fall geführten Ermittlungen und getroffenen Maßnahmen sowie mit den daraus gewonnenen Erkenntnissen auch an die zuständigen Stellen der Bundeswehr übermittelt, sofern die betroffene Person einer Personengruppe im Sinne des § 54a Absatz 1 Nummer 1 bis 5 angehört.

Übersicht

A. Zweck und Bedeutung der Norm

Die Norm bestimmt den **Inhalt,** die **Frist** und den **Adressaten** einer **na-** 1
mentlichen Meldung nach §§ 6, 7 und deren Weitergabe an andere Gesundheitsämter und zuständige Stellen der Bundeswehr. Die namentliche Meldung
ist der wichtigste Ansatzpunkt für die Ermittlungen des Gesundheitsamtes und
zur Ergreifung von Gegenmaßnahmen gegen eine Ausbreitung von Krankheiten und Erregern (*BBS,* § 9 Rn. 3). Die namentliche Meldepflicht stellt einen
intensiven Eingriff in die Grundrechte des Betroffenen dar, sodass fortlaufend
geprüft werden muss, ob der Eingriff angesichts des medizinischen Fortschritts
weiterhin gerechtfertigt ist (ausf. → § 6 Rn. 2).

B. Verarbeitung personenbezogener Daten

Bei den in Abs. 1 und 2 als Inhalt einer namentlichen Meldung vorgesehe- 2
nen Informationen handelt es sich um **personenbezogene Daten.** § 2 Nr. 16
(→ § 2 Rn. 48) sieht eine eigenständige Definition des Begriffs „**personen-**
bezogene Angabe" vor. Dies ist problematisch, da die **VO (EU) 2016/679**
als Verordnung das Datenschutzrecht und seine Begriffe **abschließend** regelt
(Art. 288 Abs. 2 S. 1 AEUV) und das Tätigwerden der nationalen Gesetzgeber
der Mitgliedstaaten nur außerhalb des Anwendungsbereichs der Verordnung
oder im Rahmen von vorgesehenen Öffnungsklauseln erlaubt. Kollidierende
nationale Regeln sind zwar nicht nichtig, jedoch durch den umfassenden **An-**
wendungsvorrang des europäischen Rechts verdrängt (st. Rspr. EuGH
17.12.1970 – C-11/70, ECLI:EU:C:1970:114, Rn. 3; *Ruffert* in Callies/Ruf-
fert Art. 288 AEUV Rn. 18; *Höpfner/Rüthers* AcP 2009 19f. mwN). Der
EuGH geht dem Prinzip der Rechtsklarheit folgend sogar darüber hinaus und
statuiert ein Gebot zur Aufhebung entgegenstehenden Rechts, das sogar ein
Normwiederholungsverbot beinhalten kann, wenn durch die Wiederholung die europarechtliche Herkunft einer Bestimmung verschleiert werden
könnte (*Sydow* in ders. Einl. Rn. 37 ff.; EuGH 7.2.1973 – C-39/72, ECLI:EU:
C:1973:13, Rn. 10; EuGH 26.4.1988 – C-74/86, ECLI:EU:C:1988:198,
Rn. 10). Auf die Regelungsmaterie des IfSG ist die VO (EU) 2016/679 anwendbar und datenschutzrechtliche Normen in dem Gesetz beruhen auf der
Öffnungsklausel des Art. 9 Abs. 2 lit. i VO (EU) 2016/679 (→ Vorb. §§ 6 ff.
Rn. 8). Die Öffnungsklausel umfasst jedoch nicht die Neudefinition des Begriffs der personenbezogenen Daten. Vorliegend spricht § 2 Nr. 16 jedoch von
personenbezogenen Angaben. Soweit im IfSG keine datenschutzrechtlichen
Folgen an diesen Begriff geknüpft werden, kann daher trotz der Verwechslungsgefahr noch von einer Rechtmäßigkeit der Definition ausgegangen
werden, sodass sie nicht aufgehoben werden muss. Im **datenschutzrecht-**
lichen Kontext kommt ihr aber keine Bedeutung zu, insbesondere angesichts
der mit ihr im Vergleich zur Art. 4 Nr. 1 VO (EU) 2016/679 vorgenommenen
Begrenzung dessen, was als personenbezogenes Datum aufgefasst wird. Personenbezogene Daten sind gem. Art. 4 Nr. 1 VO (EU) 2016/679 vielmehr alle
Informationen, die sich auf eine **identifizierte oder identifizierbare** na-

türliche Person beziehen. Identifiziert ist eine Person, wenn sie mittels einer Information individualisiert oder erkennbar gemacht werden kann (EuGH 6.11.2003 – C-101/01, EuZW 2004, 245; *Karg* in SHS Art. 4 Nr. 1 Rn. 49). Allein angesichts der erforderlichen Angabe des Namens auf dem Meldebogen ist von der Erfüllung dieser Anforderung im Zusammenhang mit den zu meldenden Informationen des Abs. 1 und 2 auszugehen. Dabei liegen nicht nur personenbezogene Daten des Betroffenen, sondern auch des Meldenden sowie ggf. des Diagnostizierenden und des Einreichenden vor.

3   Die Daten des Betroffenen geben zudem Auskunft über seinen Gesundheitszustand und stellen daher **Gesundheitsdaten** dar. Darunter fallen alle Daten, die die Gesundheit einer Person unter allen Aspekten, also körperlich wie geistig, betreffen und aus denen Informationen über den auch zukünftigen Gesundheitszustand der Person hervorgehen (*Albers/Veit* in BeckOK DatenschR Art. 9 Rn. 40). Bei Gesundheitsdaten handelt es sich um eine **besondere Kategorie personenbezogener Daten** iSd Art. 9 Abs. 1 VO (EU) 2016/679, die aufgrund ihrer Sensibilität einen speziellen gesetzlichen Schutz genießt, da sie eine herausgehobene Eignung zur Diskriminierung und Stigmatisierung aufweist (*Weichert* in Kühling/Buchner Art. 9 Rn. 15 f.).

4   Die Erhebung der Daten durch die meldende Person nach § 8, die Weiterleitung der Daten an das Gesundheitsamt, die Auswertung, das Speichern und Verwenden dort sowie die Weiterleitung an andere Gesundheitsämter stellen jeweils eine **Verarbeitung** dar. Dies ist gem. Art. 4 Nr. 2 VO (EU) 2016/679 jeder mit oder ohne Hilfe automatisierter Verfahren ausgeführte Vorgang oder jede solche Vorgangsreihe im Zusammenhang mit personenbezogenen Daten. Als Beispiele nennt die Verordnung explizit das Erheben, Erfassen, Speichern und Offenlegen durch Übermittlung. Die Rechtfertigung der Verarbeitung ergibt sich vor dem Hintergrund des Grundsatzes des datenschutzrechtlichen **Verbots mit Erlaubnisvorbehalt** (→ Vorb. §§ 6 ff. Rn. 7, 9) aus den §§ 6 ff. iVm Art. 9 Abs. 2 lit. i VO (EU) 2016/679 im jeweils durch die Norm bestimmten Umfang, jedoch nicht darüber hinaus.

5   Die **Frist** für die **Aufbewahrung** der Daten wird in den §§ 6 ff. nicht näher bestimmt. Eine Frist zur Löschung der gespeicherten personenbezogenen Daten muss daher anhand der in Art. 5 Abs. 1 lit. e VO (EU) 2016/679 niedergelegten Grundsätze zur Speicherbegrenzung erfolgen.

C. Inhalt der namentlichen Meldung (Abs. 1, 2)

6   Der **Inhalt** der namentlichen Meldung richtet sich nach der zur Meldung verpflichteten Person iSd § 8. Dabei wird insbesondere berücksichtigt, dass Meldenden unterschiedliche Informationen vorliegen, zB weil kein direkter Kontakt zum Patienten besteht (vgl. *Gerhardt*, § 9 Rn. 16; *BBS*, § 9 Rn. 13).

I. Meldung durch nach § 8 Abs. 1 Nr. 1, 4–8 verpflichtete Personen (Abs. 1)

7   Abs. 1 bestimmt, welche Angaben namentliche Meldungen der in § 8 Abs. 1 Nr. 1, 4–8 genannten Stellen haben müssen. Bei ihnen (ausf. → § 8)

handelt es sich um alle Stellen des § 8 Abs. 1 mit Ausnahme der Leiter von Medizinaluntersuchungsämtern und sonstiger privater und öffentlicher Untersuchungsstellen sowie der Leiter von Einrichtungen pathologisch-anatomischer Diagnostik, da diese Stellen keinen Kontakt zum Patienten haben.

Die Angaben des Abs. 1 Nr. 1–4 sind nur zu machen, **soweit sie vorlie-** 8
gen, was im Umkehrschluss bedeutet, dass Meldepflichtige keine eigenen Ermittlungen anstellen müssen (so auch *Gerhardt*, § 9 Rn. 13 f.).

Die Nr. 1 enthält die in der Meldung zu machenden Angaben mit Bezug 9
zur betroffenen Person.

Abs. 1 Nr. 1 lit. d sieht die Angabe des **Hauptwohnsitzes** oder des **ge-** 10
wöhnlichen Aufenthaltsortes sowie bei Abweichung die Anschrift des **derzeitigen Aufenthaltsortes** vor. Der Hauptwohnsitz bestimmt sich gem. § 21 f. Bundesmeldegesetz. Der gewöhnliche Aufenthaltsort ist dann relevant und muss erhoben werden, wenn der Lebensmittelpunkt nicht am Hauptwohnsitz ist. Beim gewöhnlichen Aufenthaltsort handelt es sich um den Ort, an dem sich der Betroffene nicht nur vorübergehend aufhält (vgl. *Gerhardt*, § 9 Rn. 5; BVerfG Beschl. v. 11.1.1995 – 2 BvR 1473/89 = NJW 1995, 3050 (3051)). In jedem Fall muss mitgeteilt werden, wenn der derzeitige, auch kurzfristige, Aufenthaltsort, zB ein Krankenhaus oder Hotel, vom Hauptwohnsitz oder dem gewöhnlichen Aufenthalt abweicht. Nur so kann sichergestellt werden, dass die Gesundheitsbehörde schnellstmöglich Ermittlungen anstellen und Maßnahmen einleiten kann.

Nr. 1 lit. e ist durch das GMÜK v. 17.7.2017 (BGBl. I 2615) eingefügt wor- 11
den und sieht die Angabe **weiterer Kontaktdaten** vor. Ziel der Regelung ist die Sicherstellung einer möglichst raschen und unkomplizierten Kontaktaufnahme durch das Gesundheitsamt, sodass darunter beispielsweise die Emailadresse oder die Mobilfunknummer verstanden werden kann (BT-Drs. 784/16, 55).

Sofern ein Betroffener eine in Nr. 1 lit. f und g genannte **Tätigkeit nach** 12
§§ 23 Abs. 3 S. 1, 36 Abs. 1, 2 oder 42 Abs. 1 ausführt, sind, ggf. nur beim Vorliegen bestimmter Krankheiten, die Kontaktdaten des Arbeitgebers anzugeben. Dasselbe gilt nach Nr. 1 lit. h bei **Betreuung oder Unterbringung** in oder durch eine **Einrichtung oder ein Unternehmen nach § 23 Abs. 5 S. 1 oder § 36 Abs. 1, 2.** Hintergrund ist, dass diese Tätigkeiten und Orte eine besondere Gefahr der Ansteckung Dritter und somit der Verbreitung aufweisen, was ein schnelles Handeln des Gesundheitsamts erforderlich macht (*Gerhardt*, § 9 Rn. 8 f.; *BBS*, § 9 Rn. 8 ff.).

Nr. 1 lit. k sieht die Angabe des **wahrscheinlichen Infektionswegs** vor. 13
Ein Infektionsweg umfasst die Art und Weise sowie alle relevanten Umstände einer Ansteckung (*Gerhardt*, § 10 Rn. 17). Er ist wahrscheinlich, wenn belastbare Anzeichen dafür bestehen, dass die Infektion auf die Art und Weise und unter den genannten Umständen erworben wurde. Die Norm wurde zuletzt durch Art. 1 Nr. 6 lit. a bb) 2. BevSchG v. 19.5.2020 (BGBl. I 1018) dahingehend geändert, dass hier Angaben zu wahrscheinlichen **Übertragungsorten** erhoben werden, um so Rückschlüsse für Maßnahmen iSd § 28 ziehen zu können (BT-Drs. 19/18967, 55). Die Angaben können auch in Informationen zur Art einer Einrichtung oder dem betrieblichen Umfeld bestehen. Die damit ggf. verbundene Erhebung personenbezogener Daten war zuvor schon

anerkannt (*Gerhardt,* § 9 Rn. 11; *BBS,* § 9 Rn. 11), findet sich nun aber auch explizit im Gesetz.

14   Die Angaben der Nr. 1 lit. r sind für die etwaige Weiterleitung von Informationen an zuständige **Stellen der Bundeswehr** gem. Abs. 6 von Bedeutung.

15   Die Angaben der Nr. 2 betreffen die mit der Erregerdiagnostik beauftragte Stelle, während Nr. 3 Daten des Meldenden und Nr. 4 Informationen zu einer Schutzimpfung bei Meldung eines Impfschadens nach § 6 Abs. 1 S. 1 Nr. 3 vorsehen.

II. Meldung durch nach § 8 Abs. 1 Nr. 2, 3 verpflichtete Personen (Abs. 2)

16   Die in Abs. 2 vorgesehenen Daten müssen von den in § 8 Abs. 1 Nr. 2, 3 zur Meldung verpflichteten Personen übermittelt werden. Hierbei handelt es sich um **Leiter von Medizinaluntersuchungsämtern und sonstigen privaten und öffentlichen Untersuchungsstellen** sowie von **Einrichtungen pathologisch-anatomischer Diagnostik** (→ § 8 Rn. 7 ff.). Die Angaben unterscheiden sich von denen der nach Abs. 1 meldenden Stellen, da die Einrichtungen in aller Regel keine Möglichkeit zur Befragung des Patienten haben, sodass nur Daten mit Bezug zur Tätigkeit der Meldenden abgefragt werden (vgl. *Gerhardt,* § 9 Rn. 16; *BBS,* § 9 Rn. 13). Auch diese Daten müssen wie in Abs. 1 nur gemeldet werden, wenn sie der Stelle vorliegen (→ § 9 Rn. 8).

17   Die Nr. 1 legt die **Daten des Betroffenen** für die Meldung fest, wobei die Auflistung bis einschließlich Abs. 2 S. 1 Nr. 1 lit. e mit Abs. 1 identisch ist. Durch Art. 1 b lit. a EpiLage-FortgeltungsG v. 4.3.2021 (BGBl. I 370) wurde lit. g um die Angabe des Entnahmedatums von Untersuchungsmaterial ergänzt, um in der Praxis weitere Ermittlungen und die Zuordnung von Vorgängen zu ermöglichen. Angesichts der Relevanz des Datums für die Zuordnung erschließt sich nicht, weshalb es ausweislich des Gesetzeswortlauts nur alternativ zum Eingangsdatum mitgeteilt werden soll. Die Angaben der Nr. 2 betreffen hingegen Daten des **Einsenders,** Nr. 3 Daten des **Meldenden.** Als Zuordnungsmerkmale für weitere Untersuchungen gem. Nr. 3 gilt zB ein sequenzierungsbezogenes Pseudonym iSd der Corona-Surveillanceverordnung (BT-Drs. 19/27291, 61).

18   Abs. 2 S. 2 sieht eine **Pflicht des Einsendenden zur Unterstützung des Meldenden** sowie ggf. seine Verpflichtung zur Vervollständigung fehlender Angaben vor. Dies ist darin begründet, dass der Einsender, meist ein Arzt, direkten Kontakt zum Patienten hat oder einen solchen Kontakt einfach herstellen kann und ihm fehlende Informationen meist vorliegen. Eine Pflicht zur Ermittlung der Informationen durch den Einsender kann aus S. 2 jedoch nicht hergeleitet werden, da der Einsender hierzu sogar bei der ihn ggf. direkt betreffenden Meldepflicht nach Abs. 1 nicht verpflichtet wird.

19   Der Einsender ist außerdem verpflichtet, dem Meldenden bei einer Untersuchung auf Hepatitis C mitzuteilen, ob eine **chronische Hepatitis C** des Betroffenen bekannt ist. Es soll so die Meldung chronischer Hepatitis-C-Fälle an Gesundheitsbehörden verhindert werden, wobei der Meldende mangels Kontakts mit dem Patienten nicht anders als vom Einsendenden von einer bestehenden Erkrankung erfahren kann.

D. Meldefrist (Abs. 3)

Die Meldung muss ausweislich Abs. 3 S. 1 **unverzüglich** erfolgen. Unver- **20** züglich bedeutet dabei nach allg. Ansicht in Anlehnung an § 121 BGB „ohne schuldhaftes Zögern" (*Gerhardt,* § 9 Rn. 24; *Erdle,* § 9, S. 40; *BBS,* § 9 Rn. 14). Es dürfen dabei höchstens 24 Stunden zwischen der Kenntniserlangung und dem Vorliegen der Meldung beim zuständigen Gesundheitsamt vergehen. Dieser Zeitraum stellt jedoch keine Kulanzfrist dar. Er bedeutet vielmehr, dass 24 Stunden lang andere unaufschiebbare Gründe die Verzögerung einer Meldung rechtfertigen können. Liegen solche Gründe nicht vor, muss die Meldung sofort vorgenommen werden.

Abs. 3 S. 2 stellt darüber hinaus klar, dass das **Fehlen von Angaben** die **21** Meldung nicht verzögern darf. Vorliegende Informationen müssen daher unverzüglich gemeldet werden, auch wenn die Meldung nach Abs. 1 oder 2 noch unvollständig ist. Insofern sei darauf verwiesen, dass Meldepflichtige nur Angaben mitteilen müssen, die ihnen vorliegen (vgl. Abs. 1, 2 → Rn. 8, 16). Die **Berichtigung oder Nachmeldung** von Daten muss nach Abs. 3 S. 3 an das Gesundheitsamt erfolgen, das die ursprüngliche Meldung erhalten hat. Auch hier hat die Meldung, wie in Abs. 3 S. 1, unverzüglich, also ohne schuldhaftes Zögern zu erfolgen, sodass von einer Anwendung der 24-Stunden-Höchstfrist ausgegangen werden muss. Sie beginnt ab Bekanntwerden der nachzumeldenden oder zu berichtigenden Informationen zu laufen (*Gerhardt,* § 9 Rn. 24).

Die Regelung des Abs. 3 S. 4 enthält eine Eingriffsbefugnis des **Gesund-** **22** **heitsamts** ggü. dem Meldenden. Die Behörde ist berechtigt, von dem **Aus-** **kunft über Angaben** zu verlangen, die eine **Meldung** zu enthalten hat. Angesichts der Regelungen in Abs. 1 und 2, wonach keine Pflicht zur Ermittlung der Angaben durch den Meldenden besteht (→ Rn. 8, 16), kann sich diese Ermächtigung jedoch nur auf Nachfragen, zB zu mehrdeutigen Angaben in den Meldungen, beziehen. Die Norm stellt eine für diese Art der Verarbeitung durch das Gesundheitsamt erforderliche **datenschutzrechtliche Eingriffs-** **grundlage** dar. Zugleich verdeutlicht sie, dass sich der Meldende in diesen Fällen nicht auf eine etwaige Schweigepflicht berufen kann (*Gerhardt,* § 9 Rn. 27).

Die ursprünglich in § 8 Abs. 5 enthaltene Regelung, wonach dem Gesund- **23** heitsamt ebenfalls unverzüglich (→ Rn. 20) mitzuteilen ist, wenn sich die **Meldung eines Krankheitsverdachts nicht bestätigt,** wurde durch Art. 1 Nr. 8 lit. c des GMÜK v. 17.7.2017 (BGBl. I 2615) aus Gründen der gesetzlichen Systematik (BT-Drs. 18/10938, 51) in Abs. 3 S. 5 verschoben. Hintergrund der Regelung ist die Entlastung des Gesundheitsamts von unnötigen Ermittlungen (*BBS,* § 8 Rn. 19).

E. Adressat und Weiterleitung der Meldung (Abs. 4−6)

I. Adressat der Meldung (Abs. 4)

Der **Adressat** der **Meldung** richtet sich wie deren Inhalt (→ Rn. 6 f., 16) **24** grundsätzlich nach dem Meldenden. Mit dem 3. BevSchG v. 18.11.2020

(BGBl. I 2397) ist dabei jedoch eine weitgehende Vereinheitlichung herbeigeführt worden. Sowohl Meldung nach Abs. 1 (→ Rn. 7 ff.) als auch nach
Abs. 2 (→ Rn. 16 ff.) sind gem. Abs. 4 S. 1 an das Gesundheitsamt zu richten,
in dessen Bezirk sich die betroffene Person derzeit aufhält oder zuletzt aufhielt,
und damit der Behörde, in deren Bezirk die Notwendigkeit zum Eingreifen
besteht (*Erdle*, § 9 S. 41). Dies ermöglicht die umgehende und ortsnahe Einleitung von Maßnahmen. Bei einer Unterbringung oder Betreuung eines Betroffenen in einer in Abs. 1 Nr. 1 lit. h genannten Einrichtung (→ Rn. 12) erfolgt die Meldung nach Abs. 1 gem. Abs. 4 S. 2 an das Gesundheitsamt, in
dessen Bezirk sich die Einrichtung befindet.

25   Abweichend von S. 1 ist der Adressat einer Meldung nach Abs. 2 (→ Rn. 16)
gem. Abs. 4 S. 3 das Gesundheitsamt, in dessen Bezirk der Einsender seinen Sitz
hat, wenn dem Einsender keine Angaben zum Aufenthalt der betroffenen Person vorliegen. Ursprünglich erfolgte eine Meldung nach Abs. 2 immer an das
Gesundheitsamt im Bezirk des Einsenders, um ein gehäuftes Auftreten von Erkrankungen erkennen zu können (*BBS*, § 9 Rn. 14). Die Meldungen mussten
dann jedoch gem. Abs. 5 (→ Rn. 26) immer auch an das Gesundheitsamt am
Hauptwohnsitz oder dem gewöhnlichen Aufenthalt des Betroffenen weitergeleitet werden. Das hatte einen erheblichen Verwaltungsaufwand bei den Gesundheitsämtern zur Folge. Zur bürokratischen Entlastung erfolgt eine Meldung an das Gesundheitsamt am Sitz des Einsenders daher nur noch, wenn
beim Einsender keine Angaben zum Aufenthalt der Betroffenen vorliegen
(BT-Drs. 19/23944, 26). In der Tat ist die Reform geeignet, den Arbeitsauf-
wand durch Weiterleitungen von Meldungen deutlich zu reduzieren. Dies gilt
aber nur, wenn Hauptwohnsitz bzw. gewöhnlicher Aufenthalt und derzeitiger
Aufenthaltsort der/s Betroffenen zusammenfallen. Ansonsten ist das Gesundheitsamt, das aufgrund des derzeitigen Aufenthaltsortes tätig wird, nach Abs. 5
Nr. 1, 2 auch weiterhin dazu verpflichtet, die Meldung an das Gesundheitsamt
des Hauptwohnsitzes oder des gewöhnlichen Aufenthaltes weiterzuleiten. Die
Formulierung in der Gesetzbegründung (BT-Drs. 19/23944, 26), die von dem
Aufwand der Weiterleitung an das Gesundheitsamt des Hauptwohnsitzes
spricht, ist insofern ungenau, da gerade diese Weiterleitung nach Abs. 5 auch
weiterhin erforderlich sein kann.

II. Weiterleitung der Meldung (Abs. 5, 6)

26   Zusammen mit Informationen über die in einem Fall geführten Ermittlungen, den getroffenen Maßnahmen und den hieraus gewonnenen Erkenntnissen
müssen die verarbeiteten Daten zu meldepflichtigen Krankheiten und den
Nachweisen von Erregern **fallbezogen** auch an andere Gesundheitsämter
weitergeleitet werden, deren Aufgabenbereich durch eine Meldung regelmäßig ebenfalls berührt wird. Zuständig für die fallbezogene Weiterleitung ist
das Gesundheitsamt, dem gem. Abs. 4 Meldung gemacht wurde. Gem. Abs. 5
Nr. 1 erfolgt die Weiterleitung an das Gesundheitsamt, in dessen Bezirk eine
betroffene Person ihren Hauptwohnsitz (→ Rn. 10) hat oder zuletzt hatte. Sofern ein Hauptwohnsitz nicht festgestellt werden kann oder er vom gewöhnlichen Aufenthalt (→ Rn. 10) abweicht, ist gem. Abs. 5 Nr. 2 stattdessen eine
fallbezogene Meldung an das Gesundheitsamt zu machen, in dessen Bezirk

sich die Person gewöhnlich aufhält. Zur Frist für die Weiterleitung → §11 Rn. 5.

Abs. 6 sieht darüber hinaus bei Betroffenen, die zur Gruppe der in **§54a** **Abs. 1 Nr. 1 bis 5** genannten Personen gehören, eine fallbezogene Weiterleitung der Informationen an zuständige Stellen der **Bundeswehr** vor. Zu übermitteln sind, wie in Abs. 5 auch, Informationen über die in einem Fall geführten Ermittlungen, die getroffenen Maßnahmen und die daraus abgeleiteten Erkenntnisse und die verarbeiteten Daten zu meldepflichtigen Krankheiten und den Nachweisen von Erregern. Der Personengruppe nach § 54a Abs. 1 Nr. 1 bis 5 gehören Soldaten und Zivilbedienstete der Bundeswehr ebenso an wie Personen, die sich in von der Bundeswehr betriebenen ortfesten oder mobilen Einrichtungen aufhalten sowie unter Umständen auch Angehörige ausländischer Streitkräfte in Deutschland. **27**

Im Zuge der Corona-Epidemie in Deutschland im Frühjahr 2020 hatten einige Gesundheitsämter Listen mit Namen und andere personenbezogene Daten von Infizierten an die Polizei weitergegeben, um die Einhaltung einer verhängten **Absonderung** nach § 30 überwachen zu lassen (*Laufer*, Stand 13. 7. 2020). Die Gesundheitsämter beriefen sich dabei teilweise auf die Gesetze über den ÖGD. Die Praxis ist richtigerweise vielfach kritisiert worden. Sie kann angesichts des eindeutigen Wortlauts auch nicht auf die §§ 6 ff. gestützt werden. Viele Bundesländer haben jedoch inzwischen Verordnungen (zB Corona-Verordnung Datenverarbeitung BW v. 4.5.2020) erlassen, die eine solche Datenweitergabe explizit erlauben. **28**

F. Meldepflicht und Verpflichteter

Die Meldepflicht für Krankheiten ergibt sich aus § 6, die für den Nachweis meldepflichtiger Krankheitserreger aus § 7. Der Verpflichtete bestimmt sich gem. § 8. **29**

§ 10 Nichtnamentliche Meldung

(1) ¹Die nichtnamentliche Meldung nach § 6 Absatz 3 Satz 1 muss unverzüglich erfolgen und dem Gesundheitsamt, in dessen Bezirk sich die Einrichtung befindet, spätestens 24 Stunden nach der Feststellung des Ausbruchs vorliegen. ²Die Meldung muss, soweit vorliegend, folgende Angaben enthalten:
1. Name, Anschrift und weitere Kontaktdaten
    a) der betroffenen Einrichtung,
    b) des Meldenden,
    c) der mit der Erregerdiagnostik beauftragten Untersuchungsstelle und
2. folgende einzelfallbezogene Angaben zu den aufgetretenen nosokomialen Infektionen sowie zu allen damit wahrscheinlich oder vermutlich in epidemischem Zusammenhang stehenden Kolonisationen:
    a) Geschlecht der betroffenen Person,

b) Monat und Jahr der Geburt der betroffenen Person,

c) Untersuchungsbefund, einschließlich Typisierungsergebnissen,

d) Diagnose,

e) Datum der Diagnose,

f) wahrscheinlicher Infektionsweg, einschließlich Umfeld, in dem die Übertragung wahrscheinlich stattgefunden hat, mit Name, Anschrift und weiteren Kontaktdaten der Infektionsquelle und wahrscheinliches Infektionsrisiko.

[3]§ 9 Absatz 3 Satz 2 bis 4 gilt entsprechend.

(2) [1]Die nichtnamentliche Meldung nach § 7 Absatz 3 Satz 1 muss innerhalb von zwei Wochen, nachdem der Meldende Kenntnis erlangt hat, an das Robert Koch-Institut erfolgen. [2]Das Robert Koch-Institut bestimmt die technischen Übermittlungsstandards. [3]Die Meldung muss folgende Angaben enthalten:

1. in den Fällen des § 7 Absatz 3 Satz 1 Nummer 2 eine fallbezogene Pseudonymisierung nach Absatz 3,

2. Geschlecht der betroffenen Person,

3. Monat und Jahr der Geburt der betroffenen Person,

4. die ersten drei Ziffern der Postleitzahl der Hauptwohnung oder des gewöhnlichen Aufenthaltsortes,

5. Untersuchungsbefund einschließlich Typisierungsergebnissen,

6. Monat und Jahr der Diagnose,

7. Art des Untersuchungsmaterials,

8. Nachweismethode,

9. wahrscheinlicher Infektionsweg und wahrscheinliches Infektionsrisiko,

10. Staat, in dem die Infektion wahrscheinlich erfolgt ist,

11. bei Malaria Angaben zur Expositions- und Chemoprophylaxe,

12. Name, Anschrift und weitere Kontaktdaten des Einsenders und

13. Name, Anschrift und weitere Kontaktdaten des Meldenden.

[4]Der Einsender hat den Meldenden bei den Angaben nach Satz 3 zu unterstützen und diese Angaben gegebenenfalls zu vervollständigen. § 9 Absatz 3 Satz 2 bis 4 gilt entsprechend.

(3) [1]Die fallbezogene Pseudonymisierung besteht aus dem dritten Buchstaben des ersten Vornamens in Verbindung mit der Anzahl der Buchstaben des ersten Vornamens sowie dem dritten Buchstaben des ersten Nachnamens in Verbindung mit der Anzahl der Buchstaben des ersten Nachnamens. [2]Bei Doppelnamen wird jeweils nur der erste Teil des Namens berücksichtigt; Umlaute werden in zwei Buchstaben dargestellt. [3]Namenszusätze bleiben unberücksichtigt. [4]§ 14 Absatz 3 bleibt unberührt. [5]Angaben nach den Sätzen 1 bis 3 und die Angaben zum Monat der Geburt dürfen vom Robert Koch-Institut lediglich zu der Prüfung, ob verschiedene Meldungen sich auf denselben Fall beziehen, verarbeitet werden. [6]Sie sind zu löschen, sobald nicht mehr zu erwarten ist, dass die damit bewirkte Einschränkung der Prüfung nach Satz 5 eine nicht unerhebliche Verfälschung der aus den Meldungen zu gewinnenden epidemiologischen Beurteilung bewirkt.

A. Zweck und Bedeutung der Norm

§ 10 regelt den **Inhalt,** die **Adressaten** und die **Frist** für eine **nicht-** **1** **namentliche Meldung** einer meldepflichtigen Krankheit nach § 6 und des Nachweises eines meldepflichtigen Erregers gem. § 7. Anders als die namentliche Meldepflicht macht die nichtnamentliche Meldung keine Maßnahmen der Gesundheitsbehörde erforderlich, sodass die mit ihr übermittelten Angaben in erster Linie der Gewinnung **epidemiologischer Erkenntnisse** und der verbesserten **Präventionsarbeit** dienen (*Gerhardt,* § 10 Rn. 1). Die Norm ist durch das GMÜK v. 17.7.2017 (BGBl. I 2615) fast vollständig neu gefasst worden. Der durch das 2. BevSchG v. 19.5.2009 (BGBl. I 1018) neu eingefügte Abs. 3 ist durch Art. 1 Nr. 8 lit. b) 3. BevSchG v. 18.11.2020 (BGBl. I 2397) wieder aufgehoben worden.

Die Abs. 1 und 2 bestimmen für die zwei im Gesetz vorgesehenen Fälle **2** nichtnamentlicher Meldung den Inhalt, die Adressaten und die einzuhaltende Frist. Ansatzpunkt für die **Unterscheidung** ist der **Auslöser der Meldung,** dh das Auftreten einer nosokomialen Infektion (Abs. 1) oder der Nachweis eines Erregers wie HIV, Plasmodium sp. etc. (Abs. 2). Abs. 3 trifft abschließend Regelungen für die nach Abs. 2 S. 3 Nr. 1 erforderliche fallbezogene Pseudonymisierung und zu datenschutzrechtlichen Anforderungen für das RKI.

B. Verarbeitung personenbezogener Daten

Die Bezeichnung der Meldung in § 10 als nichtnamentlich ist irreführend, **3** da der Eindruck entsteht, dass eine anonyme Meldung erfolgt und somit keine personenbezogenen Daten (zu den Begriffen und ihrer Einschlägigkeit bei den Meldepflichten → § 9 Rn. 2 ff.) verarbeitet würden. Das ist jedoch nicht der Fall. Eine nichtnamentliche Meldung enthält sowohl Namen und Kontaktdaten des Meldenden und Einsendenden als auch zB der betroffenen Einrichtung. Hierbei handelt es sich in jedem Fall um **personenbezogene Daten.** Soweit Abs. 2 S. 3 Nr. 1 und Abs. 3 S. 2 Nr. 1 eine **Pseudonymisierung** vorsehen, handelt es sich bei den mit Pseudonym versehenen Daten ebenfalls um personenbezogene. Eine Pseudonymisierung ist gem. Art. 4 Nr. 5 VO (EU) 2016/679 die Verarbeitung personenbezogener Daten in einer Weise, dass die personenbezogenen Daten ohne Hinzuziehung zusätzlicher Informationen nicht mehr einer spezifischen betroffenen Person zugeordnet werden können, sofern diese zusätzlichen Informationen gesondert aufbewahrt werden und technischen und organisatorischen Maßnahmen unterliegen, die gewährleisten, dass die personenbezogenen Daten nicht einer identifizierten oder identifizierbaren natürlichen Person zugewiesen werden. Pseudonymisierte Daten sind jedoch weiterhin personenbezogene Daten (*Hansen* in SHS Art. 4 Nr. 1 Rn. 15; *Schild* in BeckOK DatenschR Art. 4 Rn. 78; *Klar/Kühling* in Kühling/ Buchner Art. 4 Rn. 11), da anders als bei **anonymisierten Daten** der Personenbezug nicht vollständig entfernt wird (*Hansen* in SHS Art. 4 Nr. 1 Rn. 13; *Kühling/Schildbach* in Huster/Kingreen Hdb. InfSchR Kap. 6, Rn. 35 ff.). Auch die Weitergabe an das Gesundheitsamt oder das RKI hebt den Personenbezug der Daten nicht auf. Gem. der Definition sind personenbezogene Daten nämlich auch Informationen, die sich auf eine **identifizierbare** natürliche Person beziehen. Identifizierbar ist sie, wenn sie indirekt oder direkt, insbesondere mittels Zuordnung zu einer Kennung wie einem Namen, zu einer Kennnummer, zu Standortdaten, zu einer Onlinekennung oder zu einem oder mehreren besonderen Merkmalen identifiziert werden kann (Art. 4 Nr. 1 VO (EU) 2016/679). So hat der EuGH (Urt. v. 19.10.2016 – C-582/14, NJW 2016, 3579 – Breyer) festgestellt, dass, sofern ein Verarbeiter über rechtliche Möglichkeiten verfügt, eine Person über Zusatzinformationen zu identifizieren, der Charakter eines personenbezogenen Datums erhalten bleibt. Die rechtliche Möglichkeit ist hier in den **Ermittlungsbefugnissen der Gesundheitsbehörden** zu sehen. Aus demselben Grund sind auch nicht pseudonymisierte Daten des Betroffenen in einer nichtnamentlichen Meldung an die Gesundheitsbehörde weiterhin personenbezogen.

4   Sofern die Daten über den Gesundheitszustand einer Person Auskunft geben, handelt es sich zudem um **Gesundheitsdaten** iSd Art. 9 Abs. 1 VO (EU) 2016/679, die zu den besonderen Kategorien personenbezogener Daten gehören und daher einen stärkeren Schutz erfahren (ausf. → § 9 Rn. 3).

5   Abs. 4 S. 6 legt eine **Speicherfrist** für Angaben fest, die an das RKI gemeldet werden. Für die übrigen personenbezogenen Angaben sind in Bezug auf eine Aufbewahrungsfrist die Grundsätze des Art. 5 Abs. 1 lit. e VO (EU) 2016/679 heranzuziehen.

C. Inhalte, Adressaten und Fristen (Abs. 1, 2)

6   Die Inhalte, Adressaten und Fristen für die nichtnamentliche Meldung sind in den Abs. 1 und 2 geregelt und unterscheiden sich nach den Auslösern der Meldung.

I. Nichtnamentliche Meldung nach § 6 Abs. 3 S. 1 (Abs. 1)

7   Abs. 1 betrifft die nichtnamentliche Meldung in den Fällen des § 6 Abs. 3 S. 1, dh beim Auftreten zweier oder mehr **nosokomialer Infektionen** (→ § 6 Rn. 22 f.).

8   Gem. Abs. 1 S. 1 muss eine Meldung **unverzüglich** erfolgen und dem zuständigen **Gesundheitsamt** spätestens 24 Stunden nach Bekanntwerden des Ausbruchs vorliegen (ausf. → § 9 Rn. 20). Der Verweis des Abs. 1 S. 3 auf § 9 Abs. 3 S. 2–4 nimmt zudem die dort getroffenen Regelungen auf, dass eine Meldung nicht wegen **fehlender Angaben** verzögert werden darf, eine **Nachmeldung** ebenfalls unverzüglich zu erfolgen hat, und dass das **Gesundheits-**

amt befugt ist, vom Meldenden **Auskunft** über fehlende, zu meldende Angaben zu verlangen (ausf. → § 9 Rn. 21 f.). Da keine nichtnamentlichen Ver-
dachtsmeldungen erfolgen, ist § 9 Abs. 3 S. 5 nicht Teil der Verweisung.

Zuständig ist das Gesundheitsamt, in dessen Bezirk sich die Einrichtung be- **9**
findet, in der die nosokomialen Infektionen auftreten.

Abs. 1 S. 2 benennt die zu meldenden Angaben und beschränkt die Pflicht **10**
dabei auf solche, die den Meldenden vorliegen (→ § 9 Rn. 8, 16).

Die in Abs. 1 S. 2 Nr. 2 erforderlichen Angaben sind **einzelfallbezogen,** dh **11**
für jede nosokomiale Infektion einer erkrankten Person einzeln, darzulegen
(*Gerhardt,* § 10 Rn. 4). Zum wahrscheinlichen Infektionsweg in Nr. 2 lit. f
→ § 9 Rn. 13. Die Norm ist durch Art. 1 Nr. 7 a) des 2. BevSchG v. 19. 5. 2020
(BGBl. I 1018) neu gefasst worden. Hier wird nun ebenso wie in § 9 Abs. 1 S. 1
lit. k die Angabe **personenbezogener Daten** zum **Übertragungsumfeld**
erwartet. Zuvor war anerkannt, dass personenbezogene Daten zum Infektionsweg nicht zu melden sind (*Gerhardt,* § 10 Rn. 6). Die Änderung ist insoweit in-
konsequent und systemfremd, als es sich eigentlich um eine nichtnamentliche
Meldung zu statistischen und epidemiologischen Zwecken handelt. Der
Name der Infektionsquelle ist daher letztlich nicht relevant, da keine Maßnahmen daran angeknüpft werden sollen. Andernfalls wäre eine namentliche Meldung vorzusehen. Nichtnamentlich ist die Meldung nun nur noch für den gemeldeten Einzelfall, der jedoch wiederum als Ansteckungsquelle in einer
anderen einzelfallbezogenen Meldung auftreten kann.

II. Nichtnamentliche Meldung nach § 7 Abs. 3 S. 1 (Abs. 2)

Abs. 2 betrifft den Inhalt, die Frist und den Adressaten einer nichtnament- **12**
lichen Meldung nach **§ 7 Abs. 3 S. 1** und somit der **Erregernachweise** von
Treponema pallidum, HIV, Echinococcus sp., Plasmodium sp., der konnatalen
Infektion von Toxoplasma gondi sowie des Nachweises von Neisseria gonor-
rhoeae mit verminderter Empfindlichkeit ggü. Azithromycin, Cefixim oder
Ceftriaxon.

Die Meldung gem. Abs. 2 muss nach S. 1 binnen **2 Wochen** ab Kenntnis- **13**
erlangung durch den Meldenden erfolgen. Auch hier werden die Regelungen
des § 9 Abs. 3 S. 2−4 durch Abs. 2 S. 5 einbezogen, sodass eine Meldung nicht
wegen **fehlender Angaben** verzögert werden darf, eine **Nachmeldung** ebenfalls unverzüglich zu erfolgen hat und das RKI befugt ist, vom Meldenden **Auskunft** über fehlende, zu meldende Angaben zu verlangen (ausf. → § 9 Rn. 21 f.).

Adressat der Meldung ist das RKI, das gem. Abs. 2 S. 2 auch die techni- **14**
schen Standards der Übermittlung festlegt.

Anders als in § 9 Abs. 1, Abs. 2 S. 1 und § 10 Abs. 1 S. 2 ist die Meldung **15**
nicht auf Angaben beschränkt, die dem Meldenden **vorliegen.** Insofern ist
von einer Pflicht des Meldenden zur Erforschung fehlender Angaben auszugehen (ebenso *Gerhardt,* § 10 Rn. 19). Hierbei ist, wie auch in § 9 Abs. 2
S. 2, der Einsender verpflichtet, den Meldenden bei der Vervollständigung
fehlender Angaben zu unterstützen (Abs. 2 S. 4). Da eine Beschränkung der
Meldung auf vorliegende Angaben fehlt, ist auch für den Einsendenden von
einer Ermittlungspflicht zur ordnungsgemäßen Erfüllung der Unterstützungs-
pflicht ggü. dem Meldenden auszugehen.

16   Für den Fall der Meldung eines **HIV-Nachweises** muss die Meldung gem.
Abs. 2 S. 3 Nr. 1 eine **fallbezogene Pseudonymisierung** nach den Regeln
des Abs. 3 enthalten, um Doppelmeldungen erkennen zu können (*BBS, § 7*
Rn. 76). Zur Bestimmung des Hauptwohnsitzes und des gewöhnlichen Auf-
enthalts → § 9, Rn. 10. Anders als in Abs. 1 S. 2 Nr. 2 lit. f (→ Rn. 11) sieht
Abs. 2 S. 3 Nr. 9 nur die Angabe des wahrscheinlichen Infektionsweges und
Infektionsrisikos vor. Die systemfremde, in Abs. 1 Nr. 2 lit. f aber explizit vor-
gesehene Angabe personenbezogener Daten ist in Nr. 9 also nicht statthaft
(*Gerhardt, § 10* Rn. 17). Zum Begriff der weiteren Kontaktdaten → § 9,
Rn. 11.

17–19   (entfallen)

D. Pseudonymisierungs- und Datenschutzregeln (Abs. 3)

20   Abs. 3 beschreibt in S. 1–3 die Regeln zur **Pseudonymisierung** der Meldung von HIV-Erregernachweisen gem. Abs. 2. Die Regel war bis zur Änderung durch das 3. BevSchG v. 18. 11. 2020 (BGBl. I 2397) in § 9 Abs. 4 enthalten. Die Pseudonymisierung dient der Identifizierung von Doppelmeldungen
und der Identifikation von Patienten bei Rückfragen (*Gerhardt, § 10* Rn. 25).
S. 1 beschreibt die **Erstellung** des **Pseudonyms.** Gem. S. 2 werden Umlaute
mit zwei Buchstaben und bei Vor- und Nachnamen mit Bindestrichen jeder
Name vereinzelt dargestellt. Zu den nicht zu berücksichtigenden Namens-
zusätzen zählen akademische Grade und Adelsbezeichnungen (*Gerhardt, § 10*
Rn. 26). Prof. Dr. Marianne-Ulrike von Müstermann-Exämpel ist für den
Zweck der Pseudonymisierung somit Marianne Ulrike Muestermann Exaem-
pel. Das entsprechende Pseudonym lautet R8E11. Auf die automatisierte
Pseudonymisierung im elektronischen Melde- und Informationssystem nach
§ 14 Abs. 3 nimmt die Norm keinen Einfluss.

21   Abs. 4 S. 5 und 6 sehen **Beschränkungen der Verarbeitung** der nach
Abs. 4 S. 1–3 gemeldeten Daten, dh des Pseudonyms, sowie des Geburts-
monats vor. Das **RKI** darf sie nur zur Prüfung von Doppelmeldungen verwenden. Ihre **Löschung** ist erforderlich, sobald erwartet werden kann, dass durch
die mit der Löschung eintretende Einschränkung der Prüfungsmöglichkeiten
von Doppelmeldungen keine Verzerrung der epidemiologischen Bewertungs-
grundlage mehr eintritt. Die Zeitspanne dürfte sich regelmäßig nach der Frist
bemessen, die zur Behandlung eines Erregers oder dessen erfolgreicher Bekämpfung durch das Immunsystem erforderlich ist, sodass ein erneuter
Erregernachweistest in aller Regel negativ wäre.

21a   Die bis zum 19. 11. 2020 in Abs. 3 enthaltene Regelung zur nichtnamentlichen Meldung von Untersuchungsergebnissen zum indirekten oder direkten
Nachweis von SARS-CoV und SARS-CoV-2 ist durch das 3. BevSchG vom
18. 11. 2020 (BGBl. I 2397) aufgehoben worden. Es handelt sich dabei um
eine Folgeänderung zu § 7 Abs. 4 aF, in dem die Pflicht zur nichtnamentlichen
Meldung von Untersuchungsergebnissen, also auch negativen, geregelt war
(→ § 7 Rn. 14). Durch die Aufhebung dieser Pflicht zur Entlastung der Meldepflichtigen ist auch die Regelung der in diesen Fällen zu meldenden Inhalte in
§ 10 Abs. 3 aF nicht mehr erforderlich gewesen.

E. Meldepflicht und Verpflichteter

Die Meldepflicht für Krankheiten ergibt sich aus § 6, die für den Nachweis **22** meldepflichtiger Krankheitserreger aus § 7. Der Verpflichtete bestimmt sich gem. § 8.

§ 11   **Übermittlung an die zuständige Landesbehörde und an das Robert Koch-Institut**

(1) ¹**Die verarbeiteten Daten zu meldepflichtigen Krankheiten und Nachweisen von Krankheitserregern werden anhand der Falldefinitionen nach Absatz 2 bewertet und spätestens am folgenden Arbeitstag durch das nach Absatz 3 zuständige Gesundheitsamt vervollständigt, gegebenenfalls aus verschiedenen Meldungen zum selben Fall zusammengeführt und der zuständigen Landesbehörde sowie von dort spätestens am folgenden Arbeitstag dem Robert Koch-Institut mit folgenden Angaben übermittelt:**
1. **zur betroffenen Person:**
   a) **Geschlecht,**
   b) **Monat und Jahr der Geburt,**
   c) **Tag der Verdachtsmeldung, Angabe, wenn sich ein Verdacht nicht bestätigt hat, Tag der Erkrankung, Tag der Diagnose, gegebenenfalls Tag des Todes und wahrscheinlicher Zeitpunkt oder Zeitraum der Infektion,**
   d) **Untersuchungsbefund, einschließlich Typisierungsergebnissen,**
   e) **wahrscheinlicher Infektionsweg, einschließlich Umfeld, in dem die Übertragung wahrscheinlich stattgefunden hat; wahrscheinliches Infektionsrisiko, Impf- und Serostatus und erkennbare Zugehörigkeit zu einer Erkrankungshäufung,**
   f) **gegebenenfalls Informationen zur Art der Einrichtung bei Tätigkeit, Betreuung oder Unterbringung in Einrichtungen und Unternehmen nach § 23 Absatz 3 Satz 1, Absatz 5 Satz 1 oder § 36 Absatz 1 und 2,**
   g) **in Deutschland: Gemeinde mit zugehörigem amtlichen achtstelligen Gemeindeschlüssel in der die Infektion wahrscheinlich erfolgt ist, ansonsten Staat, in dem die Infektion wahrscheinlich erfolgt ist,**
   h) **bei reiseassoziierter Legionellose: Name und Anschrift der Unterkunft,**
   i) **bei Tuberkulose, Hepatitis B und Hepatitis C: Geburtsstaat, Staatsangehörigkeit und gegebenenfalls Jahr der Einreise nach Deutschland,**
   j) **bei Coronavirus-Krankheit-2019 (COVID-19): durchgeführte Maßnahmen nach dem 5. Abschnitt; gegebenenfalls Behandlungsergebnis und Angaben zur Anzahl der Kontaktpersonen, und jeweils zu diesen Angaben zu Monat und Jahr der Geburt,**

Geschlecht, zuständigem Gesundheitsamt, Beginn und Ende der Absonderung und darüber, ob bei diesen eine Infektion nachgewiesen wurde,

k) Überweisung, Aufnahme und Entlassung aus einer Einrichtung nach § 23 Absatz 5 Satz 1, gegebenenfalls intensivmedizinische Behandlung und deren Dauer,

l) Zugehörigkeit zu den in § 54a Absatz 1 Nummer 1 bis 5 genannten Personengruppen,

m) Gemeinde mit zugehörigem amtlichen achstelligen Gemeindeschlüssel der Hauptwohnung oder des gewöhnlichen Aufenthaltsortes und, falls abweichend, des derzeitigen Aufenthaltsortes,

2. zuständige Gesundheitsämter oder zuständige Stellen nach § 54a und

3. Datum der Meldung. ²In den Fällen der Meldung nach § 6 Absatz 3 Satz 1 sind nur die Angaben nach Satz 1 Nummer 2 und 3 sowie zu den aufgetretenen nosokomialen Infektionen und den damit zusammenhängenden Kolonisationen jeweils nur die Angaben nach Satz 1 Nummer 1 Buchstabe a bis e erforderlich. ³Für die Übermittlungen von den zuständigen Landesbehörden an das Robert Koch-Institut bestimmt das Robert Koch-Institut die technischen Übermittlungsstandards. ⁴Frühere Übermittlungen sind gegebenenfalls zu berichtigen und zu ergänzen, insoweit gelten die Sätze 1 bis 3 entsprechend.

(2) Das Robert Koch-Institut erstellt entsprechend den jeweiligen epidemiologischen Erfordernissen die Falldefinitionen für die Bewertung von Verdachts-, Erkrankungs- oder Todesfällen und Nachweisen von Krankheitserregern und schreibt sie fort.

(3) ¹Für die Vervollständigung, Zusammenführung und Übermittlung der Daten nach Absatz 1 ist das Gesundheitsamt zuständig, in dessen Bezirk die betroffene Person ihre Hauptwohnung hat oder zuletzt hatte. ²Falls ein Hauptwohnsitz nicht feststellbar ist oder die betroffene Person sich dort gewöhnlich nicht aufhält, so ist das Gesundheitsamt zuständig, in dessen Bezirk sich die betroffene Person gewöhnlich aufhält. ³Falls ein solcher Aufenthaltsort nicht feststellbar ist oder in den Fällen der Meldung nach § 6 Absatz 3 Satz 1 ist das Gesundheitsamt zuständig, welches die Daten erstmals verarbeitet hat. ⁴Das nach den Sätzen 1 bis 3 zuständige Gesundheitsamt kann diese Zuständigkeit an ein anderes Gesundheitsamt mit dessen Zustimmung abgeben, insbesondere wenn schwerpunktmäßig im Zuständigkeitsbereich des anderen Gesundheitsamtes weitere Ermittlungen nach § 25 Absatz 1 angestellt werden müssen.

(4) ¹Einen nach § 6 Absatz 1 Satz 1 Nummer 3 gemeldeten Verdacht einer über das übliche Ausmaß einer Impfreaktion hinausgehenden gesundheitlichen Schädigung übermittelt das Gesundheitsamt unverzüglich der zuständigen Landesbehörde. ²Das Gesundheitsamt übermittelt alle notwendigen Angaben, sofern es diese Angaben ermitteln

kann, wie Bezeichnung des Produktes, Name oder Firma des pharmazeutischen Unternehmers, die Chargenbezeichnung, den Zeitpunkt der Impfung und den Beginn der Erkrankung. [3]Über die betroffene Person sind ausschließlich das Geburtsdatum, das Geschlecht sowie der erste Buchstabe des ersten Vornamens und der erste Buchstabe des ersten Nachnamens anzugeben. [4]Die zuständige Behörde übermittelt die Angaben unverzüglich dem Paul-Ehrlich-Institut. [5]Die personenbezogenen Daten sind zu pseudonymisieren.

Übersicht

A. Zweck und Bedeutung der Norm

Die Norm regelt die **Übermittlung** der gem. §§ 6, 7 an die Gesundheits- **1** ämter gemeldeten und anderweitig bekannt gewordenen Daten zu meldepflichtigen Krankheiten und meldepflichtigen Nachweisen von Krankheitserregern an die zuständigen **Landesbehörden** sowie das **RKI.** Adressaten der nach §§ 6, 7 abzugebenden Meldungen sind die zuständigen **Gesundheitsämter.** Nur im Fall des § 7 Abs. 3 S. 1 wird gem. § 10 Abs. 2 S. 1 die Meldung direkt an das RKI gerichtet. Damit die übergeordneten Behörden die ihnen gesetzlich zugewiesenen Aufgaben wahrnehmen können, müssen sie aber in allen Bereichen über eine gesicherte Faktenlage in Bezug auf die epidemiologische Lage in ihrem Zuständigkeitsgebiet verfügen. Dies wird durch die Pflicht zur Informationsübermittlung nach § 11 sichergestellt.

Die Norm sieht in Abs. 1 die Pflicht der zuständigen Gesundheitsämter zur **2** **Weiterleitung** der **aufbereiteten Daten** zu meldepflichtigen Krankheiten und Erregernachweisen an die zuständige Landesbehörde und von dort an das RKI vor. Abs. 2 weist dem RKI die Aufgabe zu, die für die Aufbereitung erforderlichen Falldefinitionen zu erstellen und fortzuschreiben. Das für die Aufgaben des Abs. 1 zuständige Gesundheitsamt wird gem. Abs. 3 bestimmt. Abs. 4 sieht einen besonderen Informationsweg für den Verdacht einer Gefahr vor, die von einem Impfstoff ausgeht.

B. Aufbereitung und Übermittlung (Abs. 1)

I. Aufbereitung und Übermittlung durch Gesundheitsämter

Die aufgrund der Meldepflichten in §§ 6, 7 an die zuständigen Gesund- **3** heitsämter gemeldeten Daten der §§ 9, 10 sowie auf anderem Weg erlangte

Informationen (*Gerhardt,* § 11 Rn. 2) zu meldepflichtigen Krankheiten und Nachweisen von Krankheitserregern müssen in einem ersten Schritt anhand der **Falldefinitionen** des RKI zu Verdachts-, Erkrankungs- und Todesfällen sowie Nachweisen von Erregern (→ Rn. 12) **bewertet** werden. Ferner müssen die Daten **vervollständigt** und ggf. verschiedene Meldungen zum selben Fall **zusammengeführt** werden. Anschließend erfolgt eine **Übermittlung** der Daten an die zuständige **Landesbehörde**. Diese leitet in der Folge die in Abs. 1 S. 1 Nr. 1–3 genannten Daten an das **RKI** weiter. Im Fall der Meldung nosokomialer Infektionen nach § 6 Abs. 3 S. 1 (→ § 6 Rn. 22) und somit einer nichtnamentlichen Meldung mit dem Inhalt des § 10 Abs. 1 (→ § 10 Rn. 7 ff.) ist der Meldeumfang der Landesbehörde an das RKI reduziert.

4   Das für die **Vervollständigung, Zusammenführung und Übermittlung** der Daten zu Krankheiten und Erregern zuständige Gesundheitsamt bestimmt sich gem. Abs. 3 (→ § 11 Rn. 13). Die vorhergehende **Bewertung** muss jedoch durch das Gesundheitsamt erfolgen, dem die Daten gemeldet wurden oder bekannt geworden sind. Dies geht einerseits aus der Formulierung des Abs. 1 S. 1 hervor, der erst im zweiten Satzteil von dem nach Abs. 3 zuständigen Gesundheitsamt spricht. Andererseits macht auch die Formulierung des Abs. 3 S. 1 selbst deutlich, dass die Bewertung der Daten anhand der Falldefinitionen nicht erfasst wird. Der Grund für die Trennung dieser Aufgaben ist in einem **Auseinanderfallen von Zuständigkeiten** zu sehen. Gem. § 9 Abs. 4 (→ § 9 Rn. 24 f.) sind die Gesundheitsämter, in deren Bezirk sich die betroffene Person aufhält oder zuletzt aufgehalten hat, Adressaten der Meldung. Gem. § 11 Abs. 3 ist für die Meldung an die zuständige Landesbehörde jedoch in erster Linie das Gesundheitsamt zuständig, in dessen Bezirk die betroffene Person ihren Hauptwohnsitz hat (→ Rn. 13). Hiervon sind aber Abweichungen möglich. Die Zuständigkeiten für das Vervollständigen, Zusammenführen und Übermitteln können und werden häufig mit der Zuständigkeit als Adressat einer Meldung nach §§ 9 und 10 zusammenfallen. Sie müssen es aber nicht. In den Fällen, in denen die Zuständigkeiten sich nicht decken, ist für die Bewertung dann jedoch das Gesundheitsamt zuständig, das Adressat der Meldung war oder dem die Daten bekannt geworden sind. Die Aufgabenerfüllung des nach § 11 Abs. 3 zuständigen Gesundheitsamts wird dadurch nicht gefährdet, da die nach § 9 Abs. 4 als Adressaten der Meldung zuständigen Gesundheitsämter gem. § 9 Abs. 5 zur fallbezogenen Übermittlung der Meldedaten an das Gesundheitsamt des Hauptwohnsitzes oder des gewöhnlichen Aufenthalts verpflichtet sind. In den Fällen der Meldung nosokomialer Infektionen nach § 10 Abs. 1 (→ § 10 Rn. 9) ist das Gesundheitsamt, in dessen Bezirk sich die Einrichtung befindet, die von dem Ausbruch nosokomialer Infektionen betroffen ist, sowohl als Adressat der Meldung als auch gem. § 11 Abs. 3 S. 3 für die Vervollständigung, Zusammenführung und Übermittlung der Daten zuständig. Hier ergibt sich also immer ein Gleichlauf der Zuständigkeit für die Bewertung, Vervollständigung, Zusammenführung und Übermittlung.

5   Ausweislich Abs. 1 S. 1 muss das Vervollständigen, Zusammenführen und Übermitteln der Falldaten durch das nach Abs. 3 zuständige Gesundheitsamt an die zuständige Landesbehörde spätestens am **nächsten Arbeitstag** erfolgen, also je nach Fallgestaltung dem Tag nach Eingang, Kenntniserlangung

oder Erhalt der Daten. Die Frist gilt gem. Abs. 1 S. 4. auch für die **Berichtigung** oder **Vervollständigung** von Daten und läuft dann ab Kenntniserlangung der neuen oder richtigen Angaben. Eine **Regelungslücke** in Bezug auf die Frist für die **Bewertung und Weiterleitung** der Daten durch die Gesundheitsämter ergibt sich so aber für den Fall, dass sich das als Adressat für die Meldung fungierende Gesundheitsamt nach § 9 Abs. 4 von dem für die Vervollständigung, Zusammenführung und Weiterleitung gem. § 11 Abs. 3 zuständigen Gesundheitsamt unterscheidet. § 9 Abs. 5 sieht nämlich keine Frist für die Weiterleitung der Daten an die Gesundheitsämter des Hauptwohnsitzes oder des gewöhnlichen Aufenthalts vor. Angesichts der Pflicht zur Meldung binnen spätestens eines Tages in den §§ 9 und 10 Abs. 1, die sich ebenso für die Vervollständigung, Zusammenführung und Weiterleitung in § 11 Abs. 1 findet, ist jedoch auch hier von einer Pflicht zur unverzüglichen Bearbeitung auszugehen, die höchstens einen Arbeitstag dauern darf. Dies wird auch vom Zweck der Norm gestützt, einen möglichst schnellen und unterbrechungsfreien Informationsfluss zu gewährleisten (*Gerhardt*, § 11 Rn. 1).

Die Einräumung einer Bearbeitungszeit von einem Arbeitstag ist im Zu-   **5a** sammenhang mit der COVID-19-Pandemie häufig kritisiert worden. Sie führt dazu, dass die vom RKI täglich gemeldeten Fallzahlen im Wochenverlauf teils beachtliche Schwankungen aufweisen, weil insbesondere an Wochenenden nicht alle Gesundheitsämter Zahlen melden. Die Kritik ist teilweise berechtigt. Auch wenn es gerade in Zeit epidemischer Ereignisse für politische Entscheidungen unerlässlich ist, über ein aktuelles Lagebild zu verfügen, kann es auch aus anderen Gründen immer zu Schwankungen der Fallzahlen oder Verzögerungen von Meldungen kommen. Aus diesem Grund wird meist die **7-Tage-Inzidenz** zur Grundlage politischer Entscheidungen und der Verhängungen von Schutzmaßnahmen (→ **§ 28a Rn. 119ff.**) gemacht. Eine Änderung der Regelung ist daher nicht zwingend erforderlich, zumal eine große Zahl von Gesundheitsämtern schon heute auch am Wochenende ihre Zahlen unverzüglich weiterleitet. Gerade vor dem Hintergrund, dass Meldungen auf der Grundlage des IfSG im Übrigen unverzüglich erfolgen müssen (vgl. → § 9 Rn. 20 f.; → Rn. 16, 19) und dass in der Bevölkerung der vertrauensschmälernde Eindruck einer behäbigen und untätigen Verwaltung entsteht, sollte jedoch über eine Verpflichtung zur unverzüglichen Meldung nachgedacht werden. In diesem Fall müssten jedoch auch alle Gesundheitsämter personell, finanziell und technisch so ausgestattet werden, dass sie in der Lage sind, diese Verpflichtung zu erfüllen. Dasselbe gilt auch für die Übermittlung durch die Landesbehörde an das RKI (→ Rn. 6).

II. Übermittlung an das RKI durch die zuständige Landesbehörde

Die zuständige Landesbehörde muss nach Übermittlung der aufbereiteten   **6** Daten durch das nach Abs. 3 zuständige Gesundheitsamt die in Abs. 1 S. 1 aufgeführten Daten an das **RKI** melden. Die Meldung muss spätestens am **nächsten Arbeitstag** erfolgen.

Die zuständige Landesbehörde bestimmt sich nach Landesrecht (vgl. IfS-   **7** GZustV BW 2007, GBl. 2007, 361 oder § 4 Abs. 3 IfSBG NRW v. 14.4.2020, GV NRW, 218b).

8   Die Übermittlung an das RKI dient **epidemiologischen Zwecken,** sodass der Katalog der nach Abs. 1 Nr. 1 zu meldenden Daten des Betroffenen dessen Namen nicht vorsieht (*Gerhardt*, § 11 Rn. 2). Es handelt sich dennoch um die **Verarbeitung personenbezogener Daten** (ausf. → § 10 Rn. 3). Abs. 1 Nr. 1 lit. e erfordert angesichts der im Übrigen nichtnamentlichen Meldung an das RKI und des von § 10 Abs. 1 S. 2 Nr. 2 lit. f abweichenden Wortlauts nicht die Angabe personenbezogener Daten etwaiger Ansteckungsquellen (→ § 10 Rn. 11, 16). Nr. 2 erfordert die Angabe aller (→ Rn. 4) zuständigen Gesundheitsämter.

9   Für die Weiterleitung der Meldung **nosokomialer Infektionen** iSd § 6 Abs. 3 S. 1 nach § 10 Abs. 1 sieht Abs. 1 S. 2 eine Reduzierung des Umfangs der von der Landesbehörde an das RKI zu meldenden Informationen vor. Gemeldet werden müssen nur die Angaben nach Abs. 1 Nr. 1 lit. a–e einzelfallbezogen zu den aufgetretenen Infektionen und den damit zusammenhängenden Kolonisationen sowie die Angaben nach Nr. 2 und 3.

10   Das RKI bestimmt technische Übermittlungsstandards für die Übermittlung der Daten durch die Landesbehörden (Abs. 1 S. 3).

11   Für die **Berichtigung** und **Vervollständigung** von Angaben gelten die Regeln der S. 1–3 entsprechend. Sie muss binnen eines Arbeitstages ab Kenntniserlangung der neuen oder richtigen Tatsachen erfolgen.

C. Falldefinitionen (Abs. 2)

12   Die **Bewertung** der gemeldeten oder anderweitig zur Kenntnis gelangten Daten muss durch das zuständige Gesundheitsamt (ausf. → Rn. 4) gem. Abs. 1 S. 1 anhand von **Falldefinitionen** erfolgen. Sie legen für jede in §§ 6, 7 genannte Erkrankung, deren Verdacht, den Tod daran oder den Nachweis von Krankheitserregern die jeweiligen epidemiologischen Anforderungen fest. Auf diese Weise kann eine einheitliche Bewertung und somit eine Vergleichbarkeit bei der Auswertung der Meldungen sichergestellt werden (*Gerhardt*, § 11 Rn. 13). Die **Erstellung** und **Fortführung** dieser Falldefinitionen ist gem. Abs. 2 Aufgabe des **RKI**. Die Falldefinitionen sind online abrufbar unter www.rki.de → Infektionsschutz → Infektionsschutzgesetz → Falldefinitionen.

D. Zuständiges Gesundheitsamt nach Abs. 1 (Abs. 3)

13   Abs. 3 legt die **Zuständigkeit** für die nach Abs. 1 S. 1 vorgesehenen Übermittlung der Daten vom Gesundheitsamt an die zuständige Landesbehörde fest. Die Norm sieht hierbei in den S. 1–3 eine **hierarchische Zuständigkeitsfolge** vor, die durch S. 4 flexibilisiert wird. Gem. S. 1 ist grundsätzlich das Gesundheitsamt zuständig, in dessen Bezirk die betroffene Person ihren **Hauptwohnsitz** (→ § 9 Rn. 11) hat oder zuletzt hatte. Sofern der Hauptwohnsitz nicht feststellbar ist oder die Person dort nicht auch ihren gewöhnlichen Aufenthalt (→ § 9 Rn. 10) hat, ist nach S. 2 das Gesundheitsamt zuständig, in dessen Bezirk die Person ihren **gewöhnlichen Aufenthalt** hat. Ist auch ein gewöhnlicher Aufenthalt nicht feststellbar, ist nach S. 3 das Gesundheitsamt zuständig, das die **Daten zuerst verarbeitet** hat. Die Zuständigkeit dieses

Gesundheitsamt gilt zudem immer in den Fällen der Meldung einer nosokomialen Infektion. Gem. § 10 Abs. 1 handelt es sich dabei um das Gesundheitsamt, in dessen Bezirk sich die betroffene Einrichtung befindet (→ § 10 Rn. 9).

S. 4 ermöglicht eine von dieser starren hierarchischen Zuständigkeitsbestimmung abweichende **Flexibilisierung.** Das nach S. 1–3 zuständige Gesundheitsamt kann seine Zuständigkeit an ein anderes Gesundheitsamt abgeben. Hierfür ist aber dessen Zustimmung erforderlich. Als Beispiel, wann eine solche Abgabe zweckmäßig ist, nennt das Gesetz die Erforderlichkeit weiterer Ermittlungen nach § 25 Abs. 1, die hauptsächlich im Bezirk eines anderen Gesundheitsamts erfolgen müssen. **14**

E. Übermittlung von Daten zu Impfschäden (Abs. 4)

Um dem zuständigen Paul-Ehrlich-Institut Ermittlungen zum Verdacht zu ermöglichen, ob ein Arzneimittel als Infektionsquelle fungiert (*Gerhardt,* § 11 Rn. 19), sieht Abs. 4 S. 1 eine Weiterleitung des nach § 6 Abs. 1 S. 1 Nr. 3 gemeldeten Verdachts einer über das übliche Maß einer **Impfreaktion** hinausgehenden gesundheitlichen Schädigung (zum Begriff → § 2 Rn. 38) an die zuständige Landesbehörde vor. **15**

Da Abs. 3 keine abweichende Regelung enthält, ist für die Weiterleitung der Daten an die Landesbehörde in Fällen des § 6 Abs. 1 S. 1 Nr. 3 das nach § 9 Abs. 4 als **Adressat der Meldung** fungierende **Gesundheitsamt** zuständig (→ § 9 Rn. 24 f.; *Gerhardt,* § 11 Rn. 20). Die Weiterleitung an die **Landesbehörde** muss unverzüglich (→ § 9 Rn. 20) erfolgen. Da hier keine Höchstfrist zur Meldung vorgesehen ist, muss im Unterschied zu § 9 Abs. 3 jedoch davon ausgegangen werden, dass **keine unvollständigen Meldungen** weitergeleitet werden sollen und die nach S. 2 ggf. erforderlichen Ermittlung fehlender Angaben die Frist der Übermittlung verlängern (teils aA *Gerhardt,* § 11 Rn. 22). **16**

Die Zuständigkeit der Landesbehörde bestimmt sich nach Landesrecht (→ Rn. 7). **17**

S. 2 legt fest, dass alle **notwendigen Informationen** an die Landesbehörde zu übermitteln sind und nennt Beispiele hierfür. Notwendig sind Angaben, die zur zweifelsfreien Identifikation des betroffenen Impfstoffs und der möglicherweise von ihm verursachten Erkrankung benötigt werden. Erforderlich sollen auch Angaben zur Impfanamnese, Diagnose der Komplikationen, Untersuchungen und zur Differentialdiagnose sowie zum Verlauf und der Therapie der Impfreaktion sein (*Gerhardt,* § 11 Rn. 25). Das für die Übermittlung zuständige Gesundheitsamt ist gem. Abs. 4 S. 2 verpflichtet, diese Daten notfalls zu ermitteln. Über die betroffene Person dürfen gem. S. 3 lediglich Geburtsdatum, Geschlecht sowie jeweils der erste Buchstabe des ersten Vor- und Nachnamens (→ § 10 Rn. 20) angegeben werden. **18**

Die zuständige **Landesbehörde** muss die Daten, ebenfalls **unverzüglich** (→ Rn. 16), an das **Paul-Ehrlich-Institut** melden (S. 4). **19**

Daten, die von der Landesbehörde an das Paul-Ehrlich-Institut übermittelt werden, müssen **pseudonymisiert** (ausf. → § 10 Rn. 3) werden. Dass diese Pflicht die Landesbehörde trifft, ergibt sich aus der systematischen Stellung der Regelung in S. 5. **20**

§ 12 Übermittlungen und Mitteilungen auf Grund völker- und unionsrechtlicher Vorschriften

(1) [1]Im Hinblick auf eine übertragbare Krankheit, die nach Anlage 2 der Internationalen Gesundheitsvorschriften (2005) vom 23. Mai 2005 (BGBl. 2007 II S. 930, 932) eine gesundheitliche Notlage von internationaler Tragweite im Sinne von Artikel 1 Absatz 1 der Internationalen Gesundheitsvorschriften (2005) darstellen könnte, übermittelt die zuständige Behörde der zuständigen Landesbehörde unverzüglich folgende Angaben:

1. das Auftreten der übertragbaren Krankheit, Tatsachen, die auf das Auftreten der übertragbaren Krankheit hinweisen, oder Tatsachen, die zum Auftreten der übertragbaren Krankheit führen können,
2. die getroffenen Maßnahmen und
3. sonstige Informationen, die für die Bewertung der Tatsachen und für die Verhütung und Bekämpfung der übertragbaren Krankheit von Bedeutung sind.

[2]Die zuständige Behörde darf im Rahmen dieser Vorschrift die folgenden personenbezogenen Daten übermitteln

1. zur betroffenen Person:
   a) den Namen und Vornamen,
   b) Tag der Geburt und
   c) Anschrift der Hauptwohnung oder des gewöhnlichen Aufenthaltsortes und
2. den Namen des Meldenden.

[3]Die zuständige Landesbehörde übermittelt die in den Sätzen 1 und 2 genannten Angaben unverzüglich dem Robert Koch-Institut. [4]Darüber hinaus übermittelt die zuständige Landesbehörde dem Robert Koch- Institut auf dessen Anforderung unverzüglich alle ihr vorliegenden Informationen, die für Mitteilungen an die Weltgesundheitsorganisation im Sinne der Artikel 6 bis 12 und 19 Buchstabe c der Internationalen Gesundheitsvorschriften (2005) erforderlich sind. [5]Für die Übermittlungen von den zuständigen Landesbehörden an das Robert Koch-Institut kann das Robert Koch-Institut die technischen Übermittlungsstandards bestimmen. [6]Das Robert Koch-Institut bewertet die ihm übermittelten Angaben nach der Anlage 2 der Internationalen Gesundheitsvorschriften (2005) und nimmt die Aufgaben nach § 4 Absatz 1 Nummer 1 des IGVDurchführungsgesetzes wahr.

(2) [1]Im Hinblick auf Gefahren biologischen oder unbekannten Ursprungs nach Artikel 2 Absatz 1 Buchstabe a oder d des Beschlusses Nr. 1082/2013/EU des Europäischen Parlaments und des Rates vom 22. Oktober 2013 zu schwerwiegenden grenzüberschreitenden Gesundheitsgefahren und zur Aufhebung der Entscheidung Nr. 2119/98/ EG (ABl. L 293 vom 5. 11. 2013, S. 1; L 231 vom 4. 9. 2015, S. 16) übermittelt die zuständige Behörde der zuständigen Landesbehörde unverzüglich alle Angaben, die für Übermittlungen nach den Artikeln 6 bis 9

des Beschlusses Nr. 1082/2013/EU erforderlich sind. [2]Die zuständige Landesbehörde übermittelt diese Angaben unverzüglich dem Robert Koch-Institut. [3]Für die Übermittlung an das Robert Koch-Institut kann das Robert Koch-Institut die technischen Übermittlungsstandards bestimmen. [4]Das Robert Koch-Institut ist in dem in Satz 1 genannten Bereich der Gefahren biologischen oder unbekannten Ursprungs die zuständige nationale Behörde im Sinne der Artikel 6 und 8 bis 10 des Beschlusses Nr. 1082/2013/EU.

(3) Abweichungen von den Regelungen des Verwaltungsverfahrens in Absatz 1 Satz 1 bis 5 und Absatz 2 Satz 1 bis 3 durch Landesrecht sind ausgeschlossen.

A. Zweck und Bedeutung der Norm

§ 12 betrifft die **Übermittlung** von **Daten** an übergeordnete Behörden zur **1** Erfüllung **internationaler Verpflichtungen.** Er wurde durch das GMÜK v. 17.7.2017 (BGBl. I 2615) neu gefasst und führt die bis dahin getrennt geregelten Anforderungen zur Mitteilung an die WHO mit den zugleich durch den Beschluss Nr. 1082/2013/EU (ABl. L 293 v. 5.11.2013, 1) neu gefassten Erfordernissen auf europäischer Ebene zusammen.

B. Datenübermittlung (Abs. 1, 2)

I. Übermittlung in Hinblick auf eine übertragbare Krankheit (Abs. 1)

1. Übermittlung an die zuständige Landesbehörde (S. 1, 2). Abs. 1 **2** verpflichtet die zuständige Behörde Daten mit Bezug zu einer **übertragbaren Krankheit iSd IGV (2005)** gem. S. 1 und 2 an die zuständige **Landesbehörde** zu übermitteln.

Eine **übertragbare Krankheit** iSd Norm ist eine, die nach Anlage 2 der **3** IGV (2005) v. 23.5.2005 (BGBl. 2007 II 930) eine gesundheitliche Notlage von internationaler Tragweite iSd Art. 1 Abs. 1 der IGV darstellen kann (→ Einf. Rn. 40f.). Eine **gesundheitliche Notlage** von internationaler Tragweite ist ein außergewöhnliches Ereignis, das durch die grenzüberschreitende Ausbreitung von Krankheiten eine Gefahr für die öffentliche Gesundheit anderer Staaten darstellt und möglicherweise eine abgestimmte internationale Reaktion erfordert. Die Bewertung erfolgt anhand des Algorithmus der **Anlage 2 der internationalen Gesundheitsvorschriften.** Ausweislich der Darstellung dort ist es immer gegeben beim Auftreten von Pocken, Poliomyelitis durch Wildtyp-Poliovirus, humane Influenza, verursacht durch einen neuen Subtyp des Virus und SARS. Es kann nach dem Schema der Anlage 2 vorliegen bei dem Auftreten von Cholera, Lungenpest, Gelbfieber, viralen hämorrhagischen Fiebern (Ebola, Lassa, Marburg), dem West-Nil-Fieber und anderen Krankheiten mit nationaler oder regionaler Bedeutung wie Dengue-Fieber, Rift-Tal-Fieber und Meningokokken-Krankheiten.

4   Die **zuständige Behörde** und die zuständige Landesbehörde bestimmen sich je nach Landesrecht (→ § 11 Rn. 7). Es wird nicht das Gesundheitsamt als zuständige Behörde adressiert, da nicht immer das Betrauen einer mit einem/r Amtsarzt/-ärztin besetzten Behörde erforderlich ist (BT-Drs. 18/10938, 58). Die Übermittlung muss **unverzüglich,** also ohne schuldhaftes Zögern, erfolgen. Angesichts des Fehlens einer Höchstfrist gilt auch hier wie in § 11 Abs. 4 (→ § 11 Rn. 16), dass **keine unvollständigen Meldungen** weitergeleitet werden sollen. S. 2 erlaubt den Behörden die Verarbeitung der dort aufgeführten personenbezogenen Daten.

5   **2. Übermittlung an das RKI (S. 3–5).** Die an die **Landesbehörde** übermittelten Daten müssen von ihr gem. S. 3 **unverzüglich** (→ Rn. 4) an das **RKI** weitergeleitet werden. Nach Aufforderung durch das RKI muss die Landesbehörde laut S. 4 zudem unverzüglich alle ihr vorliegenden Informationen übermitteln, die für eine Mitteilung an die WHO iSd Art. 6–12, 19 lit. c der IGV (2005) erforderlich sind. Da sie der Behörde vorliegen müssen, besteht für sie keine Ermittlungspflicht. **Erforderliche Informationen** stellen zB sachdienliche Angaben über Infektions- und Verseuchungsquellen dar. Für die Übermittlung durch die Landesbehörde legt das RKI technische Übermittlungsstandards fest.

6   **3. Aufgaben des RKI (S. 6).** Abs. 1 S. 6 legt fest, dass das **RKI** die Bewertung der übermittelten Daten in Bezug auf die Meldung an die WHO nach dem Schema der Anlage 2 der IGV (2005) übernimmt. Außerdem bestimmt er, dass das RKI die Aufgaben nach § 4 Abs. 1 Nr. 1 des IGV-Durchführungsgesetzes wahrnimmt. Das RKI trifft daher für den Bereich der übertragbaren Krankheiten die Entscheidung, welche Mitteilungen von nationalen Behörden an die **WHO** und von der WHO an welche nationalen Behörden weitergeleitet werden.

II. Übermittlung in Hinblick auf Gefahren biologischen oder unbekannten Ursprungs (Abs. 2)

7   **1. Datenübermittlung (S. 1–3).** Die zuständige Behörde übermittelt nach Abs. 2 S. 1 der zuständigen Landesbehörde unverzüglich alle Angaben, die gem. Art. 6–9 des Beschl. Nr. 1082/2013/EU in Bezug auf Gefahren biologischen oder unbekannten Ursprungs iSd Art. 2 des Beschl. Nr. 1082/2013/EU erforderlich sind. Die zuständigen Behörden und Landesbehörden ergeben sich aus dem Landesrecht (→ Rn. 4). Da der Anwendungsbereich der Regelung über den Bereich der übertragbaren Krankheiten hinausgeht, wird nicht das Gesundheitsamt direkt adressiert (BT-Drs. 18/10938, 58). Zum Begriff „unverzüglich" → Rn. 4. **Gefahren biologischen Ursprungs** sind gem. Art. 2 Abs. 1 lit. a Gefahren in Form von übertragbaren Krankheiten, von Antibiotikaresistenzen und nosokomialen Infektionen mit übertragbaren Krankheiten oder von Biotoxinen oder anderen schädlichen biologischen Agenzien, die nicht in Zusammenhang mit übertragbaren Krankheiten stehen. **Erforderliche Angaben** gem. der Art. 6–9 des Beschl. Nr. 1082/2013/EU sind zB zweckdienliche Angaben über die Entwicklung der epidemischen Lage oder hinsichtlich ungewöhnlicher epidemischer Erscheinungen oder neuer übertragbarer Krankheiten unbekannter Herkunft. Sofern personenbezogene Daten übermittelt werden, erfolgt dies auf der rechtlichen Grundlage des Beschl. Nr. 1082/2013/EU, der eine ggü. der VO (EU) 2016/679 speziellere datenschutzrechtliche Regelung auf europäischer Ebene darstellt (BT-Drs. 18/10938, 58).

Gem. S. 2 übermittelt die zuständige **Landesbehörde** die Angaben **unver-** 8 **züglich** (→ Rn. 4) an das **RKI,** das gem. S. 3 technische Standards zur Übermittlung bestimmen kann.

2. Aufgaben der RKI (S. 4). S. 4 überträgt dem **RKI** ferner die Aufgabe 9 als zuständige nationale Behörde im Sinne der Art. 6, 8–10 des Beschl. Nr. 1082/2013/EU für den **Bereich der Gefahren biologischen oder unbekannten Ursprungs.** Es ist somit der nationale Teil des europäischen Netzes zur epidemiologischen Überwachung, das vom Europäischen Zentrum für die Prävention und Kontrolle von Krankheiten betrieben und koordiniert wird (→ Einf. Rn. 46). Außerdem ist es für die Datenweitergabe in diesem Netz auf deutscher Seite verantwortlich, übermittelt und empfängt Warnmeldungen und zugehörige Informationen sowie Risikobewertungen.

C. Abweichungsfestigkeit des Verwaltungsverfahrens (Abs. 3)

Die in den Abs. 1 S. 1–5 und Abs. 2 S. 1–3 niedergelegten Regeln für das 10 **Verwaltungsverfahren,** d. h. insbesondere die Meldewege und zu meldenden Angaben, können gem. Abs. 3 nicht durch Landesrecht geändert werden. Abs. 3 greift damit die in Art. 84 Abs. 1 S. 5 GG vorgesehene Möglichkeit zur Regelung des Verwaltungsverfahrens durch den Bund ohne Abweichungsmöglichkeiten durch die Länder **(Abweichungsfestigkeit)** mit der Begründung auf, dass die Erfüllung der völker- und unionsrechtlichen Verpflichtungen ein besonderes Bedürfnis nach einer bundeseinheitlichen Regelung des Verwaltungsverfahrens bei der Informationslieferung durch die Bundesländer erzeuge (BT-Drs. 18/10938, 59).

§ 13 Weitere Formen der epidemiologischen Überwachung; Verordnungsermächtigung

(1) ¹Zur Überwachung übertragbarer Krankheiten können der Bund und die Länder weitere Formen der epidemiologischen Überwachung durchführen. ²Bei Erhebungen des Bundes ist den jeweils zuständigen Landesbehörden Gelegenheit zu geben, sich zu beteiligen. ³Das Bundesministerium für Gesundheit kann im Benehmen mit den jeweils zuständigen obersten Landesgesundheitsbehörden festlegen, welche Krankheiten und Krankheitserreger durch Erhebungen nach Satz 1 überwacht werden.

(2) ¹Das Robert Koch-Institut kann insbesondere nach Absatz 1 zur Überwachung übertragbarer Krankheiten in Zusammenarbeit mit ausgewählten Einrichtungen der Gesundheitsvorsorge oder -versorgung Sentinel-Erhebungen zu Personen, die diese Einrichtungen un-

abhängig von der Erhebung in Anspruch nehmen, koordinieren und durchführen zur Ermittlung

1. der Verbreitung übertragbarer Krankheiten, wenn diese Krankheiten von großer gesundheitlicher Bedeutung für das Gemeinwohl sind, und

2. des Anteils der Personen, der gegen bestimmte Erreger nicht immun ist, sofern dies notwendig ist, um die Gefährdung der Bevölkerung durch diese Krankheitserreger zu bestimmen.

[2]Die Sentinel-Erhebungen können auch über anonyme unverknüpfbare Testungen an Restblutproben oder anderem geeigneten Material erfolgen. [3]Werden personenbezogene Daten verwendet, die bereits bei der Vorsorge oder Versorgung erhoben wurden, sind diese zu anonymisieren. [4]Daten, die eine Identifizierung der in die Untersuchung einbezogenen Personen erlauben, dürfen nicht erhoben werden. [5]Die obersten Landesgesundheitsbehörden können zusätzliche Sentinel-Erhebungen durchführen.

(3) [1]Für Zwecke weiterer Untersuchungen und der Verwahrung können die in § 23 Absatz 3 Satz 1 genannten Einrichtungen sowie Laboratorien Untersuchungsmaterial und Isolate von Krankheitserregern an bestimmte Einrichtungen der Spezialdiagnostik abliefern, insbesondere an nationale Referenzzentren, an Konsiliarlaboratorien, an das Robert Koch-Institut und an fachlich unabhängige Landeslaboratorien. [2]Die Einrichtungen der Spezialdiagnostik können Untersuchungsmaterial und Isolate von Krankheitserregern für den gleichen Zweck untereinander abliefern. [3]Gemeinsam mit dem abgelieferten Material können pseudonymisierte Falldaten übermittelt werden. [4]Die Ergebnisse der Untersuchungen können an die abliefernden Einrichtungen übermittelt werden sowie pseudonymisiert einem nach § 7 gemeldeten Fall zugeordnet werden. [5]Eine Wiederherstellung des Personenbezugs der übermittelten pseudonymisierten Daten ist für die Einrichtungen der Spezialdiagnostik auszuschließen. [6]Enthält das Untersuchungsmaterial humangenetische Bestandteile, sind angemessene Maßnahmen zu treffen, die eine Identifizierung betroffener Personen verhindern. [7]Humangenetische Analysen des Untersuchungsmaterials sind verboten. [8]Das Bundesministerium für Gesundheit wird ermächtigt, durch Rechtsverordnung ohne Zustimmung des Bundesrates festzulegen, dass die Träger der in § 8 Absatz 1 Nummer 2 und 3 genannten Einrichtungen sowie Einrichtungen des öffentlichen Gesundheitsdienstes, in denen Untersuchungsmaterial und Isolate von Krankheitserregern untersucht werden, verpflichtet sind, Untersuchungsmaterial und Isolate von Krankheitserregern zum Zwecke weiterer Untersuchungen und der Verwahrung an bestimmte Einrichtungen der Spezialdiagnostik abzuliefern (molekulare und virologische Surveillance). [9]Die Sätze 3 bis 7 gelten entsprechend. [10]In der Rechtsverordnung nach Satz 8 kann insbesondere bestimmt werden,

1. in welchen Fällen die Ablieferung zu erfolgen hat,

2. welche Verfahren bei der Bildung der Pseudonymisierung nach Satz 3 und bei den Maßnahmen nach Satz 6 anzuwenden sind,
3. dass Angaben zu Art und Herkunft des Untersuchungsmaterials sowie zu Zeitpunkt und Umständen der Probennahme zu übermitteln sind und
4. in welchem Verfahren und in welcher Höhe die durch die Ablieferungspflicht entstehenden Kosten für die Vorbereitung, die Verpackung und den Versand der Proben erstattet werden und welcher Kostenträger diese Kosten übernimmt.

[11]Die Länder können zusätzliche Maßnahmen der molekularen und virologischen Surveillance treffen.

(4) [1]Für Zwecke der Überwachung der Verbreitung von Krankheitserregern, insbesondere solcher mit Resistenzen, und der entsprechenden Therapie- und Bekämpfungsmaßnahmen können die in Absatz 3 Satz 1 genannten Einrichtungen untereinander pseudonymisierte Falldaten übermitteln. [2]Das Bundesministerium für Gesundheit wird ermächtigt, durch Rechtsverordnung ohne Zustimmung des Bundesrates festzulegen, dass bestimmte in Absatz 3 Satz 1 genannte Einrichtungen verpflichtet sind, dem Robert Koch-Institut in pseudonymisierter Form einzelfallbezogen folgende Angaben zu übermitteln:
1. Angaben über von ihnen untersuchte Proben in Bezug auf bestimmte Krankheitserreger (Krankheitserregersurveillance), oder
2. Angaben über das gemeinsame Vorliegen von verschiedenen Krankheitszeichen (syndromische Surveillance).

[3]In der Rechtsverordnung kann insbesondere bestimmt werden,
1. welche Angaben innerhalb welcher Fristen zu übermitteln sind,
2. welche Verfahren bei der Bildung der Pseudonymisierung anzuwenden sind und
3. in welchem Verfahren und in welcher Höhe die durch die Übermittlungspflicht entstehenden Kosten erstattet werden und wer diese Kosten trägt.

[4]Eine Wiederherstellung des Personenbezugs der nach Satz 1 oder der auf Grund der Rechtsverordnung nach Satz 2 übermittelten pseudonymisierten Daten ist für den jeweiligen Empfänger der Daten auszuschließen.

(5) [1]Die Kassenärztlichen Vereinigungen und, soweit die Angaben bei ihnen vorliegen, die für die Durchführung von Impfleistungen eingerichteten Impfzentren haben für Zwecke der Feststellung der Inanspruchnahme von Schutzimpfungen und von Impfeffekten (Impfsurveillance) dem Robert Koch-Institut und für Zwecke der Überwachung der Sicherheit von Impfstoffen (Pharmakovigilanz) dem Paul-Ehrlich-Institut, in von diesen festgelegten Zeitabständen folgende Angaben zu übermitteln:
1. Patienten-Pseudonym,
2. Geburtsmonat und -jahr,
3. Geschlecht,

4. fünfstellige Postleitzahl und Landkreis des Patienten,
5. Landkreis des behandelnden Arztes oder des Impfzentrums,
6. Fachrichtung des behandelnden Arztes,
7. Datum der Schutzimpfung, der Vorsorgeuntersuchung, des Arzt-Patienten-Kontaktes und Quartal der Diagnose,
8. antigenspezifische Dokumentationsnummer der Schutzimpfung, bei Vorsorgeuntersuchungen die Leistung nach dem einheitlichen Bewertungsmaßstab,
9. Diagnosecode nach der internationalen statistischen Klassifikation der Krankheiten und verwandter Gesundheitsprobleme (ICD), Diagnosesicherheit und Diagnosetyp im Sinne einer Akut- oder Dauerdiagnose,
10. bei Schutzimpfungen gegen Severe-Acute-Resipratory-Syndrome-Coronavirus-2 (SARS-CoV-2) zusätzlich die impfstoffspezifische Dokumentationsnummer, die Chargennummer, die Indikation sowie den Beginn oder den Abschluss der Impfserie.

[2]Das Bundesministerium für Gesundheit wird ermächtigt, durch Rechtsverordnung ohne Zustimmung des Bundesrates zu bestimmen, dass Personen oder Einrichtungen, die für die Durchführung von Schutzimpfungen verantwortlich sind, bestimmte Angaben nach Satz 1 zu von ihnen durchgeführten Schutzimpfungen für Zwecke der Impfsurveillance und der Pharmakovigilanz an das Robert Koch-Institut, an das Paul-Ehrlich-Institut oder an die zuständige Kassenärztliche Vereinigung zu übermitteln haben. [3]Die Kassenärztlichen Vereinigungen sind befugt, die ihnen nach Satz 2 übermittelten Daten zu verarbeiten, soweit es erforderlich ist, um ihre Verpflichtung nach Satz 1 zu erfüllen. [4]Das Robert Koch-Institut bestimmt die technischen Übermittlungsstandards für die im Rahmen der Impfsurveillance und der Pharmakovigilanz zu übermittelnden Daten sowie das Verfahren zur Bildung des Patienten-Pseudonyms nach Satz 1 Nummer 1. [5]Eine Wiederherstellung des Personenbezugs der übermittelten pseudonymisierten Daten ist für das Robert Koch-Institut und das Paul-Ehrlich-Institut auszuschließen.

(6) *(ab 1.11.2021 in Kraft)*

[1]Für Zwecke der Feststellung einer überdurchschnittlichen Sterblichkeit hat das zuständige Standesamt der zuständigen Landesbehörde spätestens am dritten Arbeitstag nach der Eintragung in das Sterberegister und hat die zuständige Landesbehörde am folgenden Arbeitstag dem Robert Koch-Institut anonymisiert den Tod, die Todeserklärung oder die gerichtliche Feststellung der Todeszeit einer im Inland verstorbenen Person mit folgenden Angaben zu übermitteln (Mortalitätssurveillance):

1. Daten zum übermittelnden Standesamt,
2. Geschlecht der verstorbenen Person,
3. Jahr und Monat der Geburt der verstorbenen Person,
4. Todestag oder Todeszeitraum,
5. Sterbeort,

6. Landkreis oder kreisfreie Stadt des letzten Wohnsitzes der verstorbenen Person.

[2]**Für die Übermittlungen von den zuständigen Landesbehörden an das Robert Koch-Institut bestimmt das Robert Koch-Institut die technischen Übermittlungsstandards.** [3]**Die im Rahmen der Mortalitätssurveillance übermittelten Daten können durch das Robert Koch-Institut anderen obersten und oberen Bundesbehörden für den gleichen Zweck übermittelt werden.**

Übersicht

A. Zweck und Bedeutung der Norm

§ 13 sieht die Möglichkeit zur Durchführung **weiterer epidemiologischer Überwachungen** durch den Bund und die Länder vor. Die Norm legt die hierbei zu beachtenden Anforderungen fest und schafft **Verordnungsermächtigungen** zur Regelung von Grundsatzfragen. Ziel der Norm ist es, durch weitergehende Maßnahmen die epidemiologische Daten- und Informationslage in Bezug auf die Verbreitung und die Risiken von Krankheiten zu verbessern (BT-Drs. 14/2530, 67). **1**

Abs. 1 sieht die grundsätzliche Möglichkeit einer weitergehenden epidemiologischen Überwachung vor. Die Abs. 2–6 regeln dagegen spezielle Anwendungsfälle epidemiologischer Überwachung. So betrifft Abs. 2 die Durchführung sog. **Sentinel-Erhebungen** zur Erfassung der Verbreitung von und Immunität ggü. übertragbaren Krankheiten. Abs. 3 adressiert die **molekulare und virologische Surveillance** und behandelt den Austausch von Probenmaterial und Falldaten. Abs. 4 regelt den Austausch von Falldaten zur Überwachung der Verbreitung von Krankheitserregern sowie Krankheitsfällen und Abs. 5 die **Impfsurveillance sowie die Pharmakovigilanz.** Abs. 6 tritt erst am 1.11.2021 in Kraft und regelt dann die Datenübermittlung zum Zweck der **Mortalitätsüberwachung.** **2**

B. Weitere Formen der epidemiologischen Überwachung

I. Allgemeine Möglichkeit zur epidemiologischen Überwachung (Abs. 1)

3 Mit dem Einfügen von Abs. 1 durch Art. 1 Nr. 11 des GMÜK v. 17.7.2017 (BGBl. I 2615) wurde die Gesetzesgrundlage für weitere Arten der Vornahme **epidemiologischer Überwachung** durch die Gesundheitsbehörden geschaffen. Die Norm stellt keine datenschutzrechtliche Verarbeitungsgrundlage dar (BT-Drs. 18/10938, 59). Vielmehr ist hierfür das allgemeine Datenschutzrecht und somit in aller Regel die VO (EU) 2016/679 heranzuziehen.

4 Die Norm berechtigt nach dem klaren Wortlaut des S. 1 die **Gesundheitsbehörden** des Bundes und der Länder. Sofern der Bund eine Erhebung durchführt, ist er aber verpflichtet, den **Landesbehörden** eine **Beteiligungsmöglichkeit** einzuräumen (S. 2). Im Vergleich zu Abs. 3 der vorherigen Version der Norm wird dadurch zugleich klargestellt, dass die Länder frei entscheiden können, ob sie an einer Erhebung des Bundes mitwirken wollen. Den Gegenstand der Erhebung – also die Verbreitung von und Immunität ggü. welchen Krankheiten und Krankheitserregern untersucht werden sollen – legt das BMG im **Benehmen** mit den jeweils zuständigen obersten Landesgesundheitsbehörden fest. Anders als das Einvernehmen, das ein Einverständnis der anderen Seite voraussetzt, erfordert das Benehmen nur, dass der anderen Seite Gelegenheit zur Stellungnahme gegeben werden muss, wobei deren Äußerungen zur Kenntnis genommen und in die Überlegungen einbezogen werden (*Weber* in Creifelds Rechtswörterbuch, 24. Ed. 2020, Einvernehmen). Von den Ansichten der Landesgesundheitsbehörden kann also unter Beachtung sachlicher Gesichtspunkte abgewichen werden.

II. Sentinel-Erhebungen (Abs. 2)

5 Abs. 2 sieht die Möglichkeit der Durchführung von **Sentinel-Erhebungen** vor. Der Begriff wird in § 2 Nr. 13 legal definiert (→ § 2 Rn. 42). Es handelt sich dabei um spezielle Erhebungen nach Abs. 1. Mit ihnen können, anders als beim reinen Bezug von Daten über das Meldesystem, differenziertere Aussagen über die Verbreitung von und Immunität ggü. Krankheiten und Krankheitserregern getroffen und durch zusätzliche Diagnostik weitergehende Erkenntnisse über sie gewonnen werden (*BBS*, § 13 Rn. 3). Die Norm bestimmt, zu welchen Zwecken solche Erhebungen durchgeführt werden dürfen, und macht grundlegende datenschutzrechtliche Vorgaben.

6 Abs. 2 berechtigt das **RKI** zur Koordination und Durchführung. Es kann dabei jedoch mit **ausgewählten Einrichtungen** der Gesundheitsvorsorge oder -versorgung zusammenarbeiten. Hierzu zählen Arztpraxen, Krankenhäuser, Labore, Blutspendedienste oder Gesundheitsämter (*Gerhardt*, § 13 Rn. 8; *BBS*, § 13 Rn. 5). Die Verwendung des Begriffs „ausgewählt" macht deutlich, dass eine Einrichtung für eine Kooperation wissenschaftliche und medizinische Mindeststandards einhalten muss. Die Zusammenarbeit erfolgt auf freiwilliger Basis (*Gerhardt*, § 13 Rn. 8).

Teilnehmer der Erhebungen sind Personen, die eine Einrichtung zur Ge- 7
sundheitsvorsorge oder -versorgung unabhängig von der Sentinel-Erhebung
in Anspruch nehmen. Eine zielgerichtete Suche oder Anwerben von Studien-
teilnehmern darf somit gerade nicht stattfinden (*Gerhardt,* § 13 Rn. 9).

Die Sentinel-Erhebungen müssen einem der in Abs. 2 S. 1 Nr. 1, 2 genann- 8
ten Zwecke dienen.

Dies ist nach Nr. 1 die Ermittlung der Verbreitung einer übertragbaren 9
Krankheit, wenn die Krankheit für das Gemeinwohl von großer gesundheitlicher Bedeutung ist. Der Begriff übertragbare Krankheit ist in § 2 Nr. 3
(→ § 2 Rn. 7 ff.) legaldefiniert. Es werden sowohl meldepflichtige als auch
nicht meldepflichtige Krankheiten erfasst (*BBS,* § 13 Rn. 1). Sie haben bereits
große gesundheitliche **Bedeutung für das Gemeinwohl,** wenn sie besonders häufig sind (BT-Drs. 14/2530, 67). Eine große Bedeutung muss sich jedoch auch dann ergeben, wenn die Folgen einer Krankheit besonders schwer
sind. Bei der Auslegung des Begriffs existiert daher einiger Spielraum.

Die Durchführung von Sentinel-Erhebung ist zudem zulässig zur Ermitt- 10
lung des Bevölkerungsanteils ohne **Immunität** gegen einen Erreger, um so
die vom Erreger ausgehende Gefahr zu ermitteln. Der Erreger kann neu auftreten oder bereits bekannt und auch meldepflichtig sein.

S. 2–4 enthalten datenschutzrechtliche Vorgaben für die Durchführung sol- 11
cher Erhebungen. S. 2 betrifft dabei die Durchführung anonymer unverknüpf-
barer Testungen, sog. **AUTs,** von Restblutproben oder anderem geeigneten
Material. Restblutproben sind Überschüsse von Blutproben, die zu anderen
Zwecken abgenommen wurden und eigentlich vernichtet würden. Bei einer
AUT wird der Personenbezug zwischen dem Probenmaterial und dem Patienten bereits vor der Entnahme für die Zweituntersuchung endgültig aufgehoben, sodass Rückschlüsse auf den Patienten nicht mehr möglich sind (*BBS,*
§ 13 Rn. 6).

Gem. S. 3 ist für die Durchführung von Sentinel-Erhebungen jedoch auch 12
die Nutzung anderer Testverfahren und anderen Probenmaterials erlaubt, sofern vorhandene personenbezogene Daten anonymisiert werden. Bei den zu
anonymisierenden Daten handelt es sich um solche, die beim Besuch der
Einrichtung zur Vorsorge oder Versorgung für den eigentlich vom Patienten
beabsichtigten Behandlungszweck erhoben wurden. Da keine gesetzliche
Grundlage zur Verwendung dieser als besonders sensibel iSd Art. 9 Abs. 1 VO
(EU) 2016/679 zu kategorisierenden Daten (→ § 9 Rn. 3) vorliegt, insbes.
auch keine Einwilligung des Patienten, und der Personenbezug für die Sentinel-Erhebung nicht erforderlich ist, ist eine Anonymisierung der Daten vorzunehmen. Die Anonymisierung ist das unumkehrbare Entfernen des Personenbezugs (*Hansen* SHS Art. 4 Nr. 5 Rn. 23). S. 4 sieht darüber hinaus vor,
dass auch im Rahmen der Sentinel-Studie selbst keine personenbezogenen
Daten von Personen, die in die Erhebung einbezogen werden, erhoben werden dürfen.

S. 5 ermöglicht auch den **obersten Landesgesundheitsbehörden** die 13
Durchführung von Sentinel-Studien. Aus dem Begriff „zusätzlich" wird dabei
abgeleitet, dass die Erhebungen von denen, die das RKI durchgeführt hat, abweichen müssen (*Gerhardt,* § 13 Rn. 16). Gerade zur Sicherstellung sinnvoller
Mittelverwendung ist diese Interpretation zu begrüßen. Sie ist sprachlich je-

doch nicht zwingend. Für den Erkenntnisgewinn, zB über die Verbreitung eines Erregers in einer bestimmten, besonders schwer von einem Ausbruch betroffenen Region, kann auch die Durchführung regionaler Studien parallel zu oder nach einer vom RKI vorgenommenen Sentinel-Erhebung in einem anderen Bundesland oder zu einem anderen Zeitpunkt sinnvoll und nach Abs. 2 S. 5 zulässig sein. Eine Abstimmung zwischen dem RKI und den obersten Landesgesundheitsbehörden ist jedoch in jedem Fall wünschenswert.

III. Molekulare Surveillance (Abs. 3)

14   Abs. 3 ermöglicht **molekulare Surveillance,** einschließlich des Next Generation Sequencing, als besondere Form der epidemiologischen Überwachung. Durch die auf Basis der S. 8–10 mögliche RVO kann sogar eine Pflicht hierzu vorgesehen werden. Molekulare Surveillance ist die Analyse und Kontrolle prävalenter Infektionserreger mittels molekularer Diagnostik, dh mikrobiologischer Labordiagnostik auf molekularer Ebene zur Feintypisierung von Erregern (RKI-Fachwörterbuch Infektionsschutz und Infektionsepidemiologie, Stichwort „molekulare Surveillance" und „molekulare Diagnostik"). Mithilfe der Methoden können die Aufklärung und frühzeitige Identifizierung epidemiologischer Zusammenhänge deutlich gefördert werden. Dies ist wichtig für die Beurteilung von Krankheitserregern und deren Gefährlichkeit, zB in Bezug auf ihre Pathogenitäts- und Resistenzeigenschaften (BT-Drs. 18/10938, 59). Zusammen mit epidemiologischen Daten können so frühzeitig Schutzmaßnahmen eingeleitet und Übertragungsketten unterbrochen werden. Eine wesentliche Voraussetzung für die molekulare Surveillance ist die Erhebung der notwendigen Befunde. Sie ist jedoch nicht gesichert, da es sich dabei um Befunde handelt, die für Patienten nicht behandlungsrelevant sind. Die Norm sieht daher die Möglichkeit vor, dass medizinische Einrichtungen Untersuchungsmaterial und Isolate von Krankheitserregern an Spezialdiagnostikeinrichtungen abliefern können (BT-Drs. 18/10938, 60).

14a   Durch Art. 1 Nr. 10 lit. a) aa) 3. BevSchG vom 18. 11. 2020 (BGBl. I 2397) ist der Begriff der molekularen Surveillance durch den der virologischen Surveillance ergänzt worden. Virologische Surveillance meint das kontinuierliche systematische Sammeln, Analysieren und Interpretieren von infektionsepidemiologischen Daten (RKI-Fachwörterbuch Infektionsschutz und Infektionsepidemiologie, Stichwort „Surveillance, infektionsepidemiologische") zu Viren. Während die molekulare Surveillance somit die Methode betrifft, nimmt die virologische Surveillance auf die Art des Erregers Bezug. Der Sinn der Überarbeitung erscheint fraglich, da keine inhaltlichen Änderungen damit einhergehen. Die virologische Surveillance umfasst und benötigt alle epidemiologischen Methoden, die auch in der molekularen Surveillance genutzt werden, insbesondere die Typisierung anhand von DNA-Sequenzierungen. Zugleich spricht Abs. 3 auch weiterhin vom Oberbegriff der Krankheitserreger, also Viren, Bakterien, Pilzen und Parasiten (vgl. → § 2 Rn. 2ff.), sodass die Ablieferung und der Austausch von Untersuchungsmaterial und Isolaten nicht auf Viren beschränkt ist und somit keine inhaltliche Verengung erreicht wird.

Die Regelungen der molekularen und virologischen Surveillance in Abs. 3 **15**
unterteilen sich inhaltlich in drei Bereiche. S. 1–7 behandeln die Abgabe und
den Austausch von Untersuchungsmaterial. Hierbei adressieren die S. 3–7 insbes. datenschutzrechtliche Fragen. S. 8–10 sehen eine Verordnungsermächtigung zur Einführung einer Pflicht zur molekularen Surveillance vor. S. 11 ermächtigt auch die Länder zur Durchführung molekularer Surveillance.

1. Abgabe und Austausch von Untersuchungsmaterial (S. 1–7). S. 1 **16**
sieht vor, dass die in § 23 Abs. 3 S. 1 genannten Einrichtungen und Laboratorien Untersuchungsmaterial und Isolate von Krankheitserregern an bestimmte
Einrichtungen der Spezialdiagnostik zum Zweck der Untersuchung und Verwahrung abliefern.

Einrichtungen und Laboratorien gem. § 23 Abs. 3 S. 1 (→ § 23 Rn. 33) **17**
sind insbes. Krankenhäuser, Tages- und Rehakliniken oder Arztpraxen.

Ein **Isolat** ist das Gewinnen einer Reinkultur eines im Labor aus frischem **18**
Material angezüchteten mikrobiellen Infektionserregers (RKI-Fachwörterbuch Infektionsschutz und Infektionsepidemiologie, Stichwort „Isolat"). **Untersuchungsmaterial** ist Material, das von erkrankten, infizierten oder gesunden Personen stammt und einer Laboruntersuchung zugeführt werden soll
(RKI-Fachwörterbuch Infektionsschutz und Infektionsepidemiologie, Stichwort „Untersuchungsgut, medizinisches").

Als Beispiele für Einrichtungen der Spezialdiagnostik nennt die Norm na- **19**
tionale Referenzzentren, Konsiliarlaboratorien, das RKI und unabhängige
Landeslaboratorien. Bei **nationalen Referenzzentren** handelt es sich um
eine vom RKI in Abstimmung mit dem BMG berufene Einrichtung, in der
eine besonderer Expertise auf dem Gebiet eines speziellen Infektionserregers
vorhanden ist; von besonderer Bedeutung ist eine erregerspezifische Fach-
kompetenz mit Public-Health-Relevanz. Die Berufung erfolgt nach einem
offiziellen Bewerbungsverfahren für drei Jahre. Wichtige Aufgaben sind die
Verbesserung diagnostischer Verfahren, die Typisierung von Erregern über die
Routinediagnostik hinaus, das Führen von Stammsammlungen, die Mitwirkung an der Aufklärung epidemischer Zusammenhänge, das Erarbeiten von
Empfehlungen, insbes. für die Diagnostik, im Kontext des speziellen Infektionserregers und die Beratung des RKI und des ÖGD (RKI-Fachwörterbuch
Infektionsschutz und Infektionsepidemiologie, Stichwort „Nationales Refe-
renzzentrum"). **Konsiliarlaboratorien** sind mikrobiologische Laboratorien,
die bezüglich spezieller Erreger über eine besondere Expertise verfügen, Auskunft und Rat bei speziellen Fragen, die den Erreger in ihrer Zuständigkeit
betreffen, erteilen und Spezialdiagnostik durchführen. Sie werden nach einem
offiziellen Bewerbungsverfahren durch den Präsidenten des RKI berufen
(RKI-Fachwörterbuch Infektionsschutz und Infektionsepidemiologie, Stichwort „Konsiliarlaboratorien").

Zweck der Abgabe ist die **Verwahrung** oder eine **weitere Unter-** **20**
suchung. Hierdurch wird deutlich, dass die Abgabe nach Beendigung der ursprünglich mit dem Probenmaterial vorgesehenen Untersuchung erfolgt.

Gem. S. 2 können die in S. 1 genannten Einrichtungen der Spezialdiagnos- **21**
tik Untersuchungsmaterial und Isolate von Krankheitserregern auch untereinander abliefern.

22   In den Fällen sowohl von S. 1 als auch S. 2 können zusammen mit dem Material **pseudonymisierte Falldaten** übermittelt werden (S. 3). Zur Pseudonymisierung ausf. → § 10 Rn. 3. Der abliefernden Stelle bleibt eine Wiederherstellung des Personenbezugs somit möglich. Im Gegenzug können die Einrichtungen der Spezialdiagnostik Untersuchungsergebnisse an die Einrichtungen zurückmelden, die ihnen die Untersuchungsmaterialien und Isolate übermittelt haben, sodass sie dort einem nach § 7 gemeldeten Fall zugeordnet werden können (S. 4). Der Einrichtung für Spezialdiagnostik gegenüber muss die Wiederherstellung eines Personenbezugs aus den pseudonymisierten Daten hingegen ausgeschlossen sein (S. 5). Daraus folgt, dass die Einrichtung für Spezialdiagnostik den Personenbezug nicht nur nicht herstellen darf, es bedeutet auch, dass das Pseudonym für Außenstehende keine Rückschlüsse auf die dahinterstehende Person erlauben darf. Nicht gemeint ist, dass eine Anonymisierung, also die endgültige Aufhebung eines jeden Personenbezugs (*Hansen* SHS Art. 4 Nr. 5 Rn. 23), erfolgen muss, da dann die Rückmeldung nach S. 4 nicht mehr möglich wäre.

23   S. 6 und 7 betreffen **humangenetische Bestandteile** des Untersuchungsmaterials. Sofern sie vorliegen, sind Maßnahmen zu ergreifen, um die Identifikation von Betroffenen zu verhindern. Eine humangenetische Analyse des Materials ist laut S. 7 untersagt.

24   **2. Verordnungsermächtigung (S. 8–10).** S. 8 ermächtigt das BMG ohne Zustimmung des BR zum Erlass einer **RVO.** Die Verordnung kann die Pflicht für eine molekulare Surveillance vorsehen. Die **Zustimmungsbedürftigkeit** der Verordnungsermächtigung seitens des BR wurde durch Art. 1 Nr. 1 c Epi-Lage-FortgeltungsG v. 4.3.2021 (BGBl. I 370) **abgeschafft.** Als Grund hierfür wurde die Flexibilisierung der Anpassungsmöglichkeiten ebenso angeführt wie eine sachlich nicht zu rechtfertigende Ungleichbehandlung im Vergleich zur Ermächtigung in Abs. 4 (BT-Drs. 19/27291, 61). Insbesondere dem letztgenannten Grund ist als Argument für die Aufhebung der Zustimmungsbedürftigkeit zuzustimmen.

25   Verpflichtet werden dürfen **Träger** von in § 8 Abs. 1 Nr. 2, 3 genannten Einrichtungen und Einrichtungen des ÖGD, die Untersuchungsmaterial und Isolate von Krankheitserregern untersuchen. Zu den in § 8 Abs. 1 Nr. 2, 3 genannten Einrichtungen → § 8 Rn. 7 ff. Träger der Einrichtungen sind die betreibenden natürlichen oder juristischen Personen. **Einrichtungen des ÖGD** sind Einrichtungen, die Aufgaben des Gesundheitsschutzes, der Gesundheitsförderung und der Gesundheitsfürsorge wahrnehmen (RKI-Fachwörterbuch Infektionsschutz und Infektionsepidemiologie, Stichwort „Öffentlicher Gesundheitsdienst").

26   Die Pflicht erstreckt sich auf die Ablieferung zur Verwahrung (→ Rn. 20) und weiteren Untersuchung von Untersuchungsmaterial (→ Rn. 18) sowie von Isolaten (→ Rn. 18). Seit der Reform durch das 3. BevSchG v. 18.11.2020 (BGBl. I 2397) ist es nicht mehr erforderlich, dass aus dem Untersuchungsmaterial bereits meldepflichtige Nachweise von Krankheitserregern gewonnen wurden oder es sich um Isolate solcher Erreger handelt. Vielmehr ist nunmehr, wie auch im Fall des Abs. 3 S. 1 (→ Rn. 16 ff.), generell die Ablieferung von Untersuchungsmaterial und Isolaten von Krankheitserregern möglich.

Die Materialien sind bei den in Abs. 3 S. 1 genannten Einrichtungen der **27** Spezialdiagnostik (→ Rn. 19) abzugeben.

Gem. S. 9 sind beim Vorsehen einer solchen Pflicht die in Abs. 3 getroffe- **28** nen Regelungen zur Pseudonymisierung und zur Behandlung humangenetischen Materials weiter zu beachten.

S. 10 sieht in Nr. 1–4 vor, welche Details von der Verordnung nach S. 8 be- **29** stimmt werden dürfen, ua die Fälle, in denen eine Ablieferung erfolgen muss, oder welche Verfahren bei der Pseudonymisierung nach Abs. 3 zu verwenden sind.

3. Molekulare und virologische Surveillance durch die Länder **30** **(S. 11).** S. 11 erlaubt den **Ländern,** zusätzliche Maßnahmen der molekularen und virologischen Surveillance zu treffen (→ Rn. 13; zu den Begriffen → Rn. 14 f.).

IV. Übermittlung pseudonymisierter Falldaten (Abs. 4)

Abs. 4 ermöglicht den in Abs. 3 S. 1 genannten Einrichtungen den **Aus-** **31** **tausch pseudonymisierter Falldaten** zum Zweck der Überwachung und Verbreitung von Krankheitserregern sowie der sie betreffenden Therapie und Bekämpfungsmaßnahmen. Er sieht in S. 2 eine **Verordnungsermächtigung** zugunsten des BMG zur Einführung der Pflicht zu einer solchen Übermittlung an das RKI vor. Die Verordnungsermächtigung umfasst dabei zwei Fälle, die Krankheitssurveillance (Abs. 3 S. 2 Nr. 1) und die syndromische Surveillance (Abs. 3 S. 2 Nr. 2).

Bei den in Abs. 3 S. 1 genannten **Einrichtungen** handelt es sich um solche **32** nach § 23 Abs. 3 S. 1 (→ Rn. 17) und bestimmte Einrichtungen der Spezialdiagnostik (→ Rn 19). Der Austausch darf zum Zweck der Überwachung der Verbreitung von – insbes. resistenten – Krankheitserregern, und ihrer Bekämpfung und Therapie erfolgen. Hierfür können die Einrichtungen untereinander pseudonymisierte Falldaten (→ Rn. 22) austauschen. Durch die Pseudonymisierung bleiben eine Rückverfolgbarkeit und Zuordnung im Einzelfall möglich, sodass auch infektiologische Maßnahmen getroffen werden können (*Gerhardt,* § 13 Rn. 20; → Rn. 22).

Das BMG wird in S. 2 ferner ermächtigt, durch **nicht zustimmungs-** **33** **bedürftige RVO** eine Pflicht zur Übermittlung von pseudonymisierten, einzelfallbezogenen Angaben für Krankheits- (Nr. 1) und syndromische Surveillance (Nr. 2) an das RKI zu schaffen. Die Pflicht adressiert die in Abs. 3 S. 1 genannten Einrichtungen, wozu auch hier die Einrichtungen nach § 23 Abs. 3 S. 1 (→ Rn. 17) und Einrichtungen der Spezialdiagnostik (→ Rn. 19) zählen. Zur Pseudonymisierung → Rn. 22, wobei auf Seiten der Datenempfänger die Wiederherstellung des Personenbezugs auszuschließen ist (BT-Drs. 19/23944, 28).

Die Krankheitssurveillance beinhaltet Angaben über von den Einrichtun- **33a** gen untersuchte Proben in Bezug auf bestimmte Krankheitserreger. Zu den Erregern zählen nicht nur solche, die der Meldepflicht unterfallen.

Die syndromische Surveillance ist neu durch das 3. BevSchG vom **33b** 18. 11. 2020 (BGBl. I 2397) eingeführt worden. Sie stellt die systematische Ermittlung bestimmter Krankheitsfälle über das Erfassen definierter charakteristischer Krankheitszeichen bzw. ihrer Kombination dar, also das Auftreten von Symptomen, die relativ spezifisch auf bestimmte Infektionskrankheiten hinweisen (BT-Drs. 19/23944, 27). Bezugspunkt ist nicht nur die ICD, sondern auch sonstiges gemeinsames Auftreten von Symptomen in zeitlichem Zusammenhang. Die Regelung geht auf die Erfahrungen der COVID-19-Pandemie zurück, in der sich neben den zu meldenden Angaben weitergehende Informationen zu den Symptomen als bedeutend erwiesen haben. Die Institutionen nach Abs. 3 S. 1 können daher durch eine Verordnung verpflichtet werden, Daten über von ihnen untersuchten Patienten zu übermitteln (BT-Drs. 19/23944, 28). Die Gesetzesbegründung führt an, dass es sich um Daten handelt, die eine Diagnose einer respiratorischen Erkrankung betrifft. Respiratorische Erkrankungen haben vor dem Hintergrund der COVID-19-Pandemie zwar den Anlass zur Schaffung der Verordnungsermächtigung gegeben, eine Begrenzung der Ermächtigung auf diese Krankheiten ist dem Gesetzestext jedoch nicht zu entnehmen und erscheint auch nicht sinnvoll. Bezugspunkt der Verordnung kann vielmehr jeder Erreger und jede Krankheit, egal ob meldepflichtig oder nicht, sein.

33c   S. 3 legt fest, welche Einzelfragen in der RVO geregelt werden dürfen, so zB die Art der Angaben und die Frist ihrer Übermittlung, aber auch das für die Pseudonymisierung zu verwendende Verfahren und die Regelung der Kostentragung.

33d   Von der Verordnungsermächtigung in Abs. 4 S. 2, 3 hat das BMG mit der Corona-Surveillanceverordnung vom 18.1.2021 (BAnz AT 19.1.2021 V2) in Bezug auf das SARS-CoV-2- Virus Gebrauch gemacht. Gemäß § 1 Abs. 1 CorSurV sind die betroffenen Laboratorien und Einrichtungen zur Übermittlung von Informationen über Vollgenomsquenzierungen des SARS-CoV-2 Erregers verpflichtet. Es handelt sich somit genauer um eine Verordnung zur Krankheitserregersurveillance nach S. 2 Nr. 1. Auslöser für ihren Erlass war das vermehrte Auftreten ansteckenderer und ggf. zu schwereren Krankheitsverläufen führender Mutationen des Virus im Vereinigten Königreich und Südafrika. Die RVO wurde erlassen, um auf wissenschaftlicher Basis Erkenntnisse über die Verbreitung dieser potentiell gefährlicheren Virusvarianten in Deutschland erhalten zu können.

34   Abs. 4 S. 4 stellt das Erfordernis auf, dass sowohl in den Fällen, in denen nach S. 1 pseudonymisierte Daten zwischen den Einrichtungen übermittelt wurden, als auch im Fall der Übermittlung pseudonymisierter Daten an das RKI auf der Basis der RVO nach S. 2 dem Empfänger die **Wiederherstellung eines Personenbezugs unmöglich** sein muss. Zu den daraus folgenden Anforderungen an die Pseudonymisierung ausf. → Rn. 22.

V. Impfsurveillance (Abs. 5)

35   Mit Abs. 5 wurde durch das MasernschutzG v. 10.2.2020 (BGBl. I 148) eine **Impfsurveillance** eingeführt. Ihr Ziel ist es, die Inanspruchnahme und die Effekte von Impfungen besser bewerten zu können (BT-Drs. 19/13452, 24). Die Norm ist durch Art. 1 Nr. 10 lit. c) des 3. BevSchG v. 18.11.2020 (BGBl. I 2397) neu gefasst und an die besonderen Anforderungen der SARS-CoV-2 Impfung angepasst worden. Dabei ist sie zudem um den Aspekt der

Überwachung der Pharmakovigilanz erweitert worden. Im Rahmen des Impfsurveillance werden dabei die Inanspruchnahme und die Effekte von Schutzimpfungen betrachtet, wobei Daten zum Einsatz spezieller Impfungen in bestimmten Zielgruppen ebenso wie Impfquoten erhoben werden (RKI-Fachwörterbuch Infektionsschutz und Infektionsepidemiologie, Stichwort „Surveillance, infektionsepidemiologische"). Pharmakovigilanz wiederum bedeutet Arzneimittelsicherheit, die hier in Bezug auf Impfstoffe untersucht wird. Zuletzt wurde durch Art. 1 c lit. b EpiLage-FortgeltungsG v. 4.3.2021 (BGBl. I 370) in S. 2 eine Verordnungsermächtigung zugunsten des BMG eingefügt.

Adressat der Pflicht sind einerseits die **Kassenärztlichen Vereinigungen,** **36** die dem **RKI** und dem **PEI** auf der Basis ambulanter Abrechnungsdaten (BT-Drs. 19/13452, 24) die in S. 1 Nr. 1–10 aufgeführten Daten in vom RKI und PEI bestimmten Zeitabständen mitteilen müssen. Die gleiche Pflicht erlegt die Norm außerdem den zur Durchführung von Impfleistungen eingerichteten Impfzentren auf, soweit die in S. 1 Nr. 1–10 genannten Angaben bei ihnen vorliegen. Sie sind im Zuge der COVID-19-Pandemie eingerichtet worden, um eine schnelle und flächendeckende Impfung der Bevölkerung gegen den SARS-CoV-2-Erreger sicherstellen und den besonderen Anforderungen an die Kühlung und Aufbereitung einiger zugelassener Impfstoffe gerecht werden zu können. Um auch umfassende Informationen über diese Impfstoffe sammeln zu können, mussten die Impfzentren in die Norm und den Kreis der in ihr vorgesehenen Pflichten aufgenommen werden. Die Impfsurveillance wird vom RKI, die Überwachung der Pharmakovigilanz von Impfstoffen vom PEI durchgeführt, weshalb beide als Adressaten der zu meldenden Daten genannt werden. Die schon bisher zum Zweck der Impfsurveillance an das RKI zu meldenden Informationen sind auch für die Überwachung der Pharmakovigilanz durch das PEI hilfreich, um die Häufigkeit, Schwere und den Langzeitverlauf von Impfkomplikationen beurteilen zu können und zu untersuchen, ob gesundheitliche Schädigungen oder Erkrankungen im Zusammenhang mit Impfungen häufiger auftreten als bei Ungeimpften (BT-Drs. 19/23944, 28). Aus diesem Grund ist die Pflicht zur Meldung an das PEI hier aufgenommen worden. Dies gilt umso mehr, als zwar bisher schon nach § 6 Abs. 1 Nr. 3 (→ § 6 Rn. 13) der Verdacht einer übermäßigen Impfreaktion an das PEI zu melden ist, diese jedoch nicht umfassend erkannt und gemeldet werden, sodass das PEI gem. § 75 SGB X Gesundheitsdaten von den Krankenkassen und der EMA Daten für Pharmakovigilanzuntersuchungen erwerben musste (BT-Drs. 19/23944, 28). Die Weiterleitung der Daten dient somit auch dazu, in diesem Bereich zum internationalen Standard aufzuschließen und die Limitierungen der passiven Survaillance auszugleichen. Dies gilt gerade in Hinblick auf die Verwendung neuartiger Impfstoffe und neuer Impfempfehlungen, zu denen bisher noch keine Erfahrungswerte gesammelt werden konnten.

Auf der Grundlage von S. 2 ist das BMG ermächtigt, ohne Zustimmung des **36a** BR mittels RVO **für die Durchführung von Schutzimpfungen verantwortliche Personen und Einrichtungen** zu verpflichten, bestimmte Angaben nach S. 1, die von ihnen vorgenommene Impfungen betreffen, zum Zweck der Impfsurveillance und der Pharmakovigilanz an das RKI, das PEI oder die Kassenärztlichen Vereinigungen zu übermitteln. Adressaten einer

RVO sind in erster Linie Betriebsärzte und Leistungserbringer, die an der vertragsärztlichen Versorgung teilnehmen (BT-Drs. 19/27291, 61). Gegenüber den KVen dient die Verordnungsermächtigung ausweislich S. 3 dazu, ihnen die Erfüllung ihrer Aufgaben nach S. 1 zu ermöglichen (vgl. auch BT-Drs. 19/27291, 61). Vor diesem Hintergrund erschließt sich nicht, weshalb die Ermächtigung auch eine Datenübermittlung an das RKI und PEI ermöglichen kann, da die Aufgabe der KVen in S. 1 gerade darin besteht, diesen die genannten Daten zum Zweck der Impfsurveillance und der Pharmakovigilanz zu übermitteln. Der Gesetzgeber ermöglicht es dem BMG hier aber, eine Direktmeldung der Daten durch die Verordnungsadressaten an das RKI und PEI vorzusehen. S. 3 dient als datenschutzrechtliche Rechtsgrundlage für die Datenverarbeitung im Rahmen des S. 2 durch die KVen zur Erfüllung ihrer Aufgaben nach S. 1.

37   Das RKI bestimmt sowohl in den Fällen des S. 1 als auch des S. 2 die technischen Standards zur Übermittlung der Daten der Impfsurvaillance als auch der Pharmakovigilanz sowie das Verfahren des nach S. 1 Nr. 1 zu bildenden Patienten-Pseudonyms (S. 4). Die Pseudonymisierungsverfahren muss dabei sowohl mit den Systemen der Kassenärztlichen Vereinigungen als auch denen der Krankenkassen kompatibel sein (BT-Drs. 19/23944, 28). Die Zuständigkeit des RKI mag angesichts der Verantwortlichkeit des PEI für die Pharmakovigilanz überraschen. Tatsächlich existieren im Bereich der Impfsurveillance jedoch bereits etablierte Standards, die für den neu hinzugekommenen Bereich der Pharmakovigilanz nur vom PEI umgesetzt werden müssen. Dies ist einfacher, als ein neues oder gar zwei parallele Verfahren zu etablieren, das bzw. die dann bei allen meldenden Stellen eingerichtet werden müssten. Da eine Wiederherstellung des Personenbezugs über das Patientenpseudonym durch das RKI und das PEI ausgeschlossen sein muss (S. 5), sind an die Pseudonymisierung gesonderte Anforderungen zu stellen (→ Rn. 22).

VI. Mortalitätssurveillance (Abs. 6 – zukünftig in Kraft)

38   Durch das MasernschutzG v. 10.2.2020 (BGBl. I 148) wurde in Abs. 6 ein **Mortalitätssurveillance** eingeführt. Es dient der Erfassung einer etwaigen Übersterblichkeit, der Ermittlung ihrer Gründe und deren Beseitigung (BT-Drs. 19/13452, 24). Die Norm tritt erst am **1.11.2021** in Kraft. Sie verpflichtet dann die **Standesämter** zur anonymisierten Übermittlung des Todes, der Todeserklärung oder der gerichtlichen Feststellung der Todeszeit einer in Deutschland verstorbenen Person mit den in Abs. 6 S. 1 Nr. 1–6 vorgesehenen Informationen an die zuständige **Landesbehörde.** Die Übermittlung muss spätestens am **dritten Arbeitstag** nach der Eintragung ins Sterberegister erfolgen. Am folgenden Arbeitstag muss die Landesbehörde diese Daten an das **RKI** weiterübermitteln. Das RKI bestimmt die technischen Standards der Übermittlung. Es kann die Daten anderen obersten und oberen Bundesbehörden weitergeben, wenn die Weitergabe ebenfalls zum Zweck des Mortalitätssurveillance erfolgt.

C. Kosten

Sofern kein anderer Kostenträger dazu verpflichtet ist, sind die Kosten für 39
die Durchführung der Erhebung nach § 13 Abs. 2 S. 5, dh der Durchführung
von Sentinel-Erhebungen durch die Länder, aus öffentlichen Mitteln zu bestreiten (**§ 69 Abs. 1 S. 1 Nr. 2**).

Dasselbe gilt für die Kosten der Ablieferung von Untersuchungsmaterial an 40
bestimmte Einrichtungen der Spezialdiagnostik gem. § 13 Abs. 3 S. 1 (**§ 69
Abs. 1 S. 1 Nr. 3**).

§ 14 **Elektronisches Melde- und Informationssystem;
Verordnungsermächtigung**

**(1) ¹Für die Erfüllung der Aufgaben nach Maßgabe der Zwecke die-
ses Gesetzes richtet das Robert Koch-Institut nach Weisung des Bundesministeriums für Gesundheit und nach Maßgabe der technischen
Möglichkeiten ein elektronisches Melde- und Informationssystem ein.
²Das Robert Koch-Institut ist der Verantwortliche im Sinne des Datenschutzrechts. ³Das Robert Koch-Institut kann einen IT-Dienstleister mit der technischen Umsetzung beauftragen. ⁴Das elektronische
Melde- und Informationssystem nutzt geeignete Dienste der Telematikinfrastruktur nach dem Fünften Buch Sozialgesetzbuch, sobald
diese zur Verfügung stehen. ⁵Die Gesellschaft für Telematik nach § 306
Absatz 1 Satz 3 des Fünften Buches Sozialgesetzbuch unterstützt das
Robert Koch-Institut bei der Entwicklung und dem Betrieb des elektronischen Melde- und Informationssystems. ⁶Bei der Gesellschaft
für Telematik unmittelbar für die Erfüllung der Aufgabe nach Satz 5
entstehende Fremdkosten aus der Beauftragung Dritter werden vom
Robert Koch-Institut getragen. ⁷Für die Zusammenarbeit von Bund
und Ländern bei der Umsetzung des elektronischen Melde- und Informationssystems legt ein gemeinsamer Planungsrat Leitlinien fest.
⁸Sofern eine Nutzungspflicht für das elektronische Melde- und Informationssystem besteht, ist den Anwendern mindestens eine kostenlose
Software-Lösung bereitzustellen.**

**(2) Im elektronischen Melde- und Informationssystem können ins-
besondere folgende Daten fallbezogen verarbeitet werden:**
1. die Daten, die nach den §§ 6, 7, 34 und 36 erhoben worden sind,
**2. die Daten, die bei den Meldungen nach dem IGV-Durchführungs-
gesetz und im Rahmen der §§ 4 und 12 erhoben worden sind,**
**3. die Daten, die im Rahmen der epidemiologischen Überwachung
nach § 13 erhoben worden sind,**
4. die im Verfahren zuständigen Behörden und Ansprechpartner,
**5. die Daten über die von den zuständigen Behörden nach den §§ 25
bis 32 geführten Ermittlungen, getroffenen Maßnahmen und die
daraus gewonnenen Erkenntnisse und**
**6. sonstige Informationen, die für die Bewertung, Verhütung und Be-
kämpfung der übertragbaren Krankheit von Bedeutung sind.**

(3) Im elektronischen Melde- und Informationssystem werden die verarbeiteten Daten, die zu melde- und benachrichtigungspflichtigen Tatbeständen nach den §§ 6, 7, 34 und 36 erhoben worden sind, jeweils fallbezogen mit den Daten der zu diesem Fall geführten Ermittlungen, getroffenen Maßnahmen und den daraus gewonnenen Erkenntnissen automatisiert

1. pseudonymisiert,

2. den zuständigen Behörden übermittelt mit der Möglichkeit, dass sie diese Daten im Rahmen ihrer jeweiligen Zuständigkeit verarbeiten können,

3. gegebenenfalls gemäß den Falldefinitionen nach § 11 Absatz 2 bewertet und

4. gemeinsam mit den Daten nach den Nummern 1 bis 3 nach einer krankheitsspezifischen Dauer gelöscht, es sei denn, es handelt sich um epidemiologische Daten, die nach den §§ 11 und 12 übermittelt wurden.

(4) Im elektronischen Melde- und Informationssystem können die verarbeiteten Daten, die zu melde- und benachrichtigungspflichtigen Tatbeständen nach den §§ 6, 7, 34 und 36 erhoben worden sind, daraufhin automatisiert überprüft werden, ob sich diese Daten auf denselben Fall beziehen.

(5) Im elektronischen Melde- und Informationssystem können die verarbeiteten Daten zu meldepflichtigen Krankheiten und Nachweisen von Krankheitserregern nach den §§ 6 und 7 und aus Benachrichtigungen nach den §§ 34 und 36 daraufhin automatisiert überprüft werden, ob es ein gehäuftes Auftreten von übertragbaren Krankheiten gibt, bei denen ein epidemischer Zusammenhang wahrscheinlich ist.

(6) [1]Der Zugriff auf gespeicherte Daten ist nur im gesetzlich bestimmten Umfang zulässig, sofern die Kenntnis der Daten zur Erfüllung der gesetzlichen Aufgaben der beteiligten Behörden erforderlich ist. [2]Eine Wiederherstellung des Personenbezugs bei pseudonymisierten Daten ist nur zulässig, sofern diese Daten auf der Grundlage eines Gesetzes der beteiligten Behörde übermittelt werden dürfen. [3]Es wird gewährleistet, dass auch im Bereich der Verschlüsselungstechnik und der Authentifizierung organisatorische und dem jeweiligen Stand der Technik entsprechende Maßnahmen getroffen werden, um den Datenschutz und die Datensicherheit und insbesondere die Vertraulichkeit und Integrität der im elektronischen Melde- und Informationssystem gespeicherten Daten sicherzustellen. [4]Unter diesen Voraussetzungen kann die Übermittlung der Daten auch durch eine verschlüsselte Datenübertragung über das Internet erfolgen. [5]Die Kontrolle der Durchführung des Datenschutzes obliegt nach § 9 Absatz 1 des Bundesdatenschutzgesetzes ausschließlich der oder dem Bundesbeauftragen für den Datenschutz und die Informationsfreiheit.

(7) Bis zur Einrichtung des elektronischen Melde- und Informationssystems kann das Robert Koch-Institut im Einvernehmen mit den zuständigen obersten Landesgesundheitsbehörden zur Erprobung für

die freiwillig teilnehmenden meldepflichtigen Personen und für die zuständigen Gesundheitsämter Abweichungen von den Vorschriften des Melde- und Übermittlungsverfahrens zulassen.

(8) [1]Ab dem 1. Januar 2021 haben die zuständigen Behörden der Länder das elektronische Melde- und Informationssystem zu nutzen. [2]Ab dem 1. Januar 2023 müssen Melde- und Benachrichtigungspflichtige ihrer Verpflichtung zur Meldung und Benachrichtigung durch Nutzung des elektronsichen Melde- und Informationssystems nachkommen. [3]Meldepflichtige nach § 8 Absatz 1 Nummer 2 müssen abweichend von Satz 2 ihrer Verpflichtung zur Meldung des direkten oder indirekten Nachweises einer Infektion mit dem in § 7 Absatz 1 Satz 1 Nummer 44a genannten Krankheitserreger durch Nutzung des elektronischen Melde- und Informationssystems ab dem 1. Januar 2021 nachkommen. [4]Meldepflichtige nach § 8 Absatz 1 Nummer 2 müssen abweichend von Satz 2 ihrer Verpflichtung zur Meldung des direkten oder indirekten Nachweises einer Infektion mit den sonstigen in § 7 Absatz 1 Satz 1 genannten Krankheitserregern durch Nutzung des elektronischen Melde- und Informationssystems ab dem 1. Januar 2022 nachkommen. [5]Meldepflichtige nach § 8 Absatz 1 Nummer 2 müssen abweichend von Satz 2 ihrer Verpflichtung zur Meldung des direkten oder indirekten Nachweises einer Infektion mit den in § 7 Absatz 3 Satz 1 genannten Krankheitserregern durch Nutzung des elektronischen Melde- und Informationssystems ab dem 1. April 2022 nachkommen. [6]Das Robert Koch-Institut bestimmt das technische Format der Daten und das technische Verfahren der Datenübermittlung.

(9) Das Bundesministerium für Gesundheit wird ermächtigt, durch Rechtsverordnung ohne Zustimmung des Bundesrates Folgendes festzulegen:

1. in welchen Fällen Ausnahmen von der Verpflichtung zur Nutzung des elektronischen Melde- und Informationssystems nach Absatz 8 Satz 1 bis 5 bestehen,

2. die im Hinblick auf die Zweckbindung angemessenen Fristen für die Löschung der im elektronischen Melde- und Informationssystem gespeicherten Daten,

3. welche funktionalen und technischen Vorgaben einschließlich eines Sicherheitskonzepts dem elektronischen Melde- und Informationssystem zugrunde liegen müssen,

4. welche notwendigen Test-, Authentifizierungs- und Zertifizierungsmaßnahmen sicherzustellen sind und

5. welches Verfahren bei der Bildung der fallbezogenen Pseudonymisierung nach Absatz 3 Nummer 1 anzuwenden ist; hierzu kann festgelegt werden, dass bei nichtnamentlichen Meldungen andere als die in § 10 Absatz 1 und 2 genannten Angaben übermittelt werden, die sofort nach Herstellung der fallbezogenen Pseudonymisierung zu löschen sind.

(10) **Abweichungen von den in dieser Vorschrift getroffenen Regelungen des Verwaltungsverfahrens durch Landesrecht sind ausgeschlossen.**

Übersicht

A. Zweck und Bedeutung der Norm

1   Mit Art. 1 Nr. 11 des GMÜK v. 17.7.2017 (BGBl. I 2615) wurde in § 14 eine Regelung zur Etablierung und dem Betrieb eines **elektronischen Melde- und Informationssystems** eingefügt. Das System tritt zu den bisher üblichen Meldewegen hinzu und soll diese schrittweise ablösen. Seit der Reform der Norm durch das 3. BevSchG v. 18.11.2020 (BGBl. I 2397) sieht sie in Abs. 8 für die Behörden und Meldepflichtige unterschiedliche Zeitpunkte für seine verpflichtende Nutzung vor. Die vorhergehenden Regelungen zur Meldung von Krankheiten und dem Nachweis von Krankheitserregern in den §§ 6 ff. finden auf Meldungen in diesem System ebenso Anwendung wie auf solche, die auf anderem Weg vorgenommen wurden (BT-Drs. 18/10938, 60).

2   Abs. 1 der Norm sieht die **Einrichtung** des Meldesystems vor und legt das dabei zu beachtende Vorgehen fest. Abs. 2 regelt, welche Daten in dem System verarbeitet werden dürfen. Die Abs. 3–5 sehen **Funktionen** vor, die das zu etablierende System erfüllen können muss oder soll. Abs. 6 beschränkt den Zugriff auf die im System gespeicherten Daten und legt **datenschutzrechtliche Grundanforderungen** fest. Abs. 7 ermöglicht zur **Erprobung** des Systems Abweichungen vom Meldeverfahren. Abs. 8 statuiert für Meldepflichtige die zeitlich sukzessiv einsetzende Verpflichtung zur Nutzung des elektronischen Melde- und Informationssystems. Abs 9 enthält eine nicht zustimmungsbedürftige **Verordnungsermächtigung** zu Gunsten des BMG zur Regelung von technischen Fragen, die das Meldesystem betreffen. Abs. 10 legt zuletzt die **Abweichungsfestigkeit** für Regelungen des Verfahrens im Landesrecht fest.

B. Einrichtung eines elektronischen Melde- und Informationssystems (Abs. 1)

Abs. 1 S. 1 verpflichtet das **RKI** zur **Einrichtung** und dem **Betrieb** (BT- **3** Drs. 18/10938, 60) eines **elektronischen Melde- und Informations-systems** zur Erfüllung sowohl der im IfSG vorgesehenen eigenen Aufgaben als auch denen anderer Gesundheitsbehörden, soweit dies technisch möglich ist. Zu diesem Zweck ist das BMG ihm ggü. weisungsbefugt. Datenschutz-rechtlich Verantwortlicher iSd Art. 4 VO (EU) 2016/679 für das Melde- und Informationssystem, den die sich insbes. aus Art. 24 VO (EU) 2016/679 er-gebenden Verpflichtungen treffen, ist das RKI. Auch wenn das System somit von unterschiedlichen Akteuren, insbes. verschiedenen Behörden, aber auch meldepflichtigen Stellen, zB Laboren, genutzt wird, liegt die datenschutz-rechtliche Verantwortlichkeit allein beim RKI. Insbes. ist auch nicht von einer gemeinsamen Verantwortung für die Verarbeitung iSd Art. 26 VO (EU) 2016/679 auszugehen. Gem. S. 3 kann das RKI einen IT-Dienstleister des Bundes mit der technischen Umsetzung des Melde- und Informationssystems beauftragen (vgl. BT-Drs. 18/10938, 60).

Durch Art. 1 Nr. 11 lit. a) bb) 3. BevSchG v. 18. 11. 2020 (BGBl I 2397) sind **4** die Sätze 5 und 6 vollständig neu gefasst worden. Ihre Vorgänger waren erst kurz zuvor ebenso wie S. 4 durch das 2. BevSchG v. 19. 5. 2020 (BGBl I 1018) in die Norm eingefügt worden. Sie sehen vor, dass das Meldesystem geeignete Dienste der Telematikinfrastruktur nach SGB V nutzt, sobald sie zur Verfügung stehen (S. 4). Zudem soll die Gesellschaft für Telematik das RKI bei der Ent-wicklung und dem Betrieb des Systems unterstützen (S. 5). Die der Gesellschaft unmittelbar für Erfüllung dieser Aufgabe entstehenden Fremdkosten durch die Beauftragung Dritter werden gem. S. 6 vom RKI getragen. Bei der **Telema-tikinfrastruktur** im Sinne des SGB V handelt es sich ausweislich § 306 Abs. 1 S. 2 SGB V um eine interoperable und kompatible Informations-, Kommuni-kations- und Sicherheitsinfrastruktur, die der Vernetzung der Akteure im Ge-sundheitswesen dient und auf deren Basis sich zukünftig die digitale Infrastruk-tur des deutschen Gesundheitswesens weiterentwickeln soll (*Schifferdecker* in KassKomm SozversR, 108. EL 2020, § 291 a SGB V Rn. 148 ff.). Sie steht in engem Zusammenhang mit der Einführung der elektronischen Gesundheits-karte und ihren Anwendungen. Ausweislich S. 3 ist das Melde- und Informati-onssystem in diese Telematikinfrastruktur und deren Funktionen einzubinden, wo es geeignet erscheint. Dabei sind auch zukünftige Funktionen zu berück-sichtigen. Bei der **Gesellschaft für Telematik** handelt es sich um eine in § 306 Abs. 1 S. 3 SGB V vorgesehene GmbH mit Sitz in Berlin, die Aufgaben im Bereich des Aufbaus der Telematikinfrastruktur im Gesundheitssystem wahrnimmt (*Michels* in Becker/Kingreen § 291 b Rn. 4 ff.). Da die in der vor-hergehenden Fassung von S. 4 vorgesehene Einrichtung eines Melde- und In-formationssystems mit der Entwicklung des Deutschen Elektronischen Melde- und Informationssystems für den Infektionsschutz (DEMIS) abgeschlossen wurde, wurde die Norm neu gefasst. An die Stelle der zeitlich befristeten Un-terstützung des RKI und BMG beim Aufbau der Plattform durch die gematik GmbH tritt nun vielmehr die dauerhafte Unterstützung bei dem Betrieb und der Weiterentwicklung von DEMIS. Der Grund hierfür ist die enge Verzahnung der Plattform mit der Telematikinfrastruktur und ihre Bedeutung für das gesamte Gesundheitswesen, gerade auch in Zeiten einer Pandemie. Auch die Regelung der Kostentragung hat eine Änderung erfahren. Die Gesellschaft für Telematik erhält nicht mehr alle Kosten ersetzt, die ihr aus den Aufgaben im Zusammenhang mit dem Informationssystem entstehen. Vielmehr ist der Kostentragung durch das RKI auf solche Aufwendungen beschränkt, die der gematik GmbH durch die Beauftragung Dritter für die unmittelbare Aufgabenerfüllung bei der Unterstützung der Entwicklung und dem Betrieb von DEMIS entstehen.

5   Für die Zusammenarbeit des Bundes und der Länder bei der Errichtung des Systems legt ein gemeinsamer **Planungsrat** Leitlinien fest (S. 7). In dem Planungsrat sollen die beteiligten Stellen des Bundes und der Länder, zB das Bundesamt für Sicherheit in der Informationstechnik, mitwirken (BT-Drs. 18/10938, 60). S. 8 sieht zudem vor, dass, sobald die Nutzung des Melde- und Informationssystems auf der Grundlage von Abs. 8 verpflichtend wird, den Anwendern mindestens eine **kostenlose** Lösung zur Nutzung der **Software** bereitgestellt werden muss. Die Bereitstellung zusätzlicher kostenpflichtiger Versionen mit Zusatznutzen wird dadurch jedoch nicht ausgeschlossen.

C. Verarbeitete Daten und Funktionen des Informations- und Meldesystems (Abs. 2–5)

I. Verarbeitete Daten (Abs. 2)

6   Abs. 2 sieht in den Nr. 1–6 vor, welche **Daten** im zu errichtenden System fallbezogen verarbeitet werden können. Neben Daten nach §§ 4, 6, 7, 12, 13, 34 oder 36 und nach dem IGV-DurchführungsG, gehören hierzu auch Angaben zu den zuständigen Behörden und Ansprechpartnern, Daten über geführte Ermittlungen und sonstige nützliche Informationen mit Bezug zu übertragbaren Krankheiten.

7   In und mit dem Informations- und Meldesystem werden **personenbezogene Daten verarbeitet** (ausf. zu Begriffen und Subsumtion → § 9 Rn. 2, → § 10 Rn. 3), die teilweise Daten besonderer Kategorien, insbes. **Gesundheitsdaten,** darstellen (→ § 9 Rn. 3). Die erforderliche datenschutzrechtliche Grundlage für die Meldung dieser Daten bilden weiterhin die Normen, in denen die Pflicht zur Meldung vorgesehen wird, zB §§ 6, 7 oder 12. Die Abs. 3–5 dienen jedoch in dem von ihnen vorgesehenen Umfang als datenschutzrechtliche Verarbeitungsgrundlage für die Verarbeitung durch das Informations- und Meldesystem. Als **Öffnungsklausel** fungiert auch hier Art. 9 Abs. 2 lit. i VO (EU) 2016/679 (→ Vorb. §§ 6 ff. Rn. 8).

8   Die Verarbeitung der Daten erfolgt **fallbezogen.** Dies sorgt für die Vereinfachung der Zusammenstellung aller Informationen und ermöglicht den zuständigen Behörden einen schnellen Zugriff auf alle in einem Fall relevanten Daten. Die fallbezogene Verarbeitung ist zudem Voraussetzung für die in Abs. 4 vorgesehene Funktion einer automatischen Prüfung eines Fallbezugs von Daten.

II. Funktionen (Abs. 3−5)

Die Abs. 3−5 sehen **Funktionen** vor, die das Melde- und Informationssys- 9
tem DEMIS erfüllen muss (Abs. 3) oder soll (Abs. 4, 5).

Abs. 3 legt fest, dass Daten, die aufgrund der Melde- und Benachrichti- 10
gungspflichten der §§ 6, 7, 34 und 36 erhoben wurden, fallbezogen zusammen
mit den Daten zu den jeweils unternommenen Ermittlungen, Maßnahmen
und Erkenntnissen einer **automatisierten Verarbeitung** gem. der Nr. 1−4
zugeführt werden. Die Automatisierung beschleunigt das Verfahren und verringert den Verwaltungsaufwand (*Gerhardt,* § 14 Rn. 6). Es erfolgt dabei eine
automatisierte Pseudonymisierung (zum Begriff → § 10 Rn. 3), Übermittlung
an die zuständigen Behörden, Bewertung anhand der Falldefinitionen des RKI
nach § 11 Abs. 2 (→ § 11 Rn. 12) und, außer für epidemiologische Daten gem.
§§ 11, 12, Löschung nach einer krankheitsspezifischen Dauer. Die automatisierte Löschung setzt den Grundsatz der Speicherbegrenzung gem. Art. 5
Abs. 1 lit. e VO (EU) 2016/679 um.

Zudem soll die Möglichkeit der automatisierten Prüfung eines **Fallbezugs** 11
von Melde- und Benachrichtigungsdaten (Abs. 4) und der automatisierten
Untersuchung auf ein **gehäuftes Auftreten** übertragbarer Krankheiten mit
wahrscheinlichem epidemischem Zusammenhang (→ zum Begriff § 6 Rn. 12)
(Abs. 5) bestehen.

D. Datenzugriff, -schutz und -sicherheit (Abs. 6)

Abs. 6 S. 1 beschränkt den Zugriff auf im System gespeicherte Daten auf 12
den im Gesetz vorgesehenen Umfang sowie auf Fälle, in denen die Kenntnis
der Daten zur Erfüllung eines gesetzlichen Auftrags der Behörde erforderlich
ist. Auch wenn die Daten in dem System nach Abs. 3 Nr. 1 **pseudonymisiert**
sind, handelt es sich weiter um personenbezogene Daten (→ § 10 Rn. 3), deren Verarbeitung datenschutzrechtlichen Beschränkungen unterliegt. Es ist
daher erforderlich, dass das System Daten, die eine Herstellung des Personenbezugs ermöglichen, nur Behörden bereitstellt, die zur Verarbeitung dieser
personenbezogenen Daten befugt sind (BT-Drs. 18/10938, 61). S. 2 legt in
diesem Zusammenhang zudem fest, dass eine Wiederherstellung des Personenbezugs der pseudonymisierten Daten nur zulässig sein kann, wenn einer
Behörde die Daten auf der Grundlage eines Gesetzes übermittelt werden dürften. Zu den sich daraus für das Pseudonym iSd Abs. 3 Nr. 1 ergebenden Anforderungen → § 13 Rn. 22.

S. 3 adressiert den **Datenschutz und die Datensicherheit** – insbes. in Be- 13
zug auf die Vertraulichkeit und Integrität – der Daten des elektronischen
Melde- und Informationssystems. Sie sollen durch organisatorische und technische Maßnahmen der Verschlüsselungstechnik und Authentifizierung nach
dem Stand der Technik sichergestellt werden.

Vertraulichkeit ist der Schutz vor unbefugter Preisgabe von Informatio- 14
nen; vertrauliche Daten und Informationen dürfen ausschließlich Befugten in
der zulässigen Weise zugänglich sein (*Hansen* SHS Art. 32 Rn. 39; *BSI* IT-
Grundschutz-Kompendium 2018 Glossar Vertraulichkeit). **Integrität** kann

sich sowohl auf die Unversehrtheit von Daten als auch auf die korrekte Funktionsweise von Systemen beziehen (*Hansen* SHS Art. 32 Rn. 40; *BSI* IT-Grundschutz-Kompendium 2018 Glossar Integrität). Nicht genannt ist die ebenfalls sicherzustellende **Verfügbarkeit,** die sich hier auf die Systeme, nicht aber auf die umfassende Verfügbarkeit von Daten für jedermann bezieht (*Hansen* SHS Art. 32 Rn. 41). Gerade vor dem Hintergrund der jederzeit notwendigen Erreichbarkeit eines Meldeportals auch in Krisenzeiten sollte dieser Aspekt dringend in das Gesetz aufgenommen werden. Im Fall der Nichterreichbarkeit des Systems ist von einem Wiederaufleben des bzw. Fall-Back auf den parallel weiterhin möglichen klassischen Meldeweg auszugehen.

15   Sowohl bei den Schutzzielen der Datensicherheit als auch den zu ihrem Erreichen vorgesehenen Maßnahmen der Verschlüsselung und Authentifizierung handelt es sich lediglich um Beispiele, wie die Formulierung „auch im Bereich" sowie „und insbes." deutlich machen. Gerade angesichts der Sensibilität der verarbeiteten Daten ist die Beachtung aller möglichen Maßnahmen der Datensicherheit und des Datenschutzes erforderlich. Das genannte Beispiel der **Authentifizierung** bezeichnet den Nachweis oder die Überprüfung der Authentizität. Die Authentisierung einer Identität kann ua durch Passwort-Eingabe, Chipkarte oder Biometrie erfolgen, die Authentisierung von Daten zB durch kryptographische Signaturen (*BSI* IT-Grundschutz-Kompendium 2018 Glossar Authentifizierung). Eine **Verschlüsselung** (Chiffrieren) transformiert einen Klartext in Abhängigkeit von einer Zusatzinformation, die „Schlüssel" genannt wird, in einen zugehörigen Geheimtext (Chiffrat), der für diejenigen, die den Schlüssel nicht kennen, nicht entzifferbar sein soll. Die Umkehrtransformation, also die Zurückgewinnung des Klartextes aus dem Geheimtext, wird Entschlüsselung genannt (*BSI* IT-Grundschutz-Kompendium 2018 Glossar Authentifizierung).

16   Die Umsetzung dieser Maßnahmen muss durch Mittel nach dem **Stand der Technik** erfolgen. Dies bezeichnet einen dynamischen Maßstab, der erfüllt ist, wenn Techniken in hinreichendem Maß zur Verfügung stehen und auf gesicherten Erkenntnissen von Wissenschaft und Technik beruhen (*Hansen* SHS Art. 32 Rn. 22). Die Berücksichtigung innovativer Forschungsansätze, die ihre Funktionsweise in der Praxis noch nicht unter Beweis gestellt haben, ist nicht erforderlich. Sie sind vielmehr dem **Stand der Wissenschaft** zuzuordnen (*Hansen* SHS Art. 32 Rn. 23).

17   Die Einhaltung dieser Mindeststandards ermöglicht den Anschluss des Melde- und Informationssystems an das Internet sowie die verschlüsselte (→ Rn. 15) Übertragung der Daten darüber (S. 4; BT-Drs. 18/10938, 62).

17a   Mit dem durch das 3. BevSchG v. 18. 11. 2020 (BGBl. I 2397) neu eingefügten S. 5 wird klargestellt, dass die datenschutzrechtliche Kontrolle der Verarbeitung personenbezogener Daten auf der Basis des § 14 ausschließlich dem bzw. der **Bundesbeauftragten für den Datenschutz und die Informationsfreiheit** zufällt. Es erscheint zumindest fraglich, ob der Norm angesichts der Regelung in § 9 Abs. 1 S. 1 BDSG nicht nur ein deklaratorischer Charakter zukommt (so *Gerhardt,* § 14 Rn. 13) Demnach ist der/die Bundesdatenschutzbeauftragte zuständig für die Aufsicht über die öffentlichen Stellen des Bundes. Beim RKI handelt es sich gem. § 2 Abs. 1 BGA-NachfG um eine selbstständige Bundesoberbehörde. Es hat gem. § 14 Abs. 1 S. 2 die alleinige datenschutzrechtliche Verantwortung für die Verarbeitung personenbezogener Daten im Rahmen des Melde- und Informationssystems (→ Rn. 3). Demnach wäre die Zuständigkeit des/r Bundesdatenschutzbeauftragten auch ohne S. 5 gegeben. Vor dem Hintergrund, dass auch andere (Landes- und Kommunal-) Behörden und private Einrichtungen auf die Plattform zugreifen, für deren Überwachung der/die Bundesbeauftragte nicht zuständig ist, lässt sich die Norm jedoch dahingehend auslegen, dass die Einhaltung der datenschutzrechtlichen Anforderungen im Zusammenhang mit der Nutzung von DEMIS durch diese Akteure ebenfalls in den Aufgabenbereich der/s Bundesbeauftragten fällt; auch, wenn ihre datenschutzrechtliche Überwachung im Übrigen anderen Aufsichtsbehörden obliegt.

§ 14 Abs. 6 kann als erforderliche Festlegung **angemessener und spezifischer Maßnahmen** zur **Wahrung der Rechte und Freiheiten betroffener Personen** iSd Art. 9 Abs. 2 lit. i VO (EU) 2016/679 gesehen werden, die für die Erfüllung der Anforderungen der datenschutzrechtlichen Öffnungsklausel notwendig sind (→ Vorb. §§ 6 ff. Rn. 8). Im Vergleich zu § 22 BDSG muss dieser Maßnahmenkatalog jedoch noch weiter ausgebaut werden. **18**

E. Zulässige Abweichungen (Abs. 7)

Anstelle des bis dahin geltenden § 12 a ist durch das GMÜK Abs. 7 als **Erprobungsklausel** getreten. Er erlaubt dem RKI, im Einvernehmen mit den zuständigen obersten Landesgesundheitsbehörden für freiwillig an der Testung des Melde- und Informationssystems teilnehmende Meldepflichtige und Gesundheitsämter Abweichungen von den Vorschriften des Melde- und Übermittlungsverfahrens zuzulassen. Hiermit sind alle Regeln des Meldewesens und nicht nur die in § 14 für das neue Melde- und Informationssystem genannten Anforderungen gemeint (BT-Drs. 17/7576, 32). Die Norm hat trotz der Neuregelung zur verpflichtenden Nutzung des Melde- und Informationssystems in Abs. 8 weiterhin einen Anwendungsbereich, da eine umfassende Nutzungspflicht für alle Akteure erst am 1.1.2023 in Kraft tritt. Bis zu diesem Zeitpunkt ist eine Erprobung somit weiterhin möglich. **19**

F. Pflicht zur Nutzung des elektronischen Melde- und Informationssystems (Abs. 8)

Durch das 3. BevSchG v. 18.11.2020 (BGBl. I 2397) ist die bisher in Abs. 8 vorgesehene Verordnungsermächtigung für eine verpflichtende Nutzung eines elektronischen Melde- und Informationssystems durch eine **gesetzliche Nutzungspflicht** ersetzt worden. Die Verordnungsermächtigung findet sich nun in abgewandelter Form in Abs. 9 (→ Rn. 20 ff.). Die Nutzungspflicht tritt nicht für alle am Meldesystem Beteiligten gleichzeitig ein, sondern zeitlich gestuft. Der Zeitpunkt des Eintritts einer Nutzungspflicht unterscheidet sich dabei einerseits nach den Akteuren, andererseits aber auch nach der vorzunehmenden Meldung. Die Norm stellt dabei in den Sätzen 1 und 2 zunächst zwei Grundsätze für die Zeitpunkte der Nutzungspflicht auf, formuliert von dem in **19a**

S. 2 statuierten Grundsatz in der Folge aber drei Ausnahmen, die in den Sätzen 3–5 ausgeführt werden.

19b   Gem. S. 1 sind die **Behörden der Länder** bereits ab dem 1.1.2021 verpflichtet, das **elektronische Melde- und Informationssystem DEMIS** zu nutzen. Sie gehören somit zur ersten Gruppe von Akteuren, denen Abs. 8 eine Nutzungspflicht auferlegt. Die schnelle Einführung hat nicht unwesentlich mit der im Rahmen der COVID-19-Pandemie aufgeflammten Kritik zu tun, dass Meldungen von Erregernachweisen und Erkrankungen an die zuständigen Behörden noch per Fax zu erfolgen hatten, wobei die Technik der großen Menge an Meldungen teilweise nicht gewachsen war. Zudem wäre die Verpflichtung der Meldenden zur Nutzung des Systems sinnlos, wenn die Empfänger der Meldung nicht in das System eingebunden wären. Die Pflicht zur Nutzung des Systems durch die Behörden ist insofern zwingend, zumal es Meldenden auch schon vor dem gesetzlich vorgesehenen Zeitpunkt zur verpflichtenden Nutzung des Informationssystems freisteht, es zur Erfüllung ihrer Melde- und Benachrichtigungspflicht zu nutzen.

19c   Für **Melde- und Benachrichtigungspflichtige,** dh die in § 8 Abs. 1 (→ § 8 Rn. 3 ff.), § 34 Abs. 6 (→ § 34 Rn. 29 ff.) und § 36 Abs. 3 a (→ § 36 Rn. 3 ff.) genannten Personengruppen, besteht eine Pflicht zur Nutzung des elektronischen Melde- und Informationssystems zur Erfüllung der gesetzlichen Melde- und Benachrichtigungspflichten gem. Abs. 8 S. 2 grundsätzlich erst ab dem 1.1.2023.

19d   Von diesem Grundsatz in Bezug auf die Nutzungspflicht der Meldepflichtigen machen die S. 3–5 in der Folge drei **Ausnahmen.** Sie betreffen alle Meldepflichtige nach § 8 Abs. 1 Nr. 2, dh Leiter von Medizinaluntersuchungsämtern und sonstigen privaten oder öffentlichen Untersuchungsstellen einschließlich Arztpraxen mit Infektionserregerdiagnostik und Krankenhauslaboratorien (→ § 8 Rn. 7 f.).

19e   Gem. S. 3 müssen sie der Pflicht zur Meldung des direkten oder indirekten Nachweises einer Infektion mit dem **SARS-CoV** und dem **SARS-CoV-2** Erregern, die in § 7 Abs. 1 S. 1 Nr. 44 a aufgeführt werden, bereits ab dem 1.1.2021 über das elektronische Melde- und Informationssystem nachkommen. Die sofortige Pflicht zur Nutzung von DEMIS ist der andauernden pandemischen Lage mit einer hohen Zahl von COVID-19-Infektionen und der daraus resultierenden Vielzahl von Meldungen zu diesen Erregern geschuldet. Diesen gesteigerten Anforderungen waren die bisherigen Meldewege und -techniken nicht in ausreichendem Maße gewachsen, was zu Verzögerungen und Meldeausfällen geführt hat, die das in einer solchen Situation dringend notwendige Wissen um ein realistisches Lagebild negativ beeinflusst haben.

19f   Die oben genannten Meldepflichtigen müssen zudem den direkten oder indirekten Nachweis aller anderen in **§ 7 Abs. 1 S. 1** aufgeführten, dh der in Nr. 1–52 genannten, Erreger ab dem 1.1.2022 über DEMIS melden (Abs. 8 S. 4). Ab dem 1.4.2022 sind sie ferner gem. S. 5 verpflichtet, der in **§ 7 Abs. 3 S. 1** (→ § 7 Rn. 13) vorgesehenen nichtnamentlichen Meldepflicht über das elektronische Melde- und Informationssystem nachzukommen.

19g   Das RKI ist gem. S. 6 für die Bestimmung des technischen Formats der Daten sowie des technischen Verfahrens der Datenübermittlung verantwortlich.

G. Verordnungsermächtigung (Abs. 9)

Angesichts der Einführung einer Nutzungspflicht für das elektronische **20** Melde- und Informationssystem in Abs. 8 ist die bisher dort vorgesehene Verordnungsermächtigung zur Einführung einer Verpflichtung zur Nutzung teilweise überflüssig geworden. Durch das 3. BevSchG v. 18.11.2020 (BGBl. I 2397) werden jedoch einige Inhalte der Ermächtigung nun in Abs. 9 weitergeführt. Abs. 9 S. 1 ermächtigt das BMG, durch **RVO** ohne Zustimmung des BR Ausnahmen von der in Abs. 8 S. 1−5 statuierten verpflichtenden Nutzung des DEMIS vorzusehen (Nr. 1) und Fristen für die Löschung von Daten, die in dem System verarbeitet werden, zu bestimmen (Nr. 2). Die Bestimmung von Löschfristen ist insbes. vor dem Hintergrund der in Art. 5 Abs. 1 lit. e VO (EU) 2016/679 vorgesehenen Speicherbegrenzung zwingend erforderlich. Ebenso können wie schon zuvor weitere technische, organisatorische und datenschutzrechtliche Entscheidungen (Nr. 3−5) in der RVO gefällt werden, die das System betreffen.

Die bisher in Abs. 8 S. 2−6 vorgesehenen Regelungen zur Verordnungs- **21** ermächtigung sind durch das 3. BevSchG entfallen. Unproblematisch ist das in Bezug auf die Möglichkeit, beim Vorliegen einer **epidemischen Lage nationaler Tragweite** (→ § 5 Rn. 4 ff.) für den Erlass der RVO auf die Zustimmung durch den BR verzichten zu können, da dies durch den in Abs. 8 statuierten Zeitplan zur verpflichtenden Nutzung überflüssig geworden ist und auch die zugehörigen Verfahren nicht mehr geregelt werden müssen. Wünschenswert wäre jedoch die Beibehaltung der zuvor in Abs. 8 S. 5 und 6 enthaltenen Bestimmungen gewesen, dass das Ministerium bei Festlegungen und Maßnahmen in der Verordnung, die Berührungspunkte zu Fragen des Datenschutzes und bzw. oder der Datensicherheit aufweisen, Einvernehmen (→ § 13 Rn. 4) mit dem/r Bundesdatenschutzbeauftragten bzw. dem BSI herstellen muss. Die in S. 1 Nr. 2−5 vorgesehenen Inhalte für die Verordnung betreffen im Kern diese Sachgebiete. Die Einbeziehung des besonderen Fachwissens der Institutionen wäre gerade bei einer so datenschutz- und IT-sicherheitssensiblen Plattform, auf der eine große Zahl an Gesundheitsdaten verarbeitet werden, besonders wünschenswert gewesen.

Ausweislich der Gesetzesbegründung kann die Verordnung ohne Zustim- **22** mung des BR erlassen werden, da hier regelmäßig mit eiligen und häufigen Änderungsverordnungen zu rechnen sei (BT-Drs. 19/23944, 30). Dem kann nicht zugestimmt werden. Keine der in Abs. 9 Nr. 1−5 genannten Materien ist einer schnellen oder regelmäßigen Änderung zugänglich. Die Bestimmung von Ausnahmen von der Nutzungspflicht, von Löschfristen, organisatorischen und technischen Sicherheitsmaßnahmen und des Pseudonymisierungsverfahrens stellen vielmehr grundlegende und langfristige Weichenstellungen für die Plattform dar, die nicht in regelmäßigen Abständen umfassend und schnell geändert werden müssen. Eine Befreiung von der Zustimmungspflicht des BR erscheint daher nicht gerechtfertigt.

(entfallen) **23**

H. Abweichungsfestigkeit (Abs. 10)

24   Die in § 14 Abs. 1–9 niedergelegten Regeln für das Verwaltungsverfahren
können gem. Abs. 10 nicht durch Landesrecht geändert werden. Abs. 10 greift
damit die in Art. 84 Abs. 1 S. 5 GG vorgesehene Möglichkeit zur Regelung des
Verwaltungsverfahrens durch den Bund ohne Abweichungsmöglichkeiten
durch die Länder **(Abweichungsfestigkeit)** auf. Als Begründung hierfür
wird angeführt, dass im Interesse der Funktionsfähigkeit eines bundesweiten
Systems für den ÖGD eine Abweichung durch Landesrecht ausgeschlossen
werden muss (BT-Drs. 18/10938, 62; 19/23944).

I. Zuwiderhandlung

25   Das Unterlassen einer Meldung nach §§ 6, 7 stellt, auch in Verbindung mit
nach § 14 Abs. 8 S. 2, 3, 4 oder 5, ebenso wie eine unvollständige, unrichtige,
auf falsche Weise vorgenommene und zu späte Meldung eine Ordnungswidrigkeit nach **§ 73 Abs. 1a Nr. 2** dar. Kommt es bei einer vorsätzlichen Begehung dadurch zu einer Verbreitung der in §§ 6, 7 genannten Krankheiten
oder Erregern, erfüllt dies den Straftatbestand des **§ 74.**

§ 15 Anpassung der Meldepflicht an die epidemische Lage

(1) [1]**Das Bundesministerium für Gesundheit wird ermächtigt,
durch Rechtsverordnung mit Zustimmung des Bundesrates die Meldepflicht für die in § 6 aufgeführten Krankheiten oder die in § 7 aufgeführten Krankheitserreger aufzuheben, einzuschränken oder zu erweitern oder die Meldepflicht auf andere übertragbare Krankheiten
oder Krankheitserreger auszudehnen, soweit die epidemische Lage
dies zulässt oder erfordert.** [2]**Wird die Meldepflicht nach Satz 1 auf andere übertragbare Krankheiten oder Krankheitserreger ausgedehnt,
gelten die für meldepflichtige Krankheiten nach § 6 Absatz 1 Satz
1 Nummer 1 und meldepflichtige Nachweise von Krankheitserregern
nach § 7 Absatz 1 Satz 1 geltenden Vorschriften für diese entsprechend.** [3]**Das Bundesministerium für Gesundheit wird ermächtigt,
durch Rechtsverordnung ohne Zustimmung des Bundesrates die Meldepflicht für feststellende Personen bei der Anwendung patientennaher Schnelltests bei Dritten aufzuheben.**

(2) [1]**In dringenden Fällen kann zum Schutz der Bevölkerung die
Rechtsverordnung ohne Zustimmung des Bundesrates erlassen werden.** [2]**Eine auf der Grundlage des Satzes 1 erlassene Verordnung tritt
ein Jahr nach ihrem Inkrafttreten außer Kraft; ihre Geltungsdauer
kann mit Zustimmung des Bundesrates verlängert werden.**

(3) [1]**Solange das Bundesministerium für Gesundheit von der Ermächtigung nach Absatz 1 Satz 1 keinen Gebrauch macht, sind die
Landesregierungen zum Erlass einer Rechtsverordnung nach Absatz 1**

Satz 1 ermächtigt, sofern die Meldepflicht nach diesem Gesetz hierdurch nicht eingeschränkt oder aufgehoben wird. [2]Sie können die Ermächtigung durch Rechtsverordnung auf andere Stellen übertragen.

A. Zweck und Bedeutung der Norm

§ 15 enthält **Verordnungsermächtigungen** für das **BMG** und die **Landesregierungen** zur **Anpassung** der in §§ 6, 7 vorgesehenen **Meldepflichten** für Krankheiten und Krankheitserreger an die epidemische Lage. Eine Anpassung kann erforderlich sein, wenn eine Krankheit oder ein Erreger neu auftritt oder mutiert und angesichts der schnellen Änderung der Lage keine ausreichende Zeit für die Durchführung eines aufwändigen und zeitintensiven parlamentarischen Gesetzgebungsverfahrens vorhanden ist (*Gerhardt,* § 15 Rn. 1 f.). Anhaltspunkte für die Notwendigkeit der Änderung der Meldepflicht auf der Basis einer Verordnung können sich aus den Meldungen von nicht im Gesetz genannte Krankheiten oder Krankheitserregern nach §§ 6 Abs. 1 Nr. 5, 7 Abs. 2 ergeben (*BBS,* § 15 Rn. 3; *Gerhardt,* § 15 Rn. 1). Mit dem EpiLage-FortgeltungsG v. 4.3.2021 (BGBl. I 370) ist in Abs. 1 S. 3 zudem eine Verordnungsermächtigung für den speziellen Fall der Aufhebung der Meldepflicht bei positiven Testungen mittels patientennaher Schnelltests eingefügt worden. 1

B. Verordnungsermächtigung mit Zustimmungsbedürfnis (Abs. 1 S. 1)

Gem. Abs. 1 S. 1 kann das BMG durch **RVO mit Zustimmung des BR** die in §§ 6, 7 aufgeführten Meldepflichten für Krankheiten und Erregernachweise aufheben, einschränken, erweitern oder die Meldepflicht auf andere übertragbare Krankheiten oder Erreger ausdehnen, wenn die epidemische Lage dies zulässt oder erfordert. 2

Eine **Aufhebung** der Meldepflicht ist deren Außerkraftsetzen. Sie ist möglich, wenn eine Erfassung nicht mehr erforderlich ist, weil zB der Erreger aufgrund erfolgreicher Prävention oder verbesserter Therapien an Bedeutung verloren hat und eine weniger intensive Art der Überwachung, zB nach § 13, ausreichend erscheint (*BBS,* § 15 Rn. 4). Eine **Einschränkung** der Meldepflicht kommt insbesondere in Form der Umwandlung einer namentlichen in eine nichtnamentliche oder durch eine Reduzierung der zu meldenden Angaben in Betracht (*BBS,* § 15 Rn. 4). Die epidemische Lage muss die Aufhebung oder Einschränkung **zulassen.** Es müssen also epidemiologische Anhaltspunkte vorliegen, die eine Reduzierung des Meldeumfangs ermöglichen. 3

Eine **Erweiterung** liegt vor, wenn mehr Daten als vorgesehen gemeldet werden müssen oder wenn eine nichtnamentliche zu einer namentlichen Meldepflicht ausgeweitet wird. Eine **Ausdehnung** stellt hingegen die Aufnahme eines Erregers oder einer Krankheit in den Kreis der zu meldenden Ereignisse dar. Hierbei kann es sich sowohl um bisher unbekannte Krankheiten oder Erreger handeln als auch um bekannte, die aufgrund ihrer Verbreitung oder der 4

Schwere der ausgelösten Erkrankungen an Bedeutung gewinnen (→ § 6 Rn. 16). Die epidemische Lage muss die Erweiterung oder Ausdehnung **erfordern,** dh auch hier muss eine epidemiologische Faktenlage gegeben sein, die ein Mehr an Datenerfassung notwendig macht.

5   Von der Möglichkeit einer Ausdehnung hat das BMG zB durch die Verordnung zur Anpassung der Meldepflichten nach dem IfSG an die epidemische Lage v. 18.6.2016 (BGBl. I 515) Gebrauch gemacht. Eine vollständige Liste der zu meldenden Krankheiten und Erreger kann im Internetauftritt des RKI eingesehen werden.

5a   Mit dem 3. BevSchG vom 18.11.2020 (BGBl. I 2397) ist in Abs. 1 S. 2 zudem eine Klarstellung eingefügt worden. Sofern eine Ausdehnung der Meldepflicht durch eine Verordnung nach § 15 Abs. 1 S. 1 auf andere übertragbare Krankheiten oder Krankheitserreger erfolgt, finden auf diese nach der Verordnung neu zu meldenden Krankheiten oder Erreger ebenfalls die Vorschriften entsprechend Anwendung, die für meldepflichtige Krankheiten nach § 6 Abs. 1 S. 1 Nr. 1 und meldepflichtige Nachweise nach § 7 Abs. 1 S. 1 gelten. Krankheiten und Erreger, deren Meldepflicht sich aufgrund einer Verordnung ergibt, sind daher wie Krankheiten und Erreger zu behandeln, die nach den §§ 6 Abs. 1 S. 1 Nr. 1, 7 Abs. 1 S. 1 zu melden sind. In Bezug auf die buß- und strafbewährte Nichtmeldung, unkorrekte oder unvollständige, nicht rechtzeitige oder auf eine falsche Weise vorgenommene Meldung sei jedoch auf die explizite Erwähnung der RVO nach § 15 Abs. 1 verwiesen. Anders als der Gesetzeswortlaut sieht die Gesetzesbegründung (BT-Drs. 19/23944, 30) diese Gleichstellung nicht nur für den Fall der Ausdehnung der Meldepflicht, sondern auch bei deren Erweiterung vor (→ Rn. 3 f.). Dies widerspricht dem eindeutigen Gesetzeswortlaut und erscheint zudem nur bedingt sinnvoll, da bei einer Erweiterung der Meldepflicht die mehr oder neu zu meldenden Daten nicht zwangsläufig wie solche nach §§ 6 Abs. 1 S. 1 Nr. 1, 7 Abs. 1 S. 1 behandelt werden müssen, sondern vielmehr nach den spezifischen für die Krankheit oder den Erreger geltenden Vorschriften behandelt werden sollten.

C. Verordnungsermächtigungen ohne Zustimmungsbedürfnis (Abs. 1 S. 3, Abs. 2)

5b   In Abs. 1 S. 3 ist darüber hinaus eine **Verordnungsermächtigung** zugunsten des BMG vorgesehen, die es ermöglicht, ohne Zustimmung des BR die **Meldepflicht** für feststellende Personen bei der Anwendung **patientennaher Schnelltests** bei Dritten aufzuheben. Die Aufhebung kann auch temporär vorgesehen werden (BT-Drs. 19/27291, 62). Die Notwendigkeit für die Verordnungsermächtigung in Abs. 1 S. 3 ergibt sich laut Gesetzesbegründung daraus, dass kurzfristig eine Überforderung des Meldesystems und eine Überlastung der Gesundheitsbehörden verhindert werden sollen, sofern durch eine Vielzahl von Schnelltests eine große Zahl an Erkrankten identifiziert wird (BT-Drs. 19/27291, 62). Die ursprünglich im 3. BevSchG vorgesehene Ausnahme von der Meldepflicht für Schnelltests auf den SARS-CoV-2-Erreger in § 8 Abs. 3 S. 1 (→ § 8 Rn. 5 a) wurde nicht umgesetzt (BT-Drs. 19/23944, 25).

Schnelltests iSd Norm sind Point-of-Care (PoC)-Antigen-Tests, die nicht **5c** laborgestützt sind (RKI, Epidemiologisches Bulletin, 43/2020, 4; → §8 Rn. 5a; → §24 Rn. 6b). Selbsttests zur Heimanwendung sind nicht erfasst und werden zudem von keiner nach §8 meldepflichtigen Person durchgeführt. Eine Verordnung auf der Grundlage von §15 Abs. 1 S. 3 wird hauptsächlich die durch §8 Abs. 1 Nr. 1 erfassten Personen betreffen, die aufgrund einer RVO nach §24 S. 2 oder §24 S. 3 Nr. 1 zur Durchführung von Schnelltests befugt sind (→ §8 Rn. 5a). Sie kann sich jedoch auch auf alle anderen in §8 genannten Gruppen beziehen, die Schnelltests durchführen dürfen.

Auch wenn das Ziel der Verordnungsermächtigung legitim ist, eine Über- **5d** lastung des Meldesystems und der Gesundheitsbehörden zu verhindern (→ Rn. 5a), sollte von ihr nur unter **Statuierung zusätzlicher Anforderungen** Gebrauch gemacht werden, da sie zu umfassend formuliert ist. Der Verzicht auf die Meldung eines positiven Testergebnisses bewirkt, dass eine, zumindest mit hoher Wahrscheinlichkeit, nachgewiesene Infektion nicht über das Meldesystem bekannt wird und ggü. der infizierten Person keine gesetzlich vorgesehenen Maßnahmen seitens der zuständigen Behörde ergriffen werden können. Ein solches Vorgehen steht im Gegensatz zu den Zielen der Normen des 3. Abschnitts. Die ursprünglich für §8 Abs. 3 S. 1 für SARS-CoV-2-Erreger geplante Ausnahme (→ §8 Rn. 5a) von der Meldpflicht bei Schnelltests war nur sinnvoll, weil dessen positives Ergebnis verpflichtend eine **Überprüfung** durch einen **PCR-Test** nach sich zieht, dessen positives Ergebnis dann von der durch §8 verpflichteten Person gemeldet werden muss. Gerade eine solche verpflichtende Abfolge von Schnell- und PCR-Tests sieht die Verordnungsermächtigung jedoch nicht vor. Von ihr sollte daher nur unter der Voraussetzung Gebrauch gemacht werden, dass ein positives Schnelltestergebnis von einem verpflichtenden PCR-Test flankiert wird. Andernfalls würden sowohl das Meldesystem als auch das Durchführen von Tests ad absurdum geführt.

Abs. 2 sieht vor, dass in dringenden Fällen zum Schutz der Bevölkerung **6** eine **Verordnung** nach Abs. 1 S. 1 auch **ohne Zustimmung des BR** erlassen werden kann. Ein **dringender Fall** liegt vor, wenn unverzügliches Handeln zum Schutz der Bevölkerung wegen der raschen Ausbreitung einer Krankheit oder eines Erregers geboten ist, sodass die Zeit, die zur Beteiligung des BR benötigt wird, nicht mehr abgewartet werden kann. Als erforderlicher Zeitraum einer BR-Beteiligung ist unter normalen Umständen von etwa einem Jahr auszugehen (*BBS*, §15 Rn. 6). Das Abwarten dieser Zeitspanne ist gerade bei neu auftretenden Erkrankungen, gegen die in der Bevölkerung noch keine Immunität gegeben ist, nicht möglich; so auch zuletzt bei der Ausbreitung des SARS-CoV-2 Erregers, bei dem die Meldpflicht im Dezember 2019 zunächst auf der Basis des §15 Abs. 2 in der „Verordnung über die Ausdehnung der Meldepflicht nach §6 Absatz 1 Satz 1 Nummer 1 und §7 Absatz 1 Satz 1 des Infektionsschutzgesetzes auf Infektionen mit dem erstmals im Dezember 2019 in Wuhan/Volksrepublik China aufgetretenen neuartigen Coronavirus („2019-nCoV")" (BAnz AT 31.1.2020 V1) geregelt wurde. Die Verordnung ist inzwischen jedoch durch Art. 18 des Zweiten G zum Schutz der Bevölkerung bei einer epidemischen Lage nationaler Tragweite v. 19.5.2020 (BGBl. I 1018) aufgehoben und die Meldepflicht in das IfSG integriert worden.

7   Eine Verordnung ohne Zustimmung des BR tritt binnen eines Jahres nach ihrem Inkrafttreten **außer Kraft**. Mit Zustimmung des BR kann ihre Geltungsdauer jedoch wie in Abs. 1 auf unbestimmte Zeit verlängert werden. Die **Geltungsdauer** von einem Jahr ohne Zustimmung erscheint **nicht unproblematisch**. Gesetzgebungsverfahren in Krisenzeiten, zB während der Finanzkrise oder der pandemischen Ausbreitung des SARS-CoV-2 Erregers, haben gezeigt, dass der Zeitraum der Beratung im BR bei Dringlichkeit beschleunigt werden und deutlich unter einem Jahr betragen kann. Nicht nur zur Einholung der Zustimmung für eine etwaige Verlängerung der Geltungsdauer einer nach Abs. 2 erlassenen Verordnung, sondern auch zur Legitimierung des Handelns in einer drängenden Krisensituation sollte das BMG daher bemüht sein, eine Beteiligung und Zustimmung des BR möglichst zeitnah zu bewirken (zu der Frage auch → § 42 Rn. 17).

D. Verordnungsermächtigung der Landesregierungen (Abs. 3)

8   Eine **Verordnung nach Abs. 1 S. 1** kann mit zwei Einschränkungen auch von einer **Landesregierung** erlassen werden. Zunächst darf das BMG nicht von seiner Ermächtigung zum Verordnungserlass nach Abs. 1 S. 1 Gebrauch gemacht haben. Die Sperrwirkung betrifft dabei aber nur die vom BMG geregelten Materien und nicht das Gebrauchmachen von der Verordnungsermächtigung an sich. Zudem kann die Landesregierung die Meldepflicht nach dem IfSG nicht einschränken oder aufheben, sondern **nur erweitern oder ausdehnen** (*Gerhardt*, § 15 Rn. 10). Dies kommt insbesondere in Betracht, wenn die epidemiologische Lage in einem Bundesland stark von der bundesweiten Lage abweicht und somit die Einführung einer einheitlichen Meldepflicht nicht gerechtfertigt erscheint (*BBS*, § 15 Rn. 7). S. 2 erlaubt den Landesregierungen, die Ermächtigung zum Erlass einer RVO nach Abs. 3 ebenfalls per RVO auf andere Stellen zu übertragen. Die Bundesländer haben von der Möglichkeit zum Erlass von RVOen nach Abs. 3 umfassend Gebrauch gemacht (vgl. ausführliche Auflistung unter www.rki.de → Infektionsschutz → Infektionsschutzgesetz → Meldepflichtige Krankheiten und Krankheitserreger). Eine Befreiung von der Meldepflicht für positive Schnelltestergebnisse, wie sie in Abs. 1 S. 3 vorgesehen ist, kann auf Landesebene nicht erlassen werden.

E. Zuwiderhandlung

9   Das Unterlassen einer Meldung nach §§ 6, 7 stellt, auch in Verbindung mit einer RVO nach § 15 Abs. 1 und 3, ebenso wie die unvollständige, unrichtige, auf falsche Weise vorgenommene und zu späte Meldung, eine Ordnungswidrigkeit nach **§ 73 Abs. 1a Nr. 2** dar. Kommt es durch eine vorsätzliche Begehung zu einer Verbreitung der in §§ 6, 7 genannten Krankheiten oder Erregern, erfüllt dies den Straftatbestand des **§ 74.**

4. Abschnitt – Verhütung übertragbarer Krankheiten

§ 15a Durchführung der infektionshygienischen und hygienischen Überwachung

(1) Bei der Durchführung der folgenden infektionshygienischen oder hygienischen Überwachungen unterliegen Personen, die über Tatsachen Auskunft geben können, die für die jeweilige Überwachung von Bedeutung sind, den in Absatz 2 genannten Pflichten und haben die mit der jeweiligen Überwachung beauftragten Personen die in Absatz 3 genannten Befugnisse:
1. infektionshygienische Überwachung durch das Gesundheitsamt nach § 23 Absatz 6 und 6a,
2. infektionshygienische Überwachung durch das Gesundheitsamt nach § 36 Absatz 1 und 2,
3. hygienische Überwachung durch das Gesundheitsamt nach § 37 Absatz 3 und
4. infektionshygienische Überwachung durch die zuständige Behörde nach § 41 Absatz 1 Satz 2.

(2) [1]Personen, die über Tatsachen Auskunft geben können, die für die Überwachung von Bedeutung sind, sind verpflichtet, den mit der Überwachung beauftragten Personen auf Verlangen die erforderlichen Auskünfte insbesondere über den Betrieb und den Betriebsablauf einschließlich dessen Kontrolle zu erteilen und Unterlagen einschließlich dem tatsächlichen Stand entsprechende technische Pläne vorzulegen. [2]Der Verpflichtete kann die Auskunft auf solche Fragen verweigern, deren Beantwortung ihn selbst oder einen der in § 52 Absatz 1 der Strafprozessordnung bezeichneten Angehörigen der Gefahr aussetzen würde, wegen einer Straftat oder einer Ordnungswidrigkeit verfolgt zu werden; Entsprechendes gilt für die Vorlage von Unterlagen.

(3) [1]Die mit der Überwachung beauftragten Personen sind, soweit dies zur Erfüllung ihrer Aufgaben erforderlich ist, befugt,
1. Betriebsgrundstücke, Betriebs- und Geschäftsräume, zum Betrieb gehörende Anlagen und Einrichtungen sowie Verkehrsmittel zu Betriebs- und Geschäftszeiten zu betreten und zu besichtigen,
2. sonstige Grundstücke sowie Wohnräume tagsüber an Werktagen zu betreten und zu besichtigen,
3. in die Bücher oder sonstigen Unterlagen Einsicht zu nehmen und hieraus Abschriften, Ablichtungen oder Auszüge anzufertigen,
4. sonstige Gegenstände zu untersuchen oder
5. Proben zur Untersuchung zu fordern oder zu entnehmen.

[2]Der Inhaber der tatsächlichen Gewalt ist verpflichtet, den Beauftragten der zuständigen Behörde oder des Gesundheitsamtes die Grundstücke, Räume, Anlagen, Einrichtungen und Verkehrsmittel sowie sonstigen Gegenstände zugänglich zu machen. [3]Das Grundrecht der

Unverletzlichkeit der Wohnung (Artikel 13 Absatz 1 des Grundgesetzes) wird insoweit eingeschränkt.

(4) **Weitergehende Pflichten und Befugnisse, insbesondere unter den Voraussetzungen der §§ 16 oder 17 oder nach den Vorschriften des 5. Abschnitts, bleiben unberührt.**

Übersicht

A. Zweck und Bedeutung der Norm

1 Die Norm ist durch Art. 6 Nr. 1 des PpSG v. 11.12.2018 (BGBl. I 2394) in das IfSG eingefügt worden und dient der Schaffung einer eigenständigen und zentralen Regelung über die **Verpflichtung** von Personen und die **Befugnisse** von Behörden bei der **Durchführung von Überwachungsaufgaben** (BT-Drs. 19/5593, 112). Hierdurch soll insbes. auch die Überwachung ambulanter Pflege am Ort der erbrachten Dienstleistung ermöglicht werden. § 15a ersetzt die bis dahin in §§ 23 Abs. 7, 36 Abs. 3 enthaltenen Regeln und schafft für sie und die Überwachung in den Fällen der §§ 37 Abs. 3 S. 2, 41 Abs. 1 S. 3 eine **einheitliche Rechtsgrundlage,** wodurch Wiederholungen und rechtliche Unklarheiten beseitigt werden konnten (BT-Drs. 19/5593, 112).

2 Abs. 1 bestimmt die von § 15a erfassten Personen und Überwachungsaufgaben und damit den **Anwendungsbereich** der Regelung. Abs. 2 benennt, welchen **Pflichten** die in Abs. 1 genannten Personen bei den ebenfalls in Abs. 1 genannten Überwachungsaufgaben unterliegen. Abs. 3 wiederum führt die **Befugnisse** der die Überwachung nach Abs. 1 durchführenden Personen auf. Abs. 4 stellt klar, dass §§ 16f. und der 5. Abschnitt des Gesetzes über § 15a **hinausgehende Pflichten und Befugnisse** vorsehen können.

B. Anwendungsbereich (Abs. 1)

3 Der **Anwendungsbereich** der Norm erstreckt sich auf die Durchführung der in Abs. 1 Nr. 1–4 genannten Fälle infektionshygienischer oder hygienischer Überwachung. **Infektionshygienische Überwachung** ist eine auf bestimmte relevante Ereignisse oder Zustände (zB Infektionen, Krankheitsfälle) fokussierte Beobachtung und Informationserhebung, die sich auf die Hygienestruktur, den Ablauf der Prozesse der Infektionshygiene und die erreichten Ergebnisse bezieht. Sie wird durch die operative Tätigkeit der Gesundheitsbehörden (Hygienekontrollen und Maßnahmen zur Beseitigung festgestellter Mängel oder Risiken) gewährleistet und durch verschiedene Surveillanceinstrumente, zB Meldepflichten, ergänzt (RKI-Fachwörterbuch Infektionsschutz und Infektionsepidemiologie, Stichwort „Überwachung, infektionshygienische"). Der Begriff der **Hygieneüberwachung** ist hierzu synonym (RKI-Fachwörterbuch Infektionsschutz und Infektionsepidemiologie, Stichwort „Hygieneüberwachung").

Abs. 1 Nr. 1 betrifft die Überwachung in den **Fällen des § 23 Abs. 6, 6a** 4 (→ § 23 Rn. 56 ff.) und somit in den in § 23 Abs. 5 S. 1 (→ § 23 Rn. 33 ff.) genannten Einrichtungen wie Krankenhäusern, Reha- oder Tageskliniken, aber auch in der ambulanten Pflege. Nr. 2 erfasst mit den **Fällen des § 36 Abs. 1, 2** (→ § 36 Rn. 27) die Überwachung verschiedener Gemeinschaftseinrichtungen. Über die Nr. 3 wird die Überwachung von **Wasserversorgungs- und -gewinnungs-,** aber auch **Schwimm- und Badeanlagen** nach § 37 Abs. 3 (→ § 37 Rn. 29 f.) erfasst. In den Fällen der Nr. 4 handelt es sich wiederum um die Überwachung von **Abwasserbeseitigungsanlagen** nach § 41 Abs. 1 S. 2 (→ § 41 Rn. 18). Die Überwachung nach Nr. 1–3 wird vom Gesundheitsamt, die nach Nr. 4 von den jeweils zuständigen Behörden vorgenommen.

Verpflichtete der Norm sind Personen, die über Tatsachen Auskunft ge- 5 ben können, die für die jeweilige Überwachung von Bedeutung sind. Es handelt sich also um Personen, die von einer der in Nr. 1–4 genannten Überwachungsmaßnahmen betroffen sind. Entscheidend dafür, ob eine Person Auskunft geben kann, ist allein ihre theoretische Fähigkeit, Auskunft erteilen zu können (*Gerhardt,* § 15a Rn. 4). Die Befähigung zur Informationserteilung kann sich zB dadurch ergeben, dass sich eine Information in der Einflusssphäre einer Person befinden oder die Auskunft von ihr aufgrund ihrer hierarchischen Position erwartet werden kann. Das kann zB der Fall sein, wenn die Befassung zu ihrem professionellen Aufgabenbereich gehört. **Gegenstand der Auskunft** sind nur Tatsachen, nicht Meinungen, Ansichten oder Vermutungen.

§ 15a berechtigt die Personen, die mit der Überwachung nach Nr. 1–4 be- 6 auftragt sind. Es ist anzuraten, dass sie sich für die Durchführung der Überwachungsmaßnahme als Mitarbeiter der zuständigen Behörde ausweisen können (*Gerhardt,* § 15a Rn. 5).

C. Pflichten betroffener Personen (Abs. 2)

Abs. 2 regelt die **Pflichten** der in Abs. 1 genannten Personen in den Fällen 7 der hygienischen und infektionshygienischen Überwachung nach Abs. 1 Nr. 1–4. Sie müssen in diesen Fällen laut S. 1 auf Verlangen alle erforderlichen Auskünfte erteilen und Unterlagen vorlegen.

Erforderlich sind Auskünfte, wenn sie sich auf Tatsachen beziehen, deren 8 Kenntnis für die Durchführung der Überwachung notwendig sind. Dass es sich um Tatsachen handeln muss, ergibt sich daraus, dass die Auskunftsverpflichtung sich nur auf Personen bezieht, die über Tatsachen Auskunft erteilen können (→ Rn. 5). Das Auskunftsersuchen kann sich auf alle Gegenstände der Überwachung beziehen. Es betrifft nicht nur solche Angelegenheiten, die ausschließlich über eine Auskunftserteilung in Erfahrung gebracht werden können, sondern auch Fragen, über die der Berechtigte sich auf anderem Weg informieren könnte. Die Auskunft muss lediglich einen für die Überwachung erforderlichen Gegenstand betreffen. Als Beispiel nennt S. 1 Auskünfte über den Betrieb oder den Betriebsablauf.

9   Auch die **Vorlagepflicht für Unterlagen** erstreckt sich auf alle Dokumente, die sich auf Tatsachen beziehen, die für die Durchführung der Überwachung erforderlich sind. Bei den in diesem Zusammenhang genannten
technischen Plänen handelt es sich um ein Beispiel. Der dadurch zum Ausdruck kommende Bezug zum **tatsächlichen Stand** zeigt jedoch, dass es sich
um aktuelle und richtige Unterlagen handeln muss, sodass sich für den Verpflichteten die Notwendigkeit einer Aktualisierung ergeben kann, wenn lediglich veraltete Informationen vorliegen. Auch wenn der Begriff „**Unterlagen**" auf physisch vorhandene Papiere hindeutet, sind doch Dokumente in
jeder Form und auf jedem Speichermedium erfasst, um dem Telos der Norm
gerecht zu werden (so auch *Gerhardt*, § 15a Rn. 13).

10   Sowohl der Auskunftspflicht als auch der Pflicht zur Vorlage von Unterlagen ist von Seiten des Verpflichteten nur auf **Verlangen** nachzukommen, sodass von ihnen kein proaktives Tätigwerden erwartet werden kann und sie bei
einer Anfrage auch nur in deren Umfang handeln müssen.

11   S. 2 sieht ein **Auskunftsverweigerungsrecht** für nach Abs. 1 Verpflichtete
und ihre Angehörigen iSd § 52 Abs. 1 StPO vor, wenn für sie bei einer wahr-
heitsgemäßen Antwort die Gefahr einer Strafverfolgung oder der Ahndung
einer Ordnungswidrigkeit bestehen würden. **Angehörige** iSd § 52 Abs. 1
sind Verlobte beschuldigter Personen, ihre Ehegatten und Lebenspartner,
auch wenn die Ehe oder Lebenspartnerschaft nicht mehr besteht, außerdem,
auch ehemals, in gerader Linie verwandte oder verschwägerte Personen sowie
in der Seitenlinie, ebenfalls auch ehemals, bis zum dritten Grad verwandte und
bis zum zweiten Grad verschwägerte Personen. Die Regelung ist Ausdruck des
strafrechtlichen Grundsatzes der Selbstbelastungsfreiheit in staatlichen Verfahren (nemo tenetur-Grundsatz), der sowohl dem GG, der EMRK als auch der
GRC immanent ist (vgl. BVerfG Beschl. v. 13.1.1981 – 1 BvR 116/77,
Rn. 18 = NJW 1981, 1431 (1432); EGMR NJW 2002, 499 (501); EuGH
Urt. v. 7.1.2004 – C-204/00, Slg. 2004, I-123, Rn. 64f.).

12   In den genannten Fällen des S. 2 existiert ebenso ein Recht zur **Verweigerung** der Herausgabe von **Unterlagen.**

D. Befugnisse Berechtigter (Abs. 3)

13   Abs. 3 S. 1 benennt die **Rechte,** die den berechtigten Personen bei der
Durchführung einer Überwachung nach Abs. 1 zustehen, und fungiert als
rechtliche Grundlage (*Gerhardt*, § 15a Rn. 16) für die Vornahme dieser Maßnahmen. S. 2 statuiert korrespondierende Pflichten für die durch die Maßnahme verpflichteten Personen.

14   **Berechtigt** zur Durchführung der in Nr. 1–5 genannten Maßnahmen ist,
wer von der zuständigen Behörde mit der Überwachung betraut wurde
(→ Rn. 6). Die Durchführung steht in Inhalt und Umfang unter dem Vorbehalt der **Erforderlichkeit** der Maßnahme **zur Aufgabenerfüllung.** Die
Maßnahme muss notwendig sein, um die Überwachung vornehmen zu können. Maßnahmen, die eine Durchführung der Überwachung nicht fördern,
ihr nicht dienen oder über das hinausgehen, was für die Überwachung vorgenommen werden muss, können nicht auf Abs. 3 gestützt werden. Die Vor-

nahme der Maßnahmen steht im Ermessen des Berechtigten (*Gerhardt,* § 15 a Rn. 19 f.).

Abs. 3 S. 1 Nr. 1 und 2 ermöglicht Berechtigten das Betreten und Besichti- **15** gen von Betriebsgrundstücken, Betriebs- und Geschäftsräumen, zu einem Betrieb gehörenden Anlagen und Einrichtungen sowie Verkehrsmitteln während der Betriebs- und Geschäftszeiten aber auch von Grundstücken und Wohnräumen tagsüber an Werktagen. **Betreten** ist das physische sich Begeben auf ein Grundstück oder in einen Raum. **Besichtigen** ist, im Gegensatz zum Durchsuchen, die optische Wahrnehmung der Begebenheiten ohne Vornahme eines Eingriffs in deren Integrität. **Betriebsgrundstücke, Betriebsräume** und **Geschäftsräume** sind die Örtlichkeiten, in denen sich ein Betrieb, seine Geschäftsräume oder seine Verwaltung befindet. **Anlagen und Einrichtungen** sind auch technische oder bauliche Betriebsmittel, die der Funktion des Betriebs dienen, aber meist nicht öffentlich, sondern nur Betriebsangehörigen zugänglich sind und in aller Regel auch nicht deren dauerhaftem Aufenthalt dienen. Die **Betriebs- und Geschäftszeiten** sind Uhrzeiten, zu denen der Geschäftsbetrieb stattfindet und die Räumlichkeiten für den Publikums- oder Mitarbeiterverkehr normalerweise geöffnet sind. **Sonstige Grundstücke und Wohnungen** meinen Unterkünfte für Menschen. Sie müssen einen Bezug zur Überwachung aufweisen. Dem Zweck der Norm folgend, auch ambulante Pflege infektionshygienischer und hygienischer Überwachung zugänglich zu machen (BT-Drs. 19/5593, 112), handelt es sich dabei auch um Wohnungen von zu pflegenden Personen. **Tagsüber** ist im Umkehrschluss aus §§ 104 StPO, 758a ZPO die Zeit zwischen 5 bzw. 6 Uhr und 21 Uhr. **Werktage** sind alle Tage mit Ausnahme von Sonn- und Feiertagen. Da es sich bei den Wohnungen ggf. um Aufenthaltsorte kranker und zu pflegender Menschen handelt, sollten Betretungen und Besichtigungen, sofern möglich, nicht zu den Randzeiten (morgens und abends) dieses Zeitfensters und immer unter Rücksichtnahme auf die Bedürfnisse der Bewohner und ihrer Tagesabläufe erfolgen.

Bücher und sonstige Unterlagen sind Dokumente jeder Art mit Bezug **16** zur Überwachung. In sie darf gem. Nr. 3 Einsicht genommen werden. Für den Erhalt des Normzwecks kann es nicht auf die Art ihrer Speicherung oder der Darstellung ihres Inhalts ankommen. Abschriften, Ablichtungen und Auszüge sind Arten der **Vervielfältigung** des Inhalts der Dokumente, welche durch die Norm ebenfalls erlaubt wird.

Sonstige Gegenstände iSd Nr. 4 sind alle Gegenstände, die nicht unter **17** Nr. 3 fallen. Sie dürfen **untersucht,** dh in Augenschein genommen und analysiert werden.

Nr. 5 erlaubt es, **Proben zur Untersuchung** zu **fordern** oder zu **entneh- 18 men.** Der Verpflichtete kann also aufgefordert werden, dem Berechtigten Proben zu übergeben. Probengegenstand kann jedes Medium sein, das für den Untersuchungszweck Bedeutung besitzt. Ausgenommen ist der menschliche Körper, da hier für Probenentnahmen § 25 Abs. 3 (→ § 25 Rn. 15 ff.) zu beachten ist (*Gerhardt,* § 15 a Rn. 27). Ebenso kann die Probenentnahme aber auch durch den Berechtigten selbst erfolgen.

Beauftragten der zuständigen Behörde müssen nach S. 2 Grundstücke, **19** Räume, Anlagen, Einrichtungen und Verkehrsmittel sowie sonstige Gegenstände **zugänglich gemacht** werden. Verpflichteter der Norm ist der Inhaber der tatsächlichen Gewalt über sie. Nicht erfasst sind Bücher und sonstige Unterlagen, in die Berechtigte nach Nr. 4 Einsicht nehmen dürfen. Sie sind angesichts des eindeutigen Wortlauts des S. 2 sowie des Abs. 2 (→ Rn. 9, 12) von den nach Abs. 1 verpflichteten Personen bereitzustellen.

20   S. 3 stellt die Erfüllung des **Zitiergebots** nach Art. 19 Abs. 1 S. 2 GG in Bezug auf den Eingriff in die Unverletzlichkeit der Wohnung nach Abs. 3 sicher.

E. Weitergehende Befugnisse (Abs. 4)

21   Abs. 4 hat rein klarstellende Funktion und verdeutlicht, dass sich aus anderen Vorschriften des Gesetzes **weitergehende Befugnisse und Pflichten** für Ermittlungen und Maßnahmen der zuständigen Behörden ergeben können (BT-Drs. 19/5593, 112). Als mögliche Quellen hierfür nennt der Abs. insbes. §§ 16 und 17 sowie den 5. Abschnitt, der die Bekämpfung übertragbarer Krankheiten regelt.

F. Zuwiderhandlungen

22   Gem. **§ 73 Abs. 1a Nr. 3** handelt ordnungswidrig, wer vorsätzlich oder fahrlässig entgegen § 15a Abs. 2 S. 1 eine Auskunft nicht, nicht richtig, nicht vollständig oder nicht rechtzeitig erteilt. Ebenso handelt ordnungswidrig nach **§ 72 Abs. 1a Nr. 4,** wer vorsätzlich oder fahrlässig eine Unterlage nicht, nicht richtig, nicht vollständig oder nicht rechtzeitig vorlegt. Ordnungswidrig ist gem. **§ 73 Abs. 1a Nr. 5** zudem das Nichtzugänglichmachen eines Grundstücks, eines Raums, einer Anlage, einer Einrichtung, eines Verkehrsmittels oder eines sonstigen Gegenstands nach § 15a Abs. 3 S. 2.

23   Wird eine der nach § 73 Abs. 1a Nr. 3–5 ordnungswidrigen Handlungen vorsätzlich begangen und dadurch eine nach §§ 6 Abs. 1 S. 1 Nr. 1 meldepflichtige Krankheit oder ein nach § 7 meldepflichtiger Erreger verbreitet, stellt dies eine **Straftat** nach § 74 dar.

§ 16   Allgemeine Maßnahmen zur Verhütung übertragbarer Krankheiten

(1) ¹**Werden Tatsachen festgestellt, die zum Auftreten einer übertragbaren Krankheit führen können, oder ist anzunehmen, dass solche Tatsachen vorliegen, so trifft die zuständige Behörde die notwendigen Maßnahmen zur Abwendung der dem Einzelnen oder der Allgemeinheit hierdurch drohenden Gefahren.** ²**Im Rahmen dieser Maßnahmen können von der zuständigen Behörde personenbezogene Daten erhoben werden; diese dürfen nur von der zuständigen Behörde für Zwecke dieses Gesetzes verarbeitet werden.**

(2) ¹**In den Fällen des Absatzes 1 sind die Beauftragten der zuständigen Behörde und des Gesundheitsamtes zur Durchführung von Ermittlungen und zur Überwachung der angeordneten Maßnahmen be-**

rechtigt, Grundstücke, Räume, Anlagen und Einrichtungen sowie Verkehrsmittel aller Art zu betreten und Bücher oder sonstige Unterlagen einzusehen und hieraus Abschriften, Ablichtungen oder Auszüge anzufertigen sowie sonstige Gegenstände zu untersuchen oder Proben zur Untersuchung zu fordern oder zu entnehmen. [2]Der Inhaber der tatsächlichen Gewalt ist verpflichtet, den Beauftragten der zuständigen Behörde und des Gesundheitsamtes Grundstücke, Räume, Anlagen, Einrichtungen und Verkehrsmittel sowie sonstige Gegenstände zugänglich zu machen. [3]Personen, die über die in Absatz 1 genannten Tatsachen Auskunft geben können, sind verpflichtet, auf Verlangen die erforderlichen Auskünfte insbesondere über den Betrieb und den Betriebsablauf einschließlich dessen Kontrolle zu erteilen und Unterlagen einschließlich dem tatsächlichen Stand entsprechende technische Pläne vorzulegen. [4]Der Verpflichtete kann die Auskunft auf solche Fragen verweigern, deren Beantwortung ihn selbst oder einen der in § 383 Abs. 1 Nr. 1 bis 3 der Zivilprozessordnung bezeichneten Angehörigen der Gefahr strafrechtlicher Verfolgung oder eines Verfahrens nach dem Gesetz über Ordnungswidrigkeiten aussetzen würde; Entsprechendes gilt für die Vorlage von Unterlagen.

(3) Soweit es die Aufklärung der epidemischen Lage erfordert, kann die zuständige Behörde Anordnungen über die Übergabe von in Absatz 2 genannten Untersuchungsmaterialien zum Zwecke der Untersuchung und Verwahrung an Institute des öffentlichen Gesundheitsdienstes oder andere vom Land zu bestimmende Einrichtungen treffen.

(4) Das Grundrecht der Unverletzlichkeit der Wohnung (Artikel 13 Abs. 1 Grundgesetz) wird im Rahmen der Absätze 2 und 3 eingeschränkt.

(5) [1]Wenn die von Maßnahmen nach den Absätzen 1 und 2 betroffenen Personen geschäftsunfähig oder in der Geschäftsfähigkeit beschränkt sind, hat derjenige für die Erfüllung der genannten Verpflichtung zu sorgen, dem die Sorge für die Person zusteht. [2]Die gleiche Verpflichtung trifft den Betreuer einer von Maßnahmen nach den Absätzen 1 und 2 betroffenen Person, soweit die Erfüllung dieser Verpflichtung zu seinem Aufgabenkreis gehört.

(6) [1]Die Maßnahmen nach Absatz 1 werden auf Vorschlag des Gesundheitsamtes von der zuständigen Behörde angeordnet. [2]Kann die zuständige Behörde einen Vorschlag des Gesundheitsamtes nicht rechtzeitig einholen, so hat sie das Gesundheitsamt über die getroffene Maßnahme unverzüglich zu unterrichten.

(7) [1]Bei Gefahr im Verzuge kann das Gesundheitsamt die erforderlichen Maßnahmen selbst anordnen. [2]Es hat die zuständige Behörde unverzüglich hiervon zu unterrichten. [3]Diese kann die Anordnung ändern oder aufheben. [4]Wird die Anordnung nicht innerhalb von zwei Arbeitstagen nach der Unterrichtung aufgehoben, so gilt sie als von der zuständigen Behörde getroffen.

(8) **Widerspruch und Anfechtungsklage gegen Maßnahmen nach den Absätzen 1 bis 3 haben keine aufschiebende Wirkung.**

Übersicht

A. Zweck und Bedeutung der Norm

1   Der **Anwendungsbereich** des § 16 wird aufgrund der vom IfSG vorgenommenen expliziten Unterscheidung zwischen Maßnahmen zur Verhütung übertragbarer Krankheiten (§§ 15a – 23a) und Maßnahmen zur Bekämpfung übertragbarer Krankheiten (§§ 24 – 32) wesentlich durch seine systematische Stellung im 4. Abschnitt des Gesetzes bestimmt. Die Vorschrift des § 16 soll in diesem Zusammenhang, ebenso wie bereits die inhaltsgleiche Vorgängervorschrift des § 10 BSeuchG, nach dem Willen des Gesetzgebers die **Grundlage für allg. Maßnahmen** zur Verhinderung des Auftretens einer Infektionskrankheit bilden (vgl. BT-Drs. 3/1888, 21 f.; → Einf. Rn. 19 f.). Die Bekämpfung einer bereits aufgetretenen Infektionskrankheit hingegen fällt nicht in den Anwendungsbereich von § 16, sondern in diesem Fall greift die Parallelregelung des § 28 ein.

2   Auch wenn das IfSG eigentlich eine strikte Trennung zwischen Maßnahmen zur Verhütung und Maßnahmen zur Bekämpfung übertragbarer Krankheiten vorsieht, können infektionsschutzrechtliche Maßnahmen in der Praxis

nichtsdestotrotz sowohl eine verhütende als auch eine bekämpfende Komponente aufweisen. Diese Problematik wurde auch bereits in Bezug auf die weitgehend inhaltsgleichen Regelungen des BSeuchG durch den Gesetzgeber erkannt, allerdings wollte dieser die systematische Trennung der Maßnahmenkomplexe ausdr. aufrechterhalten (vgl. BT-Drs. 8/3176, 37). Ermächtigungsgrundlagen für Maßnahmen mit **potentiellem Doppelcharakter** sind daher nun in beiden Abschnitten des Gesetzes zu finden bzw. es wurden Verweise auf Ermächtigungsgrundlagen des jeweils anderen Abschnitts aufgenommen. So wurde bspw. zwar in § 28 Abs. 1 S. 1 im Hinblick auf die Bekämpfung übertragbarer Krankheiten eine eigenständige Generalklausel geschaffen, jedoch verweist § 28 Abs. 3 hinsichtlich der Überwachung angeordneter Maßnahmen auf die Regelung des § 16 Abs. 2 und erklärt darüber hinaus § 16 Abs. 5–8 für entsprechend anwendbar.

Auch wenn nunmehr sowohl für verhütende als auch für bekämpfende **3** Maßnahmen eine eigenständige Ermächtigungsgrundlage im jeweiligen Gesetzesabschnitt geschaffen wurde, ändert dies nichts daran, dass in der Praxis bei Maßnahmen mit potentiellem Doppelcharakter eine Auswahl der im Einzelfall einschlägigen Ermächtigungsgrundlage erfolgen muss.

B. Generalklausel (Abs. 1)

Zentrale Ermächtigungsgrundlage von § 16 ist die Generalklausel in § 16 **4** Abs. 1 S. 1, welche unverändert der Vorgängervorschrift des § 10 Abs. 1 BSeuchG entspricht. Die Generalklausel wurde ursprünglich in Anlehnung an die **landesrechtlichen polizeirechtlichen Generalklauseln** geschaffen und sollte diese als spezielle Ermächtigungsgrundlage im Bereich des Infektionsschutzrechts ablösen, da zuvor ein Tätigwerden im Bereich des Infektionsschutzes nur aufgrund der allg. landesrechtlichen polizei- und ordnungsrechtlichen Generalklauseln möglich gewesen war (vgl. BT-Drs. 3/1888, 21).

Auch wenn mit § 16 Abs. 1 S. 1 eine eigenständige infektionsschutzrecht- **5** liche Ermächtigungsnorm geschaffen wurde, sollen im Übrigen weiterhin die **Grundsätze des allg. Polizei- und Ordnungsrechts,** wie etwa die Regeln über die Inanspruchnahme von Störern und Nichtstörern, Anwendung finden (vgl. BVerwG Beschl. v. 16.6.2005 – 3 B 129/04, 1. Leitsatz; BT-Drs. 3/1888, 21; → Einf. Rn. 25 ff.). Die Norm kann insofern dem besonderen Ordnungsrecht zugeordnet werden (vgl. *Kluckert* in ders. § 2 Rn. 160; *Sodan* in EFP § 56 Rn. 14; *Seewald* NJW 1988, 2266; *v. Steinau-Steinrück*, S. 91; aA *Rixen* in Kloepfer, S. 67 (74 ff.); *Engels* DÖV 2014, 467 ff.; *Gärditz/Abdulsalam* GSZ 2020, 108 (113), welche die Norm der staatlichen Risikovorsorge als Teilbereich des öffentlichen Gesundheitsrechtes zuordnen; → Einf. Rn. 24).

I. Tatbestand

Die Generalklausel des § 16 Abs. 1 S. 1 enthält zwei Tatbestandsvarianten. **6** Voraussetzung für ein Eingreifen der zuständigen Behörde ist entweder, dass Tatsachen festgestellt werden, die zum Auftreten einer übertragbaren Krankheit führen können, oder dass anzunehmen ist, dass derartige Tatsachen vorliegen. Das Gesetz sieht insofern sowohl die Möglichkeit des Einschreitens bei

Vorliegen einer konkreten Gefahrenlage als auch bei Vorliegen eines Gefahrenverdachts vor.

7　　**1. Schutzgüter des § 16 Abs. 1 S. 1.** Zielrichtung des § 16 Abs. 1 S. 1 ist, den Einzelnen sowie die Allgemeinheit (→ Einf. Rn. 5) vor Gefahren, die mit dem Auftreten einer übertragbaren Krankheit verbunden sind, zu schützen. Der Schutzzweck der infektionsschutzrechtlichen Generalklausel ist insofern enger gefasst als derjenige der allg. polizeilichen Generalklausel, welche eine „Gefahr für die öffentliche Sicherheit und Ordnung" ausreichen lässt.

8　　Aufgrund des in § 1 Abs. 1 niedergelegten Gesetzeszweckes, übertragbaren Krankheiten beim Menschen vorzubeugen, Infektionen frühzeitig zu erkennen sowie ihre Weiterverbreitung zu verhindern, sind vielmehr das **Leben sowie die körperliche Unversehrtheit** die primären Schutzgüter des § 16 Abs. 1 S. 1 (vgl. *Gerhardt*, § 16 Rn. 4). Obwohl die Regelung des § 16 Abs. 1 S. 1 demgemäß aufgrund ihrer Schutzrichtung eigentlich einen **individualschützenden Charakter** aufweist, ging der Gesetzgeber im Hinblick auf die inhaltsgleiche Regelung im BSeuchG noch 1979 davon aus, dass dem Einzelnen dennoch kein Anspruch auf ein Tätigwerden der zuständigen Behörde zustehen würde (vgl. BT-Drs. 8/3176, 37). Dieser Einschätzung kann jedoch, insbes. vor dem Hintergrund, dass die Regelung (auch) als Ausformung der aus Art. 2 Abs. 2 S. 1 GG folgenden Schutzpflicht des Staates für Leben und Gesundheit des Einzelnen verstanden werden kann und muss, nicht (mehr) gefolgt werden (so auch bereits *Seewald* NJW 1987, 2265 (2270), → Einf. Rn. 6 mwN; wohl auch *Zwanziger* in BeckOK InfSchR § 16 Rn. 30; aA wohl *Fleischfresser* in Kluckert § 13 Rn. 32; *BBS,* § 16 Rn. 7).

9　　**2. Vorliegen einer konkreten Gefahrenlage, § 16 Abs. 1 S. 1 Var. 1.** Die erste Tatbestandsvariante des § 16 Abs. 1 S. 1 beschreibt mit der Feststellung von Tatsachen, die zum Auftreten einer übertragbaren Krankheit führen können, eine **konkrete Gefahrenlage.** Ausgehend davon, dass eine Gefahr nach allg. Verständnis immer dann vorliegt, wenn ein Sachverhalt bei ungehinderter Weiterentwicklung, mit hinreichender Wahrscheinlichkeit und in absehbarer Zeit zu einem Schaden für eines der Schutzgüter der betreffenden Norm führen kann (vgl. bspw. § 2 Nr. 1 NPOG), stellt die Feststellung von Tatsachen, die zum Auftreten einer übertragbaren Krankheit führen können, immer eine Gefahr dar, da davon auszugehen ist, dass eine übertragbare Krankheit bei ungehinderter Weiterentwicklung in absehbarer Zeit immer zu einem Schaden für das Schutzgut der Norm – Leib und Leben der durch die Krankheit bedrohten Bevölkerung – führen kann.

10　　Aus der **systematischen Trennung** zwischen verhütenden und bekämpfenden Maßnahmen (→ Rn. 2) folgt, dass § 16 einschlägig ist, solange nur die Gefahr des Auftretens einer übertragbaren Krankheit besteht. Erst ab dem Zeitpunkt, in dem positiv von einem Auftreten der übertragbaren Krankheit auszugehen ist, findet die Regelung des § 28 Anwendung. Vom **Auftreten einer Infektionskrankheit** ist dabei grundsätzlich in jedem Fall dann auszugehen, wenn die betreffende Infektionskrankheit bei einem Menschen, etwa durch **Nachweis des Krankheitserregers,** sicher festgestellt wurde. Darüber hinaus dürfte im Umkehrschluss aus § 28 auch dann von einem Auftreten ausgegangen werden, wenn Krankheitsverdächtige, Ansteckungsverdächtige oder Ausscheider festgestellt werden oder sich ergibt, dass ein Verstorbener krankheitsverdächtig oder Ausscheider war. Im Hinblick darauf, dass insofern bereits ein **Krankheits- oder Ansteckungsverdacht** den Anwendungsbereich des § 28 eröffnet, ist von einem „Auftreten" nicht nur nach positivem Nachweis einer Infektionskrankheit auszugehen, sondern noch bevor die betreffende Infektionskrankheit sicher festgestellt wurde (vgl. auch *Fleischfresser* in Kluckert § 13 Rn. 12; → § 28 Rn. 14 f.).

Für sämtliche bekannten Infektionskrankheiten reicht jedoch das Auftreten **11** einer Infektionskrankheit allein als Unterscheidungsmerkmal nicht aus, sondern es muss darüber hinaus ein **örtlicher Bezug** zum Infektionsgeschehen bestehen (so auch *Fleischfresser* in Kluckert § 13 Rn. 11 f.; in die gleiche Richtung *Lindner* in Schmidt § 18 Rn. 78; *Zwanziger* in BeckOK InfSchR § 16 Rn. 5.2; aA *Poscher* in Huster/Kingreen Hdb. InfSchR Kap. 4 Rn. 54). Dies zugrunde gelegt, dürfte eine Gefahrenlage im Sinne des § 16 Abs. 1 etwa dann gegeben sein, wenn eine übertragbare Krankheit bislang nur im **Ausland** aufgetreten ist, jedoch zu befürchten steht, dass auch in Deutschland ein Ausbruch droht (wie etwa als die Corona-Epidemie 2020 noch nicht in Deutschland angekommen war). Gleiches könnte auch innerhalb Deutschlands bei **weiteren Entfernungen** gelten. Ist eine Infektionskrankheit etwa bislang nur in einem bay. Landkreis aufgetreten, wäre für ein Tätigwerden der zuständigen Behörden vor Ort § 28 Abs. 1 einschlägig, während Behörden in weiter entfernten Gebieten, wie etwa SchlH, nur auf Grundlage von § 16 Abs. 1 tätig werden dürften. Entgegen der Auffassung des Gesetzgebers, dass „Schutzmaßnahmen" nach § 28 stets vorrangig sind, wenn einem Einschleppungs- oder Ausbreitungsrisiko begegnet werden soll (vgl. BT-Drs. 19/18967, 58), ist ein derartiger örtlicher Bezug notwendig, um der Systematik von Verhütung und Bekämpfung zu entsprechen, da ansonsten für die Vorschriften über die Verhütung von übertragbaren Krankheiten kein eigenständiger Anwendungsbereich verbliebe (auch → § 28 Rn. 15).

3. Vorliegen eines Gefahrenverdachtes, § 16 Abs. 1 S. 1 Var. 2. Ent- **12** sprechend der zweiten Tatbestandsvariante ist für ein Einschreiten der zuständigen Behörde auch die **Annahme eines Gefahrenverdachtes** ausreichend. Ein Einschreiten ist dementsprechend gem. § 16 Abs. 1 S. 1 Var. 2 bereits möglich, wenn nur anzunehmen ist, dass Tatsachen vorliegen, die zum Auftreten einer übertragbaren Krankheit führen können.

Diese zweite Tatbestandsvariante war nicht von Anfang an in der Vorgän- **13** gervorschrift des § 10 BSeuchG enthalten, sondern wurde nachträglich eingeführt, um eine möglichst **effektive und frühzeitige Infektionsbekämpfung** im Bereich des präventiven Infektionsschutzes zu gewährleisten (vgl. BT-Drs. 8/3176, 37). Die Tatbestandsvoraussetzung der Generalklausel in § 16 Abs. 1 S. 1 ist insofern weiter gefasst als diejenigen der landesrechtlichen polizeilichen Generalklauseln (vgl. auch *Fleischfresser* in Kluckert § 13 Rn. 6, aA *Poscher* in Huster/Kingreen Hdb. InfSchR Kap. 4, Rn. 57).

Auch wenn grundsätzlich ein Gefahrenverdacht auf Tatbestandsebene aus- **14** reicht, um ein Einschreiten der zuständigen Behörde zu ermöglichen, muss dieser nichtsdestotrotz auf **gewichtigen Anhaltspunkten** gründen – bloße Vermutungen ohne konkrete Tatsachengrundlage oder eine rein abstrakte Gefährdung sind für die Annahme eines Gefahrenverdachtes nicht ausreichend (vgl. *Lutz*, § 16 Rn. 1; *Gerhardt*, § 16 Rn. 11; *Fleischfresser* in Kluckert § 13 Rn. 7). Als ausreichende Tatsachengrundlage für einen Gefahrenverdacht wurden in diesem Zusammenhang beispielsweise Erkenntnisse der Behörden aus einem Polizeieinsatz in anderer Angelegenheit (vgl. VG Düsseldorf Beschl. v. 14.1.2009 – 5 K 6458/08; OVG Münster Beschl. v. 4.11.2008 – 13 E 1290/08; VG Düsseldorf Beschl. v. 9.6.2008 – 5 L 844/08) oder Erkenntnisse des Kreisveterinäramts aus Ortsbesichtigungen (OVG Koblenz NVwZ-RR 2002, 351) angesehen. Als unzureichend wurden demgegenüber reine Vermutungen von Nachbarn hinsichtlich der unsachgemäßen Lagerung von Lebensmitteln in einer verschlossenen Wohnung eingestuft (VG Stuttgart NJW 2004, 1404).

II. Rechtsfolge

15   **1. Notwendige Maßnahmen.** Die **Rechtsfolgenanordnung** des § 16 Abs. 1 S. 1 ist, wie bei einer Generalklausel nicht anders zu erwarten, denkbar **unbestimmt** gehalten – liegen die Tatbestandsvoraussetzung der Ermächtigungsgrundlage vor, so „trifft die zuständige Behörde die notwendigen Maßnahmen". Die ursprüngliche Gesetzesbegründung verweist in diesem Zusammenhang darauf, dass die Vorgabe konkreter Maßnahmen im Hinblick auf die „Vielgestaltigkeit der Lebensverhältnisse" untunlich sei und die zu treffenden Maßnahmen „nach Art und Umfang" durch die jeweiligen Umstände bedingt würden (vgl. BT-Drs. 3/1888, 22).

16   Auch wenn der zuständigen Behörde durch die offene Rechtsfolgenregelung grundsätzlich ein weiter Spielraum im Rahmen ihres **Auswahlermessens** zusteht, ist Vorsicht geboten, soweit mit möglichen Maßnahmen **Grundrechtsbeschränkungen** der Betroffenen verbunden sind – zumindest sofern die betreffenden Grundrechte unter das Zitiergebot des Art. 19 Abs. 1 S. 2 GG fallen. Entsprechend § 16 Abs. 4 wird durch die Vorschrift des § 16 nämlich nur das Grundrecht der Unverletzlichkeit der Wohnung gem. Art. 13 Abs. 1 GG und dies auch nur im Rahmen von Maßnahmen nach § 16 Abs. 2 und 3 eingeschränkt. In diesem Zusammenhang sei zudem auch darauf hingewiesen, dass die Generalklausel des § 16 Abs. 1 S. 1 in der Literatur ob ihrer unbestimmten Rechtsfolgenregelung **verfassungsrechtlichen Bedenken** begegnet (ausf. *Mers*, S. 112ff. mwN). Auch wenn das Bestimmtheitsgebot die Verwendung unbestimmter, konkretisierungsbedürftiger Generalklauseln nicht ausschließt, ist nichtsdestotrotz erforderlich, dass sich mit Hilfe der üblichen Auslegungsmethoden, durch Berücksichtigung des Normzusammenhangs oder aufgrund einer gefestigten Rechtsprechung eine zuverlässige Grundlage für eine Auslegung und Anwendung der Norm gewinnen lässt (vgl. bspw. BVerfG NJW 2016 3648 (3650) mwN). Derartige Anknüpfungspunkte für die Auslegung der Norm sind jedoch im Fall von § 16 Abs. 1 S. 1 praktisch nicht vorhanden, insbes. existiert anders als für die polizei- und ordnungsrechtlichen Generalklauseln keine seit Jahrzehnten gefestigte Rspr. (ausf. *Mers*, S. 117ff. mwN).

17   Im Rahmen der Ausübung des ihr eröffneten Auswahlermessens muss die Behörde im Rahmen der **Verhältnismäßigkeitsprüfung** im Einzelfall insbes. berücksichtigen, ob es sich um eine konkrete Gefahrenlage oder (nur) um einen Gefahrenverdacht handelt. Auch wenn beide Konstellationen grundsätzlich den Tatbestand des § 16 Abs. 1 S. 1 verwirklichen, so ist, wenn es sich lediglich um einen Gefahrenverdacht handelt, zumeist nur ein **Gefahrerforschungseingriff** angezeigt, um das Vorliegen einer Gefahrenlage näher aufzuklären (vgl. *Gerhardt,* § 16 Rn. 12; *BBS,* § 16 Rn. 5; aA *Zwanziger* in BeckOK InfSchR § 16 Rn. 14). Im Rahmen des Gefahrerforschungseingriffs bieten sich dabei regelmäßig insbes. Maßnahmen gem. § 16 Abs. 2 an. Neben Gefahrerforschungseingriffen kommen zudem auch **vorläufige bzw. zeitlich begrenzte Maßnahmen** in Betracht, mit welchen die Zeit bis zu einer näheren Aufklärung der konkreten Gefahrenlage überbrückt werden kann (vgl. BVerwGE 39, 190). Etwas Anderes kann nur dann gelten, wenn der etwaig bestehenden Gefahrenlage durch eine vorläufige bzw. zeitlich begrenzte Maßnahme nicht hinreichend begegnet werden kann und potentiell eine erhebliche Gesundheitsgefahr für die Bevölkerung besteht.

Mögliche Maßnahmen im Rahmen des § 16 Abs. 1 S. 1 sind beispiel- **18** weise ein Fütterungsverbot für Katzen wegen Rattenplagegefahr (OVG Koblenz NVwZ-RR 2002, 351), oder die Anordnung, Müll zu beseitigen (VG Arnsberg NZM 2008, 814; VG Saarlouis, Beschl. v. 18.5.2017, Az. 2 L 854/17). Bis zur Einführung des ProstSchG konnte auch die Untersagung von Geschlechts- und Oralverkehr ohne Kondom auf § 16 Abs. 1 gestützt werden (vgl. VG München NVwZ-RR 2012, 598, vgl. jetzt § 32 Abs. 1 ProstSchG). Mangels Zitation des betroffenen Grundrechts können jedoch insbes. **keine Versammlungsverbote** (aA *Erdle,* § 16, S. 59; *Rixen* in Kloepfer, S. 67 (72); *Zwanziger* in BeckOK InfSchR § 16 Rn. 21.2) oder **Ausgangsbeschränkungen bzw. Quarantäneanordnungen** auf § 16 Abs. 1 gestützt werden (aA im Hinblick auf Ausgehverbote: *Fleischfresser* in Kluckert § 13 Rn. 15); im Übrigen wäre hier unter Anwendung des Parlamentsvorbehalts eine Standardermächtigung erforderlich (→ § 28 Rn. 54).

Soweit **Maßnahmen mit Dauerwirkung** angeordnet werden, ist darüber **19** hinaus zu beachten, dass im Rahmen der Ermessensausübung bzw. Prüfung der Verhältnismäßigkeit die zeitliche Befristung der Maßnahme ein limitierendes Element darstellen kann (vgl. *Fleischfresser* in Kluckert § 13 Rn. 17). Dies gilt unabhängig davon, dass die Behörde immer zur fortwährenden Überprüfung der getroffenen Anordnungen verpflichtet ist, da sich infektionsschutzrechtliche Sachverhalte zumeist dynamisch sowie unvorhergesehen entwickeln können.

Schließlich handelt es sich, auch wenn das Gesetz der zuständigen Behörde **20** ein weites Auswahlermessen zubilligt, bei der Frage, ob die zuständige Behörde überhaupt einschreitet, um eine gebundene Entscheidung. Dies folgt aus der Formulierung, dass die die Behörde die **notwendigen Maßnahmen trifft** und nicht etwa „treffen kann" (vgl. VG München NJW 1987, 2322; BT-Drs. 8/2468, 19). Der zuständigen Behörde steht insofern **kein Entschließungsermessen** zu, sie muss bei Vorliegen einer Gefahrenlage bzw. eines Gefahrverdachtes in jedem Fall tätig werden.

2. Adressatenkreis. Der mögliche Adressatenkreis von Maßnahmen auf **21** Grundlage von § 16 Abs. 1 S. 1 wird weder in der Generalklausel bestimmt noch findet sich im IfSG eine allg. Reglung zu den möglichen Adressaten von infektionsschutzrechtlichen Maßnahmen. Insofern bleibt nur der Rückgriff auf die allg. polizei- und ordnungsrechtlichen Reglungen, insbes. die Vorschriften zur **Störerauswahl bzw. über die Inanspruchnahme von Nichtstörern** (vgl. BVerwG Beschl. v. 16.6.2005 – 3 B 129/04, 1. LS; BT-Drs. 3/1888, 21; *Mers,* S. 27 f.; → Einf. Rn. 25 f. mwN).

22   Nach den landesrechtlichen Regelungen – bspw. in §§ 4–6 PolG NRW oder §§ 17–19 OBG NRW – sind vorrangig der Verhaltensstörer und der Zustandsstörer in Anspruch zu nehmen, subsidiär kann jedoch auch der Nichtstörer in Anspruch genommen werden. Zu beachten ist in diesem Zusammenhang, dass im Bereich des präventiven Infektionsschutzes die mögliche Ausbreitungsgefahr oftmals nicht auf ein konkretes Verhalten einer Person oder den Zustand einer bestimmten Sache zurückzuführen sein wird, sodass in diesen Fällen nur eine Inanspruchnahme der Bevölkerung nach den Regeln über die **Inanspruchnahme von Nichtstörern** erfolgen kann (vgl. *Mers,* S. 29). Hierbei ist jedoch zu beachten, dass die landesrechtlichen Regelungen die Inanspruchnahme von Nichtstörern zumeist an qualifizierte Voraussetzungen knüpfen. So ist beispielsweise gem. § 6 PolG NRW die Inanspruchnahme eines Nichtstörers nur dann möglich, wenn es eine gegenwärtige erhebliche Gefahr abzuwehren gilt und es keine anderweitigen erfolgversprechenden Handlungsmöglichkeiten gibt. Dies zugrunde gelegt kommt die Inanspruchnahme von Nichtstörern nicht in Betracht, wenn lediglich ein Gefahrenverdacht und noch keine konkrete Gefahr vorliegt. Je nach Konstellation wird insofern im Einzelfall geprüft werden müssen, ob möglicherweise aufgrund der gesetzgeberischen Entscheidung, dass – anders als im Fall der landesrechtlichen polizei- und ordnungsrechtlichen Generalklauseln – bereits aufgrund eines Gefahrenverdachts ein Einschreiten notwendig ist, die jeweilige landesrechtliche Regelung zur Inanspruchnahme von Nichtstörern teleologisch dahingehend auszulegen ist, dass auch die Annahme, dass eine gegenwärtige erhebliche Gefahr vorliegt, für ein Einschreiten ausreichend seien könnte (vgl. *Gerhardt,* Vor § 16 Rn. 19; *Mers,* S. 32 f.).

C. Durchführung von Ermittlungen sowie Überwachungsmaßnahmen (Abs. 2)

23   In § 16 Abs. 2 sind Ermittlungs- und Überwachungskompetenzen des Beauftragten der zuständigen Behörde sowie des Gesundheitsamtes normiert, wobei die Regelung des § 16 Abs. 2 tatbestandlich an die Voraussetzungen der Generalklausel in § 16 Abs. 1 S. 1 anknüpft (→ Rn. 6 ff.).

24   Auf Rechtsfolgenseite ermöglich die Vorschrift des § 16 Abs. 2 die Durchführung von Ermittlungsmaßnahmen sowie die Überwachung von bereits auf Grundlage von § 16 Abs. 1 S. 1 angeordneten Maßnahmen. Die Durchführung von Ermittlungsmaßnahmen kommt dabei regelmäßig bei Vorliegen eines Gefahrenverdachts gem. § 16 Abs. 1 S. 1 in Betracht, um eine weitere **Sachverhaltsaufklärung** zur Eruierung der tatsächlichen Gefahrenlage zu ermöglichen (vgl. *Gerhardt,* § 16 Rn. 34). Dabei eröffnet § 16 Abs. 2 der Behörde durch die normierten Betretungs- und Untersuchungskompetenzen

einen gegenüber dem „klassischen" Gefahrerforschungseingriff im allg. Polizei- und Ordnungsrecht erweiterten Handlungsspielraum. Daneben können auf Grundlage von § 16 Abs. 2 auch **Überwachungsmaßnahmen** durchgeführt werden, wobei Sinn und Zweck der Überwachung sowohl die Kontrolle der Befolgung etwaiger getroffener Maßnahmen als auch deren Erfolgs seien kann.

Da bei Vorliegen der Voraussetzungen des § 16 Abs. 1 S. 1 nicht immer die Durchführung von Ermittlungs- und Überwachungsmaßnahmen angezeigt ist, handelt es sich bei § 16 Abs. 2 im Gegensatz zu § 16 Abs. 1 S. 1 nicht um eine gebundene Entscheidung, sondern der zuständigen Behörde steht sowohl Entschließungsermessen als auch Auswahlermessen zu – die zuständigen Stellen „sind berechtigt", die Maßnahmen durchzuführen, jedoch nicht verpflichtet. **25**

I. Betretungsrecht

Auf Rechtsfolgenseite normiert § 16 Abs. 2 S. 1 zunächst umfassende Betretungsrechte zugunsten des Beauftragten der zuständigen Behörde bzw. des Gesundheitsamtes. Auf Grundlage von § 16 Abs. 2 S. 1 dürfen Grundstücke, Räume, Anlagen und Einrichtungen sowie Verkehrsmittel aller Art betreten werden. **26**

Dieses Betretungsrecht kann, wie auch die Regelung des § 16 Abs. 4 zeigt, einen **Eingriff** in das Grundrecht der **Unverletzlichkeit der Wohnung** gem. Art. 13 Abs. 1 GG darstellen. Dies gilt jedoch nicht für alle normierten Betretungsrechte – Verkehrsmittel etwa fallen nicht in den Schutzbereich von Art. 13 Abs. 1 GG, frei zugängliche Geschäftsräume genießen nur einen eingeschränkten Grundrechtsschutz. Soweit mit dem Betretungsrecht im Einzelfall ein Grundrechtseingriff verbunden ist, muss dies im Rahmen der Verhältnismäßigkeitsprüfung besondere Berücksichtigung finden. **27**

Auf Grundlage von § 16 Abs. 2 ist aufgrund des Wortlautes der Norm nur ein reines Betreten und Besichtigen, nicht jedoch eine **Durchsuchung** etwaiger durch Art. 13 Abs. 1 GG geschützter Räumlichkeiten zulässig. Ebenso wie gesetzliche Betretungs- und Besichtigungsrechte anderer Überwachungsbehörden stellt auch das Betretungsrecht des § 16 Abs. 2 S. 1 „nur" eine sonstige Maßnahme im Sinne des Art. 13 Abs. 7 GG dar (vgl. *Gerhardt*, § 16 Rn. 42). **Zweck der Regelung** ist es nämlich, der Behörde zu ermöglichen, sich zur Ermittlung von Infektionsgefahren einen Eindruck vom Zustand der betreffenden Räumlichkeiten zu verschaffen und gegebenenfalls Proben zu entnehmen, nicht jedoch diese zu durchsuchen (vgl. *v. Steinau-Steinrück*, S. 174). In diesem Zusammenhang gilt es zudem zu berücksichtigen, dass für Durchsuchungen von durch Art. 13 Abs. 1 GG geschützten Räumlichkeiten gem. Art. 13 Abs. 2 GG eine richterliche Anordnung erforderlich wäre. **28**

II. Einsichts-, Abschrifts- und Untersuchungsrecht

Die zuständigen Stellen sind auf Grundlage von § 16 Abs. 2 S. 1 darüber hinaus berechtigt, Bücher oder sonstige Unterlagen einzusehen und hieraus Abschriften, Ablichtungen oder Auszüge anzufertigen sowie sonstige Gegen- **29** stände zu untersuchen oder Proben zur Untersuchung zu fordern oder zu entnehmen.

30   Soweit die zuständigen Stellen gem. § 16 Abs. 2 S. 1 zur Einsicht in Bücher und sonstige Unterlagen berechtigt werden, ist dies grundsätzlich weit auszulegen. Unter **„sonstigen Unterlagen"** fallen insofern nicht nur alle in physischer Form vorhandenen Unterlagen, sondern auch alle in elektronischer Form gespeicherten Daten (vgl. *Gerhardt,* § 16 Rn. 43).

31   Sowohl bezüglich des Einsichtsrechts als auch der Möglichkeit, Abschriften anzufertigen, gilt es jedoch zu beachten, dass hiermit ein Eingriff in das **Recht auf informationelle Selbstbestimmung** gem. Art. 2 Abs. 1 GG iVm Art. 1 Abs. 1 GG verbunden seien kann, soweit es sich bei den fraglichen Daten um personenbezogene Daten handelt. Dies gilt es im Rahmen der Verhältnismäßigkeitsprüfung zu berücksichtigen.

32   Soweit § 16 Abs. 2 S. 1 schließlich Untersuchungsrechte normiert und die Möglichkeit der Probenentnahme eröffnet, bezieht sich dies ausschließlich auf **Gegenstände** (vgl. *Gerhardt,* § 16 Rn. 44). Die **Untersuchung von Personen** sowie die Entnahme von Proben (bspw. Blutentnahmen oder Schleimhautabstriche) sind von § 16 Abs. 2 S. 1 nicht erfasst. Eine entsprechende Ermächtigungsgrundlage war in § 10 Abs. 3 BSeuchG enthalten, wurde jedoch bei Einführung des IfSG nicht übernommen. Dementsprechend wird in § 16 Abs. 4 auch Art. 2 Abs. 2 S. 1 GG – im Gegensatz zu früher geltenden § 10 Abs. 4 BSeuchG – nicht (mehr) als eingeschränktes Grundrecht zitiert. Untersuchungen und Probeentnahmen bei Personen sind daher seit Einführung des IfSG im Bereich des verhütenden Infektionsschutzes nicht mehr möglich, sondern nur noch im Bereich der Bekämpfung übertragbarer Krankheiten (→ § 25 Abs. 3).

III. Mitwirkungspflicht des Betroffenen

33   Korrespondierend zu den in § 16 Abs. 2 S. 1 geregelten Betretungs- und Untersuchungsrechten sind in § 16 Abs. 2 S. 2 Duldungs- und Mitwirkungspflichten des Adressaten der konkreten Maßnahme geregelt. So ist gem. § 16 Abs. 2 S. 2 der Inhaber der tatsächlichen Gewalt verpflichtet, die zu betretenden Grundstücke, Räume, Anlagen, Einrichtungen und Verkehrsmittel sowie die zu untersuchenden sonstigen Gegenstände zugänglich zu machen.

34   Das Betretungsrecht selbst wird dabei in der Praxis in Form einer **Duldungsanordnung** geltend gemacht bzw. durchgesetzt (vgl. *Erdle,* § 16, S. 60; VG Würzburg Beschl. v. 17.10.2016 – W 6 S 16.993).

IV. Auskunftspflicht

35   Korrespondierend zu den in § 16 Abs. 2 S. 1 geregelten Einsichtsrechten der zuständigen Behörde ist in § 16 Abs. 2 S. 3 eine Auskunftspflicht des Adressaten der konkreten Ermittlungs- oder Überwachungsmaßnahme normiert. Demnach ist derjenige, der über Tatsachen, die zum Auftreten einer übertragbaren Krankheit führen können, Auskunft geben kann, verpflichtet, auf Verlangen entsprechende Auskünfte – insbes. über den Betrieb und den Betriebsablauf einschließlich dessen Kontrolle – zu erteilen und Unterlagen, einschließlich dem tatsächlichen Stand entsprechende technische Pläne, vorzulegen.

Auskunftspflichtig ist dabei nicht nur der Inhaber der tatsächlichen Ge- **36** walt, der gem. § 16 Abs. 2 S. 2 bei der Umsetzung der Einsichts-, Abschrifts- und Untersuchungsrecht zur Mitwirkung verpflichtet wird, sondern jeder, der über relevante Tatsachen Auskunft geben kann (vgl. *Lutz,* § 16 Rn. 2). Hierdurch soll sichergestellt werden, dass die zuständige Behörde die im Bereich des präventiven Infektionsschutzes notwendigen Ermittlungen möglichst effektiv durchführen kann (vgl. BT-Drs. 8/3176, 38).

Gem. § 16 Abs. 2 S. 4 ist der gem. § 16 Abs. 2 S. 3 Auskunftsverpflichtete **37** allerdings berechtigt, die Auskunft sowie die Vorlage von Unterlagen zu ver- weigern, deren Beantwortung ihn selbst oder einen der in § 383 Abs. 1 Nr. 1–3 ZPO bezeichneten Angehörigen der Gefahr strafrechtlicher Verfol- gung oder eines Verfahrens nach dem OWiG aussetzen würde.

Problematisch ist in diesem Zusammenhang die Frage, ob auch Ärzte oder **38** andere in § 203 StGB benannte Berufsgruppen unter Verweis auf ihre **Ver- schwiegenheitsverpflichtung** in diesem Zusammenhang berechtigt sind, die Erteilung von Auskünften sowie die Vorlage von Unterlagen zu verwei- gern. Hierfür spricht, dass diese Berufsgruppen sich hierdurch grundsätzlich der Gefahr der strafrechtlichen Verfolgung aussetzen würden und damit von der Ausnahme des § 16 Abs. 2 S. 4 erfasst wären. Auch wenn eine **Ausnahme für Berufsgeheimnisträger** in § 16 Abs. 2 S. 4 nicht normiert ist, wird so- wohl seitens des Gesetzgebers (vgl. BT-Drs. 18/10938, 66) als auch der vor- handenen Kommentarliteratur (vgl. *Gerhardt,* § 16 Rn. 48; *Erdle,* § 16, S. 61) davon ausgegangen, dass § 16 Abs. 2 S. 3 der zuständigen Behörde die Mög- lichkeit eröffnet, Berufsgeheimnisträger zu befragen, denen ansonsten ein Zeugnisverweigerungsrecht zustünde. Dieser Auffassung ist zu folgen, da es im Hinblick auf die Zielrichtung der normierten Auskunftspflicht – frühzei- tige und umfangreiche Informationsbeschaffung – nur folgerichtig erscheint, insbes. Ärzte als potentielle Informationsquelle zu nutzen. So verstanden stellt die Regelung des § 16 Abs. 2 S. 3 eine spezialgesetzliche Durchbrechung der ärztlichen Schweigepflicht dar (vgl. auch → § 25 Rn. 12).

V. Adressatenkreis

Wer Adressat einer Maßnahme gem. § 16 Abs. 2 sein kann, wird durch die **39** gesetzliche Regelung nur sehr eingeschränkt bestimmt. So bezieht sich zwar die in § 16 Abs. 2 S. 2 normierte Mitwirkungspflicht auf den **Inhaber der tat- sächlichen Gewalt** und die Auskunftpflicht des § 16 Abs. 2 S. 3 knüpft daran an, dass der Adressat Kenntnis von Tatsachen hat, die zum Auftreten einer übertragbaren Krankheit führen können; eine konkrete Bestimmung des Adressatenkreises möglicher Maßnahmen auf Grundlage von § 16 Abs. 2 wird hierdurch jedoch nicht vorgenommen.

Insofern bleibt auch im Rahmen von § 16 Abs. 2 – ebenso wie bei § 16 **40** Abs. 1 S. 1 (→ Rn. 21 f.) – im Grundsatz nur der Rückgriff auf die **allg. poli- zei- und ordnungsrechtlichen Regelungen** betreffend die Störerauswahl bzw. die Inanspruchnahme von Nichtstörern (vgl. *Gerhardt,* § 16 Rn. 50). Dies führt, insbes. soweit Ermittlungsmaßnahmen im Bereich der Gefahrerfor- schung auf § 16 Abs. 2 gestützt werden, aufgrund der im Vergleich zum „nor- malen Gefahrenabwehrrecht" vorverlagerten Eingriffsschwelle zu den bereits im Hinblick auf die Generalklausel dargestellten Problemen (→ Rn. 17). Da auf Grundlage von § 16 Abs. 2 S. 1 bereits im Rahmen der Gefahrerforschung Eingriffe in das Grundrecht der Unverletzlichkeit der Wohnung gem. Art. 13 Abs. 1 GG möglich sind, bedarf es, soweit eine **Inanspruchnahme von Nichtstörern** beabsichtigt ist, im Einzelfall einer besonders sorgfältigen Abwägungsentscheidung im Rahmen der Verhältnismäßigkeitsprüfung.

41   Anders als bei Ermittlungsmaßnahmen dürfte der Adressat bei aufgrund von § 16 Abs. 2 erfolgenden **Überwachungsmaßnahmen** zumeist bereits feststehen, da sich diese regelmäßig gegen den Adressaten der zu überwachenden auf Grundlage von § 16 Abs. 1 S. 1 angeordneten Maßnahme richten werden.

D. Übergabeanordnungen (Abs. 3)

42   Entsprechend § 16 Abs. 3 können gem. § 16 Abs. 2 S. 1 zu Untersuchungszwecken gewonnene Proben bzw. Untersuchungsmaterialien, soweit es die Aufklärung der epidemischen Lage erfordert, zum Zwecke der Untersuchung und Verwahrung an Institute des ÖGD oder andere vom Land zu bestimmende Einrichtungen übergeben werden. Diese Vorschrift wurde nicht aus dem BSeuchG übernommen, sondern mit Einführung des IfSG neu geschaffen. Zielrichtung der Regelung ist es, die **Abklärung von epidemiologischen Zusammenhängen** zu ermöglichen, insbes., wenn es sich um bislang nicht bekannte Krankheitserreger oder Krankheitserreger mit neuen Eigenschaften handelt (BT-Drs. 14/2530, 69). Durch die gemeinsame Untersuchung, Auswertung sowie Aufbewahrung der gewonnenen Untersuchungsmaterialien kann so ein umfassendes Bild vom (möglichen) Infektionsgeschehen gewonnen werden. Aufgrund dessen, dass eine Zusammenführung von gewonnenen Proben und Untersuchungsergebnissen insbes. nach Auftreten einer Infektionskrankheit zur besseren Einschätzung und Überwachung des Infektionsgeschehens von Bedeutung sein dürfte, ist davon auszugehen, dass die mit § 16 Abs. 3 geschaffene Möglichkeit insbes. über den Verweis in § 25 Abs. 2 S. 1 im Hinblick auf die Bekämpfung übertragbarer Krankheit von Bedeutung ist (so auch *Gerhardt,* § 16 Rn. 56).

E. Eingeschränktes Grundrecht (Abs. 4)

43   Gem. § 16 Abs. 4 kann durch die Regelungen in § 16 Abs. 2 und Abs. 3, soweit es um das Betreten von Räumlichkeiten geht, das Grundrecht der Unverletzlichkeit der Wohnung gem. Art. 13 Abs. 1 GG eingeschränkt werden. Inwieweit demgegenüber eine gem. § 16 Abs. 3 getroffene Anordnung, bereits auf Grundlage von § 16 Abs. 2 S. 1 gewonnene Untersuchungsmaterialien an Institute des ÖGD oder andere vom Land zu bestimmende Einrichtungen zu übergeben, eine Verkürzung des Schutzbereichs der Unverletzlichkeit der Wohnung darstellen soll, ist nicht ersichtlich.

44   Hinsichtlich der Regelung des § 16 Abs. 4 sei zudem darauf hingewiesen, dass diese im Gegensatz zu ihrer Vorgängervorschrift in § 10 Abs. 4 BSeuchG, nur noch die **Unverletzlichkeit der Wohnung** gem. Art. 13 Abs. 1 GG als eingeschränktes Grundrecht aufführt und dies auch nur für Maßnahmen auf

Grundlage von § 16 Abs. 2 und Abs. 3. Die Vorgängerregelung in § 10 Abs. 4 BSeuchG sah demgegenüber noch vor, dass auf Grundlage von § 10 Abs. 1–3 BSeuchG darüber hinaus die Grundrechte der körperlichen Unversehrtheit (Art. 2 Abs. 2 S. 1 GG), der Freiheit der Person (Art. 2 Abs. 2 S. 2 GG), der Freizügigkeit (Art. 11 Abs. 1 GG) sowie der Versammlungsfreiheit (Art. 8 GG) eingeschränkt werden können. Da sämtliche der ehemals genannten Grundrechte unter das **Zitiergebot des Art. 19 Abs. 1 S. 2 GG** fallen, wurde demgemäß der Handlungsspielraum der zuständigen Behörden mit Einführung des IfSG – insbes. im Rahmen der Generalklausel des § 16 Abs. 1 S. 1 – deutlich beschränkt. Warum diese Beschränkung erfolgt ist, geht allerdings aus der Gesetzesbegründung nicht hervor, da in dieser bezüglich § 16 Abs. 4 lediglich darauf verwiesen wird, dass die Vorschrift im Wesentlichen § 10 Abs. 4 BSeuchG entspricht (vgl. BT-Drs. 14/2530, 69) – was jedoch tatsächlich nicht der Fall ist.

F. Verfahren und Durchsetzung

I. Besonderheiten bei geschäftsunfähigen, beschränkt geschäftsfähigen und betreuten Personen (Abs. 5)

Für den Fall, dass die Adressaten von Maßnahmen gem. § 16 Abs. 1 und 2 **45** geschäftsunfähige oder beschränkt geschäftsfähige Personen sind, bestimmt § 16 Abs. 5 S. 1, dass derjenige, dem die Personensorge zusteht, für die Erfüllung etwaiger dem betroffenen Geschäftsunfähigen oder beschränkt Geschäftsfähigen aufgrund der betreffenden Maßnahme obliegenden Pflichten Sorge zu tragen hat. Typischerweise dürften insoweit Maßnahmen, deren Adressaten (auch) **Kinder** sind, in den Anwendungsbereich der Norm fallen.

Entsprechend § 16 Abs. 5 S. 2 trifft die gleiche Verpflichtung den gesetz- **46** lichen Betreuer (§ 1896 BGB) einer von Maßnahmen gem. § 16 Abs. 1 und 2 betroffenen Person, soweit die Erfüllung dieser Verpflichtung zu seinem Aufgabenkreis gehört. Der Betreuer ist allerdings auf Grundlage von § 16 Abs. 5 S. 2 nicht berechtigt, die **Wohnung des Betreuten** gegen dessen Willen zu betreten. Die Regelung des § 16 Abs. 5 S. 2 begründet keine hinreichend bestimmte Ermächtigung des Betreuers, zur Erfüllung dieser Verpflichtung in das Grundrecht des Betroffenen auf Unverletzlichkeit der Wohnung einzugreifen (LG Darmstadt Beschl. v. 14.3.2012 – 5 T 475/10). Die Frage, ob und in welchem Umfang der Betreuer an einer Erfüllung der dem Betroffenen auferlegten Pflicht mitwirken kann, hängt dementsprechend allein vom Umfang der ihm betreuungsrechtlich übertragenen Aufgabenkreise ab. Durch § 16 Abs. 5 S. 2 werden seine Kompetenzen nicht erweitert.

Verfahrensrechtlich gilt es im Falle von geschäftsunfähigen, beschränkt ge- **47** schäftsfähigen sowie betreuten Personen zu beachten, dass nicht nur der Betroffene selbst, sondern auch der Sorgeberechtigte bzw. der Betreuer zu beteiligen ist. Insbes. muss ein etwaiger VA gem. § 41 Abs. 1 VwVfG (bzw. der entsprechenden landesrechtlichen Vorschrift) nicht nur dem Betroffenen selbst, sondern auch dem Sorgeberechtigten bzw. Betreuer bekannt gegeben werden.

II. Zuständigkeit

48   Zuständig für Maßnahmen gem. § 16 Abs. 1–3 ist die „zuständige Behörde". Diese wird gem. § 54 durch die Länder per RVO bestimmt.

49   Für Maßnahmen gem. § 16 Abs. 2 ist der Beauftragte der zuständigen Behörde sowie des Gesundheitsamtes zuständig. Diese **Differenzierung** zwischen „zuständiger Behörde" einerseits und „Gesundheitsamt" andererseits ist in der Praxis allerdings nur dann von Bedeutung, wenn aufgrund der konkreten landesrechtlichen Regelung für Maßnahmen gem. § 16 Abs. 2 (auch) eine andere Behörde als das Gesundheitsamt zuständig ist (→ Einf. Rn. 15 mwN). Dies ist beispielsweise in NRW der Fall, wo gem. § 5 Abs. 1 IfSBG NRW die Städte und Gemeinden (örtliche Ordnungsbehörden) die zuständigen Behörden im Sinne der §§ 16 und 17 sind. Wer im konkreten Fall mit der Durchführung von Maßnahmen gem. § 16 Abs. 2 beauftragt wird, obliegt dabei der zuständigen Behörde bzw. dem Gesundheitsamt (vgl. *Gerhardt*, § 16 Rn. 40).

III. Kompetenzen des Gesundheitsamtes sowie Handlungsmöglichkeiten bei Gefahr im Verzug (Abs. 6 und 7)

50   Gem. § 16 Abs. 6 S. 1 werden Maßnahmen auf Grundlage der Generalklausel in § 16 Abs. 1 S. 1 von der zuständigen Behörde grundsätzlich auf Vorschlag des Gesundheitsamtes angeordnet. Von Bedeutung ist diese Regelung jedoch nur, wenn es sich bei der entsprechend der landesrechtlichen Regelungen zuständigen Behörde und dem Gesundheitsamt um unterschiedliche Behörden handelt (→ Rn. 49). Zu beachten ist, dass § 16 Abs. 6 S. 1 zwar ein Beteiligungsrecht des Gesundheitsamtes vorsieht, die **Vorschläge des Gesundheitsamtes** für die zuständige Behörde jedoch **keine Bindungswirkung** entfalten (vgl. *Gerhard*, § 16 Rn. 59). Ist eine Beteiligung des Gesundheitsamts aus Zeitgründen nicht möglich, kann die zuständige Behörde gem. § 16 Abs. 6 S. 2 auch Maßnahmen ohne vorherigen Vorschlag des Gesundheitsamtes anordnen. In diesem Fall ist das Gesundheitsamt unverzüglich über die getroffene Maßnahme zu unterrichten.

51   Gleichzeitig kann andersherum das Gesundheitsamt bei **Gefahr im Verzug** erforderliche Maßnahmen gem. § 16 Abs. 7 S. 1 auch selbstständig anordnen. § 16 Abs. 7 S. 1 begründet insofern eine Sonderzuständigkeit des Gesundheitsamtes. Von „Gefahr im Verzug" ist in Anlehnung an die Auslegung im allg. Polizei- und Ordnungsrecht auszugehen, wenn eine drohende Gefahr bzw. ein drohender Schaden für ein Schutzgut nur durch ein sofortiges Einschreiten abgewendet werden kann bzw. wenn der Erfolg der notwendigen Maßnahme durch ein Abwarten bis zum Eingreifen der zuständigen Behörde vereitelt oder wesentlich erschwert würde (vgl. *Gerhardt*, § 16 Rn. 61; *Erdle*, § 16, S. 62). Wenn das Gesundheitsamt in derartigen Fällen selbst tätig wird, muss es gem. § 16 Abs. 7 S. 2 unverzüglich die zuständige Behörde informieren. Diese kann dann gem. § 16 Abs. 7 S. 3 darüber entscheiden, ob die getroffene Anordnung bestehen bleibt, abgeändert oder aufgehoben wird, wobei die Anordnung gem. § 16 Abs. 7 S. 4 nach zwei Tagen als von der zuständigen Behörde getroffen gilt.

IV. Prozessuales

Maßnahmen bzw. Anordnungen auf Grundlage von § 16 Abs. 1–3 stellen **52** grundsätzlich VAe dar und können insofern – wie jeder andere VA auch – durch die Erhebung eines Widerspruchs (§§ 68 ff. VwGO), wenn die Durchführung eines Vorverfahrens nicht entbehrlich ist, oder einer Anfechtungsklage angefochten werden. Hierbei gilt es jedoch zu beachten, dass Widerspruch und Anfechtungsklage gem. § 16 Abs. 8 – entgegen § 80 Abs. 1 S. 1 VwGO – **keine aufschiebende Wirkung** haben. Der Gesetzgeber hat insofern bezüglich aller infektionsschutzrechtlichen Maßnahmen, die auf Grundlage von § 16 Abs. 1–3 angeordnet werden können, entschieden, dass das öffentliche Interesse an der sofortigen Vollziehbarkeit der Maßnahmen etwaige entgegenstehende Rechte der Betroffenen grundsätzlich überwiegt.

V. Datenschutz

Gem. § 16 Abs. 1 S. 2 darf die zuständige Behörde im Rahmen von Maß- **52a** nahmen gem. § 16 Abs. 1 S. 1 personenbezogenen Daten erheben sowie diese für die Zwecke des IfSG verarbeiten. Die Norm wurde im Rahmen des 3. BevSchG aus Klarstellungsgründen neu gefasst, jedoch inhaltlich nicht geändert (vgl. BT-Drs. 19/23944, 30).

G. Entschädigungsanspruch, Zuwiderhandlungen

Entschädigungsansprüche können auf Grundlage von **§ 65 Abs. 1 S. 1** be- **53** stehen.

Ordnungswidrig handelt gem. **§ 73 Abs. 1a Nr. 3,** wer entgegen § 16 **54** Abs. 2 S. 3 eine Auskunft nicht, nicht richtig, nicht vollständig oder nicht rechtzeitig erteilt, gem. **§ 73 Abs. 1a Nr. 4,** wer entgegen § 16 Abs. 2 S. 3 eine Unterlage nicht, nicht richtig, nicht vollständig oder nicht rechtzeitig vorlegt, sowie gem. **§ 73 Abs. 1a Nr. 5,** wer entgegen § 16 Abs. 2 S. 2 ein Grundstück, einen Raum, eine Anlage, eine Einrichtung, ein Verkehrsmittel oder einen sonstigen Gegenstand nicht zugänglich macht.

Gem. **§ 74** macht sich zudem strafbar, wer eine in § 73 Abs. 1a Nr. 3–5 be- **55** zeichnete vorsätzliche Handlung begeht und dadurch eine in § 6 Abs. 1 S. 1 Nr. 1 genannte Krankheit oder einen in § 7 genannten Krankheitserreger verbreitet.

§ 17 **Besondere Maßnahmen zur Verhütung übertragbarer Krankheiten, Verordnungsermächtigung**

(1) ¹Wenn Gegenstände mit meldepflichtigen Krankheitserregern behaftet sind oder wenn das anzunehmen ist und dadurch eine Verbreitung der Krankheit zu befürchten ist, hat die zuständige Behörde die notwendigen Maßnahmen zur Abwendung der hierdurch drohenden Gefahren zu treffen. ²Wenn andere Maßnahmen nicht ausreichen, kann die Vernichtung von Gegenständen angeordnet werden. ³Sie kann auch angeordnet werden, wenn andere Maßnahmen im Verhält-

nis zum Wert der Gegenstände zu kostspielig sind, es sei denn, dass derjenige, der ein Recht an diesem Gegenstand oder die tatsächliche Gewalt darüber hat, widerspricht und auch die höheren Kosten übernimmt. [4]Müssen Gegenstände entseucht (desinfiziert), von Gesundheitsschädlingen befreit oder vernichtet werden, so kann ihre Benutzung und die Benutzung der Räume und Grundstücke, in denen oder auf denen sie sich befinden, untersagt werden, bis die Maßnahme durchgeführt ist.

(2) [1]Wenn Gesundheitsschädlinge festgestellt werden und die Gefahr begründet ist, dass durch sie Krankheitserreger verbreitet werden, so hat die zuständige Behörde die zu ihrer Bekämpfung erforderlichen Maßnahmen anzuordnen. [2]Die Bekämpfung umfasst Maßnahmen gegen das Auftreten, die Vermehrung und Verbreitung sowie zur Vernichtung von Gesundheitsschädlingen.

(3) [1]Erfordert die Durchführung einer Maßnahme nach den Absätzen 1 und 2 besondere Sachkunde, so kann die zuständige Behörde anordnen, dass der Verpflichtete damit geeignete Fachkräfte beauftragt. [2]Die zuständige Behörde kann selbst geeignete Fachkräfte mit der Durchführung beauftragen, wenn das zur wirksamen Bekämpfung der übertragbaren Krankheiten oder Krankheitserreger oder der Gesundheitsschädlinge notwendig ist und der Verpflichtete diese Maßnahme nicht durchführen kann oder einer Anordnung nach Satz 1 nicht nachkommt oder nach seinem bisherigen Verhalten anzunehmen ist, dass er einer Anordnung nach Satz 1 nicht rechtzeitig nachkommen wird. [3]Wer ein Recht an dem Gegenstand oder die tatsächliche Gewalt darüber hat, muss die Durchführung der Maßnahme dulden.

(4) [1]Die Landesregierungen werden ermächtigt, unter den nach § 16 sowie nach Absatz 1 maßgebenden Voraussetzungen durch Rechtsverordnung entsprechende Gebote und Verbote zur Verhütung übertragbarer Krankheiten zu erlassen. [2]Sie können die Ermächtigung durch Rechtsverordnung auf andere Stellen übertragen.

(5) [1]Die Landesregierungen können zur Verhütung und Bekämpfung übertragbarer Krankheiten Rechtsverordnungen über die Feststellung und die Bekämpfung von Gesundheitsschädlingen, Krätzmilben und Kopfläusen erlassen. [2]Sie können die Ermächtigung durch Rechtsverordnung auf andere Stellen übertragen. [3]Die Rechtsverordnungen können insbesondere Bestimmungen treffen über
1. die Verpflichtung der Eigentümer von Gegenständen, der Nutzungsberechtigten oder der Inhaber der tatsächlichen Gewalt an Gegenständen sowie der zur Unterhaltung von Gegenständen Verpflichteten,
   a) den Befall mit Gesundheitsschädlingen festzustellen oder feststellen zu lassen und der zuständigen Behörde anzuzeigen,
   b) Gesundheitsschädlinge zu bekämpfen oder bekämpfen zu lassen,
2. die Befugnis und die Verpflichtung der Gemeinden oder der Gemeindeverbände, Gesundheitsschädlinge, auch am Menschen, fest-

zustellen, zu bekämpfen und das Ergebnis der Bekämpfung festzustellen,

3. die Feststellung und Bekämpfung, insbesondere über
   a) die Art und den Umfang der Bekämpfung,
   b) den Einsatz von Fachkräften,
   c) die zulässigen Bekämpfungsmittel und -verfahren,
   d) die Minimierung von Rückständen und die Beseitigung von Bekämpfungsmitteln und
   e) die Verpflichtung, Abschluss und Ergebnis der Bekämpfung der zuständigen Behörde mitzuteilen und das Ergebnis durch Fachkräfte feststellen zu lassen,

4. die Mitwirkungs- und Duldungspflichten, insbesondere im Sinne des § 16 Abs. 2, die den in Nummer 1 genannten Personen obliegen.

(6) § 16 Abs. 5 bis 8 gilt entsprechend.

(7) **Die Grundrechte der Freiheit der Person (Artikel 2 Abs. 2 Satz 2 Grundgesetz), der Freizügigkeit (Artikel 11 Abs. 1 Grundgesetz), der Versammlungsfreiheit (Artikel 8 Grundgesetz) und der Unverletzlichkeit der Wohnung (Artikel 13 Abs. 1 Grundgesetz) werden im Rahmen der Absätze 1 bis 5 eingeschränkt.**

Übersicht

A. Zweck und Bedeutung der Norm

Durch § 17 wird zum einen der Umgang mit **infektionsschutzrechtlich** **1** **(potentiell) gefährlichen Gegenständen sowie Gesundheitsschädlingen** geregelt, zum anderen werden die Landesregierungen durch § 17 ermächtigt, unter den Voraussetzungen der § 16 und § 17 Abs. 1 sowie zum Zwecke der Feststellung und Bekämpfung von Gesundheitsschädlingen, Krätzmilben und Kopfläusen RVOen zu erlassen. In § 17 werden insoweit die Regelungen der früheren §§ 10a, 10b, 12a und 13 BSeuchG aufgrund des bestehenden Sachzusammenhangs zusammengefasst (vgl. BT-Drs 14/2530, 69).

B. Besondere Maßnahmen zur Verhütung übertragbarer Krankheiten (Abs. 1–3)

I. Maßnahmen bei (potentiell) gefährlichen Gegenständen (Abs. 1)

2   § 17 Abs. 1 regelt den Umgang mit infektionsschutzrechtlich (potentiell) gefährlichen Gegenständen, nämlich Gegenständen, die mit meldepflichtigen Krankheitserregern kontaminiert sind bzw. sein könnten. Die Norm entspricht dabei im Wesentlichen der Vorgängervorschrift des § 10a BSeuchG.

3   **1. Allgemeine Ermächtigungsgrundlage des § 17 Abs. 1 S. 1. a)** § 17 Abs. 1 enthält in S. 1 zunächst eine allg. **Ermächtigungsgrundlage.** Voraussetzung für ein Einschreiten der zuständigen Behörde ist dabei, dass feststeht oder anzunehmen ist, dass Gegenstände mit meldepflichtigen Krankheitserregern behaftet sind.

4   **Gegenstände** im Sinne der Norm können prinzipiell alle **körperlichen Objekte** sein. Vom Begriff „Gegenstände" sollen entsprechend der Gesetzesbegründung (zu § 10a BSeuchG) nicht nur bewegliche Sachen umfasst sein, sondern auch Grundstücke, Räume, Anlagen und Schiffe (BT-Drs. 8/3176, 38). Der Begriff ist zudem insgesamt weit zu verstehen, sodass auch jegliche anderen körperlichen Objekte, wie etwa Ausscheidungen, erfasst werden (vgl. BT-Drs. 8/3176, 38; *BBS,* § 17 Rn. 1).

5   Die betroffenen Gegenstände müssen (potentiell) mit **meldepflichtigen Krankheitserregern** behaftet sein. Zum Begriff „Krankheitserreger" → § 2 Rn. 2ff. Ob es sich bei dem betreffenden Krankheitserreger im konkreten Fall um einen meldepflichtigen Krankheitserreger handelt, ergibt sich aus der Auflistung der meldepflichtigen Krankheitserreger in § 7. Diesbezüglich ist zu beachten, dass die Meldepflicht gem. § 15 Abs. 1 – je nach epidemiologischer Lage – durch RVO für die in § 7 aufgeführten Krankheitserreger eingeschränkt oder auch auf weitere Krankheitserreger erweitert werden kann (→ § 15 Rn. 4). Von einer **Behaftung** im Sinne der Norm ist auszugehen, wenn die betreffenden Krankheitserreger auf den Oberflächen von Gegenständen nachweisbar sind.

6   Die für ein Einschreiten notwendige **Gefahrenlage** wird durch die Norm so definiert, dass feststeht oder anzunehmen sein muss, dass Gegenstände mit meldepflichtigen Krankheitserregern behaftet sind, und aufgrund dessen eine Verbreitung der betreffenden Krankheit zu befürchten ist. Ebenso wie die Generalklausel in § 16 Abs. 1 S. 1 ist dementsprechend das Vorliegen einer konkreten Gefahrenlage nicht zwingend erforderlich, sondern es reicht auch das **Vorliegen eines Gefahrenverdachts** aus. Die Möglichkeit des Einschreitens wird dementsprechend im Vergleich zum allg. Gefahrenabwehrrecht vorver-

lagert. Es ist in diesem Zusammenhang jedoch zu beachten, dass die Annahme eines Gefahrenverdachts im konkreten Fall auf gewichtige Anhaltspunkte gründen muss – bloße Vermutungen ohne hinreichende Anknüpfungstatsachen sind für ein Einschreiten nicht ausreichend (→ § 16 Rn. 14).

Für die Frage, ob eine Gefahrenlage im konkreten Fall gegeben ist, kommt **7** es maßgeblich darauf an, ob aus dem Umstand, dass ein Gegenstand (potentiell) mit einem Krankheitserreger behaftet ist, folgt, dass eine **Verbreitung** der von dem Krankheitserreger ausgelösten Infektionskrankheit zu befürchten steht. Weder der Gesetzestext selbst noch die Gesetzesbegründung verhalten sich dazu, wann von einer Verbreitung im Sinne der Norm auszugehen ist. Offen ist insofern, ob für eine „Verbreitung" eine bestimmte Anzahl potentieller Krankheitsfälle erforderlich ist, oder ob es ausreicht, dass zu befürchten steht, dass sich überhaupt jemand mit der betreffenden Infektionskrankheit anstecken könnte. Da die Regelungen zur Verhütung übertragbarer Krankheiten – wie etwa die Formulierung in § 16 Abs. 1 S. 1 zeigt – sowohl den Einzelnen als auch die Allgemeinheit vor übertragbaren Krankheiten schützen sollen, ist davon auszugehen, dass für die Annahme einer Gefahrenlage prinzipiell die potentielle Infektion Einzelner ausreicht. Nur so wird auch der staatlichen Schutzpflicht aus Art. 2 Abs. 2 S. 1 GG (→ Einf. Rn. 5) effektiv Rechnung getragen.

Gleichzeitig begründet jedoch nicht jede potentielle „Verbreitung" auch **8** eine Gefahrenlage. Die Annahme einer Gefahrenlage setzt nämlich neben der prinzipiellen Gefährdung des Schutzgutes auch das Vorliegen einer hinreichenden Wahrscheinlichkeit für den angenommenen Geschehensablauf voraus. Insofern ist etwa bei mit meldepflichtigen Krankheitserregern behafteten Gegenständen, die sich zu **Forschungszwecken** in medizinischen Einrichtungen befinden, zwar potentiell die Möglichkeit einer Verbreitung gegeben – bei ordnungsgemäßer Verwahrung und Handhabung ist jedoch nicht davon auszugehen, dass eine Gefahrenlage vorliegt, die ein Einschreiten der zuständigen Behörde rechtfertigen würde (vgl. hierzu auch *Gerhardt,* § 17 Rn. 9; *Zwanzinger* in BeckOK InfSchR § 17 Rn. 9).

b) Die Rechtsfolgenanordnung des § 17 Abs. 1 S. 1 ist praktisch identisch **9** mit derjenigen der Generalklausel in § 16 Abs. 1 S. 1 – die zuständige Behörde trifft die notwendigen Maßnahmen zur Abwendung der drohenden Gefahr. Die Gesetzesbegründung zur inhaltsgleichen Vorgängervorschrift in § 10a Abs. 1 BSeuchG verweist insofern darauf, dass die zuständige Behörde in die Lage versetzt werden soll, flexibel alle erforderlichen Maßnahmen zu treffen (BT-Drs. 8/3176, 38). Der Behörde soll also ein möglichst weiter Handlungsspielraum eröffnet werden. Ein **Entschließungsermessen** hat die Behörde dabei nicht; sie „hat" die notwendigen Maßnahmen zu treffen.

Im Rahmen der Ausübung des der Behörde zustehenden **Auswahlermes-** **10** **sens** ist zunächst zu berücksichtigen, ob eine konkrete Gefahrenlage sicher festgestellt wurde oder nur ein Gefahrenverdacht vorliegt. Im Fall des Gefahrenverdachts ist nämlich zumeist nur ein **Gefahrerforschungseingriff** angezeigt, um festzustellen, ob tatsächlich eine Gefahrenlage gegeben ist (→ § 16 Rn. 17). Als derartiger Gefahrerforschungseingriff kommt etwa in Betracht, Abstriche von in Verdacht stehenden Gegenständen zu nehmen, um labortechnisch festzustellen, ob diese tatsächlich mit meldepflichtigen Krankheitserregern behaftet sind. Gleichzeitig könnte der Gegenstand, falls von diesem im Einzelfall eine unmittelbare Gefahr ausgehen könnte, für den Zeitraum der Untersuchung verwahrt werden. Hinsichtlich der Vernichtung von Gegenständen sowie der Anordnung von Nutzungsuntersagungen sind darüber hinaus die Regelungen in § 17 Abs. 1 S. 2–4 zu beachten.

11   Soweit mit Maßnahmen im Einzelfall **Grundrechtsbeschränkungen** der Betroffenen verbunden sind, ist für die Frage der Zulässigkeit im Hinblick auf das Zitiergebot gem. Art. 19 Abs. 1 S. 2 GG zu beachten, welche Grundrechte gem. § 17 Abs. 7 prinzipiell eingeschränkt werden können (→ Rn. 36).

12   Der mögliche **Adressatenkreis** einer Maßnahme auf Grundlage von § 17 Abs. 1 S. 1 wird weder durch die Norm selbst bestimmt noch findet sich im IfSG eine allg. Regelung zu den möglichen Adressaten infektionsschutzrechtlicher Maßnahmen. Insofern bleibt nur der Rückgriff auf die allg. polizei- und ordnungsrechtlichen Reglungen, insbes. die Vorschriften zur Störerauswahl bzw. über die Inanspruchnahme von Nichtstörern (→ § 16 Rn 21 f.). Da die (potentielle) Gefahr im Fall des § 17 Abs. 1 S. 1 von einer Sache ausgeht, werden die Maßnahmen regelmäßig gegen den **Zustandsverantwortlichen** zu richten sein (vgl. *Fleischfresser* in Kluckert § 13 Rn. 32). Dies ist beispielsweise gem. § 18 OBG NRW der Inhaber der tatsächlichen Gewalt oder der Eigentümer der Sache. Subsidiär sind jedoch auch hier Maßnahmen gegen Nichtstörer möglich.

13   **2. Besonderheiten bei Vernichtungsanordnung gem. § 17 Abs. 1 S. 2 und S. 3.** Kann der von einem mit einem meldepflichtigen Krankheitserreger behafteten Gegenstand ausgehenden Infektionsgefahr nicht anders begegnet werden, eröffnet § 17 Abs. 1 S. 2 die Möglichkeit, den betreffenden Gegenstand zu vernichten. Da die **Vernichtung** eines Gegenstands nicht nur die unwiderrufliche Zerstörung desselben bedeutet, sondern auch einen tiefgreifenden Eingriff in die Rechte des betroffenen Eigentümers darstellt, stellt das Gesetz in § 17 Abs. 1 S. 2 klar, dass eine Vernichtung des betroffenen Gegenstands grundsätzlich nur als „**ultima ratio**" in Betracht kommt. Hierbei dürfte es sich allerdings nur um eine deklaratorische Regelung handeln, da eine staatliche Maßnahme ohnehin grundsätzlich nur dann verhältnismäßig ist, wenn sie auch erforderlich ist, dh wenn kein gleich geeignetes milderes Mittel zur Verfügung steht.

14   Darüber hinaus kann gem. § 17 Abs. 1 Nr. 3 die Vernichtung betroffener Gegenstände auch dann angeordnet werden, wenn andere Maßnahmen im Verhältnis zum Wert des Gegenstandes zu kostspielig sind. Der insoweit vom Gesetz vorgesehene **Vorbehalt der Wirtschaftlichkeit,** welcher ebenso bereits im BSeuchG verankert war, wurde vom Gesetzgeber nicht näher begründet. Die Regelung dürfte allerdings höchstwahrscheinlich auf den Umstand zurückzuführen sein, dass die Kosten für Maßnahmen gem. § 17 Abs. 1 gem. § 69 Abs. 1 S. 1 Nr. 4 regelmäßig aus öffentlichen Mitteln zu bestreiten sind. Die Rechte des betroffenen Eigentümers werden in diesem Fall dadurch geschützt, dass diesem die Möglichkeit eingeräumt wird, der Vernichtung zu widersprechen, wenn er die Kosten für die Durchführung anderweitiger Maßnahmen zur Entseuchung selbst übernimmt.

3. Benutzungsuntersagungen gem. § 17 Abs. 1 S. 4. In § 17 Abs. 1 S. 4 **15** wird schließlich die Frage der **Durchführung** von auf Grundlage von § 17 Abs. 1 S. 1 angeordneten Entseuchungsmaßnahmen geregelt. Demgemäß kann für die Dauer der Durchführung der Maßnahme die Benutzung der betreffenden Gegenstände sowie die Benutzung von Räumen und Grundstücken, in denen oder auf denen sich die betreffenden Gegenstände befinden, untersagt werden.

Eine Nutzungsuntersagung wird sich dabei in der Regel, um ihren Schutz- **16** zweck zu erfüllen, nicht nur gegen den Inhaber der tatsächlichen Gewalt oder den Eigentümer als Zustandsstörer, sondern gegen alle **potentiellen Nutzer** des Gegenstandes bzw. der Räumlichkeiten richten (so auch *Erdle,* § 17, S. 65).

II. Maßnahmen bei der Feststellung von Gesundheitsschädlingen (Abs. 2)

§ 17 Abs. 2 regelt den Umgang mit Gesundheitsschädlingen (zur Legaldefi- **17** nition → § 2 Rn. 41). Voraussetzung für ein Einschreiten der zuständigen Behörde auf Grundlage von § 17 Abs. 2 ist nicht nur die **Feststellung von Gesundheitsschädlingen,** sondern darüber hinaus die begründete Gefahr, dass durch die Schädlinge Krankheitserreger verbreitet werden. Maßnahmen gem. § 17 Abs. 2 setzen insofern – anders als Maßnahmen gem. § 17 Abs. 1 S. 1 – eine konkrete Gefahrenlage voraus. Die bloße Annahme, dass Gesundheitsschädlinge vorliegen oder dass von festgestellten Gesundheitsschädlingen eine Gefahr ausgeht, ist dementsprechend nicht ausreichend. Die Beurteilung, ob von einem Gesundheitsschädling im konkreten Fall eine Gefahr ausgeht, dürfte dabei insbes. davon abhängen, mit welcher Wahrscheinlichkeit der betreffende Gesundheitsschädling Kontakt zum Menschen hat (vgl. hierzu auch *Gerhardt,* § 17 Rn. 24; *Zwanzinger* in BeckOK InfSchR § 17 Rn. 27).

Besteht im Hinblick auf einen Gesundheitsschädling nur ein **Gefahrenver-** **18** **dacht,** kommt ein Einschreiten der zuständigen Behörde lediglich auf Grundlage von § 16 Abs. 1 und 2 in Betracht (vgl. *Gerhardt,* § 17 Rn. 25; *Zwanzinger* in BeckOK InfSchR § 17 Rn. 26). Von einem bloßen Gefahrenverdacht ist dabei etwa dann auszugehen, wenn noch nicht sicher feststeht, ob tatsächlich Gesundheitsschädlinge vorhanden sind, oder noch unklar ist, ob im konkreten Fall hinreichende Anhaltspunkte dafür bestehen, dass die festgestellten Gesundheitsschädlinge Krankheitserreger verbreiten.

Auf der Rechtsfolgenseite sieht § 17 Abs. 2 S. 1 – ebenso wie § 17 Abs. 1 **19** S. 1 – keine konkreten Maßnahmen vor, sondern ordnet lediglich an, dass die zuständige Behörde die zur Bekämpfung der festgestellten Gefahr erforderlichen Maßnahmen zu treffen hat. Zur Ausübung des Auswahl- und Entschließungsermessens sowie der Störerauswahl → Rn. 9 ff.

Auch wenn die Rechtsfolgenregelung in § 17 Abs. 2 S. 1 grundsätzlich of- **20** fengehalten ist, wird sie nichtsdestotrotz durch die Regelung des § 17 Abs. 2 S. 2 konkretisiert. Demgemäß umfasst die Bekämpfung von Gesundheitsschädlingen Maßnahmen gegen das Auftreten, die Vermehrung und Verbreitung zur Vernichtung von Gesundheitsschädlingen. Hierbei können – soweit möglich – im Einzelfall auch Tierschutzaspekte Berücksichtigung finden, wie etwa, dass Maßnahmen zur Vertreibung der Tiere ggü. der Tötung der Vorzug gegeben wird (vgl. *BBS,* § 17 Rn. 6). Soweit gem. § 17 Abs. 2 S. 2 explizit auch Maßnahmen zur **Verhinderung des Auftretens** von Gesundheitsschädlingen erfasst sind, spricht dies dafür, dass auch ein präventives Handeln der zuständigen Behörde gewünscht ist. Dies steht jedoch im Widerspruch zu den Tatbestandsvoraussetzungen des § 17 Abs. 2 S. 1, der für ein Einschreiten die Feststellung von Gesundheitsschädlingen verlangt.

III. Durchführung von Maßnahmen auf Grundlage von § 17 Abs. 1 und Abs. 2 (Abs. 3)

21   Grundsätzlich ist der **Adressat** von Maßnahmen gem. § 17 Abs. 1 und Abs. 2 selbst für die Durchführung der Maßnahmen verantwortlich (vgl. *Erdle,* § 17, S. 65; *Gerhardt,* § 17 Rn. 35; *Lutz,* § 17 Rn. 4). Dies folgt sowohl aus der Formulierung des § 17 Abs. 2 S. 1, dass die zuständige Behörde die erforderlichen Maßnahmen „anordnet", als auch aus der Regelung in § 17 Abs. 3 S. 1, gemäß derer die zuständige Behörde, wenn die Durchführung einer Maßnahme besondere Sachkunde erfordert, anordnen kann, dass der Verpflichtete geeignete Fachkräfte mit der Durchführung beauftragt.

22   Die **Eignung** der Fachkräfte im Sinne der Norm sollte sich dabei entsprechend der Gesetzesbegründung an der Verordnung über die berufliche Umschulung zum geprüften Schädlingsbekämpfer/zur geprüften Schädlingsbekämpferin v. 18. 2. 1997 orientieren (BT-Drs. 14/2530, 69), wobei aktuell die Verordnung über die Berufsausbildung zum Schädlingsbekämpfer/zur Schädlingsbekämpferin v. 15. 7. 2004 gilt. Einschränkungen im Bereich der Schädlingsbekämpfung ergeben sich darüber hinaus auch aus der GefStoffV.

23   Subsidiär ermöglicht § 17 Abs. 3 S. 2 auch eine **Ersatzvornahme** durch die zuständige Behörde. Diese kann gem. § 17 Abs. 3 S. 2 selbst geeignete Fachkräfte mit der Durchführung beauftragen, wenn das zur wirksamen Bekämpfung der übertragbaren Krankheiten, Krankheitserreger oder Gesundheitsschädlinge notwendig ist sowie der Verpflichtete die erforderliche Maßnahme nicht durchführen kann, einer Anordnung nach S. 1 nicht nachkommt oder nach seinem bisherigen Verhalten anzunehmen ist, dass er einer Anordnung nach S. 1 nicht rechtzeitig nachkommen wird. Um eine Durchführung der betreffenden Maßnahmen zu ermöglichen, ordnet § 17 Abs. 3 S. 3 zudem an, dass der Berechtigte bzw. Inhaber der tatsächlichen Gewalt die Durchführung der Maßnahme dulden muss. Insofern kann auf Grundlage von § 17 Abs. 3 S. 3 eine **Duldungsanordnung** ergehen, welche bei Bedarf auch im Wege des Verwaltungszwangs durchgesetzt werden kann.

C. Erlass von Rechtsverordnungen (Abs. 4 und Abs. 5)

I. Ermächtigung zum Erlass von Rechtsverordnungen gem. § 17 Abs. 4

24   Die Ermächtigungen des § 17 Abs. 4 eröffnet der Landesregierung die Möglichkeit, im Rahmen der Verhütung übertragbarer Krankheiten in Form von RVOen tätig zu werden, wenn die Voraussetzungen der Ermächtigungsgrundlagen der § 16 oder § 17 Abs. 1 vorliegen.

Eine entsprechende Ermächtigung zum Erlass von RVOen wurde dabei ur- **25** sprünglich geschaffen, um die Möglichkeit zu eröffnen, Gebote und Verbote zu erlassen, die sich an die **Allgemeinheit** richten und insofern Rechtsnormcharakter haben (vgl. BT-Drs. 8/3176, 40 zu § 12a BSeuchG). Die Möglichkeit, im Rahmen von Einzelmaßnahmen oder Allgemeinverfügungen tätig zu werden, wurde seitens des Gesetzgebers hierbei als unzureichend angesehen, da es im Bereich der Verhütung übertragbarer Krankheiten in der Natur der Sache liege, dass der bestehenden Gefahr nur mit einer allgemeinverbindlichen Regelung begegnet werden könne (BT-Drs. 8/3176, 40). Zur Frage der Abgrenzung von AllgVfg. und RVO → § 32 Rn. 9ff.

Da § 17 Abs. 4 insbes. den Erlass einer RVO (auch) unter den Voraussetzun- **26** gen der Generalklausel des § 16 Abs. 1 S. 1 ermöglicht, stellt sich die Frage, ob die in § 17 Abs. 4 enthaltene Verordnungsermächtigung in materieller Hinsicht den Anforderungen des Art. 80 Abs. 1 GG genügt. Gem. **Art. 80 Abs. 1 S. 2 GG** ist Voraussetzung für die materielle Rechtmäßigkeit einer Verordnungsermächtigung, dass Inhalt, Zweck und Ausmaß der erteilten Ermächtigung durch das Gesetz selbst bestimmt werden. Um dem Rechtsstaatsprinzip und der daraus folgenden Gewaltenteilung Rechnung zu tragen, muss insofern durch die Legislative insbes. selbst bestimmt werden, was Inhalt einer Verordnung sein kann und unter welchen Umständen die Exekutive von der Verordnungsermächtigung Gebrauch machen kann (vgl. BVerfGE 2, 307 (334); 7, 71 (77); 7, 282 (301); 8, 274 (307, 313, 323); 23, 62 (72); 20, 257 (269)). Zwar schließt das Bestimmtheitsgebot die Verwendung unbestimmter, konkretisierungsbedürftiger Begriffe bis hin zu Generalklauseln nicht aus, jedoch muss sich immer mit Hilfe der üblichen Auslegungsmethoden, insbesondere durch Heranziehung anderer Vorschriften desselben Gesetzes, durch Berücksichtigung des Normzusammenhangs oder aufgrund einer gefestigten Rechtsprechung eine zuverlässige Grundlage für eine Auslegung und Anwendung der Norm gewinnen lassen (vgl. bspw. BVerfG NJW 2016, 3648 (3650) mwN). Dabei steigen die Anforderungen an die Bestimmtheit der Ermächtigungsgrundlage, je tiefgreifender die möglichen mit den später angeordneten Maßnahmen verbundenen Grundrechtseingriffe sind (vgl. BVerfGE 47, 46 (83); 58 (257, 274)).

Unter Berücksichtigung des Umstandes, dass weder durch die Generalklau- **27** sel des § 16 Abs. 1 S. 1 (→ § 16 Rn. 15) noch durch die Verordnungsermächtigung in § 17 Abs. 4 selbst Inhalt oder Ausmaß möglicher RVOen bestimmt werden, gleichzeitig jedoch § 17 Abs. 7 die Möglichkeit **umfangreicher Grundrechtsbeschränkungen** im Verordnungswege eröffnet, spricht viel dafür, dass die Verordnungsermächtigung des § 17 Abs. 4 gegen den in Art. 80 Abs. 1 S. 2 GG enthaltenen **Bestimmtheitsgrundsatz** bzw. die Wesentlichkeitslehre verstößt (zu der entsprechenden Frage bei § 32 (allerdings zur Rechtslage vor dem 3. BevSchG) ebenfalls krit. *Möllers* Verfassungsblog v. 26. 3. 2020; *Katzenmeier* MedR 2020, 461 (462); *Papier* DRiZ 2020, 180 (183); *Gärditz / Abdulsalam* GSZ 2020, 108 (112f.); Voraufl. → § 32 Rn. 6; → § 28 Rn. 63; aA (ohne Begründung) *Zwanzinger* in BeckOK InfSchR § 17 Rn. 40). § 16 Abs. 1 S. 1 ist in seiner Rechtsfolgenanordnung noch unspezifischer als die Parallelnorm in § 28 Abs. 1 S. 1, bei welcher zumindest § 28 Abs. 1 S. 1 Hs. 2 sowie Abs. 1 S. 2 zur Auslegung herangezogen werden können.

II. Ermächtigung zum Erlass von Rechtsverordnungen gem. § 17 Abs. 5

28   § 17 Abs. 5 regelt, unter welchen Voraussetzungen die Landesregierungen RVOen betreffend die Feststellung und Bekämpfung von Gesundheitsschädlingen, Krätzmilben und Kopfläusen erlassen können. Obwohl die Vorschrift sich im Abschnitt über die Verhütung übertragbarer Krankheiten findet, regelt § 17 Abs. 5 S. 1 explizit, dass RVOen auf Grundlage von § 17 Abs. 5 sowohl zur **Verhütung** als auch zur **Bekämpfung** übertragbarer Krankheiten erlassen werden können.

29   Gegenstand von RVOen gem. § 17 Abs. 5 kann dabei die Feststellung und Bekämpfung von Gesundheitsschädlingen, Krätzmilben und Kopfläusen sein. **Krätzmilben** und **Kopfläuse** werden neben den Gesundheitsschädlingen gesondert aufgeführt, da es sich bei ihnen nicht um Gesundheitsschädlinge handelt (→ § 2 Rn. 41). Sie übertragen keine Krankheitserreger, sondern sind Parasiten, die selbst die Krankheitssymptome hervorrufen. Dies dürfte auch der Grund dafür sein, dass in § 17 Abs. 5 neben der Verhütung auch die Bekämpfung als möglicher Zweck aufgenommen wurde, da mit der Feststellung von Krätzmilben und Kopfläusen in der Regel auch die Erkrankung selbst festgestellt wird, sodass ein Tätigwerden in diesem Fall nicht mehr in den Bereich der Verhütung von übertragbaren Krankheiten fiele.

30   Der Inhalt möglicher RVOen auf Grundlage des § 17 Abs. 5 S. 1 wird dabei – anders als in § 17 Abs. 4 – durch § 17 Abs. 5 S. 3 näher bestimmt. Die Gesetzesbegründung zu § 13 BSeuchG, welcher im Wesentlichen dem heutigen § 17 Abs. 5 entspricht, verweist in diesem Zusammenhang auch explizit darauf, dass Inhalt und Ausmaß der Ermächtigung näher festgelegt wurden, um den Anforderungen des Art. 80 Abs. 1 S. 2 GG zu entsprechen (BT-Drs. 8/3176, 40).

31   In § 17 Abs. 5 S. 3 Nr. 1 wird näher bestimmt, wer **Adressat** einer RVO sein kann, nämlich der Eigentümer, der Nutzungsberechtigte, der Inhaber der tatsächlichen Gewalt sowie der Unterhaltungspflichtige. Gegenüber diesen Adressaten können gem. § 17 Abs. 5 S. 3 Nr. 1 Mitwirkungs- und Duldungspflichten geregelt werden sowie gem. § 17 Abs. 5 S. 3 Nr. 4 auch Mitwirkungs- und Duldungspflichten gem. § 16 Abs. 2 aufgenommen werden.

32   Soweit § 17 Abs. 5 S. 3 Nr. 2 regelt, dass Gegenstand einer RVO auch die Feststellung und Bekämpfung von Gesundheitsschädlingen am Menschen sein könne, ist zu beachten, dass auf Grundlage von § 17 Abs. 5 **keine Eingriffe in die körperliche Unversehrtheit** erlaubt sind (so auch *Erdle*, § 17, S. 67; *Zwanzinger* in BeckOK InfSchR IfSG § 17 Rn. 48), da in § 17 Abs. 7 die körperliche Unversehrtheit gem. Art. 2 Abs. 2 S. 1 GG nicht als durch die Norm eingeschränktes Grundrecht aufgeführt wird. Eingreifende Maßnahmen zur Feststellung und Bekämpfung von Gesundheitsschädlingen am Menschen sind insofern nur auf Grundlage und unter den Voraussetzungen des § 25 möglich; für die Feststellung und Behandlung von Krätze ist der Arztvorbehalt des § 24 S. 1 zu beachten. Zudem ist zu beachten, dass die Anordnung von Zwangsbehandlungen gem. § 28 Abs. 1 S. 3 grundsätzlich nicht zulässig ist.

33   § 17 Abs. 5 S. 3 Nr. 3 zählt schließlich mögliche **regelungsbedürftige Punkte** betreffend die Durchführung von Feststellung und Bekämpfung von Gesundheitsschädlingen, Krätzmilben und Kopfläusen auf.

D. Entsprechende Anwendbarkeit von § 16 Abs. 5–8 (Abs. 6)

Gem. § 17 Abs. 6 sind die Regelungen des § 16 Abs. 5–8 betreffend die **34** Durchführung von Maßnahmen der zuständigen Behörde auf § 17 entsprechend anwendbar.

Insoweit ist insbes. zu beachten, dass auch bei § 17 Maßnahmen in enger **35** Abstimmung mit dem Gesundheitsamt erfolgen. Maßnahmen werden dabei grundsätzlich auf Vorschlag des Gesundheitsamtes angeordnet, zuständige Behörde und Gesundheitsamt können bei besonderer Eilbedürftigkeit jedoch auch jeweils selbstständig tätig werden. Siehe im Einzelnen → § 16 Rn. 50 f.

E. Eingeschränkte Grundrechte (Abs. 7)

Soweit gem. § 17 Abs. 7 im Rahmen der Abs. 1–5 die Grundrechte der **36** Freiheit der Person (Art. 2 Abs. 2 S. 2 GG), der Freizügigkeit (Art. 11 Abs. 1 GG), der Versammlungsfreiheit (Art. 8 GG) und der Unverletzlichkeit der Wohnung (Art. 13 Abs. 1 GG) eingeschränkt werden (können), ist dies insbes. für mögliche RVOen auf Grundlage von § 17 Abs. 4 von hoher Relevanz. In Form von RVOen sind nämlich gem. § 17 Abs. 7 sehr viel weitergehende Grundrechtseingriffe als durch Einzelmaßnahmen der zuständigen Behörde gem. § 16 möglich.

F. Entschädigungsanspruch, Zuwiderhandlungen, Kosten

Entschädigungsansprüche können auf Grundlage von **§ 65 Abs. 1 S. 1** be- **37** stehen.

Ordnungswidrig handelt gem. **§ 73 Abs. 1a Nr. 3,** wer entgegen einer **38** RVO gem. § 17 Abs. 4 eine Auskunft nicht, nicht richtig, nicht vollständig oder nicht rechtzeitig erteilt, gem. **§ 73 Abs. 1a Nr. 4,** wer entgegen einer RVO gem. § 17 Abs. 4 eine Unterlage nicht, nicht richtig, nicht vollständig oder nicht rechtzeitig vorlegt, sowie gem. **§ 73 Abs. 1a Nr. 5,** wer entgegen einer RVO gem. § 17 Abs. 4 ein Grundstück, einen Raum, eine Anlage, eine Einrichtung, ein Verkehrsmittel oder einen sonstigen Gegenstand nicht zugänglich macht. Darüber hinaus handelt gem. **§ 73 Abs. 1a Nr. 6** ordnungswidrig, wer einer vollziehbaren Anordnung nach § 17 Abs. 1, auch in Verbindung mit einer RVO nach § 17 Abs. 4 S. 1, oder nach § 17 Abs. 3 S. 1 zuwiderhandelt.

Gem. **§ 74** macht sich zudem strafbar, wer eine in § 73 Abs. 1a Nr. 3–5 be- **39** zeichnete vorsätzliche Handlung begeht und dadurch eine in § 6 Abs. 1 S. 1 Nr. 1 genannte Krankheit oder einen in § 7 genannten Krankheitserreger verbreitet.

Die Kosten für Maßnahmen nach § 17 Abs. 1, auch in Verbindung mit **40** Abs. 3, sind gem. **§ 69 Abs. 1 S. 1 Nr. 4** aus öffentlichen Mitteln zu bestreiten, soweit sie von der zuständigen Behörde angeordnet worden sind und die Notwendigkeit der Maßnahmen nicht vorsätzlich herbeigeführt wurde.

§ 18 Behördlich angeordnete Maßnahmen zur Desinfektion und zur Bekämpfung von Gesundheitsschädlingen, Krätzmilben und Kopfläusen; Verordnungsermächtigungen

(1) [1]Zum Schutz des Menschen vor übertragbaren Krankheiten dürfen bei behördlich angeordneten Maßnahmen zur
1. Desinfektion und
2. Bekämpfung von Gesundheitsschädlingen, Krätzmilben oder Kopfläusen

nur Mittel und Verfahren verwendet werden, die von der zuständigen Bundesoberbehörde anerkannt worden sind. [2]Bei Maßnahmen nach Satz 1 Nummer 2 kann die anordnende Behörde mit Zustimmung der zuständigen Bundesoberbehörde zulassen, dass andere Mittel oder Verfahren als die behördlich anerkannten verwendet werden.

(2) Die Mittel und Verfahren werden von der zuständigen Bundesoberbehörde auf Antrag oder von Amts wegen nur anerkannt, wenn sie hinreichend wirksam sind und keine unvertretbaren Auswirkungen auf die menschliche Gesundheit und die Umwelt haben.

(3) [1]Zuständige Bundesoberbehörde für die Anerkennung von Mitteln und Verfahren zur Desinfektion ist das Robert Koch-Institut. [2]Im Anerkennungsverfahren prüft:
1. die Wirksamkeit der Mittel und Verfahren das Robert Koch-Institut,
2. die Auswirkungen der Mittel und Verfahren auf die menschliche Gesundheit das Bundesinstitut für Arzneimittel und Medizinprodukte und
3. die Auswirkungen der Mittel und Verfahren auf die Umwelt das Umweltbundesamt.

[3]Das Robert Koch-Institut erteilt die Anerkennung im Einvernehmen mit dem Bundesinstitut für Arzneimittel und Medizinprodukte und mit dem Umweltbundesamt.

(4) [1]Zuständige Bundesoberbehörde für die Anerkennung von Mitteln und Verfahren zur Bekämpfung von Gesundheitsschädlingen, Krätzmilben und Kopfläusen ist das Umweltbundesamt. [2]Im Anerkennungsverfahren prüft:
1. die Wirksamkeit der Mittel und Verfahren sowie deren Auswirkungen auf die Umwelt das Umweltbundesamt,
2. die Auswirkungen der Mittel und Verfahren auf die menschliche Gesundheit das Bundesinstitut für Arzneimittel und Medizinprodukte, soweit es nach § 77 Absatz 1 des Arzneimittelgesetzes für die Zulassung zuständig ist,
3. die Auswirkungen der Mittel und Verfahren auf die Gesundheit von Beschäftigten als Anwender die Bundesanstalt für Arbeitsschutz und Arbeitsmedizin, wenn die Prüfung nicht nach Nummer 2 dem Bundesinstitut für Arzneimittel und Medizinprodukte zugewiesen ist, und

4. die Auswirkungen der Mittel und Verfahren auf die Gesundheit von anderen als den in Nummer 3 genannten Personen das Bundesinstitut für Risikobewertung, wenn die Prüfung nicht nach Nummer 2 dem Bundesinstitut für Arzneimittel und Medizinprodukte zugewiesen ist.

[3]Das Umweltbundesamt erteilt die Anerkennung im Einvernehmen mit den nach Satz 2 Nummer 2 bis 4 prüfenden Behörden. [4]Sofern Mittel Wirkstoffe enthalten, die in zugelassenen Pflanzenschutzmitteln oder in der Zulassungsprüfung befindlichen Pflanzenschutzmitteln enthalten sind, erfolgt die Anerkennung zusätzlich im Benehmen mit dem Bundesamt für Verbraucherschutz und Lebensmittelsicherheit.

(5) Die Prüfungen können durch eigene Untersuchungen der zuständigen Bundesbehörde oder auf der Grundlage von Sachverständigengutachten, die im Auftrag der zuständigen Bundesbehörde durchgeführt werden, erfolgen.

(6) [1]Die Prüfung der Wirksamkeit der Mittel und Verfahren nach Absatz 1 Satz 1 Nummer 2 ist an den betreffenden Schädlingen unter Einbeziehung von Wirtstieren bei parasitären Nichtwirbeltieren vorzunehmen. [2]Die Prüfung der Wirksamkeit von Mitteln nach Absatz 1 Satz 1 Nummer 2 unterbleibt, sofern die Mittel nach einer der folgenden Vorschriften nach dem Tilgungsprinzip gleichwertig geprüft und zugelassen sind:
1. Verordnung (EU) Nr. 528/2012 des Europäischen Parlaments und des Rates vom 22. Mai 2012 über die Bereitstellung auf dem Markt und die Verwendung von Biozidprodukten (ABl. L 167 vom 27.6.2012, S. 1; L 303 vom 20.11.2015, S. 109), die zuletzt durch die Verordnung (EU) Nr. 334/2014 (ABl. L 103 vom 5.4.2014, S. 22) geändert worden ist,
2. Verordnung (EG) Nr. 1107/2009 des Europäischen Parlaments und des Rates vom 21. Oktober 2009 über das Inverkehrbringen von Pflanzenschutzmitteln und zur Aufhebung der Richtlinien 79/117/EWG und 91/414/EWG des Rates (ABl. L 309 vom 24.11.2009, S. 1), die zuletzt durch die Verordnung (EU) Nr. 652/2014 (ABl. L 189 vom 27.6.2014, S. 1) geändert worden ist, oder
3. Arzneimittelgesetz

[3]Die Prüfung der Auswirkungen von Mitteln nach Absatz 1 Satz 1 Nummer 1 und 2 auf die menschliche Gesundheit und die Prüfung ihrer Auswirkungen auf die Umwelt unterbleibt, sofern die Mittel oder ihre Biozidwirkstoffe nach einer der in Satz 2 genannten Vorschriften geprüft und zugelassen sind.

(7) [1]Die Anerkennung ist zu widerrufen, wenn die zuständige Bundesoberbehörde davon Kenntnis erlangt, dass eine nach anderen Gesetzen erforderliche Verkehrsfähigkeit für das Mittel oder Verfahren nicht mehr besteht. [2]Sie kann widerrufen werden, insbesondere wenn nach aktuellen Erkenntnissen und Bewertungsmaßstäben die Voraus-

setzungen nach Absatz 2 nicht mehr erfüllt sind. ³Die zuständige Bundesoberbehörde führt die jeweils anerkannten Mittel und Verfahren in einer Liste und veröffentlicht die Liste.

(8) **Das Robert Koch-Institut und das Umweltbundesamt erheben für individuell zurechenbare öffentliche Leistungen nach den Absätzen 1 und 2 Gebühren und Auslagen.**

(9) **Das Bundesministerium für Gesundheit wird ermächtigt, im Einvernehmen mit dem Bundesministerium für Umwelt, Naturschutz, Bau und Reaktorsicherheit durch Rechtsverordnung ohne Zustimmung des Bundesrates die gebührenpflichtigen Tatbestände der individuell zurechenbaren öffentlichen Leistungen nach den Absätzen 1 bis 4 und 7 näher zu bestimmen und dabei feste Sätze oder Rahmensätze vorzusehen.**

(10) **Das Bundesministerium für Gesundheit wird ermächtigt, im Einvernehmen mit dem Bundesministerium für Umwelt, Naturschutz, Bau und Reaktorsicherheit durch Rechtsverordnung ohne Zustimmung des Bundesrates Einzelheiten des Anerkennungsverfahrens festzulegen.**

Übersicht

A. Zweck und Bedeutung der Norm

1   Zielsetzung von § 18 ist es, sicherzustellen, dass bei der Durchführung von auf Grundlage von § 17 Abs. 1–3 behördlich angeordneten Maßnahmen zur Desinfektion und Bekämpfung von Gesundheitsschädlingen, Krätzmilben oder Kopfläusen keine Mittel und Verfahren zum Einsatz kommen, die eine **Gefahr für die menschliche Gesundheit** darstellen. Um dies sicherzustellen, müssen neue Mittel und Verfahren ein in § 18 geregeltes Anerkennungsverfahren durchlaufen, in welchem überprüft wird, dass die betreffenden Mittel und Verfahren wirksam sind sowie weder gesundheits- noch umweltschädlich.

2   Die derzeitige Fassung von § 18 geht dabei auf das GMÜK v. 17.7.2017 (BGBl. I 2615) zurück, durch welches die Vorschrift nahezu vollständig neu gefasst wurde. Mit der **Novellierung** ist dabei die Unterscheidung zwischen Entwesungen (Bekämpfung von Nichtwirbeltieren) und Maßnahmen zur Bekämpfung von Wirbeltieren, durch die Krankheitserreger verbreitet werden können, infolge der Vereinheitlichung der Zuständigkeitsregelungen entfallen (vgl. BT-Drs. 18/10938, 63).

B. Anerkennungspflicht (Abs. 1)

Gem. § 18 Abs. 1 S. 1 ist Voraussetzung für die Verwendung von Mitteln **3** und/oder Verfahren, dass diese von der zuständigen Behörde anerkannt worden sind. Unter die insofern bestehende Anerkennungspflicht fallen dabei sämtliche Maßnahmen zur Desinfektion gem. § 17 Abs. 1 sowie zur Bekämpfung von Gesundheitsschädlingen, Krätzmilben und Kopfläusen gem. § 17 Abs. 2 und Abs. 5.

Auch **nicht anerkannte Mittel und Verfahren** können gem. § 18 Abs. 1 **4** S. 2 im Einzelfall durch die anordnende Behörde mit Zustimmung der zuständigen Behörde für die Bekämpfung von Gesundheitsschädlingen, Krätzmilben und Kopfläusen zugelassen werden. Derartige Ausnahmen können beispielsweise dann erforderlich werden, wenn Mittel und Verfahren, die zur Verwendung bei der angeordneten Maßnahme anerkannt sind, auf dem Markt nicht zur Verfügung stehen (BT-Drs. 18/10938, 63). Zuständige Bundesoberbehörde für die Zustimmung zu derartigen Ausnahmen ist gem. § 18 Abs. 4 S. 1 das Umweltbundesamt.

Mit **Desinfektion** ist gem. § 17 Abs. 1 S. 4 die Entseuchung von mit mel- **5** depflichtigen Krankheitserregern behafteten Gegenständen gemeint.

Gesundheitsschädlinge sind gem. § 2 Nr. 12 Tiere, durch die Krankheits- **6** erreger auf Menschen übertragen werden können (→ § 2 Rn. 41). Krätzmilben und Kopfläuse hingegen sind Parasiten (→ § 17 Rn. 29).

Wer die jeweils zuständige Bundesbehörde gem. § 18 Abs. 1 ist, bestimmen **7** § 18 Abs. 3 und Abs. 4.

Gem. § 18 Abs. 7 S. 3 führt die zuständige Bundesoberbehörde eine Liste **8** mit den jeweils anerkannten Mitteln und Verfahren und veröffentlicht die Liste. Diese Liste soll allerdings nicht der verfahrensrechtlichen Bekanntgabe der Anerkennungen dienen, sondern lediglich der Information der Normadressaten (BT-Drs. 18/10938, 64).

Infolge der Novellierung des § 18 wurde die **Bezeichnung der Zulas-** **9** **sungsentscheidung** geändert – diese wird nunmehr anstatt als „Aufnahme in die Liste" als „Anerkennung" bezeichnet. Hierdurch wurden zum einen die in der Praxis verwendeten Bezeichnungen der Listen aufgegriffen, zum anderen sollte durch die Verwendung des Begriffs „Anerkennung" der Charakter der Entscheidungen als Verwaltungsakte verdeutlicht werden (vgl. BT-Drs. 18/10938, 63).

C. Einzelheiten des Anerkennungsverfahrens

Die wesentlichen Grundlagen bzw. Voraussetzungen für die Anerkennung **10** von Mitteln und Verfahren werden in § 18 Abs. 2 geregelt (vgl. BT-Drs. 18/10938, 63). **Voraussetzung** für die Anerkennung ist demgemäß der Nachweis der Wirksamkeit des Mittels bzw. Verfahrens sowie die Gesundheits- und Umweltverträglichkeit.

Die **Zuständigkeit** für die Anerkennung richtet sich danach, ob es sich um **11** ein Mittel und/oder Verfahren zur Desinfektion handelt, für welche gem. § 18

Abs. 3 S. 1 das RKI zuständig ist, oder um ein Mitteln und/oder Verfahren zur Bekämpfung von Gesundheitsschädlingen, Krätzmilben und Kopfläusen, wofür gem. § 18 Abs. 4 S. 1 das Umweltbundesamt zuständig ist.

12   In § 18 Abs. 3 und 4 wird geregelt, welche Behörden im Einzelnen für die Prüfung von Wirksamkeit und Auswirkungen von Mitteln und Verfahren im Anerkennungsverfahren zuständig sind. So werden die Auswirkungen der Mittel und Verfahren auf die menschliche Gesundheit bspw. durch das Bundesinstitut für Arzneimittel und Medizinprodukte überprüft. Diese Zuständigkeiten wurden im Rahmen der Gesetznovellierung 2017 geändert, mit der Folge, dass das Bundesamt für Verbraucherschutz und Lebensmittelsicherheit (BVL) an Anerkennungen gem. § 18 Abs. 3 überhaupt nicht mehr und an Anerkennungen gem. § 18 Abs. 4 nur noch im Rahmen der in § 18 Abs. 4 S. 3 vorgesehenen Einbeziehung beteiligt ist (vgl. hierzu auch BT-Drs. 18/10938, 63 f.)

13   Wirksamkeit und Auswirkungen von im Anerkennungsverfahren befindlichen Mitteln und Verfahren können dabei gem. § 18 Abs. 5 entweder durch die hierfür zuständige Behörde selbst geprüft werden oder die zuständige Behörde kann für die Überprüfung ein entsprechendes **Sachverständigengutachten** in Auftrag geben.

14   Gem. § 18 Abs. 6 S. 1 muss die Prüfung der Wirksamkeit von Mitteln und Verfahren zur Bekämpfung von Gesundheitsschädlingen, Krätzmilben oder Kopfläusen an den betreffenden Schädlingen selbst, unter Einbeziehung von Wirtstieren bei parasitären Nichtwirbeltieren, durchgeführt werden. Bei dieser Wirksamkeitsprüfung handelt es sich um gem. §§ 7 Abs. 2, 8 a Abs. 1 Nr. 1 a TierSchG anzeigepflichtige Tierversuche.

15   Gem. § 18 Abs. 6 S. 2 und S. 3 unterbleibt eine Prüfung von Wirksamkeit sowie Gesundheits- und Umweltauswirkungen, wenn die betreffenden Verfahren und Mittel bereits durch eine der aufgeführten Verordnungen oder das AMG geprüft und zugelassen sind. Hierdurch sollen **Doppelprüfungen** vermieden werden (BT-Drs. 18/10938, 64).

16   Gem. § 18 Abs. 10 (ab dem 1.10.2021 § 18 Abs. 8) wird zudem das BMG ermächtigt, im Einvernehmen mit dem Bundesministerium für Umwelt, Naturschutz, Bau und Reaktorsicherheit, durch RVO ohne Zustimmung des Bundesrates **Einzelheiten des Anerkennungsverfahrens** festzulegen. Hiervon wurde jedoch bislang kein Gebrauch gemacht.

D. Widerruf von Anerkennungen (Abs. 7)

17   Gem. § 18 Abs. 7 S. 1 ist eine erteilte Anerkennung zwingend zu widerrufen, wenn eine nach anderen Gesetzen erforderliche **Verkehrsfähigkeit** für das Mittel oder Verfahren nicht mehr besteht. Hierdurch sollen insbes. diejenigen Fälle erfasst werden, in denen eine Anerkennung gem. § 18 Abs. 6 aufgrund einer bereits bestehenden Zulassung erfolgt ist und diese Zulassung nachträglich weggefallen ist (vgl. BT-Drs. 18/10938, 64).

18   In allen übrigen Fällen, in den nach aktuellen Erkenntnissen und Bewertungsmaßstäben die Voraussetzungen für eine Anerkennung gem. § 18 Abs. 2 nicht mehr vorliegen, steht es gem. § 17 Abs. 7 S. 2 im **Ermessen** der zuständigen Bundesoberbehörde, ob sie die Anerkennung widerruft oder nicht. Hierdurch soll gewährleistet werden, dass die zuständige Bundesoberbehörde flexibel und rasch reagieren und die Anerkennungen auf einem aktuellen Stand halten kann (BT-Drs. 18/10938, 64).

Auch wenn § 18 Abs. 2 grundsätzlich eine Ermessensentscheidung vorsieht, **19** so dürfte dennoch davon auszugehen sein, dass eine **Ermessensreduzierung auf Null** vorliegen dürfte, wenn es entweder an der Wirksamkeit des Mittels insgesamt fehlt und insofern durch dessen Verwendung Infektionsgefahren (unwissentlich) nicht begegnet werden kann oder aber nachträglich erhebliche negative Auswirkungen auf Gesundheit und Umwelt festgestellt werden. Die Notwendigkeit eines Widerrufs folgt in diesen Fällen bereits aus der staatlichen Schutzpflicht für Leben und Gesundheit jedes Einzelnen gem. Art. 2 Abs. 2 S. 1 GG.

E. Zuwiderhandlungen, Kosten

Wer entgegen § 18 Abs. 1 S. 1 ein nicht anerkanntes Mittel oder Verfahren **20** anwendet, handelt gem. **§ 73 Abs. 1 a Nr. 7** ordnungswidrig.

Gem. **§ 18 Abs. 8** werden für individuell zurechenbare öffentliche Leistun- **21** gen nach § 18 Abs. 1 und Abs. 2 **Gebühren und Auslagen** erhoben. Zudem wird gem. § 18 Abs. 9 das BMG ermächtigt, die gebührenpflichtigen Tatbestände der individuell zurechenbaren öffentlichen Leistungen nach Abs. 1–4 und Abs. 7 näher zu bestimmen und dabei feste Sätze oder Rahmensätze vorzusehen.

Die Zuständigkeiten im Rahmen der Kostenregelung wurden im Rahmen **22** der Novellierung des § 18 an die Zuständigkeiten angeglichen, die für den Erlass einer künftigen besonderen Gebührenverordnung nach § 22 Abs. 4 BGebG gilt. Für eine Übergangszeit bis zum 30.9.2021 sind dabei beide Regelungen nebeneinander in Kraft; ab dem 1.10.2021 entfallen § 18 Abs. 8 und 9.

§ 19 Aufgaben des Gesundheitsamtes in besonderen Fällen

(1) ¹**Das Gesundheitsamt bietet bezüglich sexuell übertragbarer Krankheiten und Tuberkulose Beratung und Untersuchung an oder stellt diese in Zusammenarbeit mit anderen medizinischen Einrichtungen sicher. ²In Bezug auf andere übertragbare Krankheiten kann das Gesundheitsamt Beratung und Untersuchung anbieten oder diese in Zusammenarbeit mit anderen medizinischen Einrichtungen sicherstellen. ³Die Beratung und Untersuchung sollen für Personen, deren Lebensumstände eine erhöhte Ansteckungsgefahr für sich oder andere mit sich bringen, auch aufsuchend angeboten werden. ⁴Im Einzelfall können die Beratung und Untersuchung nach Satz 1 bezüglich sexuell übertragbarer Krankheiten und Tuberkulose die ambulante Behandlung durch eine Ärztin oder einen Arzt umfassen, soweit dies zur Verhinderung der Weiterverbreitung der übertragbaren Krankheit erforderlich ist. ⁵Die Angebote können bezüglich sexuell übertragbarer Krankheiten anonym in Anspruch genommen werden, soweit hier-**

durch die Geltendmachung von Kostenerstattungsansprüchen nicht gefährdet wird. [6]Die zuständigen Behörden können mit den Maßnahmen nach den Sätzen 1 bis 4 Dritte beauftragen.

(2) [1]Soweit die von der Maßnahme betroffene Person gegen einen anderen Kostenträger einen Anspruch auf entsprechende Leistungen hat oder einen Anspruch auf Erstattung der Aufwendungen für entsprechende Leistungen hätte, ist dieser zur Tragung der Sachkosten verpflichtet. [2]Wenn Dritte nach Absatz 1 Satz 6 beauftragt wurden, ist der andere Kostenträger auch zur Tragung dieser Kosten verpflichtet, soweit diese angemessen sind.

A. Zweck und Bedeutung der Norm

1   Gem. § 3 stellen die **Aufklärung und Beratung** der Allgemeinheit sowie die Bereitstellung von Hilfsangeboten ein zentrales Anliegen im Rahmen der Infektionsprävention dar. In diesem Zusammenhang ist auch § 19 zu sehen, der diese Aufgaben insbesondere für den Bereich der **sexuell übertragbaren Krankheiten sowie TB** präzisiert (BT-Drs. 14/2530, 70).

2   Da mit der Einführung des IfSG das GeschlKrG aufgehoben wurde, wurde dessen Inhalte – zum Teil – in das IfSG integriert. In § 19 wurden dabei insbesondere die zuvor im 4. Abschnitt des GeschlKrG enthaltenen **Aufgaben der Gesundheitsämter** neu geregelt (BT-Drs. 14/2530, 70). Gleichzeitig wurde der Anwendungsbereich über sexuell übertragbare Krankheiten hinaus auf TB sowie sonstige übertragbare Krankheiten ausgeweitet. Die TB wurde dabei entsprechend der Gesetzesbegründung explizit in den Fokus genommen, da eine aktive Lungentuberkulose einerseits (auch unter günstigen hygienischen Bedingungen) eine Quelle zahlreicher weiterer Infektionen sein kann und andererseits, bei nicht sachgerechter Behandlung oder Abbruch der Behandlung, die Gefahr der Entstehung und Ausbreitung von multiresistenten Erregern besteht (vgl. BT-Drs. 14/2530, 70 u. 49).

3   Auffällig ist, dass Zielrichtung der Regelung des § 19 – trotz seiner systematischen Stellung im Abschnitt über die Verhütung übertragbarer Krankheiten – nicht nur die Beratung, sondern auch die Durchführung von **Untersuchungen** sowie die **Verhinderung der Weiterverbreitung** übertragbarer Krankheiten ist. Darüber hinaus sieht § 19 Abs. 1 S. 4 als einzige Vorschrift des IfSG die Möglichkeit der (ambulanten) **Behandlung** des Betroffenen vor – eine zwangsweise Heilbehandlung des Einzelnen ist nämlich gerade nicht erlaubt (→ § 28 Abs. 1 S. 3).

B. Beratungs- und Untersuchungsangebote (Abs. 1)

4   Durch die Beratungs- und Untersuchungsangebote gem. § 19 Abs. 1 soll ein **niedrigschwelliges Angebot** geschaffen bzw. aufrechterhalten werden. Die Gesetzesbegründung verweist diesbezüglich darauf, dass zahllose Studien gezeigt hätten, dass die generelle Ausübung von Zwang, die namentliche Erfassung oder auch polizeiliche Kontrollen dazu führen könnten, dass Personen

mit Geschlechtskrankheiten ärztliche Kontakte (und damit Behandlungsmöglichkeiten) vermeiden würden (zu diesem früheren Ansatz → Einf. Rn. 11). Dabei seien insbesondere die sozioökonomischen Gruppen, die klassische Versorgungseinrichtungen oft meiden, durch sexuell übertragbare Krankheiten besonders gefährdet (BT-Drs. 14/2530, 70).

Der Begriff der **sexuell übertragbaren Krankheit** wird durch das IfSG 5 nicht definiert. Der Anwendungsbereich sollte jedoch über die vom früheren GeschlKrG umfassten Krankheiten (Syphilis, Tripper, Weicher Schanker, Venerische Lymphknotenentzündung) auf alle sexuell übertragbaren Krankheiten (bspw. HIV/AIDS, Hepatitis, Chlamydien etc.) ausgedehnt werden (BT-Drs. 14/2530, 70). Damit ist nun auch der Präventionsansatz in Bezug auf HIV/AIDS gesetzlich festgeschrieben; dem in den 1980er Jahren zum Teil geforderten, polizeirechtlich orientierten Vorgehen (→ Einf. Rn. 13) wird dadurch eine Absage erteilt.

Die Frage der **konkreten Ausgestaltung** von Beratungs- und Unter- 6 suchungsangeboten sowie der Zusammenarbeit mit anderen medizinischen Einrichtungen wurden durch § 19 Abs. 1 nicht näher geregelt, sondern in das Ermessen der Gesundheitsämter gestellt. Die Landesgesetze enthalten hierzu weitere Vorschriften (vgl. etwa § 15 ÖGDG NRW).

Im Rahmen der anlässlich der Corona-Epidemie 2020 vorgenommenen 7 Überarbeitung des IfSG wurde durch das 2. BevSchG v. 19.5.2020 (BGBl. I 1018) S. 2 neu in § 19 Abs. 1 eingefügt. Hierdurch sollte klargestellt werden, dass Beratungen und Untersuchungen nicht nur für sexuell übertragbare Krankheiten und TB angeboten werden können, sondern für **sämtliche übertragbare Krankheiten,** wobei die Beratung und Untersuchung entweder durch das Gesundheitsamt selbst oder in Zusammenarbeit mit anderen medizinischen Einrichtungen sichergestellt werden kann (BT-Drs. 19/18967, 58). Durch diese Erweiterung des Anwendungsbereichs der bestehenden Regelung sollte ermöglicht werden, dass das Gesundheitsamt selbst Testungen, bspw. auf COVID-19, vornehmen und die **Kosten** hierfür mit der GKV abrechnen kann (vgl. in diesem Zusammenhang auch § 20i Abs. 3 S. 2 Nr. 1 lit. b SGB V).

Gem. § 19 Abs. 1 S. 3 soll die Durchführung von Beratung und Unter- 8 suchung zudem nicht nur vor Ort in den Gesundheitsämtern angeboten werden, sondern die Gesundheitsämter sollen Personen, deren Lebensumstände eine erhöhte Ansteckungsgefahr für sich oder andere mit sich bringen, hierzu auch **aufsuchen.** Hierdurch soll sichergestellt werden, dass Krankheiten auch bei anders nicht zu erreichenden Personengruppen erkannt und Dritte vor eine Ansteckung geschützt werden (BT-Drs. 14/2530, 71).

Das Angebot der **aufsuchenden Beratung** richtet sich dabei insbesondere 9 an Menschen, die niedergelassene Ärzte nicht aufsuchen, etwa, weil sie über keine Krankenversicherung verfügen oder weil sie aufgrund ihrer beruflichen Tätigkeit (zB Prostitution) oder ihrer sexuellen Orientierung Diskriminierung fürchten (vgl. hierzu *Steffan/Netzelmann* in Albert/Wege, Soziale Arbeit und Prostitution. Professionelle Handlungsansätze in Theorie und Praxis, 2015, S. 99 (102); *Mylius/Frewer* Gesundheitswesen 2014, 440; *BBS,* § 19 Rn. 4).

Um bei sexuell übertragbaren Krankheiten eine Weiterverbreitung mög- 10 lichst effektiv zu verhindern, besteht ferner gem. § 19 Abs. 1 S. 4 die Möglichkeit, dass betroffene Personen im Einzelfall direkt durch eine Ärztin oder einen Arzt **ambulant behandelt** werden. Hierbei handelt es sich allerdings lediglich um ein Angebot, verpflichtend kann weder eine Beratung noch eine Behandlung betroffener Personen auf Grundlage von § 19 Abs. 1 angeordnet werden. Diese Möglichkeit der Behandlung soll auf die Fälle beschränkt werden, in denen betroffene Personen das bestehende ärztliche Versorgungsangebot nicht wahrnehmen und deshalb die Gefahr der Weiterverbreitung der betreffenden Infektionskrankheit besteht (vgl. BT-Drs. 14/2530, 71). Aufgrund der Sensibilität der Thematik können gem. § 19 Abs. 1 S. 5 Angebote bezüglich sexuell übertragbarer Krankheiten zudem auch **anonym** in Anspruch genommen werden, soweit hierdurch die Geltendmachung von Kostenerstattungsansprüchen nicht gefährdet wird. Im Einzelfall kann die anonyme Inanspruchnahme von Angeboten allerdings im Hinblick auf die gem. § 6 und § 7 bestehenden Meldepflichten problematisch sein. Da das IfSG diesen Konflikt nicht auflöst, wird eine Abwägung der widerstreitenden Interessen im Einzelfall erfolgen müssen (so auch *Zwanzinger* in BeckOK InfSchR § 19 Rn. 12.1; zur Frage der Grenzen der Anonymität ausf. *BBS*, § 19 Rn. 5 ff.).

11   Soweit im Falle der Beratung und Untersuchung gem. § 19 Abs. 1 Daten für Abrechnungszwecke erhoben werden, dürfen sie auch nur für diese Zwecke verwendet werden (BT-Drs. 14/2530, 71). Auch im Übrigen sind hinsichtlich der **Datenerhebung** und -verarbeitung die datenschutzrechtlichen Bestimmungen, insbesondere diejenigen der DSGVO, zu beachten.

12   Ebenfalls neu eingefügt wurde 2020 die Regelung in § 19 Abs. 1 S. 6, demgemäß die zuständigen Behörden mit den Maßnahmen nach S. 1–4 auch Dritte, insbesondere ÄrztInnen, beauftragen können. Dies entspricht der Regelung in § 20 Abs. 5 S. 2. Zu beachten ist in diesem Zusammenhang, dass die Feststellung oder Heilbehandlung sexuell übertragbarer Krankheiten gem. § 24 Abs. 1 S. 1 nur durch einen Arzt erfolgen darf. Darüber hinaus ist der Arztvorbehalt nach dem HeilprG zu beachten.

C. Kostentragung (Abs. 2)

13   § 19 Abs. 2 regelt die Frage der Kostentragung für Maßnahmen auf Grundlage des § 19 Abs. 1. Entsprechend § 19 Abs. 2 S. 1 sind diejenigen Kostenträger zur Tragung der Sachkosten von Maßnahmen gem. § 19 Abs. 1 verpflichtet, gegen welche die betroffene Person einen Anspruch auf Erbringung entsprechender Leistungen bzw. einen Anspruch auf Erstattung der Aufwendungen für entsprechende Leistungen hat.

14   Die Regelung der Kostentragung wurde dabei im Jahr 2019 durch das TSVG v. 6.5.2019 (BGBl. I 646) vollständig neu geregt (vgl. hierzu auch *Gerhardt*, § 19 Rn. 8 f.). Durch diese Neuregelung der Kostentragung sollte entsprechend der diesbezüglichen Begründung der Beschlussempfehlung zum einen klargestellt werden, dass **Kostenträger** bei einem grundsätzlichen Leistungsanspruch des Betroffenen auch dann zur Tragung der **Sachkosten** verpflichtet sind, wenn der ÖGD die betreffenden Aufgaben wahrnimmt, sowie zum anderen, dass die **betroffene Person selbst** in Zukunft nicht mehr zur Kostentragung verpflichtet sein soll (BT-Drs. 19/8351, 223). Der Betroffene ist daher − in Abweichung zur vorherigen Regelung − insbesondere nicht mehr verpflichtet, sein Unvermögen zu zahlen, nachzuweisen. Dies betrifft insbesondere nicht versicherte Personen, wie zT Obdachlose oder Personen ohne Aufenthaltsrecht.

Im Hinblick darauf, dass nunmehr gem. § 19 Abs. 1 S. 6 auch Dritte mit **15** Maßnahmen gem. § 19 Abs. 1 S. 1−4 beauftragt werden können, sind gem. § 19 Abs. 2 S. 2 auch in diesen Fällen andere Kostenträger zur Tragung der Kosten verpflichtet, soweit diese angemessen sind. Hierdurch soll vermieden werden, dass die Beauftragung Dritter zu **Finanzierungslücken** führt (BT-Drs. 19/18967, 61)

Die Regelung der Kostentragung in § 19 Abs. 2 betrifft allerdings nur die **16** Sachkosten und nicht die **Personalkosten.** Diese sind gem. **§ 69 Abs. 1 S. 1 Nr. 5** aus öffentlichen Mitteln zu bestreiten, soweit nicht ein anderer Kostenträger zur Kostentragung verpflichtet ist. Teilweise wird davon ausgegangen, dass § 19 Abs. 2 eine abschließende Regelung der Frage der Kostentragung durch andere Kostenträger darstellt und § 69 insoweit keine Anwendung findet (vgl. *Gerhardt,* § 19 Rn. 10). Dieser Auffassung kann allerdings nicht gefolgt werden, da Maßnahmen nach § 19 in § 69 Abs. 1 S. 1 Nr. 5 explizit genannt werden und diese Nennung von § 19 im Rahmen der redaktionellen Anpassung des § 69 durch das 2. BevSchG auch trotz der Anpassung des § 19 Abs. 2 explizit beibehalten wurde (vgl. BT-Drs. 19/18967, 61).

§ 20 **Schutzimpfungen und andere Maßnahmen der spezifischen Prophylaxe**

(1) ¹**Die Bundeszentrale für gesundheitliche Aufklärung, die obersten Landesgesundheitsbehörden und die von ihnen beauftragten Stellen sowie die Gesundheitsämter informieren die Bevölkerung zielgruppenspezifisch über die Bedeutung von Schutzimpfungen und andere Maßnahmen der spezifischen Prophylaxe übertragbarer Krankheiten. ²Bei der Information der Bevölkerung soll die vorhandene Evidenz zu bestehenden Impflücken berücksichtigt werden.**

(2) ¹**Beim Robert Koch-Institut wird eine Ständige Impfkommission eingerichtet. ²Die Kommission gibt sich eine Geschäftsordnung, die der Zustimmung des Bundesministeriums für Gesundheit bedarf. ³Die Kommission gibt Empfehlungen zur Durchführung von Schutzimpfungen und zur Durchführung anderer Maßnahmen der spezifischen Prophylaxe übertragbarer Krankheiten und entwickelt Kriterien zur Abgrenzung einer üblichen Impfreaktion und einer über das übliche Ausmaß einer Impfreaktion hinausgehenden gesundheitlichen Schädigung. ⁴Die Mitglieder der Kommission werden vom Bundesministerium für Gesundheit im Benehmen mit den obersten Landesgesundheitsbehörden berufen. ⁵Vertreter des Bundesministeriums für Gesundheit, der obersten Landesgesundheitsbehörden, des Robert Koch-Institutes und des Paul-Ehrlich-Institutes nehmen mit beratender Stimme an den Sitzungen teil. ⁶Weitere Vertreter von Bundesbehörden können daran teilnehmen. ⁷Die Empfehlungen der Kom-**

mission werden von dem Robert Koch-Institut den obersten Landesgesundheitsbehörden übermittelt und anschließend veröffentlicht.

(2a) [1]Empfehlungen der Ständigen Impfkommission zur Durchführung von Schutzimpfungen gegen das Coronavirus SARS-CoV-2
haben sich insbesondere an folgenden Impfzielen auszurichten:
1. Reduktion schwerer oder tödlicher Krankheitsverläufe,
2. Unterbindung einer Transmission des Coronavirus SARS-CoV-2,
3. Schutz von Personen, mit besonders hohem Risiko für einen
   schweren oder tödlichen Krankheitsverlauf,
4. Schutz von Personen mit besonders hohem behinderungs-, tätig-
   keits- oder aufenthaltsbedingtem Infektionsrisiko,
5. Aufrechterhaltung zentraler staatlicher Funktionen, von Kritischen
   Infrastrukturen, von zentralen Bereichen der Daseinsvorsorge und
   des öffentlichen Lebens.

[2]Die auf Grund des § 5 Absatz 2 Satz 1 Nummer 4 Buchstabe f sowie
des § 20i Absatz 3 Satz 2 Nummer 1 Buchstabe a, auch in Verbindung
mit Nummer 2, des Fünften Buches Sozialgesetzbuch erlassenen
Rechtsverordnungen haben sich an den in Satz 1 genannten Impfzielen im Fall beschränkter Verfügbarkeit von Impfstoffen bei notwendigen Priorisierungen auszurichten.

(3) Die obersten Landesgesundheitsbehörden sollen öffentliche
Empfehlungen für Schutzimpfungen oder andere Maßnahmen der
spezifischen Prophylaxe auf der Grundlage der jeweiligen Empfehlungen der Ständigen Impfkommission aussprechen.

(4) [1]Zur Durchführung von Schutzimpfungen ist jeder Arzt berechtigt. [2]Fachärzte dürfen Schutzimpfungen unabhängig von den
Grenzen der Ausübung ihrer fachärztlichen Tätigkeit durchführen.
[3]Die Berechtigung zur Durchführung von Schutzimpfungen nach anderen bundesrechtlichen Vorschriften bleibt unberührt.

(5) [1]Die obersten Landesgesundheitsbehörden können bestimmen,
dass die Gesundheitsämter unentgeltlich Schutzimpfungen oder andere Maßnahmen der spezifischen Prophylaxe gegen bestimmte übertragbare Krankheiten durchführen. [2]Die zuständigen Behörden können
mit den Maßnahmen nach Satz 1 Dritte beauftragen. [3]Soweit die von
der Maßnahme betroffene Person gegen einen anderen Kostenträger
einen Anspruch auf entsprechende Leistungen hat oder einen Anspruch
auf Erstattung der Aufwendungen für entsprechende Leistungen hätte,
ist dieser zur Tragung der Sachkosten verpflichtet. [4]Wenn Dritte nach
Satz 2 beauftragt wurden, ist der andere Kostenträger auch zur Tragung
dieser Kosten verpflichtet, soweit diese angemessen sind.

(6) [1]Das Bundesministerium für Gesundheit wird ermächtigt, durch
Rechtsverordnung mit Zustimmung des Bundesrates anzuordnen,
dass bedrohte Teile der Bevölkerung an Schutzimpfungen oder anderen Maßnahmen der spezifischen Prophylaxe teilzunehmen haben,
wenn eine übertragbare Krankheit mit klinisch schweren Verlaufsformen auftritt und mit ihrer epidemischen Verbreitung zu rechnen ist.

²Personen, die auf Grund einer medizinischen Kontraindikation nicht an Schutzimpfungen oder an anderen Maßnahmen der spezifischen Prophylaxe teilnehmen können, können durch Rechtsverordnung nach Satz 1 nicht zu einer Teilnahme an Schutzimpfungen oder an anderen Maßnahmen der spezifischen Prophylaxe verpflichtet werden. ³§ 15 Abs. 2 gilt entsprechend.

(7) ¹Solange das Bundesministerium für Gesundheit von der Ermächtigung nach Absatz 6 keinen Gebrauch macht, sind die Landesregierungen zum Erlass einer Rechtsverordnung nach Absatz 6 ermächtigt. ²Die Landesregierungen können die Ermächtigung durch Rechtsverordnung auf die obersten Landesgesundheitsbehörden übertragen.

(8) ¹Folgende Personen, die nach dem 31. Dezember 1970 geboren sind, müssen entweder einen nach den Maßgaben von Satz 2 ausreichenden Impfschutz gegen Masern oder ab der Vollendung des ersten Lebensjahres eine Immunität gegen Masern aufweisen:

1. Personen, die in einer Gemeinschaftseinrichtung nach § 33 Nummer 1 bis 3 betreut werden,
2. Personen, die bereits vier Wochen
    a) in einer Gemeinschaftseinrichtung nach § 33 Nummer 4 betreut werden oder
    b) in einer Einrichtung nach § 36 Absatz 1 Nummer 4 untergebracht sind, und
3. Personen, die in Einrichtungen nach § 23 Absatz 3 Satz 1, § 33 Nummer 1 bis 4 oder § 36 Absatz 1 Nummer 4 tätig sind.

²Ein ausreichender Impfschutz gegen Masern besteht, wenn ab der Vollendung des ersten Lebensjahres mindestens eine Schutzimpfung und ab der Vollendung des zweiten Lebensjahres mindestens zwei Schutzimpfungen gegen Masern bei der betroffenen Person durchgeführt wurden. ³Satz 1 gilt auch, wenn zur Erlangung von Impfschutz gegen Masern ausschließlich Kombinationsimpfstoffe zur Verfügung stehen, die auch Impfstoffkomponenten gegen andere Krankheiten enthalten. ⁴Satz 1 gilt nicht für Personen, die auf Grund einer medizinischen Kontraindikation nicht geimpft werden können.

(9) ¹Personen, die in Gemeinschaftseinrichtungen nach § 33 Nummer 1 bis 3 betreut oder in Einrichtungen nach § 23 Absatz 3 Satz 1, § 33 Nummer 1 bis 4 oder § 36 Absatz 1 Nummer 4 tätig werden sollen, haben der Leitung der jeweiligen Einrichtung vor Beginn ihrer Betreuung oder ihrer Tätigkeit folgenden Nachweis vorzulegen:

1. eine Impfdokumentation nach § 22 Absatz 1 und 2 oder ein ärztliches Zeugnis, auch in Form einer Dokumentation nach § 26 Absatz 2 Satz 4 des Fünften Buches Sozialgesetzbuch, darüber, dass bei ihnen ein nach den Maßgaben von Absatz 8 Satz 2 ausreichender Impfschutz gegen Masern besteht,
2. ein ärztliches Zeugnis darüber, dass bei ihnen eine Immunität gegen Masern vorliegt oder sie aufgrund einer medizinischen Kontraindikation nicht geimpft werden können oder

3. eine Bestätigung einer staatlichen Stelle oder der Leitung einer anderen in Absatz 8 Satz 1 genannten Einrichtung darüber, dass ein Nachweis nach Nummer 1 oder Nummer 2 bereits vorgelegen hat.

[2]Die oberste Landesgesundheitsbehörde oder die von ihr bestimmte Stelle kann bestimmen, dass der Nachweis nach Satz 1 nicht der Leitung der jeweiligen Einrichtung, sondern dem Gesundheitsamt oder einer anderen staatlichen Stelle gegenüber zu erbringen ist. [3]Die Behörde, die für die Erteilung der Erlaubnis nach § 43 Absatz 1 des Achten Buches Sozialgesetzbuch zuständig ist, kann bestimmen, dass vor dem Beginn der Tätigkeit im Rahmen der Kindertagespflege der Nachweis nach Satz 1 ihr gegenüber zu erbringen ist. [4]Wenn der Nachweis nach Satz 1 von einer Person, die aufgrund einer nach Satz 8 zugelassenen Ausnahme oder nach Satz 9 in Gemeinschaftseinrichtungen nach § 33 Nummer 1 bis 3 betreut oder in Einrichtungen nach § 23 Absatz 3 Satz 1, § 33 Nummer 1 bis 4 oder § 36 Absatz 1 Nummer 4 beschäftigt oder tätig werden darf, nicht vorgelegt wird oder wenn sich ergibt, dass ein Impfschutz gegen Masern erst zu einem späteren Zeitpunkt möglich ist oder vervollständigt werden kann, hat
1. die Leitung der jeweiligen Einrichtung oder
2. die andere Stelle nach Satz 2 oder Satz 3

unverzüglich das Gesundheitsamt, in dessen Bezirk sich die Einrichtung befindet, darüber zu benachrichtigen und dem Gesundheitsamt personenbezogene Angaben zu übermitteln. [5]Eine Benachrichtigungspflicht besteht nicht, wenn der Leitung der jeweiligen Einrichtung oder der anderen Stelle nach Satz 2 oder Satz 3 bekannt ist, dass das Gesundheitsamt über den Fall bereits informiert ist. [6]Eine Person, die ab der Vollendung des ersten Lebensjahres keinen Nachweis nach Satz 1 vorlegt, darf nicht in Gemeinschaftseinrichtungen nach § 33 Nummer 1 bis 3 betreut oder in Einrichtungen nach § 23 Absatz 3 Satz 1, § 33 Nummer 1 bis 4 oder § 36 Absatz 1 Nummer 4 beschäftigt werden. [7]Eine Person, die über keinen Nachweis nach Satz 1 verfügt oder diesen nicht vorlegt, darf in Einrichtungen nach § 23 Absatz 3 Satz 1, § 33 Nummer 1 bis 4 oder § 36 Absatz 1 Nummer 4 nicht tätig werden. [8]Die oberste Landesgesundheitsbehörde oder die von ihr bestimmte Stelle kann allgemeine Ausnahmen von den Sätzen 6 und 7 zulassen, wenn das Paul-Ehrlich-Institut auf seiner Internetseite einen Lieferengpass zu allen Impfstoffen mit einer Masernkomponente, die für das Inverkehrbringen in Deutschland zugelassen oder genehmigt sind, bekannt gemacht hat; parallel importierte und parallel vertriebene Impfstoffe mit einer Masernkomponente bleiben unberücksichtigt. [9]Eine Person, die einer gesetzlichen Schulpflicht unterliegt, darf in Abweichung von Satz 6 in Gemeinschaftseinrichtungen nach § 33 Nummer 3 betreut werden.

(10) [1]Personen, die am 1. März 2020 bereits in Gemeinschaftseinrichtungen nach § 33 Nummer 1 bis 3 betreut werden oder in Einrichtungen nach § 23 Absatz 3 Satz 1, § 33 Nummer 1 bis 4 oder § 36

Absatz 1 Nummer 4 tätig sind, haben der Leitung der jeweiligen Einrichtung einen Nachweis nach Absatz 9 Satz 1 bis zum Ablauf des 31. Dezember 2021 vorzulegen. [2]Absatz 9 Satz 2 bis 5 findet mit der Maßgabe entsprechende Anwendung, dass eine Benachrichtigung des zuständigen Gesundheitsamtes und eine Übermittlung personenbezogener Angaben immer zu erfolgen hat, wenn der Nachweis nach Absatz 9 Satz 1 nicht bis zum Ablauf des 31. Dezember 2021 vorgelegt wird.

(11) [1]Personen, die bereits vier Wochen in Gemeinschaftseinrichtungen nach § 33 Nummer 4 betreut werden oder in Einrichtungen nach § 36 Absatz 1 Nummer 4 untergebracht sind, haben der Leitung der jeweiligen Einrichtung einen Nachweis nach Absatz 9 Satz 1 wie folgt vorzulegen:

1. innerhalb von vier weiteren Wochen oder,
2. wenn sie am 1. März 2020 bereits betreut werden oder untergebracht sind, bis zum Ablauf des 31. Dezember 2021.

[2]Absatz 9 Satz 2, 4 und 5 findet mit der Maßgabe entsprechende Anwendung, dass eine Benachrichtigung des zuständigen Gesundheitsamtes und eine Übermittlung personenbezogener Angaben immer zu erfolgen hat, wenn der Nachweis nach Absatz 9 Satz 1 nicht bis zu dem in Satz 1 Nummer 1 oder Nummer 2 genannten Zeitpunkt vorgelegt wird.

(12) [1]Folgende Personen haben dem Gesundheitsamt, in dessen Bezirk sich die jeweilige Einrichtung befindet, auf Anforderung einen Nachweis nach Absatz 9 Satz 1 vorzulegen:

1. Personen, die in Gemeinschaftseinrichtungen nach § 33 Nummer 1 bis 3 betreut werden,
2. Personen, die bereits acht Wochen
   a) in Gemeinschaftseinrichtungen nach § 33 Nummer 4 betreut werden oder
   b) in Einrichtungen nach § 36 Absatz 1 Nummer 4 untergebracht sind und
3. Personen, die in Einrichtungen nach § 23 Absatz 3 Satz 1, § 33 Nummer 1 bis 4 oder § 36 Absatz 1 Nummer 4 tätig sind.

[2]Wenn der Nachweis nach Absatz 9 Satz 1 nicht innerhalb einer angemessenen Frist vorgelegt wird oder sich aus dem Nachweis ergibt, dass ein Impfschutz gegen Masern erst zu einem späteren Zeitpunkt möglich ist oder vervollständigt werden kann, kann das Gesundheitsamt die zur Vorlage des Nachweises verpflichtete Person zu einer Beratung laden und hat diese zu einer Vervollständigung des Impfschutzes gegen Masern aufzufordern. [3]Das Gesundheitsamt kann einer Person, die trotz der Anforderung nach Satz 1 keinen Nachweis innerhalb einer angemessenen Frist vorlegt, untersagen, dass sie die dem Betrieb einer in Absatz 8 Satz 1 genannten Einrichtung dienenden Räume betritt oder in einer solchen Einrichtung tätig wird. [4]Einer Person, die einer gesetzlichen Schulpflicht unterliegt, kann in Abweichung von Satz 3 nicht untersagt werden, die dem Betrieb einer Ein-

richtung nach § 33 Nummer 3 dienenden Räume zu betreten. [5]Einer Person, die einer gesetzlichen Unterbringungspflicht unterliegt, kann in Abweichung von Satz 3 nicht untersagt werden, die dem Betrieb einer Gemeinschaftseinrichtung nach § 33 Nummer 4 oder einer Einrichtung nach § 36 Absatz 1 Nummer 4 dienenden Räume zu betreten. [6]Widerspruch und Anfechtungsklage gegen ein vom Gesundheitsamt nach Satz 3 erteiltes Verbot haben keine aufschiebende Wirkung.

(13) [1]Wenn eine nach den Absätzen 9 bis 12 verpflichtete Person minderjährig ist, so hat derjenige für die Einhaltung der diese Person nach den Absätzen 9 bis 12 treffenden Verpflichtungen zu sorgen, dem die Sorge für diese Person zusteht. [2]Die gleiche Verpflichtung trifft den Betreuer einer von Verpflichtungen nach den Absätzen 9 bis 12 betroffenen Person, soweit die Erfüllung dieser Verpflichtungen zu seinem Aufgabenkreis gehört.

(14) Durch die Absätze 6 bis 12 wird das Grundrecht der körperlichen Unversehrtheit (Artikel 2 Absatz 2 Satz 1 des Grundgesetzes) eingeschränkt.

Übersicht

Schrifttum: *Amhaouach/Kießling,* Die Steigerung der Masernimpfraten von Kindern, MedR 2019, 853; *Deutscher Ethikrat,* Impfen als Pflicht? Stellungnahme vom 27.6.2019; *Gassner,* Impfzwang und Verfassung, LTO v. 10.7.2013; *Gebhard,* Impfpflicht vs. Grundrechtliche Freiheit, JuWissBlog v. 5.3.2019; *dies.,* Medizinisch-wissenschaftliche Fakten im Rechtsgewand, JuWissBlog v. 26.5.2020; *Grüner,* Biologische Katastrophen, 2017; *Harder et al.,* Die neue Standardvorgehensweise der Ständigen Impfkommission, BGesBl 2019, 392; *Höfling,* Vom präventiven Selbst zum immunisierten Volkskörper?, JZ 2019, 776; *Höfling/Stöckle,* Elternrecht, Kindeswohl und staatliche Impfverantwortung, RdJB 2018, 284; *Kersten/Rixen,* Der Verfassungsstaat in der Corona-Krise, 2020; *Leisner-Egensperger,* Impfpriorisierung und Verfassungsrecht, NJW 2021, 202; *Rixen,* Verfassungsfragen der Masernimpfpflicht, 2019; *ders.,* Die Impfpflicht nach dem Masernschutzgesetz, NJW 2020, 647; *Samhat,* Gesundheitsgerechtes Verhalten, 2019; *Schaade et al.,* Impfempfehlungen der Ständigen Impfkommission, BGesBl 2020, 1006; *Schaks,* Die Pflicht zur Verwendung von Kombinationsimpfstoffen, MedR 2020, 201; *Schaks/Krahnert,* Die Einführung einer Impfpflicht zur Bekämpfung der Masern, MedR 2015, 860; *Trapp,* Impfzwang, DVBl. 2015, 11; *Wolff,* Priorisierung in der Pandemie, DVBl. 2020, 1379; *Zuck,* Gesetzlicher Masern-Impfzwang, ZRP 2017, 118.

A. Zweck und Bedeutung der Norm

1   Schutzimpfungen sind in § 2 Nr. 9 als Gabe eines Impfstoffs mit Ziel des Schutzes vor einer übertragbaren Krankheit legaldefiniert und werden auch als aktive Immunisierung bezeichnet. Sie haben sich als **klassisches Mittel zur Verhütung von Infektionskrankheiten** bewährt und führten in den letzten Jahrhunderten zur Eindämmung vieler lebensbedrohlicher Infektionskrankheiten (→ Einf. Rn. 8). Durch ihre Wirkung der Erzeugung einer Immunabwehr, die im Wege einer Versetzung des Organismus mit einem körperfremden Wirkstoff erreicht wird, stellt die Impfung in grundrechtlicher Hinsicht jedoch eine Beeinträchtigung der körperlichen Unversehrtheit dar. Sie bedarf deshalb grundsätzlich einer Einwilligung, die eine ausreichende Aufklärung sowohl über die Risiken einer Impfung als auch einer Nichtimpfung voraussetzt (*Erdle*, Allg zu §§ 20 bis 22, S. 73 f.). Gleichzeitig ist ihre Wirkung geeignet, andere Personen vor einer Ansteckung und somit vor einer Grundrechtsbeeinträchtigung zu schützen, weshalb sich impfbezogene Regelungen stets in einem **grundrechtlichen Spannungsdreieck** aus staatlicher Schutzpflicht für das Grundrecht auf Leben und körperliche Unversehrtheit (*Schaks* in Kluckert, § 14 Rn. 4) und Eingriff bewegen.

2   § 20 stellt im Infektionsschutzrecht die **zentrale Norm** zur Regelung von Schutzimpfungen dar und enthält eine Reihe von Regelungsgehalten. Darin kommt auch das grundlegende Bekenntnis des Gesetzgebers zur Wirksamkeit und zum Nutzen von Schutzimpfungen zum Ausdruck (BT-Drs. 14/2530, 71). Neben der Aufgabenverteilung zwischen den Akteuren der Gesundheitsverwaltung, insbes. dem RKI und der STIKO, regelt die Norm die Information der Bevölkerung über Schutzimpfungen, einen Teil der Kostentragung für Schutzimpfungen sowie die ausdrückliche Berechtigung von Ärzten, Impfungen durchzuführen. Von höchster grundrechtlicher Relevanz sind die Ermächtigung zu einer **gefahrenabwehrrechtlichen RVO** (→ Rn. 24 ff.) sowie die seit 1.3.2020 geltende **Masernimpfpflicht** für bestimmte Personengruppen (→ Rn. 36 ff.).

B. Normhistorie

3   Die Vorgängernorm des § 14 BSeuchG war mit vier Abs. deutlich kürzer gefasst als die heutige Vorschrift und regelte lediglich die heute in den Abs. 6, 7 zu findende Verordnungsermächtigung, die Empfehlung und die Kostentragung jeweils durch die obersten Landesgesundheitsbehörden. Durch die Einführung des IfSG im Jahr 2001 ist die Anzahl der Absätze des § 20 auf sieben angewachsen, die sich durch die Einführung des G v. 10.2.2020 (BGBl. I 148) noch einmal verdoppelt hat, was die zunehmende **Regelungsrelevanz und -notwendigkeit** impfspezifischer Fragestellungen sowie die Bedeutung von Schutzimpfungen für den Infektionsschutz verdeutlicht. Die Dramaturgie der Norm war bisher mit dem Höhepunkt der Verordnungsermächtigung für eine durch die Exekutive zu erlassende Impfpflicht klar gefahrenabwehrrechtlich ausgerichtet, in den Absätzen 8–13 ist nunmehr die Regelung der umstrittenen Masernimpfpflicht (→ Rn. 36 ff.) als Maßnahme der generellen Prophylaxe zu finden.

C. Information und Aufgabenverteilung (Abs. 1)

I. S. 1

Die Information über die Bedeutung von Schutzimpfungen und anderen **4** Maßnahmen der spezifischen Prophylaxe ist eine **Präzisierung der in § 3 geregelten öffentlichen Aufgabe** (*BBS*, § 20 Rn. 7; → § 3 Rn. 2 f.), die für den Bereich der Schutzimpfungen der BZgA, den darüber hinaus mit weiteren spezifischen Aufgaben betrauten obersten Landesgesundheitsbehörden (→ Abs. 3) und den von diesen beauftragten Stellen sowie den Gesundheitsämtern zufällt. Unter „anderen Maßnahmen der spezifischen Prophylaxe" wird gem. § 2 Nr. 10 die Gabe von Antikörpern verstanden (passive Immunisierung), die bei der aktiven Immunisierung durch den Körper erst gebildet werden (*Mers*, S. 136). Die passive Immunisierung führt sofort zu einer Immunität, die jedoch nur wenige Wochen anhält. Die **Zielgruppenspezifik der Information** ist erst durch das G v 10. 2. 2020 implementiert worden und verdeutlicht das Bewusstsein des Gesetzgebers für die Bedeutung einer auf den potenziellen Impfling zugeschnittenen Information, da die epidemiologisch-gesellschaftliche Relevanz von Schutzimpfungen je nach Zielkrankheit variiert. Durch den Abbau von Unsicherheiten in Bezug auf Impfungen sollen die nicht in jeder Bevölkerungsgruppe gleichermaßen vorhandenen Impflücken verringert werden (BT-Drs. 19/13452, 25). Diese Information ist notwendig, weil Impfungen mit Ausnahme der Masernimpfung für bestimmte Personengruppen (→ Abs. 8 ff.) auf freiwilliger Basis erfolgen und die Impfentscheidung daher eine vom Vertrauen beeinflusste Individualentscheidung ist (*Pflug*, S. 221). Eine demgegenüber noch spezifischere Informationsregelung besteht in § 34 Abs. 10 für Gemeinschaftseinrichtungen (*Aligbe* in BeckOK InfSchR § 20 Rn. 12).

II. S. 2

S. 2 ist durch das G v. 10. 2. 2020 neu hinzugekommen. In der Bezugnahme **5** auf die vorhandene Evidenz zu bestehenden Impflücken, die auch S. 1 bereits aufgreift, liegt die Betonung der Bedeutung von Schutzimpfungen für die Herstellung einer **Herdenimmunität,** die durch einen möglichst lückenlosen krankheitsspezifischen Impfschutz der Bevölkerung erreicht werden kann (BT-Drs. 19/13452, 25) und die zur Elimination und Eradikation von Infektionskrankheiten nach den Zielen der WHO beiträgt.

D. Die Ständige Impfkommission (Abs. 2)

I. S. 1 (Rechtsnatur)

Die STIKO ist ein im Jahr 1972 gegründetes und beim RKI angesiedeltes **6** Sachverständigengremium mit 12−18 Mitgliedern (*Erdle*, § 20, S. 81), dessen

Bestand durch das Inkrafttreten des IfSG 2001 gesetzlich geregelt wurde. Der Wortlaut verdeutlicht, dass die STIKO zwar organisatorisch „beim" RKI angesiedelt, darüber hinaus aber als Hort „externer Expertise" (*Pflug*, S. 149) unabhängig ist (*BBS*, § 20 Rn. 8; *Gerhardt*, § 20 Rn. 4; *v. Steinau-Steinrück*, S. 179; *Aligbe* in BeckOK InfSchR § 20 Rn. 18). Das Gremium „STIKO" ist eine demokratisch legitime Form der institutionell abgesicherten Einbeziehung **externen Sachverstands** (*Pflug*, S. 166).

7   Anders als das RKI ist die STIKO mangels Benennung als solcher im IfSG als Errichtungsgesetz gerade selbst **keine selbstständige Bundesoberbehörde** (BT-Drs. 14/2530, 71 f.; *Klafki*, Risiko, S. 315, dort Fn. 1753; aA *Pflug*, S. 150; *Schmidt am Busch*, Die Gesundheitssicherung im Mehrebenensystem, 2007, S. 58) und nicht der Rechts- und Fachaufsicht des BMG unterstellt. Das RKI hat jedoch neben seiner Funktion einer „Geschäftsstelle" für die STIKO die allgemeine Rechtsaufsicht darüber, dass die STIKO die gesetzlichen Rahmenbedingungen einhält (*BBS*, § 20 Rn. 8).

II. S. 4 (Einrichtung)

8   Die Kommissionsmitglieder werden vom BMG im Benehmen mit den obersten Landesgesundheitsbehörden berufen und sollen eine **ausgewogene Zusammensetzung von Experten aus verschiedenen Bereichen** darstellen (*BBS*, § 20 Rn. 13). Die Mitwirkung der obersten Landesgesundheitsbehörden im Wege des „Benehmens" bedeutet wie bei der „Beteiligung" iSd § 4 Abs. 1 (→ § 4 Rn. 10) lediglich, dass diesen vor der Berufung eines Kommissionsmitglieds die Gelegenheit zur Stellungnahme gegeben wird, ohne dass hiervon eine Bindungswirkung für das Bundesministerium ausginge (*BBS*, § 20 Rn. 13), gleichwohl soll die Berufung in einem „breiten fachlichen Konsens" erfolgen (BT-Drs. 14/2530, 72).

9   Die Mitgliedschaft in der STIKO ist ein **persönliches Ehrenamt,** aufgrund der Rechtsnatur der STIKO (→ Rn. 6, 7) sind ihre Mitglieder nicht zugleich Mitglieder des RKI (*Klafki*, Risiko, S. 315, dort Fn. 1753), sondern Privatpersonen aus den Bereichen der medizinischen Wissenschaft, der Gesundheitsverwaltung, der niedergelassenen Ärzteschaft und den Krankenkassen. Sowohl bei der Berufung als auch bei der Arbeit der Kommission gelten die Grundsätze der §§ 20, 21 VwVfG (BT-Drs. 14/2530, 72), um Interessenskollisionen der Mitglieder zu verhindern. Ihre **fachliche Neutralität** belegen die Mitglieder vor ihrer Berufung im Wege der Selbstauskunft, bei der zB Inhaberschaften von Patenten an Impfstoffen, die Erstellung von Gutachten oder Durchführung von Studien im Auftrag impfstoffherstellender Unternehmen offengelegt werden müssen (*Harder et al.* BGesBl 2019, 392), darüber hinaus prüft das RKI vor jeder Sitzung der STIKO erneut, ob ein Mitglied an der Sitzung oder einzelnen Beratungspunkten mitwirken darf (*Harder et al.* BGesBl 2019, 392).

III. S. 2, 3, 5–7 (Arbeitsweise und Empfehlungen)

10   **1. S. 2, 3.** Die Erarbeitung von Empfehlungen zur Durchführung von Schutzimpfungen ist die **Hauptaufgabe der STIKO** (*BBS*, § 20 Rn. 9). Dabei enthält das IfSG selbst keine Vorgaben für die Erstellung (*BBS*, § 20 Rn. 9),

was die fachliche und institutionelle Unabhängigkeit des Expertengremiums betont (→ Rn. 6). Die Kommission soll jedoch unabhängig, unvoreingenommen und (wettbewerbs-)neutral agieren (*BBS*, § 20 Rn. 12). In der Geschäftsordnung, die sich die STIKO gem. S. 2 selbst gibt, die aber der Zustimmung des BMG iSe ausdrücklichen Einverständnisses bedarf (*Aligbe* in BeckOK InfSchR § 20 Rn. 19), sollen die **Grundsätze der §§ 20, 21 VwVfG** Berücksichtigung finden (*BBS*, § 20 Rn. 15; *Gerhardt*, § 20 Rn. 8), was derzeit durch umfangreiche Befangenheitstatbestände in § 7 der GO gewährleistet ist (*Pflug*, S. 170).

Der Begriff „Empfehlung" ist weit zu verstehen, umfasst sind auch die Erstellung eines Impfkalenders für Grund- und Auffrischimpfungen sowie Vorschläge zum effektiven Einsatz der Impfstoffe (*BBS*, § 20 Rn. 9). „Durchführung" meint die sachlichen und zeitlichen Modalitäten der Schutzimpfungen aus medizinisch-naturwissenschaftlicher Sicht (*Rixen* in Huster/Kingreen Hdb. InfSchR Kap. 5 Rn. 13). Obgleich Schutzimpfungen der Normüberschrift nach Maßnahmen der „spezifischen Prophylaxe" sind, bezwecken sie gerade auch die Ausrottung der Zielkrankheiten und haben damit generalpräventiven Charakter (*Pflug*, S. 152). Impfempfehlungen gegen bestimmte Krankheiten können nur ausgesprochen werden, wenn ein bereits durch das Paul-Ehrlich-Institut (PEI) **zugelassener Impfstoff** vorhanden ist (*Schaade et al.* BGesBl 2009, 1006 (1007)). Gemäß § 20i Abs. 1 S. 3, 4 SGB V sind die Empfehlungen die Grundlage für die Richtlinie des Gemeinsamen Bundesausschusses (G-BA) nach § 92 SGB V über den Umfang des **GKV-Leistungskatalogs.** Kommt es zu einer Änderung der Empfehlungen, ist der G-BA gem. § 20i Abs. 1 S. 5 SGB V iVm § 13 der SI-RL des G-BA zur Aktualisierung der Richtlinie binnen zwei Monaten verpflichtet. Es würde aber der Unabhängigkeit der STIKO widersprechen, wenn der G-BA bereits vor einer Änderung der Empfehlungen der STIKO angehört werden müsste (tendenziell *Aligbe* in BeckOK InfSchR § 20 Rn. 60; vgl. aber *Rixen* in Huster/Kingreen Hdb. InfSchR Kap. 5 Rn. 110). Nach erfolglosem Ablauf dieser Frist gelten die Empfehlungen der STIKO gem. § 20i Abs. 1 S. 6 SGB V bis zum Vorliegen einer aktualisierten Richtlinie unmittelbar auch ohne richtlinienförmige Umsetzung. Die Empfehlungen entfalten als **medizinischer Standard** (BGH NJW 2000, 1784; *Rixen* in Huster/Kingreen Hdb. InfSchR Kap. 5 Rn. 10) zudem eine Bindungswirkung dergestalt, dass eine Abweichung von den Empfehlungen einer gesonderten Begründung bedarf. Eine Priorisierung bei Impfstoffknappheit darf die STIKO aber aufgrund des Parlamentsvorbehalts für wesentliche Grundrechtsentscheidungen, zu denen deren „Zuteilung von Überlebenschancen" zählt, nicht auf Basis des Abs. 2 S. 3 selbst festlegen (→ Rn. 15a ff.; sehr ausf. *Rixen* in Huster/Kingreen Hdb. InfSchR Kap. 5 Rn. 14–19). **11**

Die STIKO entwickelt die Empfehlungen, die sie jährlich aktualisiert, systematisch anhand der **Standardvorgehensweise SOP,** Version 3.1 v. 14.11.2018 (abrufbar unter www.rki.de). Dabei handelt es sich um eine **Abwägung von Risiken und Nutzen** für das Individuum und die Gesamtbevölkerung nach dem aktuellen Stand der medizinischen und epidemiologischen Wissenschaft (BT-Drs. 16/3100, 100). Die SOP enthalten einen sechsschrittigen, gestuften Fragenkatalog, bestehend aus (1) der Relevanz einer entspre- **12** chenden Empfehlung, (2) der Epidemiologie eines Erregers, (3) der medizinisch-epidemiologischen Krankheitslast der Zielkrankheit, (4) der Wirksamkeit und Sicherheit des Impfstoffs, (5) der Impfstrategie einschließlich der zu erreichenden Impfziele und (6) den zur Implementierung der Empfehlung notwendigen Schritten, an die sich eine abschließende Gesamtbewertung anschließt (ausf. *Harder et al.* BGesBl 2019, 392 (393)). Mit der Anwendung der SOP wird die höchstgerichtlich (BSGE 95, 66 (69)) gesetzte Anforderung erfüllt, die gesamte epidemiologische Lage in den Blick zu nehmen.

13   Da die Empfehlungen dem medizinischen und somit dem arzthaftungsrechtlich relevanten Standard gem. § 630a Abs. 2 BGB entsprechen, haftet ein Arzt grundsätzlich für Schäden, sofern er sich nicht an diese Empfehlungen hält (*Schaks* in Kluckert, § 14 Rn. 13). Die Empfehlung selbst ersetzt zudem die **ärztliche Aufklärung** vor der Impfung nicht (*v. Steinau-Steinrück*, S. 180). Neben den Impfempfehlungen erarbeitet die STIKO Kriterien zur Abgrenzung von üblichen Impfreaktionen zu darüber hinausgehenden gesundheitlichen Schädigungen (dazu *RKI* EpidBull Nr. 34/2019, 337), die nach der Legaldefinition des § 2 Nr. 11 einen nach §§ 60ff. entschädigungsrelevanten Impfschaden darstellen (*Gerhardt*, § 20 Rn. 7). Darüber hinaus entwickelt die STIKO auch Empfehlungen für Maßnahmen der spezifischen Prophylaxe (→ Rn. 4), bei denen es sich häufig um postexpositionelle Impfungen zur Eindämmung der Weiterverbreitung nach Erregerkontakt handelt (*Aligbe* in BeckOK InfSchR § 20 Rn. 26).

14   **2. S. 5, 6.** An den Sitzungen der STIKO nehmen gem. S. 5 Vertreter des BMG, der obersten Landesgesundheitsbehörden, des RKI und des PEI obligatorisch, jedoch mit **lediglich beratender Stimme** teil. Gem. S. 6 können Vertreter (weiterer) Bundesbehörden teilnehmen; trotz fehlender ausdrücklicher Regelung der Art ihrer Beteiligung liegt es nahe, dass auch hier allenfalls eine Teilnahme mit beratender Stimme in Betracht kommt, wodurch die Unabhängigkeit der Entscheidungsfindung der STIKO betont wird. § 5 Abs. 3 S. 2 der GO-STIKO sieht darüber hinaus die Möglichkeit der Teilnahme von Mitgliedern der Geschäftsstelle des G-BA vor.

15   **3. S. 7.** Die Empfehlungen werden vom RKI unabhängig von dessen inhaltlicher Zustimmung **veröffentlicht** (*BBS*, § 20 Rn. 11), es besteht aber Gelegenheit zur Stellungnahme (BT-Drs. 14/2530, 72; *Gerhardt*, § 20 Rn. 6). Die zwingende Übermittlung vor der Veröffentlichung der Empfehlungen an die obersten Landesgesundheitsbehörden ist notwendig, weil diese nach Abs. 3 anschließend die Grundlage der behördlichen Empfehlungen bilden.

E. Priorisierungsentscheidungen bei Schutzimpfungen gegen SARS-CoV-2 (Abs. 2a)

15a   Abs. 2a wurde im Zuge der **Bewältigung der Corona-Pandemie** durch das EpiLage-FortgeltungsG v. 29.3.2021 (BGBl. I 370) eingeführt. Die Regelung dient als Grundlage von Priorisierungsentscheidungen, die unter anderem in den **Corona-Impfverordnungen** des BMG zum Ausdruck kommen. Die Erforderlichkeit einer parlamentsgesetzlichen Grundlage von Priorisie-

rungsentscheidungen wurde im Vorfeld kontrovers diskutiert, da die priorisie-
renden Impfverordnungen bislang mit § 20i Abs. 3 SGB V und § 5 Abs. 2 S. 1
Nr. 4 IfSG auf unzureichende Ermächtigungsgrundlagen gestützt worden waren (für viele *Kießling* Ausschuss-Drs. 19(14)263(5), 5; *Leisner-Egensperger* NJW
2021, 202 (206)). Aufgrund der Wesentlichkeit der Regelungsmaterie, die
letztendlich über die **„Zuteilung von Überlebenschancen"** (*Rixen* in Hus-
ter/Kingreen Hdb. InfSchR Kap. 5 Rn. 16) entscheidet, ist ein **parlaments-
gesetzlicher Regelungsrahmen** für die Festlegung der Impffreihenfolge unerlässlich (*Kießling* Ausschuss-Drs. 19(14)263(5), 7; *Kingreen* Ausschuss-Drs. 19
(14)263(2), 8; *Klafki,* Verfassungsblog v. 22.9.2020; *Leisner-Egensperger* NJW
2021, 202 (203); *Wolff* DVBl. 2020, 1379 (1381)).

I. S. 1 (Orientierungen an Impfzielen)

1. Nr. 1, 3–5. Den Zielen, **schwere und tödliche Krankheitsverläufe** 15b
zu reduzieren (Nr. 1), besonders gefährdete oder exponierte **Personen zu
schützen** (Nr. 3, 4) sowie „systemrelevante" (BT-Drs. 19/27291, 26) Bereiche des öffentlichen Lebens aufrechtzuerhalten (Nr. 5), liegt die Überlegung
zugrunde, mit der Zuteilung von Impfstoff die größtmögliche Anzahl an
Menschenleben zu retten (*Wolff* DVBl. 2020, 1379 (1382); vgl. *Kraft/Dohmen*
PharmR 2008, 401 (404)). Das Ziel der anschließenden Impfstoffverteilung
anhand der Verteilungskriterien ist vor allem der Schutz derjenigen Personen,
die bei einer Infektion mit SARS-CoV-2 mit einem schweren oder tödlichen
Krankheitsverlauf zu rechnen haben, deren Lebensgrundrecht daher ohne eine
Impfung am ehesten bedroht ist (*Wolff* DVBl. 2020, 1379 (1384)), und solcher
Personen, die sich tätigkeitsbedingt hinsichtlich der Infektionsgefahr besonders
exponieren (zB medizinisches Personal, *Wolff* DVBl. 2020, 1379 (1384)) und
dadurch gerade zur Minimierung der Gefahren der Risikogruppen iSv Nr. 3,
4 sowie die **Aufrechterhaltung** der Funktion von Institutionen iSv Nr. 5 beitragen (so etwa Lehrkräfte und Betreuungspersonal). Auch der Schutz von
Personen, die aufgrund ihres Wohnumfeldes oder einer Behinderung einem
besonderen Expositionsrisiko ausgesetzt sind, stellt ein zu beachtendes Impfziel
dar (BT-Drs. 19/27291, 62). Hierunter fallen zB BewohnerInnen von Alten-
und Pflegeeinrichtungen und BewohnerInnen sowie Betreute von Einrichtungen für Menschen mit Beeinträchtigungen und Behinderungen (*RKI* Prävention und Management von COVID-19 in Alten- und Pflegeeinrichtungen, 26.2.2021, 4).

2. Nr. 2. Das Impfziel, eine **Übertragung des Coronavirus SARS-** 15c
CoV-2 zu unterbinden, erscheint angesichts der prinzipiellen Zielrichtung
von Impfungen, Erkrankungen und die Weiterverbreitung von Erregern zu
verhindern (→ § 2 Nr. 9), zunächst selbstverständlich. Es erklärt sich jedoch
mit der derzeit noch herrschenden Unsicherheit innerhalb der medizinischen
Wissenschaft, ob und in welchem Maße welcher Impfstoff gegen Covid-19
nicht nur die Erkrankung des Geimpften selbst, sondern auch die Übertragung
des Erregers verhindern kann (*RKI* EpidBull Nr. 5/2021, 6). Dieses Impfziel
gibt somit die verstärkte Berücksichtigung solcher Impfstoffe vor, die eine
Transmission verhindern. Gleichzeitig kann in dieses Impfziel auch die Vorgabe hineingelesen werden, priorisiert solche Personengruppen zu impfen,

die mit besonders vielen Menschen in Kontakt kommen. Darunter fallen etwa Lehrkräfte und Personal in Kindertagesstätten, deren vorrangige Berücksichtigung innerhalb der Impfreihenfolge jedoch ebenfalls von Impfziel Nr. 5 erfasst ist.

15d   **3. Bewertung.** Den festgelegten Impfzielen liege zwar eine sorgfältige Abwägung der betroffenen Individualrechtsgüter sowie der Belange des Schutzes der öffentlichen Gesundheit und des Allgemeinwohls zugrunde (BT-Drs. 19/26545, 17), der präzise Inhalt der Ziele bleibt jedoch unerklärt (kritisch auch *Kingreen* Ausschuss-Drs. 19(14)288(3), 8). Ob sie inhaltlich dem **Bestimmtheitsgebot** genügen, kann dahinstehen, da sie für sich allein keine Verordnungsermächtigung darstellen, sondern nur die **Richtschnur für Priorisierungsentscheidungen** im Zusammenspiel mit weiteren Verteilungskriterien bilden. Die einzelnen Ziele, die „den Rahmen für Priorisierungsentscheidungen" (BT-Drs. 19/26545, 2) bilden, stehen in keinem Rangverhältnis zueinander und müssen kumulativ berücksichtigt werden (*Brenner,* Ausschuss-Drs. 19(14)288(20), 4). Problematisch und noch ungeklärt wäre allerdings, welchem Impfziel bei dem Dilemma eines Zielkonflikts zweier Impfziele höheres Gewicht beigemessen werden muss. Denkbar wäre zB, dass ein Impfstoff zwar im Hinblick auf das Impfziel Nr. 2 zuvörderst berücksichtigt werden muss, dieser hinsichtlich der übrigen Impfziele aber hinter anderen Impfstoffe zurückstehen müsste.

15e   Die Impfziele stellen jedoch nicht die einzelnen **Verteilungskriterien** dar, sondern sind lediglich Erwägungen, anhand derer sich Bewertung der Tatsachenlage unter die Verteilungskriterien ausrichten muss (*Kießling* Ausschuss-Drs. 19(14)263(5); *Wolff* DVBl. 2020, 1379 (1381)). Die Verteilungskriterien, die ebenfalls aufgrund ihrer Wesentlichkeit zutreffend eine parlamentsgesetzliche Regelung erfahren haben (*Wolff* DVBl. 2020, 1379 (1381)), sind in § 20i Abs. 3 S. 5 SGB V – allerdings nicht abschließend – aufgezählt.

15f   **4. Vorgabe an die STIKO-Empfehlungen.** An den genannten Impfzielen hat sich die STIKO (→ Rn. 6 ff.) ausschließlich bei Empfehlungen zu Schutzimpfungen gegen SARS-CoV-2 auszurichten. Problematisch ist, dass der Gesetzgeber mit der Festlegung von Impfzielen, die bisher als Bestandteil der Standardvorgehensweise SOP (Fragenkomplex 5) **von der STIKO selbst festgelegt wurden** (→ Rn. 12; SOP, Version 3.1 v. 14.11.2018, 5), einem fachlich und politisch unabhängigen Expertengremium politische Vorgaben macht (ähnlich *Kingreen* Ausschuss-Drs. 19(14)288(3), 7; *Leisner-Egensperger* Ausschuss-Drs. 19(14)288(9), 30). Die Regelung gibt im Hinblick auf die Impfempfehlungen gegen SARS-CoV-2 ein **Abweichen von der sonstigen Vorgehensweise** der STIKO nach den SOP vor und beeinträchtigt damit die rein an wissenschaftlichen Kriterien orientierte Ermittlung der Empfehlungen. Der STIKO wird insofern die Anwendung eines anderen als dem von ihr selbst gewählten Entscheidungsmaßstabs vorgegeben. Eine unvoreingenommene und insbesondere im Hinblick auf bestimmte Impfstoffe (wettbewerbs-) neutrale Vorgehensweise ist dann nur noch begrenzt möglich. Das ist vor dem Hintergrund des Demokratieprinzips insbesondere dann **bedenklich, wenn die Empfehlungen anschließend zur Legitimation politischer Ent-**

scheidungen herangezogen werden. Das Impfziel Nr. 2 hingegen stellt lediglich die gesetzliche Normierung eines Kriteriums dar, das die STIKO bei der Ermittlung der Impfempfehlungen nach den SOP ohnehin berücksichtigt (Fragenkomplex 4).

Zustimmung verdient aber, dass die Vorgabe an die STIKO, sich bei ihrer **15g** Impfempfehlung an den Impfzielen nach S. 1 auszurichten, anders als noch im Gesetzentwurf (BT-Drs. 19/26545, 17), nicht mehr an die Prämisse „im Falle beschränkter Impfstoffverfügbarkeit" geknüpft ist. Diese Verknüpfung hätte schlimmstenfalls dazu führen können, dass ein Impfstoff gegen SARS-CoV-2, den die STIKO aus medizinischen Gesichtspunkten nicht empfehlen würde, nun doch hätte empfohlen werden müssen. Eine Verknüpfung dieses Ausrichtungserfordernisses an die Prämisse beschränkter Impfstoffverfügbarkeit liegt ausweislich des Wortlauts von S. 1 nicht vor, da die Empfehlungen der STIKO in der Beschlussempfehlung (BT-Drs. 19/27291, 14) ausdrücklich aus dem Katalog derjenigen Regelungen, die sich bei beschränkter Impfstoffverfügbarkeit an den Impfzielen auszurichten haben (S. 2), herausgenommen wurden. Die Empfehlungen der STIKO zur Durchführung von Schutzimpfungen gegen SARS-CoV-2 haben sich daher **auch ohne Vorliegen einer beschränkten Impfstoffverfügbarkeit** an den Impfzielen des S. 1 auszurichten.

Mit der in S. 1 fehlenden Prämisse der Impfstoffknappheit geht auch einher, **15h** dass die STIKO im Hinblick auf Schutzimpfungen gegen SARS-CoV-2 **nicht verpflichtet ist, in priorisierender Weise zu empfehlen.** Der STIKO steht es nach dem Wortlaut des S. 1 frei, priorisierende oder allgemeine Impfempfehlungen auszusprechen (→ Rn. 15q). Etwas anderes kann sich auch nicht durch Auslegung der Regelung anhand des Zwecks ergeben, eine epidemiologisch sinnvolle Impfempfehlung abzugeben, da aus epidemiologischer Sicht stets eine möglichst flächendeckende Immunität wünschenswert ist (→ Rn. 5).

II. S. 2 (Priorisierungsregelnde RVOen)

RVOen, die aufgrund von § 5 Abs. 2 S. 1 Nr. 4 lit. f sowie von § 20i Abs. 3 **15i** S. 2 Nr. 1 lit. a auch iVm Nr. 2 SGB V erlassen werden, haben sich unter zwei Voraussetzungen an den in S. 1 genannten Impfzielen auszurichten: Zum einen muss eine **beschränkte Verfügbarkeit von Impfstoffen** vorliegen, die wiederum eine **Priorisierung notwendig** macht. Dieser Kausalzusammenhang besteht bei einer Impfstoffknappheit automatisch. Besteht also eine nur beschränkte Verfügbarkeit von Impfstoffen, wird das Ausrichtungserfordernis ausgelöst. Dass die in S. 2 genannten VOen, die Priorisierungsentscheidungen treffen, sich an den nunmehr parlamentsgesetzlich festgelegten Impfzielen orientieren müssen, verdient vor dem Hintergrund des Parlamentsvorbehalts Zustimmung (*Wollenschläger* Ausschuss-Drs. 19(14)288(18), 7). Da die **Impfziele sich indes lediglich auf Impfungen gegen SARS-CoV-2** beziehen, dürfen diese beiden Voraussetzungen nach dem systematischen Zusammenhang von S. 1 und S. 2 ebenfalls nur im Hinblick auf SARS-CoV-2 vorliegen. Eine Übertragung des Ausrichtungserfordernisses, die Impfziele auch bei Priorisierungsentscheidungen hinsichtlich anderer Infektionskrankheiten zu beachten, ist nach dem Wortlaut und der Systematik des Abs. 2a derzeit ausgeschlossen.

15j   Das Erfordernis, dass die auf die in S. 2 genannten Verordnungsermächtigungen basierenden RVOen sich bei beschränkter Verfügbarkeit von Impfstoffen an den Impfzielen des S. 1 auszurichten haben, besteht **unabhängig davon, ob Empfehlungen der STIKO nach S. 1 vorliegen.** Auch die Prämisse der beschränkten Verfügbarkeit von Impfstoffen, unter der eine Orientierung an den Impfzielen des S. 1 erfolgen muss, besteht nach S. 2 nur für die genannten RVOen, nicht jedoch für die STIKO-Empfehlungen.

15k   **1. RVO aufgrund von § 5 Abs. 2 S. 1 Nr. 4 lit. f.** § 5 Abs. 2 S. 1 Nr. 4 lit f ermächtigt das BMG im Rahmen einer epidemischen Lage von nationaler Tragweite unbeschadet der Befugnisse der Länder durch RVO ohne Zustimmung des BR unter anderem für den Fall beschränkter Verfügbarkeit von Arzneimitteln einschließlich Impfstoffen zu Regelungen zur Priorisierung der Abgabe und Anwendung der Arzneimittel oder der Nutzung der Arzneimittel durch den Bund und die Länder zu Gunsten bestimmter Personengruppen (→ § 5 Rn. 27). Die Impfziele nach S. 1 sind dabei insoweit zu berücksichtigen, als dass sie den Rahmen für die Priorisierungsregelungen der Verordnung bilden, welche die in § 5 Abs. 2 S. 1 Nr. lit. 4 f genannten Personengruppen näher bestimmen, zugunsten derer eine **priorisierte Abgabe der Impfstoffe** durch den Bund oder die Länder erfolgen darf.

15l   **2. RVO aufgrund von § 20i Abs. 3 S. 2 Nr. 1 lit. a, auch iVm Nr. 2.** Sofern der BT nach § 5 Abs. 1 S. 1 das Vorliegen einer epidemischen Lage von nationaler Tragweite festgestellt hat, kann das BMG mit einer auf § 20i Abs. 3 S. 2 Nr. 1 lit. a SGB V, auch iVm Nr. 2 basierenden RVO festlegen, dass sowohl Versicherte als auch Personen, die nicht in der gesetzlichen Krankenversicherung versichert sind, **Anspruch auf Schutzimpfungen gegen SARS-CoV-2** haben. Eine dementsprechende RVO überdeckt somit bei Vorliegen einer epidemischen Lage von nationaler Tragweite die grundsätzliche Regelung des § 20i Abs. 1 S. 3 SGB V, wonach Einzelheiten zu Voraussetzungen, Art und Umfang der Leistung hinsichtlich Schutzimpfungen vom G-BA bestimmt werden (→ Rn. 11).

15m   Bei Vorliegen eines Impfstoffs besteht grundsätzlich ein grundrechtlicher Anspruch auf eine Schutzimpfung aus Art. 2 Abs. 2 S. 1 iVm Art. 1 Abs. 1 GG, der sich im Falle beschränkter Impfstoffverfügbarkeit jedoch iVm Art. 3 Abs. 1 GG in einen **Teilhabeanspruch am vorhandenen Impfstoff** wandelt (*Wolff* DVBl. 2020, 1379 (1382)). In dieser Situation kann gem. § 20i Abs. 3 S. 4 SGB V eine Priorisierung der Anspruchsberechtigten vorgenommen werden. Dann beeinflussen die Impfziele nach S. 1 die Subsumtion unter die **Priorisierungskriterien des § 20i Abs. 3 S. 5 SGB V.** Gesetzliche Priorisierungskriterien sind insbesondere das Alter der Anspruchsberechtigten, ihr Gesundheitszustand, ihr behinderungs-, tätigkeits- oder aufenthaltsbedingtes SARS-CoV-2-Expositionsrisiko sowie ihre Systemrelevanz in zentralen staatlichen Funktionen, Kritischen Infrastrukturen oder zentralen Bereichen der Daseinsvorsorge.

15n   Dass § 20i Abs. 3 SGB V die Impffreihenfolge im Falle beschränkter Impfstoffverfügbarkeit nicht selbst festlegt, sondern unter der Vorgabe der Beachtung der Impfziele und der gesetzlich festgelegten Priorisierungskriterien der Regelung durch RVO überlässt, ist verfassungsrechtlich nicht zu beanstanden, weil dadurch eine **dynamischere Anpassung der Impffreihenfolge** an neueste wissenschaftliche Erkenntnisse zur zielgruppenspezifischen Wirksamkeit neu zugelassener Impfstoffe möglich ist (*Kießling* Ausschuss-Drs. 19(14)263 (5), 3).

III. Kritik

Die Regelungssystematik der Rechtsgrundlagen für Priorisierungsentscheidungen stellt sich mit (Rück-)Verweisen zwischen mehreren infektionschutz- und sozialrechtlichen Normen insgesamt als **unübersichtlich** dar (*Kingreen* Ausschuss-Drs. 19(14)288(3), 7). Der Regelungsstandort erscheint daher verfehlt: Übersichtlicher und systematischer wäre eine Festlegung der Impfziele als Rahmen für Priorisierungsentscheidungen innerhalb des § 5 (für eine Regelung jedenfalls innerhalb des IfSG *Kießling* Ausschuss-Drs. 19(14)263(5), 8; *Kingreen* Ausschuss-Drs. 19(14)288(3), 9) und/oder des § 20i Abs. 3 SGB V (dafür *Leisner-Egensperger* NJW 2021, 202 (207); kombinierend *Wollenschläger* Ausschuss-Drs. 19(14)288(18), 35), mithin der Ermächtigungen für diejenigen Verordnungen, die sich an den genannten Zielen zu orientieren haben.   **15o**

Unklar ist weiter, weshalb sich nicht nur die in S. 2 erfassten Verordnungsermächtigungen, sondern auch die Empfehlungen der STIKO gemäß S. 1 an den Impfzielen orientieren sollen, da sich die aufgrund von § 20i Abs. 3 S. 2 Nr. 1 SGB V und § 5 Abs. 2 IfSG erlassenen RVOen ebenfalls ohnehin an den gesetzlich normierten Impfzielen zu orientieren haben (differenzierend unter Verweis auf eine faktische quasinormative Wirkung der Empfehlungen *Leisner-Egensperger* Ausschuss-Drs. 19(14)288(9), 29). Daran ändern auch Empfehlungen der STIKO nichts, da die **in S. 2 genannten RVOen unabhängig davon erlassen werden können, ob es STIKO-Empfehlungen** zur Impfung gegen COVID-19 gibt. Daraus folgt, dass auch keine Berücksichtigung der entsprechenden STIKO-Empfehlungen bei Erlass der RVOen erfolgen muss. Die Vorgabe des S. 1, dass sich auch die STIKO bei jeder Empfehlung zu Schutzimpfungen gegen SARS-CoV-2 an den Impfzielen auszurichten haben, ist für den Regelungsrahmen von Priorisierungsentscheidungen nicht erforderlich, da die STIKO-Empfehlungen aufgrund ihrer Unverbindlichkeit keine für die Impfstoffverteilung relevanten Normierungen darstellen (*Wolff* DVBl. 2020, 1379 (1380)). Etwas anderes wäre auch bedenklich, da zumindest fraglich ist, ob eine Legitimation der STIKO besteht, als wissenschaftliches Fachgremium allein rechtlich verbindliche Priorisierungskriterien festzulegen (*Kingreen* Ausschuss-Drs. 19(14)288(3), 7). Der gesetzliche Regelungsrahmen von Priorisierungsentscheidungen wird zutreffend bereits allein durch die Nennung von Impfzielen und die Vorgaben des S. 2 in Verbindung mit den genannten Verordnungsermächtigungen abgebildet.   **15p**

Die Orientierung der STIKO-Empfehlungen an den Impfzielen wirkt sich darüber hinaus auch **in den Fällen, in denen das BMG keine RVO aufgrund von § 20i Abs. 3 S. 2 Nr. 1 lit. a SGB V erlassen hat,** nicht auf die grundsätzliche Indizwirkung der Empfehlungen hinsichtlich der GKV-Leistungsumfangs (§ 20i Abs. 1 S. 3, 4 SGB V) und dementsprechend des Anspruchs auf die Impfung aus, da die STIKO nach § 20 Abs. 2a S. 1 IfSG **nicht verpflichtet ist, priorisierend zu empfehlen.** Empfiehlt die STIKO nicht   **15q** priorisierend, haben die an den Impfzielen orientierten Empfehlungen daher im Hinblick auf den GKV-Leistungsumfang keine andere oder weitergehende Bedeutung als Impfempfehlungen bezüglich anderer Krankheiten, welche keine Impfziele zu berücksichtigen hatten. Nur dann, **wenn keine RVO des BMG vorliegt** und die STIKO priorisierend empfiehlt (was sie zwar kann, aber eben nicht muss), kann sich die Berücksichtigung der Impfziele auch auf den GKV-Leistungsumfang nach § 20i Abs. 1 S. 3, 4 SGB V dahingehend auswirken, dass ein Leistungsanspruch für nicht-priorisierte Versicherte unter dem Vorbehalt der Impfstoffverfügbarkeit steht. Letztere Situation ist jedoch allenfalls dann denkbar, wenn keine epidemische Lage iSv § 5 Abs. 1 S. 1 vorliegt und es somit angesichts einer höchstens geringen Bedrohungslage nicht um die „Zuteilung von (Über-)Lebenschancen" geht (→ Rn. 11, 15a).

F. Empfehlungen der Landesgesundheitsbehörden (Abs. 3)

16   Abs. 3 entspricht im Wesentlichen der Vorgängerregelung in § 14 Abs. 3 BSeuchG, ist im Gegensatz dazu jedoch nicht mehr als „Kann"-Regelung, sondern als „Soll"-Regelung ausgestaltet. Auch die **ausdrückliche Bezugnahme auf die Empfehlungen der STIKO** fand sich in § 14 Abs. 3 BSeuchG noch nicht. „Öffentliche Empfehlung" ist unabhängig von ihrer Form jede nicht ausdrücklich auf den Einzelfall beschränkte Äußerung (*Erdle,* § 20, S. 82). Die Möglichkeit, „Empfehlungen für Schutzimpfungen" zu erteilen, schließt nicht nur die Empfehlung der Impfung für eine bestimmte Zielkrankheit ein, sondern auch die Art der Impfung, sofern mehr als eine Art der Impfung zur Verfügung steht (*Schumacher/Meyn,* § 14 BSeuchG, S. 62). Ebenso kann die Empfehlung auf eine bestimmte Bevölkerungsgruppe begrenzt werden (*Schumacher/Meyn,* § 14 BSeuchG, S. 63).

17   Die von der STIKO erarbeiteten Empfehlungen sind zunächst nur Leitlinien **ohne rechtsverbindliche Wirkung** hinsichtlich der Festlegung öffentlicher Impftermine oder -empfehlungen (*BBS,* § 20 Rn. 16; *Erdle,* § 20, S. 81; *Schumacher/Meyn,* § 14 BSeuchG, S. 62; *Aligbe* in BeckOK InfSchR § 20 Rn. 41), sie sollen den Landesgesundheitsbehörden jedoch als Orientierung dienen und ggf. eine Anpassung an die länderspezifische epidemiologische Lage ermöglichen (BT-Drs. 14/2530, 72; *BBS,* § 20 Rn. 16; *Gerhardt,* § 20 Rn. 12).

18   Die Deklaration als „öffentliche" Empfehlung dient wie auch die Vorgängerregelung (*Schumacher/Meyn,* § 14 BSeuchG, S. 59, 62) sowohl der Sicherung von Entschädigungsansprüchen nach § 60 als auch der Information der Bevölkerung iSd Abs. 1 (*Erdle,* § 20, S. 82; *Gerhardt,* § 20 Rn. 14). Obgleich die Information nach Abs. 1 S. 2 (→ Rn. 4, 5) die Herstellung der krankheitsspezifischen Herdenimmunität fördern soll, gilt die **öffentliche Empfehlung mit der Folge von Entschädigungsansprüchen** auch bei allein dem Individualschutz dienenden Impfungen (etwa Tetanus, *Erdle,* § 20, S. 82). Der Rechtsschein einer öffentlichen Empfehlung kann daraus resultieren, dass ein länger anhaltendes Verhalten von zur Durchführung der Impfung berechtigten Personen gem. Abs. 4 (→ § 22 Rn. 5, 8) auf eine öffentliche Empfehlung der jeweiligen Impfung schließen lässt (BSG Urt. v. 29.5.1980 – 9 RVi 3/79; *Erdle,* § 20, S. 82).

G. Durchführung von Schutzimpfungen (Abs. 4)

Ursprünglich (vor 16.8.2019) enthielt Abs. 4 eine Verordnungsermächti- **19** gung für das BMG zur Bestimmung der Kostentragung bestimmter Impfungen durch die GKV, die ohne Zustimmung des BR, aber nach vorheriger Anhörung der STIKO und der GKV-Spitzenverbände erlassen werden konnte. Diese Regelung ist durch das G v. 9.8.2019 (BGBl. I 1202) in § 20i Abs. 3 SGB V verschoben worden.

Die mit dem G v. 10.2.2020 in den freigewordenen Abs. 4 eingefügte bun- **20** desrechtliche Regelung der Berechtigung jedes Arztes zur Durchführung von Schutzimpfungen unabhängig von der Facharztausrichtung stellt eine Abweichung vom ärztlichen Berufsrecht dar (*Erdle*, § 20, S. 83), weshalb Zweifel an der diesbezüglichen Gesetzgebungskompetenz des Bundes bestehen (*Aligbe* in BeckOK InfSchR § 20 Rn. 48; *Rixen* in Huster/Kingreen Hdb. InfSchR Kap. 5 Rn. 97 ff). Mit dem sog. **„universellen Impfen"** (BT-Drs. 19/13452, 25) wird die Möglichkeit geschaffen, jeden Arztbesuch zur Überprüfung des Impfstatus und zur Durchführung notwendiger (Auffrisch-)Impfungen zu nutzen und somit dem Umstand Rechnung zu tragen, dass eine möglichst hohe Durchimpfungsrate nur mithilfe einer entsprechenden Organisation möglich ist (*BBS*, § 20 Rn. 4). Angesichts der dennoch bestehenden ärztlichen Aufklärungspflicht vor Impfungen, die auch die Aufklärung hinsichtlich etwaiger Risiken einschließt, bleibt die Akzeptanz des „universellen Impfens" abzuwarten.

S. 3 trägt dem ebenfalls im Wege des G v. 10.2.2020 in § 132j SGB V ein- **21** geführten Modellvorhaben Rechnung, **Grippeschutzimpfungen in Apotheken** zu ermöglichen, die nicht durch ärztliches Personal, sondern durch Apotheker durchgeführt werden (*Erdle*, § 20, S. 83). Damit geht auch der Wortlaut des § 22 Abs. 2 S. 1 Nr. 4 IfSG einher (→ § 22 Rn. 5), der die Dokumentationsverpflichtung derjenigen Person regelt, die für die Durchführung der Schutzimpfung verantwortlich ist, ohne diese auf Ärzte zu beschränken (*Aligbe* in BeckOK InfSchR § 22 Rn. 8.1).

H. Kostentragung (Abs. 5)

S. 1 entspricht im Wesentlichen der Vorgängerregelung in § 14 Abs. 4 **22** BSeuchG. Die obersten Landesgesundheitsbehörden werden rechtsverbindlich zur Bestimmung der **Unentgeltlichkeit** von durch die Gesundheitsämter durchzuführenden Schutzimpfungen befugt, wobei keine Beschränkung auf die Impfempfehlungen der STIKO besteht. Anders als in der Vorgängerregelung ist hier jedoch gem. S. 2 die Durchführungsbefugnis nicht auf die Gesundheitsämter beschränkt, sondern auch die Zusammenarbeit mit Dritten möglich (*Gerhardt*, § 20 Rn. 19; *Schumacher/Meyn*, § 14 BSeuchG, S. 63). Mangels näherer Regelung hinsichtlich der Eignung „Dritter" kommen zuvörderst niedergelassene ÄrztInnen oder BetriebsärztInnen in Betracht (*Gerhardt*, § 20 Rn. 18 f.; *Aligbe* in BeckOK InfSchR § 20 Rn. 53).

Grund für die Bestimmung der Unentgeltlichkeit als Anreiz für die Bevöl- **23** kerung zur Impfung ist das Interesse der Allgemeinheit an der Zurückdrängung einer Infektionskrankheit (BT-Drs. 3/1888, S. 23; *Gerhardt,* § 20 Rn. 17; *Schumacher/Meyn,* § 14 BSeuchG, S. 59), für die bislang weder eine Impfempfehlung der STIKO noch, sofern der Bundestag eine „epidemische Lage von nationaler Tragweite" festgestellt hat, eine Verordnung auf Basis des § 20i Abs. 3 S. 2 Nr. 1 lit. a SGB V vorliegt und deshalb keine Kostentragung durch die GKV gem. § 20i SGB V erfolgt. Der Anwendungsbereich verengt sich damit auf Impfungen für Infektionskrankheiten, gegen die entweder trotz Impfstoffs bislang keine Impfempfehlung bzw. eine Verordnung auf Basis des § 20i Abs. 3 S. 2 Nr. 1 lit. a SGB V vorliegt oder kein zugelassener Impfstoff verfügbar war, die aber innerhalb einer kurzen Zeitspanne (in der weder die Empfehlung durch die STIKO noch die Aufnahme in den GKV-Leistungskatalog noch der Erlass einer entsprechenden RVO möglich war) ein Ausmaß erreichen, das die Gesundheit der Bevölkerung gefährdet (ähnlich *BBS,* § 20 Rn. 22). Auch die durch schlichte Bestimmungsbefugnis relativ **niedrige formelle Vorgabe** weist auf eine **unerwartete, akute Gefahrensituation** hin. Die der Unentgeltlichkeitsbestimmung in Abs. 5 zugrundeliegende Situation muss also im Zusammenhang und als Vorstufe der den Abs. 6, 7 zugrundeliegenden Situation (→ Rn. 33) gesehen werden, in denen die freiwillige Impfung durch den Anreiz der Unentgeltlichkeit wie in Abs. 5 nicht mehr ausreicht, sondern die Impfung verpflichtend wird.

23a   Praktisch scheint jedoch angesichts der Intention, die finanzielle Hemmschwelle für die Inanspruchnahme einer Schutzimpfung zu senken, kaum ein Anwendungsbereich gegeben zu sein, da die von der STIKO empfohlenen Impfungen ohnehin grundsätzlich in die Schutzimpfungs-RL des G-BA und damit in den Leistungskatalog der GKV aufgenommen werden (→ Rn. 11) und somit den Impfling nicht finanziell belasten. Das gilt etwa auch für die Impfstoffe gegen SARS-CoV-2, die nur rund drei Wochen nach ihrer Zulassung in die Empfehlungen der STIKO aufgenommen wurden (*RKI* EpidBull Nr. 2/2021, 3 ff.), auf die ein Anspruch gleichwohl nur im Rahmen der verfügbaren Kapazitäten besteht (VG Gelsenkirchen Beschl. v. 11.1.2021 – 20 L 1812/20, Rn. 50). Daneben besteht bei Feststellung einer epidemischen Lage von nationaler Tragweite die Möglichkeit, die Kostentragung durch die GKV durch RVO auf Basis von § 20i Abs. 3 S. 2 Nr. 1 lit. a SGB V zu regeln, welche die grundsätzliche Regelung der Kostentragung nach § 20i Abs. 1 SGB V dann überdeckt. Die Kostentragung liegt damit nur ausnahmsweise nicht gem. § 20i SGB V beim Sozialversicherungsträger, weshalb Abs. 5 praktisch nur in den Situationen zum Tragen kommt, in denen die Kosten für die Durchführung der Schutzimpfung mangels GKV-Leistung anderenfalls vom Impfling selbst zu tragen wären, weil dieser keinen Anspruch gegen den anderen Kostenträger hat (bzw. im Fall der privaten Krankenversicherung einen Anspruch auf Erstattung der Leistung hätte).

23b   Für den Fall, dass die Unentgeltlichkeit von Schutzimpfungen bestimmt wird, die bereits im Leistungskatalog der GKV enthalten sind, dürfte die **Kostentragung der GKV** den Hauptanwendungsfall der „anderen Kostenträger" nach S. 3, 4 darstellen, wodurch klargestellt wird, dass es nicht zu einer vollständigen Verschiebung der Kostenlast kommt, wenn der ÖGD eine Aufgabe übernimmt, für die die betroffene Person einen Anspruch gegen einen anderen Kostenträger hat (*Gerhardt,* § 20 Rn. 22; *Aligbe* in BeckOK InfSchR § 20

Rn. 54). Der „andere Kostenträger" ist in den Fällen der angeordneten Unentgeltlichkeit iSv Abs. 5 allerdings nur zur Übernahme der Sachkosten für den Impfstoff, nicht jedoch der für die Durchführung der Impfung selbst anfallenden Kosten für ärztliche Leistungen verpflichtet (*Aligbe* in BeckOK InfSchR § 20 Rn. 56; *Gerhardt,* § 20 Rn. 22a). Das ergibt neben dem Wortlaut des S. 3 ein Umkehrschluss aus S. 4, wonach der andere Kostenträger nur im Falle der Beauftragung eines Dritten mit der Durchführung der Schutzimpfung gem. S. 2 „auch zur Tragung dieser Kosten" (der „Beauftragungskosten", BT-Drs. 19/8351, S. 223) verpflichtet ist, sofern diese angemessen sind. Die Beauftragungskosten trägt der „andere Kostenträger" also dann nicht, wenn die Schutzimpfung durch das Gesundheitsamt selbst durchgeführt wird. Als „angemessen" ist jedenfalls zu bezeichnen, wenn die Kosten der Berechnung nach GOÄ (Gebührenordnung für Ärzte) entsprechen (*Aligbe* in BeckOK InfSchR § 20 Rn. 58; *Gerhardt,* § 20 Rn. 22a).

I. Verordnungsermächtigung (Abs. 6, 7)

Abs. 6 u. 7 enthalten Verordnungsermächtigungen zur Einführung einer **24** Impfpflicht, die als ultima ratio mit Mitteln des Verwaltungszwangs durchsetzbar ist (*Erdle,* § 20, S. 84, *Gerhardt,* § 20 Rn. 31). Sie entsprechen im Wesentlichen der Vorgängerregelung in § 14 Abs. 1, 2 BSeuchG. Eine auf Abs. 6, 7 basierende RVO greift in das **Grundrecht auf Leben und körperliche Unversehrtheit** ein und bedarf daher einer verfassungsrechtlichen Rechtfertigung. Mangels einer Verpflichtung eines Grundrechtsträgers zum Schutz vor sich selbst kann das legitime Ziel des Eingriffs jedoch nicht in dem Schutz des Pflichtadressaten (*Mers,* S. 152; *Trapp* DVBl. 2015, 11 (16)), sondern nur in der Erfüllung einer staatlichen Schutzpflicht liegen (→ Rn. 1; *Grüner,* S. 216). Die Eingriffsrechtfertigung muss zudem aufgrund der gefahrenabwehrrechtlichen Ausrichtung (→ Rn. 32 ff.) der zugrundeliegenden Gefahrenlage sowie den Risiken der Impfung und der **zugehörigen Zielkrankheit** Rechnung tragen (prinzipiell gegen eine Verfassungsmäßigkeit einer RVO nach Abs. 6 u. 7 *Grüner,* S. 278 ff.). Bisher ist von der Ermächtigung kein Gebrauch gemacht worden.

I. Ermächtigungsadressaten

Abs. 6 nennt als **Erstdelegatar** das BMG in verfassungsgemäßer Weise iSd **25** Art. 80 Abs. 1 S. 1 GG, Abs. 7 nennt als solche die Landesregierungen (S. 1). Die obersten Landesgesundheitsbehörden (S. 2) sind gegenüber den Landesregierungen nur **Subdelegatare** gem. Art. 80 Abs. 1 S. 4 GG. Dadurch wird die Bestimmung des Subdelegatars zwar durch den Gesetzgeber vorweggenommen und obliegt damit nicht mehr dem Erstdelegatar, angesichts des Verbleibs politischer Verantwortung beim Gesetzgeber als Telos des Art. 80 Abs. 1 GG ist die Bestimmung des Abs. 7 S. 2 jedoch verfassungsgemäß (*Klafki,* Risiko, S. 348; *Mers,* S. 157). Die Subdelegation auf die obersten Landesgesundheitsbehörden bedarf gem. Art. 80 Abs. 1 S. 4 GG jedoch wiederum einer RVO.

26   Unklar ist aber das **Rangverhältnis** der Erstdelegatare zueinander, das mittels des Wortlauts „solange" geregelt ist. Gegen die Lesart als zeitliche Komponente, bei der die Landesregierungen stets nur nachrangig zum Erlass einer RVO befugt wären (so aber *BBS,* § 20 Rn. 28; *Lutz,* § 20 Rn. 1; *Klafki,* Risiko, S. 308; *Samhat,* S. 193), spricht die darin liegende Vereitelung einer sachnäheren Einschätzung der Bedrohungslage der Länder „vor Ort". Zudem wäre die zeitliche Dauer des Verbleibs der Ermächtigung beim BMG unklar, die im Falle der Untätigkeit des Bundesministeriums vergehen müsste, bevor die Ermächtigung auf die Landesregierungen übergeht. Daher erscheint die Annahme einer der konkurrierenden Gesetzgebung vergleichbaren **Gleichrangigkeit** beider Erstdelegatare vorzugswürdig (tendenziell auch *Kersten/Rixen,* S. 85 f.; *Aligbe* in BeckOK InfSchR § 20 Rn. 104), bei der erst das Vorliegen einer inhaltlich erschöpfenden RVO des Bundesministeriums zu einem Kompetenzverlust der Länder führt („solange das Bundesministerium […] *keinen* Gebrauch macht"), wobei ein „absichtsvoller Regelungsverzicht" des Bundesministeriums nicht in Betracht kommt.

II. Abs. 6 S. 1 (Voraussetzungen)

27   **1. Übertragbare Krankheit mit klinisch schweren Verlaufsformen.** Das Merkmal der „übertragbaren Krankheit" orientiert sich an der Legaldefinition in § 2 Nr. 3, das Merkmal der „klinisch schweren Verlaufsform" hingegen ist nicht legaldefiniert und nach rein medizinischen Gesichtspunkten zu beurteilen (*Gerhardt,* § 20 Rn. 25). Die Vorgängerregelung enthielt das Merkmal der „bösartigen Form", wobei die Formulierung „bösartig" häufig mit Krebserkrankungen in Verbindung gebracht und deshalb im IfSG nicht übernommen wurde (BT-Drs. 14/2530, 72). Anhaltspunkte kann die Definition der „bedrohlichen übertragbaren Krankheit" nach § 2 Nr. 3 a als „übertragbare Krankheit, die auf Grund klinisch schwerer Verlaufsformen oder ihrer Ausbreitungsweise eine **schwerwiegende Gefahr für die Allgemeinheit** verursachen kann" liefern. Das Merkmal dürfte jedenfalls immer dann erfüllt sein, wenn die Krankheit ohne Therapiemöglichkeit zum Tode oder zu schweren bleibenden Schäden führt (*BBS,* § 20 Rn. 26), ebenso wie eine intensive medizinische Betreuung oder Komplikationen (*Gerhardt,* § 20 Rn. 25; ähnlich *Aligbe* in BeckOK InfSchR § 20 Rn. 89). Das Merkmal ist immer dann erfüllt, wenn eine Infektionskrankheit vorliegt, die mit einer gewissen Erwartbarkeit während des Verlaufs zu mehr als leichten oder nur vorübergehenden Schäden führt. Das trifft etwa auch auf COVID-19 zu (*Rixen* in Huster/Kingreen Hdb. InfSchR Kap. 5 Rn. 24).

28   **2. Prognose der epidemischen Verbreitung.** Eine übertragbare Krankheit liegt in epidemischer Form vor, wenn diese Krankheit vermehrt, aber zeitlich und räumlich begrenzt auftritt (*Aligbe* in BeckOK InfSchR § 20 Rn. 91). Ob eine epidemische Verbreitung prognostiziert werden kann, hängt von der Ausbreitungsweise, der -geschwindigkeit, der Kontagiosität des Erregers und der Anzahl der gefährdeten Personen ab (*BBS,* § 20 Rn. 26). Hier ist auch die Dauer der Inkubationszeit zu beachten: dem Zeitraum, in dem Personen den Erreger bereits ohne Kenntnis der eigenen Erkrankung weitergeben. Welche quantitative Größe die „Verbreitung" iSe Ausbreitung aller-

dings bereits angenommen haben muss oder noch anzunehmen haben wird, ob bereits ein Ausbruchsgeschehen vorliegen oder der Ausbruch nur drohen muss, ist unklar. Angesichts der Wertigkeit des Grundrechts auf Leben und körperliche Unversehrtheit ist hinsichtlich der epidemischen Verbreitung **keine absolute Sicherheit** erforderlich. Bei einer etwaigen Prognosesicherheit muss jedoch die Je-desto-Formel berücksichtigt werden (*Gerhardt*, § 20 Rn. 26), angesichts der gefahrenabwehrrechtlichen Ausrichtung des Infektionsschutzrechts (→ Einf. Rn. 23 ff.) müssen zumindest **Anhaltspunkte für einen drohenden Schadenseintritt** vorliegen (*Samhat*, S. 197; ähnlich *Rixen* in Huster/Kingreen Hdb. InfSchR Kap. 5 Rn. 24; *Aligbe* in BeckOK InfSchR § 20 Rn. 85).

3. Bedrohte Teile der Bevölkerung. Durch die beiden vorgenannten **29** Voraussetzungen müssen Teile der Bevölkerung bedroht sein. Fraglich ist, ob auch die Gesamtbevölkerung als „Teil" iSd Norm gelten kann. Dagegen spricht zwar der Wortlaut (*Gassner* LTO v. 10.7.2013; *Kersten/Rixen*, S. 86), jedoch ist aufgrund der Eigendynamik von Infektionskrankheiten auch die Bedrohung der **gesamten Bevölkerung** faktisch nicht ausgeschlossen (*Gerhardt*, § 20 Rn. 28; *Grüner*, S. 218; *Stebner/Bothe* MedR 2003, 287; *v. Steinau-Steinrück*, S. 190; *Zuck* ZRP 2017, 118 (119)), jedoch allenfalls dann zulässig, wenn tatsächlich die gesamte Bevölkerung bedroht ist (*Aligbe* in BeckOK InfSchR § 20 Rn. 83). Da die Bestimmung der bedrohten Bevölkerungsteile maßgeblich von medizinisch-epidemiologischen Faktoren beeinflusst wird, ist eine Berücksichtigung des politischen Kriteriums der „Systemrelevanz" nicht zulässig (tendenziell auch *Aligbe* in BeckOK InfSchR § 20 Rn. 87). Die Unsicherheit der tatbestandlichen Umgrenzung (*Rixen* in Huster/Kingreen Hdb. InfSchR Kap. 5 Rn. 25) wirkt sich nicht aber insgesamt nur auf Tatbestandsseite, sondern auch auf Rechtsfolgenseite aus, da durch die Definition des „Teils" auch der **potenzielle Adressatenkreis** der RVO festgelegt wird.

4. Ausnahme (S. 2). Mit der Schaffung eines Ausnahmetatbestandes für **30** Personen, die aufgrund einer **medizinischen Kontraindikation** nicht an Impfungen bzw. anderen Maßnahmen der spezifischen Prophylaxe teilnehmen können, hat der Gesetzgeber bereits eine dem Verhältnismäßigkeitsgrundsatz Rechnung tragende Abwägung zwischen den Risiken der Impfung einerseits und der Krankheit andererseits vorgenommen (*Seewald* NJW 1987, 2265 (2267)). In diesen Fällen stellte die Impfung statt einer Schutzwirkung eine gesundheitlich nicht hinnehmbare Gefährdung dar (*Aligbe* in BeckOK InfSchR § 20 Rn. 96, 99). Medizinische Kontraindikationen liegen zB je nach Impfung bei Neugeborenen, Kleinkindern, Immundefizienten, Immunsupprimierten und Personen vor, die allergisch auf Impfstoffe bzw. einzelne Bestandteile reagieren (*Liese/Knuf* Monatsschrift Kinderheilkunde 2009, 758; *Niehues et al.* BGesBl 2017, 674; *Pfeiff* Allergo Journal 2000, 343). Bei einer Ablehnung von Impfungen aus weltanschaulichen Gründen kann der Ausnahmetatbestand nicht ins Feld geführt werden (*Stebner/Bothe* MedR 2003, 287 (288); *v. Steinau-Steinrück*, S. 194; *Aligbe* in BeckOK InfSchR § 20 Rn. 103).

5. Bewertung anhand des delegationsrechtlichen Bestimmtheits- 31 gebots. Die Verordnungsermächtigung enthält einige tatbestandsdefinierende

unbestimmte Rechtsbegriffe, deren Vorliegen die Ermächtigungsadressaten im eigenen Ermessen einschätzen. Das ist hinsichtlich des delegationsrechtlichen Bestimmtheitsgebotes gem. Art. 80 Abs. 1 S. 2 GG problematisch, da eine Vorhersehbarkeit, wann die Exekutive Gebrauch von ihrer Ermächtigung machen wird, und damit die Begrenzung der exekutiven Rechtsetzungsbefugnis nur teilweise gegeben ist (*Klafki,* Risiko, S. 348; bereits in Bezug auf das BSeuchG *Seewald* NJW 1987, 2265 (2268)). Als hinreichend bestimmt erscheint jedenfalls das Merkmal der „übertragbaren Krankheit mit klinisch schweren Verlaufsformen"; bezüglich der Merkmale der „Prognose der epidemischen Verbreitung" sowie „bedrohte Teile der Bevölkerung" hingegen bestehen für den Verordnungsgeber so große Einschätzungsspielräume, dass weder das Gebrauchmachen an sich noch der Regelungsumfang der RVO in quantitativer Hinsicht vorhersehbar sind. Abs. 6 u. 7 sind daher mit Blick auf die delegationsrechtliche Bestimmtheitstrias **verfassungsrechtlichen Zweifeln ausgesetzt** (*Klafki,* Risiko, S. 349, aA *Grüner,* S. 215; *Mers,* S. 143; *Schaks/Krahnert* MedR 2015, 860 (863)).

III. Gefahrenabwehrrechtliche Ausrichtung

32   Neben der gefahrenabwehrrechtlichen Gesamtausrichtung des IfSG gibt es bezüglich der Verordnungsermächtigung noch weitere Indizien, die gegen eine Anwendung als Grundlage für eine generelle Impfpflicht sprechen.

33   **1. Charakter der Verordnungsermächtigung.** Die Verordnungsermächtigungen sind, wie auch die Vorgängerregelung, als „ultima ratio" für „Notfälle" gedacht (BT-Drs. 03/1888, 23; *Schumacher/Meyn,* § 14 BSeuchG, S. 61) und bedienen sich des Telos von Verordnungsermächtigungen, grundsätzlich schneller und sachnäher und kurzfristiger auf eine (neuartige) Sachlage reagieren zu können (*Klafki,* Risiko, S. 346). Die einer RVO nach dieser Vorschrift zugrundeliegende Situation zeichnet sich durch eine **konkret zu benennende Gefahrenlage** aus (*Stebner/Bothe* MedR 2003, 287; *Zuck* ZRP 2017, 118 (119)). Für die Annahme einer Bedrohungslage reicht das generelle Bestreben der Ausrottung einer Infektionskrankheit nicht aus.

34   Ob eine auf Abs. 6, 7 basierende RVO als Maßnahme der „spezifischen Prophylaxe" (vgl. *Rixen* in Huster/Kingreen Hdb. InfSchR Kap. 5 Rn. 24) die generelle Prophylaxe, nämlich die Herstellung einer Herdenimmunität, fördern kann, ist zumindest fraglich. Jedenfalls aber stellt die Verordnungsermächtigung keine in rechtsstaatlicher Weise taugliche Grundlage für eine generelle Impfpflicht dar (*Deutscher Ethikrat,* Impfen als Pflicht?, 38; *Höfling* JZ 2019, 776 (777); *Höfling/Stöckle* RdJB 2018, 284 (293 f.)), da ein so wesentlicher Grundrechtseingriff nach der Wesentlichkeitstheorie dem **Parlamentsvorbehalt** unterfällt, wodurch die Entscheidung über eine generelle Impfpflicht, die nicht nur der Abwehr einer Gefahr, sondern bereits vorgelagert der Minimierung eines Risikos dient, dem Parlamentsgesetzgeber vorbehalten sein muss.

35   **2. Geltungsdauer.** Eine nach Abs. 6 erlassene RVO bedarf grundsätzlich der Zustimmung des BR, kann aber in dringenden Fällen gem. § 15 Abs. 2 (→ § 15 Rn. 6) auch ohne dessen Zustimmung erlassen werden. In letzterem

Falle tritt die RVO aber nach Ablauf eines Jahres außer Kraft, sofern die Zustimmung nicht nachgeholt wird (*BBS,* § 20 Rn. 27). Dadurch stellt sich jedoch die Frage nach der für die RVO nach Abs. 6 vorgesehenen Geltungsdauer, die mit Zustimmung des BR erlassen wird und daher im Umkehrschluss aus § 15 Abs. 2 **nicht nach Ablauf eines Jahres außer Kraft** tritt. Die Geltung einer solchen RVO ist somit der Gesetzessystematik nach zunächst auf unbegrenzte Dauer angelegt, was zu weitreichend erscheint (*Klafki,* Risiko, S. 349). Als Gefahrenabwehrmaßnahme kann sie nur so lange in rechtmäßiger Weise aufrechterhalten werden, wie die Bedrohungslage iSd Verordnungsermächtigung tatsächlich besteht. Spätestens nach dem **Ende der Gefahr** muss eine entsprechende RVO außer Kraft treten. Eine nach Abs. 7 erlassene RVO bedarf nie der Zustimmung des BR.

J. Masernimpfpflicht (Abs. 8–13)

Die Masern gehören zu den ansteckendsten Infektionskrankheiten und **36** können zu schweren Komplikationen bis hin zum Tod führen. Gefürchtet ist die nicht therapierbare Spätfolge „SSPE" (Subakute sklerosierende Panenzephalitis), deren stets tödlicher Verlauf etwa 4 bis 10 Jahre nach der Masernerkrankung einsetzt und am häufigsten bei Personen auftritt, die die Masern im Laufe des ersten Lebensjahres durchlitten haben. Da die **krankheitsspezifische Herdenimmunitätsschwelle** (→ Rn. 5) von 95 % in Deutschland jedoch noch immer verfehlt wird, hat der Gesetzgeber durch das MasernschutzG v. 10.2.2020 mWv 1.3.2020 eine generelle Masernimpfpflicht für bestimmte Personengruppen eingeführt. In der Dramaturgie des § 20 und des gesamten IfSG als Gefahrenabwehrrecht wirken die Abs. 8–13 daher als Regelung einer nicht gefahrenabwehrrechtlichen Impfpflicht, sondern als **Maßnahme der generellen Prophylaxe** fremd.

Die Masernimpfpflicht hat in der **Impfpflicht gegen die Pocken** nach **37** dem Reichsimpfgesetz von 1874 einen historischen Vorgänger, der bis 1976 bzw. als Übergangsregelung bis 1982 galt und in der Rechtsprechung Westdeutschlands der 1950er Jahre als verfassungskonform eingestuft wurde. Der Schluss auf eine prinzipielle Übertragbarkeit der verfassungsrechtlichen Bewertung auf die Masernimpfpflicht trägt jedoch nicht zuletzt aufgrund der epidemiologischen **Unterschiede** im Hinblick auf ihre Gefährlichkeit, die Risiken der Impfungen sowie auf ihre Verbreitung nicht (*Schaks/Krahnert* MedR 2015, 860 (863); *Trapp* DVBl. 2015, 11 (13); zustimmend *Aligbe* in BeckOK InfSchR § 20 Rn. 111 f.). Im Mai 2020 hat das BVerfG die gegen die Masernimpfpflicht gerichteten Eilanträge bereits abgelehnt (BVerfG Beschl. v. 11.5.2020 – 1 BvR 469/20 u. 470/20, befürwortend dazu *Gebhard,* JuWissblog v. 26.5.2020).

Anders als bei RVOen nach Abs. 6, 7 ist eine Durchsetzung der Impfung **38** selbst **mittels unmittelbaren Zwangs ausgeschlossen** (BT-Drs. 19/13452, 2, 27). Auch die bereits bestehende Pflicht zum Nachweis einer vor der Erstaufnahme erfolgten Impfberatung gem. § 34 Abs. 10a ist durch die Masernimpfpflicht nicht hinfällig geworden und bleibt unberührt (*Rixen* in Huster/Kingreen Hdb. InfSchR Kap. 5 Rn. 43), da die Beratung auf einen den

STIKO-Empfehlungen entsprechenden umfassenden Impfschutz und nicht lediglich auf die Masernimpfung abzielt.

I. Abs. 8

39   **1. Adressaten und Einrichtungen iSd Norm.** Adressaten der Pflicht sind alle nach dem 31.12.1970 geborenen Personen, die in den nachfolgend genannten **Einrichtungen** (→ Rn. 40–42) betreut werden, untergebracht oder tätig sind. Die **altersmäßige Beschränkung** folgt aus dem hohen Durchseuchungsgrad in der „Vorimpfära" (vor der Entwicklung eines Masernimpfstoffs und der erstmaligen Empfehlung durch die STIKO 1974), weshalb in der Kohorte der vor 1971 geborenen Personen von einer flächendeckenden, durch die Erkrankung hervorgerufenen Immunität ausgegangen wird (*Meyer et al.* Bulletin zur Arzneimittelsicherheit Nr. 3/2013, S. 12).

40   Betroffen sind nach Nr. 1 Personen, die in einer **Gemeinschaftseinrichtung** nach § 33 Nr. 1–3 (→ § 33 Rn. 5–7) **betreut werden,** namentlich Kindertageseinrichtungen, Kinderhorte, die nach § 43 Abs. 1 SGB VIII erlaubnispflichtige Kindertagespflege, Schulen und sonstige Ausbildungseinrichtungen, in denen **überwiegend Minderjährige** betreut werden (→ § 33 Rn. 3). Auf das Alter der einzelnen betreuten Person (z. B. volljährige Abiturienten) kommt es nicht an (*Aligbe* in BeckOK InfSchR § 20 Rn. 193). Vom Schulbegriff umfasst sind auch Berufsschulen, aufgrund der Begrenzung auf die Betreuung „insbesondere minderjähriger Personen" jedoch keine Hochschulen. Einrichtungen der Erwachsenenbildung fallen daher nicht unter die Regelung (*Aligbe* in BeckOK InfSchR § 20 Rn. 185). Die Gesetzesbegründung präzisiert den Begriff der „sonstigen Ausbildungseinrichtungen" nicht (→ § 33 Rn. 10), so dass Bedenken hinsichtlich der Bestimmtheit des Adressatenkreises bestehen.

41   Nr. 2 umfasst Personen, die in **Heimen** für überwiegend minderjährige Personen (→ § 33 Rn. 8) **betreut werden** (a) oder in Einrichtungen zur **gemeinschaftlichen Unterbringung** von Asylbewerbern, vollziehbar Ausreisepflichtigen, Flüchtlingen und Spätaussiedlern (→ § 36 Rn. 10–14) **untergebracht sind** (b). Heime sind nicht näher definiert, umfassen jedoch auch Einrichtungen zur Inobhutnahme von Kindern durch das Jugendamt in einem akuten Kinderschutzfall bis zur Klärung der Gefährdungslage sowie Einrichtungen der Heimerziehung und andere stationäre Erziehungshilfen (BT-Drs. 19/13452, 27). Von § 36 Abs. 1 Nr. 4 sind Aufnahmeeinrichtungen und Gemeinschaftsunterkünfte sowie explizit auch Hafteinrichtungen nach § 62a AufenthG umfasst (BT-Drs. 18/10938, 69). Die Adressatenschaft entsteht erst nach einer Betreuungs- bzw. Unterbringungsdauer von **vier Wochen.** Diese Übergangsfrist besteht zu dem Zweck, dass die notwendige Aufnahme in eine Unterbringungseinrichtung von Kindern zwecks Erhaltung des Kindeswohls bzw. von Personen, die ansonsten keine Wohn- oder Schlafmöglichkeit hätten, nicht durch einen fehlenden Impfschutz vereitelt werden darf (BT-Drs. 19/13452, 28; *Gerhardt,* § 20 Rn. 39, 40).

42   Adressaten nach Nr. 3 sind Personen, die in **medizinischen Einrichtungen** (Krankenhäuser, Einrichtungen für ambulantes Operieren, Vorsorge- oder Rehabilitationseinrichtungen mit einer den Krankenhäusern vergleichbaren medizinischen Versorgung, Dialyseeinrichtungen, Tageskliniken, Entbindungseinrichtungen, mit vorgenannten Einrichtungen vergleichbare Behandlungs- oder Versorgungseinrichtungen, Arzt- und Zahnarztpraxen sowie Praxen sonstiger humanmedizinischer Heilberufe, Einrichtungen des öffentlichen Gesundheitsdienstes, ambulante Pflegedienste, die Intensivpflege in gemeinschaftlichen Wohnformen erbringen, sowie Rettungsdienste, § 23 Abs. 3 S. 1) oder Einrichtungen in §§ 33 Nr. 1–4, 36 Abs. 1 Nr. 4 **tätig sind.** Die Tätigkeit setzt eine regelmäßige körperliche Anwesenheit, dh über einen Zeitraum von mindestens mehreren Tagen (aA *Aligbe* in BeckOK InfSchR § 20 Rn. 197), zum Zwecke der Verrichtung einer Aufgabe mit Wissen und Wollen der Einrichtungsleitung voraus (*Gerhardt*, § 20 Rn. 38a). Das umfasst folglich Lehr- und Erziehungspersonal (§ 33 Nr. 1–4), Aufsichts- und Pflegepersonal (§ 36 Abs. 1 Nr. 4) jeweils einschließlich Hausmeister, Küchen- und Transportpersonal, Reinigungskräfte, Praktikanten und Ehrenamtliche (BT-Drs. 19/13452, 28; *Erdle*, § 20, S. 85). Der Verweis auf die in § 23 Abs. 3 S. 1 genannte Aufzählung von Einrichtungen, die durch G v. 28.7.2011 (BGBl. I 1622) zur Verbesserung der Krankenhaushygiene (BT-Drs. 17/5178, 17) eingeführt wurde, verursacht nun aufgrund des durch die Formulierung „vergleichbare Einrichtungen" offenen Tatbestands Bedenken hinsichtlich der Bestimmtheit des Adressatenkreises. Angesichts der Grundrechtsrelevanz der Regelung sollte bezüglich der „Vergleichbarkeit" ein strenger Maßstab angelegt werden (*Aligbe* in BeckOK InfSchR § 20 Rn. 195; *Rixen* in Huster/Kingreen Hdb. InfSchR Kap. 5 Rn. 33).

S. 4 regelt eine Einschränkung der Pflicht für Personen, bei denen eine **43** **medizinische Kontraindikation** für die Schutzimpfung vorliegt. Die gleichen Personengruppen, die im Rahmen einer RVO nach Abs. 6 S. 2 aufgrund einer medizinischen Kontraindikation aus dem Adressatenkreis herausfallen (→ Rn. 30), fallen ausweislich des Wortlauts von vornherein auch aus dem Adressatenkreis der Masernimpfpflicht heraus, sofern die Kontraindikation speziell für die Masernimpfung vorliegt (*Schaks* in Kluckert, § 14 Rn. 28, 31, 36). Sie trifft jedoch eine Pflicht zum Nachweis der Kontraindikation.

2. Ausreichender Impfschutz oder Immunität (S. 2). Ein iSd Norm **44** ausreichender Schutz gegen Masern liegt entweder vor, wenn ein **altersentsprechender Impfschutz** oder eine **Immunität** gegen Masern nachgewiesen werden kann. Ein ausreichender Impfschutz liegt nur dann vor, wenn ab der Vollendung des ersten Lebensjahres mindestens eine Schutzimpfung und ab der Vollendung des zweiten Lebensjahres mindestens zwei Schutzimpfungen – also eine **vollständige Grundimmunisierung** – durchgeführt wurden. Die Vorgabe entspricht den derzeitigen Empfehlungen des Impfkalenders der STIKO (→ Abs. 2). Die im G-Entwurf ursprünglich enthaltene dynamische Verweisung hatte wegen der ihr innewohnenden Rechtsunsicherheit sowie der damit verbundenen Aufladung der STIKO-Empfehlung mit einer bis dahin nicht vorhandenen gesetzeskraftähnlichen Bindungswirkung zu Recht Kritik erfahren (*Rixen,* Verfassungsfragen der Masernimpfpflicht, 42 ff., 51) und ist daher gestrichen worden. Eine Immunität liegt nach Überstehen der Masernerkrankung vor und kann durch Erhebung des Serostatus mittels Blutentnahme festgestellt werden (*Aligbe* in BeckOK InfSchR § 20 Rn. 166).

45 **3. Zweck.** Auch wenn die Gesetzesbegründung nur den Zweck des „öffentlichen Gesundheitsschutzes" anführt (BT-Drs. 19/13452, 31), ist der grundrechtsdogmatisch legitime Zweck in der **Herstellung einer Herdenimmunität** zu sehen, die bei Masern ab einer Immunitätsquote von 95 % erreicht wird und durch ihre Infektionsbarriere zum Schutz vulnerabler, impfunfähiger Gruppen vor der Ansteckung mit Masern führt (*Schaks* in Kluckert, § 14 Rn. 32; *Aligbe* in BeckOK InfSchR § 20 Rn. 178; *Rixen* in Huster/Kingreen Hdb. InfSchR Kap. 5 Rn. 88). Die schutzbedürftige Gruppe besteht aus denjenigen Personen, die selbst gem. Abs. 8 S. 4 Adressaten der Nachweispflicht hinsichtlich der Kontraindikation sind (→ Rn. 30, 43). Der mit der Masernimpfpflicht verfolgte Zweck liegt daher in der Erfüllung der (nur) in Bezug auf Masern durch Unterschreitung der Herdenimmunitätsschwelle **aktivierten grundrechtlichen Schutzpflicht** für das Grundecht der vulnerablen Gruppen aus Art. 2 Abs. 2 S. 1 GG. Für die Aktivierung der Schutzpflicht reicht bereits ein Risiko und nicht erst eine Gefahr (vgl. iRd Abs. 6 u. 7 → Rn. 28) aus (*Trapp* DVBl. 2015, 11 (14)).

46 **4. Problem: Kombinationsimpfstoffe (S. 3).** Angesichts des legitimen Zwecks, der Herstellung der Herdenimmunität in Erfüllung der grundrechtlichen Schutzpflicht für Leben und körperliche Unversehrtheit impfunfähiger Personen (→ Rn. 44, auch *Schaks* in Kluckert, § 14 Rn. 39), ist die Pflicht zur Verwendung von Kombinationsimpfstoffen (S. 3) problematisch. Danach gilt die Impfpflicht auch dann, wenn für die Masernimpfung keine monovalenten, sondern nur solche Impfstoffe zur Verfügung stehen, die **gleichzeitig eine Immunität mindestens zusätzlich gegen Mumps und Röteln** hervorrufen. Zum Zeitpunkt der Einführung der Masernimpfpflicht war durch das PEI zwar ein Mono-Impfstoff zugelassen, der jedoch nicht mehr vermarktet wurde. Mittlerweile weist die Liste der zugelassenen Impfstoffe gegen Masern nur noch ausschließlich Kombinationsimpfstoffe aus (www.pei.de/DE/arzneimittel/impfstoffe/masern/masern-node.html). Somit besteht „als Beifang" (BR-Drs. 358/1/19, 32) die faktische Verpflichtung, nicht nur die Impfung gegen Masern, sondern zusätzlich mindestens gegen Mumps und Röteln vornehmen zu lassen (*Deutscher Ethikrat,* Impfen als Pflicht?, 66; *Rixen* in Huster/Kingreen Hdb. InfSchR Kap. 5 Rn. 37).

47 Teilweise wird argumentiert, es sei auch ein legitimes Ziel, bei der Bekämpfung von Masern auch gegen Mumps und Röteln vorzugehen(*Schaks* MedR 2020, 201 (204)), zumal die Kombinationsimpfstoffe nebenwirkungsarm seien und die Erforderlichkeit des Kombinationsimpfstoffs daher nicht verneint werden könne (*Schaks* in Kluckert, § 14 Rn. 41, 43). Weder kann dahinstehen, ob die Impfungen auch gegen Mumps und Röteln eigenständige Grundrechtseingriffe darstellen noch kommt es auf die Erforderlichkeit noch an: Auch diese zusätzlichen Grundrechtseingriffe (wegen der Versetzung des Körpers nicht nur mit Vakzinen gegen Masern, sondern weiterer Lebenderregern) bedürfen vor der Prüfung ihrer Erforderlichkeit bereits eines **legitimen Zwecks,** der in Bezug etwa auf Mumps indes gerade nicht vorliegt: Für Mumps ist – anders als für Masern – zur Herstellung einer Herdenimmunität keine Immunitätsquote von 95 % notwendig, sondern nur von 90–92 % (*RKI* EpidBull Nr. 31/2012, 314 (315)).Wird von den Impfquoten bei den Schuleingangsuntersuchungen als Referenzdaten ausgegangen (wie in Bezug auf Masern *Schaks* Ausschuss-Drs. 19(14)112(14), 7), sind seit Jahren Quoten für beide Mumpsimpfungen zu verzeichnen, die über dieser Schwelle liegen. Daher ist in Bezug auf Mumps nicht von einer aktivierten Schutzpflicht und somit auch nicht von einem Zweck auszugehen, der eine faktische Impfpflicht auch gegen Mumps legitimieren könnte. Die Ausgestaltung der Masernimpfpflicht krankt somit in tatsächlicher Hinsicht am Fehlen eines monovalenten Impfstoffs (ähnlich *Amhaouach/Kießling* MedR 2019, 853 (861)). Wäre eine derartige Ausgestaltung hingegen verfassungsgemäß, bestünde die Gefahr einer maßlosen **Ausweitung von Impfpflichten,** deren Umfang sich eher „am Produktionsverhalten der pharmazeutischen Industrie" (*Rixen* NJW 2020, 647 (648)) denn an grundrechtlichen Vorgaben orientierte (zustimmend *Aligbe* in BeckOK InfSchR § 20 Rn. 206 f.).

II. Abs. 9 (Nachweispflicht)

1. S. 1–3. Die Nachweispflicht in Abs. 9 bezieht sich ausschließlich auf **48** **Adressaten nach Abs. 8 S. 1 Nr. 1** (→ Rn. 40) **und Nr. 3** (→ Rn. 42) und weiter nur auf diejenigen Personen, die zum Zeitpunkt des Inkrafttretens am 1.3.2020 noch nicht betreut wurden oder tätig waren. Anderenfalls gilt Abs. 10. Die Nachweispflicht setzt für diese Personen vor dem Beginn ihrer Betreuung oder Tätigkeit dergestalt ein, dass der **Leitung der jeweiligen Einrichtung** iSd § 2 Nr. 15 alternativ einer der in Nr. 1–3 genannten Nachweise vorgelegt werden muss. Gem. S. 2 kann die oberste Landesbehörde oder die von ihr bestimmte Stelle jedoch festlegen, dass der Nachweis stattdessen gegenüber dem Gesundheitsamt iSd § 2 Nr. 14 oder einer anderen staatlichen Stelle zu erbringen ist. Nur bezüglich der Nachweispflicht von Personen, die in der erlaubnispflichtigen Kindertagespflege nach § 43 Abs. 1 SGB VIII tätig werden wollen (erfasst nach Abs. 8 S. 1 Nr. 3 iVm § 33 Nr. 2) kann die Behörde, die auch für die Erlaubnis iSd § 43 Abs. 1 SGB VIII zuständig ist, stattdessen die ihr gegenüber zu erbringende Nachweispflicht gem. S. 3 bestimmen. Adressaten nach Abs. 8 S. 1 Nr. 2 (→ Rn. 41) sind von den Regelungen des Abs. 9 nicht umfasst.

Der Nachweis kann gem. Nr. 1 in Form der **Impfdokumentation iSd 49** **§ 22** sowie durch ärztliches Zeugnis über erfolgte Schutzimpfungen oder Dokumentation iSd § 26 Abs. 2 S. 4 SGB V erbracht werden. Die Dokumentation iSd § 22 umfasst sowohl Impfausweis als auch Impfbescheinigung (→ § 22 Rn. 4).

Einen Nachweis iSd Nr. 2 stellt ein ärztliches **Zeugnis über die Immuni- 50 tät** oder das Vorliegen einer Kontraindikation gegen die Impfung dar. Ein ärztliches Zeugnis über die Immunität kann ausgestellt werden, wenn dem Arzt eine frühere Masernerkrankung bekannt oder durch eine serologische Antikörpertiter-Bestimmung eine ausreichende Immunität belegt ist (BT-Drs. 19/13452, 29). Die bloße Eigenangabe des Nachweispflichtigen reicht als Grundlage des ärztlichen Zeugnisses nicht aus (*Aligbe* in BeckOK InfSchR § 20 Rn. 220). Personen nach Abs. 8 S. 4 sind zwar nicht Adressaten der Pflicht zum Nachweis eines Impfschutzes (→ Rn. 43), jedoch der Pflicht zum Nachweis der medizinischen Kontraindikation, die sie gerade aus dem Adressatenkreis der Impfpflicht ausschließt (*Gerhardt,* § 20 Rn. 55). Der Arzt, der das Zeugnis über das Vorliegen der Kontraindikation ausstellt, hat nach dem derzeitigen Stand der Medizin zu entscheiden, in Grenzfällen jedoch ein Entscheidungsermessen (*Aligbe* in BeckOK InfSchR § 20 Rn. 222; ähnlich *Rixen* in Huster/Kingreen Hdb. InfSchR Kap. 5 Rn. 36). Ein ärztliches Zeugnis über das Vorliegen einer Kontraindikation, welches lediglich den Gesetzeswortlaut des Abs. 9 S. 1 Nr. 2 wiederholt, genügt den Anforderungen an den Nachweis der Kontraindikation nicht; vielmehr müssen die Art der Kontraindikation sowie des entsprechenden Impfstoffs benannt werden, damit das Gesundheitsamt das ärztliche Zeugnis auf Plausibilität hin überprüfen kann (VG Meiningen Beschl. v. 10.11.2020 – 2 E 1144/20, Rn. 26 f.; aA *Aligbe* ARP 2020, 227 (228)). Bei diesen Nachweismöglichkeiten bleibt abzuwarten, ob sich etwaige Befürchtungen hinsichtlich des Missbrauchs der Befreiungsmöglichkeit zur **Umgehung der Impfpflicht** bewahrheiten werden (durch Fälschen oder das Ausstellen unrichtiger Dokumente, was straf- und berufsrechtliche Konsequenzen nach sich zöge, etwa §§ 278, 279 StGB, *Gerhardt,* § 20 Rn. 56 a; ausführlich *Henseler* MedR 2020, 1000 ff.).

51   Nr. 3 umfasst den Nachweis in Form der **Bestätigung** einer anderen staatlichen Stelle, dass dieser der Nachweis nach Nr. 1 oder 2 bereits vorgelegen hat. Die Regelung dient der Vermeidung mehrfacher ergebnisidentischer Kontrollen und damit der Verringerung von Verwaltungsaufwand (*Gerhardt,* § 20 Rn. 56).

52   **2. S. 4–7, 9: Konsequenzen fehlender Nachweise.** Die Konsequenzen der Nichtvorlage eines Nachweises teilen sich in Benachrichtigungspflichten (S. 4–5) sowie gesetzliche Betreuungs-, Beschäftigungs- und Tätigkeitsverbote (S. 6, 7) jeweils für verschiedene Adressaten auf. Die Verständlichkeit der Regelung wird aufgrund ihrer strukturellen Unübersichtlichkeit zu Recht kritisiert (so *Gerhardt,* § 20 Rn. 57).

53   **a)** Wird der Nachweis einer nach S. 1 nachweispflichtigen Person (→ Rn. 48) nicht erbracht, greift für die Leitung der jeweiligen Einrichtung (Nr. 1) oder eine andere Stelle nach S. 2 oder 3 (Nr. 2) gem. S. 4 die unverzügliche **Pflicht zur Benachrichtigung des Gesundheitsamtes** inkl. der Übermittlung personenbezogener Daten iSv § 2 Nr. 16 der nachweissäumigen Person, sofern gem. S. 5 der benachrichtigungsverpflichteten Stelle nach Nr. 1 o. 2 die fallbezogene Kenntnis des Gesundheitsamtes nicht bereits bekannt ist. Die Benachrichtigungspflicht besteht ungeachtet des Vorliegens einer Ausnahme nach S. 8 o. 9 (*Gerhardt,* § 20 Rn. 58). Der Verstoß ist nach § 73 Abs. 1 a Nr. 7 a bußgeldbewehrt, jedoch nur für die Leitung der Einrichtung nach Nr. 1.

54   **b)** Ein fehlender Nachweis nach S. 1 einer Person nach Vollendung des ersten Lebensjahres bewirkt gem. S. 6 ein **Verbot,** diese Person in Einrichtungen gem. § 33 Nr. 1–3 zu **betreuen,** sowie ein Verbot, diese Person in Einrichtungen gem. §§ 23 Abs. 3 S. 1, 33 Nr. 1–4, 36 Abs. 1 Nr. 4 zu **beschäftigen.** In Bezug auf alle in Abs. 8 genannten Einrichtungen (§§ 23 Abs. 3 S. 1, 33 Nr. 1–4, 36 Abs. 1 Nr. 4) bewirkt das Fehlen eines Nachweises für alle nach S. 1 nachweispflichtigen Personen (→ Rn. 48) gem. S. 7 ein **Tätigkeitsverbot,** dh die Tätigkeit darf gar nicht erst aufgenommen werden. Die Verbote treten **kraft Gesetzes** ein, sind gem. § 73 Abs. 1 a Nr. 7 b bußgeldbewehrt und enden erst bei Vorlage des Nachweises (*Gerhardt,* § 20 Rn. 65 f.). Sie begegnen Bedenken hinsichtlich ihrer Zulässigkeit:

aa) Ab dem ersten Lebensjahr besteht gem. § 24 Abs. 2 SGB VIII ein **55** **Anspruch auf Förderung in Tageseinrichtungen und in Kindertagespflege.** Muss der angebotene Platz wegen eines Betreuungsverbotes nach Abs. 9 S. 6 abgelehnt werden, „**verliert**" der Anspruchsinhaber den Anspruch (BT-Drs. 19/13452, 29; *Gerhardt,* § 20 Rn. 67 a), der mit der Nachweispflicht nunmehr unter eine **weitere Voraussetzung** des altersentsprechenden Impfschutzes oder einer Immunität gegen Masern gestellt wird, ohne dass die Anspruchsgrundlage um die Voraussetzung ergänzt worden wäre. Unklar ist darüber hinaus, ob der Anspruch bei fehlendem Nachweis erlischt oder nur vorübergehend nicht verwirklicht werden kann (*Rixen* in Huster/Kingreen Hdb. InfSchR Kap. 5 Rn. 47). Hier wäre eine **klarstellende Anpassung** des § 24 Abs. 2 SGB VIII notwendig (*Amhaouach/Kießling* MedR 2019, 853 (860); *Mers,* S. 175; *Rixen* NJW 2020, 647 (649)), zumal § 24 Abs. 6 SGB VIII ausdrücklich die Unberührtheit weitergehenden Landes-, e contrario nicht aber Bundesrechts regelt, so dass sich die Frage stellt, welcher der beiden Normen Vorrang zu gewähren ist.

bb) Das **Tätigkeitsverbot** ruft erhebliche Bedenken im Hinblick auf die **56** **Berufsfreiheit** nach Art. 12 GG hervor. Es ist zweifelhaft, ob der Eingriff tatsächlich „grundsätzlich mit dem verfolgten Zweck des öffentlichen Gesundheitsschutzes gerechtfertigt" ist (so aber BT-Drs. 19/13452, 30), da Unklarheiten hinsichtlich seiner Dauer und somit seines Umfangs bestehen: Da das Verbot kraft Gesetzes eintritt, gilt es unbefristet bis zur Vorlage des Nachweises, die Ordnungswidrigkeit isd § 73 Abs. 1 a Nr. 7 b kann nach § 84 Abs. 1 OWiG jedoch nur einmal verfolgt werden. Der zeitliche Umfang ist zudem auch deshalb unklar, weil eine bereits aufgenommene Tätigkeit zusätzlich zum Verbot kraft Gesetzes gem. Abs. 12 S. 3 (→ Rn. 67−69) durch das Gesundheitsamt untersagt werden kann.

3. S. 8, 9: Ausnahmen. S. 8 statuiert die im Ermessen der obersten **57** Landesgesundheitsbehörde oder einer von ihr bestimmten Stelle stehende Möglichkeit, eine allgemeine Ausnahmeregelung für Verbote nach S. 6, 7 (→ Rn. 54−56) zuzulassen, falls das PEI auf seiner Internetseite einen **Lieferengpass** ausschließlich für alle Masernimpfstoffe bekannt gemacht hat, die in Deutschland zugelassen oder genehmigt sind.

Die Ausnahme (S. 9) trägt dem **Vorrang der Schulpflicht** Rechnung (BT- **58** Drs. 19/1342, 29) und gilt für schulpflichtige Personen, die somit auch ohne entsprechenden Nachweis entgegen S. 6 in Schulen und Ausbildungsstätten betreut werden dürfen. Dieser Ausnahmetatbestand gilt jedoch nur für die Betreuung, ein Verstoß gegen die Nachweispflicht vor dem Gesundheitsamt nach Abs. 12 S. 1 ist nach § 73 Abs. 1 a Nr. 7 c dennoch bußgeldbewehrt. Ein Bußgeldtatbestand für den Verstoß gegen die Nachweispflicht des Impflings aus Abs. 9 existiert nicht (aA wohl *Erdle,* § 20, S. 85).

III. Abs. 10, 11 (Übergangsfristen der Nachweispflicht)

Abs. 10 und 11 regeln die Übergangsfristen für diejenigen Adressaten, die **59** zum Zeitpunkt des Inkrafttretens der Regelung am 1. 3. 2020 bereits in den

o. g. Einrichtungen betreut werden, untergebracht oder tätig sind (*Häberle/Lutz*, § 20 Rn. 1a). Abs. 10 regelt für den in Abs. 9 S. 1 genannten Personenkreis, der zum Zeitpunkt des Inkrafttretens am 1.3.2020 bereits in den entsprechenden Einrichtungen betreut wird oder tätig ist (entspricht **Abs. 8 S. 1 Nr. 1 und 3**), eine Nachweisfrist iSd Abs. 9 S. 1 bis zum 31.12.2021. Diese Übergangsfrist, die nach dem MasernschutzG v. 10.2.2020 zunächst nur bis zum 31.7.2021 galt, ist dem verwaltungsorganisatorischen Aufwand geschuldet und wurde im Gesetzgebungsverfahren zum Teil als zu kurz erachtet (BR-Drs. 629/1/19, 1; Erläuterung zu TOP 2, 984. BR, 20.12.2019, 2(f)). Angesichts der andauernden COVID-19-Pandemie, die die Organisation der Prüfung der Nachweispflicht erschwert (BT-Drs. 19/27291, 62), ist diese Frist durch das EpiLage-FortgeltungsG v. 29.3.2021 (BGBl. I 370) um fünf Monate verlängert worden. Die Benachrichtigungspflicht nach Abs. 9 S. 2–5 gilt zeitlich versetzt bei Nichtvorlage bis zum 31.12.2021 (S. 2). Ein gesetzliches Verbot nach Abs. 9 S. 6, 7 tritt nicht ein. Erfolgt in der Zeit bis zum 31.12.2021 jedoch ein Wechsel der (selbst typusgleichen) Einrichtung, gilt die Übergangsfrist nicht fort. Stattdessen lebt die Nachweisfrist aus Abs. 9 wieder auf, so dass der Leitung der Einrichtung, in der fortan die Betreuung oder Tätigkeit stattfinden soll, vor Beginn der Betreuung oder Tätigkeit ein Nachweis isd Abs. 9 vorzulegen ist (VG Magdeburg Beschl. v. 30.7.2020 – 6 B 251/20; VG Schleswig Beschl. v. 10.8.2020 – 9 B 16/20; VG Kassel Beschl. v. 12.8.2020 – 3 L 1302/20.KS; OVG Bautzen Beschl. v. 20.8.2020 – 3 B 233/20; *Aligbe* in BeckOK InfSchR § 20 Rn. 254f.; aA VG Chemnitz Beschl. v. 29.5.2020 – 6 L 268/20) und die Leitung der Einrichtung, in die gewechselt wird, auch vor dem 31.12.2021 bereits eine Benachrichtigungspflicht nach Abs. 9 S. 4 trifft.

60   Abs. 11 regelt weitere Nachweisfristen für die **in Abs. 8 S. 1 Nr. 2 genannten Personengruppen,** die bereits vier Wochen in den jeweiligen Einrichtungen betreut werden oder untergebracht sind. Wurden diese am 1.3.2020 bereits dort betreut oder waren dort untergebracht, ist der Nachweis iSd Abs. 9 S. 1 bis zum **31.12.2021** zu erbringen (Nr. 2). Beginnt die Betreuung oder Unterbringung jedoch erst nach dem 1.3.2020, so unterfallen die betreuten oder untergebrachten Personen ab einem Betreuungs- oder Unterbringungszeitraum von vier Wochen dem Adressatenkreis der Impfpflicht (→ Abs. 8) und müssen den Nachweis iSd Abs. 9 S. 1 innerhalb von weiteren vier Wochen, also insgesamt spätestens acht Wochen nach Beginn der Betreuung oder Unterbringung erbringen (Nr. 1). Angesichts der erhöhten Ausbruchsgefahr in derartigen Gemeinschaftsunterkünften, die den frühestmöglichen Nachweis einer Schutzimpfung oder Immunität erfordert, ist die Gesamtdauer dieser Frist im Laufe des Gesetzgebungsverfahrens nicht ohne Kritik geblieben (BR-Drs. 358/1/19, 25). Die Benachrichtigungspflicht nach Abs. 9 S. 2, 4, 5 gilt zeitlich versetzt bei Nichtvorlage bis zu den in S. 1 genannten Zeitpunkten (S. 2). Ein gesetzliches Verbot nach Abs. 9 S. 6, 7 tritt nicht ein.

IV. Abs. 12 (Vorlagepflicht vor dem Gesundheitsamt, Verbote)

Abs. 12 verleiht dem zuständigen **Gesundheitsamt** umfangreiche, nach **61** pflichtgemäßem Ermessen auszuübende Befugnisse. Anders als im Rahmen des Abs. 9 haben **alle Adressaten der Impfpflicht nach Abs. 8 S. 1 Nr. 1–3** dem Gesundheitsamt auf Anforderung innerhalb einer angemessenen, jedoch nicht näher bestimmten Frist (mind. 10 Tage, *Gerhardt,* § 20 Rn. 120) einen Nachweis iSd Abs. 9 S. 1 vorzulegen; der Verstoß ist bußgeldbewehrt nach § 73 Abs. 1a Nr. 7c. Die Nachweispflicht kann ggf. **mittels Zwangsgeldes durchgesetzt** werden (*Erdle,* § 20, S. 86), die Verhängung eines Bußgeldes ist zusätzlich oder alternativ möglich (BT-Drs. 19/13452, 30). Sowohl Zwangs- als auch Bußgeld kommen jedoch von vornherein nicht in Betracht, wenn die verpflichtete Person ohne Vorwerfbarkeit an der Vorlage gehindert ist (BT-Drs. 19/13452, 30). Anders als iRv Abs. 9 werden an den Verstoß gegen die Nachweispflicht nicht schon kraft Gesetzes Rechtsfolgen geknüpft; unabhängig von der Durchsetzung der Nachweispflicht mittels Verwaltungszwangs wird das Gesundheitsamt in Abs. 12 S. 3 ermächtigt, gegenüber Personen, die den Nachweis nicht innerhalb der gesetzten Frist erbringen, mit sofortiger Wirkung ein **Betretungs- oder Tätigkeitsverbot** auszusprechen (→ Rn. 63–69), gegen das Widerspruch und Anfechtungsklage gem. S. 6 keinen Suspensiveffekt bewirken.

Aus der Systematik der Abs. 10–12 ergibt sich, dass derartige Betretungs- **61a** oder Tätigkeitsverbote gegenüber am 1.3.2020 bereits betreuten bzw. beschäftigten Personen auch erst nach Ablauf des 31.12.2021 ausgesprochen werden dürfen, da die Übergangsfristen der Abs. 10, 11 ansonsten leerliefen (*Rixen* in Huster/Kingreen Hdb. InfSchR Kap. 5 Rn. 53; aA wohl *Aligbe* ARP 2020, 227 (229)). Außer in den Fällen des Wechsels der Einrichtung (→ Rn. 59) gilt gem. Abs. 10 S. 2 bzw. Abs. 11 S. 2 die Benachrichtigungspflicht der Einrichtungsleitung nach Abs. 9 S. 4 (→ Rn. 53) gegenüber dem Gesundheitsamt erst nach dem 31.12.2021. Eine Kenntnis des Gesundheitsamts von der Nachweissäumigkeit der nachweispflichtigen Person, die Voraussetzung für das Aussprechen eines Verbotes iSv Abs. 12 S. 3 ist, ist in diesen Fällen somit gar nicht vor Ablauf des 31.12.2021 vorgesehen.

Nach S. 2 kann das Gesundheitsamt die nachweisverpflichtete Person bei **62** Nichtvorlage nach S. 1 oder wenn sich ergibt, dass ein Masernimpfschutz erst zu einem späteren Zeitpunkt erfolgen oder vervollständigt werden kann, **zur Beratung laden** und muss sie in diesem Rahmen zur Vervollständigung des Impfschutzes auffordern. Die vorherige Beratung ist keine Voraussetzung für Untersagungen nach S. 3.

1. S. 3: Probleme der Betretungs- und Tätigkeitsverbote. Nach S. 3 **63**
kann das Gesundheitsamt einer nach S. 1 nachweissäumigen Person das Betreten der und die Tätigkeit in Einrichtungen nach Abs. 8 S. 1 untersagen. So kann das Betreuungsverbot aus Abs. 9 S. 6, das hinsichtlich des Kitaplatz-Anspruchs kritisch ist (→ Rn. 55), und dessen Verstoß für die zu betreuenden Personen selbst nicht bußgeldbewehrt ist, hier durch ein nach § 73 Abs. 1a Nr. 7d bußgeldbewehrtes Betretungsverbot konkretisiert werden. Neben den bereits bei Abs. 9 skizzierten Bedenken (→ Rn. 55f.) treten weitere **Probleme** auf:

64   **a)** Die Masernimpfpflicht darf nicht dazu führen, dass eine Unterbringung in **Einrichtungen nach § 33 Nr. 4 oder § 36 Abs. 1 Nr. 4** unterbleibt (*Erdle*, § 20, S. 85), jedoch können auch für die Einrichtungen Beschäftigungs- und Betretungsverbote ausgesprochen werden. Das gilt gem. S. 5 nicht für Personen, die einer Unterbringungspflicht unterliegen, der sie in den entsprechenden Einrichtungen nachkommen müssen. Bis zum Inkrafttreten des 3. BevSchG war der Ausnahmetatbestand des S. 5 allerdings auf gesetzliche Unterbringungspflichten beschränkt, was zu teils befremdlichen Rechtsfolgen führte: Da von den Einrichtungen nach § 36 Abs. 1 Nr. 4 ausdrücklich auch **Abschiebungshaftanstalten** nach § 62a AufenthG umfasst sind (BT-Drs. 18/10938, 69), die Abschiebungshaft nach § 62 AufenthG jedoch nicht kraft Gesetzes, sondern aufgrund ihres Charakters als freiheitsentziehende Maßnahme gem. Art. 104 Abs. 2 GG durch richterliche Anordnung erfolgt (*Kluth* in BeckOK Ausländerrecht, § 62 AufenthG Rn. 11, 26), griff der Ausnahmetatbestand in S. 5, der nur für die gesetzliche Unterbringungspflicht galt, bisher gerade nicht. Das führte zu der absurden Rechtsfolge, dass auch für ungeimpfte Personen in Abschiebungshaftanstalten Betretungsverbote für eben diese Anstalten ausgesprochen werden konnten.

65   Eben diesen Missstand hat der Gesetzgeber gesehen und die **Beschränkung** des Ausnahmetatbestandes auf gesetzliche Unterbringungspflichten unter Verweis auf die Rechtsfolge bezüglich Abschiebehaftanstalten als „nicht sachgerecht" **aufgehoben** (BT-Drs. 19/23944, S. 30). Es sind nunmehr alle Personen, die einer Unterbringungspflicht unterliegen, von der Möglichkeit ausgenommen, gem. Abs. 12 S. 3 mit einem Betretungsverbot belegt zu werden.

66   Die Ausnahme gem. S. 5 gilt mit der Folge, dass kein Betretungsverbot erteilt werden kann, nach wie vor für Personen, die in einer **Aufnahmeeinrichtung iSv § 47 AsylG** untergebracht sind, da für diese kraft Gesetzes eine Wohnverpflichtung besteht (*Heusch* in BeckOK Ausländerrecht § 47 AsylG Rn. 1). Die Ausnahme gilt aber nunmehr auch für Personen, die in einer **Gemeinschaftsunterkunft iSv § 53 AsylG** wohnen, die nach der Entlassung aus der Aufnahmeeinrichtung die Regelunterkunft darstellt (*Heusch* in BeckOK Ausländerrecht § 53 AsylG Rn. 1). Eine Wohnverpflichtung in einer Gemeinschaftsunterkunft nach § 53 AsylG besteht zwar nicht kraft Gesetzes, sondern bedarf einer behördlichen Anordnung (*Heusch* in BeckOK Ausländerrecht § 53 AsylG Rn. 17), ist aber aufgrund der begrüßenswerten und sachgerechten Ausweitung des Ausnahmetatbestands nun auch erfasst.

67   **b)** Einer nachweissäumigen Person kann nach S. 3 durch das Gesundheitsamt die aufgenommene **Tätigkeit in den Einrichtungen iSd Abs. 8 S. 1** untersagt werden; der Verstoß ist nach § 73 Abs. 1a Nr. 7d bußgeldbewehrt. Das Verbot nach Abs. 12 S. 3 ist ansonsten inhaltsgleich mit dem gesetzlichen Verbot nach Abs. 9 S. 7, das bereits die Aufnahme der Tätigkeit verbietet, wirft aber weitere Fragen hinsichtlich seines **zeitlichen Umfangs** auf.

68   Offen ist, ob das Verbot **befristet, unbefristet** oder sogar **mehrmals** angeordnet werden darf: Abs. 12 S. 3 enthält selbst keine Befristungsregelung, die Gesetzesbegründung fordert jedoch „bei der Bemessung der Dauer des Verbots" die Berücksichtigung der Bedeutung des Grundrechts (BT-Drs. 19/13452, 31), was für eine Befristung spricht. Die Möglichkeit der mehrfachen Verhängung liegt aber angesichts des präventiven Charakters des Betretungsverbots (in Abgrenzung zum Bußgeldtatbestand gem. § 73 Abs. 1a Nr. 7b bei Verstoß gegen das unbefristete gesetzliche Tätigkeitsverbot aus Abs. 9 S. 7, der als Ordnungswidrigkeit § 84 OWiG unterliegt) und der Voraussetzung der vorherigen Aufforderung, die immer wieder erfolgen kann, nahe.

Jedenfalls darin liegt sowohl bei Tätigkeitsverboten nach Abs. 9 S. 7 als auch **69** nach Abs. 12 S. 3 ein Eingriff auf der zweiten Stufe der Berufsfreiheit, der nur mit dem Schutz eines besonders wichtigen Gemeinschaftsguts zu rechtfertigen ist, da das Verbot die Ausübung der beruflichen Tätigkeit vereitelt und dabei an den subjektiven Verstoß des Verbotsadressaten anknüpft (*Schaks* Ausschuss-Drs. 19(14)112(14), 16). Angesichts der gravierenden Folgen eines ggf. lebenslang wirkenden Tätigkeitsverbots ist die Rechtfertigungsmöglichkeit fraglich, jedenfalls aber bedarf es einer **korrigierenden Klarstellung** hinsichtlich des Umfangs des Tätigkeitsverbots.

2. S. 4: Ausnahme Schulpflicht. Die dem Vorrang der Schulpflicht ge- **70** schuldete Ausnahme korrespondiert mit Abs. 9 S. 9 (→ Rn. 58). Jedoch profitieren Berufsschüler nicht vom Ausnahmetatbestand und können somit mit Betretungsverboten belegt werden. Darauf, dass sich aus Betretungsverboten für Berufsschüler indes Nachteile ergeben können, die auch die Berufsfreiheit berühren, hat der BR im Laufe des Gesetzgebungsverfahrens zu Recht hingewiesen (BT-Drs. 19/13452, 47), diese Bedenken sind jedoch – soweit ersichtlich – vom BT nicht aufgegriffen worden. Hier wäre eine **Ausweitung der Ausnahmeregelung** wünschenswert.

V. Abs. 13 (Minderjährige und unter Betreuung stehende Personen)

Abs. 13 regelt den **Verpflichtungsübergang** für den Fall, dass diejenige **71** Person, die die Verpflichtungen nach den Abs. 9–12 trifft, **minderjährig** ist oder **betreut** wird. Die Verpflichtung, für die Einhaltung der die minderjährige oder betreute Person treffenden Verpflichtungen zu sorgen, trifft dann die (volljährige) Person, der die Sorge für die minderjährige Person zusteht (S. 1) oder die die Betreuung für die betreute volljährige Person gem. § 1896 BGB übernommen hat (S. 2). Im Falle des S. 1 werden/wird dies zumeist der/die gem. §§ 1626ff. BGB sorgeberechtigte(n) Person(en) sein. Angesichts der Minderjährigkeit der überwiegenden Anzahl der Adressaten nach Abs. 8 S. 1 Nr. 1 sowie Nr. 2a) (→ Rn. 40, 41) ist die Regelung des Verpflichtungsübergangs notwendig, da ein erheblicher Regelungsgehalt der Pflicht ansonsten leerliefe.

VI. Verfassungsrechtliche Bewertung der Masernimpfpflicht

Häufig wird angeführt, die grundsätzliche Verfassungsmäßigkeit einer **72** Impfpflicht bzw. eines Impfzwangs sei bereits 1959 durch das BVerwG (NJW 1959, 2325) entschieden worden (Reg-E MSchG, 34; *Erdle*, § 20, S. 84). Diese Annahme ist nicht unzutreffend, jedoch bezog sich die der Entscheidung zugrundeliegende Impfpflicht auf die Pocken und somit auf eine Impfung, die ebenso wie die Zielkrankheit hinsichtlich der jeweiligen Risiken anders zu bewerten ist als Masern (→ Rn. 37).

73   Die mit der Masernimpfpflicht verbundenen Eingriffe in Art. 2 Abs. 2 S. 1 und Art. 6 Abs. 2 dürften prinzipiell gerechtfertigt, die Impfpflicht verhältnismäßig und damit insgesamt **verfassungsgemäß** sein (so auch *Amhaouach/Kießling* MedR 2019, 853 (858 ff.); *Lutz*, § 20 Rn. 1a; *Schaks* in Kluckert, § 14 Rn. 30; *ders.* MedR 2020, 201 ff.; aA *Rixen* NJW 2020, 647 (648 f.)): Die Aktivierung der Schutzpflicht für impfunfähige und daher auf den Herdenschutz (→ Rn. 5) angewiesene Personen als legitimem Zweck liegt hier vor, weil die notwendige Herdenimmunitätsschwelle von 95% noch nicht erreicht ist, sie läge jedoch nicht mehr nach der Erreichung vor, wodurch die Impfpflicht dann entbehrlich wird (*Schaks* in Kluckert, § 14 Rn. 39). Wegen der krankheitsspezifischen Abwägung, die bei Masern dahingehend ausfällt, dass die Gefährlichkeit der Krankheit die Risiken der Impfung überwiegen (*Gebhard* JuWissBlog v. 5.3.2019), der Eingriff also gerechtfertigt ist, kann sich auch im Hinblick auf das Elterngrundrecht kein anderes Abwägungsergebnis zeigen, zumal jüngst die Tendenz zu beobachten ist, die Vornahme einer Schutzimpfung eher dem Kindeswohl zuzuordnen als das Vorenthalten des Impfschutzes (vgl. BGH Beschl. v. 3.5.2017 – XII ZB 157/16).

74   Die verfassungsrechtliche Problematik der Masernimpfpflicht entzündet sich aber an ihrer **Ausgestaltung,** da mit der Pflicht zur Verwendung von Kombinationsimpfstoffen weitere Impfpflichten statuiert werden, deren Eingriffe verfassungsrechtlich nicht gerechtfertigt sind (→ Rn. 46, 47), darüber hinaus der Adressatenkreis zT zu unbestimmt (→ Rn. 40, 42) und die Sanktionsregelungen der Abs. 9, 12 mindestens klarstellungsbedürftig sind (→ Rn. 55, 56, 67 ff.).

K. Zitiergebot (Abs. 14)

75   Abs. 14 stellt wegen Art. 19 Abs. 1 S. 2 GG klar, dass durch jegliche Impfpflicht (entweder als gefahrenabwehrrechtliche Pflicht aufgrund RVO gem. Abs. 6, 7 oder in Gestalt der Masernimpfpflicht gem. Abs. 8–13) das **Grundrecht der körperlichen Unversehrtheit eingeschränkt** werden kann.

L. Entschädigungsanspruch, Zuwiderhandlungen, Kosten

76   **Entschädigungsansprüche** können unter den weiteren Voraussetzungen der §§ 60 ff. bestehen, da es sich bei den Impfungen nach § 20 entweder um öffentlich empfohlene Impfungen (§ 60 Abs. 1 Nr. 1), um aufgrund dieses Gesetzes (im Wege der RVO nach Abs. 6, 7) angeordnete Impfungen (§ 60 Abs. 1 Nr. 2) oder in Gestalt der Masernimpfpflicht gesetzlich vorgeschriebene Impfungen (§ 60 Abs. 1 Nr. 3) handelt.

77   Grundsätzlich besteht gem. **§ 56 Abs. 1** bei **Verdienstausfall** in Folge eines Tätigkeitsverbotes ein Entschädigungsanspruch, durch G v. 10.2.2020 sind jedoch mit der Einführung des § 56 Abs. 1 S. 3 Entschädigungsansprüche ausgeschlossen worden, wenn die Voraussetzungen des Verbots durch den Verbotsadressaten durch die Inanspruchnahme einer gesetzlich vorgeschriebenen oder öffentlich empfohlenen Impfung hätten verhindert werden können.

Ordnungswidrig handelt nach **§ 73 Abs. 1 a Nr. 24,** wer vorsätzlich oder **78** fahrlässig einer RVO nach § 20 Abs. 6, 7 oder einer aufgrund einer solchen RVO vollziehbaren Anordnung vorsätzlich oder fahrlässig zuwiderhandelt, sofern die RVO auf die Bußgeldvorschrift gem. § 73 Abs. 1 a Nr. 24 verweist (→ § 73 Rn. 12). Nach § 74 kann eine **vorsätzliche Zuwiderhandlung** unter weiteren Voraussetzungen mit einer Freiheitsstrafe bis zu 5 Jahren bestraft werden.

Für Zuwiderhandlungen gegen die Masernimpfpflicht (→ Abs. 8 ff.) ist **79** keine Strafvorschrift (aA wohl *Häberle/Lutz,* § 20 Rn. 3), jedoch mit § 73 Abs. 1 a Nr. 7 a–d eine Reihe von Bußgeldtatbeständen vorgesehen. Zweck der Bußgeldtatbestände im Rahmen der Masernimpfpflicht ist die **Durchsetzbarkeit,** die deshalb bedeutsam ist, weil eine Durchsetzung mittels unmittelbaren Zwangs nicht in Betracht kommt (BT-Drs. 19/13452, 2, 27) (→ Abs. 9 ff.). Nr. 7 a sanktioniert den Verstoß gegen die Benachrichtigungspflicht des Abs. 9 S. 4 Nr. 1, Nr. 7 b sanktioniert den Verstoß gegen das Betreuungs- und Tätigkeitsverbot des Abs. 9 S. 6 und 7. Durch Nr. 7 c und 7 d sind Verstöße gegen die Vorlagepflicht vor dem Gesundheitsamt bzw. gegen eine **vollziehbare Anordnung eines Betretungs- und Tätigkeitsverbots** gem. Abs. 12 S. 1, 3 bußgeldbewehrt. Bedenken gegen die jeweilige Grundnorm (→ Rn. 56, 67–69) schlagen auch auf die jeweilige Bußgeldnorm durch. Weder straf- noch bußgeldbewehrt ist der Verstoß des Impfpflichtigen gegen die Nachweispflicht vor der Leitung der jeweiligen Einrichtung nach Abs. 9 (*Gerhardt,* § 20 Rn. 48 a).

Die Kosten für Schutzimpfungen oder andere Maßnahmen der spezifischen **80** Prophylaxe gegen bestimmte übertragbare Krankheiten gem. Abs. 5 sind nach § 69 Abs. 1 Nr. 6 aus **öffentlichen Mitteln** zu bestreiten, soweit kein anderer Kostenträger zur Kostentragung verpflichtet ist. In der Praxis ist außerhalb des Anwendungsbereich von Abs. 5 zunächst die GKV gem. § 20 i SGB V zur Kostentragung verpflichtet, die Gesundheitsämter hingegen nur subsidiär (→ § 69 Rn. 9; BeckOK InfSchR/*Eckart* IfSG, § 69 Rn. 12). Wenn gem. Abs. 5 die Unentgeltlichkeit von Schutzimpfungen bestimmt wird, die bereits vom Leistungskatalog der GKV umfasst sind oder für die der privat Krankenversicherte einen Erstattungsanspruch hat, kommt die Kostentragung aus öffentlichen Mitteln nach § 69 Abs. 1 Nr. 6 nur für Personalkosten in Betracht, da die Sachkosten stets von dem „anderen Kostenträger" (→ Rn. 22) zu tragen sind, gegen den die von der Maßnahme (Schutzimpfung oder andere Maßnahme der spezifischen Prophylaxe) betroffene Person einen Anspruch auf entsprechende Leistung hat (*Aligbe* in BeckOK InfSchR § 20 Rn. 56). Nur dann, wenn die Kosten für den Impfstoff und die Durchführung der Impfung mangels Impfempfehlung und Aufnahme in den GKV-Leistungskatalog ansonsten vom Impfling selbst zu tragen wären, werden in den Fällen des Abs. 5 sowohl die Kosten für den Impfstoff als auch die Durchführung der Impfung aus öffentlichen Mitteln bestritten.

Der Nachweis über das Vorliegen einer medizinischen Kontraindikation **81** gem. Abs. 9 S. 1 Nr. 2 ist nicht Bestandteil einer Impfdokumentation iSd § 22, die Kosten sind von der nachweispflichtigen Person selbst zu tragen. Angesichts der Anknüpfung an eine (unverschuldete) Impfunfähigkeit des Nachweispflichtigen liegt eine **Ungleichbehandlung** zwischen Impffähigen und

Impfunfähigen vor, die im Lichte des Art. 3 Abs. 1 GG bedenklich ist. Bedenken bestehen auch hinsichtlich der Kostentragung für Nachweise iSd Abs. 9 Nr. 1: Da auch Nachtragungen in einen Impfausweis von der Impfdokumentation nach § 22 und damit von der Kostentragung durch die GKV umfasst sind, erschiene es unbillig, Bescheinigungen über das Bestehen eines Impfschutzes demgegenüber mit einer Gebührenpflicht zu versehen. Gleichwohl sind **gesonderte Bescheinigungen** über den Impfstatus mangels Impfausweises und Impfbescheinigung nach § 22 gem. GOÄ-Nr. 70 vom Nachweispflichtigen zu tragen. Zulässig ist hingegen die Kostentragung des Nachweispflichtigen in Bezug auf den Nachweis der Immunität, da Versicherte gem. §§ 25 Abs. 1, 26 Abs. 1 SGB V zwar Anspruch auf Untersuchungen zur Überprüfung des Impfstatus, nicht aber des Immunstatus haben.

§ 21 Impfstoffe

¹**Bei einer auf Grund dieses Gesetzes angeordneten oder einer von der obersten Landesgesundheitsbehörde öffentlich empfohlenen Schutzimpfung oder einer Impfung nach § 17a Absatz 2 des Soldatengesetzes dürfen Impfstoffe verwendet werden, die Mikroorganismen enthalten, welche von den Geimpften ausgeschieden und von anderen Personen aufgenommen werden können. ²Das Grundrecht der körperlichen Unversehrtheit (Artikel 2 Abs. 2 Satz 1 Grundgesetz) wird insoweit eingeschränkt.**

A. Zweck und Bedeutung der Norm

1   Die Regelung entspricht im Wesentlichen der Vorgängernorm § 15 BSeuchG und ist von geringer praktischer Bedeutung. Sie ist jedoch aus **verfassungsrechtlichen Gründen** notwendig, um **Entschädigungsansprüche** (→ §§ 60 ff.) von indirekt durch die Impfung eines Dritten geschädigten Personen zu gewährleisten (*Erdle,* § 21, S. 86; *Aligbe* in BeckOK InfSchR § 21 Rn. 2). Sie wurde zuletzt durch Art. 31 Bundeswehr-EinsatzbereitschaftsstärkungsG v. 4.8.2019 geändert (BGBl. I 1147). In § 21 kommt der Wille des Gesetzgebers zum Ausdruck, für die staatlicherseits befürworteten Schutzimpfungen den Umfang der in rechtmäßiger Weise verwendbaren Impfstoffe (→ § 4 Abs. 4 AMG) und der gegebenenfalls daraus resultierenden Entschädigungsansprüche gesetzlich klarzustellen. Die Norm steht damit in einem engen **systematischen Zusammenhang** mit dem Regelungsgehalt des § 20 (*Mers,* S. 139).

B. Inhalt der Regelung

I. S. 1

2   Der Regelungsbereich erstreckt sich auf solche Schutzimpfungen, die aufgrund des IfSG angeordnet (→ § 20 Abs. 6, 7, Abs. 8 ff.) oder von einer obersten Landesgesundheitsbehörde öffentlich empfohlen (→ § 20 Abs. 3) wurden

bzw. wenn sie von einem Soldaten nach § 17a Abs. 2 SG als ärztliche Maßnahme zur Verhütung oder Bekämpfung übertragbarer Krankheiten (→ § 2
Nr. 3) zu dulden sind. Umfasst sind folglich diejenigen Impfungen, die infolge
einer im Wege der RVO nach § 20 Abs. 6, 7 angeordneten, gefahrenabwehrrechtlichen Impfpflicht, zur Erfüllung der **Masernimpfpflicht** nach § 20
Abs. 8ff. oder an Soldaten zur Erfüllung ihrer Gesunderhaltungspflicht ggf.
auch gegen deren Willen durchgeführt werden (*Gerhardt,* § 21 Rn. 1).

Bei den staatlicherseits entweder durch die Auferlegung einer Pflicht oder **3**
zumindest einer Empfehlung zur Impfung befürworteten Schutzimpfungen
dürfen nach dieser Regelung solche Impfstoffe verwendet werden, die aufgrund ihrer inhaltlichen Zusammensetzung unter anderem mit **Mikroorganismen** geeignet sind, von den Geimpften ausgeschieden und in der Folge
von anderen Personen aufgenommen zu werden. Impfstoffe sind als Arzneimittel gem. § 2 Abs. 1 AMG in § 4 Abs. 4 AMG legaldefiniert und dazu bestimmt, beim Impfling eine spezifische Immunantwort zu erzeugen (*Rehmann,*
§ 4 AMG Rn. 4).

Die Erzeugung dieser Immunabwehr kann je nach Zielkrankheit entweder **4**
durch Tot- oder Lebendimpfstoffe herbeigeführt werden. Beide Arten von
Impfstoffen simulieren im geimpften Organismus in immunologischer Hinsicht eine Erkrankung, in deren Folge der Organismus eine eigene erregerspezifische **Immunität** erzeugt. Lebendimpfstoffe erzeugen allein bereits eine
lebenslange Immunität (*Mers,* S. 158), während Totimpfstoffe jedoch zur Erhöhung ihrer Wirksamkeit mit weiteren Adjuvanzien versetzt sind. Die Bezeichnung der Impfstoffbestandteile im Sinne dieser Vorschrift als „Mikroorganismen" ist ungenau, gemeint sind attenuierte (abgeschwächte) Erreger der
Zielkrankheit (*Mers,* S. 158). Der Wortlaut der Vorgängernorm definierte den
entsprechenden Impfstoffbestandteil demgegenüber noch eindeutiger als „vermehrungsfähige Krankheitserreger", folglich **Lebendimpfstoffe** (*BBS,* § 21
Rn. 1; *Aligbe* in BeckOK InfSchR § 21 Rn. 1). Diese vermehren sich im Körper ähnlich wie Krankheitserreger (*Schumacher/Meyn,* § 15 BSeuchG, S. 65).

Zu den Lebenderregern, die derzeit im Rahmen einer Pflichtimpfung **5**
verwendet werden, gehört der **Kombinationsimpfstoff gegen Masern,
Mumps und Röteln** (→ § 20 Abs. 8). Nach dieser Impfung kann das Impf-
virus als Lebenderreger zwar im Rachenabstrich des Impflings nachgewiesen
werden, wird aber nicht weiterverbreitet (*Schumacher/Meyn,* § 15 BSeuchG,
S. 65). Bei der früher häufig verabreichten **Schluckimpfung gegen Poliomyelitis (OPV),** die im Jahr 1963 den Ausgangspunkt für die Schaffung der
Vorgängerregelung im BSeuchG bildete (*Schumacher/Meyn,* § 15 BSeuchG,
S. 64), handelte es sich um Lebendimpfstoffe, die über den Stuhl des Impflings
wieder ausgeschieden wurden (*Erdle,* § 21, S. 86; *Schumacher/Meyn,* § 15
BSeuchG, S. 65). Seit 1998 empfiehlt die STIKO (→ § 20 Abs. 2 S. 3) jedoch
die Verwendung eines inaktivierten Impfstoffs (Totimpfstoff), der nicht von
Dritten aufgenommen werden kann, so dass die Relevanz der Vorschrift seit-
dem abgenommen hat (*BBS,* § 21 Rn. 4; *Erdle,* § 21, S. 86; *Gerhardt,* § 21
Rn. 2; *Aligbe* in BeckOK InfSchR § 21 Rn. 7).

Die Regelung stellt somit klar, dass bei staatlicherseits entweder im Wege **6**
der Pflicht oder der Empfehlung befürworteten Schutzimpfungen auch solche
Impfstoffe verwendet werden dürfen, durch die über den Geimpften hinaus

auch bei weiteren Personen (zB Pflegekräften, *Erdle,* § 21, S. 86) immunologische Veränderungen auftreten können. Die darin liegende Beeinträchtigung der körperlichen Unversehrtheit erfolgt dergestalt, dass Dritte, die mit dem Geimpften in Kontakt treten, durch Aufnahme des Lebenderregers ohne ihr Wissen ebenfalls der immunologischen Wirkung ausgesetzt sein können, die beim Geimpften eintritt (*Mers,* S. 158; *Gerhardt,* § 22 Rn. 2). In der trotz dieses Wissens über die epidemiologische Wirkung dennoch erlaubten Verwendung entsprechender Impfstoffe liegt eine zwar nicht beabsichtigte, aber wissentlich in Kauf genommene **Beeinträchtigung des Grundrechts auf körperliche Unversehrtheit gem. Art. 2 Abs. 2 S. 1 GG Dritter** (*Gerhardt,* § 22 Rn. 2; *Aligbe* in BeckOK InfSchR § 21 Rn. 2), die jedoch gerechtfertigt und damit insgesamt verfassungsgemäß ist (*Mers,* S. 161).

7   Durch das Spezifikum des Impfstoffs als Lebenderreger kann deshalb auch bei einer nicht geimpften Person, die den vom Geimpften ausgeschiedenen Erreger lediglich aufgenommen hat, ein **Impfschaden** (→ § 2 Nr. 11) eintreten. Unter den Voraussetzungen des § 60 hat der Dritte ebenso einen **Entschädigungsanspruch** wie nach einer an ihm selbst vorgenommenen Impfung (*Gerhardt,* § 22 Rn. 2; *Mers,* S. 161; *Aligbe* in BeckOK InfSchR § 21 Rn. 8).

II. S. 2

8   Auch die nur mittelbar durch die Aufnahme der von dem Geimpften ausgeschiedenen Mikroorganismen eintretende Beeinträchtigung des Grundrechts der körperlichen Unversehrtheit (*Mers,* S. 158; *Aligbe* in BeckOK InfSchR § 21 Rn. 2) bedarf der Einhaltung des verfassungsrechtlichen **Zitiergebots** gem. Art. 19 Abs. 1 S. 2 GG, dem durch S. 2 genügt wird.

C. Entschädigungsanspruch

9   Entschädigungsansprüche für einen Impfschaden des Dritten können unter den weiteren Voraussetzungen der **§§ 60 ff.** bestehen.

§ 22 Impfdokumentation

(1) **Die zur Durchführung von Schutzimpfungen berechtigte Person hat jede Schutzimpfung unverzüglich in einem Impfausweis, oder, falls der Impfausweis nicht vorgelegt wird, in einer Impfbescheinigung zu dokumentieren (Impfdokumentation).**

(2) [1]**Die Impfdokumentation muss zu jeder Schutzimpfung folgende Angaben enthalten:**
1. Datum der Schutzimpfung,
2. Bezeichnung und Chargenbezeichnung des Impfstoffes,
3. Name der Krankheit, gegen die geimpft wurde,
4. Name und Anschrift der für die Durchführung der Schutzimpfung verantwortlichen Person sowie

5. Bestätigung in Schriftform oder in elektronischer Form mit einer qualifizierten elektronischen Signatur oder einem qualifizierten elektronischen Siegel durch die für die Durchführung der Schutzimpfung verantwortliche Person.

²Das Bundesministerium für Gesundheit wird ermächtigt, durch Rechtsverordnung ohne Zustimmung des Bundesrates festzulegen, dass abweichend von Satz 1 Nummer 5 die Bestätigung in elektronischer Form auch mit einem fortgeschrittenen elektronischen Siegel erfolgen kann, wenn das Siegel der zur Durchführung der Schutzimpfung verantwortlichen Person eindeutig zugeordnet werden kann. ³Bei Nachtragungen in einen Impfausweis kann jeder Arzt die Bestätigung nach Satz 1 Nummer 5 vornehmen oder hat das zuständige Gesundheitsamt die Bestätigung nach Satz 1 Nummer 5 vorzunehmen, wenn dem Arzt oder dem Gesundheitsamt eine frühere Impfdokumentation über die nachzutragende Schutzimpfung vorgelegt wird.

(3) In der Impfdokumentation ist hinzuweisen auf
1. das zweckmäßige Verhalten bei ungewöhnlichen Impfreaktionen,
2. die sich gegebenenfalls aus den §§ 60 bis 64 ergebenden Ansprüche bei Eintritt eines Impfschadens sowie
3. Stellen, bei denen die sich aus einem Impfschaden ergebenden Ansprüche geltend gemacht werden können.

(4) In der Impfdokumentation ist über notwendige Folge- und Auffrischimpfungen mit Terminvorschlägen zu informieren, so dass die geimpfte Person diese rechtzeitig wahrnehmen kann.

Schrifttum: *Klafki*, Der Immunitätsausweis und der Weg zurück in ein freiheitliches Leben, Verfassungsblog v. 4.5.2020; *Ratzel*, Der Entwurf für ein neues Masernschutzgesetz, GesR 2019, 560; *Rixen*, Die Impfpflicht nach dem Masernschutzgesetz, NJW 2020, 647.

A. Zweck und Bedeutung der Norm

Die **Dokumentation der durchgeführten Schutzimpfung** ermöglicht **1** neben der Kontrolle der Vollständigkeit erfolgter Impfungen hinsichtlich der jeweiligen Impfempfehlungen der STIKO (→ § 20 Abs. 2) auch die Kontrolle etwaig notwendiger Wiederholungsimpfungen (*Häberle/Lutz*, § 22 Rn. 1) und hilft darüber hinaus, doppelte und somit überflüssige Impfungen zu vermeiden (*Erdle*, § 22, S. 87; *Gerhardt*, § 22 Rn. 1; *Aligbe* in BeckOK InfSchR § 22 Rn. 1). Zudem dient die Impfdokumentation auch als Nachweis i. S. v. § 20 Abs. 9 (*Rixen* NJW 2020, 647 (649)).

B. Normhistorie, Ausblick

Die Regelung ist zuletzt durch das MasernschutzG v. 10.2.2020 (BGBl. I **2** 148) **vollständig neu gefasst** und durch das EpiLage-FortgeltungsG v. 29.3.2021 (BGBl. I 370) **ergänzt worden.** Eine Impfung muss dem Wortlaut nach nicht mehr zwingend von einem Arzt durchgeführt werden, die Berechtigung jedes Arztes zur Durchführung ist aber in § 20 Abs. 4 S. 1 ausdrücklich normiert. Die Dokumentation ist außerdem nicht mehr auf die Schriftform beschränkt, sondern kann auch durch elektronische Signatur oder qualifiziertes elektronisches Siegel (Abs. 2 S. 1 Nr. 5) oder, wenn das BMG eine entsprechende Verordnung nach Abs. 2 S. 2 erlässt, mit einem fortgeschrittenen elektronischen Siegel bestätigt werden. Neu eingeführt wurde auch die Informationspflicht in Abs. 4. Wünschenswert wäre für die Zukunft angesichts der Verlustrisiken einer analogen Impfdokumentation nicht nur die „Möglichkeit" einer elektronischen Bestätigung (BT-Drs. 19/13452, 31; *Ratzel* GesR 2019, 560 (562)), sondern eine obligatorische digitale Speicherung.

3   Auf die Erweiterung des Regelungsbereiches auf eine **Immunitätsdokumentation,** die im Zuge der Gesetzgebung zur COVID-19-Pandemie Gegenstand des Entwurfs eines 2. BevSchG ist, ist schließlich verzichtet worden. Diese hätte sich nicht nur auf die Dokumentation einer Immunität gegen COVID-19, sondern auch auf weitere Infektionskrankheiten bezogen und ist wegen der an die Immunität anknüpfenden Rechtsfolgen, die über den Regelungsbereich des § 23a hinausgehen, zu Recht im rechtswissenschaftlichen Diskurs nach wie vor umstritten (zB *Klafki* Verfassungsblog v. 4.5.2020; weiterführend *Kersten/Rixen,* Der Verfassungsstaat in der Corona-Krise, S. 84, 88f.). Immunitätsbescheinigungen in Form ärztlicher Atteste unterfallen grundsätzlich nicht den Anforderungen des § 22 IfSG (*Aligbe* in BeckOK InfSchR § 22 Rn. 5.1).

C. Die Regelungen im Einzelnen

I. Form der Impfdokumentation (Abs. 1)

4   Jede vorgenommene Schutzimpfung muss durch die Person, welche die Impfung berechtigterweise vornimmt, unverzüglich, dh ohne schuldhaftes Zögern in einen **Impfausweis oder eine Impfbescheinigung** eingetragen werden. Der Begriff „Impfausweis" bezeichnet das in der Vorgängerregelung § 16 BSeuchG als „Impfbuch" beschriebene Dokument (*Erdle,* § 22, S. 87; *Häberle/Lutz,* § 22 Rn. 1). Eine „Impfbescheinigung", die demgegenüber dem in der Vorgängernorm verwendeten Begriff entspricht, ist ein davon getrennter, gesonderter Nachweis (*Häberle/Lutz,* § 22 Rn. 1), der ersatzweise für einzelne Impfungen bei Nichtvorlage des Impfausweises ausgestellt wird (*BBS,* § 22 Rn. 1; *Schumacher/Meyn,* § 16 BSeuchG, S. 66; *Aligbe* in BeckOK InfSchR § 22 Rn. 6). Der Impfausweis in seiner derzeitigen Form ist ein lebenslang international gültiges Dokument, das nach den Richtlinien der WHO erstellt wird. Beide Formen sind durch die Neufassung der Norm als „Impfdokumentation" legaldefiniert (BT-Drs. 19/13452, 31). Davon zu unterscheiden ist die spezielle Bescheinigung einer Gelbfieberimpfung, die den Anforderungen des § 7 Abs. 3 IGV-DG genügen muss (*Erdle,* § 22, S. 87; *Aligbe* in BeckOK InfSchR § 22 Rn. 8e.1).

II. Inhalt der Impfdokumentation (Abs. 2)

1. S. 1. Abs. 2 legt die **Mindestangaben der Dokumentation** verpflich- **5**
tend fest (*BBS,* § 22 Rn. 4). Diese umfassen nach Nr. 1–4 das Datum der
Schutzimpfung sowie die zugehörige Zielkrankheit, die Bezeichnung und die
Chargenbezeichnung des Impfstoffs und den Namen sowie die Anschrift der
für die Durchführung der Impfung verantwortlichen Person. Solange die Impfung gegen das Coronavirus SARS-CoV-2 in Impfzentren erfolgt, sind diese
gem. § 1 Abs. 4 S. 4 CoronaImpfV v. 31.3.2021 die iSd dieser Vorschrift verantwortliche Person. Da der in Abs. 1 verwendete Begriff der zur Impfung
„berechtigten" Person der „klaren Nennung des Normadressaten" dienen soll
(BT-Drs. 19/27291, 62), scheint dieser ein Synonym des Begriffs der „verantwortlichen" Person nach Abs. 2 S. 1 Nr. 4 zu sein. Hier wäre eine einheitliche
Terminologie wünschenswert. Darüber hinaus ist in Nr. 5 die Bestätigung der
inhaltlichen Richtigkeit der vorigen Angaben (BT-Drs. 19/13452, 31) durch
die Unterschrift der verantwortlichen Person vorgesehen, die seit der Neufassung auch in elektronischer Form erfolgen kann. Die Einhaltung der Mindestangaben verfolgt den Zweck, zum einen sowohl in qualitativer als auch zeitlicher Hinsicht einen **umfassenden Impfschutz** sicherzustellen und zum
anderen dem Geimpften die zur **Geltendmachung von Entschädigungsansprüchen** wegen eines möglichen Impfschadens notwendigen Informationen zur Verfügung zu stellen (BT-Drs. 14/2530, 73; *BBS,* § 22 Rn. 4; *Aligbe* in
BeckOK InfSchR § 22 Rn. 10, 13).

2. S. 2. Die Ermächtigung an das BMG, per **RVO** ohne Zustimmung des **5a**
BR zu regeln, dass die Bestätigung der Impfdokumentation **abweichend
von S. 1 Nr. 5** auch mit einem fortgeschrittenen elektronischen Siegel erfolgen kann, wurde durch das EpiLage-FortgeltungsG v. 29.3.2021 (BGBl. I
370) eingeführt und soll „eine höhere Flexibilität bei der Einführung digitaler
Impfdokumentationen ermöglichen" (BT-Drs. 19/27291, 62). Durch den Erlass einer entsprechenden RVO wird die bisherige Form der Impfdokumentation iSv Abs. 2 S. 1 Nr. 5 jedoch nicht unzulässig, sondern lediglich die Bestätigungsmöglichkeit erweitert. Eine auf S. 2 basierende Verordnung darf die
Bestätigungsmöglichkeit jedoch nicht nur für bestimmte Impfungen offenhalten. Da der Verweis auf eine entsprechende Anwendung des § 15 Abs. 2 fehlt,
tritt die ohne Zustimmung des BR erlassende RVO nicht nach Ablauf eines
Jahres automatisch außer Kraft.

Die Definition des **qualifizierten elektronischen Siegels** orientiert sich **5b**
an den Vorgaben des Art. 3 Nr. 26 der Verordnung (EU) Nr. 910/2014 des Europäischen Parlamentes und des Rates v. 23.7.2014 über elektronische Identifizierung und Vertrauensdienste für elektronische Transaktionen im Binnen-
markt und zur Aufhebung der Richtlinie 1999/93/EG (eIDAS-Verordnung
(BT-Drs. 19/27291, 62). Das fortgeschrittene elektronische Siegel muss die
Anforderungen des Art. 36 der eIDAS-Verordnung erfüllen und der verantwortlichen Person iSv S. 1 Nr. 4 eindeutig zuzuordnen sein, was insbesondere
für die klare Anknüpfung des § 22 an zu schaffende Bußgeldtatbestände bedeutsam ist (vgl. BT-Drs. 19/27291, 62).

Die Möglichkeit, die Impfdokumentation mittels qualifizierten elektroni- **5c**
schen Siegels zu bestätigen, ist derzeit vor allem hinsichtlich der **digitalen**

Dokumentation von Schutzimpfungen gegen SARS-CoV-2 notwendig (BT-Drs. 19/27291, 62). Da das fortgeschrittene elektronische Siegel als elektronische Signatur nicht an eine natürliche, sondern an eine juristische Person gebunden wird (*Hornung* in Schoch/Schneider, Vorb. § 3a VwVfG, Rn. 58), ist es hinsichtlich dieser speziellen Schutzimpfung deshalb von Bedeutung, weil das Impfzentrum als nicht natürliche Person als verantwortliche Person iSv Abs. 2 S. 1 Nr. 4 gilt (→ Rn. 5).

6 **3. S. 3.** S. 3 greift die bisherige Regelung in Abs. 1 S. 2 und 3 auf (*Gerhardt*, § 22 Rn. 7), die den Begriff der Nachtragung allerdings nicht ausdrücklich erwähnte. In Weiterführung dieses Regelungsbereichs meint eine Nachtragung die auf Verlangen zwingende **Übertragung des Inhalts einer früheren Impfdokumentation,** folglich einer Impfbescheinigung oder eines alten Impfausweises, in den (aktuellen) Impfausweis des Geimpften. S. 3 stellt nun, anders als hinsichtlich der Durchführung der Impfung, die nicht mehr durch einen Arzt erfolgen muss, klar, dass die Bestätigung der Nachtragung im Sinne des S. 1 Nr. 5 jedoch nur durch einen Arzt oder das zuständige Gesundheitsamt erfolgen kann, wobei für letzteres eine Verpflichtung hierzu besteht.

6a An dem Erfordernis, dass die Bestätigung iSv S. 1 Nr. 5 bei Nachtragungen stets durch einen Arzt oder das Gesundheitsamt erfolgen muss, ändert auch eine auf S. 2 basierende RVO nichts, da diese lediglich eine Abweichung von S. 1 Nr. 5 im Hinblick auf die **Form der Bestätigung** festlegen kann. Bei Nachtragungen muss auch im Falle der Geltung einer RVO nach S. 2 stets ein Arzt oder das Gesundheitsamt die Bestätigung nach S. 1 Nr. 5 vornehmen. Legte eine auf S. 2 basierende RVO auch fest, dass bei Nachtragungen von dem Erfordernis der Bestätigung durch einen Arzt oder das Gesundheitsamt gem. S. 3 abgewichen werden dürfe, wäre diese Abweichung nicht mehr von der Verordnungsermächtigung gedeckt.

III. Hinweispflicht (Abs. 3)

7 Die Dokumentation muss den Geimpften auf Verhalten bei ungewöhnlichen Impfreaktionen, beim Eintritt eines Impfschadens sowie auf zur Geltendmachung sich daraus ergebender Ansprüche zuständige Stellen hinweisen. Der Zweck liegt in einer möglichst **niedrigschwelligen Zugangsmöglichkeit** für die Geltendmachung von Ansprüchen, die sich bei einem Impfschaden ergeben können.

8 Nach Nr. 1 erstreckt sich die Hinweispflicht auf ein „zweckmäßiges Verhalten bei ungewöhnlichen Impfreaktionen". Die Determination dieses Hinweises ist weitgehend unklar: Es ist schon fraglich, ob sich die Zweckmäßigkeit des Verhaltens, das dem Geimpften empfohlen wird, nach medizinischen oder rechtlichen Maßstäben beurteilt. Darüber hinaus trüge ein ausdrücklicher Verweis auf die **Orientierung an den von der STIKO nach § 20 Abs. 2 S. 2 entwickelten Kriterien** zur Abgrenzung von üblichen Impfreaktionen und darüber hinausgehenden Impfschäden zur Normklarheit bei. Jedenfalls dürfte bei der Erteilung des individuellen Hinweises im Impfausweis eine Orientierung an den Besonderheiten der durchgeführten Schutzimpfung (etwa einer Kombinationsimpfung) sowie der gesundheitlichen Konstitution des Impflings ausschlaggebend sein (*Schaks* in Kluckert, § 14 Rn. 20). Ob diese Hinweise jedoch von nicht-ärztlichen, zur Durchführung der Impfung jedoch berechtigten Personen in einer der Hinweispflicht genügenden Weise erteilt werden können, ist ungewiss (so geht *Schaks* in Kluckert, §14 Rn. 20, zumindest bei der damit eng zusammenhängenden Aufklärung von Risiken zutreffend von den Anforderungen aus, die an die **ärztliche Aufklärungspflicht** zu stellen sind).

Zuständige Stellen im Sinne von Nr. 3 sind regelmäßig grundsätzlich die **9** **Versorgungsämter** der jeweiligen Bundesländer, jeder Verdacht einer über das übliche Maß einer Impfreaktion hinausgehenden gesundheitlichen Schädigung ist jedoch nach §6 Abs. 1 Nr. 3 meldepflichtig. Diese Meldung erfolgt an das Gesundheitsamt.

IV. Informationspflicht hinsichtlich Folge- und Auffrischimpfungen (Abs. 4)

Durch das G vom 10.2.2020 (BGBl. I 148) ist die Information über Termine von Folge- oder Auffrischimpfungen (früher Abs. 3 S. 2) inkl. konkreter Terminvorschläge **obligatorischer Bestandteil der Impfdokumentation** geworden (*Gerhardt,* §22 Rn. 9). Folgeimpfungen dienen der Vervollständigung der Grundimmunisierung, während Auffrischimpfungen die Immunität bei bereits erfolgter, aber länger zurückliegender Grundimmunisierung sicherstellen sollen (*Aligbe* in BeckOK InfSchR §22 Rn. 21). Die Terminvorschläge dienen der rechtzeitigen Wahrnehmbarkeit der jeweiligen Impfungen und verfolgen den Zweck, einer nur unvollständigen Immunität oder dem Nachlassen der vollständigen Immunität vorzubeugen, um möglichst **keine Immunitätslücken** entstehen zu lassen, die die Ausbreitung der jeweiligen Infektionskrankheit begünstigen.

D. Zuwiderhandlungen, Kosten

Der Verstoß gegen die Pflicht zur Dokumentation der Impfung nach §22 **11** Abs. 1, die jede für die Durchführung der Impfung berechtigte Person trifft, ist nach **§73 Abs. 1 a Nr. 8** bis zu einer Höhe von 2.500 EUR **bußgeldbewehrt** Jede vorsätzliche oder fahrlässige fehlende, unrichtige, unvollständige oder nicht rechtzeitige Dokumentation „entgegen **§22 Abs. 1**" stellt eine Ordnungswidrigkeit dar. Der Ordnungswidrigkeittatbestand war durch das 3. BevSchG zunächst aufgehoben worden, da er „gegenstandslos geworden" sei (BT-Drs. 19/23944, S. 39). Mit dem EpiLage-FortgeltungsG v. 29.3.2021 (BGBl. I 370) wurde der Ordnungswidrigkeittatbestand bei Verstoß gegen die Dokumentationspflicht des §22 jedoch wieder eingeführt. Das verdient Zustimmung, da die Impfdokumentation auch die Erfüllung der Nachweispflicht gem. §20 Abs. 9ff. belegt (→ §20 Rn. 49; BT-Drs. 19/27291, 67) und eine unrichtige Impfdokumentation unbedingt zu sanktionieren ist. Verstöße gegen die Dokumentationspflicht können darüber hinaus berufsrechtlich (*Aligbe* in BeckOK InfSchR §22 Rn. 22.4) sowie strafrechtlich geahndet werden (→ §20 Rn. 50).

12   Der Anspruch auf Leistungen für Schutzimpfungen nach dem SGB V umfasst nach **§ 20i Abs. 4 S.** 1 **SGB V** auch die Bereitstellung **einer** Impfdokumentation nach § 22 IfSG, welche nach dem klaren Wortlaut **sowohl den Impfausweis als auch die Impfbescheinigung** und somit jede Dokumentation, folglich die erstmalige Erfassung einer Schutzimpfung einschließt, auf die ein Anspruch nach dem SGB V besteht. Das gilt auch für die Impfung gegen SARS-CoV-2. Auch solche Dokumentationen von Impfungen, die nur dem Nachweis der Einhaltung der Masernimpfpflicht (§ 20 Abs. 8 ff.) dienen, müssen somit zumindest einmalig von der Kostentragung durch die GKV nach § 20i Abs. 4 S. 1 SGB V gedeckt sein. Das gilt nicht für weitere gesonderte Bescheinigungen, die nicht mehr der (erstmaligen) Dokumentation, sondern nur noch nochmaligen Bescheinigung einer bereits dokumentierten Impfung dienen (etwa, weil der Impfausweis oder die Impfbescheinigung als erstmalige Dokumentation iSd § 22 verloren gegangen ist).

§ 23 **Nosokomiale Infektionen; Resistenzen; Rechtsverordnungen durch die Länder**

(1) ¹**Beim Robert Koch-Institut wird eine Kommission für Krankenhaushygiene und Infektionsprävention eingerichtet.** ²**Die Kommission gibt sich eine Geschäftsordnung, die der Zustimmung des Bundesministeriums für Gesundheit bedarf.** ³**Die Kommission erstellt Empfehlungen zur Prävention nosokomialer Infektionen sowie zu betrieblich-organisatorischen und baulich-funktionellen Maßnahmen der Hygiene in Krankenhäusern und anderen medizinischen Einrichtungen.** ⁴**Sie erstellt zudem Empfehlungen zu Kriterien und Verfahren zur Einstufung von Einrichtungen als Einrichtungen für ambulantes Operieren.** ⁵**Die Empfehlungen der Kommission werden unter Berücksichtigung aktueller infektionsepidemiologischer Auswertungen stetig weiterentwickelt und vom Robert Koch-Institut veröffentlicht.** ⁶**Die Mitglieder der Kommission werden vom Bundesministerium für Gesundheit im Benehmen mit den obersten Landesgesundheitsbehörden berufen.** ⁷**Vertreter des Bundesministeriums für Gesundheit, der obersten Landesgesundheitsbehörden und des Robert Koch-Institutes nehmen mit beratender Stimme an den Sitzungen teil.**

(2) ¹**Beim Robert Koch-Institut wird eine Kommission Antiinfektiva, Resistenz und Therapie eingerichtet.** ²**Die Kommission gibt sich eine Geschäftsordnung, die der Zustimmung des Bundesministeriums für Gesundheit bedarf.** ³**Die Kommission erstellt Empfehlungen mit allgemeinen Grundsätzen für Diagnostik und antimikrobielle Therapie, insbesondere bei Infektionen mit resistenten Krankheitserregern.** ⁴**Die Empfehlungen der Kommission werden unter Berücksichtigung aktueller infektionsepidemiologischer Auswertungen stetig weiterentwickelt und vom Robert Koch-Institut veröffentlicht.** ⁵**Die Mitglieder der Kommission werden vom Bundesministerium für Gesundheit im Benehmen mit den obersten Landesgesundheitsbehörden berufen.** ⁶**Vertreter des Bundesministeriums für Gesundheit, der**

obersten Landesgesundheitsbehörden, des Robert Koch-Institutes und des Bundesinstitutes für Arzneimittel und Medizinprodukte nehmen mit beratender Stimme an den Sitzungen teil.

(3) [1]Die Leiter folgender Einrichtungen haben sicherzustellen, dass die nach dem Stand der medizinischen Wissenschaft erforderlichen Maßnahmen getroffen werden, um nosokomiale Infektionen zu verhüten und die Weiterverbreitung von Krankheitserregern, insbesondere solcher mit Resistenzen, zu vermeiden:
1. Krankenhäuser,
2. Einrichtungen für ambulantes Operieren,
3. Vorsorge- oder Rehabilitationseinrichtungen, in denen eine den Krankenhäusern vergleichbare medizinische Versorgung erfolgt,
4. Dialyseeinrichtungen,
5. Tageskliniken,
6. Entbindungseinrichtungen,
7. Behandlungs- oder Versorgungseinrichtungen, die mit einer der in den Nummern 1 bis 6 genannten Einrichtungen vergleichbar sind,
8. Arztpraxen, Zahnarztpraxen,
9. Praxen sonstiger humanmedizinischer Heilberufe,
10. Einrichtungen des öffentlichen Gesundheitsdienstes, in denen medizinische Untersuchungen, Präventionsmaßnahmen oder ambulante Behandlungen durchgeführt werden,
11. ambulante Pflegedienste, die ambulante Intensivpflege in Einrichtungen, Wohngruppen oder sonstigen gemeinschaftlichen Wohnformen erbringen, und
12. Rettungsdienste.
[2]Die Einhaltung des Standes der medizinischen Wissenschaft auf diesem Gebiet wird vermutet, wenn jeweils die veröffentlichten Empfehlungen der Kommission für Krankenhaushygiene und Infektionsprävention beim Robert Koch-Institut und der Kommission Antiinfektiva, Resistenz und Therapie beim Robert Koch-Institut beachtet worden sind.

(4) [1]Die Leiter von Einrichtungen nach Absatz 3 Satz 1 Nummer 1 bis 3 haben sicherzustellen, dass die nach Absatz 4a festgelegten nosokomialen Infektionen und das Auftreten von Krankheitserregern mit speziellen Resistenzen und Multiresistenzen fortlaufend in einer gesonderten Niederschrift aufgezeichnet, bewertet und sachgerechte Schlussfolgerungen hinsichtlich erforderlicher Präventionsmaßnahmen gezogen werden und dass die erforderlichen Präventionsmaßnahmen dem Personal mitgeteilt und umgesetzt werden. [2]Darüber hinaus haben die Leiter sicherzustellen, dass die nach Absatz 4a festgelegten Daten zu Art und Umfang des Antibiotika-Verbrauchs fortlaufend in zusammengefasster Form aufgezeichnet, unter Berücksichtigung der lokalen Resistenzsituation bewertet und sachgerechte Schlussfolgerungen hinsichtlich des Einsatzes von Antibiotika gezogen werden und dass die erforderlichen Anpassungen des Antibiotika-

einsatzes dem Personal mitgeteilt und umgesetzt werden. [3]Die Aufzeichnungen nach den Sätzen 1 und 2 sind zehn Jahre nach deren Anfertigung aufzubewahren. [4]Dem zuständigen Gesundheitsamt ist auf Verlangen Einsicht in die Aufzeichnungen, Bewertungen und Schlussfolgerungen zu gewähren.

(4a) [1]Das Robert Koch-Institut hat entsprechend den jeweiligen epidemiologischen Erkenntnissen die nach Absatz 4 zu erfassenden nosokomialen Infektionen und Krankheitserreger mit speziellen Resistenzen und Multiresistenzen sowie Daten zu Art und Umfang des Antibiotikaverbrauchs festzulegen. [2]Die Festlegungen hat es in einer Liste im Bundesgesundheitsblatt zu veröffentlichen. [3]Die Liste ist an den aktuellen Stand anzupassen.

(5) [1]Die Leiter folgender Einrichtungen haben sicherzustellen, dass innerbetriebliche Verfahrensweisen zur Infektionshygiene in Hygieneplänen festgelegt sind:
1. Krankenhäuser,
2. Einrichtungen für ambulantes Operieren,
3. Vorsorge- oder Rehabilitationseinrichtungen,
4. Dialyseeinrichtungen,
5. Tageskliniken,
6. Entbindungseinrichtungen,
7. Behandlungs- oder Versorgungseinrichtungen, die mit einer der in den Nummern 1 bis 6 genannten Einrichtungen vergleichbar sind,
8. ambulante Pflegedienste, die ambulante Intensivpflege in Einrichtungen, Wohngruppen oder sonstigen gemeinschaftliche Wohnformen, und
9. Rettungsdienste.

[2]Die Landesregierungen können durch Rechtsverordnung vorsehen, dass Leiter von Zahnarztpraxen sowie Leiter von Arztpraxen und Praxen sonstiger humanmedizinischer Heilberufe, in denen invasive Eingriffe vorgenommen werden, sicherzustellen haben, dass innerbetriebliche Verfahrensweisen zur Infektionshygiene in Hygieneplänen festgelegt sind. [3]Die Landesregierungen können die Ermächtigung durch Rechtsverordnung auf andere Stellen übertragen.

(6) [1]Einrichtungen nach Absatz 5 Satz 1 unterliegen der infektionshygienischen Überwachung durch das Gesundheitsamt. [2]Einrichtungen nach Absatz 5 Satz 2 können durch das Gesundheitsamt infektionshygienisch überwacht werden.

(6a) [1]Die infektionshygienische Überwachung von ambulanten Pflegediensten, die ambulante Intensivpflege in Einrichtungen, Wohngruppen oder sonstigen gemeinschaftlichen Wohnformen erbringen, erstreckt sich auch auf Orte, an denen die Intensivpflege erbracht wird. [2]Die ambulanten Pflegedienste haben dem Gesundheitsamt auf dessen Anforderung die Namen und Kontaktdaten der von ihnen versorgten Personen und der vertretungsberechtigten Personen mitzuteilen.

(7) (weggefallen)

(8) [1]Die Landesregierungen haben durch Rechtsverordnung für Krankenhäuser, Einrichtungen für ambulantes Operieren, Vorsorge- oder Rehabilitationseinrichtungen, in denen eine den Krankenhäusern vergleichbare medizinische Versorgung erfolgt, sowie für Dialyseeinrichtungen und Tageskliniken die jeweils erforderlichen Maßnahmen zur Verhütung, Erkennung, Erfassung und Bekämpfung von nosokomialen Infektionen und Krankheitserregern mit Resistenzen zu regeln. [2]Dabei sind insbesondere Regelungen zu treffen über

1. hygienische Mindestanforderungen an Bau, Ausstattung und Betrieb der Einrichtungen,
2. Bestellung, Aufgaben und Zusammensetzung einer Hygienekommission,
3. die erforderliche personelle Ausstattung mit Hygienefachkräften und Krankenhaushygienikern und die Bestellung von hygienebeauftragten Ärzten einschließlich bis längstens zum 31. Dezember 2019 befristeter Übergangsvorschriften zur Qualifikation einer ausreichenden Zahl geeigneten Fachpersonals,
4. Aufgaben und Anforderungen an Fort- und Weiterbildung der in der Einrichtung erforderlichen Hygienefachkräfte, Krankenhaushygieniker und hygienebeauftragten Ärzte,
5. die erforderliche Qualifikation und Schulung des Personals hinsichtlich der Infektionsprävention,
6. Strukturen und Methoden zur Erkennung von nosokomialen Infektionen und resistenten Erregern und zur Erfassung im Rahmen der ärztlichen und pflegerischen Dokumentationspflicht,
7. die zur Erfüllung ihrer jeweiligen Aufgaben erforderliche Einsichtnahme der in Nummer 4 genannten Personen in Akten der jeweiligen Einrichtung einschließlich der Patientenakten,
8. die Informationen des Personals über Maßnahmen, die zur Verhütung und Bekämpfung von nosokomialen Infektionen und Krankheitserregern mit Resistenzen erforderlich sind,
9. die klinisch-mikrobiologisch und klinisch-pharmazeutische Beratung des ärztlichen Personals,
10. die Information von aufnehmenden Einrichtungen und niedergelassenen Ärzten bei der Verlegung, Überweisung oder Entlassung von Patienten über Maßnahmen, die zur Verhütung und Bekämpfung von nosokomialen Infektionen und von Krankheitserregern mit Resistenzen erforderlich sind.

[3]Für Rettungsdienste können die Landesregierungen erforderliche Maßnahmen nach den Sätzen 1 und 2 regeln. [4]Die Landesregierungen können die Ermächtigung durch Rechtsverordnung auf andere Stellen übertragen.

Übersicht

Schrifttum: *Exner/Engelhart/Kramer,* Empfehlung zum Kapazitätsumfang für die Betreuung von Krankenhäusern und anderen medizinischen Einrichtungen durch Kran-
kenhaushygieniker/innen, BGesBl 2016, 1179; *Exner/Peters/Engelhart/Mielke/Nassauer,*
1974–2004: 30 Jahre Kommission für Krankenhaushygiene, BGesBl 2004, 313; *Glaeske/
Hoffmann/Koller/Tholen/Windt,* Faktencheck Gesundheit – Antibiotikaverordnung bei
Kindern, 2012; *Schwarzkopf,* Antiinfektiva; Nosokomiale Infektionen, in Jassoy/Schwarz-
kopf (Hrsg.), Hygiene, Infektiologie, Mikrobiologie, 3. Aufl. 2018, S. 174 bzw. S. 324; *Si-
mon/Christiansen,* Zur Fortentwicklung der Arbeiten bei dem Empfehlungen der Kommission für Krankenhaushygiene und Infektionsprävention (KRINKO), BGesBl 2012,
1427; *Schultze-Zeu/Riehn/Augustinat,* Neue Haftungsansätze bei Infektionen in Krankenhäusern und sonstigen medizinischen Einrichtungen unter Berücksichtigung der
neuen Rechtsprechung des BGH und der Anwendung der KRINKO-Empfehlungen,
VersR 2019, 1534.

A. Zweck und Bedeutung der Norm

1   Ziel der Norm ist die **Prävention nosokomialer Infektionen** (§ 2 Nr. 8
→ § 2 Rn. 14ff., Rn. 5f.) und die Verhinderung der Weiterverbreitung von
Krankheitserregern (§ 2 Nr. 1→ § 2 Rn. 2; → Rn. 13), insbes. solcher mit **Resistenzen** oder **Multiresistenzen.** (Multi-)Resistenzen sind va bei nosoko-

mialen Infektionen bedeutsam, weil sie in medizinischen Einrichtungen auftreten, wo der Einsatz von Antibiotika auf Grund der Krankheitslast hoch ist. (Multi-)Resistenzen werden durch eine adäquate Diagnostik und Therapie von Infektionen bekämpft, wozu va der richtige Einsatz von Antibiotika zählt (→ Rn. 21).

Die Norm hat für medizinische Einrichtungen und deren Arbeitsorgani- 2 sation bzgl. der Infektionsprävention hohe praktische Bedeutung. Denn der Gesetzgeber setzt zur Erreichung o. g. Ziele (→ Rn. 1) auf detaillierte Vorgaben – va von **zwei Expertenkommissionen** (→ Rn. 4ff., 19ff.) – und auf die **persönliche Verantwortlichkeit** von **Einrichtungsleitern** (→ Rn. 24ff., 47ff.). Außerdem finden **infektionshygienische Überwachungen** statt (→ Rn. 56), wobei bestimmte Verstöße sogar bußgeldbewährt oder strafrechtlich relevant sind (→ Rn. 60). Weitere Verpflichtungen enthalten va die **landesrechtlichen Verordnungen** zur Infektionshygiene und Prävention resistenter Krankheitserreger (→ Rn. 59).

Der Infektions- und Hygieneschutz ist zudem Gegenstand des Qualitäts- 3 sicherungsrechts der GKV. Dem **G-BA** stehen hier Regelungsbefugnisse nach **§ 136a Abs. 1 SGB V** (ua Beurteilung der Hygienequalität über Indikatoren – vgl. den Bezug auf § 23 Abs. 1 und 2 IfSG; Hygienereports) zu. Darüber hinaus greift **privatrechtlich** das **Arzthaftungsrecht** bei (nosokomialen) Infektionen wegen der Verletzung von Standards (zur Bedeutung der KRINKO-Empfehlungen mwN zur Rspr. vgl. *Schultze-Zeu/Riehn/Augustinat* VersR 2019, 1534).

B. KRINKO – Kommission für Krankenhaushygiene und Infektionsprävention (Abs. 1)

I. Struktur, Historie

Abs. 1 regelt die Einrichtung, Organisation, Besetzung und Aufgabe der Ex- 4 pertenkommission **KRINKO.** Eine dieser Regelung entsprechende Struktur findet sich in Abs. 2 für die weitere Expertenkommission **ART** (→ Rn. 19ff.). Im IfSG selbst hat der Gesetzgeber außerdem die sog. **STIKO** verankert, vgl. § 20 Abs. 2 (→ § 20 Rn. 6ff.). Darüber hinaus sind beim RKI zahlreiche **weitere (Experten-)Kommissionen** angesiedelt, die teils mit Aufgaben auch jenseits des Infektionsschutzes betraut sind (www.rki.de → Kommissionen).

Gesetzlich verankert worden ist die KRINKO erst im Zuge des SeuchR- 5 NeuG vom 20.7.2000 (BGBl. I 1045) im IfSG, wobei letzteres am 1.1.2001 in Kraft getreten ist (zur Historie → Einf. Rn. 10ff.). Existent ist die Kommission bereits seit 1974, damals allerdings noch unter der Bezeichnung „Kommission für Krankenhaushygiene" (*Exner/Peters/Engelhart/Mielke/Nassauer* BGesBl 2004, 313 – ausf. zur Historie).

Organisatorisch ist die KRINKO nach Abs. 1 S. 1 dem RKI (vgl. § 4 zu den 6 Aufgaben) zugeordnet, wobei das RKI wiederum eine selbständige Bundesoberbehörde (vgl. Art. 87 Abs. 3 S. 1 Alt. 1 GG; ausf. *Ibler* in Maunz/Dürig GG Art. 87 Rn. 249ff. mwN; *Poscher* in Huster/Kingreen Hdb. InfSchR Kap. 4 Rn. 20ff.) im Geschäftsbereich des BMG ist (→ Einf. Rn. 4, 18,

→ § 4). Der Gesetzgeber hat die **KRINKO** als **Expertenkommission** speziell für den Bereich der **Prävention nosokomialer Infektionen** und der **Hygiene in medizinischen Einrichtungen** (zu ihren Aufgaben → Rn. 11 ff.) konzipiert (vgl. BT-Drs. 14/2530, 73 f.).

7   Wichtige **Entscheidungskompetenzen** die Struktur und Arbeitsorganisation der KRINKO betreffend liegen beim **BMG**. Sie betreffen die **Mitgliederauswahl** (→ Rn. 8) sowie die **Genehmigung** der **Geschäftsordnung** (→ Rn. 9).

8   Das BMG beruft die Mitglieder der KRINKO (Abs. 1 S. 6) und muss dabei „**im Benehmen**" mit den **obersten Landesgesundheitsbehörden** handeln. Dies ist eine im (öffentlichen) Recht gebräuchliche Formulierung (im IfSG selbst zB: § 4 Abs. 2 Nr. 1, § 5 Abs. 3 S. 2 und S. 3). Sie bezeichnet – üblicherweise und auch im hiesigen Kontext – eine bestimmte Form der Mitwirkung unterhalb der Schwelle des Einverständnisses (*Peine/Siegel,* Allgemeines Verwaltungsrecht, 13. Aufl. 2020, Rn. 448 ff.). Die obersten Landesgesundheitsbehörden müssen ihre Auffassungen vor der Berufung der Mitglieder vortragen können. Auf eine – weitergehende – Zustimmung der obersten Landesgesundheitsbehörden ist das BMG hingegen nicht angewiesen.

9   Die nähere Ausgestaltung der Kommissionsarbeit (zB Mitgliedschaft einschließlich Art der Fachexpertise, Organe, Sitzungen, Sitzungsabläufe, Beschlussfassungen, Mehrheitsverhältnisse usw.) erfolgt durch die **KRINKO** selbst im Wege einer (nur intern wirkenden) **Geschäftsordnung,** zu deren Erlass sie verpflichtet ist (vgl. Abs. 1 S. 2; abrufbar unter www.rki.de → KRINKO → Geschäftsordnung). Die **rein ehrenamtliche Mitarbeit** in der Kommission bringt Limitationen mit sich und ist daher krit. zu sehen (*Simon/Christiansen* BGesBl 2012, 1427 (1429)). Da die **Geschäftsordnung** der **Zustimmungspflicht** des **BMG** unterfällt, liegt das Letztendscheidungsrecht über die nähere Ausgestaltung der Arbeit der KRINKO beim BMG. Das RKI bleibt auch insoweit ohne Befugnisse. Ohne die Zustimmung des BMG tritt die Geschäftsordnung nicht in Kraft (§ 12 Abs. 1 S. 1 Geschäftsordnung). Das **BMG** hat außerdem jederzeit die Möglichkeit, seine Zustimmung zur Geschäftsordnung (ganz oder teilweise) zu **widerrufen** (§ 12 Abs. 2 S. 1 Geschäftsordnung). Der Widerruf hat zur Folge, dass die Geschäftsordnung außer Kraft tritt, soweit der Widerruf greift (§ 12 Abs. 2 S. 2 Geschäftsordnung).

10   Die Empfehlungen der KRINKO werden in ihren Sitzungen durch Beschl. gefasst (§ 1 Abs. 1 S. 3 Geschäftsordnung), wobei allein die vom BMG **berufenen Mitglieder stimmberechtigt** sind. Das **BMG,** die **obersten Landesgesundheitsbehörden** sowie das **RKI** sind mit bloßen **Teilnahmerechten** ausgestattet und bleiben damit ohne direkten Einfluss auf den Inhalt der Empfehlungen. Ihnen weist das Gesetz lediglich eine **Beratungsfunktion** zu (Abs. 1 S. 7).

II. Aufgaben der KRINKO

11   Der Gesetzgeber weist der KRINKO die Erstellung von Empfehlungen in folgenden Bereichen zu: **1. Prävention nosokomialer Infektionen** sowie zu **betrieblich-organisatorischen** und **baulich-funktionellen Maßnahmen der Hygiene** in Krankenhäusern und anderen medizinischen Einrich-

tungen, Abs. 1 S. 3 (→ Rn. 12 ff.), **2.** Kriterien und Verfahren zur Einstufung von Einrichtungen als **Einrichtungen** für **ambulantes Operieren,** Abs. 1 S. 4 (→ Rn. 17). Derzeit existieren insgesamt 25 gültige Empfehlungen der KRINKO, die auf der Internetseite des RKI als Liste (Stand: 22. 4. 2020) veröffentlicht sind („Aktuelle KRINKO-Empfehlungen auf einen Blick"). Ihr lässt sich entnehmen, dass die thematischen Zugriffe der Empfehlungen für Hygienemaßnahmen höchst unterschiedlich sind, weil diese (natürlich) an den medizinischen Erfordernissen der Hygiene und Infektiologie – und nicht an den o. g. rechtlichen Formulierungen – ausgerichtet sind. Je nach Aufgabenstellung können sich verschiedene Empfehlungen daher zB gegenseitig ergänzen.

1. Empfehlungen zur Prävention nosokomialer Infektionen sowie 12 **zu betrieblich-organisatorischen und baulich-funktionellen Hygienemaßnahmen.** Der Begriff der **nosokomialen Infektionen** ist in **§ 2 Nr. 8 legal definiert** (→ § 2 Rn. 14 ff.). Der Begriff verweist auf ihre Entstehung in einem bestimmten Setting (vgl. RKI-Fachwörterbuch Infektionsschutz und Infektionsepidemiologie, Stichwort „Infektionen, Arten und Formen"). Das „**Setting",** in der die medizinische Maßnahme stattfindet, kann **stationär** oder **ambulant** sein. Der geläufige Sprachgebrauch „Krankenhausinfektion" deckt daher den Begriff der nosokomialen Infektion nicht vollständig ab, weil stationäre medizinische Maßnahmen zB auch in Vorsorge- oder Rehabilitationseinrichtungen erfolgen können.

Zur Prävention nosokomialer Infektionen werden – durch die Einhaltung 13 entsprechender (Hygiene-)Empfehlungen – die Entstehung und Weiterverbreitung von Erregern unterbunden, die nosokomiale Infektionen verursachen können (vgl. *Schwarzkopf* in Jassoy/Schwarzkopf, S. 324 ff.). Da letztere nicht allein durch **Krankheitserreger iSv § 2 Nr. 1,** sondern darüber hinaus durch **fakultative pathogene Mikroorganismen** ausgelöst werden können (→ § 2 Rn. 2, 15), gibt die KRINKO Empfehlungen auch zu ihnen ab. Ein Beispiel für einen häufigen Erreger dieser Art ist das Bakterium „Staphylococcus aureus", mit dem etwa 20% bis 3% der Bevölkerung dauerhaft besiedelt sind (**endogene Infektionen** → § 2 Rn. 15) und das zudem therapeutische Unempfindlichkeiten (Resistenzen) zeigt (vgl. BGesBl 2014, 696 (698)).

Die Prävention nosokomialer Infektionen erfordert auch die Einhaltung 14 der Anforderungen der **Basishygiene** (zum Begriff: RKI-Fachwörterbuch Infektionsschutz und Infektionsepidemiologie, Stichwort „Basishygiene"). Andernfalls verbreiten sich nosokomiale Erreger in einer medizinischen Einrichtung leicht (*Schwarzkopf* in Jassoy/Schwarzkopf, S. 324). Deshalb haben sich die Empfehlungen der KRINKO auch auf **allgemeine Hygienemaßnahmen** zu beziehen (vgl. BT-Drs. 14/2530, 74; *Gerhardt,* § 23 Rn. 5). So enthält etwa die Empfehlung zur „Händehygiene in Einrichtungen des Gesundheitswesens" (BGesBl 2016, 1189) Maßnahmen der Basishygiene. Die Händehygiene ist dabei so basal, dass die Empfehlung hierzu integraler Bestandteil aller KRINKO-Empfehlungen ist (BGesBl 2016, 1189 (1190)). Die **speziellen Hygieneempfehlungen** sind dann **zusätzlich** zu **beachten.** Deren Spezialität resultiert etwa aus Formen und Arten von Infektionen (zB nosokomial; nosokomiale Pneumonien; MRSA, Enterokokken mit speziellen

Antibiotikaresistenzen), den betroffenen Patienten (zB nosokomiale Infektionen bei Frühgeborenen) oder auch aus Infektionen, die mit bestimmten medizinischen Maßnahmen assoziiert sind (zB Katheter).

15   **Betrieblich-organisatorische Maßnahmen** der Hygiene betreffen Anforderungen an den **Ablauf von Arbeitsprozessen in medizinischen Einrichtungen** wie zB Händedesinfektion, Katherisierung oder Verbandswechsel (BT-Drs. 14/2530, 74; *Gerhardt*, § 23 Rn. 6).

16   Bei Baumaßnahmen (Neubau, Umbau, Erweiterung, Sanierung) medizinischer Einrichtungen können (neben einer Vielzahl weiterer baurechtlicher Vorgaben) auch KRINKO-Empfehlungen einschlägig sein. Denn derartige baulich-funktionelle Maßnahmen betreffen Anforderungen an die **hygieneoptimierte Bauweise** medizinischer Einrichtungen. **Krankenhaushygieniker** werden heute, auch wegen entsprechender Regelungen in den Hygieneverordnungen der Länder, frühzeitig in Baumaßnahmen eingebunden. Ziel ist eine bauliche Struktur, die dem Infektionsschutz unter Berücksichtigung spezifischer Hygieneanforderungen (resultierend zB aus den Patientengruppen, der Zahl an Patienten, der Art der Abteilungen, der medizinischen Eingriffe usw.) Rechnung trägt. Im Gesetzentwurf zum SeuchRNeuG wird beispielhaft auf besonders gefährdete Intensiveinheiten, Entbindungsabteilungen, Dialyseeinheiten, Schleusen und Laboratorien verwiesen (BT-Drs. 14/2530, 74; *Gerhardt*, § 23 Rn. 7).

17   **2. Kriterien und Verfahren zur Einstufung von Einrichtungen als Einrichtungen für ambulantes Operieren.** Die Aufgabe der KRINKO, Kriterien und Verfahren zur Einstufung von Einrichtungen als **Einrichtungen** für **ambulantes Operieren** zu empfehlen, ist mit dem GMÜK v. 17.7.2017 (BGBl. I 2615) in Abs. 1 S. 4 aufgenommen worden. Obgleich der BR, unter Verweis auf unterschiedliche Auslegungen des Begriffs „Einrichtungen für ambulantes Operieren" durch Bund und Länder, eine bundesgesetzliche Definition forderte (BT-Drs. 18/11187, 2; *Gerhardt*, § 23 Rn. 9), kam es nicht zu einer Definition im IfSG durch den Bundesgesetzgeber selbst (BT-Drs. 18/12604, 75, *Gerhardt*, § 23 Rn. 9). Die Schwierigkeiten einer einheitlichen Auslegung des Begriffs (vgl. zu einem früheren Definitionsversuch Anlage 4 der BT-Drs. 17/5708, 18) führten jedoch zu einer gesetzlichen Beauftragung der KRINKO. Ein Rückgriff auf den sog. **AOP-Vertrag** zum ambulanten Operieren nach **§ 115b Abs. 1 SGB V** scheidet wegen des **anderweitigen Regelungszusammenhangs** aus (vgl. BT-Drs. 18/12604, 75; Anlage 4 der BT-Drs. 17/5708, 18). Die Empfehlungen der KRINKO sollen sich vielmehr an der Aufgabenstellung Infektionsschutz (zB Infektionsrisiko der Einrichtung, Hygienerelevanz der durchgeführten Eingriffe) orientieren (BT-Drs. 18/12604, 75). Die geläufige Unterscheidung ambulant vs. stationär (dh nach der Dauer des Aufenthalts bzw. Abrechnung nach EBM bzw. DRG), ist für die Einschätzung von Infektionsrisiken nicht relevant (so im Hinblick auf Surgical Site Infections (SSI) die KRINKO-Empfehlung zur Prävention postoperativer Wundinfektionen BGesBl 2018, 448 (464)).

18   **3. Pflicht zur Weiterentwicklung, Veröffentlichung.** Die KRINKO ist verpflichtet, ihre Empfehlungen stetig weiter zu entwickeln. Das bedeutet, dass vorhandene Empfehlungen der stetigen Überarbeitung bedürfen oder

auch gänzlich neue Empfehlungen auszusprechen sind. Die **Pflicht zur Weiterentwicklung** erfolgt unter Berücksichtigung **aktueller infektions-epidemiologischer Auswertungen** (vgl. Abs. 1 S. 5). Lassen sich **wissen-schaftliche Fragen** nicht eindeutig beantworten, kommt es hier häufig zu **Kompromissen** (*Simon/Christiansen* BGesBl 2012, 1427 (1428)). Aktualisie-rungen von KRINKO-Empfehlungen erfolgen häufiger durch Kommentie-rungen bestehender Empfehlungen im Epid. Bulletin des RKI (vgl. mwN *Simon/Christiansen* BGesBl 2012, 1427 (1428)). Veröffentlicht werden sie vom RKI im BGesBl.

C. ART – Kommission Antiinfektiva, Resistenz und Therapie (Abs. 2)

I. Struktur, Historie

Abs. 2 regelt die Einrichtung, Organisation, Besetzung und Aufgabe der **19** Kommission ART, die beim RKI verortet ist. Die Einrichtung, Organisation und Besetzung der ART ist analog zur KRINKO (Abs. 1) geregelt (→ Rn. 6 ff.). Dabei ist die Geschäftsordnung der ART ebenfalls in Anlehnung an diejenige der KRINKO ausgestaltet (mit Stand v. 31.10.2016 unter www. rki.de → Kommission ART abrufbar). Ein Unterschied besteht allerdings: Ne-ben dem BMG, den obersten Landesgesundheitsbehörden und dem RKI ist auch das **Bundesinstitut für Arzneimittel und Medizinprodukte** mit einer Beratungsfunktion ausgestattet (Abs. 2 S. 6).

Mit dem G zur Änderung des IfSG und weiterer Gesetze v. 28.7.2011 **20** (BGBl. I 1622) ist die **ART** eingerichtet worden, wobei Abs. 3 am 4.8.2011 in Kraft getreten ist. Die konstituierende Sitzung fand am 23./24.1.2013 in Berlin statt (www.rki.de). Hintergrund für die Einrichtung der ART sind die anhaltenden Schwierigkeiten, (nosokomiale) Infektionen in hinreichender Zahl zu vermeiden, wobei va diejenigen mit (multi-)resistenten Erregern zu-nehmen (BT-Drs. 17/6141, 2).

Resistente Erreger sind unempfindlich gegenüber **Antiinfektiva** (= Thera- **21** peutika, die gegen Infektionserreger – Bakterien, Viren, Pilze, Parasiten – wir-ken), wobei **multiresistente Erreger** (MRE) gegen mehrere antiinfektive Substanzen unempfindlich sind (vgl. RKI-Fachwörterbuch Infektionsschutz und Infektionsepidemiologie, Stichworte: „Antiinfektiva", „Mehrfachresis-tenz",). Das Problem dieser Erreger besteht darin, dass sie therapeutisch (zu-nehmend) schwierig(er) zu bewältigen sind und daher zu einer Verlängerung von Behandlungen, Komplikationen, Todesfällen sowie zu hohen Kosten im Gesundheitssystem führen (BT-Drs. 17/6141, 2). Für die Resistenzbildung bei zB bakteriellen Erregern ist der **unrichtige Einsatz von Antibiotika beim Menschen** (zu oft, zu kurz, zu gering dosiert) und der intensive Einsatz in der **Massentierhaltung** verantwortlich (*Schwarzkopf* in Jassoy/Schwarz-kopf, S. 173). Jeder Antibiotikaeinsatz fördert die Bildung von Resistenzen, weil empfindliche Bakterien abgetötet werden, die resistenten jedoch über-leben und sich weitervermehren (www.rki.de → Kommission ART). Durch eine adäquate Diagnostik und Therapie von Infektionen lassen sich (Multi-)

Resistenzen günstig beeinflussen und Infektionen besser bekämpfen (vgl. BT-Drs. 17/6141, 36).

II. Aufgaben der ART

22   **1. Standards in Diagnostik und antimikrobieller Therapie.** Die Kommission erstellt Empfehlungen mit allgemeinen Grundsätzen für Diagnostik und antimikrobielle Therapie und zwar va im Hinblick auf Infektionen durch resistente Krankheitserreger. **Ärzte** sollen klare Empfehlungen zum **fachgerechten Einsatz von Diagnostika und Antiinfektiva** erhalten (BT-Drs 17/5178, 2). Die Veröffentlichungen der ART sind auf der Internetseite des RKI abrufbar (www.rki.de → Kommission ART).

23   **2. Pflicht zur Weiterentwicklung, Veröffentlichung.** Ebenso wie die KRINKO ist auch die ART verpflichtet, ihre Empfehlungen unter Berücksichtigung aktueller infektionsepidemiologischer Auswertungen weiter zu entwickeln (→ Rn. 18). Das RKI veröffentlicht die Empfehlungen der ART.

D. Infektionsschutz durch Leiter bestimmter Einrichtungen (Abs. 3)

I. Leiter

24   Abs. 3 S. 1 verpflichtet die **Leiter von Einrichtungen** (→ Rn. 25 ff.; § 2 Rn. 44) sicherzustellen, dass die nach dem wissenschaftlichen Erkenntnisstand erforderlichen Maßnahmen getroffen werden, um nosokomiale Infektionen zu verhüten und die Weiterverbreitung von (resistenten) Krankheitserregern zu vermeiden.

25   **§ 2 Nr. 15 Hs. 1** definiert die **Leitung der Einrichtung** als die Person, die mit den **Leitungsaufgaben** in der jeweiligen Einrichtung **beauftragt** ist (→ § 2 Rn. 44). Der Wortlaut legt nahe, dass es um „die" (eine) Person geht, die mit sämtlichen Leitungsaufgaben („*den Leitungsaufgaben*") beauftragt worden ist, die also in der Hierarchiestruktur an der Spitze der Einrichtung steht. Dies ist bei einem Krankenhaus im Hinblick auf die medizinische Versorgung der **Ärztliche Direktor** als der leitende Arzt des gesamten Krankenhauses.

26   Weiter heißt es in § 2 Nr. 15 Hs. 2, „das betrifft auch a) die selbständig tätige Person für ihren Zuständigkeitsbereich selbst, b) die Person, die einrichtungsübergreifend mit den Leitungsaufgaben betraut ist". Die Formulierung **„das betrifft auch"** ist **kryptisch** (→ § 2 Rn. 46).

27   Über lit. **a** ist die Person, die in einem bestimmten Zuständigkeitsbereich der Einrichtung **selbständig tätig** ist, für diesen Zuständigkeitsbereich der Leiter der Einrichtung (→ § 2 Rn. 45). Welche Person der Einrichtung diese Voraussetzung erfüllt, hängt von der dortigen personellen und organisatorischen Struktur ab.

28   Zu diesen Strukturen, die aus fachlicher Sicht zur Prävention nosokomialer Infektionen vorzuhalten sind, existiert eine KRINKO-Empfehlung aus dem Jahr 2009 (BGesBl 2009, 951). Damals gab es nur in wenigen Bundesländern Hygieneverordnungen. Mittlerweile enthalten jedoch die RVOen von Landes-

regierungen Regelungen ua zur personellen Ausstattung (Abs. 8 → Rn. 59). Die erwähnte KRINKO-Empfehlung wird heute ergänzt durch eine Empfehlung aus dem Jahr 2016 (BGesBl 2016, 1183). Die Ergänzung bezieht sich auf die **Qualifikation** und die **Bedarfsermittlung** des **Krankenhaushygienikers.**

Beschäftigt ein Krankenhaus einen **hauptamtlichen Krankenhaushygieniker** als Leiter etwa einer eigenen **Stabsstelle bzw. Organisationseinheit** entsprechend der KRINKO-Empfehlung – unmittelbare Verantwortung gegenüber dem Träger der Einrichtung, Zuordnung der Hygienefachkräfte, Beratungsfunktion für die Fachabteilungen, Unabhängigkeit in der ärztlichen Aufgabenzuweisung, BGesBl 2009, 951 (953f.) –, so ist dieser im Hygienebereich „selbständig" (wohl nicht arbeits- bzw. sozialversicherungsrechtlich gemeint → § 2 Rn. 45) tätig und somit für diesen Bereich der Leiter der Einrichtung. Für die Beschäftigung eines hauptamtlichen Krankenhaushygienikers ist das Risikoprofil sowie die Größe und Komplexität der zu betreuenden Einrichtung maßgeblich (s. näher BGesBl 2016, 1183 (1184 f.)). Der Krankenhaushygieniker ist nach der KRINKO-Empfehlung entweder **Facharzt** für **Hygiene und Umweltmedizin** oder für **Mikrobiologie, Virologie und Infektionsepidemiologie** oder **Facharzt in klinischer Disziplin,** der über die **curriculare Fortbildung Krankenhaushygiene** verfügt (BGesBl 2016, 1183; vgl. auch *Exner/Engelhart/Kramer* BGesBl 2016, 1179). **29**

Darüber hinaus findet sich in der (älteren) KRINKO-Empfehlung (BGesBl 2009, 951 (955)) wie auch in RVOen der Landesregierungen (Abs. 8 → Rn. 59; zB § 5 Abs. 1 und 2 HygMedVO NRW) die Stellung des sog. **hygienebeauftragten Arztes.** Dieser verfügt über eine Fortbildungsqualifizierung im Bereich der Hygiene und Infektionsprävention. Er ist klinisch in der jeweiligen Fachabteilung (zB als Chirurg, Internist usw.) tätig und zusätzlich zu dieser Tätigkeit zum Hygienebeauftragten bestellt. In **jeder Einrichtung** soll es **mindestens einen hygienebeauftragten Arzt** geben; in Einrichtungen mit **mehreren Fachabteilungen** mit **besonderem Risiko** für **nosokomiale Infektionen** soll es in **jeder Abteilung einen hygienebeauftragten Arzt** geben. Die organisatorische Verortung des hygienebeauftragten Arztes in einer Fachabteilung reicht nicht aus, um ihn als „selbständig" tätige Person zu qualifizieren. Er ist folglich kein Leiter der Einrichtung für seinen Zuständigkeitsbereich. Dies ist der **Krankenhaushygieniker** bzw., wenn ein solcher nicht vorhanden ist, der **ärztliche Direktor** (→ Rn. 25). **30**

Ferner gibt es sog. **Hygienefachkräfte** sowie sog. **Hygienebeauftragte in der Pflege.** Zu deren Qualifikation und Einbindung in die Organisation verhält sich ebenfalls die KRINKO-Empfehlung (BGesBl 2009, 951 (955 ff.)) sowie die RVOen der Landesregierungen (zB § 4 und § 5 Abs. 3 HygMEdVO NRW). Sie scheiden als Einrichtungsleitung aus. **31**

Bestehen **Zusammenschlüsse von Einrichtungen** nach Abs. 3, so ist über **§ 2 Nr. 15 Hs. 2 lit. b** die Person, die einrichtungsübergreifend mit den Leitungsaufgaben betraut ist, Leiter der verschiedenen Einrichtungen, für die sie zuständig ist (→ § 2 Rn. 47). **32**

II. Einrichtungen

33   Eine Legaldefinition des Krankenhausbegriffs enthält sowohl § 107 Abs. 1 SGB V als auch § 2 Nr. 1 KHG. Für den **Krankenhausbegriff** nach Abs. 3 S. 1 **Nr. 1** lässt sich auf die dortigen Krankenhausbegriffe, zwischen denen kein inhaltlicher Unterschied besteht (*Becker* in Becker/Kingreen SGB V § 107 Rn. 5), zurückgreifen (*Gerhardt,* § 23 Rn. 28).

34   Die KRINKO ist beauftragt, Kriterien und Verfahren zur Einstufung von **Einrichtungen für ambulantes Operieren** (Abs. 3 S. 1 **Nr. 2**) zu empfehlen (→ Rn. 17).

35   **Vorsorge- und Rehabilitationseinrichtungen** (Abs. 3 S. 1 **Nr. 3**) sind in § 107 Abs. 2 SGB V legal definiert. Auf die dortige Definition kann zurückgegriffen werden, allerdings ist sie insoweit zu ergänzen, als in den Einrichtungen eine den Krankenhäusern vergleichbare medizinische Versorgung erfolgen muss. Ausgehend vom Schutzzweck des § 1 Abs. 1 ist sie vergleichbar, wenn in der Vorsorge- und Rehabilitationseinrichtung ähnliche ärztliche oder pflegerische Hilfeleistungen zur Behandlung von Krankheiten, Leiden oder Körperschäden erfolgen (zB Verbandswechsel, Wundversorgung) und dabei Infektionsgefahren bestehen (VG Arnsberg Urt. v. 17. 8. 2017 – 6 K 2898/16).

36   **Dialyseeinrichtungen** (Abs. 3 S. 1 **Nr. 4**) sind solche, die Dialyseleistungen erbringen. Hierunter fallen diverse Arten von Einrichtungen, da Dialyseleistungen in unterschiedlichen Organisationsformen (Heimdialyse, zentralisierte Heimdialyse bzw. Limited Care Dialyse, Ambulante Zentrumsdialyse, Teilstationäre Dialyse, Stationäre Dialyse) stattfinden können (Gesundheitsberichterstattung des Bundes, Stichwort „Dialyseversorgungsarten").

37   Die Bestimmung des Begriffs der **Tagesklinik** (Abs. 3 S. 1 **Nr. 5**) bereitet Schwierigkeiten (vgl. Auslegungsempfehlung zur Nds. Verordnung über Hygiene und Infektionsprävention in medizinischen Einrichtungen – NmedHygVO – v. 14. 6. 2018, „Was ist eine Tagesklinik?"). Man wird hierunter teilstationäre Einrichtungen verstehen können, in denen Krankenhausbehandlungen durchgeführt werden (vgl. § 39 Abs. 1 S. 1 SGB V; *Kunze* in Huster/Kaltenborn, Krankenhausrecht, 2. Aufl. 2017, § 23 Rn. 30). Ausgehend vom Schutzzweck des IfSG wird es für die infektionsschutzrechtlichen Anforderungen von Tageskliniken maßgeblich auf das von ihnen ausgehende Infektionsrisiko ankommen (vgl. die soeben erwähnte Auslegungsempfehlung).

38   **Entbindungseinrichtungen** (Abs. 3 S. 1 **Nr. 6**) sind solche Einrichtungen, in denen Lebend-, Tod- oder Fehlgeburten stattfinden. Während Fehlgeburten nicht als „Entbindung" iSd §§ 24c ff. SGB V angesehen werden (dazu krit. *Kießling* NZS 2017, 373; *Schaks* SGb 2017, 675 (676ff.) – jeweils mwN auch zur Rspr.), sind sie unter dem Regelungszweck des Infektionsschutzes einzubeziehen.

39   Über die sog. **Behandlungs- oder Versorgungseinrichtungen** (Abs. 3 S. 1 **Nr. 7**) ist offenbar eine Art „Auffangtatbestand" geschaffen worden. Denn Abs. 3 S. 1 Nr. 7 erfasst solche Einrichtungen, die mit einer der über Abs. 3 S. 1 Nr. 1–6 erfassten Einrichtung vergleichbar sind. Für die Vergleichbarkeit wird es darauf ankommen, dass in der Einrichtung eine medizinische Behandlung bzw. Versorgung stattfindet, von denen ähnliche Infektionsrisiken ausgehen.

Arztpraxen, Zahnarztpraxen (Abs. 3 S. 1 **Nr. 8**) sind Einrichtungen, in **40**
denen ambulante (zahn-)ärztliche Leistungen erbracht werden.

Praxen sonstiger humanmedizinischer Leistungen (Abs. 3 S. 1 **Nr. 9**) **41**
erfassen sämtliche ambulante Einrichtungen, in denen medizinische Leistungen
von einem Heilberufsangehörigen erbracht werden (*Gerhardt*, § 23 Rn. 31, der
zB auf Ergotherapeuten, Hebammen, Logopäden, Masseure und Heilpraktiker
verweist).

Einrichtungen des ÖGD (Abs. 3 S. 1 **Nr. 10**) werden erfasst, sofern dort **42**
medizinische Untersuchungen, Präventionsmaßnahmen oder ambulante Behandlungen durchgeführt werden. Einrichtungen des ÖGD sind ua die Gesundheitsämter (→ Einf. Rn. 1; zu den Regelungen auf Landesebene → Einf.
Rn. 29; vgl. auch § 13 Abs. 3 S. 8). Da sich der ÖGD primär um die Gesundheit der Bevölkerung insgesamt kümmert (→ Einf. Rn. 1), finden medizinische Behandlungen, wie sie hier vorausgesetzt werden, weniger statt (zB aber
bei der Versorgung von Obdachlosen).

Über Abs. 3 S. 1 **Nr. 11** werden nunmehr (vgl. BT-Drs. 19/5593) auch **43**
**ambulante Pflegedienste, die ambulante Intensivpflege in Einrichtun-
gen, Wohngruppen oder sonstigen gemeinschaftlichen Wohnformen**
erbringen, erfasst. Die Einbeziehung ambulanter Intensivpflege ist sachgerecht, weil sie intensivpflegerische Leistungen (zB Beatmung) mit entsprechendem Infektionsrisiko erbringen (*Gerhardt*, § 23 Rn. 31b; vgl. auch BT-
Drs. 19/4453, 123). Eine gemeinschaftliche Wohnform setzt voraus, dass mindestens zwei Personen mit dem Zweck zusammenleben, ambulante Intensivpflege zu erhalten (*Gerhardt*, § 23 Rn. 31f).

Die **Rettungsdienste** sind über Abs. 3 S. 1 **Nr. 12** aufgenommen worden, **44**
um den Anwendungsbereich von § 23 Abs. 3 an die Empfehlungen der
KRINKO (Epid. Bulletin 2014, 696) anzupassen (s. iE BT-Drs. 19/13452,
32).

III. Einhaltung des Standes der Wissenschaft

Der **Leiter** der betreffenden **Einrichtung** (→ Rn. 24ff.) trägt im Rahmen **45**
der Infektionsprävention die **Verantwortung** dafür, dass die Maßnahmen, die
mit dem Ziel der Verhütung nosokomialer Infektionen und der Vermeidung
der Weiterverbreitung von (resistenten) Krankheitserregern getroffen werden,
dem **Stand der medizinischen Wissenschaft** entsprechen (Abs. 3 S. 1).

IV. Einordnung der Empfehlungen von KRINKO und ART

Bei den **Empfehlungen** von **KRINKO** und **ART** handelt es sich **nicht** **46**
um gesetzlich verbindliche Regelungen, die zwingend einzuhalten sind
(VG München Urt. v. 8.3.2012 – M 18 K 11.4436). Abs. 3 S. 2 enthält jedoch
eine **gesetzliche Vermutung** für die Einhaltung des Standes der Wissenschaft
(BT-Drs. 17/5178, 18; zur Bedeutung für das Arzthaftungsrecht mwN zur
BGH-Rspr. *Schultze-Zeu/Riehn/Augustinat* VersR 2019, 1534ff.). Der Leiter
der betreffenden Einrichtung **profitiert** also in einer rechtlichen Auseinan-
dersetzung um die Frage einer standardgerechten Infektionsprävention **beweisrechtlich. Weicht der Leiter von einer Empfehlung ab,** so führt dies
wiederum nicht dazu, dass ein Verstoß gegen den Stand der Wissenschaft ver-

mutet werden würde. Allerdings **profitiert er beweisrechtlich nicht,** muss also nachweisen (zB über anderweitige evidenzbasierte Stellungnahmen von Fachgesellschaften), dass er den Stand der Wissenschaft gleichwohl eingehalten hat. Auf die Aktualität der Empfehlungen hat der Leiter selbst zu achten; sind sie überholt, entsprechen sie nicht mehr dem Stand der Wissenschaft (BT-Drs. 17/5178, 18).

E. Weitergehende Pflichten bei vom RKI festgelegten nosokomialen Infektionen und speziellen Resistenzen (Abs. 4)

47   Die Leiter von Krankenhäusern, Einrichtungen für ambulantes Operieren sowie von Vorsorge- oder Rehabilitationseinrichtungen (→ Rn. 34 ff.) unterfallen im Hinblick auf die vom RKI ausgewählten nosokomialen Infektionen sowie Krankheitserregern mit speziellen Resistenzen und Multiresistenzen (Abs. 4a) weitergehenden Pflichten nach Abs. 4 S. 1; vgl. hierzu die umfassende Empfehlung der KRINKO BGesBl 2020, 228 zur Pflicht zur **„Surveillance"** im Hinblick auf nosokomiale Infektionen).

48   Deren Auftreten muss zunächst von den Leitern **aufgezeichnet** werden, und zwar fortlaufend. Dazu ist eine ununterbrochene Aufzeichnung erforderlich, über die der der Infektionsschutz lückenlos nachvollziehbar ist, Trends erkannt werden (vgl. KRINKO-Empfehlung BGesBl 2020, 228 (240)) und Anpassungen erfolgen können (vgl. *Gerhardt,* § 23 Rn. 37). Ferner muss die Aufzeichnung in einer gesonderten Niederschrift erfolgen, also in *einem* Dokument bzw. Datensatz (*Gerhardt,* § 23 Rn. 40).

49   Die Aufzeichnungen müssen von den Leitern **bewertet** – also analysiert – werden und es sind **sachgerechte Schlussfolgerungen** zu ziehen. Zu fragen ist mithin, ob – und wenn ja welche – Präventionsmaßnahmen erforderlich sind. Diese müssen (natürlich) auch dem Personal mitgeteilt und umgesetzt werden.

50   Nach Abs. 4 S. 2 müssen die Leiter die vom RKI nach Abs. 4a festgelegten **Daten zu Art und Umfang** des **Antibiotikaverbrauchs aufzeichnen** und zwar **fortlaufend** (→ Rn. 48) in **zusammengefasster Form.**

51   Der Einsatz von Antibiotika muss **bewertet** werden und es ist zu fragen, ob – und wenn ja in welchem Umfang – bestimmte Antibiotika weiter eingesetzt werden. In diese Bewertung fließt die **lokale Resistenzsituation** ein. Mit „lokal" ist offenbar die **regionale Resistenzsituation** gemeint. Auf diese scheint es – im Unterschied zur **deutschlandweiten Betrachtung** – besonders anzukommen, weil Antibiotika in Deutschland regional in sehr unterschiedlichem Ausmaß eingesetzt werden (*Glaeske/Hoffmann/Koller/Tholen/ Windt,* S. 10 ff.; vgl. auch die frei zugängliche Online-Datenbank des RKI/ Antibiotika Resistenz-Surveillance in Deutschland – dort können Resistenzberichte nach Regionen generiert werden, https.//ars.rki.de/) Schlussendlich wird auch hier explizit geregelt, dass das Personal über einen angepassten Antibiotikaeinsatz informiert werden und diesen umsetzen muss.

52   Die **Aufzeichnungen** (→ Rn. 48, 50) sind **zehn Jahre lang aufzubewahren** (Abs. 4 S. 3). Das **Einsichtsrecht** des zuständigen **Gesundheitsamtes** bezieht sich neben den Aufzeichnungen auch auf die **Bewertungen** und

Schlussfolgerungen (Abs. 4 S. 4). Ratsam dürfte sein, auch die Bewertungen und Schlussfolgerungen gesondert zu dokumentieren und zehn Jahre lang aufzubewahren, um die Gründe (nicht)ergriffener Maßnahmen auch noch später nachvollziehen zu können (vgl. *Gerhardt,* § 23 Rn. 46).

F. Festlegungen des RKI (Abs. 4 a)

Das **RKI** wird über Abs. 4 a verpflichtet, die nach Abs. 4 aufzuzeichnenden **53** **nosokomialen Infektionen** und **Krankheitserreger mit speziellen Resistenzen und Multiresistenzen festzulegen,** die Liste auf dem aktuellen Stand zu halten und im BGesBl zu veröffentlichen (vgl. BGesBl 2013, 580). Gleiches gilt für die **Listung des Antibiotikaverbrauchs** nach **Art und Menge** (vgl. BGesBl 2013, 996). Über die interaktive Datenbank der Antibiotika-Verbrauchs-Surveillance (AVS) des RKI und der Charité (Berlin) sind im Übrigen Daten zum Antibiotika-Verbrauch abrufbar (vgl. https://avs.rki.de/).

G. Hygienepläne (Abs. 5)

Die Leiter (Rn. 24 ff.) der in Abs. 5 S. 1 genannten Einrichtungen **54** (→ Rn. 33 ff.) müssen sicherstellen, dass **Hygienepläne** (→ auch § 36 Abs. 1) aufgestellt werden. Nach Abs. 5 S. 1 enthalten sie „innerbetriebliche Verfahrensweisen zur Infektionshygiene", also infektionshygienische Maßnahmen zur Reduktion von Infektionsrisiken (*BBS,* § 36 Rn. 3). Da die Maßnahmen dem Stand der medizinischen Wissenschaft genügen müssen (Rn. 45 ff.), unterliegen sie einem **fortdauernden Überarbeitungsprozess.** Dabei macht der Gesetzgeber keine inhaltlichen Vorgaben zum Hygieneplan. Seine **Ausgestaltung hängt vom Risikoprofil** der betreffenden **Einrichtung ab** (*BBS,* § 36 Rn. 3; *Gerhardt,* § 23 Rn. 58). Bei Rückgriff auf Musterhygienepläne sind sie entsprechend anzupassen.

Von **landesrechtlichen Regelungen** hängt es ab, ob auch die Leiter von **55** **Zahnarztpraxen, Arztpraxen** und **Praxen sonstiger humanmedizinischer Heilberufe,** in denen **invasive Eingriffe** (Eingriffe, bei denen in den Körper eingedrungen wird – *BBS,* § 36 Rn. 7; *Gerhardt,* § 25 Rn. 39) stattfinden, **Hygienepläne** aufzustellen haben (Abs. 5 S. 2). Die Landesregierungen haben die Möglichkeit, dies nicht selbst zu regeln, sondern anderweitige Stellen damit zu beauftragen (vgl. Abs. 5 S. 3).

H. Überwachung durch das Gesundheitsamt (Abs. 6)

Das **Gesundheitsamt** ist zur **infektionshygienischen Überwachung 56** der in **Abs. 5 S. 1 genannten Einrichtungen** befugt (vgl. **§ 15 a Abs. 1 Nr. 1**). Die Überwachung ist nicht auf nosokomiale Infektionen oder Infektionen mit resistenten Krankheitserregern beschränkt (BT-Drs. 17/5178, 18; OVG Lüneburg Urt. v. 3.5.2018 – 13 LB 80/16, Rn. 36). Sie erstreckt sich zB auch auf die Kontrolle von Hygieneplänen sowie der Aufzeichnungen nach Abs. 4 (*Gerhardt,* § 23 Rn. 65 a). Die **infektionshygienische Über-**

wachung nach Abs. 6 knüpft allein an den **Betrieb der Einrichtung** und erfordert **keine konkrete Gefahr** oder einen **konkreten Gefahrenverdacht** iSv § 16 Abs. 1 (OVG Lüneburg Urt. v. 3.5.2018 – 13 LB 80/16, Rn. 36).

I. Überwachung am Ort der ambulanten Intensivpflege (Abs. 6 a)

57　　Abs. 6 a S. 1 weitet für die **ambulanten Pflegedienste,** die **ambulante Intensivpflege** in Einrichtungen, Wohngruppen oder sonstigen gemeinschaftlichen Wohnformen erbringen (vgl. Abs. 5 S. 1 Nr. 8), den räumlichen Bereich der **infektionshygienischen Überwachung** auf die **Orte** aus, **an denen die Intensivpflege erbracht wird** (vgl. § 15 a Abs. 1 Nr. 1). Die ambulanten Pflegedienste der Intensivpflege sind mit dem PpSG v. 11.12.2018 (BGBl. I 2394) in die Auflistung der Einrichtungen nach Abs. 5 S. 1 aufgenommen worden. Erst seither ist es den Gesundheitsämtern möglich, sie ohne Anlass zu überprüfen (*Gerhardt,* § 23 Rn. 64 a mwN). Abs. 6 a ist ebenfalls mit dem PpSG ins IfSG eingefügt worden und ermöglicht den Zugang zu den gemeinschaftlichen Wohnformen auch ohne Einwilligung der Berechtigten (vgl. § 15 a Abs. 3 S. 1 Nr. 2).

58　　Nach Abs. 6 a S. 2 sind die ambulanten Pflegedienste verpflichtet, auf Anforderung des Gesundheitsamtes **Namen** und **Kontaktdaten** der von ihnen **versorgten Personen** und **vertretungsberechtigten Personen** mitzuteilen. Dies ermöglicht die infektionshygienische Überwachung der Räumlichkeiten, in denen die Intensivpflege erfolgt (vgl. BT-Drs. 19/5593, 113).

J. Rechtsverordnungen der Landesregierungen (Abs. 8)

59　　Abs. 8 S. 1 verpflichtet die **Landesregierungen** für die dort (abschließend) genannten Einrichtungen (**vgl. Abs. 3 Nr. 1–5** → Rn. 33 ff.) die jeweils erforderlichen Maßnahmen zur Verhütung, Erkennung, Erfassung und Bekämpfung nosokomialer Infektionen und Krankheitserregern mit Resistenzen im Wege der RVO zu regeln. **Abs. 8 S. 2 Nr. 1–10** gibt den Landesregierungen die **Mindestinhalte** verbindlich vor. Ob auch für **Rettungsdienste** entsprechende Regelungen erfolgen, unterfällt dem **Entscheidungsspielraum** der **Landesregierung** (Abs. 8 S. 3). Die Landesregierungen haben die Möglichkeiten, andere Stellen zu entsprechenden Regelungen zu ermächtigen (Abs. 8 S. 4).

K. Zuwiderhandlungen

60　　Verstöße gegen Abs. 4 sind unter den Voraussetzungen von **§ 73 Abs. 1 a Nr. 9–10** bußgeldbewährt. Ein Verstoß gegen Abs. 5 S. 1, auch in Verbindung mit einer RVO nach Abs. 5 S. 2, ist unter den Voraussetzungen von **§ 73 Abs. 1 a Nr. 10 a** bußgeldbewährt. Weiter ist gem. **§ 73 Abs. 1 a Nr. 24** ein Verstoß gegen eine RVO nach Abs. 8 S. 1 oder S. 2 oder einer vollziehbaren Anordnung auf Grund einer solchen RVO bußgeldbewährt, soweit die RVO für einen bestimmten Tatbestand auf die Bußgeldvorschrift verweist. Strafrechtlich relevant ist vorsätzliches Verhalten unter den Voraussetzungen des § 74.

§ 23a Personenbezogene Daten über den Impf- und Serostatus von Beschäftigten

[1]**Soweit es zur Erfüllung von Verpflichtungen aus § 23 Absatz 3 in Bezug auf übertragbare Krankheiten erforderlich ist, darf der Arbeitgeber personenbezogene Daten eines Beschäftigten über dessen Impf- und Serostatus verarbeiten, um über die Begründung eines Beschäftigungsverhältnisses oder über die Art und Weise einer Beschäftigung zu entscheiden.** [2]**Dies gilt nicht in Bezug auf übertragbare Krankheiten, die im Rahmen einer leitliniengerechten Behandlung nach dem Stand der medizinischen Wissenschaft nicht mehr übertragen werden können.** [3]**Im Übrigen gelten die Bestimmungen des allgemeinen Datenschutzrechts.**

Schrifttum: *Heppekausen,* Rechtliche Grundlagen und Infektionsschutzgesetz, in Dettenkofer/Frank/Just/Lemmen/Scherrer (Hrsg.), Praktische Krankenhaushygiene und Umweltschutz, 4. Aufl. 2018, S. 3; *Wedel,* Herausforderungen bei der Umsetzung des § 23a IfSG, Sicherheitsingenieur 2017, 40.

A. Zweck und Bedeutung der Norm

Die Norm ist mit dem PrävG v. 17.7.2015 (BGBl. I 1368) in das IfSG aufgenommen worden. Zweck ist, **Patienten vor nosokomialen Infektionen** (§ 2 Nr. 8 → § 2 Rn. 14 ff., → § 23 Rn. 13) zu **schützen** (BT-Drs. 18/5261, 63; *Wedel* Sicherheitsingenieur 2017, 40). Denn ein gewisser Anteil dieser Infektionen geht darauf zurück, dass Erreger von (verschiedenen) Infektionskrankheiten vom Personal auf Patienten übertragen werden, obgleich es sich um Krankheiten handelt, die durch einen **Impf- oder Immunschutz des Personals** verhindert werden könnten (zB Masern, Mumps, Röteln, Varizellen, Pertussis – vgl. BT-Drs. 18/5261, 63; *Wedel* Sicherheitsingenieur 2017, 40). **1**

Geregelt wird die Zulässigkeit der **Verarbeitung** bestimmter **Gesundheitsdaten** (Impf- und Serostatus) im Rahmen von (angehenden) Beschäftigungsverhältnissen. Es handelt sich um eine **Spezialregelung** zur Datenerhebung besonderer personenbezogener Daten (Gesundheitsdaten) im Beschäftigungsverhältnis nach **Art. 9, 88 VO (EU) 2016/679** und **§§ 22, 26 BDSG** (BMAS/BMG Stellungn. zu § 23a v. 29.5.2020, IIIb1-30921-3/31 (BMAS)). Die Norm betrifft das Fragerecht des Arbeitgebers gegenüber (angehenden) Beschäftigten (BMAS/BMG Stellungn. zu § 23a v. 29.5.2020, IIIb1-30921-3/31 (BMAS); vgl. *Zlamal,* ZD-Aktuell 2016, 05034). Er kann die Begründung eines Beschäftigungsverhältnisses vom Bestehen des erforderlichen Impf- oder Immunschutzes abhängig machen bzw. Personal so beschäftigen, dass vermeidbaren Infektionsrisiken vorgebeugt wird (→ Rn. 8). **2**

3   Seit dem Zweiten G zum Schutz der Bevölkerung bei einer epidemischen Lage von nationaler Tragweite v. 19.5.2020 (BGBl. I 1018) beschränkt sich die Norm nicht mehr nur auf die Verarbeitung von Daten des Personals zum Impf- und Serostatus in Bezug auf **impfräventable Krankheiten.** Verarbeitbar sind auch Daten zum Serostatus, wenn es sich – wie zunächst bei **CO-VID-19** – nicht um eine impfpräventable Krankheit (für die also keine Schutzimpfung vorhanden ist), jedoch um eine **übertragbare Krankheit** handelt (BT-Drs. 19/18967, 59). Mittlerweile stehen gegen COVID-19 die ersten Impfstoffe zu Verfügung.

B. Datenverarbeitung über Impf- und Serostatus von Beschäftigten (S. 1 und S. 2)

4   Die Regelung erfasst dem Wortlaut nach sowohl **angehende Beschäftigungsverhältnisse** (Bewerber) als auch schon **bestehende Beschäftigungsverhältnisse** (BMAS/BMG Stellungn. zu § 23a v. 29.5.2020, IIIb1-30921-3/31 (BMAS); *Heppekausen* in DFJLS, S. 10)

5   Die Zulässigkeit der Datenverarbeitung setzt voraus, dass sie zur Erfüllung von Verpflichtungen aus § 23 Abs. 3 erforderlich ist. Mithin wird das **Fragerecht** des **Arbeitgebers** legitimiert durch die Erfüllung infektionsschutzrechtlicher Verpflichtungen, dient also letztlich der **Verringerung infektionsschutzrechtlicher Risiken.** Das Vorhandensein eines bestimmten Impf- oder Immunschutzes beim Personal muss nach dem Stand der medizinischen Wissenschaft erforderlich sein, um Patienten (Drittschutz!) vor nosokomialen Infektionen und (resistenten) Krankheitserregern zu schützen. Existiert etwa eine dem Stand der Wissenschaft entsprechende Empfehlung einer Fachkommission beim RKI zu einem bestimmten Impf- oder Serostatus des Personals (vgl. die beruflichen Impfempfehlungen der STIKO, die regelmäßig aktualisiert im Epid. Bulletin des RKI veröffentlicht werden), so sollte dieser abgefragt werden. Ratsam ist, nur Personal zu beschäftigen, dass bereits über den erforderlichen Status verfügt oder – bei unzureichendem Impfstatus – bereit ist, Impfungen nachzuholen.

6   Abgefragt werden darf der Impf- oder Serostatus nur insoweit, als er Auskunft über den Schutz vor der Verbreitung **übertragbarer Krankheiten** gibt. Handelt es sich hierbei allerdings um übertragbare Krankheiten, die auf Grund einer **leitliniengerechten Behandlung** nach dem Stand der Wissenschaft nicht mehr übertragen werden können, so ist die Abfrage des Impf- oder Serostatus ausgeschlossen (vgl. S. 2).

7   Das Recht des Arbeitgebers zur Abfrage des Impfschutzes oder der natürlichen Immunität besteht nur, „soweit" dies zur Pflichterfüllung nach § 23 Abs. 3 **erforderlich** ist. Damit hängt der **Umfang** des **Fragerechts** von dem **Infektionsrisiko** ab, das von dem **Beschäftigten** an seinem konkreten Arbeitsplatz für das dort zu betreuende Patientenklientel ausgeht (BT-Drs. 18/5261, 63 unter Verweis auf zB immunsupprimierte Patienten oder Frühgeborene). Die „Erforderlichkeit" ist mithin im Hinblick auf die konkrete Tätigkeit zu beurteilen (*Aligbe* in BeckOK InfSchR § 23a Rn. 7). Bzgl. des Erregers SARS-CoV-2 ist zu beachten, dass er über Tröpfchen/Aerosole übertragen wird und deshalb von ihm und seinen Mutationen ein hohes Infektionsrisiko ausgeht. Zudem sind die Symptome in Art und Schwere variabel und eine Übertragbarkeit ist auch durch asymptomatische Personen möglich (www.rki.de → Epidemiologischer Steckbrief zu SARS-CoV-2 und COVID 19, Stand: 18.3.2021). Zutreffend wird darauf hingewiesen, dass dies genau die Merkmale sind, die der Gesetzgeber schon in seiner Gesetzesbegründung von 2015 im Zusammenhang mit der „Erforderlichkeit" der Datenverarbeitung bzgl. des Impf- und Serostatus von Beschäftigten erwähnt hat (so *Temming* in Kluckert § 16 Rn. 66 mit Verweis auf BT-Drs. 18/5261, 63).

Eine **Impfpflicht** für (angehende) Beschäftigte ergibt sich aus der Norm   **8** nicht. Eine Impfung erfordert **Freiwilligkeit.** Ein unzureichender Impf- oder Immunschutz kann jedoch das Zustandekommen eines Beschäftigungsverhältnisses verhindern oder Folgen für die Art und Weise der Beschäftigung haben (zur „indirekten Impfpflicht" näher *Rixen* in Huster/Kingreen Hdb. InfSchR Kap. 5 Rn. 105).

C. Verhältnis zum allgemeinen Datenschutzrecht (S. 3) und zur arbeitsmedizinischen Vorsorge

Aus **S. 3** ergibt sich, dass es für andere Beschäftigtendaten und für Beschäf-   **9** tigte außerhalb des Anwendungsbereichs des § 23 Abs. 3 bei den **allgemeinen datenschutzrechtlichen Bestimmungen bleibt** (BT-Drs. 18/5261, 63).

Die arbeitsmedizinische Vorsorge nach der **ArbMedVV** ist strikt vom   **10** Infektionsschutz nach hiesiger Regelung zu trennen. Die ArbMedVV legitimiert den Arbeitgeber nicht dazu, den Impf- oder Serostatus von Beschäftigten abzufragen und enthält im Übrigen keine Impfpflicht und auch keine Impf-Nachweispflicht (ausf. BMAS/BMG Stellungn. zu § 23a v. 29.5.2020, IIIb1-30921-3/31 (BMAS)).

5. Abschnitt – Bekämpfung übertragbarer Krankheiten

§ 24 Feststellung und Heilbehandlung übertragbarer Krankheiten, Verordnungsermächtigung

[1]Die Feststellung oder die Heilbehandlung einer in § 6 Absatz 1 Satz 1 Nummer 1, 2 und 5 oder in § 34 Absatz 1 Satz 1 genannten Krankheit oder einer Infektion mit einem in § 7 genannten Krankheitserreger oder einer sonstigen sexuell übertragbaren Krankheit darf nur durch einen Arzt erfolgen. [2]Abweichend von Satz 1 ist Personen unabhängig von ihrer beruflichen Qualifikation die Anwendung von In-vitro-Diagnostika, die für patientennahe Schnelltests bei Testung auf HIV, das Hepatitis-C-Virus, das Severe-Acute-Respiratory-Syndrome-Coronavirus-2 (SARS-CoV-2) und Treponema pallidum verwendet werden, gestattet. [3]Das Bundesministerium für Gesundheit wird ermächtigt, durch Rechtsverordnung mit Zustimmung des Bundesrates festzulegen, dass

1. Satz 1 auch nicht für die Anwendung von In-vitro-Diagnostika gilt, die für patientennahe Schnelltests bei Testung auf weitere Krankheiten oder Krankheitserreger verwendet werden, sowie
2. abweichend von Satz 1 auch ein Zahnarzt oder ein Tierarzt im Rahmen einer Labordiagnostik den direkten oder indirekten Nachweis eines in § 7 genannten Krankheitserregers führen kann.

[4]In der Rechtsverordnung nach Satz 3 kann auch geregelt werden, dass Veterinärmedizinisch-technische Assistentinnen und Veterinärmedizinisch-technische Assistenten bei der Durchführung laboranalytischer Untersuchungen zum Nachweis eines in § 7 genannten Krankheitserregers die in § 9 Absatz 1 Nummer 1 des MTA-Gesetztes genannten Tätigkeiten ausüben dürfen und dass in diesem Fall der Vorbehalt der Ausübung dieser Tätigkeiten durch Medizinisch-technische Laboratoriumsassistentinnen und Medizinisch-technische Laborassistenten nicht gilt. [5]In dringenden Fällen kann zum Schutz der Bevölkerung die Rechtsverordnung nach Satz 3 ohne Zustimmung des Bundesrates erlassen werden. [6]Eine nach Satz 5 erlassene Verordnung tritt ein Jahr nach ihrem Inkrafttreten außer Kraft; ihre Geltungsdauer kann mit Zustimmung des Bundesrates verlängert werden.

Schrifttum: *Hoehl/Ciesek* Die Virologie von SARS-CoV-2, Der Pneumologe 2020, 378; *Lorenz/Bade/Bayer,* Straf- und ordnungswidrigkeitenrechtliche Fragen zu Schnell- und Selbsttests zum Nachweis von SARS-CoV-2 und COVID-19, PharmR 2020, 649; *Lorenz,* Neue Wege für Tests auf SARS-CoV-2, FAZ-Einspruch v. 2.11.2020, *ders.,* Antigen-Selbsttests für Laien, LTO v. 2.2.2021.

A. Zweck, Bedeutung und Historie der Norm

§ 24 regelt einen **Arztvorbehalt** für die Feststellung und Behandlung be- 1
stimmter übertragbarer Krankheiten, die entweder besonders kontagiös sind
oder schwere Gesundheitsschäden nach sich ziehen können, und stellt damit
insbes. eine Berufsausübungsbeschränkung für Heilpraktiker dar, bei denen
es sich um Personen handelt, die keine Ärzte sind, die sich aber auch mit der
Feststellung, Heilung oder Linderung von Krankheiten befassen (vgl. § 1
Abs. 2 HeilprG; ausführlich zum weiten Begriff des Heilpraktikers *Kern/Reh-
born* in Laufs/Kern/Rehborn Handbuch des Arztrechts, 2019, § 11 Rn. 6).
Die Vorschrift geht auf § 30 BSeuchG und § 9 Abs. 1 GeschlKrG zurück. Sie
wurde mWv 1.3.2020 durch das MasernschutzG v. 10.2.2020 (BGBl. I 148)
umgestaltet und in ihrer Reichweite teilweise eingeschränkt (→ Rn. 6b).
Im Kampf gegen die SARS-CoV-2-Pandemie wurde der Arztvorbehalt darüber hinaus mWv 19.11.2020 durch das 3. BevSchG v. 18.11.2020 (BGBl. I
2397) partiell noch weitergehend zurückgenommen. Eine Klarstellung wurde
durch die jüngste Reform im Zuge des EpiLage-FortgeltungsG v. 29.3.2021
(BGBl. I 370) angestrebt (BT-Drs. 19/27291, 62 f.).

B. Arztvorbehalt (S. 1, 2)

I. Krankheit und Infektion mit Krankheitserreger oder sonstiger sexuell übertragbarer Krankheit

Der Arztvorbehalt gilt von vornherein nur für **bestimmte Krankheiten,** 2
namentlich für die nach § 6 Abs. 1 S. 1 Nr. 1, 2 und 5 meldepflichtigen Krankheiten (also zB Masern, Mumps, Windpocken, COVID-19 (Nr. 1), für die in
§ 34 Abs. 1 S. 1 genannten Krankheiten (ua Krätze, Borkenflechte, Scharlach),
für Infektionen mit einem in § 7 genannten Krankheitserreger (ua Ebolavirus,
Zikavirus, Influenzaviren, SARS-CoV-2) sowie für Infektionen mit einer
sonstigen sexuell übertragbaren Krankheit (also Geschlechtskrankheiten und
AIDS → § 19 Rn. 5). AIDS fällt erst seit dem Inkrafttreten des IfSG ausdrücklich unter den Arztvorbehalt (vgl. zur vorherigen Diskussion unter dem
BSeuchG *Endbericht der Enquete-Kommission „Gefahren von AIDS",* BT-Drs.
11/7200, 185).

Bis zum 1.3.2020 verwies § 24 S. 2 aF außerdem „auf Krankheiten oder 3
Krankheitserreger, die durch eine **RVO** auf Grund des **§ 15 Abs. 1** in die Meldepflicht einbezogen sind". Dieser Teil der Vorschrift wurde durch das MasernschutzG v. 10.2.2020 (BGBl. I 148) **gestrichen,** auch wenn dies offenbar
auf ein Redaktionsversehen zurückgeht, da die Gesetzesbegründung den Teil
der Vorschrift nach wie vor zitiert (BT-Drs. 19/15164, 57). Es entspricht auch
Sinn und Zweck der Vorschrift, weiterhin die Krankheiten und Krankheitserreger, die über eine entsprechende RVO in die Meldepflicht einbezogen
sind, dem Arztvorbehalt zu unterstellen, sonst wären gerade neu auftretende
Krankheiten bzw. Krankheitserreger, deren Feststellung und Behandlung besonderer Sachkunde bedarf, nicht erfasst (zur Normspaltung bei der Strafvor-

schrift → § 75 Rn. 14). Eine Anpassung der Vorschrift selbst, durch den Gesetzgeber, ist aus Gründen der Rechtsklarheit anzuraten, wurde allerdings iRd Reform durch das 3. BevSchG – anders als bei § 74 (→ Vor §§ 73 ff. Rn. 2; 74 Rn. 1) – unterlassen. Allerdings ordnet der in diesem Zuge geschaffene § 15 Abs. 1 S. 2 die entsprechende Geltung der für Krankheiten nach § 6 Abs. 1 Nr. 1 und Krankheitserreger nach § 7 Abs. 1 S. 1 maßgeblichen Vorschriften an.

II. Feststellung

4   **1. Begriff der Feststellung.** Dem Arztvorbehalt (S. 1) unterfällt zunächst die **Feststellung** der vorbenannten Krankheiten und Infektionen. Darunter ist jeder **direkte** oder **indirekte Nachweis** der Krankheit bzw. des Krankheitserregers zu verstehen (ebenso *Gabriel* in BeckOK-InfSchR § 24 Rn. 6). Das Erstellen einer **endgültigen Diagnose** ist **nicht erforderlich.** Vom Begriff der Feststellung **nicht umfasst** ist die allein den Nachweis **vorbereitende Probenentnahme** (ausf. zum Feststellungsbegriff *Lorenz/Bade/Bayer* PharmR 2020, 649 (652 ff.)). Denkbar ist jedoch, dass sie unter das nebenstrafrechtliche Verbot aus § 5 HeilprG fällt (zu den Voraussetzungen *Schelling* in Spickhoff, Medizinrecht, § 1 HeilprG Rn. 7 ff., 11 ff.; bei Apothekern dürfte entscheidend sein, ob es sich um die erlaubte „Durchführung von einfachen Gesundheitstests" iSv § 1 a Abs. 11 Nr. 2 ApBetrO handelt; bei der Anwendung von Medizinprodukten ist zudem insgesamt die MPBetreibV, insbes. § 4 Abs. 5 iVm Abs. 2 zu beachten).

5   **2. Personeller Anwendungsbereich.** In personeller Hinsicht gilt, dass der Arztvorbehalt bei Feststellungen **nicht die Testperson selbst umfasst** (zust. *Gabriel* in BeckOK-InfSchR § 24 Rn. 11 a). Das lässt sich dem Wortlaut des § 24 S. 1 zwar nicht entnehmen. Doch folgt dies bereits aus praktischen und systematischen Erwägungen: Bei den verschiedenen, als Feststellung einzuordnenden Durchführungsarten von Tests (konventionelle labormedizinische Diagnostik, point-of-care-testing (POCT) bzw. Schnelltests) ist es den Patienten regelmäßig aus tatsächlichen (mangelnde Fähigkeit oder Ausstattung) oder rechtlichen Gründen (grundsätzliches Abgabeverbot der Schnelltests → Rn. 6 c) selbst nicht möglich, eine entsprechende Feststellung iRe Tests vorzunehmen. Die Gefahren, denen § 24 begegnen soll (fehlerhafte Feststellungen wegen unzureichender medizinischer Kenntnisse; keine Meldung durch Laien bei positiven Tests mangels Pflicht), bestehen daher kaum. Zudem ist die existierende Gefahr fehlerhafter Probenentnahmen durch Laien (falschnegativer Test) nach dem hier vertretenen Feststellungsbegriff sub specie § 24 ohnehin hinzunehmen (vgl. parallel auch die Zulässigkeit der Abgabe von Einsendekits für sog. Einsendetests → Rn. 6 d, 6 e). Mit einer Änderung der MPAV, in Kraft getreten am 3. 2. 2021, hat das BMG im Kampf gegen die SARS-CoV-2-Pandemie ua die Abgabe von Schnelltests an Laien zur Eigenanwendung zugelassen (BAnz. AT 2. 2. 2021 V1) und damit die dargestellten Gründe gegen deren Abgabe und Anwendung als nicht (mehr) durchschlagend bewertet (näher → Rn. 6 d; vgl. dazu auch *Lorenz* LTO v. 2. 2. 2021).

3. Sachlicher Anwendungsbereich und verschiedene Testarten. Der 6
sachliche Anwendungsbereich des § 24 S. 1 lässt sich anhand verschiedener
Testarten nachvollziehen. Das und die Relevanz einer klaren Differenzierung
haben sich in der SARS-CoV-2-Pandemie gezeigt. Dabei ist nach **a) der Art
der Durchführung** und **b) des Nachweises** zu differenzieren (instr. zu den
hier dargestellten Ergebnissen unter Auswertung von Stellungnahmen des
BMG, der Bundesvereinigung Deutscher Apothekerverbände e. V. (ABDA),
Landesapothekerkammern und den tatsächlichen Gegebenheiten während
der SARS-CoV-2-Pandemie *Lorenz/Bade/Bayer* PharmR 2020, 649ff.; *Lorenz* FAZ-Einspruch v. 2.11.2020; aus medizinischer Sicht vgl. auch *Hoehl/
Ciesek* Der Pneumologe 2020, 378ff.):

a) Art der Durchführung. Als erstes ist die **konventionelle labormedi-** 6a
zinische Diagnostik zu nennen. Dabei findet zunächst eine Probenentnahme (zu den Modalitäten → Rn. 6 e, f), idR durch medizinisch geschultes
Personal (Qualitätsrisiko) oder zT durch die Testperson selbst (Qualitätsrisiko;
Einsendetest → Rn. 6 e), statt. Die eingesendete Probe wird im Labor untersucht. Dabei handelt es sich als (positiver oder negativer; direkter oder indirekter) Nachweis einer Krankheit oder Infektion um eine Feststellung, die dem
Arztvorbehalt unterfällt. Bis zum 1.3.2020 verwies § 24 auf § 46, so dass auch
eine Feststellung unter Aufsicht eines Arztes keinen Verstoß gegen den Arztvorbehalt darstellte. Dieser Verweis wurde durch das MasernschutzG wegen
der Umstrukturierung der Vorschrift und der ausdrücklichen Aufnahme der
Feststellung, die vorher nur indirekt über den Behandlungsbegriff geregelt
war, gestrichen. Auch ohne diesen Verweis ist jedoch eine **Labortätigkeit
unter Aufsicht eines Arztes** kein Verstoß gegen den Arztvorbehalt (iErg.
auch *Gerhardt*, § 24 Rn. 3; *Lutz*, § 24 Rn. 1).

Der Begriff des **sog. Schnelltests** ist juristisch nicht definiert und wird in 6b
der medialen Berichterstattung immer einheitlich verwendet. Gemeint
sind damit jedoch in aller Regel **sog. patientennahe Schnelltests** mittels
In-vitro-Diagnostika. In diesem Zusammenhang ist von **point-of-care-
testing (POCT)** die Rede. Es ist dadurch charakterisiert, dass es in unmittelbarer Nähe zum Patienten stattfindet, keine Probenvorbereitung erfordert und
mittels Reagenzien erfolgt, die nur für eine Einzelprobenmessung vorgesehen
sind (vgl. BT-Drs. 19/15164, 57). Das Ergebnis liegt idR schon nach wenigen
Minuten vor; lange Wartezeiten und erhöhter Aufwand durch Einsendung und
Laboruntersuchung entfallen. In der durch das MasernschutzG eingeführten
Ausnahmevorschrift des § 24 S. 2 werden solche Tests nur hinsichtlich Infektionen mit bestimmten Krankheitserregern zugelassen („Abweichend von Satz 1
[…]“). Im Umkehrschluss unterfallen sie bei anderen Krankheiten oder Krankheitserregern dem Arztvorbehalt (nicht bei Selbsttests → Rn. 5). Die enume-
rative Aufzählung erstreckte sich ursprünglich nur auf HIV, das Hepatitis-C-
Virus und Treponema pallidum. Der Gesetzgeber wollte niedrigschwelligen
Beratungs- und Testeinrichtungen für besonders gefährdete Personengruppen
(ua von AIDS-Hilfen, Suchtberatungsstellen und Gesundheitsämtern) die Testung ohne zwingende Anwesenheit eines Arztes ermöglichen. Ziel war es,
durch die Senkung von Zugangshürden zu Testangeboten die Anzahl der diagnostizierten Fälle zu erhöhen und dadurch wiederum die Behandlungsraten
zu steigern und Infektionsketten zu unterbrechen (BT-Drs. 19/15164, 57).

Mit dem 3. BevSchG wurde die Ausnahmeregelung um SARS-CoV-2 ergänzt. Erklärtes Ziel war es, die vorhandenen Testkapazitäten in der Krise umfassend nutzen zu können (BT-Drs. 19/23944, 3, 22). Zudem sollten die Schnelltests entsprechend der Nationalen Teststrategie aus dem Oktober 2020 (veröffentlicht auf www.rki.de) vor dem Zutritt zu bzw. in zahlreichen medizinischen Einrichtungen und Pflegeeinrichtungen durchgeführt werden, um Patienten, Bewohner und Mitarbeiter zu schützen. Mittlerweile wurde dieser Ansatz zur Eindämmung der Pandemie auf andere Einrichtungen wie etwa Schulen, Kitas, Massenunterkünfte sowie Arbeitgeber iSd § 2 Abs. 3 ArbSchG erweitert (durch die zunehmende Lockerung des Abgabeverbots → Rn. 6c). Zuletzt wurde nach Zweifeln in der Praxis durch das EpiLage-FortgeltungsG v. 4.3.2021 (BGBl. I 370) und die dadurch erfolgte Anpassung des Wortlauts von § 24 S. 2 („unabhängig von ihrer beruflichen Qualifikation") klargestellt, dass nicht nur der Arztvorbehalt, sondern auch der Heilkundevorbehalt (§ 1 Abs. 1 HeilprG) bei den dort genannten Tests aufgehoben ist. Die Vorgaben aus dem Medizinprodukterecht, insbesondere der MPBetreibV, bleiben davon jedoch unberührt (BT-Drs. 19/27291, 62f.).

6c   Die zur Durchführung der patientennahen Schnelltests notwendigen In-vitro-Diagnostika unterliegen **Abgabebeschränkungen.** Nach **§ 3 Abs. 4 S. 1 MPAV** ist die Abgabe von In-vitro-Diagnostika, die für den direkten oder indirekten Nachweis eines Krankheitserregers für die Feststellung einer in § 24 S. 1 genannten Krankheit oder einer Infektion mit einem Krankheitserreger bestimmt sind, grundsätzlich nur an Ärzte und weitere professionelle Akteure des Gesundheitswesens erlaubt. Eine Erweiterung hat der Kreis zulässiger Abgabeadressaten durch die Schaffung des Abs. 4a im Zuge des 3. BevSchG erfahren. Sie gilt, wie in der SARS-CoV-2-Pandemie geschehen, sofern der Deutsche Bundestag nach § 5 Abs. 1 S. 1 eine epidemische Lage von nationaler Tragweite festgestellt hat. Es sollte durch die Vorschrift des § 3 Abs. 4a MPAV zunächst klargestellt werden, dass Pflegeeinrichtungen oder Einrichtungen der Eingliederungs- und Behindertenhilfe sowie Angeboten zur Unterstützung im Alltag nicht dem Abgabeverbot unterfallen. Die zuvor bestehende Unsicherheit, ob diese unter den Begriff der Einrichtungen im Gesundheitswesen aus § 3 Abs. 4 S. 1 Nr. 2 subsumiert werden können, wurde damit beseitigt (BT-Drs. 19/24334, 92). Zudem sind mit den drei Verordnungen zur Änderung der MPAV im Rahmen der epidemischen Lage von nationaler Tragweite durch das BMG auch Gemeinschaftseinrichtungen iSd § 33 (zB Schulen und Kitas; BAnz. AT 3.12.2020 V1), Obdachlosenunterkünfte (§ 36 Abs. 1 Nr. 3; BAnz. AT 19.1.2021 V1) sowie weitere Einrichtungen (zB Flüchtlingsunterkünfte, Justizvollzugsanstalten etc.) und Einrichtungen und Dienste der kritischen Infrastruktur (zB Energieunternehmen, Lebensmittelhersteller bzw. -einzelhandel etc.; BAnz. AT 2.2.2021 V1) in § 3 Abs. 4a MPAV aufgenommen und dadurch vom Ausnahmeverbot ausgenommen worden. Letztere wurden mWv 16.3.2021 durch VO v. 12.3.2021 (BAnz. AT 19.3.2021 V1) durch den umfassenden Begriff des Arbeitgebers iSd § 2 Abs. 3 ArbschG ersetzt. Das Ziel eines breiteren Einsatzes von Schnelltests ist die Vermeidung und Unterbrechung von Infektionsketten und Ausbrüchen in den benannten Einrichtungen und am Arbeitsplatz (vgl. exemplarisch für Schulen RefE d. BMG v. 30.11.2020, 5). Mit dem ursprünglich vorgesehenen Außerkrafttreten des §5 zum 1.4.2021 in seiner weitreichenden, dem BMG zahlreiche Kompetenzen einräumenden Form wäre auch eine Restriktion der neu geschaffenen Abgabemöglichkeiten einhergegangen. Durch das EpiLage-FortgeltungsG v. 29.3.2021 (BGBl. I 370) ist dies – wegen der andauernden Pandemie und ihren Gefahren vollkommen zu Recht – abgewendet worden.

Eine weitere Ausnahme vom grundsätzlichen Abgabeverbot bilden seit dem **6d** Jahr 2018 (BGBl. I 1385) die über **§3 Abs. 4 S. 2 MPAV in Anlage 3** aufgeführten In-vitro-Diagnostika für die Eigenanwendung, die für den Nachweis einer HIV-Infektion bestimmt sind. Zudem wurde durch die Dritte Verordnung zur Änderung der MPAV im Rahmen der epidemischen Lage von nationaler Tragweite zum 3.2.2021 die Anlage 3 um In-vitro-Diagnostika für die Eigenanwendung, die für den **direkten Nachweis** einer SARS-CoV 2-Infektion bestimmt sind, erweitert (BAnz. AT 2.2.2021 V1). Damit hat das verordnende BMG die Abgabe von **Antigen**-Selbsttests an Laien als wichtiges Mittel im Kampf gegen SARS-CoV-2 und COVID-19 zugelassen. Die tragenden Gründe für das allgemeine Abgabeverbot aus der amtlichen Begründung (BR-Drs. 357/18, 2), namentlich den Schutz der Allgemeinheit und des Einzelnen bezogen auf die Risiken der Laienanwendung, fehlende Beratung und mögliche Lücken in der Krankheitsüberwachung, hat es damit für diese Tests (iErg überzeugend) für nicht (mehr) durchschlagend befunden (vgl. dazu RefE d. BMG v. 29.1.2021 und ergänzend https://rapidtests.de/s/Stellungnahme_RapidTestsDE_zur_MPAV-Aenderung.pdf). Die Abgabe von **Antikörper**-Selbsttests in Form von Schnelltests (anders bei Einsendetests → Rn. 6e) bleibt weiterhin untersagt (kein direkter Nachweis → Rn. 6f). Schließlich wird die Möglichkeit, weitere Ausnahmen vom Abgabeverbot zu schaffen, unter bestimmten Voraussetzungen in §3 Abs. 5 S. 1 MPAV dem RKI eingeräumt. Unklar ist, was der Gesetzgeber mit der Aufnahme des Abs. 4a in diese Befugnis erreichen wollte (Ausnahme von der Ausnahme? Offen: BT-Drs. 19/24334, 92). Bislang hat das RKI von dieser Möglichkeit erst einmal Gebrauch gemacht, um vor Inkrafttreten der allgemeinen rechtlichen Abgabeerlaubnis von HIV-Selbsttests iSv In-vitro-Diagnostika zur Eigenanwendung (durch Aufnahme in Anlage 3; zur Differenzierung der Arten v. Selbsttests → Rn. 6e) ein Modellprojekt der Schwulenberatung in Berlin zu ermöglichen (BAnz AT 19.9.2018 B5). Jenseits der dargestellten Ausnahmen (→ Rn. 6c, 6d) ist die Abgabe von Schnelltests an Laien verboten; bei Zuwiderhandlungen droht gemäß §4 Abs. 3 Nr. 2 Alt. 2 MPAV iVm §42 Abs. 2 Nr. 16, Abs. 3 MPG ein Bußgeld iHv bis zu 30.000 EUR.

Auch beim Begriff des **sog. Selbsttests** mangelt es an einer juristischen **6e** Definition und einem einheitlichen Gebrauch. Man wird darunter nach weitem Verständnis zwei Konstellationen fassen müssen: Beim **sog. Einsendetest** erhält die Testperson ein Einsendekit, das Utensilien zur Probenentnahme, eine Anleitung und Transportbehältnisse enthält. Sie entnimmt bei sich selbst eine Probe und sendet sie zur konventionellen Diagnostik in ein Labor. Für die dortige Untersuchung gilt der Arztvorbehalt (→ Rn. 6a); die Probenentnahme unterfällt §24 S. 1 nicht (→ Rn. 4). Die Abgabe der Testkits als In-vitro-Diagnostika ist nicht nach §3 Abs. 4 S. 1 MPAV verboten, weil sie selbst nicht zum direkten oder indirekten Nachweis, sondern zu dessen Vorbereitung bestimmt sind. Bei **Schnelltests** kann die Testperson den gesamten Test

ohne fremde Hilfe und damit als reinen Selbsttest durchführen. Die Probenentnahme im Allgemeinen und der Test durch die Testperson im Speziellen
(→ Rn. 5) fallen nicht in den Anwendungsbereich des § 24 S. 1. Soweit es sich
um In-vitro-Diagnostika für die Eigenanwendung, die für den direkten Nachweis einer SARS-CoV 2-Infektion bestimmt sind, handelt, unterfallen diese
wegen der Anpassung von Anlage 3 der MPAV nicht mehr dem bußgeldbewehrten Abgabeverbot aus § 3 Abs. 4 S. 1 MPAV (dh Antigen-Selbsttests,
nicht Antikörper-Selbsttests → Rn. 6d).

6f   **b) Art des Nachweises.** Die häufigste Nachweismethode in der SARS-
CoV-2-Pandemie war lange Zeit eine real-time quantitative Reverse-Tran-
skriptase-Polymerase-Kettenreaktion (qRT-PCR; folgend als **PCR-Test** bezeichnet). PCR-Tests weisen spezifische Gensequenzen aus SARS-CoV-2
und den Krankheitserreger damit **direkt** nach. Sie gelten derzeit als Goldstan-
dard. Auch **Antigentests,** die auf bestimmte Proteinbestandteile des Virus reagieren, erkennen akute Infektionen und führen zu einem **direkten** Nachweis. Sie sind wegen ihrer geringeren Spezifität weniger verlässlich, sodass
positive Befunde im Anschluss durch PCR-Tests überprüft werden. **Antikörpertests** hingegen können vom menschlichen Immunsystem produzierte spezifische Antikörper nachweisen. Der Nachweis des Krankheitserregers kann
daher nur **indirekt** erfolgen. Allerdings sind die Tests mitunter nur geeignet,
zurückliegende Infektionen nachzuweisen. Der Wortlaut verlangt jedoch
keine akut in Rede stehende Infektion und auch das Telos streitet für die Einbeziehung solcher Tests in den Arztvorbehalt aus § 24 S. 1 (*Lorenz/Bade/Bayer*
PharmR 2020, 649 (653). Probenmaterial für PCR- und Antigentests wird regelmäßig auf zwei verschiedene Arten gewonnen: (1) Nasopharynx-Abstrich
(Nasen-Rachen-Abstrich) oder (2) Oropharynx-Abstrich (Rachenabstrich).
Die richtige Durchführung dieser tiefen Arten von Abstrichen erfordert eine
Schulung bzw. Einweisung und wird iRe Selbsttests häufig Schwierigkeiten
bereiten (unangenehmes Gefühl und dies vermeidendes Verhalten sowie sonst
falsche Durchführung). Bei Antigen-Selbsttests ist deshalb idR ein einfacher
Nasenabstrich vorgesehen. Mitunter wird für die Probenentnahme bei PCR-
und Antigentests auch auf das Gurgeln mit einer Kochsalzlösung zurückgegriffen (sog Spuck- oder Gurgeltests). Bei Antikörpertests wird Blut bzw. Blut-
serum benötigt. Es kann venös durch qualifiziertes medizinisches Personal
oder kapillar mittels einer Lanzette durch die Testperson selbst entnommen
werden. Während Antikörper- und Antigentests in Form von Schnelltests vergleichbar einem Schwangerschaftstest aus der Drogerie konzipiert sind (Probe
auf Teststreifen, Reaktion durch Verfärbung innerhalb von 10–15 Min.), existieren bislang keine vergleichbaren PCR-Tests. Allerdings können dort Proben mittels automatisierter Testsysteme untersucht werden, die Ergebnisse in
unter einer Stunde liefern können.

III. Heilbehandlung

7   Für die Heilbehandlung gibt es keine Ausnahme vom Arztvorbehalt. Dieser
gilt jedoch nicht für Krankheiten und Krankheitserreger, die nicht in S. 1 genannt werden. § 24 verbietet es dann nicht, dass die Behandlung zB durch
Heilpraktiker erfolgt. Dies gilt auch dann, wenn ein Kranker oder Infizierter

gleichzeitig an einer in § 24 S. 1 erwähnten Krankheit leidet; der Heilpraktiker darf dann nur die andere Krankheit behandeln (*BBS,* § 24 Rn. 3; *Stebner* Pharma Recht 2001, 79 (79 f.)).

Grundsätzlich gilt der Arztvorbehalt nur für die alleinige kausale Therapie. **8** Theoretisch dürfen Heilpraktiker deswegen **ergänzend zur ärztlichen Behandlung** betreuen (*Erdle,* § 24, S. 96). Dies kann aber nur gelten, wenn die Behandlung durch den Heilpraktiker den Erfolg der vom Arzt durchgeführten Behandlung nicht gefährdet (*Gerhardt,* § 24 Rn. 4). Da es hier zu Abgrenzungsschwierigkeiten kommen kann, ist aus Gründen des Patientenschutzes der Arztvorbehalt weit auszulegen.

C. Verordnungsermächtigung (S. 3 – 6)

Das BMG kann gem. S. 3 Nr. 1 mit Zustimmung des BR weitere Ausnah- **9** men vom Arztvorbehalt für die Anwendung von In-vitro-Diagnostika festlegen, die für patientennahe Schnelltests bei Testung auf weitere Krankheiten oder Krankheitserreger verwendet werden. Eine solche RVO wurde bislang **nicht erlassen.**

Zudem wurde durch das 3. BevSchG in S. 3 Nr. 2 die Möglichkeit des **9a** BMG geschaffen, durch RVO abweichend von S. 1 Zahnärzten und Tierärzten den direkten oder indirekten Nachweis eines in § 7 genannten Krankheitserregers im Rahmen einer Labordiagnostik zu gestatten. Ziel war es, während einer Epidemie die Ausweitung bestehender Testkapazitäten zu ermöglichen und damit stark belastete humanmedizinische Labore zu entlasten (BT-Drs. 19/23944, 30).

Weiterhin enthält auch S. 4 eine Erweiterung der Verordnungsermächti- **9b** gung aus S. 3. Danach kann in einer RVO des BMG geregelt werden, dass Veterinärmedizinisch-technische AssistentInnen bei der Durchführung laboranalytischer Untersuchungen zum Nachweis eines in § 7 genannten Krankheitserregers diejenigen Tätigkeiten ausüben dürfen, die grundsätzlich den Medizinisch-Technischen LaboratoriumsassistentInnen vorbehalten sind (§ 9 Abs. 1 Nr. 1 MTAG). Die Voraussetzungen aus § 10 Nr. 3 MTAG müssen nicht vorliegen. Allerdings bleibt § 9 Abs. 3 MTAG unberührt, sodass Tätigkeiten, deren Ergebnisse der Erkennung einer Krankheit und der Beurteilung ihres Verlaufs dienen, nur auf ärztliche, zahnärztliche oder tierärztliche Anforderung ausgeübt werden dürfen (BT-Drs. 19/23944, 30). Insgesamt geht diese Neuerung auf die während der SARS-CoV-2-Pandemie gewonnene Erkenntnis zurück, dass technische Assistenzberufe in der Medizin eine wichtige Funktion erfüllen (BT-Drs. 19/23944, 30) und bei der Bewältigung eines hohen Testaufkommens helfen können.

In S. 5 ist nunmehr vorgesehen, dass zum Zwecke einer „schnellen und effi- **9c** zienten Krisenbewältigung" (BT-Drs. 19/23944, 30) in dringenden Fällen zum Schutz der Bevölkerung eine RVO nach S. 3 auch ohne Zustimmung des BR erlassen werden kann. Diese tritt dann ein Jahr nach ihrem Inkrafttreten außer Kraft (S. 6), es sei denn, ihre Geltungsdauer wurde mit Zustimmung des BR verlängert.

D. Verhältnis zu § 5a

10   Stellt der BT gem. § 5 Abs. 1 S. 1 eine epidemische Lage von nationaler Tragweite fest, wird bestimmten Berufsgruppen gem. § 5a Abs. 1 die Ausübung heilkundlicher Tätigkeiten kraft Gesetzes gestattet (→ § 5a Rn. 1), bis die Feststellung gem. § 5 Abs. 1 S. 2 wieder aufgehoben wird. Während dieses Zeitraums wird der Arztvorbehalt des § 24 S. 1 partiell **außer Kraft gesetzt.** Das gilt jedoch nur unter der einschränkenden Voraussetzung, dass das Gesundheitssystem tatsächlich überlastet ist (→ § 5a Rn. 15). Die Vorschrift wäre ursprünglich zum 1.4.2021 außer Kraft getreten und evaluiert worden (BT-Drs. 19/18111, 17). Wegen der andauernden SARS-CoV-2-Pandemie ist dies nicht geschehen. Mit dem EpiLage-FortgeltungsG v. 29.3.2021 (BGBl. I 370) hat sich der BT dafür entschieden, an dieser und weiteren Vorschriften zum Kampf gegen das Virus festzuhalten.

E. Zuwiderhandlung

11   Der Verstoß gegen den Arztvorbehalt bei der Behandlung steht unter Strafe **(§ 75 Abs. 5).** Allerdings wurde die Umstrukturierung des § 24 durch das MasernschutzG in § 75 Abs. 5 nicht berücksichtigt (ausf. → § 75 Rn. 13 f.).

§ 25 Ermittlungen

(1) **Ergibt sich oder ist anzunehmen, dass jemand krank, krankheitsverdächtig, ansteckungsverdächtig oder Ausscheider ist oder dass ein Verstorbener krank, krankheitsverdächtig oder Ausscheider war, so stellt das Gesundheitsamt die erforderlichen Ermittlungen an, insbesondere über Art, Ursache, Ansteckungsquelle und Ausbreitung der Krankheit.**

(2) **¹Für die Durchführung der Ermittlungen nach Absatz 1 gilt § 16 Absatz 1 Satz 2, Absatz 2, 3, 5 und 8 entsprechend. ²Das Gesundheitsamt kann eine im Rahmen der Ermittlungen im Hinblick auf eine bedrohliche übertragbare Krankheit erforderliche Befragung in Bezug auf die Art, Ursache, Ansteckungsquelle und Ausbreitung der Krankheit unmittelbar an eine dritte Person, insbesondere an den behandelnden Arzt, richten, wenn eine Mitwirkung der betroffenen Person oder der nach § 16 Absatz 5 verpflichteten Person nicht oder nicht rechtzeitig möglich ist; die dritte Person ist in entsprechender Anwendung von § 16 Absatz 2 Satz 3 und 4 zur Auskunft verpflichtet.**

(3) **¹Die in Absatz 1 genannten Personen können durch das Gesundheitsamt vorgeladen werden. ²Sie können durch das Gesundheitsamt verpflichtet werden,**
   1. Untersuchungen und Entnahmen von Untersuchungsmaterial an sich vornehmen zu lassen, insbesondere die erforderlichen äußerlichen Untersuchungen, Röntgenuntersuchungen, Tuberkulintes-

tungen, Blutentnahmen und Abstriche von Haut und Schleimhäuten durch die Beauftragten des Gesundheitsamtes zu dulden, sowie
2. das erforderliche Untersuchungsmaterial auf Verlangen bereitzustellen.
[3]Darüber hinausgehende invasive Eingriffe sowie Eingriffe, die eine Betäubung erfordern, dürfen nur mit Einwilligung des Betroffenen vorgenommen werden; § 16 Absatz 5 gilt nur entsprechend, wenn der Betroffene einwilligungsunfähig ist. [4]Die bei den Untersuchungen erhobenen personenbezogenen Daten dürfen nur für Zwecke dieses Gesetzes verarbeitet werden.

(4) [1]Den Ärzten des Gesundheitsamtes und dessen ärztlichen Beauftragten ist vom Gewahrsamsinhaber die Untersuchung der in Absatz 1 genannten Verstorbenen zu gestatten. [2]Die zuständige Behörde soll gegenüber dem Gewahrsamsinhaber die innere Leichenschau anordnen, wenn dies vom Gesundheitsamt für erforderlich gehalten wird.

(5) Die Grundrechte der körperlichen Unversehrtheit (Artikel 2 Absatz 2 Satz 1 des Grundgesetzes), der Freiheit der Person (Artikel 2 Absatz 2 Satz 2 des Grundgesetzes) und der Unverletzlichkeit der Wohnung (Artikel 13 Absatz 1 des Grundgesetzes) werden insoweit eingeschränkt.

Übersicht

Schrifttum: *Gallwas*, Gefahrenerforschung und HIV-Verdacht, NJW 1989, 1516.

A. Zweck und Bedeutung der Norm

1   Um entscheiden zu können, welche Schutzmaßnahmen zur Bekämpfung
übertragbarer Krankheiten (§§ 28–31) eingesetzt werden sollen, müssen die
zuständigen Behörden die genauen Umstände kennen. § 25 regelt die rechtlichen Voraussetzungen für die entsprechende **Ermittlungstätigkeit** des Gesundheitsamtes, die der Anordnung von **Schutzmaßnahmen vorgeschaltet**
ist (→ § 28 Rn. 12). Die Vorschrift konkretisiert den Untersuchungsgrundsatz
des § 24 Abs. 1 VwVfG für die Bekämpfung übertragbarer Krankheiten nach
dem 5. Abschnitt des IfSG. In der Terminologie des Gefahrenabwehrrechts
(→ Einf. Rn. 23 ff.) ermächtigt sie zu **Gefahrerforschungseingriffen** im
Vorfeld einer konkreten Gefahr (ausf. *Gallwas* NJW 1989, 1516). Die Ergebnisse der Ermittlungen müssen ggf. anderen Behörden mitgeteilt werden
(§ 27).

B. Ermittlungsanlass (Abs. 1)

2   Der Ermittlungsanlass ist **wortgleich mit dem Interventionsanlass** der
Schutzmaßnahmen nach § 28 Abs. 1 S. 1 Hs. 1. Der Anlass muss jedoch noch
nicht feststehen; es reicht aus, dass er anzunehmen ist. Die Begriffe „Kranker",
„Krankheitsverdächtiger", „Ansteckungsverdächtiger" und „Ausscheider" sind
legaldefiniert in § 2 Nr. 4–7 → § 2 Rn. 18 ff.

3   **Anzunehmen** ist ein solcher Anlass, wenn dem Gesundheitsamt **objektive
Anhaltspunkte** vorliegen, die „bei verständiger Würdigung und Berücksichtigung des aktuellen Wissensstands der Medizin nahelegen" (*Gerhardt*, § 25
Rn. 7; ähnlich *BBS*, § 25 Rn. 2), dass eine Person die genannten Eigenschaften
aufweist. Eine Gefahr muss gerade noch nicht feststehen (aA *Seewald* NJW
1988, 2921). Bei den Krankheits- und Ansteckungsverdächtigen führt dies
dazu, dass der **Verdacht eines Verdachts** einer Erkrankung ausreicht. Dies
ist grundsätzlich unbedenklich, da es in diesem Stadium um Gefahrerforschung und nicht Gefahrenabwehr geht. Wenn Krankheits- und Ansteckungsverdächtige jedoch nicht nur den Ermittlungsanlass, sondern auch die Adressaten der Maßnahme bilden (insbes. bei den Untersuchungen nach Abs. 3),
muss sich der Verdacht auf Anhaltspunkte stützen, die sich auf den jeweiligen
Adressaten beziehen. Die Zugehörigkeit zu einer abstrakt gefassten **Risikogruppe** ist für die Annahme eines Ansteckungsverdachts nicht ausreichend
(→ 2 Rn. 32).

4   Auch wenn ein Interventionsanlass bereits feststeht (etwa ein Masernaus-
bruch in einer Schule, ein COVID-19-Ausbruch in einem Pflegeheim oder
einer Sammelunterkunft für Flüchtlinge oder für ausländische Arbeitskräfte,
der Ausbruch einer Tierseuche, vgl. hierzu § 35 Abs. 3a, 3b TierGesG, der
Verkauf verseuchter Lebensmittel, vgl. hierzu § 42 Abs. 3 LFGB), kann es notwendig sein, die weiteren Umstände zu ermitteln.

5   Liegt ein Ermittlungsanlass vor, muss das Gesundheitsamt ermitteln; die
Vorschrift räumt ihr **kein Entschließungsermessen** ein.

C. Ermittlungsumfang (Abs. 1)

Abs. 1 spricht von den „erforderlichen Ermittlungen" und nennt für die zu **6** ermittelnden Umstände beispielhaft („insbes.") **Art, Ursache, Ansteckungsquelle und Ausbreitung** der Krankheit. Erforderlich sind solche Ermittlungen, die auf das Vorliegen der Tatbestandsvoraussetzungen der Schutzmaßnahmen der §§ 28−31 bezogen sind; nur so kann die Behörde entscheiden, welche Maßnahme eingesetzt werden soll.

Nach § 24 Abs. 1 S. 2 VwVfG entscheidet die Behörde über Art und Um- **7** fang der Ermittlungen. Dies gilt auch für § 25 (BVerwGE 142, 205 (217)). „Die gebotene **Ermittlungstiefe** zu möglichen Kontakten des Betroffenen mit infizierten Personen oder Gegenständen wird insb. durch die Eigenheiten der Krankheit, namentlich die Ansteckungsfähigkeit des Krankheitserregers, sowie durch die epidemiologischen Erkenntnisse vorgegeben" (BVerwGE 142, 205 (217)). In der Konsequenz bedeutet dies, dass bei milde verlaufenden Infektionskrankheiten keine Vorladung und körperliche Untersuchung zulässig sind (*Klafki,* Risiko, S. 309).

D. Ermittlungsarten

Auf welche Art das Gesundheitsamt seine Ermittlungen durchführt, ist in **8** § 25 nicht geregelt und steht der Behörde somit frei; die Vorschrift räumt ihr ein **Auswahlermessen** ein. Soweit durch die Art der Ermittlung in Grundrechte der Betroffenen eingegriffen wird, ist jedoch eine weitere Ermächtigungsgrundlage erforderlich. Diese sind für besondere Fälle in den Abs. 2 bis 4 enthalten.

I. Adressaten

Da im Gefahrenvorfeld (→ Rn. 1) noch nicht von Störern gesprochen wer- **9** den kann (→ Einf. Rn. 26), helfen dieser Begriff und die Einteilung in Störer und Nichtstörer (vgl. *Gerhardt,* § 24 Rn. 15 f., 27) bei § 25 nicht weiter. Die Behörde muss je nach Ermittlungsanlass relativ breit ermitteln. Eine Fokussierung auf die **Personen, die den Ermittlungsanlass** bilden, liegt zunächst in der Natur der Sache; wo es um Labor- und andere medizinische Befunde geht, stehen aber **ÄrztInnen** und vergleichbares Personal im Vordergrund. Abs. 3 und 4 regeln die Adressaten selbst und abschließend.

II. Räume, Dokumente, Gegenstände, Proben (Abs. 2 S. 1, § 16 Abs. 2, 3)

Abs. 2 S. 1 verweist auf § 16 Abs. 2 und 3 und ermächtigt das Gesundheits- **10** amt dadurch ua dazu, **Grundstücke und Räume zu betreten** (etwa Sammelunterkünfte ausländischer Arbeitskräfte), Dokumente einzusehen und zu kopieren, Gegenstände zu untersuchen, Proben zu fordern oder zu entnehmen und Auskünfte über Betriebe und Betriebsabläufe einzuholen (→ § 16 Rn. 23 ff., 42 ff.). Durch den durch G v. 19.5.2020 eingefügten zusätzlichen

Verweis auf § 16 Abs. 1 S. 2 wird klargestellt, dass auch bei § 25 **personenbezogene Daten** erhoben werden können (BT-Drs. 19/18967, 59).

III. Befragung Dritter (Abs. 2 S. 2)

11   Für **bedrohliche übertragbare Krankheiten** (vgl. § 2 Nr. 3a → § 2 Rn. 11 ff.) regelt S. 2 die Befugnis des Gesundheitsamtes, unmittelbar eine dritte Person, insbes. den behandelnden Arzt, zu befragen, wenn dies aus Zeit- oder anderen Gründen geboten ist. Hintergrund für diese Regelung ist, dass Arzt- und Labormeldungen nicht immer alle Informationen enthalten, die das Gesundheitsamt benötigt (BT-Drs. 18/10938, 66). Das Gesundheitsamt ist somit berechtigt, die ÄrztInnen nach weiteren Umständen zu befragen. Auf diesem Wege kann auch das langwierige Verfahren, dass ein Betroffener, der den Ermittlungsanlass bildet, bei seinem behandelnden Arzt Untersuchungsergebnisse selbst anfordert und an das Gesundheitsamt übermittelt, abgekürzt werden (*Gerhardt*, § 25 Rn. 27).

12   Diese Auskunftspflicht besteht für (Betriebs-)Ärzte sowie für nichtärztliche dritte Personen wie zB Angehörige. Für **ÄrztInnen** stellt Abs. 2 S. 2 eine spezialgesetzliche Durchbrechung der ärztlichen Schweigepflicht dar (→ auch § 16 Rn. 38; BT-Drs. 18/10938, 66), die aus Gründen eines effektiven Infektionsschutzes gerechtfertigt ist. Befragungen nichtärztlicher dritter Personen können zB erforderlich sein (vgl. BT-Drs. 18/10938, 66), um die Ansteckungsquelle einer Krankheit zu ermitteln (etwa im Falle einer Lebensmittelvergiftung). Es können außerdem Personen, die als Kontaktpersonen Kranker oder Krankheitsverdächtiger in Betracht kommen, im Rahmen des sogenannten *contact tracing* (vgl. RKI-Fachwörterbuch Infektionsschutz und Infektionsepidemiologie, Stichwort „Contact tracing") nach dem Umfang des möglichen Kontakts befragt werden, um feststellen zu können, ob sie als Ansteckungsverdächtige einzuordnen sind.

13   Diese **Berechtigung der Befragung Dritter** besteht eigentlich bereits über Abs. 2 S. 1 iVm **§ 16 Abs. 2 S. 3** (BT-Drs. 18/10938, 66), wird jedoch für die bedrohlichen übertragbaren Krankheiten durch Abs. 2 S. 2 klargestellt (→ auch Hs. 2). Gegenüber der vorherigen Rechtslage handelt es sich um eine Einschränkung (*Mers*, S. 180).

IV. Vorladung (Abs. 3 S. 1)

14   Abs. 3 S. 1 ermächtigt das Gesundheitsamt dazu, Kranke, Krankheitsverdächtige, Ansteckungsverdächtige und Ausscheider vorzuladen. Vorladung ist „die an eine bestimmte Person gerichtete **Aufforderung**", „sich zu einem bestimmten Zeitpunkt an einem bestimmten Ort einzufinden und bis zum Abschluss der jeweiligen Angelegenheit dort zu bleiben" (*Gerhardt*, § 25 Rn. 34).

V. Untersuchungen (Abs. 3 S. 2, 3, 4)

15   In Abs. 3 S. 2 wird der Umfang der zulässigen Untersuchungen und körperlichen Eingriffe geregelt. Vor der Untersuchung ist eine **Duldungsverfügung** – also die gesonderte Anordnung – durch das Gesundheitsamt erforderlich.

1. Adressaten/Reihenuntersuchungen. Zur Duldung dieser Ermitt- **16** lungen sind nur Kranke, Krankheitsverdächtige, Ansteckungsverdächtige und Ausscheider verpflichtet (→ Rn. 2). **Anlasslose Reihenuntersuchungen** sind somit **nicht erlaubt** (so auch *Ritgen* in Kluckert, § 12 Rn. 27). Anlasslos wären etwa eine stichprobenartige Testung der Bevölkerung auf SARS-CoV-2 oder eine Testung bestimmter Risikogruppen auf HIV, ohne dass ein konkreter Bezug zu den betroffenen Personen und möglichen Ansteckungswegen besteht. Treten jedoch in Gemeinschaftseinrichtungen wie Alten- oder Pflegeheimen COVID-19-Fälle auf, kann – abhängig von den baulichen Begebenheiten und dem Einsatz des Personals – aufgrund der Art der Übertragung von SARS-CoV-2 von einem Ansteckungsverdacht in Bezug auf das (Pflege-)Personal und die anderen Bewohner ausgegangen werden. Einen Grenzfall stellen die Reihentests in Schlachthöfen im Rahmen der Corona-Epidemie 2020 dar (zulässig gehalten von VG Augsburg BeckRS 2020, 22936, Rn. 28): Diese wurden zum Teil durchgeführt, ohne dass Anlass eine Infektion in dem jeweiligen Betrieb war. Anlass war allein das höhere Risiko in Schlachthöfen allgemein. Zur Frage, ob § 28 Abs. 1 nun Rechtsgrundlage für verdachtslose Reihentests ist → § 28 Rn. 59f.

2. Untersuchungen nach S. 2. Die in Abs. 1 genannten Personen können **17** gem. S. 2 Nr. 1 durch das Gesundheitsamt verpflichtet werden, **Untersuchungen und Entnahmen von Untersuchungsmaterial** an sich vornehmen zu lassen; als Untersuchungsarten kommen äußerliche Untersuchungen, Röntgenuntersuchungen, Tuberkulintestungen, Blutentnahmen und Abstriche von Haut und Schleimhäuten in Betracht. Diese Aufzählung ist nicht abschließend („insbes."). Nicht aufgeführte Untersuchungen müssen, wenn sie über die Intensität der aufgeführten Untersuchungen hinausgehen, den Anforderungen des S. 3 (→ Rn. 21 ff.) entsprechen.

Die Durchführung von Untersuchungen ist nicht erforderlich iSd Abs. 1, **18** wenn entsprechende Untersuchungen bereits anderweitig durchgeführt wurden. Der Betroffene kann dann nach Abs. 2 S. 1 iVm § 16 Abs. 2 S. 3 verpflichtet werden, die **Untersuchungsergebnisse vorzulegen.**

Die Untersuchungen erfolgen „durch die **Beauftragten des Gesund- 19 heitsamtes**", dies kann auch die behandelnde Ärztin sein (BT-Drs. 14/2530, 74); anders als bei Abs. 4 ist es jedoch bei den Beauftragten des Abs. 3 S. 2 nicht vorgeschrieben, dass sie ÄrztInnen sind.

Gem. S. 2 Nr. 2 können die in Abs. 1 genannten Personen durch das Ge- **20** sundheitsamt verpflichtet werden, das erforderliche Untersuchungsmaterial auf Verlangen **bereitzustellen.** Diese Konstellation kommt etwa bei Stuhlproben in Betracht (*Gerhardt*, § 25 Rn. 37).

3. Einwilligungsvorbehalt für erhebliche Eingriffe (S. 3), Arztvor- 21 behalt. Für invasive Eingriffe, die über die Intensität der in S. 2 Nr. 1 genannten Untersuchungen hinausgehen, sowie Eingriffe, die eine Betäubung erfordern, regelt S. 3 Hs. 1, dass sie nur mit **Einwilligung des Betroffenen** vorgenommen werden dürfen. Nur für Einwilligungsunfähige gilt gem. S. 3 Hs. 2 § 16 Abs. 5 entsprechend. Auch Minderjährige können je nach Alter und individueller geistiger Reife fähig sein, in die Eingriffe einzuwilligen (vgl. auch *BBS*, § 26 Rn. 5; *Gerhardt*, § 25 Rn. 41).

22   Invasiv ist jeder Eingriff, der die körperliche Integrität verletzt. Ob ein Eingriff eine Betäubung erfordert, ist in vielen Fällen eine medizinische Frage; aufgrund des unterschiedlichen Schmerzempfindens ist in Abgrenzungsfragen das individuelle Befinden des Betroffenen maßgeblich (ähnlich *Gerhardt,* § 25 Rn. 40).

23   Einen Arztvorbehalt regelt § 25 Abs. 3 nicht (vgl. im Gegensatz dazu die Vorgängervorschrift des § 32 Abs. 2 S. 2 BSeuchG). S. 3 ist jedoch wegen des erheblichen Eingriffs in Art. 2 Abs. 2 S. 1 GG verfassungskonform dahingehend auszulegen, dass **nur ein Arzt** diese Eingriffe vornehmen darf.

24   **4. Datenschutz (S. 4).** S. 4 enthält eine datenschutzrechtliche Regelung, die es verbietet, die bei den Untersuchungen erhobenen personenbezogenen Daten für andere als infektionsschutzrechtliche Zwecke zu verarbeiten.

VI. Untersuchung Verstorbener (Abs. 4)

25   Besteht der Ermittlungsanlass (→ Rn. 2 ff.) aus einem Verstorbenen, der krank, krankheitsverdächtig oder Ausscheider war, kann das Gesundheitsamt erforderliche Erkenntnisse ggf. dadurch gewinnen, dass die Leiche untersucht wird. Abs. 4 S. 1 regelt deswegen eine entsprechende **Duldungspflicht,** die den **Gewahrsamsinhaber** des Verstorbenen trifft. Gewahrsamsinhaber ist derjenige, der die unmittelbare, tatsächliche Herrschaft über die Leiche ausübt (zB der Krankenhausträger, bevor der Leichnam den Angehörigen übergeben wird) (*Erdle,* § 25, S. 100). Die Untersuchung erfolgt durch Ärzte des Gesundheitsamtes oder dessen ärztliche Beauftragte, hier besteht also ein ausdrücklicher **Arztvorbehalt.** Mit „Untersuchung" ist die körperliche Untersuchung des Leichnams einschließlich seiner natürlichen Körperöffnungen gemeint (*Gerhardt,* § 25 Rn. 51).

26   Wenn es vom Gesundheitsamt für erforderlich gehalten wird, soll die zuständige Behörde (in NRW zB die örtliche Ordnungsbehörde, § 6 Abs. 1 IfSBG NRW) gegenüber dem Gewahrsamsinhaber die **innere Leichenschau** (also eine Obduktion) anordnen. Ziel der Leichenschau muss es sein, durch eine Ermittlung iSd Abs. 1 diejenigen Erkenntnisse zu gewinnen, die für die Anordnung von Schutzmaßnahmen nach §§ 28 ff. erforderlich sind. Umstritten ist, ob die Behörde auch eine Obduktion zu **wissenschaftlichen Zwecken** gem. Abs. 4 S. 2 anordnen kann, um zB bei einem neu aufgetretenen Virus neue Erkenntnisse zu gewinnen (ablehnend *Erdle,* § 25, S. 100; *Gerhardt,* § 25 Rn. 54). Hierfür wäre die Einwilligung des Toten zu Lebzeiten oder der Angehörigen notwendig (*Gerhardt,* § 25 Rn. 54). In der Praxis wird die Vorschrift teils anders ausgelegt, so dass Obduktionen auch zur Generierung wissenschaftlicher Erkenntnisse angeordnet werden (so zB am UKE in Hamburg, vgl. dazu das Projekt „DEFEAT PANDEMICs"). Dem gesetzgeberischen Willen ist keine eindeutige Aussage zu entnehmen; eine Klarstellung, dass auch Obduktionen zu wissenschaftlichen Zwecken erlaubt sein sollen, die durch den BR angeregt worden war (BT-Drs. 14/2530, 92), wurde von der Bundesregierung mit der Begründung abgelehnt, dass die „Regelungen zur inneren Leichenschau" „ausreichend" seien (BT-Drs. 14/2530, 97). Aus Gründen der Rechtssicherheit ist deswegen eine **Klarstellung im Gesetz erforderlich,** da Obduktionen einen besonders grundrechtssensiblen Bereich betreffen.

E. Verfahrensregelungen (Abs. 2 S. 1, § 16)

Durch den Verweis des Abs. 2 S. 1 auf § 16 Abs. 5, 8 gelten die dortigen Ver- **27** fahrensregelungen entsprechend; daraus folgt ua, dass Widerspruch und Anfechtungsklage gegen die Ermittlungsmaßnahmen **keine aufschiebende Wirkung** haben (§ 16 Abs. 8).

F. Verhältnis zu vergleichbaren polizeilichen Befugnissen

Einige Bundesländer erklären in ihren Polizeigesetzen den Polizeivollzugs- **28** dienst für zuständig für Maßnahmen nach § 25 Abs. 1 bis 3 – und zwar eindeutig „neben" der Zuständigkeit der Behörden nach § 25 (vgl. § 105 Abs. 4 PolG BW; § 2 BremPolG). Voraussetzung für diese Zuständigkeit ist, dass Tatsachen die Annahme rechtfertigen, dass eine **Übertragung besonders gefährlicher Krankheitserreger** auf eine andere Person stattgefunden hat, für diese daher eine (erhebliche) Gefahr für Leib oder Leben bestehen könnte und die Kenntnis des Untersuchungsergebnisses für die Abwehr der Gefahr erforderlich ist. Besonders gefährliche Krankheitserreger idS können Hepatitis B-Virus, Hepatitis C-Virus oder HIV sein (ausdr. § 105 Abs. 4 PolG BW). Einschlägig sollen diese Fallkonstellationen sein, wenn eine Person zB bei ihrer Festnahme oder in anderem Zusammenhang PolizeibeamtInnen verletzt hat und deswegen die Gefahr besteht, dass diese sich mit einem der genannten Krankheitserreger infiziert haben. Eine **Blutuntersuchung bei der von der Polizei kontrollierten oder festgenommenen Person** soll Klarheit darüber bringen, ob überhaupt ein Infektionsrisiko besteht. Die Polizei kann dann erforderlichenfalls Gegenmaßnahmen (wie eine Postexpositionsprophylaxe bei HIV) einleiten. Weiter gehen § 36 Abs. 5 HSOG, § 41 Abs. 5 SOG LSA und § 43 Abs. 6 BPolG-E (BT-Drs. 19/26541, 26), die nicht die Polizei für zuständig nach § 25 erklären, sondern eine eigene Befugnis der Polizei zur Blutentnahme bei Personen in dieser Konstellation regeln (BT-Drs. 19/26541, 54; ausf. LT-Drs. (LSA) 6/1253, 62f.).

Hier stellt sich die Frage, ob **§ 25 als mögliche lex specialis** eine solche **29** Regelung der Zuständigkeit bzw. Befugnis der Polizei in den Polizeigesetzen nicht ausschließt. Für eine Regelungsmöglichkeit der Länder bzw. des Bundespolizeigesetzgebers spricht, dass das IfSG mit seiner bevölkerungsbezogenen Zielsetzung, die Übertragung von Krankheitserregern auf Dritte zu verhindern (→ § 1 Rn. 9), eine **andere Schutzrichtung** verfolgt als eine Regelung, die nicht mehr darauf abzielt, die Übertragung eines Krankheitserregers zu verhindern, sondern nur herauszufinden, ob eine solche Übertragung überhaupt stattgefunden haben kann. Das IfSG betrachtet nach dieser Sichtweise den betroffenen Polizisten als Gefahrenquelle für eine weitere denkbare Übertragung, die Polizeigesetze wollen es ihm ermöglichen, eine Erkrankung bei ihm selbst zu verhindern (so die Argumentation bei LT-Drs. (LSA) 6/1253, 63; *Schatz* in BeckOK PolR BW § 60 Rn. 15). Es spricht somit viel dafür, dass polizeiliche Regelungen nicht durch § 25 ausgeschlossen werden.

G. Eingeschränkte Grundrechte (Abs. 5)

30　　Abs. 5 führt die durch die Ermittlungsmaßnahmen eingeschränkten Grundrechte auf, um dem Zitiergebot des Art. 19 Abs. 1 S. 2 GG Rechnung zu tragen.

H. Zuwiderhandlungen, Kosten

31　　Verstöße gegen § 25 können Ordnungswidrigkeiten darstellen, vgl. **§ 73 Abs. 1a Nr. 3 bis 6, Nr. 11** (vgl. außerdem § 74).

32　　Die Kosten für die Durchführung von Ermittlungen sind gem. **§ 69 Abs. 1 S. 1 Nr. 7** aus öffentlichen Mitteln zu bestreiten.

§ 26　Teilnahme des behandelnden Arztes

Der behandelnde Arzt ist berechtigt, mit Zustimmung des Patienten an den Untersuchungen nach § 25 sowie an der inneren Leichenschau teilzunehmen.

A. Zweck und Bedeutung der Norm

1　　Die Vorschrift ist Ausdruck der **Kooperation** nach § 1 Abs. 2 (*Gerhardt*, § 26 Rn. 1). Für das Gesundheitsamt ist im Rahmen der Ermittlungen nach § 25 bedeutsam, dass die behandelnde Ärztin ggf. weitere Erkenntnisse liefern kann (*Gerhardt*, § 26 Rn. 1).

B. Teilnahme und Zustimmung

2　　Die Vorschrift regelt sowohl die Teilnahme des Arztes an den **Untersuchungen** einer Person (PatientIn) nach § 25 Abs. 3 S. 2, 3 als auch die Teilnahme an der inneren **Leichenschau** nach § 25 Abs. 4 S. 2. Umstritten ist es, ob sich das Zustimmungserfordernis nur auf die Teilnahme an den Untersuchungen nach § 25 Abs. 3 (so *BBS*, § 27; *Gerhardt*, § 26 Rn. 2) oder auch auf die Teilnahme an der inneren Leichenschau (hierzu tendierend – ausf. – *Gabriel* in BeckOK InfSchR § 26 Rn. 6) bezieht.

C. Unterrichtung des nicht teilnehmenden Arztes

3　　Nimmt der behandelnde Arzt nicht an der Untersuchung nach § 25 Abs. 3 teil, darf ihn das Gesundheitsamt **mit Zustimmung des Betroffenen** unterrichten. Die Zustimmung ist nicht erforderlich, wenn die Unterrichtung als Schutzmaßnahme auf § 28 gestützt werden kann, wenn also der Arzt oder andere seiner Patienten vor einer möglichen Ansteckung geschützt werden müssen (*Erdle*, § 26, S. 101; *Gerhardt*, § 26 Rn. 3; *Gabriel* in BeckOK InfSchR § 26 Rn. 8).

Wenn man der Ansicht ist, dass bereits die Teilnahme an einer Unter- 4
suchung nach § 25 Abs. 4 nicht der Zustimmung bedarf, gilt dies auch für die
Unterrichtung des Arztes durch das Gesundheitsamt über die Ergebnisse (*Gerhardt*, § 26 Rn. 3). Geht man hingegen auch für diese Fälle von einem Zustimmungserfordernis aus, erstreckt sich dieses auch auf die Unterrichtung des Arztes (*Gabriel* in BeckOK InfSchR § 26 Rn. 9).

§ 27 Gegenseitige Unterrichtung

(1) [1]Das Gesundheitsamt unterrichtet insbesondere in den Fällen des § 25 Absatz 1 unverzüglich andere Gesundheitsämter oder die zuständigen Behörden und Stellen nach den §§ 54 bis 54b, deren Aufgaben nach diesem Gesetz berührt sind, und übermittelt ihnen die zur Erfüllung von deren Aufgaben erforderlichen Angaben, sofern ihm die Angaben vorliegen. [2]Die zuständigen Behörden und Stellen nach den §§ 54 bis 54b unterrichten das Gesundheitsamt, wenn dessen Aufgaben nach diesem Gesetz berührt sind, und übermitteln diesem die zur Erfüllung von dessen Aufgaben erforderlichen Angaben, soweit ihnen die Angaben vorliegen.

(2) [1]Das Gesundheitsamt unterrichtet unverzüglich die für die Überwachung nach § 39 Absatz 1 Satz 1 des Lebensmittel- und Futtermittelgesetzbuchs örtlich zuständige Lebensmittelüberwachungsbehörde, wenn auf Grund von Tatsachen feststeht oder der Verdacht besteht,
1. dass ein spezifisches Lebensmittel, das an Endverbraucher abgegeben wurde, in mindestens zwei Fällen mit epidemiologischem Zusammenhang Ursache einer übertragbaren Krankheit ist, oder
2. dass Krankheitserreger auf Lebensmittel übertragen wurden und deshalb eine Weiterverbreitung der Krankheit durch Lebensmittel zu befürchten ist.

[2]Das Gesundheitsamt stellt folgende Angaben zur Verfügung, soweit sie ihm vorliegen und die Angaben für die von der zuständigen Lebensmittelüberwachungsbehörde zu treffenden Maßnahmen erforderlich sind:
1. Zahl der Kranken, Krankheitsverdächtigen, Ansteckungsverdächtigen und Ausscheider, auf Ersuchen der Lebensmittelüberwachungsbehörde auch Namen und Erreichbarkeitsdaten,
2. betroffenes Lebensmittel,
3. an Endverbraucher abgegebene Menge des Lebensmittels,
4. Ort und Zeitraum seiner Abgabe,
5. festgestellter Krankheitserreger und
6. von Personen entgegen § 42 ausgeübte Tätigkeit sowie Ort der Ausübung.

(3) [1]Das Gesundheitsamt unterrichtet unverzüglich die nach § 4 Absatz 1 des Tiergesundheitsgesetzes zuständige Behörde, wenn
1. auf Grund von Tatsachen feststeht oder der Verdacht besteht, dass

a) Erreger einer übertragbaren Krankheit unmittelbar oder mittelbar von Tieren auf eine betroffene Person übertragen wurden oder

b) Erreger von einer betroffenen Person auf Tiere übertragen wurden, und

2. es sich um Erreger einer nach einer auf Grund des Tiergesundheitsgesetzes erlassenen Rechtsverordnung anzeigepflichtigen Tierseuche oder meldepflichtigen Tierkrankheit handelt.

[2]Das Gesundheitsamt übermittelt der nach § 4 Absatz 1 des Tiergesundheitsgesetzes zuständigen Behörde Angaben zum festgestellten Erreger, zur Tierart und zum Standort der Tiere, sofern ihm die Angaben vorliegen.

(4) [1]Das Gesundheitsamt unterrichtet unverzüglich die für den Immissionsschutz zuständige Behörde, wenn im Fall einer örtlichen oder zeitlichen Häufung von Infektionen mit Legionella sp. der Verdacht besteht, dass Krankheitserreger durch Aerosole in der Außenluft auf den Menschen übertragen wurden. [2]Das Gesundheitsamt übermittelt der für den Immissionsschutz zuständigen Behörde Angaben zu den wahrscheinlichen Orten und Zeitpunkten der Infektionen, sofern ihm die Angaben vorliegen.

(5) [1]Das Gesundheitsamt unterrichtet unverzüglich die zuständige Landesbehörde, wenn der Verdacht besteht, dass ein Arzneimittel die Quelle einer Infektion ist. [2]Das Gesundheitsamt übermittelt der zuständigen Landesbehörde alle notwendigen Angaben, sofern es diese Angaben ermitteln kann, wie Bezeichnung des Produktes, Name oder Firma des pharmazeutischen Unternehmers und die Chargenbezeichnung. [3]Über die betroffene Person sind ausschließlich das Geburtsdatum, das Geschlecht sowie der erste Buchstabe des ersten Vornamens und der erste Buchstabe des ersten Nachnamens anzugeben. [4]Die zuständige Behörde übermittelt die Angaben unverzüglich der nach § 77 des Arzneimittelgesetzes zuständigen Bundesoberbehörde. [5]Die personenbezogenen Daten sind zu pseudonymisieren.

(6) [1]Steht auf Grund von Tatsachen fest oder besteht der Verdacht, dass jemand, der an einer meldepflichtigen Krankheit erkrankt oder mit einem meldepflichtigen Krankheitserreger infiziert ist, oder dass ein Verstorbener, der an einer meldepflichtigen Krankheit erkrankt oder mit einem meldepflichtigen Krankheitserreger infiziert war, nach dem vermuteten Zeitpunkt der Infektion Blut-, Organ-, Gewebe- oder Zellspender war, so hat das Gesundheitsamt, wenn es sich dabei um eine durch Blut, Blutprodukte, Organe, Gewebe oder Zellen übertragbare Krankheit oder Infektion handelt, die zuständigen Behörden von Bund und Ländern unverzüglich über den Befund oder Verdacht zu unterrichten. [2]Es meldet dabei die ihm bekannt gewordenen Sachverhalte. [3]Nach den Sätzen 1 und 2 hat es bei Spendern vermittlungspflichtiger Organe (§ 1a Nummer 2 des Transplantationsgesetzes) auch die nach § 11 des Transplantationsgesetzes errichtete oder bestimmte Koordinierungsstelle zu unterrichten, bei sonsti-

gen Organ-, Gewebe- oder Zellspendern nach den Vorschriften des Transplantationsgesetzes die Einrichtung der medizinischen Versorgung, in der das Organ, das Gewebe oder die Zelle übertragen wurde oder übertragen werden soll, und die Gewebeeinrichtung, die das Gewebe oder die Zelle entnommen hat.

Übersicht

A. Zweck

§ 27 regelt die Informationspflichten des Gesundheitsamtes und weiterer **1** Behörden, deren Zuständigkeit sich nach dem IfSG richtet. Nur durch einen **Informationsaustausch** zwischen verschiedenen Behörden kann ein effektiver Infektionsschutz gewährleistet werden. Er ist Ausdruck der Kooperation nach § 1 Abs. 2. Die Informationspflichten anderer Behörden sind in den entsprechenden Fachgesetzen geregelt.

Bei § 27 handelt es sich um eine vergleichsweise **neue Vorschrift,** die kei- **2** nen Vorgänger im BSeuchG hatte. Der jetzige Abs. 6 war zunächst in § 25 Abs. 2 enthalten. Die jetzige Struktur erhielt die Vorschrift durch G v. 21. 3. 2013 (BGBl. I 566) und G v. 17. 7. 2017 (BGBl. I 2615), kleine Änderungen erfolgten durch G v. 19. 5. 2020 (BGBl. I 1018).

B. Allgemeines

Die Übermittlung von Daten an andere Behörden durch das Gesundheits- **3** amt knüpft zeitlich in der Regel an die **Ermittlungen des § 25** an, denn die dort gewonnenen Erkenntnisse können für die Aufgabenerfüllung anderer Behörden relevant sein. Ob dies der Fall ist, muss und darf das Gesundheitsamt nicht selbst beurteilen; entscheiden muss die jeweils zuständige Behörde, ob

sie ggf. weitere eigene Ermittlungen anstellt oder sofort die notwendigen Gefahrenabwehrmaßnahmen einleitet.

4   Die unterschiedlichen Unterrichtungspflichten der Abs. 1 bis 5 knüpfen alle
daran an, dass entweder eine Gefahrenlage schon feststeht oder nur ein
Gefahrverdacht vorliegt. Bei Abs. 1 ergibt sich dies durch den Verweis auf
„die Fälle des § 25 Abs. 1", in den anderen Absätzen durch die Verwendung
der Begriffe „feststeht" und „Verdacht", die im Sinne der Begriffe „ergibt
sich" und „anzunehmen" des § 25 Abs. 1 (→ § 25 Rn. 3) zu verstehen sind.

5   Die **Übermittlung** hat stets **unverzüglich** zu erfolgen, also ohne schuldhaftes Zögern (§ 121 Abs. 1 BGB). Sie bezieht sich außerdem immer nur auf
Angaben, die dem Gesundheitsamt bereits vorliegen; die weitere Ermittlungspflicht trifft dann die jeweils zuständige Behörde und nicht mehr das Gesundheitsamt.

6   Die Begriffe „Gesundheitsamt", „Krankheitserreger", „übertragbare Krankheit" sind in § 2 Nr. 14, 1 bzw. 3 legaldefiniert → § 2 Rn. 43, 2 ff., 7 ff.

C. Andere Gesundheitsämter, Stellen und Behörden nach §§ 54–54b (Abs. 1)

7   Sobald sich für ein **Gesundheitsamt** ein Ermittlungsanlass (→ § 25 Rn. 2)
ergibt, der auch den Zuständigkeitsbereich eines anderen Gesundheitsamts betrifft, müssen die notwendigen Angaben übermittelt werden, damit das dortige Gesundheitsamt selbst über die Anordnung von Schutzmaßnahmen oder
die Durchführung weiterer Ermittlungen entscheiden kann. Die Pflicht zum
Informationsaustausch betrifft außerdem sowohl auf Empfänger- als auch
Übermittlerseite die zuständigen Behörden und Stellen nach **§ 54** sowie die
Bundeswehr (§ 54a) und das **Eisenbahn-Bundesamt** (§ 54b).

D. Lebensmittel (Abs. 2)

8   Die nach § 39 Abs. 1 S. 1 **LFGB** zuständigen **Lebensmittelüber-
wachungsbehörden** sind für den gesundheitlichen Verbraucherschutz zuständig. Damit sie die notwendigen Maßnahmen anordnen können, muss sie
das Gesundheitsamt über ihm vorliegende Tatsachen über Lebensmittel informieren, die Krankheiten übertragen können. Die Lebensmittelüberwachungs-
behörden müssen dann das eventuell ursächliche Lebensmittel ermitteln, um
etwaige noch im Verkehr befindliche andere Lebensmittel derselben Charge
aus dem Verkehr ziehen zu können (BT-Drs. 17/7576, 41).

9   Die nach dem LFGB zuständige Behörde ist in umgekehrter Richtung
gem. **§ 42 Abs. 3 LFGB** zur Übermittlung verpflichtet.

10   Der **Begriff des Lebensmittels** ist in § 2 Abs. 2 LFGB iVm Art. 2 der VO
(EG) Nr. 178/2002 legaldefiniert.

I. Übermittlungsanlass

Abs. 2 S. 1 regelt zwei verschiedene Anlässe. **11**

Im Falle des **Nr. 1** sind mindestens zwei Fälle aufgetreten, in denen ein **Le-** **12** **bensmittel Ursache einer übertragbaren Krankheit** ist. Diese Fälle müssen in einem „epidemiologischen Zusammenhang" stehen. Gemeint ist damit wohl ein „epidemischer Zusammenhang" (vgl. auch die Verwendung des Begriffs in § 6 Abs. 1 S. 1 lit. b, Abs. 3 und § 14 Abs. 5; zum Unterschied RKI-Fachwörterbuch Infektionsschutz und Infektionsepidemiologie, Stichworte „epidemisch", „epidemiologisch"), was in Anlehnung an § 6 Abs. 1 S. 1 Nr. 2 lit. b bedeutet, dass es mindestens zwei Erkrankungen gibt, deren Infektionsquelle das gleiche Lebensmittel ist (→ § 6 Rn. 12).

Bei **Nr. 2** ist noch keine Krankheit aufgetreten; den Übermittlungsanlass **13** bildet die Tatsache, dass (ggf.) **Krankheitserreger auf Lebensmittel** übertragen wurden. Zu befürchten ist die Weiterverbreitung der Krankheit, wenn sie aus medizinischer Sicht möglich ist (*Gerhardt*, § 27 Rn. 15/16).

II. Angaben

Der Umfang der zu übermittelnden Angaben gem. Abs. 2 S. 2 ist sehr groß. **14** Das ist dadurch zu erklären, dass die Lebensmittelbehörden ggf. auch die **Kontaktdaten der kranken Personen** (Nr. 1) benötigen, um das für die Krankheit eventuell ursächliche Lebensmittel ermitteln zu können (vgl. BT-Drs. 17/7576, 41). Um die Übermittlung dieser persönlichen Daten nur auf die Fälle zu begrenzen, in denen die Daten wirklich erforderlich sind, müssen diese Daten zum einen „für die von der zuständigen Lebensmittelüberwachungsbehörde zu treffenden Maßnahmen erforderlich" und zum anderen von ihr im konkreten Fall angefordert worden sein („auf Ersuchen").

E. Tierseuchen (Abs. 3)

Abs. 3 regelt die Übermittlung an die nach dem **TierGesG** zuständigen **15** Behörden, deren Gefahrenabwehrmaßnahmen ggf. eine positive Wirkung auch für den Infektionsschutz haben können (BT-Drs. 18/10938, 67). Die nach dem TierGesG zuständige Behörde ist in umgekehrter Richtung gem. **§ 35 Abs. 3 a, 3 b TierGesG** zur Übermittlung verpflichtet.

I. Übermittlungsanlass

Ein Übermittlungsanlass besteht zunächst dann, wenn die Infektion eines **16** Menschen durch **von einem Tier übertragene Erreger** verursacht wurde (S. 1 Nr. 1 lit. a) (BT-Drs. 18/10938, 67) oder ein Erreger von einer betroffenen Person auf Tiere übertragen wurde (S. 1 Nr. 1 lit. b). Betroffene Personen können zB Tierhalter sein (BT-Drs. 18/10938, 67).

Hinzukommen muss, dass es sich um Erreger einer nach einer auf Grund **17** des TierGesG erlassenen RVO **anzeigepflichtigen Tierseuche oder meldepflichtigen Tierkrankheit** handelt (S. 1 Nr. 2).

II. Angaben

18   Übermittelt werden müssen gem. S. 2 Angaben zum festgestellten Erreger, zur Tierart und zum Standort der Tiere.

F. Infektionen mit Legionella sp. (Abs. 4)

19   Abs. 4 betrifft Infektionen mit Legionella sp. **(Legionellen),** die die sogenannte Legionärskrankheit auslösen können. Legionellen können in (insbes. warmem) Wasser vorkommen und durch den Menschen eingeatmet werden. Durch die Unterrichtung der für den **Immissionsschutz** zuständigen Behörde soll diese in die Lage versetzt werden, die Anlagen zu identifizieren, die als mögliche Urheber in Frage kommen, um dann weitere Maßnahmen treffen zu können (BT-Drs. 18/10938, 67).

I. Übermittlungsanlass

20   Eine **Übertragung durch Aerosole** in der Außenluft kommt etwa bei gewerblichen Anlagen wie Verdunstungskühlanlagen und Nassabscheidern, in denen Wasser verrieselt oder versprüht wird, in Betracht, wenn ungünstige Bedingungen (durch Umwelteinflüsse und die Beschaffenheit und den Betrieb der Anlage) vorliegen (BT-Drs. 18/10938, 67). Bei einem anderen Übertragungsweg (etwa die Inhalation von Aerosolen aus Duschwasser) ist § 27 nicht einschlägig.

21   Es muss außerdem eine **örtliche oder zeitliche Häufung von Infektionen** geben. Wann dies der Fall ist, gibt der Gesetzgeber nicht vor. Für eine Häufung kann man hier die Regelung in Abs. 2 entsprechend heranziehen und mindestens zwei Fälle verlangen. Die örtliche Häufung bezieht sich auf die jeweilige Anlage.

II. Angaben

22   Übermittelt werden gem. S. 2 Angaben zu den wahrscheinlichen Orten und Zeitpunkten der Infektionen.

G. Arzneimittel (Abs. 5)

23   Abs. 5 soll zur **Arzneimittelsicherheit** beitragen (BT-Drs. 18/10938, 67). Bei möglichen Impfschäden (§ 2 Nr. 11 → § 2 Rn. 37 ff.) können Überschneidungen bestehen zu § 11 Abs. 4. In diesen Fällen „ist mit der Übermittlung der in § 11 Abs. 4 vorgesehenen Angaben an die zuständige Landesbehörde auch der Pflicht aus § 27 Abs. 5 Genüge getan" (BT-Drs. 18/10938, 67).

24   Nach S. 4 muss die zuständige Behörde die Angaben an die nach **§ 77 AMG** zuständige Bundesoberbehörde weiterleiten.

I. Übermittlungsanlass

25   Ein **Arzneimittel** (vgl. § 2 AMG) muss die Quelle einer Infektion sein.

II. Angaben

Übermittelt werden „alle **notwendigen Angaben**", wie Bezeichnung des 26
Produktes, Name oder Firma des pharmazeutischen Unternehmers und die
Chargenbezeichnung. Von der betroffenen Person dürfen nur wenige Angaben (insbes. nicht der volle Name) übermittelt werden (S. 3). Bei der Weiterleitung der Angaben an die nach § 77 AMG zuständige Behörde (S. 4) sind
die personenbezogenen Daten zu pseudonymisieren (S. 5).

H. Blut-, Organ-, Gewebe- und Zellspenden (Abs. 6)

Abs. 6 betrifft die Blut-, Organ-, Gewebe- und Zellspenden, bei denen 27
verhindert werden soll, dass Infizierte oder Kranke durch die Spende **andere
Personen anstecken.** Vgl. bei der Bluttransfusion auch das Rückverfol-
gungsverfahren nach §§ 19, 20 TFG.

I. Übermittlungsanlass

Übermittlungsanlass ist nach S. 1 ein Blut-, Organ-, Gewebe- oder Zell- 28
spender, der zu dem Zeitpunkt der Spende an einer **meldepflichtigen
Krankheit (§ 6)** erkrankt oder mit einem **meldepflichtigen Krankheitserreger (§ 7)** infiziert war. Die Meldepflicht kann auch durch RVO nach § 15
erweitert werden. Die jeweilige Erkrankung bzw. Infektion des Spenders muss
außerdem gerade durch das jeweils gespendete Produkt übertragen werden
können, da sonst keine Gesundheitsgefahr bestehen kann. Bei **Blut** ist insofern
insbes. eine Infektion mit **Hepatitis-Viren** von praktischer Relevanz. Auch
HIV wird durch Blut übertragen, ist jedoch nicht meldepflichtig, so dass § 27
nicht einschlägig ist.

Der in Abs. 6 angesprochene **Verdacht** (→ Rn. 4) bezieht sich auf den **ge- 29
samten Übermittlungsanlass** und nicht nur auf den Spendevorgang; dh es
reicht auch der Verdacht aus, dass ein Spender zum Zeitpunkt der Spende
krank bzw. infiziert war, die Erkrankung bzw. Infektion muss nicht feststehen
(aA *Gerhardt,* § 27 Rn. 29). Hierfür spricht zum einen, dass der Teil „steht auf
Grund von Tatsachen fest oder besteht der Verdacht" vor dem gesamten restlichen Tatbestand steht, und zum anderen, dass nur diese Auslegung dem
Zweck der Vorschrift (→ Rn. 1; → § 1) Rechnung trägt. Ob sich der Zeitpunkt der Spende mit dem Zeitpunkt der Infektion überschneidet, kann anhand von Laborbefunden eingeschätzt werden (vgl. *Gerhardt,* § 27 Rn. 31);
der Zeitpunkt der Infektion muss nicht 100%ig feststehen („vermutet").

II. Angaben und Behörden

Gemeldet werden müssen der **Befund bzw. Verdacht** (S. 1); das Gesund- 30
heitsamt übermittelt die ihm bekannt gewordenen Sachverhalte (S. 2).

Gemeldet werden muss an „die zuständigen Behörden von Bund und Län- 31
dern" (S. 1); S. 3 nennt für Organ-, Gewebe- oder Zellspenden weitere Stellen, an die die Angaben übermittelt werden müssen.

§ 28　Schutzmaßnahmen

(1) ¹Werden Kranke, Krankheitsverdächtige, Ansteckungsverdächtige oder Ausscheider festgestellt oder ergibt sich, dass ein Verstorbener krank, krankheitsverdächtig oder Ausscheider war, so trifft die zuständige Behörde die notwendigen Schutzmaßnahmen, insbesondere die in § 28 a Absatz 1 und in den §§ 29 bis 31 genannten, soweit und solange es zur Verhinderung der Verbreitung übertragbarer Krankheiten erforderlich ist; sie kann insbesondere Personen verpflichten, den Ort, an dem sie sich befinden, nicht oder nur unter bestimmten Bedingungen zu verlassen oder von ihr bestimmte Orte oder öffentliche Orte nicht oder nur unter bestimmten Bedingungen zu betreten. ²Unter den Voraussetzungen von Satz 1 kann die zuständige Behörde Veranstaltungen oder sonstige Ansammlungen von Menschen beschränken oder verbieten und Badeanstalten oder in § 33 genannte Gemeinschaftseinrichtungen oder Teile davon schließen. ³Eine Heilbehandlung darf nicht angeordnet werden. ⁴Die Grundrechte der körperlichen Unversehrtheit (Artikel 2 Absatz 2 Satz 1 des Grundgesetzes), der Freiheit der Person (Artikel 2 Absatz 2 Satz 2 des Grundgesetzes), der Versammlungsfreiheit (Artikel 8 des Grundgesetzes), der Freizügigkeit (Artikel 11 Absatz 1 des Grundgesetzes) und der Unverletzlichkeit der Wohnung (Artikel 13 Absatz 1 des Grundgesetzes) werden insoweit eingeschränkt.

(2) Wird festgestellt, dass eine Person in einer Gemeinschaftseinrichtung an Masern erkrankt, dessen verdächtig oder ansteckungsverdächtig ist, kann die zuständige Behörde Personen, die weder einen Impfschutz, der den Empfehlungen der Ständigen Impfkommission entspricht, noch eine Immunität gegen Masern durch ärztliches Zeugnis nachweisen können, die in § 34 Absatz 1 Satz 1 und 2 genannten Verbote erteilen, bis eine Weiterverbreitung der Krankheit in der Gemeinschaftseinrichtung nicht mehr zu befürchten ist.

(3) Für Maßnahmen nach den Absätzen 1 und 2 gilt § 16 Abs. 5 bis 8, für ihre Überwachung außerdem § 16 Abs. 2 entsprechend.

Übersicht

Schrifttum: *Katzenmeier,* Grundrechte in Zeiten von Corona, MedR 2020, 461; *Kießling,* Ausgangssperren wegen Corona nun auch in Deutschland (?), JuWissBlog v. 19.3.2020; *dies.,* Rechtssicherheit und Rechtsklarheit bei Ausgangssperren & Co? Zur geplanten minimalinvasiven Änderung des § 28 I IfSG, JuWissBlog v. 24.3.2020; *Klafki,* Corona-Pandemie: Ausgangssperre bald auch in Deutschland?, JuWissBlog v. 18.3.2020; *Rixen,* Gesundheitsschutz in der Coronavirus-Krise – Die (Neu-)Regelungen des Infektionsschutzgesetzes, NJW 2020, 1097; *Siegel* NVwZ 2020, 577.

A. Zweck und Bedeutung der Norm

§ 28 stellt die **zentrale Vorschrift** des 5. Abschnitts dar, da er allg. Voraus- **1** setzungen der Schutzmaßnahmen zur **Bekämpfung** übertragbarer Krankheiten enthält. Diese Schutzmaßnahmen sind in § 28 selbst, in §§ 29–31 und in § 28a geregelt; letzterer ist allerdings begrenzt auf Maßnahmen zur Verhinderung der Verbreitung von COVID-19. Die §§ 24–27 bereiten diese Schutzmaßnahmen vor; sie greifen also zeitlich früher oder ggf. parallel zu ersten Schutzmaßnahmen. § 28 regelt zunächst die **Generalklausel** (Abs. 1 S. 1

Hs. 1) **und allg. Bestimmungen** (Abs. 3) für alle Schutzmaßnahmen, enthält aber zusätzlich auch eine eigene **Standardermächtigung** (Abs. 2) (→ Rn. 4).

2   Bis 1979 stellte die Vorgängernorm § 34 Abs. 1 S. 1 BSeuchG zwar die Grundnorm der Bekämpfungsvorschriften, aber keine Generalklausel dar, weil die den Behörden zur Verfügung stehenden Maßnahmen abschließend geregelt waren. Dies wurde mWv 1.1.1980 geändert, indem § 34 Abs. 1 S. 1 neu gefasst wurde und nur noch durch ein „insbesondere" auf die anderen Maßnahmen verwies (BGBl. 1979 I 2248). Der Gesetzgeber dachte an **sonst nicht mögliche Maßnahmen** wie die Anordnung an Kranke, Krankheits-verdächtige und Ansteckungsverdächtige, sich die Hände zu desinfizieren, oder an diese Personen gerichtete Verbote, bestimmte Örtlichkeiten wie Gast-stätten oder Lebensmittelgeschäfte aufzusuchen, als mildere Mittel gegenüber einer Quarantäneanordnung, wollte aber außerdem ausdr. weitere Maßnah-men ermöglichen, um „für alle Fälle gewappnet" zu sein (BT-Drs. 8/2468, 27).

3   Während der **Corona-Epidemie** 2020 wurden die Grenzen der General-klausel des § 28 Abs. 1 auf die Probe gestellt, als zahlreiche vorher in der Bun-desrepublik so nicht eingesetzte, flächendeckende Maßnahmen von den Be-hörden verfügt bzw. verordnet wurden (ausf. *Kluckert* in ders., § 3). Die Rechtswissenschaft kritisierte schon früh, dass solche umfangreichen und in-tensiven Grundrechtseingriffe nicht lange – wenn überhaupt – auf eine Gene-ralklausel gestützt werden könnten (*Kießling* JuWissBlog v. 24.3.2020; *Schmitt* NJW 2020, 1626 (1629); *Katzenmeier* MedR 2020, 461 (462); *Kluckert* in ders., § 2 Rn. 105f.; *Trute* jM 2020, 291 (295); *Lichdi* SächsVBl 2020, 273 (276f.); *Leitmeier* DÖV 2020, 645 (647f.); zurückhaltender *Fleischfresser* in Kluckert, § 13 Rn. 28f.). Durch das **1. BevSchG** v. 27.3.2020 (BGBl. I 587) wurde die Vorschrift leicht modifiziert, ohne an den bestehenden Problemen nachhaltig etwas zu ändern (→ Rn. 30). Während die Kritik der Rechtswissenschaft nicht nachließ (*Kießling* FAZ v. 30.9.2020; *Volkmann* NJW 2020, 3153; vgl. auch *Brocker* NVwZ 2020, 1485; *Kingreen*, JURA 2020, 1019 (1026). – Die wenigs-ten hielten § 28 Abs. 1 für eine taugliche Rechtsgrundlage, so pauschal – ohne Diskussion – *Frenz* GewArch 2020, 246 (247); offenbar auch *Labrenz* NWVBl 2020, 265 (268f.); sehr weitgehend auch *Rixen* NJW 2020, 1097 (1099); *Jo-hann/Gabriel* in BeckOK InfSchR, § 28 IfSG Rn. 5, 31, 31.1), billigten die Verwaltungsgerichte und Landesverfassungsgerichte in der Regel das Vor-gehen der Behörden oder ließen diese Frage in den Verfahren des einstwei-ligen Rechtsschutzes offen (vgl. zuletzt Thür. LVerfGH Urt. v. 1.3.2021 – 18/20, Rn. 379ff., unter Berufung auf die angeblich noch nicht abgelaufene Übergangsfrist). Nur vereinzelt wurde deutlich Kritik geübt oder sogar § 28 Abs. 1 für nicht ausreichend erachtet (saarl. VerfGH NVwZ 2020, 1513; VG Hmb. Beschl. v. 5.5.2020 – 7 E 1804/20, Rn. 91). Im November schuf der Gesetzgeber dann – nachdem es plötzlich deutliche Signale aus der Rspr. gab (VG Hamburg BeckRS 2020, 30379, Rn. 9; VGH München BeckRS 2020, 29302, Rn. 11ff.) – durch das **3. BevSchG** v. 18.11.2020 (BGBl. I 2397) **§ 28a,** dem nun die Aufgabe zukommt, während des restlichen Verlaufs der Corona-Epidemie als Rechtsgrundlage für die flächendeckenden Maßnahmen gegenüber der Bevölkerung zu dienen. Ausf. → § 28a Rn. 1ff., 4ff. Da § 28a Abs. 1 nach dem Willen des Gesetzgebers jedoch nur Regelbeispiele aufführt

(BT-Drs. 19/23944, 2; BT-Drs. 19/24334, 67), kann § 28 Abs. 1 auch weiterhin in der Corona-Epidemie eine Rolle spielen (→ Rn. 54 ff.).

B. System der §§ 28 ff.

I. Standardermächtigungen und Generalklausel

Die §§ 28 ff. regeln besondere Maßnahmen zur Bekämpfung übertragbarer **4**
Krankheiten. Systematisch-technisch ist § 28 Abs. 1 missglückt und sehr **unübersichtlich.** § 28 Abs. 1 S. 1 Hs. 1 stellt zunächst – wie § 16 Abs. 1 S. 1 für
die Verhütung – die Generalklausel dieses Abschnitts dar. Sie verweist (nicht
abschließend: „insbes.") auf die §§ 29–31 als mögliche Standardmaßnahmen,
die wie im allg. Gefahrenabwehrrecht spezielle Anwendungsfälle mit besonderen Voraussetzungen und ggf. Einschränkungen auf Rechtsfolgenseite regeln, und auf **§ 28 a**, dem im Rahmen der **Corona-Epidemie** eine besondere
Rolle zukommt. Bereits in **§ 28 Abs. 1 S. 1 Hs. 2** – also im gleichen Satz wie
die Generalklausel – ist eine weitere Maßnahme geregelt (Verlassens- und
Betretungsverbot), die auch durch „insbes." mit der Generalklausel verknüpft
wird und eher eine Klarstellung in Form einer **„Fortsetzung" der Generalklausel** als eine echte Standardermächtigung darstellt (*Siegel* NVwZ 2020, 577
(581); in der Sache ebenso *Johann/Gabriel* in BeckOK InfSchR § 28 Rn. 12),
da sie keine eigenen Voraussetzungen enthält. Weitere, mit § 28 Abs. 1 S. 1
Hs. 1 sprachlich nicht eigens verknüpfte Ermächtigungen finden sich in **§ 28
Abs. 1 S. 2** (Veranstaltungsverbote und Schließungen von Badeanstalten und
Gemeinschaftseinrichtungen) als weitere „Fortsetzung" der Generalklausel
und in **§ 28 Abs. 2** (Verbote im Zusammenhang mit Masernausbrüchen in
Gemeinschaftseinrichtungen); bei letzterer handelt es sich um eine echte Stan-
dardermächtigung, weil eigene Voraussetzungen geregelt sind.

II. Gefahrenabwehrrechtliche Ausrichtung und Adressaten

§ 28 und §§ 29–31 verfolgen einen **punktuellen Ansatz,** der von einer **5**
konkreten Infektionsgefahr ausgeht. Dh reagiert wird auf einen Infektionsherd, der näher lokalisiert ist und eine **konkrete Gefahr iSd Gefahrenabwehrrechts** darstellt (so auch *Kingreen* in Huster/Kingreen Hdb. InfSchR
Kap. 1 Rn. 78; außerdem *Johann/Gabriel* in BeckOK InfSchR § 28 Rn. 19,
die allerdings diese konkrete Gefahr offenbar im Falle einer Epidemie pauschal
für gegeben ansehen). Die Schutzmaßnahmen setzen punktuell an dieser Infektionsgefahr an, indem etwa infizierte Personen isoliert (§ 30 Abs. 1) oder
Einrichtungen, in denen die Gefahr aufgetreten ist, geschlossen (§ 28 Abs. 1
S. 2, → Rn. 41 ff.) werden. Bei **Epidemien** geht dieser konkret-individuelle
Bezug verloren, wenn **flächendeckende Maßnahmen** gegenüber der Bevölkerung angeordnet werden, die nur noch auf ein diffuses **Infektionsrisiko**
reagieren. Maßnahmen der Epidemiebekämpfung gehören deswegen zur Risikovorsorge und nicht zum Gefahrenabwehrrecht im engeren Sinne (→ § 28 a
Rn. 4 ff.).

Die §§ 29–31 regeln den jeweiligen Adressatenkreis ausdrückl. und abschl. **6**
(→ § 29 Rn. 2, → 30 Rn. 9, 15 ff., → § 31 Rn. 4 ff.). Für die **Generalklausel**

des § 28 Abs. 1 S. 1 Hs. 1 bleibt die Frage, ob der Adressatenkreis durch den Wortlaut der Vorschrift eingegrenzt wird (→ Einf. Rn. 25 ff.). Die Vorschrift wird zum Teil so verstanden, dass als Adressaten vorrangig die in § 28 Abs. 1 S. 1 Hs. 1 genannten Personen – also Kranke, Krankheitsverdächtige, Anstekkungsverdächtige und Ausscheider – und nachrangig „**Nichtstörer**" in Anspruch zu nehmen sind (VG Hannover Urt. v. 23. 10. 2008 – 7 A 3697/07, Rn. 29, 34; OVG Lüneburg Urt. v. 3. 2. 2011 – 13 LC 198/08, Rn. 25, 28 f.; BVerwGE 142, 205 (212, 219); ständige Rspr. in der Corona-Epidemie; *BBS,* § 28 Rn. 3; *Johann/Gabriel* in BeckOK InfSchR § 28 Rn. 21; *Rixen* NJW 2020, 1097 (1101)). Dazu passt, dass Kranke, Krankheitsverdächtige, Anstekkungsverdächtige und Ausscheider als **infektionsschutzrechtliche Störer** bezeichnet werden (so OVG Lüneburg Urt. v. 3. 2. 2011 – 13 LC 198/08, Rn. 25; → § 2 Rn. 18), was bedeutete, dass durch die Nennung dieser Personen im Gesetz die Regelungen über die Verhaltensstörer aus den allg. Gefahrenabwehrgesetzen modifiziert würden. Diese Gegenüberstellung von Störern und Nichtstörern führte im Ergebnis dazu, dass die Adressaten aus einer dieser beiden Kategorien ausgewählt werden müssten. Weitere Adressaten gäbe es nicht.

7   Aus dem Wortlaut der Vorschrift ergibt sich jedoch zunächst nicht, dass die dort erwähnten Kranken, Krankheitsverdächtigen, Ansteckungsverdächtigen und Ausscheider die Adressaten der Generalklausel darstellen. § 28 Abs. 1 S. 1 Hs. 1 setzt nur voraus, dass Kranke, Krankheitsverdächtige, Ansteckungsverdächtige oder Ausscheider festgestellt werden. Sie beschreiben somit – in der Terminologie des Gefahrenabwehrrechts – die **Gefahrenlage** (→ Rn. 14 f.) (so auch *Poscher* in Huster/Kingreen Hdb. InfSchR Kap. 4 Rn. 99; ähnlich OVG Weimar Beschl. v. 10. 4. 2020 – 3 EN 248/20, Rn. 40). Auch andere Adressaten werden in Hs. 1 nicht genannt.

8   Sieht man Personen, die nicht Kranke, Krankheitsverdächtige, Ansteckungsverdächtige oder Ausscheider sind, als Nichtstörer iSd allg. Gefahrenabwehrrechts (zum Begriff *Kießling* JURA 2016, 483) an, führte dies dazu, dass die einschränkenden Voraussetzungen des gefahrenabwehrrechtlichen **Notstands** vorliegen müssten, dazu gehört insbesondere eine qualifizierte Gefahrenlage (also eine gegenwärtige erhebliche Gefahr, vgl. etwa § 19 Abs. 1 OBG NW, bzw. eine „unmittelbar bevorstehende Störung", vgl. § 9 Abs. 1 PolG BW). Eine solche wird insbesondere in den Fällen nicht vorliegen, in denen nur Krankheits- oder Ansteckungsverdächtige feststehen, also nur eine Verdachtslage besteht. Eine konsequente Anwendung der Grundsätze der Nichtstörerverantwortlichkeit führte hier dazu, dass die Behörden untätig blieben mussten. Dies wird übersehen, wenn ohne nähere Prüfung der Voraussetzungen der Begriff des Nichtstörers verwendet wird (s aber auch Katzenmeier, MedR 2020, 461 (462)).

9   Neben dem Wortlaut spricht auch der Zweck der Vorschrift (ausgelegt auch unter Heranziehung des § 1 → § 1 Rn. 4 f., 9 f.) dafür, dass die Norm den **Adressatenkreis** selbst **nicht** von vornherein **begrenzt** (so iErg auch *Siegel* NVwZ 2020, 577 (578); *Lindner* in Schmidt, § 18 Rn. 62 ff.; *Trute* jM 2020, 291 (294 f.); so auch *Johann/Gabriel* in BeckOK InfSchR § 28 Rn. 21, die aber trotzdem von einer Vorrangigkeit der „Störer" ausgehen), auch nicht über den Rückgriff auf das allg. Ordnungsrecht, sondern dass sich die Eingrenzung allein

daraus ergibt, dass die angeordnete Maßnahme geeignet zur Bekämpfung der Übertragung der Krankheit sein muss. Aus infektionsschutzrechtlicher Sicht maßgeblich ist „allein der Bezug der durch die konkrete Maßnahme in Anspruch genommenen Person zur Infektionsgefahr" (OVG Lüneburg Beschl. v. 14. 4. 2020 – 13 MN 63/20, Rn. 51).

Wenn nun während einer **Epidemie** nicht mehr auf eine konkrete Infekti- **10** onsgefahr reagiert wird, sondern auf ein diffuses **Infektionsrisiko,** besteht ein solcher Bezug der in Anspruch genommenen Person zur Infektion jedoch nicht mehr. Da die Zahl der akut Infizierten auch während der Corona-Epidemie immer nur einen geringen Prozentsatz der Bevölkerung ausmachte, kann auch nicht die gesamte Bevölkerung pauschal als ansteckungsverdächtig betrachtet werden (so aber VG Hmb. Beschl. v. 20. 3. 2020 – 10 E 1380/20, Rn. 7). Ein Verweis darauf, dass die Bevölkerung entweder aus Personen besteht, die infiziert oder jedenfalls ansteckungsverdächtig sind, oder aus Personen, die Nichtstörer sind (so *Rixen* NJW 2020, 1097 (1101); so wohl auch *Kingreen* JURA 2020, 1019 (1025)), ist auch nicht ausreichend, denn dadurch wird die im Gefahrenabwehrrecht notwendige konkret-individuelle Verbindung zwischen Gefahrenlage und Adressat verwischt. Das Problem liegt vielmehr darin, dass eine solche Verbindung bei Epidemiebekämpfungsmaßnahmen nicht vorliegt. Diese Art von Maßnahmen hat der Gesetzgeber schlicht nicht vorhergesehen. Soweit in der Diskussion darauf verwiesen wird, dass der Gesetzgeber die Generalklausel für unvorhergesehene Fälle geschaffen hat, um „für alle Fälle gewappnet zu sein" (VGH Mannheim BeckRS 2020, 16398 Rn. 59; VG München Beschl. v. 29. 10. 2020 – M 26a S 20.5372, Rn. 70; Thür. LVerfGH Urt. v. 1. 3. 2021 – 18/20, Rn. 381; *Johann/Gabriel* in BeckOK InfSchR § 28 Rn. 31), muss dem entgegengehalten werden, dass der Gesetzgeber damit nur solche Fälle meinte, bei denen ein individueller Bezug zu einer konkreten Infektionsgefahr besteht: Dies zeigt sich daran, dass er beispielhaft das „Verbot an jemanden, der (noch) nicht ansteckungsverdächtig ist, einen Kranken aufzusuchen" nannte (BT-Drs. 8/2468, 27).

Eine Vorschrift, die das Tätigwerden des Staates während einer Epidemie **11** steuern soll, müsste dieses Problem angehen. § 28a stellt jedoch nur eine Konkretisierung des § 28 Abs. 1 dar, so dass offen bleibt, inwiefern berücksichtigt werden muss, dass etwa in Anspruch genommene Gastronomiebetriebe oder Gemeinschaftseinrichtungen bei einem bestehenden Hygienekonzept keine konkrete Infektionsgefahr verursacht haben. Ausf. zu diesem Problem → § 28a Rn. 4 ff.

III. Ermittlungen gem. § 25

Vor der Anordnung von Schutzmaßnahmen müssen in der Regel **Ermitt-** **12** **lungen** gem. § 25 angestellt werden, um die konkreten Umstände der Krankheit bzw. eines Krankheits- oder Ansteckungsverdachts aufzuklären. Nur so kann geklärt werden, ob der Tatbestand des § 28 Abs. 1 S. 1 Hs. 1 vorliegt und welche Schutzmaßnahmen in Betracht kommen.

IV. Verhältnis zu anderen Abschnitten

13   Sobald eine übertragbare Krankheit aufgetreten ist, kann die Generalklausel des 4. Abschnitts (§ 16 Abs. 1 S. 1) nicht mehr zur Anwendung kommen (→ Einf. Rn. 20, → § 16 Rn. 10, → Rn. 15). Zum Verhältnis des § 28 Abs. 1 S. 1 Hs. 1 zu den Standardermächtigungen des 6. Abschnitts → Rn. 68, zu § 28a → Rn. 54 ff.

C. Allgemeine Voraussetzungen und Grundsätze für Maßnahmen nach Abs. 1 und §§ 29–31

I. Auftreten einer übertragbaren Krankheit (Gefahrenlage)

14   Die Vorschrift setzt zunächst voraus, dass Kranke, Krankheitsverdächtige, Ansteckungsverdächtige oder Ausscheider „festgestellt" wurden oder dass sich „ergibt", dass ein Verstorbener krank, krankheitsverdächtig oder Ausscheider war. Damit ist gemeint, dass eine übertragbare Krankheit aufgetreten ist, wie es § 16 Abs. 1 S. 1 verhüten will, dass die Gefahr der Übertragbarkeit dieser Krankheit besteht (*Seewald* NJW 1987, 2265 (2273)) und dass der Behörde Personen bekannt sind, die einen Bezug zu diesem Krankheitsgeschehen haben. Auch wenn der Wortlaut nicht ausdrücklich verlangt, dass kontagiöse Personen festgestellt wurden, ergibt sich diese Voraussetzung aus einer Auslegung der Vorschrift nach Sinn und Zweck, auch unter Heranziehung des § 1 (aA iErg VGH München Beschl. v. 24. 1. 2021 – 10 CS 21.249, Rn. 34). Denn Bekämpfungsmaßnahmen sind nur erforderlich, wenn die Gefahr einer Verbreitung der Krankheit besteht. Zur Geeignetheit von PCR-Tests zum Nachweis von Infektionen und der Kontagiösität Infizierter → § 2 Rn. 6 a f.

15   Damit § 28 und nicht § 16 einschlägig ist, muss es einen **örtlichen Bezug** zu diesem Krankheitsgeschehen geben, der sich entweder daraus ergibt, dass das Krankheitsgeschehen selbst auf dem Gebiet der zuständigen Behörde aufgetreten ist (ähnlich *Kluckert* in ders., § 2 Rn. 163; *Johann / Gabriel* in BeckOK InfSchR § 28 Rn. 17) oder dass ein Ansteckungsverdächtiger aus einem Gebiet mit Krankheitsausbruch in den Zuständigkeitsbereich der Behörde eingereist ist. Soll verhindert werden, dass eine in einem anderen Land aufgetretene Krankheit auch im Geltungsbereich des IfSG auftritt, ist § 16 einschlägig (→ § 16 Rn. 11; so wohl auch *Fleischfresser* in Kluckert, § 13 Rn. 13; aA der Gesetzgeber, der §§ 28 ff. pauschal zur Verhütung eines „Einschleppungs- oder Ausbreitungsrisiko[s]" heranziehen will (BT-Drs. 19/18967, 58)).

16   Bei den relevanten Personen mit Bezug zu dem Krankheitsgeschehen kann es sich sowohl um eine **einzelne Person** (etwa bei einem einzelnen Fall von TB) als auch um eine **Vielzahl an Betroffenen** handeln (*Rixen* NJW 2020, 1097 (1100)); außerdem können diese Personen bereits verstorben sein. Da sie ggf. vor ihrem Tod andere Personen angesteckt haben, können auch in diesen Fällen Schutzmaßnahmen erforderlich sein.

17   Dass die genannten Personen „festgestellt wurden" bzw. es „sich ergibt", verweist auf das im Verwaltungsrecht übliche **Beweismaß;** es müssen also belastbare Tatsachen vorliegen. Dadurch, dass bei der Feststellung von Krankheitsverdächtigen und Ansteckungsverdächtigen auf den **Gefahrverdacht**

verwiesen wird (→ §2 Rn. 23, 29), ist der Maßstab allerdings insoweit herabgesetzt.

II. Art der Krankheit

§ 28 Abs. 1 S. 1 spricht nur von **„übertragbaren Krankheiten"**, verweist **18** insoweit also auf die Legaldefinition des § 2 Nr. 3 (→ § 2 Rn. 7 ff.). Keine Voraussetzung ist es, dass es sich um eine meldepflichtige Krankheit nach § 6 handelt, wie dies bis 1979 jedenfalls für das Verbot von Ansammlungen und die Schließung von Badeanstalten nach § 43 BSeuchG galt. Die §§ 28 ff. sind vielmehr bei jeder – auch einer neu auftretenden, bislang unbekannten – übertragbaren Krankheit einschlägig.

III. „zur Verhinderung der Verbreitung ..."

Die Schutzmaßnahmen müssen an dem Ziel ausgerichtet sein, die **Verbrei- 19 tung** übertragbarer Krankheiten zu **verhindern** (→ § 1 Rn. 9 f.). Keinen solchen Zweck verfolgt etwa das Verbot von **„Hamsterkäufen"** (etwa von Toilettenpapier oder bestimmten Lebensmitteln) (*Rixen* NJW 2020, 1097 (1101); zweifelnd auch *Kirchner* JuWissBlog v. 26. 3. 2020).

Gegen Personen, die **nachweislich Antikörper** gegen den Krankheits- **20** erreger gebildet haben und sich nicht erneut anstecken bzw. den Erreger nicht weiterverbreiten können, sind Schutzmaßnahmen unzulässig (vgl. auch VGH Mannheim Beschl. v. 20. 1. 2021 – 1 S 4025/20). Denn diese Personen stellen keine Infektionsgefahr für andere dar, so dass sie entweder schon auf Tatbestandsseite nicht unter die infektionsschutzrechtlichen Störer subsumiert werden können (etwa bei § 30 Abs. 1; → § 2 Rn. 31 a) oder dieser Umstand auf Rechtsfolgenseite beim Auswahlermessen (→ Rn. 22) berücksichtigt werden muss. Bei der Umsetzung in der Praxis stellt sich die Frage, welche Anforderungen an den Nachweis zu stellen sind. Für Geimpfte steht hierfür die Impfdokumentation nach § 22 zur Verfügung. Noch nicht vollständig geklärt ist die Frage, ob sich **bereits SARS–CoV–2–Infizierte** nicht erneut anstecken können.

IV. Ermessen

Liegen die Voraussetzungen des Abs. 1 S. 1 Hs. 1 vor, muss die Behörde **21** handeln, ihr steht **kein Entschließungsermessen** zu. Bleibt sie untätig, haben Betroffene einen Anspruch auf behördliches Einschreiten (VG Düsseldorf Beschl. v. 21. 4. 2020 – 7 L 695/20; → Einf. Rn. 6).

Nach pflichtgemäßem Ermessen muss sie dann die geeignete Maßnahme **22 auswählen,** dh eine Maßnahme nach den §§ 28a−31, eine der in § 28 genannten oder eine nicht genannte, die sie auf die Generalklausel stützt.

1. Keine Heilbehandlung, Abs. 1 S. 3. Begrenzt wird das Auswahl- **23** ermessen dadurch, dass eine Heilbehandlung gegenüber Kranken nicht angeordnet werden darf (vgl. Abs. 1 S. 3). Durch diese Klarstellung ist eine entsprechende Anordnung über die Generalklausel nicht möglich. Der Gesetzgeber sah einen so weitreichenden Eingriff in Art. 2 Abs. 2 S. 1 GG zu Recht als **unverhältnismäßig** an (BT-Drs. 8/2468, 28; zweifelnd *Seewald* NJW

1987, 2265 (2269); ausf. zu den verfassungsrechtlichen Grenzen *v. Steinau-Steinrück*, S. 202 ff.); die bis 2000 geltende Behandlungspflicht für Geschlechtskrankheiten (§ 3 Abs. 1 Nr. 1 GeschlKrG) (→ Einf. Rn. 11), die vorrangig Prostituierte traf und offensichtlich nicht als unverhältnismäßig angesehen wurde, erwähnte er nicht. Bei Erkrankten bleibt nur die Anordnung der **Isolierung nach § 30,** die dann ggf. länger notwendig ist, als dies bei Anordnung einer Heilbehandlung der Fall gewesen wäre (*Erdle,* § 28, S. 105). An der Unzulässigkeit verpflichtender Heilbehandlungen hat sich auch durch das 3. BevSchG v. 18. 11. 2020 nichts geändert, auch wenn Abs. 1 S. 4 nun auch die körperliche Unversehrtheit gem. Art. 2 Abs. 2 S. 1 GG als einschränkbares Grundrecht nennt (→ Rn. 69).

24 **2. Verhältnismäßigkeit.** Dass die getroffenen Maßnahmen dem Verhältnismäßigkeitsgrundsatz genügen müssen, ergibt sich bereits aus dem Rechtsstaatsprinzip bzw. den Grundrechten, wird in § 28 Abs. 1 S. 1 Hs. 1 jedoch dadurch zusätzlich betont, dass die Behörden nur die „notwendigen" Schutzmaßnahmen treffen dürfen, „soweit" diese zur Verhinderung der Verbreitung übertragbarer Krankheiten erforderlich sind. Die Maßnahmen dürfen dann nur „solange" aufrechterhalten werden, wie dies erforderlich ist.

25 Da die Verbreitung übertragbarer Krankheiten in der Regel nur durch Maßnahmen mit längerer Wirkung verhindert werden kann, werden die Maßnahmen in Form von **Dauer-VAen** oder **RVOen** gem. § 32 angeordnet. Um verhältnismäßig zu sein, müssen sie jedoch befristet (oder ggf. mit einer auflösenden Bedingung versehen) werden. Je eingriffsintensiver eine Maßnahme ist, desto kürzer muss diese Frist angesetzt sein. Besteht die Infektionsgefahr dann weiterhin, kommt eine Verlängerung in Betracht.

D. Spezielle Maßnahmen nach Abs. 1

26 Abs. 1 S. 1 Hs. 2 und S. 2 führen beispielhaft verschiedene Maßnahmen auf, die gestützt auf die Generalklausel des Abs. 1 S. 1 Hs. 1 ergriffen werden können. Die speziell erwähnten Maßnahmen knüpfen allesamt an bestimmte Orte an. Darauf folgt jedoch nicht, dass Maßnahmen nach § 28 Abs. 1 S. 1 Hs. 1 auch einen Ortsbezug verlangen (→ Rn. 47).

I. Verlassens- und Betretungsverbot, Abs. 1 S. 1 Hs. 2

27 Abs. 1 S. 1 Hs. 2 ermächtigt die Behörde, Personen zu verpflichten, den Ort, an dem sie sich befinden, nicht oder nur unter bestimmten Bedingungen zu verlassen oder von ihr bestimmte Orte oder öffentliche Orte nicht oder nur unter bestimmten Bedingungen zu betreten. Eine solche Ermächtigungsgrundlage ist erst seit Geltung des IfSG geregelt; im BSeuchG war sie noch nicht enthalten. Bis 2020 war dieser Teil der Vorschrift nicht hinter Abs. 1 S. 1, sondern hinter Abs. 1 S. 2 geregelt; die **Änderung** erfolgte durch das **1. BevSchG v. 27. 3. 2020.**

28 **1. Enge Fassung bis 2020 (Abs. 1 S. 2 Hs. 2 aF).** Bis dahin hieß es noch, die Behörde „kann auch Personen verpflichten, den Ort, an dem sie sich befinden, nicht zu verlassen oder von ihr bestimmte Orte nicht zu betreten, bis

die notwendigen Schutzmaßnahmen durchgeführt worden sind". Daraus ergab sich, dass die Verlassens- und Betretungsverbote der **Vorbereitung weiterer Schutzmaßnahmen** dienen mussten, also nicht als abschließende Maßnahmen zur Verhinderung der Verbreitung konzipiert sein durften und deswegen auch von vornherein zeitlich begrenzt sein mussten, bis die eigentliche Schutzmaßnahme durchgeführt werden konnte. Dies wirkte sich auf die Bestimmung des Begriffs „Ort" aus: Es musste sich um einen Ort handeln, an dem man grundsätzlich nur vorübergehend verweilt. Zu denken war etwa an Schiffe, auf denen einzelne Krankheitsfälle aufgetreten waren, die erst verlassen werden durften, wenn die Erkrankten isoliert und kontaminierte Gegenstände desinfiziert worden waren (ähnlich *Klafki* JuWissBlog v. 18.3.2020), und an Orte, an denen sich Erkrankte aufgehalten hatten, die vor einem Betreten durch Andere erst desinfiziert werden mussten.

Zu Beginn der **Corona-Epidemie** stützten die Behörden Ausgangs- 29 beschränkungen und Kontaktverbote auf § 28 Abs. 1 S. 2 Hs. 2 aF. Das Schrifttum hingegen war sich einig darüber, dass diese Maßnahmen als langfristige, nicht vorbereitende Schutzmaßnahmen nicht auf diesen Teil der Vorschrift gestützt werden konnten (*Klafki* JuWissBlog v. 18.3.2020; *Kießling* JuWissBlog v. 19.3.2020; *dies.* JuWissBlog v. 24.3.2020; *Edenharter* Verfassungsblog v. 19.3.2020; *Rixen* NJW 2020, 1097 (1099); aA *Johann/Gabriel* in BeckOK InfSchR § 28 Rn. 34).

2. Erweiterte Fassung ab März 2020. Wegen der **Diskussion,** ob lang- 30 fristige Ausgangsbeschränkungen und Kontaktverbote auf § 28 Abs. 1 S. 2 Hs. 2 aF. gestützt werden konnten, **änderte** der Gesetzgeber im **März 2020** § 28 Abs. 1 (→ Rn. 3). Aus „Gründen der Normenklarheit" (BT-Drs. 19/18111, 25; kritisch *Kießling* JuWissBlog v. 24.3.2020) verschob er nicht nur die Rechtsgrundlage für Verlassens- und Betretungsverbote hinter Abs. 1 S. 1, sondern strich auch die einschränkende Voraussetzung „bis die notwendigen Schutzmaßnahmen durchgeführt worden sind" und fügte bei beiden Verboten „oder nur unter bestimmten Bedingungen" ein; das Betretungsverbot gilt jetzt nicht nur für „bestimmte Orte", sondern auch für „öffentliche Orte". In der Folge stützten die Länder ihre Ausgangsbeschränkungen auf § 28 Abs. 1 S. 1 Hs. 2 (zur Kritik hieran Voraufl., § 28 Rn. 28 ff.).

Seit Inkrafttreten des **§ 28a** im November 2020 ist dieser für Ausgangs- 31 beschränkungen und Kontaktverbote nun **spezieller** (→ § 28a Rn. 38 ff.). Dies muss bei der Auslegung der Vorschrift berücksichtigt werden, insbesondere verlangt Abs. 1 S. 1 eine konkrete Infektionsgefahr (→ Rn. 5). Diese Gefahr kann entweder durch die Anwesenheit Kranker, Ausscheider, Krankheitsverdächtiger oder Ansteckungsverdächtiger an dem Ort selbst bestehen oder eine nicht infizierte Person soll davon abgehalten werden, einen Ort zu verlassen, damit andere, kurzfristige Schutzmaßnahmen wie etwa die Desinfektion bestimmter Orte (→ Rn. 28) durchgeführt werden kann.

a) Verlassensverbot für Ort, an dem sich die Personen befinden. Mit Ort 32 ist nicht „die eigene Wohnung bzw. der Ort der gewöhnlichen Unterkunft" gemeint (in diese Richtung aber *Johann/Gabriel* in BeckOK InfSchR § 28 Rn. 34). Auch wenn der Gesetzgeber diesen Teil der Vorschrift als maßgebliches Tatbestandsmerkmal für Ausgangsbeschränkungen bei der Änderung des IfSG durch das 1. BevSchG ansah (so *Johann/Gabriel* in BeckOK InfSchR § 28 Rn. 34), erlangt der Begriff dadurch nicht diese alleinige, sehr enge Bedeutung. Wenn der Gesetzgeber den Anwendungsbereich auf die häusliche Wohnung hätte begrenzen wollen, hätte er diesen Begriff verwenden können. Spätestens seit Inkrafttreten des § 28a mit seiner spezielleren Regelung für Ausgangsbeschränkungen jedenfalls ist der Verweis auf die Situation im Frühjahr 2020 hinfällig; allgemeine Ausgangsbeschränkungen können nicht mehr auf § 28 Abs. 1 gestützt werden.

33   Ein Ort iSd Vorschrift kann nach wie vor **jeder Ort** sein, **dessen Verlassen eine Infektionsgefahr begründet,** zB ein Gebäude(-teil), ein Fahrzeug oder ein Schiff. Den Regelfall stellt die Situation dar, dass Nichtinfizierten das Verlassen dieses Ortes verboten wird, bis andere Schutzmaßnahmen durchgeführt wurden. Soll Kranken, Ausscheiden, Krankheitsverdächtigen oder Ansteckungsverdächtigen das Verlassen des Ortes verboten werden, kann auch diese Anordnung nur kurzfristig sein, etwa um andere Personen zunächst in Sicherheit zu bringen. Soll das Verlassen der häuslichen Wohnung über einen längeren Zeitraum angeordnet werden, ist § 30 spezieller (→ Rn. 53).

34   **b) Betretensverbot** für bestimmte Orte oder öffentliche Orte. Auch wenn von „öffentlichen Orten" (im Plural) die Rede ist, fällt unter diesen Begriff nicht der gesamte öffentliche Raum, sondern bei Anordnung einer Schutzmaßnahme im Einzelfall muss ein konkreter öffentlicher Ort (etwa ein Platz, ein Straßenabschnitt, ein Bahnhof, ein Spiel- oder Sportplatz etc.) gemeint sein. Entsprechendes gilt für die „bestimmten Orte"; der Unterschied liegt nur darin, dass diese Privaten zugeordnet sind. Solche bestimmten Orte können die in Rn. 28 und 32 erwähnten sein.

35   **c) Die Infektionsgefahr** muss entweder **an diesen Orten** aufgetreten sein oder sie ergibt sich dadurch, dass ein Kranker, Ausscheider, Krankheitsverdächtiger oder Ansteckungsverdächtiger diese Orte betreten will. Für diffusere Infektionsrisiken, wie sie während einer Epidemie bestehen, ist § 28a einschlägig, der in seinem Regelbeispielkatalog all die Orte aufzählt, die während der Corona-Epidemie 2020 zunächst unter § 28 Abs. 1 S. 1 Hs. 2 subsumiert worden waren (Senioren- und Pflegeheime, Krankenhäuser und Sportanlagen).

36   **d) Bedingung** iSd Vorschrift kann etwa die Pflicht sein, an dem Ort eine **Mund-Nasen-Bedeckung** (Mundschutz) oder andere Schutzkleidung zu tragen, sich die Hände zu desinfizieren oder Abstand zu anderen Menschen einzuhalten.

II. Verbot von Ansammlungen und Veranstaltungen, Schließung von Einrichtungen (Abs. 1 S. 2)

37   Das Verbot bzw. die Beschränkung von Ansammlungen „einer größeren Anzahl von Menschen" und die Schließung von Badeanstalten waren bis 1979 in **§ 43 BSeuchG** gesondert als **„Maßnahmen gegenüber der Allgemeinheit"** geregelt. Der Gesetzgeber ging davon aus, dass diese Maßnahmen auch über die Generalklausel angeordnet werden könnten, hielt sie jedoch für so bedeutsam, dass er sie in S. 2 gesondert aufführte (BT-Drs. 8/2468, 27 f.). Damals wurde auch die Voraussetzung aufgegeben, dass die Krankheit „in epidemischer Form" auftreten musste. Diesen Begriff hielt der

Gesetzgeber für nicht quantifizierbar; eine Beschränkung auf diese Krankheitsform hielt er für nicht sachgerecht (BT-Drs. 8/2468, 27). Ohne diese Einschränkung verliert die Vorschrift allerdings auch ein Korrektiv (zum notwendigen Ortsbezug der Infektionsgefahr → Rn. 35).

1. Veranstaltungen und sonstige Ansammlungen von Menschen. **38**
Die Ansammlungen wurden in § 43 BSeuchG in der bis 1979 geltenden Fassung beispielhaft beschrieben mit „Veranstaltungen in Theatern, Filmtheatern, Versammlungsräumen, Vergnügungs- oder Gaststätten und ähnlichen Einrichtungen, sowie die Abhaltung von Märkten, Messen, Tagungen, Volksfesten und Sportveranstaltungen". Auf diese **Aufzählung** verzichtete der Gesetzgeber 2000, ohne einzelne dieser Veranstaltungen in Zukunft ausnehmen zu wollen. Er wollte durch die offenere Fassung sicherstellen, dass alle Zusammenkünfte von Menschen erfasst werden, die eine Verbreitung von Krankheitserregern begünstigen (BT-Drs. 14/2530, 75). Erfasst sind nicht nur öffentliche Ansammlungen, sondern auch private Veranstaltungen wie Hochzeitsfeiern, Beerdigungen etc. (*Lindner* in Schmidt, § 18 Rn. 81).

Auch wenn der Begriff „Ansammlung" gegenüber dem der „Veranstal- **39**
tung" sehr weit ist, wird man einen – wenn auch losen – **inneren Bezug
oder eine äußere Verklammerung** benötigen, wie dies auch – wenn auch enger – bei Veranstaltungen der Fall ist.

Bis 2020, als § 28 durch das 1. BevSchG v. 27. 3. 2020 geändert wurde **40**
(→ Rn. 3), hieß es wie in der Vorgängervorschrift des BSeuchG (zuletzt § 34 Abs. 1 S. 2) noch „Veranstaltungen oder sonstige Ansammlungen einer größeren Anzahl von Menschen". Zum Teil wurden in Anlehnung an § 56 BGB mindestens sieben Personen verlangt, damit eine „größere Anzahl" vorlag (*Gerhardt*, § 28 Rn. 34). Der Teil „einer **größeren Anzahl**" wurde nun ohne Begründung **gestrichen**. Grund für die Streichung mag die Tatsache gewesen sein, dass zum Teil darüber diskutiert wurde, ob weitreichende Beschränkungen des öffentlichen Lebens wie Kontaktverbote (→ Rn. 29 f.) ohne eine konkrete Mindestpersonenzahl auf diesen Teil der Vorschrift gestützt werden konnten. Für eine „Ansammlung von Menschen" wird man **mindestens
drei Personen** verlangen müssen; zwei Personen bilden noch keine Ansammlung (vgl. auch OVG Münster Beschl. v. 19. 5. 2020 – 13 B 557/20.NE, Rn. 59; aA *Lindner* in Schmidt, § 18 Rn. 82; *Gerhardt*, § 28 Rn. 34). Ein Widerspruch besteht insoweit zum Begriff der Ansammlung in § 113 Abs. 1 OWiG, der mindestens zehn Personen verlangt (dazu *Peglau* jurisPR-StrafR 7/2020 Anm. 1); eine entsprechende Auslegung bei § 28 widerspräche jedoch wohl dem Willen des Gesetzgebers.

2. Badeanstalten und Gemeinschaftseinrichtungen. Zu den Bade- **41**
anstalten gehören alle Einrichtungen zum **Baden oder Schwimmen** (egal ob sie als Schwimm-, Frei- oder „Spaßbäder" bezeichnet werden). In einem weiten Sinne können auch Saunen als Badeanstalten verstanden werden.

Gemeinschaftseinrichtungen nach **§ 33** sind Einrichtungen, in denen über- **42**
wiegend minderjährige Personen betreut werden (→ § 33 Rn. 3 ff.). Die Schließung anderer Gemeinschaftseinrichtungen (Flüchtlingsunterkünfte, Altenheime etc.) oder Bildungseinrichtungen wie Hochschulen oder Bibliothe-

ken kann nicht auf Abs. 1 S. 2 gestützt werden. Hier kommt nur Abs. 1 S. 1 Hs. 1 (→ Rn. 49) in Betracht.

43   **3. Konkrete Infektionsgefahr vor Ort.** Der Wortlaut des Abs. 1 S. 2 verlangt **nicht,** dass die infektionsschutzrechtliche **Gefahrenlage an diesen Orten** auftritt. Eine solche Voraussetzung ergibt sich jedoch aus Sinn und Zweck des § 28 Abs. 1 und der Systematik von § 28 und § 28a (→ Rn. 5). Treten also in einer Kita Fälle einer übertragbaren Krankheit auf, kann die Kita vorübergehend **ganz oder teilweise geschlossen** werden, wenn mildere Maßnahmen zur Eindämmung der Gefahr nicht ausreichen. Eine Schließung nur eines Teils muss bei Auftreten einer Krankheit in der Anstalt/Einrichtung etwa dann gewählt werden, wenn die baulichen Gegebenheiten eine Übertragung auf den anderen Gebäudeteil ausschließen. Entsprechendes gilt für die anderen Gemeinschaftseinrichtungen und die Badeanstalten.

44   Bei Veranstaltungen und Ansammlungen einschließlich Versammlungen gilt entsprechendes; aufgrund der Tatsache, dass deren Zeitspanne sehr überschaubar ist, wird dieser Teil der Vorschrift jedoch in der Praxis – insbesondere bei Versammlungen – nicht oft zur Anwendung kommen. Denkbar erscheint das Verbot (im Sinne eines Abbruchs) eines laufenden, mehrtägigen Kongresses, bei dem Fälle einer übertragbaren Krankheit aufgetreten sind.

45   Für Versammlungsverbote, Schul- und Kitaschließungen ohne konkrete Infektionsgefahr vor Ort während der **Corona-Epidemie** ist **§ 28a spezieller** (→ § 28a Rn. 105 ff., 82 ff.).

E. Maßnahmen, die auf die Generalklausel (Abs. 1 S. 1 Hs. 1) gestützt werden können

46   Auf die Generalklausel können Maßnahmen gestützt werden, die nur leichte bis mittelschwere Grundrechtseingriffe darstellen (zum Parlamentsvorbehalt bei schweren Grundrechtseingriffen → Rn. 54), die weder unter die §§ 29–31, unter § 28 Abs. 1 S. 1 Hs. 2 oder Abs. 1 S. 2 oder Abs. 2 oder unter § 28a fallen, soweit sie nicht dort besonders geregelte Voraussetzungen – etwa die Eingrenzung des Adressatenkreises – unterlaufen würden (vgl. zu dieser allg. gesetzessystematischen **Abgrenzung von Generalklauseln und Standardermächtigungen** *Möstl* JURA 2011, 840 (842 ff.); aA wohl OVG Schleswig Beschl. v. 7. 4. 2020 – 3 MB 13/20, Rn. 10) und solange sie verhältnismäßig sind (zu weitgehend die Auslegung der Ergänzungsfunktion der Generalklausel bei OVG Bln.-Bbg. Beschl. v. 23. 4. 2020 – OVG 11 S 25/20, Rn. 10).

47   Ein Ortsbezug ist nicht notwendig, auch wenn die in Abs. 1 S. 1 Hs. 2 beispielhaft aufgeführten Maßnahmen allesamt an bestimmte Orte anknüpfen (→ Rn. 26); es können somit nicht nur **ortsgebundene Ge- und Verbote** auf die Generalklausel gestützt werden (in diese Richtung aber OVG Lüneburg Beschl. v. 18. 12. 2020 – 13 MN 568/20, Rn. 37; ablehnend VG Hamburg, Beschl. v. 23. 12. 2020 – 14 E 5238/20; OVG Bautzen Beschl. v. 30. 12. 2020 – 3 B 450/20, Rn. 14). Eine solche Einschränkung ergibt sich weder aus der Entstehungsgeschichte der Vorschrift noch wurde eine solche Ein-

schränkung im Jahr 2020 vertreten, als fast alle Corona-Schutzmaßnahmen bis zur Änderung des IfSG durch das 3. BevSchG v. 18.11.2020 (BGBl. I 2397) auf § 28 Abs. 1 S. 1 gestützt wurden.

I. Allgemein

Die Maßnahmen, die in **Abs. 1 S. 1 Hs. 2 und Abs. 1 S. 2** genannt wer- 48 den, beinhalten auf Tatbestands- und Rechtsfolgenseite nahezu **keine Einschränkungen,** so dass solche auch nicht unterlaufen werden können. Eine Ausnahme besteht bei den Ansammlungen des Abs. 1 S. 2: Soweit man dort eine bestimmte Personenanzahl verlangt, dürfen nicht **Ansammlungen** von weniger Personen gestützt auf die Generalklausel verboten werden (so aber OVG Münster Beschl. v. 19.5.2020 – 13 B 557/20.NE, Rn. 59; *Johann/Gabriel* in BeckOK InfSchR § 28 Rn. 38).

Schließung von Einrichtungen, die keine Gemeinschaftseinrichtungen 49 sind (Hochschulen, Bibliotheken, Museen), und Sportstätten (Fitnessstudios etc.), die keine Badeanstalten sind, und die deswegen nicht auf Abs. 1 S. 2 gestützt werden können: Sieht man Abs. 1 S. 2 nur als Fortsetzung der Generalklausel an, die beispielhaft einzelne Maßnahmen aufzählt (→ Rn. 4), ist der Rückgriff aus gesetzessystematischen Gründen nicht gesperrt. Hier kann es jedoch nur um die Schließung von Einrichtungen gehen, bei denen vor Ort eine Infektionsgefahr aufgetreten ist (→ Rn. 43).

Bis zur Einfügung des jetzigen Abs. 2 (→ Rn. 70 ff.) wurden auf der Grund- 50 lage der Generalklausel insbesondere bei **Masernausbrüchen** an Schulen Schulbetretungsverbote für Schüler angeordnet, die nicht immun gegen Masern (etwa durch eine Impfung) waren. Für diese Fälle ist jetzt Abs. 2 spezieller.

Auch eine früher angeordnete **Kondompflicht** für Prostituierte kann 51 nicht mehr auf § 28 Abs. 1 S. 1 Hs. 1 gestützt werden; für diese Fälle ist jetzt § 32 Abs. 1 **ProstSchG** spezieller. Abgesehen davon wäre § 28 Abs. 1 S. 1 Hs. 1 nur für infizierte Prostituierte einschlägig; für Verhütungsmaßnahmen gilt § 16 Abs. 1 S. 1. Die Anordnung einer **Pflicht,** gegenüber Intimpartnern oder Familienangehörigen eine **HIV-Infektion zu offenbaren,** ist keine zulässige Schutzmaßnahme iSd § 28 (ausf. schon *Frankenberg,* S. 111 ff; so aber nach wie vor *Erdle,* § 28, S. 104).

II. Verhältnis zu §§ 29–31

Auf die Generalklausel können bereits aus gesetzessystematischen Gründen 52 keine Maßnahmen gestützt werden, die vom Anwendungsbereich der Standardermächtigungen erfasst werden. Bei der Bestimmung des Ausschlussverhältnisses von Standardermächtigungen und Generalklausel ist zu unterscheiden zwischen den echten **Standardmaßnahmen der §§ 29–31** und den Maßnahmen, die als Fortsetzung der Generalklausel beispielhaft in § 28 Abs. 1 genannt werden (→ Rn. 4). Die echten Standardmaßnahmen schränken die Voraussetzungen gegenüber denen des § 28 Abs. 1 S. 1 Hs. 1 ein (insbesondere die zulässigen Adressaten) und regeln die Rechtsfolgen detaillierter. Diese Einschränkungen dürfen nicht durch Heranziehung der Generalklausel unterlaufen werden (so auch *Poscher* in Huster/Kingreen Hdb. InfSchR Kap. 4 Rn. 103; *Johann/Gabriel* in BeckOK InfSchR § 28 Rn. 13).

53   Jede Art von **Absonderung** oder „**Quarantäne**" (zur Terminologie
→ § 30 Rn. 4) darf nur auf § 30 gestützt werden, um die dort genannten Voraussetzungen nicht zu unterlaufen (die Behörde ist nicht frei in der Wahl ihrer
Rechtsgrundlage, so aber abwegig *Lutz*, § 28 Rn. 2; wie hier *Johann/Gabriel* in
BeckOK InfSchR § 30 Rn. 5, unklar allerdings Rn. 23). Auch eine allgemeine
Ausgangssperre (dazu auch → § 28a Rn. 44) würde die Voraussetzungen des
§ 30 unterlaufen (so auch *Sangs* NVwZ 2020, 1780 (1785 Rn. 58)). Allgemein
sollte der Begriff „**häusliche Quarantäne**" (verwendet von *Lindner* in
Schmidt, § 18 Rn. 87 f.) wegen der Verwechslungsgefahr bei Maßnahmen
nach § 28 Abs. 1 vermieden werden.

III. Maßnahmen während der Corona-Epidemie: Verhältnis zu § 28a

54   **Wesentlichkeitstheorie bzw. Parlamentsvorbehalt** (dazu ua BVerfGE
83, 130 (142); 98, 218 (251)) iVm dem **Bestimmtheitsgrundsatz** (BVerfGE
149, 293 (323 f.) mwN) verpflichten den Gesetzgeber dazu, Maßnahmen mit
hoher Grundrechtsrelevanz selbst ausreichend detailliert und einschränkend zu
regeln. Die Bedeutung dieses Grundsatzes zeigte sich besonders deutlich im
Jahr 2020 während der Corona-Epidemie, als der Gesetzgeber zunächst monatelang so grundrechtsintensive Eingriffe wie zB Ausgangsbeschränkungen, Besuchsverbote für Pflegeheime und Betriebsschließungen auf die Generalklausel stützte (ausf. → Voraufl. § 28 Rn. 32 ff., 54 ff.).

55   Seit dem 3. BevSchG (BGBl. I 2397), das am 19.11.2020 in Kraft getreten
ist, gilt nun **§ 28a**, der für die Corona-Epidemie zugeschnitten ist (→ § 28a
Rn. 11). In Abs. 1 zählt er die Schutzmaßnahmen auf, die bis dahin zum Einsatz
gekommen waren. Laut der Begründung des Gesetzentwurfs soll der Katalog
nicht abschließend sein, sondern nur Regelbeispiele nennen (BT-Drs.
19/23944, 2; BT-Drs. 19/24334, 67). § 28 Abs. 1 soll deswegen nach dem Willen des Gesetzgebers weiterhin eine Rolle zur Verhinderung der Verbreitung
von COVID-19 spielen, auch wenn nur auf ein Infektionsrisiko und nicht auf
eine konkrete Infektionsgefahr reagiert wird. Dies widerspricht dem Ansatz
des § 28 (→ Rn. 5); systemkonform wäre allein eine eigene Risikovorsorgegeneralklausel. Auch abgesehen davon kann der Anwendungsbereich des § 28
Abs. 1 im Rahmen der Corona-Epidemie nur sehr klein sein. In jedem Fall
müssen die besonderen Voraussetzungen des § 28a vorliegen und die besonderen Verfahrensvorschriften eingehalten werden, um nicht die erhöhten Anforderungen zu umgehen, die sich daraus ergeben, dass die Bevölkerung flächendeckend in Form der Risikovorsorge adressiert wird (→ § 28a Rn. 4 ff.):

- Der Bundestag muss die **epidemische Lage** von nationaler Tragweite festgestellt haben.
- Das **Ziel des § 28a Abs. 3 S. 1** (→ § 28a Rn. 16 ff.) ist zu beachten.
- Maßnahmen nach § 28 Abs. 1 sind in das gem. § 28a aufzustellende
Schutzkonzept (→ § 28a Rn. 7, 155; vgl. auch § 28a Abs. 3, 6) einzubeziehen und deswegen
- auch gem. § 28a Abs. 5 zu **begründen und befristen.**

Zur Frage, inwieweit der Zuschnitt der Schutzmaßnahmen in § 28a Abs. 1
die Heranziehung des § 28 Abs. 1 ausschließt, → § 28a Rn. 93 f.

1. Testungen. Seit dem 3. BevSchG v. 18. 11. 2020 (BGBl. I 2397) sollen **56** nach dem Willen des Gesetzgebers auch Testungen „unabhängig von den Voraussetzungen des § 25" gestützt auf § 28 Abs. 1 S. 1 angeordnet werden können (BT-Drs. 19/24334, 79). Dafür wurde in Abs. 1 S. 4 das Grundrecht der körperlichen Unversehrtheit in die Aufzählung eingefügt, damit dem **Zitiergebot** aus Art. 19 Abs. 1 S. 2 Rechnung getragen wird. Bei Testungen muss zwischen **verschiedenen Zwecken** unterschieden werden:

a) Bei einem **konkreten Verdacht,** dass eine bestimmte Person ans- **57** teckungsverdächtig sein könnte, ist **§ 25** Abs. 3 S. 2 Nr. 1 als Rechtsgrundlage einschlägig. Es handelt sich in diesen Fällen um eine **Ermittlungsmaßnahme;** bei einem positiven Testergebnis wird dann für die betroffene Person zB eine Absonderung nach § 30 angeordnet. Hat die Person Symptome, wird sie sich in vielen Fällen schon selbst bei ihrer/m HausärztIn um einen Test gekümmert haben, der als Test der individuellen Diagnostik dann unter § 27 SGB V fällt (die Kosten werden also von der GKV erstattet). In diesen Fällen kommt der **PCR-Test** zum Einsatz (dazu → § 2 Rn. 64 f.; § 24 Rn. 6 f).

b) Soll ein negativer (Schnell-)Test Voraussetzung für das Betreten einer **58** Einrichtung, eines Geschäfts etc. oder die Teilnahme an einer Veranstaltung sein, spricht man von einem **„Türöffner-Test"** (dazu rapidtests.de, Die Test-Pyramide, https://rapidtests.de/blog/die-test-pyramide-in-3-stufen-die-pandemie-eindaemmen). Dieses Beispiel nennt der Gesetzgeber für die Änderung des Abs. 1 S. 4 bei der Einhaltung des Zitiergebots (vgl. BT-Drs. 19/24334, 79). Eine solche Pflicht stellt aber eine **Beschränkung iSd § 28a Abs. 1** (zB bei Nr. 15) dar und muss auf dieser Grundlage angeordnet werden. In diesen Fällen kommt regelmäßig ein **Antigen-Test** (Point-of-care-Test, Schnelltest) in Betracht (dazu → § 24 Rn. 6 b).

c) Soll in bestimmten Situationen oder Settings, die besonders **risikoträch-** **59** **tig** erscheinen, eine bestimmte Personengruppe **ohne konkreten Verdacht regelmäßig getestet** werden, kommt **§ 28 Abs. 1 S. 1** als Rechtsgrundlage in Betracht (vgl. VG Düsseldorf Beschl. v. 22. 12. 2020 – 29 L 2547/20). Als risikoträchtig in diesem Sinne können Situationen bzw. Settings gelten, in denen viele verschiedene Menschen auf engem Raum zusammenkommen (Schulen, Kitas, Pflegeheime, Krankenhäuser, Schlachtbetriebe) oder in denen eine hohe Mobilität zwischen verschiedenen Regionen, in deinen mindestens eine als „Risikogebiet" gilt, besteht. In diesen Fällen kann nicht von einem konkreten Ansteckungsverdacht gesprochen werden (→ § 2 Rn. 29 ff.), auch wenn die Situation risikoträchtiger ist als der „normale Alltag" und somit ein **Anlass** für Tests besteht. Die Tests werden hier als Schutzmaßnahmen eingesetzt, weil ein bestimmter oder jedenfalls bestimmbarer Personenkreis vor einer Ansteckung mit dem Erreger geschützt werden soll.

Solche regelmäßigen Tests wurden bereits vor Geltung des 3. BevSchG v. **60** 18. 11. 2020 (BGBl. I 2397) vereinzelt auf § 28 Abs. 1 gestützt, zB in **Schlachtbetrieben** oder für **Grenzpendler** (vgl. AllgVfg. des bay. Landkreises Cham v. 8. 10. 2020, ABl Nr. 36 (Cham) v. 9. 10. 2020). Dieses Vorgehen war aufgrund der damaligen fehlenden Nennung von Art. 2 Abs. 2 S. 1 GG in Abs. 1 S. 4 verfassungswidrig (was die Rspr. regelmäßig übersah, vgl. VGH Mannheim Beschl. v. 30. 7. 2020 – 1 S 2087/20, Rn. 46; VG Münster Beschl. v. 6. 8. 2020 – 5 L 596/20, Rn. 12; Beschl. v. 24. 8. 2020, 5 L 671/20, Rn. 12;

VG Minden Beschl. v. 24.8.2020 – L 662//20, Rn. 34.). Testpflichten für **Einreisende aus Risikogebieten** fallen im Übrigen unter die Verordnungsermächtigung des § 36 Abs. 10 S. 2 (→ § 36 Rn. 82 ff.).

61   d) Keine Rechtsgrundlage enthält das IfSG für sogenannte **Reihentestungen,** die ohne Anlass und ohne konkreten Verdacht in Form eines **Public-Health-Screenings** durchgeführt werden. § 28 Abs. 1 S. 1 kann nicht herangezogen werden, weil die Tests hier nicht als Schutzmaßnahmen eingesetzt würden. Systemkonform könnten Reihentests entweder in einem **neuen Abs. von § 25** oder in einem neuen **§ 25a** geregelt werden.

62   **2. Grundrechtsintensivere Maßnahmen als die des § 28a Abs. 1.** Maßnahmen, die intensivere Grundrechtseingriffe als die in § 28a Abs. 1 genannten Maßnahmen darstellen, können von vornherein nicht auf § 28 Abs. 1 gestützt werden. Denn für solche Maßnahmen gebieten es Parlamentsvorbehalt und Bestimmtheitsgrundsatz, dass der Gesetzgeber sie mit ihren Voraussetzungen und Rechtsfolgen selbst regelt. Eine **Abriegelung von Städten** mit hohen Infektionszahlen, wie es in Sachsen im Dezember 2020 kurz überlegt wurde, könnte deswegen nicht auf § 28 Abs. 1 gestützt werden.

63   **3. Leichte bis mittelschwere Grundrechtseingriffe.** Übrig bleiben deswegen allein Maßnahmen, die nur leichte bis mittelschwere Grundrechtseingriffe darstellen. So kann etwa das **Verbot des Abbrennens und Mitführens von Feuerwerkskörpern** an den Tagen rund um Silvester auf § 28 Abs. 1 gestützt werden (so VGH Mannheim Beschl. v. 22.12.2020 – 1 S 4109/20, Rn. 24 f.; VG Dresden Beschl. v. 29.12.2020 – 6 L 981/20, Rn. 26; OVG Bautzen Beschl. v. 30.12.2020 – 3 B 450/20, Rn. 14; OVG Bremen Beschl. v. 30.12.2020 – 1 B 474/20, Rn. 20; Beschl. v. 30.12.2020 – 1 B 468/20, Rn. 25), solange hierfür nicht das Sprengstoffrecht einschlägig ist (dazu OVG Lüneburg Beschl. v. 18.12.2020 – 13 MN 568/20, Rn. 40; VG Frankfurt Beschl. v. 30.12.2020 – 5 L 3443/20.F, Rn. 27).

64   In Düsseldorf galt ab Ende Februar 2021 ein auf § 28 Abs. 1 gestütztes **Verweilverbot** in bestimmten, näher bezeichneten Stadtgebieten, weil das Abstandsgebot nach § 28a Abs. 1 Nr. 1 nicht eingehalten worden war (AllgVfg. v. 24.2.2021). Da die Kontrolle des Abstandsgebots offenbar zu großem Aufwand für die Behörden führte, wurde das Verweilverbot eingeführt – das zwar leichter zu kontrollieren war, aber auch mit viel Aufwand kontrolliert werden musste. Bei diesem Verbot handelte es sich somit um eine **„Hilfsmaßnahme"** (zum Begriff → § 28a Rn. 28). Ein solches Verweilverbot ist unverhältnismäßig (aA VG Düsseldorf Beschl. v. 26.2.2021 – 7 L 376/21), weil es viele Personen trifft, die kein Infektionsrisiko darstellen. Die Behörden müssen das Abstandsgebot und die geltenden Kontaktbeschränkungen kontrollieren und ggf. durch Platzverweise durchsetzen.

65   Da § 28a Abs. 1 Nr. 9 nur **Alkoholverbote** begrenzt auf bestimmte öffentliche Plätze oder bestimmte öffentlich zugängliche Einrichtungen erlaubt, dürfen zur Umgehung dessen Anwendungsbereichs Alkoholverbote, die im gesamten Anwendungsbereich der RVO gelten sollen, nicht auf § 28 Abs. 1 gestützt werden (ausf. VGH München Beschl. v. 19.1.2021 – 20 NE 21.76, BeckRS 2021, 273, Rn. 31; OVG Bln.-Bbg. Beschl. v. 5.2.2021 – OVG 11 S 10/21, Rn. 17).

d) **Hebt** der BT die **Feststellung der epidemischen Lage** von nationaler 66
Tragweite gem. § 5 Abs. 1 **auf** (oder hat er die Feststellung noch gar nicht getroffen), die Voraussetzung für die Anwendung des § 28a ist (→ § 28a Rn. 12),
können die in § 28a Abs. 1 aufgeführten Schutzmaßnahmen **nicht** auf **§ 28**
gestützt werden (aA *Johann/Gabriel* in BeckOK InfSchR § 28a Rn. 7). Eine
solche Heranziehung der einfachen Generalklausel würde das System der
§§ 28, 28a unterlaufen und die Vorgaben des Parlamentsvorbehalts bzw. der
Wesentlichkeitstheorie ad absurdum führen. Eine Heranziehung der Generalklausel sollte durch die Schaffung des § 28a gerade ausgeschlossen werden. Für
den Fall einer landesweiten epidemischen Lage → § 28a Rn. 13f.

IV. Andere Epidemien

Sollte es in Zukunft zu einer Epidemie mit einem neuen Krankheitserreger 67
kommen, können Schutzmaßnahmen, die mit denen während der Corona-
Epidemie ergriffenen Maßnahmen vergleichbar sind, **nicht auf § 28 Abs. 1**
gestützt werden. Denn der Gesetzgeber könnte sich in so einem Fall nicht darauf berufen, dass eine Epidemie dieses Ausmaßes unvorhersehbar war und entsprechende Schutzmaßnahmen deswegen nicht im IfSG geregelt werden
konnten. Eine Heranziehung von § 28a wiederum scheiterte daran, dass die
Vorschrift ausdrücklich auf COVID-19 zugeschnitten ist. Der Gesetzgeber
muss deswegen **spätestens nach der Corona-Epidemie** die §§ 28 ff. umfassend **reformieren,** um bei einer neuen Epidemie nicht handlungsunfähig zu
sein.

V. Verhältnis zu den Standardermächtigungen des 6. Abschnitts

Für Gemeinschaftseinrichtungen regelt § 34 Abs. 1–4 im Zusammenhang 68
mit bestimmten Krankheiten bzw. Krankheitserregern Tätigkeits-, Nutzungs-
und Betretungsverbote sowohl für das Personal als auch für die Betreuten. Wegen der besonderen Gefährlichkeit der Krankheiten bzw. Erreger treten diese
Verbote kraft Gesetzes ein (→ § 34 Rn. 6). Für die Betreuten stellt § 34 keine
abschließende Regelung dar, die den Rückgriff auf die Generalklausel des
§ 28 Abs. 1 S. 1 bei anderen Adressaten oder im Zusammenhang mit anderen
Krankheiten sperrt (→ § 34 Rn. 23). Auf die Generalklausel gestützt werden
dürfen demnach im Einzelfall

- die in § 34 Abs. 1 genannten Verbote gegenüber den in Gemeinschaftseinrichtungen Betreuten, wenn diese **nur ansteckungsverdächtig** sind,
- Betretungsverbote (§ 28 Abs. 1 S. 1 Hs. 2) für Gemeinschaftseinrichtungen
  im Falle der in Abs. 1 genannten Krankheiten gegenüber **Personen, die
  von § 34 Abs. 1 nicht erfasst sind,** wie zB den Eltern der Betreuten (*Gerhardt,* § 28 Rn. 64, 65), wenn also zB ein Elternteil an Röteln erkrankt ist,
- die in § 34 Abs. 1 genannten Verbote gegenüber den in Gemeinschaftseinrichtungen Betreuten im Zusammenhang mit § 34 Abs. 1 **nicht genannten Krankheiten bzw. Krankheitserregern,** wenn also zB ein
  Kind mit SARS-CoV-2 infiziert ist.

Möglich ist auch eine Kombination der Fälle, also zB ein Betretungsverbot
gegenüber einem mit SARS-CoV-2 infizierten Elternteil. Für Tätigkeits- und

Betretungsverbote im Zusammenhang mit **Masern** → Abs. 2 (→ Rn. 70 ff.), für allg. Tätigkeitsverbote gegenüber dem **Personal** der Einrichtungen → § 31.

F. Zitiergebot, Abs. 1 S. 4

69   Abs. 1 S. 4 zitiert die Grundrechte, die durch § 28 eingeschränkt werden (vgl. Art. 19 Abs. 1 S. 2 GG). Seit dem 1. BevSchG v. 27.3.2020 wird auch die Freizügigkeit nach Art. 11 GG genannt. Seit dem 3. BevSchG v. 18.11.2020 (BGBl. I 2397) wird auch die körperliche Unversehrtheit genannt (→ Rn. 56).

G. Tätigkeits- und Betretungsverbote bei Masern (Abs. 2)

70   Abs. 2 regelt Tätigkeits- und Betretungsverbote für Gemeinschaftseinrichtungen **für nicht immune Personen,** wenn in der Einrichtung andere Personen an Masern erkrankt sind.

71   Der Gesetzgeber gibt für die Vorschrift **zwei Schutzrichtungen** an: Einerseits sollen nicht-immune Personen vor einer eigenen Infektion geschützt und andererseits soll verhindert werden, dass diese Personen Teil einer Infektionskette werden und die Krankheit in der Gemeinschaftseinrichtung auf weitere Personen übertragen (BT-Drs. 18/5261, 64). Der Schutz von Nicht-Immunen, die auf eine Impfung aus einer freien Entscheidung heraus verzichtet haben, stellt jedoch einen nicht gerechtfertigten Eingriff in Art. 2 Abs. 1 iVm Art. 1 Abs. 1 GG dar. Nur bei der Verhinderung der Übertragung der Krankheit auf Dritte handelt es sich um ein präventives Ziel iSd § 1 zum Schutz der öffentlichen Gesundheit (→ § 1 Rn. 4, → Einf. Rn. 1).

I. Hintergrund

72   Die Regelung des Abs. 2 wurde durch das PrävG v. 17.7.2015 (BGBl. I 1368) eingefügt. Bis zu dem Zeitpunkt wurden die entsprechenden Verbote – in der Praxis insbesondere Schulbetretungsverbote für nicht-immune Schüler – auf die Generalklausel des § 28 Abs. 1 S. 1 gestützt (vgl. nur BVerwGE 142, 205, → Rn. 50).

73   Grund für die Änderung des G war, dass die Rspr. § 28 Abs. 1 S. 1 so verstanden hatte, dass Adressaten in erster Linie die dort genannten Kranken, Krankheitsverdächtigen, Ansteckungsverdächtigen und Ausscheider sein konnten (VG Hannover Urt. v. 23.10.2008 – 7 A 3697/07, Rn. 29; BVerwGE 142, 205 (212); → Einf. Rn. 26); Nichtstörer könnten nur unter den entsprechend hohen Voraussetzungen herangezogen werden (VG Hannover Urt. v. 23.10.2008 – 7 A 3697/07, Rn. 34). Die Adressaten der Schulbetretungsverbote mussten somit jedenfalls **ansteckungsverdächtig** gem. § 2 Nr. 7 sein, was vorausgesetzt hätte, dass angenommen werden konnte, dass sie Krankheitserreger aufgenommen hatten.

74   Für die Praxis bedeutete dies für die Gesundheitsämter, dass sie zunächst ihre **Ermittlungen gem. § 25** darauf ausrichten mussten, festzustellen, wer an den Schulen mit wem Kontakt hatte, um die Kranken, Krankheitsverdächtigen und

Ansteckungsverdächtigen zu identifizieren, um sie vorrangig in Anspruch zu nehmen (*Höhl/Siewerin/Feil* BGesBl 2013, 1287 (1289)). Dies stellte die Behörden jedoch vor zeitliche Probleme, denn Krankheitssymptome, die eine Person als krank oder krankheitsverdächtig erkennbar machen, zeigen sich bei den Masern in der Regel erst acht bis 14 Tage nach der Infektion, während diese bereits fünf Tage vor Auftreten der Symptome übertragbar sind und dies bereits durch flüchtige Kontakte (BT-Drs. 18/5261, 64).

Durch die Regelung des Abs. 2 können die Behörden nun sofort **Verbote 75 gegenüber nicht-immunen Personen** aussprechen, ohne einzelne Infektionsketten nachverfolgen zu müssen.

II. Voraussetzungen

Es muss festgestellt werden, dass eine Person in einer Gemeinschaftseinrich- 76 tung an Masern erkrankt, dessen verdächtig oder ansteckungsverdächtig ist. Gemeinschaftseinrichtungen sind die in §33 Genannten. Die Begriffe „Kranke", „Krankheits-" und „Ansteckungsverdächtige" werden in §2 Nr. 4, 5 und 7 legaldefiniert (§2 Rn. 18ff.). §28 Abs. 2 gilt – anders als §34 Abs. 1, auf dessen Rechtsfolgen er verweist – nur für **Masern.**

III. Adressaten

Als Adressaten werden **Personen, die weder einen Impfschutz,** der den 77 Empfehlungen der STIKO entspricht, **noch eine Immunität gegen Masern** durch ärztliches Zeugnis nachweisen können, genannt. Die STIKO empfiehlt zwei Impfungen im Abstand von mindestens vier Wochen, damit eine Immunität vorliegt (RKI Epid. Bulletin Nr. 34 v. 22.8.2019). Eine Immunität gegen Masern wird entweder nachgewiesen durch den Nachweis der erfolgten zwei Impfungen (durch Impfausweis, Impfbescheinigung oder eine andere ärztliche Bescheinigung) oder durch eine ärztliche Bescheinigung einer in der Vergangenheit durchgemachten Masernerkrankung oder durch eine Titerbestimmung (BT-Drs. 18/5261, 64).

Für Verbote gegenüber **an Masern Erkrankten** ist nicht §28 Abs. 2, son- 78 dern §34 Abs. 1 einschlägig.

IV. Rechtsfolge

Abs. 2 räumt der Behörde Ermessen ein („kann"). Als Maßnahmen kom- 79 men **die in §34 Abs. 1 S. 1 und 2 genannten Verbote** in Betracht. Hierbei handelt es sich um das Verbot des Ausübens einer Lehr-, Erziehungs-, Pflege-, Aufsichts- oder sonstigen Tätigkeit (§34 Abs. 1 S. 1) und für Betreute um Betretungsverbote, Benutzungsverbote der Einrichtungen und Verbote der Teilnahme an Veranstaltungen (§34 Abs. 1 S. 2).

In **zeitlicher** Hinsicht dürfen die Verbote nur angeordnet werden, „bis eine 80 Weiterverbreitung der Krankheit in der Gemeinschaftseinrichtung nicht mehr zu befürchten ist." Hierbei sind die Inkubationszeit der Masern und der letzte mögliche Zeitpunkt einer Übertragung zu berücksichtigen (BT-Drs. 18/5261, 64).

81   Die Regelungen des § 34 Abs. 1 bis 3 bleiben laut Gesetzgeber unberührt, dh wenn eine nicht-immune Person, die Adressatin eines Verbots nach § 28 Abs. 2 ist, selbst erkrankt, kann die Behörde zusätzlich die Verbote nach § 34 Abs. 1 bis 3 anordnen (BT-Drs. 18/5261, 64).

H. Verfahren und Durchsetzung

82   Abs. 3 entspricht dem § 34 Abs. 2 BSeuchG und enthält den Verweis auf § 16 für allg. verfahrensrechtliche Vorschriften, die für Maßnahmen nach Abs. 1 und 2 zur Anwendung kommen, dh auch für die Maßnahmen nach §§ 29–31, da diese in § 28 Abs. 1 genannt werden.

83   Für geschäftsunfähige oder in der Geschäftsfähigkeit beschränkte Adressaten gilt § 28 Abs. 3 iVm § 16 Abs. 5.

84   Die Maßnahmen werden gem. § 28 Abs. 3 iVm § 16 Abs. 6 von der zuständigen Behörde (die durch Landesrecht bestimmt wird, vgl. zB § 6 Abs. 1 IfSBG NRW: Ordnungsbehörde) auf Vorschlag des Gesundheitsamtes angeordnet. Bei Gefahr im Verzuge kann das Gesundheitsamt gem. § 28 Abs. 3 iVm § 16 Abs. 7 die erforderlichen Maßnahmen selbst anordnen (vgl. außerdem die Regelungen des § 16 Abs. 7). Falls das Landesrecht die Ordnungsbehörden für zuständig erklärt und das Landesrecht hier spezielle Formvorschriften vorsieht, sind diese einzuhalten, zB die Schriftform (vgl. § 20 OBG NRW).

85   Widerspruch und Anfechtungsklage gegen Maßnahmen nach Abs. 1 und 2 haben gem. § 28 Abs. 3 iVm § 16 Abs. 8 **keine aufschiebende Wirkung.**

86   Für die **Überwachung** der Maßnahmen gilt gem. § 28 Abs. 3 § 16 Abs. 2 „entsprechend", dh die Behörden dürfen zur Überprüfung, ob sich die von den Maßnahmen Betroffenen an die Anordnungen halten, ua Grundstücke und Räume betreten.

87   Die Maßnahmen nach Abs. 1 und 2 können bei Nichtbefolgen im Wege des **Verwaltungszwangs** je nach Einzelfall durch Ersatzvornahme, Zwangsgeld oder unmittelbaren Zwang durchgesetzt werden (*Gerhardt,* § 28 Rn. 50, 68). § 30 Abs. 2 stellt eine zusätzliche Rechtsgrundlage für eine Sonderform des unmittelbaren Zwangs für den Sonderfall der Absonderung dar (→ § 30 Rn. 34).

I. Zuwiderhandlungen

88   Verstöße gegen eine vollziehbare Anordnung nach § 28 Abs. 1 S. 1 oder 2 können gem. **§ 73 Abs. 1a Nr. 6,** Verstöße gegen eine vollziehbare Anordnung nach **§ 28 Abs. 2** können gem. **§ 73 Abs. 1a Nr. 11a** Ordnungswidrigkeiten darstellen. Vgl. außerdem § 74 jeweils für vorsätzliche Handlungen, wenn dadurch eine in § 6 Abs. 1 S. 1 Nr. 1 genannte Krankheit oder ein in § 7 genannter Krankheitserreger verbreitet wird.

§ 28a **Besondere Schutzmaßnahmen zur Verhinderung der Verbreitung der Coronavirus-Krankheit-2019 (COVID-19)**

(1) Notwendige Schutzmaßnahmen im Sinne des § 28 Absatz 1 Satz 1 und 2 zur Verhinderung der Verbreitung der Coronavirus-Krankheit-2019 (COVID-19) können für die Dauer der Feststellung einer epidemischen Lage von nationaler Tragweite nach § 5 Absatz 1 Satz 1 durch den Deutschen Bundestag insbesondere sein

1. Anordnung eines Abstandsgebots im öffentlichen Raum,
2. Verpflichtung zum Tragen einer Mund-Nasen-Bedeckung (Maskenpflicht),
3. Ausgangs- oder Kontaktbeschränkungen im privaten sowie im öffentlichen Raum,
4. Verpflichtung zur Erstellung und Anwendung von Hygienekonzepten für Betriebe, Einrichtungen oder Angebote mit Publikumsverkehr,
5. Untersagung oder Beschränkung von Freizeitveranstaltungen und ähnlichen Veranstaltungen,
6. Untersagung oder Beschränkung des Betriebs von Einrichtungen, die der Freizeitgestaltung zuzurechnen sind,
7. Untersagung oder Beschränkung von Kulturveranstaltungen oder des Betriebs von Kultureinrichtungen,
8. Untersagung oder Beschränkung von Sportveranstaltungen und der Sportausübung,
9. umfassendes oder auf bestimmte Zeiten beschränktes Verbot der Alkoholabgabe oder des Alkoholkonsums auf bestimmten öffentlichen Plätzen oder in bestimmten öffentlich zugänglichen Einrichtungen,
10. Untersagung von oder Erteilung von Auflagen für das Abhalten von Veranstaltungen, Ansammlungen, Aufzügen, Versammlungen sowie religiösen oder weltanschaulichen Zusammenkünften,
11. Untersagung oder Beschränkung von Reisen; dies gilt insbesondere für touristische Reisen,
12. Untersagung oder Beschränkung von Übernachtungsangeboten,
13. Untersagung oder Beschränkung des Betriebs von gastronomischen Einrichtungen,
14. Schließung oder Beschränkung von Betrieben, Gewerben, Einzel- oder Großhandel,
15. Untersagung oder Beschränkung des Betretens oder des Besuchs von Einrichtungen des Gesundheits- oder Sozialwesens,
16. Schließung von Gemeinschaftseinrichtungen im Sinne von § 33, Hochschulen, außerschulischen Einrichtungen der Erwachsenenbildung oder ähnlichen Einrichtungen oder Erteilung von Auflagen für die Fortführung ihres Betriebs oder
17. Anordnung der Verarbeitung der Kontaktdaten von Kunden, Gästen oder Veranstaltungsteilnehmern, um nach Auftreten einer In-

fektion mit dem Coronavirus SARS-CoV-2 mögliche Infektionsketten nachverfolgen und unterbrechen zu können.

(2) ¹Die Anordnung der folgenden Schutzmaßnahmen nach Absatz 1 in Verbindung mit § 28 Absatz 1 ist nur zulässig, soweit auch
bei Berücksichtigung aller bisher getroffenen anderen Schutzmaßnahmen eine wirksame Eindämmung der Verbreitung der Corona-
virus-Krankheit-2019 (COVID-19) erheblich gefährdet wäre:
1. Untersagung von Versammlungen oder Aufzügen im Sinne von
   Artikel 8 des Grundgesetzes und von religiösen oder weltanschaulichen Zusammenkünften nach Absatz 1 Nummer 10,
2. Anordnung einer Ausgangsbeschränkung nach Absatz 1 Nummer 3, nach der das Verlassen des privaten Wohnbereichs nur zu bestimmten Zeiten oder zu bestimmten Zwecken zulässig ist, und
3. Untersagung des Betretens oder des Besuchs von Einrichtungen im
   Sinne von Absatz 1 Nummer 15, wie zum Beispiel Alten- oder
   Pflegeheimen, Einrichtungen der Behindertenhilfe, Entbindungseinrichtungen oder Krankenhäusern für enge Angehörige von dort
   behandelten, gepflegten oder betreuten Personen.
²Schutzmaßnahmen nach Absatz 1 Nummer 15 dürfen nicht zur vollständigen Isolation von einzelnen Personen oder Gruppen führen; ein
Mindestmaß an sozialen Kontakten muss gewährleistet bleiben.

(3) ¹Entscheidungen über Schutzmaßnahmen zur Verhinderung
der Verbreitung der Coronavirus-Krankheit-2019 (COVID-19) nach
Absatz 1 in Verbindung mit § 28 Absatz 1, nach § 28 Absatz 1 Satz 1
und 2 und den §§ 29 bis 32 sind insbesondere an dem Schutz von Leben und Gesundheit und der Funktionsfähigkeit des Gesundheitssystems auszurichten; dabei sind absehbare Änderungen des Infektionsgeschehens durch ansteckendere, das Gesundheitssystem stärker
belastende Virusvarianten zu berücksichtigen. ²Die Schutzmaßnahmen sollen unter Berücksichtigung des jeweiligen Infektionsgeschehens regional bezogen auf die Ebene der Landkreise, Bezirke oder
kreisfreien Städte an den Schwellenwerten nach Maßgabe der Sätze 4
bis 12 ausgerichtet werden, soweit Infektionsgeschehen innerhalb
eines Landes nicht regional übergreifend oder gleichgelagert sind.
³Die Länder Berlin und die Freie und Hansestadt Hamburg gelten als
kreisfreie Städte im Sinne des Satzes 2. ⁴Maßstab für die zu ergreifenden Schutzmaßnahmen ist insbesondere die Anzahl der Neuinfektionen mit dem Coronavirus SARS-CoV-2 je 100 000 Einwohnern innerhalb von sieben Tagen. ⁵Bei Überschreitung eines Schwellenwertes
von über 50 Neuinfektionen je 100 000 Einwohner innerhalb von sieben Tagen sind umfassende Schutzmaßnahmen zu ergreifen, die eine
effektive Eindämmung des Infektionsgeschehens erwarten lassen. ⁶Bei
Überschreitung eines Schwellenwertes von über 35 Neuinfektionen je
100 000 Einwohner innerhalb von sieben Tagen sind breit angelegte
Schutzmaßnahmen zu ergreifen, die eine schnelle Abschwächung des
Infektionsgeschehens erwarten lassen. ⁷Unterhalb eines Schwellenwertes von 35 Neuinfektionen je 100 000 Einwohner innerhalb von sie-

ben Tagen kommen insbesondere Schutzmaßnahmen in Betracht, die die Kontrolle des Infektionsgeschehens unterstützen. [8]Vor dem Überschreiten eines Schwellenwertes sind die in Bezug auf den jeweiligen Schwellenwert genannten Schutzmaßnahmen insbesondere bereits dann angezeigt, wenn die Infektionsdynamik eine Überschreitung des jeweiligen Schwellenwertes in absehbarer Zeit wahrscheinlich macht oder wenn einer Verbreitung von Virusvarianten im Sinne von Satz 1 entgegengewirkt werden soll. [9]Bei einer bundesweiten Überschreitung eines Schwellenwertes von über 50 Neuinfektionen je 100 000 Einwohner innerhalb von sieben Tagen sind bundesweit abgestimmte umfassende, auf eine effektive Eindämmung des Infektionsgeschehens abzielende Schutzmaßnahmen anzustreben. [10]Bei einer landesweiten Überschreitung eines Schwellenwertes von über 50 Neuinfektionen je 100 000 Einwohner innerhalb von sieben Tagen sind landesweit abgestimmte umfassende, auf eine effektive Eindämmung des Infektionsgeschehens abzielende Schutzmaßnahmen anzustreben. [11]Nach Unterschreitung eines in den Sätzen 5 und 6 genannten Schwellenwertes können die in Bezug auf den jeweiligen Schwellenwert genannten Schutzmaßnahmen aufrechterhalten werden, soweit und solange dies zur Verhinderung der Verbreitung der Coronavirus-Krankheit-2019 (COVID-19) erforderlich ist. [12]Bei der Prüfung der Aufhebung oder Einschränkung der Schutzmaßnahmen nach den Sätzen 9 bis 11 sind insbesondere auch die Anzahl der gegen COVID-19 geimpften Personen und die zeitabhängige Reproduktionszahl zu berücksichtigen. [13]Die in den Landkreisen, Bezirken oder kreisfreien Städten auftretenden Inzidenzen werden zur Bestimmung des nach diesem Absatz jeweils maßgeblichen Schwellenwertes durch das Robert Koch-Institut im Rahmen der laufenden Fallzahlenberichterstattung auf dem RKI-Dashboard unter der Adresse http://corona.rki.de im Internet veröffentlicht.

(4) [1]Im Rahmen der Kontaktdatenerhebung nach Absatz 1 Nummer 17 dürfen von den Verantwortlichen nur personenbezogene Angaben sowie Angaben zum Zeitraum und zum Ort des Aufenthaltes erhoben und verarbeitet werden, soweit dies zur Nachverfolgung von Kontaktpersonen zwingend notwendig ist. [2]Die Verantwortlichen haben sicherzustellen, dass eine Kenntnisnahme der erfassten Daten durch Unbefugte ausgeschlossen ist. [3]Die Daten dürfen nicht zu einem anderen Zweck als der Aushändigung auf Anforderung an die nach Landesrecht für die Erhebung der Daten zuständigen Stellen verwendet werden und sind vier Wochen nach Erhebung zu löschen. [4]Die zuständigen Stellen nach Satz 3 sind berechtigt, die erhobenen Daten anzufordern, soweit dies zur Kontaktnachverfolgung nach § 25 Absatz 1 erforderlich ist. [5]Die Verantwortlichen nach Satz 1 sind in diesen Fällen verpflichtet, den zuständigen Stellen nach Satz 3 die erhobenen Daten zu übermitteln. [6]Eine Weitergabe der übermittelten Daten durch die zuständigen Stellen nach Satz 3 oder eine Weiterverwendung durch diese zu anderen Zwecken als der Kontaktnachverfol-

gung ist ausgeschlossen. [7]Die den zuständigen Stellen nach Satz 3 übermittelten Daten sind von diesen unverzüglich irreversibel zu löschen, sobald die Daten für die Kontaktnachverfolgung nicht mehr benötigt werden.

(5) [1]Rechtsverordnungen, die nach § 32 in Verbindung mit § 28 Absatz 1 und § 28a Absatz 1 erlassen werden, sind mit einer allgemeinen Begründung zu versehen und zeitlich zu befristen. [2]Die Geltungsdauer beträgt grundsätzlich vier Wochen; sie kann verlängert werden.

(6) [1]Schutzmaßnahmen nach Absatz 1 in Verbindung mit § 28 Absatz 1, nach § 28 Absatz 1 Satz 1 und 2 und nach den §§ 29 bis 31 können auch kumulativ angeordnet werden, soweit und solange es für eine wirksame Verhinderung der Verbreitung der Coronavirus-Krankheit-2019 (COVID-19) erforderlich ist. [2]Bei Entscheidungen über Schutzmaßnahmen zur Verhinderung der Verbreitung der Coronavirus-Krankheit-2019 (COVID-19) sind soziale, gesellschaftliche und wirtschaftliche Auswirkungen auf den Einzelnen und die Allgemeinheit einzubeziehen und zu berücksichtigen, soweit dies mit dem Ziel einer wirksamen Verhinderung der Verbreitung der Coronavirus-Krankheit-2019 (COVID-19) vereinbar ist. [3]Einzelne soziale, gesellschaftliche oder wirtschaftliche Bereiche, die für die Allgemeinheit von besonderer Bedeutung sind, können von den Schutzmaßnahmen ausgenommen werden, soweit ihre Einbeziehung zur Verhinderung der Verbreitung der Coronavirus-Krankheit-2019 (COVID-19) nicht zwingend erforderlich ist.

(7) Nach dem Ende einer durch den Deutschen Bundestag nach § 5 Absatz 1 Satz 1 festgestellten epidemischen Lage von nationaler Tragweite können die Absätze 1 bis 6 auch angewendet werden, soweit und solange sich die Coronavirus-Krankheit-2019 (COVID-19) nur in einzelnen Ländern ausbreitet und das Parlament in einem betroffenen Land die Anwendbarkeit der Absätze 1 bis 6 dort feststellt.

Übersicht

Schrifttum: *Aligbe,* Bevölkerungsschutz durch das Dritte Gesetz zur epidemischen Lage von nationaler Tragweite, ARP 2020, 374; *Eibenstein,* Persona non grata dank Inzidenzwert. Die Unverhältnismäßigkeit jüngster Beherbergungsverbote am Beispiel Niedersachsens, COVuR 2020, 688; *ders.,* Die (vertane) Chance des § 28a IfSG, COVuR 2020, 856; *ders.,* Kein zweiter Shutdown von Art. 8 I GG, NVwZ 2020, 1811; *ders./Schlereth/ Lang,* Das ärztliche Attest in der COVID-19-Pandemie. Interdisziplinäre Handreichung betreffend die Befreiung von der Pflicht zum Tragen einer Mund-Nasen-Bedeckung, COVuR 2021, 148; *Greve,* Infektionsschutzrecht in der Pandemielage – Der neue § 28a IfSG, NVwZ 2020, 1786; *Guckelberger,* Ausgangsbeschränkungen und Kontaktverbote anlässlich der Corona-Pandemie, NVwZ-Extra 9a/2020, 1; *Kießling,* Was verlangen Parlamentsvorbehalt und Bestimmtheitsgebot? Standardmaßnahmen im Infektionsschutzgesetz, Verfassungsblog v. 4.11.2020; *Sangs,* Das Dritte Gesetz zum Schutz der Bevölkerung bei einer epidemischen Lage von nationaler Tragweite und Gesetzgebung während der Pandemie, NVwZ 2020, 1780; *Schmitt,* Die Verfassungswidrigkeit der landesweiten Ausgangsverbote, NJW 2020, 1626; *ders.,* Wen soll das schützen? Die landesweiten Ausgangsverbote sind verfassungswidrig, Verfassungsblog v. 18.12.2020; *Volkmann,* Das Maßnahmegesetz, Verfassungsblog v. 20.11.2020; *Völzmann,* Versammlungsfreiheit in Zeiten von Pandemien, DÖV 2020, 893.

A. Zweck und Bedeutung der Norm

1   Die Vorschrift stellt eine **Konkretisierung der Generalklausel** des § 28 Abs. 1 dar, die nur für die Corona-Epidemie gilt. Nach Aussage des Gesetzgebers wurden die Regelbeispiele des § 28 Abs. 1 „speziell für die **SARS-CoV-2-Pandemie** klarstellend erweitert" (BT-Drs. 19/23944, 27). Die Vorschrift wurde durch das 3. BevSchG v. 18.11.2020 (BGBl. I 2397) in das IfSG eingefügt, um die flächendeckenden Maßnahmen zur Epidemiebekämpfung auf eine breitere Rechtsgrundlage zu stellen. Bis dahin hatten die Bundesländer die Generalklausel des § 28 Abs. 1 herangezogen, was in Rechtswissenschaft und schließlich auch vereinzelt in der Rechtsprechung kritisiert worden war (→ § 28 Rn. 3; vgl. auch *Kingreen* in Huster/Kingreen Hdb. InfSchR Kap. 1 Rn. 42). Die Vorschrift spiegelt wider, welche bis dahin ergriffenen Maßnahmen und welches Vorgehen im Rahmen der Corona-Epidemie der Gesetzgeber im November 2020 legitimieren wollte (so auch *Aligbe* ARP 2020, 374).

2   Das **Gesetzgebungsverfahren,** das zur Einfügung des § 28a führte, war **überhastet** und in Bezug auf § 28a sehr **umstritten.** Nachdem im ersten Entwurf der § 28a noch gar nicht vorgesehen war (dazu *Eibenstein* COVuR 2020, 856 (857)), lag Anfang November 2020 mit BT-Drs. 19/23944 eine erste Version von § 28a vor, die bei der Expertenanhörung im Gesundheitsausschuss scharf kritisiert wurde (vgl. *Kießling* BT-Ausschussdrs. 19(14)246(7); *Klafki* BT-Ausschussdrs. 19(14)246(9); *Wißmann* BT-Ausschussdrs. 19(14)246

(12); *Möllers* BT-Ausschussdrs. 19(14)246(15); und auch schon *Kießling* Verfassungsblog v. 4.11.2020). Zwar wurden danach einzelne Kritikpunkte der Sachverständigen aufgenommen, die Vorschrift krankt jedoch daran, dass sie den dogmatischen Unterschied flächendeckender Maßnahmen zu Maßnahmen nach § 28 und §§ 29–31 nicht reflektiert (→ Rn. 4 ff.), dass sie **unsystematisch** aufgebaut ist und hauptsächlich den im November 2020 bestehenden status quo der Epidemiebekämpfung zementiert (→ Rn. 2), dass einzelne Teile der Vorschrift sehr **unbestimmt** sind (Abs. 1 Nr. 3 1. Var., Nr. 11) und dass Abs. 3, der eine Steuerung des Infektionsgeschehens über Inzidenzzahlen vorzugeben versucht, wenig durchdacht ist (→ Rn. 118 ff.).

Die Gerichte jedenfalls haben in den Eilverfahren § 28 a als **nicht offensicht-** **3** **lich verfassungswidrig** gebilligt (VGH München Beschl. v. 8.12.2020 − 20 NE 20.2461, Rn. 22 ff.; OVG Magdeburg Beschl. v. 10.12.2021 − 3 R 254/20, Rn. 61 ff.; OVG Lüneburg Beschl. v. 16.12.2020 − 13 MN 552/20, Rn. 21; OVG Münster Beschl. v. 15.1.2021 − 13 B 1899/20.NE, Rn. 37, 55 ff.; VGH Mannheim Beschl. v. 5.2.2021 − 1 S 321/21, Rn. 29 (für Ausgangsbeschränkungen); OVG Koblenz Beschl. v. 18.1.2021 − 6 B 11642/20.OVG, BeckRS 2021, 252 Rn. 7; LVerfG S-A Beschl. v. 2.2.2021 − LVG 4/21, Rn. 53; OVG Bln.-Bbg. Beschl. v. 11.2.2021 − OVG 11 S 11/21, Rn. 54 f.; OVG Weimar Beschl. v. 18.2.2021 − 3 EN 67/21, Rn. 31; offen gelassen von VGH Mannheim Beschl. v. 18.2.2021 − 1 S 398/21, Rn. 61 f., für Betriebsschließungen); die Literatur ist gespalten (für gelungen bzw. ausreichend halten § 28 a *Greve* NVwZ 2020, 1786; *Gerhardt*, § 28 a Rn. 7 (der aber auch Reformbedarf sieht, Rn. 8); *Poscher* in Huster/Kingreen Hdb. InfSchR Kap. 4 Rn. 176; kritisch *Aligbe* ARP 2020, 374 (379); *Volkmann* Verfassungsblog v. 20.11.2020; *Kingreen* in Huster/Kingreen Hdb. InfSchR Kap. 1 Rn. 42, 58; *Lindner* in Schmidt, § 18 Rn. 57). Im März 2021 wurden − als Reaktion auf OVG Lüneburg Beschl. v. 15.2.2021 − 13 MN 44/21 (vgl. *Fechner* BT-Plenarprotokoll 19/215, 27031 v. 4.3.2021) − durch das Epi-Lage-FortgeltungsG v. 29.3.2021 (BGBl. I 370) punktuelle Änderungen an Abs. 3 vorgenommen (→ Rn. 131, 135, 138).

B. Epidemiebekämpfung als Risikovorsorge

Breitet sich eine übertragbare Krankheit aus, weil die individuelle Kontakt- **4** nachverfolgung nach § 25 und die darauffolgende Isolierung Kranker, Krankheitsverdächtiger, Ausscheider und Ansteckungsverdächtiger nach § 30 Abs. 1 S. 2 nicht mehr ausreicht, um die Infektionsketten zu unterbrechen, reagiert der Staat mit Maßnahmen, die flächendeckend die Allgemeinheit − also die ganze Bevölkerung − adressieren. Um solche **flächendeckenden Maßnahmen** handelt es sich bei den in Abs. 1 aufgeführten Maßnahmen, die erhebliche Grundrechtseingriffe in Art. 2 Abs. 2 S. 2, Art. 11, Art. 2 Abs. 1 iVm Art. 1 Abs. 1, Art. 12, Art. 14, Art. 6, Art. 4 bzw. Art. 2 Abs. 1 GG darstellen.

Ein Bezug Einzelner zu einem konkreten Infektionsherd wird bei solchen **5** flächendeckenden Maßnahmen nicht gefordert. Deshalb handelt es sich in der Sache um **Risikovorsorge** und **nicht** um **Gefahrenabwehr** (so schon *Kießling* Verfassungsblog v. 4.11.2020). Das wiederum führt dazu, dass die gefahrenabwehrrechtlich konzipierte Generalklausel überfordert wird, wenn auf ihrer Grundlage Maßnahmen der Epidemiebekämpfung angeordnet werden; so hilft hier zB die Unterscheidung zwischen Störern und Nichtstörern, wie sie regelmäßig von Rspr. und Literatur vorgenommen wird (→ § 28 Rn. 6), nicht weiter.

6   Bei der Lösung dieses Problems wäre nun zu differenzieren: Zum einen ist eine Regelung dieser weitreichenden Befugnisse erforderlich, die **detailliert** die besonderen **Voraussetzungen** einzelner Maßnahmen aufführt und auch auf **Rechtsfolgenseite** die erlaubten Maßnahmen **differenzierend** konkretisiert (ähnlich *Siegel* NVwZ 2020, 577 (582); *Guckelberger* NVwZ-Extra 9a/2020, 1 (8f.); *Eibenstein* COVuR 2020, 856 (859); in diese Richtung auch *Poscher* in Huster/Kingreen Hdb. InfSchR Kap. 4 Rn. 106e; vgl. auch schon *Mers*, S. 203). Die bloße Ergänzung der Generalklausel durch die Nennung einzelner Regelbeispiele, wie dies seitens des Schrifttums zum Teil vorgeschlagen bzw. befürwortet wurde (vgl. *Brocker* NVwZ 2020, 1485 (1487); *Greve* NVwZ 2020, 1786 (1788); wohl auch *Rixen* NJW 2020, 1097 (1099)), reicht gerade nicht aus.

7   Zum anderen muss der Tatsache Rechnung getragen werden, dass flächendeckende Maßnahmen der Epidemiebekämpfung der Risikovorsorge zuzuordnen sind (→ Rn. 5). Dies erfordert eine Abkoppelung von der eine konkrete Gefahr voraussetzenden Generalklausel und eine gesonderte Regelung, idealerweise in einem eigenen Block innerhalb der §§ 24–32 (vgl. den Vorschlag bei *Kießling* Anlage zu BT-Ausschussdrs. 19(14)246(7)). Entscheidend ist – neben den detaillierten Voraussetzungen und Umschreibungen auf Rechtsfolgenseite –, dass Epidemiebekämpfungsmaßnahmen in der Regel kombiniert ergriffen werden, was eine Abstimmung der verschiedenen Maßnahmen aufeinander erforderlich macht. Dieses Abstimmungserfordernis muss in der Regelung zum Ausdruck kommen, indem zB die Behörde zur **Aufstellung eines Schutzkonzepts** verpflichtet wird. Auch der Gesetzgeber geht von einer solchen **Pflicht** aus (BT-Drs. 19/24334, 81f.), aus § 28a geht dies jedoch nur mittelbar hervor (etwa aus **Abs. 2 S. 1, Abs. 3, Abs. 5, Abs. 6**). Gleichzeitig müsste eine Risikovorsorgegeneralklausel geschaffen werden, um eine gewisse Flexibilität der Exekutive zu erhalten (vgl. den Vorschlag von *Kießling* Anlage zu BT-Ausschussdrs. 19(14)246(7), § 31a Abs. 1 S. 1; diesen Vorschlag übersehend *Greve* NVwZ 2020, 1786 (1788), der nur auf die vorgeschlagenen Standardermächtigungen verweist).

8   Diesen Vorgaben wird § 28a nicht gerecht (ähnlich *Eibenstein* COVuR 2020, 856 (859f.)). Zwar erschöpft sich nicht in der Ergänzung des § 28 Abs. 1 durch eine Aufzählung von Regelbeispielen, sondern enthält in den Abs. 2–6 weitere Voraussetzungen. Diesen Voraussetzungen kommt jedoch **keine echte Steuerungswirkung** zu, die im Vergleich zur früheren Rechtslage bis Herbst 2020, als Maßnahmen pauschal auf § 28 Abs. 1 gestützt wurden, zu mehr Vorhersehbarkeit für die Bevölkerung oder zu mehr Abstimmung einzelner Maßnahmen aufeinander führte. Dies zeigte sich nicht zuletzt daran, dass sich die Länder nicht auf einheitliche, effektive Maßnahmen einigen konnten, was dazu führte, dass im April durch das 4. BevSchG v. 22.4.2021 (BGBl. I 802) überhastet die sog. „Bundes-Notbremse" in einem neuen § 28b geregelt wurde. So bleibt gerade die Prüfung der Verhältnismäßigkeit der Maßnahmen schwierig; die Gerichte wenden hier in der Regel einen sehr groben Maßstab an (vor Geltung des § 28a bereits *Hofmann* Verfassungsblog v.

13.4.2020) oder flüchten sich in Folgeabwägungen, in denen dann die Belange Einzelner kaum gewinnen können.

C. Besondere Risikolage (Abs. 1) und Ziel (Abs. 3 S. 1)

Da § 28a lediglich eine Konkretisierung des § 28 Abs. 1 darstellen soll **9** (→ Rn. 1), muss für die Ergreifung von Maßnahmen nach § 28a die **Gefahrenlage des § 28** Abs. 1 vorliegen (→ § 28 Rn. 14 ff.). Dies wird rechtlich jedoch überlagert durch die Voraussetzung, dass der BT (oder der Landtag, vgl. Abs. 7) die **epidemische Lage von nationaler Tragweite festgestellt** haben muss (→ Rn. 12 ff.), denn in diesen Fällen wird die Gefahrenlage des § 28 Abs. 1 S. 1 stets vorliegen.

Im Vergleich zu der Grundnorm des § 28 Abs. 1 ergeben sich bei § 28a **10** außerdem zwei Besonderheiten: Zunächst gilt er nur für COVID-19, zum anderen nennt die Vorschrift ein eigenes Ziel, das die Maßnahmen verfolgen müssen.

I. Beschränkt auf SARS–CoV–2/COVID–19

In Abs. 1 ist ausdrücklich geregelt, dass die im dortigen Katalog genannten **11** Schutzmaßnahmen (→ Rn. 24 ff.) nur „zur Verhinderung der Verbreitung der Coronavirus-Krankheit-2019 **(COVID-19)**" ergriffen werden dürfen. Auf andere übertragbare Krankheiten ist § 28a somit nicht anwendbar. Auch § 28 Abs. 1 darf bei einem neuartigen Krankheitserreger nicht zur Epidemiebekämpfung herangezogen werden (→ § 28 Rn. 67).

II. Koppelung an die Feststellung der epidemischen Lage

1. Nationale Tragweite. Die Ergreifung von Schutzmaßnahmen nach **12** § 28a Abs. 1 setzt voraus, dass der BT gem. § 5 Abs. 1 S. 1 die epidemische Lage von nationaler Tragweite festgestellt hat. Dies trägt dem Umstand Rechnung, dass in der besonderen Situation einer Epidemie zwar weitreichende Grundrechtseingriffe gerechtfertigt sein können, dass aber diese besondere Situation nicht vorschnell durch die Behörden angenommen werden darf. In dieser Hinsicht kommt § 28a somit im Vergleich zu § 28 Abs. 1 **begrenzende Funktion** zu. Daraus folgt wiederum, dass die in Abs. 1 genannten Schutzmaßnahmen nicht auf die Generalklausel des § 28 Abs. 1 gestützt werden dürfen, wenn die epidemische Lage noch nicht vom BT gem. § 5 Abs. 1 S. 1 festgestellt wurde oder wenn eine solche Feststellung durch den BT gem. § 5 Abs. 1 S. 2 wieder aufgehoben wurde (→ § 28 Rn. 66; aA *Johann/Gabriel* in BeckOK InfSchR § 28a Rn. 7).

2. Landesweite Tragweite (Abs. 7). Abs. 7 ermöglicht es den Bundesländern, nach Aufhebung der epidemischen Lage nationaler Tragweite durch den **13** BT die Maßnahmen gem. den Absätzen 1–6 zu ergreifen, soweit und solange sich COVID-19 weiter in ihrem Bundesland ausbreitet und das **Landesparlament** die Anwendbarkeit der 1–6 **feststellt.** Welche Voraussetzungen für die Anwendbarkeitserklärung bestehen müssen, kann nur das jeweilige Landesrecht regeln.

14   Abs. 7 spricht ausdrücklich nur davon, dass „nach dem Ende" der Feststellung der epidemischen Lage durch den BT – gemeint kann nur die **Aufhebung der Feststellung** gem. § 5 Abs. 1 S. 2 sein – die Länder die Absätze 1–6 ggf. anwenden dürfen. Vor einer Feststellung durch den BT gem. Abs. 1 S. 1 sieht der Wortlaut eine solche Anwendung nicht vor. In der Begründung des Gesetzentwurfs ist hingegen von „Ausbruch oder Fortbestehen eines regionalen Infektionsgeschehens" die Rede; die Länder sollen die notwendigen Maßnahmen ergreifen können, „um das Infektionsgeschehen einzudämmen und damit auch ein Übergreifen auf andere Länder zu verhindern" (BT-Drs. 19/24334, 82). Der Gesetzgeber wollte also wohl bereits ein **Einschreiten** einzelner Bundesländer **vor dem Vorliegen einer nationalen Epidemie** ermöglichen. Dies entspricht auch dem Ziel einer effektiven Seuchenbekämpfung und es wäre verfassungsrechtlich nicht hinnehmbar, dass ein Bundesland nicht gem. § 28a handeln dürfte, wenn sich eine epidemische Lage bereits in seinem Bundesland abzeichnet, aber diese Lage noch nicht bundesweit besteht. Abs. 7 ist entsprechend verfassungskonform auszulegen. Eine Klarstellung durch den Gesetzgeber im Gesetzestext ist wünschenswert.

15   **3. Schutzmaßnahmen ohne Feststellung der epidemischen Lage.** Die Anwendbarkeit des § 28a von der Feststellung der epidemischen Lage durch den BT abhängig zu machen, wird zum Teil in der Literatur kritisiert, weil dadurch die Behörden bei kleineren Ausbrüchen **handlungsunfähig** sein könnten (*Sangs* NVwZ 2020, 1780 (1784); ähnlich *Kingreen* BT-Ausschussdrs. 19(14)288(3), 4). Soweit nicht Abs. 7 diese Situation auffängt, stellt sich tatsächlich zum einen die Frage, ob es im Ergebnis richtig sein kann, dass selbst wenig intensive Grundrechtseingriffe wie die **Maskenpflicht** nach Abs. 1 Nr. 2 nicht angeordnet werden könnten, wenn weder BT noch Landtag die epidemische Lage festgestellt haben. § 28 Abs. 1 kann für Maßnahmen, die in Abs. 1 Nr. 1–17 genannt werden, nicht herangezogen werden (→ § 28 Rn. 66). Zum anderen könnte regional nicht reagiert werden, wenn weder BT noch Landtag die epidemische Lage festgestellt haben, was wenig sinnvoll erscheint (*Sangs* NVwZ 2020, 1780 (1784)). Möglich bleiben in diesen Fällen allein **punktuelle Maßnahmen** nach § 28 und §§ 29–31, die an eine konkrete Infektionsgefahr anknüpfen (eine Schule, an der es einen Ausbruch gibt, kann deswegen gem. § 28 Abs. 1 S. 2 geschlossen werden → § 28 Rn. 42 f.; unzutreffend *Sangs* NVwZ 2020, 1780 (1784)). Hier zeigt sich wieder das nicht abgestimmte Verhältnis von § 28 Abs. 1 zu § 28a: Sollte der Gesetzgeber meinen, notfalls auch ohne festgestellte epidemische Lage durch den BT notwendige Maßnahmen auf § 28 Abs. 1 stützen zu können, hebelte er die begrenzende Funktion des § 28a aus und führte den Parlamentsvorbehalt ad absurdum. Es ist auf der anderen Seite nicht hinnehmbar, dass die gewählte Regelungskonstruktion zu **Lücken bei der Epidemiebekämpfung** führt. In der Praxis könnte die Politik dieses Problem umgehen, indem der BT die epidemische Lage von nationaler Tragweite gem. § 5 Abs. 1 S. 1 so lange aufrechterhält (durch Verlängerung nach § 5 Abs. 1 S. 3 und 4), bis auch eine Maskenpflicht nicht mehr für notwendig gehalten wird. Dies hebelte dann aber wieder die Bedeutung des § 5 Abs. 1 aus und eröffnete viele Anwendungsmöglichkeiten, die der dann tatsächlich bestehenden Lage nicht gerecht würden;

die begrenzende Funktion entfiele. Eine angemessene **Lösung dieses Problems** kann nur darin liegen, die bestehenden Lücken durch eine **andere Struktur der Vorschrift** zu schließen und nicht alle Maßnahmen von der Feststellung der epidemischen Lage abhängig zu machen. Möglich wäre es auch, nur die landesweite Ergreifung von Maßnahmen durch RVO gem. 32 mit der Feststellung der epidemischen Lage zu verknüpfen (ähnlich *Sangs* NVwZ 2020, 1780 (1784)).

III. Ziel (Abs. 3 S. 1)

Abs. 3 S. 1 beschreibt die Ziele des § 28a. Gleichzeitig soll er auch für **16** Schutzmaßnahmen gelten, die zur Verhinderung der Verbreitung von CO-VID-19 allein auf § 28 Abs. 1 (dazu → § 28 Rn. 54 ff.) oder auf §§ 29–32 gestützt werden. Die Regelung des Ziels in Abs. 3 S. 1 ist somit in mehrfacher Hinsicht **systematisch missglückt:** In Bezug auf § 28a stellt sich die Frage, wieso das Ziel nicht an den Anfang der Vorschrift gestellt wird. In Bezug auf **§§ 29–32** ist unklar, inwieweit sich die Berücksichtigung der in § 28a Abs. 3 S. 1 genannten Ziele auswirkt: Dort geht es um den Umgang mit individuellen Infektionsfällen; es ist nicht notwendig, dass die dort genannten Maßnahmen in einen größeren Rahmen der Epidemiebekämpfung eingebettet werden. So müssen auch nach Eindämmung der Epidemie, wenn das Gesundheitssystem nicht mehr überlastet ist, einzelne SARS-CoV-2-Fälle gem. § 30 Abs. 1 S. 2 isoliert werden können; auch das Ziel des Schutzes von Leben und Gesundheit führt hier zu keiner anderen Bewertung.

Abs. 3 S. 1 nennt zwei Ziele: den Schutz von Leben und Gesundheit und **17** die Funktionsfähigkeit des Gesundheitssystems. Die Schutzmaßnahmen sind „insbesondere" hieran auszurichten. Die Bedeutung bleibt in mehrfacher Hinsicht unklar (dazu auch *Volkmann* FAZ v. 25.1.2021).

1. Schutz von Leben und Gesundheit. Der „**Schutz von Leben und 18 Gesundheit**" ist auf noch höherer Abstraktionsebene angesiedelt als das allgemeine Ziel des IfSG in § 1 Abs. 1; letztlich dienen die dort genannten Unterziele und somit das gesamte IfSG dem Schutz von Leben und Gesundheit (→ Einf. Rn. 1; § 1 Rn. 4). Es wäre jedoch falsch, dem Ziel keinerlei eigenständige Bedeutung zuzuschreiben; es steht neben dem institutionell ausgerichteten Ziel der Funktionsfähigkeit des Gesundheitssystems und bezieht die individuelle Perspektive mit ein. Das bedeutet, dass auch Auswirkungen von COVID-19, die gerade nicht die Funktionsfähigkeit des Gesundheitssystems berühren, miteinbezogen werden können; dies gilt insbesondere für Langzeitfolgen und -schäden (**"Long Covid"**)**,** an denen auch Betroffene leiden können, die zunächst nur einen vergleichsweise milden Erkrankungsverlauf hatten. Aktuelle Studien gehen davon aus, dass 10% der Erkrankten solche Langzeitfolgen befürchten müssen (vgl. *Sudre/Murray/Varsavsky/Graham/Penfold* medRxiv. v. 19.12.2020, S. 2020.10.19.20214494). In der Rechtswissenschaft wird dieser Umstand größtenteils ausgeblendet.

Daraus ergibt sich, dass Maßnahmen nach § 28a nicht erst oder allein dann **19** ergriffen werden dürfen bzw. müssen, wenn die Funktionsfähigkeit des Gesundheitssystems gefährdet ist. Auch der Schutz vor **Langzeitfolgen** ist ein legitimes Ziel der Epidemiebekämpfung. Nicht gemeint ist mit diesem Unterziel die Vermeidung jeder Infektion (so aber wohl – kritisch – *Volkmann* Verfassungsblog v. 20.11.2020). Zwischen der „Vermeidung jeder Infektion" und dem Gegensteuern erst bei drohender Überlastung des Gesundheitssystems liegt ein großer Bereich, der im Ziel des Gesundheitsschutzes aufgeht, und der im Einzelnen durch das Verhältnismäßigkeitsprinzip gesteuert werden muss (ausf. *Poscher* in Huster/Kingreen Hdb. InfSchR Kap. 4 Rn. 110). Dass zB saisonale Grippewellen nicht mit flächendeckenden Maßnahmen bekämpft werden müssen bzw. dürfen, zeigt sich bereits daran, dass es hierfür regelmäßig Impfstoffe gibt, mit denen jeder Einzelne sein Infektionsrisiko reduzieren kann.

20   **2. Funktionsfähigkeit des Gesundheitssystems.** Mit der „**Funktionsfähigkeit des Gesundheitssystems**" ist zwar ein konkreteres Unterziel benannt, es bleibt jedoch zu vage, um daran Maßnahmen auf ihre Verhältnismäßigkeit zu überprüfen. Regelmäßig wird im Zusammenhang mit der Corona-Epidemie die Funktionsfähigkeit des Gesundheitssystems als gefährdet angesehen (von der „Gewährleistung der bestmöglichen Krankenversorgung" spricht *Greve* NVwZ 2020, 1786 (1790)), wenn nicht genügend Intensivbetten (inklusive Personal etc.) für alle, die ein solches Bett benötigen, vorhanden sind. Dieses Ziel wirft schon ganz allgemein die Frage auf, ob eine Auslastung der **Intensivkapazitäten** von stets knapp 100% wirklich hingenommen werden sollte, wenn man berücksichtigt, dass ca. ein Viertel der Intensivpatienten stirbt, von beatmeten Intensivpatienten sogar ein Drittel (die Zahlen schwanken je nach Studie, vgl. die Zahlen bei RKI Epidemiologischer Steckbrief zu SARS-CoV-2 und COVID-19: „Anteil Verstorbener unter Hospitalisierten und ITS-Patienten" (Stand: 25.2.2021)). Darüber hinaus kann eine solche Auslastung nur sehr schwer gesteuert werden, weil die Zahl der Intensivpatienten die Ansteckungen von vor mehreren Wochen widerspiegelt und somit zum Zeitpunkt einer Auslastung von knapp 100% möglicherweise bereits so viele Personen neuinfiziert sind, dass nur kurze Zeit später eine Überlastung der Intensivstationen eintritt. Abgesehen davon berücksichtigt ein solches Verständnis des Begriffs „Funktionsfähigkeit des Gesundheitssystems" nicht, inwiefern innerhalb der Krankenhäuser andere Operationen und Eingriffe verschoben werden und inwiefern das Personal über die eigentlich individuell zumutbare Grenze überlastet ist (also zB durch Überstunden, längere Schichten als üblich etc.).

21   Durch das EpiLage-FortgeltungsG v. 29.3.2021 (BGBl. I 370) wurde an den bisherigen S. 1 ein weiterer Satz angefügt; seitdem sind „dabei" „absehbare Änderungen des Infektionsgeschehens durch ansteckendere, **das Gesundheitssystem stärker belastende Virusvarianten** zu berücksichtigen". Mit „dabei" ist wohl die Einschätzung der Funktionsfähigkeit des Gesundheitssystems gemeint. Dass die schnelle Ausbreitung von SARS-CoV-2 durch ansteckendere Varianten dazu führt, dass die „Belastungsgrenzen des Gesundheitssystems schneller erreicht werden" (so BT-Drs. 19/27291, 63), ist zwar zutreffend, diese Einschätzung ist aber weniger bei der Bestimmung des Ziels relevant als bei der Vorgabe des **Maßstabs,** an dem sich die Konzeption der Schutzmaßnahmen auszurichten hat. Der neue Satz wäre deswegen besser innerhalb des Abs. 3 S. 4ff. eingefügt worden.

3. Kontaktnachverfolgung. Da flächendeckende Grundrechtseingriffe **22** (dazu → Rn. 4) nur gerechtfertigt sein können, wenn ein Vorgehen nach dem individuell-punktuellen Ansatz des § 28 Abs. 1 und der §§ 29–31 (→ § 28 Rn. 5) iVm § 25 – also Kontaktnachverfolgung und Isolierung (wahrscheinlich) Infizierter – die Infektionsketten nicht mehr durchbrechen kann, sollte Ziel der Maßnahmen nach § 28a sein, die **Kontaktnachverfolgung durch das Gesundheitsamt zu ermöglichen,** indem die Infektionszahlen niedrig gehalten werden. Dem versucht Abs. 3 S. 2–11 ein Stück weit durch die Nennung von 7-Tages-Inzidenzwerten Rechnung zu tragen, die wiederum typisierend an die Leistungsfähigkeit der Gesundheitsämter anknüpfen (→ Rn. 120). Direkt ergibt sich dieses Ziel jedoch nicht aus § 28a (*Poscher* in Huster/Kingreen Hdb. InfSchR Kap. 4 Rn. 106 c, fasst dieses Ziel unter die „Funktionsfähigkeit des Gesundheitssystems").

IV. Notwendige Schutzmaßnahmen

Abs. 1 S. 1 spricht von den „notwendigen Schutzmaßnahmen" iSd § 28 **23** Abs. 1 „zur Verhinderung der Verbreitung der Coronavirus-Krankheit-2019 (COVID-19)". Notwendige Schutzmaßnahmen sind nur solche, die zur Verhinderung der Verbreitung der Krankheit erforderlich sind; gleichzeitig dürfen sie nur „solange" aufrechterhalten werden, wie dies erforderlich ist (→ § 28 Rn. 24 f.). § 28a greift diese Verhältnismäßigkeitsaspekte in Abs. 2, Abs. 3 S. 2–12, Abs. 5, Abs. 6 gesondert auf.

D. Schutzmaßnahmenkatalog (Abs. 1)

Abs. 1 zählt in den Nr. 1–17 die Schutzmaßnahmen auf, die grds. als not **24** wendige iSd § 28 Abs. 1 gelten können. Durch das „insbesondere" stellt der Gesetzgeber klar, dass der Katalog **nicht abschließend** sein soll. Zur Heranziehung der Generalklausel des § 28 Abs. 1 für in § 28a Abs. 1 nicht genannte Maßnahmen → § 28 Rn. 54 ff.

I. Systematik

Der Katalog der 17 Maßnahmen enthält **keine erkennbare Systematik,** **25** insbesondere wurde nicht nach der Intensität der jeweiligen Grundrechtseingriffe sortiert. Auch inhaltlich ergeben sich zum Teil Überschneidungen. Einige der aufgeführten Maßnahmen stellen bei näherer Betrachtung Beschränkungen bzw. Auflagen iS anderer Nummern dar (→ Rn. 37, 48, 86). Für einige Schutzmaßnahmen gelten die besonderen Voraussetzungen des Abs. 2 (→ Rn. 95 ff.), für Nr. 17 regelt Abs. 4 weitere Voraussetzungen (→ Rn. 88 ff.).

Unter Berücksichtigung des Ziels der Maßnahmen, die Verbreitung von **26** COVID-19 zu verhindern, und der Übertragungsart von SARS-CoV-2 (über enge menschliche Kontakte) können Maßnahmen grundsätzlich in drei Kategorien eingeteilt werden. 1. Maßnahmen, die unmittelbar übertragungsreduzierend wirken, 2. Maßnahmen, die die Durchsetzung von Maßnahmen der 1. Kategorie unterstützen sollen, und 3. Maßnahmen, die der Kontaktnachverfolgung dienen:

27   **1. Kategorie 1 (unmittelbar übertragungsreduzierend).** Übertragungsreduzierend wirkt die Maskenpflicht (Nr. 2); unmittelbar auf Kontakte eingewirkt wird zB durch das Abstandsgebot (Nr. 1), Kontaktbeschränkungen direkter Art (Nr. 3) und indirekter Art (Nr. 4–8, 10, 13–16). Diese Maßnahmen setzen unmittelbar das Konzept des *social distancing* um, nach dem Infektionskontakte im täglichen Leben durch eine räumliche Trennung von Personen verhindert werden sollen (RKI-Fachwörterbuch Infektionsschutz und Infektionsepidemiologie, Stichwort „Distanzierung").

28   **2. Kategorie 2 („Hilfsmaßnahmen").** Weniger passgenau wirken Maßnahmen, die nicht an Kontakten ansetzen, sondern nur den Behörden helfen sollen, Kontaktbeschränkungen zu kontrollieren und durchzusetzen. Dazu gehören Ausgangsbeschränkungen (Nr. 3; → Rn. 40ff.) und das Alkoholkonsum- und abgabeverbot (Nr. 9; → Rn. 56ff.). Problematisch an diesen Maßnahmen ist, dass sie auch Verhaltensweisen unterbinden, die kein Infektionsrisiko darstellen – so ist von einer Ausgangsbeschränkung auch jemand betroffen, der sich allein draußen aufhalten will; das Alkoholkonsumverbot trifft auch Personen, die allein Alkohol konsumieren. Diese **„Hilfsmaßnahmen"** sind somit besonders schwer zu rechtfertigen – je mehr Personen betroffen sind, deren Verhalten kein Infektionsrisiko darstellt, und je grundrechtsintensiver das verbotene Verhalten ist, desto eher sind diese Maßnahmen unverhältnismäßig.

29   **3. Kategorie 3 (Kontaktnachverfolgung).** Hierunter fällt die Pflicht zur **Kontaktdatenerfassung** (Nr. 17), zum Ziel der Kontaktnachverfolgung → Rn. 22.

II. Katalogmaßnahmen

30   **1. Abstandsgebot (Nr. 1).** Auf Nr. 1 kann ein allg. **Abstandsgebot** gestützt werden. Darunter ist das Gebot zu verstehen, zu anderen, fremden Personen, mit denen von vornherein keine besondere Interaktion/Kommunikation beabsichtigt war, im öffentlichen Raum einen bestimmten Mindestabstand einzuhalten. Dadurch grenzt sich Nr. 1 auch von den Kontaktbeschränkungen der Nr. 3 ab, die auf die Interaktion und Kommunikation bezogen ist (zum Verhältnis von Nr. 1 und Nr. 3 auch *Johann/Gabriel* in BeckOK InfSchR § 28a Rn. 9.1).

31   Unter **„öffentlicher Raum"** ist der Raum zu verstehen, der frei zugänglich ist; es muss sich nicht zwingend um einen Bereich im Freien handeln. Der Begriff grenzt sich vielmehr vom häuslichen Bereich ab, der dem Schutz des Art. 13 GG untersteht. Zu Abstandsgeboten im häuslichen Bereich ermächtigt Nr. 1 nicht, wohl aber zu Abstandsgeboten in Innenräumen, die nicht unter den Schutz des Art. 13 GG fallen, etwa Büros.

32   Das Abstandsgebot ist an den wissenschaftlichen Erkenntnissen zur Übertragung von SARS-CoV-2 auszurichten. In **Innenräumen** ist dabei zu beachten, dass **Aerosole** – anders als an der frischen Luft – nicht weggetragen werden, sondern in dem jeweiligen Raum verbleiben. Ein Abstandsgebot allein kann deswegen das Risiko einer Übertragung nur unwesentlich mindern. Hier ist stets an die gleichzeitige Anordnung einer Maskenpflicht nach Nr. 2 zu denken. Ein bloßer Mindestabstand von 1,5 Metern in Innenräumen ohne

Anordnung einer Maskenpflicht auch am Platz hat nur einen untergeordneten schützenden Effekt.

Im öffentlichen Raum wiederum wird ein Abstandsgebot regelmäßig mit **33** Kontaktbeschränkungen nach Nr. 3 kombiniert (dazu OVG Münster Beschl. v. 15.1.2021 – 13 B 1899/20.NE, Rn. 99).

2. Maskenpflicht (Nr. 2). Nr. 2 regelt die „Maskenpflicht". Was eine **34** „Mund-Nasen-Bedeckung" ist, regelt die Vorschrift nicht näher. Die entsprechende Einschätzung einer möglichen Bedeckung hat sich daran zu orientieren, wie wirksam nicht nur die **Übertragung von Tröpfchen,** sondern auch **von Aerosolen verhindert** wird. Demnach ist eine Mund-Nase-Bedeckung iSv Nr. 2 eine an den Seiten eng anliegende, Mund und Nase bedeckende Barriere, die aufgrund ihrer Beschaffenheit geeignet ist, eine Ausbreitung sowohl von übertragungsfähigen Tröpfchenpartikeln als auch von Aerosolen durch Atmen, Husten, Niesen und Aussprache zu verringern. Kunststoffvisiere oä stellen keine Bedeckung iSv Nr. 2 dar; **textile** Alltagsmasken fallen jedoch genauso unter Nr. 2 wie **medizinische** Masken („OP-Masken" und FFP-1/ -2/-3-Masken; vgl. dazu auch *Eibenstein/Schlereth/Lang* COVuR 2021, 148; zu den unterschiedlichen Maskentypen und ihren Eigenschaften s die Hinweise des BfArM zur Verwendung von Mund-Nasen-Bedeckungen, medizinischen Gesichtsmasken sowie partikelfiltrierenden Halbmasken (FFP-Masken)). Die Maskenpflicht kann von der Behörde auf eine bestimmte Art von Maske (zB medizinischer Art), die getragen werden muss, begrenzt werden (VGH Mannheim Beschl. v. 25.2.2021 – 1 S 381/21).

Die Maskenpflicht stellt einen Eingriff in Art. 2 Abs. 1 GG oder auch Art. 2 **35** Abs. 1 iVm Art. 1 Abs. 1 GG von nur geringer Intensität dar. Auch eine Pflicht zum Tragen medizinischer Masken erhöht den Eingriff im Vergleich zu Alltagsmasken nicht wesentlich (zur Verhältnismäßigkeit einer FFP2-Maskenpflicht VGH München Beschl. v. 26.1.2021 – 20 NE 21.171, Rn. 22ff.). Um verhältnismäßig zu sein, müssen **allgemeine Ausnahmen** von der Pflicht gemacht werden für Personen, die nicht die erforderliche Einsichtsfähigkeit besitzen (etwa kleine Kinder oder Demenzkranke) (vgl. VGH Kassel Beschl. v. 5.5.2020 – 8 B 1153/20.N, Rn. 42; Thür. LVerfGH Urt. v. 1.3.2021 – 18/20, Rn. 478). **Individuelle Ausnahmen** können für Personen gelten, die aus gesundheitlichen Gründen keine solche Bedeckung tragen können (etwa bei Atembeschwerden). In solchen Fällen muss ein Attest vorgelegt werden (zur Frage, ob das Originalattest erforderlich ist OVG Bln.-Bbg. Beschl. v. 6.1.2021 – 11 S 138/20, BeckRS 2021, 9 Rn. 19), das aber nicht die konkrete Diagnose enthalten muss (OVG Bln.-Bbg. Beschl. v. 4.1.2021 – 11 S 132/20; vgl. zu den Anforderungen an ärztliche Atteste auch *Eibenstein/Schlereth/Lang* COVuR 2021, 148).

Ausnahmen von der Maskenpflicht sind immer nur infektionsschutzrecht- **36** lich zu verstehen; die BetreiberInnen von Einzelhandelsgeschäften etc. und VeranstalterInnen können aufgrund des Haus- bzw. Vertragsrechts verlangen, dass jede/r KundIn eine Maske trägt oder dass eine Maske getragen wird, die einen höheren Schutz als die infektionsschutzrechtliche Vorgabe verspricht.

Eine Maskenpflicht kann auch für den **Außenbereich** angeordnet werden, **37** jedenfalls wenn es sich um stark frequentierte Bereiche handelt, in denen die Einhaltung des Abstandsgebots nach Nr. 1 nicht immer eingehalten werden kann (VG Freiburg Beschl. v. 15. 1. 2021 – 4 K 6/21, Rn 32 ff. mwN; zu einer Maskenpflicht für Jogger VG Hmb. Beschl. v. 11. 3. 2021 – 9 E 920/21 einerseits und OVG Hmb. Beschluss v. 1. 4. 2021 – 5 Bs 54/21 andererseits). Hier ergeben sich ggf. Fragen der Bestimmtheit der Anordnung in räumlicher Hinsicht (dazu OVG Münster Beschl. v. 10. 2. 2021 – 13 B 1932/20.NE). Die Maskenpflicht kommt außerdem als **Beschränkung** iSd Nr. 5–8, Nr. 11–15 bzw. **Auflage** iSd Nr. 10 und 16 in Betracht.

38   **3. Ausgangs- und Kontaktbeschränkungen (Nr. 3).** Nr. 3 fasst zwei Maßnahmen zusammen, die rechtlich einen völlig anderen Regelungsansatz verfolgen (nicht überzeugend deswegen die einheitliche Prüfung von Ausgangs- und Kontaktbeschränkungen bei OVG Bln.-Bbg. Beschl. v. 11. 2. 2021 – OVG 11 S 11/21). Bei Ausgangsbeschränkungen handelt es sich um präventive Verbote mit Erlaubnisvorbehalt, dh das Verlassen der häuslichen Unterkunft ist grundsätzlich verboten, nur bei Vorliegen **„triftiger" oder „gewichtiger Gründe"** werden Ausnahmen gemacht. Kontaktbeschränkungen dagegen setzen bei konkret stattfindenden Kontakten an und verbieten Zusammenkünfte einer bestimmten Anzahl von Personen, das übrige Verhalten bleibt erlaubt.

39   **a) „Kontaktbeschränkungen"** kann grundsätzlich als Oberbegriff für viele der in Abs. 1 genannten Maßnahmen verstanden werden, weil es zB auch bei Beschränkungen des Zutritts zu Einrichtungen und Betrieben um die Reduzierung von Kontakten geht. Mit „Kontaktbeschränkungen" iSd Nr. 3 sind jedoch Beschränkungen gemeint, die nicht bereits von anderen Nummern erfasst werden, die sich also allgemein auf Treffen mehrerer Personen **unabhängig von bestimmten Settings** beziehen. In der Regel zeichnen sich entsprechende Anordnungen durch eine vorgeschriebene Höchstzahl an Personen aus, die man treffen darf.

40   **b)** Der Begriff **„Ausgangsbeschränkungen"** ist sehr weit; er umfasst zunächst jedes Verlassen der häuslichen Unterkunft, das an bestimmte Bedingungen geknüpft oder anderweitig – etwa durch zeitliche Grenzen (zu „nächtlichen Ausgangssperren" → Rn. 111 ff.) – eingeschränkt wird. Auch absolute **Ausgangssperren** (dazu → Rn. 44) stellen begrifflich Ausgangsbeschränkungen dar. Fraglich ist, ob durch den Wortbestandteil „Ausgang" notwendigerweise auf die häusliche Unterkunft oder jedenfalls ein Gebäude abgestellt wird, das verlassen werden soll, oder ob auch andere Einschränkungen der Bewegungsfreiheit unter den Begriff fallen. So wurde im Januar 2021 für bestimmte „Hotspots" eine Maßnahme eingeführt, die das Verlassen der Stadt bzw. des Landkreises über einen **15 km-Radius** hinaus verbot. Bei sehr weiter Auslegung könnte man diese Maßnahmen noch unter den Begriff „Ausgangsbeschränkung" subsumieren (so wohl ohne weitere Diskussion *Johann/Gabriel* in DeckOK InfSchR § 28a Rn. 14), grundsätzlich denkbar wäre es auch, von einer Reisebeschränkung iSd Nr. 11 auszugehen (so OVG Bln.-Bbg. Beschl. v. 14. 1. 2021 – OVG 11 S 3/21, Rn. 17 f.; VG Wiesbaden Beschl. v. 15. 1. 2021 – 7 L 31/21.WI, Rn. 20; der Begriff der Reisebeschränkung muss jedoch einschränkend ausgelegt werden, → Rn. 65). → zur Verhältnismäßigkeit Rn. 45.

41   Ausgangsbeschränkungen stellen erhebliche Eingriffe in Grundrechte der Betroffenen insbes. aus Art. 2 Abs. 2 S. 2 GG (*Schmitt* NJW 2020, 1626) und

Art. 11 Abs. 1 GG (VGH München Beschl. v. 30. 3. 2020 – 20 NE 20.632, Rn. 46; OVG Brem. Beschl. v. 9. 4. 2020 – 1 B 97/20, Rn. 31; aA OVG Bln.-Bbg. Beschl. v. 23. 3. 2020 – OVG 11 S 12/20, Rn. 6) sowie durch die Einschränkungen der sozialen und ggf. familiären Kontakte auch in Art. 2 Abs. 1 iVm Art. 1 Abs. 1 GG (*Schmitt* NJW 2020, 1626 (1628 f.)) und Art. 6 Abs. 1 GG dar. Dies spricht dafür, **Abs. 2 S. 2 analog** auf Nr. 3 anzuwenden (*Sangs* NVwZ 2020, 1780 (1785)), nach dem es **nicht** zu einer **sozialen Isolation** kommen darf.

Die Betroffenen müssen sich bei Ausgangsbeschränkungen für das Verlassen **42** ihrer Wohnung und dadurch für die Ausübung ihrer Grundrechte rechtfertigen (krit. VerfGH Saarl. Beschl. v. 28. 4. 2020 – Lv 7/20, Rn. 51; *Schmitt* NJW 2020, 1626 (1630); *Volkmann* Verfassungsblog v. 20. 11. 2020; *Schmitt* Verfassungsblog v. 18. 12. 2020; vgl. auch VerfGH Bln. Beschl. v. 14. 4. 2020 – 50 A/20, Rn. 16 (Sondervotum)), was **verfassungsrechtlich problematisch** ist (*Kießling* NJW 2021, 182 (183)). Dagegen ist der Grundrechtseingriff, den Kontaktbeschränkungen darstellen, von vornherein weniger intensiv (vgl. *Ruschemeier/Peters* Verfassungsblog v. 22. 3. 2020; *Guckelberger* NVwZ-Extra 9a/2020, 1 (2 f.)).

Bei der Überprüfung der Verhältnismäßigkeit von Ausgangsbeschränkungen **43** muss berücksichtigt werden, dass diese **nicht passgenau** auf menschliche Kontakte ausgerichtet sind (es handelt sich um eine Maßnahme der 2. Kategorie → Rn. 28), das Verlassen der Wohnung (oder ggf. des Wohnortes, → Rn. 45) selbst stellt nämlich kein Infektionsrisiko dar. Dem könnte zwar ein Stück weit dadurch Rechnung getragen werden, dass die Kataloge der „triftigen Gründe", die von den Behörden positiv normiert werden müssen, berücksichtigen, welche Tätigkeiten kein Ansteckungsrisiko darstellen. Die Umsetzung dürfte jedoch bereits daran scheitern, dass der Katalog unendlich lang werden müsste. In der Praxis geschieht dies auch nicht, bereits das Sitzen auf einer Parkbank oder anderweitiges Verweilen ohne menschliche Kontakte ist in der Regel nicht erlaubt. Zwar weichte der VGH München das Konzept der Ausgangsbeschränkungen sehr früh bereits dadurch auf, dass er den Begriff des „triftigen Grundes" in dem Sinne abstrakt verstand, dass „im Grundsatz jeder sachliche und einer konkreten, nicht von vornherein unzulässigen Bedürfnisbefriedigung dienende Anlass" als „triftiger Grund" gelten müsse, das Verlassen der eigenen Wohnung zu rechtfertigen (Beschl. v. 28. 4. 2020 – 20 NE 20.849, Rn. 46). In der Praxis konnte man deswegen die Frage stellen, inwiefern Ausgangsbeschränkungen überhaupt einen Beitrag zur Epidemiebekämpfung leisten, da nahezu alles erlaubt war (vgl. *Schmitt* Verfassungsblog v. 18. 12. 2020). Dies galt jedoch nicht für Kinder; deren besondere Belange werden in den Katalogen der triftigen Gründe nicht berücksichtigt. **Ausgangsbeschränkungen** sind bei einem Erreger wie SARS-CoV-2, der nur über menschliche soziale Kontakte übertragen wird, **stets unverhältnismäßig:** Sie sind entweder schon nicht geeignet, zur Epidemiebekämpfung beizutragen, oder nicht erforderlich, weil Kontaktbeschränkungen (→ Rn. 39) aufgrund ihrer Passgenauigkeit mildere, sogar geeignetere Maßnahmen (VerfGH Saarl. Beschl. v. 28. 4. 2020 – Lv 7/20; *Katzenmeier* MedR 2020, 461 (465); aA VGH München Beschl. v. 9. 4. 2020 – 20 NE 20.663; *Guckelberger* NVwZ-Extra 9a/2020, 1 (11); sehr unkritisch zu Ausgangsbeschränkungen Ziekow DVBl 2020, 732) darstellen.

44   Selbst wenn man „normale" Ausgangsbeschränkungen, die das Verlassen der Wohnung nur bei triftigen Gründen erlauben, für grundsätzlich zulässig hält, müssen absolute Ausgangssperren (zu den nächtlichen → Rn. 111 ff.) und Einschränkungen der Bewegungsfreiheit wie die 15 km-Regelung anders beurteilt werden. **Absolute Ausgangssperren** gestützt auf § 28a sind bereits aus gesetzessystematischer Sicht unzulässig (→ § 28 Rn. 53), insbesondere sind sie aber stets unverhältnismäßig (so auch *Lindner* in Schmidt, § 18 Rn. 87; *Johann/Gabriel* in BeckOK InfSchR § 28 Rn. 35; *Gerhardt,* § 28a Rn. 25) und kämen in Konflikt mit dem Richtervorbehalt des Art. 104 Abs. 2 S. 1 GG.

45   Die **15 km-Radius-Regelung** ist kritisch zu sehen, weil sie noch weniger **Passgenauigkeit** aufweist, sondern pauschal und flächendeckend eingesetzt wird. Grund für ihre Ergreifung war im Januar 2021, dass man touristische Tagesausflüge insbesondere in Ski- und Rodelgebiete unterbinden wollte. In dem Fall sind aber die Schließung solcher touristischen Orte mildere Mittel (VG Wiesbaden Beschl. v. 15.1.2021 – 7 L 31/21.WI, Rn. 48). Die Maßnahme kann auch dazu führen, dass innerhalb des 15 km-Gebiets mehr Menschen aufeinandertreffen, weil sie das Gebiet nicht verlassen dürfen (dazu VG Wiesbaden Beschl. v. 15.1.2021 – 7 L 31/21.WI, Rn. 45; VGH München Beschl. v. 26.1.2021 – 20 NE 21.162, Rn. 19), so dass die Maßnahme kontraproduktiv wirkt. Die Regelung gerät außerdem in Konflikt mit **Art. 3 Abs. 1 GG,** da sie für die Landbevölkerung im Ergebnis zu größeren Einschränkungen führt als für die Stadtbevölkerung, während gleichzeitig die Anzahl von zufälligen Kontakten im dichtbesiedelten Stadtgebiet viel größer ist als auf dem Land. Bei der praktischen Umsetzung wäre außerdem zu beachten, dass das jeweilige Gebiet, das nicht verlassen werden darf, mittels einer Karte oder auf ähnliche Weise von der zuständigen Behörde **räumlich konkretisiert** wird, weil sonst Unsicherheiten darüber entstehen, welches Gebiet von dem Verbot erfasst ist (zur Bestimmtheit einer entsprechenden Regelung VG Wiesbaden Beschl. v. 15.1.2021 – 7 L 31/21.WI, Rn. 35 f.; VGH München Beschl. v. 26.1.2021 – 20 NE 21.162, Rn. 17 f.). Im Ergebnis handelt es sich bei der 15 km-Radius-Regelung um eine **unpraktikable und unverhältnismäßige Maßnahme.** Sie wurde im Winter 2020/2021 nur für kurze Zeit von einigen Bundesländern eingesetzt.

46   **c)** Ausgangs- oder Kontaktbeschränkungen nach Nr. 3 dürfen sowohl im privaten als auch im öffentlichen Raum ergriffen werden. **Privat** ist der Raum, der dem Schutzbereich des **Art. 13 Abs. 1 GG** unterfällt, der gesamte „restliche Raum" ist öffentlich iSd Nr. 3. Auf den Zweck kommt es nicht an, auch ein privates Treffen in einem Restaurant findet im öffentlichen Raum statt. Für die Ausgangsbeschränkungen ergibt diese Ortsangabe keinen Sinn (will man nicht das Verlassen des Hauses zum Betreten des eigenen Gartens darunter fassen (vgl. *Klafki* BT-Ausschussdrs. 19(14)246(9), 2)), schließlich stellen sie gerade auf den Übergang vom privaten in den öffentlichen Raum ab. Es ist deswegen davon auszugehen, dass sich der Zusatz **nur** auf die **Kontaktbeschränkungen** bezieht (so auch *Gerhardt,* § 28a Rn. 27).

47   Im Herbst 2020 gab es eine politische Diskussion, ob auch **im privaten Raum Kontaktbeschränkungen** angeordnet werden sollten; die Bundesländer agierten danach uneinheitlich. Beschränkungen im privaten Raum gab es zB in Bayern und Berlin; NRW hat nach wie vor (Stand: März 2021) keine

Kontaktbeschränkungen für den privaten Raum erlassen (mit Ausnahme eines verfassungsrechtlich nicht haltbaren pauschalen **Partyverbots,** das auch solche Partys umfasst, die nur von Angehörigen des gleichen Hausstands gefeiert werden). Art. 13 GG steht jedenfalls nicht von vornherein Kontaktbeschränkungen im privaten Raum entgegen, von der Frage der Anordnung ist die Frage der Kontrolle und Vollstreckung zu trennen (dazu *Kluckert* Verfassungsblog v. 7.11.2020).

4. Hygienekonzeptpflicht (Nr. 4). Gem. Nr. 4 können Verpflichtungen **48** zur Erstellung und Anwendung von Hygienekonzepten für Betriebe, Einrichtungen oder Angebote mit Publikumsverkehr ausgesprochen werden. Bei einer solchen Pflicht handelt es sich streng genommen nicht um eine eigene Maßnahme, sondern um eine **Beschränkung** iSd Nr. 5−8, 11−15 bzw. eine **Auflage** iSd Nr. 10 und 16. Denn dort, wo Veranstalter bzw. Betreiber gewährleisten können, dass Mindestabstände und weitere notwendige Hygienemaßnahmen eingehalten werden können, ist ein Komplettverbot von Veranstaltungen bzw. eine vollständige Betriebsuntersagung nicht verhältnismäßig. Die Verpflichtung zur Erstellung und Anwendung von Hygienekonzepten gem. Nr. 4 muss deswegen bei den genannten anderen Schutzmaßnahmen als **milderes Mittel** geprüft werden. Letztlich muss aber berücksichtigt werden, dass Hygienekonzepte nicht die gleiche Effektivität aufweisen wie Schließungen (dazu OVG Lüneburg Beschl. v. 15.2.2021 − 13 MN 44/21, Rn. 35).

Bei einem Hygienekonzept handelt es sich um eine **programmhafte 49 Darstellung** von Regelungen zur Verhinderung der Weiterverbreitung einer bestimmten übertragbaren Krankheit, in diesem Fall COVID-19. Das Konzept muss sich an dem jeweiligen konkreten Umfeld orientieren und darstellen, wie das Ansteckungsrisiko reduziert wird, also etwa durch die Aufstellung von Desinfektionsspendern, die räumliche Entzerrung bzw. die Durchsetzung von räumlichen Abständen zwischen KundInnen und das regelmäßige Lüften. Auch das Tragen von Masken wird regelmäßig Teil des Hygienekonzepts sein.

5. Veranstaltungen (Nr. 5, 7 und 8), Freizeit- und Kultureinrichtun- 50 gen (Nr. 6 und 7). Die Nr. 5−9 sind sehr ähnlich angelegt; einen Grund für die Regelung in vier verschiedenen Nummern ist nicht ersichtlich. In allen Fällen geht es um die „Untersagung oder Beschränkung" von Veranstaltungen und den Betrieb von Einrichtungen: von „Freizeitveranstaltungen und ähnlichen Veranstaltungen" (Nr. 5), „Kulturveranstaltungen" (Nr. 7) und „Sportveranstaltungen und der Sportausübung" (Nr. 8) sowie des „Betriebs von Einrichtungen, die der Freizeitgestaltung zuzurechnen sind" (Nr. 6) und „Betriebs von Kultureinrichtungen" (Nr. 7). Es bestehen außerdem begriffliche Überschneidungen mit Nr. 10; auch dort werden „Veranstaltungen" genannt.

Eine **Veranstaltung** ist ein **zeitlich begrenztes und geplantes Ereignis 51** mit einem definierten Zweck und einem Programm in der abgegrenzten Verantwortung einer Person oder Institution, an dem eine Gruppe von Menschen teilnimmt (VGH München Beschl. v. 8.6.2020 − 20 NE 20.1316, Rn. 24). Im Gegensatz dazu wird mit dem Begriff **„Einrichtungen"** an einen **langfristig angelegten Betrieb** angeknüpft, so dass Beschränkungen oder Untersagungen einen intensiveren Grundrechtseingriff darstellen. Oft wird in diesen Fällen auch Nr. 14 einschlägig sein.

52   Unter **Freizeitveranstaltungen** fallen ua Volksfeste aller Art (Kirmes, Schützenfeste, Stadt-, Dorf- und Straßenfeste etc.). **Einrichtungen,** die der Freizeitgestaltung zuzurechnen sind, sind zB Zoos und Tiergärten, Freizeitparks, Indoor-Spielplätze, Spaßbäder, Saunen, Thermen, Clubs, Diskotheken, außerdem Vereinsheime und Clubhäuser (*Gerhardt,* § 28a Rn. 38).

53   Um **Sportveranstaltungen** handelt es sich bei (Schau-)Turnieren. Sie müssen nicht notwendigerweise mit Zuschauern einhergehen, auch wenn die Gesetzesbegründung in der Hinsicht auf das erhöhte Infektionsrisiko verweist (BT-Drs. 19/23944, 28). Mit **„Sportausübung"** ist das Training sowie die sonstige „körperliche Ertüchtigung" gemeint. Einschränkung der Sportausübung aus Sicht der Ausübenden – also das Verbot, bestimmte Sportarten an bestimmten Orten auszuüben – fallen unter Nr. 8, also zB die Nutzung von Schwimmbädern (dazu OVG Saarlouis Beschl. v. 15.1.2021 – 2 B 354/20), Kletterhallen, Tennishallen und -plätzen (dazu OVG Saarlouis Beschl. v. 22.12.2021 – 2 B 373/20), Fitnessstudios (dazu OVG Bremen Beschl. v. 5.3.2021 – 1 B 81/21; zur Schließung einer Outdoor-Trainingsanlage VG Bremen BeckRS 2021, 3649), Golfanlagen (dazu OVG Münster Beschl. v. 23.12.2020 – 13 B 1983/20.NE) und Fußballplätzen (dazu OVG Münster Beschl. v. 13.11.2020 – 13 B 1686/20.NE). Die Beschränkung bzw. Untersagung des Betriebs dieser Plätze und Einrichtungen dagegen ist (aus Betreibersicht) Nr. 14 zuzurechnen.

54   **Kulturveranstaltungen** sind Ausstellungen, Konzerte, Festivals, Theater- und Opernaufführungen etc., **Kultureinrichtungen** sind Theater, Opern- und Konzerthäuser, Kinos, Museen, Galerien, Gedenkstätten etc. In diesem Bereich muss der besondere Schutz durch **Art. 5 Abs. 3 GG** berücksichtigt werden (dazu BT-Drs. 19/24334, 80).

55   **Beschränkungen** iSd Nr. 5–8 können sein: Maskenpflicht nach Nr. 2, Erstellung und Anwendung eines Hygienekonzepts nach Nr. 4, Abstandsgebote nach Nr. 1, Beschränkung der Personenzahl, die Verpflichtung zur Gewährleistung einer Möglichkeit der Kontaktnachverfolgung nach Nr. 17, Durchführung sonstiger Schutzmaßnahmen wie organisatorische oder räumliche Maßnahmen, die Pflicht für die NutzerInnen/TeilnehmerInnen, vor dem Beginn einen negativen Schnelltest als Türöffner-Test (→ § 28 Rn. 58) vorzulegen. Um eine wirksame Schutzmaßnahme handelt es sich nur dann, wenn der Test tagesaktuell ist (teilweise regel(te)n die Bundesländer in ihren Corona-Schutzverordnungen allerdings die Möglichkeit, einen 48-Stunden-alten Test für den Besuch von Pflegeheimen (→ Nr. 15) vorzulegen; diese Frist ist nicht evidenzbasiert).

56   **6. Alkoholabgabe/-konsumverbot (Nr. 9).** Mit dem Verbot der Alkoholabgabe will der Gesetzgeber verhindern, dass sich wechselnde Gäste oder Gästegruppen an den Verkaufsstellen einfinden und gruppieren. Mit dem Verbot des Alkoholkonsums sollen Kontakte reduziert werden, die sich aus gemeinschaftlichem Konsum in der Öffentlichkeit ergeben, insbesondere wenn gastronomische Einrichtungen geschlossen sind. Gleichzeitig wird befürchtet, dass sich Personen bei **steigendem Alkoholisierungsgrad** weniger von selbst an geltende Kontaktbeschränkungen halten (BT-Drs. 19/23944, 30). Die Verbote dienen somit nur mittelbar der Kontaktreduzierung (dazu auch

VG Köln Beschl. v. 4.1.2021 – 7 L 2100/20, Rn. 14f.); es handelt sich um „Hilfsmaßnahmen" (→ Rn. 28).

Bestimmte öffentliche Plätze sind zB Parks, bestimmte Straßenabschnitte **57** oder Plätze, Bahnhöfe, Spiel- oder Sportplätze. Bestimmte **öffentlich zugängliche Einrichtungen** sind Einrichtungen nach Nr. 6, 7 oder 15 und alle Einrichtungen, die durch Widmung einem öffentlichen Zweck dienen.

Die Verbote können **in zeitlicher** (nicht örtlicher) **Hinsicht umfassend 58 oder beschränkt** auf bestimmte Uhrzeiten ausgesprochen werden. So können zB nächtliche Sperrstunden innerhalb der Gastronomie (→ Rn. 71) flankiert werden. Nicht zulässig ist es, ein Alkoholverbot für das gesamte Gebiet, in dem die Verordnung gilt, auszusprechen (VGH München Beschl. v. 19.1.2021 – 20 NE 21.76, BeckRS 2021, 273, Rn. 30; OVG Bln.-Bbg. Beschl. v. 5.2.2021 – OVG 11 S 10/21, Rn. 13; OVG Greifswald Beschl. v. 24.2.2021 – 2 KM 100/21 OVG).

7. Veranstaltungsuntersagungen/-auflagen (Nr. 10). Nr. 10 betrifft **59** bestimmte **menschliche Zusammenkünfte,** die jeweils zu einem besonderen Zweck abgehalten werden. Sie können in drei Kategorien eingeteilt werden: 1. solche, die dem Schutz des **Art. 8 GG** unterfallen (Aufzüge und Versammlungen), 2. solche, die dem Schutz des **Art. 4 GG** unterfallen (religiöse und weltanschauliche Zusammenkünfte); für diese beiden Kategorien verlangt **Abs. 2 S. 1 Nr. 1 besondere Voraussetzungen,** die für die in Nr. 10 genannten Einschränkungen vorliegen müssen (→ Rn. 95 ff.). In die 3. Kategorie fallen **sonstige Ansammlungen** (zum Begriff → § 28 Rn. 39 f.) und **Veranstaltungen, die aber nicht bereits von Nr. 5, 7 oder 8 erfasst sind** (→ Rn. 50 ff.). Die Veranstaltungen iSd Nr. 10 dürfen somit nicht dem Freizeit-, nicht dem Kultur- und nicht dem Sportbereich zugerechnet werden können. Übrig bleiben insbesondere Veranstaltungen

- die dem Schutz des Art. 6 Abs. 1 GG unterstehen wie Trauungen und Beerdigungen,
- die dem Schutz des Art. 21 GG unterstehen, etwa Aufstellungsversammlungen von Parteien zu Wahlen,
- die dem Schutz des Art. 5 Abs. 3 GG unterstehen wie wissenschaftliche Konferenzen, Kongresse und Tagungen,
- die dem Schutz des Art. 12 GG unterstehen wie gewerbliche Messen.

An dieser Stelle zeigt sich wieder die **fehlende Systematik des § 28a:** In **60** Nr. 10 werden sowohl besonders geschützte Zusammenkünfte, deren besondere Voraussetzungen wiederum an anderer Stelle in der Vorschrift geregelt sind (Abs. 2), als auch sonstige Zusammenkünfte erwähnt, deren (unterschiedlicher) grundrechtlicher Schutz aber nicht in § 28a abgebildet wird.

Diese Zusammenkünfte können vollständig untersagt oder es können Auf- **61** lagen erteilt werden; für die Untersagungen von Versammlungen und religiösen Zusammenkünften ist Abs. 2 zu beachten. Der Begriff „Auflage" wird vom Gesetzgeber untechnisch verwendet, gemeint sind nicht zwingend solche iSd § 36 VwVfG. Der Begriff **„Auflage"** dürfte deckungsgleich sein mit dem Begriff **„Beschränkungen"** der Nr. 5–8, 11–15 (→ Rn. 55).

8. Reiseuntersagungen/-beschränkungen (Nr. 11). Auch wenn **62** Nr. 11 die **touristischen Reisen** hervorhebt (denen deswegen nach der

Rspr. keine besondere Schutzbedürftigkeit beizumessen sei: OVG Saarlouis Beschl. v. 10.12.2020 – 2 B 361/20, Rn. 18), erfasst Nr. 11 nicht nur solche Reisen, die der Erholung oder Freizeitgestaltung dienen (BT-Drs. 19/23944, 30), sondern auch **geschäftliche Reisen.** Wann aber von einer „Reise" iSv Nr. 11 auszugehen ist, erläutert die Begründung des Gesetzentwurfs nicht näher. In Abgrenzung zu Nr. 12 muss wohl nicht zwingend eine Übernachtung vorliegen, damit von einer Reise gesprochen werden kann.

63   Diese Unbestimmtheit der gesetzlichen Regelung schlägt dort auf die konkrete Anordnung durch, wo in einer RVO nur von **„tagestouristischen Ausflügen"** die Rede ist, gerade bei sportlichen Aktivitäten und Spaziergängen bestehen Abgrenzungsfragen (vgl. VG Wiesbaden Beschl. v. 15.1.2021 – 7 L 31/21.WI, Rn. 39ff.). Auch bei **Familienbesuchen,** anlässlich derer man eine andere Gemeinde bzw. ein anderes Bundesland aufsucht, stellt sich die Frage, ob hier von einer Reise gesprochen werden kann; aufgrund des besonderen Schutzes des Art. 6 Abs. 1 GG wird man das verneinen müssen.

64   Nr. 11 soll laut Gesetzgeber „alle Reisebewegungen auf dem Gebiet der Bundesrepublik Deutschland" erfassen (BT-Drs. 19/23944, 30) und hat deswegen einen **sehr breiten Anwendungsbereich.** Das führt in verschiedener Hinsicht zu rechtlichen Problemen:

65   Nr. 11 kommt nach Sinn und Zweck zunächst dort zum Tragen, wo durch eine Untersagung oder Beschränkung unmittelbar Kontakte reduziert werden. Das gilt etwa, wenn das Reisemittel erst zur Herstellung von Kontakten führt, etwa bei Busreisen. **Busreisen** können deswegen nach Nr. 11 untersagt oder beschränkt werden (zu möglichen Beschränkungen → Rn. 55). Soweit Nr. 11 aber mittelbar zur Kontaktbeschränkung beitragen soll, indem allgemein die Mobilität der Bevölkerung reduziert wird, stellen sich zum einen Abgrenzungsfragen zu anderen Nummern und zum anderen die Frage, ob entsprechende auf Nr. 11 gestützte Maßnahmen überhaupt erforderlich sind: So dienen pauschale Verbote von Reisen zu bestimmten Ausflugszielen zwar mittelbar der Kontaktbeschränkung (anders offenbar OVG Berlin-Brandenburg Beschl. v. 14.1.2021 – OVG 11 S 3/21, Rn. 17f., bei der Einordnung der 15 km-Radius-Regelung, die es auf Nr. 11 stützt), diese Kontaktbeschränkung kann aber bereits dadurch erreicht werden, dass die Ausflugsziele als Freizeiteinrichtungen iSv Nr. 6 geschlossen werden. Ein pauschales Anreiseverbot – auch für die Anreise im PKW nur mit Angehörigen des eigenen Hausstands – wäre schon nicht erforderlich wegen eines verfügbaren milderen, gleich geeigneten Mittels. Nr. 11 kann sich somit **vorrangig auf die Transportmittel** beziehen, so dass zB Reisebusreisen untersagt oder beschränkt werden können.

66   Daneben dachte der Gesetzgeber bei Nr. 11 wahrscheinlich an innerdeutsche Reiseverbote, wie sie manche Bundesländer für Urlaubsgäste aus anderen Bundesländern mit hohen Inzidenzwerten angeordnet hatten (vgl. hierzu OVG Greifswald Beschl. v. 20.10.2020 – 2 KM 702/20 OVG; *Wüstenberg* RRa 2020, 106) und die in ihrer Pauschalität nur schwer mit Art. 11 GG zu vereinbaren sind. Nr. 11 betrifft bei solchen Verboten einen Sachverhalt, der eine bundeslandübergreifende Komponente aufweist. Die Vorschrift erlaubt es nun jedem Bundesland, eigene Reisebeschränkungen zu erlassen, die nicht auf die Beschränkungen in anderen Bundesländern abgestimmt werden müssen. In der Praxis kann es also leicht zu voneinander abweichenden Regelun-

gen kommen, die bei **bundeslandübergreifenden Reisen** zu **Widersprüchen oder Lücken** im Infektionsschutz führen. Eine Verordnungsermächtigung für den Bund zum Erlass bundesweit einheitlicher Reisebeschränkungen würde diese Folge vermeiden.

9. Übernachtungsangebote (Nr. 12). Mit „Übernachtungsangebote" **67** sind die Dienstleistungen von Hotels und anderen Beherbergungsbetrieben gemeint; Nr. 12 zielt damit auf die sogenannten **Beherbergungsverbote,** wie sie im Herbst 2020 für Reisende aus innerdeutschen „Risikogebieten" in vielen Bundesländern galten (dazu *Eibenstein* COVuR 2020, 688). Während einige Gerichte die Verbote im Oktober 2020 kassiert hatten (OVG Lüneburg Beschl. v. 15.10.2020 – 13 MN 371/20; VGH Mannheim Beschl. v. 15.10.2020 – 1 S 3156/20; OVG Magdeburg Beschl. v. 27.10.2020 – 3 R 205/20), wurden sie im November 2020, als sie in ein umfassenderes Maßnahmekonzept eingebettet waren, von den Gerichten bestätigt (OVG Lüneburg Beschl. v. 11.11.2020 – 13 MN 436/20, Rn. 41; vgl. auch OVG Magdeburg Beschl. v. 4.11.2020 – 3 R 218/20; VG Berlin Beschl. v. 18.11.2020 – 14 L 580/20; OVG Schleswig Beschl. v. 5.11.2020 – 3 MR 56/20; Beschl. v. 23.11.2020 – 3 MR 66/20; Anfang November offen gelassen von VGH Mannheim Beschl. v. 5.11.2020 – 1 S 3405/20). Diese Beherbergungsverbote gingen teilweise mit der Möglichkeit des „Freitestens" einher, dh übernachten durfte, wer einen negativen Corona-Test vorweisen konnte (*Eibenstein* COVuR 2020, 688 (689)).

Nr. 12 zielt – wie Nr. 11 – auf die Reduzierung der Mobilität der Bevölke- **68** rung (ausdr. BT-Drs. 19/23944, 29) und somit mittelbar auf die Kontaktreduzierung. Ob Maßnahmen nach Nr. 12 verhältnismäßig sind, richtet sich nach dem jeweiligen Infektionsrisiko. Dh Übernachtungen in Hotels ohne die Einnahme von Mahlzeiten in Speisesälen erhöhen nicht per se das Infektionsrisiko, wenn das Hotel auch ansonsten ein strenges Hygienekonzept umsetzt. Untersagungen kommen deswegen nur in Ausnahmefällen in Betracht (zur Verhältnismäßigkeit auch *Eibenstein* COVuR 2020, 688 (690 f.)). Zu den möglichen Beschränkungen → Rn. 55.

Wie bei Reisen nach Nr. 11 genießen **Übernachtungen zu touristi- 69 schen Zwecken** einen geringen Schutz; nach dem Willen des Gesetzgebers können sie leichter untersagt werden als „notwendige Übernachtungen" zu „beruflichen und geschäftlichen Zwecken", als Beispiel hebt der Gesetzgeber Saisonarbeiter hervor (BT-Drs. 19/23944, 29). Bei den Beschränkungen (→ Rn. 55) – also zB der Anordnung einer Hygienekonzeptpflicht – kann jedoch kein Unterschied nach dem Zweck der Übernachtung, sondern allein nach dem Infektionsrisiko vor Ort gemacht werden.

10. Gastronomie (Nr. 13). Zu den gastronomischen Einrichtungen ge- **70** hören **Gaststätten, Bars, Kneipen und Restaurants** (BT-Drs. 19/23944, 30); sie stellen gleichzeitig Betriebe bzw. Gewerbe iSd Nr. 14 dar. Gastronomiebetriebe werden jedoch in einer Nr. 13 erwähnt, weil Hygienekonzepte dort von vornherein anders funktionieren als in den Betrieben nach Nr. 14. Das liegt zum einen bereits daran, dass sich Menschen in Gaststätten länger aufhalten als in Geschäften, und zum anderen daran, dass beim Genuss von Speisen und Getränken keine Mund-Nase-Bedeckung getragen werden kann. Der Gesetzgeber sieht auch den Alkoholkonsum kritisch, weil dieser dazu führen kann, dass Mindestabstände nicht eingehalten werden (BT-Drs. 19/23944, 30).

71   Als **Beschränkungen** kommen insbesondere die in Rn. 55 genannten in Betracht; die Maskenpflicht wird dann in dem Sinne angeordnet, dass am Platz auf die Maske verzichtet werden kann. Denkbar sind außerdem eine nächtliche **Sperrstunde** (also die Begrenzung der Öffnungszeiten; OVG Lüneburg 29.10.2020 – 13 MN 393/20) und die Beschränkung auf einen **Lieferservice** (BT-Drs. 19/23944, 30). Da diese Maßnahmen immer milder sind als eine Komplettuntersagung des Betriebs, sind sie vorrangig zu prüfen (allg. zur Gaststättenschließung OVG Bln.-Bbg. Beschl. v. 3.3.2021 – 11 S 17/21, Rn. 54ff.). Alkoholabgabeverbote fallen bereits unter Nr. 9 (→ Rn. 56ff.).

72   **11. Betriebsschließungen und -beschränkungen (Nr. 14).** Unter Nr. 14 fallen alle **Untersagungen bzw. Beschränkungen unternehmerischer Tätigkeiten** in den Bereichen Industrie, Gewerbe, Handel und Dienstleistungen (nicht abschließende Aufzählung mwN aus der Rspr. bei OVG Lüneburg Beschl. v. 29.6.2020 – 13 MN 244/20, Rn. 26) mit Ausnahme der Gastronomiebetriebe, die in Nr. 13 geregelt werden, und der Einrichtungen, die bereits unter die Nr. 6, 7 und 12 fallen.

73   Die Schließung bzw. Beschränkung dieser Betriebe stellt einen sehr weit reichenden Eingriff in Art. 12 Abs. 1 GG und Art. 14 GG dar (dazu *Antweiler* NVwZ 2020, 584), was Fragen nach der **Erforderlichkeit einer Entschädigung** aufwirft, damit die Maßnahmen verhältnismäßig sein können (dazu *Schmitz/Neubert* NVwZ 2020, 666 (670); *Shirvani* NVwZ 2020, 1457; *ders.* DVBl 2021, 158). In der Rspr. wird dementsprechend regelmäßig auf Kompensationszahlungen seitens des Staates verwiesen, um die Verhältnismäßigkeit zu begründen (siehe nur OVG Greifswald Beschl. v. 9.4.2020 – 2 KM 293/20 OVG, Rn 36; OVG Münster Beschl. v. 21.7.2020 – 13 B 886/20.NE, Rn 71; VGH Mannheim Beschl. v. 18.2.2021 – 1 S 398/21, Rn. 95; OVG Bautzen Beschl. v. 14.1.2021 – 3 B 442/20, Rn. 22; OVG Lüneburg Beschl. v. 15.2.2021 – 13 MN 44/21, Rn. 44; vgl. auch OVG Magdeburg Beschl. v. 8.1.2021 – 3 R 297/20, Rn. 33ff.; Thür. LVerfGH Urt. v. 1.3.2021 – 18/20, Rn. 508). Dies ändert jedoch nichts daran, dass es bislang keine gesetzlich geregelte Entschädigungspflicht gibt (dazu → Vor. §§ 56ff. Rn. 17).

74   Zu möglichen Beschränkungen → Rn. 55. Der Gesetzgeber erwähnt außerdem ausdrücklich „Mindestabstände zwischen Mitarbeitenden, Kunden oder Besuchern" und die „Beschränkung der Zahl von gleichzeitig in einem Ladengeschäft anwesenden Kunden bezogen auf die Verkaufsfläche" (BT-Drs. 19/23944, 29; vgl. zu einer recht kompliziert anmutenden **Personenbegrenzungsregelung** OVG Koblenz Beschl. v. 18.1.2021 – 6 B 11642/20.OVG, BeckRS 2021, 252 Rn. 11ff.; zu einem ungerechtfertigten Eingriff in die Berufsfreiheit bei Schließung auch kleiner Geschäfte ohne viele KundInnen OVG Saarlouis Beschl. v. 9.3.2021 – 2 B 58/21; zur Beschränkung der Verkaufsfläche auf **800 qm** VG Bln. Beschl. v. 4.5.2020 – 14 L 74/20, Rn. 32f.; VGH Mannheim Beschl. v. 30.4.2020 – 1 S 1101/20, Rn. 56ff.; vgl. auch *Kahle/Martin* NVwZ 2020, 1333). Milder als eine vollständige Schließung ist das Verbot des Aufenthalts von KundInnen im Geschäft mit gleichzeitiger Zulassung von Abholmöglichkeiten der KundInnen (ggf. unter Nutzung von Onlinebestellmöglichkeiten wie „Click&Collect").

Im Saarland wurde im Februar 2021 ein **Werbeverbot** für Geschäfte erlas- **75** sen, die ein Mischwarensortiment anbieten, für Waren, die nicht zu den eigentlich privilegierten Waren gehören (also Werbeverbot für Spielzeug oder Kleidung für Lebensmittelgeschäfte und Drogeriemärkte) (§ 7 Abs. 3 S. 5 Verordnung zur Bekämpfung der Corona-Pandemie v. 26.2.2021, saarl. Abl. 463). Dadurch sollten die Mobilität der Bevölkerung und somit mittelbar Kontakte reduziert werden. Der Bezug ist hier aber nur noch sehr lose vorhanden. Es mag wettbewerbsrechtliche Gründe für eine solche Regelung geben, infektionsschutzrechtlich steht ein solches Werbeverbot auf sehr schwacher Grundlage.

Ob Beschränkungen ausreichen bzw. ob eine Untersagung verhältnismäßig **76** sein kann, hängt zum einen vom jeweiligen **Infektionsrisiko** ab, zum anderen müssen auch die **Bedeutung der jeweiligen Branche für das Gemeinwesen** (→ Abs. 6 S. 3, → Rn. 161) sowie die **gesundheitlichen Folgen einer Untersagung** berücksichtigt werden. Bezogen auf das Infektionsrisiko bedeutet das, dass insbesondere körpernahe Dienstleistungen untersagt werden können, also Dienstleistungen, bei denen es typischerweise zu einem engen körperlichen Kontakt während einer nicht unerheblichen Zeitspanne zwischen den Dienstleistenden und den KundInnen kommt, wie zB in Kosmetikstudios, Frisörbetrieben und Tattoo- oder Piercing-Studios. Körpernah sind auch die Dienstleistungen von Massagepraxen, Physio-, Ergo- und Logotherapiepraxen, hier kann es jedoch zu negativen Auswirkungen auf die Gesundheit der PatientInnen kommen, wenn diese Betriebe pauschal geschlossen werden, was in die grundrechtliche Abwägung einzustellen ist (leicht kritisch *Johann/ Gabriel* in BeckOK InfSchR § 28a Rn. 29, weil sich diese „Sonderstellung" nicht im Wortlaut ausdrücke). Hier muss ggf. auf Teiluntersagungen zurückgegriffen werden, indem nur medizinisch nicht indizierte Behandlungen verboten werden. Zur Rechtfertigung von Ungleichbehandlungen unterschiedlicher Betriebe und Gewerbe → Rn. 159ff.

12. Einrichtungen des Gesundheits- oder Sozialwesens (Nr. 15). **77** **Einrichtungen des Gesundheitswesens** sind Arzt- und Zahnarztpraxen sowie die in § 23 Abs. 5 S. 1 Nr. 1–7 genannten Einrichtungen. **Einrichtungen des Sozialwesens** sind die in § 36 Abs. 1 Nr. 2 und 3 genannten. Aus Abs. 2 S. 1 Nr. 3 ergibt sich, dass der Gesetzgeber insbesondere an Alten- und Pflegeheime, Einrichtungen der Behindertenhilfe, Entbindungseinrichtungen und Krankenhäuser dachte. Darauf ist Nr. 15 aber nicht beschränkt.

Nr. 15 erlaubt sowohl Betretens- und Besuchsverbote als auch die Be- **78** schränkung des Betretens bzw. des Besuchs, regelt also nur den **Zugang von außen.** Diese Maßnahmen entscheiden darüber, wie viele **soziale und familiäre direkte Kontakte** die in den Einrichtungen behandelten, gepflegten oder betreuten Personen haben, betroffen ist somit ein besonders grundrechtssensibler Bereich (Art. 2 I iVm Art. 1 I GG und Art. 6 I GG).

Vgl. für Besuchs- und Betretensverbote für enge Angehörige von in den **79** Einrichtungen „behandelten, gepflegten oder betreuten Personen" Abs. 2 S. 1 Nr. 3, → Rn. 116ff. Besuchs- und Betretensverbote für andere Personen unterfallen nicht den dort genannten Voraussetzungen. Zur (Un)Verhältnismäßigkeit umfassender Besuchsverbote in Pflegeeinrichtungen *Hufen* GuP 2020, 93; *Glaab/Schwedler* NJW 2020, 1702.

80   Nach **Abs. 2 S. 2** dürfen Schutzmaßnahmen nach Nr. 15 **nicht zur vollständigen Isolation** einzelner Personen oder Gruppen führen; ein Mindestmaß an sozialen Kontakten muss gewährleistet bleiben. Diese Vorgabe gilt nicht allein für die Sachverhalte des Abs. 2 S. 1 Nr. 3 (→ Rn. 117) und muss deswegen auch bei der Anordnung allein nach Abs. 1 Nr. 15 immer mitbedacht werden. Aus der Natur der Sache ergibt sich, dass diese Vorgabe nur für solche Einrichtungen Sinn ergibt, in denen Menschen wohnen oder sich anderweitig längerfristig aufhalten, also insbes. bei Alten- und Pflegeheimen und Einrichtungen der Behindertenhilfe. Entbindungseinrichtungen und Krankenhäuser können dann darunterfallen, wenn jemand für längere Zeit dort stationär aufgenommen wurde. Da Abs. 2 S. 2 – anders als Abs. 2 S. 1 Nr. 3 – nicht nur für enge Angehörige gilt (→ Rn. 117), hat er insbesondere dort eine Auffangfunktion, wo in Einrichtungen nach Nr. 15 lebende, betreute oder behandelte Personen keine engen Angehörigen haben. In diesen Fällen führt die Vorgabe des Abs. 2 S. 2 dazu, dass auch entfernteren Angehörigen oder Bekannten der Besuch bzw. das Betreten der Einrichtung nur in Ausnahmefällen untersagt werden darf (insofern können die Voraussetzungen des Abs. 2 S. 1 herangezogen werden), da es sonst zu einer sozialen Isolation käme (das Einrichtungspersonal darf bei den sozialen Kontakten nicht mitgezählt werden (offen gelassen von *Sangs* NVwZ 2020, 1780 (1785))). Aus der Formulierung „nicht zur vollständigen Isolation" folgt, dass nicht alle sozialen Kontakte gleichermaßen aufrechterhalten müssen; eine Reduktion ist grundsätzlich erlaubt. Es muss jedoch mindestens ein nachhaltiger Kontakt „nach draußen" – etwa zu einer gleich bleibenden Personen – erlaubt bleiben.

81   Beschränkungen können die in → Rn. 55 genannten sein. Besonders wichtig sind hier verpflichtende **Schnelltests** (als sogenannte Türöffner-Tests, → § 28 Rn. 58) für BesucherInnen, die negativ sein müssen (dazu VGH München Beschl. v. 2.3.2021 – 20 NE 21.369, Rn. 14; VG Aachen, Beschl. v. 23.12.2020, 6 L 949/20). Auch wenn die BewohnerInnen der Einrichtungen bereits geimpft sind, kommt ein verpflichtender Schnelltest grds. weiterhin in Betracht (VGH München Beschl. v. 2.3.2021 – 20 NE 21.369, Rn. 18).

82   **13. Bildungseinrichtungen (Nr. 16).** Die in Nr. 16 genannten Einrichtungen fallen zwar allesamt unter den Begriff Bildungseinrichtungen iwS, sie betreffen jedoch ganz unterschiedliche Settings und Personengruppen. So sind sowohl kleine Kinder (Kitas) und sonstige Minderjährige (allgemeinbildende Schulen) als auch Erwachsene (Hochschulen und andere Einrichtungen der Erwachsenenbildung wie Volkshochschulen) erfasst; unterschieden wird auch nicht zwischen staatlichen und privaten Anbietern.

83   Bei der Entscheidung über die konkrete Maßnahme (Auflagen, Teiluntersagung, Untersagung) ist der jeweilige **Bildungsauftrag** zu berücksichtigen (BT-Drs. 19/23944, 28). Das bedeutet, dass in Schulen und Hochschulen und ähnlichen Einrichtungen Fern-/Distanz- bzw. Unterricht in geeigneter Form angeboten werden muss. In der Sache stellen sich die „Schulschließungen" dadurch tatsächlich als „Nutzungsverbot der Schulgebäude" (OVG Münster

Beschl. v. 22.1.2021 – 13 B 47/21.NE) bzw. „Untersagung des Schulbesuchs" (OVG Lüneburg Beschl. v. 18.1.2021 – 13 MN 8/21) dar. Als Auflagen bei laufendem Präsenzunterricht können u.a Abstandsgebote zwischen Sitzplätzen nach Nr. 1 (dazu VGH München Beschl. v. 26.11.2020 – 20 CE 20.2735, Rn. 18), die **Maskenpflicht** nach Nr. 2 (dazu OVG Hmb. Beschl. v. 15.1.2021 – 1 Bs 237/20, Rn. 63 mwN; *Stodt/Cremer* RdJB 2020, 279; *Eibenstein/Schlereth/Lang* COVuR 2021, 148 (149f.)) und eine Hygienekonzeptpflicht nach Nr. 4 sein, ggf. auch der Einsatz von Raumluftfiltern. Bei der Schließung von allgemeinbildenden Schulen und Kitas sind die **Voraussetzungen des Abs. 2** zu beachten (→ Rn. 97, 103).

Die Gerichte haben im „Lockdown" im Winter 2020/2021 „Schulschlie- **84** ßungen" regelmäßig für verhältnismäßig erachtet (vgl. OVG Münster Beschl. v. 22.1.2021 – 13 B 47/21.NE; VGH München Beschl. v. 29.1.2021 – 20 NE 21.201; Beschl. v. 15.2.2021 – 20 NE 21.411), auch unter Berücksichtigung der massiven Auswirkungen auf die Entwicklung der Kinder (vgl. zB OVG Lüneburg Beschl. v. 18.1.2021 – 13 MN 8/21, Rn. 37ff.). Zu einem (verneinten) Anspruch auf **Präsenz- statt Wechselunterricht** VGH München Beschl. v. 26.11.2020 – 20 CE 20.2735; zu einer gleichheitswidrigen Unterscheidung bei der Zulassung verschiedener Klassenstufen zum Wechsel- statt Distanzunterricht VG Berlin Beschl. v. 10.3.2021 – VG 3 L 51/21, VG 3 L 57/21, VG 3 L 58/21, VG 3 L 59/21, VG 3 L 60/21, VG 3 L 61/21 und VG 3 L 62/21; anders OVG Münster Beschl. v. 11.3.2021 – 13 B 250/21.NE).

Bei Einrichtungen, in denen minderjährige Kinder betreut bzw. beschult **85** werden, ist eine Komplettschließung grds. nicht erlaubt, es muss deswegen eine **Notbetreuung** vorgesehen werden für Kinder,

- bei denen die Betreuung zur Abwendung einer Kindeswohlgefährdung erforderlich ist,
- die der Personensorge einer alleinerziehenden Person unterliegen, die einer Erwerbstätigkeit nachgeht oder sich in Ausbildung befindet,
- die der Personensorge mindestens einer Person unterliegen, die einer Erwerbstätigkeit nachgeht, die für den Erhalt der Funktionsfähigkeit von Staat und Gesellschaft unverzichtbar ist.

14. Kontaktdatenerfassung (Nr. 17, Abs. 4). Nr. 17 erwähnt als mög- **86** liche Schutzmaßnahme die an bestimmte Einrichtungen und Veranstalter gerichtete Pflicht, die Kontaktdaten ihrer KundInnen, Gäste oder TeilnehmerInnen zu erfassen, damit diese Daten zu einem späteren Zeitpunkt für die Verfolgung der Kontakte von Infizierten genutzt werden können. Diese Kontaktnachverfolgung ist **Teil der Ermittlungen nach § 25 Abs. 1;** auf diesem Wege kann herausgefunden werden, wer ansteckungsverdächtig gem. § 2 Nr. 7 ist und deswegen gem. § 30 Abs. 1 S. 2 unter Quarantäne gestellt wird. Durch die Kontaktdatenerfassung wird somit die Anordnung anderer Schutzmaßnahmen ermöglicht. Die Erfassungspflicht kann als Beschränkung iSd der Nr. 5–8, 11–15 bzw. Auflage iSd Nr. 10 und 16 angeordnet werden.

Während der Eingriff in die Berufsfreiheit der Veranstalter/Unternehmer **87** aus Art. 12 Abs. 1 GG, den die Kontaktdatenerfassungspflicht darstellt, nicht besonders schwer wiegt, stellt diese Pflicht einen mindestens mittelschweren Eingriff in das Recht auf informationelle Selbstbestimmung der Gäste aus

Art. 2 Abs. 1 iVm Art. 1 Abs. 1 GG dar. Der saarl. VerfGH mahnte im Sommer 2020 an, dass es für solch einen Eingriff einer parlamentarischen Ermächtigungsgrundlage bedürfe (NVwZ 2020, 1513; andere Gerichte dagegen waren großzügiger, vgl. Thür. LVerfGH Urt. v. 1.3.2021 – 18/20, Rn. 554 mwN). Abs. 4 regelt nun – aus unerklärlichen Gründen an dieser Stelle innerhalb der Vorschrift – die **„datenschutzrechtlichen Anforderungen"** (BT-Drs. 19/24334, 81) für die Erfassungspflicht (→ Vor. §§ 6 ff. Rn. 13).

88   Abs. 4 S. 1 regelt die genauen **Umstände der Kontaktdatenerfassung** vor Ort: Es dürfen Angaben zum Zeitraum und zum Ort erhoben und verarbeitet werden. Diese Angaben werden benötigt, um später abgleichen zu können, ob Personen als Kontaktpersonen von Infizierten gelten. Mit „Ort" ist deswegen nicht zwingend nur das Restaurant oder der Veranstaltungssaal als Ganzes gemeint, erlaubt ist es auch, eine individuelle Tisch- oder Platznummer zu erheben.

89   Welche Daten als „Kontaktdaten" gelten, wird mit dem Begriff „personenbezogene Angaben" beschrieben, der in § 2 Nr. 16 legaldefiniert ist: Demnach können grds. Name und Vorname, Geschlecht, Geburtsdatum, Anschrift der Hauptwohnung oder des gewöhnlichen Aufenthaltsortes und, falls abweichend, Anschrift des derzeitigen Aufenthaltsortes der betroffenen Person sowie, soweit vorliegend, Telefonnummer und E-Mail-Adresse erhoben werden. Der **Umfang** muss aber auf die Daten beschränkt werden, die für die Kontaktnachverfolgung „zwingend notwendig" sind, wie dies Abs. 4 S. 1 in allgemeiner Weise (in Umsetzung des Grundsatzes der Datenminimierung aus Art. 5 Abs. 1 lit. c DSGVO) auch verlangt. Der Gesetzgeber hätte hier genauer vorgeben müssen, welche Daten zur Kontaktnachverfolgung erforderlich sind: **Name und Vorname** sowie die **Angabe eines Kontaktweges,** über den die jeweilige Person schnell zu erreichen ist, also etwa E-Mail-Adresse oder Telefonnummer (zu weitgehend *Johann/Gabriel* in BeckOK InfSchR § 28a Rn. 42). Alle weiteren Angaben sind für die reine Kontaktnachverfolgung nicht notwendig.

90   S. 2 und 3 dienen dem **Schutz der Daten nach Abgabe** durch die Gäste: Gem. S. 2 haben die Verantwortlichen sicherzustellen, dass eine Kenntnisnahme der erfassten Daten durch Unbefugte ausgeschlossen ist. Eine offene Auslage einer Kontaktliste ist nicht erlaubt; werden die Daten in Papierform erhoben, sind sie so zu verwahren, dass Gäste oder unbefugtes Personal keinen Zugriff darauf haben.

91   S. 3 stellt klar, dass die Daten nicht zu einem anderen Zweck als der Aushändigung auf Anforderung an die nach Landesrecht für die Erhebung der Daten **zuständigen Stellen** verwendet werden dürfen. Das steht in Einklang mit Art. 5 Abs. 1 lit. b DSGVO, der mit dem Grundsatz der Zweckbindung verbietet, dass Daten zu einem nicht mit dem Erhebungszweck vereinbaren Zweck weiterverarbeitet werden dürfen. Ungenau ist die Formulierung „die nach Landesrecht für die Erhebung der Daten zuständigen Stelle". Hiermit könnte gemeint sein, dass die Stelle für die Erhebung von Daten zuständig ist, worunter auch die Polizei fiele, die in der Folge die bei den Betrieben erhobenen Daten zur Strafverfolgung anfordern dürfte. Aus dem Zweck der Regelung ergibt sich aber, dass die **Gesundheitsämter** gemeint sind, da diese nach S. 4 berechtigt sind, die erhobenen Daten anzufordern, soweit dies zur Kontaktnachverfolgung nach § 25 Abs. 1 erforderlich ist (→ Rn. 29, → § 25 Rn. 1). Nach S. 5 sind die Verantwortlichen nach S. 1 (also die Einrichtungen, Unternehmen und Veranstalter) in diesen Fällen verpflichtet, den Gesundheitsämtern die erhobenen Daten zu übermitteln. Der Gesetzgeber meint in S. 3 also eigentlich „die nach Landesrecht für die Kontaktnachverfolgung zuständige Stelle". Eine Herausgabe der Daten durch die Gastwirte, Veranstalter etc. an die Strafverfolgungsbehörden ist davon somit nicht gedeckt. Auch die Gesundheitsämter dürfen die übermittelten Daten gem. S. 6 nicht weitergeben oder sie zu anderen Zwecken als der Kontaktnachverfolgung weiterverwenden. Abs. 4 regelt somit ein **strenges Verwendungsverbot** der Kontaktdaten für die Strafverfolgungsbehörden (ausf. – auch zur unklaren Rechtslage vor Inkrafttreten des § 28 a – *Niedernhuber* KriPoZ 2020, 318).

Nach S. 3 sind die Daten von den Einrichtungen, Unternehmen und Ver- **92** anstaltern vier Wochen nach Erhebung zu **löschen;** die Gesundheitsämter wiederum müssen nach S. 7 die ihnen übermittelten Daten „unverzüglich irreversibel" löschen, sobald die Daten für die Kontaktnachverfolgung nicht mehr benötigt werden.

III. Heranziehung der Generalklausel für nicht erwähnte Schutzmaßnahmen?

Bei den in Abs. 1 aufgeführten Schutzmaßnahmen handelt es sich nach dem **93** Willen des Gesetzgebers um Regelbeispiele; die **Aufzählung** ist **nicht abschließend** (BT-Drs. 19/23944, 2; BT-Drs. 19/24334, 67). Die Heranziehung der Generalklausel des § 28 Abs. 1 ist somit für dort nicht geregelte Maßnahmen grundsätzlich möglich, unterliegt aber den **Voraussetzungen des § 28a** (ausf. → § 28 Rn. 54 ff.).

Dort, wo grundsätzlich eine Nr. des Abs. 1 einschlägig sein könnte, eine **94** Schutzmaßnahme aber nicht vollständig unter den dort verwendeten Begriff zu subsumieren ist, muss geprüft werden, ob die **Formulierung** ähnliche Schutzmaßnahmen **ausschließen sollte,** was dann dazu führt, dass eine Heranziehung des § 28 Abs. 1 nicht möglich wäre. Diese Frage stellt sich hier für die **15 km-Radius-Regelung,** die eine Mischung aus Ausgangs- und Reisebeschränkung zu sein scheint. Die Antwort auf diese Frage hängt davon ab, wie eng man die Bedeutung von Parlamentsvorbehalt und Bestimmtheitsgrundsatz zieht. Eine Rolle spielt auch der Grad der Bestimmtheit der in Abs. 1 verwendeten Begriffe: So ist der Begriff der Reisebeschränkung sehr weit, was nicht zu Lasten der Bevölkerung gehen darf. Maßgeblich ist letztlich die Intensität des Grundrechtseingriffs: Je grundrechtsintensiver eine Maßnahme ist, desto restriktiver sollte man den Katalog des Abs. 1 verstehen und auch die Frage der Sperrwirkung beantworten. Für **grundrechtsintensive Maßnahmen** muss eine eigene, eindeutige Regelung in Abs. 1 geschaffen werden. Dazu gehört auch die 15 km-Radius-Regelung, die zwar oft „nur" Tagesausflüge, aber auch viele andere Verhaltensweisen einschränkt, die ggf. einem besonderen grundrechtlichen Schutz unterstehen (wie zB der Besuch von Familienmitgliedern).

E. Schutzmaßnahmen mit besonderen Voraussetzungen
(Abs. 2 S. 1)

95   Abs. 2 sieht für einige der im Katalog des Abs. 1 aufgeführten Schutzmaßnahmen besondere Voraussetzungen vor, die für deren Ergreifen vorliegen
müssen. S. 1 umschreibt zunächst diese besonderen Voraussetzungen, die für
alle der in Abs. 2 genannten Maßnahmen gelten; S. 2 enthält eine weitere Anforderung für die in S. 1 Nr. 3 genannten Maßnahmen, die aber nicht nur im
Falle des S. 1, sondern auch dann gilt, wenn die Maßnahme allein nach Abs. 1
Nr. 15 ergriffen wird (→ Rn. 117).

96   Die in Abs. 2 S. 1 Nr. 1–3 erwähnten Schutzmaßnahmen dürfen nur angeordnet werden, „soweit auch bei Berücksichtigung aller bisher getroffenen
anderen Schutzmaßnahmen eine wirksame Eindämmung der Verbreitung der
Coronavirus-Krankheit-2019 (COVID-19) erheblich gefährdet wäre". Damit
will der Gesetzgeber grundrechtlichen Belangen Rechnung tragen; eine **erhöhte Eingriffsintensität** erkennt er bei Versammlungs- und Gottesdienst-
geboten, Ausgangsbeschränkungen und Besuchs- und Betretensverboten für
Pflegeheime und ähnliche Einrichtungen. Bei all diesen Maßnahmen gab es
in der ersten Hochphase der Corona-Epidemie sehr **kritische Diskussionen,**
weil die Bundesländer hier sehr streng und pauschal vorgingen, ohne den
grundrechtlichen Belangen in ausreichender Weise Rechnung zu tragen. So
wurden zum Teil Pflegeheimbewohner über längere Zeit isoliert und mussten
unbegleitet sterben und Versammlungen und Gottesdienste wurden pauschal
per Verordnung ohne Ansehung des Einzelfalls verboten.

97   Der Gesetzgeber erkennt diese Diskussionen also durch die Regelung des
Abs. 2 an, gibt der Vorschrift aber durch die Begrenzung auf drei besondere
Schutzmaßnahmen in Abs. 1 S. 1 Nr. 1–3 einen **sehr engen Anwendungs-
bereich:** Für andere, ebenso eingriffsintensive Maßnahmen werden dem
Wortlaut der Vorschrift nach keine besonderen Voraussetzungen verlangt, da
Abs. 2 nicht nur Regelbeispiele aufzählt, sondern abschließend formuliert ist.
Das bedeutet, dass zB Schulen und Kitas ohne verschärfte Anforderungen
gem. Abs. 1 Nr. 16 geschlossen werden können. Den besonderen **grundrechtlichen Belangen von Kindern** wie dem Recht auf gesunde Entwicklung (Art. 2 I iVm Art. 1 I GG iVm Art. 2 Abs. 2 GG) und dem Recht auf Bildung und Chancengleichheit (zT ausdr. in den Landesverfassungen geregelt)
wird dadurch nicht in hinreichender Weise Rechnung getragen (unzutreffend
Greve NVwZ 2020, 1786 (1790), der der Ansicht ist, dass hier keine vergleichbaren Grundrechtsgefährdungslagen vorlägen).

I. Erhebliche Gefährdung der wirksamen Eindämmung

98   Wann eine wirksame Eindämmung der Verbreitung von COVID-19 erheblich gefährdet wäre, ergibt sich aus den Gesetzesmaterialien nicht. Erforderlich ist – wie stets im Gefahrenabwehrrecht – eine **ex-ante-Prognose,** in
diesem Fall **bezogen auf das zu erwartende Pandemiegeschehen** (VGH
München Beschl. v. 11.1.2021 – 20 NE 20.3030, BeckRS 2021, 163,
Rn. 26; VGH Mannheim Beschl. v. 5.2.2021 – 1 S 321/21, Rn. 38; OVG

Bautzen Beschl. v. 4.3.2021 – 3 B 26/21, Rn. 48). Eine „erhebliche Gefährdung" der wirksamen Eindämmung kann dann bestehen, wenn ein Unterlassen der Maßnahme „zu einer wesentlichen, im Umfang der Gefahrenrealisierung gewichtigen Verschlechterung des Infektionsgeschehens führen würde" (VGH Mannheim Beschl. v. 5.2.2021 – 1 S 321/21, Rn. 37).

Unklar ist, wie das **Ziel des § 28a,** das sich aus Abs. 3 S. 1 ergibt **99** (→ Rn. 16 ff.), und das in Abs. 3 S. 2 ff. angelegte **Stufensystem** (→ Rn. 118) in die Bewertung miteinbezogen werden müssen (dazu auch VGH Mannheim Beschl. v. 5.2.2021 – 1 S 321/21, Rn. 39 ff.). Zwar knüpft Abs. 2 nicht ausdrücklich an einen konkreten Inzidenzwert an, aber man wird insbesondere nach dem jeweiligen Wert (vgl. Abs. 3 S. 4) und dem jeweils aktuellen Status der Überlastung des Gesundheitssystems unterscheiden müssen: Bei sehr niedrigen Infektionszahlen und einem gut funktionierenden Gesundheitssystem ist die Eindämmung nicht gefährdet, wenn die 7-Tages-Inzidenzwerte auf dem gleichen niedrigen Niveau bleiben. Insbesondere unter der Schwelle des Abs. 3 S. 7 (Inzidenzwert von 35) wird eine Anordnung dieser Maßnahmen nicht zulässig sein (*Poscher* in Huster/Kingreen Hdb. InfSchR Kap. 4 Rn. 106d).

Bei einem exponentiellen Wachstum mit hohen 7-Tages-Inzidenzwerten **100** liegt eine erhebliche Gefährdung der Eindämmung hingegen vor, wenn die Infektionszahlen sich auf einem hohen Niveau einpendeln, wenn also zwar das **exponentielle Wachstum gebremst** wird, durch die **hohen Zahlen** aber dennoch das Gesundheitssystem bereits überlastet oder jedenfalls dessen Funktionsfähigkeit gefährdet ist. Von einer wirksamen Eindämmung ist erst auszugehen, wenn der 7-Tages-Inzidenzwert nachhaltig sinkt und wenn gleichzeitig das Gesundheitssystem nicht mehr überlastet bzw. dessen Funktionsfähigkeit gefährdet ist. Unklar bleibt aber weiterhin, ob unterhalb der Grenze von 50 (vgl. Abs. 3 S. 6) die Maßnahmen des Abs. 2 überhaupt in Betracht kommen dürfen (ähnlich kritisch auch *Eibenstein* COVuR 2020, 856 (860 f.)). Das OVG Bautzen hielt in einer Situation, in der landesweit der 50er-Wert (teils massiv) überschritten wurde, die Zahl der gemeldeten Neuinfektionen aber schon stark gesunken war, eine Maßnahme nach Abs. 2 S. 1 Nr. 2 für rechtswidrig (OVG Bautzen Beschl. v. 4.3.2021 – 3 B 26/21). Dies war aber wohl zum Teil auch auf die fehlende Darlegung der Voraussetzungen des Abs. 2 S. 1 durch die Verordnungsgeberin zurückzuführen (a. a. O., Rn. 49 ff.).

Bei der Überprüfung der Voraussetzungen des Abs. 2 muss auch die Wertung des Abs. 3 miteinbezogen werden, die für die Geltung der Anordnungen **101** in **räumlicher Hinsicht** besteht: Selbst wenn der landesweite Inzidenzwert über 50 liegt, kann eine nur regionale Anordnung einer der in Abs. 2 S. 1 genannten Maßnahmen geboten sein (dazu VGH Mannheim Beschl. v. 5.2.2021 – 1 S 321/21, Rn. 57 ff.).

Fraglich ist, ob sich aus der Formulierung „soweit auch bei Berücksichti- **102** gung aller bisher getroffenen anderen Schutzmaßnahmen" ergibt, dass die in S. 1 Nr. 1–3 genannten Maßnahmen nur ultima ratio sein dürfen in dem Sinne, dass zuerst alle anderen in Abs. 1 genannten Schutzmaßnahmen ergriffen werden müssen, bevor auf die in Abs. 2 S. 1 genannten zurückgegriffen darf. Ein solches Vorgehen wäre jedoch dann nicht zielführend, wenn Einschränkungen verhängt würden, die kaum wirksam wären, und führte deswegen zu unverhältnismäßigen Grundrechtseingriffen. Die Formulierung ist deswegen so zu verstehen, dass die in S. 1 Nr. 1–3 genannten Maßnahmen erst **in einem zweiten** Schritt getroffen werden dürfen; es müssen also bereits in einem ersten Schritt andere Maßnahmen ergriffen worden sein, die sich dann aber als nicht ausreichend herausgestellt haben (ähnlich *Gerhardt,* § 28a Rn. 92).

II. Schutzmaßnahmen

103   S. 1 Nr. 1–3 enthält eine **Aufzählung** von Schutzmaßnahmen, für die die besonderen Voraussetzungen des S. 1 gelten. Dem Wortlaut nach ist diese Aufzählung abschließend, es spricht jedoch viel dafür, dass die Voraussetzungen des S. 1 auch für Maßnahmen nach Nr. 16 vorliegen müssen (→ schon Rn. 97).

104   **1. Versammlungen und religiöse bzw. weltanschauliche Zusammenkünfte (Nr. 1).** Nr. 1 knüpft an die Schutzmaßnahmen des Abs. 1 Nr. 10 an, die besonderen Voraussetzungen des S. 1 gelten jedoch nur für einen Teil der dort genannten Zusammenkünfte (→ Rn. 59 f.). Dem Gesetzgeber geht es insbesondere um den Schutz der **Religions- und** der **Versammlungsfreiheit** (BT-Drs. 19/24334, 81), also darum, erhöhte Anforderungen für Verbote von Gottesdiensten und Versammlungen aufzustellen. Hier hatte das BVerfG in der ersten Hochphase der Corona-Epidemie mehrmals Beschlüsse erlassen, die auf die besondere grundrechtliche Betroffenheit hinwiesen (vgl. zu Versammlungen BVerfG NVwZ 2020, 709; NVwZ 2020, 711; zu Gottesdiensten BVerfG NVwZ 2020, 783), nachdem die Verwaltungsgerichte zunächst wenig Problembewusstsein hatten erkennen lassen (zum Versammlungsrecht *Völzmann* DÖV 2020, 893 (894)). An diese Rechtsprechung knüpft nun offensichtlich der Gesetzgeber an.

105   **a) Versammlungen.** Abs. 2 S. 1 Nr. 1 spricht pauschal von „Untersagungen" (sehr kritisch *Eibenstein* COVuR 2020, 856 (861)). Hierbei ist zu berücksichtigen, dass damit nur Einzelfallentscheidungen gemeint sein können; pauschale Versammlungsverbote (ggf. mit Erlaubnisvorbehalt) durch **RVO** sind **mit Art. 8 GG nicht vereinbar** (VG Hmb. Beschl. v. 16. 4. 2020 – 17 E 1648/20, Rn. 13 ff.; *Volkmann* Verfassungsblog v. 20. 11. 2020; *Eibenstein* NVwZ 2020, 1811 (1813); wohl auch *Kingreen* in Huster/Kingreen Hdb. InfSchR Kap. 1 Rn. 68; offengelassen von BVerfG NVwZ 2020, 711, Rn. 23; einen Verstoß gegen Art. 19 Abs. 2 sehen *Fährmann/Aden/Arzt* Verfassungsblog v. 15. 4. 2020). Ein Versammlungsverbot muss wegen der besonderen Bedeutung des Art. 8 GG immer den Umständen des **Einzelfalls** Rechnung tragen (BVerfG NVwZ 2020, 711, Rn. 23; *Gutmann/Kohlmeier* Verfassungsblog v. 8. 4. 2020). Die zuständige Behörde muss deswegen in jedem Einzelfall prüfen, ob die Versammlung unter Auflagen zum Infektionsschutz (hierzu *Martini/Plöse* JuWissBlog v. 31. 3. 2020, Teil II) stattfinden kann (BVerfG NVwZ 2020, 709, Rn. 14; NVwZ 2020, 711, Rn. 23 ff.; *Völzmann* DÖV 2020, 893 (903)). Möglich sind zB die Reduzierung der Teilnehmerzahl, die Beschränkung auf eine stationäre Versammlung und die Begrenzung der Versammlungsdauer, wenn sonst nicht mehr vertretbare Infektionsgefahren entstünden (VGH München Beschl. v. 24. 1. 2021 – 10 CS 21.249, Rn. 21; Beschl. v. 21. 2. 2021 – 10 CS 21.526, Rn. 21).

Im Ergebnis führt dies dazu, dass Versammlungsverbote nur in Betracht **106** kommen, wenn von der Versammlung selbst ein erhöhtes Infektionsrisiko ausgeht (iErg auch *Wittmann* in RBD § 15 Rn. 55). Dies ist zB dann der Fall, wenn sich die TeilnehmerInnen weigern, Masken zu tragen oder Mindestabstände einzuhalten. Erforderlich, aber auch ausreichend ist eine entsprechende Prognose aufgrund belastbarer Tatsachen: Wenn es **bereits in der Vergangenheit zu Verstößen** gegen solche infektionsschutzrechtlichen Auflagen wie Maskenpflicht und Abstandsgebote auf Versammlungen des gleichen Veranstalters kam, reicht dies für eine **entsprechende Prognose für die Zukunft** aus (vgl. die Fälle bei VG Karlsruhe Beschl. v. 4.12.2020 – 1 K 5020/20, Rn. 34; VGH München Beschl. v. 16.1.2021 – 10 CS 21.166, BeckRS 2021, 787, Rn. 16; Beschl. v. 24.1.2021 – 10 CS 21.249, Rn. 17; OVG Weimar Beschl. v. 26.2.2021 – 3 EO 134/21, Rn. 16 ff.).

In der Praxis scheint zum Teil unklar zu sein, ob **Versammlungsverbote** **107** oder -beschränkungen, die mit Infektionsrisiken begründet werden, auf das Versammlungsrecht (so VG Stuttgart Beschl. v. 15.5.2020 – 5 K 2334/20; VGH Mannheim Beschl. v. 16.5.2020 – 1 S 1541/20; OVG Münster Beschl. v. 26.5.2020 – 15 B 773/20; OVG Weimar Beschl. v. 26.2.2021 – 3 EO 134/21, Rn. 4; wohl auch *Poscher* in Huster/Kingreen Hdb. InfSchR Kap. 4 Rn. 17) oder das IfSG (VG Bremen Beschl. v. 30.4.2020 – 5 V 763/20; OVG Münster Beschl. v. 4.12.2020 – 15 B 1909/20, Rn. 5; Thür. LVerfGH Urt. v. 1.3.2021 – 18/20, Rn. 456; ausf. VG Neustadt (Weinstraße) Beschl. v. 20.11.2020 – 5 L 1030/20.NW, Rn. 17) gestützt werden. Zum Teil werden einfach beide **Rechtsgrundlagen** genannt (vgl. OVG Bautzen Beschl. v. 11.12.2020, 6 B 432/20), die entsprechenden Passagen der jeweiligen Corona-Schutzverordnung werden als Konkretisierung der versammlungsrechtlichen Bestimmungen angesehen (so VGH München Beschl. v. 16.1.2021 – 10 CS 21.166, BeckRS 2021, 787, Rn. 11; Beschl. v. 24.1.2021 – 10 CS 21.249, Rn. 13; unklar VGH München Beschl. v. 21.2.2021 – 10 CS 21.526, Rn. 14 (VersG) und Rn. 15 (§ 28 a)) oder diese Frage wird offengelassen (VG Karlsruhe Beschl. v. 4.12.2020 – 1 K 5020/20, Rn. 17). Für die Bekämpfung von Infektionsgefahren ist das IfSG jedoch spezieller als das Versammlungsrecht; das **Versammlungsrecht** ist **nicht „infektionsschutzrechtsfest"** (ausf. *Wittmann* in RBD § 15 Rn. 55; *Siegel* NVwZ 2020, 577; *Lindner* in Schmidt, § 18 Rn. 56; *Völzmann* DÖV 2020, 893 (896 f.)). In der Sache bedeutet das, dass die infektionsschutzrechtliche Gefahrenschwelle maßgeblich ist und das Gesundheitsamt in das Verfahren einbezogen wird (§ 28 Abs. 3 iVm § 16 Abs. 6; dem kann freilich auch durch eine Zuständigkeit der Versammlungsbehörde mit Einbeziehung des Gesundheitsamts Rechnung getragen werden, dafür *Arzt* DÖV 2021, 262 (265)), den **Anforderungen des Art. 8 Abs. 1** GG dann aber durch eine **strenge Verhältnismäßigkeitsprüfung** Rechnung getragen werden muss (*Wittmann* in RBD § 15 Rn. 55; OVG Münster Beschl. v. 23.9.2020, 13 B 1422/20, Rn. 18; VG Neustadt (Weinstraße) Beschl. v. 20.11.2020 – 5 L 1030/20.NW, Rn. 17; wohl iErg. auch *Kingreen* in Huster/Kingreen Hdb. InfSchR Kap. 1 Rn. 68; zur Bedeutung von Art. 8 Abs. 1 GG in der Pandemie allgemein *Völzmann* DÖV 2020, 893).

b) Gottesdienste. Generelle Verbote von Gottesdiensten sind ohne die **108** Möglichkeit, diese im Einzelfall unter situationsgerechten Beschränkungen zulassen zu können, nicht mit Art. 4 GG vereinbar (BVerfG NVwZ 2020, 783, Rn. 9; vgl. auch *Heinig* Verfassungsblog v. 17.3.2020; *Rixen* NJW 2020, 1097 (1102); *Lindner* in Schmidt, § 18 Rn. 91; *Bender* NVwZ-Extra 9b/2020, 1 (5f.)). Als Beschränkungen kommen hier **Singverbote,** Abstandsgebote, eine reduzierte Platzzahl und die **Maskenpflicht** in Betracht (vgl. VG Hannover Beschl. v. 4.3.2021 – 15 B 1069/21); durch eine individuelle Platzzuweisung bzw. eine Pflicht zur Kontaktdatenerfassung nach Abs. 1 Nr. 17 kann außerdem die Kontaktnachverfolgung erleichtert werden.

109   Im Grundsatz ist die Ausgangssituation bei der rechtlichen Bewertung von Gottesdiensten und Versammlungen identisch. Der entscheidende Unterschied liegt im Ergebnis jedoch darin, dass Gottesdienste in der Regel **in geschlossenen Räumen** stattfinden. Verbote sind deswegen bei der gleichen Infektionslage früher zu rechtfertigen als Verbote von Versammlungen, die unter freiem Himmel stattfinden, denn das Risiko der Übertragung von SARS-CoV-2 ist in geschlossenen Räumen deutlich höher als unter freiem Himmel.

110   **2. Ausgangsbeschränkungen und nächtliche Ausgangssperren (Nr. 2).** Nr. 2 knüpft an die Ausgangsbeschränkungen nach Abs. 1 Nr. 3 an. Die besonderen Voraussetzungen des Abs. 2 S. 1 gelten nur für die Anordnung einer Ausgangsbeschränkung, „nach der das Verlassen des privaten Wohnbereichs nur zu bestimmten Zeiten oder zu bestimmten Zwecken zulässig ist". Im Ergebnis sind damit aber **alle Ausgangsbeschränkungen** gemeint, denn die „bestimmten Zwecke" verweisen auf die **„triftigen Gründe"** (→ Rn. 38), die bei Ausgangsbeschränkungen festlegen, wann man das Haus ausnahmsweise verlassen darf.

111   Wird das Verlassen des privaten Wohnbereichs nur zu „bestimmten Zeiten" erlaubt, handelt es sich um **zeitlich begrenzte Ausgangssperren.** In der ersten Hochphase der Corona-Epidemie wurde diese Art von Maßnahmen in Deutschland noch nicht diskutiert; diese etwas versteckte Ermächtigungsgrundlage war auch noch nicht im ersten Entwurf des 3. BevSchG enthalten, sondern wurde erst durch die Beschlussempfehlung des Gesundheitsausschusses nach der Sachverständigenanhörung (BT-Drs. 19/24334) in das Gesetz eingefügt. Manche Bundesländer gingen nach der Verabschiedung des Gesetzes schnell dazu über, in sogenannten „Corona-Hotspots" mit einer 7-Tages-Inzidenz von mehr als 200 Infektionsfällen **„nächtliche Ausgangssperren"** zu verhängen; später wurden sie bundeslandweit verhängt (etwa in Bayern und Baden-Württemberg). Das Verlassen der häuslichen Wohnung wurde zwischen zB 21 und 5 Uhr nur unter noch strengeren Voraussetzungen als tagsüber erlaubt; im Vergleich zu den tagsüber geltenden Ausgangsbeschränkungen ist bei den „nächtlichen Ausgangssperren" der Katalog der triftigen Gründe reduziert.

112   Gegen nächtliche Ausgangssperren können bereits die allgemeinen Bedenken gegen das Konzept der Ausgangsbeschränkungen vorgebracht werden (→ Rn. 42f.). Selbst wenn man diese Bedenken nicht teilt, können nächtliche Ausgangssperren nicht gerechtfertigt werden. Denn dazu müsste man begründen können, dass SARS-CoV-2 nachts anders übertragen wird als tagsüber, was aber nicht der Fall ist (dazu *Kießling* NJW 2021, 182 (183)). Dementsprechend ist auch keinerlei Zusammenhang zwischen einem besonderen Infekti-

onsrisiko der „triftigen Gründe", die im Katalog der nächtlichen Ausgangssperren im Vergleich zu den tagsüber geltenden Beschränkungen nicht mehr enthalten sind, und den nächtlichen Gegebenheiten zu erkennen. Keine „triftigen Gründe" sind bei den nächtlichen Ausgangssperren in der Regel die sportliche Betätigung und die Teilnahme an Versammlungen. Ein nächtliches Joggingverbot ist jedoch **unverhältnismäßig** (ähnlich *Lindner* in Schmidt, § 18 Rn. 89), weil nicht erforderlich, da weiterhin die üblichen **Kontaktbeschränkungen** gelten. Nächtliche Ausgangssperren stellen bloße **Hilfsmaßnahmen** dar, mit denen die Einhaltung von Kontaktverboten gewährleistet bzw. kontrolliert werden soll (in der Sache auch *Schmitt* Verfassungsblog v. 18.12.2020; → zu den Hilfsmaßnahmen Rn. 28).

Der Wegfall des Grundes der Teilnahme an Versammlungen führt zu einer **113** **nächtlichen Aussetzung der Versammlungsfreiheit,** was offensichtlich gegen Art. 8 GG verstößt (so auch *Schmitt* Verfassungsblog v. 18.12.2020; zu pauschalen Versammlungsverboten → Rn. 105). Der VGH München ließ diese Frage nach einem grundsätzlichen Verstoß gegen Art. 8 GG offen (VGH München Beschl. v. 24.1.2021 – 10 CS 21.249, Rn. 41), er hob jedoch ein Versammlungsverbot in zeitlicher Hinsicht auf und erlaubte es dadurch einem Versammlungsleiter, eine Versammlung nicht nur bis 20 Uhr, sondern auch um kurz nach 21 Uhr abzuhalten: Es sei nicht ersichtlich, „dass durch eine Versammlung kurz nach 21:00 Uhr ungleich höhere Infektionsgefahren bestünden als durch eine Versammlung bis 20:00 Uhr." Dieser Aussage ist uneingeschränkt zuzustimmen: Sie zeigt – anders als vom VGH München wohl intendiert –, dass nächtliche Ausgangssperren in jeder Hinsicht unzulässig sind.

Die Gerichte billigten zunächst jedoch die nächtlichen Ausgangsbeschrän- **114** kungen überwiegend (VGH München NJW 2021, 178; kritisch hierzu *Kießling* NJW 2021, 182 f.; VG Karlsruhe Beschl. v. 10.12.2020 – 2 K 5102/20, Rn. 62 ff.; Bay. VerfGH Beschl. v. 17.12.2020 – Vf. 110–VII-20; VGH München Beschl. v. 11.1.2021 – 20 NE 20.3030, BeckRS 2021, 163; VG Wiesbaden Beschl. v. 15.1.2021 – 7 L 31/21.WI, Rn. 27 ff.; VG Sigmaringen Beschl. v. 16.2.2021 – 3 K 326/21, Rn. 71 ff.; OVG Weimar Beschl. v. 18.2.2021 – 3 EN 67/21; eine Ausnahme bildet das VG Aachen Beschl. v. 23.12.2020 – 7 L 951/20, Rn. 24 f.; s außerdem VGH Mannheim Beschl. v. 5.2.2021 – 1 S 321/21, das eine landesweite nächtliche Ausgangssperre bei sinkenden, aber dennoch landesweit über dem Inzidenzwert von 50 (→ Rn. 125 ff.) liegenden Infektionszahlen für unverhältnismäßig hält; vgl. auch die Kritik des VG Frankfurt Beschl. v. 30.12.2020 – 5 L 3467/20.F, Rn. 14, die sich aber allein auf die Systematik des Abs. 1 bezieht und Abs. 2 nicht erwähnt; Kritik auch bei VG Minden Beschl. v. 8.1.2021 – 7 L 12/21, Rn. 48, die aber im Eilverfahren nicht durchgreifen soll). Die **Entscheidungsgründe** waren jedoch **widersprüchlich und/oder oberflächlich;** es wird sehr pauschal auf das allgemeine Infektionsrisiko verwiesen oder es wird für ausreichend gehalten, dass das Infektionsrisiko ganz allgemein reduziert wird (der VGH Mannheim Beschl. v. 18.12.2020 – 1 S 4028/20, Rn. 41, verstieg sich zu der Aussage: Zur Kontaktreduzierung könnte die nächtliche Ausgangssperre „schon deshalb zweifelsfrei beitragen", weil damit „unbeabsichtigte Kontakte von Menschen, die auch bei einem nächtlichen Spaziergang und dergleichen stattfinden können, verhindert werden"), ohne eine wirkliche Angemessenheitsprüfung vorzunehmen, in die

die geringe Geeignetheit der Maßnahme eingestellt werden müsste. Auf besondere zeitbezogene Unterschiede bzw. Gründe wird nicht eingegangen, was aber Voraussetzung einer Rechtfertigung nächtlicher strengerer Regelungen wäre. Im April 2021 wurden die Gerichte dann kritischer (vgl. VG Hannover Beschl. v. 2.4.2021 – 15 B 2905/21; VG Osnabrück Beschl. v. 6.4.2021 – 3 B 24/21; OVG Lüneburg Beschl. v. 6.4.2021 – 13 HE 166/21; VG Frankfurt Beschl. v. 9.4.2021 – 5 L 919/2).

115   Zu **allgemeinen Ausgangssperren** ohne Ausnahmen → Rn. 44.

116   **3. Besuchs- und Betretensverbote für enge Angehörige in Pflegeheimen etc. (Nr. 3).** Nr. 3 knüpft an Verbote nach Abs. 1 Nr. 15 an, gilt jedoch nur für eine bestimmte Adressatengruppe: die **engen Angehörigen** von Personen, die in den Einrichtungen nach Abs. 1 Nr. 15 behandelt, gepflegt oder betreut werden wie Pflege- oder Betreuungsbedürftige, Wöchnerinnen oder Schwerkranke (BT-Drs. 19/24334, 81). Zweck des Abs. 2 S. 1 Nr. 3 ist es, bei Personen, die auf engem Raum mit anderen Personen wohnen (in Alten- und Pflegeheimen, Behindertenwohnheimen), behandelt (in Krankenhäusern) oder betreut werden, der besonderen Bedeutung des **Art. 6 Abs. 1 GG** Rechnung zu tragen: Enge Angehörige sollen nur in Ausnahmefällen vom Besuch bzw. vom Betreten dieser Einrichtungen ausgeschlossen werden können. Als enge Angehörige können der/die EhepartnerIn, LebenspartnerIn, PartnerIn, die Kinder und die Geschwister angesehen werden.

117   Für andere Personen (entferntere Angehörige und FreundInnen und Bekannte) gelten die einschränkenden Voraussetzungen des Abs. 2 S. 1 nicht. Für sie ist jedoch Abs. 2 S. 2 zu beachten (→ Rn. 80), der in engem Zusammenhang mit Nr. 3 steht, weil er das gleiche Ziel teilt (die Vereinsamung zu verhindern). Systematischer wäre es gewesen, ihn direkt in Abs. 1 Nr. 15 aufzunehmen.

F. Steuerung durch Schwellenwerte (Abs. 3 S. 2–13)

118   Abs. 3 S. 1 gibt zunächst das Ziel für Schutzmaßnahmen im Rahmen der Corona-Epidemie vor (→ Rn. 16 ff.). S. 2–11 versuchen, durch bestimmte Schwellenwerte die Auswahl der zu ergreifenden Maßnahmen und durch Appellvorschriften die landes- und bundesweite Abstimmung zu steuern. Aus Abs. 3 ergibt sich die gesetzgeberische **Grundentscheidung,** dass bei dem Erlass von Schutzmaßnahmen zur Bekämpfung der Corona-Pandemie grundsätzlich ein differenziertes, gestuftes Vorgehen geboten ist (BT-Drs. 19/23944, 31; VGH München Beschl. v. 14.12.2020 – 20 NE 20.2907, Rn. 39; VGH Mannheim Beschl. v. 5.2.2021 – 1 S 321/21, Rn. 42; Beschl. v. 18.2.2021 – 1 S 398/21, Rn. 46; von einem **„Stufensystem"** spricht OVG Münster Beschl. v. 15.1.2021 – 13 B 1899/20.NE, Rn. 44). Erschwert wird die Anwendung des Schutzkonzepts jedoch durch die Tatsache, dass Abs. 3 die verschiedenen Stufen mit **unterschiedlichen Adressaten** verknüpft: Aus S. 2 und 3 ergibt sich, dass grundsätzlich ein regionales Vorgehen vom Gesetzgeber gewollt ist; auf dieser Ebene gelten dann die Stufen der S. 5 und 6 (iVm S. 7 und 8). Angestrebt wird darüber hinaus eine landes- bzw. bundesweite Vereinheitlichung ab dem Schwellenwert von 50 (S. 9 und 10) (→ Rn. 142 ff.).

I. 7-Tages-Inzidenz als Maßstab (S. 4)

S. 4 stellt klar, dass Maßstab für die zu ergreifenden Schutzmaßnahmen „ins- **119** besondere die Anzahl der Neuinfektionen mit dem Coronavirus SARS-CoV-2 je 100 000 Einwohnern innerhalb von sieben Tagen" ist. Damit wird auf die sogenannte „7-Tages-Inzidenz" **(Inzidenzwert)** Bezug genommen. Die Formulierung „Anzahl der Neuinfektionen" ist insofern missverständlich, als die Zahl der tatsächlich bestehenden Infektionen nicht ermittelt wird bzw. werden kann; in der Sache geht es um **gemeldete Infektionen.** Problematisch ist, dass die gemeldeten Infektionszahlen nicht in Bezug zu der Zahl der durchgeführten Tests gesetzt werden, dh die Positivquote wird nicht berücksichtigt (kritisch auch *Sangs* NVwZ 2020, 1780 (1785)). Dadurch sind die in Abs. 3 genannten Inzidenzwerte im Zeitverlauf nicht miteinander vergleichbar, wenn die Anzahl der durchgeführten Tests signifikant erhöht oder reduziert wird.

Der Inzidenzwert von 50 soll die Grenze darstellen, bis wohin die **Gesund-** **120** **heitsämter eine individuelle Kontaktnachverfolgung leisten** können (kritisch OVG Lüneburg Beschl. v. 15.2.2021 – 13 MN 44/21, Rn. 22, das auch darauf hinweist, dass es staatliche Pflicht ist, ggf. die Gesundheitsämter besser technisch und personell auszustatten), spätestens ab dieser Schwelle (wohl tatsächlich schon früher – bei 35 oder gar 10) droht grundsätzlich der Kontrollverlust über das Epidemiegeschehen.

1. Ermittlung des Schwellenwertes. Die Infektionen werden mittels **121** **PCR-Test** nachgewiesen. Dass dieser Test Schwächen bei dem Nachweis der Kontagiösität hat (dazu allg. → § 2 Rn. 6 b) ist für die Ermittlung der Infektionszahlen unerheblich, weil sich aus der Zahl der nachgewiesenen Infektionen ausreichende Rückschlüsse auf das bevölkerungsweite Infektionsgeschehen ziehen lassen (Bay. VerfGH, Beschl. v. 30.12.2020 – Vf. 96-VII-20, Rn. 28; OVG Münster Beschl. v. 22.1.2021 – 13 B 47/21.NE, Rn. 49).

Die in den Landkreisen, Bezirken oder kreisfreien Städten auftretenden **122** Inzidenzen werden gem. S. 13 zur Bestimmung des jeweils maßgeblichen Schwellenwertes durch das RKI im Rahmen der laufenden Fallzahlenberichterstattung auf dem RKI-Dashboard unter der Adresse http://corona.rki.de im Internet veröffentlicht. Dies erfolgt tagesaktuell; eine gesonderte wöchentliche Festsetzung findet zur Entlastung des RKI nicht statt (BT-Drs. 19/24334, 81). Zu beachten ist, dass die **vom RKI ermittelten Werte** jedoch grds. **zu nied-** **rig** sind, weil das RKI einen Teil der gemeldeten Fälle der Vorwoche zuordnet, so dass für die aktuelle Woche die Werte zu niedrig sind (sie werden erst in der folgenden Woche nachträglich erhöht). Dadurch entsprechen die Werte in dem Zeitpunkt, in dem sie zur Entscheidung über die zu treffenden Maßnahmen nach Abs. 3 herangezogen werden, nicht dem tatsächlichen Stand (ausführlich https://www.sueddeutsche.de/gesundheit/coronavirus-inzidenz-rki-fallzahlen-1.5154797 v. 22.12.2020; → außerdem § 11 Rn. 5 a).

Fraglich ist, inwieweit es die Vorgaben des Abs. 3 erlauben, die Inzidenz- **123** werte um die Zahlen, die durch eingrenzbare größere Ausbrüche verursacht wurden, zu **„bereinigen".** BW ermächtigte in § 20 Abs. 7 CoronaVO v. 7.3.2021 die Gesundheitsämter dazu, bei der Bewertung der Inzidenzwerte „die Diffusität des Infektionsgeschehens angemessen zu berücksichtigen". Einzelne Landkreise legten diese Möglichkeit großzügig aus, indem sie „eingrenzbare und nachvollziehbare Fallhäufungen in größeren Familien, Unternehmen sowie Einrichtungen" herausrechneten (so geschehen in Calw, Pressemitteilung v. 8.3.2021: „Öffnung des Einzelhandels im Landkreis Calw ab 09. März 2021"), was dazu führte, dass sie nicht knapp über dem Schwellenwert von 50, sondern knapp darunter lagen. In Abs. 3 ist diese Vorgehensweise an keiner Stelle ausdrücklich vorgesehen. Grds. könnte man überlegen, ob es sich hierbei um ein weiteres Kriterium handelt, dass durch das Wort „insbesondere" in Abs. 3 S. 4 ermöglicht wird (→ Rn. 135 ff.). Dagegen spricht jedoch, dass S. 13 ausdrücklich vorgibt, dass die Zahlen des RKI maßgeblich sein sollen, und die Frage der Berechnung des Inzidenzwertes nicht ein weiteres, sondern das gleiche Kriterium betrifft. Ein anderer Ansatzpunkt ist die Steuerung über den **Verhältnismäßigkeitsgrundsatz:** Wenn der Inzidenzwert maßgeblich durch zB einen Ausbruch in einem Pflegeheim oder einem Schlachthof beeinflusst wird, wäre es unverhältnismäßig, die gesamte Bevölkerung flächendeckend mit erheblichen Grundrechtseingriffen in Anspruch zu nehmen. Je umgrenzter der Ausbruch ist – dh je weniger Kontakte zur Restbevölkerung das Cluster hat –, desto eher ist ein Herausrechnen dieser Infektionszahlen aus dem Inzidenzwert erlaubt bzw. geboten. Je mehr Kontakte aber zur Restbevölkerung bestehen, desto weniger ist die Annahme erlaubt, dass es sich um eine eingrenzbare Fallhäufung handelt. Es wäre wünschenswert, wenn der Gesetzgeber Abs. 3 insofern klarstellend ändern und die Berücksichtigung der Verteilung der gemeldeten Infektionszahlen (zB in besonderen Settings) ausdrücklich als maßgebliches Kriterium aufnehmen würde.

124   Will die Verordnungsgeberin den Inzidenzwert auf diese Weise **„bereinigen",** muss sie die Berechnung in der Verordnungsbegründung gem. Abs. 5 S. 1 darlegen, insoweit erhöht sich die **Begründungslast.**

125   **2. Überschreitung eines bestimmten Schwellenwerts.** Abs. 3 schreibt zwei besondere Schwellenwerte fest, die grundsätzlich über das Ergreifen strengerer bzw. milderer Schutzmaßnahmen entscheiden sollen: zum einen ein 7-Tages-Inzidenzwert von **35,** zum anderen ein solcher von **50** Neuinfektionen je 100.000 Einwohner. Im Winter 2020/2021, als aufgrund nicht ausreichend ergriffener Maßnahmen seitens des Staates nahezu deutschlandweit die Schwelle von 50 über längere Zeit weit überschritten wurde, wurden plötzlich strengere Maßnahmen erst ab einer 7-Tages-Inzidenz von **200** ergriffen (diese Regionen wurden als „Corona-Hotspots" bezeichnet), ohne dass diese Zahl jemals zu vor eine Rolle gespielt oder sich an einer neuen wissenschaftlichen Erkenntnis orientiert hätte. Anfang März 2021 einigten sich Bund und Länder darauf, trotz Überschreitung des 50er-Wertes die zuvor geltenden Maßnahmen zu lockern und erst ab einem Grenzwert von **100** eine „Notbremse" in die Länderverordnungen einzubauen (vgl. Beschl. v. 3.3.2021, S. 6); auch dies war allein politisch motiviert. Bbg. wich sogar davon ab und erhöhte den maßgeblichen Wert für die „Notbremse" auf 200 (vgl. § 26 Abs. 2 7. SARS-CoV-2-EindV v. 6.3.2021). Die Vorgaben des Abs. 3 werden dadurch ignoriert, was die Frage aufwirft, inwiefern sich aus Abs. 3 nicht nur die objektiv-rechtliche Pflicht ergibt, die Vorgaben des Abs. 3 einzuhalten, sondern auch die Frage, inwiefern die Bevölkerung einen Anspruch darauf hat, dass sich der Staat bei Ergreifung der Maßnahmen an den Werten des Abs. 3 orientiert (→ Rn. 149 ff.). Der durch das 4. BevSchG eingefügte § 28b zementiert jetzt die „Notbremse" bei 100.

a) Bis 35. Gem. S. 7 kommen unterhalb eines Schwellenwertes von 35 **126** Neuinfektionen je 100.000 Einwohner innerhalb von sieben Tagen insbesondere Schutzmaßnahmen in Betracht, die die Kontrolle des Infektionsgeschehens unterstützen kommen. Damit sind Einschränkungen gemeint, die „deutlich unter der Eingriffstiefe flächendeckender Betriebsverbote und -beschränkungen liegen (OVG Lüneburg Beschl. v. 15. 2. 2021 – 13 MN 44/21, Rn 28). Das heißt zum einen, dass noch nicht alle in Abs. 1 genannten Schutzmaßnahmen angeordnet werden dürfen (dagegen spricht bereits Abs. 2 S. 1), und zum anderen, dass vorrangig auf Abstandsgebot (Nr. 1), Maskenpflicht (Nr. 2), Hygienekonzeptpflicht (Nr. 4), Kontaktdatenerfassungspflicht (Nr. 17) und sonstige bloße Beschränkungen bzw. Auflagen der in den weiteren Nummern genannten möglichen Maßnahmen zurückgegriffen werden darf (ähnlich *Gerhardt,* § 28 a Rn. 103).

b) **35 – 50.** Wird der Wert von 35 überschritten, sind gem. S. 6 „breit an- **127** gelegte Schutzmaßnahmen" zu ergreifen, die eine „schnelle Abschwächung des Infektionsgeschehens" erwarten lassen (zum unklaren Wortlaut des S. 6 *Gerhardt,* § 28 a Rn. 104). Schwerpunktmäßig kommen neben Beschränkungen und Auflagen verstärkt auch Verbote in Betracht, nicht unbedingt aber alle Maßnahmen des Abs. 1 gleichzeitig (leicht anders *Gerhardt,* § 28 a Rn. 104). Ziel muss es sein, dass die Schwelle von 50 nicht überschritten wird (*Gerhardt,* § 28 a Rn. 104); ggf. sind deswegen – zB bei besonders ansteckenden Virusvarianten, vgl. Abs. 3 S. 1 aE – aber schon bei dieser Schwelle weitreichende Maßnahmen zu ergreifen.

c) **Überschreitung von 50.** Wird der Wert von 50 überschritten, sind gem. **128** S. 5 „umfassende Schutzmaßnahmen" zu ergreifen, „die eine effektive Eindämmung des Infektionsgeschehens" erwarten lassen. Aus der Stufenlogik des Abs. 3 S. 5 und 6 ergibt sich, dass die „umfassenden Schutzmaßnahmen" in ihrer Wirkung über die „breit angelegten" Maßnahmen des S. 6 hinausgehen. Ansonsten gilt hier, was auch für die Voraussetzungen des Abs. 2 S. 1 gilt (→ Rn. 98 ff.): Entscheidend ist allein die Wirksamkeit der Maßnahmen (bzw. die erst später erkannte nicht ausreichende Wirksamkeit), nicht die Anzahl der getroffenen Maßnahmen. Da die Überschreitung des 50er-Wertes die vom Gesetz vorgesehene letzte Stufe ist, müssen spätestens an dieser Stelle Maßnahmen so kombiniert werden, dass der Wert von 50 schnell wieder unterschritten wird.

d) **Unbestimmtheit der Vorschrift.** Schwierig bleibt jedoch, dass die Be- **129** griffe „umfassende" und „breit angelegte" Schutzmaßnahmen sowie „effektive Eindämmung des Infektionsgeschehens" und „schnelle Abschwächung des Infektionsgeschehens" **nicht erläutert** oder in einen Bezug zu dem Katalog des Abs. 1 gesetzt werden. Bei den jeweiligen Zielen ist zunächst nicht klar, was der Unterschied zwischen „effektive Eindämmung" und „schnelle Abschwächung des Infektionsgeschehens" ist und in welchem Verhältnis dazu der Begriff „wirksame Eindämmung der Verbreitung" von COVID-19 aus Abs. 2 S. 1 steht. „Effektive Eindämmung" und „wirksame Eindämmung" müssen wohl synonym verstanden werden; auch dass der Gesetzgeber einen Unterschied zwischen „Infektionsgeschehen" und den COVID-19-Fällen zu machen scheint, erscheint zweifelhaft, auch wenn ein solcher Unterschied in der Tat besteht (→ zu den Begriffen „Infektion" und „Erkrankung", die nicht deckungsgleich sind, § 2 Rn. 5). Letztlich wird man mit all diesen Formulierungen darauf abstellen, dass sich die **Infektionszahlen** (in der 7-Tages-Auswertung) **nachhaltig nach unten entwickeln.**

130   e) „**Sicherheitspuffer".** S. 8 stellt klar, dass nicht erst das Überschreiten des jeweiligen Schwellenwertes abgewartet werden muss, bevor die für den Schwellenwert geltenden strengeren Maßnahmen ergriffen werden dürfen. Ist gem. S. 8 1. Var. die Überschreitung des jeweiligen Schwellenwertes aufgrund der Infektionsdynamik in absehbarer Zeit wahrscheinlich, können bereits vor dem Überschreiten die in Bezug auf den jeweiligen Schwellenwert genannten Schutzmaßnahmen ergriffen werden. Die Steuerungswirkung hiervon ist aber wohl begrenzt, denn die Wirksamkeit bereits ergriffener Maßnahmen zeigt sich immer erst nach ca. zwei Wochen, so dass es schwierig sein wird, die Infektionsdynamik hinreichend früh abschätzen zu können.

131   Durch das EpiLage-FortgeltungsG v. 29.3.2021 (BGBl. I 370) wurde in S. 8 ein Halbsatz angefügt. Nun dürfen gem. S. 8 2. Var. die für den höheren Stellenwert geltenden Maßnahmen auch bereits dann ergriffen werden, „wenn einer Verbreitung von Virusvarianten im Sinne von Satz 1 entgegengewirkt werden soll". Hierdurch stellt der Gesetzgeber klar, dass die Zahlen von 35 und 50 nicht starr betrachtet werden sollen, wenn sie durch **ansteckendere Virusvarianten** (BT-Drs. 19/27291, 63) in Frage gestellt werden. **Maßnahmen** könnten dadurch schon **früher** als bei den genannten Schwellenwerten ergriffen werden (was im Gegensatz dazu steht, dass die Bundesländer gleichzeitig in ihren Verordnungen viel höhere Schwellenwerte ansetzten, dazu → Rn. 125). Überzeugender wäre es gewesen, auf die starren Schwellenwerte – die sich bei der Festlegung im November 2020 noch auf den Wildtyp des Virus bezogen – zu verzichten und insgesamt eine flexiblere Regelung zu schaffen.

132   Soll dieser „Sicherheitspuffer" nach S. 8 1. oder 2. Var. in Anspruch genommen werden, müssen die Gründe hierfür in der Begründung der Verordnung dargelegt werden. Insoweit **erhöhen** sich also die **Anforderungen an die Begründung** gem. Abs. 5 S. 1.

133   **3. Unterschreitung eines Schwellenwerts.** S. 11 stellt das Gegenstück zu dem Sicherheitspuffer des S. 8 dar: Nach Unterschreitung der Schwellenwerte von 35 bzw. 50 können die in Bezug auf den jeweiligen Schwellenwert genannten Schutzmaßnahmen aufrechterhalten werden, soweit und solange dies zur Verhinderung der Verbreitung von COVID-19 erforderlich ist. Eine **Unterschreitung** zwingt somit **nicht automatisch** zur **Lockerung** der ergriffenen Schutzmaßnahmen, insbesondere dann nicht, wenn die Lockerungen in absehbarer Zeit wieder zum Überschreiten führten. Auch hier bleibt jedoch das Problem, dass sich die Wirkung auch von Lockerungen erst nach ca. zwei Wochen zeigen wird, so dass ein kurzfristiges Hin- und Herwechseln zwischen strengen Maßnahmen und Lockerungen gar nicht praktikabel bzw. möglich ist. In jedem Fall muss die Verordnungsgeberin darlegen, wieso sie trotz Unterschreitung des Schwellenwertes keine Lockerungsmaßnahmen ergreift; insoweit erhöhen sich die Anforderungen an die Begründung des Abs. 5 S. 1.

Die Rspr. hingegen hat vereinzelt darauf hingewiesen, dass statt eines **134** Dauer-Lockdowns zwischendurch eine Öffnung einzelner Bereiche möglich sein muss, auch wenn es dann ggf. später zu einer erneuten Schließung kommt (OVG Lüneburg Beschl. v. 15.2.2021 – 13 MN 44/21, Rn. 29).

II. Weitere Kriterien

1. Bei der Ergreifung von Schutzmaßnahmen. Nach Abs. 3 S. 4 ist **135** Maßstab für die zu ergreifenden Schutzmaßnahmen **„insbesondere"** die 7-Tages-Inzidenz, dh die Orientierung an weiteren Kriterien ist möglich. Die S. 5–11 hebeln diese offene Formulierung jedoch dadurch aus, dass dort nur noch von den Inzidenzwerten die Rede ist (*Sangs* NVwZ 2020, 1780 (1785)). Im Februar/März 2021 kam die Überlegung auf, weitere Kriterien ausdrücklich ins Gesetz aufzunehmen. Der Gesetzgeber hat durch das Epi-Lage-FortgeltungsG v. 29.3.2021 (BGBl. I 370) bei der Ergreifung von Schutzmaßnahmen allein die **ansteckenderen Virusvarianten** (vgl. S. 1 aE, S. 8 2. Var.) als zu berücksichtigend in das Gesetz aufgenommen; erst bei der Rücknahme von Maßnahmen sollen weitere Kriterien eine Rolle spielen (vgl. S. 12 → Rn. 138ff.). Diese Unterscheidung überzeugt nicht; es ist kein Grund dafür ersichtlich, zwischen dem Ergreifen und der Rücknahme von Maßnahmen zu trennen, in beiden Fällen muss der gleiche Maßstab gelten.

Im Schrifttum werden als **weitere mögliche zu berücksichtigende Kri-** **136** **terien** vorgeschlagen: die Impfquote (*Sangs* NVwZ 2020, 1780 (1785)), Ausstattung und Auslastung der Krankenhäuser, der R-Wert, die Positivrate der durchführten Tests und der Anteil der Risikogruppen an den Infizierten (*Kingreen* in Huster/Kingreen Hdb. InfSchR Kap. 1 Rn. 58). Auch die tatsächliche Fähigkeit des jeweiligen Gesundheitsamtes, die Kontaktnachverfolgung sicherzustellen (OVG Lüneburg Beschl. v. 15.2.2021 – 13 MN 44/21, Rn. 25), könnte eine maßgebliche Rolle spielen. Durch die Pflicht zur Berücksichtigung solcher besonderen Kriterien würde der Entscheidungs- und Auswahlprozess rationalisiert (*Wollenschläger* Stellungn., BT-Ausschuss-Drs. 19(14)246 (20), 31).

Zu berücksichtigen ist auch, dass die **Verhältnismäßigkeit des Schutz-** **137** **maßnahmenbündels** auch davon abhängen kann, wie der Staat ansonsten seiner grundrechtlichen Pflicht nachkommt, die Bevölkerung vor dem Erreger zu schützen: Aus grundrechtlichen Erwägungen folgt auch die Pflicht des Staates, durch Erhöhung der Testkapazitäten, durch Ausnutzung dieser Kapazitäten, durch den Einsatz von Schnelltests in Form von Public-Health-Screenings und die Erhöhung der Impfquote die Notwendigkeit von Grundrechtseingriffen in Form von Maßnahmen nach § 28a möglichst klein zu halten (ähnlich *Sangs* NVwZ 2020, 1780 (1785)).

2. Als Maßstab bei der Rücknahme von Schutzmaßnahmen. Gem. **138** S. 12 sind bei der Prüfung der Aufhebung oder Einschränkung der Schutzmaßnahmen nach S. 9–11 insbesondere auch die Anzahl der gegen COVID-19 geimpften Personen und die zeitabhängige Reproduktionszahl zu berücksichtigen. Dieser Satz wurde durch das EpiLage-FortgeltungsG v. 29.3.2021 (BGBl. I 370) in Abs. 3 eingefügt. Mit der „zeitabhängigen Reproduktionszahl" ist der sogenannte **R-Wert** gemeint, mit dem angegeben wird, wie viele

Personen durch eine infizierte Person angesteckt werden (BT-Drs. 19/27291, 63). Außerdem ist in der Gesetzesbegründung davon die Rede, dass die Belastung des Gesundheitssystems zu berücksichtigen sei (BT-Drs. 19/27291, 63); dies ergibt sich jedoch bereits aus Abs. 3 S. 1.

139   Die Anzahl der geimpften Personen – also die Impfquote – kann zwar ein Indikator für die zukünftige Belastung des Gesundheitssystems sein, insbes. wenn es um die Anzahl der Geimpften geht, die einer Risikogruppe angehören, denn durch eine Durchimpfung dieser Personengruppe werden die Intensivkapazitäten zunächst spürbar entlastet. Was dadurch jedoch aus dem Blickwinkel gerät, wenn in der Folge Maßnahmen gelockert werden und es zu einem Anstieg der Infektionen unter den Jüngeren kommt, sind die **Langzeitschäden** (Long Covid, → Rn. 18), die auch bei milden Verläufen zu befürchten sind. Durch die Betonung der Impfquote wird somit ohne überzeugende Rechtfertigung einem der in Abs. 3 S. 1 genannten Ziele der Vorzug gegeben. Außerdem verschiebt sich mit der steigenden Anzahl der Geimpften die Bedeutung des Inzidenzwertes. Ein Wert von 100 hat eine andere Bedeutung, wenn niemand in der Bevölkerung geimpft ist, als wenn bereits 25 % der Bevölkerung geimpft sind: Bei gleichbleibender Inzidenz steigt das persönliche Risiko der Ungeimpften sich anzustecken, wenn die Impfquote steigt.

III. Regionale Ausrichtung (S. 2, 3)

140   Nach S. 2 sollen die Schutzmaßnahmen unter Berücksichtigung des jeweiligen Infektionsgeschehens **regional bezogen auf die Ebene der Landkreise, Bezirke oder kreisfreien Städte** an den Schwellenwerten nach Maßgabe der S. 4–12 ausgerichtet werden, soweit Infektionsgeschehen innerhalb eines Landes nicht regional übergreifend oder gleichgelagert sind. Ist letzteres der Fall, erlassen die Landesregierungen landesweit geltende Verordnungen auf der Grundlage des § 32. Auf der Ebene der Landkreise, Bezirke oder kreisfreien Städte werden die Maßnahmen per **AllgVfg.** nach § 35 S. 2 (L) VwVfG angeordnet oder auch per RVO erlassen (→ § 32 Rn. 24 f., 26). Berlin und Hamburg gelten gem. S. 3 als kreisfreie Städte iSd S. 2. Auch die in § 32 adressierten **Landesregierungen** können durch RVO eine **regionale Differenzierung** vornehmen; S. 2 richtet sich nicht allein an die zuständigen Behörden auf der Ebene der Landkreise, Bezirke oder kreisfreien Städte. Der Verweis auf die S. 4–12 in S. 2 ist insofern irreführend, als es in S. 9 und 10 gerade nicht um eine regionale Ausrichtung der Maßnahmen geht und S. 12 wiederum für die S. 9–11 gilt (also sowohl für regional auszurichtende als auch für landes- bzw. bundesweit abzustimmende Maßnahmen). S. 12 war in der ursprünglichen Fassung des 3. BevSchG außerdem der jetzige S. 13; der Verweis auf „S. 4–12" wurde im Rahmen des EpiLage-FortgeltungsG nicht angepasst.

141   Eine Aufgabenübertragung an die Kommunen iSv Art. 84 Abs. 1 S. 7 GG ist damit nicht verbunden; aus S. 2 folgt vielmehr bloß die Vorgabe, dass vor dem Erlass einer landesweit einheitlichen RVO (vgl. S. 10) geprüft werden muss, ob nicht regionale – etwa nach Land- und Stadtkreisen differenzierende Regelungen – ausreichend sind (VGH Mannheim Beschl. v. 18.2.2021 – 1 S 398/21, Rn. 51; *Greve* NVwZ 2020, 1786 (1790); aA *Eibenstein* COVuR 2020, 856 (862)).

IV. Bundes- und landesweite Abstimmung (S. 9, 10)

S. 9 und 10 wiederum weichen von der Vorgabe des S. 2 ab, indem sie lan- **142** desweit bzw. bundesweit abgestimmte auf eine effektive Eindämmung des Infektionsgeschehens abzielende Schutzmaßnahmen verlangen, wenn der Schwellenwert von **über 50** Neuinfektionen je 100 000 Einwohner innerhalb von sieben Tagen landesweit bzw. bundesweit überschritten wird. Eine entsprechende Abstimmung ist jedenfalls nach dem Wortlaut **„anzustreben"**. Der Gesetzgeber wollte mit diesen Vorgaben mögliche „infektiologische Wechselwirkungen und Verstärkungen zwischen einzelnen Regionen" ausschließen und „die Akzeptanz der erforderlichen schwerwiegenden Maßnahmen in der Bevölkerung" erhöhen (BT-Drs. 19/23944, 31). S. 10 gilt nicht für Berlin und Hamburg, da sie gem. S. 3 als kreisfreie Städte gelten.

1. Landes- bzw. bundesweite Berechnung. Der Wortlaut lässt offen, ob **143** mit „bundesweit" und „landesweit" ein Durchschnittswert gemeint ist oder ob alle Bundesländer bzw. alle Städte/Landkreise jeweils den Wert von 50 überschreiten müssen. Die Gerichte gehen von einem **Durchschnittswert** aus (vgl. nur OVG Magdeburg Beschl. v. 11.12.2020 – 3 R 259/20, Rn. 60; VGH Mannheim Beschl. v. 5.2.2021 – 1 S 321/21, Rn. 51; Beschl. v. 18.2.2021 – 1 S 398/21, Rn. 52, 58).

2. Appellwirkung. Zwar sind die Bundesländer für die Ausführung des **144** IfSG zuständig, ihnen muss aber ein Spielraum bei der Frage verbleiben, wie sie ihre gem. Art. 83, 84 Abs. 1 GG bestehende Vollzugskompetenz ausfüllen. Gegenüber den Bundesländern darf das IfSG als Bundesgesetz deswegen eine Pflicht zur Abstimmung nicht regeln (*Kießling* Verfassungsblog v. 4.11.2020; ausf. *Eibenstein* COVuR 2020, 856 (862)). S. 10 ist deswegen entweder von vornherein unverbindliche **Appellnorm** oder muss – sollte eine Pflicht gemeint sein – verfassungskonform in diesem Sinne ausgelegt werden.

Soweit S. 9 die bundesweite Abstimmung verlangt, fehlt schon ein nach dem **145** IfSG zuständiger Adressat. Tatsächlich bundesweit einheitliche Maßnahmen kann nur der Bund selbst festlegen, dafür müsste man ihm aber eine entsprechende Verordnungsermächtigung (vgl. jetzt den durch das 4. BevSchG eingefügten § 28b) einräumen. S. 9 ist vor dem Hintergrund der in der Corona-Epidemie regelmäßig tagenden MinisterpräsidentInnen-Bundeskanzleramt-Runden zu sehen; das Vorgehen dieses Gremiums soll wohl in S. 9 legitimiert werden. Rechtlich führt er jedoch ins Nichts (so schon *Kießling* Verfassungsblog v. 4.11.2020). Es handelt sich um einen bloßen **„Hinweis** an die Bundesländer" (so *Gerhardt,* § 28a Rn. 100) bzw. eine „bloße Zielsetzung" (*Greve* NVwZ 2020, 1786 (1790)).

3. Materiell-rechtliche Bewertung. Auch eine materiell-rechtliche Be- **146** trachtung führt zu dem Ergebnis, dass S. 9 und 10 nicht pauschal zur landes- bzw. bundesweiten Vereinheitlichung zwingen können. Verstünde man S. 9 und 10 als zwingende Vorgaben, führten stark schwankende Infektionszahlen innerhalb eines Bundeslands bzw. innerhalb der Bundesrepublik dazu, dass nur moderat (oder ggf. gar nicht) betroffene Regionen Einschränkungen hinnehmen müssten, die in ihrem Fall bei gesonderter Betrachtung eigentlich als **un-**

verhältnismäßig gelten müssten (vgl. auch *Eibenstein* COVuR 2020, 856 (860)). In der Konsequenz bedeutet dies, dass Bundesländer sich gezwungen sehen, sich einer bundesweiten Strategie anzuschließen, selbst wenn in dem jeweiligen Bundesland der Durchschnittswert unter 50 liegt (dies billigend VGH Mannheim Beschl. v. 18.2.2021 – 1 S 398/21, Rn. 58, hier lag der Wert aber nur knapp unter 50). Hier kann S. 10 in Konflikt mit S. 2 geraten, wenn landesweit die Zahlen stark divergieren und das Land deswegen eigentlich dazu gezwungen ist, auf eine landesweit einheitliche Regelung zu verzichten.

147   Man kann deswegen überlegen, den Begriff „landesweit" (und entsprechend den Begriff „bundesweit") so auszulegen, dass Maßnahmen bereits dann als landes- bzw. bundesweit einheitlich gelten, wenn sie auf einem **landes-/bundesweit einheitlichen Konzept** zur Pandemiebekämpfung beruhen, das regionale Differenzierungen in Abhängigkeit von dem regionalen Infektionsgeschehen erlaubt, solange die Gesamtkonzeption insgesamt auf eine effektive Eindämmung des Pandemiegeschehens zielt (so VGH Mannheim Beschl. v. 5.2.2021 – 1 S 321/21, Rn. 51). Aus dem Verhältnismäßigkeitsgrundsatz folgt deswegen, dass auch bei Überschreiten des Grenzwerts ggf. ein regional unterschiedliches Vorgehen geboten ist (VGH Mannheim Beschl. v. 5.2.2021 – 1 S 321/21, Rn. 52). Vorhandene oder zumutbar zu ermittelnde tatsächliche Erkenntnisse zum Infektionsgeschehen zwingen in dem betroffenen Gebiet zu einer **differenzierten Betrachtung** und zu unterschiedlichen infektionsschutzrechtlichen Maßnahmen, etwa bei zu lokalisierenden und klar eingrenzbaren Infektionsvorkommen (vgl. OVG Münster Beschl. v. 6.7.2020 – 13 B 940/20.NE, Rn. 54ff.; OVG Lüneburg Beschl. v. 15.2.2021 – 13 MN 44/21, Rn 21).

148   Die Gerichte verstehen also die Vorgabe in S. 10 nicht starr: Liegen die dort genannten Voraussetzungen vor, könne die Verordnungsgeberin landesweit einheitliche Regelungen in Betracht ziehen. Ob sie im jeweiligen Einzelfall zulässig sind oder stattdessen auf regional differenzierte Maßnahmen zurückgegriffen werden muss, müsse „im Lichte des Gebots der Verhältnismäßigkeit in Bezug auf die konkret in Betracht gezogene Maßnahme" geprüft, begründet (→ Rn. 169ff.) und im gerichtlichen Verfahren ggf. dargelegt werden (VGH Mannheim Beschl. v. 5.2.2021 – 1 S 321/21, Rn. 53 mwN).

V. Anspruch auf Ausrichtung des Schutzkonzepts an den Grenzwerten des Abs. 3

149   In der Literatur wurde vereinzelt versucht, aus Abs. 3 mit seinen Grenzwerten ein subjektiv-öffentliches Recht auf behördliches Einschreiten, also ggf. auf Verhängung eines Lockdowns abzuleiten, wenn die Grenzwerte von 35 bzw. 50 überschritten werden und die zuständige Behörde nicht tätig wird bzw. trotz Überschreitung dieser Schwellen die geltenden Maßnahmen lockert (vgl. *Frenz* COVuR 2021, 2 (5)). Hier muss jedoch unterschieden werden zwischen der Annahme eines subjektiv-öffentlichen Rechts und der Folge, die das Gericht aussprechen kann.

150   **1. Subjektiv-öffentliches Recht.** Die in Abs. 3 S. 4–11 genannten Grenzwerte und ihre Einbettung in ein Stufenkonzept bezwecken gem. Abs. 3 S. 1 nicht nur, eine Überlastung des Gesundheitssystems zu verhindern, sondern die-

nen auch dem **Schutz von Leben und Gesundheit.** Auch wenn es für die Prüfung der Verhältnismäßigkeit von Schutzmaßnahmen eigentlich einer Konkretisierung bedürfte (→ Rn. 16 ff.), wird – auch unter Heranziehung der Gesetzesmaterialien – deutlich, dass der Gesetzgeber hierdurch die grundrechtliche **Schutzpflicht** umsetzen wollte (ausdr. BT-Drs. 19/24334, S. 81). Die in Abs. 3 S. 4–11 genannten Schwellenwerte markieren nicht nur eine Begrenzung für die Exekutive, sondern sie werden verbunden mit der Vorgabe, das Infektionsgeschehen nachhaltig einzudämmen. Gerade die „letzte Schwelle" von 50 zeigt, dass das Infektionsgeschehen unter diese Grenze gebracht werden soll. Grundsätzlich lässt sich somit Abs. 3 die Aussage entnehmen, dass nicht nur bei zu frühem Ergreifen von Schutzmaßnahmen Abwehrrechte der Betroffenen in Stellung gebracht werden können, sondern dass die Bevölkerung grds. auch andersherum bei Nichteinhaltung der Schwellenwerte einen **Anspruch auf Ausrichtung des Schutzkonzepts an den in Abs. 3 S. 4–11 genannten Schwellenwerten** geltend machen kann (vgl. auch Gallon Verfassungsblog v. 18.3.2021). Daran ändert auch die Tatsache nichts, dass S. 9 und 10 keine echte Pflicht für die Bundesländer zum Handeln enthalten (→ Rn. 144 f.). Diese nichtbestehende Pflicht bezieht sich nur auf das Ob und nicht auf das Wie: *Wenn* sich die Länder dazu entscheiden, landesweit einheitliche Regelungen zu treffen, sind sie **an** den in S. 9 und 10 genannten **Schwellenwert** der 50 **gebunden.** Auch die „Notbremse" des § 28b entbindet die Länder nicht hiervon.

151 Berücksichtigt werden muss aber, dass neben den Inzidenzwerten grds. weitere Kriterien berücksichtigt werden dürfen (→ Rn. 135 ff.). Der Anspruch kann sich somit nur darauf beziehen, dass von den in Abs. 3 S. 4–11 genannten Schwellenwerten **nicht willkürlich abgewichen** wird und dass das Infektionsgeschehen auch bei Abweichen des Konzepts **in ausreichender Weise eingedämmt** wird. Von einer willkürlichen Festlegung nicht in Abs. 3 erwähnter Schwellenwerte kann ausgegangen werden, wenn die Werte nicht nur leicht von den Grenzwerten des Abs. 3 abweichen und die Abweichung insbesondere nicht plausibel begründet wurde. Eine plausible Begründung läge etwa dann vor, wenn eine effizientere Teststrategie und die Aufstockung der Gesundheitsämter mit Personal und Technik dazu führen sollen, dass die Inzidenzzahlen (mittelfristig) sinken und so kurzfristig höhere Werte in Kauf genommen werden sollen. Je weiter die in der Verordnung genannten Grenzwerte von den Werten des Abs. 3 abweichen, desto eher ist jedoch von einer willkürlichen Festlegung auszugehen, denn die anzustrebende Eindämmung des Infektionsgeschehens wird umso unwahrscheinlicher. Dies kann zB bei dem in Bbg. gewählten Wert von 200 angenommen werden (der in der RVO auch nicht begründet wurde). Wenn die Behörde von den in Abs. 3 genannten Werten abweichen will, muss sie dies rechtfertigen und im Rahmen der Begründung nach Abs. 5 S. 1 darlegen, aufgrund welcher Erkenntnisse und durch Ergreifung welcher alternativen Maßnahmen sie davon ausgeht, dass sie das Infektionsgeschehen in ausreichender Weise eindämmen kann. Die **Begründungslast** wird insoweit **erhöht;** eine allgemeine Begründung der Verordnung (→ Rn. 169) reicht in diesen Fällen nicht aus.

152 **2. Rechtsfolge.** Aus der Feststellung der willkürlichen Abweichung der Grenzwerte des Abs. 3 folgt die **Rechtswidrigkeit des Schutzkonzepts,**

das sich an diesen Grenzwerten orientiert. Daraus folgt aber nicht, dass das Gericht die zuständige Behörde zur Verhängung eines Lockdowns verpflichten könnte. Hierfür ist das in Abs. 3 S. 2–13 angelegte Stufenkonzept zu unbestimmt geregelt; außerdem verbliebe den zuständigen Behörden selbst bei einer bestimmteren Regelung (etwa bei einer Verknüpfung der in Abs. 3 genannten Stufen mit dem Katalog des Abs. 1) ein großer **Spielraum,** innerhalb dessen sie über die Ausgestaltung des Schutzkonzepts entscheiden könnten. Das Gericht kann die Behörde deswegen nur **verpflichten, das Schutzkonzept** unter Beachtung der in Abs. 3 genannten Grenzwerte **neu aufzustellen.** Geltend gemacht werden kann der Anspruch auf Ausrichtung des Schutzkonzepts an den Grenzwerten des Abs. 3 durch eine allgemeine **Leistungsklage.**

G. Ausgestaltung des Schutzkonzepts (Abs. 6)

153   Abs. 6 enthält einige weitere Vorgaben für die Ausdifferenzierung des Schutzkonzepts.

I. Kumulative Anordnung (S. 1)

154   Gem. S. 1 können Schutzmaßnahmen nach Abs. 1 auch kumulativ angeordnet werden, soweit und solange es für eine wirksame Verhinderung der Verbreitung der Coronavirus-Krankheit-2019 (COVID-19) erforderlich ist. Dies gilt auch für Schutzmaßnahmen nach § 28 Abs. 1 und nach den §§ 29 bis 31. Der Gesetzgeber wollte dadurch ausdrücklich ins Gesetz schreiben, dass Schutzmaßnahmen in einem Umfang zulässig sein können, die „bis hin zu einem vollständigen **Herunterfahren des öffentlichen Lebens** und zu weitreichenden Einschränkungen des Privatlebens" reichen (BT-Drs. 19/24334, 82).

155   Zum Teil wird dieser Teil der Vorschrift für überflüssig gehalten, da dies auch gelten würde, wenn es nicht im Gesetz stünde (*Sangs* NVwZ 2020, 1780 (1784); *Eibenstein* COVuR 2020, 856 (857)). Man kann aus der Betonung der „kumulativen Anordnung" aber auch die Pflicht der Behörden herauslesen, ein **Schutzkonzept** (dazu → Rn. 7) **aufzustellen** (OVG Koblenz Beschl. v. 18.1.2021 – 6 B 11642/20.OVG, BeckRS 2021, 252 Rn. 10; vgl. auch *Gerhardt,* § 28 Rn. 24, § 28a Rn. 3), dh ein Konzept, dass die verschiedenen Maßnahmen aufeinander abstimmt.

156   Darüber hinaus darf eine solche Aussage nicht die staatliche Pflicht verschleiern, die Epidemie auch auf anderem Wege – also anstelle von oder parallel zu Schutzmaßnahmen nach § 28a – einzudämmen, zB durch eine effizientere Teststrategie, durch die Aufstockung der Gesundheitsämter mit Personal und Technik und durch die Förderung von Forschung, die Erkenntnisse zu den häufigsten Übertragungsorten generiert (dazu OVG Lüneburg Beschl. v. 15.2.2021 – 13 MN 44/21, Rn. 41). Je mehr über die Übertragungsorte bekannt ist, desto zielgerichteter können Schutzkonzepte ausgerichtet werden.

II. Abstimmung innerhalb des Schutzkonzepts (S. 2)

157   S. 2 soll klarstellen, dass soziale, gesellschaftliche und wirtschaftliche Auswirkungen auf den Einzelnen und die Allgemeinheit bei der Entscheidung über das

Ob und Wie von Schutzmaßnahmen im Rahmen der Gesamtabwägung einzubeziehen und zu berücksichtigen sind, soweit dies mit dem Ziel einer wirksamen Verhinderung von COVID-19 vereinbar ist (BT-Drs. 19/24334, 82). Damit kann nicht gemeint sein, dass soziale, gesellschaftliche und wirtschaftliche Auswirkungen keinerlei Rolle spielen, wenn ansonsten die Ausbreitung von COVID-19 verlangsamt würde. Letztlich appelliert S. 2 an die Verordnungsgeber, stets bei mehreren denkbaren alternativen Maßnahmen diejenige zu wählen, die am besten mit den genannten Interessen in Einklang zu bringen ist.

Dass es sich bei der erforderlichen Abwägung um eine „prognostische Ab- **158** wägungsentscheidung" handelt, die dem Verordnungsgeber einen Beurteilungsspielraum eröffnet, der gerichtlich nur begrenzt überprüfbar ist (so VGH München Beschl. v. 8.12.2020 – 20 NE 20.2461, Rn. 25; VGH München Beschl. v. 15.2.2021 – 20 NE 21.411, Rn. 25), ist zu bezweifeln. Der Begriff „Beurteilungsspielraum" passt schon deshalb nicht, weil er sich auf unbestimmte Rechtsbegriffe auf Tatbestandsseite bezieht (*Maurer/Waldhoff* § 7 Rn. 26). Die Entscheidung über das Ob und Wie von Schutzmaßnahmen wird jedoch auf Ermessensseite getroffen. Die Verwaltungsgerichte können zwar auch die Ausübung des Ermessens nur eingeschränkt überprüfen (vgl. § 114 S. 1 VwGO), dies entbindet sie jedoch nicht von einer Verhältnismäßigkeitsprüfung. Diese wird allerdings dadurch erschwert, dass die Verordnungsgeber im Rahmen der Risikovorsorge (→Rn. 4ff.) **regelmäßig unter Unsicherheit entscheiden** und die Gerichte nicht einfach ihre Risikoeinschätzungen an die Stelle der Einschätzungen der Verordnungsgeberinnen setzen dürfen. In der Sache handelt es sich um die Frage **gerichtlicher Kontrollgrenzen bei faktischer Unaufklärbarkeit.** Grds. ist hier der Exekutive ein Einschätzungsspielraum zuzugestehen (*Maurer/Waldhoff* § 7 Rn. 47), der aber nur dort auf die Verhältnismäßigkeitsprüfung durchschlagen darf, wo tatsächlich diese Unaufklärbarkeit besteht: Vorhandene Studien zur Wirkung konkreter Schutzmaßnahmen zB können auch vom Gericht im Rahmen der Verhältnismäßigkeitsprüfung herangezogen werden.

III. Differenzierung (S. 3)

S. 3 greift die Überlegung auf, dass die Schutzmaßnahmen des Abs. 1 nicht **159** stets in gleichem Umfang für alle denkbaren AdressatInnen gelten müssen: Einzelne soziale, gesellschaftliche oder wirtschaftliche Bereiche, die für die Allgemeinheit von besonderer Bedeutung sind, können von den Schutzmaßnahmen ausgenommen werden, soweit ihre Einbeziehung zur Verhinderung der Verbreitung von COVID-19 nicht zwingend erforderlich ist. Innerhalb des Gesamtkonzepts von Schutzmaßnahmen darf und muss somit differenziert werden (BT-Drs. 19/24334, 82).

In der Sache geht es hier um die **(Un)Gleichbehandlung verschiedener** **160** **Personen- bzw. Berufsgruppen** (ausf. *Poscher* in Huster/Kingreen Hdb. Inf-SchR Kap. 4 Rn. 117ff.): Unproblematisch ist die Berücksichtigung der unterschiedlichen Infektionsrisiken; Ausnahmen von Verboten können (und müssen) umso eher zugelassen werden, je geringer das Risiko ist (zur Ungleichbehandlung eines Kinobetreibers im Vergleich zu anderen Unternehmen OVG Lüneburg Beschl. v. 17.6.2020 – 13 MN 218/20, Rn 45). Daneben dürfen das

öffentliche Interesse an der uneingeschränkten Aufrechterhaltung bestimmter unternehmerischer Tätigkeiten wie dem Lebensmittelhandel (*Rixen* NJW 2020, 1097 (1101); OVG Bln.-Bbg. Beschl. v. 17. 4. 2020 – OVG 11 S 22/20, Rn. 25; VGH Mannheim Beschl. v. 30. 4. 2020 – 1 S 1101/20, Rn. 53) und die Auswirkungen der Maßnahmen auf die betroffenen Unternehmen und Dritte (OVG Lüneburg Beschl. v. 16. 4. 2020 – 13 MN 67/20, Rn. 55; Beschl. v. 15. 2. 2021 – 13 MN 44/21, Rn. 48; OVG Schleswig Beschl. v. 8. 5. 2020 – 3 MR 23/20, Rn. 35 OVG Saarlouis Beschl. v. 13. 11. 2020 – 2 B 332/20, Rn. 20; OVG Bln.-Bbg. Beschl. v. 11. 11. 2020 – OVG 11 S 111/20, Rn. 56) berücksichtigt werden; Art. 3 Abs. 1 GG gebietet es nicht, alle Unternehmen gleich zu behandeln.

161   Bei gleichem Infektionsrisiko können also auch bestimmte Tätigkeitsarten unterschiedlich behandelt werden oder sogar eine Tätigkeit mit höherem Infektionsrisiko gegenüber einer Tätigkeit mit geringerem Risiko bevorzugt werden, wenn dies etwa durch die Berücksichtigung besonders gewichtiger Grundrechte geboten ist. Dies kann es rechtfertigen, auch bei sehr strengen Regelungen, die einem Lockdown nahekommen, Ausnahmen für Betriebe oder Tätigkeiten vorzusehen, die für den Erhalt der Funktionsfähigkeit von Staat und Gesellschaft unverzichtbar erscheinen (*Rixen* NJW 2020, 1097 (1101)), insbes. wenn ihnen eine „**Grundversorgungsfunktion** für nicht verzichtbare, Grundbedürfnisse betreffende Produkte von besonderer Bedeutung" zukommt (VGH Mannheim Beschl. v. 18. 2. 2021 – 1 S 398/21, Rn. 107). Mit dieser Begründung dürfen bzw. müssen insbesondere Lebensmittelgeschäfte, Apotheken, Drogerien und ähnliche Betriebe offenbleiben (OVG Berlin-Brandenburg Beschl. v. 17. 4. 2020 – 11 S 22/20, Rn. 25; VGH Mannheim Beschl. v. 30. 4. 2020 – 1 S 1101/20, Rn. 53). So lässt sich außerdem die Begrenzung des Warenangebots von Wochenmärkten ausschließlich auf Lebensmittel (OVG Lüneburg Beschl. v. 16. 4. 2020 – 13 MN 67/20, Rn. 55) und die Schließung von Bekleidungsgeschäften (VGH Mannheim Beschl. v. 18. 2. 2021 – 1 S 398/21, Rn. 108) rechtfertigen. Eine Grundversorgungsfunktion liegt aber nicht bei Blumenläden vor (vgl. auch die Erwägungen bei OVG Saarlouis Beschl. v. 9. 3. 2021 – 2 B 58/21).

162   Auch das **Offenlassen von Kitas und Schulen** bei gleichzeitiger weitgehender Schließung sonstiger Bereiche kann mit S. 3 gerechtfertigt werden (*Greve* NVwZ 2020, 1786 (1791)).

163   Der VGH München hält die Erwägung, den Einzelhandel von Schließungen auszunehmen, weil dies **gesamtwirtschaftlich** mit noch **schwereren Folgen** verbunden wäre, für von § 28 Abs. 6 S. 3 noch gedeckt (Beschl. v. 8. 12. 2020 – 20 NE 20.2461, Rn. 40).

H. Befristung und Begründung von RVOen (Abs. 5)

164   Die Begründungs- und Befristungspflicht des Abs. 5 fand erst nach der Sachverständigenanhörung zum 3. BevSchG (BGBl. I 2397) ihren Weg in das Gesetz, nachdem mehrere Sachverständige eine entsprechende Regelung dringend empfohlen hatten (*Kießling* BT-Ausschussdrs. 19(14)246(7), 5; *Möllers* BT-Ausschussdrs. 19(14)246(15), 8 f.). Durch die zwingende Befristung wird der zeitlichen Dimension des Verhältnismäßigkeitsgrundsatzes (*Siegel* NVwZ 2020, 577 (581); *Kingreen* JURA 2020, 1019 (1028 f.)) Rechnung getragen, durch die Pflicht zur Begründung sollen die wesentlichen Entscheidungsgründe für die getroffenen Maßnahmen transparent gemacht werden; auf diese Weise wird der Grundrechtsschutz durch Verfahren gewährleistet (BT-Drs. 19/24334, 81). Mittelbar ergibt sich aus Abs. 5 S. 1 und 2 eine **Evaluierungs- bzw. Beobachtungspflicht:** Bei Ablauf der Geltungsdauer der Verordnung muss geprüft werden, ob die Maßnahmen weiterhin notwendig sind; die Begründungslast ist erhöht, wenn trotz geänderter Situation an den vorherigen Maßnahmen festgehalten werden soll. Auch während der Geltungsdauer der Frist müssen die Behörden regelmäßig überprüfen, ob die Maßnahme noch erforderlich ist oder ob nicht mittlerweile ein milderes Mittel gleich geeignet ist (OVG Lüneburg Beschl. v. 14. 4. 2020 – 13 MN 63/20, Rn. 54). Je intensiver der Grundrechtseingriff ist, desto engmaschiger muss diese Überprüfung durchgeführt werden. Je länger eine Maßnahme aufrechterhalten wird, desto eher wird sie auch unzumutbar für den Betroffenen (VGH München Beschl. v. 30. 3. 2020 – 20 NE 20.632, Rn. 63; OVG Weimar Beschl. v. 22. 5. 2020 – 3 EN 341/20, Rn. 104).

I. Geltung auch für AllgVfg.

Bei Maßnahmen, die sich an eine Vielzahl von Adressaten richten, stellt sich **165** die Frage, ob sie in Form einer AllgVfg. gem. § 35 S. 2 VwVfG oder in Form einer RVO nach **§ 32** angeordnet werden müssen (dazu → § 32 Rn. 6 ff.). In der Praxis werden bundeslandweite Ge- und Verbote durch RVO, Ge- und Verbote auf regionaler Ebene hauptsächlich durch AllgVfg. angeordnet (→ § 32 Rn. 26). Begründungs- und Befristungspflicht des Abs. 5 sollen ausweislich des Wortlauts nur für RVOen gelten; systemkonform wäre deswegen eine Verankerung in § 32 und nicht in § 28a gewesen (so wohl auch *Sangs* NVwZ 2020, 1780 (1784)).

Jedenfalls die **Befristungspflicht** muss **analog** auch auf AllgVfg. an- **166** gewandt werden; dies ergibt sich schon daraus, dass Fragen der Dauer eine Verhältnismäßigkeitskomponente darstellen (→ § 28 Rn. 25).

Dass für AllgVfg. keine **Begründungspflicht** geregelt wurde, stellt wohl **167** eine planwidrige Regelungslücke dar. Hier ist zwar § 39 Abs. 2 Nr. 5 VwVfG zu beachten; das Ermessen der Behörde, eine Begründung zu unterlassen, dürfte aber „erheblich reduziert" sein (*Poscher* in Huster/Kingreen Hdb. Inf-SchR Kap. 4 Rn. 106 b).

II. Geltung auch für RVOen gem. §§ 29–31

Anders als Abs. 3 S. 1 und Abs. 6 erwähnt Abs. 5 nicht RVOen, die während **168** der Corona-Epidemie aufgrund der §§ 29–31 iVm § 32 erlassen werden. Hier besteht wohl eine planwidrige Regelungslücke. In der Praxis werden aber die meisten Schutzmaßnahmen, die auf §§ 29–31 gestützt werden, im Wege des Einzelverwaltungsakts angeordnet, so dass sich in der Praxis diese Frage wohl nur selten stellt. Dies gilt insbesondere, seit die Reiserückkehrerquarantäneverordnungen nicht mehr auf § 30 Abs. 1 gestützt werden (→ § 30 Rn. 20 f.; → § 36 Rn. 59 ff.). Soweit die Bundesländer jedoch RVOen auf §§ 29–31 stützen, muss **§ 28a Abs. 5 analog** angewendet werden.

III. Begründung (S. 1)

169   Der Gesetzgeber erachtet es als ausreichend, dass die Verordnungsgeberin die Verordnung **„allgemein"** begründet. Damit ist wohl gemeint, dass nicht in Bezug auf jede ergriffene Schutzmaßnahme detailliert eine besondere Begründung gegeben werden muss (so VG Hamburg Beschl. v. 29.12.2020 – 1 L 458/20, Rn. 22). Die Verordnungsgeberin muss jedoch erläutern, „in welcher Weise die Schutzmaßnahmen im Rahmen eines Gesamtkonzepts der Infektionsbekämpfung dienen" (BT-Drs. 19/24334, 81).

170   Eine empirische und umfassende Erläuterung soll nicht geschuldet sein (BT-Drs. 19/24334, 81). Die Begründung muss jedoch aussagekräftig und für LaiInnen verständlich sein (*Lindner* in Schmidt, § 18 Rn. 96a). Nicht ausreichend ist es, wenn formelhaft auf Erkenntnisse des RKI zur Übertragung von SARS-CoV-2 und die aktuellen Inzidenzwerte Bezug genommen wird. Die Verordnungsgeberin muss erkennen lassen, dass sie die **Entwicklung des Infektionsgeschehens** verfolgt und bei **Über- bzw. Unterschreiten der in Abs. 3 genannten Schellenwerte** eine Anpassung des Maßnahmenkonzepts überprüft hat. Deswegen wird man eine Bezugnahme auf die in Abs. 3 genannten Schwellenwerte und das dortige Stufensystem (→ Rn. 118) verlangen können. Insbesondere wenn von den **Grundwertungen des Abs. 3 abgewichen** werden soll – also bei der „Bereinigung" der zugrunde gelegten Inzidenzwerte (→ Rn. 123 f.), bei einem Festhalten der ergriffenen Maßnahmen bei Unterschreiten des Grenzwertes (Abs. 3 S. 11, → Rn. 133), einem Ergreifen strengerer Maßnahmen vor Erreichen des Grenzwertes (Abs. 3 S. 8, → Rn. 130 ff.) oder einer Festlegung von nicht in Abs. 3 vorgesehenen Grenzwerten (→ Rn. 151) – **erhöhen sich die Anforderungen** an die Begründung; in diesen Fällen muss umfassender begründet werden, warum welche Schutzmaßnahmen ergriffen werden.

171   Entsprechendes gilt für das Vorliegen der **Voraussetzungen des Abs. 2 S. 1**. Dass die Rspr. hier zT keine besondere Begründung für das Vorliegen der Voraussetzungen des Abs. 2 verlangt hat (OVG Bautzen Beschl. v. 4.3.2021 – 3 B 26/21, Rn. 39), da dies im Wortlaut des Abs. 5 S. 1 nicht angelegt sei, überzeugt nicht. Das Gericht kann die materielle Rechtmäßigkeit von Schutzmaßnahmen, die den Voraussetzungen des Abs. 2 unterliegen, nur überprüfen, wenn die Verordnungsgeberin darlegt, inwiefern ihrer Ansicht nach die Maßnahmen des Abs. 2 ergriffen werden dürfen (davon geht das OVG Bautzen dann an anderer Stelle auch aus, vgl. Beschl. v. 4.3.2021 – 3 B 26/21, Rn. 53).

172   Ob die in der Begründung angeführten Erkenntnisse und Argumente zutreffend sind, ist keine Frage des Abs. 5 S. 1, sondern der materiellen Rechtmäßigkeit der Maßnahmen (OVG Bautzen Beschl. v. 4.3.2021 – 3 B 26/21, Rn. 38; ähnlich OVG Münster Beschl. v. 22.1.2021 – 13 B 47/21.NE, Rn. 33).

IV. Befristung und Verlängerung (S. 1, 2)

173   Gem. Abs. 5 S. 1 sind Verordnungen zu befristen; die Geltungsdauer beträgt gem. S. 2 grundsätzlich vier Wochen und sie kann verlängert werden. Auch wenn der Wortlaut – „grundsätzlich vier Wochen" – wie eine Regelfrist von vier Wochen klingt (kritisch *Eibenstein* COVuR 2020, 856 (858)), die ggf. auch länger ausfallen darf, ergibt sich aus der Gesetzesbegründung, dass der Gesetzgeber die **vier Wochen als Höchstfrist** versteht (so auch *Greve* NVwZ 2020, 1786 (1791); *Johann/Gabriel* in BeckOK InfSchR § 28 a Rn. 45). Insbesondere bei intensiven Grundrechtseingriffen ist regelmäßig eine kürze Befristung zu wählen (so ausdrückl. BT-Drs. 19/24334, 82).

Die Befristungspflicht flankiert die Begründungspflicht, indem sie einen **174** **sich aktualisierenden Handlungs- und erhöhten Rechtfertigungsbedarf** auslöst (*Möllers* BT-Ausschussdrs. 19(14)246(15), 8). Die RVO darf zwar verlängert werden, aber die Verordnungsgeberin wird gezwungen, die neuen Entwicklungen des Infektionsgeschehen zu berücksichtigen und in der Begründung der RVO darzulegen, warum Maßnahmen im gleichen Umfang weiterhin notwendig sind. Sind die Maßnahmen in ihrem Umfang nicht mehr gerechtfertigt, müssen sie (teilweise) zurückgenommen werden.

Nicht nur die weitere Notwendigkeit der Maßnahmen an sich ist zu prüfen, **175** in die Prüfung ist auch die **räumliche Geltung** miteinzubeziehen: Dh bei landesweiter Geltung der RVO muss vor der Verlängerung gem. Abs. 3 geprüft werden, ob die Verlängerung nur für bestimmte Regionen aufrechterhalten wird (VGH Mannheim Beschl. v. 5.2.2021 – 1 S 321/21, Rn. 55).

I. Zitiergebot

Anders als § 28 Abs. 1 S. 4, § 29 Abs. 2 S. 6, § 30 Abs. 2 S. 3, Abs. 3 S. 6 und **176** § 28b Abs. 9 nennt § 28 a nicht die Grundrechte, die durch die Schutzmaßnahmen des Abs. 1 eingeschränkt werden können. Zwar hat der Gesetzgeber in Art. 7 des 3. BevSchG (BGBl. I 2397) eine entsprechende Klausel aufgenommen, sie ist jedoch nicht in der Vorschrift, die zur Grundrechtseinschränkung ermächtigt, enthalten. Der **Warnfunktion** des Art. 19 Abs. 1 S. 2 GG für den Gesetzgeber (vgl. zuletzt BVerfG NJW-Spezial 2021, 121, Rn. 230) wird dadurch wohl genüge getan; soweit Art. 19 Abs. 1 S. 2 GG jedoch auch eine **Informationsfunktion** gegenüber der Bevölkerung zukommt (dazu *Sachs* in ders. GG Art. 19 Rn. 26), ist diese Art der Regelung problematisch: Aus Sicht der Grundrechtsbetroffenen muss ein Blick in die §§ 28–30 zu dem Ergebnis führen, dass § 28 a keine Grundrechtseingriffe vorsieht.

Nicht entscheidend kann sein, dass § 28 a nur § 28 Abs. 1 konkretisiert (so **177** wohl *Greve* NVwZ 2020, 1786 (1792), der in § 28 a keine eigenständige Ermächtigungsgrundlage sieht); dies könnte man genauso für die §§ 29–31 vertreten, die aber die eingeschränkten Grundrechte selbst nennen.

J. Zuwiderhandlungen, Entschädigung

Verstöße gegen eine vollziehbare Anordnung nach § 28 Abs. 1 iVm § 28 a **178** können Ordnungswidrigkeiten darstellen, vgl. **§ 73 Abs. 1 a Nr. 6** (vgl. außerdem § 74 für vorsätzliche Handlungen, wenn dadurch eine in § 6 Abs. 1 S. 1 Nr. 1 genannte Krankheit oder ein in § 7 genannter Krankheitserreger verbreitet wird). Zur Ahndung von Ordnungswidrigkeiten während der Corona-Epidemie → Vorb. §§ 73 ff. Rn. 2, 6.

179 Entschädigungsansprüche können gem. **§ 56 Abs. 1a** bestehen, wenn **Kitas oder Schulen** gem. Abs. 1 Nr. 16 geschlossen (→ § 56 Rn. 55 ff.) werden. Im Falle von Betriebsschließungen gem. Abs. 1 Nr. 13 und 14 bestehen **keine** gesetzlich geregelten Entschädigungsansprüche (ausf. → § 65 Rn. 20)

§ 28b Bundesweit einheitliche Schutzmaßnahmen zur Verhinderung der Verbreitung der Coronavirus-Krankheit-2019 (COVID-19) bei besonderem Infektionsgeschehen, Verordnungsermächtigung

(1) [1]Überschreitet in einem Landkreis oder einer kreisfreien Stadt an drei aufeinander folgenden Tagen die durch das Robert Koch-Institut veröffentlichte Anzahl der Neuinfektionen mit dem Coronavirus SARS-CoV-2 je 100 000 Einwohner innerhalb von sieben Tagen (Sieben-Tage-Inzidenz) den Schwellenwert von 100, so gelten dort ab dem übernächsten Tag die folgenden Maßnahmen:

1. private Zusammenkünfte im öffentlichen oder privaten Raum sind nur gestattet, wenn an ihnen höchstens die Angehörigen eines Haushalts und eine weitere Person einschließlich der zu ihrem Haushalt gehörenden Kinder bis zur Vollendung des 14. Lebensjahres teilnehmen; Zusammenkünfte, die ausschließlich zwischen den Angehörigen desselben Haushalts, ausschließlich zwischen Ehe- oder Lebenspartnerinnen und -partnern, oder ausschließlich in Wahrnehmung eines Sorge- oder Umgangsrechts oder im Rahmen von Veranstaltungen bis 30 Personen bei Todesfällen stattfinden, bleiben unberührt;

2. der Aufenthalt von Personen außerhalb einer Wohnung oder einer Unterkunft und dem jeweils dazugehörigen befriedeten Besitztum ist von 22 Uhr bis 5 Uhr des Folgetags untersagt; dies gilt nicht für Aufenthalte, die folgenden Zwecken dienen:

   a) der Abwendung einer Gefahr für Leib, Leben oder Eigentum, insbesondere eines medizinischen oder veterinärmedizinischen Notfalls oder anderer medizinisch unaufschiebbarer Behandlungen,

   b) der Berufsausübung im Sinne des Artikel 12 Absatz 1 des Grundgesetzes, soweit diese nicht gesondert eingeschränkt ist, der Ausübung des Dienstes oder des Mandats, der Berichterstattung durch Vertreterinnen und Vertreter von Presse, Rundfunk, Film und anderer Medien,

   c) der Wahrnehmung des Sorge- oder Umgangsrechts,

   d) der unaufschiebbaren Betreuung unterstützungsbedürftiger Personen oder Minderjähriger oder der Begleitung Sterbender,

   e) der Versorgung von Tieren oder

   f) aus ähnlichen gewichtigen und unabweisbaren Zwecken oder

   g) zwischen 22 und 24 Uhr der im Freien stattfindenden allein ausgeübten körperlichen Bewegung, nicht jedoch in Sportanlagen;

3. die Öffnung von Freizeiteinrichtungen wie insbesondere Freizeit-parks, Indoorspielplätzen, von Einrichtungen wie Badeanstalten, Spaßbädern, Hotelschwimmbädern, Thermen und Wellnesszentren sowie Saunen, Solarien und Fitnessstudios, von Einrichtungen wie insbesondere Diskotheken, Clubs, Spielhallen, Spielbanken, Wettannahmestellen, Prostitutionsstätten und Bordellbetrieben, gewerblichen Freizeitaktivitäten, Stadt-, Gäste- und Naturführungen aller Art, Seilbahnen, Fluss- und Seenschifffahrt im Ausflugsverkehr, touristischen Bahn- und Busverkehren und Flusskreuzfahrten, ist untersagt;

4. die Öffnung von Ladengeschäften und Märkten mit Kundenverkehr für Handelsangebote ist untersagt; wobei der Lebensmittelhandel einschließlich der Direktvermarktung, ebenso Getränkemärkte, Reformhäuser, Babyfachmärkte, Apotheken, Sanitätshäuser, Drogerien, Optiker, Hörakustiker, Tankstellen, Stellen des Zeitungsverkaufs, Buchhandlungen, Blumenfachgeschäfte, Tierbedarfsmärkte, Futtermittelmärkte, Gartenmärkte und der Großhandel mit den Maßgaben ausgenommen sind, dass

   a) der Verkauf von Waren, die über das übliche Sortiment des jeweiligen Geschäfts hinausgehen, untersagt ist,

   b) für die ersten achthundert Quadratmeter Gesamtverkaufsfläche eine Begrenzung von einer Kundin oder einem Kunden je 20 Quadratmeter Verkaufsfläche und oberhalb einer Gesamtverkaufsfläche von achthundert Quadratmetern eine Begrenzung von einer Kundin oder einem Kunden je 40 Quadratmeter Verkaufsfläche eingehalten wird, wobei es den Kundinnen und Kunden unter Berücksichtigung der konkreten Raumverhältnisse grundsätzlich möglich sein muss, beständig einen Abstand von mindestens 1,5 Metern zueinander einzuhalten und

   c) in geschlossenen Räumen von jeder Kundin und jedem Kunden eine Atemschutzmaske (FFP2 oder vergleichbar) oder eine medizinische Gesichtsmaske (Mund-Nase-Schutz) zu tragen ist; abweichend von Halbsatz 1 ist

   a) die Abholung vorbestellter Waren in Ladengeschäften zulässig, wobei die Maßgaben des Halbsatzes 1 Buchstabe a bis c entsprechend gelten und Maßnahmen vorzusehen sind, die, etwa durch gestaffelte Zeitfenster, eine Ansammlung von Kunden vermeiden;

   b) bis zu dem übernächsten Tag, nachdem die Sieben-Tage-Inzidenz an drei aufeinander folgenden Tagen den Schwellenwert von 150 überschritten hat, auch die Öffnung von Ladengeschäften für einzelne Kunden nach vorheriger Terminbuchung für einen fest begrenzten Zeitraum zulässig, wenn die Maßgaben des Halbsatzes 1 Buchstabe a und c beachtet werden, die Zahl der gleichzeitig im Ladengeschäft anwesenden Kunden nicht höher ist als ein Kunde je 40 Quadratmeter Verkaufsfläche, die Kundin oder der Kunde ein negatives Ergebnis einer innerhalb von 24 Stunden vor Inanspruchnahme der Leistung mittels eines anerkannten Tests durchgeführten Testung auf eine Infektion mit dem Coronavirus SARS-CoV-2 vorgelegt hat und der Betreiber die Kontaktdaten der Kunden, mindestens Name, Vorname, eine sichere Kontaktinformation (Telefonnummer, E-Mail-Adresse oder Anschrift) sowie den Zeitraum des Aufenthaltes, erhebt;

5. die Öffnung von Einrichtungen wie Theatern, Opern, Konzerthäusern, Bühnen, Musikclubs, Museen, Ausstellungen, Gedenkstätten sowie entsprechende Veranstaltungen sind untersagt; dies gilt auch für Kinos mit Ausnahme von Autokinos; die Außenbereiche von zoologischen und botanischen Gärten dürfen geöffnet werden, wenn angemessene Schutz- und Hygienekonzepte eingehalten werden und durch die Besucherin oder den Besucher, ausgenommen Kinder, die das 6. Lebensjahr noch nicht vollendet haben, ein negatives Ergebnis einer innerhalb von 24 Stunden vor Beginn des Besuchs mittels eines anerkannten Tests durchgeführten Testung auf eine Infektion mit dem Coronavirus SARS-CoV-2 vorgelegt wird;

6. die Ausübung von Sport ist nur zulässig in Form von kontaktloser Ausübung von Individualsportarten, die allein, zu zweit oder mit den Angehörigen des eigenen Hausstands ausgeübt werden sowie bei Ausübung von Individual- und Mannschaftssportarten im Rahmen des Wettkampf- und Trainingsbetriebs der Berufssportler und der Leistungssportler der Bundes- und Landeskader, wenn

   a) die Anwesenheit von Zuschauern ausgeschlossen ist,
   b) nur Personen Zutritt zur Sportstätte erhalten, die für den Wettkampf- oder Trainingsbetrieb oder die mediale Berichterstattung erforderlich sind, und
   c) angemessene Schutz- und Hygienekonzepte eingehalten werden;

   für Kinder bis zur Vollendung des 14. Lebensjahres ist die Ausübung von Sport ferner zulässig in Form von kontaktloser Ausübung im Freien in Gruppen von höchstens fünf Kindern; Anleitungspersonen müssen auf Anforderung der nach Landesrecht zuständigen Behörde ein negatives Ergebnis einer innerhalb von 24 Stunden vor der Sportausübung mittels eines anerkannten Tests durchgeführten Testung auf eine Infektion mit dem Coronavirus SARS-CoV-2 vorlegen;

7. die Öffnung von Gaststätten im Sinne des Gaststättengesetzes ist untersagt; dies gilt auch für Speiselokale und Betriebe, in denen Speisen zum Verzehr an Ort und Stelle abgegeben werden; von der Untersagung sind ausgenommen:

   a) Speisesäle in medizinischen oder pflegerischen Einrichtungen oder Einrichtungen der Betreuung,
   b) gastronomische Angebote in Beherbergungsbetrieben, die ausschließlich der Bewirtung der zulässig beherbergten Personen dienen,

c) Angebote, die für die Versorgung obdachloser Menschen erforderlich sind,

d) die Bewirtung von Fernbusfahrerinnen und Fernbusfahrern sowie Fernfahrerinnen und Fernfahrern, die beruflich bedingt Waren oder Güter auf der Straße befördern und dies jeweils durch eine Arbeitgeberbescheinigung nachweisen können,

e) nicht-öffentliche Personalrestaurants und nicht-öffentliche Kantinen, wenn deren Betrieb zur Aufrechterhaltung der Arbeitsabläufe beziehungsweise dem Betrieb der jeweiligen Einrichtung zwingend erforderlich ist, insbesondere wenn eine individuelle Speiseneinnahme nicht in getrennten Räumen möglich ist;

ausgenommen von der Untersagung sind ferner die Auslieferung von Speisen und Getränken sowie deren Abverkauf zum Mitnehmen; erworbene Speisen und Getränke zum Mitnehmen dürfen nicht am Ort des Erwerbs oder in seiner näheren Umgebung verzehrt werden; der Abverkauf zum Mitnehmen ist zwischen 22 Uhr und 5 Uhr untersagt; die Auslieferung von Speisen und Getränken bleibt zulässig;

8. die Ausübung und Inanspruchnahme von Dienstleistungen, bei denen eine körperliche Nähe zum Kunden unabdingbar ist, ist untersagt; wobei Dienstleistungen, die medizinischen, therapeutischen, pflegerischen oder seelsorgerischen Zwecken dienen sowie Friseurbetriebe und die Fußpflege jeweils mit der Maßgabe ausgenommen sind, dass von den Beteiligten unbeschadet der arbeitsschutzrechtlichen Bestimmungen und soweit die Art der Leistung es zulässt Atemschutzmasken (FFP2 oder vergleichbar) zu tragen sind und vor der Wahrnehmung von Dienstleistungen eines Friseurbetriebs oder der Fußpflege durch die Kundin oder den Kunden ein negatives Ergebnis einer innerhalb von 24 Stunden vor Inanspruchnahme der Dienstleistung mittels eines anerkannten Tests durchgeführte Testung auf eine Infektion mit dem Coronavirus SARS-CoV-2 vorzulegen ist;

9. bei der Beförderung von Personen im öffentlichen Personennah- oder -fernverkehr einschließlich der entgeltlichen oder geschäftsmäßigen Beförderung von Personen mit Kraftfahrzeugen samt Taxen und Schülerbeförderung besteht für Fahrgäste sowohl während der Beförderung als auch während des Aufenthalts in einer zu dem jeweiligen Verkehr gehörenden Einrichtung die Pflicht zum Tragen einer Atemschutzmaske (FFP2 oder vergleichbar); eine Höchstbesetzung der jeweiligen Verkehrsmittel mit der Hälfte der regulär zulässigen Fahrgastzahlen ist anzustreben; für das Kontroll- und Servicepersonal, soweit es in Kontakt mit Fahrgästen kommt, gilt die Pflicht zum Tragen einer medizinischen Gesichtsmaske (Mund-Nase-Schutz);

10. die Zurverfügungstellung von Übernachtungsangeboten zu touristischen Zwecken ist untersagt.

²Das Robert Koch-Institut veröffentlicht im Internet unter https://
www.rki.de/inzidenzen für alle Landkreise und kreisfreien Städte
fortlaufend die Sieben-Tage-Inzidenz der letzten 14 aufeinander folgenden Tage. ³Die nach Landesrecht zuständige Behörde macht in geeigneter Weise die Tage bekannt, ab dem die jeweiligen Maßnahmen
nach Satz 1 in einem Landkreis oder einer kreisfreien Stadt gelten.
⁴Die Bekanntmachung nach Satz 3 erfolgt unverzüglich, nachdem
aufgrund der Veröffentlichung nach Satz 2 erkennbar wurde, dass die
Voraussetzungen des Satzes 1 eingetreten sind.

(2) ¹Unterschreitet in einem Landkreis oder einer kreisfreien Stadt
ab dem Tag nach dem Eintreten der Maßnahmen des Absatzes 1 an
fünf aufeinander folgenden Werktagen die Sieben-Tage-Inzidenz den
Schwellenwert von 100, so treten an dem übernächsten Tag die Maßnahmen des Absatzes 1 außer Kraft. ²Sonn- und Feiertage unterbrechen nicht die Zählung der nach Satz 1 maßgeblichen Tage. ³Für die
Bekanntmachung des Tages des Außerkrafttretens gilt Absatz 1 Satz 3
und 4 entsprechend. ⁴Ist die Ausnahme des Absatz 1 Satz 1 Nummer 4
Halbsatz 2 Buchstabe b wegen Überschreitung des Schwellenwerts
von 150 außer Kraft getreten, gelten Satz 1 bis 3 mit der Maßgabe entsprechend, dass der relevante Schwellenwert bei 150 liegt.

(3) ¹Die Durchführung von Präsenzunterricht an allgemeinbildenden und berufsbildenden Schulen ist nur zulässig bei Einhaltung angemessener Schutz- und Hygienekonzepte; die Teilnahme am Präsenzunterricht ist nur zulässig für Schülerinnen und Schüler sowie
für Lehrkräfte, die zweimal in der Woche mittels eines anerkannten
Tests auf eine Infektion mit dem Coronavirus SARS-CoV-2 getestet
werden. ²Überschreitet in einem Landkreis oder einer kreisfreien
Stadt an drei aufeinander folgenden Tagen die Sieben-Tage-Inzidenz
den Schwellenwert von 100, so ist die Durchführung von Präsenzunterricht ab dem übernächsten Tag für allgemeinbildende und berufsbildende Schulen, Hochschulen, außerschulische Einrichtungen
der Erwachsenenbildung und ähnliche Einrichtungen nur in Form
von Wechselunterricht zulässig. ³Überschreitet in einem Landkreis
oder einer kreisfreien Stadt an drei aufeinander folgenden Tagen die
Sieben-Tage-Inzidenz den Schwellenwert von 165, so ist ab dem übernächsten Tag für allgemeinbildende und berufsbildende Schulen,
Hochschulen, außerschulische Einrichtungen der Erwachsenenbildung und ähnliche Einrichtungen die Durchführung von Präsenzunterricht untersagt. ⁴Abschlussklassen und Förderschulen können
durch die nach Landesrecht zuständige Behörde von der Untersagung
nach Satz 3 ausgenommen werden. ⁵Die nach Landesrecht zuständigen Stellen können nach von ihnen festgelegten Kriterien eine Notbetreuung einrichten. ⁶Für das Außerkrafttreten der Untersagung
nach Satz 3 gilt Absatz 2 Satz 1 und 2 mit der Maßgabe entsprechend,
dass der relevante Schwellenwert bei 165 liegt. ⁷Für die Bekanntmachung des Tages, ab dem die Untersagung nach Satz 3 in einem
Landkreis oder einer kreisfreien Stadt gilt, gilt Absatz 1 Satz 3 und 4

entsprechend. [8]Für die Bekanntmachung des Tages des Außerkrafttretens nach Satz 6 gilt Absatz 2 Satz 3 entsprechend. [9]Für Einrichtungen nach § 33 Nummer 1 und 2 gelten die Sätze 3 und 5 bis 7 entsprechend.

(4) Versammlungen im Sinne des Artikels 8 des Grundgesetzes sowie Zusammenkünfte, die der Religionsausübung im Sinne des Artikels 4 des Grundgesetzes dienen, unterfallen nicht den Beschränkungen nach Absatz 1.

(5) Weitergehende Schutzmaßnahmen auf Grundlage dieses Gesetzes bleiben unberührt.

(6) [1]Die Bundesregierung wird ermächtigt, durch Rechtsverordnung folgende Gebote und Verbote zu erlassen sowie folgende Präzisierungen, Erleichterungen oder Ausnahmen zu bestimmen:
1. für Fälle, in denen die Sieben-Tage-Inzidenz den Schwellenwert von 100 überschreitet, zusätzliche Gebote und Verbote nach § 28 Absatz 1 Satz 1 und 2 und § 28a Absatz 1 zur Verhinderung der Verbreitung der Coronavirus-Krankheit-2019 (COVID-19),
2. Präzisierungen, Erleichterungen oder Ausnahmen zu den in den Absätzen 1, 3 und 7 genannten Maßnahmen und nach Nummer 1 erlassenen Geboten und Verboten.

[2]Rechtsverordnungen der Bundesregierung nach Satz 1 bedürfen der Zustimmung von Bundestag und Bundesrat.

(7) [1]Der Arbeitgeber hat den Beschäftigten im Fall von Büroarbeit oder vergleichbaren Tätigkeiten anzubieten, diese Tätigkeiten in deren Wohnung auszuführen, wenn keine zwingenden betriebsbedingten Gründe entgegenstehen. [2]Die Beschäftigten haben dieses Angebot anzunehmen, soweit ihrerseits keine Gründe entgegenstehen. [3]Die zuständigen Behörden für den Vollzug der Sätze 1 und 2 bestimmen die Länder nach § 54 Satz 1.

(8) Das Land Berlin und die Freie und Hansestadt Hamburg gelten als kreisfreie Städte im Sinne dieser Vorschrift.

(9) [1]Anerkannte Tests im Sinne dieser Vorschrift sind In-vitro Diagnostika, die für den direkten Erregernachweis des Coronavirus SARS-CoV-2 bestimmt sind und die auf Grund ihrer CE-Kennzeichnung oder auf Grund einer gemäß § 11 Absatz 1 des Medizinproduktegesetzes erteilten Sonderzulassung verkehrsfähig sind. [2]Soweit nach dieser Vorschrift das Tragen einer Atemschutzmaske oder einer medizinischen Gesichtsmaske vorgesehen ist, sind hiervon folgende Personen ausgenommen:
1. Kinder, die das 6. Lebensjahr noch nicht vollendet haben,
2. Personen, die ärztlich bescheinigt aufgrund einer gesundheitlichen Beeinträchtigung, einer ärztlich bescheinigten chronischen Erkrankung oder einer Behinderung keine Atemschutzmaske tragen können und
3. gehörlose und schwerhörige Menschen und Personen, die mit diesen kommunizieren, sowie ihre Begleitpersonen.

(10) **Diese Vorschrift gilt nur für die Dauer der Feststellung einer epidemischen Lage von nationaler Tragweite nach § 5 Absatz 1 Satz 1 durch den Deutschen Bundestag, längstens jedoch bis zum Ablauf des 30. Juni 2021. Dies gilt auch für Rechtsverordnungen nach Absatz 6.**

(11) **Die Grundrechte der körperlichen Unversehrtheit (Artikel 2 Absatz 2 Satz 1 des Grundgesetzes), der Freiheit der Person (Artikel 2 Absatz 2 Satz 2 des Grundgesetzes), der Versammlungsfreiheit (Artikel 8 des Grundgesetzes), der Freizügigkeit (Artikel 11 Absatz 1 des Grundgesetzes) und der Unverletzlichkeit der Wohnung (Artikel 13 Absatz 1 des Grundgesetzes) werden eingeschränkt und können auch durch Rechtsverordnungen nach Absatz 6 eingeschränkt werden.**

Übersicht

Schrifttum: *Mangold,* Kurzgutachten „Grundrechtliche Bewertung einer Ausgangssperre zur Pandemiebekämpfung", 2021.

A. Zweck und Bedeutung der Norm

§ 28b will die Corona-Schutzmaßnahmen bei einem „besonderen Infek- **1**
tionsgeschehen" **vereinheitlichen,** indem ab bestimmten Schwellenwerten
in Abs. 1 und Abs. 3 aufgeführte Maßnahmen **unmittelbar gelten.** Weitere
Maßnahmen gelten gem. Abs. 3 S. 1 und Abs. 7 unabhängig vom Infektionsgeschehen bundesweit. Abs. 6 enthält außerdem eine Verordnungsermächtigung für die Bundesregierung, mittels derer sie weitere Schutzmaßnahmen
durch RVO festlegen kann. Die bundesweite Vereinheitlichung, die durch
den Titel der Vorschrift und die Gesetzesbegründung (BT-Drs. 19/28444)
suggeriert wird, besteht somit (bis auf zwei Ausnahmen) nicht in einer bundesweit einheitlichen Rechtslage, sondern in dem durch Bundesgesetz bzw. Bundes-RVO festgelegten Schutzkonzept (zum Begriff → § 28a Rn. 7), das aber
regional differenzierend greift.

Die Vorschrift wurde im April 2021 durch das 4. BevSchG v. 22.4.2021 **2**
(BGBl. I 802) in das IfSG eingefügt, nur knapp vier Wochen nachdem durch
das EpiLage-FortgeltungsG v. 29.3.2021 (BGBl. I 370) das letzte Mal Änderungen an § 28a vorgenommen worden waren (→ § 28a Rn. 3). Das Gesetzgebungsverfahren wurde angestrengt, weil die Koordinierung der Corona-
Schutzverordnungen der Bundesländer durch die MinisterpräsidentInnen-
Konferenz (MPK) als nicht mehr ausreichend angesehen wurde; Anfang März
hatte man sich bei steigenden Corona-Zahlen in der Runde auf eine **„Notbremse"** geeinigt (→ § 28a Rn. 125), die bei der Überschreitung eines 7-Ta-
ges-Inzidenzwertes (gemeldete Neuinfektionen auf 100.000 EinwohnerInnen
innerhalb von 7 Tagen, → § 28a Rn. 119) von 100 greifen sollten. Nicht alle
Länder hatten diese „Notbremse" aber in ihren RVOen umgesetzt. Wenige
Tage, nachdem eine Formulierungshilfe der Bundesregierung erstellt worden
war, wurde am 16.4.2021 im Bundestag der Gesetzentwurf in erster Lesung
beraten; noch am gleichen Tag kam es zu einer Anhörung im Gesundheitsausschuss. Der Inhalt des Entwurfs war sowohl bei den Sachverständigen im Ausschuss als auch innerhalb von Regierung und Opposition **sehr umstritten;**
dies betraf nicht nur die Frage, ob einzelne Maßnahmen unverhältnismäßig
sein könnten, sondern auch die Frage, ob die gewählten Maßnahmen über-

haupt zur Epidemiebekämpfung ausreichen würden, da zwischen der auf der MPK verabredeten Notbremse und dem Inkrafttreten des § 28b fast acht Wochen lagen, in denen die Länder weitestgehend untätig geblieben waren. IErg wurde § 28b allein aufgrund **politischer Untätigkeit** und **nicht aufgrund fehlender Ermächtigungsgrundlagen** als notwendig erachtet. Sinnvoller wäre es gewesen, die Defizite des § 28a zu beheben, um so die Epidemiebekämpfung durch die Länder besser steuern zu können.

3   Die in Abs. 1 und Abs. 3 genannten Maßnahmen entsprechen nun weitestgehend der Anfang März in der MPK beschlossenen „Notbremse", weswegen das 4. BevSchG zum Teil auch „Notbremsegesetz" genannt wird. Inhaltlich handelt es sich um Maßnahmen, die bereits in § 28a aufgeführt sind; § 28b führt keine neuen Maßnahmen ein, sondern will allein sicherstellen, dass bei Vorliegen bestimmter Voraussetzungen die in Abs. 1 und 3 genannten Maßnahmen unmittelbar gelten, damit das Untätigbleiben der Länder nicht ohne Folgen bleibt. Abs. 7 übernimmt außerdem eine bislang allein arbeitsschutzrechtlich geregelte Homeoffice-„Pflicht" und erweitert sie um ein Annahmegebot der ArbeitnehmerInnen. Nach aktuellem Stand gilt die Vorschrift nur bis 30.6.2021 (Abs. 10).

B. Verhältnis zu § 28a und §§ 28, 29–31

4   Unklar bleibt das Verhältnis des § 28b zu den anderen Vorschriften der §§ 28ff. Zwar regelt Abs. 5 ausdrücklich, dass weitergehende Schutzmaßnahmen auf Grundlage dieses Gesetzes unberührt bleiben. Für die punktuell angeordneten Maßnahmen nach § 28 und insbes. §§ 29–31 versteht sich das von selbst, da sie auf konkrete Gefahren und nicht auf Infektionsrisiken reagieren (→ § 28 Rn. 5). Abs. 5 kann darüber hinaus entnommen werden, dass strengere Maßnahmen als die in § 28b aufgeführten weiterhin auf der Grundlage des § 28a angeordnet werden können. Die Bundesländer bleiben also weiterhin zuständig für das Ergreifen von Corona-Schutzmaßnahmen; sie dürfen jedoch nicht die in Abs. 1 und 3 aufgeführten Maßnahmen „aufweichen". Ein **einheitliches System** bilden die beiden auf die Corona-Epidemie zugeschnittenen **§ 28a und § 28b nicht;** vielmehr widersprechen sich einzelne Vorgaben der beiden Vorschriften.

I. § 28a Abs. 3

5   So lässt sich § 28a Abs. 3 entnehmen, dass spätestens bei Überschreiten des 7-Tages-Inzidenzwerts von 50 Maßnahmen in einem Umfang ergriffen werden müssen, die dazu führen, dass (bei vergleichbarer Anzahl durchgeführter Tests) der Inzidenzwert wieder **unter die Schwelle von 50** sinkt (→ § 28a Rn. 128f.; *Kießling* BT-Ausschuss-Drs. 19(14)323(6), 3f.). § 28b geht aber nun von einem **Schwellenwert von 100** (bei Maßnahmen nach Abs. 3 sogar von 165) aus. Das stellte so lange noch keinen Widerspruch dar, wie der Schwellenwert von 100 nur die Bundesregelung aktivierte; problematisch ist jedoch, dass § 28b nicht das Ziel verfolgt, den 7-Tages-Inzidenzwert wieder unter die Schwelle von 50 zu drücken, sondern ihn um den Wert von 100 herum zu verstetigen (vgl. Abs. 2, →Rn. 18). Die sich aus § 28a Abs. 3 ergebende Pflicht der Länder zur nachhaltigen Eindämmung des Infektionsgeschehens schon bei Überschreiten der Schwelle von 50 wird dadurch zwar nicht rechtlich ausgehebelt, der Ansatz des § 28b scheint aber ein Untätigbleiben der Länder zu legitimieren.

Eine weitere Abweichung von § 28a Abs. 3 besteht darin, dass dort die **6** Schwellenwerte nicht absolut bzw. starr gelten, sondern die Berücksichtigung weiterer Kriterien möglich bzw. ggf. geboten ist (→ § 28a Rn. 135 ff.). § 28b wiederum lässt eine Berücksichtigung weiterer Kriterien nicht zu und knüpft allein an die Inzidenzwerte an. Dies ist aber wohl weniger problematisch als von einigen angenommen, da die Schwellenwerte sehr hoch angesetzt wurden. Denn die „Notbremse" greift erst in einer Situation, in der auch die Berücksichtigung anderer Kriterien als der Inzidenzwerte des § 28a Abs. 3 (35/50) nicht zu dem Ergebnis führte, dass ein Eingreifen nicht geboten wäre: In dieser Situation liegt der R-Wert notwendigerweise > 1 (jedenfalls wenn sich eine Stadt/ein Landkreis „von unten" der Schwelle von 100 nähert), das Gesundheitssystem wird nah an der Überlastungsgrenze liegen (vgl. § 28a Abs. 3 S. 1) und die Gesundheitsämter werden die Kontaktnachverfolgung nicht mehr vollumfänglich bewerkstelligen können. Man kann letztlich unterstellen, dass die **Berücksichtigung all dieser Kriterien durch den Gesetzgeber** selbst vorgenommen wurde (*Wollenschläger* BT-Drs. 19(14)323(21), 5, 19), insbes. da die Vorschrift einen zeitlich begrenzten Anwendungsbereich hat (vgl. Abs. 10) und in einer besonderen Situation verabschiedet wurde.

Problematisch bleibt jedoch, dass das Greifen der „Notbremse" von der Anzahl der durchgeführten Tests abhängt, die insbes. an Feiertagen niedriger liegt **7** als an Werktagen. Ein Stück weit wird dieses Problem aber dadurch abgefedert, dass für das Außerkrafttreten der Notbremse gem. Abs. 2 allein Werktage gezählt werden.

II. § 28a Abs. 2

Ein weiterer Widerspruch ergibt sich zu § 28a Abs. 2 Nr. 2, der **Ausgangs-** **8** **beschränkungen** (insbes. nächtliche Ausgangssperren) nach § 28a Abs. 1 Nr. 3 als **ultima ratio** einordnet (→ § 28a Rn. 95 ff.). Kita- und Schulschließungen nach § 28a Nr. 16 hingegen unterliegen dem Wortlaut des § 28a keinen weiteren Voraussetzungen. § 28a ist an dieser Stelle zwar verfassungskonform dahingehend auszulegen, dass die Voraussetzungen des § 28a Abs. 2 auch bei Kita- und Schulschließungen vorliegen müssen (→ § 28a Rn. 83, 97, 103), der Gesetzgeber – der dies offensichtlich anders sieht – setzt sich jedoch mit dem gegenüber § 28b Abs. 1 erhöhten Schwellenwert in Abs. 3 bei Kita- und Schulschließungen (165 statt 100) in Widerspruch zu seiner eigenen Wertung des § 28a Abs. 2.

Abgesehen davon ergibt sich jedenfalls aus § 28a Abs. 2 die grundsätzliche **9** Wertung, dass die dort aufgeführten Maßnahmen erst bei Vorliegen besonderer Umstände ergriffen werden dürfen (→ § 28a Rn. 98 ff.). Diese besonderen Umstände mögen bei Überschreiten einer 7-Tages-Inzidenz von 100 und einer unmittelbar drohenden Überlastung des Gesundheitssystems (wie im April 2021) vorliegen. Dem Ansatz des § 28b Abs. 1 ist jedoch nicht zu entnehmen, dass er nächtliche Ausgangssperren als grundsätzlich nachrangig gegenüber den anderen in Abs. 1 aufgeführten Maßnahmen betrachtet.

III. Verordnungsermächtigung für die Bundesregierung (Abs. 6)

10   Auf Abs. 6 S. 1 gestützte RVOen (→ Rn. 70 ff.) führen neben den Maßnahmen der Länder und den unmittelbar geltenden Maßnahmen nach Abs. 1 und 3 zu einer **„dritte[n] Ebene der Maßnahmen"**, was zu einer für die Bevölkerung nur schwer zu überblickenden Lage führen könnte (*Möllers* BT-Drs. 19 (14)323(2), 8). Im schlimmsten Fall setzen sich die in einer Region geltenden Regelungen wie folgt zusammen:

- „Notbremse" nach § 28b Abs. 1
- Landes-RVO nach § 32 iVm § 28a, die für einige der Maßnahmen nach § 28b Abs. 1 strengere Regelungen enthält (zB eine Ausgangssperre schon ab 20 Uhr)
- Bundes-RVO nach § 28b Abs. 6 S. 1 Nr. 1, die eine Maßnahme enthält, die nicht in § 28b Abs. 1 aufgeführt ist
- Bundes-RVO nach § 28b Abs. 6 S. 1 Nr. 2, die Ausnahmen von einem Teil der Maßnahmen nach § 28b Abs. 1 regelt

Eine solche Situation wäre für die Bevölkerung unzumutbar und **verstieße gegen** das sich aus dem Rechtsstaatsprinzip ergebende Prinzip der **Normenklarheit.**

C. Unmittelbare Geltung von Maßnahmen (Abs. 1, 3)

11   Abs. 1 und 3 sind **self-executing,** dh es bedarf keines Zwischenakts der Bundesländer (oder einer RVO der Bundesregierung), damit die dort aufgeführten Maßnahmen in dem jeweiligen Landkreis bzw. der jeweiligen Stadt gelten. Die Vorschrift stellt damit ein Novum im System des IfSG dar und ist auch insgesamt ungewöhnlich, weil die der Gefahrenabwehr iwS zuzurechnende Maßnahmen als Maßnahmegesetz erlassen werden (sehr krit. *Kingreen* BT-Drs. 19(14)323(19), 3; vgl. auch *Möllers* BT-Drs. 19(14)323(2), 1 f.).

I. Aktivierung der „Notbremse"

12   **1. Epidemische Lage von nationaler Tragweite.** Die Rechtsfolgen des § 28b kommen nur dann zum Tragen, wenn der Bundestag gem. **§ 5 Abs. 1 S. 1** eine epidemische Lage von nationaler Tragweite festgestellt hat (Abs. 10 S. 1). Diese epidemische Lage muss durch die Ausbreitung von COVID-19 drohen. Dies ergibt sich nicht aus § 5 Abs. 1 S. 1, der keine bestimmte Krankheit voraussetzt, sondern aus § 28b, der – wie § 28a – auf die Corona-Epidemie beschränkt ist, wie es sich aus der Überschrift der Vorschrift ergibt. Sobald die epidemische Lage von nationaler Tragweite entweder durch den Bundestag gem. § 5 Abs. 1 S. 2 aufgehoben wird oder durch Zeitablauf gem. § 5 Abs. 1 S. 3 nicht mehr besteht, gelten auch die Maßnahmen des Abs. 1 und Abs. 3 nicht mehr in dem Landkreis bzw. der Stadt.

13   **2. Überschreiten des Schwellenwertes.** Weitere Voraussetzung ist, dass die **7-Tages-Inzidenz von 100** (Abs. 1, Abs. 3 S. 2) **bzw. 165** (Abs. 3 S. 3) an drei aufeinander folgenden Tagen überschritten wurde; die Maßnahmen gelten dann ab dem übernächsten Tag. Eine Ausnahme bildet Abs. 3 S. 1, der für die Durchführung von Präsenzunterricht an allgemeinbildenden und berufsbildenden Schulen die Einhaltung angemessener Schutz- und Hygienekonzepte verlangt und für die Teilnahme am Präsenzunterricht eine Testpflicht einführt: Diese Maßnahmen gelten bundesweit mit Inkrafttreten des Gesetzes, ohne dass ein bestimmter Inzidenzwert überschritten werden müsste. Das gleiche gilt für die Homeoffice-„Pflicht" des Abs. 7.

Die Überschreitung des Schwellenwertes wird **regional gemessen,** dh die **14** „Notbremse" wird jeweils in einem bestimmten Landkreis bzw. einer kreisfreien Stadt aktiviert. Das Land Berlin und die Freie und Hansestadt Hamburg gelten gem. Abs. 8 als kreisfreie Städte.

In der ersten Version des § 28b sollte noch die durch das RKI gem. § 28a **15** Abs. 3 S. 13 veröffentlichte Zahl im Rahmen der laufenden Fallzahlenberichterstattung auf dem RKI-Dashboard im Internet maßgeblich sein (BT-Drs. 19/28444, 3). Diese Verknüpfung wurde im Gesetzgebungsverfahren kritisiert (*Kingreen* BT-Ausschuss-Drs. 19(14)323(19), 10; *Kießling* BT-Ausschuss-Drs. 19(14)323(6), 6; vgl. auch *Wollenschläger* BT-Ausschuss-Drs. 19(14)323(21), 7), weil dies zu massiver Rechtsunsicherheit für die Bevölkerung geführt hätte (dazu auch *Müller* JuWissBlog v. 19. 4. 2021), die sich selbst über die Inzidenzwerte in ihrem Ort an verschiedenen Tagen hätten informieren müssen. Der Gesetzgeber griff diese Kritik auf; nun muss gem. Abs. 1 S. 2 das **RKI** auf der (damals noch nicht eingerichteten) Internetseite https://www.rki.de/inzidenzen für alle Landkreise und kreisfreien Städte fortlaufend die Sieben-Tage-Inzidenz der letzten 14 aufeinander folgenden Tage **veröffentlichen.** Die nach Landesrecht zuständige Behörde wiederum muss gem. Abs. 1 S. 3 in geeigneter Weise die Tage bekanntmachen, ab dem die jeweiligen Maßnahmen nach Abs. 1 S. 1 in einem Landkreis oder einer kreisfreien Stadt gelten. Diese **Bekanntmachung** hat gem. Abs. 1 S. 4 unverzüglich zu erfolgen, nachdem aufgrund der Veröffentlichung des RKI erkennbar wurde, dass die „Notbremse" aktiviert ist. „Unverzüglich" bedeutet, dass die Bekanntmachung vor dem Inkrafttreten der Maßnahmen am übernächsten Tag zu erfolgen hat. Für Maßnahmen nach Abs. 3 gelten diese Vorgaben entsprechend (vgl. Abs. 3 S. 7).

Bei der Bekanntmachung handelt es sich nicht um eine feststellende **16** AllgVfg., sondern um einen bloßen **Realakt.** Sie dient allein der Rechtssicherheit; nach dem Willen des Gesetzgebers ist sie für das Eingreifen der „Notbremse" nicht konstitutiv, bei Überschreiten des Schwellenwertes sollen die Maßnahmen des Abs. 1 und Abs. 3 vielmehr „automatisch" gelten (BT-Drs. 19/28732, 19). Offen bleibt, wann eine „Bekanntmachung in geeigneter Weise" vorliegt, der Gesetzgeber erläutert dies nicht. In Anlehnung an § 27a VwVfG wird man davon ausgehen können, dass die Bekanntmachung jedenfalls im Internet erfolgen sollte; zusätzlich wird man in Anlehnung an die Landesregelungen zur ortsüblichen Bekanntmachung auch die Veröffentlichung durch Aushang an der Bekanntmachungstafel der Gemeinde und im Amtsblatt verlangen können.

3. Dauer (Abs. 2, Abs. 3 S. 6, 8). Die Maßnahmen nach Abs. 1 und **17** Abs. 3 gelten nicht für eine feste Dauer, ihre Dauer hängt vielmehr von der **Entwicklung des lokalen Inzidenzwertes** ab. Wenn dieser an fünf aufeinander folgenden Werktagen den Schwellenwert von 100 bzw. 165 unterschreitet, treten an dem übernächsten Tag die jeweiligen Maßnahmen wieder außer Kraft (Abs. 2 S. 1, Abs. 3 S. 6). Dabei unterbrechen Sonn- und Feiertage nicht die Zählung der Tage (Abs. 2 S. 2, Abs. 3 S. 6). Das bedeutet, dass Sonn- und Feiertage zwar nicht mitgezählt werden, dass nach dem Sonn- oder Feiertag die Zählung aber nicht wieder von Neuem beginnt, sondern fortgeführt wird. Der Tag des Außerkrafttretens muss wie der Tag der Aktivierung der „Notbremse" bekanntgemacht werden; die Vorgaben sind die gleichen (Abs. 2 S. 3 iVm Abs. 1 S. 3 und 4; Abs. 3 S. 8, → Rn. 15 f.).

18   Da für das Außerkrafttreten der Maßnahmen der gleiche Schwellenwert wie für die Aktivierung der „Notbremse" gewählt wurde, führt die Konstruktion des § 28b nicht zu einer nachhaltigen Reduktion des Infektionsgeschehens. Steigen die Zahlen nach dem Außerkrafttreten wieder an, kommt es innerhalb kurzer Zeit wieder zur Aktivierung der „Notbremse". Erreicht wird dadurch ein **Jojo-Effekt**, der auch dazu führen kann, dass die Bevölkerung sich gar nicht mehr mit den aktuell geltenden Regelungen vertraut macht. Im Bildungsbereich (vgl. Abs. 3) kommt es zu erheblicher Planungsunsicherheit, weil sich Wechsel- und Distanzunterricht ggf. in kurzen Abständen abwechseln.

19   **4. Verhältnis zu Landesverordnungen oder AllgVfg.** Die „Notbremse" bildet nur einen **Mindeststandard** an Schutzmaßnahmen, also eine Untergrenze. Auch oberhalb des 100er-Schwellenwerts dürfen die Länder gem. § 32 iVm § 28a Maßnahmen ergreifen, soweit sie strenger als die in Abs. 1 und Abs. 3 genannten sind; das gleiche gilt für AllgVfg. auf kommunaler Ebene (→ Rn. 4). Dies ergibt sich ausdrücklich aus **Abs. 5.** Darüber hinaus dürfen die Länder bzw. zuständigen Behörden auf kommunaler Ebene auch unterhalb dieses Schwellenwerts die Maßnahmen des Abs. 1 und Abs. 3 ergreifen. In diesem Fall ist der Anwendungsbereich des § 28b gar nicht berührt; § 28a verpflichtet letztlich sogar dazu, bereits (weit) unterhalb der Schwelle von 100 tätig zu werden (→ Rn. 5 f.).

II. Rechtsschutz

20   Gegen die Maßnahmen des Abs. 1 und 3 kann weder Anfechtungsklage gem. § 42 Abs. 1 VwGO noch ein Normenkontrollverfahren nach § 47 Abs. 1 Nr. 2 VwGO angestrengt werden, wie dies bei der Anordnung von Maßnahmen der §§ 28, 28a (und ggf. §§ 29–31) durch AllgVfg. nach § 35 S. 2 VwVfG bzw. durch RVO gem. § 32 der Fall ist.

21   **1. Unmittelbar geltende Maßnahmen.** Wer sich gegen die unmittelbar geltenden Maßnahmen des § 28b Abs. 1 und 3 wehren will, muss direkt das **BVerfG** im Wege der **Verfassungsbeschwerde** anrufen; der ansonsten im Verwaltungsrecht offenstehende Verwaltungsrechtsweg fällt weg. Dies ist mit der Rechtsschutzgarantie des Art. 19 Abs. 4 GG nur schwer zu vereinbaren (*Möllers* BT-Drs. 19(14)323(2), 3 f.).

22   Eine Ausnahme besteht dort, wo durch **Feststellungsklage gem. § 43 Abs. 1 VwGO** auf Feststellung geklagt werden kann, dass einzelne Maßnahmen für die/den KlägerIn nicht gelten. Dies kann aber höchstens dort einschlägig sein, wo die Vorschrift einen Auslegungsspielraum belässt. Insbes. bei der Ausnahme von der nächtlichen Ausgangssperre in Abs. 1 S. 1 Nr. 2 lit. f käme dies in Betracht (→ Rn. 34). Nicht statthaft aber wäre eine negative Feststellungsklage, mittels derer allgemein festgestellt werden soll, dass jemand nicht Normadressat der Vorschrift ist (*Kingreen* BT-Drs. 19(14)323(19), 5). Das allgemeine Rechtsschutzdefizit der Vorschrift wird deswegen nicht durch das Instrument der Feststellungklage aufgefangen (aA ausdr. der Gesundheitsausschuss, vgl. BT-Drs. 19/28732, 19).

2. Bekanntmachung der Aktivierung der „Notbremse". Nicht not- 23 wendig ist ein gerichtliches Vorgehen gegen die Bekanntmachung des Überschreitens des Schwellenwerts (also die Bekanntmachung der Aktivierung der „Notbremse) nach Abs. 1 S. 3 durch die zuständige Behörde, wenn das tatsächliche Überschreiten des Schwellenwertes an drei aufeinanderfolgenden Tagen nicht angezweifelt wird, weil die Bekanntmachung nicht konstitutiv für das Aktivieren der „Notbremse" ist (→ Rn. 16). Es kann (und muss) also sofort Verfassungsbeschwerde gegen die Maßnahmen erhoben werden. Nur dann, wenn die Bekanntmachung der Überschreitung des Schwellenwertes an drei aufeinander folgenden Tagen selbst angegriffen werden soll – wenn etwa vorgebracht wird, die Behörde habe sich verzählt oder die vom RKI veröffentlichten Zahlen hätten tatsächlich unter 100 (bzw. 165) gelegen –, kommt eine Klage in Betracht. Da die Bekanntmachung nicht konstitutiv für die Geltung der Maßnahmen nach Abs. 1 und 3 ist, ist die Notbremse bei falscher Bekanntmachung streng genommen gar nicht aktiviert, es besteht in diesen Fällen aber die Gefahr, dass die zuständigen Behörden die Maßnahmen vollstrecken bzw. durch Bußgelder ahnden werden. Von daher besteht in einem solchen Fall ein **Feststellungsinteresse** daran, gerichtlich feststellen zu lassen, dass die Bekanntmachung auf nicht vorliegenden Tatsachen beruht und die „Notbremse" in der jeweiligen Stadt bzw. dem Landkreis nicht aktiviert ist.

3. Mehrebenensystem. Rechtsschutzdefizite bestehen auch durch das 24 „Mehrebenensystem" verschiedener Corona-Schutzmaßnahmen (→ Rn. 10): So wird sich eine AllgVfg. eines Landkreises/einer Stadt erledigen, wenn sich die „Notbremse" des Bundes aktiviert, jedenfalls soweit letztere strengere Maßnahmen regelt als die AllVfg. Dies dürfte auch gelten, wenn die Maßnahmen des Abs. 1 und 3 identisch sind mit denen der AllVfg. Eine Anfechtungsklage wird in diesen Fällen unzulässig. Vergleichbares gilt im Falle eines Normenkontrollverfahrens gegen eine auf § 32 gestützte RVO des Landes; hier entfiele die Antragsbefugnis des § 47 Abs. 2 VwGO. Wird die „Notbremse" dann gem. Abs. 2 wieder außer Kraft gesetzt, müssen die Betroffenen ein neues Verfahren gegen die ursprünglich geltenden Regelungen anstrengen (im Falle der AllgVfg. wäre jedoch zunächst der Erlass einer neuen AllgVfg. notwendig).

III. Problemfall Ausgangssperren

Abgesehen von der Frage, ob nächtliche Ausgangssperren überhaupt eine 25 verhältnismäßige Corona-Schutzmaßnahme darstellen können (→ Rn. 31 ff.; → § 28a Rn. 41 ff., 112 ff.), ist die Regelung des Abs. 1 Nr. 2 **verfassungswidrig,** weil Ausgangssperren als **Freiheitsbeschränkung** iSd Art. 2 Abs. 2 S. 2 GG (→ § 28a Rn. 41) nicht unmittelbar durch Gesetz angeordnet werden dürfen (ausf. *Kießling* BT-Ausschuss-Drs. 19(14)323(6), 8; *Möllers* BT-Aus-schuss-Drs. 19(14)323(2), 5; *Kingreen* BT-Ausschuss-Drs. 19(14)323(19), 7; aA *Mangold* Kurzgutachten, 12 f.). Dies ergibt sich ausdrücklich aus Art. 2 Abs. 2 S. 2 und Art. 104 Abs. 1 S. 1 GG. Eine entsprechende Ermächtigung für die Exekutive enthält § 28a Abs. 1 Nr. 3 iVm Abs. 2 S. 1 Nr. 2. Der Gesetzgeber verneint den Eingriff in Art. 2 Abs. 2 S. 2 GG (BT-Drs. 19/28444, 12; BT-Drs. 19/28732, 17), zitiert aber gleichzeitig diesen GG-Artikel in Abs. 11, ohne dass eine andere Maßnahme des § 28b einen solchen Eingriff darstellte.

D. Maßnahmen nach Abs. 1

26   Abs. 1 S. 1 enthält einen Katalog an Maßnahmen, der bei Aktivierung der „Notbremse" (→ Rn. 12 ff.) unmittelbar in den betroffenen Landkreisen und Städten gilt. Der Katalog greift zwar die Maßnahmen des § 28a Abs. 1 auf, orientiert sich jedoch nicht an der Reihenfolge oder in anderer Weise an der dortigen Aufzählung.

I. Kontaktbeschränkungen (Nr. 1)

27   Nr. 1 stellt eine Kontaktbeschränkung iSd § 28a Abs. 1 Nr. 2 dar und gilt sowohl für den öffentlichen als auch für den privaten Raum. Für die Bundesländer, die bislang keine Kontaktbeschränkungen im privaten Raum geregelt haben (wie NRW, → § 28a Rn. 47), bedeutet dies eine erhebliche Verschärfung.

28   Treffen dürfen sich höchstens die Angehörigen eines Haushalts und eine weitere Person. Kinder werden bis zur Vollendung des 14. Lebensjahres nicht mitgezählt. Treffen dürfen sich nach dieser Regelung nicht:
- zwei befreundete Paare
- eine Familie (bestehend aus zwei Elternteilen und Kindern) mit einem Großelternpaar
- eine Familie mit mehreren Kindern (unter und) über 14 Jahren plus eine weitere Person mit Kindern (unter und) über 14 Jahren.

Treffen dürfen sich hingegen
- eine Familie mit mehreren Kindern (unter und) über 14 Jahren plus eine weitere Person mit Kindern bis zur Vollendung des 14. Lebensjahres
- eine Familie (bestehend aus zwei Elternteilen und Kindern) mit nur einem Großelternteil.

29   Der 2. Hs führt auf, dass Zusammenkünfte zwischen den Angehörigen desselben Haushalts keinen Beschränkungen unterliegen; das gleiche gilt für Ehe- oder Lebenspartnerinnen und -partnern. Dieser Teil der Vorschrift ist rein deklaratorisch: Haushalte werden bereits in Hs. 1 keinen Beschränkungen unterworfen; Treffen von Ehe- oder LebenspartnerInnen überschreiten schon nicht die zulässige Personenanzahl. Der Begriff „LebensparnerIn" wird nicht iSd LPartG verwendet; maßgeblich soll das tatsächliche Bestehen einer **Lebenspartnerschaft** sein (BT-Drs. 19/28444, 11).

30   Nicht von Nr. 1 erfasst werden gem. Hs. 2 außerdem Zusammenkünfte, die ausschließlich in Wahrnehmung eines **Sorge- oder Umgangsrechts** stattfinden, sowie **Beerdigungen bzw. Trauerfeiern** im Kreis von bis zu

30 Personen. Darüber hinaus gilt Nr. 1 nur für private Kontakte. Deswegen sind sowohl Kontakte, die der Ausübung einer beruflichen Tätigkeit, der Teilnahme an Maßnahmen des Arbeitskampfes, der Wahrnehmung politischer Mandate und anderer politischer Tätigkeiten, ehrenamtlicher Tätigkeiten, behördlicher Termine usw. dienen, nicht von Nr. 1 erfasst; auch Kontakte, die durch die Wahrnehmung von Pflege- und Assistenzverhältnissen entstehen, unterliegen nach Nr. 1 keinen Beschränkungen (BT-Drs. 19/28732, 17).

II. Nächtliche Ausgangssperre (Nr. 2)

Nr. 2 enthält eine nächtliche Ausgangssperre (zum Begriff → § 28a **31** Rn. 111): Der Aufenthalt von Personen außerhalb einer Wohnung oder einer Unterkunft und dem jeweils dazugehörigen befriedeten Besitztum ist demnach von 22 Uhr bis 5 Uhr des Folgetags untersagt. Im Gesetzgebungsverfahren war diese Maßnahme **höchst umstritten** (ausf. *Kießling* BT-Ausschuss-Drs. 19(14) 323(6), 9 ff.; *Möllers* BT-Ausschuss-Drs. 19(14)323(2), 6, zur Verhältnismäßigkeit allg. → § 28a Rn. 112 ff.); abgesehen von der konkreten Ausgestaltung der Maßnahme und einzelnen Verhältnismäßigkeitsüberlegungen wurde auch die geringe Wirksamkeit kritisiert, während gleichzeitig die nachhaltige Reduktion von Kontakten in Büros und Betrieben einen viel größeren Effekt hätte. Bei der Ausgangssperre handelt es sich deswegen in großen Teilen um **Symbolpolitik,** die Aktivität des Bundes suggeriert, aber nur zu einem Untätigbleiben in anderen Bereichen mit viel relevanterem Infektionsgeschehen führt.

Lit. a–g führen verschiedene Aufenthalte in der Öffentlichkeit auf, die nicht **32** von der Ausgangssperre erfasst werden. **Lit. a–e** knüpfen nicht an ein niedriges Infektionsrisiko an, sondern an bestimmte Tätigkeiten, die aus **Verhältnismäßigkeitsgründen** auch nachts zwingend erlaubt sein müssen (zu Auslegungsfragen und der jeweiligen Reichweite ausf. *Mangold* Kurzgutachten, 7 f.). Was fehlt, sind ausdr. benannte Ausnahmen für die Teilnahme an Versammlungen und Gottesdienste, da laut Abs. 4 Abs. 1 keine Beschränkungen in dieser Hinsicht macht (→ Rn. 56 f.).

Lit. g war in der ersten Version des Gesetzentwurfs noch nicht enthalten **33** (BT-Drs. 19/28444, 3), er wurde nach der Anhörung im Gesundheitsausschuss eingefügt und soll der Tatsache Rechnung tragen, dass von der allein ausgeübten körperlichen Bewegung (zB **Spaziergänge, Joggen, Fahrradfahren**) keine Infektionsgefahr ausgeht (→ § 28a Rn. 112). Dadurch entsteht ein gewisser Bruch bei der Anerkennung von Ausnahmen. Dieser Bruch wird auch dadurch deutlich, dass die Auffangausnahme des lit. f, nach der die Wohnung „aus ähnlichen gewichtigen und unabweisbaren Zwecken" verlassen werden darf, vor lit. g steht; die Ähnlichkeit der Zwecke darf sich deswegen allein auf die in lit. a–e genannten Gründe beziehen. Tätigkeiten, die wie die Sportausübung nach lit. g kein Infektionsrisiko darstellen, können demnach nicht von der Ausnahme des lit. f erfasst werden. Mit anderen Worten: Nachts allein auf einer Parkbank sitzen ist nach Nr. 2 nicht erlaubt.

Abgesehen davon bleibt der Anwendungsbereich der Ausnahme des **lit. f 34** sehr unbestimmt. Der Gesetzgeber versteht diese Ausnahme enger als der VGH München, der für Ausgangsbeschränkungen zur Tagzeit verlangt, dass „im Grundsatz jeder sachliche und einer konkreten, nicht von vornherein unzulässigen Bedürfnisbefriedigung dienende Anlass" als „triftiger Grund" gelten müsse, das Verlassen der eigenen Wohnung zu rechtfertigen (Beschl. v. 28. 4. 2020 – 20 NE 20.849, Rn. 46). Dies zeigt sich daran, dass der Gesetzgeber beispielhaft zunächst die (einleuchtenden) Gründe „Wahrnehmung eines Termins zur Schutzimpfung" und „Wohnungslosigkeit" nannte (BT-Drs. 19/28444, 12), ihm später aber nur noch „zur Tierseuchenbekämpfung erforderliche Jagden zur Nachtzeit" (BT-Drs. 19/28732, 17) einfielen, die offensichtlich für nahezu 100% der Bevölkerung keine Rolle spielen. Aus Abs. 4 ergibt sich, dass die **Teilnahme an religiösen Veranstaltungen und Versammlungen** unter lit. f fallen muss (→ Rn. 32, 57). Ob überhaupt andere Gründe anerkannt werden würden und welcher Art diese sein müssten, kann die Bevölkerung nicht einschätzen (krit. allg. auch *Möllers* BT-Ausschuss-Drs. 19(14)323(2), 6). Hier müsste ggf. Feststellungklage erhoben werden auf Feststellung, dass ein bestimmtes Verhalten einen Zweck iSd lit. f verfolgt und somit auch nach 22 Uhr erlaubt ist. In der Konsequenz führte dies aber dazu, dass sich die Bevölkerung jedes Verlassen der Wohnung nach 22 Uhr von den Gerichten **„genehmigen"** lassen müsste, wodurch der verfassungsrechtlich problematische Ansatz von Ausgangsbeschränkungen (→ § 28a Rn. 42) besonders offensichtlich wird.

35   Darüber hinaus ist auch die sonstige Ausgestaltung der Ausgangssperre in Nr. 2 **verfassungsrechtlich nicht haltbar** (ausf. *Mangold* Kurzgutachten, 7 ff.; allg. → § 28a Rn. 41 ff., 111 ff.): Die Regelung enthält viele Wertungswidersprüche und zählt in dem Ausnahmekatalog grundrechtlich gebotene Ausnahmen nicht auf, wie den Besuch von Ehegatten und anderen nahestehenden Personen oder den „Schutz vor Gewalterfahrung". Ausnahmen für Geimpfte fehlen völlig. Der Vollzug ist schon dadurch erschwert, dass (zulässige) Spaziergänge nicht vom (verbotenen) Heimweg von einem privaten Treffen unterschieden werden können; unklar bleibt, wie die Polizei einzelne Gründe überprüfen soll, die von den Betroffenen glaubhaft gemacht werden müssen (BT-Drs. 19/28444, 12).

III. Freizeiteinrichtungen (Nr. 3)

36   Nr. 3 bedeutet zunächst eine **Schließung**
- bestimmter Freizeiteinrichtungen (Freizeitparks, Indoorspielplätze)
- bestimmter Sportstätten (Badeanstalten, Spaßbäder, Hotelschwimmbäder, Thermen und Wellnesszentren sowie Saunen, Solarien und Fitnessstudios)
- ähnlicher Einrichtungen (Diskotheken, Clubs, Spielhallen, Spielbanken, Wettannahmestellen, Prostitutionsstätten und Bordellbetrieben).

     Die Vorschrift will offenbar nur Beispiele aufzählen, wie die Formulierung „wie insbesondere" zeigt. Bei einer self-executing Norm darf aber nicht offenbleiben, welche Einrichtungen tatsächlich erfasst sind.

37   Der 2. Teil von Nr. 3 passt sprachlich nicht zum 1. Teil, so müsste er vollständig heißen „die Öffnung von gewerblichen Freizeitaktivitäten, Stadt-, Gästeund Naturführungen aller Art, Seilbahnen, Fluss- und Seenschifffahrt im Ausflugsverkehr, touristischen Bahn- und Busverkehren und Flusskreuzfahrten, ist untersagt". Aktivitäten und Führungen werden jedoch nicht „geöffnet". Richtigerweise muss es wohl „die Durchführung von gewerblichen Freizeitaktivitäten und Stadt-, Gäste- und Naturführungen aller Art ist untersagt" heißen; eine entsprechende Formulierung müsste für die Bestandteile gefunden werden, die auf bestimmte touristische Verkehrsarten abzielen (Seilbahnen, Fluss- und Seenschifffahrt im Ausflugsverkehr, touristische Bahn- und Busverkehren und Flusskreuzfahrten). Der Gesetzgeber verweist nur darauf, dass mit „Öffnung" das „Zugänglichmachen der jeweiligen Einrichtung für den Publikumsverkehr" gemeint ist (BT-Drs. 19/28444, 12). „Touristische Bahn- und Busverkehre" sollen ua Reisebusreisen, Museumsbahnen und die Brockenbahn sein (BT-Drs. 19/28444, 12). Der 2. Teil der Vorschrift differenziert nicht zwischen Aktivitäten, die drinnen stattfinden, und solchen, die draußen stattfinden. Mit einem vergleichbaren Infektionsrisiko kann die vollständige Untersagung all dieser Tätigkeiten jedenfalls nicht gerechtfertigt werden.

IV. Ladengeschäfte und Märkte (Nr. 4)

Nr. 4 regelt die zulässigen Möglichkeiten rund um das **„Einkaufen".** 38 Grundsätzlich ist die Öffnung von Ladengeschäften und Märkten mit Kundenverkehr für Handelsangebote untersagt. Zwei lange „Halbsätze" (eigentlich besteht Nr. 4 aus drei „Halb"sätzen) enthalten jedoch jeweils Ausnahmen, die teils in den Bundesländern bestehenden Regelungen aufgreifen.

1. Grundsätzliche Ausnahmen für bestimmte Geschäfte und 39 **Märkte (Hs. 1).** Lebensmittelhandel (einschließlich der Direktvermarktung) und Getränkemärkte, Reformhäuser, Babyfachmärkte, Apotheken, Sanitätshäuser, Drogerien, Optiker, Hörakustiker, Tankstellen, Stellen des Zeitungsverkaufs, Buchhandlungen, Blumenfachgeschäfte, Tierbedarfsmärkte, Futtermittelmärkte, Gartenmärkte und der Großhandel sind von der Untersagung der Öffnung grds. ausgenommen. Die Differenzierung knüpft hier größtenteils an die **Grundversorgungsfunktion** für nicht verzichtbare, Grundbedürfnisse betreffende Produkte von besonderer Bedeutung an (→ §28a Rn. 161), auch wenn dies bei einzelnen der genannten Geschäfte weniger als bei anderen vorliegen dürfte.

Die genannten Geschäfte dürfen jedoch keine Waren verkaufen, die über 40 das übliche Sortiment des jeweiligen Geschäfts hinausgehen (Hs. 1 lit. a). Es gilt außerdem eine **Verkaufsflächenbegrenzung** (Hs. 1 lit. b), die für die ersten 800 qm Gesamtverkaufsfläche eine andere Begrenzung vorsieht als für die restliche Fläche (zu einer vergleichbaren Regelung OVG Koblenz BeckRS 2021, 252). In den Geschäften besteht außerdem eine qualifizierte Maskenpflicht (lit. c; vgl. auch §28a Abs. 1 Nr. 2); Ausnahmen sind in Abs. 9 S. 2 geregelt.

2. Ausnahmen für alle Geschäfte und Märkte (Hs. 2). Gem. Hs. 2 lit. a 41 ist die Abholung vorbestellter Waren in Ladengeschäften zulässig (sog. **„Click&Collect"**). Dabei gelten die Vorgaben des Hs. 1 lit. a–c entsprechend; eine Ansammlung von KundInnen in und vor dem Geschäft muss vermieden werden.

Hs. 2 lit. b erlaubt das sog. **„Click&Meet"** – dh nach vorheriger Termin- 42 buchung dürfen KundInnen die eigentlich nach Nr. 4 geschlossenen Geschäfte für einen fest begrenzten Zeitraum betreten. Voraussetzung ist, dass

- die Maßgaben des Hs. 1 lit. a und c beachtet werden (→ Rn. 40)
- die Zahl der gleichzeitig im Ladengeschäft anwesenden KundInnen nicht höher ist als ein Kunde je 40 Quadratmeter Verkaufsfläche (Abweichung von Hs. 2 lit. b)
- die KundInnen ein negatives Ergebnis einer innerhalb von 24 Stunden vor Inanspruchnahme der Leistung mittels eines anerkannten Tests durchgeführten Testung auf eine Infektion mit dem Coronavirus SARS-CoV-2 vorgelegt haben (sog. **Türöffner-Test,** vgl. § 28 Rn. 58) und
- der Betreiber die Kontaktdaten der KundInnen (mindestens Name, Vorname, eine sichere Kontaktinformation (Telefonnummer, E-Mail-Adresse oder Anschrift)) sowie den Zeitraum des Aufenthaltes erhebt (**Kontaktdatenerfassung,** vgl. § 28a Abs. 1 Nr. 17, Abs. 4)

Dieses „Click&Meet" ist jedoch nur zulässig bis zu einer 7-Tages-Inzidenz von 150; wenn diese an drei aufeinander folgenden Tagen überschritten wurde, entfällt die Ausnahme des Hs. 2 lit. b ab dem übernächsten Tag. Gem. Abs. 2 S. 4 lebt die Ausnahme wieder auf, wenn an fünf aufeinander folgenden Werktagen die 7-Tage-Inzidenz weniger als 150 beträgt (es gilt die Zählweise des Abs. 2 S. 2, → Rn. 17).

V. Kultur und Gärten (Nr. 5)

43   Nr. 5 untersagt zunächst die **Öffnung bestimmter Kultureinrichtungen** (Theater, Oper, Konzerthäuser, Bühnen, Musikclubs, Museen, Ausstellungen, Gedenkstätten, Kinos, vgl. § 28a Abs. 1 Nr. 7) sowie die Durchführung entsprechender Veranstaltungen. Eine Ausnahme gilt ausdrücklich für Autokinos.

44   Während in der ersten Version des Gesetzentwurfs auch eine Schließung **zoologischer und botanischer Gärten** vorgesehen war (BT-Drs. 19/28444, 4), dürfen die dortigen Außenbereiche aufgrund des **geringen Infektionsrisikos** nun doch geöffnet werden bzw. geöffnet bleiben. Der Gesetzgeber will damit Familien auch eine Möglichkeit der Freizeitgestaltung bieten (BT-Drs. 19/28732, 18). Voraussetzung der Öffnung ist, dass „angemessene Schutz- und Hygienekonzepte" (vgl. § 28a Abs. 1 Nr. 4) eingehalten werden und die BesucherInnen ein negatives Ergebnis einer innerhalb von 24 Stunden vor Beginn des Besuchs mittels eines anerkannten Tests durchgeführten Testung auf eine Infektion mit dem Coronavirus SARS-CoV-2 vorlegen (Türöffner-Test, → § 28 Rn. 58). Von der Testpflicht ausgenommen sind Kinder, die das 6. Lebensjahr noch nicht vollendet haben; der Gesetzgeber begründet dies mit dem geringeren Infektionsrisiko dieser Kinder und der Belastungen der Testungen (BT-Drs. 19/28732, 18).

VI. Sport (Nr. 6)

45   Nr. 6 schränkt die zulässige Sportausübung ein (vgl. § 28a Abs. 1 Nr. 8), indem ein Katalog an zulässigen Maßnahmen definiert wird. Im Umkehrschluss ist die Ausübung aller anderen Sportarten untersagt.

46   Zulässig ist zunächst die **kontaktlose Ausübung von Individualsportarten,** die allein, zu zweit oder mit den Angehörigen des eigenen Hausstands ausgeübt werden. Zu den kontaktlosen Individualsportarten gehören zB Tennis, Golf, Reiten, Sportschießen, Turnen, Leichtathletik inkl. Joggen. Eine

Begrenzung auf den Außenbereich wird nicht vorgenommen; zulässig ist somit auch die Ausübung in Hallen.

Berufssportler sowie Leistungssportler der Bundes- und Landeskader **47** sind privilegiert, sie dürfen sogar Mannschaftssportarten wie Fußball und Handball und Individualsportarten mit Kontakt (wie etwa Judo und andere Kampfsportarten) ausüben. Vorgabe ist, dass die Anwesenheit von Zuschauern ausgeschlossen ist, nur Personen Zutritt zur Sportstätte erhalten, die für den Wettkampf- oder Trainingsbetrieb oder die mediale Berichterstattung erforderlich sind, und angemessene Schutz- und Hygienekonzepte (vgl. §28a Abs. 1 Nr. 4) eingehalten werden.

Kinder bis zur Vollendung des 14. Lebensjahres dürfen im Freien in Grup- **48** pen von höchstens fünf Kindern kontaktlos Sport ausüben; eine Begrenzung auf Individualsportart besteht nicht. Zulässig ist somit zB Fußballtraining. Wegen der Begrenzung auf den Außenbereich ist das Schwimmtraining im Freibad erlaubt, das Training in der Schwimmhalle dagegen untersagt. Die „Anleitungspersonen" müssen auf Anforderung der nach Landesrecht zuständigen Behörde (also nicht zwingend in jedem Fall) ein negatives Ergebnis einer innerhalb von 24 Stunden vor der Sportausübung mittels eines anerkannten Tests durchgeführten Testung auf eine Infektion mit dem Coronavirus SARS-CoV-2 vorlegen.

VII. Gaststätten (Nr. 7)

Nr. 7 untersagt zunächst pauschal die Öffnung von Gaststätten iSd GastG **49** (vgl. auch §28a Abs. 1 Nr. 13, wo nicht auf das GastG verwiesen wird) und von Speiselokalen und Betrieben, in denen Speisen zum Verzehr an Ort und Stelle abgegeben werden. Die Öffnung bezieht sich jedoch nur auf die **Bewirtung vor Ort;** die Auslieferung von Speisen und Getränken sowie deren Abverkauf zum Mitnehmen bleibt erlaubt. Um einen Gleichlauf mit der nächtlichen Ausgangssperre nach Nr. 2 herzustellen, ist der Abverkauf zum Mitnehmen allerdings zwischen 22 Uhr und 5 Uhr untersagt. Erworbene Speisen und Getränke zum Mitnehmen dürfen nicht am Ort des Erwerbs oder in seiner näheren Umgebung verzehrt werden; eine nähere Erläuterung der „näheren Umgebung" findet sich in der Begründung des Gesetzentwurfs nicht. Hier kann wohl auch die Regelungen in einigen Landesverordnungen zurückgegriffen werden, die den Verzehr in einem **Umkreis von 50m** untersagen.

Vollständig von der Untersagung ausgenommen sind die in lit. a–e genann- **50** ten Einrichtungen und Betriebe.

VIII. Körpernahe Dienstleistungen (Nr. 8)

Nr. 8 untersagt die Ausübung und Inanspruchnahme körpernaher Dienst- **51** leistungen. Ausgenommen sind zunächst Dienstleistungen, die **medizinischen,** therapeutischen, pflegerischen oder seelsorgerischen **Zwecken** dienen, wie dies auch bei §28a Abs. 1 Nr. 14 anerkannt ist (→ §28a Rn. 76). Hier gilt nur eine qualifizierte Maskenpflicht (mit den Ausnahmen des Abs. 9 S. 2).

52   Ausgenommen von der Untersagung sind darüber hinaus **Frisörbetriebe** und die (allgemeine, nicht nur medizinische) **Fußpflege**. Hier ist kein besonderer Grund erkennbar, warum diese Dienstleistungen im Vergleich zu anderen körpernahen Dienstleistungen in diesem Umfang privilegiert sein sollten. Der Gesetzgeber beruft sich pauschal auf „pflegeähnliche Zwecke" dieser Tätigkeiten und die Bedeutung der Fußpflege für ältere Menschen; hier wären aber entsprechende Differenzierungen möglich gewesen, zB durch die alleinige Zulassung von Frisördienstleistungen und Fußpflege in Seniorenheimen. In Frisörbetrieben und bei der Fußpflege gilt die qualifizierte Maskenpflicht mit den entsprechenden Ausnahmen des Abs. 9 S. 2. Außerdem muss ein höchstens 24 Stunden alter negativer Test (Türöffner-Test, → § 28 Rn. 58) vorlegt werden.

IX. Personenbeförderung (Nr. 9)

53   Im ÖPNV, im Fernverkehr, bei der Beförderung in Taxen und vergleichbaren entgeltlichen oder geschäftsmäßigen Beförderung von Personen mit Kraftfahrzeugen sowie bei der Schülerbeförderung besteht gem. Nr. 9 eine qualifizierte Maskenpflicht (FFP2 oder vergleichbar) für die **Fahrgäste** (mit den Ausnahmen des Abs. 9 S. 2). Die Pflicht gilt sowohl während der Beförderung als auch während des Aufenthalts in einer zu dem jeweiligen Verkehr gehörenden Einrichtung wie Bahnhöfen, Haltestellen etc. Für das **Kontroll- und Servicepersonal** gilt eine im Vergleich dazu leicht eingeschränkte Maskenpflicht; die Betroffenen müssen, soweit sie in Kontakt mit Fahrgästen kommen, nur eine medizinische Gesichtsmaske tragen. Grund hierfür ist die arbeitsschutzrechtliche Vorgabe, dass FFP2- oder ähnliche Masken während körperlicher Arbeit nur für einen begrenzten Zeitraum vorgeschrieben werden dürfen (BT-Drs. 28/732, 19).

54   Unklar bleibt, was damit gemeint ist, dass eine **Höchstbesetzung** der jeweiligen Verkehrsmittel mit der Hälfte der regulär zulässigen Fahrgastzahlen „anzustreben" ist. Eine Pflicht folgt daraus nicht.

X. Übernachtungsangebote (Nr. 10)

55   Nr. 10 verstetigt die bereits in allen Bundesländern geltenden Beherbergungsverbote, beschränkt diese jedoch ausdrücklich nur auf **touristische Übernachtungen**. Übernachtungen aus anderen privaten Gründen (etwa aus Anlass einer Beerdigung oder beim Besuch von Verwandten) sowie aus geschäftlichen Gründen sind davon nicht erfasst.

XI. Keine Versammlungs- und Gottesdienstbeschränkungen (Abs. 4)

56   Abs. 4 statuiert ausdrücklich, dass Versammlungen iSd Art. 8 GG sowie Zusammenkünfte, die der Religionsausübung iSd Art. 4 GG dienen, nicht den Beschränkungen nach Abs. 1 unterfallen. Das bedeutet zum einen, dass die Kontaktbeschränkungen nach Nr. 1 nicht bei Versammlungen und Gottesdiensten gelten; in diesem Sinne wurden bislang aber die Regelungen der Länder auch nicht verstanden, die für Versammlungen und Gottesdienste stets eigene Abschnitte enthielten. Beschränkungen von Versammlungen und Gottesdiensten sollen weiterhin nach anderen Vorschriften geregelt werden, also insbes. nach § 28 a durch die Länder bzw. kommunalen Behörden (vgl. BT-Drs. 19/28 444, 15).

Aus Abs. 4 folgt aber insbes., dass die Teilnahme an einer Versammlung oder **57** einem Gottesdienst einen „ähnlichen gewichtigen und unabweisbaren Zweck" iSd **Abs. 1 Nr. 2 lit. f** darstellen muss, der zum Verlassen des Hauses auch nach 22 Uhr berechtigt. Warum der Gesetzgeber nicht einfach diesen Grund in den Katalog der anerkannten Zwecke aufgenommen hat, bleibt unerklärlich; die gesonderte Regelung in Abs. 4 macht die Norm nur ohne Notwendigkeit unübersichtlich.

E. Schulen und Kitas (Abs. 3)

Abs. 3 enthält eigene Maßnahmen für Schulen und andere Bildungseinrichtungen und auch für Kitas und Tagespflegeeinrichtungen. Auch für diese **58** Maßnahmen kann sich der Bund auf die Gesetzgebungskompetenz des Art. 74 Abs. 1 Nr. 19 GG berufen, da er durch die infektionsschutzrechtlichen Maßnahmen nicht in die Bildungshoheit der Länder eingreift (ausf. WD-BT WD 3-3000-068/21, 4f.). Die Maßnahmen werden nicht durch die Schwelle von 100, sondern bei einem höher angesetzten Schwellenwert aktiviert. Ursprünglich war eine Schwelle von 200 vorgesehen (BT-Drs. 19/28 444, 5), die dann aber im Gesetzgebungsverfahren als zu hoch kritisiert wurde. Schließlich einigten sich die Koalitionsfraktionen am 19.4.2021 auf den Schwellenwert von **165,** der sich nicht an wissenschaftlichen Erkenntnissen orientiert, sondern gerundet dem bundesweiten Inzidenzwert an diesem Tag entsprach (165,3; vgl. RKI-Dashboard). Die Festlegung dieses Wertes war somit noch nicht einmal das Ergebnis politischer Abwägungen, sondern erfolgte rein **willkürlich.** Für die Aktivierung und das Außerkrafttreten der Maßnahmen → Rn. 12 ff.

Abgesehen von der tatsächlich konkret angesetzten Höhe des Schwellen- **59** werts (ob nun bei 100, 165 oder 200) übersieht eine Orientierung am Durchschnittswert der gesamten Bevölkerung, dass sich das **Infektionsrisiko der Kinder,** die von Abs. 3 allein betroffen sind, **mit fortschreitender Durchimpfung** der restlichen Bevölkerung bei gleichbleibendem Inzidenzwert **erhöht** (vgl. schon *Kießling* BT-Ausschuss-Drs. 19(14)323(6), 12). Hierauf weist der Gesetzgeber selbst hin (BT-Drs. 19/28 444, 10), er zieht aber keinerlei Schlüsse hieraus. Es spricht viel dafür, gerade bei den Maßnahmen nach Abs. 3 altersabhängige Inzidenzwerte (gestaffelt nach Kitakindern, Grundschul- und älteren SchülerInnen) anzusetzen.

I. Schulen

1. Inzidenzwertunabhängige Maßnahmen (S. 1). Unabhängig von **60** der Überschreitung des Grenzwertes von 165 gilt gem. S. 1 bundesweit (→ Rn. 11), dass an allgemeinbildenden und berufsbildenden Schulen die Durchführung von Präsenzunterricht nur zulässig ist bei Einhaltung angemessener Schutz- und Hygienekonzepte (vgl. § 28 a Abs. 1 Nr. 4). Im schulischen

Kontext bezieht sich dies insbes. auf die Maskenpflicht; hier gelten die Ausnahmen des Abs. 9 S. 2. Gem. Hs. 2 ist die Teilnahme am Präsenzunterricht für Schülerinnen und Schüler sowie für Lehrkräfte nur zulässig, wenn sie zweimal in der Woche mittels eines anerkannten Tests auf eine Infektion mit dem Coronavirus SARS-CoV-2 getestet werden. Eingeführt wird dadurch eine **allgemeine Testpflicht an Schulen** (BT-Drs. 19/28444, 14).

61   **2. Inzidenzwertabhängige Maßnahmen (S. 2, 3).** S. 2 und 3 geben vor, welche Art der Unterrichtsdurchführung möglich ist. Um Schulschließungen im eigentlichen Sinne handelt es sich deswegen nicht (→ § 28a Rn. 83). Bei Überschreitung des Schwellenwerts von 100 ist gem. S. 2 die Durchführung von Präsenzunterricht ab dem übernächsten Tag für allgemeinbildende und berufsbildende Schulen, Hochschulen, außerschulische Einrichtungen der Erwachsenenbildung und ähnliche Einrichtungen nur in Form von **Wechselunterricht** zulässig. Da beim Wechselunterricht die Klassen geteilt werden, können in den Klassenräumen größere Abstände eingehalten werden, was das Infektionsrisiko verringert; außerdem werden die potentiellen Infektionsketten kürzer. Die Testpflicht gem. S. 1 sowie die Pflicht zur Einhaltung des Schutz- und Hygienekonzeptes gelten weiterhin.

62   Bei Überschreitung des Schwellenwerts von 165 ist gem. S. 3 für allgemeinbildende und berufsbildende Schulen, Hochschulen, außerschulische Einrichtungen der Erwachsenenbildung und ähnliche Einrichtungen die Durchführung von Präsenzunterricht untersagt. Die Bildungseinrichtungen dürfen (bzw. müssen) in diesen Fällen also (nur) **Distanzunterricht** durchführen. Nicht berücksichtigt wird die unterschiedliche Gruppengröße von allgemeinbildenden Schulen und zB Universitäten in Massenfächern; die Regelung wirkt allein schon deswegen sehr undifferenziert. Abschlussklassen und Förderschulen können durch die nach Landesrecht zuständige Behörde jedoch gem. S. 4 von der Untersagung des Präsenzunterrichts ausgenommen werden. Mit „Abschlussklassen" sind auch „Übertrittsklassen an Grundschulen", also die 4. Klassen, gemeint (BT-Drs. 19/28732, 20). In diesen Fällen gilt weiterhin die Testpflicht des S. 1.

II. Kitas und Tagespflegeeinrichtungen (S. 9)

63   Abs. 3 ist von seinem ganzen Wortlaut die Bildungseinrichtungen ieS zugeschnitten, also auf Einrichtungen, in denen Unterricht stattfindet, der notfalls durch Distanzunterricht abgelöst wird. Der Gesetzgeber hat sich dazu entschieden, auch die Betreuung in Kitas und Tagespflegeeinrichtungen in Abs. 3 zu regeln, ohne eigenständige Formulierungen zu wählen; die Maßnahmen der Sätze 3 und 5–7 gelten gem. S. 9 nur entsprechend. Dies passt jedoch von der Rechtsfolge nicht, weil in diesen Einrichtungen kein Unterricht stattfindet, der durch Distanzunterricht ersetzt werden kann. Schief ist deswegen die Formulierung des Gesetzgebers, eine „Präsenzbetreuung jenseits eines Notbetriebs" sei ggf. nicht zulässig (BT-Drs. 19/28444, 15), denn eine **„Distanzbetreuung" gibt es nicht** (krit. schon *Kießling* BT-Ausschuss-Drs. 19(14)323 (6), 12f.). Anders als bei Schulen stellen sich die Maßnahmen deswegen ab einer Inzidenz von 165 als Schließung dar. Unterhalb einer Inzidenz von 165 gelten keine besonderen Maßnahmen, auch nicht die Testpflicht nach S. 1.

Dass der Gesetzgeber die Maßnahmen für Kitas als Anhängsel der Maßnah- **64** men für Schulen regelt, wirkt – nicht nur wegen der gewählten Formulierungen – wenig durchdacht. An anderer Stelle verweist er auf das geringere Infektionsrisiko der unter 6-Jährigen (BT-Drs. 19/28732, 18), greift dies bei Abs. 3 aber nicht erneut auf. Während für SchülerInnen die härteste Maßnahme des Abs. 3 Distanzunterricht bedeutet, gibt es bei Kitas keine solche Abstufung. Denkbar wären auch andere Maßnahmen gewesen, zB die Reduktion der Betreuungsstundenzahl mit gleichzeitiger Festlegung kleinerer Gruppen (dies ist andersherum noch nicht einmal ab einer Schwelle von 100 geregelt). Dadurch würden potentielle Infektionsketten verkürzt, während gleichzeitig die Kinder weiterhin Kontakt zu anderen Kindern und dem Erziehungspersonal hätten.

III. Notbetreuung

Gem. S. 5 (iVm S. 9) „können" die nach Landesrecht zuständigen Stellen in **65** Schulen und Kitas/Tagespflegeeinrichtungen nach von ihnen festgelegten Kriterien eine Notbetreuung einrichten. Dass dies im Ermessen der Behörden liegen soll, verkennt, dass insbesondere Kinder, denen sonst eine Kindeswohlgefährdung droht, einen Anspruch auf eine solche Notbetreuung haben. Eine Notbetreuung muss jedenfalls für diese Personengruppe zwingend eingerichtet werden. Zum **Anspruch auf Notbetreuung** → § 28a Rn. 85.

F. Verordnungsermächtigung (Abs. 6)

Abs. 6 enthält eine Verordnungsermächtigung für die Bundesregierung. **66** Der Bund wollte sich hierdurch die Möglichkeit offenhalten, in Zukunft auch über die in Abs. 1 genannten Maßnahmen hinaus Maßnahmen zu ergreifen, wenn das Tätigwerden der Bundesländer für nicht ausreichend gehalten wird. Der Gesetzgeber sieht so die Möglichkeit, die „nationalen Ziele" des IfSG „zu gewährleisten"; insofern werde eine Lücke im Gesetz geschlossen (BT-Drs. 19/28444, 10). Durch eine solche Möglichkeit erhöht sich gleichzeitig die Verantwortung der Bundesregierung bei der Epidemiebekämpfung (vgl. auch BT-Drs. 19/28444, 15). Angesichts der Tatsache, dass eine solche Verordnungsermächtigung für die Bundesregierung ein **Novum** im System der §§ 28 ff. darstellt, überrascht es, dass der Gesetzgeber die möglichen Anwendungsfälle in der Begründung nicht näher erläutert. Die Ausführungen sind nicht nur sehr kurz, sondern bleiben auch vage (vgl. BT-Drs. 19/28444, 15; BT-Drs. 28732, 20).

I. Allg. Voraussetzung und Verfahrensregelungen

Von der Verordnungsermächtigung kann die Bundesregierung gem. **67** Abs. 10 S. 2 nur Gebrauch machen, wenn der BT gem. § 5 Abs. 1 S. 1 die **epidemische Lage von nationaler Tragweite** festgestellt hat.

RVOen nach Abs. 6 bedürfen gem. S. 2 der **Zustimmung des Bundes-** **68** **tages und des Bundesrates.** Die Länder werden also in dem Verfahren beteiligt und können ggf. bestimmte Regelungen verhindern. Das schmälert den tatsächlichen Anwendungsbereich enorm; ein „Durchregieren" der Bundesregierung ist nicht möglich.

69   Weitere Verfahrensvorgaben regelt Abs. 6 nicht, insbes. fehlt eine **Befristungs- und Begründungspflicht,** wie sie im Gesetzgebungsverfahren empfohlen worden war (*Wollenschläger* BT-Ausschuss-Drs. 19(14)323(21), 7, 31). Da die Gründe, die zur Einführung einer solchen Pflicht in § 28a Abs. 5 geführt haben (→ § 28a Rn. 164), auch bei § 28b Abs. 6 vorliegen, spricht viel dafür, hier **§ 28a Abs. 5 analog** anzuwenden.

II. Zusätzliche Ge- und Verbote (S. 1 Nr. 1)

70   Zusätzliche Ge- und Verbote kann die Bundesregierung festlegen, wenn die „7-Tages-Inzidenz den Schwellenwert von 100 überschreitet". S. 1 Nr. 1 ist in mehrfacher Hinsicht unbestimmt: Anders als Abs. 1 enthält S. 1 Nr. 1 zunächst keine eindeutige Begrenzung auf einzelne Kreise oder Städte; die Überschreitung von 100 wird in allgemeiner Weise zur Voraussetzung gemacht. Vom Wortlaut erfasst wäre somit ein Abstellen auf die bundesweite 7-Tages-Inzidenz; Maßnahmen würden dadurch auch in Regionen gelten, in denen diese Schwelle nicht überschritten wird. Gegen ein solches Verständnis spricht jedoch eine Auslegung nach Sinn und Zweck und auch der Zusammenhang mit dem Ansatz des Abs. 1, der auf die regionalen Inzidenzwerte abstellt, spricht dafür, dass auch bei Abs. 6 S. 1 Nr. 1 eine regionale Überschreitung gemeint ist. Hierfür könnte auch das Wort „Fälle" in Nr. 1 sprechen; dieses Wort bleibt jedoch für eine Verordnungsermächtigung überraschend unbestimmt. Hinzu kommt die Tatsache, dass S. 1 Nr. 1 auch nicht verlangt, dass der Schwellenwert an drei aufeinanderfolgenden Tagen überschritten wird. Die Stellung des Abs. 6 im Gesamtgefüge des § 28b spricht zwar dafür, dass diese Vorgabe auch hier gilt, zwingend ist dies jedoch nicht. IErg ist mit S. 1 Nr. 1 wohl gemeint, dass die Bundesregierung abstrakt in einer RVO regeln kann, dass **in einem Landkreis oder einer kreisfreien Stadt, in dem/der an drei aufeinander folgenden Tagen der Schwellenwert von 100 überschritten wird,** bestimmte Maßnahmen gelten. Inhalt und Ausmaß der Verordnungsermächtigung des S. 1 Nr. 1 werden insgesamt jedoch nicht so klar, wie dies **Art. 80 Abs. 1 S. 2 GG** verlangt.

71   Welche zusätzlichen Ge- und Verbote in Betracht kommen, ergibt sich weder aus dem Wortlaut des S. 1 Nr. 1 noch aus der Gesetzesbegründung; aus der Stellung des Abs. 6 im Gefüge des § 28b und im Zusammenhang mit § 28a sind wohl alle Maßnahmen gemeint, die in § 28a Abs. 1 aufgeführt werden. Aus der Begründung des Gesetzentwurfs ergibt sich – wenn auch nicht ausdrücklich –, dass auch Eingriffe in die **Versammlungsfreiheit** durch RVOen nach Abs. 6 S. 1 Nr. 1 möglich sein sollen (BT-Drs. 19/28732, 21). Möglich werden dadurch allg. Vorgaben für Versammlungsdurchführungen, jedoch keine pauschalen Versammlungsverbote (→ § 28a Rn. 105). Zur Frage, ob nicht in § 28a genannte Maßnahmen auf die Generalklausel des § 28 Abs. 1 S. 1 gestützt werden können, → § 28a Rn. 93f., § 28 Rn. 54ff.

72   Besondere materielle Vorgaben für das Ergreifen zusätzlicher Maßnahmen macht S. 1 Nr. 1 nicht. So fehlen Vorgaben wie die des § 28a Abs. 2 und Abs. 6 (krit. *Wollenschläger* BT-Ausschuss-Drs. 19(14)323(21), 30). Man könnte nun überlegen, §28a Abs. 2 und Abs. 6 für die Verordnungsermächtigung analog heranzuziehen; bei §28a Abs. 2 stellt sich jedoch das Problem, dass §28b Abs. 1 und §28a Abs. 2 gerade nicht aufeinander abgestimmt sind, sondern unauflösbare Widersprüche enthalten (→Rn. 8f.). Da Abs. 6 S. 1 Nr. 1 im System des §28b Abs. 1 zu sehen ist, ist unklar, wie dieser Widerspruch zu §28a Abs. 2 hier aufzulösen wäre. Auch deswegen ist die Verordnungsermächtigung zu unbestimmt; Inhalt und Ausmaß iSd Art. **80 Abs. 1 S. 2 GG** werden nicht hinreichend klar.

III. Präzisierungen, Erleichterungen oder Ausnahmen (S. 1 Nr. 2)

S. 1 Nr. 2 soll die Bundesregierung dazu ermächtigen, „Präzisierungen, Erleichterungen oder Ausnahmen zu den in den Absätzen 1, 3 und 7 genannten Maßnahmen und nach Nummer 1 erlassenen Geboten und Verboten" zu erlassen. Ganz grundsätzlich führt dies zu dem Problem, dass für die Bevölkerung noch schwieriger zu überblicken ist, welche Maßnahmen in ihrer Region gelten. Dies gilt bereits für RVOen nach Abs. 1 Nr. 1, kommen jedoch durch RVOen nach Abs. 1 Nr. 2 wiederum Erleichterungen und Ausnahmen hinzu, kann die **Rechtslage praktisch nicht mehr überblickt** werden (→Rn. 10). **73**

RVOen nach Nr. 2 sollen nicht nur Abweichungen von den Maßnahmen nach Abs. 1, 3 und 7, sondern auch **Abweichungen von den RVOen nach Nr. 1** regeln können. Warum eine zweite RVO Abweichungen von der ersten RVO treffen sollte, ist nicht zu erklären, die Verfahrensvoraussetzungen sind die gleichen. Wird Bedarf für eine Änderung der ersten RVO gesehen, sollte diese erste RVO neugefasst werden; einer zweiten RVO bedarf es nicht. **74**

In welchem Umfang Präzisierungen, Erleichterungen oder Ausnahmen von den Abs. 1, 3 und 7 durch RVO gemacht werden können, bleibt unklar. Während der Begriff „Präzisierung" dahingehend verstanden werden kann, dass ggf. durch RVO festgelegt werden kann, ob ein bestimmter Betrieb oder eine bestimmte Einrichtung unter die in Abs. 1 genannten fällt, bleibt der Begriff „Erleichterungen" unbestimmt. Kann etwa durch RVO der Beginn der Ausgangssperre auf 23 Uhr verlegt werden? Kann ein neuer Ausnahmegrund in den Katalog des Abs. 1 Nr. 2 aufgenommen werden? **75**

IV. Rechtsschutz

Gegen RVOen des Bundes besteht keine Möglichkeit eines Normenkontrollverfahrens nach §47 Abs. 1 Nr. 2 VwGO. Statthaft wären nur **Feststellungsklagen** auf Nichtbestehen der Verpflichtungen aus der Rechtsverordnung vor dem **VG Berlin** (ausf. *Gallon* Verfassungsblog v. 2.4.2021). Die Entscheidungen wirkten dann – anders als bei Verfahren nach §47 Abs. 1 Nr. 2 VwGO – immer nur zwischen den jeweiligen Parteien. Der Gesetzgeber hat sich dagegen entschieden, im Rahmen des 4. BevSchG auch die VwGO entsprechend anzupassen und verwaltungsgerichtlichen Rechtsschutz gegen RVOen des Bundes zu ermöglichen (vorgeschlagen von *Möllers* BT-Ausschuss-Drs. 19(14)323(2), 7) **76**

G. Homeoffice-„Pflicht" (Abs. 7)

77   Erst durch die Beschlussempfehlung des Gesundheitsausschusses wurde Abs. 7 in seiner jetzigen Fassung aufgenommen, der die bis dahin in § 2 SARS-CoV-2-Arbeitsschutzverordnung (Corona-ArbSchV) geregelte Pflicht „zum Angebot auf Homeoffice" aufgreift. Dadurch sollte wohl den Kritikern entgegengekommen werden, die eine unzureichende Einbeziehung der Arbeitgeber in die Epidemiebekämpfung beklagt hatten. Diese Homeoffice-„Pflicht" ist nicht abhängig von der Schwelle des Abs. 1; sie gilt – wie Abs. 3 S. 1 – **unmittelbar** seit Inkrafttreten des 4. BevSchG **bundesweit.**

78   Abs. 7 S. 1 entspricht wortgleich § 2 Corona-ArbSchV; demnach hat der Arbeitgeber den Beschäftigten im Fall von Büroarbeit oder vergleichbaren Tätigkeiten **anzubieten,** diese Tätigkeiten in deren **Wohnung** (im „Homeoffice") auszuführen, wenn keine zwingenden betriebsbedingten Gründe entgegenstehen. Zwingende betriebsbedingte Gründe können vorliegen, wenn „die Betriebsabläufe sonst erheblich eingeschränkt würden oder gar nicht aufrechterhalten werden könnten" (BT-Drs. 19/28732, 20). Technische oder organisatorische Gründe dürfen nur vorübergehend angeführt werden, dh bei zunächst vorliegender Nichtverfügbarkeit benötigter IT-Ausstattung, notwendiger Veränderung der Arbeitsorganisation oder unzureichender Qualifizierung der betroffenen Beschäftigten müssen diese Hindernisse abgebaut werden.

79   Neu ist nun, dass die **Beschäftigten** dieses Angebot gem. Abs. 7 S. 2 **anzunehmen haben,** soweit ihrerseits keine Gründe entgegenstehen. Im Gegensatz zu den Gründen des Arbeitgebers nach S. 1 müssen die Gründe nicht „zwingend" sein. Als mögliche Gründe iSd S. 2 führt der Gesetzgeber räumliche Enge, Störungen durch Dritte oder unzureichende technische Ausstattung an (BT-Drs. 19/28732, 21). Verlangt der Arbeitgeber dafür einen Nachweis, reicht eine Mitteilung des Beschäftigten aus (BT-Drs. 19/28732, 21); eine etwaige Kontrolle ist nicht vorgesehen. IErg wird dieses Annahmegebot wohl zu **keiner nennenswerten Erhöhung der Homeoffice-Quote** führen.

80   Die zuständigen Behörden für den Vollzug der Sätze 1 und 2 bestimmen gem. S. 3 die Länder nach § 54 S. 1; der Gesetzgeber spricht sich wegen des sachlichen Zusammenhangs mit weiteren betrieblichen Infektionsschutzmaßnahmen ausdrücklich für eine Zuständigkeitszuweisung an die für den Arbeitsschutz zuständigen Landesbehörden aus (BT-Drs. 19/28732, 21).

H. Allgemeine Bestimmungen für Tests und Maskenpflicht (Abs. 9)

81   Abs. 9 enthält Bestimmungen, die für Abs. 1 und 3 immer dort relevant werden, wo von „anerkannten Tests" (Abs. 1 Nr. 4 Hs. 2 lit. b, Nr. 5, 6, 8, Abs. 3 S. 1) die Rede ist oder eine Maskenpflicht (Abs. 1 Nr. 4 Hs. 1 lit. c, Nr. 8, 9) geregelt wird.

I. Tests (S. 1)

Gem. S. 1 handelt es sich bei anerkannten Tests um In-vitro Diagnostika, **82** die für den direkten Erregernachweis des Coronavirus SARS-CoV-2 bestimmt sind und die auf Grund ihrer **CE-Kennzeichnung** oder auf Grund einer gem. § 11 Abs. 1 MPG erteilten Sonderzulassung verkehrsfähig sind. Eine entsprechende Liste der Tests, die eine Sonderzulassung nach § 11 Abs. 1 MPG erhalten haben, ist auf der Internetseite des BfArM abrufbar (https://www.bfarm.de/DE/Medizinprodukte/Antigentests/Antigen-Tests_zur_Eigenanwendung.html). In der Sache handelt es sich um die sog. „Selbsttests" (→ § 24 Rn. 6 d ff.), die Laien in Eigenanwendung durchführen können. Dass nun ein solcher Selbsttest als Türöffner-Test etwa beim Frisör oder im Zoo ausreichen soll, ist überraschend, war doch bislang die Bescheinigung eines Testzentrums in solchen Situationen notwendig.

II. Ausnahmen von der Maskenpflicht (S. 2)

Die ursprüngliche Version des Gesetzentwurfs hatte noch keine Ausnah- **83** men von der Maskenpflicht für bestimmte Personen vorgesehen (krit. *Wollenschläger* BT-Ausschuss-Drs. 19(14)323(21), 28 f.). Bei § 28a Abs. 1 Nr. 2 werden solche Ausnahmen aus Verhältnismäßigkeitsgründen für erforderlich erachtet (→ § 28 Rn. 35); die zuständigen Behörden nehmen diese Ausnahmen dann in ihre AllgVfg. oder RVOen auf. Bei § 28b ist die Regelung wegen der unmittelbaren Geltung der Maskenpflicht in der Vorschrift selbst geboten. Diese Ausnahmen finden sich nun in Abs. 9 S. 2 für **Kinder,** die das 6. Lebensjahr noch nicht vollendet haben, Personen, die ärztlich bescheinigt aufgrund einer **gesundheitlichen Beeinträchtigung,** einer ärztlich bescheinigten chronischen Erkrankung oder einer Behinderung keine Atemschutzmaske tragen können (dazu gehören ua Demenzkranke oder Personen, die nicht durch die Maske atmen können) und **gehörlose und schwerhörige Menschen** und Personen, die mit diesen kommunizieren, sowie ihre Begleitpersonen.

I. Zitiergebot (Abs. 11)

Abs. 11 zitiert die Grundrechte, die durch § 28b eingeschränkt werden (vgl. **84** Art. 19 Abs. 1 S. 2 GG). Ausdrücklich genannt wird Art. 2 Abs. 2 S. 2 GG, obwohl der Gesetzgeber einen Eingriff in dieses Grundrecht bei der Ausgangssperre verneint (→ Rn. 25). Auch Art. 8 Abs. 1 GG wird genannt. Für Abs. 1 hat dies keine Relevanz, weil der laut Abs. 4 keine Eingriffe in die Versammlungsfreiheit enthält; hier kommt allein ein Eingriff durch RVO nach Abs. 6 in Betracht (→ Rn. 70 ff.).

J. Zuwiderhandlungen, Entschädigung

Verstöße gegen ein Ge- oder Verbot nach § 28b Abs. 1 können Ordnungs- **85** widrigkeiten darstellen, vgl. **§ 73 Abs. 1a Nr. 11b–11m.**

Entschädigungsansprüche können gem. **§ 56 Abs. 1a** bestehen, wenn **Ki-** **86** **tas oder Schulen** gem. Abs. 3 geschlossen sind (→ § 56 Rn. 55 ff.). Im Falle von Betriebsschließungen gem. Abs. 1 Nr. 4 und 7 bestehen **keine** gesetzlich geregelten Entschädigungsansprüche (ausf. → § 65 Rn. 20)

§ 28c   Verordnungsermächtigung für besondere Regelungen für Geimpfte, Getestete und vergleichbare Personen

¹**Die Bundesregierung wird ermächtigt, durch Rechtsverordnung für Personen, bei denen von einer Immunisierung gegen das Coronavirus SARS-CoV-2 auszugehen ist oder die ein negatives Ergebnis eines Tests auf eine Infektion mit dem Coronavirus SARS-CoV-2 vorlegen können, Erleichterungen oder Ausnahmen von Geboten und Verboten nach dem fünften Abschnitt dieses Gesetzes oder von aufgrund der Vorschriften im fünften Abschnitt dieses Gesetzes erlassenen Geboten und Verboten zu regeln. ²Rechtsverordnungen der Bundesregierung nach Satz 1 bedürfen der Zustimmung von Bundestag und Bundesrat.**

A.   Zweck und Bedeutung der Norm

1   § 28c stellt eine **Verordnungsermächtigung für die Bundesregierung** dar, mittels derer diese „**Erleichterungen oder Ausnahmen**" von Corona-Schutzmaßnahmen für **Geimpfte, Getestete und vergleichbare Personen** festlegen kann. Die Vorschrift wurde im April 2021 durch das 4. BevSchG v. 22.4.2021 zusammen mit § 28b in das IfSG eingefügt (BGBl. I 802). Ursprünglich war sie als Teil der Verordnungsermächtigung des § 28b Abs. 6 vorgesehen (BT-Drs. 19/28444, 5); dies hatte aber die Frage aufgeworfen, ob solche Erleichterungen oder Ausnahmen von Geboten und Verboten für die genannten Personen nur dann zulässig sein sollten, wenn die 7-Tages-Inzidenz über dem in § 28b maßgeblichen Schwellenwert von 100 liegt. Durch die Entflechtung der Verordnungsermächtigung ist insoweit die (gebotene) Klarstellung erfolgt.

2   Die Gesetzesänderung fiel in eine Zeit, in der ca. 20% der Bevölkerung ein Mal geimpft waren. In der Öffentlichkeit wurde zunehmend die Frage diskutiert, ob insbes. vollständig Geimpfte nach wie vor allen Beschränkungen unterliegen sollten; oftmals war (verfassungsrechtlich unhaltbar) von „Impfprivilegien" die Rede. Die Behörden und Gerichte weigerten sich zT, Geimpften Ausnahmen von den geltenden Maßnahmen zuzugestehen (vgl. etwa VG Freiburg Beschl. v. 3.3.2021 – 8 K 435/21; VGH Mannheim Beschl. v. 18.3.2021 – 1 S 774/21 zu einem Café in einem Seniorenheim; VG Neustadt Beschl. v. 15.3.2021, 5 L 242/21.NW, zu Quarantäne bei Kontaktpersonen 1. Grades). Gleichzeitig wurde schon seit längerem negativ Getesteten die Möglichkeit eröffnet, bestimmte Dienstleistungen in Anspruch zu nehmen oder in eigentlich geschlossenen Geschäften einzukaufen (vgl. auch die Möglichkeiten bei der „Notbremse" des § 28b in Abs. 1 Nr. 4 Hs. 2 lit. b, Nr. 5, 6, 8). Der Bund wollte wohl sicherstellen, dass die **wissenschaftlichen Erkenntnisse über Geimpfte** flächendeckend Anerkennung finden, und insgesamt auf eine **Vereinheitlichung der Regelungen** hinwirken.

B. Erleichterungen oder Ausnahmen von Geboten und Verboten

I. Personenkreis

Die RVOen nach § 28 c sollen sich auf Personen beziehen, „bei denen von **3** einer Immunisierung gegen das Coronavirus SARS-CoV-2 auszugehen ist oder die ein **negatives Ergebnis eines Tests** auf eine Infektion mit dem Coronavirus SARS-CoV-2 vorlegen können". Durch die amtliche Überschrift der Vorschrift wird klar, dass mit den **„Immunen"** zum einen Geimpfte gemeint sind, zum anderen werden davon Personen erfasst, die bereits eine SARS-CoV-2-Infektion durchgemacht haben und dadurch als höchstwahrscheinlich immun gelten.

1. „Immune". Ausnahmen sollen zunächst für Immune, also **Geimpfte 4 und Genesene,** gelten. Solche Ausnahmen sind **verfassungsrechtlich geboten, falls** Geimpfte und Genesene sich nicht mehr erneut mit SARS-CoV-2 anstecken bzw. den Erreger **nicht weiterverbreiten** können. In diesem Fall kann die Frage, ob diese Personen noch von Corona-Schutzmaßnahmen werden dürfen, nicht im Ermessen der Politik stehen. Das Problem liegt nun darin, dass es keine gesicherten Erkenntnisse dazu gibt, dass bestimmte Impfstoffe die Weiterverbreitung vollständig unterbinden. Aktuell geht das RKI davon aus, dass es bei vollständig Geimpften zu einer Infektion kommen kann (aber mit deutlich reduzierter Wahrscheinlichkeit gegenüber nicht Geimpften) und diese das Virus zwar übertragen können, aber mit einer signifikant reduzierten Wahrscheinlichkeit (Stand: 9.4.2021). Geimpfte spielen somit laut RKI epidemiologisch „keine wesentliche Rolle mehr" (RKI, CO-VID-19 und Impfen, „Können Personen, die vollständig geimpft sind, das Virus weiterhin übertragen?", Stand: 22.4.2021). Bei Immunen wiederum kann es in seltenen Fällen zu einer Reinfektion kommen (RKI, Epidemiologischer Steckbrief zu SARS-CoV-2 und COVID-19, Immunität, Stand: 19.4.2021).

Das Risiko, dass Geimpfte und Genesene Virusüberträger sind, liegt somit **5** nicht bei Null, ist aber so gering, dass eine **Risikoabwägung** zu dem Ergebnis kommen muss, dass diese Personen **nicht** mehr als **ansteckungsverdächtig** iSd § 2 Nr. 7 gelten (→ § 2 Rn. 31 a) und dass sie in den meisten Fällen auch von flächendeckenden Corona-Schutzmaßnahmen verschont bleiben müssen (vgl. auch *Kingreen* BT-Drs. 19(14)323(19), 10; *Wollenschläger* BT-Drs. 19(14) 323(21), 6 f., 26). Das gilt jedenfalls für besonders grundrechtsintensive Maßnahmen (wie die Ausgangssperre nach § 28 b Abs. 1 Nr. 2); Ausnahmen von der Maskenpflicht hingegen sind nicht zwingend. Auch in bestimmten Settings mit besonders vulnerablen Personengruppen – beispielsweise in Pflegeheimen – kann es Geimpften und Genesenen (etwa BesucherInnen) aufgrund des Restrisikos zugemutet werden, alle Schutzmaßnahmen einzuhalten.

2. Getestete. Als zweite Personengruppe spricht § 28 c von Personen, die **6** „ein negatives Ergebnis eines Tests auf eine Infektion mit dem Coronavirus SARS-CoV-2" vorlegen können. Welche **Art von Test** gemeint ist, ist weder in § 28 c geregelt noch ergibt sich dies aus der Gesetzesbegründung. Dies wäre eine Frage, die in der RVO geregelt werden müsste; das gleiche gilt für die Frage, **wie alt** das Testergebnis höchstens sein darf, wenn dies Grund für eine Ausnahme iSd RVO sein soll. Auch hier muss eine Risikoabwägung stattfinden, welche Infektionsrisiken bei den Ausnahmen von bestimmten Maßnahmen noch hingenommen werden können. Zu PCR-Tests und Antigen-Schnelltests und dem Nachweis der Kontagiosität → § 2 Rn. 6 a f.

II. Inhalt der RVO

7   Inhaltlich soll es um „Erleichterungen oder Ausnahmen" von bestimmten Geboten und Verboten gehen. Der Begriff der Erleichterung wird schon in § 28b Abs. 6 S. 1 Nr. verwendet; er bleibt auch bei § 28c unklar. In der Sache wird man wohl regelmäßig nicht zwischen einer Erleichterung und einer Ausnahme unterscheiden können.

8   Zweck des § 28c ist es wohl, näher zu bestimmen, bei welchen wissenschaftlichen Erkenntnissen Ausnahmen und Erleichterungen vorgenommen werden müssen; in die entsprechende Risikoabwägung müssen dann die jeweiligen Schutzmaßnahmen einbezogen werden. Da es fortlaufend neue Erkenntnisse (und ggf. auch Impfstoffe und Testverfahren) gibt, erscheint es nicht von vornherein fernliegend, gewisse Standards vorzugeben und eine **Vereinheitlichung** zu erreichen. Dies kann aber nur **begrenzt durch eine RVO,** die unmittelbar Rechtsfolgen setzen soll, geschehen (dazu → Rn. 10).

9   Die Ge- und Verbote, von denen abgewichen werden kann, sind dem Wortlaut der Vorschrift nach
- die des § 28b (also die unmittelbar geltenden Maßnahmen)
- die, die die Länder durch RVO gem. § 32 iVm §§ 28, 28a, 29–31 oder durch AllVfg. aufgrund der §§ 28, 28a, 29–31 erlassen haben
- solche, die durch Einzel-VA aufgrund von §§ 28, 29–31 erlassen werden.

Die Regelung in einer RVO des Bundes wirft aber nun die Frage auf, in welcher Weise die unterschiedlichen Regelungsebenen bzw. Handlungsformen ineinandergreifen. Bei den Maßnahmen nach **§ 28b** ist klar, dass die Abweichungen der RVO nach § 28c den Anwendungsbereich des § 28b unmittelbar verkleinern, dh für die betroffenen Personen gelten die Maßnahmen des § 28b (im Umfang der RVO) schlicht nicht. Soweit die Länder flächendeckende RVOen oder AllgVfg. nach (§ 32 iVm) **§§ 28, 28a** erlassen, würde die Bundes-RVO nach § 28c der Landes-RVO nach § 32 bzw. der AllgVfg. vorgehen; auch hier müssten sich die von der RVO nach § 28c erfassten Personen nicht an die Maßnahmen der Länder halten.

10   Soweit es aber um eine RVO oder eine AllgVfg. nach (§ 32 iVm) **§§ 29–31** geht, muss beachtet werden, dass die Adressaten entsprechender Regelungen mindestens ansteckungsverdächtig iSd § 2 Nr. 7 sein müssen. Seit von der Figur des abstrakten Ansteckungsverdachts abgerückt wurde (ausf. → § 30 Rn. 20 f.), ist hier eine abstrakt geregelte Ausnahme durch Bundes-RVO eigentlich nicht mehr notwendig. Eine pauschale Ausnahme durch Bundes-RVO macht nur so lange noch Sinn, wie der Bund nicht von seiner Verordnungsermächtigung für die Reiserückkehrerquarantäne gem. § 36 Abs. 8 S. 1 Nr. 1 Gebrauch macht, da hier die Einreisequarantäneverordnungen der Bundesländer fortgelten. Spätestens aber bei Maßnahmen nach §§ 28, 29–31, die

durch VA im Einzelfall angeordnet werden, braucht es keine Bundes-RVO; hier muss die zuständige Behörde vor Erlass genau prüfen, ob der Betroffene überhaupt ansteckungsverdächtig ist. Die RVO nach § 28c hat hier dann wohl hauptsächlich den **disziplinierenden Zweck,** die zuständigen Behörden im Umgang mit Immunen anzuleiten und eine **einheitliche Anwendung** der Vorschriften des IfSG sicherzustellen, wie dies normalerweise durch Verwaltungsvorschriften nach Art. 84 Abs. 2 GG erreicht wird.

III. Zustimmungsbedürftigkeit

RVOen nach S. 1 bedürfen gem. S. 2 der Zustimmung von Bundestag und Bundesrat. **11**

C. Art. 80 Abs. 1 S. 2 GG

Unklar bleibt, nach welchen **Kriterien** die Bundesregierung die Erleichterungen und Ausnahmen bestimmen darf. Dies gilt sowohl für die „Immunen" als auch für die negativ Getesteten. An welchem **Zweck** werden entsprechende Regelungen ausgerichtet? Welche Parameter werden bei der Risikoabwägung berücksichtigt? Der derzeitige Wortlaut des § 28c S. 1 überlässt es vollständig der Bundesregierung, in eigenem Ermessen über Erleichterungen und Ausnahmen zu entscheiden (krit. *Möllers* BT-Drs. 19(14)323(2), 7). Auf diese Weise werden Inhalt, Zweck und Ausmaß des § 28c nicht deutlich; die Norm verstößt deswegen gegen den Bestimmtheitsgrundsatz des Art. 80 Abs. 1 S. 2 GG. **12**

§ 29 Beobachtung

(1) **Kranke, Krankheitsverdächtige, Ansteckungsverdächtige und Ausscheider können einer Beobachtung unterworfen werden.**

(2) [1]**Wer einer Beobachtung nach Absatz 1 unterworfen ist, hat die erforderlichen Untersuchungen durch die Beauftragten des Gesundheitsamtes zu dulden und den Anordnungen des Gesundheitsamtes Folge zu leisten.** [2]**§ 25 Absatz 3 gilt entsprechend.** [3]**Eine Person nach Satz 1 ist ferner verpflichtet, den Beauftragten des Gesundheitsamtes zum Zwecke der Befragung oder der Untersuchung den Zutritt zu seiner Wohnung zu gestatten, auf Verlangen ihnen über alle seinen Gesundheitszustand betreffenden Umstände Auskunft zu geben und im Falle des Wechsels der Hauptwohnung oder des gewöhnlichen Aufenthaltes unverzüglich dem bisher zuständigen Gesundheitsamt Anzeige zu erstatten.** [4]**Die Anzeigepflicht gilt auch bei Änderungen einer Tätigkeit im Lebensmittelbereich im Sinne von § 42 Abs. 1 Satz 1 oder in Einrichtungen im Sinne von § 23 Absatz 5 oder § 36 Absatz 1 sowie beim Wechsel einer Gemeinschaftseinrichtung im Sinne von § 33.** [5]**§ 16 Abs. 2 Satz 4 gilt entsprechend.** [6]**Die Grundrechte der körperlichen Unversehrtheit (Artikel 2 Abs. 2 Satz 1 Grundgesetz), der Freiheit der Person (Artikel 2 Abs. 2 Satz 2 Grundgesetz) und der Unver-**

letzlichkeit der Wohnung (Artikel 13 Abs. 1 Grundgesetz) werden insoweit eingeschränkt.

A. Zweck und Bedeutung der Norm

1   Die Beobachtung gilt zwar als Schutzmaßnahme isd § 28 Abs. 1 S. 1 Hs. 1, mit ihr können jedoch nur die Entwicklung einer bereits festgestellten Krankheit engmaschig **kontrolliert** oder die Entwicklung von Symptomen bei einem Ansteckungsverdächtigen frühzeitig erkannt werden. Sie wird deshalb hauptsächlich **parallel** zu anderen Schutzmaßnahmen **angeordnet,** zB zu einer Absonderung nach § 30 oder einem beruflichen Tätigkeitsverbot nach § 31 (vgl. auch die Einordnung des Gesetzgebers als „schwächste" Schutzmaßnahme, BT-Drs. 3/1888, 26)). Eine Gesundheitsgefahr selbst abwehren kann sie nicht. Sie erleichtert es den Behörden lediglich, die Schutzmaßnahmen an die sich ändernde Lage anzupassen.

B. Gefahrenlage und Adressaten, Anordnung

2   Abs. 1 setzt zum einen die Gefahrenlage des § 28 Abs. 1 S. 1 Hs. 1 (→ § 28 Rn. 14) voraus und regelt zum anderen abschließend, dass nur Kranke, Krankheitsverdächtige, Ansteckungsverdächtige und Ausscheider Adressaten sein können. Reiserückkehrer aus Risikogebieten isd § 2 Nr. 17 sind keine Ansteckungsverdächtige (→ § 30 Rn. 20a). Seit dem 1.4.2021 (EpiLage-FortgeltungsG v. 29.3.2021, BGBl. I 370) besteht für diese Fälle eine Verordnungsermächtigung für die Bundesregierung gem. § 36 Abs. 8 S. 2 (→ § 36 Rn. 67). Für **Kranke und Ausscheider** soll eine Beobachtung nicht von Bedeutung sein (so *BBS,* § 29 Rn. 2; *v. Steinau-Steinrück,* S. 211, 213). Dies verkennt jedoch, dass die Beobachtungsmaßnahme nicht zwingend eine Ansteckungsgefahr selbst abwehren können muss (→ Rn. 1).

3   Auch wenn die Beobachtung als Schutzmaßnahme in ihrer Wirkung eher schwach ist, kann sie mit **mittelschweren Grundrechtseingriffen** verbunden sein (dazu *Mers,* S. 222 ff.). Bei milde verlaufenden Infektionskrankheiten wird eine Beobachtung in der Regel unverhältnismäßig sein.

4   Angeordnet wird die Beobachtung gem. § 28 Abs. 3 iVm § 16 Abs. 6 S. 1 auf **Vorschlag des Gesundheitsamtes** von der zuständigen Behörde (zum Verfahren außerdem → § 28 Rn. 82 ff.). Wird eine Person gem. Abs. 1 unter Beobachtung gestellt, kommen die **Instrumente nach Abs. 2** in Betracht. Bei Beobachtungsanordnungen im Zusammenhang mit der Corona-Epidemie ist der Zweck des § 28a Abs. 3 S. 1 zu beachten (→ § 28a Rn. 16 ff.).

C. Beobachtungsinstrumente (Abs. 2)

5   Mit welchen **Maßnahmen** eine Beobachtung einhergehen kann, ist in Abs. 2 geregelt. Diese werden von den Beauftragten des Gesundheitsamtes durchgeführt. Anordnungen trifft das Gesundheitsamt selbst. Gem. Abs. 2 S. 4 gilt § 16 Abs. 2 S. 4, der weitere Maßnahmen regelt, entsprechend.

I. Untersuchungen (Abs. 2 S. 1, 2)

Als Maßnahmen kommen zunächst gem. Abs. 2 S. 1 Untersuchungen in **6**
Betracht. Mögliche **körperliche Untersuchungen** werden in § 25 Abs. 3
S. 2 aufgeführt, auf den § 29 Abs. 2 S. 2 verweist. Demnach können Ansteckungsverdächtige verpflichtet werden, einen Test auf SARS-CoV-2 zu dulden; bei einem positiven Ergebnis werden sie dann zu Ausscheidern. Eine
Pflicht für das Personal von Pflegeheimen und ähnlichen Einrichtungen, sich
regelmäßig auf SARS-CoV-2 testen zu lassen, kann nicht im Verordnungswege über § 32 auf § 29 iVm § 25 Abs. 3 S. 2 gestützt werden, weil das Personal
nicht ohne konkrete Anhaltspunkte ansteckungsverdächtig ist (dazu VGH
München Beschl. v. 2. 3. 2021 – 20 NE 21.353); zur Rechtsgrundlage für anlasslose Tests → § 28 Rn. 59f. Gem. § 25 Abs. 3 S. 3 dürfen darüber hinausgehende invasive Eingriffe sowie Eingriffe, die eine Betäubung erfordern, nur
mit Einwilligung des Betroffenen vorgenommen werden, hier gilt außerdem
ein **Arztvorbehalt** (→ § 25 Rn. 23).

Das Gesundheitsamt kann gem. Abs. 2 S. 1 außerdem weitere Anordnun- **7**
gen treffen, die nicht näher konkretisiert werden. Dieser Teil der Vorschrift
steht selbstständig für sich, er wird nicht erst durch Abs. 2 S. 2 (der auf § 25
Abs. 3 verweist, → Rn. 6) konkretisiert (so aber *Johann/Gabriel* in BeckOK InfSchR § 29 Rn. 7). Damit der Bestimmtheitsgrundsatz nicht strapaziert wird,
der umso strenger zur Anwendung kommt, je intensiver die Grundrechtseingriffe sind, darf Abs. 2 S. 1 in Bezug auf die ermöglichten „Anordnungen"
nicht als Beobachtungsgeneralklausel verstanden werden (dazu *Mers,* 220ff.;
allgemein ablehnend *Johann/Gabriel* in BeckOK InfSchR § 29 Rn. 7). Auf diesen Teil der Vorschrift darf deswegen nur die Anordnung von **Verhaltenspflichten** gestützt werden, die Grundrechtseingriffe von geringer Intensität
darstellen. Kranke und Krankheitsverdächtige können zB verpflichtet werden,
ein Tagebuch über Symptome zu führen und die Behörde hierüber zu informieren; auch Ansteckungsverdächtige können dazu verpflichtet werden, täglich Fieber zu messen.

II. Zutritt zur Wohnung (Abs. 2 S. 3)

Gem. Abs. 2 S. 3 müssen die unter Beobachtung Gestellten den Beauftrag- **8**
ten des Gesundheitsamtes **zum Zwecke der Befragung oder der Untersuchung** den Zutritt zu ihrer Wohnung gestatten. Wegen des Eingriffs in
Art. 13 Abs. 1 GG können solche „Besuche" nur in Ausnahmefällen verhältnismäßig sein. Die tägliche Abfrage, ob Ansteckungsverdächtige Symptome
entwickelt haben (vgl. Abs. 2 S. 3), kann telefonisch erledigt werden; wird die
Krankheit nicht durch soziale Kontakte übertragen, ist eine Vorladung gem.
Abs. 2 iVm § 25 Abs. 3 S. 1 das mildere Mittel.

III. Auskunft (Abs. 2 S. 3, 4)

Abs. 2 S. 3 regelt eine Auskunftspflicht für die unter Beobachtung Gestell- **9**
ten, die alle ihren **Gesundheitszustand betreffende Umstände** betrifft.
Auf diese Weise kann der Krankheitsverlauf nachvollzogen werden, was für
die Anordnung anderer Maßnahmen (wie eine Absonderung nach § 30 bzw.

eine Entscheidung über deren Dauer) maßgeblich sein kann. Aus Verhältnismäßigkeitsgesichtspunkten dürfen nur die Umstände abgefragt werden, die für die Verhinderung der Weiterverbreitung des Krankheitserregers bzw. der Krankheit erforderlich sind.

9a   Gem. Abs. 2 S. 4 steht dem Betroffenen über den Verweis auf § 16 Abs. 2 S. 4 das Recht zu, die Auskunft auf solche Fragen zu verweigern, deren Beantwortung ihn der Gefahr strafrechtlicher Verfolgung oder eines Verfahrens nach dem Gesetz über Ordnungswidrigkeiten aussetzen würde (→ § 16 Rn. 37 f.).

IV. Anzeige über Aufenthaltsort (Abs. 2 S. 3)

10   Die unter Beobachtung Gestellten sind gem. Abs. 2 S. 3 verpflichtet, im Falle des Wechsels der Hauptwohnung oder des gewöhnlichen Aufenthaltes unverzüglich dem bisher zuständigen Gesundheitsamt Anzeige zu erstatten. Hierdurch können zB Tätigkeitsverbote nach § 31 leichter überwacht werden. S. 4 erweitert diese **Auskunftspflicht** um jeden Wechsel einer Tätigkeit im Lebensmittelbereich iSv § 42 Abs. 1 S. 1 oder in Einrichtungen iSv § 23 Abs. 5 (Krankenhäuser etc.) oder § 36 Abs. 1 (bestimmte Massenunterkünfte etc.) sowie beim Wechsel einer Gemeinschaftseinrichtung iSv § 33 (Kitas, Schulen etc.). Hierdurch soll es dem Gesundheitsamt ermöglicht werden, notwendige Schutzmaßnahmen für diese besonderen Tätigkeitsbereiche einzuleiten, um die Weiterverbreitung übertragbarer Krankheiten am Arbeitsplatz zu verhindern (BT-Drs. 14/2530, 75).

D. Dauer der Beobachtung

11   Eine Beobachtung muss spätestens dann beendet werden, wenn keine Ansteckungsgefahr mehr besteht. Bei **unheilbaren Krankheiten** kommt theoretisch – vom Wortlaut her – eine dauerhafte Beobachtung in Betracht, eine solche dauerhafte Beobachtung wäre aber unverhältnismäßig (*Frankenberg,* AIDS-Bekämpfung im Rechtsstaat, 1988, S. 68).

E. Zitiergebot

12   Abs. 2 S. 5 führt die eingeschränkten Grundrechte auf, um das Zitiergebot des Art. 19 Abs. 1 S. 2 GG zu wahren.

F. Zuwiderhandlungen, Kosten

13   Verstöße bzw. Weigerungen gegen die Anordnungen können Ordnungswidrigkeiten darstellen (vgl. **§ 73 Abs. 1 a Nr. 3, 6, 12, 13**), vgl. außerdem § 74 für bestimmte vorsätzliche Handlungen, wenn dadurch eine in § 6 Abs. 1 S. 1 Nr. 1 genannte Krankheit oder ein in § 7 genannter Krankheitserreger verbreitet wird.

14   Die Kosten für Beobachtungsmaßnahmen sind gem. **§ 69 Abs. 1 S. 1 Nr. 8** aus öffentlichen Mitteln zu bestreiten.

§30 Absonderung

(1) [1]Die zuständige Behörde hat anzuordnen, dass Personen, die an Lungenpest oder an von Mensch zu Mensch übertragbarem hämorrhagischem Fieber erkrankt oder dessen verdächtig sind, unverzüglich in einem Krankenhaus oder einer für diese Krankheiten geeigneten Einrichtung abgesondert werden. [2]Bei sonstigen Kranken sowie Krankheitsverdächtigen, Ansteckungsverdächtigen und Ausscheidern kann angeordnet werden, dass sie in einem geeigneten Krankenhaus oder in sonst geeigneter Weise abgesondert werden, bei Ausscheidern jedoch nur, wenn sie andere Schutzmaßnahmen nicht befolgen, befolgen können oder befolgen würden und dadurch ihre Umgebung gefährden.

(2) [1]Kommt der Betroffene den seine Absonderung betreffenden Anordnungen nicht nach oder ist nach seinem bisherigen Verhalten anzunehmen, dass er solchen Anordnungen nicht ausreichend Folge leisten wird, so ist er zwangsweise durch Unterbringung in einem abgeschlossenen Krankenhaus oder einem abgeschlossenen Teil eines Krankenhauses abzusondern. [2]Ansteckungsverdächtige und Ausscheider können auch in einer anderen geeigneten abgeschlossenen Einrichtung abgesondert werden. [3]Das Grundrecht der Freiheit der Person (Artikel 2 Abs. 2 Satz 2 Grundgesetz) kann insoweit eingeschränkt werden. [4]Buch 7 des Gesetzes über das Verfahren in Familiensachen und in den Angelegenheiten der freiwilligen Gerichtsbarkeit gilt entsprechend.

(3) [1]Der Abgesonderte hat die Anordnungen des Krankenhauses oder der sonstigen Absonderungseinrichtung zu befolgen und die Maßnahmen zu dulden, die der Aufrechterhaltung eines ordnungsgemäßen Betriebs der Einrichtung oder der Sicherung des Unterbringungszwecks dienen. [2]Insbesondere dürfen ihm Gegenstände, die unmittelbar oder mittelbar einem Entweichen dienen können, abgenommen und bis zu seiner Entlassung anderweitig verwahrt werden. [3]Für ihn eingehende oder von ihm ausgehende Pakete und schriftliche Mitteilungen können in seinem Beisein geöffnet und zurückgehalten werden, soweit dies zur Sicherung des Unterbringungszwecks erforderlich ist. [4]Die bei der Absonderung erhobenen personenbezogenen Daten sowie die über Pakete und schriftliche Mitteilungen gewonnenen Erkenntnisse dürfen nur für Zwecke dieses Gesetzes verarbeitet werden. [5]Postsendungen von Gerichten, Behörden, gesetzlichen Vertretern, Rechtsanwälten, Notaren oder Seelsorgern dürfen weder geöffnet noch zurückgehalten werden; Postsendungen an solche Stellen oder Personen dürfen nur geöffnet und zurückgehalten werden, soweit dies zum Zwecke der Entseuchung notwendig ist. [6]Die Grundrechte der körperlichen Unversehrtheit (Artikel 2 Abs. 2 Satz 1 Grundgesetz), der Freiheit der Person (Artikel 2 Abs. 2 Satz 2 Grundgesetz) und das Grundrecht des Brief- und Postgeheimnisses (Artikel 10 Grundgesetz) werden insoweit eingeschränkt.

(4) ¹Der behandelnde Arzt und die zur Pflege bestimmten Personen haben freien Zutritt zu abgesonderten Personen. ²Dem Seelsorger oder Urkundspersonen muss, anderen Personen kann der behandelnde Arzt den Zutritt unter Auferlegung der erforderlichen Verhaltensmaßregeln gestatten.

(5) Die Träger der Einrichtungen haben dafür zu sorgen, dass das eingesetzte Personal sowie die weiteren gefährdeten Personen den erforderlichen Impfschutz oder eine spezifische Prophylaxe erhalten.

(6) Die Länder haben dafür Sorge zu tragen, dass die nach Absatz 1 Satz 1 notwendigen Räume, Einrichtungen und Transportmittel zur Verfügung stehen.

(7) ¹Die zuständigen Gebietskörperschaften haben dafür zu sorgen, dass die nach Absatz 1 Satz 2 und Absatz 2 notwendigen Räume, Einrichtungen und Transportmittel sowie das erforderliche Personal zur Durchführung von Absonderungsmaßnahmen außerhalb der Wohnung zur Verfügung stehen. ²Die Räume und Einrichtungen zur Absonderung nach Absatz 2 sind nötigenfalls von den Ländern zu schaffen und zu unterhalten.

Übersicht

Schrifttum: *Amhaouach,* Probleme infektionsschutzrechtlicher Maßnahmen in Massenunterkünften für Geflüchtete, JuWissBlog v. 12.6.2020; *Bals/Kuhn* SARS-Cov-2 – das „Coronavirus" unter rechtlichen Gesichtspunkten, GesR 2020, 213; *Kießling,* Offene Fragen der (Massen)Quarantäne, Verfassungsblog v. 2.7.2020; *Schulz/Berneith,* Die zwangsweise Absonderung von „Quarantäneverweigerern" als kommunale Herausforderung, COVuR 2021, 130; *Stach,* Die häusliche Quarantäne nach Ein- oder Rückreise aus dem Ausland, NJW 2021, 10.

A. Zweck und Bedeutung der Norm

Bei der Absonderung handelt es sich um eine der **wichtigsten** (BT-Drs. **1** 3/1888, 26) und ältesten (vgl. *Hess,* S. 87 ff.) **Schutzmaßnahmen** iSd § 28 Abs. 1 S. 1 Hs. 1. Sie beruht auf dem Konzept der **Distanzierung** (→ § 28 a Rn. 27), weil sie Erkrankte und möglicherweise Erkrankte räumlich vom Rest der Bevölkerung trennt und dadurch (mögliche) Infektionsketten unterbricht.

Da eine Heilbehandlung nicht angeordnet werden darf (vgl. ausdr. § 28 **2** Abs. 1 S. 3), darf auch eine Absonderung **nicht „aus individuell-medizinischen Gründen"** angeordnet werden; ihr Zweck erschöpft sich darin, die öffentliche Gesundheit zu schützen (→ § 1 Rn. 4) (BVerwG Urt. v. 2.3.1977 – I C 36.70, Rn. 69; VG Trier Urt. v. 7.4.2014 – 6 K 1342/13.TR, Rn. 27). Sie kann von vornherein nur geeignet sein, wenn die Krankheit bzw. der Krankheitserreger bereits durch übliche **soziale Kontakte** übertragen werden kann.

Die Vorschrift, die auf § 37 BSeuchG zurückgeht, ist an einigen Stellen **miss- 3 glückt,** weil sie entweder zu strenge Voraussetzungen aufstellt (→ Rn. 16 ff.) oder zu strenge Rechtsfolgen anzuordnen scheint (→ Rn. 34 ff.). Darüber hinaus ist **Abs. 1 verfassungswidrig,** weil er das **Zitiergebot** nicht einhält und keinen **Richtervorbehalt** enthält (→ Rn. 29 ff.). § 30 stellt damit aktuell keine wirksame Rechtsgrundlage für Absonderungen dar.

B. Terminologie

I. Quarantäne, Isolierung

Bis Mai 2020 lautete die Überschrift der Vorschrift „Quarantäne", obwohl **4** der Text selbst diesen Begriff nicht verwendete, sondern – wie schon § 37 BSeuchG – von „Absonderung" sprach. Da die Medizin unter dem Oberbegriff „Absonderung" zwischen den Begriffen **„Isolierung" (von Erkrankten)** und **„Quarantäne" (von Ansteckungsverdächtigen)** unterscheidet (vgl. nur RKI-Fachwörterbuch Infektionsschutz und Infektionsepidemiologie, Stichwort „Quarantäne"), passte der Gesetzgeber mit dem Zweiten G zum Schutz der Bevölkerung bei einer epidemischen Lage von nationaler Tragweite

v. 19.5.2020 (BGBl. I 1018) die Überschrift entsprechend an (BT-Drs. 19/18967, 61).

5   Wird eine für die ganze Bevölkerung geltende „häusliche Quarantäne" durch AllgVfg. oder RVO angeordnet, handelt es sich nicht um eine Absonderung isd § 30, sondern um eine **allg. Ausgangsbeschränkung** (→ § 28a Rn. 40 ff.) (*Rixen* NJW 2020, 1097 (1098)).

II. „Freiwillig" und zwangsweise

6   Im Schrifttum wird teilweise zwischen der „freiwilligen" Absonderung nach Abs. 1 und der „zwangsweisen" Absonderung nach Abs. 2 unterschieden (*Gerhardt*, § 30; *Erdle*, § 30; *Bals/Kuhn* GesR 2020, 213; *Johann/Gabriel* in BeckOK InfSchR § 30 Rn. 26; iErg auch *v. Steinau-Steinrück*, S. 214; auch das VG Würzburg Beschl. v. 27.11.2020 – W 8 S 20.1844, Rn. 24, spricht von der freiwilligen Absonderung). Diese Unterscheidung beruht maßgeblich darauf, dass der **Gesetzgeber** bei Abs. 1 von der „Freiwilligkeit des Betroffenen" und dessen „**Einsicht** in das Notwendige" spricht (BT-Drs. 14/2530, 75), während die Absonderung nach Abs. 2 den Fall der zwangsweisen Absonderung in einer geschlossenen Einrichtung im Wege des Verwaltungszwangs betrifft. Dass in der Praxis Kranke oft – gerade in den Fällen des Abs. 1 S. 1 – keine Einwände gegen die Absonderung erheben werden, bedeutet jedoch nicht, dass die Absonderungen, die nicht in einer geschlossenen Einrichtung gem. Abs. 2 erfolgen, nicht durch VA verfügt werden. Auch im sonstigen VerwR ersetzt die Einsicht des Betroffenen (etwa in die Notwendigkeit von Steuerzahlungen) nicht die Regelungswirkung (und Notwendigkeit) eines VA. Dass bei Abs. 1 ein **VA** verfügt werden soll, zeigt sich auch durch den Wortlaut („anordnen") (ausf. zu dieser Problematik auch *Kluckert* in ders., § 2 Rn. 208 ff.).

7   Die vollziehbare Anordnung nach § 30 Abs. 1 ist außerdem im Falle des S. 1 Voraussetzung für eine mögliche Strafbarkeit nach § 75 Abs. 1 Nr. 1 bzw. im Falle des S. 2 für eine Ordnungswidrigkeit gem. § 73 Abs. 1a Nr. 6; „vollziehbar" kann eine „Anordnung" schon denklogisch nicht sein, wenn man die Freiwilligkeit zur Voraussetzung macht. **Vollziehbar** ist die Anordnung gem. § 28 Abs. 3 iVm § 16 Abs. 8 (*Bals/Kuhn* GesR 2020, 213 (217)) hingegen gehen offenbar davon aus, dass die Anordnung nach Abs. 1 nicht vollstreckt werden kann). Sobald jedoch ein VA verfügt wird, der eine (bußgeld- bzw. strafbewehrte) Rechtspflicht des Betroffenen begründet – in diesem Fall das Nichtverlassen eines bestimmten Ortes –, ist der Begriff der Freiwilligkeit „abwegig" (*Kluckert* in ders., § 2 Rn. 212).

8   Soweit sich Betroffener und Behörde über die Absonderung einigen und tatsächlich kein Verwaltungsakt mehr ergeht, hat dies keine Auswirkungen auf die **Kostenregelung** des § 69 Abs. 1 S. 1 Nr. 8, der eigentlich eine hoheitliche Inanspruchnahme voraussetzt (→ § 69 Rn. 13).

C. Absonderung nach Abs. 1

I. Lungenpest oder von Mensch zu Mensch übertragbares hämorrhagisches Fieber (Abs. 1 S. 2)

1. Voraussetzungen, Rechtsfolge. Bei Personen, die an Lungenpest oder 9 an von Mensch zu Mensch übertragbarem hämorrhagischem Fieber (etwa Lassafieber, Gelbfieber oder Ebolafieber) erkrankt oder dessen verdächtig sind (vgl. § 2 Nr. 4 und 5), muss gem. Abs. 1 S. 1 **zwingend** eine Absonderung (als Isolierung → Rn. 4) angeordnet werden. Dies hat in einem Krankenhaus oder einer für diese Krankheiten geeigneten Einrichtung zu geschehen. Mit „geeigneten Einrichtungen" sind solche gemeint, die wegen der Gefährlichkeit der genannten Krankheiten außerhalb von Krankenhäusern geschaffen worden sind (BT-Drs. 8/2468, 28). Hierbei handelt es sich um **Hochisolierstationen,** die in die Krankenhauspläne aufgenommen werden (→ Rn. 49 f.).

Trotz des fehlenden Ermessens der Behörde ist die Absonderung nicht nur 10 bei Kranken, sondern auch bei **Krankheitsverdächtigen** wegen der hohen Infektiosität und Kontagiosität der genannten Krankheiten gerechtfertigt. Diese stellen bereits im üblichen sozialen Kontakt eine tödliche Gefahr dar (BT-Drs. 14/2530, 75; sa *Mers,* S. 228 f.). **Ausscheider** und **Ansteckungsverdächtige** können nicht nach Abs. 1 S. 1 abgesondert werden. Hier kommt eine Absonderung nach S. 2 in Betracht (→ Rn. 13).

Die Absonderung hat **„unverzüglich",** dh ohne schuldhaftes Zögern (§ 121 11 Abs. 1 BGB), zu erfolgen, dh die Absonderung kann und muss erst dann vorgenommen werden, wenn die Möglichkeit dazu besteht (BT-Drs. 8/2468, 28).

2. Anordnung. Hält sich der Betroffene bereits im Krankenhaus auf, muss 12 trotzdem eine Absonderung **verfügt** werden (so auch *Mers,* S. 228 Fn. 709; aA *Erdle,* § 30, S. 107; *Gerhardt,* § 30 Rn. 8). Denn erst durch die Verfügung entsteht eine entsprechende Pflicht des Betroffenen, bis zum Ende der Ansteckungsfähigkeit isoliert zu bleiben (→ Rn. 6).

II. Sonstige Krankheiten (Abs. 1 S. 2)

Für alle **nicht in Abs. 1 S. 1 genannten Krankheiten** gilt Abs. 1 S. 2, so- 13 weit die Krankheit durch soziale Kontakte übertragen werden kann (→ Rn. 2, 25 f.). Die Behörde kann außerdem Personen, die ansteckungsverdächtig in Bezug auf Lungenpest oder an von Mensch zu Mensch übertragbarem hämorrhagischem Fieber sind oder die die entsprechenden Erreger ausscheiden und deswegen nicht unter Abs. 1 S. 2 fallen (→ Rn. 10), nach den Voraussetzungen des Abs. 1 S. 2 absondern.

1. Ort. Die Absonderung erfolgt entweder in einem geeigneten **Kran-** 14 **kenhaus** oder in sonst geeigneter Weise. Den Regelfall bildet in der Praxis die Absonderung **in der häuslichen Wohnung** („in sonst geeigneter Weise") (BT-Drs. 3/1888, 26; unzutreffend *Lindner* in Schmidt, § 18 Rn. 79). Geeignet ist diese aber nur, wenn die häusliche Umgebung den Zweck – Schutz anderer vor Ansteckung – erreichen kann. Bei beengten Wohnverhältnissen und vorhandenen anderen Familienmitgliedern ist die Absonderung von Erkrankten, wenn die anderen Personen nicht erkrankt sind, in der Wohnung nicht möglich. Dann hat eine Absonderung im Krankenhaus zu erfolgen (vgl. BVerwG Urt. v. 2. 3. 1977 – I C 36.70, Rn. 65).

15 **2. Adressaten.** Verfügt werden kann die Absonderung gegenüber Kranken, Krankheitsverdächtigen, Ansteckungsverdächtigen und Ausscheidern (vgl. die Legaldefinitionen in § 2 Nr. 4–7 → § 2 Rn. 18 ff.). **Andere Personen** als die in Abs. 1 S. 2 genannten kommen als Adressaten einer Absonderung **nicht** in Betracht; die Heranziehung der Generalklausel des § 28 Abs. 1 S. 1 wird durch § 30 gesperrt (→ § 28 Rn. 53).

16 **a)** Bei **Ausscheidern** muss die zusätzliche Voraussetzung vorliegen, dass sie andere Schutzmaßnahmen nicht befolgen, befolgen können oder befolgen würden und dadurch ihre Umgebung gefährden (Abs. 1 S. 2 Hs. 2). Bei dieser Personengruppe müssen also entweder bereits andere Maßnahmen vorher angeordnet worden sein oder der Ausscheider darf (etwa aus rechtlichen oder tatsächlichen Gründen) nicht in der Lage sein, Anordnungen zu befolgen (BT-Drs. 8/2468, 29). Diese einschränkende Voraussetzung für Ausscheider wäre aus **infektionshygienischer Sicht** nur dann sinnvoll, wenn Ausscheider grundsätzlich weniger kontagiös wären und andere Schutzmaßnahmen das geringere Ansteckungsrisiko auffangen könnten. Symptomlos Infizierte (→ § 2 Rn. 25) können jedoch – je nach Krankheitserreger – **genauso ansteckend** sein wie Kranke.

17 Es spricht viel dafür, dass der Gesetzgeber ursprünglich mit dieser einschränkenden Voraussetzung an Ausscheider dachte, die man entweder heutzutage als **Carrier** (→ § 2 Rn. 28) bezeichnen würde (vgl. *Schumacher/Meyn,* § 2 BSeuchG, S. 10 f.) oder die Krankheitserreger ausschließlich über den Stuhl ausscheiden (wie etwa bei **Typhus** bzw. Salmonellen → § 2 Rn. 25), da in diesen Fällen zB das Verbot, Gaststätten zu besuchen oder an öffentlichen Veranstaltungen teilzunehmen (*Schumacher/Meyn,* § 37 BSeuchG, S. 110), ausreichte, um die Weiterverbreitung zu verhindern.

18 Da die Definition des Ausscheiders seit Inkrafttreten des IfSG gem. § 2 Nr. 7 voraussetzt, dass die Person eine Ansteckungsquelle für die Allgemeinheit darstellt, steht Abs. 1 S. 2 Hs. 2 einer effektiven Bekämpfung von Infektionskrankheiten entgegen. Nimmt man den Wortlaut des Abs. 1 S. 2 Hs. 2 ernst, dürfte zB eine Absonderung symptomloser SARS-CoV-2-Infizierter nicht verfügt werden, solange diese kooperativ sind. Abs. 1 S. 2 Hs. 2 sollte deswegen aus Gründen eines effektiven Infektionsschutzes **gestrichen** werden. In den Fällen, in denen der Betroffene zwar Ausscheider ist, mildere Schutzmaßnahmen jedoch ausreichen, ergibt sich die Unzulässigkeit einer Absonderung bereits aus dem Verhältnismäßigkeitsprinzip.

19 **b)** Mit den **Ansteckungsverdächtigen** wird auch die infektionsschutzrechtliche Personengruppe der **geringsten Gefährdungsstufe** (→ § 2 Rn. 29) als Adressatin in Abs. 1 S. 2 genannt. Um Infektionsketten wirksam durchbrechen zu können, ist dies grundsätzlich gerechtfertigt. Im Einzelfall muss dieser Umstand jedoch bei der Prüfung der Verhältnismäßigkeit berücksichtigt werden. Personen dürfen außerdem nicht vorschnell zu Ansteckungsverdächtigen erklärt werden.

Diese Frage stellte sich bis zum Inkrafttreten des EpiLage-FortgeltungsG v. **20** 29.3.2021 (BGBl. I 370) insbesondere bei der **Reiserückkehrer-Quarantäne,** bei der aus dem Ausland Einreisende für 10 oder 14 Tage unter Quarantäne gestellt werden (dazu auch *Stach* NJW 2021, 10). Mangels besonderer Regelung in § 28a oder in § 36 Abs. 8 ff. wurden entsprechende RVOen bis dahin auf § 30 gestützt (§ 28 kommt als Rechtsgrundlage von vornherein nicht in Betracht → § 28 Rn. 53). Der Ansteckungsverdacht wurde hier typisierend angenommen, die Umstände des Einzelfalls wurden nicht geprüft. Dass dieses Vorgehen vom Gesetz grundsätzlich für zulässig gehalten wird, zeigt sich an der Nennung von § 30 in § 32, da bei Rechtsverordnungen nie der Einzelfall geprüft wird (OVG Münster Beschl. v. 7.1.2021 – 13 B 2046/20.NE, Rn. 49; → § 32 Rn. 5). **Unzulässig** ist es aber, **alle aus dem Ausland Einreisenden** als ansteckungsverdächtig zu behandeln (ausf. OVG Lüneburg Beschl. v. 11.5.2020 – 13 MN 143/20, Rn. 26ff.; VG Hmb. Beschl. v. 13.5.2020 – 15 E 1967/20, Rn. 29ff.; OVG Münster Beschl. v. 5.6.2020 – 13 B 776/20.NE, Rn. 39; aA VG Freiburg Beschl. v. 14.5.2020 – 4 K 1621/20, Rn. 31; OVG Schleswig Beschl. v. 12.6.2020 – 1 B 94/20, Rn. 16f.). Ein solch typisierender Ansteckungsverdacht wurde aber teilweise dann angenommen, wenn die betroffenen Personen aus in besonderem Maße von einer Krankheit betroffenen **Risikogebieten** (→ § 2 Rn. 32) einreisten (OVG Lüneburg Beschl. v. 11.5.2020 – 13 MN 143/20, Rn. 38; Beschl. v. 5.6.2020 – 13 MN 195/20, Rn. 33f.; Beschl. v. 30.11.2020 – 13 MN 520/20, Rn. 26ff.; OVG Magdeburg Beschl. v. 11.12.2020 – 3 R 260/20, Rn. 19ff.; *Gerhardt,* § 30 Rn. 23a; offen gelassen wurde diese Frage bislang von OVG Bremen Beschl. v. 11.12.2020 – 1 B 386/20, Rn. 69f.; OVG Saarlouis Beschl. v. 10.12.2020 – 2 B 361/20, Rn. 12; OVG Münster Beschl. v. 7.1.2021 – 13 B 2046/20.NE, Rn. 51ff.; OVG Bautzen Beschl. v. 3.3.2021 – 3 B 15/21, Rn. 24f.). Der Gesetzgeber hatte es jedoch unterlassen, nach Einfügung der Legaldefinition des Risikogebiets in § 2 Nr. 17 durch das 3. BevSchG v. 18.11.2020 (BGBl. I 2397) den Tatbestand des § 30 Abs. 1 S. 2 mit § 2 Nr. 17 zu verknüpfen (vgl. auch OVG Münster Beschl. v. 7.1.2021 – 13 B 2046/20.NE, Rn. 40).

Diese Konstruktion des pauschalen Ansteckungsverdachts für Reiserück- **20a** kehrer aus Risikogebieten war zunächst deswegen problematisch, weil sie den gefahrenabwehrrechtlichen Ansatz des **§ 30 überdehnt;** bei der Reiserückkehrer-Quarantäne handelt es sich eigentlich um eine flächendeckende Maßnahme der **Risikovorsorge** (dazu → § 28a Rn. 4ff.). Dieser Ansatz warf außerdem bei einem Vergleich mit Personen aus deutschen „Risikogebieten" Fragen auf. Zwar wurde seitens der Politik nicht ernsthaft erwogen, inländische „Risikogebiet" vollständig unter Quarantäne zu stellen, die Konstruktion des typisierten Ansteckungsverdachts hätte dies aber grundsätzlich erlaubt (vgl. zu dieser Ungleichbehandlung auch OVG Münster Beschl. v. 20.11.2020 – 13 B 1770/20.NE, Rn. 36f.; anders OVG Bremen Beschl. v. 11.12.2020 – 1 B 386/20, Rn. 93ff.; OVG Magdeburg Beschl. v. 11.12.2020 – 3 R 260/20, Rn. 38; vgl. auch OVG Lüneburg Beschl. v. 30.11.2020 – 13 MN 520/20, Rn. 39ff.; OVG Saarlouis Beschl. v. 10.12.2020 – 2 B 361/20, Rn. 13). Der Gesetzgeber hat dieses Problem nun dadurch gelöst, dass er durch das Epi-Lage-FortgeltungsG v. 29.3.2021 (BGBl. I 370) in **§ 36 Abs. 8 S. 1 Nr. 1** eine **Verordnungsermächtigung für die Bundesregierung** geschaffen hat, die nun bundesweit einheitlich eine Reiserückkehrerquarantäneverordnung erlassen kann (→ § 36 Rn. 62). Durch diese Regelung kommt der gesetzgeberische Wille zum Ausdruck, § 30 Abs. 1 S. 2 für diese Fälle nicht mehr heranzuziehen. Die Konstruktion des typisierten Ansteckungsverdachts sollte deswegen aufgegeben werden.

21   Wenn ganze **Flüchtlingsunterkünfte**, Studentenwohnheime, Wohnhäuser oder gar **Wohnblocks bzw. Straßen** durch AllgVfg. gem. § 35 S. 2 VwVfG unter Quarantäne gestellt werden sollen, müssen alle Bewohner ansteckungsverdächtig sein. Diese Annahme kann gerechtfertigt sein, wenn es zB sehr viele Fälle in dem Gebäude gibt oder gemeinsame Veranstaltungen (wie Feiern) stattgefunden haben. Zu berücksichtigen sind außerdem die räumlichen Begebenheiten, also die gemeinsame Nutzung bestimmter Räume/Fahrstühle auf der einen und die Trennung von Gebäudeeinheiten durch verschiedene Eingänge oder Ebenen auf der anderen Seite. Ganze Wohnblocks oder Straßenzüge können nur in Ausnahmefällen als ansteckungsverdächtig gelten.

22   Werden Unterkünfte ohne Ermittlung der Umstände vor Ort gem. § 25 pauschal abgeriegelt, wie dies zum Teil während der Corona-Pandemie mit Flüchtlingsunterkünften geschah, handelt es sich – in Anlehnung an die Begriffe Kollektivausweisung und Kollektivstrafe – um eine unzulässige **Kollektivquarantäne** (ausf. *Amhaouach* JuWissBlog v. 12.6.2020).

23   **3. Rechtsfolge.** Die Absonderung gem. Abs. 1 S. 2 steht im **Ermessen** der Behörde. Diese muss die Infektiosität und Kontagiosität der jeweiligen Krankheit sowie den Wahrscheinlichkeitsgrad einer Verbreitung des Erregers berücksichtigen; letzterer ist bei Ansteckungsverdächtigen am niedrigsten (→ Rn. 19). Bei Quarantäneanordnungen im Zusammenhang mit der **Corona-Epidemie** ist der Zweck des § 28a Abs. 3 S. 1 zu beachten (→ § 28a Rn. 16 ff.).

23a   Mitunter ordnen die Behörden eine „**Arbeitsquarantäne**" oder „**Pendelquarantäne**" an: Damit ist gemeint, dass asymptomatisch Infizierte (also Ausscheider) und bloß Ansteckungsverdächtige weiterarbeiten dürfen, wenn sonst der Betrieb eines Krankenhauses oder Pflegeheims nicht zu bewerkstelligen wäre. Die Betroffenen dürfen dann die häusliche Wohnung nur für den Weg zur Arbeitsstätte verlassen; sie dürfen weiterhin dort ihrer Tätigkeit nachgehen. Teilweise wurde auf diese Maßnahme auch für Mitarbeitende in Schlachthöfen zurückgegriffen. § 30 Abs. 1 S. 2 wird in diesen Fällen für die Anordnung einer „**Minus-Maßnahme**" gegenüber der absoluten häuslichen Absonderung herangezogen. Eine solche Maßnahmen kann von vornherein nur dann in Betracht kommen, wenn es ausgeschlossen ist, dass auf dem Weg zur Arbeit Dritte angesteckt werden und wenn die anderen Anwesenden an der Arbeitsstätte selbst nachweislich infiziert sind (etwa im Pflegeheim oder im Krankenhaus) (kritisch zu dieser Maßnahme *Stach* NJW 2021, 10 (14)).

24   Insbes. bei einer Absonderung in der Wohnung wird in der Regel parallel eine **Beobachtung** nach § 29 angeordnet.

25   **4. Absonderung bei sexuell übertragbaren Krankheiten.** In den 1980er Jahren wurde eine Absonderung **HIV-Infizierter** (insbes. von Prostituierten) diskutiert (dafür: *Gauweiler* ZRP 1989, 85). Eine Absonderung im Falle unheilbarer Krankheiten ist jedoch in jedem Fall unzumutbar und deswegen unverhältnismäßig; auf diese Fälle ist § 30 auch nicht ausgelegt (vgl.

Endbericht der Enquete-Kommission „Gefahren von AIDS", BT-Drs. 11/7200, 182). HIV-Infizierte gelten außerdem nicht als Ausscheider iSd § 2 Nr. 6, sondern höchstens als Carrier, wenn nicht sogar die Viruslast im Blut durch eine antiretrovirale Therapie unter der Nachweisgrenze liegt (→ § 2 Rn. 28); in beiden Fällen liegen die Voraussetzungen des § 30 Abs. 1 S. 2 nicht vor. Eine Absonderung HIV-Infizierter kommt schon deswegen nicht in Betracht, wäre aber auch ansonsten verfassungswidrig (iErg. auch *Seewald* NJW 1987, 2265 (2272); *Frankenberg,* S. 121 f.; *Bruns* ZRP 1989, 241; *Mers,* S. 250 f.; angedacht wird sie allerdings nach wie vor von *BBS,* § 30 Rn. 7; *Erdle,* § 30, S. 109; unklar *v. Steinau-Steinrück,* S. 216).

Personen, die an einer **Geschlechtskrankheit** erkrankt sind, sind zwar **26** Kranke iSd § 2 Nr. 4, so dass die Tatbestandsvoraussetzungen des § 30 Abs. 1 S. 2 vorliegen. Diese Krankheiten können jedoch nur durch intime Kontakte übertragen werden, so dass eine Absonderung mangels Erforderlichkeit unverhältnismäßig wäre (→ Rn. 2).

III. Dauer der Absonderung

Gem. § 28 Abs. 1 S. 1 Hs. 1 dürfen Schutzmaßnahmen nur solange aufrecht **27** erhalten bleiben, wie es zur Verhinderung der Verbreitung übertragbarer Krankheiten erforderlich ist. In dem Moment, in dem der Betroffene **nicht mehr ansteckend** ist, ist die Absonderung aufzuheben. Eine Heilbehandlung darf zwar gem. § 28 Abs. 1 S. 3 nicht angeordnet werden; entscheidet sich der Betroffene aber freiwillig dazu, wird dies auch die Dauer der Absonderung verkürzen.

IV. Verfahren, fehlender Richtervorbehalt

Angeordnet wird die Absonderung gem. § 28 Abs. 3 iVm § 16 Abs. 6 S. 1 **28** auf **Vorschlag des Gesundheitsamtes** von der zuständigen Behörde (zum Verfahren außerdem → § 28 Rn. 82 ff.).

Was Abs. 1 nicht verlangt, ist die Entscheidung eines Richters über die Absonderung. Bei der Absonderung handelt es sich jedoch um eine **Freiheitsentziehung gem. Art. 2 Abs. 2 S. 2 GG** (so auch *Kluckert* in ders., § 2 Rn. 214; *Kingreen* in Huster/Kingreen Hdb. InfSchR Kap. 1 Rn. 66; *Poscher* in Huster/ Kingreen Hdb. InfSchR Kap. 4 Rn. 129; VG Hmb. Beschl. v. 13.5.2020 – 15 E 1967/20, Rn. 35; VG Berlin Beschl. v. 10.6.2020 – 14 L 150/20, Rn. 46; bereits *Schenke* DVBl 1988, 165 (169 f.); aA VG Saarlouis Beschl. v. 23.9.2020 – 6 L 1001/20, Rn. 27 ff.; OVG Bremen Beschl. v. 11.12.2020 – 1 B 386/20, Rn. 63; *Schulz/Berneith* COVuR 2021, 130; unklar VGH Mannheim Beschl. v. 15.1.2021 – 1 S 4180/20, Rn. 106). Der Begriff der Freiheitsentziehung ist zwar umstritten (ausf. *Gusy* in MKS Art. 104 Rn. 20 ff. mwN). Wenn man jedoch berücksichtigt, dass die Absonderung bei den meisten Krankheiten einen erheblichen Zeitraum umfasst (bei SARS-CoV-2 etwa 14 Tage) und die Pflicht zum Verbleiben im Krankenhaus bzw. der Wohnung der Haupt- und nicht nur ein Nebenzweck der Anordnung ist, kommt man nur bei einem sehr formalen Verständnis, das allein danach fragt, ob das Verlassen des Ortes durch technische Mittel tatsächlich nicht möglich ist, zu dem Ergebnis, dass bei der Absonderung nach Abs. 1 eine Freiheitsbeschränkung und keine -entziehung vorläge. Diese rein formale Betrachtung blendete jedoch aus, dass das – tatsächlich mögliche – Verlassen des Krankenhauses bzw. der Wohnung unter Strafat bzw. eine Ordnungswidrigkeit (→ Rn. 52) darstellt, wodurch psychischer Zwang auf die Betroffenen ausgeübt wird (*Dürig* in Maunz/Dürig, 85. EL Nov. 2018, Art. 104 GG Rn. 6; *Mers*, S. 232 f.; *Kluckert* in ders., § 2 Rn. 214; vgl. auch VG Würzburg Beschl. v. 27. 11. 2020 – W 8 S 20.1844, Rn. 24; aA *Bals/Kuhn* GesR 2020, 213 (217)). Dieser wird verstärkt dadurch, dass als besondere Form des Verwaltungszwangs die Unterbringung in einer geschlossenen Einrichtung gem. Abs. 2 droht (→ Rn. 36 ff.).

30   Im Ergebnis bedeutet dies, dass für Absonderungen nach Abs. 1 der **Richtervorbehalt des Art. 104 Abs. 2 S. 1 GG** gilt (VG Hmb. Beschl. v. 13. 5. 2020 – 15 E 1967/20, Rn. 35; *Kießling* Verfassungsblog v. 2. 7. 2020; *Stach* NJW 2021, 10 (12); *Kingreen* in Huster/Kingreen Hdb. InfSchR Kap. 1 Rn. 66; *Poscher* in Huster/Kingreen Hdb. InfSchR Kap. 4 Rn. 129; bereits *Schenke* DVBl 1988, 165 (170)); über sie muss also ein Richter entscheiden. Ordnet die zuständige Behörde die Absonderung wegen Gefahr im Verzug selbst an, ist gem. Art. 104 Abs. 2 S. 2 GG unverzüglich eine richterliche Entscheidung herbeizuführen.

31   Dass **§§ 475 ff. FamFG** hier als hinreichende Ausgestaltung des Richtervorbehalts angesehen werden können (so *Kluckert* in ders., § 2 Rn. 216), ist zweifelhaft (zum Verfahren nach dem FamFG → Rn. 39). Jedenfalls verstoßen die Behörden während der Corona-Epidemie regelmäßig gegen das Erfordernis, die Entscheidung eines Richters herbeizuführen, so dass die entsprechenden Anordnungen rechtswidrig sind. Der Gesetzgeber ist gefordert, § 30 nachzubessern.

V. Zitiergebot

32   Das **Zitiergebot** des Art. 19 Abs. 1 S. 2 GG verlangt, dass Abs. 1 Art. 2 Abs. 2 S. 2 GG als eingeschränktes Grundrecht nennt. Da dies nicht der Fall ist, ist Abs. 1 in dieser Form auch deswegen (→ außerdem Rn. 29 ff.) **verfassungswidrig** (*Kießling* Verfassungsblog v. 2. 7. 2020; ausf. *Mers*, S. 232 ff.). Ein Rückgriff auf § 28 Abs. 1 S. 4 (angedacht von *Kluckert* in ders., § 2 Rn. 218) ist nicht ausreichend und auch vom Gesetzgeber in der Systematik des § 30 nicht angelegt, da er bei Abs. 2 das eingeschränkte Grundrecht in der Norm selbst zitiert (so auch *Mers*, S. 234).

D. Durchsetzung der Absonderung

I. Überwachung

33   Die Behörde ist gem. § 28 Abs. 3 iVm **§ 16 Abs. 2** berechtigt, die Einhaltung der angeordneten Absonderung zu überwachen. Dies bezieht sich sowohl auf das Nichtverlassen der Wohnung als auch auf eine angeordnete räumliche Trennung innerhalb der Wohnung, wenn weitere Personen dort leben.

II. Allg. Verwaltungsvollstreckungsrecht

Wenn sich die Betroffenen nicht an die Anordnungen halten, kann die Ab- **34** sonderung mittels **Verwaltungszwangs** durchgesetzt werden. Geht man nach dem Wortlaut des Abs. 2, ist sofort die Unterbringung in einem abgeschlossenen Krankenhaus oder einem abgeschlossenen Teil eines Krankenhauses in die Wege zu leiten (→ Rn. 36 ff.); andere Möglichkeiten hätte die Behörde nicht. Die Existenz des Abs. 2 sperrt jedoch nicht die Anwendung des allg. Verwaltungsvollstreckungsrechts (so aber *Gerhardt,* § 30 Rn. 36; wohl auch *Johann/Gabriel* in BeckOK InfSchR § 30 Rn. 25). Abs. 2 regelt vielmehr einen **Sonderfall des unmittelbaren Zwangs,** für den es im allg. Verwaltungsvollstreckungsrecht keine Rechtsgrundlage gibt. Aus der Existenz einer Sonderregelung für ein besonders grundrechtsintensives Instrument kann jedoch nicht auf die Unanwendbarkeit der milderen Vorschriften geschlossen werden. Sonst stünde der Behörde stets nur das besonders intensive Mittel zur Verfügung, was in vielen Fällen aber nicht verhältnismäßig wäre (→ Rn. 36 f.). Das wiederum führte dazu, dass die Behörde untätig bleiben müsste.

Nach den Regelungen der **Verwaltungsvollstreckungsgesetze** können **35** die zuständigen Behörden zB **Zwangsgelder** verhängen (soweit dies als zielführend erachtet wird) oder die Betroffenen durch **unmittelbaren Zwang** am Verlassen der Wohnung hindern (ggf. auch durch Abriegelung betroffener Unterkünfte durch Zäune, vgl. aber die strengen Voraussetzungen für entsprechende Absonderungsanordnungen durch AllgVfg. → Rn. 21 f.); hier ist jedoch der Richtervorbehalt des Art. 104 Abs. 2 GG zu beachten.

III. Unterbringung in geschlossenen Einrichtungen (Abs. 2)

1. Voraussetzungen. Da die Unterbringung in geschlossenen Einrichtun- **36** gen eine noch intensivere Freiheitsentziehung gem. Art. 2 Abs. 2 S. 2 GG als Abs. 1 darstellt, sind diese Regelungen eng auszulegen (es handelt sich um die „äußerste Grenze" der nach §§ 28 ff. zulässigen Maßnahmen (*Seewald* NJW 1987, 2265 (2270)). Die Unterbringung in geschlossenen Einrichtungen kann nur **ultima ratio** sein. Eine Unterbringung in allen Fällen, in denen Betroffene gegen eine Absonderungsanordnung verstoßen, ist unverhältnismäßig (→ Rn. 34). Hier sind auch die Art der Krankheit und ihre Übertragungswege zu berücksichtigen: Je größer die Gefahr für die öffentliche Gesundheit bereits dadurch ist, dass ein Kranker – und ggf. nur Ansteckungsverdächtiger – seine Wohnung verlässt, desto eher kommt eine Unterbringung nach Abs. 2 in Betracht. Im Umkehrschluss bedeutet dies, dass bei Ansteckungsverdächtigen (zum Gefährdungsgrad → Rn. 19) in Bezug auf SARS-CoV-2 eine Unterbringung erst dann in Betracht kommt, wenn sich der Abgesonderte nachhaltig weigert.

Soweit die Literatur zum Teil die Voraussetzungen für eine Unterbringung **37** sehr viel niedriger ansetzt (vgl. *Lutz,* § 30 Rn. 2; *Gerhardt,* § 30 Rn. 44), mag dies daran liegen, dass § 30 bzw. sein Vorgänger § 37 BSeuchG früher hauptsächlich in Einzelfällen **offener Lungen-TB** zur Anwendung kamen (vgl. *Erdle,* § 30, S. 109; *Gerhardt,* § 30 Rn. 55). Als relevante Adressaten sah man „Obdachlose, Alkohol- oder Drogenabhängige" an, deren Therapie man so sicherstellen wollte (vgl. *BBS,* § 30 Rn. 10); dies darf aber wegen des Verbots der Zwangsbehandlung aus § 28 Abs. 1 S. 3 schon nicht Zweck der Absonderung sein (→ Rn. 2). Abs. 2 muss vielmehr so verfassungskonform ausgelegt werden, dass er nicht bei jeder Krankheit und nicht stets bei einem einmaligen Verstoß gegen die Anordnung angewendet wird. Die Behörde hat somit – entgegen dem Wortlaut – **nach Ermessen** zu entscheiden.

38   Ansteckungsverdächtige und Ausscheider können gem. Abs. 1 S. 2 auch in einer **anderen geeigneten** abgeschlossenen **Einrichtung** abgesondert werden. Diese Regelung führte der Gesetzgeber ein, weil in der Praxis die vorgesehenen Einrichtungen in Krankenhäusern häufig voll belegt waren (BT-Drs. 8/2468, 29). Der Unterscheidung zwischen Kranken und Krankheitsverdächtigen auf der einen und Ansteckungsverdächtigen und Ausscheidern auf der anderen Seite ist deswegen gerechtfertigt, weil bei Kranken und Krankheitsverdächtigen die medizinische Versorgung dringender ist, da sie Symptome aufweisen. Welche anderen abgeschlossenen Einrichtungen geeignet sein können, erläutert der Gesetzgeber nicht. Nach Sinn und Zweck des § 30 und des IfSG insgesamt (vgl. § 1) muss jedenfalls die **Übertragung der Krankheit** durch die baulichen Begebenheiten **verhindert** werden können. Da bei Ausscheidern die Infektion feststeht, muss insbes. bei einer Absonderung mehrerer Personen verhindert werden, dass Ausscheider Personen mit dem Erreger anstecken, die zwar als ansteckungsverdächtig gelten, aber tatsächlich nicht infiziert sind. Die Behörde muss außerdem gem. § 29 IfSG überwachen, bei wem sich Symptome entwickeln und wer medizinische Versorgung benötigt (vgl. schon *Kießling* Verfassungsblog v. 2.7.2020). Während der Corona-Epidemie 2020/2021 hielten einzelne Bundesländer spezielle Einrichtungen für „Quarantäne-Verweigerer" vor (dazu *Schulz/Berneith* COVuR 2021, 130 (131f.)).

39   **2. Verfahren.** Das Verfahren für die Unterbringung (als Freiheitsentziehung) ist in **§§ 415ff.** FamFG geregelt, auf die § 30 Abs. 2 S. 4 verweist (zum Verfahren auch *Schulz/Berneith* COVuR 2021, 130 (130f.). Die Behörde, die gem. § 28 Abs. 3 iVm § 16 Abs. 6 S. 1 auf Vorschlag des Gesundheitsamts tätig wird, muss einen Antrag gem. § 417 FamFG beim zuständigen **Amtsgericht** auf Anordnung der Absonderung stellen. Vor der Anordnung hat der Richter den Betroffenen gem. § 420 Abs. 1 FamFG persönlich anzuhören. Zwar kann die **Anhörung** gem. § 420 Abs. 2 FamFG für den Fall unterbleiben, dass der Betroffene an einer übertragbaren Krankheit im Sinne des IfSG leidet. Diese Ausnahme ist jedoch eng auszulegen (BGH Beschl. v. 22.6.2017, BeckRS 2017, 119811): Ggf. muss die Richterin die Anhörung vor Ort mit entsprechender Schutzkleidung durchführen; falls die bestehende Infektionsgefahr tatsächlich eine Anhörung ausschließt, ist dies durch ein ärztliches Gutachten zu belegen. Kann auf eine Anhörung verzichtet werden, hat das Gericht dem Betroffenen gem. § 419 Abs. 1 S. 2 FamFG einen **Verfahrenspfleger** zu bestellen. Von diesen Grundsätzen kann auch in Massenverfahren nicht aus Praktikabilitätsgründen abgewichen werden (*Kießling* Verfassungsblog v. 2.7.2020).

40   **3. Zitiergebot.** Das Zitiergebot aus Art. 19 Abs. 1 S. 2 GG wird durch Abs. 2 S. 3 gewahrt.

4. Anordnungen und Maßnahmen während der Absonderung 41 **(Abs. 3). a)** Geht man nach dem Wortlaut des Abs. 3, ist dieser nicht nur im Falle des Abs. 2 anwendbar, sondern auch dann, wenn die Absonderung in einem Krankenhaus nach Abs. 1 erfolgt. Abs. 3 S. 2 ist allerdings inhaltlich auf die Fälle des Abs. 2 zugeschnitten. In § 37 BSeuchG bezog sich Abs. 3 sogar ausschließlich auf Abs. 2 (vgl. die Formulierung „Unterbringung", die den Wortlaut des Abs. 2 aufnahm; außerdem die Begründung in BT-Drs. 3/1388, 26). Abs. 3 muss auch in diesem Sinne verfassungskonform ausgelegt werden (ausf. *Mers,* S. 244 f.; aA *Bals/Kuhn* GesR 2020, 213 (219)); er gilt **nicht** für die Absonderung in Krankenhäusern nach **Abs. 1.**

b) Durch die Freiheitsentziehung wird ein **Sonderstatusverhältnis** be- 42 gründet (überholt ist seit BVerfGE 33, 1 der Verweis auf ein hier bestehendes „besonderes Gewaltverhältnis": so noch BT-Drs. 8/2468, 29; auch heute noch *Erdle,* § 30, S. 109; *Gerhardt,* § 30 Rn. 59; krit. bereits *Seewald* NJW 1987, 2265 (2269)).

Abs. 3 S. 1 regelt allg. (und recht unbestimmt, hierzu *v. Steinau-Steinrück,* 43 S. 217 f.; *Mers,* S. 243 f.), dass der Abgesonderte die **Anordnungen** der Absonderungseinrichtung zu befolgen und die **Maßnahmen** zu dulden hat, die der Aufrechterhaltung eines ordnungsgemäßen Betriebs der Einrichtung oder der Sicherung des Unterbringungszwecks dienen. In der „Anstaltsordnung" können die entsprechenden Pflichten konkretisiert werden (BT-Drs. 8/2468, 29). Abs. 3 S. 2 nennt beispielhaft („insbes.") verschiedene Anordnung und Maßnahmen.

So dürfen dem Abgesonderten gem. Abs. 3 S. 2 **Gegenstände,** die unmit- 44 telbar oder mittelbar einem Entweichen dienen können, abgenommen und bis zu seiner Entlassung anderweitig verwahrt werden; Pakete und schriftliche Mitteilungen können gem. S. 3 in seinem Beisein geöffnet und zurückgehalten werden, soweit dies zur Sicherung des Unterbringungszwecks erforderlich ist. Der Gesetzgeber dachte hier daran, dass der Abgesonderte per **Post** Ausbruchswerke anfordert (BT-Drs. 3/1388, 26). Um zu vermeiden, dass der Abgesonderte Ausbruchswerkzeuge erhält, ist jedoch die Kontrolle der eingehenden Post ausreichend (*Mers,* S. 247; weitergehend *Johann/Gabriel* in BeckOK InfSchR § 30 Rn. 41.1).

Postsendungen von Gerichten, Behörden, gesetzlichen Vertretern, Rechts- 45 anwälten, Notaren oder Seelsorgern sind **privilegiert;** sie dürfen gem. S. 5 Hs. 1 weder geöffnet noch zurückgehalten werden. Postsendungen an solche Stellen oder Personen dürfen allerdings gem. S. 5 Hs. 2 geöffnet und zurückgehalten werden, soweit dies zum Zwecke der Entseuchung (Desinfektion → § 18 Rn. 5) notwendig ist, was bei Mitteilungen per Email oder Fax nicht der Fall sein kann.

Die bei der Absonderung erhobenen **personenbezogenen Daten** sowie 46 die über Pakete und schriftliche Mitteilungen gewonnenen Erkenntnisse dürfen gem. S. 4 nur für Zwecke des IfSG (vgl. § 1) verarbeitet werden.

S. 6 führt die Grundrechte auf, in die durch die Maßnahmen des Abs. 3 ein- 47 gegriffen werden darf, um dem **Zitiergebot** des Art. 19 Abs. 1 S. 2 GG Rechnung zu tragen.

E. Besondere Regelungen für Krankenhäuser und Einrichtungen

I. Zutritt (Abs. 4)

48   Gem. Abs. 4 S. 1 haben der behandelnde Arzt und die zur Pflege bestimmten Personen freien Zutritt zu den abgesonderten Personen. S. 2 regelt, dass Seelsorgern und Urkundspersonen der Zutritt gewährt werden muss; anderen Personen kann der behandelnde Arzt den Zutritt gestatten. Für beide Personengruppen gilt, dass der Arzt vorgeben darf, welche erforderlichen **Verhaltensregeln** (das Anlegen von Schutzkleidung, Desinfektion der Hände etc.) sie einhalten müssen. Der Unterschied in der Rechtsfolge bezieht sich nur auf die Gewährung des Zutritts an sich (aA wohl *Gerhardt*, § 30 Rn. 66).

II. Schutz des Personals (Abs. 5)

49   Die Träger der Einrichtungen haben dafür zu sorgen, dass das eingesetzte Personal sowie die weiteren gefährdeten Personen den erforderlichen **Impfschutz** oder – falls es keinen Impfstoff gegen den Erreger gibt – eine spezifische **Prophylaxe** isd § 2 Nr. 10 erhalten.

F. Organisation, Räume

I. Isolierstationen nach Abs. 1 S. 1

50   Bei den Isolierstationen nach Abs. 1 S. 1 handelt es sich um hoch spezialisierte und sehr kostenintensive Absonderungseinrichtungen, die gleichzeitig nur selten gebraucht werden (BT-Drs. 14/2530, 93). Zuständig für die Vorhaltung solcher Räume, Einrichtungen und Transportmittel sind deswegen gem. Abs. 6 die **Länder** und nicht die Gebietskörperschaften.

51   Die Länder müssen diese nicht selbst schaffen, sondern sie können es den Krankenhäusern im Wege der Änderung des **Krankenhausplanes** ermöglichen, eine entsprechende Station einzurichten (VGH Mannheim Urt. v. 17. 11. 2009 – 9 S 323/07, Rn. 35). Die Vorhaltekosten für solche Hochisolierstationen sind dann pflegesatzfähige Kosten iSv § 2 Nr. 5 KHG (vgl. auch § 5 Abs. 1 Nr. 9 KHG). Die Absonderungseinrichtungen dienen nicht nur der Vorsorge, sondern, wenn dort bereits erkrankte Personen behandelt werden, auch der Versorgung der Bevölkerung (VG Stuttgart Urt. v. 21. 12. 2006 – 4 K 2529/06; VGH Mannheim Urt. v. 17. 11. 2009 – 9 S 323/07).

II. Krankenhäuser, geschlossene Einrichtungen

52   Für die Vorhaltung der nach Abs. 1 S. 2 und Abs. 2 notwendigen Räume, Einrichtungen und Transportmittel sowie des erforderlichen Personals zur Durchführung von Absonderungsmaßnahmen außerhalb der Wohnung sind gem. Abs. 7 S. 1 die **Gebietskörperschaften** zuständig. Die Räume und Einrichtungen zur Absonderung nach Abs. 2 sind jedoch gem. Abs. 7 S. 2 nötigenfalls von den Ländern zu schaffen und zu unterhalten.

G. Zuwiderhandlungen, Entschädigungsanspruch, Kosten

Ordnungswidrig handelt gem. **§ 73 Abs. 1 a Nr. 6,** wer einer vollziehbaren 53
Anordnung nach **§ 30 Abs. 1 S. 2** – auch in Verbindung mit einer RVO nach
§ 32 S. 1 – zuwiderhandelt (vgl. außerdem § 74 für vorsätzliche Handlungen,
wenn dadurch eine in § 6 Abs. 1 S. 1 Nr. 1 genannte Krankheit oder ein in § 7
genannter Krankheitserreger verbreitet wird). Strafbar macht sich gem. **§ 75
Abs. 1 Nr. 1,** wer einer vollziehbaren Anordnung nach **§ 30 Abs. 1 S. 1** zuwiderhandelt.

Entschädigungsansprüche können gem. **§ 56 Abs. 1 S. 2** bestehen. 54

Die Kosten für Absonderungsmaßnahmen sind gem. **§ 69 Abs. 1 S. 1 55
Nr. 8, Abs. 3** aus öffentlichen Mitteln zu bestreiten. Bei der Absonderung
von Kranken im Krankenhaus wird – soweit möglich – in der Regel auch eine
Behandlung der Krankheit durchgeführt. Hier stellen sich dann zum Teil Abgrenzungsfragen bei der Kostenerstattung (→ § 69 Rn. 12).

---

§ 31 Berufliches Tätigkeitsverbot

**¹Die zuständige Behörde kann Kranken, Krankheitsverdächtigen,
Ansteckungsverdächtigen und Ausscheidern die Ausübung bestimmter beruflicher Tätigkeiten ganz oder teilweise untersagen. ²Satz 1 gilt
auch für sonstige Personen, die Krankheitserreger so in oder an sich
tragen, dass im Einzelfall die Gefahr einer Weiterverbreitung besteht.**

A. Zweck und Bedeutung der Norm

Die Vorschrift ermächtigt die zuständige Behörde dazu, bestimmten Perso- 1
nen **berufliche Tätigkeiten** durch VA zu **verbieten,** damit sie während der
Ausübung ihres Berufs keine Krankheiten oder Krankheitserreger übertragen
können. Bei solchen Verboten handelt es sich um Schutzmaßnahmen iSd § 28
Abs. 1 S. 1 Hs. 1. Diese nicht auf bestimmte Krankheiten oder Berufe begrenzte Vorschrift geht über die besonderen gesetzlichen Tätigkeitsverbote
der §§ 34, 42 hinaus (→ Rn. 13) und ermächtigt zu besonders **weitreichenden Eingriffen in Art. 12** Abs. 1 GG. Die Voraussetzungen sind deswegen
eng auszulegen. Bei Tätigkeitsverboten im Zusammenhang mit der Corona-
Epidemie ist der Zweck des § 28a Abs. 3 S. 1 zu beachten (→ § 28a Rn. 16 ff.).

B. Voraussetzungen

I. Beruf

Bei der Tätigkeit, die verboten werden soll, muss es sich um eine berufliche 2
handeln. Sollen andere Tätigkeiten verboten werden, kann dies ggf. auf § 28
Abs. 1 S. 1 Hs. 1 gestützt werden, dann wird jedoch der Entschädigungsanspruch des § 56 (→ Rn. 15) nicht ausgelöst.

3   Auch **Prostituierte** üben einen Beruf aus (so auch *BBS,* § 31 Rn. 8; *Gerhardt,* § 31 Rn. 13; *v. Steinau-Steinrück,* S. 222f.; *Mers,* S. 253f.; überholt die aA von *Erdle,* § 31, S. 112). § 11 ProstSchG regelt Anordnungen, die die zuständige Behörde gegenüber Prostituierten – auch zum Schutz der Gesundheit – treffen kann und die auch aus einer Untersagung der Tätigkeit bestehen können (BT-Drs. 18/8556, 75). § 31 bleibt hiervon jedoch unberührt (§ 11 Abs. 5 ProstSchG).

II. Adressaten

4   **1. Kranke, Krankheitsverdächtige, Ansteckungsverdächtige und Ausscheider (S. 1).** S. 1 setzt zum einen die **Gefahrenlage des § 28 Abs. 1 S. 1 Hs. 1** (→ § 28 Rn. 11) voraus und regelt zum anderen abschließend (→ Rn. 8), dass nur Kranke, Krankheitsverdächtige, Ansteckungsverdächtige und Ausscheider iSd § 2 Nr. 4–7 (→ § 2 Rn. 18ff.) **Adressaten** sein können.

5   Die Eigenschaft als Kranker, Krankheitsverdächtiger, Ansteckungsverdächtiger oder Ausscheider muss **feststehen;** wenn keine hinreichende Gewissheit besteht, sondern nur ein Verdacht (→ § 25 Rn. 3) vorliegt, liegen die Voraussetzungen für ein Tätigkeitsverbot nicht vor (*Gerhardt,* § 31 Rn. 5).

6   **2. Carrier (S. 2).** Gem. S. 2 kann ein Tätigkeitsverbot auch **gegenüber sonstigen Personen** (dh Personen, die nicht krank, krankheitsverdächtig, ansteckungsverdächtig oder Ausscheider sind), die Krankheitserreger so in oder an sich tragen, dass im Einzelfall die Gefahr einer Weiterverbreitung besteht, verhängt werden. Hierbei handelt es sich um die sogenannten Carrier (→ § 2 Rn. 28), die Krankheitserreger in sich tragen, aber nicht ausscheiden und deswegen keine Ansteckungsgefahr für die Allgemeinheit durch soziale Kontakte darstellen. Ein Tätigkeitsverbot kann deswegen nur dann angeordnet werden, wenn die **Art der beruflichen Tätigkeit mit Verletzungsgefahren** verbunden ist und die Verletzungen wiederum für andere Personen zur Ansteckungsquelle werden können (BT-Drs. 14/2530, 75). Dies ist zB bei invasiv tätigen ChirurgInnen oder ZahnärztInnen, bei entsprechendem Pflegepersonal und ggf. bei in Laboren tätigen Personen der Fall (*Gerhardt,* § 31 Rn. 9; *BBS,* § 31 Rn. 3).

7   **HIV-Infizierte,** bei denen die Viruslast im Blut durch eine antiretrovirale Therapie unter der Nachweisgrenze liegt, sind keine Carrier (→ § 2 Rn. 28), so dass ein Verbot nach § 31 nicht in Betracht kommt.

8   **3. Sonstige.** Die in § 31 geregelte Adressatengruppe ist **abschließend;** berufliche Tätigkeitsverbote gegen andere Personen können nicht auf die Generalklausel des § 28 Abs. 1 S. 1 Hs. 1 gestützt werden (aA offenbar VG Düsseldorf Beschl. v. 21.4.2020 – 7 L 695/20, Rn. 38ff.), um diese Voraussetzungen nicht zu unterlaufen. Die flächendeckende Schließung von Einzelhandelsgeschäften und Gaststätten, wie sie während der Corona-Epidemie angeordnet wurde, konnte deswegen – vor Inkrafttreten des § 28a (vgl. jetzt § 28a Abs. 1 Nr. 13 und 14) nicht auf § 31 (aA offenbar § 4 CoronaVO BW v. 17.3.2020) gestützt werden (→ Vorauf. § 28 Rn. 58), denn die Inhaber waren nicht pauschal ansteckungsverdächtig.

C. Rechtsfolge

Die zuständige Behörde kann auf Vorschlag des Gesundheitsamts (vgl. § 28 **9** Abs. 3 iVm § 16 Abs. 6) die Ausübung bestimmter beruflicher Tätigkeiten ganz oder teilweise untersagen. In welchem **Umfang** ein Verbot in Betracht kommt, hängt von der **konkreten Gesundheitsgefahr** ab, dh zum einen von der Gefährlichkeit, Infektiosität und Kontagiosität der Krankheit, zum anderen von der Art der beruflichen Tätigkeit (diese muss selbstverständlich einen Kontakt zu anderen Menschen mit sich bringen).

Bei S. 1 kommt ein **Komplettverbot** der beruflichen Tätigkeit in Betracht, **10** dies jedoch nur solange, wie die Betroffenen ansteckend sind (vgl. § 28 Abs. 1 S. 1 Hs. 1: „soweit und solange es zur Verhinderung der Verbreitung übertragbarer Krankheiten erforderlich ist"). Zum Schutz der öffentlichen Gesundheit sind solche temporären Komplettverbote – zB bei einer SARS-CoV-2-Infektion – gerechtfertigt. In der Praxis wird ein Verbot nach § 31 gleichzeitig mit einer Absonderungsverfügung nach § 30 Abs. 1 S. 2 angeordnet, weil der Adressatenkreis identisch ist. Ist der angeordnete Absonderungszeitraum abgelaufen, kann auch für ein Tätigkeitsverbot nach § 31 kein Raum mehr sein, weil die Beurteilung der Ansteckungsfähigkeit in beiden Fällen zum gleichen Ergebnis kommen muss. Eine Ausnahme kann allenfalls dann bestehen, wenn die berufliche Tätigkeit mit einem besonderen Infektionsrisiko einhergeht (vgl. VG Regensburg Beschl. v. 22.12.2020 – RN 14 S 20.3125, Rn. 42, für den Fall einer Zahnarzthelferin, die außerdem das Verbot durch Vorlage eines negativen Tests hätte abkürzen können).

Bei **Carriern** nach S. 2 wird in vielen Fällen nur ein **Teilverbot** verhältnis- **11** mäßig sein, je nach Krankheit also zB ein Verbot des Kundenkontakts, bei Übertragungen über Blutkontakte ein Verbot der Durchführung von Operationen (VG Berlin Beschl. v. 5.9.2002 – 14 A 66.02; VG München Beschl. v. 18.9.2017 – M 18 S 17.3676) oder anderen Tätigkeiten mit Verletzungsgefahr. Mildere Mittel – wie die Anordnung, besondere Schutzmaßnahmen zu ergreifen, also zB das Tragen von (zwei Paar) Handschuhen – sind immer zu prüfen (vgl. außerdem ausführlich *Mers,* S. 264 ff., für Hepatitis-B- oder -C-Infizierte).

Gleichzeitig mit dem Berufsverbot kann eine **Beobachtung nach § 29** an- **12** geordnet werden, um den weiteren Verlauf der (möglichen) Erkrankung kontrollieren und ggf. reagieren zu können (so auch *Erdle,* § 31, S. 111).

D. Verhältnis zu § 34 und § 42

§ 34 Abs. 1 und § 42 Abs. 1 enthalten **gesetzliche Beschäftigungsver- 13 bote** für Personen, die an bestimmten Krankheiten erkrankt bzw. dessen verdächtig sind und entweder in Gemeinschaftseinrichtungen (§§ 34, 33) oder im Lebensmittelbereich (→ § 42 Rn. 8 ff.) tätig sind. Die dort geregelten Verbote enthalten die gesetzgeberische Wertung, dass bei den dort genannten Krankheiten und dem hohen Gefahrengrad zwingend die Beschäftigung verboten sein muss. Dies schließt es nicht aus, dass die zuständige Behörde im Einzelfall durch VA nach Ermessen ein Beschäftigungsverbot nach § 31 ausspricht für Personen, die in den in §§ 34 und 42 genannten Bereichen arbeiten

- und an einer dort **nicht genannten Krankheit** erkrankt oder dessen verdächtig sind oder
- nur **ansteckungsverdächtig** in Bezug auf eine der in §§ 34, 42 genannten Krankheiten oder
- ansteckungsverdächtig in Bezug auf eine dort nicht genannte Krankheit sind,

sofern dies aus Gründen einer effektiven Verhinderung der Verbreitung übertragbarer Krankheiten erforderlich (§ 28 Abs. 1 S. 1 Hs. 1) ist.

E. Zuwiderhandlungen, Entschädigungsanspruch

14   Verstöße gegen eine vollziehbare Anordnung nach § 31 können Ordnungswidrigkeiten darstellen, vgl. **§ 73 Abs. 1 a Nr. 6** (vgl. außerdem § 74 für vorsätzliche Handlungen, wenn dadurch eine in § 6 Abs. 1 S. 1 Nr. 1 genannte Krankheit oder ein in § 7 genannter Krankheitserreger verbreitet wird)

15   Entschädigungsansprüche können gem. **§ 56 Abs. 1 S. 1** bestehen.

§ 32   Erlass von Rechtsverordnungen

[1]Die Landesregierungen werden ermächtigt, unter den Voraussetzungen, die für Maßnahmen nach den §§ 28, 28a und 29 bis 31 maßgebend sind, auch durch Rechtsverordnungen entsprechende Gebote und Verbote zur Bekämpfung übertragbarer Krankheiten zu erlassen. [2]Die Landesregierungen können die Ermächtigung durch Rechtsverordnung auf andere Stellen übertragen. [3]Die Grundrechte der körperlichen Unversehrtheit (Artikel 2 Absatz 2 Satz 1 des Grundgesetzes), der Freiheit der Person (Artikel 2 Abs. 2 Satz 2 Grundgesetz), der Freizügigkeit (Artikel 11 Abs. 1 Grundgesetz), der Versammlungsfreiheit (Artikel 8 Grundgesetz), der Unverletzlichkeit der Wohnung (Artikel 13 Abs. 1 Grundgesetz) und des Brief- und Postgeheimnisses (Artikel 10 Grundgesetz) können insoweit eingeschränkt werden.

Übersicht

Schrifttum: *Gärditz/Abdulsalam,* Rechtsverordnungen als Instrument der Epidemie-Bekämpfung, GSZ 2020, 108; *Laubinger,* Das „Endiviensalat-Urteil" – eine Fehlentscheidung? Zum Begriff der Allgemeinverfügung im Sinne von § 35 Satz 2 VwVfG, FS Rudolf, 2001, S. 305; *Pautsch/Haug,* Parlamentsvorbehalt und Corona-Verordnungen – ein Widerspruch, NJ 2020, 281.

A. Zweck und Bedeutung der Norm

§ 32 ermächtigt die Landesregierungen, die nach §§ 28–31 möglichen An- 1 ordnungen auch per RVO zu erlassen. Die Vorschrift steht somit nicht selbstständig, sondern muss **als Ergänzung** (BT-Drs. 8/2468, 29) zu den in **§§ 28–31** genannten Maßnahmen gesehen werden.

Die Vorschrift wurde als § 38a im Zuge der Reform des BSeuchG im Jahr 2 1979 eingefügt (BGBl. I 2248), da der Gesetzgeber eine Lücke sah für Ge- und Verbote, die sich an die **Allgemeinheit** und nicht an einen bestimmten Personenkreis richten (BT-Drs. 8/2468, 21). Zu den Adressaten der Maßnahmen nach §§ 28ff. → § 28 Rn. 4ff.

B. Voraussetzungen

I. Verweis auf §§ 28, 28a und 29–31

§ 32 regelt selbst keine Voraussetzungen, sondern verweist für die mög- 3 lichen Maßnahmen („entsprechende Gebote und Verbote") und Voraussetzungen auf die **§§ 28, 28a und 29–31.** Das bedeutet, dass es zunächst der Feststellung von Kranken, Krankheitsverdächtigen, Ansteckungsverdächtigen oder Ausscheidern bedarf oder es sich ergeben muss, dass ein Verstorbener krank, krankheitsverdächtig oder Ausscheider war (→ § 28 Rn. 11ff.). Während der **Corona-Epidemie** kommt § 32 insbesondere zur Verordnung der Schutzmaßnahmen des **§ 28a Abs. 1** zum Tragen. Hier sind nicht nur die materiellen Voraussetzungen des § 28a, sondern auch die besonderen **verfahrensrechtlichen Vorschriften des § 28a Abs. 5** zu beachten: RVOen sind zu befristen und zu begründen (→ § 28a Rn. 164ff.).

II. Art. 80 Abs. 1 S. 2 GG

4   Art. 80 Abs. 1 S. 2 GG verlangt, dass **Inhalt, Zweck und Ausmaß** der erteilten Ermächtigung zum Erlass von RVOen im Gesetz **bestimmt** werden (ausf. → § 17 Rn. 26). § 32 selbst gibt nur den Zweck vor („zur Bekämpfung übertragbarer Krankheiten"); Inhalt und Ausmaß können sich nur über den Verweis auf §§ 28, 28a und 29–31 ergeben.

5   **1. §§ 29–31.** §§ 29–31 begegnen zwar keinen Bedenken bei der Einhaltung des Bestimmtheitsgebots (→ Rn. 6), die dort genannten Maßnahmen (Beobachtung, Absonderung, Berufsverbote) eignen sich allerdings nur in Ausnahmefällen als Gegenstand von RVOen. Ganz grundsätzlich wird gegen RVOen, die sich pauschal an Kranke, Krankheitsverdächtige, Ansteckungsverdächtige oder Ausscheider richten, eingewandt, dass diese keinen hinreichend bestimmten Adressatenkreis hätten, weil erst durch medizinische Feststellungen durch die Behörden feststehe, wer zu diesen Personengruppen gehöre (*Gärditz/Abdulsalam* GSZ 2020, 108 (112)). Dies mag im Ansatz zutreffen, die gesetzlichen Tätigkeitsverbote der §§ 34 und 42 richten sich allerdings auch an diese Personengruppen, ohne dass dies in der Praxis zu Problemen führte. Denkbar ist es deswegen, dass im Falle einer Epidemie durch RVO gem. §§ 32 iVm 31 bestimmte **berufliche Tätigkeiten** für die genannten Personengruppen verboten werden. Bei Absonderungen wurden zu Beginn der Corona-Epidemie RVOen nur bei der Anordnung von „Quarantäne" für Einreisende aus Risikogebieten (→ § 30 Rn. 20) eingesetzt, später jedoch auch für Absonderungen, die den Adressatenkreis nicht typisiert bestimmen (dazu VGH Mannheim Beschl. v. 15.1.2021 – 1 S 4180/20, Rn. 73). Dies sollte der Entlastung der Gesundheitsämter dienen, die die Absonderungen nicht mehr in jedem Einzelfall anordnen mussten, kann aber bei der praktischen Umsetzung zu Problemen führen, weil Beginn und Dauer der Absonderung und ggf. auch die Pflicht als solche für die individuell Betroffenen unklar bleiben. Bei Absonderungen stellt sich außerdem das Problem, dass sie Freiheitsentziehungen iSd Art. 2 Abs. 2 S. 2 GG darstellen (→ § 30 Rn. 29ff.), für die die strengen Voraussetzungen des Art. 104 Abs. 1 S. 1, Abs. 2 GG gelten (dazu VG Hamburg Beschl. v. 13.5.2020 – 15 E 1967/20, Rn. 35). Die Anordnung einer **Absonderung** durch einen Richter **im Einzelfall** steht in Konflikt mit der Wahl der RVO als Regelungsform (dazu *Kluckert* in ders., § 2 Rn. 217).

6   **2. §§ 28 Abs. 1, 28a.** Bis zur Einfügung des § 28a war es umstritten, ob § 32 in Bezug auf § 28 Abs. 1 den Anforderungen des Art. 80 Abs. 1 S. 2 GG genügte (keinen Verstoß gegen Art. 80 Abs. 1 S. 2 GG sah die Rspr.: OVG Münster Beschl. v. 6.4.2020 – 13 B 398/20.NE, Rn. 44ff.; VGH München Beschl. v. 9.4.2020 – 20 NE 20.663, Rn. 31ff.; VGH Kassel Beschl. v. 5.5.2020 – 8 B 1153/20.N, Rn. 28; OVG Greifswald Beschl. 20.5.2020 – 2 KM 384/20 OVG, Rn. 16; zweifelnd hingegen VGH Mannheim Beschl. v. 9.4.2020 – 1 S 925/20, Rn. 37ff.; kritisch war die Literatur: Voraufl. Rn. 6; vgl. auch *Schmitt* NJW 2020, 1626 (1629) für Ausgangsbeschränkungen; *Gärditz/Abdulsalam* GSZ 2020, 108 (113); *Pautsch/Haug* NJ 2020, 281 (283)).

6a   Seit Geltung des § 28a ist diese Frage anders zu beantworten: Grundsätzliche Bedenken an der Bestimmtheit bestehen insofern nicht mehr (so auch

Lindner in Schmidt, § 18 Rn. 46); soweit jedoch vereinzelte Bedenken hinsichtlich der Bestimmtheit des § 28a Abs. 1 bestehen (→ § 28a Rn. 2), übertragen diese sich auf § 32. Darüber hinaus schlägt auch die **grundsätzliche Kritik an der Konzeption des § 28a** (→ § 28a Rn. 5 ff.) auf § 32 durch.

C. Abgrenzung RVO/Allgemeinverfügung

Während der Corona-Epidemie 2020 war es zeitweilig unklar, ob die flächendeckenden Maßnahmen in den Bundesländern (dazu → § 28 Rn. 3) als RVOen nach § 32 zu ergehen hatten oder ob die Behörden auch AllgVfg. erlassen durften, wie dies insbes. im März 2020 geschah, bevor die Bundesländer schließlich umschwenkten auf den Erlass von RVOen. **7**

Entscheidend ist die Abgrenzung insbes., weil sich unterschiedliche Folgen beim **Rechtsschutz** ergeben: So wird eine RVO bei der Normenkontrolle gem. § 47 Abs. 1 Nr. 2 VwGO mit allgemeiner Wirkung für unwirksam erklärt, während die Entscheidung über eine Anfechtungsklage gegen eine AllgVfg. gem. § 42 Abs. 1 VwGO nur inter partes wirkt (ausf. *Guckelberger* NVwZ-Extra 9a/2020, 1 (13 f.)). **8**

I. Einzelfall oder generelle Regelung

Personale AllgVfg. als Verwaltungsakte gem. § 35 S. 2 VwVfG regeln einen Einzelfall, richten sich jedoch anders als Verwaltungsakte nach § 35 S. 1 VwVfG nicht an einzelne Personen, sondern an einen nach allgemeinen Merkmalen bestimmten oder bestimmbaren Personenkreis. Sie verfolgen einen konkret-generellen Regelungsansatz, während RVOen abstrakt-generell konzipiert sind. Bei der Abgrenzung personaler AllgVfg. von RVOen sind somit weder die Anzahl der betroffenen Personen noch der Bestimmtheitsgrad des Adressatenkreises (allein) entscheidend, da auch bei RVOen der **Adressatenkreis** so **bestimmt** sein muss, dass der Einzelne weiß, ob er von ihr erfasst wird oder nicht (vgl. nur *Stelkens* in SBS VwVfG § 35 Rn. 282; vgl. auch VG Saarl. Beschl. v. 30. 3. 2020 – 6 L 340/20, Rn. 7). **9**

Maßgeblich ist das Abgrenzungskriterium des **Einzelfalls.** Dieser wird **nicht** durch den **Anlass** bestimmt, denn nicht nur AllgVfg. haben einen konkreten Anlass; auch RVOen (und auch Parlamentsgesetze, wie nicht zuletzt die Gesetze zum Schutz der Bevölkerung bei einer epidemischen Lage von nationaler Tragweite zeigen) können durch einen konkreten Anlass angestoßen worden sein. Nicht ausreichend ist es deswegen für die Annahme eines Einzelfalls, dass ein lokaler Ausbruch einer Infektionskrankheit oder eine Epidemie vorliegt (aA BVerwG im sogenannten **Endiviensalatfall** (Urt. v. 28. 2. 1961 – I C 54.57; differenzierend *Poscher* in Huster/Kingreen Hdb. InfSchR Kap. 4 Rn. 81), der ein allgemeines Verkaufsverbot von Endiviensalat an Groß- und Kleinhändler in allen von Typhus betroffenen Städten und Kreisen zum Inhalt hatte; *Detterbeck,* Allgemeines Verwaltungsrecht, 18. Aufl. 2020, Rn. 468; VG Göttingen Beschl. v. 20. 3. 2020 – 4 B 56/20, Rn. 18; VG Hamburg Beschl. v. 27. 3. 2020 – 14 E 1428/20, Rn. 54; VG Saarl. Beschl. v. 30. 3. 2020 – 6 L 340/20, Rn. 9; *Rixen* NJW 2020, 1097 (1100); wohl auch *Guckelberger* NVwZ-Extra 9a/2020, 1 (14)). **10**

11   Konkret oder abstrakt ist vielmehr der **Regelungsgegenstand** (*Korte* in Wolff/Bachof/Stober/Kluth, Verwaltungsrecht I, 2017, § 45 Rn. 77), denn das Kriterium „zur Regelung" darf bei der Bestimmung des „Einzelfalls" nach § 35 VwVfG nicht vernachlässigt werden (vgl. ausf. *Laubinger,* FS Rudolf, 305 (312 f.)). **Geregelt** werden kann aber nicht die Epidemie, sondern nur **menschliches Verhalten,** das sich auf die Ausbreitung oder Eindämmung der Epidemie auswirkt.

12   Entscheidend ist, wie die Ge- oder Verbote formuliert sind; erst daran sieht man, ob sie sich auf feststehende Einzelfälle beziehen oder abstrakt ansetzen. Wenn also zum Zeitpunkt der behördlichen Entscheidung eine **unbestimmte Vielzahl denkbarer Vorgänge** (also etwa hypothetische Verkaufsvorgänge) mit einer unbestimmten Vielzahl von Adressaten geregelt wird, handelt es sich um eine abstrakt-generelle Regelung (*Laubinger,* FS Rudolf, 305 (313); *Schoch* JURA 2012, 26 (27); *Maurer/Waldhoff,* § 9 Rn. 18, für den Endiviensalatfall; anders *Siegel* NVwZ 2020, 577 (579); *Gärditz/Abdulsalam* GSZ 2020, 108 (111 f.), die allein räumliche Aspekte berücksichtigen wollen). Steht hingegen der Adressatenkreis fest, ist er also „geschlossen", handelt es sich um eine AllgVfg. (ausf. *Laubinger,* FS Rudolf, 305 (318)).

13   Im Ergebnis bedeutet dies, dass die Maßnahmen während der **Corona-Epidemie nicht einheitlich** betrachtet werden können; es muss vielmehr nach den einzelnen Maßnahmen und deren Ausgestaltung differenziert werden.

II. Konkrete oder abstrakte Gefahr

14   Im **Gefahrenabwehrrecht** wird die Abgrenzung zwischen „Einzelfall" und „Vielzahl geregelter Sachverhalte" übersetzt in die Begriffe **„konkrete"** und **„abstrakte Gefahr"** (vgl. auch *Gärditz/Abdulsalam* GSZ 2020, 108 (112)). Während VAe eine konkrete Gefahr voraussetzen, regeln ordnungsbehördliche Verordnungen abstrakte Gefahren (vgl. nur § 25 OBG NRW).

15   Ein Verhalten ist **abstrakt** gefährlich, wenn es **typischerweise gefährlich** ist. Deswegen muss bei AllgVfg. gefragt werden, ob der geregelte Lebenssachverhalt in jedem der geregelten Fälle eine Gefahr iSd Gefahrenabwehrrechts – bei § 28 also eine infektionsschutzrechtliche Gefahr – darstellt; ordnungsbehördliche Verordnungen und RVOen nach § 32 regeln eine Vielzahl hypothetischer Fälle, die typischerweise – d. h. in der überwiegenden Anzahl der Fälle – auch tatsächlich gefährlich sind (diese Unterscheidung verwischend VG Hamburg Beschl. v. 27.3.2020 – 14 E 1428/20, Rn. 53). Verordnungen können deswegen keine konkreten Gefahren in diesem Sinne regeln. Die Infektionsgefahr bleibt zwar der konkrete Anlass; geregelt wird aber ein Sachverhalt, der abstrakt gefährlich ist (unzutr. deswegen BVerwG Urt. v. 28.2.1961 – I C 54.57, Rn. 43; BT-Drs. 8/2468, 21).

D. Maßnahmen gegenüber der Allgemeinheit

16   Als Gegenstand von RVOen nach § 32 kommen deswegen allein Maßnahmen in Betracht, die sich an die Allgemeinheit und nicht an einen bestimmten

Personenkreis richten, wie es der Gesetzgeber bei Schaffung der Vorschrift beabsichtigte (BT-Drs. 8/2468, 21).

I. Feststehender Personenkreis bei Schließung von Einrichtungen und Betrieben

Ordnen die Behörden die Schließung bestimmter Einrichtungen wie Ba- **17** deanstalten, Kindertagesstätten, Schulen etc. oder von Einzelhandelsgeschäften an, die zum Zeitpunkt der Anordnung betrieben werden, wird ein **feststehender Personenkreis** adressiert. Deswegen geschieht die Anordnung in Form von AllgVfg. als Dauer-VAe. Hier könnten die Behörden auch einzelne VAe verfügen, angesichts des Verwaltungsaufwands wird jedoch die AllgVfg. gewählt, weil dann eine öffentliche Bekanntgabe möglich ist (vgl. § 41 Abs. 3 S. 2 VwVfG).

II. Das abstrakte Verbot des Betriebs von Einrichtungen und Geschäften etc.

Anders sieht es aus, wenn es sich nicht um eine punktuelle Schließung han- **18** delt, sondern eine Regelung gewählt wird, die für einen bestimmten Zeitraum **abstrakt den Betrieb** bestimmter Einrichtungen oder Dienstleistungen (teilweise) **untersagt.** In diesen Fällen muss die Handlungsform der RVO gewählt werden.

Auf die Ausgestaltung kommt es auch bei einem Verbot der **Beherber-** **19** **gung** von Personen an (für eine AllgVfg. nach hier abgelehnten Maßstäben VG Göttingen Beschl. v. 20. 3. 2020 – 4 B 56/20, Rn. 18 f.). Wird abstrakt geregelt, dass bestimmte Beherbergungsformen verboten sind (etwa zu touristischen Zwecken), werden durch die Ausgestaltung der Regelung hypothetische Mietverträge, die zum Zeitpunkt der Anordnung der Behörde noch nicht feststehen, verhindert, so dass hier die Form der RVO gewählt werden muss.

Wird abstrakt die Öffnung von **Einzelhandelsgeschäften** oder der Be- **20** trieb von **Gaststätten** nach dem einschlägigen GastG verboten, betrifft dieses Verbot auch diejenigen, die zum Zeitpunkt des Erlasses ein solches Geschäft oder Gaststättengewerbe noch nicht betrieben hatten. In diesen Fällen kann dies allein durch RVO geschehen (aA für die Schließung von Einzelhandelsgeschäften VG München Beschl. v. 20. 3. 2020 – M 26 S 20.1222, Rn. 12).

III. Kontaktverbote, Ausgangsbeschränkungen, Mundschutztragegebote, Veranstaltungsverbote

Nur noch **hypothetische, in Anzahl und konkreter Art nicht fest-** **21** **stehende Sachverhalte** regeln flächendeckende Ausgangsbeschränkungen, Kontaktverbote sowie Veranstaltungsverbote. Zum Zeitpunkt des Erlasses der Verbote steht noch nicht fest, welchen Personen bzw. wie vielen Personen wie oft das Verhalten verboten wird, wie oft also sich dieses Verbot aktualisieren wird. Das gleiche gilt für eine allgemeine Mundschutztragepflicht etwa in Einzelhandelsgeschäften und im ÖPNV. Solche allgemeinen Regelungen können nur durch **RVO** getroffen werden (so iErg auch VG München Beschl. v. 24. 3. 2020 –

M 26 S 20.1255, Rn. 22f.; aA VG Göttingen Beschl. v. 20.3.2020 – 4 B 56/20, Rn. 18f.; VG Saarl. Beschl. v. 30.3.2020 – 6 L 340/20, Rn. 9).

22   Während der sogenannten „2. Welle" während der Corona-Epidemie im Herbst/Winter 2020/2021 griffen einzelne Städte bzw. Landkreise auf Ausgangsbeschränkungen bzw. „nächtliche Ausgangssperren" (zum Begriff → § 28a Rn. 111) nach § 28a Abs. 1 Nr. 3, Abs. 2 S. 1 Nr. 2 und auf andere Maßnahmen zurück, die in Form von AllgVfg. ergingen. Für die Behörden auf kommunaler Ebene stellt sich hier das Problem, dass sie in § 32 nicht als zuständig für RVOen adressiert werden; sie sind darauf angewiesen, dass das Bundesland diese Frage ausdrücklich regelt (→ Rn. 26). Das ändert jedoch nichts daran, dass wegen der Art der Regelung eigentlich die RVO die richtige Handlungsform wäre (vgl. dazu auch aus der Rspr. die Zweifel an AllVfg. bei VG Sigmaringen Beschl. v. 16.2.2021 – 3 K 326/21, Rn. 48ff.; ausf. VG Karlsruhe Beschl. v. 10.12.2020 – 2 K 5102/20, Rn. 46ff.).

23   (weggefallen)

E. Wahl der Handlungsform?

24   Bei der Schließung von Einrichtungen und Betrieben können die Behörden durch die Ausgestaltung der Ge- und Verbote (**punktueller oder abstrakt-hypothetischer Ansatz** → Rn. 17ff.) wählen, ob sie in Form von AllgVfg. oder RVOen nach § 32 handeln (iErg auch VG München Beschl. v. 24.3.2020 – M 26 S 20.1255, Rn. 22; *Rixen* NJW 2020, 1097 (1100); *Gärditz/Abdulsalam* GSZ 2020, 108 (111); weitergehend wohl *Pautsch/Haug* NJ 2020, 281 (283)).

25   Soweit verfassungsrechtliche Erwägungen verlangen, dass die zuständige Behörde stets Einzelfallentscheidungen trifft, ist die Regelung durch RVO gem. § 32 unzulässig. Dies gilt etwa für **Versammlungsverbote** (→ § 28a Rn. 105). Zum Richtervorbehalt bei **Absonderungen** → Rn. 5.

F. Zuständigkeit

26   S. 1 ermächtigt die Landesregierungen zum Erlass der RVOen, gem. S. 2 können diese die Ermächtigung durch RVO auf andere Stellen übertragen. Dies können zB die Gesundheitsministerien sein (vgl. § 10 ZVO-IfSG NW). Der Gesetzgeber wollte es darüber hinaus ermöglichen, RVOen auch auf örtlicher Ebene zu erlassen (BT-Drs. 8/2468, 21). Sollen die Städte und Landkreise handlungsfähig bleiben, müssen die Bundesländer von dieser Befugnis Gebrauch machen, da sonst für die Städte und Landkreise keine Möglichkeit besteht, RVOen zu erlassen, wo diese die richtige Handlungsform darstellen (→ Rn. 7ff.; allg. *Poscher* in Huster/Kingreen Hdb. InfSchR Kap. 4 Rn. 77). In diesem Sinne hat zB LSA in § 13 Abs. 1 SARS-CoV-2-Eindämmungsverordnung (zuletzt 9. SARS-CoV-2-EindV v. 15.12.2020) eine entsprechende **Verordnungsermächtigung für die Landkreise und kreisfreien Städte** erlassen.

G. Nebeneinander von landesweiten RVOen und einzelnen örtlichen AllgVfg

Je nach landesgesetzlicher Regelung können RVOen durch AllgVfg. unte- **27** rer Gesundheitsbehörden **ergänzt bzw. verschärft** werden (*Rixen* NJW 2020, 1097 (1101); *Gärditz/Abdulsalam* GSZ 2020, 108 (115); ausf. *Ritgen* in Kluckert, § 12 Rn. 76 ff.). Dies gilt jedenfalls, soweit die unterschiedlichen Regelungsansätze (→ Rn. 17 f.) beachtet werden. Voraussetzung ist, dass die **lokalen Begebenheiten** ein Abweichen von der RVO gebieten (OVG Bln.-Bbg. Beschl. v. 7.4.2020, OVG 11 S 15/20, Rn. 8). So ist es denkbar, dass das Land durch RVO den Betrieb von Kitas auf eine abstrakt-definierte Notbetreuung beschränkt, während auf örtlicher Ebene wegen eines besonders starken Ausbruchs der Infektionskrankheit die Kitas punktuell komplett durch AllgVfg. geschlossen werden.

H. Zitiergebot

S. 3 führt die Grundrechte auf, die durch die auf der Grundlage von § 32 **28** ergangenen RVOen eingeschränkt werden dürfen, und trägt dadurch dem Zitiergebot des Art. 19 Abs. 1 S. 2 GG Rechnung.

I. Zuwiderhandlungen

Ordnungswidrig handelt, wer gem. **§ 73 Abs. 1 a Nr. 24** einer RVO nach **29** § 32 S. 1 oder einer vollziehbaren Anordnung auf Grund einer solchen RVO zuwiderhandelt, soweit die RVO für einen bestimmten Tatbestand auf § 73 Abs. 1 a Nr. 24 verweist (→ § 73 Rn. 12). Vgl. außerdem **§ 74** für vorsätzliche Handlungen, wenn dadurch eine in § 6 Abs. 1 S. 1 Nr. 1 genannte Krankheit oder ein in § 7 genannter Krankheitserreger verbreitet wird.

6. Abschnitt – Infektionsschutz bei bestimmten Einrichtungen, Unternehmen und Personen

Vorbemerkung vor §§ 33 ff.

1 Der 6. Abschnitt enthält besondere Vorschriften für den Infektionsschutz in Einrichtungen, wobei zwischen Gemeinschaftseinrichtungen nach § 33 und weiteren Einrichtungen und Unternehmen nach § 36 Abs. 1 und 2 zu unterscheiden ist. Der Abschnitt dient sowohl der **Verhütung** als auch der **Bekämpfung** übertragbarer Krankheiten (→ Einf. Rn. 19 f.) (*Sodan* in EFP § 56 Rn. 27). Mit der Regelung besonderer Pflichten der Träger und Leitungen von Einrichtungen trägt das Gesetz dem Umstand Rechnung, dass an diesen Orten eine **Vielzahl von Menschen** in häufig wechselnder Zusammensetzung in teils engen Kontakt kommen. Die Leitungen und Träger von Gemeinschaftseinrichtungen bewegen sich dabei in einem **hochkomplexen Regelungsgeflecht,** in dem neben den §§ 33–36 und anderen Normen des IfSG sowie den auf seiner Grundlage erlassenen Verordnungen und dem Landesausführungsrecht eine Vielzahl weiterer öffentlich-rechtlicher Steuerungsinstrumente, aber auch privat- und strafrechtliche Steuerungs- und Haftungsregime zum Tragen kommen, die nicht immer überzeugend aufeinander abgestimmt sind (*Rixen* in Kloepfer, 67 (80 ff.)).

2 Bereits der 6. Abschnitt (§§ 44–48a) des **BSeuchG** enthielt „Zusätzliche Vorschriften für Schulen und sonstige Gemeinschaftseinrichtungen" und ging seinerseits zurück auf den Schulseuchenerlass vom 30. 4. 1942 (BT-Drs. 3/1888, 27). Bei der Schaffung des IfSG wurde die Grundkonzeption des BSeuchG im Wesentlichen beibehalten (BT-Drs. 14/2530, 76), insbes. wurde am Begriff der Gemeinschaftseinrichtungen (→ § 33) festgehalten, der anders als nach dem allg. Sprachgebrauch lediglich Einrichtungen für Kinder und Jugendliche umfasst, während Einrichtungen für erwachsene Personen unter § 36 Abs. 1 fallen.

3 Aus dieser **Zweiteilung des Einrichtungsbegriffs** ist auch die **Systematik** des 6. Abschnitts erklärlich: Im Grundsatz betreffen die §§ 33–35 nur die Einrichtungen für Kinder und Jugendliche, während § 36 primär Einrichtungen für volljährige Menschen betrifft. § 36 Abs. 1 und 2 umfasst allerdings im Hinblick auf die Hygieneplanpflicht und die Überwachung durch das Gesundheitsamt auch Gemeinschaftseinrichtungen nach § 33. Systematisch fragwürdig innerhalb des 6. Abschnitts sind die Regelungen in § 36 Abs. 6–12, da sie keinen unmittelbaren Bezug zu Einrichtungen aufweisen (→ § 36 Rn. 47).

§33 Gemeinschaftseinrichtungen

Gemeinschaftseinrichtungen im Sinne dieses Gesetzes sind Einrichtungen, in denen überwiegend minderjährige Personen betreut werden; dazu gehören insbesondere:
1. Kindertageseinrichtungen und Kinderhorte,
2. die nach §43 Absatz 1 des Achten Buches Sozialgesetzbuch erlaubnispflichtige Kindertagespflege,
3. Schulen und sonstige Ausbildungseinrichtungen,
4. Heime und
5. Ferienlager.

A. Zweck und Bedeutung der Norm

In §33 wird der Begriff der Gemeinschaftseinrichtungen **legaldefiniert.** 1
Die Regelung wurde mWv 1.3.2020 durch das Masernschutzgesetz (BGBl. I 148) neu gefasst. Auch das BSeuchG verwendete bereits diesen Begriff (§48a Abs. 1 S. 1 BSeuchG), enthielt jedoch noch keine §33 entsprechende Einführungsnorm (vgl. §§44 und 48 Abs. 1 BSeuchG). Der Begriff hat Bedeutung nicht nur für den 6. Abschnitt. Das Gesetz knüpft an unterschiedlichen Stellen daran an, insbes. im Zusammenhang mit der seit 1.3.2020 geltenden Impfpflicht nach §20 Abs. 8–12 (→ §20 Rn. 36ff.). Daneben greifen auch §28 Abs. 1 und §28a Abs. 1 Nr. 16 im Hinblick auf die teilweise oder vollständige Schließung den Begriff auf (→ §28 Rn. 42; → §28a Rn. 82ff.). §1 Abs. 2 S. 2 hebt die Bedeutung der Eigenverantwortung der Träger und Leitungen von Gemeinschaftseinrichtungen bei der Prävention übertragbarer Krankheiten ausdr. hervor.

Die gesonderte Normierung von Vorgaben für Einrichtungen für Kinder 2 und Jugendliche begründete der Gesetzgeber damit, dass an diesen Orten „Säuglinge, Kinder und Jugendliche täglich miteinander und mit dem betreuenden Personal in engen Kontakt kommen. Enge Kontakte begünstigen die Übertragung von Krankheitserregern, die umso schwerere Krankheitsverläufe erwarten lassen, je jünger die betroffenen Kinder sind" (BT-Drs. 14/2530, 76).

B. Die einzelnen Gemeinschaftseinrichtungen

I. Überwiegende Betreuung minderjähriger Personen

Als Gemeinschaftseinrichtungen definiert das Gesetz „Einrichtungen, in 3 denen überwiegend minderjährige Personen betreut werden". Der Wortaut (,,überwiegend") macht deutlich, dass es auf den Zweck der Einrichtung und auf den dort bestimmungsgemäß hauptsächlich betreuten Personenkreis ankommt. Dem Sinn und Zweck der Regelung nach ist es dementsprechend unerheblich, wenn an einem solchen Ort vereinzelt auch bereits volljährige SchülerInnen oder KlientInnen betreut werden, wie es an weiterführenden Schulen oder auch in Einrichtungen der Jugendhilfe (vgl. §41 SGB VIII) vorkommen kann. Entscheidend ist, dass die Einrichtung typischerweise primär Minderjährige adressiert, ohne dass schematisch auf die (tages-)aktuelle Belegung abzustellen wäre (missverständlich insoweit *Gerhardt,* § 33 Rn. 5; *Erdle,* § 33, S. 114).

II. Ausdrücklich benannte Einrichtungen

4   Das Gesetz benennt explizit die folgenden Einrichtungen als Gemeinschaftseinrichtungen:

5   **1. Kindertageseinrichtungen und Kinderhorte (Nr. 1).** Tageseinrichtungen sind Einrichtungen, „in denen sich Kinder für einen Teil des Tages oder ganztägig aufhalten und in Gruppen gefördert werden" (vgl. § 22 Abs. 1 S. 1 SGB VIII). Es kommt dabei nicht darauf an, ob dort öffentlich geförderte Leistungen aufgrund von § 24 SGB VIII erbracht werden oder die Betreuung auf rein privatvertraglicher Grundlage erfolgt. Auch Tagesbetreuungsangebote nach dem SGB IX, die Kinder mit einer körperlichen und/oder sog. geistigen Behinderung fördern (förderpädagogische, integrative oder inklusive Einrichtungen), sind umfasst, ebenso solche nach § 35a SGB VIII für Kinder mit einer seelischen Behinderung.

6   **2. Nach § 43 Abs. 1 SGB VIII erlaubnispflichtige Kindertagespflege (Nr. 2).** Die Regelung wurde iRd Neufassung von § 33 durch das Masernschutzgesetz mWv 1.3.2020 (BGBl. I 148) eingefügt, um Formen der Kindertagespflege in den Kreis der Gemeinschaftseinrichtungen einzubeziehen (BT-Drs. 19/13452, 32f.). Dabei handelt es sich um die Förderung von Kindern durch eine Tagespflegeperson („Tagesmutter"/„-vater") in deren oder im Haushalt der Personensorgeberechtigten (§ 22 Abs. 1 S. 2 SGB VIII). Je nach Bundesland kann die Tagespflege auch in anderen Räumen und durch mehrere Tagespflegepersonen gemeinsam ausgeübt werden (sog. Großtagespflegestelle). Wegen der Abgrenzungsunschärfen zu anderen Betreuungsformen (z. B. gelegentliche Nachbarschaftshilfe) stellt Nr. 2 ausdr. auf die Erlaubnispflicht nach § 43 Abs. 1 SGB VIII ab.

7   **3. Schulen und sonstige Ausbildungseinrichtungen (Nr. 3).** Dies sind alle dem allgemeinbildenden und berufsbildenden Unterricht dienenden Schulen, nicht hingegen (Fach-)Hochschulen und Universitäten (BT-Drs. 14/2530, 76), da letztere sich gerade nicht „überwiegend" an minderjährige Personen richten. Soweit es sich um Schulen mit angeschlossenem Internat handelt, ist auch die Subsumtion unter Nr. 4 möglich.

8   **4. Heime (Nr. 4).** § 48 BSeuchG erwähnte ausdr. „Schülerheime", „Schullandheime", „Säuglingsheime", „Kinderheime", „Lehrlings- und Jugendwohnheime". Sie alle sollen auch von § 33 erfasst sein (BT-Drs. 14/2530, 76). Auch wenn der Begriff des „Heims" aus anderen Rechtsbereichen mehr und mehr verschwunden ist, kann er in Anlehnung an die Definition des früheren HeimG verstanden werden als Einrichtungen, die dem Zweck dienen, Menschen Wohnraum, Betreuungs- und Verpflegungsleistungen zur Verfügung zu stellen, und die in ihrem Bestand von Wechsel und Zahl der BewohnerInnen unabhängig sind. Soweit es um „Heime" für Minderjährige geht, sind dies insbes. vollstationäre Einrichtungen nach dem SGB VIII, aber auch nach dem SGB IX, soweit sie sich an Kinder und Jugendliche mit körperlichen und/oder sog. geistigen Behinderungen richten. Auch spezielle Einrichtungen für minderjährige Asylsuchende sind umfasst (*Gerhardt* § 33 Rn. 6). Mit Blick auf den Zweck der Regelung ist das sog. betreute Einzelwohnen nach § 34 SGB VIII nicht umfasst.

5. Ferienlager (Nr. 5). Wie bei den „Heimen" ist auch hier von einer Betreuung über Tag und Nacht auszugehen. Dabei sind an die Ortsgebundenheit keine überhöhten Anforderungen zu stellen, sodass z. B. auch Zeltlager umfasst sind. **9**

III. Weitere Gemeinschaftseinrichtungen

Die Aufzählung in den Nr. 1–5 ist nicht abschließend („insbes."). Es ist im Einzelfall zu prüfen, ob eine Einrichtung zur gemeinschaftlichen Betreuung von Kindern und Jugendlichen nach dem Zweck und der strukturellen Nähe zu den ausdr. genannten Einrichtungen (Nr. 1–5) unter § 33 zu subsumieren ist. Es muss sich um Angebote von einer gewissen Dauer und Intensität handeln, bei denen es nicht nur um flüchtige, einmalige oder gelegentliche Kontakte geht (*Erdle*, § 33, S. 114). Das dürfte idR der Fall sein bei Tagesgruppen nach § 32 SGB VIII sowie (teil-)stationären Angeboten nach § 35a SGB VIII für Kinder mit einer seelischen Behinderung. **10**

IV. Keine Gemeinschaftseinrichtungen

Als Gesundheitseinrichtungen fallen Kinderkrankenhäuser und Kinderabteilungen von Allgemeinkrankenhäusern nicht unter § 33 (BT-Drs. 14/2530, 76). Dies gilt ebenso für Einrichtungen, Wohngruppen und sonstige gemeinschaftliche Wohnformen, in denen Kinder und Jugendliche außerklinische Intensivpflege durch ambulante Pflegedienste erhalten (vgl. § 23 Abs. 5 S. 1 Nr. 8). Auch Pflegefamilien (§ 33 SGB VIII) und gemeinsame Wohnformen für Mütter/Väter und Kinder (§ 19 SGB VIII) fallen ebenso wie Frauenhäuser nicht unter § 33. Auch Krabbelgruppen sind vom Sinn und Zweck her nicht umfasst, soweit die Treffen nur gelegentlich stattfinden (*Gerhardt* § 33 Rn. 6). **11**

Zur Nachweispflicht bezüglich eines ausreichenden Masernimpfschutzes bzw. einer entsprechenden Immunität der in den Einrichtungen nach den Nr. 1–4 betreuten und dort tätigen Personen vgl. § 20 Abs. 8–12 (→ § 20 Rn. 48ff.). **12**

§ 34 **Gesundheitliche Anforderungen, Mitwirkungspflichten, Aufgaben des Gesundheitsamtes**

(1) [1]**Personen, die an**
1. Cholera
2. Diphtherie
3. Enteritis durch enterohämorrhagische E. coli (EHEC)
4. virusbedingtem hämorrhagischen Fieber
5. Haemophilus influenzae Typ b-Meningitis

6. Impetigo contagiosa (ansteckende Borkenflechte)
7. Keuchhusten
8. ansteckungsfähiger Lungentuberkulose
9. Masern
10. Meningokokken-Infektion
11. Mumps
12. Paratyphus
13. Pest
14. Poliomyelitis
14a Röteln
15. Scharlach oder sonstigen Streptococcus pyogenes-Infektionen
16. Shigellose
17. Skabies (Krätze)
18. Typhus abdominalis
19. Virushepatitis A oder E
20. Windpocken

erkrankt oder dessen verdächtig oder die verlaust sind, dürfen in den in § 33 genannten Gemeinschaftseinrichtungen keine Lehr-, Erziehungs-, Pflege-, Aufsichts- oder sonstige Tätigkeiten ausüben, bei denen sie Kontakt zu den dort Betreuten haben, bis nach ärztlichem Urteil eine Weiterverbreitung der Krankheit oder der Verlausung durch sie nicht mehr zu befürchten ist. ²Satz 1 gilt entsprechend für die in der Gemeinschaftseinrichtung Betreuten mit der Maßgabe, dass sie die dem Betrieb der Gemeinschaftseinrichtung dienenden Räume nicht betreten, Einrichtungen der Gemeinschaftseinrichtung nicht benutzen und an Veranstaltungen der Gemeinschaftseinrichtung nicht teilnehmen dürfen. ³Satz 2 gilt auch für Kinder, die das 6. Lebensjahr noch nicht vollendet haben und an infektiöser Gastroenteritis erkrankt oder dessen verdächtig sind.

(2) Ausscheider von
1. Vibrio cholerae O 1 und O 139
2. Corynebacterium spp., Toxin bildend
3. Salmonella Typhi
4. Salmonella Paratyphi
5. Shigella sp.
6. enterohämorrhagischen E. coli (EHEC)

dürfen nur mit Zustimmung des Gesundheitsamtes und unter Beachtung der gegenüber dem Ausscheider und der Gemeinschaftseinrichtung verfügten Schutzmaßnahmen die dem Betrieb der Gemeinschaftseinrichtung dienenden Räume betreten, Einrichtungen der Gemeinschaftseinrichtung benutzen und an Veranstaltungen der Gemeinschaftseinrichtung teilnehmen.

(3) Absatz 1 Satz 1 und 2 gilt entsprechend für Personen, in deren Wohngemeinschaft nach ärztlichem Urteil eine Erkrankung an oder ein Verdacht auf
1. Cholera
2. Diphtherie

3. Enteritis durch enterohämorrhagische E. coli (EHEC)
4. virusbedingtem hämorrhagischem Fieber
5. Haemophilus influenzae Typ b-Meningitis
6. ansteckungsfähiger Lungentuberkulose
7. Masern
8. Meningokokken-Infektion
9. Mumps
10. Paratyphus
11. Pest
12. Poliomyelitis
12a Röteln
13. Shigellose
14. Typhus abdominalis
15. Virushepatitis A oder E
16. Windpocken

aufgetreten ist.

(4) [1]Wenn die nach den Absätzen 1 bis 3 verpflichteten Personen geschäftsunfähig oder in der Geschäftsfähigkeit beschränkt sind, so hat derjenige für die Einhaltung der diese Personen nach den Absätzen 1 bis 3 treffenden Verpflichtungen zu sorgen, dem die Sorge für diese Person zusteht. [2]Die gleiche Verpflichtung trifft den Betreuer einer von Verpflichtungen nach den Absätzen 1 bis 3 betroffenen Person, soweit die Erfüllung dieser Verpflichtungen zu seinem Aufgabenkreis gehört.

(5) [1]Wenn einer der in den Absätzen 1, 2 oder 3 genannten Tatbestände bei den in Absatz 1 genannten Personen auftritt, so haben diese Personen oder in den Fällen des Absatzes 4 der Sorgeinhaber der Gemeinschaftseinrichtung hiervon unverzüglich Mitteilung zu machen. [2]Die Leitung der Gemeinschaftseinrichtung hat jede Person, die in der Gemeinschaftseinrichtung neu betreut wird, oder deren Sorgeberechtigte über die Pflichten nach Satz 1 zu belehren.

(6) [1]Werden Tatsachen bekannt, die das Vorliegen einer der in den Absätzen 1, 2 oder 3 aufgeführten Tatbestände annehmen lassen, so hat die Leitung der Gemeinschaftseinrichtung das Gesundheitsamt, in dessen Bezirk sich die Gemeinschaftseinrichtung befindet, unverzüglich zu benachrichtigen und krankheits- und personenbezogene Angaben zu machen. [2]Dies gilt auch beim Auftreten von zwei oder mehr gleichartigen, schwerwiegenden Erkrankungen, wenn als deren Ursache Krankheitserreger anzunehmen sind. [3]Eine Benachrichtigungspflicht besteht nicht, wenn der Leitung ein Nachweis darüber vorliegt, dass die Meldung des Sachverhalts nach § 6 bereits erfolgt ist.

(7) Die zuständige Behörde kann im Einvernehmen mit dem Gesundheitsamt für die in § 33 genannten Einrichtungen Ausnahmen von dem Verbot nach Absatz 1, auch in Verbindung mit Absatz 3, zulassen, wenn Maßnahmen durchgeführt werden oder wurden, mit denen eine Übertragung der aufgeführten Erkrankungen oder der Verlausung verhütet werden kann.

(8) **Das Gesundheitsamt kann gegenüber der Leitung der Gemeinschaftseinrichtung anordnen, dass das Auftreten einer Erkrankung oder eines hierauf gerichteten Verdachtes ohne Hinweis auf die Person in der Gemeinschaftseinrichtung bekannt gegeben wird.**

(9) **Wenn in Gemeinschaftseinrichtungen betreute Personen Krankheitserreger so in oder an sich tragen, dass im Einzelfall die Gefahr einer Weiterverbreitung besteht, kann die zuständige Behörde die notwendigen Schutzmaßnahmen anordnen.**

(10) **Die Gesundheitsämter und die in § 33 genannten Gemeinschaftseinrichtungen sollen die betreuten Personen oder deren Sorgeberechtigte gemeinsam über die Bedeutung eines vollständigen, altersgemäßen, nach den Empfehlungen der Ständigen Impfkommission ausreichenden Impfschutzes und über die Prävention übertragbarer Krankheiten aufklären.**

(10a) **¹Bei der Erstaufnahme in eine Kindertageseinrichtung haben die Personensorgeberechtigten gegenüber dieser einen schriftlichen Nachweis darüber zu erbringen, dass zeitnah vor der Aufnahme eine ärztliche Beratung in Bezug auf einen vollständigen, altersgemäßen, nach den Empfehlungen der Ständigen Impfkommission ausreichenden Impfschutz des Kindes erfolgt ist. ²Wenn der Nachweis nicht erbracht wird, benachrichtigt die Leitung der Kindertageseinrichtung das Gesundheitsamt, in dessen Bezirk sich die Einrichtung befindet, und übermittelt dem Gesundheitsamt personenbezogene Angaben. ³Das Gesundheitsamt kann die Personensorgeberechtigten zu einer Beratung laden. ⁴Weitergehende landesrechtliche Regelungen bleiben unberührt.**

(11) **Bei Erstaufnahme in die erste Klasse einer allgemein bildenden Schule hat das Gesundheitsamt oder der von ihm beauftragte Arzt den Impfstatus zu erheben und die hierbei gewonnenen aggregierten und anonymisierten Daten über die oberste Landesgesundheitsbehörde dem Robert Koch-Institut zu übermitteln.**

Übersicht

Schrifttum: *Askar/Milde-Busch/Mücke/Rexroth/Diercke,* Aktualisierung der RKI-Empfehlungen für die Wiederzulassung zu Gemeinschaftseinrichtungen gemäß § 34 Infektionsschutzgesetz, EpidBull 47/2019, 505; *Deutsches Institut für Jugendhilfe und Familienrecht (DIJuF),* Bindung der Inanspruchnahme eines Betreuungsplatzes an durchgeführte Impfungen des Kindes, JAmt 2018, 95; *Hessisches Ministerium für Soziales und Integration (HMSI)* (Hrsg.), IfSG-Leitfaden für Kinderbetreuungsstätten und Schulen, 2013, abrufbar unter: https://soziales.hessen.de; *Höfling,* Vom präventiven Selbst zum immunisierten Volkskörper?, JZ 2019, 776; *ders./Stöckle,* Elternrecht, Kindeswohl und staatliche Impfverantwortung – eine Problemskizze, RdJB 2018, 284; *Krause,* Elterliche Sorge und Rechtsbeziehungen zur Kita, in: Lohrentz (Hrsg.), Das große Handbuch Recht in der Kita, 2018, S. 15; *Loer,* Gesundheitspolitik zwischen Schutzpflicht und Eigenverantwortung. Das Beispiel der Impfpolitik in Deutschland, in: Pünder/Klafki (Hrsg.), Risiko und Katastrophe als Herausforderung für die Verwaltung, 2016, S. 81; *RKI,* Impfquoten bei der Schuleingangsuntersuchung in Deutschland 2017, Epid Bull 2019, 147; *Rixen,* Die Impfpflicht nach dem Masernschutzgesetz, NJW 2020, 647; *RKI,* Infektionsprävention in Heimen, Empfehlung der Kommission für Krankenhaushygiene und Infektionsprävention beim RKI, Bundesgesundheitsblatt 2005, 1061; *Schneider,* Das Gesetz zur Stärkung der Gesundheitsförderung und der Prävention, SGb 2015, 599; *Treichel,* Datenschutzrecht in Kitas nach Inkrafttreten der EU-Datenschutzgrundverordnung, NZFam 2018, 823; *Welti,* Das Gesetz zur Stärkung der Gesundheitsförderung und der Prävention – was bringt das Präventionsgesetz?, GuP 2015, 211.

A. Zweck und Bedeutung der Norm

Die Regelung bestimmt in Abs. 1–4 gesetzliche **Tätigkeits-, Nutzungs-** **1** **und Betretungsverbote** für Gemeinschaftseinrichtungen im Zusammenhang mit bestimmten Erkrankungen bzw. Erregern. Es handelt sich um **präventive Verbote mit Erlaubnisvorbehalt** (vgl. Abs. 2 und 7). Die Abs. 5 und 6 betreffen die **Meldepflichten** der betroffenen Personen gegenüber der Einrichtung sowie der Einrichtungsleitung gegenüber dem Gesundheitsamt. Das Gesundheitsamt wird ermächtigt, im Einzelfall die Bekanntgabe innerhalb der Einrichtung anzuordnen (Abs. 8). Die Generalklausel des Abs. 9 sieht vor, dass das Gesundheitsamt „notwendige Schutzmaßnahmen" gegen die Weiterverbreitung von Erregern anordnen kann. Abs. 10 und 10a regeln die **Aufklärung und Beratung** im Hinblick auf empfohlene Impfungen; Abs. 10a ermächtigt den Einrichtungsträger in diesem Zusammenhang zur Datenübermittlung an das Gesundheitsamt, das die Personensorgeberechtigten im Falle eines unterbliebenen Beratungsnachweises laden kann. Abs. 11 regelt die amtsärztliche Erhebung des Impfstatus bei der **Schuleingangsuntersuchung** und die Datenweitergabe zum Zwecke der epidemiologischen Auswertung durch das RKI.

2   Die Regelung geht zurück auf die §§ 45, 46, 48 BSeuchG. Abs. 10a wurde mWv 25.7.2015 durch das Präventionsgesetz (BGBl. I 2015, 1368) eingefügt und mWv 25.7.2017 durch das GMÜK (BGBl. I 2017, 2615) ergänzt. Durch letzteres wurden auch die Kataloge der Abs. 1–3 geändert und Präzisierungen in den Abs. 4 (Adressatenkreis) und 6 (Meldepflichten) vorgenommen.

2a   In den abschließenden Katalogen gemäß Abs. 1–3 sind **COVID-19** bzw. der Erreger **SARS-CoV-2** (bislang) nicht enthalten. Diesbezügliche Betretungs- und Betreuungsverbote gelten also nicht kraft Gesetzes, sondern können **nur behördlich** angeordnet werden. Die Anordnung stützt sich dabei auf § 28 Abs. 1 S. 1 bzw. bei beruflichen Tätigkeitsverboten gegenüber Betreuungskräften auf § 31 IfSG (→ § 28 Rn. 68 und § 31 Rn. 13).

B. Tätigkeits-, Nutzungs- und Betretungsverbote

I. Verbote bei Krankheit oder Krankheitsverdacht (Abs. 1)

3   **1. Tatbestand.** Die Regelung führt einen **Katalog von Krankheiten (Abs. 1 S. 1)** auf, für die nach der Vorstellung des Gesetzgebers (BT-Drs. 14/2530, 76) eine der folgenden Voraussetzungen zutrifft: Entweder handelt sich um schwere Infektionskrankheiten, die im Wege der Tröpfchen- oder Kontakt- (früher: „Schmier-") Infektion durch geringe Erregermengen übertragen werden. Oder es handelt sich um häufige Infektionskrankheiten des Kindesalters, die im Einzelfall einen schweren Verlauf nehmen können. Bei der Schaffung des IfSG wurde der Katalog unter Verweis auf eine veränderte epidemiologische Lage in Deutschland gegenüber § 45 Abs. 1 BSeuchG reduziert (BT-Drs. 14/2530, 76). Zwischenzeitlich wurden allerdings die 2001 herausgenommenen Röteln (S. 1 Nr. 14a) wieder aufgenommen (BT-Drs. 18/10938, 68). Zusätzlich nennt **S. 3** die infektiöse Gastroenteritis, wobei hier nur Kinder unter 6 Jahren adressiert werden (→ Rn. 4). Durch die Voraussetzung der Infektiosität sollen unspezifische Durchfallerkrankungen vom Anwendungsbereich ausgeschlossen bleiben (BT-Drs. 14/2530, 77). Daneben nennt S. 1 die **Verlausung** (→ Rn. 5).

4   Die in Abs. 1 geregelten Verbote adressieren zunächst die in den Gemeinschaftseinrichtungen **Betreuten** (S. 2). Dies werden zumeist Kinder und Jugendliche, können aber auch Volljährige sein, da es allein auf die Zuordnung zu einer Einrichtung nach § 33 ankommt (→ § 33 Rn. 3). Im Falle des S. 3 beschränkt sich der Kreis auf Kinder unter 6 Jahren. Daneben richtet sich die Vorschrift an diejenigen **Personen,** die in den Einrichtungen in einer Weise

tätig sind, dass sie zu den Betreuten Kontakt haben (BT-Drs. 14/2530, 76). Dies ist insbes. das Lehr-, Erziehungs-, Pflege- und Aufsichtspersonal; im Einzelfall können dies aber auch Personen sein, die in der Einrichtung „sonstige Tätigkeiten ausüben", zB eine Assistenzkraft, die ein Kind mit einer Behinderung beim Schulbesuch begleitet. Unerheblich ist, in welchem rechtlichen Verhältnis die Personen zum Träger der Einrichtung stehen, sodass etwa auch pädagogische Fachkräfte eines freien Jugendhilfeträgers erfasst werden, die iRd Schulsozialarbeit tätig sind. Entsprechend dem Ziel der Regelung ist es allerdings nicht erforderlich, auch solche Personen mit einem Tätigkeitsverbot zu belegen, bei denen Kontakte zu den Betreuten ausgeschlossen werden können, zB Reinigungspersonal, wenn die Reinigung nach Unterrichtsschluss erfolgt.

Voraussetzung ist, dass eine zum maßgeblichen Kreis von AdressatInnen **5** (→ Rn. 4) gehörige Person einschlägig (→ Rn. 3) **erkrankt** (§ 2 Nr. 4) oder dessen **verdächtig** (§ 2 Nr. 5) ist. Ein Ansteckungsverdacht (§ 2 Nr. 7) genügt hier nicht. Ein Sonderfall ist der tatsächliche **Kopflausbefall,** bei dem ein Verdacht nicht genügt. Noch immer wird dieser fälschlich mit mangelnder Hygiene in Verbindung gebracht (zB *Erdle,* § 34, S. 118), obwohl der Kopflausbefall durch normales Haarewaschen weder verhindert noch beseitigt werden kann (RKI-Ratgeber Kopflausbefall, abrufbar unter www.rki.de).

2. Rechtsfolgen. Für die in der Gemeinschaftseinrichtung betreuten Personen folgt aus der Erfüllung des Tatbestands ein **gesetzliches Verbot,** die Einrichtung zu **betreten,** zu **benutzen** und an Veranstaltungen der Einrichtung **teilzunehmen** (S. 2). Damit sollen der physische Kontakt und die daraus resultierende Infektionsgefahr unterbunden werden. Dementsprechend greift das Verbot insoweit nicht, als ein solcher Kontakt ausgeschlossen ist, wie es insbes. bei Online-Veranstaltungen der Fall ist. Andererseits beschränkt sich das Verbot in örtlicher Hinsicht nicht auf die Einrichtung, sodass etwa auch die Teilnahme an einem Wandertag oder Kitaausflug verboten ist.

Die in der Gemeinschaftseinrichtung tätigen Personen dürfen keine Lehr-, **7** Erziehungs-, Pflege-, Aufsichts- und sonstigen Tätigkeiten ausüben, die mit physischem Kontakt zu den betreuten Personen verbunden sind. Daraus folgt wiederum im Umkehrschluss, dass kein absolutes Tätigkeitsverbot greift, sodass internetbasierte Lehr- und Betreuungstätigkeiten zulässig sind.

In **zeitlicher Hinsicht** greift das Verbot kraft Gesetzes ab dem Zeitpunkt, **8** in dem der Tatbestand (Erkrankung, Krankheitsverdacht oder Verlausung → Rn. 5) erfüllt ist und endet grds. erst, wenn nach ärztlichem Urteil mit einer Weiterverbreitung der Krankheit nicht mehr zu rechnen ist. Dies wird in der Regel durch ein ärztliches Attest nachgewiesen, wobei das Gesetz **keine Form** vorschreibt. Im Wege der Ausnahme kann die Wiederzulassung unter erleichterten Voraussetzungen ermöglicht werden (→ Rn. 11).

Das Tätigkeitsverbot bedeutet im **Arbeits- bzw. Dienstverhältnis,** dass **9** der Arbeitnehmerin bzw. dem Dienstverpflichteten die geschuldete Tätigkeit rechtlich unmöglich ist, soweit sie von dem Verbot betroffen ist (§ 275 Abs. 1 BGB). Wenn nicht § 616 BGB greift (dazu BGH NJW 1979, 422), entfällt nach § 326 BGB der Vergütungsanspruch. Zur Entschädigung des Verdienstausfalls → Rn. 58). Ein gegenüber den betreuten Personen wirkendes Betretungs- und Nutzungsverbot lässt eine aus einem **Privatschul- oder Betreuungsvertrag** resultierende Vergütungsverpflichtung grds. unberührt (§ 615 BGB). Entsprechendes gilt nach den meisten kommunalen Satzungen für die Kostenbeitragspflicht nach § 90 Abs. 1 S. 1 Nr. 3 SGB VIII. Bei stationären Jugendhilfeeinrichtungen kommt es für die Fortzahlung der Entgelte durch den öffentlichen Träger auf die jeweilige Vereinbarung an. Zumeist enthalten die **Rahmenverträge nach § 78 f SGB VIII** Regelungen zur Abwesenheit.

10　　**3. Verantwortliche (Abs. 4).** Gem. Abs. 4 sind bei nicht voll geschäftsfähigen Verpflichteten deren Personensorgeberechtigte für die Einhaltung der Verbote verantwortlich. Bei Minderjährigen müssen also idR deren **Eltern** (§ 1626 Abs. 1 BGB) dafür sorgen, dass diese der Kinderbetreuung oder der Schule fernbleiben. Liegt die Personensorge nicht bei den Eltern, in der Praxis uU bei Kindern und Jugendlichen in Vollzeitpflege (§ 33 SGB VIII) oder in Heimerziehung (§ 34 SGB VIII), trifft diese Verantwortung den **Vormund** (§§ 1773 ff. BGB). Für die Beachtung der Verbote durch volljährige Verpflichtete, für die eine einschlägige **rechtliche Betreuung** (§§ 1896 ff. BGB) eingerichtet ist (idR mit dem Aufgabenkreis der Aufenthaltsbestimmung), ist die/der rechtliche BetreuerIn verantwortlich.

11　　**4. Ausnahmen (Abs. 7).** Die zuständige Behörde kann gem. Abs. 7 im Einvernehmen mit dem Gesundheitsamt Ausnahmen von den gesetzlichen Tätigkeits-, Betretungs-, Benutzungs- und Teilnahmeverboten zulassen. Der Behörde steht ein erheblicher Ermessensspielraum zu, um im Einzelfall zu prüfen, welche Präventionsmaßnahmen eine Weiterverbreitung verhindern können (BT-Drs. 14/2530, 77). Die Regelung dient der Gewährleistung der **Verhältnismäßigkeit,** indem Infektionsschutz und Bildungsteilhabe bzw. Berufsausübung abgewogen werden. Kriterien hierfür sind insbes. Schwere, Behandelbarkeit und Prognose der Krankheit, die tatsächlichen Übertragungen in der Einrichtung und alternative Infektionsschutzmöglichkeiten wie Hygieneverhalten, Chemoprophylaxe oder Impfungen (*Askar* et. al. Epid Bull 47/2019, 505 (506)). Kann das Infektionsrisiko durch entsprechende Maßnahmen (nahezu) ausgeschlossen werden, ist das Ermessen idR auf Null reduziert und eine Ausnahmegenehmigung zu erteilen (*Mers*, S. 273). Das RKI erstellt **Empfehlungen** für die Wiederzulassung zu Gemeinschaftseinrichtungen (www.rki.de/ratgeber). Die Bewertung des Einzelfalls obliegt dem Gesundheitsamt. Es können sowohl Ausnahmen für den **Einzelfall** als auch **abstrakt** für bestimmte Konstellationen vorgesehen werden. In der Praxis ist es zB üblich, beim Kopflausbefall für die Wiederzulassung statt eines ärztlichen Attests die Bestätigung der Sorgeberechtigten ausreichen zu lassen, dass eine Behandlung korrekt durchgeführt wurde (RKI-Ratgeber Kopflausbefall, abrufbar unter www.rki.de).

II. Verbote für Ausscheider (Abs. 2)

12　　Abs. 2 geht zurück auf § 45 Abs. 2 BSeuchG, der allerdings keine bestimmten Erreger nannte. Die genannten Erreger können Erkrankungen mit schweren Verläufen auslösen und sind auch in Abs. 1 tatbestandlich erfasst (Nr. 1, 2, 3, 12, 16, 18). Die zusätzliche Regelung in Abs. 2 liegt darin begründet, dass eine Ausscheidung dieser Erreger auch ohne klinische Symptomatik möglich ist.

1. Tatbestand. Tatbestandlich muss eine Person einen der in Nr. 1–6 auf- **13** geführten Krankheitserreger ausscheiden, sodass sie dadurch eine Ansteckungsquelle für die Allgemeinheit sein kann, ohne selbst krank oder krankheitsverdächtig zu sein (§ 2 Nr. 6). Dabei ist unerheblich, ob es sich um in der Einrichtung betreute, dort tätige oder sonstige Personen handelt, sodass etwa auch Eltern hinsichtlich des Bringens und Abholens der Kinder umfasst sind (*Gerhardt* § 34 Rn. 26).

2. Rechtsfolgen. Personen, die Ausscheider iSd Abs. 2 sind, unterliegen **14** einem **präventiven Betretungs-, Benutzungs- und Teilnahmeverbot mit Erlaubnisvorbehalt.** Vorbehaltlich der Zustimmung des Gesundheitsamts dürfen sie die Einrichtung weder betreten noch benutzen oder an deren (außerhäusigen) Veranstaltungen teilnehmen. Damit sind etwa das Bringen und Abholen ebenso umfasst wie die Begleitung eines Schul- oder Kitaausflugs durch Eltern. Bei Tagespflegepersonen, die die Tagespflege (§ 33 Nr. 2) in ihrer eigenen Wohnung ausüben, ist der Wortlaut (Betretungsverbot) teleologisch dahin zu reduzieren, dass sie ihre Wohnung weiter betreten, dort aber für die Dauer der Ausscheidung keine Tagespflege anbieten dürfen.

Das Gesundheitsamt kann im Einzelfall nach infektionshygienischer Be- **15** ratung und Verfügung konkreter Maßnahmen den Besuch gestatten. Ob und welche Maßnahmen verfügt werden, hängt vom Einzelfall, insbes. vom jeweiligen Erregertyp ab. Dem Gesundheitsamt steht hier ein **Ermessen** zu, verschiedene Umstände wie zB die Ausstattung der Räumlichkeiten und die Kooperationsbereitschaft der Beteiligten zu berücksichtigen (*Gerhardt* § 34 Rn. 30; *BBS*, § 34 Rn. 9). Je nach Art der Maßnahme wird diese gegenüber dem Ausscheider oder/und der Gemeinschaftseinrichtung verfügt. Auch hierfür kann das Gesundheitsamt sich auf die Empfehlungen des RKI stützen (→ Rn. 11).

Zur Verantwortung für die Beachtung der Verpflichtungen minderjähriger **16** und unter Betreuung stehender Ausscheider (Abs. 4) → Rn. 10. Zu den Folgen mit Blick auf die Vergütung → Rn. 9.

III. Verbote bei Fällen in der Wohngemeinschaft (Abs. 3)

1. Tatbestand. In Abweichung zu Abs. 1 verzichtet der **Katalog des** **17** **Abs. 3** auf die Erkrankungen nach Abs. 1 Nr. 6, 7, 15 und 17. Auch der Kopflausbefall ist nicht umfasst. Fokussiert werden Krankheiten, die in der häuslichen Wohngemeinschaft leicht übertragen und dann in die Gemeinschaftseinrichtung eingetragen werden können. Um die Verhältnismäßigkeit zu wahren, handelt es sich wie bei Abs. 1 um Krankheiten mit schweren Verläufen oder einem in Gemeinschaftseinrichtungen im Vergleich zur Allgemeinbevölkerung erhöhten Übertragungsrisiko (BT-Drs. 14/2530, 77).

Erforderlich ist eine **Erkrankung** (§ 2 Nr. 4) oder ein **Krankheitsver-** **18** **dacht** (§ 2 Nr. 5) bei einer anderen Person in derselben Wohngemeinschaft. Der Begriff der **Wohngemeinschaft** ist im Gesetz nicht definiert. Nach dem Zweck der Norm handelt es sich um das Zusammenleben von mehreren Personen in einer Art und Weise, die die Übertragung der genannten Erkrankungen begünstigt. Das dürfte idR bei der gemeinsamen Benutzung von Räumen, insbes. der sanitären Einrichtungen und der Küche der Fall sein. Eine Wohngemeinschaft kann daher zB auch innerhalb eines Studierendenwohnheims oder eines Frauenhauses gegeben sein.

19   Da die Regelung auf mittelbare Gefährdungen ausgerichtet ist, ist zusätzlich vorausgesetzt, dass ein **ärztliches Urteil** über die Erkrankung oder den Verdacht vorliegt. Es kann, muss sich aber nicht um eine amtsärztliche Einschätzung handeln. Eine Form gibt das Gesetz nicht vor.

20   **2. Rechtsfolgen.** Hinsichtlich der Rechtsfolgen verweist Abs. 3 auf Abs. 1 S. 1 und 2. Auch hier greifen damit **gesetzliche Tätigkeits-, Betretungs-, Benutzungs- und Teilnahmeverbote,** näher → Rn. 6–8. Zur Verantwortung für die Beachtung der Verpflichtungen minderjähriger und unter Betreuung stehender MitbewohnerInnen (Abs. 4) → Rn. 10. Zu den Folgen mit Blick auf die Vergütung → Rn. 9.

21   Auch beim Auftreten von Erkrankungs- oder Verdachtsfällen in der Wohngemeinschaft kann die zuständige Behörde nach Abs. 7 im Einvernehmen mit dem Gesundheitsamt Ausnahmen von den gesetzlichen Verboten zulassen (→ Rn. 11). So kann etwa die Schulbehörde eine generelle Ausnahme vom Tätigkeitsverbot für LehrerInnen vorsehen, in deren häuslicher Gemeinschaft eine Katalogerkrankung nach Abs. 3 aufgetreten ist, die aber selbst aufgrund einer Impfung oder weil die Krankheit nachweislich bereits durchgemacht wurde nicht infektiös sein können. Die Entscheidung über eine solche Ausnahme muss in Abstimmung mit dem Gesundheitsamt erfolgen.

IV. Rechtsqualität; Verhältnis zu Einzelanordnungen

22   Es handelt sich um **gesetzliche Verbote,** die zu ihrer Wirksamkeit keiner weiteren Umsetzung bedürfen. Eine Einzelanordnung mit demselben Inhalt hat lediglich deklaratorischen bzw. informatorischen Charakter (VG München 24. 3. 2009 – M 18 E 09.1208, BeckRS 2009, 48431; *Erdle*, § 34, S. 118). Rechtswidrig dürfte sie indessen nicht sein (aA *Gerhardt* § 34 Rn. 22); allenfalls könnte die Regelungswirkung und damit die VA-Qualität fraglich sein (*Pietzcker* in S/S VwGO § 42 Abs. 1 Rn. 26 ff.; *Stelkens* in SBS VwVfG § 35 Rn. 219 f.).

23   § 34 Abs. 1–3 ist in seinem Regelungsbereich spezieller als die Generalklausel des § 16 oder auch die speziellen Ermächtigungen nach den §§ 28 ff. Letztere werden allerdings durch § 34 Abs. 1–3 nicht in dem Sinne verdrängt, dass im Falle des Auftretens von Masern (§ 34 Abs. 1 S. 1 Nr. 9) oder eines dahingehenden Verdachts über den Personenkreis des § 34 Abs. 1 (→ Rn. 4) hinaus keine entsprechenden Verbote möglich wären. Schulbetretungsverbote sind auf der Grundlage von § 28 Abs. 1 über den Adressatenkreis des § 34 IfSG hinaus möglich (BVerwG NJW 2012, 2823), für Masern → die Sonderregelung des § 28 Abs. 2 (→ § 28 Rn. 70 ff.). Auch über die gesetzlichen Verbote nach § 34 hinausgehende Einzelanordnungen nach den §§ 28 ff. gegenüber derselben Person bleiben möglich (zB Verbot, ein Jugendzentrum zu besuchen, vgl. *Erdle*, § 34, S. 117, oder Tätigkeitsverbot nach § 31). Auch Maßnahmen auf anderer Rechtsgrundlage (zB §§ 17, 25) bleiben im Anwendungsbereich des § 34 möglich (*Gerhardt,* § 34 Rn. 1).

V. Verfassungsmäßigkeit

Die Abs. 1–3 greifen in verschiedene Grundrechte ein. Soweit es sich um Tä- **24**
tigkeitsverbote handelt, ist die **Berufs(ausübungs)freiheit (Art. 12 Abs. 1
GG)** betroffen. Eine Rechtfertigung dürfte mit Blick auf den Zweck des Gesundheitsschutzes der Bevölkerung, die Beschränkung auf schwer verlaufende
bzw. in Gemeinschaftseinrichtungen erleichtert übertragbare Krankheiten sowie die Möglichkeit von Ausnahmen (Abs. 7 → Rn. 11) und den Entschädigungstatbestand des § 56 zu bejahen sein (*Mers*, S. 272f.). Soweit Betretungsverbote Kinder vom Besuch von Kita und Schule ausschließen, wird jedenfalls
deren **allg. Handlungsfreiheit (Art. 2 Abs. 1 GG),** eingeschränkt. Auch
hier dürfte die gesetzliche Ausgestaltung (begrenzte Dauer, Möglichkeit von
Ausnahmen) im Hinblick auf den Gesundheitsschutz im Ergebnis verfassungs-
mäßig sein (*Mers*, S. 273). Entsprechendes gilt für das wohl ebenfalls betroffene
Elternrecht (Art. 6 Abs. 2 S. 1 GG). Das eigene Zimmer in einer stationären
Einrichtung (§ 33 Nr. 4) ist zwar eine grundrechtlich geschützte Wohnung; der
Entzug der Verfügungsbefugnis stellt aber nach hM keinen Eingriff in Art. 13
GG dar (vgl. *Gornig* in MKS GG Art. 13 Rn. 42).

C. Mitteilungs-, Melde- und Belehrungspflichten

I. Mitteilungspflicht der Betroffenen (Abs. 5)

Die in Abs. 5 enthaltene Regelung hat keinen Vorläufer im BSeuchG. Mit **25**
der Neuregelung im IfSG wollte der Gesetzgeber erreichen, dass die erforderlichen Infektionsschutzmaßnahmen unverzüglich getroffen werden können
(BT-Drs. 14/2530, 77). Die Regelung ist somit auch Ausdruck der auf die Eigenverantwortung der Einzelnen ausgerichteten Konzeption des IfSG (§ 1
Abs. 2 S. 2).

Die Regelung **adressiert** die nach Abs. 1 Verpflichteten, also diejenigen, **26**
die in der Gemeinschaftseinrichtung betreut werden oder dort tätig sind. Andere Personen, die entsprechenden Verboten unterliegen (zB die das Kind ab-
holende Großmutter als Ausscheiderin iSv Abs. 2 → Rn. 12–14), sind nicht
umfasst (*Gerhardt*, § 34 Rn. 51). Soweit es sich dabei um eine minderjährige
oder (einschlägig) unter Betreuung stehende Person handelt, sind die Sorgeberechtigten bzw. die oder der BetreuerIn verantwortlich (Abs. 4 → Rn. 10).

Die Mitteilung hat **unverzüglich** (d. h. ohne schuldhaftes Zögern) **gegen- 27
über der Einrichtungsleitung** (§ 2 Nr. 15) zu erfolgen. Eine Form schreibt
das Gesetz nicht vor. **Gegenstand** der Mitteilung ist das Auftreten eines der
Tatbestände der Abs. 1–3, also:

- Erkrankung, Krankheitsverdacht oder Verlausung (Abs. 1),
- Ausscheidung (Abs. 2),
- Erkrankung oder Krankheitsverdacht in der Wohngemeinschaft (Abs. 3),

jeweils bezogen auf eine in der Gemeinschaftseinrichtung betreute oder dort
tätige Person.

Damit die Mitteilungspflicht erfüllt und die bezweckte Kenntnis der Ein- **28**
richtung und der Gesundheitsbehörden (→ Abs. 6) effektiv erreicht werden
kann, sieht Abs. 5 S. 2 vor, dass die Einrichtungsleitung bei jeder Neuauf-

nahme von Kindern und Jugendlichen deren Sorgeberechtigte über die Mitteilungspflichten zu **belehren** hat. (Zur Belehrung der in der Einrichtung Tätigen → § 35.) In der Praxis erfolgt die Belehrung zumeist durch Überlassung eines Merkblatts („Elternbrief"), dessen Erhalt zu quittieren ist. Delegiert die Einrichtungsleitung die Belehrung an eine/n Hygienebeauftragte/n, verbleibt die Rechtspflicht nach § 34 Abs. 5 idR gleichwohl bei der Leitung (→ § 2 Rn. 45).

II. Meldepflicht der Einrichtung (Abs. 6)

29   Im nächsten Schritt hat die Leitung (§ 2 Nr. 15) unverzüglich das Gesundheitsamt zu benachrichtigen. Dabei knüpft das Gesetz nicht erst an die sichere Kenntnis eines Falls nach Abs. 1–3 an, sondern bereits an das Bekanntwerden von **Tatsachen,** die einen solchen annehmen lassen. Dies sind zum einen einschlägige klinische Symptome. Es kann sich aber auch um andere Tatsachen handeln (zB Erkrankung einer engen Kontaktperson außerhalb der Wohngemeinschaft). **Bekannt geworden** iSv Abs. 6 sind solche Tatsachen nicht erst, wenn die Einrichtungsleitung (§ 2 Nr. 15) davon tatsächlich Kenntnis nimmt, sondern bereits dann, wenn etwa ein Erzieher oder eine Lehrerin die Tatsachen kennt. Die Einrichtungsleitung hat daher auch für die unverzügliche Weitergabe von Informationen innerhalb der Einrichtung Sorge zu tragen. Voraussetzung dafür sind Grundkenntnisse über die entsprechenden Krankheiten und Erreger (→ § 35 Rn. 3), ohne dass unrealistisch umfassende medizinische Kenntnisse verlangt werden dürfen (*Gerhardt,* § 34 Rn. 57).

30   Abs. 6 S. 2 erstreckt die Pflicht zur Benachrichtigung des Gesundheitsamts auch auf **andere** als die in Abs. 1 aufgeführten **Erkrankungen,** wenn zwei oder mehr gleichartige, schwerwiegende (d. h. insbes. mit ähnlicher, schwerer Symptomatik verlaufende, vgl. *Gerhardt,* § 34 Rn. 59f.; *BBS,* § 34 Rn. 17) Fälle auftreten, als deren Ursache Krankheitserreger anzunehmen sind. Damit soll eine frühzeitige Information des ÖGD über das Auftreten neuartiger Erreger und Erkrankungen gewährleistet werden.

31   Es sind **krankheits- und personenbezogene Angaben** zu machen. **Inhalt** der Meldung an das Gesundheitsamt sind damit zunächst die bekannt gewordenen **Tatsachen,** soweit daraus die Annahme eines Falls nach den Abs. 1–3 folgt (→ Rn. 29). Die Angaben nach **§ 2 Nr. 16** sollen es dem Gesundheitsamt ermöglichen, konkrete Ermittlungen gem. §§ 25, 26 über Art, Ursache, Quelle und Ausbreitung der Krankheit aufzunehmen (BT-Drs. 14/2530, 77). Viele Gesundheitsbehörden haben Muster für die Meldung erstellt (vgl. zB: HMSI, IfSG-Leitfaden für Kinderbetreuungsstätten und Schulen, 2013, abrufbar unter: https://soziales.hessen.de).

32   Gem. Abs. 6 S. 3 muss die Einrichtungsleitung das Gesundheitsamt nicht benachrichtigen, wenn ihr ein Nachweis darüber vorliegt, dass der Sachverhalt bereits nach § 6, in der Regel durch die behandelnde Ärztin (§ 8 Abs. 1 Nr. 1), gemeldet wurde.

III. Datenschutz; Recht auf informationelle Selbstbestimmung

33   Die Weitergabe der personenbezogenen Daten an das Gesundheitsamt ist iSv Art. 6 Abs. 1 UAbs. 1 lit. c DSGVO zur Erfüllung der rechtlichen Verpflichtung nach § 34 Abs. 6 erforderlich (*Treichel* NZFam 2018, 823 (826)). Soweit es sich um Gesundheitsdaten (Art. 4 Nr. 15 DSGVO) handelt, ergibt sich Entsprechendes aus Art. 9 Abs. 2 lit. b und lit. i DSGVO.

Sowohl die Mitteilungs- (Abs. 5) als auch die Benachrichtigungspflicht **34** (Abs. 6) greifen in den Schutzbereich des Grundrechts auf informationelle Selbstbestimmung (Art. 2 Abs. 1 iVm Art. 1 Abs. 1 GG) ein. Mit Blick auf den Zweck, rasch Maßnahmen zur Prävention und Infektionsbekämpfung zu ermöglichen, und das Allgemeininteresse an einem effektiven Gesundheitsschutz ist dieser Eingriff allerdings gerechtfertigt (näher *Mers,* S. 273 ff.).

D. Anordnung der Bekanntmachung innerhalb der Einrichtung (Abs. 8)

Gem. Abs. 8, der keinen Vorläufer im BSeuchG hat, kann das Gesundheits- **35** amt anordnen, dass die Leitung der Gemeinschaftseinrichtung (§ 2 Nr. 15) innerhalb der Einrichtung das Auftreten einer Erkrankung oder eines hierauf gerichteten Verdachts bekannt macht. Die Information dient dem Schutz der NutzerInnen und der in der Einrichtung Tätigen, zB Personen ohne Schutzimpfung oder mit Immunsuppression (BT-Drs. 14/2530, 77). Der Anwendungsbereich ist **nicht auf die in Abs. 1 genannten Erkrankungen beschränkt,** sodass die Bekanntmachung auch hinsichtlich anderer (mutmaßlich) aufgetretener Erkrankungen angeordnet werden kann. Die Regelung schließt die (anonyme) Bekanntmachung auch ohne Anordnung nicht aus (*Erdle,* § 34, S. 120).

Die Anordnung richtet sich auf die **anonyme Bekanntgabe** des Erkran- **36** kungs- bzw. Verdachtsfalles. Daher ist grds. kein Eingriff in das Grundrecht auf informationelle Selbstbestimmung (Art. 2 Abs. 1 i.V.m. Art. 1 Abs. 1 GG) gegeben. Ergibt sich im Einzelfall aus den Begleitumständen, dass die betroffene Person identifizierbar ist, zB weil im Zeitpunkt der Bekanntgabe nur ein Kind in der Einrichtung erkrankt ist, ist der Eingriff ebenso wie bei den Mitteilungs- und Benachrichtigungspflichten der Abs. 5 und 6 gerechtfertigt (→ Rn. 34; *Mers,* S. 275 f.).

E. Anordnung notwendiger Schutzmaßnahmen (Abs. 9)

Die **Generalklausel** des Abs. 9 ermächtigt die zuständige (Fach-)Behörde, **37** „die notwendigen Schutzmaßnahmen" anzuordnen, wenn in der Gemeinschaftseinrichtung betreute Personen infektiöse Erreger in oder an sich tragen.

Voraussetzung ist, dass eine in der Gemeinschaftseinrichtung betreute – **38** nicht eine dort tätige – Person Krankheitserreger so in oder an sich trägt, dass im Einzelfall die Gefahr einer Weiterverbreitung besteht. Die Regelung richtet sich auf sog. **Carrier** (→ § 2 Rn. 28). Die Regelung beschränkt sich dabei nicht auf die Erreger, die die Erkrankungen nach Abs. 1 auslösen, sodass unter bestimmten Voraussetzungen (zB erhöhte Verletzungsgefahr und enger Kontakt zu anderen Personen) zB auch im Falle von Hepatitis-B-Viren Anordnungen nach Abs. 9 getroffen werden können (vgl. BT-Drs. 14/2530, 77). Der

Tatbestand setzt aber die Feststellung der Weiterverbreitungsgefahr **im konkreten Einzelfall** voraus. Dies kann zB der Fall sein, wenn ein Kind als Carrier dazu neigt, andere zu beißen (*Gerhardt,* § 34 Rn. 72).

39   Ebenso wie bei § 16 Abs. 1 S. 1, § 28 Abs. 1 S. 1, § 29 Abs. 2 S. 1 und § 30 Abs. 3 S. 1 handelt es sich bei Abs. 9 um eine **Ermächtigungsnorm mit offener Rechtsfolgeregelung.** Weder der Normtext noch die Gesetzgebungsmaterialien oder etablierte Grundsätze aus Literatur und Rechtsprechung liefern Anhaltspunkte zur näheren Bestimmung von Inhalt, Zweck und Ausmaß der Regelung, was verfassungsrechtlich problematisch mit Blick auf den **Bestimmtheitsgrundsatz** (Rechtsstaatsprinzip, Art. 20 Abs. 3 GG) ist (*Mers,* S. 276). Umso größere Bedeutung kommt der sorgfältigen Ausübung des behördlichen **Ermessens** zu.

40   Auch den Kreis der **AdressatInnen** einer Anordnung nach Abs. 9 grenzt das Gesetz nicht ein. In Betracht kommen daher sowohl Anordnungen gegenüber den Betroffenen (insbes. Kinder und Jugendliche bzw. deren Sorgeberechtigte und in der Einrichtung tätige Personen) als auch gegenüber dem Träger oder der Leitung (§ 2 Nr. 15) der Gemeinschaftseinrichtung und sonstigen Dritten (zB anderen Kindern bzw. deren Sorgeberechtigten).

F. Aufklärung und Beratung zu Schutzimpfungen; Nachweispflicht

41   Die Abs. 10 und 10a beinhalten mit dem Ziel hoher Durchimpfungsraten in Gemeinschaftseinrichtungen ein gestuftes Regime von allg. Aufklärung (Abs. 10), nachzuweisender ärztlicher Beratung vor der Kitaaufnahme und der Möglichkeit einer Ladung zu einer Beratung durch das Gesundheitsamt (Abs. 10a).

I. Allgemeine Impfaufklärung (Abs. 10)

42   Gem. Abs. 10, der keine Entsprechung im BSeuchG hatte, sollen die Gesundheitsämter und die Gemeinschaftseinrichtungen die betreuten Kinder und Jugendlichen bzw. deren Sorgeberechtigte gemeinsam über die Bedeutung eines vollständigen, altersgemäßen, nach den Empfehlungen der STIKO ausreichenden Impfschutzes und über die Prävention übertragbarer Krankheiten aufklären. Die Regelung konkretisiert den Gedanken der **Prävention durch Aufklärung** (§ 3) und soll nach der Vorstellung des Gesetzgebers die Zusammenarbeit der Einrichtung mit den Eltern fördern (BT-Drs. 14/2530, 77 f.). Die Gesundheitsämter und das RKI haben zu diesem Zweck Informationsmaterialien wie Flyer, Impfkalender, Apps und Vortragspräsentationen entwickelt, die sich ua unter www.rki.de finden lassen.

II. Impfberatung bei Kitaaufnahme (Abs. 10a)

43   **1. Allgemeines.** Die Regelung wurde mWv 25.7.2015 durch das Präventionsgesetz (BGBl. I 2015, 1368) eingefügt und mWv 25.7.2017 durch das GMÜK (BGBl. I 2017, 2615) im Hinblick auf die Ermächtigung zur Datenweitergabe ergänzt. Sie ist Ausdruck der im Kern – auch nach Inkrafttreten des Masernschutzgesetzes – weiterhin vorherrschenden informatorischen Grundausrichtung in der staatlichen Impfpolitik (*Höfling* JZ 2019, 776 (777)).

Der Gesetzgeber zielte mit Abs. 10a insbes. auf eine Verbesserung der Impf- **44** raten bei kleineren Kindern, wobei va mit dem Beispiel der Masernschutzimpfung argumentiert wurde, die „in vielen Fällen zu spät und nicht wie von der STIKO empfohlen bis zur Vollendung des zweiten Lebensjahres" erfolgte (BT-Drs. 18/4282, 48). Seit 1.3.2020 wird dieses Ziel im Hinblick auf den Masernschutz vorrangig über § 20 Abs. 8–12 verfolgt. Dennoch gilt Abs. 10a auch nach Inkrafttreten des **Masernschutzgesetzes** unverändert fort (*Rixen* NJW 2020, 647 (649)).

Der **Anwendungsbereich** beschränkt sich auf Kindertageseinrichtungen **45** (§ 33 Nr. 1 → § 33 Rn. 5), sodass Abs. 10a auf die Kindertagespflege (§ 33 Nr. 2 → § 33 Rn. 6) nicht anwendbar ist. Hintergrund mag sein, dass in der Kindertagespflege idR maximal fünf Kinder gemeinsam betreut werden (§ 43 Abs. 3 SGB VIII), sodass dort das Infektionsrisiko geringer ist. Auch wenn in einer Großtagespflegestelle nach § 43 Abs. 3 S. 3 SGB VIII iVm Landesrecht insoweit eine ähnliche Ausgangslage besteht wie in einer Kindertageseinrichtung, ist eine analoge Anwendung der (bundesrechtlichen) Regelung auf diese mit Blick auf die Grundrechtsrelevanz (→ Rn. 54) und die Bußgeldbewehrung (§ 73 Abs. 1a Nr. 17a) abzulehnen und ist jedenfalls im Hinblick auf die Masernimpfung nach der Einführung von § 20 Abs. 8–12 durch das Masernschutzgesetz auch nicht mehr erforderlich. Auch lässt die Entwurfsbegründung erkennen, dass der Verzicht auf eine entsprechende bundesrechtliche Regelung auch für die Kindertagespflege bewusst erfolgt ist (BT-Drs. 18/4282, 49). Zur möglichen landesrechtlichen Erstreckung → Rn. 53.

2. Beratungsnachweis bei Kitaaufnahme (S. 1). Personensorgeberech- **46** tigte müssen bei der Erstaufnahme des Kindes in eine Tageseinrichtung einen **Nachweis** über eine durchgeführte ärztliche Beratung in Bezug auf den Impfschutz des Kindes vorlegen. Nach der Vorstellung des Gesetzgebers sollen bestehende Impflücken iRd kinderärztlichen Früherkennungsuntersuchungen (§ 26 SGB V) geschlossen werden (BT-Drs. 18/4282, 48). Für den Nachweis der erfolgten Beratung enthält die Regelung neben der **Schriftform** keine näheren Vorgaben. Allerdings kann landesrechtlich die Verwendung bestimmter Bescheinigungen vorgeschrieben werden (→ Rn. 53). Bestehen landesrechtliche Vorgaben nicht, genügt nach der Vorstellung des Gesetzgebers auch die Vorlage des Impfpasses (§ 22), aus dem die zeitgerechte Wahrnehmung der Impftermine ersichtlich ist (BT-Drs. 18/4282, 48). In der Praxis ist die Vorlage des Kinderuntersuchungshefts des G-BA („Gelbes Heft") üblich (s. a. § 26 Abs. 2 S. 4 SGB V). Der Nachweis ist gegenüber der Leitung der Tageseinrichtung (§ 2 Nr. 15) zu erbringen.

Die ärztliche **Beratung** ist auf einen vollständigen, altersgemäßen, nach **47** den Empfehlungen der STIKO ausreichenden Impfschutz und damit auf die empfohlenen **Standardimpfungen** gerichtet. Die nachzuweisende Beratung muss **zeitnah** vor der Aufnahme erfolgt sein. Im Ausschuss wurde diesbezüglich auf den Impfkalender der STIKO verwiesen (abrufbar unter www.rki.de). Die Beratung sei in dem nach dem Lebensalter des Kindes zuletzt erreichten

Zeitraum, in dem die Durchführung von Standardimpfungen empfohlen ist, oder zu einem späteren Zeitpunkt durchzuführen (BT-Drs. 18/5261, 64).

48   Nach Abs. 10a nachzuweisen ist allein die durchgeführte Beratung, nicht die Durchführung der entsprechenden Impfungen. Die Regelung lässt insoweit auch den **Rechtsanspruch** des Kindes ab einem Jahr auf frühkindliche Förderung (§ 24 Abs. 2 SGB VIII) grds. unberührt. Der Träger der öffentlichen Jugendhilfe muss daher auch Kindern, bei denen die empfohlenen Standardimpfungen nicht durchgeführt wurden, einen bedarfsdeckenden und zumutbaren Platz in einer Kita oder Tagespflege nachweisen (vgl. dazu VG Gera LKV 2019, 285, sowie zu Regelungen in Satzungen oder zivilrechtlichen Betreuungsverträgen, die einen entsprechenden Impfschutz voraussetzen: DI-JuF-Gutachten JAmt 2018, 95). Zum **Betreuungsverbot bei nicht nachgewiesener Impfung bzw. Immunität gegen Masern** s. aber § 20 Abs. 9 S. 6 (→ § 20 Rn. 54); zu dessen Verhältnis zum Rechtsanspruch nach § 24 SGB VIII → § 20 Rn. 55.

49   **3. Benachrichtigung des Gesundheitsamts (S. 2).** Für den Fall, dass der schriftliche Beratungsnachweis nicht erbracht wird, verpflichtet Abs. 10a S. 2 die Leitung der Tageseinrichtung (§ 2 Nr. 15), das Gesundheitsamt zu benachrichtigen. Obwohl der Gesetzgeber bereits im Gesetzgebungsverfahren zum Präventionsgesetz davon ausging, dass die Information des Gesundheitsamts durch die Kitaleitung in diesem Fall zulässig sein sollte (BT-Drs. 18/5261, 64), sah Abs. 10a dazu zunächst keine ausdr. Befugnis vor. Diese Lücke wurde erst mWz 25.7.2017 geschlossen (BGBl. I 2017, 2615), um die datenschutzrechtlich erforderliche gesetzliche Übermittlungsbefugnis sicherzustellen (BT-Drs. 18/10938, 69).

50   Der Wortlaut der Norm sieht vor, dass die Meldung zu erfolgen hat, „wenn der Nachweis nicht erbracht wird". Im Gesundheitsausschuss wurde dazu ausgeführt, die Regelung ziele auf Fälle, in denen der Nachweis „auch auf wiederholte Aufforderungen hin" nicht erbracht wird (BT-Drs. 18/5261, 64). Mit Blick auf die Verhältnismäßigkeit und die Erziehungspartnerschaft von Einrichtung und Sorgeberechtigten einerseits und den Bürokratieaufwand andererseits (→ Rn. 54f.) wird idR nach der erstmaligen Aufforderung anlässlich der Aufnahme eine **einmalige Erinnerung** mit angemessener Fristsetzung genügen.

51   Die Meldung hat an das Gesundheitsamt zu erfolgen, in dessen Bezirk sich die Einrichtung befindet. Neben der Information, dass der Beratungsnachweis nicht vorgelegt wurde, müssen **personenbezogene Angaben** (§ 2 Nr. 16) hinsichtlich des betroffenen Kindes sowie der Sorgeberechtigten übermittelt werden. Diese sollen dem Gesundheitsamt die Ladung nach S. 3 (→ Rn. 52) ermöglichen; ihre Übermittlung ist insoweit **erforderlich** iSv Art. 6 Abs. 1 UAbs. 1 lit. c DSGVO. Die Gesundheitsbehörden halten Muster für die Meldung bereit.

52   **4. Ladung durch das Gesundheitsamt (S. 3).** Das Gesundheitsamt kann die Personensorgeberechtigten, die den Beratungsnachweis nicht vorgelegt haben, zu einer Beratung laden (Abs. 10a S. 3). Voraussetzung ist allein die Nichtvorlage des Beratungsnachweises, nicht hingegen das Fehlen einer Standardimpfung (anders *Welti* GuP 2015, 211 (215)). Die Entscheidung liegt im pflichtgemäßen **Ermessen** des Gesundheitsamts. Die **Rechtsnatur** einer solchen Ladung ist nicht abschließend geklärt; es dürfte sich aber um eine Einladung handeln, der die Sorgeberechtigten nicht entsprechen müssen, sodass sie nicht zwangsweise durchgesetzt werden kann (vgl. *Rixen,* NJW 2020, 647 (650, Fn. 50), *Schneider* SGb 2015, 599 (606)).

5. Weitergehendes Landesrecht (S. 4). Die Länder können gem. 53 Abs. 10a S. 4 weitergehende Regelungen vorsehen. Nach dem Regierungsentwurf können dies etwa Regelungen zur Verwendung bestimmter ärztlicher Bescheinigungen oder solcher des ÖGD sein. Auch die nähere Bestimmung von Fristen für die Beratung sowie die Erweiterung des Anwendungsbereiches auf die Kindertagespflege sollte den Ländern vorbehalten bleiben (BT-Drs. 18/4282, 48f.).

6. Verfassungsmäßigkeit; Kritik. Wie auch die Mitteilungs- (Abs. 5) 54 und die Benachrichtigungspflicht (Abs. 6) greifen die Pflichten des Abs. 10a in den Schutzbereich des **Grundrechts auf informationelle Selbstbestimmung (Art. 2 Abs. 1 iVm Art. 1 Abs. 1 GG)** ein (→ Rn. 34). Auch hier dürfte der Eingriff aber bei verhältnismäßiger Handhabung, die das Gesetz ermöglicht (insbes. Erinnerung der Sorgeberechtigten → Rn. 50) gerechtfertigt sein (*Mers,* S. 276f.). Diskutiert wird zudem, ob Abs. 10a mit dem **Elternrecht** auf eine autonome Ausübung des elterlichen Pflege- und Erziehungsauftrags **(Art. 6 Abs. 2 S. 1 GG)** vereinbar ist. Teilweise wurde in diesem Zusammenhang von einer indirekten Impfpflicht gesprochen (*Loer* in Pünder/Klafki, S. 101). Allerdings wird man insoweit, sofern ein Eingriff bejaht wird, mit Blick auf den Gesundheitsschutz wiederum zu dessen Rechtfertigung kommen (näher: *Höfling/Stöckle* RdJB 2018, 284 (291f.)).

An der Regelung wird zT kritisiert, dass sie neben bürokratischem Mehr- 55 aufwand auf Seiten des Einrichtungsträgers den Leitungskräften der Kindertageseinrichtungen Kontrollaufgaben auferlegt, die von deren gesetzlichem Bildungs- und Erziehungsauftrag (§ 22 SGB VIII) nicht umfasst sind und zudem die **Erziehungspartnerschaft** (dazu *Struck* in Wiesner SGB VIII § 22a Rn. 5) von Kita und Eltern belasten kann. Um letzteres zu vermeiden, wird empfohlen, die Sorgeberechtigten beim Abschluss des Betreuungsvertrags auf die Rechtslage hinzuweisen (*Krause* in Lohrentz, 40). Entsprechendes Material stellen die Gesundheitsbehörden bereit.

G. Schuleingangsuntersuchung (Abs. 11)

IRd Schuleingangsuntersuchungen haben die Gesundheitsämter bzw. die 56 Ärztinnen und Ärzte des ÖGD den Impfstatus der Kinder zu erheben. Die gewonnenen Erkenntnisse über das Impfverhalten und den Impfstatus sollen dazu dienen, gezielte Impfaufklärungsmaßnahmen zu ergreifen (BT-Drs. 14/2530, 78). Zu diesem Zweck haben die Gesundheitsämter aggregierte und anonymisierte Daten an die oberste Landesgesundheitsbehörde zu übermitteln, die diese ihrerseits an das RKI übermittelt.

Registriert werden alle dokumentierten Impfungen, die dann für die Be- 57 rechnung der Impfquoten auf die Anzahlen von Kindern bezogen werden, die einen Impfausweis vorgelegt haben. Die Erhebung erfolgt in den Ländern mit unterschiedlicher Methodik, weshalb RKI und Bundesländer einen einheitlichen Meldebogen entwickelt haben (RKI Epid Bull 2019, 147 (147)). Das RKI erfasst die von den Landesgesundheitsbehörden bereitgestellten Daten zentral und wertet sie aus. Die Ergebnisse werden im Epidemiologischen Bulletin veröffentlicht. Dabei werden auch Vergleiche zwischen den Bundesländern vorgenommen, wobei sich ua regelmäßig ergibt, dass die Impfquoten in den ostdeutschen Bundesländern signifikant höher sind als in den westdeutschen (vgl. zuletzt: RKI Epid Bull 2019, 147 (151)).

H. Entschädigungsanspruch; Zuwiderhandlungen

58   Entfällt infolge des Tätigkeitsverbots der Vergütungsanspruch (→ Rn. 9), besteht ein Entschädigungsanspruch nach § 56 Abs. 1. Ob die (befristete) Entschädigungsregelung des § 56 Abs. 1a für den Verdienstausfall der Sorgeberechtigten neben behördlichen auch gesetzliche Betretungsverbote erfasst, ist zweifelhaft (→ § 56 Rn. 57f.).

59   Die Tätigkeits-, Betretungs-, Benutzungs- und Teilnahmeverbote des Abs. 1 S. 1, auch iVm S. 2 bzw. Abs. 3, sind bußgeldbewehrt nach § 73 Abs. 1a Nr. 14. Ausscheider iSv Abs. 2 unterliegen der Bußgeldandrohung nach § 73 Abs. 1a Nr. 15. Die Verantwortung der Sorgeberechtigten und BetreuerInnen nach Abs. 4 für die Einhaltung der Verpflichtungen nach Abs. 1–3 durch minderjährige oder unter Betreuung stehende Personen unterliegt der Bußgeldbewehrung nach § 73 Abs. 1a Nr. 16. Auch die Mitteilungspflicht der Betroffenen nach Abs. 5 S. 1 ist bußgeldbewehrt (§ 73 Abs. 1a Nr. 16a). Die Meldepflicht der Einrichtungsleitung nach Abs. 6 unterliegt der Bußgeldandrohung nach § 73 Abs. 1a Nr. 17. Ordnungswidrig ist auch der unterbliebene oder nicht rechtzeitige Beratungsnachweis nach Abs. 10a S. 1 (§ 73 Abs. 1a Nr. 17a), nicht aber das Nichterscheinen beim Gesundheitsamt auf eine Ladung nach Abs. 10a S. 3 (→ Rn. 52).

§ 35 Belehrung für Personen in der Betreuung von Kindern und Jugendlichen

[1]Personen, die in den in § 33 genannten Gemeinschaftseinrichtungen Lehr-, Erziehungs-, Pflege-, Aufsichts- oder sonstige regelmäßige Tätigkeiten ausüben und Kontakt mit den dort Betreuten haben, sind vor erstmaliger Aufnahme ihrer Tätigkeit und im Weiteren mindestens im Abstand von zwei Jahren von ihrem Arbeitgeber über die gesundheitlichen Anforderungen und Mitwirkungsverpflichtungen nach § 34 zu belehren. [2]Über die Belehrung ist ein Protokoll zu erstellen, das beim Arbeitgeber für die Dauer von drei Jahren aufzubewahren ist. [3]Die Sätze 1 und 2 finden für Dienstherren entsprechende Anwendung.

A. Zweck und Bedeutung der Norm

Die Regelung ist Ausdruck der Grundausrichtung des Gesetzes auf die in- **1** formierte Mitwirkung und Eigenverantwortung der Bevölkerung (§ 1 Abs. 2, § 3), hier speziell ausgerichtet auf das Betreuungspersonal in Gemeinschaftseinrichtungen, dem für die dortige Infektionsprävention eine Schlüsselrolle zukommt. Dieser Rolle können die in den Gemeinschaftseinrichtungen tätigen Personen nur gerecht werden, wenn gewährleistet ist, dass sie regelmäßig hinreichende und allgemeinverständliche Informationen über die Rechtslage ebenso wie über die maßgeblichen Krankheiten und Erreger erhalten.

B. Belehrung von Betreuungspersonal

Der zu belehrende Personenkreis wird in Anlehnung an § 34 Abs. 1 S. 1 **2** umschrieben mit Personen, die in Gemeinschaftseinrichtungen nach § 33 Lehr-, Erziehungs-, Pflege-, Aufsichts- oder sonstige regelmäßige Tätigkeiten ausüben und Kontakt mit den dort Betreuten haben. Dazu im Grundsatz → 34 Rn. 4. Allerdings kann es durch die Bezugnahme auf **„regelmäßige" Tätigkeiten** im Einzelfall zu Abweichungen kommen. So wird zB eine Betreuungskraft eines ambulanten Dienstes, die nur ganz kurzzeitig und ausnahmsweise eine Schulbegleitung in Vertretung für die sonst eingesetzte Assistenzkraft übernimmt, nicht unter § 35 fallen, es sei denn dieser Fall kommt wiederholt vor.

In der Sache erstreckt sich die Belehrung auf „die gesundheitlichen Anfor- **3** derungen und Mitwirkungsverpflichtungen nach § 34". Dafür ist es zum einen erforderlich, die **Rechtslage** knapp und verständlich darzustellen, was eine kurze Zusammenfassung des Regelungsgehalts von § 34 umfasst, ggf. auch den Abdruck des Normtexts. Dazu gehört auch eine Erläuterung der verwendeten und an anderer Stelle im Gesetz definierten Begriffe (vgl. § 2). Die Betreuungskräfte benötigen zudem zumindest Grundkenntnisse über die in § 34 aufgeführten **Erkrankungen** bzw. die zugrunde liegenden Krankheitserreger und Infektionswege. Das RKI hat ein (als unverbindliche Empfehlung für die Landesbehörden anzusehendes) Muster für die Belehrung nach § 35 erstellt (www.rki.de). Die Belehrung ist vor der erstmaligen Aufnahme der Tätigkeit in der Gemeinschaftseinrichtung und im Weiteren mindestens alle zwei Jahre durchzuführen.

Die Belehrungsverpflichtung richtet sich an die ArbeitgeberInnen der in **4** den Gemeinschaftseinrichtungen tätigen Personen. Dies werden **zumeist, aber nicht immer, die Träger der Einrichtungen** sein. Bietet zB ein freier Jugendhilfeträger Schulsozialarbeit in der Schule an, liegt die Belehrungspflicht für die entsprechenden Fachkräfte nicht bei der Schule, sondern beim freien Jugendhilfeträger. Entsprechendes gilt im Beamtenverhältnis (S. 3), wenn etwa eine in Diensten des Landes stehende verbeamtete Lehrerin aushilfsweise in einer städtischen Schule eingesetzt wird. Über die Belehrung haben die jeweiligen ArbeitgeberInnen bzw. Dienstherren ein **Protokoll** zu erstellen, das die belehrte Person unterzeichnen sollte (*Gerhardt*, § 35 Rn. 5), und dieses drei Jahre lang aufzubewahren (S. 2). Die Rechtspflicht des § 35 verbleibt als solche auch dann beim Arbeitgeber, wenn sie innerhalb der Einrichtungsorganisation zB an eine/n Hygienebeauftragte/n delegiert wird (anders wohl *Erdle*, § 35, S. 121).

C. Zuwiderhandlungen

5   Die unterbliebene, unrichtige, unvollständige oder nicht rechtzeitige Durchführung der Belehrung ist gem. **§ 73 Abs. 1 a Nr. 18** bußgeldbewehrt.

§ 36 **Infektionsschutz bei bestimmten Einrichtungen,**
      Unternehmen und Personen; Verordnungsermächtigung

(1) Folgende Einrichtungen und Unternehmen müssen in Hygieneplänen innerbetriebliche Verfahrensweisen zur Infektionshygiene festlegen und unterliegen der infektionshygienischen Überwachung durch das Gesundheitsamt:

1. die in § 33 genannten Gemeinschaftseinrichtungen mit Ausnahme der Gemeinschaftseinrichtungen nach § 33 Nummer 2,

2. nicht unter § 23 Absatz 5 Satz 1 fallende voll- oder teilstationäre Einrichtungen zur Betreuung und Unterbringung älterer, behinderter oder pflegebedürftiger Menschen oder vergleichbare Einrichtungen,

3. Obdachlosenunterkünfte,

4. Einrichtungen zur gemeinschaftlichen Unterbringung von Asylbewerbern, vollziehbar Ausreisepflichtigen, Flüchtlingen und Spätaussiedlern,

5. sonstige Massenunterkünfte,

6. Justizvollzugsanstalten sowie

7. nicht unter § 23 Absatz 5 Satz 1 fallende ambulante Pflegedienste und Unternehmen, die den Einrichtungen nach Nummer 2 vergleichbare Dienstleistungen anbieten; Angebote zur Unterstützung im Alltag im Sinne von § 45 a Absatz 1 Satz 2 des Elften Buches Sozialgesetzbuch zählen nicht zu den Dienstleistungen, die mit Angeboten in Einrichtungen nach Nummer 2 vergleichbar sind.

(2) Einrichtungen und Unternehmen, bei denen die Möglichkeit besteht, dass durch Tätigkeiten am Menschen durch Blut Krankheitserreger übertragen werden, sowie Gemeinschaftseinrichtungen nach § 33 Nummer 2 können durch das Gesundheitsamt infektionshygienisch überwacht werden.

(3) [aufgehoben]

(3 a) Die Leiter von in Absatz 1 Nummer 2 bis 6 genannten Einrichtungen haben das Gesundheitsamt, in dessen Bezirk sich die Einrichtung befindet, unverzüglich zu benachrichtigen und die nach diesem Gesetz erforderlichen krankheits- und personenbezogenen Angaben zu machen, wenn eine in der Einrichtung tätige oder untergebrachte

Person an Skabies erkrankt ist oder bei ihr der Verdacht besteht, dass sie an Skabies erkrankt ist.

(4) [1]Personen, die in eine Einrichtung nach Absatz 1 Nummer 2 bis 4 aufgenommen werden sollen, haben der Leitung der Einrichtung vor oder unverzüglich nach ihrer Aufnahme ein ärztliches Zeugnis darüber vorzulegen, dass bei ihnen keine Anhaltspunkte für das Vorliegen einer ansteckungsfähigen Lungentuberkulose vorhanden sind. [2]Bei der erstmaligen Aufnahme darf die Erhebung der Befunde, die dem ärztlichen Zeugnis zugrunde liegt, nicht länger als sechs Monate zurückliegen, bei einer erneuten Aufnahme darf sie nicht länger als zwölf Monate zurückliegen. [3]Bei Personen, die in eine Einrichtung nach Absatz 1 Nummer 4 aufgenommen werden sollen, muss sich das Zeugnis auf eine im Geltungsbereich dieses Gesetzes erstellte Röntgenaufnahme der Lunge oder auf andere von der obersten Landesgesundheitsbehörde oder der von ihr bestimmten Stelle zugelassene Befunde stützen. [4]Bei Personen, die das 15. Lebensjahr noch nicht vollendet haben, sowie bei Schwangeren ist von der Röntgenaufnahme abzusehen; stattdessen ist ein ärztliches Zeugnis vorzulegen, dass nach sonstigen Befunden eine ansteckungsfähige Lungentuberkulose nicht zu befürchten ist. [5]§ 34 Absatz 4 gilt entsprechend. [6]Satz 1 gilt nicht für Obdachlose, die weniger als drei Tage in eine Einrichtung nach Absatz 1 Nummer 3 aufgenommen werden.

(5) [1]Personen, die in eine Einrichtung nach Absatz 1 Nummer 4 aufgenommen werden sollen, sind verpflichtet, eine ärztliche Untersuchung auf Ausschluss einer ansteckungsfähigen Lungentuberkulose einschließlich einer Röntgenaufnahme der Atmungsorgane zu dulden. [2]Dies gilt nicht, wenn die betroffenen Personen ein ärztliches Zeugnis nach Absatz 4 vorlegen oder unmittelbar vor ihrer Aufnahme in einer anderen Einrichtung nach Absatz 1 Nummer 4 untergebracht waren und die entsprechenden Untersuchungen bereits dort durchgeführt wurden. [3]Personen, die in eine Justizvollzugsanstalt aufgenommen werden, sind verpflichtet, eine ärztliche Untersuchung auf übertragbare Krankheiten einschließlich einer Röntgenaufnahme der Lunge zu dulden. [4]Für Untersuchungen nach den Sätzen 1 und 3 gilt Absatz 4 Satz 4 entsprechend. [5]Widerspruch und Anfechtungsklage gegen Anordnungen nach den Sätzen 1 und 3 haben keine aufschiebende Wirkung.

(6) [1]Die Landesregierungen werden ermächtigt, durch Rechtsverordnung festzulegen, dass Personen, die nach dem 31. Dezember 2018 in die Bundesrepublik Deutschland eingereist sind und die auf Grund ihrer Herkunft oder ihrer Lebenssituation wahrscheinlich einem erhöhten Infektionsrisiko für bestimmte bedrohliche übertragbare Krankheiten ausgesetzt waren, nach ihrer Einreise ein ärztliches Zeugnis darüber vorzulegen haben, dass bei ihnen keine Anhaltspunkte für das Vorliegen solcher bedrohlicher übertragbarer Krankheiten vorhanden sind, sofern dies zum Schutz der Bevölkerung vor einer Gefährdung durch bedrohliche übertragbare Krankheiten erforderlich ist; § 34 Absatz 4 gilt entsprechend. [2]Personen, die kein auf

Grund der Rechtsverordnung erforderliches ärztliches Zeugnis vorlegen, sind verpflichtet, eine ärztliche Untersuchung auf Ausschluss bedrohlicher übertragbarer Krankheiten im Sinne des Satzes 1 zu dulden; Absatz 5 Satz 5 gilt entsprechend. [3]In der Rechtsverordnung nach Satz 1 ist zu bestimmen:

1. das jeweils zugrunde liegende erhöhte Infektionsrisiko im Hinblick auf bestimmte bedrohliche übertragbare Krankheiten,
2. die jeweils betroffenen Personengruppen unter Berücksichtigung ihrer Herkunft oder ihrer Lebenssituation,
3. Anforderungen an das ärztliche Zeugnis nach Satz 1 und zu der ärztlichen Untersuchung nach Satz 2 sowie
4. die Frist, innerhalb der das ärztliche Zeugnis nach der Einreise in die Bundesrepublik Deutschland vorzulegen ist.

[4]Das Robert Koch-Institut kann zu den Einzelheiten nach Satz 3 Nummer 1 Empfehlungen abgeben. [5]Die Landesregierungen können die Ermächtigung nach Satz 1 durch Rechtsverordnung auf andere Stellen übertragen.

(7) [1]Das Bundesministerium für Gesundheit wird ermächtigt, durch Rechtsverordnung mit Zustimmung des Bundesrates festzulegen, dass Personen, die in die Bundesrepublik Deutschland einreisen wollen oder eingereist sind und die wahrscheinlich einem erhöhten Infektionsrisiko für eine bestimmte bedrohliche übertragbare Krankheit ausgesetzt waren, vor oder nach ihrer Einreise ein ärztliches Zeugnis darüber vorzulegen haben, dass bei ihnen keine Anhaltspunkte für das Vorliegen einer solchen bedrohlichen übertragbaren Krankheit vorhanden sind, sofern dies zum Schutz der Bevölkerung vor einer Gefährdung durch bedrohliche übertragbare Krankheiten erforderlich ist; § 34 Absatz 4 gilt entsprechend. [2]Personen, die kein auf Grund der Rechtsverordnung erforderliches ärztliches Zeugnis vorlegen, sind verpflichtet, eine ärztliche Untersuchung auf Ausschluss einer bedrohlichen übertragbaren Krankheit im Sinne des Satzes 1 zu dulden; Absatz 5 Satz 5 gilt entsprechend. [3]In der Rechtsverordnung können nähere Einzelheiten insbesondere zu den betroffenen Personengruppen und zu den Anforderungen an das ärztliche Zeugnis nach Satz 1 und zu der ärztlichen Untersuchung nach Satz 2 bestimmt werden. [4]Das Robert Koch-Institut kann zu den Einzelheiten nach Satz 3 Empfehlungen abgeben. [5]In dringenden Fällen kann zum Schutz der Bevölkerung die Rechtsverordnung ohne Zustimmung des Bundesrates erlassen werden. [6]Eine auf der Grundlage des Satzes 5 erlassene Verordnung tritt ein Jahr nach ihrem Inkrafttreten außer Kraft; ihre Geltungsdauer kann mit Zustimmung des Bundesrates verlängert werden.

(8) [1]Die Bundesregierung wird, sofern der Deutsche Bundestag nach § 5 Absatz 1 Satz 1 eine epidemische Lage von nationaler Tragweite festgestellt hat, ermächtigt, durch Rechtsverordnung ohne Zustimmung des Bundesrates festzulegen, dass Personen, die in die Bundesrepublik Deutschland einreisen wollen oder eingereist sind und bei denen die Möglichkeit besteht, dass sie einem erhöhten Infektions-

risiko für die Krankheit ausgesetzt waren, die zur Feststellung der epidemischen Lage von nationaler Tragweite geführt hat, insbesondere, weil sie sich in einem entsprechenden Risikogebiet aufgehalten haben, ausschließlich zur Feststellung und Verhinderung der Verbreitung dieser Krankheit verpflichtet sind,

1. sich unverzüglich nach der Einreise für einen bestimmten Zeitraum in geeigneter Weise auf eigene Kosten abzusondern sowie
2. der zuständigen Behörde durch Nutzung des vom Robert Koch-Institut nach Absatz 9 eingerichteten elektronischen Melde- und Informationssystems folgende Angaben mitzuteilen:
   a) ihre personenbezogenen Angaben,
   b) das Datum ihrer voraussichtlichen Einreise,
   c) ihre Aufenthaltsorte bis zu zehn Tage vor und nach der Einreise,
   d) das für die Einreise genutzte Reisemittel und vorliegende Informationen zum Sitzplatz,
   e) Angaben, ob eine Impfdokumentation hinsichtlich der Krankheit vorliegt, die zur Feststellung der epidemischen Lage von nationaler Tragweite geführt hat,
   f) Angaben, ob ein ärztliches Zeugnis oder ein Testergebnis hinsichtlich des Nichtvorliegens der Krankheit vorliegt, die zur Feststellung der epidemischen Lage von nationaler Tragweite geführt hat, und
   g) Angaben, ob bei ihr Anhaltspunkte für die Krankheit vorliegen, die zur Feststellung der epidemischen Lage von nationaler Tragweite geführt hat;

in der Rechtsverordnung kann auch festgelegt werden, dass eine Impfdokumentation im Sinne des Buchstabens e oder ein ärztliches Zeugnis oder ein Testergebnis im Sinne des Buchstabens f über das nach Absatz 9 eingerichtete Melde- und Informationssystem der zuständigen Behörde zu übermitteln sind. [2]In der Rechtsverordnung ist auch zu bestimmen, in welchen Fällen Ausnahmen von den Verpflichtungen nach Satz 1 bestehen. [3]Personen nach Satz 1 können einer Beobachtung nach § 29 unterworfen werden, auch wenn die in § 29 Absatz 1 genannten Voraussetzungen nicht vorliegen. [4]Es kann festgelegt werden, in welchen Fällen anstelle der Nutzung des vom Robert Koch-Institut nach Absatz 9 eingerichteten elektronischen Melde- und Informationssystems eine schriftliche Ersatzmitteilung gegenüber der zuständigen Behörde vorzunehmen ist. [5]§ 34 Absatz 4 gilt für die durch die Rechtsverordnung nach den Sätzen 1 und 4 festgelegten Verpflichtungen entsprechend.

(9) [1]Das Robert Koch-Institut richtet für die Zwecke des Absatzes 8 Satz 1 ein elektronisches Melde- und Informationssystem ein und ist verantwortlich für dessen technischen Betrieb. [2]Das Robert Koch-Institut kann einen IT-Dienstleister mit der technischen Umsetzung beauftragen. [3]Die aufgrund einer Rechtsverordnung nach Absatz 8 Satz 1 erhobenen Daten dürfen von der zuständigen Behörde nur für Zwecke der Erfüllung und Überwachung der Verpflichtungen,

die sich aus der Rechtsverordnung nach Absatz 8 Satz 1 ergeben, und der Kontaktnachverfolgung verarbeitet werden. [4]Sie sind spätestens 14 Tage nach dem mitgeteilten Datum der Einreise der jeweils betroffenen Person zu löschen. [5]Eine Übermittlung der auf Grund einer Rechtsverordnung nach Absatz 8 Satz 1 Nummer 2 erhobenen Daten durch die zuständigen Behörden an andere Stellen oder eine Weiterverwendung dieser Daten durch die zuständigen Behörden zu anderen als den in Satz 3 genannten Zwecken ist unzulässig.

(10) [1]Die Bundesregierung wird, sofern der Deutsche Bundestag nach § 5 Absatz 1 Satz 1 eine epidemische Lage von nationaler Tragweite festgestellt hat, ermächtigt, durch Rechtsverordnung ohne Zustimmung des Bundesrates festzulegen,

1. dass die in einer Rechtsverordnung nach Absatz 8 Satz 1 genannten Personen verpflichtet sind, gegenüber den Beförderern, gegenüber der zuständigen Behörde oder gegenüber den diese Behörde nach Maßgabe des Absatzes 11 Satz 1 unterstützenden, mit der polizeilichen Kontrolle des grenzüberschreitenden Verkehrs beauftragten Behörden

   a) einen Nachweis über die Erfüllung der in einer Rechtsverordnung nach Absatz 8 Satz 1 Nummer 2 festgelegten Verpflichtungen oder die Ersatzmitteilung nach Absatz 8 Satz 4 vorzulegen oder auszuhändigen,

   b) eine Impfdokumentation hinsichtlich der in Absatz 8 Satz 1 genannten Krankheit vorzulegen,

   c) ein ärztliches Zeugnis oder ein Testergebnis hinsichtlich des Nichtvorliegens der in Absatz 8 Satz 1 genannten Krankheit vorzulegen,

   d) Auskunft darüber zu geben, ob bei ihnen Anhaltspunkte für die in Absatz 8 Satz 1 genannte Krankheit vorhanden sind;

2. dass Unternehmen, die im Eisenbahn-, Bus-, Schiffs- oder Flugverkehr Reisende befördern, Betreiber von Flugplätzen, Häfen, Personenbahnhöfen und Omnibusbahnhöfen im Rahmen ihrer betrieblichen und technischen Möglichkeiten ausschließlich zur Feststellung und Verhinderung der Verbreitung der in Absatz 8 Satz 1 genannten Krankheit, bei der Durchführung der Rechtsverordnung nach Nummer 1 mitzuwirken haben, und verpflichtet sind,

   a) Beförderungen aus einem entsprechenden Risikogebiet in die Bundesrepublik Deutschland zu unterlassen, sofern eine Rückreise von Personen mit Wohnsitz in Deutschland weiterhin möglich ist, deren Einreise nicht aus aufenthaltsrechtlichen Gründen zu untersagen ist,

   b) Beförderungen aus einem Risikogebiet in die Bundesrepublik Deutschland nur dann durchzuführen, wenn die zu befördernden Personen den nach Nummer 1 auferlegten Verpflichtungen vor der Beförderung nachgekommen sind,

   c) Reisende über die geltenden Einreise- und Infektionsschutzbestimmungen und -maßnahmen in der Bundesrepublik

Deutschland und die Gefahren der in Absatz 8 Satz 1 genannten Krankheit sowie die Möglichkeiten zu deren Verhütung und Bekämpfung barrierefrei zu informieren und in diesem Rahmen auf die Reise- und Sicherheitshinweise des Auswärtigen Amts hinzuweisen,

d) die zur Identifizierung einer Person oder zur Früherkennung von Kranken, Krankheitsverdächtigen, Ansteckungsverdächtigen und Ausscheidern notwendigen personenbezogenen Angaben zu erheben und an die für den Aufenthaltsort der betreffenden Person nach diesem Gesetz zuständige Behörde zu übermitteln,

e) bestimmte Schutzmaßnahmen zur Verhinderung der Übertragung der in Absatz 8 Satz 1 genannten Krankheit im Rahmen der Beförderung vorzunehmen,

f) die Beförderung von Kranken, Krankheitsverdächtigen, Ansteckungsverdächtigen und Ausscheidern der zuständigen Behörde zu melden,

g) Passagierlisten und Sitzpläne auf Nachfrage der zuständigen Behörde zu übermitteln,

h) den Transport von Kranken, Krankheitsverdächtigen, Ansteckungsverdächtigen oder Ausscheidern, in ein Krankenhaus oder in eine andere geeignete Einrichtung durch Dritte zu ermöglichen,

i) gegenüber dem Robert Koch-Institut eine für Rückfragen der zuständigen Behörden erreichbare Kontaktstelle zu benennen;

3. dass Anbieter von Telekommunikationsdiensten und Betreiber öffentlicher Mobilfunknetze verpflichtet sind, Einreisende barrierefrei über elektronische Nachrichten über die geltenden Einreise- und Infektionsschutzbestimmungen und -maßnahmen in der Bundesrepublik Deutschland zu informieren.

²Personen, die kein aufgrund der Rechtsverordnung nach Satz 1 Nummer 1 erforderliches ärztliches Zeugnis oder erforderliches Testergebnis vorlegen, sind verpflichtet, eine ärztliche Untersuchung auf Ausschluss der in Absatz 8 Satz 1 genannten Krankheit zu dulden. ³§ 34 Absatz 4 gilt für die durch die Rechtsverordnung nach Satz 1 Nummer 1 festgelegten Verpflichtungen entsprechend.

(11) ¹Die mit der polizeilichen Kontrolle des grenzüberschreitenden Verkehrs beauftragten Behörden können anlässlich der grenzpolizeilichen Aufgabenwahrnehmung als unterstützende Behörde nach Absatz 10 Satz 1 Nummer 1 stichprobenhaft von den in der Rechtsverordnung nach Absatz 8 Satz 1 genannten Personen verlangen, dass sie ihnen die in Absatz 10 Satz 1 Nummer 1 Buchstabe a bis c genannten Nachweise oder Dokumente vorlegen oder ihnen Auskunft nach Absatz 10 Satz 1 Nummer 1 Buchstabe d erteilen. ²Die unterstützenden Behörden nach Absatz 10 Satz 1 Nummer 1 unterrichten bei Kenntnis unverzüglich die zuständigen Behörden über die Einreise der in der Rechtsverordnung nach Absatz 8 Satz 1 genannten Personen, soweit diese ihren den unterstützenden Behörden gegenüber be-

stehenden in der Rechtsverordnung nach Absatz 10 Satz 1 Nummer 1 festgelegten Verpflichtungen bei der Einreise nicht nachkommen. [3]Zu diesem Zweck dürfen bei den in der Rechtsverordnung nach Absatz 8 Satz 1 genannten Personen ihre personenbezogenen Angaben, Angaben zu ihren Aufenthaltsorten bis zu zehn Tage vor und nach der Einreise und Angaben zu dem von ihnen genutzten Reisemittel erhoben und der zuständigen Behörde übermittelt werden. [4]Die nach § 71 Absatz 1 Satz 1 des Aufenthaltsgesetzes zuständigen Behörden und die unterstützenden Behörden nach Absatz 10 Satz 1 Nummer 1 unterrichten bei Kenntnis unverzüglich die zuständigen Behörden über die Einreise der in der Rechtsverordnung nach Absatz 6 Satz 1 oder nach Absatz 7 Satz 1 genannten Personen. [5]Zu diesem Zweck dürfen bei diesen Personen ihre personenbezogenen Angaben erhoben und der zuständigen Behörde übermittelt werden. [6]Die von den Behörden nach den Sätzen 1, 3 und 5 erhobenen Daten dürfen mit den Daten vorgelegter Reisedokumente abgeglichen werden.

(12) **Eine aufgrund des Absatzes 8 Satz 1 oder des Absatzes 10 Satz 1 erlassene Rechtsverordnung tritt mit der Aufhebung der Feststellung der epidemischen Lage von nationaler Tragweite durch den Deutschen Bundestag nach § 5 Absatz 1 Satz 2 außer Kraft.**

(13) **Durch die Absätze 4 bis 8 und 10 werden die Grundrechte der körperlichen Unversehrtheit (Artikel 2 Absatz 2 Satz 1 des Grundgesetzes), der Freiheit der Person (Artikel 2 Absatz 2 Satz 2 des Grundgesetzes), der Freizügigkeit der Person (Artikel 11 Absatz 1 des Grundgesetzes) und der Unverletzlichkeit der Wohnung (Artikel 13 Absatz 1 des Grundgesetzes) eingeschränkt.**

Übersicht

Schrifttum: *Beckers,* Pflichten der Gesundheitsämter. Infektionsschutz in Gemein-schaftsunterkünften für Asylbewerber, Publicus v. 15.10.2015 (abrufbar unter publicus.boorberg.de); *Deutscher Bundestag Wissenschaftliche Dienste,* Staatsorganisation und § 5 Infektionsschutzgesetz, 2020, *WD* 3-3000-080/20; *Diel,* Tuberkulose bei Migranten, Der Pneumologe 2018, 14; *Klaus,* Geschlossene Gesellschaften: Einreisebeschränkungen und andere ausländerrechtliche Maßnahmen infolge der COVID-19-Pandemie, NVwZ 2020, 994; *Kröger/Hauer* et. al., Ein internationales MDR-TB-Cluster bei jungen Geflüchteten vom Horn von Afrika – Erfahrungen und Erkenntnisse aus der Perspektive Deutschlands, Epid Bull 2018, 527; *Mylius,* Die medizinische Versorgung von Menschen ohne Papiere in Deutschland. Studien zur Praxis in Gesundheitsämtern und Krankenhäusern, 2016; *Obermaier-van Deun,* 19. Rechtsgrundlagen für die Kita-Leitung, in: Brodowski (Hrsg.), Das große Handbuch für die Kita-Leitung, 2018, 19.3.; *Schaefer,* Pandemieschutz im Luftverkehr: Von der Kreissäge zum Skalpell, NVwZ 2020, 834; *Sangs,* Das Dritte Gesetz zum Schutz der Bevölkerung bei einer epidemischen Lage von nationaler Tragweite und Gesetzgebung während der Pandemie, NVwZ 2020, 1780; *Weigl,* Open flanks in the management of tuberculosis in Germany under the pressure of migration, European Journal of Clinical Microbiology & Infectious Diseases 39 (2020), 741.

A. Zweck und Bedeutung der Norm

1   Die Vorschrift enthält mehrere Regelungskomplexe, die nur teilweise inhaltlich miteinander verbunden sind. Zum einen verpflichtet sie eine Reihe von Einrichtungen und Unternehmen, **Hygienepläne** zu erstellen (Abs. 1) und unterstellt sie der infektionshygienischen **Überwachung** durch das Gesundheitsamt, wobei zwischen der verpflichtenden (Abs. 1) und der fakultativen Überwachung (Abs. 2) zu unterscheiden ist. Abs. 3a enthält für bestimmte Einrichtungen eine **Meldepflicht bei Skabies.** Zur Prävention der infektiösen Lungen-TB sieht Abs. 4 die Vorlage eines **ärztlichen Zeugnisses** im Zusammenhang mit der Aufnahme in bestimmte Einrichtungen vor; Abs. 5 verpflichtet bestimmte Personen, eine **ärztliche Untersuchung** auf eine infektiöse Lungen-TB und ggf. andere Infektionskrankheiten zu dulden. Die Abs. 6–12 enthalten umfangreiche Verordnungsermächtigungen und Kontrollbefugnisse im Zusammenhang mit der **Einreise nach Deutschland.**

2   Das BSeuchG sah in § 48a Abs. 1 die „seuchenhygienische" Überwachung bestimmter Einrichtungen durch das Gesundheitsamt vor. § 48a Abs. 2 regelte für Personen, die in Pflegeeinrichtungen aufgenommen werden sollten, die Verpflichtung, durch Vorlage eines ärztlichen Zeugnisses nachzuweisen, dass keine ansteckungsfähige TB der Atmungsorgane vorliegt. Nach Schaffung des IfSG wurde § 36 mehrfach geändert und erweitert. Insbes. wurden die Abs. 1 und 2 neu gefasst mWv 4.8.2011 durch das G zur Änderung des IfSG und weiterer Gesetze v. 28.7.2011 (BGBl. I 1622). Umfangreiche Änderungen einschließlich der Änderung der amtlichen Überschriften von § 36 und des 6. Abschnitts brachte mWv 25.7.2017 das GMÜK (BGBl. I 2615). Die Abs. 8–13 wurden durch das 3. BevSchG mWv 19.11.2020 neu gefasst (BGBl. I, 2397) und durch das EpiLage-FortgeltungsG mWv 31.3.2021 abermals geändert (BGBl. I 370).

B. Hygienepläne (Abs. 1)

3   Die Verpflichtung zur Aufstellung von Hygieneplänen wurde bei der Schaffung des IfSG aufgenommen, um anknüpfend an die bereits verbreitete und bewährte Praxis die Eigenverantwortung der Einrichtungen zu erhöhen (BT-Drs. 14/3194,70, 80). Zunächst erfasste § 36 Abs. 1 wie zuvor auch § 48a Abs. 1 BSeuchG auch medizinische Einrichtungen. Im Zusammenhang mit deren Behandlung in § 23 wurden diese mWv 4.8.2011 aus dem Katalog des § 36 Abs. 1 gestrichen (vgl. BT-Drs.17/5178, 17 ff; BGBl. I 1622). Eine Neufassung des Katalogs erfolgte mWv 25.7.2017 durch das GMÜK (BGBl. I 2615).

I. Hygieneplanpflichtige Einrichtungen und Unternehmen

1. Gemeinschaftseinrichtungen mit Ausnahme der Kindertages- 4
pflege (Nr. 1). Nr. 1 verweist auf die Gemeinschaftseinrichtungen nach § 33
mit Ausnahme der Kindertagespflege (§ 33 Nr. 2). Fraglich ist, ob auch solche
Gemeinschaftseinrichtungen iSv § 33 erfasst werden, die in dessen Nr. 1, 3–5
nicht ausdr. genannt sind, also zB Tagesgruppen nach § 32 SGB VIII (→ 33
Rn. 10). Einerseits spricht Abs. 1 Nr. 1 von den in § 33 „genannten" Gemeinschaftseinrichtungen; § 48a Abs. 1 BSeuchG bezog sich demgegenüber auf
Gemeinschaftseinrichtungen „im Sinne" der §§ 44 und 48 Abs. 1. Da der Gesetzgeber den Regelungsinhalt des § 48a Abs. 1 BSeuchG im Grundsatz übernehmen wollte (BT-Drs. 14/2530, 78), ist davon auszugehen, dass § 36 Abs. 1
Nr. 1 auch die in § 33 Nr. 1, 3–5 nicht ausdr. aufgeführten Gemeinschaftseinrichtungen umfasst (so wohl auch: BT-Drs. 18/10938, 69). Zu den Einzelheiten → 33 Rn. 3–12.

Im Zuge der Aufnahme der erlaubnispflichtigen Kindertagespflege in den 5
Begriff der Gemeinschaftseinrichtungen durch das MasernschutzG (→ § 33
Rn. 6) wurde für diese zugleich eine Ausnahme iRv § 36 Abs. 1 Nr. 1 geregelt.
Die Ausschussbegründung beschränkt sich dabei allerdings auf die Frage der
infektionshygienischen Überwachung (→ Rn. 24ff.) und enthält keine Ausführungen zur Hygieneplanpflicht (BT-Drs. 19/15164, 57). Argumente könnten die strukturelle Nähe zum familiären Setting und die idR überschaubare
Gruppengröße von nicht mehr als fünf Kindern (§ 43 Abs. 3 SGB VIII) sein.
Letzteres hat den Gesetzgeber aber auch nicht vom Einbezug der Kindertagespflege in die Masernimpfpflicht abgehalten (→ § 20 Rn. 36ff.; zu den Bedenken des BR im Hinblick auf eine Gefährdung der Kindertagespflege BT-Drs.
13452, 44). Zum Einbezug der Kindertagespflege in behördliche Anordnungen zur Hygieneplanpflicht → Rn. 21a.

2. Voll- oder teilstationäre Pflege- und Betreuungseinrichtungen 6
und vergleichbare Einrichtungen (Nr. 2). Nr. 2 betrifft voll- oder teilstationäre Einrichtungen zur Betreuung und Unterbringung älterer oder pflegebedürftiger Personen sowie Menschen mit Behinderung. Dies betrifft im Bereich der Pflege insbes. Einrichtungen iSv § 71 Abs. 2 SGB XI (BT-Drs.
18/12604, 75f.). Dies sind Pflegeeinrichtungen, in denen **vollstationäre**
Dauer- (§ 43 SGB XI) und Kurzzeitpflege (§ 42 SGB XI) sowie **teilsta-**
tionäre Tages- und Nachtpflege (§ 41 SGB XI) erbracht wird. Allerdings
ist es infektionsschutzrechtlich unerheblich, ob die Einrichtungen einen Versorgungsvertrag mit den gesetzlichen Pflegekassen haben, sodass auch rein pri-
vatfinanzierte Seniorenresidenzen umfasst sind.

Im Bereich der Eingliederungshilfe für **Menschen mit Behinderung** 7
(SGB IX, Teil 2) wird nach Inkrafttreten des Bundesteilhabegesetzes (BGBl.
2016 I 3234) gesetzlich nicht mehr nach dem Ort der Leistungserbringung
unterschieden. „Vollstationäre" Einrichtungen iSd Nr. 2 dürften nunmehr sol-
che iSv § 42a Abs. 2 S. 1 Nr. 2 SGB XII sein **(sog. besondere Wohnform).**
Teilstationäre Einrichtungen für Menschen mit Behinderung sind insbes.
Werkstätten (§ 219 SGB IX) und Einrichtungen anderer Leistungsanbieter zur
Teilhabe am Arbeitsleben (§ 60 SGB IX). Da Nr. 2 keine Beschränkung auf
Einrichtungen für Erwachsene enthält, umfasst sie grds. auch voll- und teilsta-

tionäre Einrichtungen der Eingliederungshilfe nach **§ 35 a Abs. 2 Nr. 2 und 4 SGB VIII,** also für Kinder mit einer seelischen Behinderung, die allerdings über § 33 (insbes. Nr. 1 und 4) bereits über die Nr. 1 erfasst werden.

8   **Nicht erfasst** werden ambulante Pflegedienste, die ambulante **Intensivpflege** in Einrichtungen, Wohngruppen oder sonstigen gemeinschaftlichen Wohnformen erbringen (§ 23 Abs. 5 Nr. 8). Deren Hygieneplanpflicht ergibt sich aus § 23 Abs. 5.

8a   Durch das 3. BevSchG (BGBl. 2020 I, 2397) wurde mWz 19. 11. 2020 in Nr. 2 der Passus „oder vergleichbare Einrichtungen" angefügt. Vom Wortlaut her wäre „und" statt „oder" sinnvoller. In der Sache wollten die Regierungsfraktionen damit „der Tatsache Rechnung tragen, dass es in der Praxis auch Einrichtungen gibt, die nicht unter die bisherige Definition zu fassen sind, die jedoch aus Infektionsschutzgründen in den Anwendungsbereich der Vorschrift aufgenommen werden sollen, da dort ebenfalls [vulnerable] Personengruppen betreut werden" (BT-Drs. 19/23944 S. 35). Fraglich ist dabei das Verhältnis zur Nr. 7, die bereits zuvor „Unternehmen, die den Einrichtungen nach Nummer 2 vergleichbare Dienstleistungen anbieten", umfasste (→ Rn. 17). Insofern ist zweifelhaft, ob hier tatsächlich eine Regelungslücke bestand. Um der Ergänzung in Nr. 2 einen Sinn abzugewinnen, könnte die Zuordnung derart erfolgen, dass unter Nr. 2 voll- und teilstationäre und unter Nr. 7 ambulante Angebote gefasst werden.

9   **3. Unterkünfte für obdachlose Menschen (Nr. 3).** Dies sind insbes. Einrichtungen der Hilfe zur Überwindung besonderer sozialer Schwierigkeiten nach dem 8. Kapitel des SGB XII (vgl. § 1 Abs. 2 der DVO nach § 69 SGB XII). Die Subsumtion unter die Nr. 3 ist aber unabhängig davon, ob die Einrichtung entsprechende Vereinbarungen mit dem Sozialhilfeträger geschlossen hat (§§ 75 ff. SGB XII), sodass auch solche Einrichtungen darunter fallen, die sich etwa speziell an wohnungslose Menschen ohne deutsche Staatsangehörigkeit richten (vgl. § 23 Abs. 1 SGB XII).

10   **4. Einrichtungen zur gemeinschaftlichen Unterbringung von Asylbewerbern, vollziehbar Ausreisepflichtigen, Flüchtlingen und Spätaussiedlern (Nr. 4).** AsylbewerberInnen iSd Nr. 4 sind Menschen mit nicht-deutscher Staatsangehörigkeit, die in der Bundesrepublik Deutschland um Asyl nachgesucht haben (§ 13 Abs. 1 AsylG).

11   Die Erwähnung der **Flüchtlinge** in Abs. 1 Nr. 4 ist vor der Entstehungszeit des IfSG zu sehen, zu der die migrationsrechtliche Terminologie sich von der heutigen maßgeblich unterschied. Heute sind Personen, die auf der Grundlage der GFK Schutz begehren, vom Begriff der AsylbewerberInnen (→ Rn. 10) umfasst. Personen, denen der Flüchtlingsstatus nach § 3 AsylG zuerkannt wurde, werden idR. nicht mehr in gemeinschaftlicher Unterbringung leben. Der Begriff der Flüchtlinge in Nr. 4 dürfte damit neben den Asylbewerbern praktisch keinen eigenständigen Anwendungsbereich haben.

12   Zum Begriff der **Spätaussiedler** siehe § 4 Bundesvertriebenengesetz (BVFG).

13   Durch das GMÜK (BGBl. I 2615) wurde mWv 25. 7. 2017 zusätzlich die Gruppe der **vollziehbar Ausreisepflichtigen** in § 36 Abs. 1 aufgenommen. Damit sollte eine Regelungslücke geschlossen werden, die der Gesetzgeber

für solche Einrichtungen sah, die speziell für vollziehbar Ausreisepflichtige geschaffen wurden und weder Einrichtung für Asylsuchende noch JVA iSv § 36 Abs. 1 waren (BT-Drs. 18/10938, 69). Zur Ausreisepflicht → § 50 Abs. 1 AufenthG; zur Vollziehbarkeit → § 84 Abs. 1 AufenthG.

Der Begriff der „Einrichtungen zur gemeinschaftlichen Unterbringung" **14** ersetzt seit dem 25.7.2017 (BGBl. I 2615) den der „Gemeinschaftsunterkünfte". Nach der Entwurfsbegründung können darunter insbes. Aufnahmeeinrichtungen (§ 5 Abs. 3, § 44 AsylG; zu den besonderen Aufnahmeeinrichtungen s. § 5 Abs. 5 AsylG), Gemeinschaftsunterkünfte (§ 53 AsylG) und Hafteinrichtungen (§ 62a AufenthG) fallen (BT-Drs. 18/10938, 69). Eine **gemeinschaftliche Unterbringung** iSd Nr. 4 liegt idR nicht vor, wenn Asylsuchende in Wohnungen untergebracht sind, denn die Regelung knüpft nicht entscheidend an die untergebrachten Personen, sondern an die Art und Weise ihrer Unterbringung an. Maßgeblich ist nach dem infektionsschutzbezogenen Zweck der Regelung die **Umstände im konkreten Fall,** insbes. die gemeinschaftliche Nutzung sanitärer Einrichtungen, die gemeinschaftliche Verpflegung und allg. Wohnbedingungen (so zum Begriff der Gemeinschaftsunterkunft: *Beckers* Publicus v. 15.10.2015). Ein teilweise zur gemeinschaftlichen Unterbringung Asylsuchender belegtes Hotel kann danach, muss aber nicht unter die Nr. 4 fallen (vgl. BayObLG Beschl. v. 12.6.1992 – 3 ObOWi 46/92, BayObLGSt 1992, 60 (62); insoweit nicht differenziert: BT-Drs. 18/10938, 69).

5. Sonstige Massenunterkünfte (Nr. 5). Nr. 5 umfasst als Auffangtat- **15** bestand ohne Anknüpfung an bestimmte Personengruppen Räumlichkeiten, in denen mit Blick auf beengte Unterbringungsverhältnisse eine erhöhte Verbreitungswahrscheinlichkeit infektiöser Erkrankungen besteht (*Gerhardt,* § 36 Rn. 8; BayObLG Beschl. v. 12.6.1992 – 3 ObOWi 46/92, BayObLGSt 1992, 60 (62)). Bei der Beurteilung kommt es auf die Umstände des Einzelfalls an (→ Rn. 14).

6. Justizvollzugsanstalten (Nr. 6). JVAen iSd Nr. 6 sind alle Arten von **16** Vollzugsanstalten, umfassen also die Untersuchungshaft ebenso wie den Erwachsenen- und den Jugendstrafvollzug. Abschiebungshafteinrichtungen sind hingegen keine JVAen (§ 62a Abs. 1 S. 1 AufenthG). Sie fallen unter Nr. 4.

7. Ambulante Pflegedienste und weitere Pflege- und Betreuungs- **17** **angebote (Nr. 7).** Ambulante Pflegedienste erbringen insbes. **Pflegeleistungen im häuslichen Umfeld** der Pflegebedürftigen. Dazu gehören körperbezogene Pflegemaßnahmen und pflegerische Betreuungsmaßnahmen sowie Hilfen bei der Haushaltsführung (§ 36 SGB XI). Eine Zulassung durch Versorgungsvertrag (§ 72 SGB XI) ist iRd Nr. 7 keine Voraussetzung, wird aber zumeist vorliegen. Pflegedienste, die ambulante Intensivpflege in Einrichtungen, Wohngruppen oder sonstigen gemeinschaftlichen Wohnformen erbringen, fallen nicht unter Nr. 7, sondern unter § 23 Abs. 5 Nr. 8. Weitere Unternehmen, die den Einrichtungen nach Nr. 2 vergleichbare Dienstleistungen anbieten, sind insbes. **ambulante Betreuungsdienste** für Menschen mit Behinderungen, die zB sozialpsychiatrische Leistungen im häuslichen Umfeld oder Assistenzleistungen, etwa im Arbeits- oder Schulkontext, erbringen. Zum

Verhältnis zu Nr. 2 iÜ → Rn. 8a. Als nicht vergleichbar definiert das Gesetz Angebote zur Unterstützung im Alltag iSv § 45a Abs. 1 S. 2 SGB XI.

18   Der Gesetzgeber begründete die Aufnahme ambulanter Angebote in Abs. 1 mit einem mit den Einrichtungen nach den übrigen Tatbeständen vergleichbaren Risiko für betreute Personen, mit übertragbaren Krankheiten in Kontakt zu kommen (BT-Drs. 18/10938, 69). Ob diese Prämisse tragfähig ist, bedürfte empirischer Studien. Einerseits handelt es sich zumeist um 1:1-Kontakte zwischen Betreuten und Betreuungskräften. Andererseits versorgen die Betreuungskräfte insbes. im Bereich der ambulanten Pflege eine Vielzahl von Personen.

II. Aufstellung der Hygienepläne

19   Der Hygieneplan sollte durch eine Hygienekommission aus Beschäftigten unterschiedlicher Bereiche der Einrichtung erstellt werden. Bei der Aufstellung der Pläne erfolgt zunächst eine Risikoanalyse mit Blick auf die jeweiligen Infektionsgefahren, die dann daraufhin zu bewerten sind, inwieweit risikominimierende Maßnahmen möglich und erforderlich sind. Das Herzstück der Hygienepläne bildet die Festlegung konkreter Maßnahmen in verschiedenen Bereichen (etwa: Hygienemanagement, Personal, Reinigung und Desinfektion, Melde- und Ausbruchsmanagement, Abfall etc.). Besondere Bedeutung hat auch die Festlegung von Überwachungs- und Schulungsprozessen (näher: RKI BGesBl 2005, 1061 (1063f., 1078); *BBS*, § 36 Rn. 3).

20   Nähere Vorgaben zum Inhalt der Hygienepläne macht die Vorschrift nicht. Die Einzelheiten hängen von der Art der Einrichtung bzw. des Unternehmens, insbes. vom betreuten bzw. untergebrachten Personenkreis ab. **Rahmenhygienepläne** für die verschiedenen Handlungsfelder stellen die Landesgesundheitsbehörden zur Verfügung. Sie sind in Abstimmung mit dem Gesundheitsamt an die Verhältnisse der jeweiligen Einrichtung anzupassen. Die Schwerpunktsetzung wird je nach Einrichtungsart unterschiedlich ausfallen. So liegt etwa bei Gemeinschaftseinrichtungen (§ 33) für kleine Kinder ein Schwerpunkt auch auf der Gesundheitserziehung (vgl. dazu *Schümann* in Dittrich/Botzum, Lexikon Kita Management 2015, Stichwort „Infektionshygiene"). Die Pläne sind zudem jeweils an veränderte epidemiologische Lagen und Erkenntnisse anzupassen (vgl. zum Hygieneplan einer Schule während der Covid-19-Pandemie VG Wiesbaden Beschl. v. 11.5.2020 – 6 L 485/20. WI).

20a   Die Hygieneplanpflicht ist eine objektiv-rechtliche infektionsschutzrechtliche Pflicht des Trägers der Einrichtung bzw. des Unternehmens. BewohnerInnen bzw. NutzerInnen haben grundsätzlich **kein subjektives Recht** auf die Durchführung bestimmter Hygienemaßnahmen (BayVGH 16.11.2011 – 12 CE 11.1961, BeckRS 2011, 34219) oder auf die Abänderung eines (Rahmen-)Hygieneplans (VG Regensburg 10.8.2020 – RO 14 E 20.1317, BeckRS 2020, 19360).

III. Verhältnis zu anderen Vorschriften

21   Auch aus anderen Vorschriften ergeben sich Verpflichtungen der BetreiberInnen von Einrichtungen iSv Abs. 1, strukturierte Maßnahmen zur Infektionsprävention zu ergreifen. Dies betrifft sowohl Vorschriften innerhalb des IfSG als auch in anderen Gesetzen.

Zur Verhinderung der Verbreitung von **COVID-19** kann für die Dauer der **21a** Feststellung einer epidemischen Lage von nationaler Tragweite (§ 5 Abs. 1 S. 1) auch jenseits der gesetzlichen Hygieneplanpflicht nach § 36 Abs. 1 die Erstellung und Anwendung eines Hygienekonzepts **behördlich angeordnet** bzw. zur Auflage gemacht werden (§ 28a Abs. 1 Nr. 4 bzw. Nr. 16 → § 28a Rn. 48 f., 82 ff.). In eine entsprechende Anordnung kann auch die von Abs. 1 nicht umfasste Kindertagespflege (→ Rn. 5) einbezogen werden.

Einrichtungen, die eigene Küchen haben, unterliegen zusätzlich den Regelungen des IfSG zur gewerblichen **Küchenhygiene** (→ §§ 42, 43). Maßnahmen und Verantwortlichkeiten zur Sicherstellung der dort geregelten Tätigkeits- und Beschäftigungsverbote sowie der entsprechenden Belehrungs-, Dokumentations- und Aufbewahrungsverpflichtungen können in den Hygieneplan nach § 36 Abs. 1 aufgenommen werden. Besondere Aufmerksamkeit ist hier auch ehrenamtlich Tätigen zu widmen, die etwa bei Festen in Küchen aushelfen (*Obermaier-van Deun* in Brodowski, Ziff. 19, 19.4).

Die sog. **„Heimgesetze" der Länder** regeln, dass Einrichtungen für Pflege-**23** bedürftige oder für Menschen mit Behinderungen nur betrieben werden dürfen, wenn ein ausreichender Schutz vor Infektionen gewährleistet und sichergestellt wird, dass die Beschäftigten regelmäßig geschult und die für ihren Aufgabenbereich einschlägigen Anforderungen der Hygiene eingehalten werden (so zB § 9 Abs. 2 Nr. 4 HGBP; zum Verhältnis von Infektionsschutz- und Heimrecht vgl. VG Oldenburg Beschl. v. 7.2.2017 – 7 B 6714/16, BeckRS 2017, 101302). In der **Kinder- und Jugendhilfe** setzt die Betriebserlaubnis ein gesundheitsförderliches Lebensumfeld voraus (§ 45 Abs. 2 S. 2 Nr. 2 SGB VIII). Im **Pflegeversicherungsrecht** ist für die Qualitätsprüfungen vorgeschrieben, dass der Medizinische Dienst der Krankenversicherung (MDK) iRd Regelprüfungen auch prüft, ob die Versorgung den Empfehlungen der KRINKO nach § 23 Abs. 1 entspricht (§ 114 Abs. 3 S. 11 SGB XI). Näher dazu → § 23 Rn. 11 ff.

C. Überwachung durch das Gesundheitsamt (Abs. 1 und 2)

I. Verpflichtende Überwachung (Abs. 1)

Die in Abs. 1 Nr. 1–7 genannten Einrichtungen und Unternehmen **24** (→ Rn. 4–18) unterliegen der verpflichtenden Überwachung durch das Gesundheitsamt. Die Regelung geht zurück auf § 48a Abs. 1 BSeuchG, in dem noch von „seuchenhygienischer" Überwachung die Rede war. Mit der veränderten Terminologie wollte der Gesetzgeber klarstellen, dass über die Verhütung schwerster sich epidemisch ausbreitender Krankheiten hinaus die Prävention jeglicher Infektionen Gegenstand der Überwachung ist (BT-Drs. 14/2530, 78). Näher zu den Rechten und Pflichten iRd Überwachung → Rn. 26 f.

II. Fakultative Überwachung (Abs. 2)

25   Die in Abs. 2 genannten Einrichtungen und Unternehmen unterliegen (nur) der fakultativen infektionshygienischen Überwachung durch das Gesundheitsamt. Erfasst sind Einrichtungen und Unternehmen, bei denen die Möglichkeit besteht, dass durch Tätigkeiten am Menschen eine **Übertragung von Krankheitserregern durch Blut** erfolgt. Dies ist insbes. der Fall bei Tattoo- und Piercing-Studios, in denen es etwa zur Übertragung von Hepatitis-B- und -C-Viren kommen kann (BBS, § 36 Rn. 7). Auch Drogenkonsumräume kommen hier in Betracht (*BBS*, § 36 Rn. 7). Den früheren Begriff der „Gewerbe" hat der Gesetzgeber mWv 25.7.2017 durch den der „Unternehmen" ersetzt, um klarzustellen, dass keine Gewinnerzielungsabsicht erforderlich ist (BT-Drs. 18/12604, 76). Die erlaubnispflichtige **Kindertagespflege** (§ 33 Nr. 2 → § 33 Rn. 6) wurde lediglich der fakultativen Überwachung unterstellt.

III. Pflichten und Befugnisse im Rahmen der Überwachung

26   Während das Gesundheitsamt iRv Abs. 1 zur Überwachung **verpflichtet** ist, liegt die Überwachung nach Abs. 2 in seinem **pflichtgemäßen Ermessen.** Sowohl die verpflichtende als auch die fakultative Überwachung kann jeweils **anlassbezogen** oder auch **anlasslos** in dem Sinne erfolgen, dass keine Hinweise auf etwaige infektionsschutzrechtliche Verstöße erforderlich sind (BT-Drs. 17/5178, 19). Vielmehr liegt der hinreichende Anlass für das Tätigwerden des Gesundheitsamtes bereits im Betrieb einer in Abs. 1 oder Nr. 2 genannten Einrichtung bzw. eines entsprechenden Unternehmens (vgl. OVG Lüneburg Urt. v. 3.5.2018 – 13 LB 80/16, BeckRS 2018, 9064).

27   Gem. § 15a Abs. 1 Nr. 2 gelten die in **§ 15a Abs. 2 und 3** näher geregelten Pflichten und Befugnisse. Dies betrifft insbes. Auskunftspflichten sowie die Verpflichtung zur Aushändigung von Unterlagen sowie Betretungs-, Einsichtnahme-, Untersuchungs- und Beprobungsbefugnisse (näher → § 15a Rn. 15 ff.). Entsprechende Befugnisnormen finden sich auch in den **landesrechtlichen Regelungen** (vgl. zB § 28 ÖGDG NRW, dazu *Kniesel* in Lisken/Denninger, Teil II Rn. 79 f.).

IV. Verhältnis zu anderen Vorschriften

28   Die Länder haben iRd konkurrierenden Gesetzgebung (→ Einf. Rn. 3) in ihren **ÖGD-Gesetzen** eigene Regelungen zur infektionsschutzrechtlichen Überwachung durch die Gesundheitsämter erlassen. Soweit auf der Grundlage von Erkenntnissen iRd Überwachung **Einzelanordnungen** getroffen werden, ist die Rechtsgrundlage dafür nicht § 36 Abs. 1 oder 2, sondern die entsprechende Spezialnorm innerhalb (insbes. § 28) oder auch außerhalb des IfSG. So kommen insbes. auch heimrechtliche Vorschriften als Rechtsgrundlage für bestimmte Anordnungen (zB Beschäftigungsverbote) in Betracht (vgl. dazu VG Oldenburg Beschl. v. 7.2.2017 – 7 B 6714/16, BeckRS 2017, 101302).

V. Verfassungsmäßigkeit

Die Einsichtnahme in Unterlagen durch das Gesundheitsamt berührt im **29** Hinblick auf das **Betriebs- und Geschäftsgeheimnis** Art. 12 GG bzw. Art. 14 GG. Die Betretung der Einrichtung kann in Art. 13 GG eingreifen, soweit es sich um **Wohnräume** handelt. Hier können auch die BewohnerInnen der Einrichtung betroffen sein, wobei Art. 13 Abs. 7 GG Eingriffe insbes. zur Bekämpfung von Seuchengefahren zulässt. Mit Blick auf die Weite der Eingriffsbefugnisse wird man die konkreten Einzeleingriffe im Hinblick auf ihre jeweilige Verhältnismäßigkeit bewerten müssen. Maßgebliche Gesichtspunkte sind dabei die konkret drohende Infektionskrankheit, deren Auftrittswahrscheinlichkeit und die möglichen Krankheitsfolgen (näher *Mers*, S. 112 ff., 277 f.).

D. Meldepflicht bei Skabies (Abs. 3 a)

Abs. 3a wurde eingefügt mWv 25.7.2017 durch das GMÜK (BGBl. I **30** 2615). Der Gesetzgeber sah Ausbrüche von Skabies als wachsendes Problem insbes. in Einrichtungen der Altenpflege, aber auch in Unterkünften für obdachlose Menschen, Flüchtlinge und AsylbewerberInnen an. Würden die Gesundheitsämter erst bei fortgeschrittenem Ausbruchsgeschehen informiert, gestalte sich deren Bekämpfung äußerst schwierig mit der Folge, dass Skabies in vielen Einrichtungen zu einem permanenten Problem werde (BT-Drs. 18/10938, 70; RKI, Ratgeber für Ärzte: Skabies (Krätze), EpidBull 27/2016, 230).

Die Regelung enthält für die Leitungen (§ 2 Nr. 15) der Einrichtungen **31** nach Abs. 1 Nr. 2–6 (→ Rn. 6–16) eine Benachrichtigungspflicht in Fällen von Skabies bei in der Einrichtung tätigen oder dort untergebrachten Personen. Die Regelung gilt nicht für ambulante Dienste iSv Abs. 1 Nr. 7. Für Gemeinschaftseinrichtungen iSd Abs. 1 Nr. 1 iVm § 33 ergibt sich die Verpflichtung bereits aus § 34 Abs. 6 S. 1 iVm Abs. 1 S. 1 Nr. 17. Anders als iRv § 34 Abs. 6 knüpft § 36 Abs. 3a nicht an „Tatsachen" an, die eine Erkrankung oder einen Erkrankungsverdacht „annehmen lassen" (→ § 34 Rn. 29). Die Benachrichtigungspflicht nach Abs. 3a setzt daher einen **diagnostizierten** (→ § 2 Rn. 22) **Erkrankungs-** (§ 2 Nr. 4) **oder** einen **Erkrankungsverdachtsfall mit Symptomen** (§ 2 Nr. 5) voraus. Die Mitteilung hat unverzüglich (ohne schuldhaftes Zögern) an das Gesundheitsamt, in dessen Bezirk sich die Einrichtung befindet, zu erfolgen. Es sind krankheits- und personenbezogene Angaben (§ 2 Nr. 16) zu machen.

Die Meldepflicht greift in das Grundrecht auf informationelle Selbstbestim- **32** mung (Art. 2 Abs. 1 iVm Art. 1 Abs. 1 GG ein (→ § 34 Rn. 34).

E. Prävention von Lungentuberkulose und anderen übertragbaren Krankheiten (Abs. 4 und 5)

I. Hintergrund

33   Bereits § 48a Abs. 2 BSeuchG sah vor, dass Personen, die in ein Pflegeheim oder eine gleichartige Einrichtung aufgenommen werden sollten, im Zusammenhang mit der Aufnahme durch Vorlage eines ärztlichen Zeugnisses nachzuweisen hatten, dass bei ihnen eine ansteckungsfähige TB der Atmungsorgane nicht vorlag.

34   **1. Legislative Erwägungen.** Mit der Schaffung des IfSG wurde der Kreis der Verpflichteten auf die BewohnerInnen von Obdachlosen-, Asyl-, Flüchtlings- und Spätaussiedlergemeinschaftseinrichtungen erweitert. Für die Aufnahme über 15-jähriger Personen in eine Einrichtung für Flüchtlinge, Asylbewerber oder Spätaussiedler wurde grds. eine Röntgenaufnahme der Lunge vorausgesetzt und eine entsprechende Duldungspflicht geregelt. Für in eine JVA aufzunehmende Personen wurde die Duldungspflicht weitergehend auf die ärztliche Untersuchung auf übertragbare Krankheiten (§ 2 Nr. 3) erstreckt. Der Gesetzgeber verwies dabei auf eine signifikant höhere TB-Inzidenz für Kasachstan und Bosnien-Herzegowina gegenüber der Bundesrepublik Deutschland sowie auf eine „häufige Arzneimittelresistenz importierter Tuberkuloseerreger infolge medizinischer Unterversorgung in den Herkunftsländern" (BT-Drs. 14/2530, 78f.).

35   **2. Empirische Erkenntnisse und Stigmatisierungsgefahr.** Nach empirischen Untersuchungen ist die TB-Inzidenz weltweit und auch innerhalb der Bundesrepublik Deutschland weiterhin ungleich verteilt. So war sie in Deutschland im Jahr 2015 bei Personen mit nicht-deutscher Staatsangehörigkeit mit 50,3 von 100.000 Personen ca. 20-mal höher als unter deutschen Staatsangehörigen mit 2,5 von 100.000 (*Diel* Pneumologe 2018, 14 (14)). Die epidemiologische Entwicklung legt einen Zusammenhang mit der Zuwanderung von Menschen aus Hochprävalenzregionen nahe. So war im Jahr 2015 eine deutliche Zunahme von TB-Fällen zu beobachten (näher *Kröger/Hauer* et. al. EpidBull 2018, 527).

36   Zugleich bergen an die Staatsangehörigkeit anknüpfende Erhebungen stets die Gefahr einer unterkomplexen und stigmatisierenden Diskussion des Problems (*Mylius,* S. 166; *Clodius* in NK-AuslR AsylG § 62 Rn. 3). Tatsächlich zeigt die nähere Differenzierung etwa nach Alter und Geschlecht, dass es eine Reihe weiterer Faktoren gibt, die für die Beschreibung der TB-Prävalenz bedeutsam sind (*Mylius,* S. 175ff.). Auch in einer 2015/2016 durchgeführten Beobachtungsstudie zeigte sich, dass der tatsächliche Anteil von TB-Erkrankungen unter Geflüchteten bei der Einreise von einer Vielzahl von Faktoren abhängt. Insbes. wurden die Umstände der Migration sowie die jeweilige Herkunft der Geflüchteten als bedeutsam beschrieben (*Diel* Pneumologe 2018, 14 (18)).

II. Vorlage eines ärztlichen Zeugnisses (Abs. 4)

1. Verpflichtete. Abs. 4 adressiert als Verpflichtete Personen, die in **37** eine Einrichtung nach Abs. 1 Nr. 2 (→ Rn. 6–8), 3 (→ Rn. 9) oder 4 (→ Rn. 10–14) aufgenommen werden sollen. Entscheidend ist also nicht die Eigenschaft etwa als Mensch mit Behinderung oder als Asylbewerberin, sondern die Aufnahme in eine entsprechende Einrichtung. So können etwa auch Menschen, die, ohne selbst einer der genannten Personengruppen anzugehören, der Verpflichtung unterliegen, wenn sie in eine entsprechende Einrichtung aufgenommen werden wollen bzw. sollen, etwa nachziehende Familienangehörige (BT-Drs. 18/10938, 69). Obdachlose Menschen, die kürzer als drei Tage in eine Einrichtung nach Abs. 1 Nr. 3 aufgenommen werden, sind nach Abs. 4 S. 6 ausgenommen.

Abs. 4 S. 5 ordnet die entsprechende Geltung von § 34 Abs. 4 an, sodass bei **38** nicht voll geschäftsfähigen Verpflichteten deren Personensorgeberechtigte bzw. rechtliche BetreuerInnen für die Vorlage des Zeugnisses verantwortlich sind (→ § 34 Rn. 10).

2. Gegenstand der Vorlagepflicht. Die Verpflichtung bezieht sich auf die **39** Vorlage eines ärztlichen Zeugnisses, aus dem hervorgeht, dass bei den Betroffenen keine Anhaltspunkte für eine ansteckungsfähige Lungen-TB vorhanden sind. Da Abs. 4 anders als § 34 Abs. 1 (→ § 34 Rn. 8) vorschreibt, das ärztliche Attest „vorzulegen", wird man eine **schriftliche Stellungnahme** verlangen müssen. Diese ist der Leitung der Einrichtung (§ 2 Nr. 15) vor oder unverzüglich (ohne schuldhaftes Zögern) nach der Aufnahme vorzulegen. Bei erstmaliger Aufnahme darf die zugrundeliegende Befunderhebung (→ Rn. 40) nicht länger als sechs Monate, bei einer erneuten Aufnahme in dieselbe oder eine gleichartige Einrichtung nicht länger als zwölf Monate zurückliegen. Den **Bezugspunkt der Frist** nennt das Gesetz nicht ausdr. In Betracht kommen der Aufnahme- oder der Vorlagezeitpunkt, wobei der Aufnahmetag sachgerechter sein dürfte. Hinsichtlich des näheren Inhalts des Attests ist zwischen verschiedenen Personengruppen zu differenzieren (→ Rn. 40).

Für Personen, die in eine Einrichtung nach **Abs. 1 Nr. 4** aufgenommen **40** werden sollen (→ Rn. 10–14, 37), macht das Gesetz nähere Vorgaben zur Befunderhebung, vorausgesetzt, sie sind mindestens 15 Jahre alt und nicht schwanger: Hier muss sich das Attest grds. auf eine in der Bundesrepublik Deutschland erstellte Röntgenaufnahme der Lunge stützen. Durch das PpSG (BGBl. 2018 I 2394) wurde mWv 1. 1. 2019 den obersten Landesgesundheitsbehörden oder den von ihnen bestimmten Stellen die Möglichkeit eröffnet, auch andere Befunderhebungen zulassen, um die Anzahl von Röntgenuntersuchungen und damit die Strahlenexposition zu reduzieren (BT-Drs. 19/4453, 66). Für **alle anderen Betroffenen** (→ Rn. 37) bestehen keine gesetzlichen Vorgaben zur Art des TB-Tests. In Betracht kommen insbes. Haut- (Mendel-Mantoux-Test) und Bluttestverfahren. Für die Untersuchung der Infektiosität sind mikroskopische Untersuchungen üblich (RKI-Ratgeber Tuberkulose, www.rki.de).

III. Duldung einer ärztlichen Untersuchung (Abs. 5)

41   Abs. 5 betrifft zum einen Personen, die in eine **Einrichtung nach Abs. 1 Nr. 4** aufgenommen werden sollen (→ Rn. 10–14, 37). Sie sind zur Duldung einer ärztlichen Untersuchung und – sofern sie mindestens 15 Jahre alt und nicht schwanger sind (S. 4 iVm Abs. 4 S. 4) – einer Röntgenaufnahme der Atmungsorgane zum Ausschluss einer ansteckungsfähigen Lungen-TB verpflichtet. Die Duldungspflicht besteht nach S. 2 nicht, wenn die Betroffenen ein Attest iSv Abs. 4 (→ Rn. 39–40) vorlegen oder unmittelbar vor ihrer Aufnahme in einer anderen Einrichtung nach Abs. 1 Nr. 4 untergebracht waren und die entsprechenden Untersuchungen bereits dort durchgeführt wurden. Für Personen, die in Aufnahmeeinrichtungen (§ 5 Abs. 3, § 44; § 5 Abs. 5 AsylG) oder Gemeinschaftsunterkünften (§ 53 AsylG) zu wohnen haben, ergibt sich eine entsprechende Duldungsverpflichtung auch aus § 62 Abs. 1 AsylG.

42   Bei Personen, die in eine **JVA (Abs. 1 Nr. 6** → Rn. 16) aufgenommen werden, erstreckt sich die zu duldende ärztliche Untersuchung über den Ausschluss der ansteckungsfähigen Lungen-TB hinaus allg. auf übertragbare Krankheiten (Abs. 2 Nr. 3). Auch hier umfasst die Duldungspflicht – außer bei unter 15-jährigen und schwangeren Personen (S. 4 iVm Abs. 4 S. 4) – eine Röntgenaufnahme der Lunge.

43   Anders als § 81 a Abs. 1 S. 2 StPO und § 25 Abs. 3 enthält Abs. 5 über die erwähnte Röntgenaufnahme hinaus keine näheren Angaben zum Umfang der Duldungspflicht. Mit Blick auf Art. 2 Abs. 2 GG (→ Rn. 44) ist **umstritten,** ob die Norm auch zu Untersuchungen ohne Einwilligung ermächtigt, mit denen ein **körperlicher Eingriff** verbunden ist. Das BayObLG hat dies für Abs. 5 S. 3 bejaht und entschieden, dass die Duldungspflicht allg. auf die jeweils erforderlichen Untersuchungen auf infektiöse Krankheiten, einschließlich invasiver Methoden, gerichtet sei (Beschl. v. 4.12.2019 – 203 StObWs 1159/19, BeckRS 2019, 33099 Rn. 17 ff. mwN).

IV. Verfassungsmäßigkeit

44   Die Vorlagepflicht nach Abs. 4 greift in das Recht auf **informationelle Selbstbestimmung** (Art. 2 Abs. 1 iVm Art. 1 Abs. 1 GG) ein, ist aber mit Blick auf den Schutz der anderen BewohnerInnen der Einrichtung gerechtfertigt. Demgegenüber greifen die Duldungsverpflichtungen nach Abs. 5 S. 1 und 3 zusätzlich mit dem Recht auf **körperliche Unversehrtheit** (Art. 2 Abs. 2 GG) in ein besonders hochrangiges Schutzgut ein (Abs. 9). Zwar steht dem wiederum mit dem Gesundheitsschutz der anderen BewohnerInnen ein ebenso gewichtiger Schutzzweck gegenüber. Auch mag man eine Röntgenaufnahme bei über 15-jährigen und nicht schwangeren Personen als nicht tiefgreifenden Eingriff ansehen (*Mers,* S. 279 f.). Sieht man in Abs. 5 allerdings auch eine Ermächtigung zu anderen invasiven körperlichen Untersuchungen (→ Rn. 43), ist zweifelhaft, ob die Regelung dem **Bestimmtheitsgebot** genügt (vgl. für die medizinische Zwangsbehandlung im Maßregelvollzug: BVerfGE 128, 282; vgl. zudem § 101 Abs. 2 StVollzG). Zum Recht auf Nichtwissen: BGHZ 201, 263; *Mers,* S. 280.

V. Rechtsschutz

Durch das GMÜK wurde mWv 25.7.2017 für Widerspruch und Anfech- **45**
tungsklage gegen Anordnungen ärztlicher Untersuchungen nach Abs. 5 S. 1
oder 3 die aufschiebende Wirkung ausgeschlossen (Abs. 5 S. 5). Der Gesetzgeber wollte so einen Gleichlauf mit § 16 Abs. 8 und dem Asylverfahrensrecht
(§ 75 Abs. 1 iVm § 62 Abs. 1 AsylG) schaffen. Mit der Untersuchung könne regelmäßig nicht bis zum Abschluss des Verwaltungs- bzw. des Gerichtsverfah-
rens gewartet werden (BT-Drs. 18/10938, 71). Die Betroffenen müssen daher
zunächst einen Antrag nach § 80 Abs. 5 VwGO stellen.

F. Verordnungsermächtigungen und Kontrollbefugnisse im Zusammenhang mit der Einreise nach Deutschland (Abs. 6–12)

I. Hintergrund und Systematik

Die Abs. 6–8 in der bis zum 3. BevSchG geltenden Fassung wurden vor **46**
dem Hintergrund der erhöhten Migrationsbewegungen vor allem geflüchteter
Menschen in die Bundesrepublik Deutschland geschaffen. Im Fokus stand dabei die TB-Prävention. Mit der Anknüpfung an die gemeinschaftliche Unterbringung in den Abs. 4 und 5 sowie im AsylG (→ Rn. 37, 41) können nicht
alle Personen erfasst werden, die aus Ländern mit einer gegenüber Deutschland erhöhten TB-Prävalenz einreisen (s. dazu auch *Weigl* European Journal
of Clinical Microbiology & Infectious Diseases 39 (2020), 741). Diese Lücke
sollte mit den Abs. 6–8 (idF bis 18.11.2020) geschlossen werden (BT-Drs.
18/12604, 76; BT-Drs. 19/4453, 2, 67).

Im Zuge der Corona-Pandemie hat sich seit 2020 der infektionsschutz- **46a**
rechtliche Fokus im Zusammenhang mit der Einreise nach Deutschland
auf die COVID-19-Surveillance verlagert. Zunächst wurde Abs. 7 (idF bis
18.11.2020) als Ermächtigungsgrundlage für mehrere Testpflicht-Verord-
nungen herangezogen (→ Rn. 56). Mit dem 3. BevSchG wurden mWv
19.11.2020 die Abs. 8–13 neu gefasst (BGBl. I, 2397, Art. 1 Ziff. 18 lit. d),
wobei die vormals in § 5 Abs. 2 S. 1 Nr. 1 und 2 geregelten einreisebezogenen
Anordnungsermächtigungen des BMG für den Fall der epidemischen Lage
von nationaler Tragweite in § 36 verlagert, als Verordnungsermächtigung der
Bundesregierung ausgestaltet und umfassender geregelt wurden. Zu reisebe-
zogenen Anordnungen des BMG vor dem 3. BevSchG vgl. *Sangs*, NVwZ
2020, 1780 (1782) mwN. Weitere Änderungen erfolgten durch das EpiLage-
FortgeltungsG v. 29.3.2021 (BGBl. I 370), das insbesondere die Verordnungsermächtigung auf eine bundesrechtliche Quarantäne-Regelung für Einreisende ausdehnte (Abs. 8 S. 1 Nr. 1 → Rn. 62).

Anders als alle anderen Vorschriften des 6. Abschnitts haben die Regelun- **47**
gen in § 36 Abs. 6–12 keinen Bezug zu Einrichtungen, sondern knüpfen mit
der Einreise in die Bundesrepublik Deutschland an einen völlig anderen Tatbestand an. Der systematische Standort der Regelungen im 6. Abschnitt ist
daher fragwürdig. Der Gesetzgeber hat versucht, dem Umstand durch die Än-

derung der Abschnittsüberschrift und der Überschrift von § 36 Rechnung zu tragen (BT-Drs. 18/12604, 75), was allerdings das Systematikproblem nicht grundlegend löst.

II. Verordnungsermächtigungen jenseits epidemischer Lage von nationaler Tragweite (Abs. 6–7)

48 **1. Landesverordnungen (Abs. 6).** Abs. 6 wurde mWv 1.1.2019 durch das PpSG (BGBl. 2018 I 2394) eingefügt. Der Bundesgesetzgeber ermächtigt damit die Länder, durch RVO in zweifacher Hinsicht über die TB-Prävention gem. Abs. 4 und 5 hinaus zu gehen. Zum einen betrifft die Verordnungsermächtigung über die infektiöse Lungen-TB hinaus bedrohliche übertragbare Krankheiten. Zum anderen werden die Verpflichtungen auf Personen erstreckt, die nach Deutschland eingereist sind und nicht in eine Einrichtung iSv Abs. 1 Nr. 4 (→ Rn. 10–14) aufgenommen werden.

49 **a) Voraussetzungen:** Die Verordnungsermächtigung setzt voraus, dass eine entsprechende Landesverordnung zum Schutz der Bevölkerung vor einer Gefährdung durch bedrohliche übertragbare Krankheiten erforderlich ist. Der Gesetzgeber führte dazu aus, dass die betroffenen Personengruppen zB in Gemeinschaftseinrichtungen wie Schulen oder Kindertageseinrichtungen in engen Kontakt mit anderen Menschen treten könnten und eine vorherige Gesundheitsuntersuchung „daher sinnvoll und notwendig sein" könne (BT-Drs. 19/4453, 67 f.). Allerdings ist in diesem Zusammenhang darauf hinzuweisen, dass mit den Verpflichtungen nach den Abs. 4 und 5 und § 62 Abs. 1 AsylG sowie den landesrechtlich geregelten Schuleingangsuntersuchungen bereits ein dichtes Präventionsnetz vorhanden ist.

50 **b) Zuständigkeit:** Unmittelbar ermächtigt werden die Landesregierungen. Diese können gem. Abs. 6 S. 5 die Verordnungsermächtigung durch RVO auf andere Stellen, insbes. die obersten Landesgesundheitsbehörden, übertragen.

51 **c) Inhalt der RVO (S. 3):** In der RVO ist das jeweils zugrunde liegende erhöhte Infektionsrisiko im Hinblick auf bestimmte bedrohliche übertragbare Krankheiten zu bestimmen (Abs. 6 S. 3 Nr. 1). Der zuvor verwendete und im Gesetz nicht definierte Begriff der schwerwiegenden übertragbaren Krankheit (→ Vorauflage § 36 Rn. 51) wurde durch das 3. BevSchG durch die „bedrohliche übertragbare Krankheit" (§ 2 Nr. 3a) ersetzt. Erforderlich ist, dass es sich um Erkrankungen handelt, die nicht nur in seltenen Ausnahmefällen klinisch schwere Verlaufsformen annehmen (→ § 2 Rn. 12). Gem. Abs. 6 S. 4 kann das RKI zu den Einzelheiten Empfehlungen abgeben. Die Bestimmung hat auf Erkenntnissen der medizinischen Wissenschaft zu beruhen und sollte vorhandene Arbeiten der Fachgesellschaften einbeziehen (BT-Drs. 19/4453, 68). Mit Blick auf den Bestimmtheitsgrundsatz (→ Rn. 44) ist es erforderlich, die Krankheiten bzw. Erreger in der RVO abschließend zu benennen.

52 Weiter muss die RVO die jeweils betroffenen Personengruppen unter Berücksichtigung ihrer Herkunft oder ihrer Lebenssituation bestimmen (Abs. 6 S. 3 Nr. 2). Dabei gibt bereits S. 1 vor, dass nur Personen erfasst werden können, die nach dem 31.12.2018 in die Bundesrepublik Deutschland eingereist sind. Dies können etwa Menschen sein, die aus Krisengebieten einreisen, oder nachziehende Familienangehörige anerkannter Flüchtlinge oder subsidiär Schutzberechtigter. Voraussetzung ist, dass „wahrscheinlich" ein erhöhtes Infektionsrisiko vorliegt. Dies kann mit der **Herkunft** – etwa aus einem Ausbruchs- oder Hochprävalenzgebiet – zusammenhängen, wo der Kontakt mit infizierten Personen wahrscheinlich war. Alternativ soll sich das erhöhte Infektionsrisiko aus der **Lebenssituation,** etwa einem unzureichenden Zugang zu gesundheitlicher Versorgung, ergeben können (BT-Drs. 19/4453, 67 f.).

Schließlich sind in der Verordnung die Anforderungen an das ärztliche **53** Zeugnis sowie die Frist, innerhalb derer dieses nach der Einreise vorzulegen ist, und Näheres zu der ärztlichen Untersuchung zu bestimmen (Abs. 6 S. 3 Nr. 3 und 4). So kann etwa bestimmt werden, dass für das Zeugnis ein bestimmtes Muster zu verwenden ist oder die Untersuchung durch eine Ärztin des ÖGD zu erfolgen hat. Die Vorlagefrist für das ärztliche Zeugnis darf einerseits nicht unverhältnismäßig kurz sein, andererseits mit Blick auf einen effektiven Infektionsschutz nicht zu lang. Auch hier stellt sich hinsichtlich invasiver Eingriffe das Problem der Bestimmtheit (→ Rn. 43–44), zumal Art. 2 Abs. 2 S. 3 GG ein förmliches Parlamentsgesetz voraussetzt (*Schulze-Fielitz* in Dreier GG Art. 2 Abs. 2 Rn. 53). Zwar ist die Duldungspflicht als solche (parlaments-)gesetzlich geregelt; ob und mit welchem Inhalt sie im Einzelfall bestehen soll, lässt sich aber nur in der Zusammenschau mit der RVO bestimmen.

d) Rechtsfolgen: Aufgrund einer entsprechenden RVO sind die darin be- **54** stimmten Personen bzw. deren Sorgeberechtigte oder BetreuerInnen (Abs. 6 S. 1 Hs. 2 iVm § 34 Abs. 4) zur Vorlage des Zeugnisses innerhalb der vorgegebenen Frist verpflichtet. Sofern bereits auf anderer Grundlage (§ 62 Abs. 1 AsylG) eine entsprechende Untersuchung durchgeführt wurde, ist die entsprechende Bescheinigung vorzulegen (BT-Drs. 19/4453, 67 f.). Wird das Attest nicht fristgerecht vorgelegt, tritt in der nächsten Stufe die Verpflichtung ein, eine ärztliche Untersuchung zu dulden. Das Nähere zu dieser Untersuchung und zu den bestimmten bedrohlichen übertragbaren Krankheiten muss sich aus der jeweiligen RVO ergeben. Widerspruch und Anfechtungsklage gegen die Untersuchungsanordnung haben keine aufschiebende Wirkung (Abs. 6 S. 2 Hs. 2 iVm Abs. 5 S. 5 → Rn. 45).

2. Verordnung des BMG (Abs. 7). Die Regelung wurde mWv **55** 25. 7. 2017 (als Abs. 6) eingefügt durch das GMÜK (BGBl. I 2615). Ermächtigt wird das BMG, das außer in dringenden Fällen (Abs. 7 S. 5) der Zustimmung des BR bedarf. Die Geltungsdauer einer ohne BR-Zustimmung erlassenen BMG-Verordnung beträgt (höchstens) ein Jahr (Abs. 7 S. 6): sie kann mit Zustimmung des BR verlängert werden. In der Sache entspricht die Verordnungsermächtigung weitgehend der nach Abs. 6, der an Abs. 7 angelehnt ist. Zu den Einzelheiten → Rn. 49–54. Anders als iRv Abs. 6 sieht Abs. 7 lediglich vor, dass nähere Einzelheiten bestimmt werden „können". Dies ist unter Bestimmtheitsgesichtspunkten und mit Blick auf Art. 2 Abs. 2 GG problematisch (→ Rn. 43–44 und 53).

Das BMG hat auf der Grundlage von Abs. 7 die folgenden Verordnungen **56** erlassen:

– Verordnung zur Testpflicht von Einreisenden aus Risikogebieten v. 6. 8. 2020 (BAnz AT 7. 8. 2020 V1), gültig v. 8. 8. 2020 bis 7. 11. 2020.

– Verordnung zur Testpflicht von Einreisenden aus Risikogebieten v. 4.11.2020 (BAnz AT 6.11.2020 V), gültig v. 8.11.2020 bis 13.1.2021. Die Folgeverordnung (Coronavirus-Einreiseverordnung, BAnz AT 13.1.2021 V1) stützte das BMG nicht mehr auf Abs. 7, sondern auf die durch das 3. BevSchG neu gefassten Abs. 8 und 10 (→ Rn. 59).

III. Einreise-Surveillance bei epidemischer Lage von nationaler Tragweite (Abs. 8–12)

57   **1. Allgemeines.** Die in Abs. 8–12 enthaltenen Regelungen, insbesondere die Verordnungsermächtigungen zugunsten der Bundesregierung, betreffen Verpflichtungen im unmittelbaren Zusammenhang mit der Einreise in das Bundesgebiet aus dem Ausland. Dabei weist Abs. 11 der Bundespolizei auch Vollzugsaufgaben zu (→ Rn. 85 ff.). Zur Kompetenzproblematik → Rn. 92 f. Im Übrigen obliegt die Ausführung der RVOen wie auch des IfSG mit Blick auf Ein- und Rückreisende aus ausländischen Risikogebieten den Ländern. Nachdem Quarantänemaßnahmen für Einreisende vormals durch die Länder in auf § 30 gestützten Landes-Quarantäne-Verordnungen (→ § 30 Rn. 20 f.) geregelt wurden, ermächtigt nunmehr Abs. 8 S. 1 Nr. 1 die Bundesregierung, entsprechende Regelungen auf der Bundesebene zu treffen (→ Rn. 62).

58   Anwendungsvoraussetzung der Abs. 8–12 ist die (fortbestehende) Feststellung einer epidemischen Lage von nationaler Tragweite durch den Bundestag nach § 5 Abs. 1 S. 1 (→ § 5 Rn. 7 ff.). Die RVO bezieht sich ausschließlich auf die Krankheit, die zur Feststellung der epidemischen Lage von nationaler Tragweite geführt hat.

59   **2. Verordnung der Bundesregierung zu Meldepflichten bei der Einreise, zur Absonderung und Beobachtung (Abs. 8).** Die Bundesregierung hat aufgrund von Abs. 8 und Abs. 10 S. 1 (→ Rn. 71 ff.) die **CoronaEinreiseV v. 13.1.2021** erlassen (BAnz AT 13.1.2021 V1). Diese ist zum 14.1.2021 in Kraft getreten. Die ursprüngliche Befristung längstens bis 31.3.2021 wurde durch Art. 4 des EpiLage-FortgeltungsG v. 29.3.2021 (BGBl. I 370) gestrichen, sodass die Geltungsdauer nunmehr an die Dauer der Feststellung einer epidemischen Lage von nationaler Tragweite durch den Bundestag gekoppelt ist (§ 10 Abs. 1 CoronaEinreiseV). Die CoronaEinreiseV wurde mWv 30.3.2021 geändert durch VO v. 26.3.2021 (BAnz AT 26.3.2021 V1).

60   **a) Zuständigkeit:** Abs. 8 enthält eine Verordnungsermächtigung zugunsten der Bundesregierung ohne Zustimmung des Bundesrates. Zur Vereinbarkeit mit Art. 80 Abs. 2 GG → Rn. 91.

61   **b) Adressaten:** Die Verordnungsermächtigung des Abs. 8 S. 1–3 bezieht sich auf die Festlegung von Absonderungs- und Meldepflichten sowie die Beobachtung im Zusammenhang mit der Einreise nach Deutschland. AdressatInnen der RVO können sein:

– Personen, die nach Deutschland einreisen wollen oder eingereist sind, und
– bei denen die Möglichkeit besteht, dass sie einem erhöhten Infektionsrisiko für die maßgebliche Krankheit (→ Rn. 58) ausgesetzt waren, insbesondere weil sie sich in einem entsprechenden Risikogebiet (§ 2 Nr. 17 → § 2 Rn. 49–51) aufgehalten haben.

Abs. 8 S. 5 regelt, dass die Meldepflichten aus der RVO für meldepflichtige Personen, die minderjährig sind, von den Personensorgeberechtigten zu erfüllen sind. Bei volljährigen Verpflichteten mit einschlägiger rechtlicher Betreuung sind die BetreuerInnen verantwortlich (→ § 34 Rn. 10). Entsprechendes gilt für die Sicherstellung der Absonderung minderjähriger oder unter Betreuung stehender Verpflichteter, nach dem Wortlaut hingegen nicht für die Verpflichtungen iRd Beobachtung (Abs. 8 S. 3 → Rn. 67).

c) Inhalte: Angeordnet werden kann zum einen die Verpflichtung zur unverzüglichen **Absonderung** (Abs. 8 S. 1 **Nr. 1**). Die AdressatInnen einer entsprechenden RVO müssen sich dann ohne schuldhaftes Zögern nach der Einreise an einen zur Absonderung geeigneten Ort (→ § 30 Rn. 14) begeben, den sie für den in der RVO bestimmten Zeitraum grundsätzlich nicht verlassen dürfen. Zur Wahrung der Verhältnismäßigkeit muss die RVO für bestimmte Konstellationen **Ausnahmen** vorsehen und ggf. auch eine vorzeitige Beendigung der Absonderung ermöglichen (→ Rn. 66). 62

Die **Meldepflichten** (Abs. 8 S. 1 **Nr. 2**) aus der RVO bestehen gegenüber dem zuständigen Gesundheitsamt (zum Meldeweg über die Plattform des RKI → Rn. 64). In der Sache können sie sich auf folgende Mitteilungen erstrecken (lit. a–g): 63

(a) personenbezogene Angaben (§ 2 Nr. 16),
(b) Datum der voraussichtlichen Einreise,
(c) Aufenthaltsorte bis zu zehn Tage vor und nach der Einreise,
(d) Reisemittel und ggf. Angaben zum Sitzplatz,
(e) Angaben zur Impfdokumentation,
(f) Angaben zu ärztlichem Zeugnis oder Testergebnis,
(g) Angaben zu Anhaltspunkten für die maßgebliche Erkrankung (→ Rn. 58).

Die RVO kann festlegen, dass die Meldung über das vom RKI nach Abs. 9 eingerichtete elektronische Melde- und Informationssystem (→ Rn. 68–70) zu erfolgen hat. § 1 Abs. 1 der CoronaEinreiseV (→ Rn. 59) verweist auf die **digitale Einreiseanmeldung** unter https://www.einreiseanmeldung.de. Für Ausnahmefälle kann die RVO alternativ die schriftliche Ersatzmitteilung gegenüber der zuständigen Behörde zulassen (Abs. 8 S. 4). Gem. § 1 Abs. 2 der CoronaEinreiseV ist dies für Fälle fehlender technischer Ausstattung oder technischer Störungen vorgesehen. In diesen Fällen ist auf die Ersatzmitteilung (**„Aussteigekarte")** zurückzugreifen. Die CoronaEinreiseV enthält in der Anlage das Muster für die Ersatzmitteilung. Dort sind auch die Stellen genannt, bei denen die Ersatzmitteilung abzugeben ist (Beförderer, Bundespolizei, Deutsche Post E-POST Solutions GmbH). 64

Die RVO kann nach Abs. 8 S. 1 letzter Hs. ferner regeln, dass ggf. vorliegende Impf- (Abs. 8 S. 1 Nr. 2 lit. e) oder Untersuchungsnachweise (lit. f) über das Meldesystem des RKI (→ Rn. 68 ff.) hochzuladen und der zuständigen Behörde zu übermitteln sind. Die elektronische Übermittlung soll die effizientere Überwachung von Test- und Quarantänepflichten durch das Gesundheitsamt ermöglichen (BT-Drs. 19/27291, 64). 65

Abs. 8 S. 2 verpflichtet den Verordnungsgeber, in der RVO **Ausnahmen** von den Absonderungs- und Meldepflichten zu regeln. Die CoronaEinreiseV (→ Rn. 59) regelt in § 2 Ausnahmen von der Meldepflicht insbesondere für Fälle der bloßen Durchreise und für GrenzpendlerInnen. Die 66

Quarantänepflicht für Einreisende kann ebenfalls nur unter **einschränkenden Voraussetzungen** verhältnismäßig sein. Hierzu gehört es, Ausnahmen für Personen vorzusehen, bei denen aufgrund individueller Umstände keine oder eine signifikant geringere Infektionswahrscheinlichkeit als von der RVO unterstellt gegeben ist (OVG Lüneburg Beschl. v. 2.2.2021 – 13 ME 41/21, Rn. 14; aA offenbar OVG Magdeburg Beschl. v. 11.12.2020 – 3 R 260/20, Rn. 35). Dies dürfte der Fall sein, wenn eine Person bereits geimpft ist, ggf. auch wenn sie nach durchgemachter Infektion nachweislich Antikörper gegen den Krankheitserreger aufweist (→ § 28 Rn. 20). Hier sind die jeweils aktuellen wissenschaftlichen Erkenntnisse zur Infektiosität zu beachten (vgl. dazu VGH Mannheim Beschl. v. 20.1.2021 – 1 S 4025/20, Rn. 42 ff.). Auch wenn eine Person keinen Kontakt zur Bevölkerung des Risikogebiets hatte und einen sicheren Reiseweg (zB Alleinreise im PKW) gewählt hat, kann eine ausnahmslose Absonderung unverhältnismäßig sein. Außerdem kann ein **„Freitesten"** erlaubt werden, dh die vorzeitige Beendigung der Quarantäne nach einem bestimmten Zeitraum nach Vorlage eines negativen Testergebnisses.

67　　Die Betroffenen können zudem mittels RVO der **Beobachtung** (§ 29) unterworfen werden, auch wenn die Voraussetzungen des § 29 Abs. 1 nicht vorliegen (Abs. 8 S. 3). Damit soll der Problematik begegnet werden, dass Einreisende aus ausländischen Risikogebieten nicht ohne weiteres dem Personenkreis nach § 29 Abs. 1, insb. dem Kreis der Ansteckungsverdächtigen (§ 2 Nr. 7) zuzuordnen sind (→ § 30 Rn. 20 f.; → § 29 Rn. 2). Bereits vor Inkrafttreten des EpiLage-FortgeltungsG (BGBl. I 2021, 370) sahen die Quarantäne-Verordnungen der Länder eine Beobachtung der Betroffenen vor (vgl. zB § 1 Abs. 4 der baden-württembergischen Corona-Verordnung Einreise-Quarantäne v. 17.1.2021). Zu den Rechtsfolgen → § 29 Rn. 7.

68　　**3. Meldesystem des RKI (Abs. 9). a) Verantwortung des RKI für die digitale Einreiseanmeldung:** Abs. 9 S. 1 verpflichtet das RKI, für die Zwecke der Einreiseanmeldung nach Abs. 8 S. 1 ein elektronisches Melde- und Informationssystem einzurichten und dessen technischen Betrieb zu verantworten. Dabei kann das RKI auch einen (externen) IT-Dienstleister mit der technischen Umsetzung beauftragen (Abs. 9 S. 2). Zur Erfüllung dieser Verpflichtung betreibt das RKI die Webseite **https://www.einreiseanmeldung.de,** deren Datenschutzerklärung als Auftragsverarbeiter die Deutsche Post E-POST Solutions GmbH und die Bundesdruckerei GmbH nennt, die wiederum weitere Dienstleister, darunter die Amazon Web Services Sàrl, einsetzt (Stand: 3.2.2021).

69　　Auf diesem Portal wird zunächst abgefragt, wo sich die einreisende Person in den letzten 10 Tagen vor der Einreise nach Deutschland aufgehalten hat, um zu prüfen, ob im Einzelfall aus der RVO nach Abs. 8 (→ Rn. 59 ff.) eine Verpflichtung zur Einreiseanmeldung besteht. Ist dies der Fall, folgen eine Belehrung zur Anmeldepflicht und ein Hinweis auf die zusätzlich zu beachtenden Quarantänebestimmungen. Anschließend werden Angaben zur Reise und persönliche Daten abgefragt. Es folgt als Zwischenschritt eine Verifizierung über einen TAN-Code, der wahlweise per E-Mail oder als SMS empfangen wird und zur Fortsetzung der Eingabe erforderlich ist. Sodann werden die

Anschrift und ggf. Angaben zu Mitreisenden abgefragt, bevor die Angaben zusammengefasst und bestätigt werden.

b) Datenverarbeitung und –löschung: Abs. 9 S. 3 und S. 5 stellen in **70** Ausführung des datenschutzrechtlichen **Zweckbindungsprinzips** (Art. 5 Abs. 1 lit. b DSGVO) klar, dass die Angaben aus der Einreiseanmeldung von der Gesundheitsbehörde nur verarbeitet werden dürfen, soweit dies zur Überwachung der Verpflichtungen aus der RVO (insb. der Absonderung) und zur Kontaktnachverfolgung erforderlich ist. Entsprechend ist auch die Übermittlung auf diese Zwecke begrenzt (Abs. 9 S. 5). Abs. 9 S. 4 verpflichtet das Gesundheitsamt, die Daten spätestens 14 Tage nach dem mitgeteilten Einreisedatum zu löschen.

4. Verordnung der Bundesregierung zu Nachweispflichten und 71 Pflichten der Beförderungs- und Telekommunikationsunternehmen (Abs. 10 S. 1). a) Zuständigkeit: Abs. 10 S. 1 enthält Verordnungsermächtigungen zugunsten der Bundesregierung ohne Zustimmung des Bundesrates. Zur Vereinbarkeit mit Art. 80 Abs. 2 GG → Rn. 91.

b) Anordnung von Nachweis- und Auskunftspflichten (Nr. 1): Die **72** **RegelungsadressatInnen** der RVO auf der Grundlage von Abs. 10 Nr. 1 sind dieselben wie iRv Abs. 8 (→ Rn. 61). Die Bundesregierung hat aufgrund von Abs. 10 S. 1 Nr. 1 die folgenden RVOen erlassen:

– Verordnung zum Schutz vor einreisebedingten Infektionsgefahren in Bezug auf neuartige Mutationen des Coronavirus SARS-CoV-2 nach Feststellung einer epidemischen Lage von nationaler Tragweite durch den Deutschen Bundestag (Coronavirus-Schutzverordnung) v. 21.12.2020 (BAnz AT 21.12.2020 V4), gültig v. 22.12.2020 – 13.1.2021 (mit Änderungs-VO v. 6.1.2021, BAnz AT 6.1.2021 V1);

– **CoronaEinreiseV v. 13.1.2021** (BAnz AT 13.1.2021 V1) mit ÄnderungsVO v. 26.3.2021 (BAnz AT 26.3.2021 V1) → Rn. 59.

In der Sache können in der RVO nach Abs. 10 S. 1 Nr. 1 folgende Ver- **73** pflichtungen geregelt werden (lit. a–d):

(a) **Erfüllungsnachweis** bzgl. der **Meldepflichten** aufgrund der RVO nach Abs. 8 S. 1 Nr. 2 (→ Rn. 63 ff.). Siehe dazu § 1 Abs. 2–5 der CoronaEinreiseV (→ Rn. 59).

(b) Vorlage einer **Impfdokumentation** hinsichtlich der maßgeblichen Krankheit (→ Rn. 58). Die CoronaEinreiseV idF v. 30.3.2021 (→ Rn. 59) enthält keine entsprechende Regelung.

(c) **Vorlage** eines negativen ärztlichen Zeugnisses oder **Testergebnisses** hinsichtlich der maßgeblichen Krankheit (→ Rn. 58). Siehe dazu § 3 der CoronaEinreiseV (→ Rn. 59) und → Rn. 74 ff.

(d) **Auskunft** darüber, ob bei der einreisenden Person Anhaltspunkte für die maßgebliche Krankheit (→ Rn. 58) vorhanden sind. Die CoronaEinreiseV idF v. 30.3.2021 (→ Rn. 59) enthält keine explizite Auskunftspflicht. Angaben zu Symptomen sind aber Voraussetzung der Prüfung, ob ggf. Ausnahmen von der Test- und Nachweispflicht in Betracht kommen (§ 4 Abs. 5 CoronaEinreiseV → Rn. 76).

Hinsichtlich der Vorlage eines Negativ-Attests oder **Testergebnisses 74** (VO-Ermächtigung in Abs. 10 Nr. 1 lit. c regelt § 3 der CoronaEinreiseV

(→ Rn. 59) differenzierte Verpflichtungen für **folgende Fallgruppen: (1)** Bei Aufenthalt in den letzten zehn Tagen vor der Einreise in einem Hochinzidenzgebiet oder Virusvarianten-Gebiet ist bei Einreise ein Nachweis über eine nicht länger als 48 Stunden zurückliegende Abstrichnahme vorzulegen (§ 3 Abs. 2 CoronaEinreiseV). Die Hochinzidenz- und Virusvarianten-Gebiete werden durch das BMG im Einvernehmen mit dem Auswärtigen Amt und dem BMI bekannt gemacht (→ 2 Rn. 52). Sie sind auf der Webseite des RKI einsehbar. **(2)** Bei Aufenthalt in einem sonstigen Risikogebiet (§ 2 Nr. 17) muss der Nachweis spätestens 48 Stunden nach der Einreise vorliegen und ist auf Anforderung des Gesundheitsamtes diesem vorzulegen (§ 3 Abs. 1 CoronaEinreiseV). Hier kann der Test also auch noch nach der Einreise erfolgen.

74a   **(3)** Für die Zeit v. 30.3.2021 bis (zunächst) zum 12.5.2021 wurde zudem für **Einreisende per Flugzeug** die Verpflichtung geregelt, ein negatives Testergebnis bereits bei der Abreise dem Beförderer vorzulegen und bei der Einreise mitzuführen und ggf. vorzulegen – **unabhängig von der Einstufung des Abflugortes** als Risikogebiet (§ 3 Abs. 2a CoronaEinreiseV idF durch die ÄnderungsV v. 26.3.2021 → Rn. 59; abrufbar mit Begründung auf der Website des BMG). Die nach der VO-Ermächtigung erforderliche Möglichkeit des erhöhten Infektionsrisikos sieht der Verordnungsgeber laut Begründung durch das potenzielle Zusammentreffen mit Menschen aus aller Welt und die beengten Verhältnisse am Flughafen und im Flugzeug als gegeben an. Außerdem würden so für den Fall des Umsteigens „Lücken geschlossen, wenn der letzte Teil der Flugroute aus einem Gebiet stattfindet, welches nicht als Hochinzidenz- oder Virusvariantengebiet ausgewiesen ist und für das daher heute entsprechende Regelungen (…) noch nicht gelten." Jedenfalls letzter Begründungsstrang überzeugt nicht, da § 3 Abs. 2 der CoronaEinreiseV auf den Aufenthalt in den letzten zehn Tagen vor der Einreise abstellt (→ Rn. 74).

75   Die VO-Ermächtigung regelt nicht, welchen Gütekriterien das Attest bzw. die diesem zugrunde liegende Untersuchung genügen muss. Mit Blick auf die an die Nichterfüllung der Vorlagepflicht anknüpfende Duldungspflicht in Abs. 10 S. 2 (→ Rn. 82), die ihrerseits bußgeldbewehrt ist (→ Rn. 97), ist dies unter dem Aspekt der **Bestimmtheit** problematisch. Zudem präzisiert auch die RVO (§ 3 Abs. 3 der CoronaEinreiseV (→ Rn. 59)) dies nur teilweise (Nachweis auf Papier oder elektronisch; auf Deutsch, Englisch oder Französisch; Abstrichnahme max. 48 Stunden vor Einreise). Für nähere Anforderungen verweist die RVO hingegen auf die Webseite des RKI.

76   § 4 der CoronaEinreiseV (→ Rn. 59) sieht eine Reihe von **Ausnahmen** von der Verpflichtung zur Vorlage eines negativen Testergebnisses vor. Dies betrifft neben den Personen, die auch von der Einreiseanmeldung ausgenommen sind (→ Rn. 66), unter anderem Personen, die für weniger als 72 Stunden nach Deutschland einreisen, um nahe Angehörige zu besuchen, es sei denn, die Einreise erfolgt nach Aufenthalt in einem Virusvarianten-Gebiet (→ § 2 Rn. 52). Kinder unter sechs Jahren sind grundsätzlich ausgenommen (§ 4 Abs. 4). Allerdings gelten keinerlei Ausnahmen für Personen (auch für Kinder unter sechs Jahren) mit typischen SARS-CoV-2-Symptomen wie Husten, Fieber, Schnupfen oder Verlust des Geruchs- und Geschmackssinns (§ 4 Abs. 5).

77   Die durch RVO nach Abs. 10 S. 1 Nr. 1 angeordneten Nachweise bzw. Auskünfte sind gegenüber den Beförderern, dem zuständigen Gesundheitsamt bzw. den Grenzbehörden als unterstützende Behörden (→ Rn. 85) zu erbringen.

c) Anordnung von Verpflichtungen der Beförderungsunternehmen 78
(Nr. 2): Adressaten von RVO-Regelungen auf der Grundlage von Abs. 10 S. 1
Nr. 2 können sein: Beförderungsunternehmen in den Bereichen Bahn-, Bus-,
Schiffs- oder Flugverkehr sowie die Betreiber von Flugplätzen, Häfen, Personenbahnhöfen und Omnibusbahnhöfen.

Die Bundesregierung hat auf der Grundlage von Abs. 10 S. 1 Nr. 2 die folgenden RVOen erlassen: 79

– **CoronaEinreiseV** v. 13.1.2021 (BAnz AT 13.1.2021 V1) mit ÄnderungsVO v. 26.3.2021 (BAnz AT 26.3.2021 V1) → Rn. 59;
– Coronavirus-Schutzverordnung v. 21.12.2020 (BAnz AT 21.12.2020 V4 → Rn. 72);
– Coronavirus-Schutzverordnung **(CoronaSchV)** v. 29.1.2021 (BAnz AT 29.1.2021 V1): Verordnung zum Schutz vor einreisebedingten Infektionsgefahren in Bezug auf neuartige Mutationen des Coronavirus SARS-CoV-2 nach Feststellung einer epidemischen Lage von nationaler Tragweite durch den Deutschen Bundestag, gültig ab 30.1.2021, mit regelmäßigen Verlängerungen alle zwei Wochen.

Die VO-Ermächtigung betrifft die Regelung von Mitwirkungspflich- 80
ten bei der Umsetzung der Nachweis- und Auskunftspflichten der Einreisenden (→ Rn. 73 ff.). Die Unternehmen können nur „im Rahmen ihrer betrieblichen und technischen Möglichkeiten" verpflichtet werden, was grds. eine Beschränkung auf vorhandene Ressourcen bedeuten dürfte. Im Einzelnen können folgende **Verpflichtungen** angeordnet werden (Nr. 2 lit. a–i):

(a) **Unterlassung** von Beförderungen aus einem Risikogebiet (§ 2 Nr. 17) nach Deutschland, wobei eine Rückreise von Personen mit Wohnsitz in Deutschland weiterhin möglich bleiben muss. Siehe dazu § 1 CoronaSchV v. 29.1.2021 (→ Rn. 79).

(b) **Unterlassung** von Beförderungen aus einem Risikogebiet (§ 2 Nr. 17 → § 2 Rn. 49–51), wenn die Nachweis- und Auskunftspflichten (→ Rn. 73 ff.) nicht erfüllt sind. Siehe dazu § 6 Abs. 1 S. 5 CoronaEinreiseV (→ Rn. 59). Das setzt implizit die Prüfung voraus, ob und inwieweit entsprechende Verpflichtungen der Reisenden bestehen. Diese Prüfung ist mit Blick auf die Ausnahmen (→ Rn. 66) nicht trivial. Nach der Entwurfsbegründung sollen die Beförderer die Angaben der Reisenden lediglich auf Plausibilität überprüfen, nicht aber eine Validierung der vorgelegten Daten und Nachweise vornehmen müssen (BT-Drs. 19/23944, 36). Eine Richtigkeitskontrolle ieS dürfte durch die Beförderer auch praktisch nicht zu leisten sein. Soweit § 6 Abs. 2 S. 1 Hs. 2 CoronaEinreiseV idF v. 30.3.2021 das Beförderungsverbot auch auf Flugreisen aus Nicht-risikogebieten erstreckt, wenn Reisende keinen Negativtest vorlegen (→ Rn. 74a), ist dies vom Wortlaut der VO-Ermächtigung nicht gedeckt.

(c) Barrierefreie **Information** der Reisenden zu den geltenden Einreise- und Infektionsschutzbestimmungen und -maßnahmen, zu den Gefahren der maßgeblichen Krankheit (→ Rn. 58) und den Möglichkeiten zu deren Verhütung und Bekämpfung sowie Hinweis auf die Reise- und Sicher-

heitshinweise des Auswärtigen Amts. Siehe dazu § 5 der CoronaEinreiseV
(→ Rn. 59).

(d) **Erhebung** der notwendigen personenbezogenen Angaben (§ 2 Nr. 16)
zur Identifizierung einer Person oder zur Früherkennung von Kranken
(§ 2 Nr. 4), Krankheitsverdächtigen (§ 2 Nr. 5), Ansteckungsverdächtigen
(§ 2 Nr. 7) und Ausscheidern (§ 2 Nr. 6) und **Übermittlung** an das
Gesundheitsamt. Insoweit sieht § 6 Abs. 1 S. 3 der CoronaEinreiseV
(→ Rn. 59) eine Verpflichtung der Beförderer zum Einsammeln und zur
Weiterleitung der „**Aussteigekarte**" (→ Rn. 64) vor.

(e) Vornahme von **Infektionsschutzmaßnahmen** im Rahmen der Beförderung.

(f) **Meldung** der Beförderung von Kranken (§ 2 Nr. 4), Krankheitsverdächtigen (§ 2 Nr. 5), Ansteckungsverdächtigen (§ 2 Nr. 7) und Ausscheidern
(§ 2 Nr. 6) an das Gesundheitsamt.

(g) **Übermittlung** von **Passagierlisten** und **Sitzplänen** auf Nachfrage
an das Gesundheitsamt. Siehe dazu § 7 Abs. 1 der CoronaEinreiseV
(→ Rn. 59).

(h) **Ermöglichung** des **Transports** von Kranken (§ 2 Nr. 4), Krankheitsverdächtigen (§ 2 Nr. 5), Ansteckungsverdächtigen (§ 2 Nr. 7) und Ausscheidern (§ 2 Nr. 6) in ein **Krankenhaus** oder in eine andere geeignete Einrichtung durch Dritte.

(i) **Benennung** einer **Kontaktstelle** gegenüber dem RKI für Rückfragen
der Gesundheitsbehörden. Siehe dazu § 7 Abs. 2 der CoronaEinreiseV
(→ Rn. 59).

81   **d) Anordnung von Verpflichtungen der Telekommunikationsunternehmen (Nr. 3):** Adressaten von RVO-Regelungen auf der Grundlage von
Abs. 10 S. 1 Nr. 3 sind die Anbieter von Telekommunikationsdiensten und Betreiber öffentlicher Mobilfunknetze. Die Bundesregierung hat auf der Grundlage von Abs. 10 S. 1 Nr. 3 § 8 der **CoronaEinreiseV** (→ Rn. 59) erlassen.
Danach müssen MobilfunknutzerInnen bei Einbuchung in ein deutsches Mo-
bilfunknetz eine Kurznachricht mit Hinweisen auf die geltenden Einreiseregeln
und Infektionsschutzmaßnahmen im Zusammenhang mit SARS-CoV-2 erhalten.

82   **5. Testpflicht (Abs. 10 S. 2).** Abs. 10 S. 2 knüpft an die **Verpflichtung
aus einer RVO** nach S. 1 Nr. 1 lit. c an, ein negatives ärztliches Zeugnis oder
Testergebnis hinsichtlich der maßgeblichen Krankheit (→ Rn. 58) vorzulegen. Siehe dazu § 3 der CoronaEinreiseV (→ Rn. 59) und → Rn. 74 ff. Wird
eine solche bestehende Vorlagepflicht bei bzw. nach der Einreise nicht erfüllt,
ordnet Abs. 10 S. 2 eine Duldungspflicht für eine ärztliche Untersuchung auf
Ausschluss der maßgeblichen Krankheit (→ Rn. 58) an. Zur mangelnden Bestimmtheit → Rn. 75 und → Rn. 96.

83   Vor dem Inkrafttreten des 3. BevSchG am 19. 11. 2020 (BGBl. I, 2397) hat das
BMG Testpflichten auf SARS-CoV-2 für Einreisende aus Risikogebieten auf
Abs. 7 gestützt (→ Rn. 56). Nunmehr muss Abs. 10 S. 2 in seinem Anwendungsbereich als spezieller angesehen werden, sodass eine entsprechende Anordnung auf der Grundlage von Abs. 7 nicht mehr in Betracht kommt. Daraus folgt
auch, dass nach der Aufhebung der Feststellung einer epidemischen Lage von na-

tionaler Tragweite durch den Bundestag eine Testpflicht auf das Vorliegen der maßgeblichen Krankheit (→ Rn. 58) nicht auf Abs. 7 gestützt werden kann.

Anders als Abs. 5 S. 5, Abs. 6 S. 1, Abs. 7 S. 2 enthält Abs. 10 keine Rege- **84** lung, wonach Widerspruch und Anfechtungsklage keine aufschiebende Wirkung haben. Die aufschiebende Wirkung entfällt daher nur, wenn die sofortige Vollziehung im Einzelfall angeordnet wird (§ 80 Abs. 2 S. 1 Nr. 4 VwGO).

6. Befugnisse der Grenz- und Ausländerbehörden (Abs. 11). a) Kon- **85** **trollbefugnisse der Grenzbehörden im Zusammenhang mit RVO nach** **Abs. 8 bzw. Abs. 10:** Abs. 11 S. 1 definiert die Grenzbehörden, **idR die Bundespolizei,** ggf. auch die Landespolizei (vgl. § 2 BPolG), als **unterstützende** **Behörden** nach Abs. 10 S. 1 Nr. 1. In dieser Funktion werden ihnen Befugnisse zur Kontrolle der Nachweis- und Auskunftspflichten aus einer **RVO nach** **Abs. 8** (→ Rn. 59 ff.) **bzw. Abs. 10 S. 1 Nr. 1** (→ Rn. 71 ff.) eingeräumt. Diese bestehen „anlässlich der grenzpolizeilichen Aufgabenwahrnehmung", also auch nur in dem durch § 2 Abs. 2 BPolG abgesteckten Rahmen. Abs. 11 S. 1 ermächtigt zum „stichprobenhaften" Vorgehen, also im Umkehrschluss nicht zur flächendeckenden Kontrolle. Zur Kompetenzproblematik → Rn. 92 f.

In diesem Rahmen können die Grenzbehörden von den AdressatInnen **86** einer RVO nach Abs. 8 S. 1 (→ Rn. 61) die Vorlage von Nachweisen und die Erteilung von Auskünften verlangen. Voraussetzung ist nach dem Regelungszusammenhang und dem Sinn und Zweck der Regelung – Kontrolle der Einhaltung der Verpflichtungen aus der RVO –, dass die RVO nach Abs. 8 bzw. Abs. 10 S. 1 Nr. 1 für den konkreten Fall entsprechende Verpflichtungen vorsieht. Die Nachweis- und Auskunftsverlangen beziehen sich auf:

– den **Nachweis über die Einreiseanmeldung** nach Abs. 8 S. 1 Nr. 2 bzw. S. 4 (Abs. 10 S. 1 Nr. 1 lit. a): als Nachweis dient idR die Bestätigung, die Einreisende nach der vollständigen Dateneingabe iRd digitalen Einreiseanmeldung (→ Rn. 68 f.) erhalten; bei technischen Störungen ist ersatzweise die ausgefüllte Ersatzmitteilung („Aussteigekarte" → Rn. 64) vorzulegen bzw. auszuhändigen;

– ggf. die Vorlage einer **Impfdokumentation** hinsichtlich der maßgeblichen Krankheit (→ Rn. 58), soweit die RVO Entsprechendes regelt (Abs. 10 S. 1 Nr. 1 lit. b → Rn. 73);

– ggf. die Vorlage eines **negativen** ärztlichen Zeugnisses oder **Testergebnisses** hinsichtlich der maßgeblichen Krankheit (→ Rn. 58), wiederum soweit die RVO für den konkreten Fall (insbesondere bezüglich der Aufenthaltsorte vor der Einreise) eine entsprechende Nachweispflicht regelt (Abs. 10 S. 1 Nr. 1 lit. c → Rn. 74 ff.);

– ggf. die Auskunft, ob bei der einreisenden Person **Anhaltspunkte** für die maßgebliche Krankheit vorhanden sind, soweit die RVO eine entsprechende Auskunftspflicht regelt (Abs. 10 S. 1 Nr. 1 lit. d → Rn. 73).

Die Angaben der Betroffenen dürfen mit deren Reisedokumenten abgeglichen werden (Abs. 11 S. 6), was im hiesigen Zusammenhang idR nur hinsichtlich der Einreiseanmeldung in Betracht kommen dürfte.

b) Unterrichtung des Gesundheitsamts: Die Grenzbehörden **87** (→ Rn. 85) werden in Abs. 11 S. 2 ermächtigt und verpflichtet, die zuständige Behörde (idR das für den Wohnsitz zuständige Gesundheitsamt) unverzüglich über die Einreise derjenigen aus einer RVO nach Abs. 10 S. 1 Nr. 1 nachweis- und auskunftspflichtigen Personen (→ Rn. 72) zu unterrichten, die iRd Kontrolle die entsprechenden Auskünfte nicht erteilen bzw. Nachweise nicht vorlegen (können). Voraussetzung ist jeweils, dass im Einzelfall entsprechende Verpflichtungen aus der RVO bestehen (→ Rn. 86). Werden bestehende Nachweis- bzw. Auskunftspflichten iR einer stichprobenhaften Kontrolle (→ Rn. 85) nicht erfüllt, erheben die Grenzbehörden die folgenden Daten bei den Betroffenen und übermitteln sie an die zuständige Gesundheitsbehörde (Abs. 11 S. 3):

– personenbezogene Angaben (§ 2 Nr. 16),
– Angaben zu den Aufenthaltsorten bis zu zehn Tage vor und nach der Einreise,
– Angaben zum genutzten Reisemittel.

88   **c) Befugnisse im Zusammenhang mit RVO nach Abs. 6 oder Abs. 7:** Abs. 11 S. 4 und 5 regelt Meldepflichten und Befugnisse der **Grenz-** (→ Rn. 85) **und Ausländerbehörden** bei Geltung einer RVO des Landes nach Abs. 6 (→ Rn. 48 ff.) oder des BMG nach Abs. 7 (→ Rn. 55 f.). Diese waren bis zum 18. 11. 2020 in Abs. 8 geregelt. Die Regelung wurde durch das 3. BevSchG mWz 19. 11. 2020 (BGBl. I, 2397) in Abs. 11 verlagert und modifiziert. Die Vorgängerregelung war mWv 1. 1. 2019 durch das PpSG (BGBl. 2018 I 2394) eingefügt worden, um die Gesundheitsbehörden in die Lage zu versetzen, Personen, die von einer Verordnung eines Landes nach Abs. 6 oder des BMG nach Abs. 7 erfasst werden, ansprechen zu können (BT-Drs. 19/4453, 68). Zur Kompetenzproblematik → Rn. 92 f.

89   In der Sache besteht weiterhin eine Verpflichtung zur Unterrichtung der zuständigen Behörde (idR das für den Wohnsitz zuständige Gesundheitsamt) über die Einreise von Personen gemäß einer RVO nach Abs. 6 S. 1 bzw. Abs. 7 S. 1. Insoweit werden den Grenz- und Ausländerbehörden Erhebungs- und Übermittlungsbefugnisse (Abs. 11 S. 5) bezüglich der personenbezogenen Angaben (§ 2 Nr. 16) eingeräumt, die zudem mit den Daten aus den vorgelegten Reisedokumenten abgeglichen werden dürfen (Abs. 11 S. 6). Sofern die RVO auf konkrete Gebiete abstellt, aus denen die Einreise erfolgt („Herkunft" → Rn. 52), mag dies umsetzbar sein. Wie Abs. 11 S. 4 und 5 im Zusammenhang mit der Anknüpfung an die „Lebenssituation" wirken soll, ist hingegen unklar.

90   **7. Geltungsdauer von RVO nach Abs. 8 und Abs. 10 (Abs. 12).** Abs. 12 koppelt die Geltungsdauer von RVOen aufgrund v. Abs. 8 und Abs. 10 an die fortbestehende Feststellung der epidemischen Lage von nationaler Tragweite durch den Bundestag (§ 5 Abs. 1). Die ursprüngliche Befristung längstens bis 31. 3. 2021 wurde durch Art. 1 Ziff. 3 des EpiLage-FortgeltungsG v. 29. 3. 2021 (BGBl. I 370) gestrichen.

IV. Verfassungsmäßigkeit; Kritik

91   **1. Kompetenzfragen. a) Vereinbarkeit der Abs. 8 und 10 mit Art. 80 GG:** Die Vorgängerregelung der Abs. 8 und 10 – § 5 Abs. 2 S. 1 Nr. 1 und 2 aF – ermächtigte das BMG zur Anordnung der entsprechenden Verpflichtungen. Die Verwaltungskompetenz des Bundes (Verbandskompetenz) dafür wurde überwiegend verneint, sodass die Anordnungsbefugnisse gegen Art. 83

GG verstießen (→ Voraufl. § 5 Rn. 10ff.; *Kersten/Rixen,* S. 125ff., insb. 127 mwN). Maßstab für die nunmehrige Ausgestaltung als Verordnungsermächtigung ist **Art. 80 GG.** Dessen Abs. 2 lässt die bundesgesetzliche Aufhebung der Zustimmungsbedürftigkeit der RVO ohne weitere Rechtfertigungserfordernisse zu, wenn der BR der Ermächtigung zugestimmt hat (*Uhle* in BeckOK GG Art. 80 Rn. 42.1ff.), was hier der Fall ist (BR-Plenarprotokoll 996). Zum Bestimmtheitsgebot → Rn. 96.

b) Vereinbarkeit des Abs. 11 mit Art. 83 GG: Indem Abs. 11 der Bundespolizei Vollzugskompetenzen hinsichtlich der RVOen nach Abs. 6, 7, 8 und 10 einräumt, weicht die Regelung von Art. 30, 83 GG ab. Als Grundlage kommt zunächst **Art. 87 Abs. 1 S. 2 GG** in Betracht. Diese Kompetenz bezieht sich auf die polizeiliche Überwachung der Bundesgrenzen einschließlich der Kontrolle des grenzüberschreitenden Verkehrs. Die Übertragung weiterer Vollzugsaufgaben auf die Bundespolizei setzt voraus, dass der Bund sich hierfür auf eine Kompetenz des GG stützen kann (BVerfGE 97, 198, NVwZ 1998, 495). In der Sache handelt es sich bei den Aufgaben nach Abs. 11 anders als bei den aufenthaltsrechtlichen Befugnissen (§ 71 Abs. 3 Nr. 1 AufenthG; vgl. zu pandemiebezogenen Einreisebeschränkungen *Klaus* NVwZ 2020, 994; *Schaefer* NVwZ 2020, 834) nicht um solche iRd Grenzschutzes. Dies lässt auch der Wortlaut des Abs. 11 S. 1 erkennen, der die Bundespolizei „*anlässlich* der grenzpolizeilichen Aufgabenwahrnehmung" ermächtigt. Auch der Entwurf der Regierungsfraktionen zum 3. BevSchG geht hinsichtlich der Gesetzgebungskompetenz allein von Art. 74 Abs. 1 Nr. 19 GG aus (BT-Drs. 19/23944, S. 22), stützt sich also nicht auf den Kompetenztitel für den Grenzschutz (Art. 73 Abs. 1 Nr. 5 GG), was eine entsprechende Einordnung auch für den Vollzug naheliegt (*Ibler* in Maunz/Dürig GG Art. 87 Rn. 91). **92**

Erforderlich ist daher eine Verwaltungskompetenz des Bundes auf **anderer verfassungsrechtlicher Grundlage.** Eine solche ist für den Bereich des Infektionsschutzes grds. nicht ersichtlich (*Wissenschaftliche Dienste* des BT, WD 3-3000 -080/20, S. 10), sodass allenfalls eine ungeschriebene Verwaltungskompetenz des Bundes kraft „Natur der Sache" (*Ibler* in Maunz/Dürig GG Art. 87 Rn. 93) in Betracht kommt. Bei der gebotenen Zurückhaltung muss bezweifelt werden, dass die Erreichung des Gesetzeszwecks – effektive Kontrolle der Verpflichtungen aus den RVOen – bei Vollzug durch die Länder ausgeschlossen wäre (zu diesem Maßstab *Kirchhof* in Maunz/Dürig GG Art. 83 Rn. 49; *Kersten/Rixen,* S. 125ff. mwN). **93**

2. Grundrechte; Bestimmtheitsgebot. Die Abs. 6–8 und 10–11 ermöglichen mit den Melde-, Untersuchungs- und Nachweisverpflichtungen Eingriffe in die informationelle Selbstbestimmung, das Recht auf Nichtwissen (Art. 2 Abs. 1 iVm Art. 1 Abs. 1 GG) und die körperliche Unversehrtheit (Art. 2 Abs. 2 GG). Die Beförderungsunternehmen sind durch Mitwirkungspflichten und Beförderungsverbote in ihrer Berufsausübungsfreiheit (Art. 12 Abs. 1 GG) betroffen. Die Ermächtigung zur Anordnung einer Absonderung Einreisender (Abs. 8 S. 1 Nr. 1) greift erheblich in die Freiheit der Person (Art. 2 Abs. 2 S. 2 GG) und die Freizügigkeit (Art. 11 Abs. 1 GG) ein, die Anordnung der Beobachtung (Abs. 8 S. 4) zudem in die Unverletzlichkeit der Wohnung (Art. 13 GG). **94**

95   Jenseits der Einreise-Surveillance bei einer epidemischen Lage von nationaler Tragweite – also hinsichtlich der **Abs. 6 und 7** – ist allerdings fraglich, ob eine pauschale RVO angesichts der Möglichkeit, im Falle konkreter Anhaltspunkte nach § 25 individuell vorzugehen, erforderlich ist (anders *Mers,* S. 281 f.). Anders als § 25 Abs. 3 lassen die Abs. 6–7 zudem die Reichweite der möglichen Eingriffe in die körperliche Unversehrtheit offen bzw. überlassen deren nähere Bestimmung entgegen Art. 2 Abs. 2 S. 3 GG dem Verordnungsgeber (→ Rn. 44 und 53). Schließlich ist unter Verhältnismäßigkeitsgesichtspunkten fraglich, weshalb sich Personen, die nicht in Einrichtungen nach Abs. 1 Nr. 4 aufgenommen werden sollen, routinemäßig weitergehenden Untersuchungen unterziehen müssen sollen, als es Abs. 4 und 5 im Zusammenhang mit einer Einrichtungsaufnahme vorsehen.

96   Demgegenüber dürfte eine engmaschigere Surveillance bei Vorliegen einer epidemischen Lage von nationaler Tragweite – also hinsichtlich der **Abs. 8 und 10** – gerade wegen der (drohenden) dynamischen Ausbreitung der bedrohlichen übertragbaren Krankheit (§ 5 Abs. 1 Satz 4 Nr. 2) idR erforderlich sein. Allerdings unterlässt es auch Abs. 10 S. 2, Näheres zur Duldungspflicht bezüglich der **ärztlichen Untersuchung** zu regeln, insbesondere zu deren Grenzen. Auch wenn der übliche Test auf das Coronavirus SARS-CoV-2, auf den Abs. 10 S. 2 zielt, mittels Nasen-/Rachen-Abstrich durchgeführt wird, enthält die Regelung keine Beschränkung auf nicht-invasive Methoden. Insoweit bestehen auch hier erhebliche Bedenken mit Blick auf das **Bestimmtheitsgebot** und die Vorgabe des Art. 2 Abs. 2 S. 3 GG (→ Rn. 43 f., → Rn. 53 und → Rn. 75). Die Verpflichtung Einreisender zur **Absonderung** kann nur im Zusammenhang mit angemessenen Ausnahmen und Erleichterungen verhältnismäßig sein (→ Rn. 66).

G. Zuwiderhandlungen; Kosten; Entschädigung

97   Die Meldepflicht nach Abs. 3a ist bußgeldbewehrt nach **§ 73 Abs. 1a Nr. 17.** Ordnungswidrig handelt nach § 73 Abs. 1a **Nr. 19** zudem, wer entgegen Abs. 5 S. 1 oder S. 3, Abs. 6 S. 2 Hs. 1, Abs. 7 S. 2 Hs. 1 oder Abs. 10 S. 2 eine ärztliche Untersuchung nicht duldet. Verstöße gegen Regelungen aus einer RVO nach Abs. 8 S. 1 oder S. 4 (jeweils auch iVm S. 5) oder Abs. 10 S. 1 Nr. 1 (auch iVm S. 3), Nr. 2 oder 3 oder gegen eine darauf beruhende vollziehbare Anordnung sind nach § 73 Abs. 1a **Nr. 24** Ordnungswidrigkeiten, soweit die RVO dies entsprechend anordnet. Siehe dazu § 9 CoronaEinreiseV (→ Rn. 59) und § 2 CoronaSchV v. 29. 1. 2021 (→ Rn. 79).

98   Die Heranziehung zu den **Kosten der infektionshygienischen Überwachung** durch das Gesundheitsamt richtet sich nach dem Landesverwaltungskostenrecht. Soweit es für die Bestimmung des Gebührenschuldners darauf ankommt, wer zu einer Amtshandlung Anlass gegeben hat, genügt nach der Rspr. bereits der Betrieb einer Einrichtung bzw. eines Unternehmens iSv Abs. 1 oder Abs. 2 als Anlass (OVG Lüneburg Urt. v. 3. 5. 2018 – 13 LB 80/16, BeckRS 2018, 9064).

99   Anders als bei Absonderungen auf der Grundlage von § 30 soll eine durch RVO nach Abs. 8 S. 1 Nr. 1 angeordnete **Absonderung** Einreisender „auf eigene Kosten" erfolgen. Das betrifft allerdings lediglich die Kosten der Maß-nahme selbst (Umkehrschluss aus § 69 Abs. 1 S. 1 Nr. 8, BT-Drs. 19/27291, 63), etwa wenn die Absonderung nicht im eigenen Haushalt erfolgen kann und deshalb Kosten für eine andere Unterbringung anfallen. Für die **Entschä-digung** für einen Verdienstausfall im Zuge einer solchen Absonderung gilt § 56 Abs. 1 S. 2 ($\rightarrow$ § 56 Rn. 21 ff.).

Die Kosten der nach Abs. 5 S. 1 und 3, Abs. 6 S. 2, Abs. 7 S. 2 und Abs. 10 **100** S. 2 zu duldenden **Untersuchung** sind grds. aus öffentlichen Mitteln zu be-streiten **(§ 69 Abs. 1 S. 1 Nr. 9).**

7. Abschnitt – Wasser

§ 37 Beschaffenheit von Wasser für den menschlichen Gebrauch sowie von Wasser zum Schwimmen oder Baden in Becken oder Teichen, Überwachung

(1) Wasser für den menschlichen Gebrauch muss so beschaffen sein, dass durch seinen Genuss oder Gebrauch eine Schädigung der menschlichen Gesundheit, insbesondere durch Krankheitserreger, nicht zu besorgen ist.

(2) [1]Wasser, das in Gewerbebetrieben, öffentlichen Bädern sowie in sonstigen nicht ausschließlich privat genutzten Einrichtungen zum Schwimmen oder Baden bereitgestellt wird
1. in Schwimm- oder Badebecken oder
2. in Schwimm- oder Badeteichen, die nicht Badegewässer im Sinne der Richtlinie 2006/7/EG des Europäischen Parlaments und des Rates vom 15. Februar 2006 über die Qualität der Badegewässer und deren Bewirtschaftung und zur Aufhebung der Richtlinie 76/160/EWG (ABl. L 64 vom 4.3.2006, S. 37; L 359 vom 29.12.2012, S. 77), die zuletzt durch die Richtlinie 2013/64/EU (ABl. L 353 vom 28.12.2013, S. 8) geändert worden ist, sind,

muss so beschaffen sein, dass durch seinen Gebrauch eine Schädigung der menschlichen Gesundheit, insbesondere durch Krankheitserreger, nicht zu besorgen ist. [2]Bei Schwimm- oder Badebecken muss die Aufbereitung des Wassers eine Desinfektion einschließen. [3]Bei Schwimm- oder Badeteichen hat die Aufbereitung des Wassers durch biologische und mechanische Verfahren, die mindestens den allgemein anerkannten Regeln der Technik entsprechen, zu erfolgen.

(3) Wassergewinnungs- und Wasserversorgungsanlagen, Schwimm- oder Badebecken und Schwimm- oder Badeteiche einschließlich ihrer Wasseraufbereitungsanlagen unterliegen hinsichtlich der in den Absätzen 1 und 2 genannten Anforderungen der Überwachung durch das Gesundheitsamt.

Übersicht

Schrifttum: *Breuer/Gärditz,* Öffentliches und privates Wasserrecht, 2017; *Hardy,* Trinkwassertheorie und Flußverunreinigung im 19. Jahrhundert, in Hähner-Rombach, Ohne Wasser ist kein Heil, medizinische und kulturelle Aspekte der Nutzung von Wasser, 2005, 55; *Köck,* Zur Entwicklung des Rechts der Wasserversorgung und der Abwasserbeseitigung, ZUR 2015, 3 ff; *Landmann/Rohmer* (Hrsg.), Umweltrecht – Kommentar (Losebl.) Bd. 1, Stand: 2020; *Mann,* Kolonialismus in den Zeiten der Cholera. Zum Streit zwischen Robert Koch, Max Pettenkofer und James Cuningham über die Ursachen einer epidemischen Krankheit, COMPARATIV 15 (2006), 80.

A. Zweck und Bedeutung der Norm

Die Norm regelt zum einen, welches Wasser vom **Regelungsumfang** des **1** IfSG umfasst ist und wie dieses Wasser beschaffen sein muss. Zum anderen regelt die Norm, wer für die **Überwachung** dieses Wassers zuständig ist. Vom Regelungsumfang des IfSG umfasst ist das Wasser für den menschlichen Gebrauch sowie das Badewasser in nicht nur privat genutzten Einrichtungen oder Badeteichen. Die Zuständigkeit, die Einhaltung der Regeln zu überwachen, liegt beim Gesundheitsamt.

Die **§§ 37–41** sind nicht nur **Teil** des Infektionsschutzrechtes, sondern auch **2** des sehr komplexen, stark vom Europarecht geprägten und föderal diversifizierten **Wasserrechts** (vgl. *Breuer/Gärditz,* Rn. 3).

B. Entwicklungsgeschichte der Norm

Der menschliche Körper besteht zu 60–80% aus **Wasser.** Die Aufnahme **3** von Flüssigkeit ist für den Menschen **lebensnotwendig.** Das Funktionieren seiner Organe hängt von der Zufuhr mit Wasser ab. Dennoch dauerte es einige Zeit, bis sich in Deutschland und der Welt die medizinische Gewissheit durchsetzte, dass Wasser nicht nur lebensnotwendig ist, sondern gleichfalls Krankheiten hervorrufen konnte (*Hardy* in Hähner-Rombach, 55).

Auslöser dieser neueren Erkenntnis war die im 19. Jahrhundert in Europa **4** und der Welt wütende **Choleraepidemie** (→ Einf. Rn. 8 ff.). Zuerst ging man davon aus, dass bestimmte lokale Gegebenheiten, allgemeine atmosphärische Störungen – sogenannte „Miasmen" –, für den Ausbruch und die Verbreitung der Krankheit in Indien verantwortlich waren. An dieser Theorie wurde vielfach Kritik geübt, aber erst 1892 konnte **Robert Koch** seine schon vorher geäußerte These, dass sich die Krankheit über das Trinkwasser verbreitete, verifizieren (*Mann* COMPARATIV 2006, 80 (103)). Es stand demnach fest, dass Wasser Krankheiten übertragen kann und es daher essentiell ist, zur

Krämer-Hoppe

Abwehr solcher Krankheiten die Qualität und die Versorgung mit Trinkwasser zu regulieren und zu überwachen.

5   Für das neue Coronavirus **SARS-CoV-2** geht das Umweltbundesamt davon aus, dass eine Ansteckung über das **Trinkwasser** höchst unwahrscheinlich ist (UBA, Stellungnahme vom 12. März 2020, Trinkwasser und Coronavirus SARS-CoV2-Übertragung unwahrscheinlich, https://www.umweltbundes amt.de/sites/default/files/medien/374/dokumente/stellungnahme_uba_ sars-co2_und_trinkwasser-1.pdf).

6   Die **Vorläufernorm** des § 37 war **§ 11 BSeuchG.** Dieser verwendete noch den engeren Begriff des Trinkwassers sowie des Wassers für Betriebe, in denen Lebensmittel gewerbsmäßig hergestellt oder behandelt werden oder die Lebensmittel gewerbsmäßig in den Verkehr bringen (§ 11 Abs. 1 S. 1) (für einen Überblick über die Entwicklung siehe *Pommer* in BeckOK InfSchR § 37 Rn. 2–4). Die Änderung erfolgte unter Bezugnahme des in der RL 98/83/EG über die Qualität von Wasser für den menschlichen Gebrauch verwendeten Begriffs (BT-Drs. 14/2530, 79). Der neue Begriff „Wasser für den menschlichen Bedarf" bildet einen Oberbegriff und umfasst daher die beiden Begriffe „Trinkwasser" sowie das „Wasser für Lebensmittelbetriebe". Die Anforderungen an dieses Wasser waren schon im BSeuchG identisch. Es musste so beschaffen sein, dass durch seinen Genuss oder Gebrauch eine Schädigung der menschlichen Gesundheit, insbesondere durch Krankheitserreger, nicht zu besorgen ist.

7   Mit der Änderung des IfSG im Jahre 2017 durch das GMÜK v. 17.7.2017 (BGBl. I 2615) sind die **Schwimm-** und **Badeteiche** hinzugekommen. Diese Erweiterung des Anwendungsbereiches war nötig, um eine hier bestehende Schutzlücke zu schließen (BT-Drs. 18/10938, 71f.). Denn Anforderungen an dieses Wasser konnten bis dahin nur über eine über § 38 Abs. 2 zu erlassene RVO geregelt werden. Eine solche RVO war aber seit Inkrafttreten des IfSG nicht erlassen worden.

C. Wasser für den menschlichen Gebrauch (Abs. 1)

I. Wasser für den menschlichen Gebrauch

8   Ausweislich der amtlichen Begründung (BT-Drs. 14/2530, 79) wird der Begriff „Wasser für den menschlichen Gebrauch" in § 37 Abs. 1 im Sinne der RL 98/83/EG über die Qualität von Wasser für den menschlichen Gebrauch verwendet. Dieser Begriff ist ein Oberbegriff und umfasst sowohl das „**Trinkwasser**" als auch das „**Wasser für Lebensmittelbetriebe**". Aus der Wahl der Formulierung „Wasser für den menschlichen Gebrauch" wird deutlich, „dass nicht nur das zum unmittelbaren Verzehr – also zum Trinken – bestimmte Wasser gemeint ist" (BT-Drs. 14/2530, 79). Vielmehr ist jetzt alles Wasser umfasst, das potentiell mit dem menschlichen Körper in Kontakt kommt.

9   Gem. **Art. 2 Nr. 1 der RL 98/83 EG** versteht man unter Wasser zum menschlichen Gebrauch alles Wasser, sei es im ursprünglichen Zustand oder nach Aufbereitung, das zum Trinken, zum Kochen, zur Zubereitung von Speisen oder zu anderen häuslichen Zwecken bestimmt ist. Ferner fällt dar-

unter auch das Wasser, das in einem Lebensmittelbetrieb für die Herstellung, Behandlung, Konservierung oder zum Inverkehrbringen von für den menschlichen Gebrauch bestimmten Erzeugnissen oder Substanzen verwendet wird.

Eine weitere Konkretisierung des Begriffs findet sich in der aufgrund von **10** § 38 erlassenen **Trinkwasserverordnung** (TrinkwV) in **§ 3 Nr. 1.** Zum einen wird klargestellt, dass hier Wasser in jedem Aggregatzustand erfasst wird. Auch gefrorenes Wasser fällt somit hierunter. Ferner ist Trinkwasser gem. § 3 Nr. 1 lit. a alles Wasser, das, im ursprünglichen Zustand oder nach Aufbereitung, zum Trinken, zum Kochen, zur Zubereitung von Speisen und Getränken verwendet wird. Ferner liegt Trinkwasser ebenfalls vor, wenn Wasser zu anderen häuslichen Zwecken, insbes. für die Körperpflege und -reinigung (§ 3 Nr. 1 lit. a aa TrinkwV) und das Abwaschen (§ 3 Nr. 1 lit. a bb TrinkwV), verwandt wird. Trinkwasser ist auch all das Wasser, das zur Reinigung von Gegenständen verwandt wird, die nicht nur vorübergehend mit dem menschlichen Körper in Kontakt kommen (§ 3 Nr. 1 lit. a cc TrinkwV). Unter Trinkwasser wird ferner, wie in der Richtlinie selbst, all das Wasser gefasst, das in einem Lebensmittelbetrieb für die Herstellung, Behandlung, Konservierung oder zum Inverkehrbringen von Erzeugnissen oder Substanzen, die für den menschlichen Gebrauch bestimmt sind, verwendet wird (§ 3 Nr. 1 lit. b TrinkwV).

Die TrinkwV unterscheidet Wasser zum Trinken oder Ähnliches (§ 3 Nr. 1 **11** lit. a) und Wasser, das in Lebensmittelbetrieben verwendet wird (§ 3 Nr. 1 lit. b). Hierbei kommt es nur auf die Zweckbestimmung an, das Wasser muss nicht tatsächlich getrunken oder im Lebensmittelbetrieb verwendet worden sein. Diese **Zweckbestimmung** ist nach **objektiven Kriterien** zu ermitteln (*Rathke* in Zipfel/Rathke TrinkwV 2001 § 3 Rn. 5 ff.).

Nicht alles Wasser im Haushalt muss diesen Anforderungen genügen. Un- **12** streitig **nicht umfasst ist** das Wasser für die **Toilettenspülung.** Dieses muss keine Trinkwasserqualität aufweisen. Ob das Wasser zum Wäschewaschen auch den Anforderungen der TrinkwV genügen muss, ist umstritten. Das BVerwG verneint dies (BVerwG Urt. v. 31. 3.010 – 8 C 16/08; BVerwG Urt. v. 24.1.2011 – 8 C 44/09). Das Schrifttum hingegen vertritt die Ansicht, dass Wasser zum **Wäschewaschen** iSd § 3 Abs. 1 Nr. 1 lit. a aa TrinkwV der Reinigung von Gegenständen dient, die bestimmungsgemäß mit Lebensmitteln in Berührung kommen und deshalb Trinkwasser und damit Wasser für den menschlichen Gebrauch ist (*Rathke* in Zipfel/Rathke TrinkwV 2001 § 3 Rn. 11 b). Ein weiteres Argument ist, dass Kleidung, die bei niedrigen Temperaturen gewaschen wird, bei denen Krankheitserreger nicht abgetötet werden, durch Kontaktinfektion bei Menschen eine Infektion verursachen könnte (*BBS,* § 37 Rn. 4; so wohl auch *Pommer* in BeckOK InfSchR § 37 Rn. 7 ohne weitere Begründung). Dieser engen Ansicht wird hier jedoch nicht gefolgt. Vielmehr bezieht sich das Reinigen von Gegenständen, die bestimmungsgemäß mit Lebensmitteln in Berührung kommen, eindeutig auf das Abwaschen von Geschirr, Besteck oder anderen Gerätschaften, die man zur Zubereitung von Lebensmitteln verwendet. Kleidungsstücke werden bestimmungsgemäß nicht zur Zubereitung von Speisen verwendet und fallen daher nicht hierunter. Ob diese möglicherweise trotzdem Krankheiten verursachen könnten, wenn sie mit verunreinigtem Wasser gewaschen werden, ist erstmal eine tatsächliche Frage. Kleidung kommt aber regelmäßig mit dem Körper in Kontakt und könnte daher unter

§ 3 Abs. 1 Nr. 1 lit. a cc subsumiert werden. Dem BVerwG ist aber dahingehend zuzustimmen, dass das Ziel der TrinkwV nicht ist, dem Verbraucher Ge- oder Verbote aufzugeben (BVerwG Urt. v. 31. 3.010 – 8 C 16/08; BVerwG Urt. v. 24. 1. 2011 – 8 C 44/09). Die TrinkwV soll vielmehr gewährleisten, dass jedem Haushalt Wasser in Trinkwasserqualität zur Verfügung steht. Für das Waschen von Wäsche muss daher die Möglichkeit bestehen, Trinkwasser zu verwenden. „Ob daneben ein Anschluss besteht und genutzt wird, der Wasser geringerer Qualität liefert, bleibt der eigenen Verantwortung und Entscheidung des Verbrauchers überlassen" (BR-Drs 721/00, 53). Bis jetzt ist nicht ersichtlich, dass durch diese Möglichkeit, Wasser zum Wäschewaschen zu benutzten, das nicht die Trinkwasserqualität aufweist, eine Schutzlücke im Infektionsrecht entstanden ist; sollte sich dies ändern, kann der Gesetzgeber diese schließen. Gleichzeitig sollte bedacht werden, dass das Trinkwasservorkommen begrenzt ist und es daher aus anderen als Infektionsschutzgründen vielleicht sinnvoll erscheint, nicht für alle Tätigkeiten im Haushalt auf Trinkwasser zurückzugreifen.

II. Genuss oder Gebrauch

13   Unter Genuss ist der **Verbrauch** des Wassers zu verstehen, während der Gebrauch alle weiteren in der TrinkwV und der Richtlinie genannten Verwendungen des Wassers umfasst, die gerade nicht im Verzehr des Wassers liegen – bspw. die **Körperreinigung** mit Wasser und das Abwaschen (vgl. *Rathke* in Zipfel/Rathke TrinkwV 2001, § 3 Rn. 17 f.).

III. Schädigung der menschlichen Gesundheit

14   Für die Frage, wann eine Schädigung der menschlichen Gesundheit angenommen werden kann, kann **Art. 14 Abs. 4 der VO (EG) Nr. 178/2002** aus dem Lebensmittelrecht herangezogen werden. Hiernach sind für die Entscheidung, ob ein Lebensmittel als gesundheitsschädlich einzustufen ist, folgende Parameter zu berücksichtigen: die wahrscheinlichen sofortigen und/oder kurzfristigen und/oder langfristigen Auswirkungen des Lebensmittels nicht nur auf die Gesundheit des Verbrauchers, sondern auch auf nachfolgende Generationen, die wahrscheinlichen kumulativen toxischen Auswirkungen und die besondere gesundheitliche Empfindlichkeit einer bestimmten Verbrauchergruppe, falls das Lebensmittel für diese Gruppe von Verbrauchern bestimmt ist.

15   Insgesamt erfordert der Begriff „gesundheitsschädlich" **nicht,** dass eine **Krankheit** im **medizinischen Sinne** vorliegt. Eine vorübergehende Beeinträchtigung des Wohlbefindens reicht aus. Eine solche liegt beispielsweise bei leichten Kopfschmerzen, Durchfall, Brechreiz oder Übelkeit vor. Widerwillen oder leichter Ekel reichen allerdings noch nicht aus. Insgesamt bedarf es einer verständigen Würdigung im Einzelfall (*Rathke* in Zipfel/Rathke EG-Lebensmittel-Basisverordnung Art. 14 Rn. 38). In den Bereichen, in denen die physische Gesundheit und die psychische Gesundheit eng beieinanderliegen wie bei ausgeprägtem Ekel, kann man davon ausgehen, dass auch die psychische Gesundheit vom Schutz der Norm umfasst ist (*Pommer* in BeckOK InfSchR § 37 Rn. 18).

IV. Krankheitserreger

Zum Begriff des Krankheitserregers → **§ 2 Nr. 1** (→ § 2 Rn. 2 ff.). **16**

Die Formulierung „insbesondere durch Krankheitserreger" macht deutlich, **17**
dass auch **die sonstige Beschaffenheit** des **Wassers** ungefährlich für die
menschliche Gesundheit sein muss (*BBS*, § 37 Rn. 3). Dem wird in der
TrinkwV auch durch bestimmte Grenzwerte für radioaktive Stoffe oder
Schwermetalle Rechnung getragen.

V. Nicht zu besorgen

Die Anforderung, dass eine Schädigung der menschlichen Gesundheit **18**
durch Krankheitserreger *nicht zu besorgen* ist, besagt, dass die **Wahrscheinlichkeit,** dass eine Gesundheitsgefährdung auftritt, nach menschlicher Erfahrung
ausgeschlossen sein muss. Die menschliche Erfahrung muss auf tatsächlichen und wissenschaftlichen Erkenntnissen beruhen. Es muss demnach nicht
eine gewisse Wahrscheinlichkeit für einen Schadenseintritt vorliegen, vielmehr
muss diese Wahrscheinlichkeit ausgeräumt sein. Diese Vorschrift hat zum Ziel,
gerade **abstrakte Gefahren** zu verhindern.

Der Besorgnisgrundsatz findet sich auch in den §§ 32 Abs. 1 und 48 Abs. 1 **19**
WHG. In seiner Grundsatzentscheidung zum Wasserrecht aus dem Jahr 1965
macht das BVerwG deutlich, was es unter „nicht zu besorgen" versteht (*Meyer*
in Landmann/Rohmer Umweltrecht WHG § 48 Rn. 7). Dies sei strenger zu
verstehen als eine **drohende Gefahr.** Das BVerwG (Urt. v. 16.7.1965 – IV C
54.65, Rn. 18) hebt ferner die Bedeutung der negativen Formulierung hervor:

> *Dies will besagen, daß eine gewisse Wahrscheinlichkeit geradezu ausgeräumt sein
> müsse. Reine Möglichkeiten werden allerdings nie völlig ausgeschlossen werden kön-
> nen. Das „nicht zu besorgen" ist aber dahin zu deuten, daß keine auch noch so wenig
> naheliegende Wahrscheinlichkeit besteht, was darauf hinausläuft, es müsse nach
> menschlicher Erfahrung unwahrscheinlich sein. Das Gesetz ist hier also überaus streng.*

Für das Einleiten von Stoffen in **§ 48 Abs. 1 WHG** ist eine nachteilige Ver- **20**
änderung der Beschaffenheit des Grundwassers dann zu besorgen, wenn die
Möglichkeit eines entsprechenden Schadenseintritts besteht (*Czychowski/
Reinhardt*, § 48 WHG Rn. 13).

Für die Prognose, ob die Möglichkeit eines Schadenseintritts besteht, muss **21**
im Wasserrecht auf die konkreten gegebenen Umstände abgestellt werden. Es
bedarf also einer auf den Einzelfall bezogenen Betrachtungsweise (*Breuer/
Gärditz*, Rn. 419). Für den Besorgnisgrundsatz im IfSG bedarf es ebenso einer
Betrachtung des Einzelfalles.

§ 37 Abs. 1 iVm § 39 Abs. 2 Nr. 1 ermöglicht ein behördliches Einschreiten **22**
daher immer dann, wenn nicht ausgeschlossen werden kann, dass eine Schädi-
gung der menschlichen Gesundheit eintritt (vgl. BVerwG NVwZ 1989, 1061;
VGH München BeckRS 2000, 24424; VG Ansbach BeckRS 2013, 47468;
VG München BeckRS 2008, 46255; VG Würzburg LMRR 2014, 51). Eine
Schädigung der menschlichen Gesundheit ist beispielsweise dann zu besorgen,
wenn eine Verkeimung des Trinkwassers nur einmalig festgestellt worden ist
(VG Augsburg BeckRS 2019, 8226 Rn. 53). Zu berücksichtigen ist allerdings,

dass es einer Gesundheitsgefährdung bedarf, und so reicht – wie auch für § 48 Abs. 1 S. 1 WHG festgestellt – **nicht jede belanglose Beeinträchtigung** der Gesundheit aus (vgl. *Breuer/Gärditz,* Rn. 419). Nicht jede Veränderung des Wassers für den menschlichen Gebrauch birgt demnach die Wahrscheinlichkeit, dass ein Schaden für die menschliche Gesundheit eintritt. Für das Wasserrecht hat man versucht, die Maßstäbe und Grenzen des Besorgnisgrundsatzes in einem Geringfügigkeitsschwellenkonzept festzuhalten. Die Beratung des WHG 2010 und der Grundwasserversorgung hierzu sind allerdings gescheitert (*Breuer/Gärditz,* Rn. 419).

D. Wasser zum Schwimmen oder Baden (Abs. 2)

I. Nicht ausschließlich privat genutzt

23   Ein Schwimm- und Badebecken ist dann nicht ausschließlich privat genutzt, wenn es von einem wechselnden Personenkreis genutzt werden kann. Dies ist dann nicht der Fall, wenn ein Schwimmbecken zu einer Wohnanlage gehört und hier ausschließlich von den Eigentümern und Mietern genutzt wird (OVG Münster BeckRS 2008, 39430). Für eine öffentliche Nutzung kommt es auf die Zugänglichkeit an; wenn der Zutritt jedermann gestattet ist, dann spielt es keine Rolle, dass das Becken nur von einer kleinen Gruppe von Personen tatsächlich genutzt wird (VG Ansbach BeckRS 2013, 47468).

II. Schwimm- oder Badebecken (Nr. 1) oder Schwimm- oder Badeteiche (Nr. 2)

24   Die Unterscheidung zwischen einem Schwimm- oder Badebecken (Nr. 1) oder einem Schwimm- oder Badeteich (Nr. 2) ist nicht immer einfach, sie ist aber von besonderer Bedeutung, bedarf es doch nach § 37 Abs. 2 S. 2 bei Schwimm- oder Badebecken einer aufwendigen **Aufbereitung des Wassers,** die eine Desinfektion miteinschließt. Bei Schwimm- oder Badeteichen hingegen reicht es aus, dass die Aufbereitung des Wassers durch biologische und mechanische Verfahren, die mindestens den allgemein anerkannten Regeln der Technik entsprechen, erfolgt.

25   Bei einem Teich handelt es sich nach der Bedeutung des Wortes im Duden um ein kleineres stehendes Gewässer oder einen kleinen See. Von einem Becken spricht man dann, wenn etwas fest mit dem Fundament verbunden ist. Ein Schwimmbecken bedeutet im Sprachgebrauch ein größeres ausgemauertes Wasserbecken. Der Unterschied liegt demnach in der baulichen Gestaltung (VGH München NVwZ-RR 2020, 383, Rn. 35). Hierauf verweist auch der Gesetzgeber, der auf die Gesamtsituation der baulichen Gestaltung – insbesondere auf die Art der Wasserumfassung – abstellt: „Schwimm- oder Badebecken sind geprägt von einer Wasserumfassung mittels metallischer Wannen oder betonierter oder gemauerter Umgrenzungen. Bei den Schwimm- oder Badeteichen dienen zur Wasserumfassung hingegen auch natürliche Materialien wie Erden, Sande oder Kies und es kann Pflanzenbewuchs in und um das Wasser eingesetzt sein, um insgesamt den Eindruck eines natürlichen Gewässers zu erzeugen. Das Vorhandensein auch von z. B. gemauerten oder betonierten Ele-

menten ist für die Einordnung als Schwimm- oder Badeteich unschädlich, solange die Bade- oder Schwimmanlage von einem naturnahen Gesamtcharakter geprägt ist" (BT-Drs. 18/10938, 71).

III. Ausnahme Badegewässer

Von den Anforderungen ausgenommen sind Badegewässer im Sinne der **26** **Badegewässerrichtlinie 2006/7/EU.** Voraussetzung für ein Badegewässer iSd Richtlinie ist allerdings ein Grundwasserbezug oder ein Bezug zu einem fließenden Oberflächenwasser, so dass sich die Konzentration von Krankheitserregern durch den Austausch des Badewassers entweder mit dem Grundwasser oder dem Oberflächenwasser verringert (BT-Drs. 14/2530, 80). Demgegenüber reicht das Vorkommen von Tieren und Pflanzen für die Annahme eines Badegewässers nicht aus (VGH München NVwZ-RR 2020, 383).

IV. Beschaffenheit von Wasser zum Schwimmen

Die Rechtsfolgen für Schwimm- oder Badebecken (Nr. 1) oder Schwimm- **27** oder Badeteiche (Nr. 2) sind unterschiedlich. Bei Schwimm- oder Badebecken (Nr. 1) bedarf es einer Aufbereitung des Wassers, die eine Desinfektion miteinschließen muss. Für Schwimm- und Badeteiche (Nr. 2) gelten andere Anforderungen. Hiernach muss die Aufbereitung des Wassers durch biologische und mechanische Verfahren, die mindestens den allgemein anerkannten Regeln der Technik entsprechen, erfolgen. Ansonsten muss das Wasser so beschaffen sein, dass durch seinen Gebrauch eine Schädigung der menschlichen Gesundheit nicht eintritt (→ Rn. 14 f.).

E. Wassergewinnungs- und Wasserversorgungsanlagen und Überwachung durch das Gesundheitsamt (Abs. 3)

I. Wassergewinnungs- und Versorgungsanlagen

Was eine Wassergewinnungs- oder Wasserversorgungsanlage ist, wird in § 3 **28** Nr. 2 der TrinkwV legal definiert. Hiernach sind Wasserversorgungsanlagen bspw. zentrale Wasserwerke, dh Anlagen einschließlich dazugehörender Wassergewinnungsanlagen und eines dazugehörenden Leitungsnetzes, aus denen pro Tag mindestens 10 Kubikmeter Trinkwasser entnommen oder auf festen Leitungswegen an Zwischenabnehmer geliefert werden oder aus denen auf festen Leitungswegen Trinkwasser an mindestens 50 Personen abgegeben wird. Umfasst werden neben dezentralen kleinen Wasserwerken, aus denen weniger als 10 Kubikmeter Trinkwasser entnommen wird, auch Kleinanlagen zur Eigenversorgung und mobile Versorgungsanlagen.

II. Überwachung durch das Gesundheitsamt

Dem Gesundheitsamt obliegt die Überwachung der Wasserversorgungs- **29** anlagen und des Badewassers. Durch die Überwachung der Wasserversorgungsanlagen wird das Gesundheitsamt in die Lage versetzt, schon vor der Zurverfügungstellung des Wassers an die Bevölkerung auf die Einhaltung der

Anforderungen insbesondere des § 37 Abs. 1 Einfluss zu nehmen (*BBS*, § 37 Rn. 13).

30   Die Überwachung, auf die sich § 37 Abs. 3 bezieht, ist eine Routineüberwachung. Anhaltspunkte für Überschreitungen der bspw. in der TrinkwV niedergelegten Grenzwerte für Bakterien oder andere physikalische oder chemische Anforderungen sind keine Voraussetzung (*BBS*, § 37 Rn. 15).

§ 38   Erlass von Rechtsverordnungen

(1) [1]**Das Bundesministerium für Gesundheit bestimmt durch Rechtsverordnung mit Zustimmung des Bundesrates,**

1. **welche Anforderungen das Wasser für den menschlichen Gebrauch entsprechen muss, um der Vorschrift von § 37 Abs. 1 zu genügen,**

2. **dass und wie die Wassergewinnungs- und Wasserversorgungsanlagen und das Wasser in hygienischer Hinsicht zu überwachen sind,**

3. **welche Handlungs-, Unterlassungs-, Mitwirkungs- und Duldungspflichten dem Unternehmer oder sonstigen Inhaber einer Wassergewinnungs- oder Wasserversorgungsanlage im Sinne der Nummern 1 und 2 obliegen, welche Wasseruntersuchungen dieser durchführen oder durchführen lassen muss und in welchen Zeitabständen diese vorzunehmen sind,**

4. **die Anforderungen an Stoffe, Verfahren und Materialien bei der Gewinnung, Aufbereitung oder Verteilung des Wassers für den menschlichen Gebrauch, soweit diese nicht den Vorschriften des Lebensmittel- und Futtermittelgesetzbuches unterliegen, und insbesondere, dass nur Aufbereitungsstoffe und Desinfektionsverfahren verwendet werden dürfen, die hinreichend wirksam sind und keine vermeidbaren oder unvertretbaren Auswirkungen auf Gesundheit und Umwelt haben,**

5. **in welchen Fällen das Wasser für den menschlichen Gebrauch, das den Anforderungen nach den Nummern 1 oder 4 nicht entspricht, nicht oder nur eingeschränkt abgegeben oder anderen nicht oder nur eingeschränkt zur Verfügung gestellt werden darf,**

6. **dass und wie die Bevölkerung über die Beschaffenheit des Wassers für den menschlichen Gebrauch und über etwaige zu treffende Maßnahmen zu informieren ist,**

7. **dass und wie Angaben über die Gewinnung und die Beschaffenheit des Wassers für den menschlichen Gebrauch einschließlich personenbezogener Daten, soweit diese für die Erfassung und die Überwachung der Wasserqualität und der Wasserversorgung erforderlich sind, zu übermitteln sind und**

8. **die Anforderungen an die Untersuchungsstellen, die das Wasser für den menschlichen Gebrauch analysieren.**

[2]**In der Rechtsverordnung können auch Regelungen über die Anforderungen an die Wassergewinnungs- und Wasserversorgungsanlagen**

getroffen werden. [3]Ferner kann in der Rechtsverordnung dem Umweltbundesamt die Aufgabe übertragen werden, zu prüfen und zu entscheiden, ob Stoffe, Verfahren und Materialien die nach Satz 1 Nummer 4 festgelegten Anforderungen erfüllen. [4]Voraussetzungen, Inhalt und Verfahren der Prüfung und Entscheidung können in der Rechtsverordnung näher bestimmt werden. [5]In der Rechtsverordnung kann zudem festgelegt werden, dass Stoffe, Verfahren und Materialien bei der Gewinnung, Aufbereitung und Verteilung des Wassers für den menschlichen Gebrauch erst dann verwendet werden dürfen, wenn das Umweltbundesamt festgestellt hat, dass sie die nach Satz 1 Nummer 4 festgelegten Anforderungen erfüllen. [6]Die Rechtsverordnung bedarf des Einvernehmens mit dem Bundesministerium für Umwelt, Naturschutz, Bau und Reaktorsicherheit, soweit es sich um Wassergewinnungsanlagen handelt.

(2) [1]Das Bundesministerium für Gesundheit bestimmt durch Rechtsverordnung mit Zustimmung des Bundesrates,

1. welchen Anforderungen das in § 37 Abs. 2 bezeichnete Wasser entsprechen muss, um der Vorschrift von § 37 Abs. 2 zu genügen,

2. dass und wie die Schwimm- oder Badebecken, die Schwimm- oder Badeteiche und das Wasser in hygienischer Hinsicht zu überwachen sind,

3. welche Handlungs-, Unterlassungs-, Mitwirkungs- und Duldungspflichten dem Unternehmer oder sonstigen Inhaber eines Schwimm- oder Badebeckens oder eines Schwimm- oder Badeteiches im Sinne der Nummern 1 und 2 obliegen, welche Wasseruntersuchungen dieser durchführen oder durchführen lassen muss und in welchen Zeitabständen diese vorzunehmen sind,

4. in welchen Fällen das in § 37 Abs. 2 bezeichnete Wasser, das den Anforderungen nach Nummer 1 nicht entspricht, anderen nicht zur Verfügung gestellt werden darf und

5. dass für die Aufbereitung des in § 37 Absatz 2 Satz 1 bezeichneten Wassers nur Mittel und Verfahren verwendet werden dürfen, die vom Umweltbundesamt in einer Liste bekannt gemacht worden sind.

[2]Die Aufnahme von Mitteln und Verfahren zur Aufbereitung des in § 37 Absatz 2 Satz 2 bezeichneten Wassers in die Liste nach Nummer 5 erfolgt nur, wenn das Umweltbundesamt festgestellt hat, dass die Mittel und Verfahren mindestens den allgemein anerkannten Regeln der Technik entsprechen.

(3) [1]Für individuell zurechenbare öffentliche Leistungen in Antragsverfahren nach den auf Grund der Absätze 1 und 2 erlassenen Rechtsverordnungen kann das Umweltbundesamt zur Deckung des Verwaltungsaufwands Gebühren und Auslagen erheben. [2]Das Bundesministerium für Umwelt, Naturschutz, Bau und Reaktorsicherheit wird ermächtigt, durch Rechtsverordnung ohne Zustimmung des Bundesrates die gebührenpflichtigen Tatbestände, die Gebührensätze und die Auslagenerstattung näher zu bestimmen und dabei feste Sätze oder Rahmensätze vorzusehen.

Schrifttum: *Schmitz/Seeliger/Oemichen,* Die neue Trinkwasserverordnung – Der Kommentar aus rechtlicher und technisch-wirtschaftlicher Sicht, 4. Aufl. 2018; *Seeliger/Wrede,* Die neue Trinkwasserverordnung, ZfWR 2012, 14; *Wrede/Seeliger,* Zur Novelle der Trinkwasserverordnung 2018 – Was hat sich für die Unternehmen der Wasserwirtschaft geändert?, ZfWR 2019, 141.

A. Zweck und Bedeutung der Norm

1   § 38 folgt auf die grundsätzliche definitorische Norm des § 37 und stellt eine **Verordnungsermächtigung** (*Voßkuhle/Wischmeyer* JuS 2015, 311) für das BMG gem. Art. 80 GG dar. Alle Verordnungen bedürfen der Zustimmung des BR gem. Art. 80 Abs. 2 GG, da es sich bei dem IfSG um ein Zustimmungsgesetz handelt.

B. Entstehungsgeschichte der Norm

2   Die Aufteilung der Verordnungsermächtigung bezüglich des Trinkwassers und des Badewassers in zwei Absätze erfolgte aus Gründen der **Übersichtlichkeit** (BT-Drs. 14/2530, 79).

3   Die Vorgängerregelung war **§ 11 Abs. 2 BSeuchG.** Hiernach konnte der Bundesminister für Gesundheit in der RVO die Überwachung der Wassergewinnungs- und Wasserversorgungsanlagen, der Schwimm- oder Badebecken und des Wassers in hygienischer Hinsicht regeln. Ferner konnten die Mitwirkungs-, Duldungspflichten und die Pflichten zu Wasseruntersuchung geregelt werden.

4   Der neugefasste § 38 ist sehr **viel ausdifferenzierter.** Es wird klargestellt und ausdrücklich geregelt, dass die Verordnungsermächtigung auch kraft Sachzusammenhangs die Anforderungen an Wassergewinnungs- und Wasserversorgungsanlagen (§ 38 Abs. 1 S. 2) sowie Untersuchungsstellen (§ 38 Abs. 1 Nr. 8) enthält. In der Gesetzesbegründung wird darauf hingewiesen, dass die Aufnahme der Handlungs- und Unterlassungspflichten des Unternehmers und weiterer Neuerungen der Rechtsklarheit dient (BT-Drs. 14/2530, 79). Diese Ausdifferenzierungen und Klarstellungen schaffen nicht nur Rechtsklarheit, sondern dienen ebenfalls dazu, dem in **Art. 80 Abs. 1 S. 2 GG** niedergelegten **Gebot der Bestimmtheit** von Ermächtigungsnormen zum Erlass von RVOen zu genügen. Art. 80 Abs. 1 S. 2 GG verlangt, dass Inhalt, Zweck und Ausmaß der erteilten Ermächtigung im Gesetz bestimmt werden. Diese Anforderung ist eine Konkretisierung des Rechtsstaats- und Demokratieprinzips und soll eine ungebundene Rechtsetzungsbefugnis an die Exekutive unterbinden (*Bauer* in Dreier Art. 80 Rn. 32 ff.).

5   Ein Gesetzentwurf aus dem Jahr 2017 (BT-Drs. 18/10938, 24) sah vor, den **Ländern** die Befugnis zum Erlass von RVOen für **Schwimm- und Badewasser** in Abs. 2 zu übertragen. Dadurch sollte gewährleistet werden, dass die Länder entsprechende Regelungen nach ihren jeweiligen landesspezifischen Bedürfnissen erlassen (BT-Drs. 18/10938, 72). Allerdings wurde diese Änderung nicht ins endgültige Gesetz übernommen (BT-Drs. 18/12604, 72); die Verordnungsermächtigung verblieb auf Wunsch des BR beim BMG.

C. Wasser für den menschlichen Gebrauch (Abs. 1)

§ 38 Abs. 1 enthält eine **Verordnungsermächtigung** für das BMG. Diese 6
bedarf der Zustimmung des BR. Die Verordnungsermächtigung ist sehr detailliert.

Aufgrund dieser Verordnungsermächtigung wurde die Verordnung über die 7
Qualität von Wasser für den menschlichen Gebrauch (**Trinkwasserverordnung** – TrinkwV 2001, BGBl. I 459, zuletzt geändert durch Art. 1 der Verordnung v. 20.12.2019, BGBl. I 2934) erlassen (allgemein hierzu *Schmitz/Seeliger/Oemichen; Seeliger/Wrede* ZfWR 2012, 14). Diese Verordnung dient gleichzeitig der Umsetzung der Richtlinie 98/83/EG über die Qualität von Wasser für den menschlichen Gebrauch.

Die TrinkwV regelt insbesondere die **Untersuchungspflichten** der Was- 8
serversorgungsunternehmen. Diese wurden mit der Novelle der TrinkwV im Jahr 2018 (BGBl. I 99) nochmal grundlegend verändert (*Wrede/Seeliger* ZfWR 2019, 141).

Die TrinkwV enthält auch die in § 38 Abs. 1 S. 3 niedergelegte Option, dem 9
Umweltbundesamt die Aufgabe zu übertragen, zu prüfen und zu entscheiden, ob Stoffe, Verfahren und Materialien die nach S. 1 Nr. 4 festgelegten Anforderungen erfüllen (§ 11 TrinkwV). Aufgrund der Übertragung dieser wichtigen Aufgaben bedurfte die TrinkwV des Einvernehmens mit dem Bundesministerium für Umwelt, Naturschutz, Bau und Reaktorsicherheit (§ 38 Abs. 1 S. 6). Neben der besonderen Stellung des Umweltbundesamtes für den Abschnitt des Wassers im IfSG (→ § 40) kommt diesem auch innerhalb der TrinkwV eine besondere Stellung zu.

D. Wasser zum Schwimmen (Abs. 2)

Abs. 2 enthält eine Verordnungsermächtigung für das Badewasser. So kann 10
das BMG durch RVO mit Zustimmung des BR festlegen, welche **Handlungs-, Unterlassungs-, Mitwirkungs-** und **Duldungspflichten** dem Unternehmer oder sonstigen Inhaber eines Schwimm- oder Badebeckens oder eines Schwimm- oder Badeteiches obliegen, welche Wasseruntersuchungen dieser durchführen lassen muss und in welchen Zeitabständen diese vorzunehmen sind.

Von dieser Verordnungsermächtigung wurde bis jetzt kein Gebrauch ge- 11
macht und so kommt es immer wieder zu Klagen insbesondere in Bezug auf die **Häufigkeit der Wasseruntersuchungen** (VG Würzburg BeckRS 2013, 52435; VG Oldenburg BeckRS 2016, 45983). Als Ermächtigungsgrundlage für Anordnungen über die Häufigkeit, in denen bestimmte Wasseruntersuchungen in Schwimmbädern vorgenommen werden müssen, kommt § 39 Abs. 2 (→ § 39 Rn. 5ff.) in Betracht. Für die Frage der Häufigkeit und der Art und Weise der Untersuchung wird dann auf die aufgrund des § 40 erlassenen Stellungnahmen des Umweltbundesamtes zu den Hygieneanforderungen an Bäder und deren Überwachung (BGesBl 2014, 258) Bezug genommen (→ § 40 Rn. 7ff.).

12   Solange von der Verordnungsermächtigung kein Gebrauch gemacht wurde, gelten die etwaigen **bestehenden Landesregelungen** (*Gerhardt*, § 38 Rn. 5). Dies ergibt sich aus Art. 72 Abs. 1 GG und der Tatsache, dass das IfSG in den Bereich der konkurrierenden Gesetzgebung des Bundes fällt (Art. 74 Nr. 19 und 20 GG). Der Ansicht, dass die Sperrwirkung schon mit Erlass der Verordnungsermächtigung in § 38 eintritt (generell dazu Sachs/Degenhart GG Art. 72 Rn. 26 mwN) wird hier nicht gefolgt (für einen Überblick zu dieser Thematik siehe *Pommer* in BeckOK InfSchR § 38 Rn. 48.3).

E. Gebühren und Auslagen (Abs. 3)

13   § 38 Abs. 3 enthält die **Ermächtigung** des Umweltbundesamtes (S. 1) und des Bundesministeriums für Umwelt, Naturschutz, Bau und Reaktorsicherheit (S. 2), RVOen über **Gebühren** oder **Auslagen** für etwaige öffentliche Leistungen zu erlassen.

F. Zuwiderhandlungen, Entschädigung

14   Alle Zuwiderhandlungen gegen eine nach Abs. 1 S. 1 Nr. 3 oder Abs. 2 Nr. 3 oder 5 erlassene RVO können gem. **§ 73 Abs. 1 a Nr. 24** als Ordnungswidrigkeit ausgestaltet werden, wenn die RVO auf die Vorschrift § 73 Abs. 1 a Nr. 24 verweist. In der **TrinkwV** findet sich ein solcher Verweis in **§ 25**. Insbesondere handelt ordnungswidrig, wer gegen die Anzeige und Untersuchungspflichten in §§ 13 ff. TrinkwV verstößt (*Lutz*, § 38 Rn. 2).

15   Gem. **§ 75 Abs. 2** wird derjenige bestraft, der einer RVO nach § 38 Abs. 1 S. 1 Nr. 3 oder Abs. 2 Nr. 4 oder einer vollziehbaren Anordnung auf Grund einer solchen RVO zuwiderhandelt, soweit die RVO für einen bestimmten Tatbestand auf diese Strafvorschrift verweist. In der TrinkwV findet sich ebenfalls ein solcher Verweis in § 24 Abs. 1 (*Lutz*, § 38 Rn. 3). Hiernach handelt derjenige strafbar, der als Unternehmer oder als sonstiger Inhaber einer Wasserversorgungsanlage vorsätzlich oder fahrlässig entgegen § 4 Abs. 2 S. 1 oder § 11 Abs. 7 S. 2 TrinkwV Wasser als Trinkwasser abgibt oder anderen zur Verfügung stellt. Ferner handelt derjenige strafbar, der aufgrund eines vorsätzlichen Verstoßes gegen eine Anzeige oder Untersuchungspflicht eine in § 6 Abs. 1 Nr. 1 genannte Krankheit oder einen in § 7 genannten Krankheitserreger verbreitet.

16   Als Entschädigungsnorm kommt bei Verstößen gegen die TrinkwV ein **Amtshaftungsanspruch** gem. § 839 Abs. 1 S. 1 BGB iVm Art. 34 S. 1 GG oder ein **deliktischer Anspruch** iSd § 823 BGB in Betracht. Denn die Verpflichtung zur Einhaltung der in der TrinkwV niedergelegten Grenzwerte ist ein Schutzgesetz iSv § 823 Abs. 2 BGB (*Seeliger/Wrede* ZfWR 2012, 14 (15); BGH NJW 1983, 2935).

§ 39 Untersuchungen, Maßnahmen der zuständigen Behörde

(1) **Der Unternehmer oder sonstige Inhaber einer Wassergewinnungs- oder Wasserversorgungsanlage, eines Schwimm- oder Badebeckens oder eines Schwimm- oder Badeteiches hat die ihm auf Grund von Rechtsverordnungen nach § 38 Abs. 1 oder 2 obliegenden Wasseruntersuchungen auf eigene Kosten durchzuführen oder durchführen zu lassen. Er hat auch die Gebühren und Auslagen der Wasseruntersuchungen zu tragen, die die zuständige Behörde auf Grund der Rechtsverordnungen nach § 38 Abs. 1 oder 2 durchführt oder durchführen lässt.**

(2) **Die zuständige Behörde hat die notwendigen Maßnahmen zu treffen, um**
1. **die Einhaltung der Vorschriften des § 37 Abs. 1 und 2 und von Rechtsverordnungen nach § 38 Abs. 1 und 2 sicherzustellen,**
2. **Gefahren für die menschliche Gesundheit abzuwenden, die von Wasser für den menschlichen Gebrauch im Sinne von § 37 Abs. 1 sowie von Wasser für und in Schwimm- oder Badebecken und Schwimm- oder Badeteichen im Sinne von § 37 Abs. 2 ausgehen können, insbesondere um das Auftreten oder die Weiterverbreitung übertragbarer Krankheiten zu verhindern.**

§ 16 Abs. 6 bis 8 gilt entsprechend.

Schrifttum: *Böck/Pause,* Erfüllung der Pflichten aus der Trinkwasserverordnung bei Wohnungseigentumsanlagen, ZWE 2013, 346; *Reinhardt,* Sicherstellung der öffentlichen Wasserversorgung im Notfall, ZRP 2020, 119.

A. Zweck und Bedeutung der Norm

§ 39 regelt die **Pflichten** und die **Rechte** in Bezug auf das Wasser. So legt 1 die Norm in Abs. 1 die Pflichten der Inhaber von Wassergewinnungs- oder Versorgungsanlagen sowie von Schwimmbecken oder Badeteichen fest. Abs. 2 enthält die **Eingriffsbefugnisse** der zuständigen Behörde.

B. Pflichten des Inhabers einer Wassergewinnungs- oder Versorgungsanlage oder eines Schwimmbeckens oder Schwimmteiches (Abs. 1)

Von der Verordnungsermächtigung in § 38 Abs. 1 und 2, auf welche der 2 § 39 Abs. 1 Bezug nimmt, wurde nur bezüglich des Trinkwassers mit der TrinkwV Gebrauch gemacht. Von daher hat jeder Inhaber einer Wassergewinnungs- oder Wasserversorgungsanlage die ihm aufgrund der **TrinkwV obliegenden Wasseruntersuchungen** auf eigene Kosten durchzuführen oder durchführen zu lassen. Er hat auch die Gebühren und Auslagen der Wasser-

untersuchungen zu tragen, die die zuständige Behörde auf Grund der Trinkwasserverordnung durchführt oder durchführen lässt.

3   Die **Untersuchungspflichten** sind in § 14 ff. **TrinkwV** niedergelegt und
reichen von mikrobiologischen Untersuchungen bezüglich des Vorkommens
bestimmter Bakterien (E-Koli, Enterokokken und Pseudomonas aeruginosa,
§ 14 Abs. 1 Nr. 1 iVm Anlage 1 TrinkwV) über chemische Untersuchungen
bezüglich der Einhaltung der Grenzwerte beispielsweise für Kupfer und Blei
(§ 14 Abs. 1 Nr. 2 iVm Anlage 2 TrinkwV) bis hin zu Untersuchungen auf
radioaktive Stoffe wie Tritium (§ 14a iVm Anlage 3a TrinkwV). Die Stoffe,
das Verfahren und die Häufigkeiten der Untersuchungen sind in der
TrinkwV niedergelegt. Nach der TrinkwV unterschieden sich die Untersuchungspflichten je nachdem, um was für Wasserversorgungsanlagen es sich
handelt, § 3 iVm § 14 TrinkwV (*Rathke* in Zipfel/Rathke TrinkwV 2001 § 14
Rn. 12–19).

4   Sowohl die Untersuchungspflicht selbst als auch die Pflicht, die Kosten zu
tragen, obliegen dem **Unternehmer** oder dem **sonstigen Inhaber** einer
Wassergewinnungsanlage. Ein Unternehmer betreibt die Anlage gewerblich
gem. § 3 Nr. 10 TrinkwV (*Pommer* in BeckOK InfSchR § 39 Rn. 10). Für den
sonstigen Inhaber einer Wasserversorgungsanlage kommt es nicht darauf an,
dass jemand Eigentum an der Wasserversorgungsanlage hat. Vielmehr reicht
es für eine angemessene **Störerauswahl** der Behörde aus, dass derjenige rechtlichen und tatsächlichen Zugriff auf die Wassergewinnungs- oder Wasserversorgungsanlage hat (VG Regensburg BeckRS 2020, 21550, Rn. 46), er oder
sie demnach der Untersuchungspflicht rechtlich und tatsächlich nachkommen
kann. Bei einer **Wohnungseigentumsanlage** ist der **Untersuchungspflich-
tige** die **Wohnungseigentümergemeinschaft** iSv § 10 Abs. 6 WEG (OVG
Münster ZWE 2016, 55). Dies ergibt sich sowohl aus der eigentumsrecht-
lichen Zuordnung der Trinkwasserinstallation zum Gemeinschaftseigentum
als auch aus dem Grund der möglichst effektiven Gefahrenabwehr. Eine
Unterscheidung zwischen vermietenden und selbstnutzenden Eigentümern
würde die Erfüllung der Untersuchungspflichten nicht ausreichend sicherstellen (*Böck/Pause* ZWE 2013, 346 (350)).

C. Notwendige Maßnahmen der zuständigen Behörde (Abs. 2)

5   Die Norm enthält zwei Befugnisse in § 39 Abs. 2 Nr. 1 und Nr. 2. Nach
§ 39 Abs. 2 Nr. 1 obliegt es der zuständigen Behörde, die notwendigen Maßnahmen zu erlassen, die **sicherstellen,** dass die Vorschriften des § 37 Abs. 1
und 2 und von RVOen nach § 38 Abs. 1 und 2 eingehalten werden. Nach
§ 39 Abs. 2 Nr. 2 muss sie die notwendigen Maßnahmen treffen, um die **Gefahren,** die von Trink- und Badewasser für die menschliche Gesundheit ausgehen, **abzuwenden.** Der Behörde ist kein Entschließungsermessen eingeräumt („hat […] zu treffen"), bei Vorliegen der Tatbestandsvoraussetzungen
muss sie tätig werden. Sie kann nur über die Art der Maßnahme entscheiden
(Auswahlermessen). Dieses Auswahlermessen und damit die Rechtsfolgenseite
der Norm wird durch die Norm selbst nicht weiter konkretisiert und führt so

zu Rechtsunsicherheit. Es wird daher teilweise eine Konkretisierung im Gesetz selbst oder durch eine untergesetzliche Norm gefordert (*Reinhardt* ZRP 2020, 119 (121)).

I. Sicherstellen der Einhaltung der Vorschriften (Nr. 1)

1. Anwendbarkeit bei fehlender Rechtsverordnung. In den Fällen, in **6** denen es um Maßnahmen in Bezug auf Schwimmbecken oder Badeteiche geht, stellt sich die Frage, ob § 39 Abs. 2 Nr. 1 gilt, obwohl noch **keine RVO** erlassen wurde (→ § 38 Rn. 10 ff.). Rein dem Wortlaut nach ist eindeutig, dass die Norm auch in diesen Fällen als Ermächtigungsgrundlage herangezogen werden kann. Denn der Wortlaut spricht nicht nur vom Sicherstellen der Einhaltung der Vorschriften in den RVOen, sondern auch von der **Einhaltung des § 37 Abs. 1** und 2 (VG Würzburg Urt. v. 12.6.2013 – W 6 K 13.37; VG Ansbach Urt. v. 22.2.2013 – AN 4 K 12.01499; anderer Auffassung ohne nähere Begründung OVG Münster Urt. v. 16.9.2008 – 13 A 2489/06). Nach § 37 Abs. 2 muss Schwimm- oder Badebeckenwasser in öffentlichen Bädern so beschaffen sein, dass durch seinen Gebrauch eine Schädigung der menschlichen Gesundheit, insbesondere durch Krankheitserreger, nicht zu besorgen ist. Maßnahmen, die zum Ziel haben, dies sicherzustellen, können auf § 39 Abs. 2 Nr. 1 gestützt werden.

2. Sicherstellen. Mit „Einhaltung der Vorschriften" wird bspw. auf **7** **Grenzwertüberschreitungen** in einer Wasserversorgungsanlage verwiesen. Die Formulierung des Sicherstellens deutet darauf hin, dass auch präventive Maßnahmen zulässig sind. Der frühere Verstoß gegen die Grenzwerte reicht demnach aus, soll doch durch die Anordnung bestimmter Maßnahmen darauf hingewirkt werden, dass die Normen in der Zukunft eingehalten werden (vgl. VG München LMRR 2014, 46). „Ziel solcher Maßnahmen muss die dauerhafte Sicherstellung einer einwandfreien Trinkwasserqualität sein" (VG Regensburg BeckRS 2015, 46104).

Auf § 39 Abs. 2 Nr. 1 können aber nur Anordnungen gestützt werden, die **8** sich auf die Sicherstellung von Anforderungen in den genannten RVOen oder Anforderungen in § 37 beschränken. Ein solches Sicherstellen liegt dann **nicht** vor, wenn die Anordnungen über die **Einhaltung** der **Normen** hinausgehen. Dies ist bspw. dann der Fall, wenn neben der Einhaltung der anerkannten Regeln und Technik für Trinkwasserinstallation (§ 17 Abs. 1 TrinkwV) auch eine Beseitigung eines nicht den Regeln der Technik entsprechenden schon in den Leitungen eingebrachten Stoffes erfolgt. Gestützt auf § 39 Abs. 2 Nr. 1 hätte hier nur vor der Verwendung des Stoffes ein Verbot zur Verwendung ergehen können. Die Sanierung kann auf diese Rechtsgrundlage nicht gestützt werden (VGH München BeckRS 2018, 2835).

Die **Gefahr eines Schadenseintritts** ist nicht Voraussetzung für Maßnah- **9** men auf Grundlage des § 39 Abs. 2 S. 1 Nr. 1. Das Sicherstellen setzt nur einen Verstoß gegen eine Norm voraus und verlangt darüber hinaus nicht noch eine Bewertung, ob ein Schaden eintritt. Vielmehr ist diese Bewertung schon innerhalb der Normen, deren Einhaltung sichergestellt werden soll, vorgenommen worden. So bedarf es bei dem Fehlen einer nach § 37 Abs. 2 S. 2 und S. 3 vorgeschriebenen Aufbereitungsmaßnahme eines Badebeckens keiner weiteren Prüfung einer tatsächlichen Gesundheitsgefährdung (VGH München BeckRS 2019, 28130).

II. Abwendung von Gefahren für die menschliche Gesundheit durch Trink- oder Badewasser (Nr. 2)

10   Anders als bei Nr. 1 ist hier die **Gefahr** für die menschliche Gesundheit **Tatbestandsmerkmal.** Liegt eine solche konkrete Gefahr vor, müssen gem. Nr. 2 alle erforderlichen Maßnahmen getroffen werden. Diese Maßnahmen können auch über das bloße Sicherstellen der Einhaltung der Normen hinausgehen. Eine geforderte Sanierung (→ Rn. 8) kann demnach auf Nr. 2 gestützt werden, wenn eine konkrete Gefahr für die menschliche Gesundheit vorliegt. Aufgrund des in § 37 Abs. 1 niedergelegten Besorgnisgrundsatzes (→ § 37 Rn. 18) sind die Anforderungen an die Gefahr geringer anzusehen als im klassischen Gefahrenabwehrrecht (*Köck* in Huster/Kingreen Hdb. InfSchR Kap. 7 Rn. 66). Diese Einschätzung ergibt sich ebenfalls aus dem Wortlaut. Hiernach geht es um Gefahren, die von Wasser ausgehen **„können"** und nicht um Gefahren, die vom Wasser ausgehen (*Pommer* in BeckOK InfSchR § 39 Rn. 29). An die für die Gefahr notwendige hinreichende Wahrscheinlichkeit eines Schadenseintrittes sind demnach geringere Anforderungen zu stellen. Es reicht aus, wenn ein bloßer durch Tatsachen erhärteter Verdacht besteht, der eine Gesundheitsgefährdung als wahrscheinlich erscheinen lässt (BayVGH BeckRS 2000, 24424 Rn. 20).

III. Zusammenspiel mit anderen Normen

11   Teilweise können Maßnahmen nach dem IfSG trotz **bestehender Bewilligungstatbestände** erlassen werden. In anderen Fällen sperren **spezifische Befugnisnormen** die Anwendung des § 39 Abs. 2. So steht aufgrund der unterschiedlichen Zielsetzung des IfSG und einer wasserrechtlichen Bewilligung eine solche Bewilligung nicht der Anwendung des § 39 Abs. 2 entgegen (VGH München BeckRS 2008, 33313), da es bei der wasserrechtlichen Bewilligung in erster Linie darum geht, schädliche Gewässerveränderungen abzuwenden (§ 12 WHG), und nicht um die Bekämpfung von Krankheitserregern.

12   In anderen Bereichen besteht zwischen verschiedenen Befugnisnormen ein **Spezialitätsverhältnis,** so dass auf die allgemeinen Befugnisnormen in § 39 Abs. 2 nicht zurückgegriffen werden kann. Dies gilt insbesondere für Befugnisnormen in der TrinkwV, insbesondere §§ 9, 10 und 20. Diese speziellen Eingriffsbefugnisnormen haben ihrerseits bestimmte Voraussetzungen. Diese Voraussetzungen würden umgangen werden und leerlaufen, wenn ein Rückgriff auf § 39 Abs. 2 immer möglich wäre. Enthält die TrinkwV allerdings Anforderungen an die Beschaffenheit von Wasser für den menschlichen Gebrauch, ohne dabei für deren Durchsetzung Eingriffsbefugnisse vorzusehen, kann der § 39 Abs. 2 Nr. 1 als Eingriffsbefugnis herangezogen werden (VGH München, BeckRS 2018, 2835).

D. Zuwiderhandlungen

In § 39 Abs. 1 wird auf die in den RVOen niedergelegten Untersuchungs- **13** pflichten verwiesen. Wer gegen die Untersuchungspflichten in Abs. 1 und Abs. 3 S. 1 § 14 TrinkwV verstößt, begeht eine Ordnungswidrigkeit gem. **§ 25 Nr. 4 TrinkwV,** die wiederum auf **§ 73 Abs. 1 Nr. 24** verweist (*Rathke* in Zipfel/Rathke TrinkwV 2001 § 14 Rn. 22).

§ 40 Aufgaben des Umweltbundesamtes

[1]**Das Umweltbundesamt hat im Rahmen dieses Gesetzes die Aufgabe, Konzeptionen zur Vorbeugung, Erkennung und Verhinderung der Weiterverbreitung von durch Wasser übertragbaren Krankheiten zu entwickeln.** [2]**Beim Umweltbundesamt können zur Erfüllung dieser Aufgaben beratende Fachkommissionen eingerichtet werden, die Empfehlungen zum Schutz der menschlichen Gesundheit hinsichtlich der Anforderungen an die Qualität des in § 37 Abs. 1 und 2 bezeichneten Wassers sowie der insoweit notwendigen Maßnahmen abgeben können.** [3]**Die Mitglieder dieser Kommissionen werden vom Bundesministerium für Gesundheit im Benehmen mit dem Bundesministerium für Umwelt, Naturschutz, Bau und Reaktorsicherheit sowie im Benehmen mit den jeweils zuständigen obersten Landesbehörden berufen.** [4]**Vertreter des Bundesministeriums für Gesundheit, des Bundesministeriums für Umwelt, Naturschutz, Bau und Reaktorsicherheit und des Umweltbundesamtes nehmen mit beratender Stimme an den Sitzungen teil.** [5]**Weitere Vertreter von Bundes- und Landesbehörden können daran teilnehmen.**

Schrifttum: *Grohmann u. a.,* Wasser – Chemie, Mikrobiologie und nachhaltige Nutzung, 2011; *Grummt,* Editorial: Unsere Trinkwasserqualität – Vorstellung der Trinkwasserkommission, BGesBl 2019, 925; *Köck,* Grenzwerte im Umweltrecht: Entwicklung – Rechtsbindung – Perspektiven, ZUR 2020, 131; *Wemdzio,* Die Bedeutung von Sachverständigen und Sachverständigengutachten in Verfahren vor Verwaltungsbehörden und -gerichten, NUR 2012, 19.

A. Zweck und Bedeutung der Norm

Die Norm regelt die **Aufgaben** und **Befugnisse,** die dem Umweltbundes- **1** amt **(UBA)** im Zusammenhang mit der Vorbeugung, Erkennung und Verhinderung der Weiterverbreitung von durch Wasser übertragbarer Krankheiten zukommen.

B. Allgemeines

I. Entstehungsgeschichte

2   Wenn sich nach einer Bundestagswahl **Namen** und **Zuschnitt** der Ministerien ändern, führt dies stets zu einer **Veränderung** der Vorschrift, die die
Namen entsprechend anpasst. Eine inhaltliche Veränderung dieser Norm fand
darüber hinaus nicht statt.

II. Aufgabe des UBA

3   Dem UBA kommt gem. § 40 die Aufgabe zu, **Konzeptionen** zu **entwickeln,** um zum einen vorzubeugen, dass sich durch Wasser übertragbare
Krankheiten weiterverbreiten. Zum anderen soll das UBA Konzeptionen entwickeln, um zu erkennen aber auch zu verhindern, dass sich durch Wasser
übertragbare Krankheiten weiterverbreiten. Diese Zuständigkeitsnorm konkretisiert die allgemeine Zuständigkeitsnorm des § 2 UBAG (*Pommer* in
BeckOK InfSchR § 40 Rn 3). Insbesondere obliegt es dem UBA, Wissen und
Erkenntnisse zu bündeln und so aufzubereiten, dass die politischen Entscheidungsträger und die Entscheidungsträger in der Verwaltung auf dieses Wissen
zugreifen und ihre Entscheidungen hierauf stützen können (*Köck* in Huster/
Kingreen Hdb. InfSchR Kap. 7 Rn. 68).

III. Fachkommissionen

4   Zur Entwicklung von Konzeptionen kann das UBA beratende Fachkommissionen einrichten (S. 2–4). Derzeit sind auf die Rechtsgrundlage des § 40
S. 2 gestützt zwei solche Fachkommissionen eingesetzt worden: die **Trinkwasserkommission** und die **Schwimm-** und **Badebeckenwasserkommission.**

5   **1. Trinkwasserkommission.** Die Trinkwasserkommission wurde schon
1966 ins Leben gerufen als Arbeitsgruppe „Stoffe und Mittel zur Aufbereitung
von Wasser zu Trinkwasser". Aus dieser Arbeitsgruppe ging 1976 die erste
Trinkwasserkommission hervor, die damals noch auf die TrinkwV gestützt
wurde. Seit 2001 gründet sich die Arbeit der Kommission auf § 40 S. 2 (*Grummt*
BGesBl 2019, 925). Die derzeitige Kommission nahm ihre vierjährige Berufungsperiode im September 2018 auf. Die Kommission wurde vom BMG
gemeinsam mit dem Bundesumweltministerium und den zuständigen obersten
Landesbehörden berufen. Die Mitgliedschaft ist ehrenamtlich. Sie setzt sich zusammen aus Vertretern der **Wissenschaft, Landesbehörden, Gesundheitsämtern** und **Wasserversorgungsunternehmen.** Neben den berufenen
Mitgliedern nehmen auch Vertreter des BMG, des Bundesumweltministeri-
ums, des Bundesministeriums der Verteidigung, des Eisenbahnbundesamtes
und des UBA teil. (Weitere Information zur Trinkwasserkommission unter).

6   **2. Schwimm- und Badebeckenwasserkommission.** Die Mitglieder
der Schwimm- und Badebeckenwasserkommission (BWK) werden gemeinsam
vom BMG, dem Bundesministerium für Umwelt, Naturschutz, Bau und

Reaktorsicherheit und den zuständigen obersten Landesbehörden berufen. Eine Sitzungsperiode dauert vier Jahre. Am 8.1.2019 wurden zuletzt die neuen Mitglieder für die Berufungsperiode 2019–2023 berufen (Bekanntmachung des Umweltbundesamtes, BGesBl 2019, 533). Die Mitgliedschaft in der Kommission ist ehrenamtlich. Die Kommissionsmitglieder setzen sich aus Personen aus **Wissenschaft, Landesbehörden** und **Gesundheitsämtern** zusammen. Neben den berufenen Mitgliedern können an den Sitzungen auch Vertreter der Bundesministerien teilnehmen, welche die BWK selbst ins Leben gerufen haben. Neben diesen können auch Vertreter des Bundesministeriums der Verteidigung und des UBA teilnehmen. Weitere Informationen zur Schwimm- und Badebeckenwasserkommission unter www.umweltbundesamt.de/themen/wasser/schwimmen-baden/schwimm-badebeckenwasserkommission.

C. Stellungnahmen und ihre rechtliche Wirkung

I. Allgemein

Die eingerichteten Fachkommissionen können Empfehlungen zum Schutz **7** der menschlichen Gesundheit hinsichtlich der Anforderungen an die Qualität des in § 37 Abs. 1 und 2 bezeichneten Wassers sowie der insoweit notwendigen Maßnahmen abgeben. Diese Stellungnahmen werden überwiegend als Stellungnahmen des UBA herausgegeben, nach Anhörung der Fachkommission. Sie stellen dem Charakter nach **Sachverständigengutachten** dar und sollen vor allem den Gesundheitsämtern als **Handlungsgrundlage** dienen.

Am 12.3.2020 brachte das UBA eine Stellungnahme heraus zu der Frage, **8** ob sich das **Coronavirus** SARS-CoV-2 über das Trinkwasser übertragen lässt, mit dem Ergebnis, dass eine solche Übertragung eher unwahrscheinlich sei (UBA, Stellungnahme vom 12. März 2020, Trinkwasser und Coronavirus SARS-CoV2-Übertragung unwahrscheinlich, https://www.umweltbundesamt.de/sites/default/files/medien/374/dokumente/stellungnahme_uba_sars-co2_und_trinkwasser-1.pdf). Im Bereich der Schwimm- und Badebecken findet sich ebenfalls eine Stellungnahme zum Coronavirus und dem Besuch von Schwimm- oder Badebecken. Diese kommt zu dem Ergebnis, dass bei Bädern, die normgerecht gebaut und betrieben werden, in denen die Wasseraufbereitung den allgemein anerkannten Regeln der Technik entspricht und bei denen insbesondere die Durchströmung, Aufbereitung und Betriebskontrolle normgerecht erfolgt, davon ausgegangen werden kann, dass eine hygienisch einwandfreie Wasserbeschaffenheit erzielt wird und das Schwimm- und Badebeckenwasser gut gegen alle Viren, einschließlich Coronaviren, geschützt ist. Für Bäder, in denen nur eine biologische Aufbereitung stattfindet, kommt sie hingegen zu dem Ergebnis, dass hier grundsätzlich ein höheres Infektionsrisiko besteht. Daher empfiehlt sie hier, dass der Badegast vor Ort auf dieses bestehende Infektionsrisiko hingewiesen werden sollte (UBA, Stellungnahme vom 12. März 2020, Coronavirus SARS-CoV2 und Besuch in Schwimm- oder Badebecken beziehungsweise Schwimm- oder Badeteichen, https://www.umweltbundesamt.de/sites/default/files/medien/374/dokumente/stellungnahme_uba_sars-co2_badebecken.pdf).

9   Weitere bedeutende Empfehlungen und Stellungnahmen beschäftigen sich
im Bereich des Trinkwassers mit der Untersuchung von Trinkwasser auf **Legionellen** sowie der Beurteilung der Trinkwasserqualität hinsichtlich **Blei,
Kupfer** und **Nickel.** Im Bereich der Schwimmbecken ist eine bedeutende
Empfehlung die zu den **Hygieneanforderungen an Bäder** und deren Überwachung.

II. Rechtliche Wirkung der Stellungnahmen

10   Bei der rechtlichen Wirkung der Stellungnahmen lassen sich zwei Richtungen der Bindungswirkung unterscheiden: die **inneradministrative Bindungswirkung** und die Rechtswirkung im Verhältnis zu den **Gerichten.**

11   **1. Inneradministrative Bindungswirkung.** Bei den Stellungnahmen
und Empfehlungen handelt es sich **nicht um Verwaltungsvorschriften.** Sie
werden nicht als solche bezeichnet. Sollten sich Landesministerien dieser Stellungnahmen bedienen und diese als Rundschreiben oder Runderlass an die
untergeordneten Behörden weitergeben, so binden diese die nachgeordneten
Behörden (vgl. bzgl. der Windenergieerlasse *Saurer* NVwZ 2016, 201). Dies
ergibt sich aus der Befugnis zum Erlass von Verwaltungsvorschriften, welche
der Exekutivgewalt inhärent ist, soweit ihre Organisations- und Geschäftslei-
tungsgewalt jeweils reicht (BVerwGE 67, 222 (229)).

12   Für das UBA ergibt sich daraus allerdings, da hier keine Geschäftsleitungs-
gewalt gegenüber unteren Behörden vorliegt, dass diese Empfehlungen für
die Gesundheitsämter Handlungsanleitungen darstellen, für diese aber nicht
verbindlich sind. Es kommt ihnen also keine Verwaltungsverbindlichkeit zu.
Es handelt sich hierbei nicht um hoheitliche, sondern um **„semi-hoheit-
liche"** Grenzwerte (*Köck* ZUR 2020, 131 (138)).

13   Diese Grenzwerte entfalten **keine inneradministrative Geltung,** sie wirken aber in besonderem Maße auf die Entscheidungspraxis der Behörden ein.
Denn in ihnen spiegelt sich ein hoher Sachverstand wider. Expertinnen aus
verschiedenen Bereichen sowie Ministeriumsvertreter wirken bei der Erstellung der Stellungnahmen mit. Gleichzeitig orientieren sich diese Stellungnahmen an einem spezifischen gesetzlichen Auftrag, gilt es doch, die Weiterverbreitung von Krankheitserregern durch Wasser zu verhindern.

14   **2. Besonderheit in Bezug auf Badewasser.** Für das Schwimm- und
Badebeckenwasser hätte das BMG mit Zustimmung des Bundesrates gem.
§ 38 Abs. 2 die Möglichkeit, eine RVO ähnlich der TrinkwV zu erlassen. Hiervon wurde bis jetzt allerdings kein Gebrauch gemacht, so dass hier in der Praxis
den Stellungnahmen des UBA eine besonders große Relevanz zukommt
(*Grohmann,* S. 345). Dennoch kommt diesen Stellungnahmen **keine weiter-
reichende Bindung** zu. Eine RVO müsste vom BMG mit Zustimmung des
BR erlassen werden. Diese verfahrensrechtlichen Vorgaben dürfen nicht mit
einer Stellungnahme des UBA umgangen werden. Auch in diesem Bereich
handelt es sich daher innerhalb der Verwaltung um Handlungsempfehlungen,
die die Gesundheitsämter nicht rechtlich binden.

15   **3. Rechtswirkung im Verhältnis zu den Gerichten.** Im Verhältnis zu
den Gerichten kommt den Empfehlungen keine unmittelbare rechtliche Ver-

bindlichkeit zu. Sie sind allerdings als „vorweggenommene gutachterliche Äußerung zu werten, die in allgemeiner Weise die beachtlichen Mindestanforderungen beschreibt und geeignet ist, die gesetzlichen Vorgaben auszufüllen" (VG Würzburg BeckRS 2013, 52435). Diese **antizipierten Sachverständigengutachten** kann das Gericht als Grundlage für seine Entscheidung heranziehen; durch andere Sachverständigengutachten können diese allerdings in Zweifel gezogen werden und so kann das Gericht zu abweichenden Ergebnissen gelangen (*Gerhardt* NJW 1989, 2233; *Rixen* in Sodan/Ziekow § 86 Rn. 106; *Wemdzio* NUR 2012, 19; *Wolff* in Sodan/Ziekow § 114 Rn. 380).

Nach freier Beweiswürdigung kommt so das VG Würzburg (BeckRS 2013, **16** 52435) bezüglich eines angemessenen Untersuchungszeitraumes für Badewasser zu dem Ergebnis, dass der Empfehlung des Umweltbundesamts ein wesentlicher Stellenwert zukommt, da an einer rechtlich verbindlichen Vorgabe bezüglich der Untersuchungsintervalle mangelt. Die Empfehlung des Umweltbundesamts sieht eine mikrobiologische Untersuchung zur Feststellung, ob die festgesetzten Höchstwerte für die mikrobiologischen Parameter nicht überschritten sind, in Becken in geschlossenen Räumen im Abstand von längstens zwei Monaten vor. Das Gericht stellt weiter fest, dass von diesem fachlich fundierten Erfordernis der Untersuchung in dem zugrundeliegenden Fall auszugehen sei.

Die fehlende rechtliche Verbindlichkeit wirkt sich auch auf die **Klage-** **17** **befugnis** eines potentiellen Klägers aus. Aus den von der Badewasserkommission des Umweltbundesamtes erlassenen Empfehlungen kann ein Kläger „keine die Klagebefugnis begründende Möglichkeit subjektiver Rechte herleiten, da diese Empfehlungen keine Rechtsnormen sind" (OVG Münster BeckRS 2013, 57253).

§41 Abwasser

(1) ¹**Die Abwasserbeseitigungspflichtigen haben darauf hinzuwirken, dass Abwasser so beseitigt wird, dass Gefahren für die menschliche Gesundheit durch Krankheitserreger nicht entstehen. ²Einrichtungen zur Beseitigung des in Satz 1 genannten Abwassers unterliegen der infektionshygienischen Überwachung durch die zuständige Behörde.**

(2) ¹**Die Landesregierungen werden ermächtigt, bezüglich des Abwassers durch Rechtsverordnung entsprechende Gebote und Verbote zur Verhütung übertragbarer Krankheiten zu erlassen. ²Die Landesregierungen können die Ermächtigung durch Rechtsverordnung auf andere Stellen übertragen. ³Das Grundrecht der Unverletzlichkeit der Wohnung (Artikel 13 Abs. 1 Grundgesetz) kann insoweit eingeschränkt werden.**

Übersicht

Schrifttum: *Köck,* Zur Entwicklung des Rechts der Wasserversorgung und der Abwasserbeseitigung, ZUR 2015, 3; *Megay,* Seuchenhygienische Gefahren bei der Einbringung von Abfallstoffen aus Siedlungen in Gewässer, Wasser und Abwasser 1956, 58; *Landmann/Rohmer* (Hrsg.), Umweltrecht – Kommentar (Losebl.) Bd. 1, Stand: 2020.

A. Zweck und Bedeutung der Norm

1   Die Norm steht am Ende des Abschnitts zum Wasser und stellt klar, dass dem **Abwasser** bei der Bekämpfung von Infektionskrankheiten neben dem Trinkwasser und dem Badewasser eine **bedeutende Rolle** zukommt. Anders als die vorhergehenden aufeinander aufbauenden Normen zum Wasser für den menschlichen Gebrauch (§§ 37–40) steht diese Norm für sich und hat außer den allgemeinen Eingriffsbefugnissen, wie sie bspw. in § 15 a und § 16 niedergelegt sind, keine weitere systematische Einbindung.

2   § 41 regelt die Pflichten der Abwasserbeseitigungspflichtigen in Bezug auf den Gesundheitsschutz und ist damit gegenüber den sonstigen Abwasserregelungen im **WHG (§§ 54–61)** eine **Spezialnorm.** Die Norm fasst verschiedene Vorschriften im WHG zusammen und konkretisiert diese für den Bereich des Infektionsschutzes.

B. Entwicklungsgeschichte der Norm

3   Für die Erkenntnis, dass sich Infektionskrankheiten über das Abwasser ausbreiten können, bedurfte es zuerst einer Klärung der **epidemiologischen Zusammenhänge** der verschiedenen Infektionskrankheiten. Es galt herauszufinden, wie verschiedene Krankheiten übertragen werden und worum es sich bei den unterschiedlichen Krankheitserregern handelt. Gleichzeitig musste der Mythos aufgegeben werden, dass dem Wasser eine **unbeschränkte Selbstreinigungskraft** zukommt (*Megay* Wasser und Abwasser 1956, 58 ff.).

4   Dieses Wissen besteht nun schon seit längerer Zeit und daher überrascht es nicht, dass das Abwasser einen Platz im IfSG gefunden hat. Bereits in **§ 12 Abs. 1 S. 1 BSeuchG** fand sich eine Regelung zum Abwasser. Hiernach hatten die Gemeinden oder Gemeindeverbände darauf hinzuwirken, dass Abwasser, soweit es nicht dazu bestimmt ist, auf landwirtschaftlich, forstwirtschaftlich oder gärtnerisch genutzte Böden aufgebracht zu werden, so beseitigt wird, dass Gefahren für die menschliche Gesundheit durch Krankheitserreger nicht entstehen. Dieser Ausnahme für Abwasser, das dazu bestimmt war, auf landwirtschaftliche, forstwirtschaftliche oder gärtnerische genutzte Böden aufgebracht zu werden, bedurfte es aufgrund der neuen Anknüpfung an den Abwasser-

*beseitigungs*pflichtigen und nicht an das Abwasser selbst nicht mehr. Denn diese neue Formulierung stellt klar, dass § 41 für das zur Beseitigung und nicht für das zur Verwertung bestimmte Abwasser gilt. Abwasser, das zur Verwertung bestimmt ist, kann dem Düngemittelrecht (vgl. § 2 DüngeG) unterfallen (vgl. auch BT-Drs 14/2530, 80 zum damaligen § 1 Nr. 2a DüngemittelG).

Durch die Gesetzesänderung durch das PpSG v. 11.12.2018 (BGBl. I 2394) **5** entfielen die vorherigen Abs. 3–5, die aufgrund der **Bündelung** der **Eingriffs-** und **Überwachungsbefugnisse** in **§ 15a** (→ § 15a Rn. 1) nicht mehr notwendig waren.

C. Abwasser und Coronaviren

Durch das Abwasser werden bestimmte Krankheiten – bspw. Noroviren, **6** Rotaviren oder Hepatitis A – übertragen. Die WHO geht davon aus, dass es eher unwahrscheinlich ist, dass man sich durch den Kontakt mit Abwasser mit dem **Coronavirus** anstecken kann (*WHO,* Water, sanitation, hygiene, and waste management for the COVID-19 virus interim guidance v. 23.4.2020). Dem Abwasser könnte aber dennoch eine bedeutende Rolle bei der Eindämmung der Pandemie zukommen. So wurde schon Ende März 2020 von einer Forschergruppe in den Niederlanden herausgefunden, dass sich schon mehrere Wochen, bevor der erste Fall in einer kleinen Stadt auftrat, Coronaviren im Abwasser dieser Stadt nachweisen ließen. Sie kamen daher zu dem Schluss, dass durch die **Überwachung des Abwassers** möglicherweise frühzeitig neue Coronaausbrüche und Coronaherde entdeckt werden könnten (*Medema u. a.,* 1 ff).

Diese Ergebnisse wurden von Studien in der Schweiz bestätigt (*Merz,* **7** Coronavirus im Abwasser: Entdeckung könnte zu Frühwarnsystem führen, Umweltperspektiven 1.4.2020) und auch in Deutschland begann ab Mitte Mai 2020 in 20 deutschen Kläranlagen ein Testlauf einer solchen Virenüberwachung (Wissenschaft.de, Corona-Pandemie: Überwachung über das Abwasser, v. 8.5.2020). Diese Untersuchungen basieren auf der Erkenntnis, dass die Infizierten das **Coronavirus** über ihren **Kot ausscheiden** und es so in das Abwasser gelangt, in dem man es dann nachweisen kann. Schon ab einer Inzidenz ab circa 5 im Einzugsgebiet einer Kläranlage konnten bei einer Studie in Frankfurt zuverlässige Daten ermittelt werden. Ein solches Vorgehen ermöglicht die Feststellung eines Trends bis zu 10 Tage früher als die RKI-Zahlen. Der Vorteil ist ferner, dass auch asymptomatisch Erkrankte sich so erfassen lassen. Mutanten des Virus können ebenfalls im Abwasser identifiziert werden. Die Tests eignen sich somit zur Pandemiebekämpfung und um **Hotspots** frühzeitig ausfindig zu machen. Sie sind allerdings noch nicht flächendeckend in Deutschland installiert (*Schlösser,* ZDF, Corona-Frühwarnsystem aus der Kloake, 8.2.2021 https://www.zdf.de/nachrichten/politik/corona-abwasser-fruehwarnsystem-100.html).

D. Abwasser und Abwasserbeseitigungspflichtiger (Abs. 1)

8   Gem. Abs. 1 S. 1 haben die Abwasserbeseitigungspflichtigen darauf hinzuwirken, dass Abwasser so beseitigt wird, dass Gefahren für die menschliche Gesundheit durch Krankheitserreger nicht entstehen. Zum Begriff des Krankheitserregers → § 2 Nr. 1 (→ § 2 Rn. 2 ff.).

I. Abwasserbeseitigungspflichtiger

9   Wer derjenige ist, dem die **Abwasserbeseitigungspflicht** obliegt, ergibt
sich aus **§ 56 WHG**. Hiernach trifft die Abwasserbeseitigungspflicht die juristischen Personen des öffentlichen Rechts, die nach Landesrecht hierzu verpflichtet sind. Dies sind zumeist die Kommunen, doch aufgrund der in
Art. 84 Abs. 1 S. 7 GG niedergelegten föderalen Aufgabenstruktur konnte der
Bundesgesetzgeber den Kommunen diese Pflicht nicht direkt übertragen (BT-
Drs. 16/12275, 68). In ihren Landeswassergesetzen haben die Länder in der
Regel die Abwasserbeseitigungspflicht den Gemeinden zugewiesen (*Ganske*
in Landmann/Rohmer WHG § 56 Rn. 12). Diese Pflicht wird den Gemeinden meist als gemeindliche Selbstverwaltungsaufgabe übertragen. Um dieser
Pflicht umfangreich nachzukommen, wird in den Landeswassergesetzten zumeist eine Überlassungspflicht festgeschrieben (*Schulz* in BeckOK Umweltrecht WHG § 56 Rn. 5–9).

10   Grundsätzlich wird die Abwasserbeseitigung somit in die Hände der **öffentlichen Hand** gelegt. Hiermit wird der Zweck verfolgt, die Zahl der
Direkteinleiter zu reduzieren. Wird Abwasser von verschiedenen Akteuren
eingeleitet, steigt die Gefahr der übermäßigen und unbefugten Gewässer-
benutzung (*Ganske* in Landmann/Rohmer WHG § 56 Rn. 3).

11   § 56 WHG sieht zwar in S. 2 vor, dass die Länder bestimmen können, unter
welchen Voraussetzungen die Abwasserbeseitigung anderen als den in S. 1 genannten Abwasserbeseitigungspflichtigen obliegt, und in S. 3 heißt es ferner,
dass die zur Abwasserbeseitigung Verpflichteten sich zur Erfüllung ihrer Pflichten Dritter bedienen können. Dies ändert allerdings nichts daran, dass die
Letztverantwortung als sogenannte **Gewährleistungsverantwortung** bei
den Gemeinden liegt (*Köck* ZUR 2015, 3 (8); *Britz* Die Verwaltung 2004,
145).

II. Abwasser

12   Was unter **Abwasser** zu verstehen ist, wird in **§ 54 Abs. 1 WHG** legaldefiniert und ist auch für das IfSG maßgebend, da beide Gesetze die gleiche Zielrichtung verfolgen (*Pommer* in BeckOK InfSchR § 41 Rn. 4 ff.). Hiernach ist
Abwasser das durch häuslichen, gewerblichen, landwirtschaftlichen oder sonstigen Gebrauch in seinen Eigenschaften veränderte Wasser und das bei Tro-
ckenwetter damit zusammen abfließende Wasser (Schmutzwasser). Darunter
fällt aber auch das von Niederschlägen aus dem Bereich von bebauten oder be-
festigten Flächen gesammelt abfließende Wasser (Niederschlagswasser). Flüs-
sigkeiten, die aus Anlagen zum Behandeln, Lagern und Ablagern von Abfällen

austreten oder dort gesammelt werden, gelten ebenfalls als Schmutzwasser (§ 54 Abs. 1 S. 2 WHG).

III. Abwasserbeseitigung

Für die Abwasserbeseitigung findet sich eine Legaldefinition in **§ 54 Abs. 2** **13** **WHG.** Hiernach umfasst die Abwasserbeseitigung das Sammeln, Fortleiten, Behandeln, Einleiten, Versickern, Verregnen und Verrieseln von Abwasser sowie das Entwässern von Klärschlamm im Zusammenhang mit der Abwasserbeseitigung. Zur Abwasserbeseitigung gehört auch die Beseitigung des in Kleinkläranlagen anfallenden Schlamms.

IV. Das Gebot der schadlosen Abwasserbeseitigung für die öffentliche Gesundheit

§ 41 Abs. 1 S. 1 enthält ein Gebot der schadlosen Abwasserbeseitigung für **14** die öffentliche Gesundheit, dass sich nur an die Abwasserbeseitigungspflichtigen richtet. Dieses Gebot ist wesentlich konkreter und enger gefasst als das allgemeine Gebot zur schadlosen Abwasserbeseitigung in **§ 55 Abs. 1 S. 1** **WHG.**

Nach **§ 55 Abs. 1 S. 1 WHG** ist Abwasser so zu beseitigen, dass das **Wohl** **15** **der Allgemeinheit** nicht beeinträchtigt wird. Diese Norm richtet sich im Gegensatz zu § 41 an jeden, der Abwasser beseitigt (BT-Drs. 7/4546, 6). Das Wohl der Allgemeinheit zu schützen ist eines der allgemeinen Zielsetzungen des WHG und findet sich ebenso in § 6 Abs. 1 S. 1 Nr. 3 WHG. Es ist weit zu verstehen und umfasst in erster Linie wasserwirtschaftliche Belange. Mitumfasst sind ferner die Belange des Natur- und Landschaftsschutzes, aber insbesondere auch die Gesundheit der Bevölkerung (*Czychowski/Reinhardt,* § 55 WHG Rn. 7 f.).

§ 55 Abs. 1 S. 1 WHG ist demnach nicht nur bei dem Pflichtigen, sondern **16** auch bei den Schutzgütern weiter gefasst als § 41. Bei § 55 Abs. 1 S. 1 WHG müssen die verschiedenen das Wohl der Allgemeinheit betreffenden **Belange** miteinander in Beziehung gesetzt werden, sie müssen, wenn sie sich nicht vereinbaren lassen, **gegeneinander abgewogen** werden. Es muss immer der Gesamtzusammenhang betrachtet werden (*Ganske* in Landmann/Rohmer WHG § 56 Rn. 9–10). Nach § 55 Abs. 1 S. 1 WHG besteht demnach die Möglichkeit, einzelne kollidierende Rechtsgüter in Beziehung zu setzen und abzuwägen. Im **Gegensatz** hierzu lässt § 41 ein solches Abwägen nicht zu. Die öffentliche Gesundheit und der **Schutz vor Krankheitserregern** ist einziges und **absolutes Ziel.**

§ 41 ist als *lex specialis* zu § 55 WHG anzusehen. Der Schutz des mensch- **17** lichen Lebens erlaubt keine Abwägung. Diese einfachgesetzliche Entscheidung des Gesetzgebers für den Schutz des menschlichen Lebens spiegelt auch den in Art. 1 GG niedergelegten Schutz der Menschenwürde wider, deren Grundlage das Leben ist.

V. Überwachung

18   Die Überwachung gem. Abs. 1 S. 2 obliegt der zuständigen Behörde. Sie erfolgt aus Gründen der Zweckmäßigkeit in Zusammenarbeit mit den zuständigen Behörden im Wasserrecht (zB dem Wasserwirtschaftsamt) (*Erdle*, § 41 S. 133).

E. Verordnungsermächtigung (Abs. 2)

19   Gem. Abs. 2 werden die Landesregierungen ermächtigt, durch RVO Gebote und **Verbote** zur Verhütung übertragbarer Krankheiten **zu erlassen.** Diese Ermächtigungen können die Landesregierungen durch RVO auf andere Stellen übertragen. Im Rahmen der neuen Möglichkeiten, Corona Hot-Spots im Abwasser festzustellen, kämen hier Regelungen zum Umfang, zur Art und Häufigkeit von Abwassertests in Betracht (*Pommer* in BeckOK InfSchR § 41 Rn. 39). Unabhängig von solchen erlassenen RVOen kann die zuständige Behörde erforderliche einzelfallbezogene Maßnahmen auf § 16 Abs. 1 und § 28 Abs. 1 stützen, soweit die dort genannten Voraussetzungen vorliegen (*Gerhardt*, § 41 Rn. 5).

F. Entschädigungsanspruch, Zuwiderhandlungen

20   Eine Zuwiderhandlung gegen das Gebot der schadlosen Abwasserbeseitigung liegt nur bei einer bewussten Schädigung der öffentlichen Gesundheit vor. Für § 55 Abs. 1 S. 1 WHG wird ein Verstoß gegen das Gebot zur schadlosen Abwasserbeseitigung zB dann angenommen, wenn Abwasser in eine offensichtlich defekte Kanalisation eingeleitet wird und es dadurch zu einer Grundwasserverunreinigung kommt (*Ganske* in Landmann/Rohmer § 55 Rn. 11). An dem Beispiel wird deutlich, dass eine Verletzung vorliegt, wenn eine bewusste Schädigung unternommen oder diese zumindest billigend in Kauf genommen wird. Diese bewusste Schädigung der öffentlichen Gesundheit wird auch für eine Zuwiderhandlung in § 41 Abs. 1 verlangt. Zurecht handelt es sich daher bei § 41 anders als bspw. bei § 89 WHG **nicht** um einen **Gefährdungshaftungstatbestand** (LG Arnsberg BeckRS 2017, 138910).

21   Ein **Amtshaftungsanspruch** iSd § 839 BGB iVm Art. 34 GG besteht demnach auch nur, wenn der Schaden vorsätzlich verursacht wurde. Dies ist zumindest dann nicht der Fall, wenn keinerlei Anhaltspunkte vorlagen und die Abwasserbeseitigung dem Stand der Technik entspricht (LG Arnsberg BeckRS 2017, 138910).

22   Auf § 41 selbst wird in den Bußgeld- und Strafvorschriften der §§ 73 ff. nicht Bezug genommen. Dennoch sind über die **Mitwirkungspflichten** in § 15a die Bußgeldvorschriften des **§ 73 Abs. 1 a Nr. 3 und 4** und der Straftatbestand des § 74 anwendbar (*Häberle/Lutz*, § 41 Rn. 2).

8. Abschnitt – Gesundheitliche Anforderungen an das Personal beim Umgang mit Lebensmitteln

§ 42 Tätigkeits- und Beschäftigungsverbote

(1) ¹Personen, die
1. an Typhus abdominalis, Paratyphus, Cholera, Shigellenruhr, Salmonellose, einer anderen infektiösen Gastroenteritis oder Virushepatitis A oder E erkrankt oder dessen verdächtig sind,
2. an infizierten Wunden oder an Hautkrankheiten erkrankt sind, bei denen die Möglichkeit besteht, dass deren Krankheitserreger über Lebensmittel übertragen werden können,
3. die Krankheitserreger Shigellen, Salmonellen, enterohämorrhagische Escherichia coli oder Choleravibrionen ausscheiden,

dürfen nicht tätig sein oder beschäftigt werden
a) beim Herstellen, Behandeln oder Inverkehrbringen der in Absatz 2 genannten Lebensmittel, wenn sie dabei mit diesen in Berührung kommen, oder
b) in Küchen von Gaststätten und sonstigen Einrichtungen mit oder zur Gemeinschaftsverpflegung.

²Satz 1 gilt entsprechend für Personen, die mit Bedarfsgegenständen, die für die dort genannten Tätigkeiten verwendet werden, so in Berührung kommen, dass eine Übertragung von Krankheitserregern auf die Lebensmittel im Sinne des Absatzes 2 zu befürchten ist. ³Die Sätze 1 und 2 gelten nicht für den privaten hauswirtschaftlichen Bereich.

(2) Lebensmittel im Sinne des Absatzes 1 sind
1. Fleisch, Geflügelfleisch und Erzeugnisse daraus
2. Milch und Erzeugnisse auf Milchbasis
3. Fische, Krebse oder Weichtiere und Erzeugnisse daraus
4. Eiprodukte
5. Säuglings- und Kleinkindernahrung
6. Speiseeis und Speiseeishalberzeugnisse
7. Backwaren mit nicht durchgebackener oder durcherhitzter Füllung oder Auflage
8. Feinkost-, Rohkost- und Kartoffelsalate, Marinaden, Mayonnaisen, andere emulgierte Soßen, Nahrungshefen
9. Sprossen und Keimlinge zum Rohverzehr sowie Samen zur Herstellung von Sprossen und Keimlingen zum Rohverzehr.

(3) Personen, die in amtlicher Eigenschaft, auch im Rahmen ihrer Ausbildung, mit den in Absatz 2 bezeichneten Lebensmitteln oder mit Bedarfsgegenständen im Sinne des Absatzes 1 Satz 2 in Berührung kommen, dürfen ihre Tätigkeit nicht ausüben, wenn sie an einer der in Absatz 1 Nr. 1 genannten Krankheiten erkrankt oder dessen verdächtig sind, an einer der in Absatz 1 Nr. 2 genannten Krankheiten erkrankt sind oder die in Absatz 1 Nr. 3 genannten Krankheitserreger ausscheiden.

(4) Das Gesundheitsamt kann Ausnahmen von den Verboten nach dieser Vorschrift zulassen, wenn Maßnahmen durchgeführt werden, mit denen eine Übertragung der aufgeführten Erkrankungen und Krankheitserreger verhütet werden kann.

(5) ¹Das Bundesministerium für Gesundheit wird ermächtigt, durch Rechtsverordnung mit Zustimmung des Bundesrates den Kreis der in Absatz 1 Nr. 1 und 2 genannten Krankheiten, der in Absatz 1 Nr. 3 genannten Krankheitserreger und der in Absatz 2 genannten Lebensmittel einzuschränken, wenn epidemiologische Erkenntnisse dies zulassen, oder zu erweitern, wenn dies zum Schutz der menschlichen Gesundheit vor einer Gefährdung durch Krankheitserreger erforderlich ist. ²In dringenden Fällen kann zum Schutz der Bevölkerung die Rechtsverordnung ohne Zustimmung des Bundesrates erlassen werden. ³Eine auf der Grundlage des Satzes 2 erlassene Verordnung tritt ein Jahr nach ihrem Inkrafttreten außer Kraft; ihre Geltungsdauer kann mit Zustimmung des Bundesrates verlängert werden.

Schrifttum: *Meyer/Streinz*, LFGB, BasisVO, HCVO, 2. Aufl. 2012.

A. Zweck und Bedeutung der Norm

1 Vorgängervorschrift ist § 17 BSeuchG. Die Norm soll die VerbraucherInnen vor solchen Infektionen schützen, die durch Lebensmittel verbreitet werden (BT-Drs. 14/2530, 80). In systematischer Hinsicht knüpft die Vorschrift an das Auftreten bestimmter Krankheiten oder einen Krankheitsverdacht an und ist mithin der **Bekämpfung übertragbarer Krankheiten** zuzuordnen; zugleich soll die Norm die Übertragung durch Lebensmittel ausschließen, sodass der **Verhütungsgedanke** eine besondere Rolle spielt (vgl. auch die Gesetzesbegründung zu §§ 17, 18 BSeuchG, BT-Drs. 3/1888, 23; → Einf. Rn. 19 ff.). Diese Aspekte und der spezielle Adressatenkreis rechtfertigen die Regelung in einem eigenen Abschnitt. § 42 ist seiner Rechtsnatur nach ein **repressives Verbot mit Befreiungsvorbehalt.** Seine öffentlich-rechtliche Natur schließt nicht aus, dass es auf einen privatrechtlichen Arbeitsvertrag durchschlägt. Ob ein Arbeitsvertrag bei Vorliegen eines Verbotes nach Abs. 1 nichtig ist, wird kontrovers diskutiert (verneinend BAG AP Nr. 1 zu § 18 BSeuchG; Überblick mwN bei *Sack/Seibl* in Staudinger BGB, 2017, § 134 Rn. 253).

B. Gesetzliches Verbot (Abs. 1)

2 Abs. 1 normiert ein **gesetzliches** Tätigkeits- und Beschäftigungsverbot. Das Verbot gilt eo ipso kraft Gesetzes; eines entsprechenden VA bedarf es nicht. Dies unterscheidet das hiesige Verbot von behördlichen Verboten nach § 31. Ein feststellender VA kann aber Bedeutung für die Mittel des Verwaltungszwangs erlangen. Die Normstruktur stellt sich wie folgt dar: S. 1 Nr. 1–3 sieht für verschiedene Klassen von Personen bzw. Krankheiten/Krankheitserreger (→ Rn. 4) das Verbot des Tätigseins oder Beschäftigtwerdens vor, sofern diese den alternativen Verbotsvarianten aus lit. a) oder b) unterfallen

(→ Rn. 7 ff.). Der **Katalog** des S. 1 Nr. 1–3 ist **abschließend,** was systematisch in Ansehung der Verordnungsermächtigung in Abs. 5 zum Ausdruck kommt. Abs. 1 entfaltet aber **keine Sperrwirkung im Verhältnis zu § 31,** und zwar weder dann, wenn etwa die Verdachtsgrade aus Abs. 1 nicht erreicht sind, noch dann, wenn ein Umgang mit Lebensmitteln iSv Abs. 2 vorliegt, die Voraussetzungen des Abs. 1 aber nicht gegeben sind (→ § 31 Rn. 13).

Die Frage nach **generellen Auslegungsdirektiven** der Norm bereitet **3** nicht unerhebliche Probleme. Nach *Erdle,* § 42, S. 135 soll Abs. 1 als nach § 75 Abs. 1 Nr. 2 strafbewerte Vorschrift eng auszulegen sein. Die Auslegungen einer gefahrenabwehrrechtlichen Vorschrift und einer strafrechtlichen Norm sind aber zu unterscheiden, auch wenn die erstgenannte eine Bezugsnorm der letztgenannten darstellt (→ Vorb. §§ 73 Rn. 5). Der **gefahrenabwehrrechtliche Charakter** von § 42 spricht freilich gegen eine restriktive Auslegung. Auch unionales Sekundärrecht, etwa VO (EG) Nr. 852/2004, legt einen eher weiten Auslegungsansatz nahe. Der Anwendungsvorrang des Unionsrechts verpflichtet die Mitgliedstaaten unter anderem, das nationale Recht im Zweifel in Übereinstimmung mit EU-Verordnungen auszulegen (vgl. grundlegend EuGH 4.2.1988 – C-157/86, Slg. 1988, 673 – Murphy), zumal der Gesetzgeber selbst mitunter auf ein unionsrechtlich angeleitetes weites Begriffsverständnis rekurriert (→ Rn. 5).

I. Erfasster Personenkreis

1. S. 1 Nr. 1. S. 1 Nr. 1 erfasst Personen, die an infektiöser Gastroenteritis **4** oder Virushepatitis A oder E erkrankt oder dessen verdächtig sind. Der Gesetzgeber versteht die **infektiöse Gastroenteritis** als Oberbegriff für Typhus abdominalis, Paratyphus, Cholera, Shigellenruhr und Salmonellose (arg. „andere"), sodass diese Erkrankungen lediglich beispielhaft genannt sind. Dem gesetzgeberischen Willen zu Folge soll der Oberbegriff alle Magen-Darm-Erkrankungen erfassen, deren Erreger über Lebensmittel übertragen werden können (BT-Drs. 14/2530, 81). Die Beschränkung auf **Virushepatitis A und E,** die im Verhältnis zu § 17 BSeuchG eine Einengung darstellt und namentlich Virushepatitis B und C ausgrenzt, beruht darauf, dass insbes. die erstgenannten Erkrankungen durch Lebensmittel übertragen werden. Das Verbot aus Abs. 1 wird nicht nur bei einer Erkrankung aktiviert, sondern schon bei einem Verdacht derselben (zum Begriff der Erkrankung und des Erkrankungsverdachts → § 2 Rn. 21 ff.). Die Vorschrift stellt eine Gefahr und einen Gefahrenverdacht einander normativ gleich. Zu den Meldepflichten, welche eine akute infektiöse Gastroenteritis und Virushepatitis auslösen → § 6 Rn. 3 ff., 10 ff.

2. S. 1 Nr. 2. Notwendig ist die **Erkrankung** an einer infizierten Wunde **5** oder einer Hautkrankheit; ein dahingehender **Verdacht** ist **nicht ausreichend.** Die im Wortlaut angelegte und in § 17 BSeuchG nicht enthaltene doppelte Inbezugnahme des Übertragungspotentials („Möglichkeit" … „können") macht nur Sinn, wenn dieses Potential zweistufig geprüft wird: In einem ersten Schritt ist festzustellen, dass die in Rede stehenden Erreger über Lebensmittel übertragen werden können, in einem zweiten Schritt die Möglichkeit, dass es aufgrund ua der Lage und Beschaffenheit der infizierten Wunde oder Hautkrankheit zu einer Übertragung kommt. Die Schwelle der **Möglichkeit** liegt weit unterhalb jener einer Wahrscheinlichkeit. Ausreichend ist eine denkbare Kausalität. Der Gesetzgeber bezweckt eine weite Erfassung aller Hautinfektionen. Er begründet dies unter Rekurs auf die RL 93/43/EWG v. 14.6.1993 über die Lebensmittelhygiene, die mittlerweile durch VO (EG) Nr. 852/2004 abgelöst wurde und die ihrerseits ebenfalls einen strikten Schutz von Lebensmitteln vor Kontamination normiert (Anhang II Kapitel IX Nr. 3).

6   **3. S. 1 Nr. 3.** Zum Begriff des Ausscheidens bzw. des Ausscheiders → § 2 Rn. 25 ff. Nicht ausreichend ist ein bloßer Ausscheidungsverdacht. Durch die Verwendung des Begriffs „Krankheitserreger" (→ § 2 Nr. 1) macht der Gesetzgeber deutlich, dass nur humanpathogene Erreger unter die Regelung fallen sollen. Unter Nr. 3 fallen ua **Salmonellen-Dauerausscheider** nach überstandener Typhus-Infektion (→ § 2 Rn. 25).

II. Verbotsvarianten

7   Die Formulierung „nicht tätig sein oder beschäftigt werden" dient dem Zweck, sowohl die in Abs. 1 Nr. 1–3 genannten Personen als auch deren Arbeitgeber als **Verbotsadressaten** auszuweisen. Das Merkmal „beschäftigt werden" bezieht sich sowohl auf natürliche Personen als auch Personenvereinigungen. Unter den jeweiligen Voraussetzungen können Mittel des Verwaltungszwangs gegen die Verbotsadressaten angeordnet werden. Die nachfolgend erläuterten (alternativen) Verbotsvarianten unterscheiden sich dadurch, dass in lit. a) bestimmte **Tätigkeiten** beschrieben werden, während in lit. b) bestimmte **Orte des Tätigwerdens** genannt sind.

8   **1. S. 1 lit. a: Herstellen, Behandeln oder Inverkehrbringen der in Abs. 2 genannten Lebensmittel.** Die Begriffe Herstellen, Behandeln und Inverkehrbringen sind nach dem gesetzgeberischen Willen lebensmittelrechtlich zu verstehen. Nach § 3 Nr. 1 LFGB bezeichnet **Inverkehrbringen** Handlungen iSd Art. 3 Nr. 8 VO (EG) Nr. 178/2002, also das Bereithalten von Lebensmitteln für Verkaufszwecke einschließlich des Anbietens zum Verkauf oder jeder anderen Form der Weitergabe, gleichgültig, ob unentgeltlich oder nicht, sowie den Verkauf, den Vertrieb oder andere Formen der Weitergabe selbst. **Herstellen** meint das Gewinnen, einschließlich des Schlachtens oder Erlegens lebender Tiere, deren Fleisch als Lebensmittel zu dienen bestimmt ist, das Herstellen, das Zubereiten, das Be- und Verarbeiten und das Mischen (§ 3 Nr. 2 LFGB). Unter **Behandeln** ist das Wiegen, Messen, Um- und Abfüllen, Stempeln, Bedrucken, Verpacken, Kühlen, Gefrieren, Tiefgefrieren, Auftauen, Lagern, Aufbewahren, Befördern sowie jede sonstige Tätigkeit, die nicht als Herstellen oder Inverkehrbringen anzusehen ist, zu verstehen (§ 3 Nr. 3 LFGB). Die innerbetriebliche Überwachung der Herstellung, Behandlung oder des Inverkehrbringens unterfällt der Regelung ebenfalls (BT-Drs. 8/2468, 23). Anders als noch in § 17 BSeuchG ist es nicht erforderlich, dass der Umgang mit den in Abs. 2 genannten Lebensmitteln gewerbsmäßig erfolgt (→ Rn. 12).

9   Notwendig ist, dass die in Nr. 1–3 genannten Personen mit den Lebensmitteln **in Berührung kommen.** In Zusammenschau mit S. 2 wird deutlich, dass nur das unmittelbare, nicht jedoch das mittelbare Berühren gemeint ist. Soweit der Gesetzgeber davon ausgeht, der Umgang mit bereits verpackten Lebensmitteln stelle kein Berühren dar (BT-Drs. 8/2468, 23), ist der Normtext insoweit teleologisch zu reduzieren. Daraus kann nicht geschlossen werden, der Umgang mit nicht verpackten Lebensmitteln durch eine Person, die beispielsweise Handschuhe trägt, stelle kein Berühren dar (aA *Gerhardt*, § 42 Rn. 12 und wohl *Erdle,* § 42, S. 135, anders auch Nr. 1.1 BayVwV zum Vollzug der §§ 42, 43 des IfSG v. 10.6.2002, AlIMBl. S. 543). Ein (erforderliches) unmittelbares Berühren setzt nicht voraus, dass etwa die Haut der Hand mit dem Lebensmittel in Kontakt gerät. Dafür sprechen der natürliche Wortsinn und der Schutzzweck der Norm. Schutzhandschuhe können, insb. bei längerem Tragen über den Tag hinweg, unter bestimmten Voraussetzungen genauso kontaminiert werden wie die Haut der Hand selbst. Es ist im Falle eines wirksamen Schutzes gegen Kontaminierung – bspw. durch Handschuhe – vielmehr an eine Ausnahmeregelung nach Abs. 4 (→ Rn. 16) zu denken.

2. S. 1 lit. b: Einrichtungen mit oder zur Gemeinschaftsverpfle- 10 gung. Die ursprünglich in § 17 Abs. 4 BSeuchG einzeln aufgelisteten Einrichtungen sollen nach dem gesetzgeberischen Willen alle in dem **Oberbegriff** der **Einrichtungen** aufgehen, sodass die dort vormals genannten Kantinen und Krankenhäuser sowie Säuglings- und Kinderheime darunterfallen. Die Einrichtung muss die Gemeinschaftsverpflegung nicht bezwecken. Ausreichend ist, dass diese erfolgt (Wortlaut „mit"). Erfasst werden ua Kindertagesstätten, Jugendheime, Jugendherbergen, Altersheime, Gefangenenanstalten sowie Einrichtungen zur Verpflegung in militärischen oder polizeilichen Einheiten und nicht allgemein zugängliche Werksküchen bzw. Betriebskantinen. Das Verbot des Tätig- bzw. Beschäftigtwerdens bezieht sich hier nur auf **Küchen** der erfassten Einrichtungen, nicht die Einrichtung insgesamt. Dies ist aus dem Wortlaut nicht unmittelbar ableitbar, ergibt sich aber aus der Entstehungsgeschichte. § 17 Abs. 4 BSeuchG betraf nämlich „Küchen … von sonstigen Einrichtungen". Obwohl der Gesetzgeber das Wort „von" vor dem Ausdruck „sonstigen Einrichtungen" gestrichen hat, war damit keine Veränderung beabsichtigt (vgl. BT-Drs. 14/2530, 81). Küchen sind Stellen, die typischerweise zur Herstellung von Speisen verwendet werden (*Gerhardt*, § 42 Rn. 15).

III. S. 2: Entsprechende Geltung bei Kontakt mit Bedarfsgegenständen

S. 2 betrifft den **mittelbaren Kontakt** mit den in Abs. 2 genannten Lebens- 11 mitteln über Bedarfsgegenstände. Es handelt sich um einen Rechtsgrund-, nicht einen Rechtsfolgenverweis. Die von S. 2 erfassten Personen müssen also die Voraussetzungen des S. 1 Nr. 1, 2 oder 3 erfüllen (vgl. BT-Drs. 8/2468, 23). **Bedarfsgegenstände** sind in Anknüpfung an § 2 Abs. 6 Nr. 1 LFGB Gegenstände, die dazu bestimmt sind, mit Lebensmitteln in Berührung zu kommen, oder die bei üblicher und vorhersehbarer Verwendung mit ihnen in Berührung kommen (*Gerhardt*, § 42 Rn. 17; vgl. auch VO (EG) Nr. 1935/2004 und *Meyer* in Meyer/Streinz, LFGB, § 2 Rn. 183 ff.). Erforderlich ist, dass die Personen mit den Bedarfsgegenständen so (unmittelbar) in Berührung kommen, dass eine Übertragung von Krankheitserregern zu befürchten ist, woran es bei der Reinigung des Bodens oder beim Umgang mit verpackten Lebensmitteln fehlen soll (BT-Drs. 14/2530, 81). Erfasst wird Personal, das Spül- oder Reinigungsarbeiten vornimmt und dabei Behältnisse für Lebensmittel sowie Geräte für Be- oder Verarbeitung von Lebensmitteln berührt. Unter die Regelung können auch Angehörige von Desinfektions- und Schädlingsbekämpfungsbetrieben fallen.

IV. S. 3: Ausnahme für den privaten hauswirtschaftlichen Bereich

12   Der **private hauswirtschaftliche Bereich** wird vom Anwendungsbereich der Sätze 1 und 2 ausgenommen. Begründet hat der Gesetzgeber dies nicht. Im Lebensmittelrecht stellt der Ausdruck einen Gegenbegriff zu jenem der Gewerbsmäßigkeit dar (s. etwa *Rathke* in Zipfel/Rathke, C 3 Nr. 350 § 1 Rn. 4 im Kontext der HonigV; *BBS,* § 43 Rn. 4). Entsprechend finden sich Ansätze, die annehmen, Abs. 1 setze eine gewerbsmäßige Tätigkeit voraus (*Häberle/Lutz,* § 42 Rn. 1). Dem kann aber nicht gefolgt werden. Der Wortlaut führt das Merkmal „gewerbsmäßig" nicht ausdrücklich auf (anders noch § 17 BSeuchG). Es lässt sich auch nicht in einem Gegenschluss aus S. 3 ableiten. Dagegen spricht insbes. § 43 Abs. 1 S. 1, der die darin normierten Nachweispflichten an die in § 42 Abs. 1 bezeichneten Tätigkeit ausdrücklich nur dann anknüpft, sofern diese gewerbsmäßig ausgeübt werden (→ § 43 Rn. 4). Setzte § 42 Abs. 1 eine Gewerbsmäßigkeit voraus, bedürfte es des Merkmals in § 43 Abs. 1 nicht (so auch *BBS,* § 43 Rn. 4). Zudem ist nicht erkennbar, warum der Gesetzgeber in S. 3 umständlich von dem privaten hauswirtschaftlichen Bereich sprechen sollte, wenn er „nicht gewerbsmäßig" gemeint hätte. Vor diesem Hintergrund betrifft die Ausnahme in S. 3 insbes. den **familiären Bereich** bzw. jenen persönlicher Kontakte im **Bekannten- und Verwandtschaftskreis** (vgl. *Gerhardt,* § 42 Rn. 20 und wohl auch *Aligbe* in BeckOK InfSchR § 42 Rn. 24). Die Tätigkeit privater Pflegedienste wird damit bspw. von S. 3 nicht erfasst, unterfällt also den Sätzen 1 und 2 (aA *Erdle,* § 42, S. 136 und Nr. 1.4 BayVwV zum Vollzug der §§ 42, 43 des IfSG vom 10.6.2002, AllMBl. S. 543). Diese Auslegung führt auch in Zusammenschau mit § 43 Abs. 1 zu sachgerechten Ergebnissen. So kann im Einzelfall aus gefahrenabwehrrechtlichen Gründen ein Tätigkeitsverbot erforderlich sein, ohne dass schon die Nachweispflichten aus § 43 Abs. 1 aktiviert werden müssten (Bsp. Sommerfest eines Vereins in eigener Regie).

C. Lebensmittel (Abs. 2)

13   In Abs. 2 werden bestimmte Lebensmittel aufgeführt, die einen guten **Nährboden für Krankheitserreger** bieten. Im Kontext des BSeuchG wurde bewusst davon abgesehen, sämtliche Lebensmittel in die Regelung einzubeziehen (BT-Drs. 8/2468, 24). Begründet wurde dies mit dem andernfalls einhergehenden Umfang der Untersuchungen nach § 18 BSeuchG, die freilich nunmehr nach § 43 nicht mehr bestehen (→ § 43 Rn. 1). Bei Schaffung des IfSG hat der Gesetzgeber die (abschließende) Aufzählung allerdings (gleichwohl) beibehalten. Die Vorgaben aus der in allen ihren Teilen verbindlichen und unmittelbar geltenden VO (EG) Nr. 852/2004 sind indes umfassender. Dort ist in Anhang II Kapitel VIII Nr. 2 der Umgang mit „Lebensmitteln" für bestimmte Personen generell verboten.

Nach dem gesetzgeberischen Willen sollen für die in Abs. 2 genannten Begriffe die Vorschriften bzw. **Grundsätze des Lebensmittelrechts** gelten; von eigenständigen Definitionen wurde bewusst abgesehen. Der nicht weiter konkretisierte (wohl dynamische) Verweis auf die Grundsätze des Lebensmittelrechts ist problematisch, denn die Begriffe werden im Lebensmittelrecht oftmals nicht einheitlich verwendet und sind zudem im Laufe der Zeit nicht unerheblichen Änderungen unterworfen, aktivieren jedoch die Verbote aus Abs. 1 und zudem eine Strafbarkeit nach § 75 Abs. 1 Nr. 2. **14**

- **Nr. 1:** Zum (hygienerechtlichen) Fleischbegriff s. Anhang I Nr. 1 VO (EG) Nr. 853/2004, zum Erzeugnisbegriff Anhang I Nr. 7.1. Die Nennung von Geflügelfleisch neben Fleisch entspricht der üblichen Terminologie im Hygienerecht.
- **Nr. 2:** Milch ist grds. das Gemelk von Nutztieren. Zu den unterschiedlichen Milchbegriffen iE *Rathke* in Zipfel/Rathke, C 2 Nr. 270 Rn. 44 ff., zum veralteten Ausdruck „Erzeugnisse auf Milchbasis" Rn. 42 f. und Rn. 57 ff.
- **Nr. 3:** Fische sind kaltblütige, durch Kiemen atmende Wirbeltiere; erfasst sind Salzwasser- und Süßwasserfische. Zu Weichtieren gehören Schnecken, Tintenfische und Muscheln. Zu Krebsen gehören auch Garnelen.
- **Nr. 4:** Zum Begriff des Eiprodukts Anhang I Nr. 7.3 VO (EG) Nr. 853/2004.
- **Nr. 5:** Erfasst ist Nahrung, die speziell für Säuglinge und Kleinkinder bestimmt ist. Säuglinge sind Kinder unter 12 Monaten, Kleinkinder sind Kinder im Alter zwischen einem Jahr und drei Jahren (Art. 2 Abs. 2 lit. a, b VO (EU) Nr. 609/2013).
- **Nr. 6:** Zum Begriff Speiseeis Punkt I A Nr. 1 der Leitsätze für Speiseeis v. 29.11.2016. Unter Halberzeugnissen sind Zubereitungen zu verstehen, die zur Herstellung von Speiseeis, nicht jedoch zum unmittelbaren Verzehr bestimmt sind (vgl. § 2 Abs. 2 der nicht mehr geltenden SpeiseeisVO).
- **Nr. 7:** Zum Begriff der Backware *Rathke/Sosnitza* in Zipfel/Rathke, C 3 Nr. 305 Rn. 1. Ist die Füllung oder Auflage durchgebacken oder durcherhitzt, ist Nr. 7 nicht einschlägig.
- **Nr. 8:** Zum Begriff der Feinkostsalate Punkt I A Nr. 1 der Leitsätze für Feinkostsalate v. 2.12.1998. Rohkostsalat ist Salat, dessen Bestandteile nicht durcherhitzt sind. Eine emulgierte Soße besteht aus einer einheitlichen Dispersion zweier oder mehrerer grds. nicht mischbarer Stoffe.
- **Nr. 9:** Die Ziffer wurde im Jahr 2013 in § 42 eingefügt, unter anderem in Reaktion auf lebensmittelbedingte EHEC-Infektionen im Jahr 2011 in Norddeutschland (BT-Drs. 17/7576, 33). Sprossen und Keimlinge sind bereits auskeimende Samen von Pflanzen. Sie müssen dem Rohverzehr dienen. Auch die (noch nicht auskeimenden) Samen zu ihrer Herstellung unterfallen der Ziffer.
- **Nicht erfasst** von Absatz 2 sind solche Lebensmittel, die in der Vorschrift selbst nicht aufgezählt werden, aber in denen aufgezählte Lebensmittel be- oder verarbeitet werden, solange nicht das Endprodukt (überwiegend) als

eines der aufgezählten Lebensmittel zu qualifizieren ist (BT-Drs. 8/2468, 24).

D. Tätigwerden in amtlicher Eigenschaft (Abs. 3)

15   Abs. 3 betrifft Personen, die „in" amtlicher Eigenschaft (dh funktional, nicht nur bei Gelegenheit) mit den in Abs. 2 bezeichneten Lebensmitteln oder mit Bedarfsgegenständen iSv Abs. 1 S. 2 in Berührung kommen (→ Rn. 9) und unter die Merkmale von Abs. 1 S. 1 Nr. 1, 2 oder 3 fallen (→ Rn. 4–6). Nach der gesetzgeberischen Vorstellung kann der genannte Personenkreis bei Ausübung seiner Tätigkeit mit Lebensmitteln in direkten Kontakt kommen und diese dabei mit Krankheitserregern kontaminieren (BT-Drs. 8/2468, 24). Unter die Regelung fallen insbes. **Amtsträger** im Bereich der **Lebensmittelüberwachung** und der **Fleischhygiene** (*Gerhardt*, § 42 Rn. 28).

E. Ausnahmebewilligung (Abs. 4)

16   Abs. 4 war in § 17 BSeuchG nicht enthalten. Die Vorschrift gibt dem Gesundheitsamt die Befugnis, von den Verboten aus Abs. 1 und Abs. 3 im Einzelfall zu befreien. Tatbestandliche Voraussetzung ist, dass Maßnahmen durchgeführt werden, mit denen eine Übertragung der aufgeführten Erkrankungen und Krankheitserreger verhütet werden kann. Als Rechtsfolge eröffnet die Norm Ermessen, das gerichtlich nur nach Maßgabe von § 114 VwGO überprüfbar ist. Es handelt sich um eine Befreiungsmöglichkeit im Rahmen eines repressiven Verbots **(Ausnahmebewilligung).** Der Einzelne hat auch bei Vorliegen der tatbestandlichen Voraussetzungen **keinen Anspruch** auf Erteilung der Ausnahmebewilligung, die als VA zu qualifizieren ist, es sei denn, es liegt ein (seltener) Fall der Ermessensreduktion auf Null vor. Es sind bei der Betätigung des Ermessens die persönlichen und sachlichen Umstände zu berücksichtigen (BT-Drs. 14/2530, 82). Entscheidend sind die konkreten Umstände des Einzelfalls, unter anderem die Zuverlässigkeit der konkreten Person bzw. des Betriebs (*Erdle*, § 42, S. 136; *Gerhardt*, § 42 Rn. 30). Die Vorschrift ist unter verfassungsrechtlichen Gesichtspunkten ein wichtiges Instrument zur Herstellung der Verhältnismäßigkeit der in der Vorschrift enthaltenen Verbote, die namentlich die Berufsfreiheit aus Art. 12 Abs. 1, 2 GG berühren.

F. Verordnungsermächtigung (Abs. 5)

17   Abs. 5 enthält eine **Verordnungsermächtigung** zu Gunsten des BMG, von welcher dieses – soweit ersichtlich – noch keinen Gebrauch gemacht hat. Die Verordnungsermächtigung, die in ähnlicher Form schon in § 17 Abs. 5 BSeuchG enthalten war, soll eine Anpassung an neuere epidemiologische Erkenntnisse schneller und flexibler gestalten, als dies mit einer Gesetzesänderung möglich wäre. Geändert werden können sowohl die in Abs. 1 S. 1 Nr. 1–3 genannten Erkrankungen und Erreger als auch die in Abs. 2 aufgeführten Lebensmittel. Abs. 5 ermöglicht Einschränkungen und Erweiterngen. Im Kontext von Erweiterungen ist die Grundrechtsrelevanz (insbes. Art. 12 Abs. 1, 2 GG) zu berücksichtigen, ebenso wie die damit einhergehende Ausdehnung einer möglichen Strafbarkeit (→ Vor §§ 73 ff. Rn. 15 f.; § 75 Rn. 4). Grds. besteht eine Zustimmungspflicht des BR, es sei denn, es handelt sich um einen dringenden Fall zum Schutz der Bevölkerung. Eine derartige RVO tritt automatisch kraft Gesetzes nach einem Jahr außer Kraft, ohne dass es einer Befristung bedürfte. Die Dauer von einem Jahr ist nicht unproblematisch. Nach § 17 Abs. 5 BSeuchG war die Geltungsdauer der Verordnung auf längstens drei Monate zu befristen. Die erhebliche zeitliche Ausdehnung hat der Gesetzgeber damit begründet, sie trage der üblichen Dauer des Verfahrens beim Erlass von RVOen Rechnung (BT-Drs. 14/2530, 82). Im Kontext der Coronavirus-Pandemie hat der parlamentarische Gesetzgeber jedoch gezeigt, dass auch erhebliche gesetzliche Änderungen in recht kurzer Zeit möglich sind. Zu alldem auch → § 15 Rn. 7.

G. Entschädigungsanspruch, Zuwiderhandlungen

Ein Entschädigungsanspruch nach § 56 ist denkbar. **18**

Das Beschäftigen einer Person und das Tätigwerden entgegen Abs. 1, auch **19** iVm einer RVO nach Abs. 5, oder Abs. 3 ist unter Strafe gestellt (**§ 75 Abs. 1 Nr. 2**).

§ 43 Belehrung, Bescheinigung des Gesundheitsamtes

(1) ¹**Personen dürfen gewerbsmäßig die in § 42 Abs. 1 bezeichneten Tätigkeiten erstmalig nur dann ausüben und mit diesen Tätigkeiten erstmalig nur dann beschäftigt werden, wenn durch eine nicht mehr als drei Monate alte Bescheinigung des Gesundheitsamtes oder eines vom Gesundheitsamt beauftragten Arztes nachgewiesen ist, dass sie**

1. über die in § 42 Abs. 1 genannten Tätigkeitsverbote und über die Verpflichtungen nach den Absätzen 2, 4 und 5 vom Gesundheitsamt oder von einem durch das Gesundheitsamt beauftragten Arzt belehrt wurden und

2. nach der Belehrung im Sinne der Nummer 1 in Textform erklärt haben, dass ihnen keine Tatsachen für ein Tätigkeitsverbot bei ihnen bekannt sind.

²**Liegen Anhaltspunkte vor, dass bei einer Person Hinderungsgründe nach § 42 Abs. 1 bestehen, so darf die Bescheinigung erst ausgestellt werden, wenn durch ein ärztliches Zeugnis nachgewiesen ist, dass Hinderungsgründe nicht oder nicht mehr bestehen.**

(2) **Treten bei Personen nach Aufnahme ihrer Tätigkeit Hinderungsgründe nach § 42 Abs. 1 auf, sind sie verpflichtet, dies ihrem Arbeitgeber oder Dienstherrn unverzüglich mitzuteilen.**

(3) **Werden dem Arbeitgeber oder Dienstherrn Anhaltspunkte oder Tatsachen bekannt, die ein Tätigkeitsverbot nach § 42 Abs. 1 begründen, so hat dieser unverzüglich die zur Verhinderung der Weiterver-**

breitung der Krankheitserreger erforderlichen Maßnahmen einzuleiten.

(4) [1]Der Arbeitgeber hat Personen, die eine der in § 42 Abs. 1 Satz 1 oder 2 genannten Tätigkeiten ausüben, nach Aufnahme ihrer Tätigkeit und im Weiteren alle zwei Jahre über die in § 42 Abs. 1 genannten Tätigkeitsverbote und über die Verpflichtung nach Absatz 2 zu belehren. [2]Die Teilnahme an der Belehrung ist zu dokumentieren. [3]Die Sätze 1 und 2 finden für Dienstherren entsprechende Anwendung.

(5) [1]Die Bescheinigung nach Absatz 1 und die letzte Dokumentation der Belehrung nach Absatz 4 sind beim Arbeitgeber aufzubewahren. [2]Der Arbeitgeber hat die Nachweise nach Satz 1 und, sofern er eine in § 42 Abs. 1 bezeichnete Tätigkeit selbst ausübt, die ihn betreffende Bescheinigung nach Absatz 1 Satz 1 an der Betriebsstätte verfügbar zu halten und der zuständigen Behörde und ihren Beauftragten auf Verlangen vorzulegen. [3]Bei Tätigkeiten an wechselnden Standorten genügt die Vorlage einer beglaubigten Abschrift oder einer beglaubigten Kopie.

(6) [1]Im Falle der Geschäftsunfähigkeit oder der beschränkten Geschäftsfähigkeit treffen die Verpflichtungen nach Absatz 1 Satz 1 Nr. 2 und Absatz 2 denjenigen, dem die Sorge für die Person zusteht. [2]Die gleiche Verpflichtung trifft auch den Betreuer, soweit die Sorge für die Person zu seinem Aufgabenkreis gehört. [3]Die den Arbeitgeber oder Dienstherrn betreffenden Verpflichtungen nach dieser Vorschrift gelten entsprechend für Personen, die die in § 42 Abs. 1 genannten Tätigkeiten selbständig ausüben.

(7) Das Bundesministerium für Gesundheit wird ermächtigt, durch Rechtsverordnung mit Zustimmung des Bundesrates Untersuchungen und weitergehende Anforderungen vorzuschreiben oder Anforderungen einzuschränken, wenn Rechtsakte der Europäischen Union dies erfordern.

Schrifttum: *Schippel*, Besondere Kategorien personenbezogener Daten in Vergabeverfahren, NZBau 2020, 78ff.; *Ennuschat/Wank/Winkler* (EWW), Gewerbeordnung, 9. Aufl. 2020.

A. Zweck und Bedeutung der Norm

1   Vorgängervorschrift ist § 18 BSeuchG, der allerdings eine andere Grundkonzeption besaß: Danach wurden Untersuchungen durchgeführt, um Hinderungsgründe nach § 17 Abs. 1 BSeuchG   nunmehr § 42 Abs. 1 – auszuschließen. Es wurde ein sog. Gesundheitszeugnis ausgestellt. Seit 1979 sah das BSeuchG von zuvor notwendigen jährlichen Wiederholungsuntersuchungen ab; der Gesetzgeber des IfSG war sodann der Auffassung, dass eine Untersuchung vor erstmaliger Aufnahme der Tätigkeit kein taugliches Mittel darstelle, um Epidemien durch kontaminierte Lebensmittel signifikant zu vermeiden. Die Vorschrift setzt daher auf Schaffung von **Kenntnissen durch**

Belehrung und auf eine **Zusammenarbeit** der Beteiligten (BT-Drs. 14/2530, 82).

Die in § 43 normierten Pflichten sind öffentlich-rechtlicher Natur. Bei **2 Verstößen** kann die zuständige Behörde Anordnungen nach § 39 Abs. 2 LFGB treffen (VG Würzburg LMuR 2019, 130 (134); VG Ansbach Urt. v. 1.10.2009 – AN 16 K 09.01010, Rn. 28). Zugleich gehören die Pflichten zum Kreis der öffentlich-rechtlichen Vorschriften, die im Falle eines Verstoßes gegen sie eine **gewerberechtliche Unzuverlässigkeit** begründen können (vgl. etwa VG Würzburg Urt. v. 25.2.2015 – W 6 K 14.1296; VG Regensburg Beschl. v. 26.11.2020 – RN 5 S 20.2026, Rn. 87). Der öffentlich-rechtliche Charakter schließt es freilich nicht aus, dass eine Verletzung der Pflichten auf ein privatrechtliches Arbeitsverhältnis durchschlägt. Fehlt es zB an einer Bescheinigung, die den Anforderungen nach Abs. 1 genügt, liegt für den Arbeitnehmer ein Beschäftigungsverbot vor, das dem Arbeitgeber dessen tatsächliche Beschäftigung untersagt, die Wirksamkeit des Arbeitsvertrages jedoch unberührt lässt (*Thüsing* in Henssler/Willemsen/Kalb Arbeitsrecht, 9. Aufl. 2020, § 611a BGB Rn. 201, 207).

B. Nachweispflichten (Abs. 1)

Abs. 1 ist seiner Rechtsnatur nach **kein präventives Verbot mit Erlaub- 3 nisvorbehalt,** da die Bescheinigung nach Abs. 1 S. 1 nicht als Erlaubnis iSe VA zu qualifizieren ist (→ Rn. 8). Die Vorschrift macht vielmehr die Zulässigkeit der Ausübung der in § 42 Abs. 1 bezeichneten Tätigkeiten, die tatbestandlich vorliegen müssen (VG Würzburg LMuR 2019, 130), von **tatsächlichen Voraussetzungen** iSe Bedingung abhängig. Verbotsadressaten sind die Tätigwerdenden selbst sowie diejenigen, welche sie beschäftigen. Liegen die Voraussetzungen aus Nr. 1 und Nr. 2 vor, hat der Belehrte einen **Anspruch auf Ausstellung** der Bescheinigung, in den Fällen des Abs. 1 S. 2 aber nur unter weiteren Voraussetzungen.

I. Voraussetzungen für ein Aktivieren der Nachweispflicht

1. Gewerbsmäßigkeit. Die Pflichten aus § 43 setzen voraus, dass die in **4** § 42 bezeichneten Tätigkeiten **gewerbsmäßig** ausgeübt werden. Es handelt sich dabei um einen (gerichtlich voll überprüfbaren) Rechtsbegriff, der den Anwendungsbereich der Norm in besonderer Weise prägt. Der Gesetzgeber selbst hat ihn nicht näher definiert; die Gesetzgebungsmaterialien sind unergiebig. Das Schrifttum geht größtenteils davon aus, dass der (weite) lebensmittelrechtliche Begriff der Gewerbsmäßigkeit, der als Gegenbegriff zum privaten hauswirtschaftlichen Bereich verwendet wird, nicht zu Grunde zu legen sei. Vielmehr sei der Begriff in (gewisser) Anlehnung an das Gewerberecht zu definieren (*Erdle*, § 43, S. 138; *Gerhardt*, § 43 Rn. 5 ff.; *BBS*, § 43 Rn. 2 ff.). Zentral sind insoweit – in einem ersten Zugriff – die Merkmale der **Dauerhaftigkeit** und der **Gewinnerzielungsabsicht.** Dauerhaftigkeit bezeichnet dabei eine regelmäßig, nicht nur gelegentlich ausgeübte Tätigkeit. Unter Gewinnerzielungsabsicht wird das Streben nach einem unmittelbaren oder mittelbaren wirtschaftlichen Vorteil verstanden, der zu einem nennenswerten

Überschuss über den Ausgleich der eigenen Aufwendungen hinausführt. Liegen diese Merkmale vor, ist grds. Gewerbsmäßigkeit iSv Abs. 1 gegeben. Indes zeigt sich auch im Kontext des Gewerberechts, dass die Merkmale bei genauer Betrachtung dezisionistisch-wertender Natur sind und von einer Gesamtbetrachtung, die am Schutzzweck der Norm orientiert ist, überformt werden (s. zu alldem *Winkler* in EWW § 1 GewO Rn. 1 ff.). Entsprechend werden in der Praxis bestimmte Bereiche diskutiert, die sich in einer „Grauzone" zwischen privatem hauswirtschaftlichem und eindeutig gewerblichem Tätigwerden bewegen. Eine Dauerhaftigkeit soll nach teils vertretener Auffassung nicht vorliegen, wenn ein Tätigwerden an nicht mehr als drei Tagen im Jahr stattfindet. Mitunter geht die Praxis aber auch davon aus, eine einmalige Veranstaltung mit großem, nicht überschaubarem Publikumsverkehr sei als gewerbsmäßig zu qualifizieren. Oftmals heißt es, ehrenamtliche HelferInnen bei Schul- und Kindergartenfesten, Straßenfesten und Vereinsfesten seien keine Verpflichtungsadressaten. Vor dem Hintergrund derart ausgewiesener Begriffsunschärfen scheint eine frühzeitige Abstimmung mit dem Gesundheitsamt in derartigen Bereichen überaus zweckmäßig, sofern keine behördlichen Auslegungshilfen Anhalt für eine bestimmte Behördenpraxis liefern.

5   **2. Erstmaliges Ausüben und Beschäftigtwerden.** Die Nachweispflicht gilt nur mit Blick auf das **erstmalige** Ausüben und Beschäftigtwerden. Ein **Wechsel der** in § 42 genannten **Tätigkeitsfelder** erfordert indes keine neue Bescheinigung (BT-Drs. 14/2530, 82). Unschädlich ist das zwischenzeitliche Unterbrechen einer Tätigkeit. LehrerInnen und SchülerInnen von hauswirtschaftlichen und nahrungsgewerblichen Klassen fallen auch unter die Regelung, nachdem unter der Geltung des BSeuchG für sie noch eine Ausnahme bestand (in § 18 Abs. 1 S. 1).

II. Voraussetzungen für einen Nachweis

6   **1. Nachweisgegenstände: S. 1 Nr. 1 und 2.** Gegenstände der erforderlichen Belehrung sind nach **Nr. 1** die in § 42 Abs. 1 genannten Tätigkeitsverbote und die Verpflichtungen nach den Abs. 2, 4 und 5. Nach der bis zum 29.2.2020 geltenden Fassung war in mündlicher und schriftlicher Form zu belehren. Dieses Erfordernis wurde durch das MasernschutzG v. 10.2.2020 (BGBl. I 148) gestrichen. Eine bestimmte Form der Belehrung ist jetzt nicht mehr vorgesehen. Durch diese Änderung sollte ermöglicht werden, das Verfahren nach Abs. 1 **vollständig digitalisiert** durchzuführen (BT-Drs. 19/15164, 57). In der bisherigen Verwaltungspraxis wurden (noch im Kontext des Erfordernisses des persönlichen Erscheinens des Belehrten) sowohl Einzel- als auch Sammelbelehrungstermine durchgeführt. Die Belehrung muss (auch hinsichtlich ihrer Umstände) stets sicherstellen, dass der Belehrte danach in der Lage ist, die Hinderungsgründe bei sich zu erkennen und sich danach zu verhalten (BT-Drs. 14/2530, 82). Waren bisher Massentermine vor diesem Hintergrund unzulässig, sind diese Anforderungen auch an eine nunmehr mögliche digitalisierte Belehrung zu stellen. Die Möglichkeit des Belehrenden, etwaige Hinderungsgründe nach § 42 Abs. 1 bei einem persönlichen Kontakt mit dem Belehrten zu bemerken (zu diesem Aspekt *BBS*, § 43 Rn. 8), ist bei einer digitalisierten Belehrung nur noch eingeschränkt gegeben.

Die Dauer der Belehrungen beträgt in der Praxis zwischen 30 und 120 Minuten.

Anhand der Bescheinigung ist zudem gem. **Nr. 2** nachzuweisen, dass die 7 belehrte Person nach der Belehrung in **Textform** erklärt hat, ihr seien keine Tatsachen für ein Tätigkeitsverbot bei ihr bekannt. Anhaltspunkte können nach gesetzgeberischer Auffassung individueller medizinischer, aber auch allg. epidemiologischer Art sein, etwa ein vorangegangener Aufenthalt in einem Epidemiegebiet (BT-Drs. 14/2530, 82). Ist durch Gesetz Textform vorgeschrieben, so muss eine lesbare Erklärung, in der die Person des Erklärenden genannt ist, auf einem dauerhaften Datenträger abgegeben werden (§ 126b BGB). Die Belehrung muss der Erklärung nach Nr. 2 zeitlich vorausgehen.

2. Nachweismedium: Bescheinigung. Die Bescheinigung nach **S. 1** ist 8 mangels Regelungswirkung kein VA, sondern **Realakt.** Der Bescheinigung ist insbes. nicht die normativ-feststellende Regelung zu entnehmen, dass die Voraussetzungen aus Abs. 1 S. 1 Nr. 1, 2 vorliegen. Sie ist lediglich tatsächliches Nachweismedium. Sowohl S. 1 als auch S. 2 sprechen davon, dass durch ein Medium etwas „nachgewiesen ist"; dies ist im Falle von S. 2 kein VA, sondern ein (regelmäßig privatärztliches) Zeugnis. Der Bescheinigung aus S. 1 ist dann kein anderer Rechtscharakter zuzusprechen. Die Bescheinigung darf nicht mehr als **drei Monate** alt sein. Dem Wortlaut nach ist nicht der Tag der Belehrung oder der Erklärung nach Nr. 2 maßgeblich, sondern das Ausstellungsdatum der Bescheinigung. Ebenfalls mit Blick auf den Wortlaut und den gefahrenabwehrrechtlichen Charakter ist davon auszugehen, dass die in § 42 Abs. 1 bezeichneten Tätigkeiten innerhalb der Drei-Monats-Frist tatsächlich begonnen werden müssen; das (bloße) Schließen eines Arbeitsvertrages ist bspw. nicht ausreichend. Ein **Zeugnis nach § 18 BSeuchG** gilt als Bescheinigung nach § 43 Abs. 1 (§ 77 Abs. 2). Die in der Bescheinigung enthaltenen Daten sind personenbezogen (dazu und zu den vergaberechtlichen Folgen *Schippel* NZBau 2020, 78).

S. 2 stellt besondere Anforderungen an die Zulässigkeit des Ausstellens 9 einer Bescheinigung, wenn bei einer Person Anhaltspunkte für Hinderungsgründe nach § 42 Abs. 1 bestehen. **Anhaltspunkte** erfordern das Vorliegen bestimmter Indizien, eine bloß spekulative Möglichkeit ist nicht ausreichend. Die Schwelle für den Eintritt eines solchen Gefahrenverdachts ist indes nicht zu hoch anzusetzen, da der Kreis potentiell in ihren Rechtsgütern gefährdeter Verbraucher bei gewerbsmäßigem Tätigwerden groß ist. Für die Ausstellung des ärztlichen Zeugnisses nach S. 2 ist jeder Arzt berechtigt (vgl. OVG Münster LRE 46, 332; *Gerhardt,* § 43 Rn. 17).

3. Belehrender und Aussteller des Nachweises: Gesundheitsamt 10 **oder beauftragter Arzt.** Das **Gesundheitsamt** kann **selbst** nach Nr. 1 belehren und die Bescheinigung ausstellen, aber auch einen **Arzt** mit der Belehrung und/oder dem Ausstellen der Bescheinigung **beauftragen.** Der Normstruktur nach ist es möglich – wenngleich wohl wenig sinnvoll –, dass der Belehrende und der Aussteller der Bescheinigung auseinanderfallen, also bspw. ein beauftragter Arzt belehrt und das Gesundheitsamt die Bescheinigung ausstellt. Die **Beauftragung** eines Arztes erfolgt regelmäßig durch einen **begünstigenden VA** (vgl. VG Minden Urt. v. 3.7.2002 – 4 K 2063/01), der nach §§ 48, 49 VwVfG aufgehoben werden kann. Ein Arzt hat **keinen Anspruch auf Beauftragung** durch das Gesundheitsamt. Eine Beauftragung steht vielmehr in dessen pflichtgemäßem Ermessen. Frei von Ermessensfehlern ist etwa die Entscheidung eines Gesundheitsamts, einen hohen Belehrungsstandard gewährleisten und daher grds. alle Erstbelehrungen selbst durchführen zu wollen (vgl. OVG Münster LRE 46, 332). Wie der Arzt durch die Beauftragung rechtlich gestellt wird, ist abhängig von den konkreten Umständen des Einzelfalls. Er wird nicht zwingend als **Beliehener** tätig (so jedoch *Erdle*, § 43, S. 140 sowie Nr. 2.5 BayVwV zum Vollzug der §§ 42, 43 des IfSG v. 10.6.2002, AllMBl. S. 543). In Betracht kommen ebenfalls die Stellung als **Verwaltungshelfer** oder (sofern dieses Institut einen Selbststand besitzt) als **Dienstleistungskonzessionär.** Entscheidend ist ua, in welchem Umfang der beauftragte Arzt gegenüber dem Gesundheitsamt weisungsabhängig ist, wie er nach außen hin auftritt und wie er sich finanziert bzw. ob er ein wirtschaftliches Risiko trägt. Sofern er als Beliehener zu qualifizieren ist, wird sein Handeln der Behörde nicht (wie beim Verwaltungshelfer) zugerechnet, sondern er ist vielmehr selbst (funktional) Behörde, Amtsträger und grundrechtsgebunden.

C. Hinderungsgründe nach Tätigkeitsaufnahme (Abs. 2)

11 Abs. 2 normiert eine **Mitteilungspflicht der tätig werdenden Person** gegenüber dem Arbeitgeber bzw. Dienstherrn. Die Pflicht steht im Lichte der von § 43 erstrebten Zusammenarbeit der Beteiligten und dient ua dem Zweck, die in Abs. 3 normierten Pflichten des Arbeitgebers bzw. Dienstherrn zu aktivieren. In Zusammenschau mit Abs. 1 S. 2 und Abs. 3 wird deutlich, dass **Hinderungsgründe** nach § 42 Abs. 1 **tatsächlich** auftreten müssen und bloße Anhaltspunkte für ihr Bestehen nicht ausreichen. Dem Wortlaut nach gilt Abs. 2 erst nach Aufnahme der Tätigkeit. Bei verständiger Würdigung gilt die Pflicht aber auch dann, wenn nach Ausstellen des Nachweises und vor Aufnahme der Tätigkeit Hinderungsgründe auftreten. Andernfalls würde die Pflicht in gefahrenabwehrrechtlich wenig zweckmäßiger Weise erst unmittelbar nach dem ersten Tätigwerden aufleben. Die Mitteilungspflicht trifft auch Personen, die § 42 Abs. 3 unterfallen, auch wenn Abs. 2 nur von Tätigkeiten nach § 42 Abs. 1 spricht. Mitteilungsadressat ist nämlich ausdrücklich neben dem Arbeitgeber auch der Dienstherr. Eine bestimmte Form der Mitteilung ist nicht vorgesehen. Die Mitteilung muss **unverzüglich,** d. h. ohne schuldhaftes Zögern, sowie **richtig** und **vollständig** erfolgen (vgl. auch § 73 Abs. 2 Nr. 16a).

D. Erforderliche Maßnahmen des Arbeitgebers (Abs. 3)

12 Die in Abs. 3 normierten Pflichten treffen den **Arbeitgeber** bzw. **Dienstherrn.** Sie bestehen schon bei Anhaltspunkten, die ein Tätigkeitsverbot nach § 42 Abs. 1 begründen (→ Rn. 9). Welche Maßnahmen zur Verhinderung der Weiterverbreitung der Krankheitserreger erforderlich sind, ist abhängig von den **Umständen des Einzelfalls.** Abs. 3 vermittelt keine öffentlich-rechtlichen Eingriffsbefugnisse; vielmehr sind Maßnahmen im zulässigen Rahmen des zu Grunde liegenden Rechtsverhältnisses zu ergreifen (*Gerhardt,* § 43 Rn. 24). Wann Anhaltspunkte oder Tatsachen „bekannt" sind, richtet sich nach innerbetrieblichen bzw. verwaltungsorganisationsrechtlichen Strukturen. Entscheidend ist, ob die Kenntnis einer natürlichen Person − ist diese nicht selbst Arbeitgeber − diesem oder dem Dienstherrn rechtlich zugerechnet wird. Die Kenntnis muss nicht zwingend auf einer Mitteilung nach Abs. 2 beruhen.

E. Belehrungs- und Dokumentationspflicht des Arbeitgebers (Abs. 4)

Abs. 4 enthält **Belehrungs- und Dokumentationspflichten** des Arbeit- **13** gebers bzw. des Dienstherrn. Zum 3.8.2011 ist der zeitliche Abstand zwischen den erforderlichen Belehrungen von einem Jahr auf zwei Jahre erweitert worden, um Bürokratielasten zu reduzieren und da angesichts des geringen Umfangs der Belehrungsinhalte eine Wiederauffrischung des Wissens nach zwei Jahren ausreichend sei (BT-Drs. 17/6141, 37). Inhalt der Belehrung sind die Tätigkeitsverbote nach § 42 Abs. 1 und die Pflicht nach Abs. 2. Die Gesundheitsämter stellen oftmals Schulungsmaterialien zur Verfügung. Der Arbeitgeber bzw. Dienstherr kann sich zur Belehrung Dritter bedienen, ohne dass er jedoch dadurch aus seiner Pflicht nach Abs. 4 entlassen wäre. Für eine ordnungsgemäße Belehrung hat er auch in diesem Fall einzustehen. Die Belehrung muss richtig, vollständig und rechtzeitig erfolgen (→ auch § 73 Abs. 2 Nr. 18). Erforderlich ist, dass die belehrten Personen die Belehrungsinhalte tatsächlich verstehen. Ggf. sind Maßnahmen zur Überwindung von Sprachbarrieren notwendig. Die Belehrung ersetzt nicht die nach § 4 der Lebensmittelhygiene-Verordnung (LMHV) erforderliche Schulung, sondern tritt daneben. Die Teilnahme an der Belehrung ist zu dokumentieren, ohne dass dafür eine bestimmte Form vorgeschrieben wäre. Die Dokumentation muss aber so verkörpert sein, dass die Erfüllung der Aufbewahrungspflicht nach Abs. 5 möglich ist.

F. Aufbewahrungs- und Vorlagepflicht des Arbeitgebers (Abs. 5)

Vorgängervorschrift ist § 18 Abs. 5 BSeuchG. Die Norm sieht Pflichten des **14** Arbeitgebers, nicht aber des Dienstherrn vor. Die **Aufbewahrungs- und Vorlagepflicht** umfasst den Nachweis nach Abs. 1 (ggf. auch jenen, der seine Person betrifft) und die letzte Dokumentation der Belehrung nach Abs. 4, nicht jedoch die vorangegangenen Dokumentationen. Abs. 5 schafft die Voraussetzungen für eine (repressive) staatliche Kontrolle der Einhaltung der von der Vorschrift genannten Pflichten und steuert die Einhaltung zugleich (präventiv), da die Verpflichteten stets mit der Kontrolle rechnen müssen. **Betriebsstätte** ist die tatsächliche Tätigkeitsstätte, nicht bspw. die Zentrale bei Filialbetrieben. Durch die Formulierung soll sichergestellt werden, dass die Nachweise im Falle einer Überprüfung am Ort der Tätigkeit vorgelegt werden können (vgl. BT-Drs. 8/2468, 25). Dieser Gedanke wird von S. 3 aufgegriffen, der deutlich macht, dass bei Tätigkeiten an wechselnden Standorten an jedem ein Nachweis vorzuhalten ist, wenngleich dann eine beglaubigte Abschrift bzw. Kopie ausreicht.

G. Personensorgeberechtigte und Betreuer (Abs. 6)

15   Abs. 6, der § 16 Abs. 5 nachgebildet ist (→ § 16 Rn. 45 ff.), bezieht die Verpflichtungen nach Abs. 1 S. 1 Nr. 2 und Abs. 2 im Falle der Geschäftsunfähigkeit und der beschränkten Geschäftsfähigkeit auf die **Personensorgeberechtigten** und unter den Voraussetzungen von S. 2 kumulativ („auch") auf einen **Betreuer.** Es stellt sich die Frage, in welchem Umfang und Modus auch diese zu belehren sind. Eine Belehrung gibt Abs. 6 zwar nicht unmittelbar vor, die Erklärung nach Abs. 1 S. 1 Nr. 2 ist aber erst „nach der Belehrung" abgabefähig. Aus diesem Grund sind den von den Gesundheitsämtern herausgegebenen Vordrucken zumeist schriftliche Belehrungen beigefügt oder die Verpflichtungsadressaten nach Abs. 6 müssen ebenfalls an der Belehrung teilnehmen. Die Norm entbindet nämlich insbesondere die Geschäftsunfähigen und beschränkt Geschäftsfähigen nicht von deren eigener Pflicht, an den Belehrungen nach Abs. 1 S. 1 Nr. 1 teilzunehmen. Die abzugebende Erklärung muss in nahem zeitlichem Zusammenhang mit dem Ausstellen des Nachweises nach Abs. 1 stehen, da dessen Schutzzweck andernfalls nicht erreicht wird.

16   **S. 3** dehnt die Pflichten, welche der Arbeitgeber oder Dienstherr nach § 43 hat, auf Personen aus, die jene in § 42 Abs. 1 genannten Tätigkeiten **selbständig,** also nicht in persönlicher Abhängigkeit, ausüben. Die systematische Stellung ist wenig glücklich. Da die Sätze 1, 2 des Abs. 6 keine Verpflichtungen des Arbeitgebers oder Dienstherrn normieren, muss mit der „Vorschrift" § 43 insgesamt gemeint sein und nicht nur Abs. 6. Im Kern bezieht sich der Normanwendungsbefehl auf Verhinderungsmaßnahmen nach Abs. 3, regelmäßige Beschäftigung mit den Tätigkeitsverboten aus § 42 Abs. 1 gem. Abs. 4 und die in Abs. 5 niedergelegte Aufbewahrungs- und Vorlagepflicht des Nachweises aus Abs. 1.

H. Verordnungsermächtigung (Abs. 7)

17   Abs. 7 enthält eine **Verordnungsermächtigung** zu Gunsten des BMG und war bereits in § 18 Abs. 2 S. 1 Nr. 4 BSeuchG enthalten. Durch RVO, die der Zustimmung des BR bedarf, kann das BMG danach Untersuchungen und weitergehende Anforderungen vorschreiben sowie Anforderungen einschränken, wenn Rechtsakte der EU dies erfordern. Darüber hinausreichende Regelungen sind von vornherein durch Abs. 7 nicht gedeckt. Bei den in Bezug genommenen Rechtsakten handelt es sich regelmäßig um (umsetzungsbedürftige) **Richtlinien** (RL) nach Art. 288 Abs. 3 AEUV, da EU-Verordnungen iSv Art. 288 Abs. 2 AEUV unmittelbar gelten und ihre Wiederholung in innerstaatlichem Recht wegen des Anwendungsvorrangs des Unionsrechts, der Normkonflikte auflöst, nicht notwendig ist. Abs. 7 spricht daher bewusst davon, dass Rechtsakte der Union „dies erfordern", nicht jedoch, dass sie „dies vorschreiben". Eine RL ist nämlich grds. nur hinsichtlich des zu erreichenden Ziels verbindlich, überlässt jedoch den innerstaatlichen Stellen die Wahl der Form und der Mittel. Bei der Umsetzung von RL in nationales Recht besteht gem. Art. 51 Abs. 1 S. 1 Alt. 2 CRCh eine **Bindung an Unionsgrundrechte** (allg. dazu *Jarass,* Charta der Grundrechte der EU, 4. Aufl. 2021, Art. 51), innerhalb der durch die RL eröffneten Umsetzungsspielräume zugleich an die **Grundrechte des GG** (etwa BVerfGE 142, 74 (112 f.); weitergehend BVerfGE 140, 317 ff.).

Die in Abs. 7 enthaltene Verordnungsermächtigung bedarf der **verfassungs-** 18 **konformen Auslegung.** Welche Stelle innerhalb der Mitgliedstaaten die RL umsetzt, richtet sich nicht nach Unionsrecht, sondern nach den jeweiligen innerstaatlichen Kompetenzvorschriften (*Ruffert* in Calliess/Ruffert Art. 288 AEUV Rn. 41), sodass das Unionsrecht – weil sich zu dieser Frage nicht verhält – die hiesige Verordnungsermächtigung auch dann nicht legitimiert, wenn es entsprechende Regelungen als solche erfordert. Auf der Grundlage der sog. **Wesentlichkeitstheorie,** welche ua das innerstaatliche Kompetenzgefüge in materieller Hinsicht betrifft, muss der parlamentarische Gesetzgeber in grundlegenden normativen Bereichen alle wesentlichen Entscheidungen selbst treffen und darf sie nicht anderen Normgebern überlassen. Diese Regel muss jedenfalls innerhalb der durch die RL eröffneten Umsetzungsspielräume Geltung beanspruchen und limitiert prima facie die Reichweite der Verordnungsermächtigung aus Abs. 7. Nicht ohne Weiteres zu beantworten ist die Frage nach ihrer Geltung in einem unionsrechtlich determinierten Bereich. So ließe sich argumentieren, dass der Gesetzgeber insoweit gar keine wesentlichen Entscheidungen (eigenständig) treffen kann, weil Rechtsakte der EU die jeweiligen Maßnahmen „erfordern". Dies schließt es aber nicht aus, der Wesentlichkeitstheorie jenseits ihres materiellen Gehalts den Charakter einer formellen Verantwortungszuschreibung beizumessen. Dies korreliert mit einer sog. **Integrationsverantwortung,** die dem parlamentarischen Gesetzgeber in Ansehung europäischer Rechtsakte zukommt (vgl. BVerfGE 151, 202 Rn. 140 ff.) und die mit steigender Grundrechtsintensität zunehmen dürfte. All dies stellt die Verordnungsermächtigung, mit welcher der Gesetzgeber „Untersuchungen und weitergehende Anforderungen" dem Grunde nach billigt, zwar nicht grundlegend in Frage. Erfordern aber die Grundrechtsrelevanz, die Größe des Adressatenkreises und die Langfristigkeit der Festlegung nach Maßgabe der Wesentlichkeitstheorie eine Umsetzung durch ein formelles Gesetz, ist die Ausübung der Verordnungsermächtigung durch das BMG von Verfassungs wegen gesperrt. Entscheidend sind die Einzelheiten sowohl des unionalen Sekundärrechts als auch der beabsichtigten innerstaatlichen Regelung.

I. Zuwiderhandlungen, Kosten

Ordnungswidrigkeiten ergeben sich in Ansehung der Pflichten nach § 43 19 aus **§ 73 Abs. 1a Nr. 16a, 18, 20, 21.**

Die **Gebühren** für die Belehrung liegen – auf der Grundlage kommunaler 20 Gebührensatzungen oder landesrechtlicher RVOen – regelmäßig bei 20 bis 35 Euro.

9. Abschnitt – Tätigkeiten mit Krankheitserregern

Vorbemerkung vor §§ 44 ff.

A. Überblick

I. Regelungszweck

1   Die Tätigkeit mit Krankheitserregern wird als besonders risikobehaftet eingeschätzt, weil sie zur Verbreitung von Krankheiten beintragen kann. Daher werden an die Sachkunde der verantwortlichen Person (§ 44) sowie an die Ausstattung der Räumlichkeiten (§ 49) besondere Anforderungen gestellt.

II. Regelungssystematik; Veränderungen ggü. §§ 19–29 BSeuchG

2   Die Regelungen des IfSG zum Umgang mit Krankheitserregern knüpfen überwiegend an die **§§ 19–29 BSeuchG** vom 18.7.1961 (BGBl. I 1012) an.

3   So übernimmt § 44 das **präventive Verbot mit Erlaubnisvorbehalt** für sämtliche Tätigkeiten mit Krankheitserregern, wobei der Begriff der „Tätigkeit" alle Tatbestände des § 44 umschreibt (vgl. BR-Drs. 566/99, 189). Diese Regelung wird von **Anzeigepflichten** flankiert (§§ 49, 50), die auch bei nach § 45 erlaubnisfreien Tätigkeiten bestehen.

4   Hinsichtlich der **Ausgestaltung der Erlaubnis** kam es zu zwei wesentlichen Veränderungen: Die Erlaubnis kann – anders als noch von § 22 Abs. 2 S. 2 BSeuchG vorgesehen – juristischen Personen nicht mehr erteilt werden. Sie ist nunmehr natürlichen Personen vorbehalten, weil die gem. § 47 erforderliche ausreichende Sachkenntnis nur bei diesen vorliegen kann (vgl. BT-Drs. 14/2530, 84). Darüber hinaus spielt anders als § 22 Abs. 1 Nr. 2 BSeuchG die (fehlende) Eignung der Räumlichkeiten und Einrichtungen bei der Erlaubniserteilung keine Rolle. Diese ist – insbes. auf die Anzeige der Aufnahme oder Veränderung der Tätigkeit hin (§§ 49, 50) – gesondert zu prüfen; ggf. ist die Tätigkeit zu untersagen (§ 49 Abs. 3).

5   Schließlich wurde die **Systematik** der gesetzlichen Freistellung im Verhältnis zum BSeuchG geändert: Während das Ärzteprivileg des § 20 Abs. 1 BSeuchG alle Arbeiten mit Krankheitserregern, die nicht allein für diesen Zweck in § 19 Abs. 1 Nr. 1 aufgelistet waren, umfasste, bezieht sich die Freistellung des § 45 Abs. 1 auf die nicht gem. § 6 meldepflichtigen Krankheitserreger (BT-Drs. 14/2530, 83). Von einer Einteilung in Risikogruppen (ähnlich dem Gentechnikrecht oder der Biostoffverordnung) wurde bewusst abgesehen (*BBS*, Vor § 44 ff.).

6   Bestimmte risikoarme Tätigkeiten sind – wie zuvor durch § 20 Abs. 1 S. 2 BSeuchG – auch ohne besonderen Sachkundenachweis von der Erlaubnispflicht ausgenommen (§ 45 Abs. 2).

B. Verhältnis zu anderen Regelungen

I. Tierseuchenrecht

Ausweislich der Gesetzesbegründung bleiben für veterinärmedizinisch rele- **7**
vante Tätigkeitsbereiche die Vorschriften des Tierseuchenrechts unberührt
(BT-Drs. 14/2530, 83). Die Bundesregierung hat mit dem Entwurf zum IfSG
zwar die Prüfung der Frage angekündigt, ob eine Anpassung der Tierseuchenerreger-Verordnung in Anlehnung an das IfSG sachgerecht sei (BT-Drs.
14/2530, 98; vgl. auch BR-Drs. 566/99 (B), 12). Dennoch ist bislang keine
Vereinheitlichung erfolgt (siehe auch BR-Drs. 710/04 (B), 20).

IfSG und Tierseuchenrecht finden folglich **nebeneinander** Anwendung **8**
(*BBS*, Vor §§ 44 ff.). Deshalb bedarf, wer mit Tierseuchenerregern arbeiten
will, einer (weiteren) Erlaubnis nach § 2 der Tierseuchenerreger-Verordnung
v. 25.11.1985 (BGBl. I 2123), mit der sich die Regelungen des 9. Abschnitts
zT überschneiden.

II. Biostoffverordnung

Zu Überschneidungen kommt es auch mit der BioStoffV v. 15.7.2013 **9**
(BGBl. I 2514). Diese regelt alle **Tätigkeiten mit „biologischen Arbeits-
stoffen"** der Risikogruppen 1–4 (vgl. § 3 Abs. 1 BioStoffV; SARS-CoV-2
wurde am 19.2.2020 in Risikogruppe 3 eingestuft, Beschl. 1/2020 des ABAS
(letzter Aufruf: 20.6.2020)) und geht gem. § 1 Abs. 4 Nr. 1 der Gefahrstoffverordnung v. 26.11.2010 (BGBl. I 1643) dieser vor. Anders als ihre Vorgängerregelung ist die jüngste Fassung der BioStoffV auch auf § 53 Abs. 1 Nr. 1 und
2 gestützt worden und dient neben dem Arbeitsschutz nunmehr ausdrücklich
auch dem „Schutz anderer Personen, soweit diese aufgrund des Verwendens
von Biostoffen [...] gefährdet werden können" (§ 1 Abs. 1 S. 2 BioStoffV; aA
Hirzebruch in BeckOK InfSchR § 44 Rn. 2, dem zufolge die BioStoffV allein
den Schutz der Beschäftigten bezwecke, wohingegen § 44 IfSG die Allgemeinheit schütze). Es besteht keine wechselseitige Konzentrationswirkung;
gegebenenfalls muss neben der Erlaubnis nach § 44 eine solche nach § 15
BioStoffV eingeholt werden (*Hirzebruch* in BeckOK InfSchR § 44 Rn. 2.2 unter Verweis auf § 15 Abs. 3 Nr. 3 BioStoffV). Auf die Gefahr eines Doppelvoll-
zugs wurde bereits im Gesetzgebungsverfahren aufmerksam gemacht, die
Frage wurde jedoch bisher nicht gelöst (BT-Drs. 14/2530, 91).

III. Gentechnikrecht

Die Erlaubnis iSv § 44 wird von der **Konzentrationswirkung der An-** **10**
lagengenehmigung nach §§ 8, 22 GenTG erfasst (vgl. *Fenger* in Spickhoff
Medizinrecht § 22 GenTG Rn. 1; *Alt* in MüKo-StGB § 22 GenTG Rn. 1; aA
Erdle, § 44, S. 144). Die infektionsschutzrechtlichen Anforderungen an die
Sachkenntnis und Zuverlässigkeit des Verantwortlichen (§ 47) und an die
Räume und Einrichtungen (§ 49) zählen gem. § 11 Abs. 1 Nr. 6 GenTG zu
den Genehmigungsvoraussetzungen. Insofern ist es nur konsequent, dass der
für § 11 Abs. 1 Nr. 2 GenTG maßgebliche § 15 Gentechnik-Sicherheitsver-

ordnung v. 14.3.1995 (BGBl. I 297) hinsichtlich der vom Projektleiter vorzu-
weisenden Kenntnisse die seuchenrechtlichen Vorschriften unberührt lässt.

11   Ein Wechsel des Projektleiters muss gem. § 21 Abs. 1 GenTG vorher (unter
Beifügung der Sachkundenachweise) mitgeteilt werden. Verfügt der Projekt-
leiter nicht über die erforderliche Sachkenntnis, muss die Behörde nach § 26
GenTG einschreiten. Die praktische Wirksamkeit dieser Verfahrenserleichte-
rung würde unterlaufen, wenn der neu eintretende Projektleiter über eine
Erlaubnis nach dem IfSG verfügen müsste. Dies spricht dafür, auch seine Tä-
tigkeit iSd § 44 von der bestehenden Anlagengenehmigung gedeckt zu sehen.
Insofern besteht eine vergleichbare Situation wie unter § 24 BSeuchG.

IV. Gefahrgutrecht

12   Darüber hinaus sind die auf anderer Grundlage erlassenen Vorschriften zu
beachten, namentlich die durch oder aufgrund des Gefahrgutbeförderungs-
gesetzes vom 6.8.1975 (BGBl. I 2121) für den Gütertransport geltenden **Ge-
fahrgutvorschriften** (vgl. *BBS*, § 53 Rn. 1 f.).

---

§ 44   Erlaubnispflicht für Tätigkeit mit Krankheitserregern

**Wer Krankheitserreger in den Geltungsbereich dieses Gesetzes ver-
bringen, sie ausführen, aufbewahren, abgeben oder mit ihnen arbeiten will, bedarf einer Erlaubnis der zuständigen Behörde.**

A. Zweck und Bedeutung der Norm

1   Mit § 44 wird ein **präventives Verbot** errichtet, das mittels **gesetzlicher
Befreiung** (§ 45 Abs. 1, 2) oder **behördlicher Erlaubnis** (§§ 45 Abs. 3, 47)
überwunden werden kann. Zugleich wird der Rahmen für die besondere
staatliche Aufsicht (§ 51) abgesteckt.

B. Reichweite der Erlaubnispflicht

2   § 44 regelt die Reichweite der Erlaubnispflicht und enthält dabei nicht auf
den ersten Blick zu erkennende Engführungen: Sowohl der Begriff des
„Krankheitserregers" als auch des „Arbeitens" mit diesen ist, wie sich erst aus
den Gesetzgebungsmaterialien ergibt, eng auszulegen.

I. Krankheitserreger

3   **1. Legaldefinition.** Der Begriff des Krankheitserregers ist in § 2 Nr. 1 legaldefiniert.

4   **2. ungefährliche und inaktive Erreger.** Nicht erfasst werden **für Gesunde ungefährliche Erreger,** die nur im Einzelfall bei abwehrgeschwächten Personen Krankheiten verursachen können (zB Bierhefe; vgl. *BBS*, § 44
Rn. 2).

Von besonderer Relevanz ist auch die **Beschränkung auf vermehrungs-** **5**
fähige Krankheitserreger: Abgetötete Erreger sind ebenso wie nicht vermehrungsfähige Bestandteile von Mikroorganismen tatbestandlich nicht erfasst, da von der Arbeit mit diesen keine Gefahr ausgeht. Hierbei kommt es maßgeblich auf den *endgültigen* Verlust der Vermehrungsfähigkeit an. Erforderlich ist also eine irreversible Inaktivierung. Die vorübergehende Aufhebung der Vermehrungsfähigkeit (etwa durch Tieffrieren) reicht hingegen nicht aus (vgl. *BBS,* § 44 Rn. 4).

3. Infektiöses Material. Nicht unmittelbar aus dem Wortlaut des § 44, **6**
sondern erst aus der Gesetzesbegründung sowie dem systematischen Vergleich mit § 52 ergibt sich, dass **Material, das (möglicherweise) Krankheitserreger enthält,** insbes. Proben (wie zB **Blut- oder Stuhlproben,** aber auch Boden- oder Lebensmittelproben), vom generellen Anwendungsbereich der Erlaubnispflicht ausgenommen bleiben. Für dem Umgang mit **infektiösem Material** sind allerdings – neben dem Arztvorbehalt des § 24 – die Abgabebeschränkungen des § 52 zu beachten (→ § 52 Rn. 3).

Dahinter steht der Wille des Gesetzgebers, vergleichsweise ungefährliche **7**
Nachweisverfahren, die vom Probenehmer ohne Anreicherung oder Vermehrung durchgeführt werden können, wie zuvor unter dem BSeuchG freizustellen (BT-Drs. 14/2530, 83; vgl. *Schumacher/Meyn,* § 19 BSeuchG).

II. Arbeiten

1. Umfassendes Begriffsverständnis. Die nicht näher benannten Arbei- **8**
ten mit Krankheitserregern sind die bedeutendste Gruppe der von § 44 erfassten Tätigkeiten. Eine nähere Konturierung ermöglicht der in der Vorgängervorschrift des § 19 Abs. 2 BSeuchG enthaltene Regelbeispielkatalog (Versuche, Untersuchungen zu Diagnosezwecken, Fortzüchtungen) und ein Rückschluss zu § 45, der bestimmte Tätigkeiten erlaubnisfrei stellt, die daher aber dem Grunde nach erlaubnispflichtig sein müssen.

Danach spricht manches dafür, dass jede **Vermehrung oder Anreiche-** **9**
rung von Krankheitserregern oder der Umgang mit diesen erfasst ist (vgl. *BBS,* § 44 Rn. 6), wenn er nicht einer der anderen Tätigkeiten zugeordnet werden kann. Nachweismethoden, die keine Anreicherung oder Vermehrung voraussetzen, unterliegen hingegen nicht dem Erlaubnisvorbehalt des § 44, sondern allenfalls dem Arztvorbehalt des § 24. Nichts anderes folgt aus § 45 Abs. 2 Nr. 2. Dort werden die Arbeiten zur mikrobiologischen Qualitätssicherung kraft Gesetzes vom Erlaubnisvorbehalt freigestellt, wobei dies (nur) dann nicht gelten soll, wenn diese Maßnahmen (1.) dem spezifischen Nachweis von Krankheitserregern dienen und (2.) dazu – also zum Zwecke des spezifischen Nachweises von Krankheitserregern – Verfahrensschritte zur gezielten Anreicherung oder gezielten Vermehrung von Krankheitserregern beinhalten (vgl. BT-Drs. 14/2530, 85; näher → § 45 Rn. 17ff.). Damit erfasst die Freistellung des § 45 Abs. 2 Nr. 2 alle Maßnahmen der mikrobiologischen Qualitätssicherung, die zwar eine Anreicherung oder Vermehrung von Krankheitserregern beinhalten, nicht aber auf den *spezifischen* Nachweis eines *bestimmten* Krankheitserregers gerichtet sind. Daraus kann indes nicht gefolgert werden, dass der Gesetzgeber auch Maßnahmen für freistellungsbedürftig befunden habe,

die *ohne jede* Anreicherung oder Vermehrung auskommen, so dass diese – jenseits der mikrobiologischen Qualitätssicherung – erlaubnispflichtig sind (so aber *BBS,* § 44 Rn. 8; *Hirzebruch* in BeckOK InfSchR § 44 Rn. 16, der aber selbst davon ausgeht, dass serologische oder mikroskopische Untersuchungen, bei denen keine Anzucht oder Anreicherung von Krankheitserregern vorgenommen wird, erlaubnisfrei sind (a. a. O., Rn. 15)).

10   **2. Auch routinemäßige Kontrollen bei berechtigter Erwartung eines Negativergebnisses.** Ein „Arbeiten mit Krankheitserregern" liegt nach der weiterhin einschlägigen Rspr. zur Vorgängervorschrift (§ 19 BSeuchG) nicht nur dann vor, „wenn es sich um einen bewußten Einsatz vorhandener Krankheitserreger zum Zwecke der Vermehrung […] (Fortzüchtung iSd § 19 Abs. 2 Nr. 3 BSeuchG)" handelt, sondern auch, wenn Lebensmittel auf die Abwesenheit von Krankheitserregern hin untersucht werden. Einer früher vertretenen gegenteiligen Auffassung, die die **routinemäßige Kontrolle zur Bestätigung eines berechtigterweise erwarteten Negativergebnisses** vom Anwendungsbereich ausnehmen wollte, ist das BVerwG unter Verweis auf den Schutzzweck der Norm entgegengetreten: Entscheidend ist die abstrakte Möglichkeit, dass ein vermehrtes Auftreten von Krankheitserregern begünstigt wird (BVerwGE 75, 45 (47); vgl. auch OVG Lüneburg Urt. v. 31.10.1996 – 10 L 2997/93, Rn. 24; VGH Mannheim Urt. v. 15.7.1994 – 1 S 2804/93, Rn. 18). Für diese Auslegung spricht schließlich § 45 Abs. 3, der für derartige Tätigkeiten eine Freistellungsmöglichkeit von der Erlaubnispflicht statuiert (→ § 45 Rn. 22 ff.).

III. Verbringen, ausführen, aufbewahren, abgeben

11   Für die übrigen Tatbestandsalternativen siehe § 75 Rn. 6.

C. Zuwiderhandlungen

12   Ein – auch fahrlässiger (§ 75 Abs. 4) – Verstoß gegen § 44 ist gem. **§ 75 Abs. 1 Nr. 3** (ggf. iVm Abs. 3) strafbar. Wiederholte Verstöße können die berufsrechtliche Unzuverlässigkeit begründen (vgl. VG Oldenburg Urt. v. 18.11.2008 – 7 A 1324/08, Rn. 57). Präventiv kann gegen eine Tätigkeit ohne Erlaubnis durch eine Untersagung nach § 49 Abs. 3 (str.) oder auf Grundlage der polizeirechtlichen Generalklausel eingeschritten werden (→ § 49 Rn. 25 a).

D. Erlaubnisse nach dem BSeuchG

13   Gem. § 77 Abs. 1 S 1 gilt eine auf Grundlage des BSeuchG einer natürlichen Person erteilten Erlaubnis als solche iSv § 44. Juristischen Personen erteilte Erlaubnisse sind nach einer Übergangszeit erloschen.

§ 45 Ausnahmen

(1) Einer Erlaubnis nach § 44 bedürfen nicht Personen, die zur selbständigen Ausübung des Berufs als Arzt, Zahnarzt oder Tierarzt berechtigt sind, für mikrobiologische Untersuchungen zur orientierenden medizinischen und veterinärmedizinischen Diagnostik mittels solcher kultureller Verfahren, die auf die primäre Anzucht und nachfolgender Subkultur zum Zwecke der Resistenzbestimmung beschränkt sind und bei denen die angewendeten Methoden nicht auf den spezifischen Nachweis meldepflichtiger Krankheitserreger gerichtet sind, soweit die Untersuchungen für die unmittelbare Behandlung der eigenen Patienten für die eigene Praxis durchgeführt werden.

(2) Eine Erlaubnis nach § 44 ist nicht erforderlich für

1. Sterilitätsprüfungen, Bestimmung der Koloniezahl und sonstige Arbeiten zur mikrobiologischen Qualitätssicherung bei der Herstellung, Prüfung und der Überwachung des Verkehrs mit

a) Arzneimitteln,

b) Medizinprodukten,

2. Sterilitätsprüfungen, Bestimmung der Koloniezahl und sonstige Arbeiten zur mikrobiologischen Qualitätssicherung, soweit diese nicht dem spezifischen Nachweis von Krankheitserregern dienen und dazu Verfahrensschritte zur gezielten Anreicherung oder gezielten Vermehrung von Krankheitserregern beinhalten,

3. Sterilitätsprüfungen, Bestimmung der Koloniezahl und sonstige Arbeiten zur mikrobiologischen Qualitätssicherung, wenn

a) diese durch die in Absatz 1 bezeichneten Personen durchgeführt werden,

b) der Qualitätssicherung von mikrobiologischen Untersuchungen nach Absatz 1 dienen und

c) von der jeweiligen Berufskammer vorgesehen sind.

(3) Die zuständige Behörde hat Personen für sonstige Arbeiten zur mikrobiologischen Qualitätssicherung, die auf die primäre Anzucht auf Selektivmedien beschränkt sind, von der Erlaubnispflicht nach § 44 freizustellen, wenn die Personen im Rahmen einer mindestens zweijährigen Tätigkeit auf dem Gebiet die mikrobiologischen Qualitätssicherung oder im Rahmen einer staatlich geregelten Ausbildung die zur Ausübung der beabsichtigten Tätigkeiten erforderliche Sachkunde erworben haben.

(4) Die zuständige Behörde hat Tätigkeiten im Sinne der Absätze 1, 2 und 3 zu untersagen, wenn eine Person, die die Arbeiten ausführt, sich bezüglich der erlaubnisfreien Tätigkeiten nach den Absätzen 1, 2 oder 3 als unzuverlässig erwiesen hat.

A. Zweck und Bedeutung der Norm

1   § 45 statuiert Ausnahmen von der Erlaubnispflicht gem. § 44, um eine schnelle und kostengünstige medizinische Diagnostik und mikrobiologische Qualitätssicherung zu ermöglichen (*BBS*, § 45 Rn. 1).

2   Die in Abs. 1 und 2 angeführten Untersuchungen sind **kraft Gesetzes freigestellt,** wobei teilw. ein abgeschlossenes Medizinstudium vorausgesetzt wird. Abs. 3 sieht einen **behördlichen Dispens** vor, dem die Prüfung der erforderlichen Sachkunde vorausgeht. Als Korrektiv wirkt Abs. 4, nach dem die Aufsichtsbehörde die ihr gem. §§ 49, 50 anzuzeigenden Tätigkeiten bei erwiesener Unzuverlässigkeit untersagen muss.

3   Die Vorschrift findet nur Anwendung, wenn die Tätigkeit dem Grunde nach erlaubnispflichtig iSd § 44 ist. Dies ist ua bei Nachweisverfahren ohne vorherige Anreicherung oder Vermehrung (zB direkte mikroskopischen oder serologischen Untersuchungen) nicht der Fall (→ § 44 Rn. 7).

B. Diagnostik bei eigenen Patienten (Abs. 1)

4   Die Regelung des Abs. 1 soll Ärzten „bestimmte Arbeiten in der eigenen Praxis erlaubnisfrei ermöglichen, um schnelle Diagnosen und Therapien sowie kostengünstige Verfahren nicht zu behindern. Dabei handelt es sich um Arbeiten, von denen aufgrund der Sachkunde der im Gesetz genannten Personen und der für die Arbeiten erforderlichen Ausstattung keine Gefahr für die Bevölkerung ausgeht" (BT-Drs 14/2530, 84). Sie müssen **zur selbstständigen Ausübung des Berufs berechtigt** (vgl. § 2 Bundesärzteordnung), nicht aber zwingend approbiert sein.

I. Patientenverhältnis

Die Tätigkeit muss für die unmittelbare Behandlung der eigenen Patienten **5** für die eigene Praxis erfolgen. Der Einsatz von Hilfspersonen ist iRd § 46 zulässig.

Das bedeutet, dass „die Krankheitserreger, die untersucht werden, von einer **6** Person stammen, die in einem **direkten Behandlungsverhältnis** zu dem die Untersuchung durchführenden [Arzt] steht" (*Gerhardt*, § 45 Rn. 7). Damit sind Laborärzte, die Leistungen für Dritte erbringen, anders als noch unter dem BSeuchG von der Erlaubnisfreiheit ausgenommen. Das betrifft auch die Leitung eines Krankenhauslabors (BT-Drs. 18/11187, 5).

Dass mit den Worten „für die eigene Praxis" im Vergleich zur früheren **7** Rechtslage eine weitergehende Einschränkung auf niedergelassene Ärzte gewollt wäre, lässt sich den Gesetzgebungsmaterialien nicht entnehmen. Die Herausnahme von Kliniken usw. ist allein dem Wechsel zur personengebundenen Erlaubnis geschuldet. Nach wie vor erfasst werden auch sonstige Organisationseinheiten, die unter ärztlicher Leitung stehen, also zB der Stationsarzt, der Untersuchungen für auf seiner Station betreute Patienten durchführt, die Ärztin in der Krankenhausambulanz sowie der für einen Hausbesuchsdienst tätige Arzt für seinen Patientenstamm, selbst wenn er nicht über eigene Praxisräume verfügt (vgl. *Gerhardt*, § 45 Rn. 8; *BBS*, § 45 Rn. 7).

II. Art und Zweck der Untersuchung

1. Orientierende Diagnostik. Die Untersuchung muss zur orientieren- **8** den Diagnostik erfolgen. Hierbei handelt es sich um „eine schnelle Diagnostik mit einfachen Methoden […], die die frühe Einleitung einer möglichst gezielten Therapie ermöglicht" (*BBS*, § 45 Rn. 8). Der Gesetzgeber nennt beispielhaft Untersuchungen zum Ausschluss von Harnwegsinfektionen, die vom Arzt durchgeführt werden können (BT-Drs. 14/2530, 84). Bei der „orientierenden Diagnostik" darf auch eine endgültige Identifikation von Krankheitserregern erfolgen, wenn dies mit den zulässigen Methoden möglich ist (*BBS*, § 45, Rn. 9).

2. Kulturelle Verfahren. Mittels kultureller Verfahren erfolgt eine Un- **9** tersuchung, wenn Mikroorganismen vermehrt werden, etwa mittels flüssiger, halbfester oder fester Medien (Nährlösungen und Nährböden) (näher, auch zum Folgenden *BBS*, § 45 Rn. 10 ff.). Die **primäre Anzucht** bezeichnet die Anzucht von Mikroorganismen unmittelbar aus dem Untersuchungsmaterial. Die Subkultur zum Zwecke der Resistenzbestimmung folgt dem zeitlich nach und meint die gezielte Kultur von Krankheitserregern aus der primären Anzucht auf einem Spezialmedium zur Feststellung der Empfindlichkeit des Krankheitserregers gegenüber bestimmten Antibiotika oder Chemotherapeutika.

Nach dem Sinn und Zweck der Regelung sind weder die primäre Anzucht **10** noch die nachfolgende Subkultur auf *eine* einzige Kultur beschränkt. Insbesondere bei stark bewachsenen Nährmedien kann eine **wiederholte Subkultivierung** erforderlich sein (*BBS*, § 45 Rn. 13).

Neben der primären Anzucht und der nachfolgenden Subkultur fallen un- **11** ter § 45 Abs. 1 auch andere kulturelle Verfahren. Das betrifft insbes. **Schnell-**

testmethoden (BT-Drs. 14/2530, S. 84), wenn diese nicht ohnehin ohne Vermehrung auskommen und deshalb bereits von § 44 nicht erfasst sind (→ § 44 Rn. 7).

12 **3. Nachweis meldepflichtiger Krankheitserreger.** Wegen der besonderen Gefährlichkeit meldepflichtiger Erreger (vgl. § 7) für die Allgemeinheit (BT-Drs. 14/2530, 84) sind Untersuchungen, die auf ihren spezifischen Nachweis gerichtet sind, von § 45 Abs. 1 nicht erfasst.

13 Dieser Ausschluss greift nicht bereits dann, wenn es bei der mit anderer Zielsetzung gewählten Untersuchungsmethode mit hoher Wahrscheinlichkeit zur Vermehrung meldepflichtiger Krankheitserreger kommt (so aber *BBS*, § 45 Rn. 17 und *Hirzebruch* in BeckOK InfSchR § 45 Rn. 8). Dafür spricht zwar die Vorstellung des Gesetzgebers, wonach nur die zu diagnostischen Zwecken notwendige Vermehrung nicht meldepflichtiger Krankheitserreger erlaubnisfrei sein soll (vgl. BT-Drs. 14/2530, 84). Diese hat aber im Wortlaut keinen Niederschlag gefunden, der allein an die Zweckrichtung der Untersuchung anknüpft (so auch *Ennuschat* in Huster/Kingreen Hdb. InfSchR Kap. 10 Rn. 26). Vor allem aber wäre der Grad der Wahrscheinlichkeit, mit der es zu einer unabsichtlichen Vermehrung meldepflichtiger Krankheitserreger kommt, nicht mit der von Art. 103 Abs. 2 GG für den Umschlag einer erlaubnisfreien Untersuchung in eine Straftat nach § 75 Abs. 1 Nr. 3 vorausgesetzten Bestimmtheit festgelegt. Hinzu kommt, dass die Freistellung nach Abs. 1 ohnehin nur von Ärzten für sich und ihr Hilfspersonal (§ 46) beansprucht werden kann, denen der Gesetzgeber aufgrund ihrer Vorbildung in weitem Umfang einen sicheren Umgang mit Krankheitserregern zutraut, und von denen erwartet werden kann, dass sie dem erkannten Risiko einer Vermehrung meldepflichtiger Krankheitserreger und den von ihr ausgehenden Gefahren adäquat begegnen.

C. Privilegierte mikrobiologische Qualitätssicherung (Abs. 2)

14 Der Gesetzgeber hat mit Abs. 2 bestimmte Arbeiten zur mikrobiologischen Qualitätssicherung freigestellt, bei denen er – teilweise mit Blick auf die anderweitig festgestellte Sachkunde der Verantwortlichen – auch ohne infektionsschutzrechtliches Erlaubnisverfahren eine nennenswerte Gefahr für die Bevölkerung ausschließt (BT-Drs. 14/2530, 84 f.).

I. Herstellung von Arzneimitteln und Medizinprodukten (Nr. 1)

15 Gem. Abs. 2 Nr. 1 sind Tätigkeiten zur mikrobiologischen Qualitätssicherung bei der Herstellung, Prüfung und Überwachung des Verkehrs mit **Arzneimitteln** und **Medizinprodukten** von der Erlaubnispflicht ausgenommen; das gilt selbst dann, wenn sie dem spezifischen Nachweis von Krankheitserregern dienen.

16 Diese weitreichende Privilegierung ist möglich, weil das Arzneimittel- und Medizinprodukterecht eine hinreichende Sachkunde sicherstellt (BT-Drs. 14/2530, 84). Gem. § 13 Abs. 1 AMG ist die Herstellung von Arzneimitteln

grundsätzlich erlaubnispflichtig. Die §§ 25–31 MPG beinhalten ein Über-
wachungssystem für Medizinprodukte.

II. Qualitätssicherung ohne spezifischen Nachweiszweck (Nr. 2)

Abs. 2 Nr. 2 stellt Untersuchungen zur mikrobiologischen Qualitätssiche- **17**
rung **im Grundsatz erlaubnisfrei**. Eine **Gegenausnahme** greift jedoch für
den Fall, dass die Maßnahme (1.) dem *spezifischen* Nachweis von **Krankheitserregern** dient und (2.) *dazu* – also zum Zwecke des spezifischen Nachweises von Krankheitserregern – Verfahrensschritte zur gezielten Anreicherung oder gezielten Vermehrung von Krankheitserregern beinhaltet (vgl. BT-
Drs. 14/2530, 85). MaW: Nur wenn beide Voraussetzungen kumulativ vorliegen, greift die Erlaubnisfreistellung nicht (*Ennuschat* in Huster/Kingreen Hdb.
InfSchR Kap 10 Rn. 36 ff.; an der abw Formulierung in der 1. Aufl. wird nicht
mehr festgehalten).

Ausgeschlossen ist zwar nur die gezielte Anreicherung oder Vermehrung **18**
von Krankheitserregern, das erfasst aber auch (Routine-)Untersuchungen, bei
denen ein ausbleibender Nachweis berechtigterweise erwartet wird (→ § 44
Rn. 10).

Damit sind im Ergebnis nur auf andere Untersuchungszwecke gerichtete **19**
Maßnahmen privilegiert, bei denen eine unbeabsichtigte **Anreicherung
oder Vermehrung von Krankheitserregern lediglich nicht mit Sicherheit ausgeschlossen werden kann** (vgl. *BBS*, § 45 Rn. 20). Denn Maßnahmen, die ganz ohne Anreicherung oder Vermehrung auskommen, fallen bereits aus dem Anwendungsbereich des § 44 heraus (→ § 44 Rn. 7).

III. Teilnahme an Ringversuchen (Nr. 3)

Abs. 2 Nr. 3 wurde 2017 durch das GMÜK v. 17.7.2017 (BGBl. I 2615) **20**
eingefügt, um zu verhindern, dass Ärzte allein wegen der Teilnahme an Ring-
versuchen einer Erlaubnis iSd § 44 bedürfen (vgl. BT-Drs. 18/11187, 5 mN zu
den berufsrechtlichen Vorgaben). Diese sichern zwar die Qualität der Patien-
tenversorgung iSd Abs. 1, erfolgen aber nicht iRd Behandlung eines *konkreten*
Patienten.

Die Voraussetzungen müssen kumulativ vorliegen, sodass allein die von der **21**
Kammer vorgesehenen Maßnahmen (lit. c) privilegiert sind. Bei Ringversu-
chen gelten nicht die Beschränkungen des Abs. 1, dh sie sind nicht auf die primäre kulturelle Anzucht beschränkt und dürfen auch auf den spezifischen
Nachweis von meldepflichtigen Krankheitserregern gerichtet sein (BT-Drs.
18/12604, 77).

D. Anspruchsvolle mikrobiologische Qualitätssicherung
(Abs. 3)

Abs. 3 erfasst die aufgrund der spezifischen Anforderungen oder Aus- **22**
schlüsse nicht bereits von Abs. 1 und Abs. 2 erlaubnisfrei gestellten Tätigkeiten
aus dem Bereich der Qualitätssicherung.

23   Für Arbeiten, die auf die gezielte Anreicherung oder Vermehrung von Krankheitserregern durch primäre Anzucht auf Selektivmedien beschränkt sind, ist ein **behördlicher Dispens** vorgesehen. Es handelt sich um ein funktionales Äquivalent zur ebenfalls gegenständlich beschränkten und personenbezogen erteilten Erlaubnis nach § 47 Abs. 3, wobei die Anforderungen deutlich hinter jener zurückbleiben (vgl. BT-Drs. 14/2530, S. 85).

I. Gegenständliche Begrenzung

24   Abs. 3 ist von vornherein auf Arbeiten bezogen, die auf die **primäre Anzucht** auf Selektivmedien beschränkt sind. **Selektivmedien** sind solche Medien, die bestimmten Mikroorganismen besonders gute Wachstumsbedingungen bieten, während sie das Wachstum anderer Mikroorganismen unterdrücken.

25   Es spricht vieles dafür, dass auch sog. **Differenzialmedien** von der Regelung erfasst sind. Jedenfalls wenn man hierunter Nährmedien versteht, die wie Selektivmedien nur eine bestimmte Art von Mikroorganismen wachsen lassen, dabei aber *zugleich* die Unterscheidung verschiedener Unterarten ermöglichen, ohne dass hiermit im Vergleich zu „einfachen" Selektivmedien eine erhöhte Gefahr einherginge (vgl. *BBS*, § 45 Rn. 22).

II. Erforderliche Sachkunde

26   Bei dem Tatbestandsmerkmal der „erforderlichen" Sachkunde handelt es sich um einen unbestimmten Rechtsbegriff, der der vollen gerichtlichen Kontrolle unterliegt (so auch *Lutz*, § 45 Rn. 5; *Ennuschat* in Huster/Kingreen Hdb. InfSchR Kap 10 Rn. 54; aA *BBS*, § 45 Rn. 21: pflichtgemäßes Ermessen).

27   Abs. 3 regelt weder die produktbezogenen fachlichen Anforderungen noch die Frage, ob die Tätigkeiten zur Qualitätssicherung überhaupt durchgeführt werden müssen (*BBS*, § 45 Rn. 21). Es kommt daher allein darauf an, ob ausreichende Kenntnisse im Umgang mit Krankheitserregern im fraglichen Modus (primäre Anzucht auf Selektivmedien zur Qualitätssicherung) vorhanden sind, dh ob **die *infektiologischen* Risiken beherrscht** werden (vgl. *Gerhardt*, § 45 Rn. 31).

28   Bei Vorliegen der Voraussetzungen hat die Behörde auf Antrag die Freistellung zu verfügen.

E. Untersagung (Abs. 4)

29   Hat sich eine Person mit Blick auf die Tätigkeit mit Krankheitserregern als unzuverlässig erwiesen, hat die zuständige Behörde diese Tätigkeiten gem. Abs. 4 zu untersagen. Ihr kommt **kein Ermessen** zu.

30   Bei der Unzuverlässigkeit handelt es sich um einen gerichtlich voll überprüfbaren Rechtsbegriff. Aus der tatbestandlichen Einschränkung, wonach sich eine Person „bezüglich der erlaubnisfreien Tätigkeiten nach den Absätzen 1, 2 oder 3 als unzuverlässig erwiesen" haben muss, folgt eine **Engführung gegenüber der gewerberechtlichen Unzuverlässigkeit** iSd § 35 GewO (→ § 47 Rn. 19 f. zur Parallelvorschrift des § 47 Abs. 1 Nr. 2).

Unzuverlässig ist deshalb, wer aufgrund tatsächlicher Anhaltspunkte keine 31
Gewähr dafür bietet, die erlaubnisfreien Tätigkeiten ohne Verstoß gegen die
zum Schutz vor den mit ihnen verbundenen Gesundheitsgefahren bestehenden Verpflichtungen auszuüben (ähnl. *Gerhardt*, § 47 Rn. 6). Auf ein Verschulden kommt es nicht an (*BBS*, § 45 Rn. 23).

Zu den strafrechtlichen Konsequenzen einer Untersagung (→ § 75 Rn. 7). 32

F. Aufsicht, Abgabebeschränkung

Erlaubnisfreie Tätigkeiten unterliegen der Anzeigepflicht nach §§ 49, 50 33
und unterstehen der Aufsicht (§§ 49 Abs. 3, 50). An Personen, die aufgrund
von § 45 Tätigkeiten mit Krankheitserregern durchführen, dürfen Krankheitserreger sowie Material, das Krankheitserreger enthält, nur abgegeben werden,
wenn ihre Erlaubnisfreiheit auf Abs. 2 Nr. 1 (Qualitätssicherung bei Arzneimitteln und Medizinprodukten) oder Nr. 3 (ärztliche Ringversuche) beruht
(§ 52 S. 1).

§ 46 Tätigkeit unter Aufsicht

**Der Erlaubnis nach § 44 bedarf nicht, wer unter Aufsicht desjeni-
gen, der eine Erlaubnis besitzt oder nach § 45 keiner Erlaubnis bedarf,
tätig ist.**

A. Zweck und Bedeutung der Norm

§ 46 rundet das gesetzgeberische Konzept ab, wonach grundsätzlich *eine* na- 1
türliche Person für die Tätigkeiten nach § 44 die **Verantwortung** trägt – sei es
als Erlaubnisinhaber, sei es als Arzt oder sonstiger „Spezialist" iSv § 45 Abs. 1
und 3. Angesichts der hohen Anforderungen, die das Gesetz an die Sachkunde
stellt (idR: einschlägiges Hochschulstudium und einschlägige Berufserfahrung
→ § 47 Rn. 6ff.) leuchtet unmittelbar ein, dass diese Person nicht alle anfallenden Arbeiten auch tatsächlich eigenhändig erbringen kann, sondern hierfür
(Hilfs-)**Personal** beschäftigen muss. Dieses wird vom Erlaubnisvorbehalt des
§ 44 befreit; der Verantwortliche hat im Gegenzug die Aufsicht zu führen.

B. Anwendungsbereich

Der Anwendungsbereich des § 46 erstreckt sich auf alle Tätigkeiten, für die 2
§§ 44, 45 **personenbezogene** Anforderungen statuieren. Das sind **alle Tätigkeiten iSd § 44, die nicht unter § 45 Abs. 2 Nr. 1 und 2 fallen.** Denn
insofern hat der Gesetzgeber die Tätigkeiten bereits als solche, dh ohne Ansehung der sie ausführenden Personen, von der Erlaubnispflicht freigestellt.
§ 45 Abs. 2 Nr. 3 setzt voraus, dass die Arbeiten zur mikrobiologischen Qualitätssicherung „durch die in Absatz 1 bezeichneten Personen durchgeführt
werden" (zu undiff. daher *Gerhardt*, § 46 Rn. 1). Die Regelung des Arztvorbehalts in § 24 kommt ohne den dort früher enthaltenen Verweis auf § 46 aus,

weil die Labortätigkeit unter Aufsicht eines Arztes keine dem Arzt nach dieser Vorschrift vorbehaltene eigene Feststellung darstellt (→ § 24 Rn. 4). Spezialregelungen finden sich in §§ 9, 10 G über technische Assistenten in der Medizin v. 2.8.1993 (BGBl. I, 1402).

C. Anforderungen an die Aufsicht

3   Wann jemand „unter Aufsicht" eines Verantwortlichen tätig ist, wird im Gesetz nicht näher definiert. Naheliegende Parameter sind die Dichte der inhaltlichen Vorgaben (Weisungsgebundenheit mit nicht allzu großem Entscheidungsspielraum) einerseits und das Maß der persönlichen **Überwachung** durch den Erlaubnisinhaber andererseits. Wann diese den Anforderungen genügen, lässt sich nur konkret anhand der jeweiligen Tätigkeit, der spezifischen Qualifikation des Personals und des Gefahrenpotenzials bestimmen (vgl. *Erdle* § 46, S. 147).

4   Nicht ausreichend ist es, dass der Verantwortliche nur auf dem Papier die Verantwortung trägt; auch werden hinreichende **organisatorische Vorkehrungen** sowie der **Einsatz qualifizierten und zuverlässigen Personals** nur zu den notwendigen, nicht aber zu den hinreichenden Bedingungen zählen. Denn andernfalls würde es ausreichen, entsprechende Pläne bei der Aufsichtsbehörde einzureichen und die Qualifikation der Beschäftigten nachzuweisen. Die in §§ 44, 47 liegende Beschränkung der Berufsausübungsfreiheit des Art. 12 GG ist nur gerechtfertigt, wenn der Verantwortliche seine besondere Sachkunde auch durch die **fortlaufende Überwachung der Tätigkeiten** einsetzen muss, um gefährliche Fehlentwicklungen erkennen und abstellen zu können bzw bei eingetreten Unfällen umgehend die richtigen Maßnahmen zur Eindämmung der Gefahren anordnen zu können (Eingriffs- und Steuerungsmöglichkeiten, vgl. *Gerhardt*, § 46 Rn. 2).

5   **Art und Ausmaß der Überwachung** hängen – ebenso wie die Anforderungen an die Organisation und das Personal – von den ausgeübten Tätigkeiten und den mit ihnen verbundenen **konkreten Gefahren** ab (vgl. *Gerhardt*, § 46 Rn. 2).

6   Angesichts der personalen Ausgestaltung der Erlaubnis und der Regelung des § 45 ist nicht von vornherein ausgeschlossen, dass ein und dieselbe Person für Tätigkeiten, die durch unter ihrer Aufsicht stehendes Personal **an mehreren Orten gleichzeitig** durchgeführt werden, verantwortlich ist. Dies wird aber zumindest zu eingehenderen Prüfungen Anlass geben (vgl. *BBS*, § 46 Rn. 2). Entsprechendes dürfte für den Fall gelten, dass der Verantwortliche einer Vielzahl anderer beruflicher Verpflichtungen nachzukommen hat, seine Aufmerksamkeit also nicht vollständig auf die Tätigkeit des Personals richten kann.

D. Anforderungen an das Personal

7   Das IfSG formuliert keine spezifischen Anforderungen an die Sachkunde und Zuverlässigkeit des eingesetzten Personals. Solche ergeben sich aber teilweise aus anderen Gesetzen, wenn zB § 9 MTAG bestimmte Tätigkeiten mit

Krankheitserregern technischen Assistenten in der Medizin vorbehält. Sachkenntnis iSv § 47 Abs. 1 Nr. 1, Abs. 2 bzw. Sachkunde iSv § 45 Abs. 3 kann jedenfalls nicht verlangt werden, weil andernfalls der erkennbare Zweck des Gesetzes, den hochqualifizierten Erlaubnisinhaber von der eigenhändigen Ausführung der Untersuchungen freizustellen, nicht erreicht würde. Erforderlich, aber auch ausreichend, ist die fachliche und charakterliche Befähigung dazu, den Anweisungen des Erlaubnisinhabers entsprechend zu handeln (ähnl. *Hirzebruch* in BeckOK InfSchR § 46 Rn. 5).

Dass kein unqualifiziertes oder unzuverlässiges Personal eingesetzt wird, **8** stellt das Gesetz mittelbar dadurch sicher, dass sich der Verantwortliche iSv §§ 44, 45 hierdurch als unzuverlässig erweist, was zum Widerruf der Erlaubnis (§ 48) bzw. zur Untersagung der erlaubnisfreien Tätigkeit nach § 45 Abs. 4 führen kann (vgl. *Gerhardt*, § 46 Rn. 3).

E. Zuwiderhandlungen

I. Verantwortliche

Führt der Verantwortliche keine hinreichende Aufsicht, kommt – wie bei **9** der Auswahl ungeeigneten Personals (→ Rn. 8) – ein Widerruf der Erlaubnis (vgl. § 48) oder eine Untersagung der Tätigkeit gem. § 49 Abs. 3 in Betracht. In bestimmten Fällen mag auch der nachträgliche Erlass einer Auflage gem. § 47 Abs. 3 S. 1 (→ § 47 Rn. 27 f.) erforderlich, aber auch hinreichend sein.

Eine **unmittelbare Sanktion** sieht das IfSG für eine unzureichende Auf- **10** sicht **nicht** vor. Die Sanktionsdrohungen d. §§ 73–75 greifen erst, nachdem die Erlaubnis widerrufen oder mit einer Auflage versehen worden ist.

II. Hilfspersonal

Nach der gesetzlichen Konstruktion ist das unmittelbar handelnde Personal **11** nur solange und so weit von dem gem. § 75 Abs. 1 Nr. 3 strafbewehrten Erlaubnisvorbehalt des § 44 befreit, wie es tatsächlich unter der Aufsicht eines Erlaubnisinhabers tätig wird. Sind diese Voraussetzungen objektiv nicht mehr gegeben und verfügt der Betroffene – wie kaum je der Fall sein dürfte – nicht selbst über eine Erlaubnis, **erfüllt er den objektiven Tatbestand des § 75 Abs. 1 Nr. 3.** Zu beachten ist in diesem Zusammenhang auch, dass gem. § 75 Abs. 4 bereits die **fahrlässige Tatbegehung** unter Strafe steht (→ § 75 Rn. 8).

Für die Tätigkeiten nach § 45 Abs. 1, Abs. 2 Nr. 3 und Abs. 3 gilt Entspre- **12** chendes. Auch diese fallen in den Anwendungsbereich des § 44 und die Freistellung von der Erlaubnispflicht hängt davon ab, dass die Voraussetzungen der genannten Vorschriften und zusätzlich die des § 46 erfüllt sind.

Zur **Sanktionsdrohung** in den Fällen, in denen dem Verantwortlichen **13** eine Tätigkeit **gem. § 45 Abs. 4 untersagt** worden ist, → § 75 Rn. 8.

§ 47 Versagungsgründe, Voraussetzungen für die Erlaubnis

(1) Die Erlaubnis ist zu versagen, wenn der Antragsteller
1. die erforderliche Sachkenntnis nicht besitzt oder
2. sich als unzuverlässig in Bezug auf die Tätigkeiten erwiesen hat, für deren Ausübung die Erlaubnis beantragt wird.

(2) [1]Die erforderliche Sachkenntnis wird durch
1. den Abschluss eines Studiums der Human-, Zahn- oder Veterinärmedizin, der Pharmazie oder den Abschluss eines naturwissenschaftlichen Fachhochschul- oder Universitätsstudiums mit mikrobiologischen Inhalten und
2. eine mindestens zweijährige hauptberufliche Tätigkeit mit Krankheitserregern unter Aufsicht einer Person, die im Besitz der Erlaubnis zum Arbeiten mit Krankheitserregern ist,

nachgewiesen.

[2]Die zuständige Behörde hat auch eine andere, mindestens zweijährige hauptberufliche Tätigkeit auf dem Gebiet der Bakteriologie, Mykologie, Parasitologie oder Virologie als Nachweis der Sachkenntnis nach Nummer 2 anzuerkennen, wenn der Antragsteller bei dieser Tätigkeit eine gleichwertige Sachkenntnis erworben hat.

(3) [1]Die Erlaubnis ist auf bestimmte Tätigkeiten und auf bestimmte Krankheitserreger zu beschränken und mit Auflagen zu verbinden, soweit dies zur Verhütung übertragbarer Krankheiten erforderlich ist. [2]Die zuständige Behörde kann Personen, die ein naturwissenschaftliches Fachhochschul- oder Universitätsstudium ohne mikrobiologische Inhalte oder ein ingenieurwissenschaftliches Fachhochschul- oder Universitätsstudium mit mikrobiologischen Inhalten abgeschlossen haben oder die die Voraussetzungen nach Absatz 2 Satz 1 Nr. 2 nur teilweise erfüllen, eine Erlaubnis nach Satz 1 erteilen, wenn der Antragsteller für den eingeschränkten Tätigkeitsbereich eine ausreichende Sachkenntnis erworben hat.

(4) [1]Bei Antragstellern, die nicht die Approbation oder Bestallung als Arzt, Zahnarzt oder Tierarzt besitzen, darf sich die Erlaubnis nicht auf den direkten oder indirekten Nachweis eines Krankheitserregers für die Feststellung einer Infektion oder übertragbaren Krankheit erstrecken. [2]Satz 1 gilt nicht für Antragsteller, die Arbeiten im Auftrag eines Arztes, Zahnarztes oder Tierarztes, die im Besitz der Erlaubnis sind, oder Untersuchungen in Krankenhäusern für die unmittelbare Behandlung der Patienten des Krankenhauses durchführen.

Übersicht

A. Zweck und Bedeutung der Norm

In § 47 werden die **persönlichen Anforderungen** (Sachkenntnis und Zu- **1** verlässigkeit) normiert, die idR (dh jenseits der in § 45 geregelten Sonderfälle) für eine verantwortliche (dh nicht unter Aufsicht iSd § 46 durchgeführte) Tätigkeit mit Krankheitserregern vorausgesetzt werden.

B. Prüfprogramm

Die Überschrift („Versagungsgründe") und die Formulierung des Abs. 1 **2** Nr. 1, wonach die Erlaubnis (nur) zu versagen ist, wenn der Antragsteller die erforderliche Sachkenntnis nicht besitzt, sind insofern irreführend, als Abs. 1 nicht insgesamt anspruchsvernichtende Ausnahmevorschriften enthält, für die die Behörde die materielle Beweislast trägt. Wäre dies der Fall, müsste sie die Erlaubnis auch erteilen, wenn die Frage der Sachkenntnis nicht endgültig geklärt werden kann. Dass der Gesetzgeber derartige Risiken für die Bevölkerung nicht eingehen wollte, ergibt sich aus Abs. 2, der bestimmt, dass und auf welchem Wege der Antragsteller seine Sachkenntnis nachzuweisen hat. Ihn trifft mithin die materielle Beweislast (idS auch – ohne nähere Begründung – *Gerhardt,* § 47 Rn. 1).

Demgegenüber lässt die Formulierung des Abs. 1 Satz 1 Nr. 2, wonach sich **3** der Antragsteller nicht als unzuverlässig erwiesen haben darf, deutlich erkennen, dass von der Zuverlässigkeit auszugehen ist (vgl. *Arenz* in BeckOK InfSchR § 47 Rn. 10) und nur bei Vorliegen hinreichender tatsächlicher Anhaltspunkte eine Erlaubnis wegen fehlender Zuverlässigkeit versagt werden darf.

So verstanden stellt Abs. 1 lediglich klar, dass die Behörde kein Ermessen **4** besitzt und bei Nachweis der Sachkenntnis – vorbehaltlich einer Unzuverlässigkeit im Einzelfall – die Erlaubnis erteilen muss. MaW: Die **Sachkenntnis ist die Erteilungsvoraussetzung,** die **Unzuverlässigkeit ist ein Versagungsgrund.**

I. Erteilungsvoraussetzung: Sachkenntnis

5   Eine Erlaubnis zum verantwortlichen Umgang mit Krankheitserregern darf nur einer Person erteilt werden, die die erforderliche **Sachkenntnis** besitzt (Abs. 1 Nr. 1). Der Gesetzgeber stellt hieran im Ausgangspunkt **sehr hohe Anforderungen,** indem er zumindest im Regelfall des Abs. 2 Satz 1 nicht nur den Erwerb umfangreicher **theoretischer Kenntnisse** (Nr. 1), sondern zudem einschlägige **praktische Berufserfahrung** voraussetzt (Nr. 2). Und selbst wer diese Voraussetzungen erfüllt, muss gem. Abs. 3 S. 1 mitunter eine sektorale Beschränkung der Erlaubnis oder eine Auflage hinnehmen (→ Rn. 22 ff.).

6   **1. Regelanforderungen (Abs. 2 S. 1). a) Hochschulabschluss.** Im Ausgangspunkt wird für eine verantwortliche Tätigkeit mit Krankheitserregern ein Studium der Medizin, der Pharmazie oder eines naturwissenschaftlichen Hochschul- oder Fachhochschulstudiums vorausgesetzt, das mikrobiologische Inhalte aufweist. Wann letzteres der Fall ist, ist nicht näher definiert; die Mikrobiologie darf jedenfalls nicht nur am Rande thematisiert worden sein.

7   **b) Berufserfahrung.** Eine gewisse Kompensation erfährt die vergleichsweise vage Formulierung dadurch, dass kumulativ eine zweijährige hauptberufliche Tätigkeit mit Krankheitserregern unter Aufsicht eines Erlaubnisinhabers, mithin eine **für die avisierte Betätigung einschlägige Berufserfahrung** nachgewiesen werden muss (zutr. *BBS,* § 47 Rn. 6).

8   Aus dem Erfordernis, dass die Berufserfahrung unter Anleitung eines Inhabers einer Erlaubnis nach § 44 erworben sein muss, lässt sich folgern, dass Tätigkeiten iSd § 45 nicht ausreichen (*BBS,* § 47 Rn. 7). Vielmehr muss die Tätigkeit selbst erlaubnispflichtig sein. Die Zulässigkeit ergibt sich während dieser Zeit sodann aus § 46.

9   Wann eine Tätigkeit **hauptberuflich** erfolgt ist, wird nicht näher erläutert. Der Gesetzgeber wollte mit den ggü. § 22 Abs. 3 Nr. 2 BSeuchG quantitativ verkürzten, aber qualitativ deutlich verschärften Anforderungen an die Berufserfahrung sicherstellen, dass ausreichende praktische Kenntnisse im Umgang mit Krankheitserregern und in der Abwehr der sich daraus ergebenden Risiken erworben wurden (BT-Drs. 14/2530, 85). Daher wird eine **Teilzeittätigkeit** – ähnlich der Praxis im Arztrecht (vgl. § 4 Abs. 6 Musterweiterbildungsordnung 2003) – erst ab einem Mindestumfang von 50% und nur anteilig angerechnet werden können.

9a   Eine Anrechnung von Ausbildungszeiten kommt nicht in Betracht. Die praktische Erfahrung, die nachgewiesen werden soll, kann erst im Wege der Weiterbildung nach Abschluss der Ausbildung gesammelt werden (so OVG Lüneburg Urt. v. 31. 10. 1996 – 10 L 2997/93, BeckRS 1996, 23125; sa *Arenz* in BeckOK InfSchR § 46 Rn. 21; *Ennuschat* in Huster/Kingreen Hdb. InfSchR Kap. 10 Rn. 76).

2. Anerkennung äquivalenter Qualifikationen (Abs. 2 S. 2). a) Äqui- 10
valente Berufserfahrung auf benachbarten Gebieten oder im Ausland.
Nach Abs. 2 S. 2 hat die Behörde auch eine andere, mindestens zweijährige
hauptberufliche Tätigkeit auf den benachbarten Gebieten der Bakteriologie,
Mykologie, Parasitologie oder Virologie als Nachweis der praktischen Sachkenntnis anzuerkennen, wenn der Antragsteller bei dieser Tätigkeit eine
gleichwertige Sachkenntnis erworben hat. Das ist insbes. der Fall, wenn
die **im Ausland erworbene Berufserfahrung im Umgang mit Krankheitserregern** allein deshalb nicht unter S. 1 Nr. 2 fällt, weil der Verantwortliche nicht Inhaber einer Erlaubnis nach dem IfSG war.

Der Gesetzgeber geht darüber hinaus davon aus, dass auch durch **Tätigkei-** 11
**ten auf den genannten Gebieten, bei denen nicht mit Krankheitserre-
gern gearbeitet wird,** eine gleichwertige Sachkenntnis erworben werden
kann (BT-Drs. 14/2530, 85). Die Behörde hat genau zu prüfen, ob aus den erworbenen Fähigkeiten darauf geschlossen werden kann, dass der Antragsteller
auch zum gefahrlosen Umgang mit Krankheitserregern befähigt ist (zurückhaltend auch *BBS,* § 47 Rn. 8).

b) Eingeschränkte Berufserfahrung. Erfüllt der Antragsteller die Vor- 12
aussetzungen nach Abs. 2 S. 1 Nr. 2 **nur teilweise, etwa mit Blick auf bestimmte Tätigkeiten,** kommt die Erteilung einer entsprechend gegenständlich beschränkten Erlaubnis nach Abs. 3 S. 1 in Betracht. Das stellt Abs. 3 S. 2
Alt. 3 klar, wobei der Gesetzgeber dabei die ärztliche (Facharzt-)Weiterbildung
im Blick hatte (BT-Drs. 14/2530, 85). Ein Anwendungsfall dürften etwa
Hautärzte sein, denen auf diesem Wege bestimmte diagnostische Arbeiten erlaubt werden können, die über die gem. § 45 Abs. 1 für sie erlaubnisfreie primäre Anzucht und Subkulturbildung hinaus eine Anreicherung oder Vermehrung von Krankheitserregern erfordern (vgl. *BBS,* § 47 Rn. 11).

c) Verwandter Hochschulabschluss. Die Erteilung einer gegenständlich 13
beschränkten Erlaubnis nach Abs. 3 S. 1 kommt gem. Abs. 3 S. 2 auch dann in
Betracht, wenn der Antragsteller
- ein **naturwissenschaftliches** Fachhochschul- oder Universitätsstudium
  ohne mikrobiologische Inhalte (Alt. 1) *oder*
- ein **ingenieurwissenschaftliches** Fachhochschul- oder Universitätsstudium **mit mikrobiologischen Inhalten** (Alt. 2) abgeschlossen
- *und* **für den eingeschränkten Tätigkeitsbereich eine ausreichende
  Sachkenntnis erworben** hat.

Das setzt voraus, dass **zusätzlich zum Studium eine hinreichende be-** 14
rufspraktische Befähigung erworben wurde. Der Wortlaut lässt offen, ob
die (hohen) Anforderungen des Abs. 2 S. 1 Nr. 2 oder S. 2 erfüllt sein müssen
(so ohne nähere Begründung *BBS,* § 47 Rn. 11; wohl auch *Gerhardt,* § 47
Rn. 22f.) oder ob es ausreicht, wenn diese Voraussetzungen iSd Abs. 3 S. 2
Alt. 3 nur teilweise erfüllt sind (→ Rn. 23). Für letzteres spricht, dass ohnehin
nur eine beschränkte oder mit Auflagen versehene Erlaubnis in Rede steht (so
iErg auch *Ennuschat* in Huster/Kingreen Hdb. InfSchR Kap. 10 Rn. 92). Die
Behörde hat es in der Hand, durch eine sorgfältige Prüfung der Sachkenntnis
und engmaschige Ausgestaltung der Erlaubnis einen gefahrlosen Umgang mit

Krankheitserregern sicherzustellen. Eine solche Auslegung wahrt auch die Verhältnismäßigkeit des durch § 44 bewirkten Eingriffs in die Berufsfreiheit.

15   **d) Ausländischer Hochschulabschluss.** § 47 enthält keine Vorgaben dazu, unter welchen Bedingungen im Ausland erworbene Abschlüsse (Abs. 2 Nr. 1) bzw. die von einer ausländischen Behörde erteilte Berufszulassung (Abs. 4) als gleichwertig anerkannt werden.

16   Diese Frage berührt die Dienstleistungs- und Niederlassungsfreiheit der Art. 49 ff., 56 ff. AEUV und zwar auch bei Inländern, die von ihrer Freizügigkeit Gebrauch gemacht haben (sog. Rückkehrer-Fälle; vgl. EuGH NVwZ 1993, 661). Hierbei sind ua die EU-Berufsanerkennungsrichtlinie 2005/36/EG und die zu ihrer Umsetzung erlassenen innerstaatlichen Vorschriften (vgl. etwa das G zur Verbesserung der Feststellung und Anerkennung im Ausland erworbener Berufsqualifikationen v. 6. 12. 2011 (BGBl. I 2515)) zu beachten.

17   **3. Lange zurückliegende Qualifikation.** Eine zeitliche Beschränkung für die Anerkennung der Berufsqualifikation ist nicht vorgesehen. Weil einmal erworbene Fähigkeiten, die nicht kontinuierlich eingesetzt werden, idR verblassen, wird ein größerer zeitlicher Abstand Anlass für eine Einschränkung oder eine Auflage nach Abs. 3 sein (vgl. *BBS*, § 47 Rn. 9).

18   Ob die Erlaubnis gem. § 48 mit Blick auf Abs. 1 Nr. 1 widerrufen werden kann, wenn die früher erworbene Sachkenntnis – etwa infolge einer jahrelangen Berufspause – verloren gegangen ist, erscheint zweifelhaft; jedenfalls wird sich ein Erlaubnisinhaber, der gleichwohl praktiziert, als unzuverlässig iSd Abs. 1 Nr. 2 erweisen.

II. Versagungsgrund: Unzuverlässigkeit (Abs. 1 Nr. 2)

19   Bei der Unzuverlässigkeit iSd Abs. 1 Nr. 2 handelt es sich um einen gerichtlich voll überprüfbaren Rechtsbegriff. Aus der tatbestandlichen Einschränkung, wonach sich der Antragsteller als „unzuverlässig in Bezug auf die Tätigkeiten erwiesen hat, für deren Ausübung die Erlaubnis beantragt wird", folgt eine Engführung gegenüber der gewerberechtlichen Unzuverlässigkeit iSd § 35 GewO, die etwa auch mit der drohenden (wiederholten) Verletzung steuerlicher Pflichten begründet werden kann (so auch *Ennuschat* in Huster/Kingreen Hdb. InfSchR Kap. 10 Rn. 79). Unzuverlässig ist deshalb, wer aufgrund tatsächlicher Anhaltspunkte keine Gewähr dafür bietet, die avisierten Tätigkeiten ohne Verstoß gegen die zum Schutz vor den mit ihnen verbundenen Gesundheitsgefahren bestehenden Verpflichtungen auszuüben (ähnl. *Gerhardt*, § 47 Rn. 6).

19a   Die Unzuverlässigkeit wird daher iR einer Prognoseentscheidung festgestellt. Es geht um die Frage, ob Tatsachen die Annahme rechtfertigen, der Antragsteller werde „in Zukunft die berufsspezifischen Vorschriften und Pflichten nicht beachten" (BVerwGE 105, 214 (220) = NJW 1998, 2756 (2758), zu § 3 Abs. 1 S. 1 Nr. 2 BÄO). Der maßgebliche Zeitpunkt für die Feststellung der Unzuverlässigkeit ist der Abschluss des Verwaltungsverfahrens. Bei später auftretender Unzuverlässigkeit kommt ein Widerruf in Betracht, vgl. § 48 (→ § 48 Rn. 4).

20   In erster Linie werden danach festgestellte Versäumnisse gegen tätigkeitsbezogene Anforderungen – etwa hinsichtlich der Personalauswahl und der

Aufsicht oder der räumlich-sachlichen Ausstattung – die hinreichenden tatsächlichen Anhaltspunkte für eine Wiederholungsgefahr bieten. Aber auch nicht-tätigkeitsbezogene Pflichtverstöße können für die Beurteilung der Zuverlässigkeit iSd Abs. 1 Nr. 2 eine Rolle spielen, etwa wenn die Pflichten vergleichbar sind oder wenn die Verstöße auf einen generellen charakterlichen oder gesundheitlichen Mangel hindeuten.

20a Erlaubnisfreie Tätigkeiten sind bei Unzuverlässigkeit gem. §45 Abs. 4 zu versagen, wobei zu beachten ist, dass sich die Zuverlässigkeit iSv §47 Abs. 1 Nr. 2 auf alle Tätigkeiten iSv §44 bezieht, während Unzuverlässigkeit iSv §45 Abs. 4 erst dann angenommen werden kann, wenn auch die (weniger anspruchsvollen) Tätigkeiten iSv §45 Abs. 1, 2 und 3 nicht (mehr) gefahrlos beherrscht werden.

III. Irrelevanz der sachlichen Ausstattung

21 Mängel der sachlichen Ausstattung berühren die Erlaubnis nicht unmittelbar, sondern berechtigen nur zur Untersagung der Tätigkeit nach §49 Abs. 3 (→ §49 Rn. 24ff.). Allerdings mag in gravierenden Fällen die Zuverlässigkeit zu verneinen sein.

C. Reichweite der Erlaubnis (Abs. 3)

I. Beschränkung der Erlaubnis auf bestimmte Krankheitserreger

22 Gem. Abs. 3 S. 1 ist die Erlaubnis auf bestimmte Tätigkeiten und auf bestimmte Krankheitserreger zu beschränken und mit Auflagen zu verbinden (gebundene Entscheidung), soweit dies zur Verhütung übertragbarer Krankheiten erforderlich ist. Der letzte Halbsatz („soweit dies … erforderlich ist") bezieht sich nicht allein auf die Auflagenerteilung, sondern auch auf die Möglichkeit der gegenständlichen Beschränkung der Erlaubnis. Das ergibt eine historisch-teleologische Auslegung: Mit der Vorschrift sollte die Regelung des §22 Abs. 4 S. 4 BSeuchG fortgeführt werden (vgl. BT-Drs. 14/2530, 85), die allerdings eine Beschränkung unter den gleichen Voraussetzungen in das Ermessen der Behörde gestellt hatte. Damit ist klar, dass dem Gesetzgeber nicht bereits im Ausgangspunkt eine beschränkte Erlaubnis vor Augen stand. Gleichwohl wird sich die Behörde routinemäßig bei jedem Antragsteller mit dessen bisheriger Ausbildung und Berufserfahrung beschäftigen und der Frage nachgehen müssen, ob er wirklich in jeder Hinsicht zu einem gefahrlosen Umgang mit allen Krankheitserregern in der Lage ist (vgl. *BBS*, §47 Rn. 10 aE).

23 Wann eine Beschränkung erforderlich ist, lässt sich nicht abstrakt bestimmen. Es müssen tatsächliche Anhaltspunkte dafür bestehen, dass der Antragsteller, obgleich er alle (hohen) formalen Anforderungen an die Sachkunde erfüllt, nicht mit allen denkbaren Krankheitserregern in jeder Form sicher umgehen kann. Das dürfte insbes. dann der Fall sein, wenn er sich während der Ausbildung oder der bisherigen beruflichen Tätigkeit auf bestimmte Forschungs- oder Betätigungsfelder spezialisiert hat (vgl. *BBS*, §47 Rn. 10). Bevor die Erlaubnis beschränkt wird, muss geprüft werden, ob den bestehenden Zweifeln, etwa an der hinreichenden praktischen Kompetenz, nicht durch geeignete Auflagen begegnet werden kann, die eine Tätigkeit mit anderen Krankheitserregern nicht von vornherein ausschließen.

23a   Erforderlich ist eine Auflage im Übrigen nur dann, wenn sich die Maßgabe nicht bereits aus anderen Regelwerken wie insbes. der BioStoffV ergibt; klarstellende Hinweise sind jedoch zulässig und ggf. auch zweckmäßig (vgl. *Arenz* in BeckOK InfSchR § 47 Rn. 29).

24   Gem. Abs. 3 S. 2 kann Personen, die die Voraussetzungen des Abs. 2 S. 1 nicht (vollständig) erfüllen (→ Rn. 12 ff.), von vornherein nur eine auf bestimmte Krankheitserreger beschränkte (bzw. mit Auflagen versehene) Erlaubnis erteilt werden. Die Erlaubniserteilung liegt im pflichtgemäßen Ermessen der Behörde. Liegen die Voraussetzungen des S. 2 vor, ist sie jedoch notwendig zu beschränken (vgl. *Arenz* in BeckOK InfSchR § 47 Rn. 32).

II. Auflagen

25   Unter den gleichen Voraussetzungen (→ Rn. 23 f.) kann die Erlaubnis auch mit einer Auflage versehen werden. Hierbei handelt es sich um eine Verpflichtung zu einem Tun, Dulden oder Unterlassen (vgl. § 36 Abs. 2 Nr. 4 VwVfG). Wird diese nicht erfüllt, berührt dies zwar nicht unmittelbar die Wirksamkeit der Erlaubnis (auch wenn diese wegen Unzuverlässigkeit widerrufen werden kann), sie kann aber selbständig **im Wege des Verwaltungszwangs durchgesetzt** werden. Die Auflage zwingt, suspendiert aber nicht (vgl. *Stelkens* in SBS VwVfG § 36 Rn. 86).

26   Nach der Rspr. des BVerwG kann eine rechtswidrige Auflage **selbständig angefochten** werden, wenn der Hauptverwaltungsakt – hier also die Erlaubnis – auch nach Aufhebung der Auflage rechtmäßig ist (vgl. *Stelkens* in SBS VwVfG § 36 Rn. 55). Diese Frage wird bereits dann zu verneinen sein, wenn die Erteilungsvoraussetzungen des Abs. 1 nicht ohne eine – wenn auch andere und/oder weniger weitreichende – Auflage oder Beschränkung vorliegen.

III. Nachträgliche Anordnung

27   § 47 Abs. 3 verhält sich – anders als etwa § 19 S. 3 GenTG oder § 17 BImSchG – nicht ausdrücklich dazu, ob eine Beschränkung des Tätigkeitsspektrums oder die Beachtung bestimmter Auflagen auch **nachträglich** angeordnet werden kann. Dies ist wegen des offenen Wortlauts und dem Regelungszweck, Gefahren für die öffentliche Gesundheit, die auch von prinzipiell sachkundigen und zuverlässigen Personen verursacht werden können, nach Möglichkeit zu vermeiden, der Fall. Derartige Anordnungen sind gegenüber der Rücknahme oder dem Widerruf das mildere Mittel, was im Rahmen der Ermessensausübung zu beachten ist (so iErg auch *Ennuschat* in Huster/Kingreen Hdb. InfSchR Kap. 10 Rn. 82, 89). Dieses Ergebnis wird vorausgesetzt, wenn andernorts ohne nähere Begründung – der Vorrang einer nachträglichen Anordnung gegenüber der Rücknahme oder des Widerrufs behauptet wird (so etwa *Gerhardt*, § 48; *BBS*, § 48).

28   Folgte man dieser Auslegung nicht, wäre eine nachträgliche Beschränkung oder eine nachträgliche Auflage unter den allgemeinen verwaltungsverfahrensrechtlichen Voraussetzungen möglich, dh bei Vorliegen der Voraussetzungen für einen Teilwiderruf oder eine Teilrücknahme der auflagenfreien Erlaubnis nach § 48 iVm §§ 48, 49 VwVfG (näher *Stelkens* in SBS VwVfG § 36 Rn. 41 mwN). Der von § 48 vorausgesetztes Versagungsgrund iSd § 47 Abs. 1 liegt auch dann vor, wenn der Erlaubnisinhaber die erforderliche Sachkenntnis oder Zuverlässigkeit für eine unbeschränkte Tätigkeit nicht besitzt, die Bedenken aber durch eine Beschränkung der Tätigkeit oder Auflagen ausgeräumt werden könnten.

IV. Arztvorbehalt (Abs. 4)

1. Reichweite und Rechtfertigung des Arztvorbehalts (S. 1). Abs. 4 **29** S. 1 behält die Arbeiten mit Krankheitserregern, die auf einen direkten oder indirekten Nachweis eines Krankheitserregers für die Feststellung einer Infektion oder übertragbaren Krankheit gerichtet sind, Ärzten, Zahn- und Tierärzten vor, wobei anders als im Fall des Abs. 2 S. 1 Nr. 1 eine Approbation bzw. Bestallung vorliegen muss. MaW: Allen anderen Antragstellern muss eine Erlaubnis erteilt werden, die diese Tätigkeiten ausschließt.

Dieser Eingriff in die Berufsfreiheit der anderen Antragsteller, die ebenfalls **30** über die in Abs. 1 und 2 verlangten Fähigkeiten verfügen, lässt sich nicht unter Verweis auf den Schutz der Bevölkerung vor einem unsachgemäßen Umgang mit Krankheitserregern begründen. Vielmehr geht es dem Gesetzgeber darum, fehlerhafte Diagnosen zu vermeiden, die auf unzureichender Kenntnis der medizinischen Zusammenhänge beruhen können (BT-Drs. 14/2530, 86). Diese **Qualitätssicherung** kommt nicht nur dem betroffenen Patienten zugute, sondern soll auch die Weiterverbreitung unerkannter Krankheiten verhindern (vgl. *BBS,* § 47 Rn. 13). Vor diesem Hintergrund und mit Blick auf die Ausnahmevorschrift des Abs. 4 S. 2 steht die Vorschrift mit Art. 12 GG in Einklang (vgl. BVerwGE 74, 349 (353 f.)).

Nicht erfasst sind Tätigkeiten in Forschung und Entwicklung, die nicht im **31** Kontext einer Heilbehandlung stehen (BT-Drs. 14/2530, 86).

Die gem. § 24 S. 2 vom allgemeinen Arztvorbehalt ausgenommenen **32** patientennahen Schnelltests (→ § 24 Rn. 66 ff.) unterfallen als ohne Anreicherung oder Vermehrung auskommende Nachweisverfahren schon nicht dem Anwendungsbereich des § 44 (→ § 44 Rn. 7).

2. Ausnahmen (S. 2). Abs. 4 S. 2 nimmt diagnostische Tätigkeiten vom **33** Arztvorbehalt aus, bei denen eine hinreichende ärztliche Expertise gesichert ist, weil sie **im Auftrag eines Arztes** oder **im Rahmen einer Krankenhausbehandlung** durchgeführt werden. (Krankenhaus-)Labore müssen deshalb nicht notwendig unter ärztlicher Leitung stehen, um diagnoserelevante Untersuchungen anbieten zu dürfen. Stets erlaubt ist die Tätigkeit unter Aufsicht eines ärztlichen Erlaubnisinhabers gem. § 46 (BT-Drs. 14/2530, 86).

V. Bundesweite Wirkung

Die Erlaubnis, deren Regelungsgehalt keinen räumlichen Bezug aufweist, **34** wirkt, da sie auf bundesrechtlicher Grundlage ergeht, im gesamten Bundesgebiet (vgl. BVerfGE 11, 6 (19)).

D. Zuständige Behörde

35 Weil die Erlaubnis nach §§ 44, 47 – anders als bei der Erlaubnis nach §§ 19, 22 BSeuchG – ohne Rücksicht auf die Beschaffenheit einer bestimmten Betriebsstätte erteilt wird, stellt sich die Frage nach der zuständigen Behörde in verschärftem Maße. Sie ist – wie stets im föderalen Bundesstaat – in einem **dreischrittigen Verfahren (Verbandszuständigkeit, sachlich-instanzielle Zuständigkeit, örtliche Zuständigkeit)** zu ermitteln. Dabei kann den Vorschriften über die örtliche Zuständigkeit zugleich eine Aussage über die Verbandszuständigkeit entnommen werden (Doppelfunktionalität, → § 54 Rn. 8).

36 Das bedeutet, dass das zuständige Bundesland in entsprechender Anwendung des § 3 VwVfG zu bestimmen ist, wobei die Reihenfolge der in dessen Abs. 1 genannten Regelungen zugleich ein Vorrangverhältnis bezeichnet (vgl. *Schmitz* in SBS VwVfG § 3 Rn. 17).

37 Bei der allein an persönliche Eigenschaften anknüpfenden Erlaubnis handelt es sich nicht um ein ortsgebundenes Recht iSv § 3 Abs. 1 Nr. 1 VwVfG, sondern um eine Angelegenheit, die sich iSv § 3 Abs. 1 Nr. 2 VwVfG auf die Ausübung eines Berufs bezieht (vgl. *Schmitz* in SBS VwVfG § 3 Rn. 22). Danach ist der Ort der (avisierten) Berufsausübung maßgeblich.

38 Dabei sind drei Konstellationen zu unterscheiden: Will der Antragsteller **nur für eine Betriebsstätte verantwortlich** werden (Konstellation 1), liegt die Zuständigkeit bei den Behörden des betroffenen Bundeslandes.

39 Der Erlaubnisinhaber kann aber auch **für mehrere Betriebsstätten verantwortlich** werden wollen, die in verschiedenen Bundesländern belegen sind (Konstellation 2). In diesem Fall führt § 3 Abs. 1 Nr. 2 VwVfG zu einem **positiven Zuständigkeitskonflikt,** der vorrangig durch Absprache der obersten Landesbehörden nach § 3 Abs. 2 S. 4 VwVfG aufzulösen ist. Subsidiär ist die Behörde zuständig, an die sich der Antragsteller gewandt hat oder die sich als erste von Amts wegen mit der Frage einer nachträglichen Beschränkung bzw. Auflage selbst befasst hat (§ 3 Abs. 2 S. 1 VwVfG).

40 Weil die Erlaubnis – auch soweit Beschränkungen und Auflagen nach Abs. 3 in Rede stehen – ohne Prüfung der vorhandenen Räume und Einrichtungen erteilt wird (BT-Drs. 14/2530, 86), muss ein Antragsteller **keine Angaben** dazu machen, **wo er seine Tätigkeit auszuüben gedenkt.** Gerade wenn unklar ist, ob und wenn ja, mit welchen Beschränkungen und Auflagen dem Antragsteller eine Erlaubnis erteilt werden kann, mag es für ihn wirtschaftlich sinnvoll sein, diese Frage zu klären, bevor er die Suche nach einem geeigneten Standort beginnt. In einem solchen Fall (Konstellation 3) ist gem. § 3 Abs. 1 Nr. 3 VwVfG der **Wohnsitz des Antragstellers** maßgeblich.

41 Die sachliche und örtliche Zuständigkeit richtet sich nach dem auf Grundlage von § 54 erlassenen Landesrecht (→ § 54 Rn. 5). Ist die Zuständigkeit innerhalb des Bundeslandes nicht bei einer Behörde konzentriert oder sonst abweichend geregelt, gelten für die örtliche Zuständigkeit die soeben dargelegten Grundsätze entsprechend.

E. Zuwiderhandlung

Die Zuwiderhandlung gegen eine vollziehbare Auflage iSv Abs. 3 ist gem. **42**
§ 73 Abs. 1 a Nr. 22 bußgeld- und unter den Voraussetzungen des § 74 strafbewehrt.

§ 48 Rücknahme und Widerruf

**Die Erlaubnis nach § 44 kann außer nach den Vorschriften des Ver-
waltungsverfahrensgesetzes zurückgenommen oder widerrufen werden, wenn ein Versagungsgrund nach § 47 Abs. 1 vorliegt.**

A. Zweck und Bedeutung der Norm

Bei der Erlaubnis iSd § 44 handelt es sich um einen begünstigenden Verwal- **1**
tungsakt. Soll diese beseitigt werden, bedarf es der Rücknahme oder des Widerrufs der Erlaubnis.

B. Verhältnis zu §§ 48, 49 VwVfG

Bei § 48 handelt es sich um eine **eigenständige Ermächtigungsgrund-** **2**
lage für Rücknahme und Widerruf; die **§§ 48, 49 (L)VwVfG bleiben un-**
berührt (idS *BBS*, § 48; *Arenz* in BeckOK InfSchR § 48 Rn. 3; *Ennuschat* in
Huster/Kingreen Hdb. InfSchR Kap. 10 Rn. 103; aA *Gerhardt*, § 48; wohl
auch *Erdle*, § 48).

Liegt ein Versagungsgrund iSd § 47 Abs. 1 vor, sind Rücknahme und Wi- **3**
derruf ohne Bindung an die einschränkenden tatbestandlichen Voraussetzungen der §§ 48, 49 VwVfG – einschließlich der Jahresfrist nach §§ 48 Abs. 4, 49
Abs. 2 S. 2 VwVfG – zulässig. Das erscheint angesichts der überragenden Bedeutung eines sachkundigen und zuverlässigen Umgangs mit Krankheitserregern für die öffentliche Gesundheit für den Regelfall auch angemessen. Soweit
die Grundrechte (hier: Art. 12 GG) ausnahmsweise einen Vertrauensschutz erfordern, kann dem auf Ebene der Ermessensausübung Rechnung getragen
werden (vgl. *Arenz* in BeckOK InfSchR § 48 Rn. 9 f.; *Ennuschat* in Huster/
Kingreen Hdb. InfSchR Kap. 10 Rn. 109 ff.). Auch die Entschädigungsregelungen der §§ 48 Abs. 3, 49 Abs. 6 VwVfG finden keine Anwendung (*Ennuschat* in Huster/Kingreen Hdb. InfSchR Kap. 10 Rn. 113).

C. Voraussetzungen

I. Vorliegen eines Versagungsgrundes

Ein Vorgehen nach § 48 setzt voraus, dass mindestens einer der Gründe **4**
(**fehlende Sachkenntnis** oder **Unzuverlässigkeit**) vorliegt, unter denen
gem. § 47 Abs. 1 eine Erlaubnis nach § 44 – würde sie beantragt – zwingend

zu versagen wäre. Hauptanwendungsfall wird der Widerruf sein, nachdem sich der Erlaubnisinhaber in Bezug auf die Tätigkeiten nach der Erlaubniserteilung als unzuverlässig erwiesen hat.

II. Ermessen

5   Die Ermessenserwägungen sind an der Zielrichtung des Gesetzes, die Erlaubnis zum verantwortlichen Umgang mit Krankheitserregern streng an das Vorliegen der persönlichen Voraussetzungen zu knüpfen (BT-Drs. 14/2530, 83), auszurichten. Ein Absehen von Widerruf und Rücknahme wird nur unter besonderen Umständen in Betracht kommen. Zu beachten ist auch, dass im Falle eines Absehens von behördlichem Einschreiten eine Strafbarkeit des (garantenpflichtigen) Amtswalters in Betracht kommt (vgl. BGH NJW 1987, 199; vgl. auch *Arenz* in: BeckOK InfSchR § 48 Rn. 11).

6   So wird eine **Nachfristsetzung** unter dem Gesichtspunkt der Verhältnismäßigkeit allenfalls bei einem voraussichtlich binnen kurzer Frist behebbaren Mangel (zB der bisher beigebrachten Sachkenntnisnachweise) in Betracht kommen, wenn eine Gefährdung ausgeschlossen erscheint.

7   Rücknahme oder Widerruf sind allerdings unverhältnismäßig und damit ermessensfehlerhaft, wenn **nachträgliche Beschränkungen oder Auflagen** (→ § 47 Rn. 27f.) ausreichen, um die Bedenken gegen die weitere Tätigkeit des Erlaubnisinhabers auszuräumen (vgl. *Gerhardt*, § 48; *BBS*, § 48).

III. Zuständige Behörde

8   Das IfSG enthält keine Regelung zur Zuständigkeit speziell für Rücknahme und Widerruf. Nach allgemeinen verwaltungsrechtlichen Grundsätzen richtet sich diese nach den **im Zeitpunkt der Aufhebungsentscheidung maßgeblichen Vorschriften für die Erteilung der Erlaubnis** (vgl. BVerwGE 100, 226 (230ff.); *Sachs* in SBS VwVfG, § 48 Rn. 254).

9   Hinsichtlich der **Verbandszuständigkeit** gilt das zur Erteilung Ausgeführte (→ § 47 Rn. 35ff.) mit der Maßgabe entsprechend, dass eine Behörde auch dann iSd § 3 Abs. 2 S. 1 VwVfG „befasst worden" ist, wenn sie sich von Amts wegen mit der Sache befasst hat (*Henkel* in Mann/Sennekamp/Uechtritz VwVfG § 3 Rn. 56).

10   Die **sachliche und örtliche Zuständigkeit** richtet sich nach dem auf Grundlage von § 54 erlassenen Landesrecht (→ § 54 Rn. 5). Ist die Zuständigkeit nicht bei einer Behörde konzentriert oder sonst abweichend geregelt, gelten die Erwägungen zur Verbandszuständigkeit entsprechend.

11   Die Behörde muss bei Abschluss des Verwaltungsverfahrens (noch) zuständig sein; das VerwVerfR kennt **keine perpetuatio fori.** Nimmt der Erlaubnisinhaber nach Eröffnung des Verfahrens eine Tätigkeit auf, verlagert er sie oder gibt er sie auf, kommt es folglich grundsätzlich zu einem Zuständigkeitswechsel. Hiermit wird ein Informationsverlust, jedenfalls aber eine Verzögerung verbunden sein. § 3 Abs. 3 VwVfG eröffnet den Behörden die Möglichkeit, einvernehmlich die Zuständigkeit der erstbefassten Behörde fortzuschreiben.

D. Zuwiderhandlungen

Nach erfolgtem Widerruf ist die Ausübung der in § 44 genannten Tätigkei- 12
ten gem. **§ 75 Abs. 1 Nr. 3** strafbewehrt.

Das gilt unmittelbar für den ehemaligen **Erlaubnisinhaber,** aber auch für 13
das von ihm eingesetzte **Personal.** Dieses ist nicht mehr unter der Aufsicht
eines Erlaubnisinhabers tätig, wie es § 46 voraussetzt (→ § 46 Rn. 11). Dabei
ist zu beachten, dass § 75 Abs. 4 bereits die **fahrlässige Tatbegehung** unter
Strafe stellt.

§49 Anzeigepflichten

(1) ¹Wer Tätigkeiten im Sinne von § 44 erstmalig aufnehmen will,
hat dies der zuständigen Behörde mindestens 30 Tage vor Aufnahme
anzuzeigen. ²Die Anzeige nach Satz 1 muss enthalten:
1. eine beglaubigte Abschrift der Erlaubnis, soweit die Erlaubnis nicht
   von der Behörde nach Satz 1 ausgestellt wurde, oder Angaben zur
   Erlaubnisfreiheit im Sinne von § 45,
2. Angaben zu Art und Umfang der beabsichtigten Tätigkeiten sowie
   Entsorgungsmaßnahmen,
3. Angaben zur Beschaffenheit der Räume und Einrichtungen.
³Soweit die Angaben in einem anderen durch Bundesrecht geregelten
Verfahren bereits gemacht wurden, kann auf die dort vorgelegten Unterlagen Bezug genommen werden. ⁴Die Anzeigepflicht gilt nicht für
Personen, die auf der Grundlage des § 46 tätig sind.

(2) Mit Zustimmung der zuständigen Behörde können die Tätigkeiten im Sinne von § 44 vor Ablauf der Frist aufgenommen werden.

(3) Die zuständige Behörde untersagt Tätigkeiten, wenn eine Gefährdung der Gesundheit der Bevölkerung zu besorgen ist, insbesondere weil
1. für Art und Umfang der Tätigkeiten geeignete Räume oder Einrichtungen nicht vorhanden sind oder
2. die Voraussetzungen für eine gefahrlose Entsorgung nicht gegeben
   sind.

Übersicht

A. Zweck und Bedeutung der Norm

1   Den **Anzeigepflichten** der §§ 49, 50 kommt eine **zentrale Rolle in der infektionsschutzrechtlichen Sicherheitsarchitektur** zu (BT-Drs. 14/2530, 86). Sie bilden die notwendige Ergänzung der Regelungen zur Erlaubnis nach § 44 (§ 47) bzw. zur Freistellung hiervon (§ 45). Anzeigepflichten, die sich aus anderen Vorschriften (zB § 16 BioStoffV) ergeben, bleiben unberührt.

2   Die Erlaubnis wird bei Vorliegen der Sachkenntnis und Zuverlässigkeit, also allein personenbezogen erteilt. Die Eignung der Räume und Einrichtungen wird iRd Genehmigungsverfahrens nicht geprüft (→ § 47 Rn. 21).

3   Der Gesetzgeber versprach sich hierdurch eine größere Flexibilität, wollte die drohende Schwächung der Aufsicht aber durch Ausweitung der Anzeigepflichten kompensiert wissen (BT-Drs. 14/2530, 86). Diese ermöglichen eine erstmalige Prüfung der räumlich-sachlichen Ausstattung mit Blick auf die konkret avisierte Tätigkeit sowie bei Personen, die sich auf die Erlaubnisfreiheit nach § 45 berufen, darüber hinaus die Prüfung der dort genannten persönlichen und sachlichen Voraussetzungen. Die Verpflichtung zur Vorlage der Erlaubnis nach § 44 ermöglicht die Prüfung, ob diese auch die geplanten Tätigkeiten umfasst. Dass vor einer erstmaligen Aufnahme einer neuen Tätigkeit – vorbehaltlich Abs. 2 – (nur) eine Wartefrist von 30 Tagen nach der Anzeige eingehalten werden muss, verschafft der Aufsichtsbehörde einerseits Zeit für ein eingehendes Prüfverfahren, zwingt sie aber auch dazu, dies zügig zu betreiben, weil die Tätigkeit nach Fristablauf ohne Weiteres aufgenommen werden darf.

4   Abs. 3 enthält eine **Eingriffsermächtigung,** mit der die Aufsichtsbehörde gefährliche Tätigkeiten – auch ohne Zusammenhang mit einer Anzeige – ganz oder teilweise untersagen kann.

B. Anzeigepflicht (Abs. 1)

I. Anzeigepflichtige Maßnahmen

5   Anzuzeigen ist bereits die Absicht, eine Tätigkeit nach § 44 erstmalig aufzunehmen, weil diese Anzeige – anders als die Veränderungsanzeige nach § 50 – grundsätzlich vor Aufnahme der Tätigkeit zu erfolgen hat.

6   Wird eine Tätigkeit zunächst ohne Anzeige aufgenommen, bleibt die Anzeigepflicht bestehen. Eine verspätete Anzeige erfüllt zwar ebenfalls den Tatbestand des §73 Abs. 1a Nr. 13, wird aber milder zu ahnden sein als eine gänzlich unterbliebene Anzeige.

1. Tätigkeit nach §44. Anzeigepflichtig sind alle von §44 erfassten **Tätigkeiten,** nicht nur das Arbeiten mit Krankheitserregern.   **7**

Das Gebot, die **konkreten Modalitäten der Tätigkeit** (räumliche und   **8** sächliche Ausstattung, Prozedere, Entsorgungsmaßnahmen; → Rn. 12) anzuzeigen, ist, nicht zuletzt aufgrund der gemeinsamen historischen Wurzel in §22 BSeuchG, im Kontext der Vorschriften über die personenbezogene Erlaubnis auszulegen. Gem. §47 Abs. 3 S. 1 ist die Erlaubnis iZw auf bestimmte Tätigkeiten und auf bestimmte Krankheitserreger zu beschränken. Das schließt zwar nicht aus, dass einer Person eine umfassende Erlaubnis erteilt wird (→ §47 Rn. 22), zeigt aber deutlich, dass dem Gesetzgeber an einer **möglichst engmaschigen Aufsicht** gelegen ist. Für ihn ist die Möglichkeit einer vorherigen Prüfung der konkreten Modalitäten selbst bei Inhabern der voraussetzungsvollen Erlaubnis nach §47 ein „wesentliches Kriterium zum Schutz der Allgemeinheit" (BT-Drs. 14/2530, 86).

Deshalb ist auch hinsichtlich der Anzeigepflicht – vorbehaltlich §50   **9** (→ Rn. 13) – **jede nach infektiologischen Kriterien** (vgl. *Gerhardt,* §49 Rn. 4), dh wegen der mit ihr verbundenen spezifischen Gefahren für die öffentliche Gesundheit, **eigenständig bedeutsame Tätigkeit** gesondert anzuzeigen. Das wird nicht zuletzt dadurch bestätigt, dass der Gesetzgeber die Erstreckung der Anzeigepflicht auf Art und Umfang der Tätigkeiten unter Verweis auf „bestimmt[e] mikrobiologisch[e] Bodensanierungen, Abwasserreinigungen und Schädlingsbekämpfungen" und andere „Pilotprojekte" begründet, bei denen eine individuelle „Nutzen-Risiko-Abwägung" ermöglicht werden soll (BT-Drs. 14/2530, 86).

Für dieses Verständnis spricht auch, dass die aus Gründen der Gefahren-   **10** abwehr bei erstmaliger Aufnahme gebotene **präventive Prüfung** der konkreten Umstände nur dann gewährleistet ist, wenn die Aufsichtsbehörde durch eine Anzeige nach §49 mit einem Vorlauf von 30 Tagen Kenntnis von ihnen erlangt.

2. Erstmalige Aufnahme. Diese Erwägungen sind auch bei der Frage   **11** fruchtbar zu machen, wann eine **erstmalige Aufnahme** einer Tätigkeit iSd Abs. 1 S. 1 vorliegt und wann nur eine Veränderung, die nach §50 nur unverzüglich, aber eben nicht mit einem 30-tägigen Vorlauf angezeigt werden muss.

„Erstmalig" ist die Aufnahme einer Tätigkeit, wenn der Anzeigende zuvor   **11a** nicht mit diesem konkreten Krankheitserreger tätig war. Unterbrechungen allein führen – unabhängig von ihrer Dauer – zu einer „Wiederaufnahme", die nicht gem. §49 Abs. 1 S. 1, sondern nach §50 S. 2 Alt. 2 (also ohne Wartefrist) anzuzeigen ist (→ §50 Rn. 7; vgl. auch *Krebühl* in BeckOK InfSchR §49 Rn. 8).

Angesichts der überragenden Bedeutung eines ordnungsgemäßen Um-   **12** gangs mit Krankheitserregern für den Schutz der öffentlichen Gesundheit muss das Verhältnis der §§49, 50 lückenlos abgegrenzt werden. Die Notwendigkeit hierfür zeigt sich, wenn die Tätigkeit in neuen Räumen oder mit völlig neuen Einrichtungen fortgeführt werden soll: §50 S. 1 erfasst nur Veränderungen an der Beschaffenheit der Räume und Einrichtungen. Eine zu enge Auslegung des § 49 Abs. 1 S. 1, die in diesem Fall keine erstmalige Aufnahme einer Tätigkeit nach § 44 erblicken würde, weil die Tätigkeit als solche ja fortgeführt wird (idS *Krebühl* in BeckOK InfSchR § 49 Rn. 8.1, der allerdings in einem Erst-recht-Schluss die Verlagerung eines Labors von § 50 S. 1 erfasst sieht), wäre mit dem gesetzgeberischen Zweck der Anzeigepflichten, den Aufsichtsbehörden jederzeit einen aktuellen Überblick über die zu überwachenden Gefahrenquellen zu verschaffen, unvereinbar. Zu brauchbaren Ergebnissen gelangt man hingegen, wenn man Abs. 1 S. 1 und S. 2 zusammenliest: **Die „Tätigkeit" iSd Abs. 1 S. 1** bezieht sich nicht nur auf die „Oberkategorie" des § 44 (also Arbeiten mit oder Abgeben von Krankheitserregern), sondern **ist durch den Gegenstand der Anzeige, die *konkreten Modalitäten*, bestimmt** (wie hier *Ennuschat* in Huster/Kingreen Hdb. InfSchR Kap. 10 Rn. 128).

13   Diese aus Gründen des Gesundheitsschutzes im Ausgangspunkt umfassende Anzeigepflicht wird durch § 50 zweifach abgestuft: Will der Erlaubnisinhaber (oder nach § 45 erlaubnisfrei Tätige) von den bereits angezeigten Modalitäten abweichen, greift die Anzeige- und Wartefrist des Abs. 1 S. 1, **wenn sich nicht aus § 50 etwas anderes ergibt,** weil lediglich

- die Beschaffenheit der (bereits angezeigten) Räume und Einrichtungen,
- die Entsorgungsmaßnahmen oder
- Art und Umfang der Tätigkeit (wenn zB Krankheitserreger nicht mehr nur analysiert, sondern auch fortgezüchtet werden sollen, vgl. *BBS,* § 49 Rn. 8) verändert werden.

In diesem Fall ist eine (erneute) präventive Prüfung entbehrlich und es genügt eine unverzügliche Anzeige. Selbst diese kann entfallen, wenn sich die Veränderung unter infektiologischen Gesichtspunkten als **unwesentlich** erweist (→ § 50 Rn. 5).

14   Danach löst nicht nur der **Umzug eines ganzen Labors** (vgl. *Gerhardt,* § 49 Rn. 4; zu eng *BBS,* § 49 Rn. 7, die einen Wechsel in den Zuständigkeitsbereich einer anderen Behörde voraussetzen), sondern auch jeder **Wechsel des Verantwortlichen** eine Anzeige- und Wartefrist (für den neuen Verantwortlichen, nicht für den noch unter alter Aufsicht stehenden Laborbetrieb) aus.

15   Weil die Behörde stets nach pflichtgemäßem Ermessen darüber zu befinden hat, ob sie einer Aufnahme der angezeigten Tätigkeit vor Ablauf der Wartefrist zustimmt (→ Rn. 21), gehen mit dieser weitverstandenen Anzeigepflicht keine unnötigen Verzögerungen einher.

II. Inhalt und Form der Anzeige

16   Abs. 1 S. 2 legt den Inhalt der Anzeige fest. Abs. 1 S. 3 lässt eine Bezugnahme auf Angaben zu, die bereits in anderem Zusammenhang gemacht wurden. Diese Angaben müssen weder vom Anzeigenden selbst noch gegenüber der Behörde gemacht worden sein, die Adressatin dieser Anzeige ist (vgl. *BBS,* § 49 Rn. 9). Das erleichtert die Anzeige vor allem dann, wenn die sachlichen Modalitäten unverändert bleiben und nur die Person des Verantwortlichen wechselt.

III. Zur Anzeige Verpflichtete

Die Anzeigepflicht trifft die für Tätigkeiten iSd § 44 Verantwortlichen, also **17** die Inhaber einer Erlaubnis nach § 47 und die zur erlaubnisfreien Tätigkeit nach § 45 Berechtigten. Personen, die gem. § 46 lediglich unter Aufsicht arbeiten, sind gem. Abs. 1 S. 4 von der Anzeigepflicht befreit.

IV. Adressaten der Anzeige

Die Anzeige kann an die zuständige Aufsichtsbehörde (→ § 54 Rn. 5) **18** oder an die einheitliche Stelle iSd § 53a Abs. 1 gerichtet werden. Weil eine bei der zuletzt genannten Stelle eingehende Anzeige fristwahrend ist (§ 71b Abs. 2 S. 2 VwVfG), bietet sich dies bei Unsicherheit über die aktuelle Behördenzuständigkeit an.

C. Wartefrist; Zustimmung zu vorzeitiger Aufnahme (Abs. 1, 2)

Gem. Abs. 1 S. 1 muss die Anzeige **mind. 30 Tage vor Aufnahme der 19 Tätigkeit** erfolgen. Diese **Wartefrist beginnt** frühestens mit Eingang der vollständigen Anzeige (*BBS,* § 49 Rn. 11). Die Entlastungswirkung der Bezugnahmemöglichkeit nach Abs. 1 S. 3 würde entwertet, wenn die (ungewisse) Zeit der behördenübergreifenden Kommunikation zulasten des Anzeigepflichtigen ginge.

Die Behörde ist nicht gehalten, die Vollständigkeit der Anzeige unverzüg- **19a** lich zu prüfen und Ergänzungen vom Anzeigenden anzufordern (so *Erdle,* § 49, S. 151). Dies würde die 30-tägige Frist entwerten (*Krebühl* in BeckOK InfSchR § 9 Rn. 11 f.). Im Übrigen beginnt der Fristlauf bei Vorlage einer unvollständigen Anzeige nicht (ebd., Rn. 15), so dass eine dennoch erfolgte Tätigkeitsaufnahme rechtswidrig ist (zu den Konsequenzen → Rn. 25a). Es spricht vieles dafür, dass die Behörde den Anzeigepflichtigen durch Verwaltungsakt zur Abgabe einer vollständigen Anzeige verpflichten kann (siehe zu der insofern vergleichbaren Regelung des § 14 Abs. 1 GewO BVerwG NJW 2013, 2214 Rn. 10 mwN; *Krebühl* in BeckOK InfSchR § 49 Rn. 24).

Nach dem gem. §§ 187 Abs. 1, 188 Abs. 1 BGB berechneten Ablauf der **20** Frist (vgl. § 31 VwVfG) darf die angezeigte Tätigkeit aufgenommen werden; eine Freigabeerklärung der Aufsichtsbehörde ist nicht erforderlich. Eine **Verlängerung der Frist** ist nicht vorgesehen. Ist die Prüfung bei ihrem Ablauf noch nicht abgeschlossen, berechtigt dies allein die Aufsichtsbehörde noch nicht zu einer **Untersagung der Tätigkeit nach Abs. 3.** Umgekehrt steht ein fehlender Abschluss der Prüfung einer solchen Untersagung nicht im Wege; sie wird im Gegenteil angezeigt sein, wenn und solange hinreichende tatsächliche Anhaltspunkte für eine Gefährdung vorliegen.

Gelangt die Behörde aufgrund der Anzeige zu dem Schluss, dass die geplan- **21** ten Veränderungen (voraussichtlich) kein Eingreifen erfordern, hat sie nach pflichtgemäßem Ermessen gem. Abs. 2 einer **vorzeitigen Aufnahme der Tätigkeit** zuzustimmen.

D. Keine Legalisierungswirkung

22   Weder mit dem Ablauf der Wartefrist noch mit einer Zustimmung zur vorzeitigen Aufnahme der Tätigkeit nach Abs. 2 geht eine **Legalisierungswir-
kung** einher. Der Verantwortliche kann insbes. einer späteren behördlichen
Intervention nach Abs. 3 den Fristablauf nicht entgegenhalten.

E. Untersagung (Abs. 3)

23   Die nach § 54 zuständige Aufsichtsbehörde hat die Tätigkeit gem. Abs. 3 zu
untersagen, wenn (und soweit) eine Gefährdung der Gesundheit der Bevölkerung zu besorgen ist.

I. Anwendungsbereich

24   Die Gefährdung wird regelmäßig in einer im Einzelfall **unzureichenden
sächlichen Ausstattung** ihre Ursache haben, wie auch die gesetzlichen Regelbeispiele zeigen.

25   Der Anwendungsbereich des Abs. 3 ist – trotz seines Standorts – aber **nicht
auf sächliche Mängel** beschränkt (aA *Erdle*, § 49, S. 151). Auch eine Tätigkeit, die **ohne die erforderliche Erlaubnis** – etwa nach erfolgter Aufhebung
(→ § 48) – ausgeübt wird, kann auf dieser Grundlage untersagt werden. Gleiches gilt für den Fall, dass der Erlaubnisinhaber **die erforderliche Aufsicht**
über die nach **§ 46** erlaubnisfrei unter seiner Verantwortung Tätigen (→ § 46
Rn. 9) nicht (mehr) gewährleistet (vgl. *BBS*, § 46 Rn. 2).

25a   Ob eine Untersagung allein wegen des Fehlens einer Erlaubnis nach § 44
oder wegen des Fehlens oder der Unvollständigkeit einer Anzeige nach Abs. 1
(hierzu *Krebühl* in BeckOK InfSchR § 49 Rn. 21 ff.) auf Abs. 3 gestützt werden
kann, lässt sich nicht ohne Weiteres beantworten. Denn das IfSG enthält –
anders als etwa § 15 Abs. 2 S. 1 GewO – keine Vorschrift, die allein an die formelle Illegalität anknüpft. Ein Rückgriff auf die polizeiliche bzw. ordnungsbehördliche Generalklausel des jeweiligen Landesrechts, deren Anwendungsbereich schon deshalb eröffnet ist, weil die vorgenannten Tätigkeiten gemäß
§§ 73 Abs. 1 a Nr. 13, 74, 75 Abs. 1 Nr. 3 bußgeld- bzw. strafbewehrt sind (*Ennuschat* in Huster/Kingreen Hdb. InfSchR Kap. 10 Rn. 190), ist jedoch nur
dann erforderlich, wenn von vornherein feststeht, dass die Tätigkeiten trotz
fehlender Erlaubnis oder Anzeige ohne jede Gefahr für die Bevölkerung ausgeübt wird (vgl. *Ennuschat* in Huster/Kingreen Hdb. InfSchR Kap. 10
Rn. 189). In diesem Fall kann es zu einer Verlagerung der Zuständigkeit kommen. Regelmäßig wird indes – gerade weil die Tätigkeit entgegen §§ 44, 47
keiner präventiven Prüfung unterworfen worden ist – eine solche Unbedenk-
lichkeit nicht ohne Weiteres festgestellt werden können. Diese Unsicherheit
wird idR wegen der besonders großen Gefährlichkeit eines unsachgemäßen,
dh von sachunkundigen oder unzuverlässigen Personen verantworteten oder
mit unzureichender sachlicher Ausstattung durchgeführten, Umgangs mit
Krankheitserregern für einen unübersehbaren Personenkreis ausreichen, um

ex ante das Vorliegen einer hinreichenden Wahrscheinlichkeit für einen Schadenseintritt, dh eine konkrete Gefahr im Sinne des Abs. 3 zu begründen.

Für erlaubnisfreie Tätigkeiten besteht mit § 45 Abs. 4 eine – inhaltsgleiche – **26** Spezialregelung.

II. Eingriffsschwelle

1. Konkrete Gefahr. Die Formulierung „wenn eine Gefährdung (…) zu **27** besorgen ist" meint nichts anderes als die klassische polizeirechtliche Eingriffsschwelle der konkreten Gefahr (vgl. BVerwG NJW 1970, 1890). Diese liegt vor, wenn der Eintritt eines Schadens mit hinreichender Wahrscheinlichkeit droht, wobei die Anforderungen an die Wahrscheinlichkeit umso niedriger sind, je größer der drohende Schaden wäre, so dass die Eingriffsschwelle wegen des hohen Schutzguts der Gesundheit der Bevölkerung und der Schwierigkeit, ein einmal ausgebrochenes Infektionsgeschehen wieder einzudämmen, letztlich nicht zu hoch liegt (vgl. auch *BBS,* § 49 Rn. 14; *Krebühl* in BeckOK InfSchR § 49 Rn. 31). Regelbeispiele sind unzureichende Räume und Einrichtungen oder Entsorgungsmaßnahmen.

2. Nachfrist. Anders als in § 23 BSeuchG ist im IfSG eine behördliche **28** **Nachfrist** zur Behebung von Mängeln der Räume und Einrichtungen nicht mehr ausdrücklich vorgesehen. Anhaltspunkte dafür, dass der Gesetzgeber ein solches Vorgehen ausschließen und auch bei weniger dringenden Mängeln eine sofortige Untersagung der Tätigkeit angeordnet wissen wollte, sind nicht ersichtlich (vgl. BT-Drs. 14/2530, 87).

III. Maßnahmen

Nach Abs. 3 hat die Behörde bei Vorliegen einer solchen Gefahr die Tätig- **29** keiten zu untersagen. Ihr kommt **kein (Entschließungs- oder Auswahl-) Ermessen** zu. Gleichwohl hat sie – wie bei allen staatlichen Eingriffen – den **Grundsatz der Verhältnismäßigkeit** zu beachten.

Der **Umfang der Untersagung** darf nur so weit gefasst werden, wie dies **30** zur Beseitigung der Gefahr erforderlich ist. Sind die Räume und Einrichtungen bspw. nur für die Arbeit mit bestimmten Krankheitserregern unzureichend, ist die Untersagung auf diese zu beschränken. Und **nach** erfolgter **Mängelbeseitigung** besteht idR ein Anspruch auf Widerruf der Untersagung (vgl. § 49 Abs. 1 VwVfG).

IV. Adressaten

Weil Abs. 3 hierzu keine Festlegungen enthält, ist auf die an andere Stelle **31** kodifizierten **Grundsätze zur polizeirechtlichen Verantwortlichkeit** abzustellen. Da die Frage, wer zur Durchsetzung des Ordnungsrechts in Anspruch genommen werden kann, keine rein verfahrensrechtliche ist, sondern in materiell-rechtlicher Hinsicht Inhalt und Reichweite der Eingriffsermächtigung (mit-)bestimmt, ist sie schon mit Rücksicht auf die Kompetenzordnung zumindest in erster Linie durch Rückgriff auf Bundesrecht zu beantworten (ausf. *Beckermann* DÖV 2020, 144 (146 f.); das schließt nicht aus, landesrechtliche Regelungen – zumal, wenn sie in allen Ländern gleich lauten – als Ausdruck ungeschriebener allgemeiner Rechtsgrundsätze auch des Bundesrechts anzusehen).

32   Vorliegend sind die §§ 17 f. BPolG einschlägig. Danach ist jeder polizeipflichtig, der die Gefahr „unmittelbar" verursacht; hierzu zählt auch, wer andere zur gefahrschaffenden Verrichtung bestellt (§ 17 Abs. 3 BPolG). Die Untersagung kann also sowohl gegenüber den Labormitarbeitern als auch gegenüber demjenigen ausgesprochen werden, unter dessen Aufsicht iSv § 46 sie arbeiten.

F. Zuwiderhandlungen

33   Die Anzeigepflicht ist gem. § 73 Abs. 1 a Nr. 13 bußgeld- und ggf. gem. § 74 strafbewehrt.

34   Für den Fall einer **Zuwiderhandlung gegen eine Untersagungsverfügung** nach Abs. 3 sieht das IfSG – wie im Fall des § 45 Abs. 4 (→ § 75 Rn. 7) – **weder Strafe noch Bußgeld** vor. Sie wird allerdings zu der Prüfung Anlass geben, ob sich der Verantwortliche als unzuverlässig iSv § 47 Abs. 1 Nr. 2 erwiesen hat und deshalb ein Erlaubniswiderruf nach § 48 angezeigt ist. Nach erfolgtem Widerruf greift die Strafdrohung des § 75 Abs. 1 Nr. 3.

§ 50 Veränderungsanzeige

[1]**Wer eine in § 44 genannte Tätigkeit ausübt, hat jede wesentliche Veränderung der Beschaffenheit der Räume und Einrichtungen, der Entsorgungsmaßnahmen sowie von Art und Umfang der Tätigkeit unverzüglich der zuständigen Behörde anzuzeigen.** [2]**Anzuzeigen ist auch die Beendigung oder Wiederaufnahme der Tätigkeit.** [3]**§ 49 Abs. 1 Satz 3 gilt entsprechend.** [4]**Die Anzeigepflicht gilt nicht für Personen, die auf der Grundlage des § 46 tätig sind.**

A. Zweck und Bedeutung der Norm

1   Die Pflicht, wesentliche Veränderungen im Umgang mit Krankheitserregern anzuzeigen, soll die Überwachung erleichtern. Die Aufsichtsbehörden sollen jederzeit ein aktuelles Bild über Art und Umfang der möglichen Gefahrenquellen haben (BT-Drs. 14/2530, 87). Beim Umgang mit Polioviren sind gesonderte Anzeigepflichten zu beachten (→ § 50 a Rn. 3 ff.).

B. Inhalt der Anzeigepflicht

I. Anzeigepflichtige Maßnahmen

2   **1. Wesentliche Veränderungen.** Während § 49 die erstmalige Aufnahme einer Tätigkeit iSd § 44 regelt (zur Abgrenzung → § 49 Rn. 11 ff.; zur Wiederaufnahme → Rn. 7), statuiert § 50 Anzeigepflichten mit Blick auf später eintretende wesentliche Veränderungen, die keine Wartefrist auslösen:

- der Räume und Einrichtungen,
- der Entsorgungsmaßnahmen sowie
- von Art und Umfang der Tätigkeit.

Damit wird inhaltlich an die Pflichtangaben der Anzeige nach § 49 an- 3
geknüpft; auch **weitere Veränderungen** gegenüber einer Anzeige nach § 50
sind anzeigepflichtig. Allerdings kommt es nicht entscheidend auf den Inhalt
früherer Anzeigen an, sondern allein darauf, ob die genannten Parameter der
Aufsichtsbehörde gegenüber bereits angezeigt worden sind.

Der Anwendungsbereich von § 50 ist in zweifacher Hinsicht abzugrenzen: **4**
Zum einen können Veränderungen so gravierend sein, dass sie als **Erstaufnahme** unter die Anzeige- und Wartepflicht des § 49 fallen (näher → § 49
Rn. 12). Das ist hinsichtlich der Räume und Einrichtungen bereits im Wortlaut des S. 1 angelegt, der nur die Veränderung der Beschaffenheit erfasst. Ein
Umzug in andere Räume (vgl. *BBS,* § 49 Rn. 2, 7; *Ennuschat* in Huster/
Kingreen Hdb. InfSchR Kap. 10 Rn. 137; aA *Krebmühl* in BeckOK InfSchR
§ 50 Rn. 4: Anzeigepflicht gem. § 50) ist ebenso wenig umfasst wie der **Einsatz völlig anderer Einrichtungen.** Auch eine Veränderung von **Art und
Umfang** der Tätigkeit, die sich **aus infektiologischer Sicht** als **aliud** darstellt, fällt unter § 49 (*Gerhardt,* § 49 Rn. 4).

Zum anderen muss die Veränderung **wesentlich** sein; unterhalb dieser **5**
Schwelle liegende Veränderungen sind nicht anzeigepflichtig. Maßgeblich ist
hierbei, ob die Veränderung „sicherheitsrelevant" ist (BT-Drs. 14/2530, 87),
also eine **erneute Beurteilung der Gefährlichkeit erforderlich** macht
(vgl. *BBS,* § 50 Rn. 1).

2. Beendigung und Wiederaufnahme. Anzuzeigen sind auch die **6**
Beendigung und die Wiederaufnahme der Tätigkeit. Weil die Anzeigepflicht
hinsichtlich der **Beendigung** allein dazu dient, der Behörde ein effizientes
Arbeiten zu ermöglichen (BT-Drs. 14/2530, 87), was durch eine Flut aufein-
anderfolgender Beendigungs- und Wiederaufnahmeanzeigen konterkariert
würde, löst **nicht jede Unterbrechung,** sondern nur die **Einstellung der
Tätigkeit auf zumindest zunächst nicht näher absehbare Zeit** die Anzeigepflicht aus.

Um eine **Wiederaufnahme** handelt es sich (nur), wenn ein **hinreichen- 7
der zeitlich-örtlich-modaler Zusammenhang** mit einer früheren (bereits
angezeigten) Tätigkeit besteht (wie hier *Ennuschat* in Huster/Kingreen Hdb.
InfSchR Kap. 10 Rn. 141). Handelt es sich um einen **„völlig neuen Sachverhalt"** (vgl. *BBS,* § 50 Rn. 8), der eine vorherige Prüfung erfordert, ist dies
als erstmalige Aufnahme nach § 49 anzuzeigen.

II. Zeitpunkt, Inhalt und Form der Anzeige

Die Anzeige ist unverzüglich, dh ohne schuldhaftes Zögern (vgl. § 121 **8**
BGB), zu erstatten, allerdings erst *nach* der wesentlichen Veränderung. Im Gegensatz zu § 49 erfordert § 50 daher keine der Tätigkeitsaufnahme voraus-
gehende Anzeige (siehe auch *Krebühl* in BeckOK InfSchR § 50 Rn. 6). Die
Anzeigepflicht unterliegt nicht der Verjährung; **unterlassene Anzeigen sind
nachzuholen.** Das ist mit Blick auf die Sanktionsbewehrung (→ Rn. 11) zu
beachten.

9   S. 3 verweist auf die Möglichkeit der Bezugnahme nach § 49 Abs. 1 S. 3 (→ § 49 Rn. 16). Weil die Anzeige wesentliche Voraussetzung für eine effektive Aufsicht über den konkreten Umgang mit Krankheitserregern ist (→ § 49 Rn. 1), darf sie sich nicht in der Mitteilung der Veränderung als solcher erschöpfen, sondern muss alle **Angaben** enthalten, die zumindest für eine erste behördliche (Vor-)Prüfung der Sicherheitsrelevanz erforderlich sind (vgl. *Gerhardt,* § 50 Rn. 7).

III. Zur Anzeige Verpflichtete; Adressaten und anderweitige Anzeigepflichten

10   Hinsichtlich der zur Anzeige Verpflichteten, der Adressaten und der anderweitigen Anzeigepflichten gilt das zu § 49 Gesagte entsprechend (→ § 49 Rn. 1, 17f.).

C. Zuwiderhandlungen

11   Die Anzeigepflicht ist gem. **§ 73 Abs. 1a Nr. 13** bußgeld- und ggf. gem. § 74 strafbewehrt. Ein präventives Einschreiten gegen eine Tätigkeit, die nicht angezeigt worden ist, erscheint zwar nach § 49 Abs. 3 (str.) oder auf Grundlage der polizeirechtlichen Generalklausel grundsätzlich denkbar (→ § 49 Rn. 25a). Angesichts des Umstandes, dass nach der Vorstellung des Gesetzgebers die Aufnahme der veränderten Tätigkeit ohne vorherige behördliche Prüfung unbedenklich erscheint, werden die Voraussetzungen hierfür aber idR nicht vorliegen.

---

§ 50a   **Laborcontainment und Ausrottung des Poliovirus; Verordnungsermächtigung**

(1) ¹**Natürliche oder juristische Personen, die die tatsächliche Sachherrschaft über Polioviren oder Material, das möglicherweise Polioviren enthält, haben (Besitzer), haben dies der zuständigen Behörde unverzüglich anzuzeigen. ²Die Anzeige muss Angaben zu der Einrichtung, zu der verantwortlichen Person, zu der Art und der Menge der Polioviren oder des Materials sowie zu dem damit verfolgten Zweck enthalten. ³Im Fall einer wesentlichen Veränderung der Tatsachen nach Satz 2 gelten die Sätze 1 und 2 entsprechend. ⁴Die zuständige Behörde übermittelt die Angaben nach den Sätzen 1 bis 3 unverzüglich der obersten Landesgesundheitsbehörde, die sich unverzüglich der Geschäftsstelle der Nationalen Kommission für die Polioeradikation beim Robert Koch-Institut übermittelt. ⁵Die Pflichten nach den §§ 49 und 50 bleiben von den Sätzen 1 bis 3 unberührt.**

(2) **Der Besitzer hat Polioviren oder Material, das möglicherweise Polioviren enthält, unverzüglich zu vernichten, sobald die Polioviren oder das Material nicht mehr konkret für Zwecke der Erkennung, Verhütung oder Bekämpfung von Poliomyelitis oder Polioviren benötigt wird.**

(3) ¹Polioviren oder Material, das möglicherweise Polioviren enthält, darf nur eine Einrichtung besitzen, die eine Zulassung für den Besitz von Polioviren hat (zentrale Einrichtung). ²Für Polioimpf- oder -wildviren des Typs 1 und 3 sowie für Material, das möglicherweise solche Polioviren enthält, gilt Satz 1 ab den in einer Rechtsverordnung nach Absatz 4 Nummer 2 festgelegten Zeitpunkten. ³Die Zulassung als zentrale Einrichtung darf die zuständige Behörde mit Zustimmung der obersten Landesgesundheitsbehörde nur erteilen, wenn die Einrichtung Sicherheitsmaßnahmen gewährleistet, die mindestens den Schutzmaßnahmen der Schutzstufe 3 nach den §§ 10 und 13 der Biostoffverordnung entsprechen und die die Anforderungen erfüllen, die nach den Empfehlungen der Weltgesundheitsorganisation an die Biosicherheit in Bezug auf Polioviren zu stellen sind. ⁴Die Zulassung ist auf ein Jahr zu befristen. ⁵Die zentrale Einrichtung ist mit der Zulassung verpflichtet, Polioviren und Material, das Polioviren enthält, aus anderen Einrichtungen zu übernehmen; bei der Übernahme ist jeweils Absatz 1 anzuwenden. ⁶Absatz 2 bleibt unberührt. ⁷Die zentrale Einrichtung hat über den jeweiligen Bestand nach den Vorgaben der zuständigen Behörde ein Verzeichnis zu führen.

(4) Das Bundesministerium für Gesundheit wird ermächtigt, durch Rechtsverordnung mit Zustimmung des Bundesrates die Zeitpunkte festzulegen,

1. zu denen Polioviren und Material, das möglicherweise Polioviren enthält, nach Absatz 2 spätestens vernichtet sein müssen,

2. ab denen nur eine zentrale Einrichtung Poliowildviren des Typs 1 und 3, Polioimpfviren des Typs 1 und 3 sowie Material, das möglicherweise solche Polioviren enthält, besitzen darf.

(5) ¹Wenn der Verdacht besteht, dass eine Person Polioviren oder Material, das möglicherweise Polioviren enthält, besitzt, ohne dass dies nach Absatz 1 angezeigt wurde, kann die zuständige Behörde die erforderlichen Ermittlungen durchführen. ²Für die Ermittlungen gilt § 16 Absatz 2 bis 4 entsprechend. ³Das Grundrecht der Unverletzlichkeit der Wohnung (Artikel 13 Absatz 1 des Grundgesetzes) wird insoweit eingeschränkt.

Übersicht

A. Zweck und Bedeutung der Norm

1   Die 2017 geschaffene Regelung (GMÜK v. 17.7.2017, BGBl. I 2615) dient
der Umsetzung des Global Action Plan (GAP) III der WHO aus dem Jahre
2015 zur weltweiten Eradikation des Poliovirus (WHO/Polio/15.05; BT-Drs.
18/10938, 1). Die WHO-Region Europa ist bereits als poliofrei zertifiziert.
Da die globale Polioeradikation noch nicht gelungen ist, soll die Poliofreiheit
in Deutschland streng überwacht und aufrechterhalten werden.

2   Neben hohen Impfquoten gilt das Laborcontainment – also die Verhinderung von Polio-Ausbrüchen in Folge von Laborunfällen – als Eckpfeiler der
Polioeradikation; ihm dient § 50a (BT-Drs. 18/10938, 38, 73). Entsprechend
der Globalen Polioeradikationsinitiative (GPEI) der WHO und in Umsetzung
völkerrechtlicher Verpflichtungen (BT-Drs. 18/12604, 70) sind hierzu die
Poliowild- und -impfvirenbestände zu erfassen, um ihre Vernichtung oder,
wenn sie vorübergehend noch zum Zwecke der Erkennung, Verhütung oder
Bekämpfung von Polio benötigt werden, ihre Aufbewahrung in speziellen
Einrichtungen zu überwachen.

2a   Die Regelung bezieht sich selbstredend nur auf nicht im Menschen befindliche Wild- und Impfviren. Wird eine Erkrankung an Poliomyelitis festgestellt,
wird dies vielmehr durch § 6 Abs. 1 Nr. 1 lit. n erfasst (Meldepflicht) (*Krebühl* in
BeckOK InfSchR § 50a Rn. 5.1).

B. Anzeigepflicht (Abs. 1)

I. Regelungsgegenstand

3   Abs. 1 S. 1 verpflichtet denjenigen, der Polioviren oder Material besitzt,
welches solche enthalten kann – nachfolgend: (Verdachts-)Material –, dies unverzüglich (→ § 50 Rn. 8) bei der zuständigen Behörde (§§ 53a, 54) anzuzeigen. Entsprechend dem umfassenden Ansatz des WHO-Aktionsplans werden
alle prinzipiell vermehrungsfähigen Polioviren – gleich ob Wild- oder Impf-
oder von diesen abgeleitete Viren – erfasst, und zwar unabhängig von einer
vorherigen Vermehrung oder Anreicherung oder der Zweckrichtung der Aufbewahrung (BT-Drs. 18/10938, 73f.; ausf. WHO/Polio/15.05, 24–26). Wie
§ 52 (→ § 52 Rn. 3) geht § 50a damit über den Anwendungsbereich des § 44
hinaus (→ § 44 Rn. 6f.).

3a   Zu der Frage, wann **Verdachtsmaterial** vorliegt, ist nach dem Willen des
Gesetzgebers (BT-Drs. 18/10938, 74) auf die Definition im GAP III (WHO/
Polio/15.05) zurückzugreifen (*Ennuschat* in Huster/Kingreen Hdb. InfSchR
Kap 10. Rn. 197). Danach sind erfasst: Kot- und Atemsekret, das aus einer Ge-
gend stammt, in der Polio vorkommt oder in der abgeschwächte Poliostämme

genutzt werden, sowie bestimmte Verarbeitungsprodukte davon; unbestimmte Enterovirus-ähnliche Zellkulturen, die aus einem Land mit Poliobefall stammen, sowie Atemwegs- oder Enterovirenbestände, bei denen eine Kontamination mit (abgeschwächten) Polioviren möglich erscheint. Unbeachtlich sind die Zwecksetzung des Besitzes und eine vorherige Vermehrung oder Anreicherung (BT-Drs. 18/10938, 74). Ob angesichts dieser fachlich präzisen Bestimmung auf die allgemeinen polizeirechtlichen Grundsätze zurückgegriffen werden kann (so *Krebühl* in BeckOK InfSchR § 50a Rn. 14), erscheint zweifelhaft.

II. Adressat und Inhalt der Anzeigepflicht

Anzeigepflichtig ist jede natürliche oder juristische Person, die die **tatsäch-** **3b** **liche Sachherrschaft** über Polioviren oder Material, das möglicherweise Polioviren enthält, innehat. Wenn das Gesetz diesen Umstand als „Besitz" legaldefiniert, weicht er deutlich von den bürgerlich-rechtlichen Besitzkategorien ab (eingehend → § 52 Rn. 2; aA *Krebühl* in BeckOK InfSchR § 50a Rn. 16); umgekehrt wird nicht jeder mittelbare Besitzer iSd § 868 BGB „Besitzer" iSv § 50a sein (*Ennuschat* in Huster/Kingreen Hdb. InfSchR Kap. 10 Rn. 128). Wer die *tatsächliche* Sachherrschaft innehat, hängt von den Umständen des Einzelfalles ab; Laborangestellte werden idR nicht die erforderliche Verfügungsmacht haben und daher auch nicht selbst anzeigepflichtig sein (*Ennuschat* in Huster/Kingreen, Hdb. InfSchR Kap. 10 Rn. 196; iErg auch *Krebühl* in BeckOK InfSchR, § 50a Rn. 16).

Gem. Abs. 1 S. 2 sind Angaben zur verantwortlichen Person, zur Einrich- **4** tung und zur Art und Menge der Polioviren bzw. des (Verdachts-)Materials sowie zu den verfolgten Zwecken zu machen. Die Anzeige hat unverzüglich (vgl. § 121 Abs. 1 S. 1 BGB) zu erfolgen. Da die Regelung nur eine Anzeige-, nicht aber eine Ermittlungspflicht beinhaltet, ist die Anzeige auch vollständig, wenn Angaben zur Art der Polioviren nicht gemacht werden können (*Krebühl* in BeckOK InfSchR § 50a Rn. 20). Auch wesentliche Veränderungen sind anzeigepflichtig (S. 3).

Die Anzeige ist bei der durch das jeweilige Landesrecht bestimmten Be- **4a** hörde (→ § 54 Rn. 5) zu machen.

Die Anzeigepflicht nach §§ 49, 50 bleibt unberührt. **4b**

III. Übermittlung

Die Nationale Kommission für die Polioeradikation beim RKI wertet als **5** Zentralstelle auf Bundesebene (BT-Drs. 19/7520, 20) die ihr gem. Abs. 1 S. 4 über die obersten Landesgesundheitsbehörden übermittelten Daten aus und erstellt die Berichte an die WHO.

C. Vernichtungspflicht (Abs. 2)

Abs. 2 verpflichtet den Besitzer zur unverzüglichen Vernichtung von Polio- **6** viren und (Verdachts-)Material, dh zur **Inaktivierung der Viren** durch Hitze oder eine andere geeignete Methode (BT-Drs. 18/10938, 74). Eine Ausnahme gilt nur, wenn die Viren oder das Material derzeit oder in unmittelbarer Zukunft (*Krebühl* in BeckOK InfSchR § 50a Rn. 24) noch für konkrete Zwecke der Erkennung, Verhütung oder Bekämpfung von Poliomyelitis oder Polioviren benötigt werden.

7   **Legitime Aufbewahrungs- und Verwendungszwecke** sind nur solche, die „der Aufrechterhaltung von für die Polioeradikation notwendigen Funktionen" dienen; auch die Forschung ist nur noch in diesem Rahmen zulässig (BT-Drs. 18/10938, 74). Weil es selbst unter modernen Laborbedingungen zu Polioübertragungen kommt (vgl. *Duizer u. a.* Eurosurveillance 2017, 22 (21)), dürfte es sich bei dieser Beschränkung der Forschungsfreiheit (Art. 5 Abs. 3 GG) um eine zulässige Maßnahme des Gesetzgebers zur Herstellung praktischer Konkordanz mit dem Schutzgut der öffentlichen Gesundheit handeln (ebenso *Ennuschat* in Huster/Kingreen, Hdb. InfSchR Kap. 10 Rn. 201).

8   **Nach der erfolgreichen Eradikation** von Polioviren eines Typs und Ablauf einer Übergangszeit werden Polioviren oder (Verdachts-)Material nach Einschätzung des Gesetzgebers generell nicht mehr benötigt und sind – auch von einer zentralen Einrichtung – **restlos zu vernichten.** Der genaue Zeitpunkt wird durch eine Verordnung festgelegt werden (Abs. 4 Nr. 1).

D. Zentrale Einrichtung (Abs. 3)

I. Bedeutung der Regelung

8a   Polioviren sollen nach dem Willen der WHO in zentralen Einrichtungen konzentriert werden. Zwar gibt es ein Zertifizierungsprogramm für entsprechende Einrichtungen. In Deutschland hat sich jedoch bisher kein Labor um die Zulassung als zentrale Einrichtung beworben (RKI, Nationale Kommission für die Polioeradikation in Deutschland, im Internet abrufbar unter http s://www.rki.de/DE/Content/Kommissionen/Poliokommission/Poliokom mission_node.html – Abschnitt: Laborcontainment), womöglich auch aus Kostengründen (vgl. *Ennuschat* in Huster/Kingreen Hdb. InfSchR Kap. 10 Rn. 206).

II. Besitzbeschränkung

9   Gem. Abs. 3 S. 1 dürfen – bei gleichzeitigem Vorliegen legitimer Verwendungszwecke iSv Abs. 2 (vgl. Abs. 3 S. 6) – nur solche Einrichtungen Polioviren oder (Verdachts-)Material besitzen, die eine Zulassung für deren Besitz haben. Die Regelung erfasst daher von vornherein nur solche Polioviren und (Verdachts-)Material, die für konkrete Zwecke der Erkennung, Verhütung oder Bekämpfung der Poliomyelitis oder Polioviren benötigt werden und für die der gem. Abs. 4 Nr. 1 festgelegte Zeitpunkt noch nicht erreicht ist (→ Rn. 8).

III. Anwendungsbereich

10   Gem. Abs. 3 S. 2 gilt S. 1 bisher nur für Polioimpf- und -wildviren des Typs 2 sowie entspr. (Verdachts-)Material. Polio-Wildviren Typ 2 gelten seit

2015 als ausgerottet; die Verwendung des Lebendimpfstoffs wurde bereits 2016 eingestellt (BT-Drs. 18/10938, 74).

Für Polioimpf- und -wildviren der Typen 1 und 3 sowie entspr. (Ver- **11** dachts-)Material gilt S. 1 erst ab einem im Verordnungswege festzulegenden Zeitpunkt (Abs. 4 Nr. 2). Im Oktober 2019 hat die WHO die Eradikation von Poliowildviren des Typs 3 festgestellt. Gleichwohl steht der Erlass einer entspr. Verordnung noch aus.

IV. Zulassung einer zentralen Einrichtung

1. Anforderungen. Gem. Abs. 3 S. 3 darf eine Zulassung durch die zu- **12** ständige Behörde mit Zustimmung der obersten Landesgesundheitsbehörde nur erteilt werden, wenn die Einrichtung mind. die Schutzmaßnahme der Schutzstufe 3 nach §§ 10, 13 der BioStoffV sowie diejenigen Anforderungen erfüllt, die nach der Empfehlung der WHO an die Biosicherheit in Bezug auf Polioviren zu stellen sind (vgl. Anhang 2 zu WHO/Polio 15.05, S. 28 ff.). Dies gilt ungeachtet des insoweit weniger strengen Arbeitsschutzrechts (BT-Drs. 18/10938, 74).

2. Ermessen; Befristung. Bei der Ausübung des Zulassungsermessens soll **13** maßgeblich sein, ob nach den Zielsetzungen der GPEI ein Bedürfnis für eine zentrale Einrichtung besteht; der Gesetzgeber ging davon aus, dass nur ein oder zwei zentrale Einrichtungen zugelassen werden (BT-Drs. 18/10938, 42, 72 f.).

Die Zulassung ist **auf ein Jahr zu befristen** (Abs. 3 S. 4). Daher erfolgt eine **14** jährliche Prüfung der Zulassungsvoraussetzungen durch die Behörde. Sie kann zudem Vorgaben hinsichtlich des zu führenden Bestandsverzeichnisses machen, in das gem. § 51 Einsicht zu gewähren ist.

V. Übernahmeverpflichtung

Abs. 3 S. 5 verpflichtet die zentrale Einrichtung, Polioviren und Material, **15** das Polioviren enthält, aus anderen Einrichtungen zu übernehmen. Der bloße Verdacht genügt insofern nicht, weil die Übernahme – als Ausnahme zur Vernichtung nach § 50a Abs. 2 – ohnehin **nur zum Zwecke der Polioerkennung, -verhütung und -bekämpfung** in Betracht kommt (vgl. *Gerhardt*, § 50a Rn. 17, unter Verweis auf Abs. 3 S. 6). Hierbei handelt es sich nicht um ein Redaktionsversehen (aA *Krebühl* in BeckOK InfSchR § 50a Rn. 35; iErg auch *Ennuschat* in Huster/Kingreen Hdb. InfSchR Kap. 10 Rn. 210). Denn wer Verdachtsmaterial ohne die vorgenannte Zwecksetzung besitzt, hat es gem. Abs. 2 unverzüglich zu vernichten, und zwar so, als enthielte es Polioviren; allein zum Zweck der Vernichtung hat der Gesetzgeber eine Übergabe an die zentrale Einrichtung nicht für erforderlich gehalten.

Mit der Übernahme findet Abs. 1 erneut Anwendung, sodass die überneh- **16** mende zentrale Einrichtung anzeigepflichtig ist.

Material, das von der Vernichtungspflicht ausgenommen ist, kann auch in **17** eine zentrale Einrichtung im Ausland verbracht werden (BT-Drs. 18/10938, S. 75).

E. Verdachtsfälle und Ermittlungsbefugnis (Abs. 5)

18   Gem. Abs. 5 ist die zuständige Behörde berechtigt, Ermittlungen durchzuführen, um den **Verdacht aufzuklären, dass eine Person Polioviren besitzt,** ohne dies angezeigt zu haben. Sie dienen nicht der Sanktionierung eines Verstoßes gegen die Anzeigepflicht, sondern der Vergewisserung, ob die tatbestandliche Voraussetzung für weitergehende Aufsichtsmaßnahmen nach § 51 – der Besitz von Polioviren oder (Verdachts-)Material – vorliegt.

19   Die Befugnisse sind durch den Verweis in Abs. 5 S. 2 festgelegt. Insbesondere wird der Kreis der Verpflichteten mit den in § 16 Abs. 2 S. 2 und 3 genannten Personen (Inhaber der tatsächlichen Gewalt, alle Auskunftspersonen) abweichend von § 51 bestimmt. Diesen steht allerdings – anders als im Fall des § 51 (→ § 51 Rn. 3 f.) – ein Auskunftsverweigerungsrecht iSd § 16 Abs. 2 S. 4 zu (ebenso *Ennuschat* in Huster/Kingreen, Hdb. InfSchR Kap. 10 Rn. 212). Gem. Abs. 5 S. 2 iVm § 16 Abs. 3 kann ggf. die Übergabe von Untersuchungsmaterialien verlangt werden.

F. Zuwiderhandlungen

20   Verstöße gegen Anzeige- und Vernichtungspflichten sind gem. **§ 73 Abs. 1a Nr. 13 bzw. 22a** bußgeld- und ggf. gem. § 74 strafbewehrt. Gleiches gilt gem. § 73 Abs. 1a Nr. 22b für das Besitzverbot jenseits zentraler Einrichtungen (Abs. 3 S. 1). Dieselbe Sanktionsdrohung gilt für Polio(impf)viren des Typs 1 und 3, sobald das Besitzverbot durch eine RVO nach Abs. 4 Nr. 2 auf sie erstreckt wird.

§ 51 Aufsicht

[1]**Wer eine in § 44 genannte Tätigkeit ausübt oder Polioviren oder Material, das möglicherweise Polioviren enthält, besitzt, untersteht der Aufsicht der zuständigen Behörde.** [2]**Er und der sonstige Berechtigte ist insoweit verpflichtet, den von der zuständigen Behörde beauftragten Personen Grundstücke, Räume, Anlagen und Einrichtungen zugänglich zu machen, auf Verlangen Bücher und sonstige Unterlagen vorzulegen, die Einsicht in diese zu gewähren und die notwendigen Prüfungen zu dulden.** [3]**Das Grundrecht der Unverletzlichkeit der Wohnung (Artikel 13 Abs. 1 Grundgesetz) wird insoweit eingeschränkt.**

A. Zweck und Bedeutung der Norm

1   § 51 bestimmt die persönliche und gegenständliche Reichweite der staatlichen Aufsicht über die Tätigkeit mit Krankheitserregern und gestaltet diese näher aus.

B. Reichweite der Aufsicht

S. 1 unterstellt alle Tätigkeiten mit Krankheitserregern iSd § 44 der staat- **2**
lichen Aufsicht. Es kommt also nicht darauf an, ob eine Peron als Erlaubnisinhaber (§ 47), erlaubnisfrei (§ 45), unter Aufsicht (§ 46) oder ohne die erforderliche
Erlaubnis tätig wird. Unterschiedslos erfasst werden ferner alle Personen, die
über Polioviren oder Material, das möglicherweise Polioviren enthält, besitzen,
also die tatsächliche Sachherrschaft ausüben (→ § 50 a Rn. 3 b).

C. Mitwirkungspflichten

Dieser Personenkreis ist gem. S. 2 ggü. den von der zuständigen Behörde **3**
beauftragten Personen zu näher bestimmten **Mitwirkungshandlungen** verpflichtet:

- Gewährung des Zugangs zu Grundstücken, Räumen, Anlagen und Einrichtungen
- Vorlage von Büchern und sonstige Unterlagen (auch zur Einsichtnahme)

Anders als bei § 16 Abs. 2 Satz 4 besteht kein Mitwirkungsverweigerungs- **4**
recht (vgl. *Ennuschat* in Huster/Kingreen Hdb. InfSchR Kap. 10 Rn. 154). Das
ist verfassungsrechtlich auch unter dem Gesichtspunkt des Grundsatzes der
Selbstbelastungsfreiheit nicht zu beanstanden: Die − passive − Duldung der
Prüfung ist bereits tatbestandlich nicht erfasst (BVerfGE 56, 37, 42); vergleichbares gilt für Unterlagen, die in Erfüllung ordnungsrechtlicher Dokumentationspflichten angefertigt wurden und damit gerade für die Aufsichtsbehörden
bestimmt sind (vgl. BVerwG NJW 1981, 1852). Im Übrigen ist die Frage, ob
belastende Informationen, deren Preisgabe zu ordnungsbehördlichen Zwecken verlangt worden ist, für die Zwecke der (Straf-)Verfolgung verwertet werden dürfen, iRd Straf- oder Bußgeldverfahrens zu klären; eines ausdrücklichen
gesetzlichen Verwertungsverbotes bedarf es nicht (vgl. BVerfGE 95, 220 (239);
BVerfG, Beschl. v. 9. 5. 2004 − 2 BvSt 480/04, Rn. 5; vgl. auch EGMR JR
2005, 423 (424 f.); ausf. *Dannecker* ZStW 2015, 991 (996 f.)).

D. Zwangsweise Durchsetzung

Eine Ermächtigungsgrundlage ieS stellt diese Vorschrift nur insofern dar, als **5**
S. 2 die Durchführung (nicht näher spezifizierter) **Prüfungshandlungen** er-
laubt. Werden die Mitwirkungspflichten nicht freiwillig erfüllt, kann die Be-
hörde sie nach dem **(Landes-)Verwaltungsvollstreckungsrecht** zwangs-
weise durchsetzen. Weil das behördliche Betreten der Räume im Rahmen der
Aufsicht unter Art. 13 Abs. 7 GG fällt, greift der Richtervorbehalt des Art. 13
Abs. 2 GG nicht ein (näher *Ennuschat* in Huster/Kingreen Hdb. InfSchR
Kap. 10 Rn. 158).

E. Zuwiderhandlungen

6   Gem. **§ 73 Abs. 1a Nr. 5** handelt ordnungswidrig, wer seiner Pflicht zur Zugänglichmachung aus § 51 S. 2 nicht nachkommt. Nach **§ 73 Abs. 1a Nr. 23** handelt ferner ordnungswidrig, wer entgegen der aus § 51 S. 2 folgenden Pflicht ein Buch oder eine sonstige Unterlage nicht oder nicht rechtzeitig vorlegt, Einsicht nicht gewährt oder eine Prüfung nicht duldet. Unter den Bedingungen des § 74 liegt eine Straftat vor.

§ 52   Abgabe

[1]**Krankheitserreger sowie Material, das Krankheitserreger enthält, dürfen nur an denjenigen abgegeben werden, der eine Erlaubnis besitzt, unter Aufsicht eines Erlaubnisinhabers tätig ist oder einer Erlaubnis nach § 45 Absatz 2 Nummer 1 oder Nummer 3 nicht bedarf.** [2]**Satz 1 gilt nicht für staatliche human- oder veterinärmedizinische Untersuchungseinrichtungen.**

A. Zweck und Bedeutung der Norm

1   Die Vorschrift begründet eine Art „Garantenstellung" desjenigen, der Krankheitserreger oder kontaminiertes Material aus seinem Besitz weitergeben will (*BBS,* § 52 Rn. 1). Er hat sicherzustellen, dass beim Empfänger eine sachgemäße Behandlung gewährleistet ist.

B. Prüfpflicht des Abgebenden

2   Anknüpfungspunkt für die Verpflichtung ist, ohne dass dies im Normtext ausdrücklich angesprochen würde, die **tatsächliche Sachherrschaft** (oder Gewahrsam, vgl. *Gerhardt,* § 52 Rn. 1) über Krankheitserreger iSv § 2 Nr. 1 (→ § 2 Rn. 2f.) oder Material, das Krankheitserreger enthält (→ Rn. 3f.). Damit kommt es weder auf die Eigentumsverhältnisse noch auf die bürgerlich-rechtlichen Besitzkategorien an (wie hier *Ennuschat* in Huster/Kingreen Hdb. InfSchR Kap. 10 Rn. 146). Das folgt aus dem Regelungszweck, Krankheitserreger nach Möglichkeit nicht in falsche Hände gelangen zu lassen. Dieser würde konterkariert, wenn etwa ein Besitzdiener (§ 855 BGB), dessen Stellung aus spezifisch privatrechtlichen Erwägungen (ua Ausschluss des gutgläubigen Erwerbs, der Eigentumsvermutung und der Besitzschutzansprüche) bewusst abweichend vom Begriff des Besitzes im Sinne einer tatsächlichen Sachherrschaft geregelt wird (vgl. nur *Schäfer* in MüKO-BGB § 855 Rn. 1), von vornherein ausgeschieden würde. Dazu passt auch, dass die später in das Gesetz eingefügte Legaldefinition des „Besitzes" in § 50a S. 1 allein auf die tatsächliche Sachherrschaft rekurriert (→ § 50a Rn. 3b).

2a   Der Begriff der „Abgabe" meint die Übertragung der tatsächlichen Sachherrschaft, wobei ausweislich der Gesetzesbegründung nicht erforderlich ist, dass die Sendung an die in der Vorschrift genannten Personen persönlich adressiert wird. Vielmehr genügt es, wenn sichergestellt wird, dass beim Adressaten die Aufsicht entsprechend wahrgenommen wird (BT-Drs. 14/2530, S. 87).

Die **Einbeziehung kontaminierten Materials** rundet das Konzept des 3 Gesetzgebers ab: Er hat den Umgang mit ihm bewusst nicht § 44 unterworfen, um eine direkte, dh ohne Anzucht oder Anreicherung erfolgende, Untersuchung von Proben erlaubnisfrei (→ § 24 Rn. 4 zum Arztvorbehalt) zu ermöglichen (BT-Drs. 14/2530, 83). Durch das Verbot, dieses Material an Dritte weiterzugeben, denen ein Umgang nicht nach §§ 44 ff. erlaubt ist, wird einer unsachgemäßen Handhabung entgegengewirkt. Die Privilegierung direkter Nachweisverfahren ist also auf denjenigen beschränkt, der die Probe gewonnen hat.

Richtigerweise ist bereits der **Verdacht** ausreichend, dass das Material 4 Krankheitserreger enthält, etwa wenn die Probe zur Abklärung einer entsprechenden Vermutung genommen worden ist (idS *BBS*, § 52 Rn. 2). Hierfür sprechen die Gründe, mit denen der Begriff des „Arbeitens" mit Krankheitserregern iSd § 44 auf Konstellationen ausgeweitet wird, in denen zwar keine Gewissheit über ihre Anwesenheit besteht, die Untersuchung aber gerade darauf ausgerichtet ist, diese zu überprüfen (→ § 44 Rn. 10). Dass die später eingefügten § 50a Abs. 1 S. 1 und Abs. 3 S. 1 ausdrücklich „Material, das *möglicherweise* Polioviren enthält" erfassen, spricht nicht gegen diese Auslegung. Den Materialien (BT-Drs. 18/10938, 73 ff.) lässt sich nicht entnehmen, dass der Gesetzgeber insofern bewusst über die bisherigen Regelungen hätte hinausgehen wollen. Auch der Umstand, dass in § 50a Abs. 3 S. 5 die Übernahmepflicht der zentralen Einrichtungen auf „Material, das Polioviren enthält", beschränkt wird, steht nicht entgegen; diese Unterscheidung lässt sich leicht dadurch erklären, dass die Übernahme – als Ausnahme zur Vernichtung nach § 50a Abs. 2 – nur zum Zwecke der Polioerkennung, -verhütung und -bekämpfung in Betracht kommt (→ § 50a Rn. 15).

Der Abgebende muss sich **vergewissern, dass beim Adressaten die** 5 **sachkundige Behandlung sichergestellt ist.** Dabei genügt es, wenn die Einrichtung, an die die Sendung adressiert ist, unter entsprechender Leitung steht (vgl. BT-Drs. 14/2530, 87).

C. Abgabebefugnis an staatliche Stellen

Der sprachlich verunglückte S. 2 stellt entgegen seines Wortlauts nicht etwa 6 die dort benannten staatlichen Stellen von der Beachtung der Prüfpflichten nach S. 1 bei einer Abgabe an Dritte frei. Das wäre völlig widersinnig. Vielmehr wollte der Gesetzgeber lediglich die **Abgabe an staatliche human- oder veterinärmedizinischen Untersuchungseinrichtungen** erleichtern (BT-Drs. 14/2530, 87).

D. Zuwiderhandlungen

7   Die Abgabe entgegen § 52 S. 1 ist gem. **§ 75 Abs. 1 Nr. 4** strafbewehrt (→ § 75 Rn. 9).

§ 53   **Anforderungen an Räume und Einrichtungen, Gefahrenvorsorge**

(1) **Die Bundesregierung wird ermächtigt, durch Rechtsverordnung mit Zustimmung des Bundesrates Vorschriften**
1. über die an die Beschaffenheit der Räume und Einrichtungen zu stellenden Anforderungen sowie
2. über die Sicherheitsmaßnahmen, die bei Tätigkeiten nach § 44 zu treffen sind,
zu erlassen, soweit dies zum Schutz der Bevölkerung vor übertragbaren Krankheiten erforderlich ist.

(2) **In der Rechtsverordnung nach Absatz 1 kann zum Zwecke der Überwachung der Tätigkeiten auch vorgeschrieben werden, dass bei bestimmten Tätigkeiten Verzeichnisse zu führen und Berichte über die durchgeführten Tätigkeiten der zuständigen Behörde vorzulegen sowie bestimmte Wahrnehmungen dem Gesundheitsamt zu melden sind, soweit dies zur Verhütung oder Bekämpfung übertragbarer Krankheiten erforderlich ist.**

A. Zweck und Bedeutung der Norm

1   Abs. 1 ermächtigt zum Erlass von Detailregelungen zur **Beschaffenheit von Räumen und Einrichtungen** bzw. zu den **beim Umgang mit Krankheitserreger nach § 44** zu beachtenden Sicherheitsmaßnahmen. Abs. 2 stellt klar, dass dabei auch prozedurale Anforderungen **(Dokumentations-, Berichts- und Meldepflichten)** verordnet werden können.

B. Biostoffverordnung

2   Die Feststellung, dass die Verordnungsermächtigung bislang nicht genutzt worden sei (so *Lutz*, § 53 Rn. 1; ähnlich *Erdle*, § 53, S. 154; *Gerhardt*, § 53 Rn. 1), ist überholt: Die **BioStoffV** v. 15.7.2013 (BGBl. I S. 2514) ist auch auf Abs. 1 Nr. 1 und 2 gestützt worden. Sie dient neben dem Arbeitsschutz dem „Schutz anderer Personen, soweit diese aufgrund des Verwendens von Biostoffen [...] gefährdet werden können" (§ 1 Abs. 1 S. 2 BioStoffV).

C. Zuwiderhandlung

3   Gem. **§ 73 Abs. 1a Nr. 24** handelt ordnungswidrig, wer einer Rechtsverordnung nach § 53 Abs. 1 Nr. 2 oder einer vollziehbaren Anordnung auf

Grund einer solchen Rechtsverordnung zuwiderhandelt, soweit die Rechtsverordnung für einen bestimmten Tatbestand auf diese Bußgeldvorschrift verweist. Unter den zusätzlichen Voraussetzungen des § 74 ist die Handlung darüber hinaus strafbewehrt.

§ 53a **Verfahren über eine einheitliche Stelle, Entscheidungsfrist**

(1) **Verwaltungsverfahren nach diesem Abschnitt können über eine einheitliche Stelle abgewickelt werden.**

(2) **¹Über Anträge auf Erteilung einer Erlaubnis nach § 44 entscheidet die zuständige Behörde innerhalb einer Frist von drei Monaten. ²§ 42a Absatz 2 Satz 2 bis 4 des Verwaltungsverfahrensgesetzes gilt entsprechend.**

A. Zweck und Bedeutung der Norm

Die Norm dient insofern der Umsetzung der RL 2006/123/EG – Dienstleistungsrichtlinie (DLRL) –, als §§ 44 ff. auch Dienstleistungen betreffen, die nicht unter die Bereichsausnahme für Gesundheitsdienstleistungen am Patienten (Art. 2 Abs. 2 lit. f DLRL iVm Erwägungsgrund 22) fallen (BR-Drs. 284/09 (B), 11 f.). **1**

B. Abwicklung über eine einheitliche Stelle (Abs. 1)

I. Verfahren über eine einheitliche Stelle

Art. 6 Abs. 1 DLRL enthält die Verpflichtung der Mitgliedstaaten, eine **Abwicklung über einen einheitlichen Ansprechpartner („One-Stop-Government")** zu ermöglichen, ohne Vorgaben zur internen Verteilung der Zuständigkeiten und Befugnisse zu machen. **2**

Bund und Länder haben diese im Wege der Simultangesetzgebung (BR-Drs. 580/08, 2, 14) durch § 71a bis § 71e VwVfG (hierzu ausf. *Schmitz/Wiegand* in SBS VwVfG §§ 71a ff.) und identische landesgesetzliche Regelungen umgesetzt. **3**

II. Wahlrecht

Es besteht ein **Wahlrecht** des Antragstellers oder Anzeigepflichtigen, das Verwaltungsverfahren über eine einheitliche Stelle oder direkt mit der Fachbehörde abzuwickeln. Die Wahl der einheitlichen Stelle vermittelt weder Konzentrations- noch Integrationswirkung (BT-Drs. 16/10493, S. 13). **4**

Tritt er in **direkten Kontakt mit der Fachbehörde,** treffen diese gem. § 71a Abs. 2 VwVfG die in § 71b Abs. 3 und 4 sowie § 71c Abs. 2 statuierten (Hinweis- und Informations-)Pflichten. Sie muss das Verfahren auf Verlangen in elektronischer Form führen (§ 71e VwVfG) und die Vorschriften zum Auslandsverkehr (§ 71b Abs. 6 VwVfG) beachten. **5**

C. Entscheidungsfrist (Abs. 2)

6   Abs. 2 setzt die Vorgaben des **Art. 13 Abs. 3 DLRL** zur unverzüglichen Bearbeitung von Anträgen binnen einer vorab festgelegten angemessenen Frist um.

I. Beginn, Dauer und Verlängerung

7   Abs. 2 S. 1 bestimmt, dass über Anträge auf Erteilung einer Erlaubnis nach § 44 binnen einer **Frist von drei Monaten** zu entscheiden ist.

8   Abs. 2 S. 2 inkorporiert durch (dynamische) Verweisung die Regelungen des § 42a Abs. 2 S. 2 bis 4 VwVfG zu **Fristbeginn** und **–verlängerung**.

II. Folgen einer Überschreitung; keine Genehmigungsfiktion

9   Der Gesetzgeber hat zum Schutz der öffentlichen Gesundheit – mithin aus einem zwingenden Grund des Allgemeininteresses iSv Art. 13 Abs. 4 S. 2 DLRL – davon abgesehen, eine **Genehmigungsfiktion** (vgl. § 42a Abs. 1 S. 1 VwVfG) anzuordnen (vgl. BR-Drs. 284/09 (B), 12). Lässt die Behörde die Entscheidungsfrist verstreichen, ohne rechtzeitig eine ordnungsgemäße Verlängerungsentscheidung zu treffen, hat dies also **keine unmittelbaren Folgen für das Genehmigungsverfahren.**

10. Abschnitt – Vollzug des Gesetzes und zuständige Behörden

§ 54 Vollzug durch die Länder

[1]Die Landesregierungen bestimmen durch Rechtsverordnung die zuständigen Behörden im Sinne dieses Gesetzes, soweit eine landesrechtliche Regelung nicht besteht und dieses Gesetz durch die Länder vollzogen wird. [2]Sie können ferner darin bestimmen, dass nach diesem Gesetz der obersten Landesgesundheitsbehörde oder der für die Kriegsopferversorgung zuständigen obersten Landesbehörde zugewiesene Aufgaben ganz oder im Einzelnen von einer diesen jeweils nachgeordneten Landesbehörde wahrgenommen werden und dass auf die Wahrnehmung von Zustimmungsvorbehalten der obersten Landesbehörden nach diesem Gesetz verzichtet wird.

A. Zweck und Bedeutung der Norm

Die Einrichtung der Behörden obliegt den Ländern, die das IfSG jenseits **1** der Aufgaben des RKI grundsätzlich (zu den Ausnahmen → Rn. 10) als eigene Angelegenheit ausführen.

B. Zuständigkeitsbestimmung durch Landesrecht

I. Verwaltungsautonomie der Länder; Verordnungsermächtigung

Die Länder müssen nicht auf die Verordnungsermächtigung des S. 1 Hs. 1 **2** zurückgreifen, sondern können die Zuständigkeit auch unmittelbar durch (Landes-)Gesetz (zB Bln., Hess., NRW) oder durch eine Kombination aus (Landes-)Gesetz und RVO (zB MV) bestimmen. S. 1 Hs. 2 stellt klar, dass die Verordnungsermächtigung dem nicht entgegensteht („soweit eine landesrechtliche Regelung nicht besteht").

Der Mehrwert der in S. 1 Hs. 1 enthaltenen Verordnungsermächtigung besteht darin, dass die Länder, wenn sie sich der flexiblen Rechtsform der RVO **3** bedienen wollen, nicht gezwungen sind, ein Landesgesetz mit einer entsprechenden Verordnungsermächtigung zu erlassen. Sie können eine Verordnung vielmehr unmittelbar auf S. 1 Hs. 1 stützen.

II. Subdelegationsermächtigung

S. 2 erlaubt den Ländern auch dann, nachgeordnete Behörden, zB eine zen- **4** trale Landesoberbehörde (BR-Drs. 566/99, 12), mit der Durchführung des IfSG zu betrauen, wenn Aufgaben der obersten Landesgesundheitsbehörde zugewiesen worden sind. Auch kann ein Zustimmungsvorbehalt der obersten Landesbehörde beseitigt werden.

III. Landesrechtliche Regelungen

5   Die Länder haben folgende Regelungen zur Bestimmung der zuständigen Behörde getroffen (zur besseren Auffindbarkeit ist das Datum des ursprünglichen Erlasses angegeben):

BW: VO des Sozialministeriums über Zuständigkeiten nach dem IfSG v. 19.7.2007

Bay.:   §§ 65 ff. ZuständigkeitsVO v. 16.5.2015; § 1 VO über die Einrichtung der Bayerischen Landesämter für Gesundheit und Lebensmittelsicherheit sowie für Umwelt (LAV-UGV) v. 27.11.2001

Bln.:   § 4 Allgemeines ZuständigkeitsG (AZG) iVm Anlage Nr. 13 v. 22.7.1996

Bbg.:   InfektionsschutzzuständigkeitsVO (IfSZV) v. 27.11.2007

Brem.:   VO über die zuständigen Behörden nach dem IfSG v. 11.9.2018

Hmb.:   Anordnung über Zuständigkeiten im Infektionsschutzrecht v. 27.3.2001

Hess.:   § 5 Hess. G über den öffentlichen Gesundheitsdienst (HGöGD) v. 28.9.2007

MV: § 2 InfektionsschutzausführungsG (IfSAG M-V) vom 3.7.2006

Nds.:   VO über die Zuständigkeiten auf den Gebieten Gesundheit und Soziales (ZustVO-GuS) v. 9.10.2018

NRW: §§ 4 ff. Infektionsschutz- und BefugnisG (IfSBG-NRW) v. 14.4.2020

RhPf.:   LandesVO zur Durchführung des IfSG v. 10.3.2010

Saarl.: VO über die Zuständigkeiten nach dem IfSG v. 12.9.2016

Sachs.: IfSG-ZuständigkeitsVO (IfSGZuVo) v. 9.1.2019

LSA: VO über die Zuständigkeiten nach dem IfSG (ZustVO IfSG) v. 1.3.2017

SchlH: LandesVO über die Zuständigkeiten des Landesamtes für soziale Dienste des Landes SchlH und der örtlichen Ordnungsbehörden nach dem IfSG v. 22.2.2001

Thür.:   Thür. VO zur Regelung von Zuständigkeiten und zur Übertragung von Ermächtigungen nach dem IfSG (ThürIfSGZustVO) v. 2.3.2016

6   Landesrechtliche Regelungen, mit denen von der Subdelegationsermächtigung des S. 2 Gebrauch gemacht wurde, können wegen ihrer Vielzahl nicht nachgewiesen werden.

C. Zuständigkeitsabgrenzung im Bundesstaat

7   Die auf Grundlage von § 54 erlassenen Vorschriften enthalten – zusammen mit den allgemeinen Vorschriften, etwa des § 3 VwVfG – Bestimmungen zur sachlich-instanziellen und örtlichen Zuständigkeit. Sie geben (unmittelbar) noch keinen Aufschluss darüber, ob die Angelegenheit überhaupt in den Zuständigkeitsbereich eines bestimmten Bundeslandes fällt. Dies wird vor allem dann relevant, wenn es sich nicht um eine ortsfeste Einrichtung oder ein örtlich begrenztes Geschehen handelt, sondern zB die personenbezogene Erlaubnis nach §§ 44, 47 erteilt oder entzogen werden soll, auf deren Grundlage in verschiedenen Bundesländern Tätigkeiten mit Krankheitserregern ausgeübt werden dürfen (→ § 47 Rn. 35 ff.).

Dass diese vorgelagerte Frage nach der **Verbandszuständigkeit** (vgl. **8** *Schmitz* in SBS VwVfG § 3 Rn. 12) nur selten explizit thematisiert wird, liegt daran, dass wie im Bereich des Internationalen ZivilProzR hinsichtlich der internationalen Zuständigkeit in Abwesenheit spezieller Regelungen von der **Doppelfunktionalität der Vorschriften zur örtlichen Zuständigkeit** auszugehen ist (vgl. nur *Patzina* in MüKo-ZPO § 12 Rn. 90), ihnen also zugleich die Regelung der Verbandszuständigkeit zu entnehmen ist (vgl. *Schmitz* in SBS VwVfG § 3 Rn. 48; OVG Schleswig Beschl. v. 29.3.2019 – 4 MB 24/19, BeckRS 2019, 24517, Rn. 2). Würde man die Parallele zum Internationalen ZivilProzR konsequent zu Ende denken, käme es auf die jeweiligen landesrechtlichen Regelungen an (lex fori). Das kann im Bundesstaat jedenfalls für den Vollzug von Bundesrecht nicht befriedigen. Es wäre daher zu erwägen, die Vorschriften des VwVfG zur örtlichen Zuständigkeit als Ausdruck allgemeiner bundesrechtlicher Rechtsgedanken zur föderalen Zuständigkeitsabgrenzung zu verstehen. Weil die Länder diese Vorschriften – von wenigen Abweichungen im Detail abgesehen – im Wege der Simultangesetzgebung übernommen haben (vgl. *Schmitz* in SBS VwVfG § 3 Rn. 3, 48), kann diese Frage jedoch auf sich beruhen.

Zur Auflösung positiver Zuständigkeitskonflikte nach § 3 Abs. 2 VwVfG **9** (→ § 47 Rn. 39).

D. Abweichende Regelungen im IfSG

Die abweichenden Vorgaben der § 64 (Impfschadensversorgung), § 54a **10** (Durchführung des IfSG durch die Bundeswehr) und § 54b (Durchführung der §§ 37 bis 39 und des § 41 durch das Eisenbahn-Bundesamt) bleiben als *leges speciales* unberührt.

E. Zukünftige Fassung

Durch das G zur Regelung des sozialen Entschädigungsrechts v. 12.12.2019 **11** (BGBl. I 2652) wird mWv 1.1.2024 die Zuweisungsmöglichkeit an „die für die Kriegsopferversorgung zuständigen Landesbehörden" aufgehoben.

§ 54a Vollzug durch die Bundeswehr

(1) **Den zuständigen Stellen der Bundeswehr obliegt der Vollzug dieses Gesetzes, soweit er betrifft:**
1. **Angehörige des Geschäftsbereiches des Bundesministeriums der Verteidigung während ihrer Dienstausübung,**
2. **Soldaten außerhalb ihrer Dienstausübung,**
3. **Personen, während sie sich in Liegenschaften der Bundeswehr oder in ortsfesten oder mobilen Einrichtungen aufhalten, die von der Bundeswehr oder im Auftrag der Bundeswehr betrieben werden,**
4. **Angehörige dauerhaft in der Bundesrepublik Deutschland stationierter ausländischer Streitkräfte im Rahmen von Übungen und**

Ausbildungen, sofern diese ganz oder teilweise außerhalb der von ihnen genutzten Liegenschaften durchgeführt werden,

5. Angehörige ausländischer Streitkräfte auf der Durchreise sowie im Rahmen von gemeinsam mit der Bundeswehr stattfindenden Übungen und Ausbildungen,

6. Grundstücke, Einrichtungen, Ausrüstungs- und Gebrauchsgegenstände der Bundeswehr und

7. Tätigkeiten mit Krankheitserregern im Bereich der Bundeswehr.

(2) ¹Die Aufgaben der zivilen Stellen nach dem 3. Abschnitt bleiben unberührt. ²Die zivilen Stellen unterstützen die zuständigen Stellen der Bundeswehr.

(3) ¹Bei Personen nach Absatz 1 Nummer 1, die sich dauernd oder vorübergehend außerhalb der in Absatz 1 Nummer 3 genannten Einrichtungen aufhalten und bei Personen nach Absatz 1 Nummer 2, sind die Maßnahmen der zuständigen Stellen der Bundeswehr nach dem 5. Abschnitt im Benehmen mit den zivilen Stellen zu treffen. ²Bei Differenzen ist die Entscheidung der zuständigen Stellen der Bundeswehr maßgebend.

(4) Bei zivilen Angehörigen des Geschäftsbereiches des Bundesministeriums der Verteidigung außerhalb ihrer Dienstausübung sind die Maßnahmen der zivilen Stellen nach dem 5. Abschnitt im Benehmen mit den zuständigen Stellen der Bundeswehr zu treffen.

(5) Absatz 1 Nummer 4 und 5 lässt völkerrechtliche Verträge über die Stationierung ausländischer Streitkräfte in der Bundesrepublik Deutschland unberührt.

A. Zweck und Bedeutung der Norm

1   Die Vorschrift stellt eine Modifizierung des § 70 in der bis zum 22.5.2020 geltenden Fassung dar und wurde durch das 2. BevSchG an dieser Stelle eingefügt; weitere Änderungen ergaben sich durch das 3. BevSchG. Vorgängervorschrift im BSeuchG war der dortige § 78. § 54a bezweckt mit Blick auf § 70 a. F., die **Eigenvollzugskompetenz der Bundeswehr** zur Vereinfachung des Verwaltungshandelns zu modifizieren (BT-Drs. 19/18967, 60). Der Gesetzgeber wollte ua im Kontext gemeinsamer Einsätze der zivilen Bundeswehrfeuerwehren mit anderen Truppenteilen und beim Einsatz ziviler und militärischer Mitarbeiter des Sanitätsdienstes außerhalb ihrer Gesundheitseinrichtung eine deutliche Erleichterung bei der Aufklärung eines Infektionsgeschehens erreichen. Das 3. BevSchG hat die Vollzugszuständigkeit der Bundeswehr insbes. dahingehend erweitert, dass sie nunmehr auch für Soldatinnen und Soldaten außerhalb ihrer Dienstausübung bestimmt wird. Zudem wurde die Zuständigkeit für ausländische Streitkräfte bei Übungen und Ausbildungen konkreter geregelt.

B. Einzelheiten

Abs. 1: Nr. 1 erfasst in einem umfassenden Sinn sämtliche Angehörige des 2
Geschäftsbereichs des Bundesministeriums der Verteidigung, dh namentlich
Soldaten sowie Zivilbedienstete (Arbeitnehmer und Beamte), allerdings nur
„während ihrer Dienstausübung". Durch diese Formulierung wird ein Zusam-
menhang in zeitlicher Hinsicht hergestellt; ein funktionaler Zusammenhang
mit der Dienstausübung muss nicht bestehen. Zum Begriff des Soldaten iSv
Nr. 2 s. § 1 Abs. 1 SG. Durch das 3. BevSchG hat der Gesetzgeber die Voll-
zugszuständigkeit auf Soldaten außerhalb ihrer Dienstausübung erstreckt. Da
Soldaten auch unter Nr. 1 fallen, obliegt der Vollzug des IfSG den zuständigen
Stellen der Bundeswehr in Ansehung von Soldaten also stets. Die damit im
Vergleich zu § 54 a a. F. verbundene Zuständigkeitserweiterung verfolgt – vor
dem Hintergrund der Erfahrungen im Zusammenhang mit der Coronavirus-
Pandemie – den Zweck, die Einsatzbereitschaft der Bundeswehr sicherzustel-
len (BT-Drs. 19/23944, 37). Die Regelung in **Nr. 3** ist im Verhältnis zu Nr. 6
und mit Blick auf die Frage etwaiger Überschneidungen der Anwendungs-
bereiche personenbezogen, jene in Nr. 6 gegenstandsbezogen zu verstehen.
„Liegenschaften der Bundeswehr" sind nicht eigentumsrechtlich zu verstehen
(Eigentümerin ist größtenteils die Bundesanstalt für Immobilienaufgaben,
BImA), sondern darunter fallen solche, hinsichtlich derer die Bundeswehr die
tatsächliche und rechtliche Verfügungsgewalt hat. Unter eben diesen Voraussetzungen werden „Einrichtungen" auch von der Bundeswehr „betrieben",
ggf. mittelbar, insoweit sie einen Dritten mit dem Betrieb beauftragt haben.
Unter Nr. 3 sollen auch Personen fallen, die in den Einrichtungen Tätigkeiten
nach § 42 ausüben, sodass mit Blick auf die Bundeswehr die Belehrungspflichten aus § 43 aktiviert werden. **Nr. 4** und **Nr. 5** betreffen Angehörige ausländischer Streitkräfte und sind in Zusammenschau mit Abs. 5 zu sehen. In dieser
Form wurden sie durch das 3. BevSchG eingefügt. Die Zuständigkeit der Bundeswehr in den aufgeführten Fällen soll einer Verfahrensvereinfachung dienen,
da für die ausländischen Streitkräfte bei landkreisübergreifenden Übungs- und
Ausbildungsvorhaben dann nur eine Zuständigkeit besteht. Zudem erfolgt
eine Gleichstellung von Angehörigen der ausländischen Streitkräfte mit Soldatinnen und Soldaten der Bundeswehr bei gemeinsam mit diesen durchgeführten Ausbildungen und Übungen (vgl. BT-Drs. 19/23944, 37). **Nr. 6** entspricht § 70 Abs. 1 S. 1 Nr. 5 a. F. Unklar ist, ob die aufgeführten Objekte im
Eigentum der Bundeswehr stehen müssen oder nicht. Systematisch spricht dafür manches („Einrichtungen …, die von der Bundeswehr betrieben werden"
in Nr. 3 und „Einrichtungen … der Bundeswehr" in Nr. 6), in Ansehung des
Telos ist aber davon auszugehen, dass es sich – wie bei Nr. 3 – (nur) um Objekte handeln muss, hinsichtlich derer die Bundeswehr die tatsächliche und
rechtliche Verfügungsgewalt besitzt. **Nr. 7** entspricht § 70 Abs. 1 S. 1 Nr. 6
a. F. und betrifft den Fall des Umgangs mit Krankheitserregern (→ § 2 Nr. 1).

Abs. 2: Zivile Stellen sind Gesundheitsämter und die zuständigen Behör- 3
den nach § 54. Deren Aufgaben nach dem 3. Abschnitt werden durch die hiesigen Regelungen nicht modifiziert. „Unterstützen" in S. 2 meint insbes. gegenseitige Information sowie Zusammenarbeit, dem Wortlaut nach aber

unter Anerkennung einer verfahrensleitenden Stellung der zuständigen Stellen der Bundeswehr. Die Regelung ergänzt §§ 9 Abs. 6, 11 Abs. 1 und 27 Abs. 1. Sie macht die Verwaltungsvorschrift IfSG-Bundeswehr (IfSGBw-VwV) v. 9.1.2002 nach § 70 Abs. 5 a. F. entbehrlich.

4   **Abs. 3:** Entspricht grds. § 70 Abs. 2 a. F., ist lex specialis zu Abs. 2 S. 2 und wertet für den normierten Sonderfall die Rolle der zivilen Stellen auf. Der Ausdruck „im Benehmen mit" bezeichnet eine schwache Form der Beteiligung, kein verbindliches Mitspracherecht (kein „Einvernehmen mit"). Ausreichend ist, dass eine Gelegenheit zur Stellungnahme eröffnet wird und die zuständigen Stellen der Bundeswehr sich mit dieser auseinandersetzen, ohne an sie gebunden zu sein. S. 2, der durch das 3. BevSchG eingefügt wurde, stellt dies explizit heraus und normiert für den Konfliktfall die Maßgeblichkeit der Entscheidung der zuständigen Stellen der Bundeswehr. Eine Beteiligung der zivilen Stellen wird dadurch nicht entbehrlich; „Differenzen" können sich nur im Falle einer Beteiligung ergeben.

5   **Abs. 4:** Entspricht § 70 Abs. 3 a. F. Es handelt sich nicht um eine lex specialis zu den Abs. 1–3, da der normierte Tatbestand („zivile Angehörige ... außerhalb ihrer Dienstausübung") von Abs. 1 nicht erfasst ist. Maßnahmen nach §§ 24–32 durch zivile Stellen sind im Benehmen mit (→ Rn. 4) den zuständigen Stellen der Bundeswehr zu treffen. Eine Abs. 3 S. 2 entsprechende ausdrückliche Vorrangregel fehlt. Aus dem Wesen der (schwachen) Beteiligungsform folgt jedoch, dass die zivilen Stellen die letztverbindliche Entscheidungskompetenz besitzen und an eine etwaige Stellungnahme der Stellen der Bundeswehr nicht gebunden sind; eine Einigung muss nicht hergestellt werden.

6   **Abs. 5:** Die Regelung nimmt insbes. Bezug auf das Zusatzabkommen zum Nato-Truppenstatut von 1959 (BGBl. 1961 II 1183, 1218).

§ 54b Vollzug durch das Eisenbahn-Bundesamt

Im Bereich der Eisenbahnen des Bundes und der Magnetschwebebahnen obliegt der Vollzug dieses Gesetzes für Schienenfahrzeuge sowie für ortsfeste Anlagen zur ausschließlichen Befüllung von Schienenfahrzeugen dem Eisenbahn-Bundesamt, soweit die Aufgaben des Gesundheitsamtes und der zuständigen Behörde nach den §§ 37 bis 39 und 41 betroffen sind.

Die Vorschrift entspricht inhaltsgleich § 72 (§ 79 BSeuchG) in der bis zum 22.5.2020 geltenden Fassung und wurde lediglich aus systematischen Gründen verschoben (BT-Drs. 19/18967, 60). Angesichts des weiträumigen Eisenbahnbetriebs hielt der Gesetzgeber bundeseinheitliche Maßstäbe bei der Gesetzesanwendung für erforderlich (vgl. BT-Drs. 12/4609, 107). Die Norm regelt eine Sonderzuständigkeit des seit dem Jahr 1994 existierenden Eisenbahn-Bundesamtes (EBA) hinsichtlich der Aufgaben nach §§ 37–39 und 41, also im Kern der Überwachung des Bereiches Trink- und Abwasser. In Gleichlauf damit ordnet § 23 der auf der Grundlage von § 37 IfSG erlassenen Trinkwasserverordnung idF d. Bek. v. 10.3.2016 (TrinkwV) ebenfalls eine Zuständigkeit des EBA an. Das Eisenbahn-Bundesamt kann sich ua auf die Befugnisse aus §§ 15a, 16 IfSG stützen (vgl. auch BT-Drs. 19/5593, 114).

11. Abschnitt – Angleichung an Gemeinschaftsrecht

§ 55 Angleichung an Gemeinschaftsrecht

Rechtsverordnungen nach diesem Gesetz können auch zum Zwecke der Angleichung der Rechtsvorschriften der Mitgliedstaaten der Europäischen Union erlassen werden, soweit dies zur Durchführung von Verordnungen oder zur Umsetzung von Richtlinien oder Entscheidungen des Rates der Europäischen Union oder der Kommission der Europäischen Gemeinschaften, die Sachbereiche dieses Gesetzes betreffen, erforderlich ist.

A. Zweck und Bedeutung der Norm

§ 55 soll die Umsetzung von Unionsrecht erleichtern und beschleunigen. **1** Er enthält keine eigenständige, sondern modifiziert die im IfSG anderweitig enthaltenen Ermächtigungsgrundlagen, indem er jeweils den gem. Art. 80 Abs. 1 Satz 2 GG im Gesetz ausdrücklich zu nennenden **Zweck der Ermächtigung erweitert.** Die einschlägige Verordnungsermächtigung und § 55 müssen also zusammengelesen werden.

B. Zitiergebot

Will sich der Verordnungsgeber auf die sachlich einschlägige Ermächti- **2** gungsgrundlage iVm § 55 stützen, muss er – um das Zitiergebot des Art. 80 Abs. 1 Satz 3 GG zu wahren – **beide Vorschriften zitieren** (vgl. zum ähnlich strukturierten § 83 AMG *Nickel* in Kügel/Müller/Hofmann AMG § 83 Rn. 2).

12. Abschnitt – Entschädigung in besonderen Fällen

Vorbemerkung vor §§ 56 ff.

Schrifttum: *Antweiler,* Betriebsuntersagungen durch COVID-19-Rechtsverordnungen: Eigentumseingriff und Entschädigung, NVwZ 2020, 584; *Becker,* Soziales Entschädigungsrecht. Bestand, Grundsätze, Neuordnung, 2018; *Berwanger,* Defizitäres Infektionsschutz-Entschädigungsrecht – Erwiderung auf Shirvani (NVwZ 2020, 1457), NVwZ 2020, 1804; *Bethge/Dombert,* Entschädigungsansprüche für Öffnungsverbote im Rahmen der Corona-Bekämpfung, NordÖR 2020, 329; *Brenner,* Entschädigungsansprüche von Hotels und Gaststätten im Angesicht von COVID-19?, DÖV 2020, 660; *Dünchheim/Gräler,* Entschädigungs- und Schadensersatzansprüche wegen COVID-19-bedingter Anordnungen zur Schließung von Verkaufsstätten in der Bundesrepublik Deutschland, VerwArch 112 (2021), 38; *Eibenstein,* Zur Entschädigung von durch Schließungsanordnungen betroffenen Gewerbetreibenden, NVwZ 2020, 390; *ders.,* Die (vertane) Chance des § 28a IfSG, CoVuR 2020, 856; *Eichenhofer,* Soziale Entschädigung – quo vadis?, Sozialrecht aktuell, Sonderheft 2017, 6; *Eusani,* Staatshaftungsrechtliche Ansprüche des Gewerbetreibenden bei Covid-19-bedingten Ertragsausfällen, MDR 2020, 962; *Frenz,* Ausgleichspflicht für coronabedingte Betriebsschließungen, GewArch 2020, 201; *ders.,* Zweiter Lockdown und Verfassungsrecht, COVuR 2020, 794; *Froese,* Wirtschaftliche Sonderopfer in der Pandemie: Entschädigungsansprüche bei einem regionalen Lockdown, DVBl. 2020, 1566; *Gerhold/Öller/Strahl,* Kommt die öffentliche Hand ungeschoren davon?, DÖV 2020, 676; *Giesberts/Gayger/Weyand,* COVID-19 – Hoheitliche Befugnisse, Rechte Betroffener und staatliche Hilfen, NVwZ 2020, 417; *Heitzer/Wolff,* Ein Krippenplatz für jedes Kind? § 24 Abs. 2 SGB VIII zwischen Förderung von Familien und Überforderung der Kommunen, Die Verwaltung 51 (2018), 523; *Itzel,* Staatliche Entschädigung in Zeiten der Pandemie, DVBl. 2020, 792; *Joder,* Die Rolle der Kulturschaffenden in Zeiten der Pandemie, DVBl. 2021, 237; *Kment,* Düstere Aussichten: Keine Entschädigung für wirtschaftliche Folgen der Corona-Krise, NVwZ 2020, 687; *Knickrehm* (Hrsg.), Das neue Soziale Entschädigungsrecht – SGB XIV. Einführung mit Synopse, 2021; *Krakau,* Offene Rechtsfragen der Entschädigung für Seuchenschutzmaßnahmen, DÖV 1970, 178; *Kümper,* Individualität und Kollektivität im Recht der öffentlichen Ersatzleistungen, in: Roland Broemel et. al (Hrsg.), Kollektivität – Öffentliches Recht zwischen Gruppeninteressen und Gemeinwohl, 2012, S. 229; *ders.,* Zur Verortung der infektionsschutzrechtlichen Entschädigungstatbestände im Gefüge der öffentlichen Ersatzleistungen – Ergänzungen zur Debatte um die Folgen der Corona-Pandemie, DÖV 2020, 904; *Limanowski,* Die Haftung des Staates für Verletzungen der Berufsfreiheit, 2019; *Maaß,* Coronavirus – aktuelle rechtliche Entwicklungen, NVwZ 2020, 589; *Papier,* Freiheitsrechte in Zeiten der Pandemie, DRiZ 2020, 180; *Pernice-Warnke/Warnke,* Bildungseinrichtungen in der SARS-CoV-2-Pandemie, DÖV 2020, 1089; *Reinhard,* Neuregelung des Sozialen Entschädigungsrechts im SGB XIV, ZRP 2019, 221; *Reschke,* Entschädigungsansprüche für rechtmäßige infektionsschutzrechtliche Maßnahmen im Zuge der COVID-19-Pandemie, DÖV 2020, 423; *Rinze/Schwab,* Dulde und liquidiere – Staatshaftungsanspruche in Corona-Zeiten, NJW 2020, 1905; *Ritgen,* Die Rolle der Landkreise in der Corona-Pandemie, LK 2020, 127; *Rommelfanger,* Entschädigung für Vermögensschäden aufgrund Betriebseinschränkungen/-schließungen infolge Maßnahmen nach dem Infektionsschutzgesetz, CoVuR 2020, 178; *Sangs,* Das Dritte Gesetz zum Schutz der Bevölkerung bei einer epidemischen Lage von nationaler Tragweite und Gesetzgebung während der Pandemie, NVwZ 2020, 1780; *Schiwy,* Impfung und Aufopferungsentschädigung, 1974; *Schmitz/Neubert,* Praktische Konkordanz in der Covid-Krise. Vorübergehende Zulässigkeit schwerster Grundrechtseingriffe zum

Schutz kollidierenden Verfassungsrechts am Beispiel von Covid-19-Schutzmaßnahmen, NVwZ 2020, 666; *Schulin,* Soziale Entschädigung als Teilsystem kollektiven Schadensausgleichs, 1981; *Siegel,* Verwaltungsrecht im Krisenmodus, NVwZ 2020, 577; *Shirvani,* Defizitäres Infektionsschutz-Entschädigungsrecht. Zum Reformbedarf im IfSG-Entschädigungsrecht, NVwZ 2020, 1457; *ders.,* Entschädigungsansprüche bei Betriebsschließungen nach dem Infektionsschutzrecht, DVBl. 2021, 158; *Stöß/Putzer,* Entschädigung von Verdienstausfall während der Corona-Pandemie, NJW 2020, 1465; *Struß/Fabri,* Entschädigungsansprüche für unternehmensbezogene Eingriffe nach dem IfSG, DÖV 2020, 665; *Tabbara,* Neues Sozialgesetzbuch XIV – Die Reform des Sozialen Entschädigungsrechts, NZS 2020, 210; *Treffer,* Dulde und liquidiere? Zur Entschädigung des Nichtstörers in Corona-Zeiten, NWVBl. 2020, 273; *von Usslar,* Überblick zu Entschädigungsansprüchen von Hotels und Gastronomie wegen der in der Corona-Krise verfügten Betriebsschließungen, VR 2020, 325; *Vießmann,* „Corona-Entschädigungen" für Unternehmer im Lockdown: Kein Sonderopfer wegen Störereigenschaft?, NVwZ 2021, 15.

A. Aufbau, Bedeutung und systematische Einordnung des 12. Abschnitts

Innerhalb des IfSG gehören die Entschädigungsvorschriften des 12. Abschnitts (§§ 56–67) zu den Bestimmungen, welche die allgemeinen Regelungen zur Verhütung und Bekämpfung von Infektionskrankheiten sowie zum Infektionsschutz in besonderen Bereichen um typische Begleitfragen des Gesetzesvollzugs ergänzen. Sie stehen daher gesetzessystematisch im Zusammenhang mit den Zuständigkeits-, Rechtsweg-, Kosten-, Straf- und Bußgeldvorschriften der §§ 54 ff., 68, 69, 73 ff. (zur Gliederung des IfSG → Einf. Rn. 17 ff.). Bis zum Erlass des EpiLage-FortgeltungsG v. 29.3.2021 (BGBl. I 370) enthielt der 12. Abschnitt auch die Vorschrift des § 68, welche bis dato allein Rechtswegzuweisungen für die im 12. Abschnitt vorgesehenen Entschädigungsansprüche enthielt. Das EpiLage-FortgeltungsG hat diese Bestimmungen nun um eine Rechtswegzuweisung für Ansprüche auf Schutzimpfungen ergänzt und wegen dieses erweiterten Regelungsinhalts dem allgemeineren 13. Abschnitt „Rechtsweg und Kosten" zugeordnet (→ § 68 Rn. 1)   **1**

Die §§ 56–67 sollen **spezifischen Entschädigungsbedürfnissen** Rechnung tragen, die sich aus dem Vollzug des IfSG ergeben können, wie bereits die Überschrift „Entschädigung in besonderen Fällen" anzeigt. Ob sie auch darauf hindeutet, dass neben den §§ 56 ff. die Haftungstatbestände der allg. Polizei- und Ordnungsrechts sowie des allg. Rechts der öffentlichen Ersatzleistungen Anwendung finden können, oder ob die §§ 56 ff. eine abschließende Regelung zur Entschädigung für infektionsschutzrechtliche Maßnahmen treffen, lässt sich allein mit Blick auf den jeweiligen Gehalt der in §§ 56 ff. vorgesehenen Anspruchsgrundlagen beantworten (→ Rn. 13 ff.).   **2**

Der 12. Abschnitt versammelt in den §§ 56–67 Vorschriften mit unterschiedlichen Funktionen: Mit § 56 Abs. 1, § 56 Abs. 1a, § 60 und § 65 enthält er **vier zentrale Anspruchsgrundlagen,** die dem Einzelnen in bestimmten Fällen Entschädigung gewähren. Diese werden durch verschiedene Begleitansprüche auf Erstattung, Aufwendungsersatz und Vorschuss sowie durch Komplementärnormen ergänzt, welche vor allem die Durchsetzung und Abwicklung jener Ansprüche regeln. Die §§ 56–67 lassen sich gesetzessyste-   **3** matisch in **vier Normenkomplexe** gliedern: in die Vorschriften über die Verdienstausfallentschädigungen nach § 56 Abs. 1 und Abs. 1a (→ Rn. 6 ff.), in das Impfschadensrecht der §§ 60–64 (→ Rn. 9 f.), in die Nichtstörer-Entschädigung nach § 65 (→ Rn. 10) und in die anspruchsübergreifenden Komplementärnormen der §§ 66–67 (→ Rn. 12).

4   Das deutsche Recht der öffentlichen Ersatzleistungen wird gemeinhin als „Flickenteppich" charakterisiert, in dem eine Vielzahl systematisch aufeinander nur unzureichend abgestimmter Haftungsinstitute miteinander verwoben sind, die auf unterschiedlichen Rechtsgrundlagen, Wertungen und Rechtstraditionen beruhen (weiterführend *Höfling* in Hoffmann-Riem/Schmidt-Aßmann/ Voßkuhle Grundlagen des VerwR, Bd. III, 2. Aufl. 2013, § 51 Rn. 1 ff., 25 ff., 63 ff.; *Grzeszick* in Ehlers/Pünder, Allgemeines Verwaltungsrecht, 15. Aufl. 2016, § 43 Rn. 2 ff.; *Ossenbühl/Cornils*, S. 1 ff.). Die in § 56 Abs. 1 und Abs. 1a, § 60 und § 65 geregelten Entschädigungsansprüche verfolgen ebenfalls **keinen einheitlichen Ansatz** und lassen sich nicht auf eine einheitliche gesetzgeberische Wertung zurückführen, sondern sollen auf unterschiedliche vom Gesetzgeber identifizierte Entschädigungsbedürfnisse reagieren. Hier treffen Zielsetzungen sozialer Sicherung iSe weiten Verständnisses „sozialer Entschädigung" (mit guten Gründen krit. zur Reduzierung des Sozialen Entschädigungsrechts auf Gesundheitsschäden de lege lata *Becker* in Huster/Kingreen Hdb. InfSchR Kap. 9 Rn. 7, 32, 58, 142) mit den traditionell dem „Staatshaftungsrecht" zugeordneten Instituten der Aufopferung und der Nichtstörer-Entschädigung zusammen und lassen sich als Formen der „Kollektivverantwortung" für individuell erlittene Schäden nicht trennscharf voneinander abgrenzen (zu Überschneidungen zwischen Staatshaftungs- und Sozialrecht allg. weiterführend *Becker*, S. 73 ff., 90 ff., 115 ff.; *ders.* in Huster/Kingreen Hdb. InfSchR Kap. 9 Rn. 4 ff., 20 ff., 143 ff.; *Schulin*, S. 223 ff.; *Eichenhofer* Sozialrecht aktuell, Sonderheft 2017, 6 ff.; *Kümper*, S. 229 (240 ff.)).

5   Bereits das RSeuchG (→ Einf. Rn. 10) enthielt zwei Entschädigungstatbestände, einen Ausgleich für Desinfektionsschäden an Gegenständen (vgl. § 29 RSeuchG) sowie eine Verdienstausfallentschädigung (vgl. § 28 RSeuchG), welche den heute in § 56 Abs. 1 und § 65 vorgesehenen ähnelten (weiterführend *Becker* in Huster/Kingreen Hdb. InfSchR Kap. 9 Rn. 44 ff.). An diese konnten später die §§ 49 ff. BSeuchG sowie die §§ 56 ff. IfSG anschließen (*Becker* in Huster/Kingreen Hdb. InfSchR Kap. 9 Rn. 47 ff.), ergänzten diese jedoch – in Anknüpfung an die Rspr. des BGH – um eine Regelung zum Ausgleich von Impfschäden (→ § 60 Rn. 2). Den Entschädigungstatbeständen des BSeuchG bzw. des IfSG wurde in der Fachöffentlichkeit **lange Zeit** vergleichsweise **wenig Aufmerksamkeit** geschenkt. In der **Praxis** ganz im Vordergrund stand das Impfschadensrecht (§§ 60 ff.), das als Kern des IfSG-Entschädigungsrechts anzusehen war (*Köbl* in EFP, § 84 Rn. 83; zur Entwicklung auch *Schiwy*, S. 10 ff.; *Becker*, S. 52 f., 96 f.) und in der Rechtsprechung der Sozialgerichte kontinuierlich einen gewissen Raum einnimmt (vgl. → § 60 Rn. 8 ff., 16 ff. und § 61 Rn. 5 ff.). Dagegen hatte die Verdienstausfallentschädigung wegen Erwerbstätigkeitsverbots oder Absonderung (§ 56 Abs. 1) nur vereinzelt praktische Relevanz (aus der Rspr. etwa BGH NJW 1972, 632; BGHZ 73, 16 = NJW 1979, 422; BGH NJW-RR 2009, 165). Die Entschädigungsregelung des heutigen § 65 hatte vorrangig in ihrer „großzügigen" ersten Fassung des

§ 57 BSeuchG 1961 ein gewisses Anwendungsfeld, etwa in Fällen einer seuchenpolizeilichen Vernichtung kontaminierter Fleisch- und Wurstwaren (aus der Rspr. etwa BGH MDR 1968, 478 – argentinische Salmonellen-Hasen; ähnliche Fallgestaltungen in BGH NJW 1969, 2282; BGHZ 55, 366 = NJW 1971, 1080; aus dem Schrifttum *Krakau* DÖV 1970, 178). Nachdem der Gesetzgeber durch das 3. ÄndG zum BSeuchG v. 25.8.1971 (BGBl. I 1401) grundlegend umgestaltet hatte (→ Rn. 11 und ausf. → § 65 Rn. 2 ff.), fand die Vorschrift aber kaum mehr Beachtung. Dieses Bild hat sich infolge der **Corona-Pandemie** grundlegend gewandelt: Vor dem Hintergrund der in ihrem Zuge verfügten Schließungen von Geschäften und Gaststätten, der Untersagung öffentlicher Veranstaltungen etc. hat sich eine überaus **intensive Diskussion** um die entschädigungsrechtlichen Folgen jener Maßnahmen und einen etwaigen Ausgleich von **Umsatz- und Gewinneinbußen** entwickelt, in der die bislang abseitigen Entschädigungstatbestände des § 56 Abs. 1 und des § 65 ungeahnte Aufmerksamkeit erfahren und das Impfschadensrecht in den Hintergrund drängen (vgl. etwa *Antweiler* NVwZ 2020, 584; *Giesberts/Gayger/Weyand* NVwZ 2020, 417 (420 ff.); *Reschke* DÖV 2020, 423; *Ritgen* LK 2020, 127 (130 f.); *Eusani* MDR 2020, 962; *Siegel* NVwZ 2020, 577 (583 f.); *Maaß* NVwZ 2020, 589 (595); *Kment* NVwZ 2020, 687; *Rinze/Schwab* NJW 2020, 1905; *Treffer* NWVBl. 2020, 273; *Schmitz/Neubert,* NVwZ 2020, 666 (670 f.); *Rommelfanger* CoVuR 2020, 178; *Eibenstein* NVwZ 2020, 930; *von Usslar* VR 2020, 325; *Frenz* GewArch 2020, 201; *ders.* CoVuR 2020, 794; *Bethge/Dombert* NordÖR 2020, 329; *Brenner* DÖV 2020, 660; *Struß/Fabri* DÖV 2020, 665; *Gerhold/Öller/Strahl* DÖV 2020, 676; *Kümper* DÖV 2020, 904; *Winter/Thürk* in Schmidt, § 22 Rn. 1 ff., 10 ff.; *Bachmann/Rung* in Kluckert, § 15 Rn. 3 ff.; *Froese* DVBl. 2020, 1566; *Berwanger* NVwZ 2020, 1804; *Shirvani* NVwZ 2020, 1457; *ders.* DVBl. 2021, 158; *Vießmann* NVwZ 2021, 15; *Joder* DVBl. 2021, 237; *Dünchheim/Gräler* VerwArch 112 (2021, 38; *Quarch/Geissler/Plottek/Epe* insbes. §§ 4, 5; aus der Rspr. bislang LG Heilbronn NVwZ 975; LG Hannover BeckRS 2020, 14033; LG Stuttgart BeckRS 2020, 31215; LG Hannover, BeckRS 2020, 34842; LG Köln BeckRS 2021, 264). In dieser aktuellen Diskussion geht es neben der Auslegung der Entschädigungstatbestände in § 56 Abs. 1 und § 65 insb. auch um die Frage, inwieweit die §§ 56 ff. die Entschädigung für infektionsschutzrechtliche Maßnahmen abschließend regeln oder ob ergänzend auf die Haftungsinstitute des allg. Polizei- und Ordnungsrechts sowie des allg. Rechts der öffentlichen Ersatzleistungen zurückgegriffen werden kann (→ Rn. 13 ff.).

I. Verdienstausfallentschädigungen (§ 56 Abs. 1 und Abs. 1 a)

§ 56 enthält in Abs. 1 und Abs. 1 a zwei Anspruchsgrundlagen, die eine Ent-   **6** schädigung für erlittenen Verdienstausfall vorsehen. Die in § 56 Abs. 1 geregelte Verdienstausfallentschädigung des von einem infektionsschutzrechtlichen **Erwerbstätigkeitsverbot** oder einer **Absonderung** Betroffenen war bereits in ähnlicher Form im RSeuchG und im BSeuchG 1961 enthalten; aus Anlass der Corona-Pandemie wurde mit § 56 Abs. 1 a eine Regelung zur Verdienstausfallentschädigung zugunsten von **Sorgeberechtigten** getroffen, die infolge der Schließung von Kinderbetreuungseinrichtungen oder Schulen ihre Kinder selbst betreuen müssen und hierdurch einen Verdienstausfall erleiden (→ Einzelheiten bei § 56 Rn. 2, 5, 55 ff.). Neben den Hauptansprüchen auf Verdienstausfallentschädigung enthalten § 56 sowie die Komplementärnormen der §§ 57–59 ergänzende Erstattungs-, Aufwendungsersatz- und Vorschussansprüche sowie Regelungen zur Bemessung der Entschädigung und zum Entschädigungsverfahren. § 57 behandelt das Verhältnis zur Sozialversicherung und zur Arbeitsförderung, dh zu den insoweit bestehenden gesetzlichen Versicherungspflichten. § 58 regelt den Fall, dass der nach § 56 Entschädigungsberechtigte nicht der gesetzlichen Pflichtversicherung unterfällt, § 59 den, dass ein Ausscheider iSd § 2 Nr. 6 Entschädigungsberechtigter nach § 56 ist. Im Zuge der Einfügung des § 56 Abs. 1a wurden auch die §§ 57, 58 um Regelungen zu diesem besonderen Entschädigungsgrund ergänzt.

7   Nach § 56 Abs. 1 S. 1 können eine Verdienstausfallentschädigung Ausscheider, Ansteckungs- und Krankheitsverdächtige sowie sonstige Träger von Krankheitserregern erhalten, die einem infektionsschutzrechtlichen Erwerbstätigkeitsverbot unterliegen oder unterworfen werden; nach § 56 Abs. 1 S. 2 kommen auch Personen, die als Ausscheider, Ansteckungs- oder Krankheitsverdächtige abgesondert wurden oder werden, als Entschädigungsberechtigte in Betracht. Diese Personen sind im infektionsschutzrechtlichen Sinne als **„Störer"** anzusehen (zur Relativierung dieser Bezeichnung aber auch → Einf. Rn. 25 ff.). Nach allg. Gefahrenabwehrrecht muss der Störer Gefahrenabwehrmaßnahmen wie ein Tätigkeitsverbot entschädigungslos hinnehmen, weil er durch sie lediglich in die allg. Schranken seiner Rechtsausübung verwiesen wird (BGHZ 55, 366 (369); BGH NJW 2011, 3157 Rn. 8; *Schoch*, Rn. 1004 mwN). Mit § 56 Abs. 1 will der Gesetzgeber über diesen Grundsatz hinausgehen und auch den genannten Störern eine Entschädigung gewähren, weil sie „vom Schicksal in ähnlicher Weise betroffen sind wie Kranke", und sieht in der Verdienstausfallentschädigung nach § 56 Abs. 1 eine **„Billigkeitsregelung"**, welche die Betroffenen vor materieller Not schützen soll (BT-Drs. 3/1888, 27). Es handelt sich somit um eine Maßnahme der **sozialen Sicherung** (→ § 56 Rn. 3).

8   Vor diesem Hintergrund fügt sich die Verdienstausfallentschädigung wegen „erzwungener" Kinderbetreuung (§ 56 Abs. 1a) in § 56 insoweit in systematischer Hinsicht nur bedingt ein, als die **Sorgeberechtigten,** denen sie gewährt wird, keine Störer im infektionsschutzrechtlichen Sinne sind (*Bachmann/Rung* in Kluckert, § 15 Rn. 35; → § 56 Rn. 5). Der Gesetzgeber will mit § 56 Abs. 1a Verdienstausfälle erwerbstätiger Sorgeberechtigter abmildern (BT-Drs. 19/18111, 25; vgl. ferner *Stöß/Putzer* NJW 2020, 1465 (1468)). Es handelt sich deshalb nicht um eine „flankierende Kinderschutzmaßnahme" (so aber *Treffer* NWVBl. 2020, 273 (274)), zumal die Kinderbetreuung schließlich gerade sichergestellt ist – nur eben anstelle von Schulen und Kinderbetreuungseinrichtungen durch die Sorgeberechtigten, die hierdurch wirtschaftliche Nachteile erleiden (fragwürdig auch *Pernice-Warnke/Warnke* DÖV 2020, 1089 (1098), die eine staatliche Schutzpflicht aus Art. 6 Abs. 1 GG erwägen, die Kinderbetreuung, „in der jeweils von den Eltern gewählten Form" zu ermöglichen, ist doch zumindest die staatliche Beschulung primär Eingriff, vgl. zum Privatschulrecht BVerfGE 34, 165 (196)). Sie knüpft insbes. an den Ausfall einer Verwaltungsleistung an (hierzu im Hinblick auf den gesetzlichen Anspruch auf

frühkindliche Förderung nach § 24 Abs. 2 SGB VIII *Heitzer/Wolff* Die Verwaltung 51 (2018), 523), lässt sich jedoch nicht ausschließlich hierauf zurückführen, weil die infolge infektionsschutzrechtlicher Maßnahmen ausfallenden Angebote der Kinderbetreuung auch von privater Seite aus organisiert sein können (*Stöß/Putzer* NJW 2020, 1465 (1468)). Nur mittelbar zielt sie auch auf eine Verbindung von Beruf und Familie, weil sie diese zwar „belohnt", die Verbindung von Familie und Berufsausübung aber in den Entschädigungsfällen gerade nicht gelingt. Die Verdienstausfallentschädigung ist vor diesem Hintergrund eine Maßnahme der allgemeinen **finanziellen Familienförderung** (→ § 56 Rn. 5).

II. Impfschadensrecht (§§ 60–64)

Erheblichen Raum nimmt im Gesetzestext des 12. Abschnitts die ent- **9** schädigungsrechtliche Abwicklung von Impfschäden ein; man kann sie auch vor diesem Hintergrund als Kern des IfSG-Entschädigungsrechts ansehen (*Köbl* in EFP, § 84 Rn. 83); bereits das BSeuchG enthielt vergleichbare Regelungen (Einzelheiten bei → § 60 Rn. 2 f.). Im Zentrum des Impfschadensrechts steht der in § 60 begründete **Anspruch auf Versorgung** im Falle eines Impfschadens bzw. eines Gesundheitsschadens durch eine andere Maßnahme der spezifischen Prophylaxe; der Geschädigte erhält wegen der gesundheitlichen und wirtschaftlichen Folgen der Schädigung **Versorgung in entsprechender Anwendung des BVG.** Die §§ 61–64 stellen Komplementärnormen zu dem in § 60 detailliert geregelten Anspruch dar: § 61 sieht eine Beweiserleichterung über die Möglichkeit einer behördlichen Gesundheitsschadenanerkennung vor; § 62 trifft eine Regelung zu den Leistungen im Rahmen der Heilbehandlung; § 63 enthält Vorschriften zur Konkurrenz von Ansprüchen, zur Anwendung der BVG-Vorschriften sowie Übergangsregelungen zum Erstattungsverfahren an die Krankenkassen; § 64 schließlich trifft Regelungen zur für die Versorgung zuständigen Behörde.

Vor der Schaffung einer bundeseinheitlichen Rechtsgrundlage für den Aus- **10** gleich von Impfschäden durch §§ 51 ff. BSeuchG hatte der BGH eine Entschädigung für Impfschäden auf den in § 75 Einl. ALR zum Ausdruck gebrachten **allgemeinen Aufopferungsgedanken** gestützt, der eine Entschädigung für das dem Einzelnen zum Wohl der Allgemeinheit abverlangte Sonderopfer fordert (BGHZ 9, 83 (85 f.)). Hierin wird auch heute verbreitet die Grundlage des Impfschadensausgleichs gesehen und der in § 60 Abs. 1 S. 1 geregelte Anspruch als positiv-rechtliche Ausprägung des Aufopferungsgedankens verstanden: Der Impfgeschädigte habe **auf hoheitliche Veranlassung** gerade auch im Interesse der Allgemeinheit an der Schutzimpfung teilgenommen und in Form der gesundheitlichen Schädigung ein Sonderopfer erbracht, das entschädigt werden müsse (BSG NJW 1977, 77 (78) – zu § 51 BSeuchG; *Becker,* S. 96, 118; → § 60 Rn. 2). Als Ergebnis der Bemühungen um eine Kodifikation des Sozialen Entschädigungsrechts (weiterführend *Becker,* S. 143 ff.; *Eichenhofer* Sozialrecht aktuell, Sonderheft 2017, 6 ff.; *Reinhard* ZRP 2019, 221 ff.; *Tabbara* NZS 2020, 273 ff.; *Knickrehm,* S. 25 ff., 28 ff., 54 ff.) wird mit dem G zur Regelung des Sozialen Entschädigungsrechts v. 12.12.2019 (BGBl. I 2652) mWv 1.1.2024 der in § 60 geregelte Impfschadensanspruch in das neue SGB XIV überführt, so dass das IfSG-Entschädigungsrecht künftig seine langjährige Kernmaterie verlieren wird.

III. Nichtstörer-Entschädigung bei Maßnahmen nach §§ 16, 17 (§ 65)

11 § 65 sieht einen Entschädigungsanspruch für den Fall vor, dass aufgrund einer behördlichen Maßnahme zur Verhütung übertragbarer Krankheiten nach §§ 16, 17 **Gegenstände** vernichtet, beschädigt oder in sonstiger Weise in ihrem Wert gemindert werden oder ein anderer nicht nur unwesentlicher **Vermögensnachteil** verursacht wird. Keine Entschädigung erhält jedoch, wessen Gegenstände mit Krankheitserregern oder Gesundheitsschädlingen behaftet oder dessen verdächtig sind (§ 65 Abs. 1 S. 1 Hs. 2). Die Vorschrift hat eine **wechselvolle Entwicklung** erfahren (ausf. → § 65 Rn. 2 ff.): Die Erstfassung in § 57 BSeuchG 1961 enthielt – ebenso wie § 49 BSeuchG (heute § 56 IfSG) – eine „Billigkeitsentschädigung" zugunsten von Störern und wich hiermit ebenfalls von dem Grundsatz ab, dass der Störer seinen Schaden selbst tragen muss. Alsbald reute den Gesetzgeber jedoch diese Großzügigkeit, und er beschränkte § 57 BSeuchG auf einen Anspruch des Nichtstörers, den er – vor dem Hintergrund eines mittlerweile überholten materiellen Enteignungsverständnisses – als Enteignungsentschädigung begriff. Dieses materielle Enteignungsverständnis war auch der Anlass für die Einfügung eines „Auffangtatbestandes", wonach Entschädigung auch für die **Verursachung eines anderen nicht nur unwesentlichen Vermögensnachteils** zu leisten sein sollte; hiermit wollte der Gesetzgeber alle etwaigen Enteignungsfälle erfassen und somit der Sache nach eine sog. salvatorische Entschädigungsklausel schaffen (→ § 65 Rn. 3). Bei Erlass des IfSG bestätigte der Gesetzgeber den Charakter der Vorschrift als **Nichtstörer-Entschädigung** (BT-Drs. 14/2530, 89), der sich aus gefahrenabwehrrechtlicher Sicht auch losgelöst vom früheren Enteignungsverständnis begründen lässt: § 65 stellt danach eine **spezialgesetzliche Regelung** der im allg. Polizei- und Ordnungsrecht vorgesehenen Entschädigungstatbestände zugunsten des im sog. polizeilichen Notstand in Anspruch genommenen Nichtstörers dar (→ § 65 Rn. 4), die als positiv-rechtliche Ausprägung des allg. Aufopferungsgedankens angesehen werden (*Ossenbühl/Cornils*, S. 492 ff.; → § 65 Rn. 4, 19). § 65 weist gegenüber den allg. gefahrenabwehrrechtlichen Entschädigungstatbeständen insofern eine Besonderheit auf, als die Vorschrift explizit auch den sog. **Verdachtsstörer** von der Anspruchsberechtigung ausnimmt (→ § 65 Rn. 1).

IV. Anspruchsübergreifende Komplementärnormen (§§ 66–67)

12 Die §§ 66, 67 treffen verschiedene übergreifende Regelungen, die nicht ausschließlich einer der genannten zentralen Anspruchsnormen zuzuordnen sind: § 66 bestimmt als **Verpflichteten** für die Zahlungs- bzw. Versorgungsansprüche nach §§ 56, 60 und 65. § 67 trifft Regelungen zur **Pfändung** der Ansprüche auf Verdienstausfallentschädigung nach § 56 und zur Pfändung, Verpfändung und Übertragung der Ansprüche auf Impfschadensversorgung nach §§ 60, 62, 63, nicht aber zur Pfändung des Entschädigungsanspruchs nach § 65.

B. Verhältnis der §§ 56 ff. zu Entschädigungstatbeständen außerhalb des IfSG

Mit den Verdienstausfallentschädigungen nach § 56 Abs. 1 und Abs. 1 a, **13** dem Anspruch auf Impfschadensversorgung nach § 60 und der infektionsschutzrechtlichen Nichtstörer-Entschädigung nach § 65 enthält der 12. Abschnitt **lediglich punktuelle Anspruchsgrundlagen,** die spezifischen Entschädigungsbedürfnissen Rechnung tragen sollen, die beim Vollzug des IfSG entstehen können. Dies wirft die Frage auf, inwieweit neben diesen Entschädigungstatbeständen weitere Anspruchsgrundlagen des allg. Gefahrenabwehrrechts oder des allg. Rechts der öffentlichen Ersatzleistungen ergänzend zur Anwendung kommen können, oder ob die §§ 56 ff. gegenüber diesen eine Sperrwirkung entfalten. Insoweit ist zunächst zwischen den Einstandspflichten der öffentlichen Hand für rechtmäßiges und für rechtswidriges Verwaltungshandeln **zu unterscheiden.**

Die Entschädigungstatbestände der §§ 56 ff. betreffen im Wesentlichen **14** Einstandspflichten der öffentlichen Hand bei **rechtmäßigem** Verwaltungshandeln. Mit Blick auf § 56 Abs. 1 und Abs. 1 a erscheint es zwar richtig, eine Verdienstausfallentschädigung auch im Falle eines rechtswidrigen Erwerbstätigkeitsverbots, einer rechtswidrigen Schulschließung etc. zu gewähren (→ § 56 Rn. 20, 23, 58); dies hat aber kaum praktische Bedeutung, weil die allg. Anspruchsgrundlagen wegen rechtswidrigen Verwaltungshandelns regelmäßig weiterreichenden Ausgleich, ggf. etwa vollen Schadensersatz (§§ 249 ff. BGB) und nicht nur (die durch § 56 Abs. 2 begrenzte) Entschädigung bieten. Die allgemeinen Anspruchsgrundlagen wegen rechtswidrigen Verwaltungshandelns werden durch die §§ 56 ff. nicht ausgeschlossen, weil die Schaffung bestimmter Entschädigungstatbestände für rechtmäßige Maßnahmen nicht bedeuten kann, dass bei **rechtswidrigen Maßnahmen** kein Ersatz zu leisten ist. Bei Erlass des IfSG hat der Gesetzgeber ausdrücklich auf mögliche Amtshaftungsansprüche hingewiesen (BT-Drs. 14/2530, 87). Als Anspruchsgrundlagen wegen rechtswidriger infektionsschutzrechtlicher Maßnahmen sind in erster Linie die **Amtshaftung** gem. § 839 BGB/Art. 34 GG sowie die einschlägigen Haftungstatbestände des **allg. Polizei- und Ordnungsrechts** (vgl. etwa § 64 Abs. 1 S. 2 HessSOG, § 80 Abs. 1 S. 2 NdsSOG, § 39 lit. b OBG NRW) in Betracht zu ziehen. Diese unterscheiden sich dadurch, dass die Amtshaftung ein schuldhaftes Handeln des Amtswalters voraussetzt (§ 839 Abs. 1 S. 1 BGB) sowie auf Schadensersatz (§§ 249 ff. BGB, jedoch nicht in Form der Naturalrestitution) gerichtet ist, während die Ansprüche nach Polizei- und Ordnungsrecht verschuldensunabhängig eingreifen und auf bloße Entschädigung gerichtet sind. Wo das Landesrecht keine Entschädigung für rechtswidrige gefahrenabwehrrechtliche Maßnahmen vorsieht, kann der Anspruch aus sog. enteignungsgleichem Eingriff zur Anwendung kommen (weiterführend *Schoch,* Rn. 1025 ff.; *Ossenbühl/ Cornils,* S. 511 ff.). In der Diskussion um die haftungs- und entschädigungsrechtliche Bewertung der im Zuge der **Corona-Pandemie** ergriffenen infektionsschutzrechtlichen Maßnahmen stehen die rechtmäßigen Maßnahmen ganz im Vordergrund, weil die meisten AllgVfg. und RVOen von den Verwaltungsgerichten als rechtmäßig eingestuft wurden (zur Unrechtshaftung in diesem Zusammenhang *Itzel* DVBl. 2020, 792 (794 f.); *Rinze / Schwab* NJW 2020, 1905 (1906 ff.); *Winter / Thürk* in Schmidt, § 22 Rn. 82 ff., 90 ff.; *Gerhold / Öller / Strahl* DÖV 2020, 676 ff.; *Quarch / Plottek / Reuter* in Quarch/Geissler/Plottek/ Epe § 4 Rn. 46 ff., 67 ff., 74 ff.).

15   Als Grundlage für Entschädigungsansprüche wegen **rechtmäßiger** infektionsschutzrechtlicher Maßnahmen sind va die Entschädigungstatbestände des allg. Polizei- und Ordnungsrechts bzgl. rechtmäßiger Gefahrenabwehrmaßnahmen, der Anspruch aus enteignendem Eingriff sowie der allg. Aufopferungsanspruch in Betracht zu ziehen. Ob die §§ 56 ff. insoweit jedoch eine abschließende Regelung treffen und gegenüber jenen Anspruchsgrundlagen eine Sperrwirkung entfalten, wird in Rspr. und Schrifttum gerade mit Blick auf die Gesetzesmaterialien zum BSeuchG und zum IfSG kontrovers beurteilt. Die **Gesetzesbegründung zum BSeuchG 1961** erklärt, die §§ 49 ff. BSeuchG sollten „keine ausschließliche Regelung" darstellen und nicht einer Entschädigungspflicht „auf Grund anderweitiger Rechtsvorschriften oder auf Grund Gewohnheitsrechts" entgegenstehen (BT-Drs. 3/1888, 27; hieran anschließend für § 57 BSeuchG 1961 auch BGHZ 55, 366 = NJW 1971, 1080 (1081)). Damit zeigte sich der Gesetzgeber seinerzeit offen gegenüber einer Anwendung der Enteignungsentschädigung oder der gewohnheits- und richterrechtlichen Ausprägung des allg. Aufopferungsgedankens. Hieran knüpfen in der aktuellen Debatte um die entschädigungsrechtlichen Folgen der **Corona-Pandemie** Autoren an, die Vermögenseinbußen infolge auf der Grundlage von §§ 28, 32 erlassener infektionsschutzrechtlicher Maßnahmen, die nicht nach §§ 56, 65 entschädigungspflichtig sind (→ § 56 Rn. 18 f. und § 65 Rn. 7 ff.), nach allg. Polizei- und Ordnungsrecht oder nach den Grundsätzen des enteignenden Eingriffs entschädigen wollen (*Giesberts / Gayger / Weyand* NVwZ 2020, 417 (420); *Eibenstein* NVwZ 2020, 930 (932); *Rommelfanger* CoVuR 2020, 178 (181); *von Usslar* VR 2020, 325 (328); *Winter / Thürk* in Schmidt, § 22 Rn. 62). Dies überzeugt jedoch nicht, weil das entschädigungsrechtliche Konzept des Gesetzgebers sich in der Zwischenzeit grundlegend gewandelt hat und deshalb die Erwägungen zum BSeuchG 1961 nicht mehr auf die heutigen §§ 56 ff. übertragbar sind: Bei den §§ 49, 57 BSeuchG hatte der Gesetzgeber noch vor Augen, mit ihnen ausschließlich „Billigkeitsregelungen" zur sozialen Absicherung der „schicksalhaft" Betroffenen zu schaffen (BT-Drs. 3/1888, 27, 29; → § 56 Rn. 3 und § 65 Rn. 2). Als solche konnten diese Vorschriften keine Sperrwirkung gegenüber anderweitigen Entschädigungspflichten entfalten, weil sie lediglich zusätzliche Ansprüche gewährten, zumal auch dem damaligen Recht der öffentlichen Ersatzleistungen eine reine Billigkeitsentschädigung fremd war. Durch die Umbildung des § 57 BSeuchG 1971 in eine Nichtstörer-Entschädigung, die durch § 65 IfSG bestätigt wurde (→ § 65 Rn. 3 f.), hat der Gesetzgeber dieses einheitliche Konzept der „Billigkeitsregelungen" aufgegeben und in den §§ 56 ff. – neben dem Anspruch auf Impfschadensversorgung – eine weitere Entschädigungsregelung etabliert, die als Ausprägung des Aufopferungsgedankens zu verstehen ist (→ Rn. 11 und → § 65 Rn. 4). Damit ist aber auch der dem BSeuchG 1961 zugrundeliegenden Annahme, anderweitige Entschädigungsansprüche seien ohne Weiteres ergänzend anwendbar, die Grundlage entzogen.

Bei Erlass des IfSG wies der Gesetzgeber vielmehr darauf hin, dass die im **16** 12. Abschnitt getroffenen Entschädigungsregelungen „umfassend den von der Rechtsprechung entwickelten Aufopferungsanspruch" ersetzen sollen, dem „insoweit keine lückenschließende Funktion mehr" zukomme (BT-Drs. 14/2530, 87). Versteht man sowohl die Vorschriften über die Nichtstörer-Entschädigung nach allg. Polizei- und Ordnungsrecht als auch den Anspruch aus enteignendem Eingriff als Ausprägung des Aufopferungsgedankens (→ Rn. 11; zu diesem Verständnis des enteignenden Eingriffs BGHZ 91, 20 (26 ff.); weiterführend *Maurer/Waldhoff*, § 27 Rn. 107 ff.; *Ossenbühl/Cornils*, S. 325 ff.), so lässt sich die Gesetzesbegründung zum IfSG für eine **Sperrwirkung der §§ 60, 65** gegenüber jenen Entschädigungstatbeständen anführen (ebenso etwa LG Hannover BeckRS 2020, 14033; LG Heilbronn NVwZ 2020, 975 Rn. 21; *Reschke* DÖV 2020, 423 (426); *Becker* in Huster/Kingreen Hdb. InfSchR Kap. 9 Rn. 131; *Lutz* Vorb §§ 56 ff. Rn. 5; ferner → § 65 Rn. 18). Diese folgt mit Blick auf § 65 aber darüber hinaus auch aus den allg. Konkurrenzregeln zum Verhältnis von spezieller und allgemeiner Regelung: Die in § 65 geregelte spezialgesetzliche Nichtstörer-Entschädigung verdrängt erstens die des allg. Gefahrenabwehrrechts, selbst wenn sie tatbestandlich hinter dieser zurückbleibt (BGHZ 136, 172 = NJW 1998, 544; *Ossenbühl/Cornils*, S. 527; *Schoch,* Rn. 1007). Und weil das gewohnheits- und richterrechtliche Institut des enteignenden Eingriffs in der Nichtstörer-Entschädigung positiv-rechtlich aufgegangen ist, wird es zweitens nicht nur durch den betreffenden Entschädigungstatbestand des allg. Gefahrenabwehrrechts verdrängt (*Ossenbühl/Cornils*, S. 527; *Maurer/Waldhoff*, § 27 Rn. 103), sondern muss die spezialgesetzliche Nichtstörer-Entschädigung – hier § 65 – dieselbe Sperrwirkung entfalten (zum Ganzen auch → Rn. 17 und → § 65 Rn. 18 f.). **Keine Sperrwirkung** mag zwar § 56 entfalten, weil die Vorschrift nicht als Ausdruck des allg. Aufopferungsgedankens zu verstehen ist, sondern nach wie vor eine „Billigkeitsregelung" darstellt (→ § 56 Rn. 3). Doch wird die Entschädigung von Nichtstörern bei rechtmäßigen infektionsschutzrechtlichen Maßnahmen abschließend in § 65 geregelt. Und man wird eine Verdienstausfallentschädigung außerdem zumindest dann nicht auf den **allg. Aufopferungsanspruch** stützen können, wenn man der Rspr. des BGH folgt, nach der die Erwerbstätigkeit als solche selbst im Falle rechtswidrigen Hoheitshandelns nicht zu den von diesem Haftungsinstitut geschützten Rechtspositionen gehört (BGHZ 111, 349 (355 ff.); BGH NJW 1994, 1468; ausf., auch zur Kritik *Limanowski*, S. 31 ff., 92 ff., 121 ff.). Der allg. Aufopferungsanspruch gewährt Entschädigung allein für Eingriffe in immaterielle Rechtsgüter, traditionell sogar nur für Eingriffe in Leben, Gesundheit und Freiheit iSd Art. 2 Abs. 2 GG (s. auch *Maurer/Waldhoff* § 28 Rn. 3; *Ossenbühl/Cornils*, S. 134 f.). Nicht überzeugen kann es, wenn wegen der infektionsschutzrechtlich motivierten Untersagung von Konzerten, Theateraufführungen und anderen Veranstaltungen zugunsten von Kulturschaffenden ein allg. Aufopferungsanspruch auf die Kunstfreiheit (Art. 5 Abs. 3 GG) als immaterielles Rechtsgut gestützt wird (dafür *Joder* DVBl. 2021, 237 (241); denn in diesen Fällen ist die Kunstfreiheit primär nicht in ihrer immateriellen, sondern in ihrer vermögensrechtlichen Dimension betroffen.

C. Gesetzgeberische Verpflichtung zur Schaffung weiterer Entschädigungstatbestände?

17   In der aktuellen Diskussion um Entschädigungsansprüche wegen der zur Bekämpfung der Corona-Pandemie ergriffenen Beschränkungen der wirtschaftlichen Tätigkeit wird vielfach (entgegen→ Rn. 16 und → § 65 Rn. 18f.) von einer Anwendbarkeit des Anspruchs wegen enteignenden Eingriffs ausgegangen, allerdings die Anspruchsvoraussetzung des **Sonderopfers** wegen der gleichmäßigen Belastung sämtlicher Unternehmen und Gewerbetreibender überwiegend verneint (etwa *Kruse* in BeckOK InfSchR § 65 Rn. 43a; *Becker* in Huster/Kingreen Hdb. InfSchR Kap. 9 Rn. 138; *Lutz,* Vorb. §§ 56ff. Rn. 7f.; *Reschke* DÖV 2020, 423 (429); *Itzel* DVBl. 2020, 792 (794); *Brenner* DÖV 2020, 660 (662); *Kümper* DÖV 2020, 904 (914f.); *Shirvani* DVBl. 2021, 158 (163); aus der Rspr. bisher LG Hannover BeckRS 2020, 14033; LG Stuttgart BeckRS 2020, 31215; LG Hannover BeckRS 2020, 34842; LG Köln BeckRS 2021, 264; aA etwa *Papier* DRiZ 2020, 180 (183); *Eusani* MDR 2020, 962 (966); Quarch/Plottek/Reuter in Quarch/Geissler/Plottek/Epe § 4 Rn. 61ff.; *Eibenstein* NVwZ 2020, 930 (934); diff. *Schmitz/Neubert* NVwZ 2020, 666 (670); sowie für regional beschränkte Maßnahmen *Froese* DVBl. 2020, 1566 (1568ff.)). Insoweit wird ua vielfach auf die BGH-Rspr. zum Nichtbestehen staatlicher Entschädigungspflichten für „Waldsterben" verwiesen, wonach der Anspruch wegen enteignenden Eingriffs kein Instrument des Ausgleichs massenhaft auftretender Schäden sein kann (BGHZ 102, 350; hieran anknüpfend etwa LG Hannover BeckRS 2020, 14033; *Lutz,* Vorb. §§ 56ff. Rn. 8; *Shirvani* DVBl. 2021, 158 (163)). An den Befund eines Nichteingreifens von Ansprüchen wegen enteignenden Eingriffs anschließend wird im Schrifttum gefordert, der Gesetzgeber müsse das IfSG um Entschädigungsregelungen ergänzen, um die Verhältnismäßigkeit von Bekämpfungsmaßnahmen zu gewährleisten; die infektionsschutzrechtlichen Ermächtigungen seien als sog. **ausgleichspflichtige Inhaltsbestimmungen des Eigentums** (vgl. Art. 14 Abs. 1 S. 2 GG) anzusehen (dafür vor allem *Papier* DRiZ 2020, 180 (183); *Shirvani* NVwZ 2020, 1457 (1458ff.); *Frenz* GewArch 2020, 201ff.; *ders.* CoVuR 2020, 794 (796ff.); ferner *von Usslar* VR 2020, 325 (328); *Schwintowski* NJOZ 2020, 1473 (1477f.); *Eibenstein* CoVuR 2020, 856 (863); in der Tendenz auch *Sangs* NVwZ 2020, 1780 (1783)). Dagegen spricht jedoch, dass das Institut der ausgleichspflichtigen Inhaltsbestimmung für singuläre „besondere Härtefälle" entwickelt wurde, in denen einzelne Eigentümer einer besonderen Belastung ausgesetzt waren (grundlegend etwa BVerfGE 58, 137 – Pflichtexemplar; überzeugend *Berwanger* NVwZ 2020, 1804 (1805ff.)). Nicht überzeugend erscheint in diesem Zusammenhang auch der Verweis auf die Entscheidung des BVerfG zur 13. AtG-Novelle (BVerfGE 143, 246 Rn. 258ff., 281ff.), die „erst recht" für eine Ausgleichspflicht spreche, weil Händler und Gewerbetreibende – anders als Betreiber einer „Hochrisikotechnologie" – keiner besonderen Sozialpflichtigkeit unterlägen (so *Frenz* GewArch 2020, 201ff.; *ders.* CoVuR 2020, 794 (798)). Denn die Ausgleichspflicht für (lediglich bestimmte) Atomstrom-Restmengen wurde in jener Entscheidung auf besondere Vertrauensschutzaspekte gestützt (BVerfGE 143, 246

Rn. 310 ff., 335 ff.), die bei allgemeinen Beschränkungen wirtschaftlicher Betätigung nicht gegeben sind (zu Recht aus den Ausnahmecharakter einer Ausgleichspflicht hinweisend *Reschke* DÖV 2020, 423 (429)).

§56 Entschädigung

(1) [1]Wer auf Grund dieses Gesetzes als Ausscheider, Ansteckungsverdächtiger, Krankheitsverdächtiger oder als sonstiger Träger von Krankheitserregern im Sinne von § 31 Satz 2 Verboten in der Ausübung seiner bisherigen Erwerbstätigkeit unterliegt oder unterworfen wird und dadurch einen Verdienstausfall erleidet, erhält eine Entschädigung in Geld. [2]Das Gleiche gilt für eine Person, die nach § 30 auch in Verbindung mit § 32 abgesondert wird oder sich aufgrund einer nach § 36 Absatz 8 Satz 1 Nummer 1 erlassenen Rechtsverordnung absondert. [3]Eine Entschädigung in Geld kann auch einer Person gewährt werden, wenn diese sich bereits vor der Anordnung einer Absonderung nach § 30 oder eines beruflichen Tätigkeitsverbots nach § 31 vorsorglich abgesondert oder vorsorglich bestimmte berufliche Tätigkeiten ganz oder teilweise nicht ausgeübt hat und dadurch einen Verdienstausfall erleidet, wenn eine Anordnung einer Absonderung nach § 30 oder eines beruflichen Tätigkeitsverbots nach § 31 bereits zum Zeitpunkt der vorsorglichen Absonderung oder der vorsorglichen Nichtausübung beruflicher Tätigkeiten hätte erlassen werden können. [4]Eine Entschädigung nach den Sätzen 1 und 2 erhält nicht, wer durch Inanspruchnahme einer Schutzimpfung oder anderen Maßnahme der spezifischen Prophylaxe, die gesetzlich vorgeschrieben ist oder im Bereich des gewöhnlichen Aufenthaltsorts des Betroffenen öffentlich empfohlen wurde, oder durch Nichtantritt einer vermeidbaren Reise in ein bereits zum Zeitpunkt der Abreise eingestuftes Risikogebiet ein Verbot in der Ausübung seiner bisherigen Tätigkeit oder eine Absonderung hätte vermeiden können. [5]Eine Reise ist im Sinne des Satzes 4 vermeidbar, wenn zum Zeitpunkt der Abreise keine zwingenden und unaufschiebbaren Gründe für die Reise vorlagen.

(1a) [1]Sofern der Deutsche Bundestag nach § 5 Absatz 1 Satz 1 eine epidemische Lage von nationaler Tragweite festgestellt hat, erhält eine erwerbstätige Person eine Entschädigung in Geld, wenn
1. Einrichtungen zur Betreuung von Kindern, Schulen oder Einrichtungen für Menschen mit Behinderung von der zuständigen Behörde zur Verhinderung der Verbreitung von Infektionen oder übertragbaren Krankheiten auf Grund dieses Gesetzes vorübergehend geschlossen werden oder deren Betreten, auch aufgrund einer Absonderung, untersagt wird, oder wenn von der zuständigen Behörde aus Gründen des Infektionsschutzes Schul- oder Betriebsferien angeordnet oder verlängert werden, die Präsenzpflicht in einer Schule aufgehoben oder der Zugang zum Kinderbetreuungsangebot eingeschränkt wird oder eine behördliche Empfehlung vorliegt, vom Besuch einer Einrichtung zur Betreuung von Kin-

dern, einer Schule oder einer Einrichtung für Menschen mit Behinderung abzusehen,

2. die erwerbstätige Person ihr Kind, das das zwölfte Lebensjahr noch nicht vollendet hat oder behindert und auf Hilfe angewiesen ist, in diesem Zeitraum selbst beaufsichtigt, betreut oder pflegt, weil sie keine anderweitige zumutbare Betreuungsmöglichkeit sicherstellen kann, und

3. die erwerbstätige Person dadurch einen Verdienstausfall erleidet.

²Anspruchsberechtigte haben gegenüber der zuständigen Behörde, auf Verlangen des Arbeitgebers auch diesem gegenüber, darzulegen, dass sie in diesem Zeitraum keine zumutbare Betreuungsmöglichkeit für das Kind sicherstellen können. ³Ein Anspruch besteht nicht, soweit eine Schließung ohnehin wegen der Schul- oder Betriebsferien erfolgen würde. ⁴Im Fall, dass das Kind in Vollzeitpflege nach § 33 des Achten Buches Sozialgesetzbuch in den Haushalt aufgenommen wurde, steht der Anspruch auf Entschädigung den Pflegeeltern zu.

(2) ¹Die Entschädigung bemisst sich nach dem Verdienstausfall. ²Für die ersten sechs Wochen wird sie in Höhe des Verdienstausfalls gewährt. ³Vom Beginn der siebenten Woche an wird die Entschädigung abweichend von Satz 2 in Höhe von 67 Prozent des der erwerbstätigen Person entstandenen Verdienstausfalls gewährt; für einen vollen Monat wird höchstens ein Betrag von 2016 Euro gewährt. ⁴Im Fall des Absatzes 1a wird die Entschädigung von Beginn an in der in Satz 3 bestimmten Höhe gewährt. ⁵Für jede erwerbstätige Person wird die Entschädigung nach Satz 4 für die Dauer der vom Deutschen Bundestag nach § 5 Absatz 1 Satz 1 festgestellten epidemischen Lage von nationaler Tragweite unabhängig von der Anzahl der Kinder für längstens zehn Wochen pro Jahr gewährt, für eine erwerbstätige Person, die ihr Kind allein beaufsichtigt, betreut oder pflegt, längstens für 20 Wochen pro Jahr.

(3) ¹Als Verdienstausfall gilt das Arbeitsentgelt, das dem Arbeitnehmer bei der für ihn maßgebenden regelmäßigen Arbeitszeit zusteht, vermindert um Steuern und der Beiträge zur Sozialversicherung sowie zur Arbeitsförderung oder entsprechenden Aufwendungen zur sozialen Sicherung in angemessenem Umfang (Netto-Arbeitsentgelt). ²Bei der Ermittlung des Arbeitsentgelts sind die Regelungen des § 4 Absatz 1, 1a und 4 des Entgeltfortzahlungsgesetzes entsprechend anzuwenden. ³Für die Berechnung des Verdienstausfalls ist die Nettoentgeltdifferenz in entsprechender Anwendung des § 106 des Dritten Buches Sozialgesetzbuch zu bilden. ⁴Der Beitrag erhöht sich um das Kurzarbeitergeld und um das Zuschuss-Wintergeld, auf das der Arbeitnehmer Anspruch hätte, wenn er nicht aus den in Absatz 1 genannten Gründen an der Arbeitsleistung verhindert wäre. ⁵Satz 1 gilt für die Berechnung des Verdienstausfalls bei den in Heimarbeit Beschäftigten und bei Selbständigen entsprechend mit der Maßgabe, dass bei den in Heimarbeit Beschäftigten das im Durchschnitt des letzten Jahres vor Einstellung der verbotenen Tätigkeit oder vor der

Absonderung verdiente monatliche Arbeitsentgelt und bei Selbständigen ein Zwölftel des Arbeitseinkommens (§ 15 des Vierten Buches Sozialgesetzbuch) aus der entschädigungspflichtigen Tätigkeit zugrunde zu legen ist.

(4) ¹Bei einer Existenzgefährdung können den Entschädigungsberechtigten die während der Verdienstausfallzeiten entstehenden Mehraufwendungen auf Antrag in angemessenem Umfang von der zuständigen Behörde erstattet werden. ²Selbständige, deren Betrieb oder Praxis während der Dauer einer Maßnahme nach Absatz 1 ruht, erhalten neben der Entschädigung nach den Absätzen 2 und 3 auf Antrag von der zuständigen Behörde Ersatz der in dieser Zeit weiterlaufenden nicht gedeckten Betriebsausgaben in angemessenem Umfang.

(5) ¹Bei Arbeitnehmern hat der Arbeitgeber für die Dauer des Arbeitsverhältnisses, längstens für sechs Wochen, die Entschädigung für die zuständige Behörde auszuzahlen. ²Abweichend von Satz 1 hat der Arbeitgeber die Entschädigung nach Absatz 1a für die in Absatz 2 Satz 5 genannte Dauer auszuzahlen. ³Die ausgezahlten Beträge werden dem Arbeitgeber auf Antrag von der zuständigen Behörde erstattet. ⁴Im Übrigen wird die Entschädigung von der zuständigen Behörde auf Antrag gewährt.

(6) ¹Bei Arbeitnehmern richtet sich die Fälligkeit der Entschädigungsleistungen nach der Fälligkeit des aus der bisherigen Tätigkeit erzielten Arbeitsentgelts. ²Bei sonstigen Entschädigungsberechtigten ist die Entschädigung jeweils zum Ersten eines Monats für den abgelaufenen Monat zu gewähren.

(7) ¹Wird der Entschädigungsberechtigte arbeitsunfähig, so bleibt der Entschädigungsanspruch in Höhe des Betrages, der bei Eintritt der Arbeitsunfähigkeit an den Berechtigten auszuzahlen war, bestehen. ²Ansprüche, die Entschädigungsberechtigten wegen des durch die Arbeitsunfähigkeit bedingten Verdienstausfalls auf Grund anderer gesetzlicher Vorschriften oder eines privaten Versicherungsverhältnisses zustehen, gehen insoweit auf das entschädigungspflichtige Land über.

(8) ¹Auf die Entschädigung sind anzurechnen
1. Zuschüsse des Arbeitgebers, soweit sie zusammen mit der Entschädigung den tatsächlichen Verdienstausfall übersteigen,
2. das Netto-Arbeitsentgelt und das Arbeitseinkommen nach Absatz 3 aus einer Tätigkeit, die als Ersatz der verbotenen Tätigkeit ausgeübt wird, soweit es zusammen mit der Entschädigung den tatsächlichen Verdienstausfall übersteigt,
3. der Wert desjenigen, das der Entschädigungsberechtigte durch Ausübung einer anderen als der verbotenen Tätigkeit zu erwerben böswillig unterlässt, soweit es zusammen mit der Entschädigung den tatsächlichen Verdienstausfall übersteigt,
4. das Arbeitslosengeld in der Höhe, in der diese Leistung dem Entschädigungsberechtigten ohne Anwendung der Vorschriften über das Ruhen des Anspruchs auf Arbeitslosengeld bei Sperrzeit nach

dem Dritten Buch Sozialgesetzbuch sowie des § 66 des Ersten Buches Sozialgesetzbuch in der jeweils geltenden Fassung hätte gewährt werden müssen. [2]Liegen die Voraussetzungen für eine Anrechnung sowohl nach Nummer 3 als auch nach Nummer 4 vor, so ist der höhere Betrag anzurechnen.

(9) [1]Der Anspruch auf Entschädigung geht insoweit, als dem Entschädigungsberechtigten Arbeitslosenentgelt oder Kurzarbeitergeld für die gleiche Zeit zu gewähren ist, auf die Bundesagentur für Arbeit über. [2]Das Eintreten eines Tatbestandes nach Absatz 1 oder Absatz 1 a unterbricht nicht den Bezug von Arbeitslosengeld oder Kurzarbeitergeld, wenn die weiteren Voraussetzungen nach dem Dritten Buch Sozialgesetzbuch erfüllt sind.

(10) Ein auf anderen gesetzlichen Vorschriften beruhender Anspruch auf Ersatz des Verdienstausfalls, der dem Entschädigungsberechtigten durch das Verbot der Ausübung seiner Erwerbstätigkeit oder durch die Absonderung erwachsen ist, geht insoweit auf das zur Gewährung der Entschädigung verpflichtete Land über, als dieses dem Entschädigungsberechtigten nach diesem Gesetz Leistungen zu gewähren hat.

(11) [1]Die Anträge nach Absatz 5 sind innerhalb einer Frist von zwei Jahren nach Einstellung der verbotenen Tätigkeit, dem Ende der Absonderung oder nach dem Ende der vorübergehenden Schließung, der Untersagung des Betretens, der Schul- oder Betriebsferien, der Aufhebung der Präsenzpflicht, der Einschränkung des Kinderbetreuungsangebotes oder der Aufhebung der Empfehlung nach Absatz 1 a Satz 1 Nummer 1 bei der zuständigen Behörde zu stellen. [2]Die Landesregierungen werden ermächtigt, durch Rechtsverordnung zu bestimmen, dass der Antrag nach Absatz 5 Satz 3 und 4 nach amtlich vorgeschriebenen Verfahren der Datenfernübertragung zu übermitteln ist und das nähere Verfahren zu bestimmen. [3]Die zuständige Behörde kann zur Vermeidung unbilliger Härten auf eine Übermittlung durch Datenfernübertragung verzichten. [4]Dem Antrag ist von Arbeitnehmern eine Bescheinigung des Arbeitgebers und von den in Heimarbeit Beschäftigten eine Bescheinigung des Auftraggebers über die Höhe des in dem nach Absatz 3 für sie maßgeblichen Zeitraum verdienten Arbeitsentgelts und der gesetzlichen Abzüge, von Selbständigen eine Bescheinigung des Finanzamtes über die Höhe des letzten beim Finanzamt nachgewiesenen Arbeitseinkommens beizufügen. [5]Ist ein solches Arbeitseinkommen noch nicht nachgewiesen oder ist ein Unterschiedsbetrag nach Absatz 3 zu errechnen, so kann die zuständige Behörde die Vorlage anderer oder weiterer Nachweise verlangen.

(12) Die zuständige Behörde hat auf Antrag dem Arbeitgeber einen Vorschuss in der voraussichtlichen Höhe des Erstattungsbetrages, den in Heimarbeit Beschäftigten und Selbständigen in der voraussichtlichen Höhe der Entschädigung zu gewähren.

Übersicht

Schrifttum: *Antweiler,* Betriebsuntersagung durch COVID-19-Rechtsverordnungen: Eigentumseingriff und Entschädigung, NVwZ 2020, 584; *Arnold/Roll,* Dienstreisen und Corona-Pandemie, NZA 2021, 240; *Dünchheim/Gräler,* Entschädigungs- und Schadensersatzansprüche wegen COVID-19-bedingter Anordnungen zur Schließung von Verkaufsstätten in der Bundesrepublik Deutschland, VerwArch 112 (2021), 38; *Eibenstein,* Zur Entschädigung von durch Schließungsanordnungen betroffenen Gewerbetreibenden, NVwZ 2020, 930; *Eufinger,* § 56 IfSG – Coronavirus SARS-CoV-2 und die Entdeckung einer Norm, DB 2020, 1121; *Eusani,* Staatshaftungsrechtliche Ansprüche des Gewerbetreibenden bei Covid-19-bedingten Ertragsausfällen, MDR 2020, 962; *Giesberts/Gayger/Weyand,* COVID-19 – Hoheitliche Befugnisse, Rechte Betroffener und staatliche Hilfen, NVwZ 2020, 417; *Hohenstatt/Krois,* Lohnrisiko und Entgeltfortzahlung während der Corona-Pandemie, NZA 2020, 413; *Itzel,* Staatliche Entschädigung in Zeiten der Pandemie, DVBl. 2020, 792; *Krainbring,* Entgeltfortzahlung bei Corona-Infektion nach verweigerter Schutzimpfung, NZA 2021, 247; *Krakau,* Offene Rechtsfragen der Entschädigung für Seuchenschutzmaßnahmen, DÖV 1970, 178; *Kümper,* Zur Verortung der infektionsschutzrechtlichen Entschädigungstatbestände im Gefüge der öffentlichen Ersatzleistungen – Ergänzungen zur Debatte um die Folgen der Corona-Pandemie, DÖV 2020, 904; *Limanowski,* Die Haftung des Staates für Verletzungen der Berufsfreiheit, 2019; *Noack,* Entgeltfortzahlung und Entschädigung – Entgeltrisiko und Durchsetzbarkeit des Anspruchs aus § 56 IfSG, NZA 2021, 251; *Otto,* Das unterschätzte staatshaftungsrechtliche Potenzial von § 56 I IfSG in Zeiten der Pandemie, LKV 2020, 355; *Reschke,* Entschädigungsansprüche für rechtmäßige infektionsschutzrechtliche Maßnahmen im Zuge der COVID-19-Pandemie, DÖV 2020, 423; *Rixen,* Gesundheitsschutz in der Coronavirus-Krise – Die (Neu-)Regelungen des Infektionsschutzgesetzes, NJW 2020, 1097; *Ritgen,* Die Rolle der Landkreise in der Corona-Pandemie, LK 2020, 127; *Rommelfanger,* Entschädigung für Vermögensschäden aufgrund Betriebsbeschränkungen/-schließungen infolge Maßnahmen nach dem Infektionsschutzgesetz, CoVuR 2020, 178; *Sangs,* Das Dritte Gesetz zum Schutz der Bevölkerung bei einer epidemischen Lage von nationaler Tragweite und Gesetzgebung während der Pandemie, NVwZ 2020, 1780; *Siegel,* Verwaltungsrecht im Krisenmodus, NVwZ 2020, 577; *Stach,* Die häusliche Quarantäne nach Ein- oder Rückreise aus dem Ausland, NJW 2021, 10; *Stöß/Putzer,* Entschädigung von Verdienstausfall während der Corona-Pandemie, NJW 2020, 1465; *Treffer,* Dulde und liquidiere? Zur Entschädigung des Nichtstörers in Corona-Zeiten, NWVBl. 2020, 273; *von Usslar,* Überblick zu Entschädigungsansprüchen von Hotels und Gastronomie wegen der in der Corona-Krise verfügten Betriebsschließungen, VR 2020, 325; *Weber,* „Verdienstausfallentschädigung" bei Schließung von Betreuungseinrichtungen und Betretungsverboten – Neuerungen, Hürden und Probleme in der Praxis, DB 2020, 2692; *Weller/Lieberknecht/Habrich,* Virulente Leistungsstörungen – Auswirkungen der Corona-Krise auf die Vertragsdurchführung, NJW 2020, 2544.

A.   Zweck und Bedeutung der Norm

1   § 56 enthält in Abs. 1 und Abs. 1a zwei **Anspruchsgrundlagen** für die Entschädigung erlittener Verdienstausfälle: Abs. 1 gewährt in seinem S. 1 eine **Verdienstausfallentschädigung** bestimmten Personen, die aus infektionsschutzrechtlichen Gründen von einem **Erwerbstätigkeitsverbot** betroffen werden; ihnen werden durch Abs. 1 S. 2 Personen gleichgestellt, die von einer **Absonderung** (§ 30) betroffen werden. Abs. 1a gewährt eine Verdienstausfallentschädigung **erwerbstätigen Personen,** die infolge einer infektionsschutzrechtlich bedingten Schließung von Schulen und Kinderbetreuungseinrichtungen ihre Kinder selbst betreuen müssen und hierdurch einen Verdienstausfall erleiden. Die übrigen Absätze des § 56 treffen ausdifferenzierte Regelungen insbes. zum Entschädigungsumfang und zur Abwicklung der Entschädigungsansprüche; Abs. 4, Abs. 5 und Abs. 12 begründen ergänzende Erstattungs-, Aufwendungsersatz- und Vorschussansprüche, welche auf den Entschädigungstatbeständen nach Abs. 1 und Abs. 1a aufbauen.

2   Die Verdienstausfallentschädigung von einem Erwerbstätigkeitsverbot Betroffenen nach Abs. 1 war im Wesentlichen bereits in § 28 RSeuchG angelegt, hieran anschließend in § 49 BSeuchG vorgesehen und erfuhr in der Folgezeit nur wenige Änderungen und hatte nur geringe praktische Bedeutung (ausf. zur hist. Entwicklung *Becker* in Huster/Kingreen Hdb. InfSchR Kap. 9 Rn. 44 ff.; *Eckart/Kruse* in BeckOK InfSchR § 56 Rn. 3 ff.). Im Anschluss an das MasernschutzG v. 10.2.2020 (BGBl. I 142) wurde Abs. 1 um eine Regelung (nunmehr S. 4) ergänzt, die einen Anspruch auf Verdienstausfallentschädigung ausschließt, wenn der Betroffene durch die Inanspruchnahme einer gesetzlich vorgeschriebenen oder öffentlich empfohlenen Schutzimpfung oder Maßnahme der spezifischen Prophylaxe das Erwerbstätigkeitsverbot oder die Absonderung hätte vermeiden können und damit in vorwerfbarer Weise zum

Schadenseintritt beigetragen hat (BT-Drs. 19/15164, 58; *Gerhardt*, § 56 Rn. 1a). Durch das 1. BevSchG v. 27.3.2020 (BGBl. I 587) wurde mit Abs. 1a die besondere Verdienstausfallentschädigung für Sorgeberechtigte (nun: „erwerbstätige Personen") wegen Kinderbetreuung aufgenommen. Durch das 2. BevSchG v. 19.5.2020 (BGBl. I 1018) wurde der im Falle einer Absonderung nach Abs. 1 S. 2 ggf. entschädigungsberechtigte Personenkreis um Krankheitsverdächtige erweitert (→ Rn. 21), die Regelung zum nachträglichen Eintritt der Arbeitsunfähigkeit eines Entschädigungsberechtigten in Abs. 7 geändert (→ Rn. 51) sowie die in Abs. 11 vorgesehene Frist zur Stellung der Anträge auf Entschädigung von drei auf zwölf Monate verlängert (→ Rn. 48). In den darauffolgenden Monaten erfuhr § 56 diverse – zT nur vorübergehende oder durch spätere Gesetzesfassungen innerhalb der Vorschrift verschobene – Änderungen. Durch das Corona-SteuerhilfeG v. 19.6.2020 (BGBl. I 1385) wurden die Anspruchsvoraussetzungen nach Abs. 1a neu gefasst sowie die Höchstbezugsdauer der Verdienstausfallentschädigung für Sorgeberechtigte rückwirkend von ursprünglich längstens sechs auf längstens zehn, bei Alleinbetreuenden auf längstens zwanzig Wochen erhöht (vgl. Art. 5 Nr. 2 und Art. 6 Abs. 2 Corona-SteuerhilfeG). Zudem wurde die Anknüpfung an die Sorgeberechtigung durch die Rede von „erwerbstätigen Personen" ersetzt (→ Rn. 55, 60). Durch das 3. BevSchG v. 18.11.2020 (BGBl. I 2397; vgl. auch *Sangs* NVwZ 2020, 1780ff.) wurde in Abs. 1 ein Anspruchsausschluss für den Fall einer vermeidbaren Reise in Risikogebiete aufgenommen und wurde Abs. 1a um Fälle der Absonderung ergänzt. Von Bedeutung für die Verdienstausfallentschädigungen nach Abs. 1 und Abs. 1a ist zudem die Zuweisung einschlägiger Streitigkeiten nicht mehr an die ordentlichen, sondern an die Verwaltungsgerichte, die das 3. BevSchG durch eine Änderung des § 68 Abs. 1 vorgenommen hat (→ § 68 Rn. 3). Durch das G über eine einmalige Sonderzahlung aus Anlass der COVID-19-Pandemie an Besoldungs- und Wehrsoldempfänger v. 21.12.2020 (BGBl. I 3136) wurde Abs. 1a Nr. 1 rückwirkend zum 16.12.2020 auf Fälle ausgedehnt, in denen von der zuständigen Behörde aus Gründen des Infektionsschutzes Schul- oder Betriebsferien angeordnet oder verlängert werden oder die Präsenzpflicht in der Schule aufgehoben wird. Das 3. BevSchG ordnete zudem das Außerkrafttreten von Abs. 1a und Abs. 4 S. 2 mit Ablauf des 31.3.2021 sowie eine Neufassung des Abs. 11 S. 1 an. Das EpiLage-FortgeltungsG v. 29.3.2021 (BGBl. I 370) kommt nun dem Außerkrafttreten des Abs. 1a und der den Entschädigungsanspruch wegen Kindesbetreuung betreffenden Vorschrift zuvor und stellt die Fortgeltung dieser Bestimmungen sicher, indem es den Anspruch nach Abs. 1a an die Feststellung einer epidemischen Lage von nationaler Tragweite nach § 5 Abs. 1 S. 1 knüpft (vgl. auch BT-Drs. 19/26545, 18). Zudem hat das EpiLage-FortgeltungsG weitere Änderungen des § 56 vorgenommen. Ua wurde die Entschädigungsberechtigung im Falle einer Absonderung in Abs. 1 S. 2 neu geregelt und kann nach dem neu eingefügten Abs. 1 S. 3 nun ein Anspruch auf Verdienstausfallentschädigung bereits vor der behördlichen Anordnung eines Berufstätigkeitsverbots oder einer Absonderung entstehen (→ Rn. 14). Ferner wurden zur Berechnung der Verdienstausfallentschädigung Verweise auf das EFZG und das SGB III in Abs. 3 aufgenommen und wurde die Antragsfrist (Ausschlussfrist) in Abs. 12 von einem auf zwei Jahre verlängert.

3   Die von Abs. 1 S. 1 und S. 2 erfassten Ausscheider, Ansteckungs-, Krankheitsverdächtigen oder Träger von Krankheitserregern sind im infektionsschutzrechtlichen Sinne (Handlungs-)„**Störer**" und müssten als solche nach allg. Gefahrenabwehrrecht einen infolge eines Erwerbstätigkeitsverbots oder einer Absonderung erlittenen Verdienstausfall grundsätzlich entschädigungslos hinnehmen. Denn derartige Gefahrenabwehrmaßnahmen verweisen der Störer lediglich in die allg. Schranken seiner Rechtsausübung, die er auch dann einhalten muss, wenn er hierdurch einen Vermögensschaden erleidet (allg. etwa BGH NJW 2011, 3157 Rn. 8; *Schoch,* Rn. 1004 mwN; speziell für das Infektionsschutzrecht *Krakau,* DÖV 1970, 178; *Erdle,* § 56, S. 158; *Gerhardt,* § 56 Rn. 1, *BBS,* § 56 Rn. 1; krit. zur Unterscheidung zwischen „Störern" und „Nichtstörern" im Infektionsschutzrecht *Eckart/Kruse* in BeckOK InfSchR § 56 Rn. 10.1; zur Problematik auch → § 2 Rn. 18). Vor diesem Hintergrund ist die Verdienstausfallentschädigung nach Abs. 1 keine „Staatshaftung" und auch keine Ausformung des Aufopferungsgedankens (so aber *Itzel* DVBl. 2020, 792): Weil die Betroffenen zur „Nichtstörung" verpflichtet sind, verkürzen infektionsschutzrechtliche Gefahrenabwehrmaßnahmen nicht ihre Rechtssphäre. Der Gesetzgeber will die Betroffenen jedoch wirtschaftlich absichern und vor materieller Not schützen, weil sie „vom Schicksal in ähnlicher Weise betroffen sind wie Kranke" und hat zu diesem Zweck mit der Verdienstausfallentschädigung nach Abs. 1 eine „**Billigkeitsregelung**" geschaffen (BT-Drs. 3/1888, 27; hieran anschließend auch BGH NJW 1972, 632; BGHZ 73, 16 = NJW 1979, 422 (424); *Erdle,* § 56, S. 159; *Gerhardt,* § 56 Rn. 1; *Lutz,* § 56 Rn. 2; *Eckart/Kruse* in BeckOK InfSchR § 56 Rn. 1, 2, 10; *Becker* in Huster/Kingreen Hdb. InfSchR Kap. 9 Rn. 109 ff.). Es handelt sich somit um eine Maßnahme der **sozialen Sicherung** (ähnlich *Stöß/Putzer* NJW 2020, 1465 (1466); treffend spricht *Becker* in Huster/Kingreen Hdb. InfSchR Kap. 9 Rn. 110 von sozialer Entschädigung iwS); *Ritgen* LK 2020, 127 (130)). Dementsprechend beschränkt sich die Vorschrift auf das vom Gesetzgeber für notwendig Erachtete und gewährt keinen vollen Schadensausgleich (BT-Drs. 3/1888, 27; *Gerhardt,* § 56 Rn. 1; *BBS,* § 56 Rn. 1; *Winter/Thürk* in Schmidt, § 22 Rn. 16). Die Entschädigung soll auch nicht Arbeitgeber und Versicherungen entlasten und deren Verpflichtung zu Versicherungsleistungen oder zur Lohnfortzahlung auf die Allgemeinheit abwälzen (BGHZ 73, 16 = NJW 1979, 422 (424)).

4   Als besondere Regelung zur ausnahmsweisen Entschädigung von Störern trifft Abs. 1 keine Aussage darüber, ob und inwieweit **Nichtstörer,** die infektionsschutzrechtlichen Maßnahmen unterworfen werden, eine Entschädigung erhalten. Dies richtet sich für den Fall der Inanspruchnahme als Nichtstörer (im gefahrenabwehrrechtlichen Sinne; → § 65 Rn. 14) nach der abschließenden Regelung in § 65, die insoweit den Rückgriff auf die Entschädigungstatbestände des allg. Polizei- und Ordnungsrecht und des Staatshaftungsrechts versperrt (→ Vorb. §§ 56–68 Rn. 15 f.).

5   Die Erwerbstätigen, denen unter den Voraussetzungen des Abs. 1a eine Verdienstausfallentschädigung wegen „erzwungener" Kinderbetreuung gewährt wird, sind keine Störer im infektionsschutzrechtlichen Sinne. Deshalb fügt sich Abs. 1a in systematischer Hinsicht nur bedingt in § 56 ein (*Bachmann/Rung* in Kluckert, § 15 Rn. 36; *Eckart/Kruse* in BeckOK InfSchR § 56 Rn. 1,

7, 10; anders *Gerhardt,* § 56 Rn. 1, der die Zielsetzung auch des Abs. 1 a betont, die Betroffenen vor materieller Not zu schützen). Andererseits handelt es sich bei Abs. 1 a nicht um eine typische „Nichtstörer-Entschädigung" wie etwa nach § 65 (→ § 65 Rn. 4), weil die Betroffenen nicht gezielt gefahrenabwehrrechtlich in Anspruch genommen werden. Der Gesetzgeber will mit Abs. 1 a Verdienstausfälle erwerbstätiger Sorgeberechtigter abmildern (BT-Drs. 19/18111, 25; hieran anschließend *Bachmann/Rung* in Kluckert, § 15 Rn. 35; *Stöß/Putzer* NJW 2020, 1465 (1468), die Abs. 1 a ebenfalls als „Billigkeitsregelung" ansehen). Es handelt sich also um eine Maßnahme der **finanziellen Familienförderung** (zum Ganzen → Vorb. §§ 56–68 Rn. 8; ähnlich *Becker* in Huster/Kingreen Hdb. InfSchR Kap. 9 Rn. 112; zutreffend die Nähe zum Sozialrecht betonend *Eckart/Kruse* in BeckOK InfSchR § 56 Rn. 10; anderer Akzent bei *Treffer* NWVBl. 2020, 273 (274): „flankierende Kinderschutzmaßnahme", die die Kinderbetreuung sicherstellen soll).

B. Die Verdienstausfallentschädigung bei Erwerbstätigkeitsverbot oder Absonderung (Abs. 1)

Abs. 1 gewährt bestimmten von einem Erwerbstätigkeitsverbot oder einer **6** Absonderung Betroffenen einen Anspruch auf Verdienstausfallentschädigung. Anders als die Verdienstausfallentschädigung der Sorgeberechtigten nach Abs. 1 a (vgl. Abs. 2 S. 5: längstens zehn bzw. zwanzig Wochen) ist die Entschädigung wegen Erwerbstätigkeitsverbots nach Abs. 1 in **zeitlicher** Hinsicht **nicht begrenzt.** Als Billigkeitsausgleich bzw. Maßnahme der sozialen Sicherung kann sie nur im Rahmen der gesetzlichen Voraussetzungen gewährt werden (ebenso *Erdle,* § 56, S. 159; *Winter/Thürk* in Schmidt, § 22 Rn. 16, 18).

I. Tatbestandliche Voraussetzungen des Entschädigungsanspruchs

Der Anspruch auf Verdienstausfallentschädigung nach Abs. 1 setzt voraus, **7** dass der Anspruchsteller dem von Abs. 1 S. 1 und S. 2 geschützten Personenkreis angehört (→ Rn. 8 ff.), dass er einem der in Abs. 1 S. 1 angesprochenen Verbote in der Ausübung seiner bisherigen Erwerbstätigkeit unterliegt oder unterworfen wird bzw. dass eine Absonderung nach Abs. 1 S. 2 iVm § 30 oder aufgrund einer RVO nach § 36 Abs. 8 S. 1 Nr. 1 vorliegt (→ Rn. 14 ff.), dass er durch das Erwerbstätigkeitsverbot oder die Absonderung einen Verdienstausfall erleidet (→ Rn. 25) und dass kein Ausschlussgrund nach Abs. 1 S. 4 eingreift (→ Rn. 26 ff.).

1. Geschützter Personenkreis (Abs. 1 S. 1 und S. 2). Nach Abs. 1 S. 1 **8** kommt eine Verdienstausfallentschädigung für **Ausscheider** (§ 2 Nr. 6; → § 2 Rn. 25 ff.), für **Ansteckungsverdächtige** (§ 2 Nr. 7; → § 2 Rn. 29 ff.), für **Krankheitsverdächtige** (§ 2 Nr. 5; → § 2 Rn. 23) und für **sonstige Träger von Krankheitserregern** iSd § 31 S. 2 (sog. Carrier, → § 2 Rn. 28) in Betracht. Die Ursprungsfassung der Vorschrift im BSeuchG 1961 erfasste noch nicht die Krankheitsverdächtigen, hatte insoweit jedoch einen von den heutigen Legaldefinitionen abweichenden Begriff des Krankheitsverdächtigen zum

Hintergrund, demzufolge Krankheitsverdächtige stets Kranke waren (BT-Drs. 3/1888, 27; *BBS*, § 56 Rn. 3; *Eckart/Kruse* in BeckOK InfSchR § 56 Rn. 28.1). Nach den heutigen Begriffsbestimmungen in § 2 Nr. 4 und 5 sind Krankheitsverdächtige und Kranke zu unterscheiden. Gem. Abs. 1 S. 2 kommen als Entschädigungsberechtigte auch Personen in Betracht, die als Ausscheider, als Ansteckungsverdächtige oder als Krankheitsverdächtige nach § 30 abgesondert wurden oder werden (→ Rn. 21). Für Ausscheider kam nach Abs. 2 S. 2 aF eine Entschädigung nur dann in Betracht, wenn sie andere Schutzmaßnahmen nicht befolgen können (→ Rn. 27).

9   Personen, die im Zeitpunkt des Erwerbstätigkeitsverbots bereits **Kranke** iSd § 2 Nr. 4 (→ § 2 Rn. 21 f.) sind, (gehörten und) gehören nach dem eindeutigen Wortlaut nicht zu dem nach Abs. 1 S. 1 entschädigungsberechtigten Personenkreis (BGH NJW 1972, 632: „kein Zweifel"; *Becker* in Huster/Kingreen Hdb. InfSchR Kap. 9 Rn. 118). Sie erfahren hierdurch jedoch keine unbillige Benachteiligung, jedenfalls soweit die Erkrankung zur Arbeitsunfähigkeit führt: Einmal führen hier andere Gründe als ein Erwerbstätigkeitsverbot zu einem etwaigen Verdienstausfall (*BBS*, § 56 Rn. 6). Und weiter stehen den Betroffenen dann regelmäßig bereits aufgrund gesetzlicher Vorschriften oder eines privaten Versicherungsverhältnisses Ansprüche auf Entgeltfortzahlung oder Versicherungsleistungen zu; für eine Billigkeitsentschädigung nach § 56 besteht dann kein Bedürfnis (BT-Drs. 3/1888, 27; *Gerhardt*, § 56 Rn. 4; *Stöß/Putzer* NJW 2020, 1465 (1464); *Bachmann/Rung* in Kluckert, § 15 Rn. 20; *Lutz,* § 56 Rn. 4). Der Sonderfall, dass eine zu einem Verbot führende Erkrankung zeitlich erst nach dem Verbotseintritt erfolgt, ist durch Abs. 7 abgedeckt (→ Rn. 51).

10   Denkbar ist allerdings, dass eine Person als Kranker iSd § 2 Nr. 4 einem Erwerbstätigkeitsverbot unterworfen wird, diese Erkrankung jedoch **keine Arbeitsunfähigkeit** begründet, so dass der Betroffene nicht anderweitig abgesichert ist. Ob hier ergänzend auf den allg. Aufopferungsgedanken der §§ 74, 75 Einleitung ALR zurückgegriffen werden kann (dafür *Gerhardt*, § 56 Rn. 5; zurückhaltender *Bachmann/Rung* in Kluckert, § 15 Rn. 21; ablehnend auch *Eckart/Kruse* in BeckOK InfSchR § 56 Rn. 27.1), erscheint zweifelhaft: Erstens ist § 56 Abs. 1 nicht als Ausprägung des Aufopferungsgedankens, sondern als Maßnahme der sozialen Sicherung anzusehen (→ Rn. 3), so dass die „Lücken" des § 56 Abs. 1 nicht mithilfe jenes Rechtsinstituts geschlossen werden können. Und zweitens bedürfte auch der allg. Aufopferungsanspruch der erweiternden Auslegung, da die Erwerbstätigkeit als solche nicht zu den geschützten Rechtspositionen gehört, jedenfalls soweit man der – freilich nicht unumstrittenen – Rspr. des BGH folgt (BGHZ 111, 349 (355 ff.); BGH NJW 1994, 1468; ausf., auch zur Kritik *Limanowski*, S. 31 ff., 92 ff., 121 ff.).

11   Zu dem in Abs. 1 S. 1 und S. 2 genannten Personenkreis können **Arbeitnehmer wie Selbständige** gehören, wie sich bereits aus den Bestimmungen über die Berechnung und Abwicklung der Verdienstausfallentschädigung ergibt (vgl. Abs. 3–6, 12). Stets können aber allein **einzelne natürliche Personen** entschädigungsberechtigt sein, wie sich aus den Begriffsbestimmungen des § 2 ergibt, an die § 56 Abs. 1 anknüpft. Als juristische Personen oder Personengesellschaften sind dagegen Unternehmen und Gewerbebetriebe nicht erfasst (*Reschke* DÖV 2020, 423 (425); *Stöß/Putzer* NJW 2020, 1465 (1466); *Lutz,* § 56 Rn. 3). Entschädigungsberechtigte können stets nur der Inhaber

eines Gewerbebetriebes, die Mitarbeiter eines Unternehmens etc. sein; Anknüpfungspunkt für die Entschädigung ist auch ausschließlich deren individueller Verdienstausfall (→ Rn. 30 ff.).

Mit Blick auf die im Zuge der **Corona-Pandemie** verfügten Schließungen **12** von Geschäften, Restaurants und Kultureinrichtungen wird die Frage aufgeworfen, inwieweit von diesen Schließungen wirtschaftlich nachteilig betroffenen Gewerbetreibenden, Freiberuflern und Künstlern eine Verdienstausfallentschädigung zustehen kann. § 56 Abs. 1 wird hierfür nur insoweit eine Grundlage bieten können, als die Betroffenen zum Kreis der in Abs. 1 S. 1 und S. 2 genannten infektionsschutzrechtlichen „Störer" gezählt werden können (*Itzel* DVBl. 2020, 792 (793); *Kümper* DÖV 2020, 904 (908); *Becker* in Huster/Kingreen Hdb. InfSchR Kap. 9 Rn. 115; *Eckart/Kruse* in BeckOK InfSchR § 56 Rn. 29; *Dünchheim/Gräler* VerwArch 112 (2021), 38 (41)). Dies wird nur in Einzelfällen anzunehmen sein, etwa wenn konkrete Anhaltspunkte dafür bestehen, dass ein Betriebsinhaber sich infiziert haben könnte. Insbesondere lassen sich die Inhaber von Geschäften und Restaurants nicht pauschal zum Kreis der Ansteckungsverdächtigen iSd § 2 Nr. 7 zählen (zutreffend LG Köln BeckRS 2021, 264; LG Stuttgart BeckRS 2020, 31215; *Eibenstein* NVwZ 2020, 930 (932), unter Hinweis auf die hohen Anforderungen an den Ansteckungsverdacht nach BVerwGE 142, 205 = NJW 2012, 2823; iErg auch *Itzel* DVBl. 2020, 792 (793); *Ritgen* LK 2020, 127 (130)).

Im Schrifttum wird vor diesem Hintergrund erwogen, Abs. 1 erweiternd **13** oder analog auf die betroffenen Gewerbetreibenden anzuwenden, weil diese als **„Nichtstörer"** gleichsam „erst recht" entschädigt werden müssten, wenn Abs. 1 eine Entschädigung – abweichend von den allg. Grundsätzen – sogar für Störer vorsehe (*Rommelfanger* CoVuR 2020, 178 (180), der zudem eine Analogie befürwortet; ebenso *Eusani* MDR 2020, 962 (965); für eine Analogie auch *Otto* LKV 2020, 355 (357 f.); *von Usslar* VR 2020, 962 (965)). Überwiegend wird Abs. 1 in diesen Fällen aber zu Recht als unanwendbar und auch nicht der Analogie zugänglich angesehen, weil der Gesetzgeber mit Abs. 1 gezielt einen bestimmten Personenkreis der Störer absichern wollte und es somit an einer planwidrigen Regelungslücke fehlt (zum Ganzen überzeugend LG Hannover BeckRS 2020, 14033; LG Hannover BeckRS 2020, 34842; LG Stuttgart BeckRS 2020, 31215; LG Köln BeckRS 2021, 264; *Stöß/Putzer* NJW 2020, 1465 (1466 f.); *Treffer* NWVBl. 2020, 273 (274); *Eibenstein* NVwZ 2020, 930 (932); *Dünchheim/Gräler* VerwArch 112 (2021), 38 (42); im Ergebnis auch LG Heilbronn NVwZ 2020, 975 Rn. 20; ferner *Kümper* DÖV 2020, 904 (909) mwN). Eine erweiternde Auslegung des Abs. 1 ist auch nicht aus verfassungsrechtlichen Gründen, etwa aufgrund des allg. Gleichheitssatzes (Art. 3 Abs. 1 GG) oder eines schwerwiegenden Eingriffs in Art. 12 Abs. 1 oder Art. 14 Abs. 1 GG, geboten (hierzu auch *Stöß/Putzer* NJW 2020, 1465 (1466); *Eckart/Kruse* in BeckOK InfSchR § 56 Rn. 2), weil hilfsbedürftige Störer und „Nichtstörer" entschädigungsrechtlich nach den jeweils für sie geltenden Regeln – dh gerade gleichheitsgerecht – behandelt werden. Im Übrigen darf aus dem Umstand, dass bestimmte Personen(kreise), etwa die Gewerbetreibenden bestimmter Branchen, **nicht Störer** im gefahrenabwehrrechtlichen Sinne sind, **nicht** geschlossen werden, dass sie hierdurch zugleich zu **Nichtstörern** iSd gefahrenabwehrrechtlichen Bestimmungen zur Nichtstörer-Entschädigung, die an eine individuelle Inanspruchnahme anknüpfen, würden (→ § 65 Rn. 14).

14   **2. Erwerbstätigkeitsverbot auf der Grundlage des IfSG (Abs. 1 S. 1)**
oder Absonderung (Abs. 1 S. 2). Abs. 1 sieht drei mögliche Anknüpfungspunkte für eine Verdienstausfallentschädigung vor: erstens ein Verbot der bisherigen Erwerbstätigkeit aufgrund der Bestimmungen des IfSG (Abs. 1 S. 1),
zweitens eine Absonderung nach § 30 (ggf. iVm § 32) oder nach einer RVO
nach § 36 Abs. 8 S. 1 Nr. 1 (Abs. 1 S. 2) und drittens – seit dem EpiLage-FortgeltungsG v. 29. 3. 2021 (BGBl. I 370) eine vorsorgliche Absonderung bzw. ein
vorsorglicher Verzicht auf Erwerbstätigkeit, wenn zu diesem Zeitpunkt eine
Absonderungsanordnung oder ein Erwerbstätigkeitsverbot nach § 31 hätte erlassen werden können.

15   Das in Abs. 1 S. 1 angesprochene Verbot der Erwerbstätigkeit muss „auf
Grund dieses Gesetzes", dh **gerade auf dem IfSG** bzw. dessen Vollzug
beruhen. Erwerbstätigkeitsverbote auf der Grundlage anderer gesetzlicher Bestimmungen können nach Abs. 1 S. 1 keinen Anspruch auf Verdienstausfallentschädigung auslösen (*Gerhardt,* § 56 Rn. 6; *Erdle,* § 56, S. 159). Stimmen anderweitige Erwerbstätigkeitsverbote mit denen nach dem IfSG überein, sehen
aber keine Entschädigung vor, so wird teilweise eine Entschädigung befürwortet (dafür *Erdle,* § 56, S. 159, bei dem allerdings die Anspruchsgrundlage offen
bleibt). Dies erscheint indes fragwürdig, weil das anderweitige Gesetz keine
Entschädigung vorsieht und das Erwerbtätigkeitsverbot auf der Grundlage des
IfSG nicht ursächlich für den Verdienstausfall geworden ist, weil das Verbot
auch auf der Grundlage des anderweitigen Gesetzes eingetreten wäre (zur
Kausalität → Rn. 25).

16   Auf der Grundlage des IfSG können sich Erwerbstätigkeitsverbote zum
einen unmittelbar aus dem **Gesetz** (so etwa nach § 34 Abs. 1–3, § 42), zum anderen auch aus **behördlichen Anordnungen** für den Einzelfall (etwa nach
§ 31) ergeben. Diese Unterscheidung kommt auch in der Formulierung „unterliegen oder unterworfen werden" zum Ausdruck: Im Falle eines behördlich
angeordneten Verbots wird der Betroffene dem Verbot „unterworfen" (*Gerhardt,* § 56 Rn. 7; *Erdle,* § 56, S. 159).

17   Das Verbot muss sich nach Abs. 1 S. 1 auf die **„bisherige" Erwerbstätigkeit** beziehen, dh auf die Erwerbstätigkeit, die bis zum Eintritt des Verbots
ausgeübt wurde (*Gerhardt,* § 56 Rn. 8); bloß künftige Erwerbschancen werden
nicht geschützt (*Becker* in Hdb. InfSchR Kap. 9 Rn. 117). An einer „bisherigen" Erwerbstätigkeit fehlt es, wenn eine solche noch nicht ausgeübt wurde.
Nach einem Berufswechsel ist der neu aufgenommene Beruf ebenfalls kein
tauglicher Anknüpfungspunkt für einen Anspruch nach Abs. 1 S. 1, auch
wenn der Aufnahme dieses neuen Berufs ein Betätigungsverbot nach § 42
oder § 31 entgegensteht (*Erdle,* § 56, S. 159; *Gerhardt,* § 56 Rn. 8; *Bachmann /
Rung* in Kluckert, § 15 Rn. 10; *Eckart/Kruse* in BeckOK InfSchR § 56
Rn. 22). Die Voraussetzung für die Entschädigung entfällt auch, wenn der Betroffene einen neuen Beruf ergreift, für den die infektionsschutzrechtlichen
Einschränkungen nicht gelten, wenn er also seine bisherige Tätigkeit aufgibt
und folglich keine Ersatztätigkeit iSd § 56 Abs. 8 Nr. 2 mehr ausübt (*Erdle,*
§ 56, S. 159). Überzeugend erscheint zudem, dass die bisherige **Tätigkeit**

rechtmäßig ausgeübt worden sein muss, da niemand allein aufgrund seines gesetzeswidrigen Verhaltens in den Genuss einer materiellen Absicherung gelangen sollte (*Gerhardt,* § 56 Rn. 9, der auf die Anforderungen nach §§ 43, 44 verweist; *BBS,* § 56 Rn. 11; *Eckart/Kruse* in BeckOK InfSchR § 56 Rn. 22). Dies gilt nicht nur für die Vereinbarkeit der bisherigen Tätigkeit mit Vorschriften des IfSG.

Tauglicher Anknüpfungspunkt für einen Entschädigungsanspruch kann **18** nach Abs. 1 S. 1 allein ein **Verbot gerade der Erwerbstätigkeit** sein. Nicht gezielt auf die Erwerbstätigkeit gerichtete Verbote, etwa eine nach § 28a Abs. 1 Nr. 3 getroffene Ausgangsbeschränkung (→ Rn. 22, → § 28a Rn. 40 ff.), genügen für einen Entschädigungsanspruch nach Abs. 1 S. 1 nicht, selbst wenn sie mittelbar zur Folge haben, dass der Betroffene seiner Erwerbstätigkeit nicht oder nur eingeschränkt nachgehen kann; und auch nach Abs. 1 S. 2 müssen die spezifischen Anforderungen an eine Absonderung iSd § 30 erfüllt sein (→ Rn. 21; zutreffend *Siegel* NVwZ 2020, 577 (583)).

Das Erwerbstätigkeitsverbot muss sich ferner **unmittelbar** an die in Abs. 1 **19** S. 1 bezeichneten Personen, also an infektionsschutzrechtliche **„Störer"** richten (*Winter/Thürk* in Schmidt, § 22 Rn. 19; *Itzel* DVBl. 2020, 792 (793); *Eibenstein* NVwZ 2020, 930 (932); im Rahmen eines Normenkontrollantrags gegen eine auf § 32 iVm § 28 gestützte RVO VGH Mannheim BeckRS 2020, 8306 Rn. 31). Lediglich mittelbare negative Auswirkungen auf die Erwerbstätigkeit weiterer Personen („Nichtstörer" iwS; → Rn. 13), wie sie etwa eintreten mögen, wenn ein Erwerbstätigkeitsverbot an einen Ansteckungsverdächtigen gerichtet wird und infolgedessen auch ein Anderer seine Erwerbstätigkeit (ganz oder teilweise) einstellen muss (Bsp.: Sänger und Begleitpianist), genügen nicht (iE ebenso *Bachmann/Rung* in Kluckert, § 15 Rn. 12; *Quarch/Geissler* in Quarch/Geissler/Plottek/Epe § 3 Rn. 18). Nicht einmal lediglich mittelbare Auswirkungen eines Erwerbstätigkeitsverbots nach Abs. 1 S. 1 stellen Verdienstausfälle von „Nichtstörern" dar, welche aus allg. Einschränkungen des öffentlichen Lebens, Geschäftsschließungen, Ausgangs- und Zugangsbeschränkungen etc. resultieren (weiter hingegen *Bachmann/Rung* in Kluckert, § 15 Rn. 11): Sie gehen bereits nicht auf ein an die in Abs. 1 S. 1 genannten „Störer" gerichtetes Erwerbstätigkeitsverbot zurück (zu weitgehend daher *Antweiler* NVwZ 2020, 584 (589), der allg. Schließungsanordnungen durch RVO nach § 32 genügen lässt, soweit eine berufliche Tätigkeit infolgedessen nicht mehr ausgeübt werden kann). So werden bspw. Künstler nicht nach Abs. 1 S. 1 wegen einer Schließung von Kultureinrichtungen entschädigt (zutreffend *Winter/Thürk* in Schmidt, § 22 Rn. 19; *Lutz,* § 56 Rn. 6).

Im Schrifttum wird nicht selten angenommen, ein behördlich angeordnetes **20** **Erwerbstätigkeitsverbot** iSd Abs. 1 S. 1 müsse **rechtmäßig** sein (etwa *Erdle,* § 56, Rn. 159; *Winter/Thürk* in Schmidt, § 22 Rn. 14; *Eufinger* DB 2020, 1121 (1121); *Quarch/Geissler* in Quarch/Geissler/Plottek/Epe (Hrsg.) § 3 Rn. 14; wie hier dagegen *Giesberts/Gayger/Weyand* NVwZ 2020, 417 (420); *Gerhold/Öller/Strahl* DÖV 2020, 676 (677); *Eckart/Kruse* in BeckOK § 56 Rn. 34; *Becker* in HdB. InfSchR Kap. 9 Rn. 114). Auf die Rechtmäßigkeit des Verbots kann es jedoch für den Entschädigungsanspruch nicht ankommen, weil das durch VA ausgesprochene Verbot hiervon unabhängig wirksam und idR auch vollziehbar ist und der Verdienstausfall unabhängig von der Rechtmäßigkeit des Verbots eintritt; die Zielsetzung des § 56 Abs. 1, den Betroffenen sozial abzusichern (→ Rn. 3), erfasst auch den Fall eines rechtswidrigen Verbots. Allerdings bestehen dann ohnehin ggf. weitergehende Ansprüche, insbes. aus Amtshaftung nach § 839 BGB/Art. 34 GG, die vollen Schadensersatz (§§ 254 ff. BGB) und nicht nur Entschädigung gewähren (so auch *Erdle,* § 56, S. 159, der zudem auf Aufopferung und enteignungsgleichen Eingriff hinweist); zu beachten ist insoweit aber der in § 839 Abs. 3 BGB normierte Vorrang des Primärrechtsschutzes.

21   Neben dem Erwerbstätigkeitsverbot nach Abs. 1 S. 1 ist Anknüpfungspunkt für eine Verdienstausfallentschädigung gem. Abs. 1 S. 2 auch eine **Absonderung** nach § 30 (ggf. iVm § 32) oder aufgrund einer nach § 36 Abs. 8 S. 1 Nr. 8 erlassenen RVO (ausf. → § 30 Rn. 9 ff.; → § 36 Rn. 59 ff.). Abs. 1 S. 2 erhielt durch das EpiLage-FortgeltungsG v. 29.3.2021 (BGBl. I 370) eine neue Fassung. Zuvor bezog sich die Vorschrift auf eine Absonderung als Ausscheider, als Ansteckungsverdächtiger oder als Krankheitsverdächtiger (vgl. § 2 Nr. 5–7; Voraufl. § 56 Rn. 21). Nun soll durch die Neufassung klargestellt werden, dass neben den nach §§ 30, 32 abgesonderten auch solchen Personen eine Verdienstausfallentschädigung zustehen kann, die aufgrund einer RVO nach § 36 Abs. 8 S. 1 Nr. 1 einer Absonderungspflicht unterliegen (BT-Drs. 19/27291, 64). Dies betrifft Personen, die aus einem Risikogebiet zurückkehren und bei denen die Absonderung der Feststellung einer Erkrankung und Verhinderung der Krankheitsverbreitung dienen soll (→ § 36 Rn. 61, 66). Nach der Neufassung des Abs. 1 S. 2 sollen grds. auch Personen entschädigungsberechtigt sein, die sich als Erkrankte abzusondern haben; allerdings kommt dies nur in Betracht, soweit sie einen Verdienstausfall erleiden – dies ist bei Gewährung einer Entgeltersatzleistung nicht der Fall (BT-Drs. 19/27291, 65).

22   Abs. 1 S. 2 erfasst ua den Fall der Anordnung einer sog. **häuslichen Quarantäne** nach § 30 Abs. 1 S. 2 (*Giesberts/Gayger/Weyand* NVwZ 2020, 411 (420); *Lutz,* § 56 Rn. 9); hierzu auch → § 30 Rn. 14; einschränkend *Winter/Thürk* in Schmidt, § 22 Rn. 18), dies allerdings nur, wenn sich die Anordnung an Ausscheider, Ansteckungs- oder Krankheitsverdächtige richtet (zu pauschal *Antweiler* NVwZ 2020, 584 (589)). Nicht erfasst ist dagegen die Fallgestaltung, dass jemandem auf der Grundlage des § 28a Abs. 1 Nr. 3 verboten wird, seine Wohnung zu verlassen (**„Ausgangsbeschränkung",** → § 28a Rn. 40 ff.), selbst wenn diese Anordnung einer Absonderung iSd § 30 Abs. 1 S. 2 in ihrer Eingriffswirkung gleichkommt (dafür aber *Bachmann/Rung* in Kluckert, § 15 Rn. 24; zur Abgrenzung von Absonderungen und Ausgangsbeschränkungen → § 28 Rn. 53). Denn Grund für die Entschädigung ist nicht die Intensität des Grundrechtseingriffs, sondern die vom Gesetzgeber identifizierte soziale Hilfsbedürftigkeit der in § 56 Abs. 1 bezeichneten „Störer". Als solche werden Personen auf der Grundlage der §§ 28 Abs. 1, 28a jedoch nicht in Anspruch genommen (→ § 28 Rn. 6 ff.).

23   Ebenso wie beim Erwerbstätigkeitsverbot nach Abs. 1 S. 1 (→ Rn. 19) kann auch bei der Absonderung nach Abs. 1 S. 2 entschädigungsberechtigt nur sein, wer **persönlich** als Ausscheider, Ansteckungs- oder Krankheitsverdächtiger („Störer") abgesondert wurde oder wird. Lediglich mittelbare negative Auswirkungen in Form von Verdienstausfällen, die Nichtstörern dadurch entstehen, dass andere Personen abgesondert werden, können nicht genügen (ebenso *Lutz,* § 56 Rn. 10; *Eckart/Kruse* in BeckOK InfSchR § 56 Rn. 29). Bereits keinen Fall der Absonderung iSd § 30 stellen allg. Beschränkungen des öffentlichen Lebens, Zugangsbeschränkungen, Ausgangssperren etc. dar, die zu Verdienstausfällen bei Geschäftsinhabern oder Kulturschaffenden führen (zum Erwerbstätigkeitsverbot auch bereits → Rn. 19). Auf die Rechtmäßigkeit der Absonderung kann es für die Verdienstausfallentschädigung ebenso wenig ankommen wie auf die eines Erwerbstätigkeitsverbots (→ Rn. 17; anders *Eufinger* DB 2020, 1121 (1121)).

Durch das EpiLage-FortgeltungsG v. 29. 3. 2021 (BGBl. I 370) wurde der in **24** **Abs. 1 S. 3** geregelte Fall der **vorsorglichen Absonderung** bzw. der **vorsorglichen Nichtausübung der Erwerbstätigkeit** in das Gesetz aufgenommen: Eine Verdienstausfallentschädigung kann danach auch erhalten, wer sich bereits vor der Anordnung einer Absonderung nach § 30 oder eines Erwerbstätigkeitsverbots nach § 31 vorsorglich absondert oder vorsorglich bestimmte berufliche Tätigkeiten ganz oder teilweise nicht ausgeübt hat. Hierfür setzt Abs. 1 S. 3 jedoch voraus, dass zu diesem Zeitpunkt bereits eine Absonderungsanordnung nach § 30 oder ein Erwerbstätigkeitsverbot nach § 31 hätte erlassen werden können, also eine „materielle Verbots- bzw. Absonderungslage" bestand. Der Gesetzgeber wollte mit dieser Regelung dem Umstand Rechnung tragen, dass in der Praxis eine Einstellung der Erwerbstätigkeit bzw. eine häusliche Absonderung bereits ohne behördliche Verfügung stattfindet, und auch für die Fälle derartiger Vorsorge eine Entschädigungsleistung ermöglichen (BT-Drs. 19/27291), „belohnt" also im Interesse des Infektionsschutzes die Vorsicht. Abs. 1 S. 3 kann sich – anders als Abs. 1 S. 1 und S. 2 – naturgemäß allein auf behördliche Absonderungsanordnungen (§ 30) und behördliche Erwerbstätigkeitsverbote (§ 31) beziehen, weil Absonderungspflichten auf der Grundlage einer RVO (etwa nach § 36 Abs. 8 S. 1 Nr. 1) und gesetzliche Erwerbstätigkeitsverbote (vgl. §§ 34, 42) ipso iure eingreifen und nicht „vorsorglich" erfüllt werden können.

3. Verdienstausfall infolge des Erwerbstätigkeitsverbots oder der **25** Absonderung. Der Anspruchsteller muss gem. Abs. 1 S. 1 einen Verdienstausfall erlitten haben; andernfalls wäre schließlich auch ein Entschädigungsbedürfnis nicht erkennbar; die infektionsschutzrechtliche Billigkeitsentschädigung ist also subsidiär (*Eckart/Kruse* in BeckOK InfSchR § 56 Rn. 37). Keinen Verdienstausfall erleidet, wem auf gesetzlicher (zB § 616 BGB, Arbeitsvertrag, Tarifvertrag) oder vertraglicher (zB Verdienstausfallversicherung bei Selbständigen) Grundlage ein Lohn- oder Gehaltsfortzahlungsanspruch zusteht (zum Arbeitnehmer BGH NJW 1979, 422 (424); ferner *Gerhardt,* § 56 Rn. 10; *BBS,* § 56 Rn. 5; *Bachmann/Rung* in Kluckert, § 15 Rn. 28; *Erdle,* § 56, S. 160; weiterführend *Hohenstatt/Krois* NZA 2020, 413 ff.; *Noack* NZA 2021, 251 ff.; → iÜ Rn. 31 ff.). Umstritten ist im Einzelnen insbes., wann nach § 616 S. 1 BGB das Fortbestehen des Entgeltanspruchs wegen persönlicher Verhinderung an der Arbeitsleistung für eine „verhältnismäßig nicht erhebliche Zeit" anzunehmen ist (vgl. mwN *Eckart/Kruse* in BeckOK InfSchR § 56 Rn. 37.1; *Becker* in Huster/Kingreen Hdb. InfSchR Kap. 9 Rn. 117). Die Grenze der Unerheblichkeit dürfte bei wenigen Tagen zu ziehen und jedenfalls bei einem mehrwöchigen Erwerbstätigkeitsverbot bzw. einer entsprechenden Absonderung über-

schritten sein (*Hohenstatt/Krois* NZA 2020, 413 (416); *Temming* in Kluckert § 16 Rn. 14). § 616 S. 1 BGB kann iÜ individualvertraglich oder tarifvertraglich abbedungen werden. Hat der Arbeitnehmer für den Zeitraum des Erwerbstätigkeitsverbots bzw. der Absonderung Urlaub genommen und wird in entsprechender Anwendung des § 9 BUrlG dieser Zeitraum nicht auf den Jahresurlaub angerechnet, so besteht die Entgeltfortzahlungspflicht nicht nach §§ 1, 11 BUrlG fort und kommt dementsprechend ein Entschädigungsanspruch nach Abs. 1 in Betracht (*Eckart/Kruse* in BeckOK InfSchR § 56 Rn. 37.2; *Hohenstatt/Krois* NZA 2020, 413 (416); *Eufinger* DB 2020, 1121 (1122)). Zum Bestehen des Anspruchs nach § 56 bei Ansprüchen auf Arbeitslosengeld und Kurzarbeitergeld sowie der dann erfolgenden Legalzession vgl. Abs. 9 (→ Rn. 53). Das Verbot muss zudem ursächlich für den Verdienstausfall geworden sein, wie die Formulierung „dadurch" in Abs. 1 S. 1 anzeigt (*Gerhardt*, § 56 Rn. 11). Die Kausalität fehlt bspw., wenn ein von einem Erwerbstätigkeitsverbot oder einer Absonderung betroffener Gewerbetreibender oder Einzelhändler im fraglichen Zeitraum ohnehin von einer flächendeckenden Schließungsanordnung unterlag (*Eckart/Kruse* in BeckOK InfSchR § 56 Rn. 37.3).

26   **4. Kein Ausschlussgrund (Abs. 1 S. 4; „Verschulden gegen sich selbst").** § 56 enthält in Abs. 1 S. 4 eine explizite Regelung, die den Entschädigungsanspruch ausschließt und Fälle betrifft, in denen der Anspruchsteller das Erwerbstätigkeitsverbot oder die Absonderung zumutbar hätte vermeiden können.

27   Für **abgesonderte Ausscheider** kam nach Abs. 1 S. 2 aF eine Entschädigung nur dann in Betracht, wenn sie **andere Schutzmaßnahmen** als die Absonderung nicht befolgen können. Diese zusätzliche Voraussetzung bzgl. der Ausscheider knüpfte an § 30 Abs. 1 S. 2 an, wonach die Absonderung von Ausscheidern nur angeordnet werden darf, wenn diese andere Schutzmaßnahmen nicht befolgen, befolgen können oder befolgen würden und dadurch ihre Umgebung gefährden. Dem Anspruchsausschluss lag die Wertung zugrunde, dass die betreffende Person durch das Befolgen der anderweitigen Schutzmaßnahme die Absonderung und damit ggf. auch den Verdienstausfall zumutbar hätte vermeiden können (*Gerhardt*, § 56 Rn. 12; *Bachmann/Rung* in Kluckert, § 15 Rn. 25). Es handelte sich letztlich um einen Fall des „Verschuldens gegen sich selbst" (→ Rn. 29; für Mitverschulden *Eckart/Kruse* in BeckOK InfSchR § 56 Rn. 39). Im Zuge der Neufassung des Abs. 1 S. 2 durch das EpiLage-FortgeltungsG v. 29.3.2021 (BGBl. I 370) ist dieser Anspruchsausschlussgrund ohne nähere Begründung entfallen. Ob nun in den zuvor von Abs. 1 S. 2 erfassten Fällen einer vermeidbaren Absonderung ein Anspruchsausschluss auf eine entsprechende Anwendung des § 254 BGB gestützt werden kann (dafür allg. *Eckart/Kruse* in BeckOk InfSchR § 56 Rn. 41), erscheint eher zweifelhaft. Zwar mag im Rahmen des ungeschriebenen Aufopferungsanspruchs ein Mitverschulden berücksichtigungsfähig sein (darauf verweisen im Anschluss an BGHZ 45, 290 (294 ff.) *Eckart/Kruse* in BeckOK InfSchR § 56 Rn. 41); doch steht § 56 dem Recht der sozialen Sicherung näher als dem Aufopferungsanspruch, und dem (hier iwS verstandenen) sozialen Entschädigungsrecht ist eine Berücksichtigung von Mitverschulden grds. fremd (*Becker* in Huster Kingreen Hdb. InfSchR Kap. 9 Rn. 68). Der Frage dürfte aber nur geringe praktische Bedeutung zukommen, weil sie allein die Fälle betrifft, in denen entgegen § 30 Abs. 1 S. 2 gegenüber Ausscheidern die Absonderung angeordnet wird, obwohl andere Schutzmaßnahmen zum Erfolg führen würden.

Das MasernschutzG v. 10. 2. 2020 (BGBl. I 142) hat mit Abs. 1 S. 3 aF einen **28** weiteren Ausschlussgrund für den Fall statuiert, dass der Betroffene durch die Inanspruchnahme einer gesetzlich vorgeschriebenen oder im Bereich des gewöhnlichen Aufenthaltsortes des Betroffenen öffentlich empfohlenen Schutzimpfung oder Maßnahme der spezifischen Prophylaxe das Erwerbstätigkeitsverbot oder die Absonderung **hätte vermeiden können.** Dieser Ausschlussgrund findet sich nach Erlass des EpiLage-FortgeltungsG v. 29. 3. 2021 (BGBl. I 370) nun in Abs. 1 S. 4. Durch ihn soll eine Entschädigung nach Abs. 1 S. 1 oder S. 2 ausgeschlossen sein, weil der Betroffene in vorwerfbarer Weise zum Schadenseintritt beigetragen hat bzw. diesen hätte vermeiden können (BT-Drs. 19/15164, 58; *Gerhardt*, § 56 Rn. 1 a, 15 a; krit. *Bachmann/Rung* in Kluckert, § 15 Rn. 33, die zutr. auf Unschärfen des Vermeidbarkeitsmaßstabes hinweisen; für eine Übertragung der gesetzlichen Wertung auf den Entgeltfortzahlungsanspruch nach § 3 Abs. 1 EFZG *Krainbring* NZA 2021, 247 (249 f.)). Zur gesetzlichen Verpflichtung zur Masernschutzimpfung vgl. § 20 Abs. 8 (→ § 20 Rn. 36 ff.); zu öffentlichen Empfehlungen der obersten Landesbehörden bzgl. Schutzimpfungen und Maßnahmen der spezifischen Prophylaxe vgl. § 20 Abs. 3 (→ § 20 Rn. 10 ff.).

Im Schrifttum wird vielfach über den expliziten Ausschlussgrund des Abs. 1 **29** S. 4 hinaus die Anwendung allg. Grundsätze zum Anspruchsausschluss aufgrund eines **Mitverschuldens** in entsprechender Anwendung des § 254 BGB oder eines **„Verschulden gegen sich selbst"** in Anlehnung an § 3 Abs. 1 EFZG befürwortet (etwa *Winter/Thürk* in Schmidt, § 22 Rn. 20; *Erdle,* § 56, S. 159; *Eufinger* DB 2020, 1121 (1122); *Eckart/Kruse* in BeckOK InfSchR § 56 Rn. 41). Daran lässt sich bei einem Verständnis des § 56 als „soziale Entschädigung iwS" zweifeln (→ Rn. 3, 28). Diskutiert wurde die Annahme eines anspruchsmindernden, ggf. anspruchsausschließenden Mitverschuldens bislang vor allem mit Blick auf Reisen in Risikogebiete entgegen einer bereits vorliegenden Reisewarnung. In der bis zum 18. 11. 2020 geltenden Fassung traf Abs. 1 S. 3 aF hierzu keine ausdrückliche Regelung (*Lutz,* § 56 Rn. 11; unzutreffend *Quarch/Geissler* in Quarch/Geissler/Plottek/Epe § 3 Rn. 45 ff., die in einer Reisewarnung – entgegen der Legaldefinition des § 2 Nr. 10 – eine „Maßnahme der spezifischen Prophylaxe" erblicken). Allerdings sollte nach verbreiteter Auffassung ein „triftiger Grund" (berufliche oder familiäre Verpflichtung bzw. Motivation) die Reise wiederum rechtfertigen und die Vorwerfbarkeit ausschließen (hierzu etwa *Winter/Thürk* in Schmidt, § 22 Rn. 20; *Weller/Lieberknecht/Habrich* NJW 2020, 1017 (1018); *Eufinger* DB 2020, 1121 (11121)). Seit dem 3. BevSchG v. 18. 11. 2020 (BGBl. I 2397) enthält der nunmehrige Abs. 1 S. 4 einen ausdrücklichen Anspruchsausschluss für den Fall einer vermeidbaren Reise in ein Risikogebiet (vgl. § 2 Nr. 17; → § 2 Rn. 49 ff.). Maßgeblich ist insoweit gem. Abs. 1 S. 4 die Einstufung des Reiseziels im Zeitpunkt der Abreise. Eine Reise ist gem. Abs. 1 S. 5 vermeidbar, wenn im Zeitpunkt der Abreise keine zwingenden und unaufschiebbaren Gründe für die Reise vorlagen. Das nachträgliche Eintreten derartiger Gründe während des Aufenthaltes im Risikogebiet genügt also nicht, und ebenso kann eine im Zeitpunkt der Reiseplanung ggf. bestehende Unvermeidbarkeit der Reise bis zum Reiseantritt nachträglich entfallen. Als besondere Umstände, welche die Unvermeidbarkeit und Unaufschiebbarkeit einer Reise begründen, erachtet der Gesetzgeber etwa die Geburt eines eigenen Kindes oder den Tod eines nahen Angehörigen – hierzu sollen jedenfalls die Eltern, Großeltern und eigenen Kinder zählen (BT-Drs. 19/23944, 38). Als vermeidbar stuft der Gesetzgeber sonstige private Feierlichkeiten, etwa Hochzeiten oder Taufen, dienstliche Feierlichkeiten, Urlaubsreisen oder verschiebbare Dienstreisen (BT-Drs. 19/23944) ein; Dienstreisen sind dementsprechend nicht etwa per se unvermeidbar iSd Abs. 1 S. 5 (zu weiteren Folgen einer Infektion im Zuge einer Dienstreise *Arnold/Roll* NZA 2021, 240 ff.).

II. Rechtsfolge: Entschädigung in Geld für den erlittenen Verdienstausfall

30   Liegen die tatbestandlichen Voraussetzungen nach Abs. 1 S. 1, 2 vor und greift kein Ausschlussgrund nach Abs. 1 S. 4 ein, so besteht nach Maßgabe der übrigen Absätze des § 56 ein Anspruch auf Entschädigung in Geld für den erlittenen Verdienstausfall.

31   **1. Ersatz des Verdienstausfalls nach zeitlicher Staffelung (Abs. 2).** Gem. Abs. 2 S. 1 bemisst sich die zu zahlende Entschädigung nach dem Verdienstausfall, also nach dem **entgangenen Arbeitseinkommen.** Anderweitige Vermögenseinbußen wie entgangener Gewinn oder frustrierte Aufwendungen (bspw. für eine nicht angetretene Reise, verdorbene Lebensmittel etc.) werden nicht ersetzt (*Erdle,* § 56, S. 160; *Gerhardt,* § 56 Rn. 16; *Bachmann/Rung* in Kluckert, § 15 Rn. 34). Die Berechnung erfolgt in **zeitlicher Staffelung:** Für die ersten sechs Wochen wird gem. Abs. 2 S. 2 die Entschädigung iHd Verdienstausfalls gewährt; dessen Berechnung richtet sich nach Abs. 3 (→ Rn. 32 ff.). Diese Sechs-Wochen-Frist beginnt in dem Zeitpunkt, in dem die Voraussetzungen des Entschädigungsanspruchs erfüllt sind; nicht entscheidend ist dagegen der Zeitpunkt, an dem der Betroffene seine Erwerbstätigkeit eingestellt hat (*Erdle,* § 56, S. 160). Von der siebten Woche an wurde nach der bis zur Neufassung durch das EpiLage-FortgeltungsG v. 29.3.2021 (BGBl. I 370) geltenden Fassung des Abs. 2 S. 3 eine Entschädigung nur noch iHd Krankengeldes nach § 47 Abs. 1 SGB V gewährt, soweit der Verdienstausfall die für die gesetzliche Krankenversicherungspflicht maßgebende Jahresarbeitsentgeltgrenze nicht überstieg, und hierdurch die Höhe der Entschädigung nach oben begrenzt (zur früheren Fassung auch *Gerhardt,* § 56 Rn. 16; *BBS,* § 56 Rn. 14). Das Epilage-FortgeltungsG hat Abs. 2 S. 3 nun dahingehend geändert, dass die Entschädigung von der siebten Woche an in Höhe von 67% des entstandenen Verdienstausfalls gewährt wird und die Entschädigung auf einen Höchstbetrag von 2016 Euro für einen vollen Monat begrenzt. Damit hat der Gesetzgeber den Umfang der Entschädigung nach Abs. 1 dem der Entschädigung nach Abs. 1a angeglichen (BT-Drs. 19/27291, 65).

32   **2. Berechnung des Verdienstausfalls (Abs. 3).** Für die Berechnung des Verdienstausfalls stellt Abs. 3 S. 1 auf das bisherige **Netto-Arbeitsentgelt** ab, dh auf das in § 14 SGB IV legaldefinierte Arbeitsentgelt abzüglich der Steuern und der Beiträge zur Sozialversicherung und zur Arbeitsförderung bzw. entsprechender angemessener Aufwendungen zur sozialen Sicherung. Die Entschädigung ist also „faktisch bereits versteuert" (*BBS*, § 56 Rn. 15). Durch das EpiLage-FortgeltungsG wurde Abs. 3 S. 2 eingefügt, wonach bei der Ermittlung des Arbeitsentgelts § 4 Abs. 1, Abs. 1 a und Abs. 4 EFZG entsprechend anzuwenden sind. Mit diesem Verweis wollte der Gesetzgeber an in der Praxis geläufige Berechnungsmodalitäten anknüpfen, auf welchen die systemgeprüften Entgeltabrechnungsprogramme seit langem aufbauen (BT-Drs. 19/27291, 65). Ferner wurde durch das EpiLage-FortgeltungsG Abs. 3 S. 3 eingefügt, wonach für die Berechnung des Verdienstausfalls die Nettoentgeltdifferenz in entsprechender Anwendung des § 106 SGB III zu bilden ist. Auch mit dieser Bezugnahme auf die Bestimmungen zum Kurzarbeitergeld wollte der Gesetzgeber an in der Praxis etablierte Berechnungsmodalitäten (Entgeltabrechnungsprogramme) anknüpfen, außerdem Arbeitgeber davor schützen, in Vorleistung gezahlte Entschädigungen nicht in vollem Umfang erstattet zu erhalten, sowie Nachzahlungsrisiken für Beiträge zur Sozialversicherung im Falle einer Betriebsprüfung vermeiden (BT-Drs. 19/27291, 65 f.). Der nach dem Netto-Arbeitsentgelt bestimmte Betrag erhöht sich nach Abs. 3 S. 4 um ein etwaiges **Kurzarbeitergeld** oder **Zuschuss-Wintergeld,** das dem Betroffenen ohne das Erwerbstätigkeitsverbot zugestanden hätte.

Die in Abs. 3 S. 1–3 getroffenen Regelungen finden gem. Abs. 3 S. 4 ent- **33** sprechende Anwendung auf Heimarbeiter und Selbständige (BT-Drs. 3/1888, 27; *Erdle,* § 56, S. 161; *Gerhardt,* § 56 Rn. 21). Dabei ist Berechnungsgrundlage für Heimarbeiter das im Durchschnitt des letzten Jahres vor Einstellung der verbotenen Tätigkeit oder vor der Absonderung verdiente monatliche Arbeitsentgelt. Für Selbständige ist Berechnungsgrundlage ein Zwölftel des in § 15 SGB IV legaldefinierten (jährlichen) Arbeitseinkommens. Die von den Selbständigen zum Nachweis vorzulegende Bescheinigung des Finanzamtes bezieht sich auf das zuletzt nachgewiesene Jahreseinkommen und entspricht damit ggf. nicht den aktuellen Verhältnissen des Betroffenen. Diese Unterschiede in den Berechnungszeiträumen für Arbeitnehmer und Selbständige nimmt der Gesetzgeber jedoch als unvermeidbar hin (BT-Drs. 3/1888, 27 f.). Bei Selbständigen, die noch nicht als solche veranlagt worden sind, zB weil sie erst seit kurzer Zeit einer selbständigen Tätigkeit nachgehen, muss das Einkommen geschätzt werden, indem man auf das Einkommen vergleichbarer Berufs- oder Gewerbezweige abstellt (*Erdle,* § 56, S. 160; *Gerhardt,* § 56 Rn. 21; *BBS,* § 56 Rn. 18).

3. Anzurechnende Leistungen und Beträge (Abs. 8). Die Anrech- **34** nungsbestimmungen des Abs. 8 bewirken, dass der Entschädigungsberechtigte **nicht bessergestellt** wird, als er ohne den Verbotseintritt bzw. die Absonderung stünde (*Gerhardt,* § 56 Rn. 31). Die Bestimmungen beziehen sich einerseits auf bestimmte Einkünfte des Betroffenen sowie Leistungen Dritter an diesen, die letztlich zu einer Minderung des Verdienstausfalls führen, andererseits aber auch auf („fiktive") Einkünfte, die der Betroffene nicht erzielt hat, obwohl dies von ihm hätte erwartet werden können (BT-Drs. 3/1888, 28).

Abs. 8 S. 1 Nr. 1 ordnet die Anrechnung von **Zuschüssen des Arbeit- 35 gebers** an, soweit sie zusammen mit der Entschädigung den tatsächlichen Verdienstausfall übersteigen. Hierdurch soll einerseits eine ungerechtfertigte Besserstellung des Betroffenen infolge des Erwerbstätigkeitsverbots vermieden werden; andererseits erschien es dem Gesetzgeber aber unbillig, die Zuschüsse vollständig anzurechnen (BT-Drs. 3/1888, 28; *BBS,* § 56 Rn. 23). Von Abs. 8 S. 1 Nr. 1 werden allein freiwillige Leistungen des Arbeitgebers erfasst, nicht dagegen Vergütungsansprüche (*Erdle,* § 56, S. 162; *Gerhardt,* § 56 Rn. 32).

36   Abs. 8 S. 1 Nr. 2 ordnet die Anrechnung von Netto-Arbeitsentgelt und Arbeitseinkommen aus einer Tätigkeit, die als Ersatz der verbotenen Tätigkeit ausgeübt wird, an, soweit diese Einkünfte zusammen mit der Entschädigung den tatsächlichen Verdienstausfall übersteigen. Von der Aufnahme einer **Ersatztätigkeit** zu unterscheiden ist der Fall, dass die bisherige Tätigkeit teilweise weiter ausgeübt wird. Anders als das Einkommen aus der weiteren Ausübung der bisherigen Tätigkeit sind Einkünfte aus einer Ersatztätigkeit gem. Abs. 8 S. 1 Nr. 2 **nicht voll** auf die Entschädigung anzurechnen (*Erdle,* § 56, S. 16); der Gesetzgeber will dem Betroffenen nicht den Anreiz zur Aufnahme einer Ersatztätigkeit nehmen (BT-Drs. 3/1888, 28; *BBS,* § 56 Rn. 23).

37   Nach Abs. 8 S. 1 Nr. 3 ist auf die Verdienstausfallentschädigung der Wert desjenigen anzurechnen, das der Entschädigungsberechtigte durch Ausübung einer Ersatztätigkeit zu erwerben **böswillig unterlässt,** soweit es zusammen mit der Entschädigung den tatsächlichen Verdienstausfall übersteigt. Der Gesetzgeber hält es für ungerechtfertigt, dem Betroffenen eine Entschädigung aus öffentlichen Mitteln zu gewähren, wenn er den Verdienstausfall durch eine anderweitige zumutbare Tätigkeit ausgleichen oder mindern könnte. Umgekehrt kann ihm auch im Falle eines böswilligen Unterlassens einer Ersatztätigkeit nicht mehr angerechnet werden, als ihm bei deren Übernahme angerechnet würde; die Begrenzung auf den tatsächlichen Verdienstausfall übersteigenden Betrag in Abs. 8 S. 1 Nr. 3 ist deshalb letztlich Konsequenz der in Abs. 8 S. 1 Nr. 2 zur Ersatztätigkeit getroffenen Regelung (BT-Drs. 3/1888, 28; *BBS,* § 56 Rn. 25).

38   Abs. 8 S. 1 Nr. 4 ordnet die Anrechnung des **Arbeitslosengeldes** in der Höhe an, in der in dieses dem Entschädigungsberechtigten ohne Anwendung der Vorschriften über das Ruhen des Anspruchs auf Arbeitslosengeld bei **Sperrzeit** nach SGB III (vgl. § 145 Abs. 2 SGB III) sowie des § 66 SGB I hätten gewährt werden müssen. Die Regelung betrifft also Fälle, in denen eine arbeitslosengeldrechtliche Sperrzeit eingreift, etwa weil sich der Betroffene einer angebotenen Beschäftigung, einer Aus- oder Weiterbildung oä verweigert. Der Betroffene hat dann aus eigenem Verschulden Leistungen nicht erhalten; diese sind in voller Höhe auf die Entschädigung anzurechnen (*Erdle,* § 56, S. 162). Der Gesetzgeber will verhindern, dass Entschädigungsleistungen auf die Versichertengemeinschaft der Arbeitslosenversicherung oder auf den Bund als Kostenträger der Arbeitslosenhilfe abgewälzt werden (BT-Drs. 3/1888, 28).

39   Ist in der Person eines Entschädigungsberechtigten sowohl der Anrechnungstatbestand des Abs. 8 S. 1 Nr. 3 als auch derjenige des Abs. 8 S. 1 Nr. 4 erfüllt, so bestimmt Abs. 8 S. 2, dass der höhere der beiden Beträge anzurechnen ist.

III. Erstattung von Mehraufwendungen und Betriebsausgaben während der Verdienstausfallzeiten

Abs. 4 begründet zwei Erstattungsansprüche, die an eine Entschädigungs- **40** berechtigung anknüpfen. Nach Abs. 4 S. 1 können den Entschädigungsberechtigten im Falle einer Existenzgefährdung die während der Verdienstausfallzeiten entstehenden **Mehraufwendungen** auf Antrag in angemessenem Umfang von der zuständigen Behörde erstattet werden. Weil eine Beschränkung auf die Fälle des Abs. 1 fehlt, ist die Vorschrift offen für eine Anwendung auch auf die nach Abs. 1a Entschädigungsberechtigten (*Eckart/Kruse* in BeckOK InfSchR § 56 Rn. 67). Die Vorschrift soll bestimmten Härtefällen Rechnung tragen (*Erdle*, § 56, S. 161; *Gerhardt*, § 56 Rn. 22). Der Anspruch auf Erstattung von Mehraufwendungen nach Abs. 4 S. 1 kann grundsätzlich Arbeitnehmern wie Selbständigen zustehen, wenngleich er praktisch in erster Linie Selbständigen und ggf. auch Heimarbeitern zugutekommen dürfte (*Gerhardt*, § 56, Rn. 23; *BBS*, § 56 Rn. 19), zumal es sehr unwahrscheinlich erscheint, dass ein Arbeitnehmer, der eine Verdienstausfallentschädigung nach Abs. 1 erhält, infolge von Mehraufwendungen in seiner wirtschaftlichen Existenz bedroht ist.

Mit der **„Existenzgefährdung"** verwendet Abs. 4 S. 1 einen unbestimm- **41** ten Rechtsbegriff. Unbestimmte Rechtsbegriffe eröffnen der zuständigen Behörde grundsätzlich keinen Beurteilungsspielraum; ihre Auslegung und Anwendung unterliegt grundsätzlich einer gerichtlichen Überprüfung (weiterführend *Maurer/Waldhoff*, § 7 Rn. 27 ff., 37 ff.). An das Vorliegen einer Existenzgefährdung sind **hohe Anforderungen** zu stellen, weil der Gesetzgeber § 56 bereits im Ausgangspunkt als eng auszulegende „Billigkeitsregelung" konzipiert hat (→ Rn. 3) und Abs. 4 vor diesem Hintergrund nur eine zusätzliche Hilfe in außergewöhnlichen Härtefällen bieten soll. Keinesfalls kann deshalb bereits jede erhebliche Vermögenseinbuße zu einem Anspruch nach Abs. 4 führen; vielmehr geht es um Situationen, in denen die Betroffenen in ihrer wirtschaftlichen Existenz als solcher dauerhaft bedroht sind (zutreffend *Gerhardt*, § 56 Rn. 23).

Aus der Formulierung des Abs. 4 S. 1 „können erstattet werden" wird über- **42** wiegend auf ein **Ermessen** der zuständigen Behörde hinsichtlich der Erstattung von Mehraufwendungen geschlossen (*Erdle*, § 56, S. 161; *Gerhard*, § 56 Rn. 23). Dies erschien unter Geltung der langjährigen Rechtswegzuständigkeit der ordentlichen Gerichte (→ § 68 Rn. 3) problematisch, weil die gerichtliche Kontrolle insoweit – anders als etwa nach § 114 S. 1 VwGO – nicht zurückgenommen ist, das Zivilgericht also im Streitfall über die Angemessenheit der Erstattungsleistungen selbst entscheiden kann und muss (vgl. hierzu Voraufl., § 56 Rn. 42). Nachdem nun § 68 Abs. 1 die Streitigkeiten über Ansprüche nach §§ 56–58 der Verwaltungsgerichtsbarkeit zugewiesen hat (→ § 68 Rn. 3), erscheint die Annahme eines behördlichen Ermessens iSd § 40 VwVfG unbedenklich (*Eckart/Kruse* in BeckOK InfSchR § 56 Rn. 68). Vor dem Hintergrund, dass der Gesetzgeber mit § 56 eine eng zu verstehende Billigkeitsregelung treffen wollte (BT-Drs. 3/1888, 27; → Rn. 3), wird man davon ausgehen müssen, dass der **„angemessene" Umfang** der Erstattung grundsätzlich hinter den tatsächlich erbrachten Mehraufwendungen zurückbleiben darf (iErg auch *BBS*, § 56 Rn. 19; Eckart/Kruse in BeckOK InfSchR § 56 Rn. 68).

43   Ausschließlich für **Selbständige** – nicht für Arbeitnehmer – bestimmt Abs. 4 S. 2, dass Selbständige, deren Betrieb oder Praxis für die Dauer eines Erwerbstätigkeitsverbots nach Abs. 1 ruht, von der zuständigen Behörde ihre weiterlaufenden nicht gedeckten **Betriebsausgaben** in angemessenem Umfang erstattet erhalten. Die Vorschrift knüpft an eine „Maßnahme nach Absatz 1" an und gilt daher nicht für die nach Abs. 1 a Entschädigungsberechtigten (*Eckart/Kruse* in BeckOK InfSchR § 56 Rn. 70). Abs. 4 S. 2 setzt nicht ausdrücklich eine drohende Existenzgefährdung voraus, obwohl der systematische Zusammenhang mit Abs. 4 S. 1 und der Charakter des § 56 als eng auszulegende „Billigkeitsregelung" für ein solches Verständnis sprechen würden (so auch *Eckart/Kruse* in BeckOK InfSchR § 56 Rn. 71). Zumindest ist bei der behördlichen bzw. gerichtlichen Bestimmung des „angemessenen" Erstattungsumfangs auch im Rahmen des Abs. 4 S. 2 zu berücksichtigen, dass auch den Selbständigen nicht jegliche Betriebsausgaben abgenommen werden können. Dies ließe sich mit der gesetzgeberischen Zielsetzung des Billigkeitsausgleichs kaum vereinbaren. Ein Ermessen eröffnet Abs. 4 S. 1 – anders als nun S. 1 der Vorschrift – seinem Wortlaut nach nicht (→ Rn. 42; einen Unterschied sieht insoweit bereits nach früherer Rechtslage *Erdle*, § 56, S. 161). Damit bleibt für Begrenzungen auf Rechtsfolgenseite allein die „Angemessenheit" der Erstattung.

IV. Entstehen, Fälligkeit und Abwicklung des Entschädigungsanspruchs

44   Die Abs. 5, 11 und 12 treffen detaillierte Regelungen zu Fälligkeit und Abwicklung des Anspruchs auf Verdienstausfallentschädigung. Aus Abs. 5 S. 4 und Abs. 11 ergibt sich, dass die Entschädigungsleistungen auf Antrag und durch Festsetzung der zuständigen Behörde gewährt werden (*Bachmann/Rung* in Kluckert, § 15 Rn. 44). Diese Entscheidung ist VA iSd § 35 S. 1 VwVfG. Gleichwohl entsteht der materielle Anspruch, sobald die gesetzlichen Voraussetzungen des Abs. 1 erfüllt sind, bereits vor der behördlichen Festsetzung (so wohl auch *Gerhardt,* § 56 Rn. 14) und führt jedenfalls bei Arbeitnehmern nach Abs. 5 S. 1 auch ggf. bereits vor der behördlichen Festsetzung zur Gewährung von Entschädigungsleistungen.

45   **1. Auszahlung durch Arbeitgeber oder Behörde (Abs. 5).** Gem. Abs. 5 S. 1 hat entschädigungsberechtigten **Arbeitnehmern** zunächst anstelle der Behörde der **Arbeitgeber** die Entschädigung auszuzahlen, solange das Arbeitsverhältnis fortbesteht, längstens allerdings für **sechs Wochen.** Diese Auszahlungspflicht des Arbeitgebers soll eine schnelle Hilfe für den von dem Erwerbstätigkeitsverbot bzw. der Absonderung Betroffenen gewährleisten (BT-Drs. 4/2176, 2; *Gerhardt,* § 56 Rn. 25; *Erdle,* § 56, S. 161; *Stöß/Putzer* NJW 2020, 1465 (1468)). Die „Indienstnahme" des Arbeitgebers für die Auszahlung der Entschädigung geht auf das 2. ÄndG v. 25.8.1971 (BGBl. I 1401) zurück (auf die Zielsetzung einer Gleichstellung mit den Kranken und die Parallele zur Entgeltfortzahlung im Krankheitsfall weisen *Eckart/Kruse* in BeckOK InfSchR § 56 Rn. 73 hin). Die geleisteten Beträge erhält der Arbeitgeber gem. Abs. 5 S. 3 von der Behörde auf Antrag **erstattet,** ebenso die von ihm gezahlten Beiträge zur Sozialversicherung (vgl. auch § 57 Abs. 1 S. 4,

Abs. 2). Zudem kann gem. Abs. 12 der Arbeitgeber einen Vorschuss von der Behörde fordern (→ Rn. 50). Erstattung und Vorschuss setzen jedoch voraus, dass der Arbeitgeber eine Entschädigung iSd § 56 Abs. 1 leistet und nicht zB eine Lohnfortzahlung vornimmt. Auch kann eine Erstattung durch die Behörde nur iHd Entschädigungsanspruchs erfolgen; bzgl. zu Unrecht erfolgter (ein Entschädigungsanspruch bestand überhaupt nicht) oder zu hoher Zahlungen muss der Arbeitgeber beim Arbeitnehmer zurückfordern (*Gerhardt,* § 56 Rn. 25; *Eckart/Kruse* in BeckOK InfSchR § 56 Rn. 76).

Selbständigen und in Heimarbeit Beschäftigten wird die Entschädigung **46** gem. Abs. 5 S. 4 von der zuständigen Behörde auf Antrag gewährt. Gleiches gilt spätestens nach Ablauf der Sechs-Wochen-Frist des Abs. 5 S. 1 (ebenso bei vorheriger Beendigung des Arbeitsverhältnisses) für **Arbeitnehmer:** Der Arbeitgeber wird dann von seiner (Vor-)Leistungspflicht frei und die Entschädigung gem. Abs. 5 S. 4 direkt von der zuständigen Behörde dem Arbeitnehmer auf Antrag gewährt.

2. Fälligkeit der Entschädigungsleistungen (Abs. 6). Die Fälligkeit der **47** Entschädigungsleistungen ist in Abs. 6 geregelt und richtet sich nach der jeweiligen Einkommensgrundlage. Bei **Arbeitnehmern** bestimmt sie sich nach der Fälligkeit des aus der bisherigen Tätigkeit erzielten Arbeitsentgelts, Abs. 6 S. 1. Ist das Arbeitsentgelt bspw. zum Monatsbeginn fällig, so gilt dies auch für die zu leistende Entschädigung. Bei anderen Entschädigungsberechtigten als Arbeitnehmern – also insbes. bei **Selbständigen** – ist gem. Abs. 6 S. 2 die Entschädigung jeweils zum Ersten eines Monats für den zurückliegenden Monat zu gewähren.

3. Entschädigungsanträge (Abs. 11). Gem. Abs. 5 S. 4 müssen Selbstän- **48** dige die Entschädigung stets, Arbeitnehmer dann bei der zuständigen Behörde beantragen, wenn die (Vor-)Leistungspflicht des Arbeitgebers gem. Abs. 5 S. 1 nicht mehr besteht. Ebenso findet die zugunsten des Arbeitgebers in Abs. 5 S. 2 vorgesehene Erstattung durch die zuständige Behörde nur auf Antrag statt (→ Rn. 44). Seinem Wortlaut nach erfasst Abs. 11 S. 1 allein „Anträge nach Absatz 5“; bzgl. der in § 56 Abs. 4 und Abs. 12 sowie § 57 Abs. 1 S. 4 normierten Begleitansprüche erscheint aber eine entsprechende Anwendung von Abs. 11 erwägenswert (dafür *Eckart/Kruse* in BeckOK InfSchR § 56 Rn. 81). Die Behördenzuständigkeit wird durch das Landesrecht auf der Grundlage des § 54 bestimmt (→ § 54 Rn. 5). Abs. 11 S. 1 bestimmt, dass diese nach Abs. 5 erforderlichen Anträge innerhalb einer **Frist von zwei Jahren** nach Einstellung der verbotenen Tätigkeit, dem Ende der Absonderung oder der Schließung etc. iSd Abs. 1a zu stellen sind. Diese Frist betrug in der Ursprungsfassung des BSeuchG nur zwei und sodann lange Zeit drei Monate. Durch das 2. BevSchG v. 19. 5. 2020 (BGBl. I 1018) wurde sie auf zwölf Monate verlängert, wohl um der in der Öffentlichkeit herrschenden Verunsicherung über etwaige Entschädigungsansprüche für die im Zuge der Corona-Pandemie ergriffenen Maßnahmen Rechnung zu tragen (vgl. BT-Drs. 19/18967, 60). Die abermalige Verlängerung der Frist auf zwei Jahre erfolgte durch das EpiLage-FortgeltungsG v. 29. 3. 2021 (BGBl. I 370), vermutlich aus vergleichbaren Motiven. Im Schrifttum wird die Frist des Abs. 11 vielfach – allerdings ohne nähere Begründung (zu Recht krit. *Eckart/Kruse* in BeckOK InfSchR § 56 Rn. 84 f.) –

nicht als Ausschlussfrist, sondern als bloße Ordnungsfrist angesehen, so dass die Behörde auch einen verspätet gestellten Antrag noch nach pflichtgemäßem Ermessen bescheiden dürfe und regelmäßig auch bescheiden müsse (*Gerhardt,* § 56 Rn. 39; *Erdle,* § 56, S. 163). Diese Einordnung bezieht sich allerdings noch auf die frühere dreimonatige Frist. In jedem Fall empfiehlt sich eine fristgerechte Antragstellung (so auch *Bachmann/Rung* in Kluckert, § 15 Rn. 46, unter Hinweis auf fehlende einschlägige Rspr.); dies erscheint nach der erheblichen Verlängerung der Antragsfrist auch zumutbar. Zuletzt haben die Gesetzesmaterialien zum EpiLage-FortgeltungsG explizit als „Ausschlussfrist" bezeichnet (BT-Drs. 19/27291, 66), so dass ein solches Verständnis nun umso näher liegt.

49   Lange Zeit enthielt Abs. 11 keine Vorgaben für die Form des Antrags; die Forderung des BR, Arbeitgeber und Selbständige zu einer Antragstellung auf elektronischem Wege zu verpflichten, konnte sich nicht durchsetzen (BT-Drs. 19/24232, 40 f., 50; *Eckart/Kruse* in BeckOK InfSchR § 56 Rn. 84a). Das EpiLage-FortgeltungsG v. 29.3.2021 (BGBl. I 370) hat nun zwar keine unmittelbaren Vorgaben für die Übermittlung des Antrags, wohl aber mit Abs. 11 S. 2 eine Ermächtigung zugunsten der Landesregierungen eingeführt, durch RVO zu bestimmen, dass Anträge nach Abs. 5 S. 3 und S. 4 nach amtlich vorgeschriebenen Verfahren der Datenfernübertragung zu übermitteln sind, um den Ländern die Einführung eines elektronischen Abrechnungsverfahrens zu ermöglichen (BT-Drs. 19/27291, 66). Gem. Abs. 11 S. 3 kann jedoch die zuständige Behörde zur Vermeidung unbilliger Härten auf eine derartige Übermittlung verzichten. Abs. 11 S. 4 trifft eine Regelung zu den **Antragsunterlagen:** Dem Antrag ist von den **Arbeitnehmern** eine Bescheinigung des Arbeitgebers und den in Heimarbeit Beschäftigten eine Bescheinigung des Auftraggebers über die Höhe des nach Abs. 3 für die Entschädigungshöhe maßgeblichen Arbeitsentgelts beizufügen. **Selbständige** haben eine Bescheinigung des Finanzamtes über die Höhe des letzten beim Finanzamt nachgewiesenen Arbeitseinkommens beizufügen. Abs. 3 S. 5 betrifft den Fall, dass ein Selbständiger ein solches Arbeitseinkommen noch nicht nachgewiesen hat, etwa weil er erst vor kurzer Zeit seine Tätigkeit aufgenommen hat und noch nicht als Selbständiger steuerlich veranlagt wurde, oder dass ein Unterschiedsbetrag nach Abs. 3 zu errechnen ist (→ Rn. 33). In diesen Fällen kann die Behörde die Vorlage anderer oder weiterer Nachweise verlangen.

50   **4. Vorschuss (Abs. 12).** Abs. 12 gewährt dem Arbeitgeber, der nach Abs. 5 S. 1 bei Fortdauer des Arbeitsverhältnisses während der ersten sechs Wochen des Erwerbstätigkeitsverbots oder der Absonderung dem Arbeitnehmer die Entschädigung nach Abs. 1 auszuzahlen hat (→ Rn. 45), einen Anspruch gegen die zuständige Behörde auf Zahlung eines Vorschusses in der voraussichtlichen Höhe des Erstattungsbetrages nach Abs. 5 S. 3 (→ Rn. 45). In Heimarbeit Beschäftigte und Selbständige können nach Abs. 12 von der zuständigen Behörde einen Vorschuss in der voraussichtlichen Höhe der Entschädigung (→ Rn. 33) verlangen; sie werden hierdurch vor Existenzgefährdungen geschützt (*Eckart/Kruse* in BeckOK InfSchR § 56 Rn. 86). Die zwingende Formulierung des Abs. 12 („hat") schließt ein behördliches Ermessen aus (*Eckart/Kruse* in BeckOK InfSchR § 56 Rn. 88). Weil die Vorschrift

hinsichtlich der Arbeitgeber an den Erstattungsanspruch nach Abs. 5 S. 3 anknüpft, der sich sowohl auf die Entschädigung nach Abs. 1 als auch auf die nach Abs. 1a bezieht, ist Abs. 12 auf beide Konstellationen der Verdienstausfallentschädigung anwendbar (*Eckart/Kruse* in BeckOK InfSchR § 56 Rn. 87).

V. Eintritt der Arbeitsunfähigkeit im Anschluss an das Verbot oder die Absonderung, Legalzessionen (Abs. 7, 9, 10)

Abs. 7 S. 1 ordnet an, dass der Entschädigungsanspruch bestehen bleibt, **51** wenn ein Entschädigungsberechtigter nach dem Eintritt des Erwerbstätigkeitsverbots oder der Absonderung **arbeitsunfähig wird,** und dies iHd Betrages, der bei Eintritt der Arbeitsunfähigkeit an ihn auszuzahlen war. Die Regelung soll vor allem dem Fall Rechnung tragen, dass ein Entschädigungsberechtigter zum Kranken iSd § 2 Nr. 4 und somit nicht mehr von Abs. 1 erfasst wird, so dass der Entschädigungsanspruch entfiele; Abs. 7 S. 1 soll dem Betroffenen diese Absicherung erhalten (*BBS,* § 56 Rn. 21; *Gerhardt,* § 56 Rn. 28 f.). Die Vorschrift gilt auch für die Verdienstausfallentschädigung der Sorgeberechtigten nach Abs. 1a (BT-Drs. 19/19216, 105; *Eckart/Kruse* in BeckOK InfSchR § 56 Rn. 90). Wird der Entschädigungsberechtigte krankheitsbedingt arbeitsunfähig, ist er jedoch nicht an einer übertragbaren Krankheit iSd § 2 Nr. 4 erkrankt, so greift Abs. 7 S. 1 seinem Wortlaut nach ebenfalls ein (dafür auch *Eckart/Kruse* in BeckOK InfSchR § 56 Rn. 89). Der Entschädigungsanspruch nach Abs. 1 besteht hier aber auch unabhängig von Abs. 7 S. 1 fort, solange das Erwerbstätigkeitsverbot oder die Absonderung aufrechterhalten bleibt, weil Abs. 1 allein die Kranken iSd § 2 Nr. 4 von der Entschädigung ausschließt. Dies steht nicht im Widerspruch zu der Wertung, die Entschädigung nach Abs. 1 solle nicht Arbeitgeber und Versicherungen entlasten (BGHZ 73, 16 = NJW 1979, 422 (424)); denn Abs. 7 S. 2 stellt den Übergang arbeitsunfähigkeitsbedingter Ansprüche des Betroffenen auf das entschädigungspflichtige Land sicher. Nicht überzeugend erscheint dagegen die Annahme, das in Abs. 7 S. 1 angeordnete Fortbestehen des Entschädigungsanspruchs wirke zeitlich auch über das Erwerbstätigkeitsverbot oder die Absonderung hinaus, bis die Arbeitsunfähigkeit ende (dafür aber *Erdle,* § 56, S. 161; wie hier *Eckart/Kruse* in BeckOK InfSchR § 56 Rn. 89). Denn dann wird die Erwerbstätigkeit nicht mehr (zumindest auch) aus infektionsschutzrechtlichen Gründen, sondern allein wegen Arbeitsunfähigkeit nicht ausgeübt; die Absicherung des Betroffenen richtet sich nach Arbeits- und Krankenversicherungsrecht. Dann lässt sich in den Fällen des Abs. 1a auch eine drohende und von Gesetzgeber nicht intendierte Schlechterstellung der Sorgeberechtigungen im Vergleich zur Entgeltfortzahlungsrecht (darauf weisen zutreffend *Eckart/Kruse* in BeckOK InfSchR § 56 Rn. 90 hin) vermeiden.

Abs. 7 S. 2 sieht einen gesetzlichen Forderungsübergang **(Legalzession) 52** vor: Ansprüche der nach Abs. 1 Entschädigungsberechtigten, die aus anderen gesetzlichen Vorschriften oder aus privaten Versicherungsverhältnissen resultieren, gehen auf das **entschädigungsverpflichtete Land** über. Das ist gem. § 66 Abs. 1 S. 1 das Land, in dem das Erwerbstätigkeitsverbot erlassen bzw. die verbotene Tätigkeit ausgeübt wurde (→ § 66 Rn. 5 ff.). Dieser Forderungsübergang ist freilich nicht Ausdruck der Subsidiarität der Entschädigungsleistungen nach Abs. 1 (so aber *BBS,* § 56 Rn. 21; *Eckart/Kruse* in BeckOK Inf-SchR § 56 Rn. 91); denn die Entschädigung wird gerade gewährt, nur eine Doppelung von Ansprüchen zugunsten des Entschädigungsberechtigten soll vermieden werden. Abs. 7 S. 2 galt lange Zeit allein für die Fälle des Abs. 1 S. 2, also der Verdienstausfallentschädigung in den Fällen der Absonderung nach § 30, nicht aber für die Entschädigungsfälle des Abs. 1 S. 1, ohne dass für diese Differenzierung ein sachlicher Grund erkennbar gewesen wäre (bereits *BBS,* § 56 Rn. 21). Deshalb wurde sie durch das 2. BevSchG v. 19.5.2020 (BGBl. I 1018) beseitigt und die Legalzession des Abs. 7 S. 2 auf sämtliche Entschädigungsfälle des Abs. 1 erstreckt (BT-Drs. 19/19216, 104). Die Legalzession nach Abs. 7 S. 2 erfasst auch etwaige Entgeltfortzahlungsansprüche eines Arbeitnehmers nach § 3 Abs. 1 EFZG, dh im Falle einer nachträglichen Arbeitsunfähigkeit des Arbeitnehmers hat der Arbeitgeber für den Zeitraum nach Abs. 5 S. 1 weiterhin die Entschädigung auszuzahlen, kann seinen Erstattungsanspruch nach Abs. 5 S. 3 jedoch nicht gegen das entschädigungspflichtige Land durchsetzen, weil diesem der übergegangene Anspruch auf Entgeltfortzahlung zusteht (*Eckart/Kruse* in BeckOK InfSchR § 56 Rn. 91a).

53   Neben Abs. 7 S. 2 (→ Rn. 52) ordnen Abs. 9 S. 1 und Abs. 10 weitere **Legalzessionen** an. Abs. 9 S. 1 betrifft den Entschädigungsanspruch nach Abs. 1 selbst und bestimmt, dass dieser insoweit auf die **Bundesagentur für Arbeit** übergeht, als dem Entschädigungsberechtigten Arbeitslosengeld oder Kurzarbeitergeld für die Zeit der Entschädigungsberechtigung zu gewähren ist. **Arbeitslosengeld** und **Kurzarbeitergeld** schließen – anders als Lohn- und Gehaltfortzahlungsansprüche (→ Rn. 25) – den Anspruch nach Abs. 1 nicht aus. Der Entschädigungsberechtigte soll aber nicht doppelt begünstigt werden (*Gerhardt,* § 56 Rn. 37; *Erdle,* § 56, S. 162). Abs. 9 S. 2 wurde durch das EpiLage-FortgeltungsG v. 29.3.2021 (BGBl. I 370) dahin ergänzt, dh im Falle einer nachträglichen ... dass das Eintreten eines Tatbestandes nach Abs. 1 oder Abs. 1a nicht den Bezug von Arbeitslosengeld oder Kurzarbeitergeld unterbricht, wenn die Voraussetzungen nach dem SGB III erfüllt sind.

54   Abs. 10 ordnet einen gesetzlichen Forderungsübergang auf das **entschädigungspflichtige Land** (vgl. § 66 Abs. 1 S. 1; → § 66 Rn. 5ff.) bzgl. eines auf anderen gesetzlichen Vorschriften beruhenden Anspruchs an, der dem Entschädigungsberechtigten durch das Erwerbstätigkeitsverbot oder die Absonderung entstanden ist. Gemeint sind hiermit Schadensersatzansprüche gegen Dritte, nicht dagegen Leistungen aus Rentenverhältnissen, die allein dadurch ausgelöst werden, dass der Entschädigungsberechtigte einen bestimmten gesetzlichen Tatbestand erfüllt (BSGE 27, 276; *Erdle,* § 56, S. 162).

C. Die Verdienstausfallentschädigung bei „erzwungener" Kinderbetreuung (Abs. 1a)

55   Mit der 2020 neu in Abs. 1a eingefügten Verdienstausfallentschädigung **für Sorgeberechtigte** von Kindern wollte der Gesetzgeber Verdienstausfälle erwerbstätiger Sorgeberechtigter abmildern, die diese dadurch erleiden, dass sie infolge der infektionsschutzrechtlich motivierten Schließung von Schulen und Kinderbetreuungseinrichtungen ihre Kinder selbst betreuen müssen (BT-Drs. 19/18111, 25; zur Einordnung auch → Rn. 5). Die Anknüpfung an die Sorgeberechtigung wurde durch das CoronaSteuerhilfeG v. 19.6.2020 (BGBl. I 1385) rückwirkend aufgegeben, um die Einbeziehung volljähriger, aber betreuungsbedürftiger Kinder bzw. deren Eltern zu ermöglichen (BT-Drs. 19/19601, 38; → Rn. 60). Seitdem spricht das Gesetz allg. von „erwerbstätigen Personen", die ihr Kind betreuen, beaufsichtigen und pflegen. Die Vorschrift wurde ausschließlich aus Anlass der Corona-Pandemie 2020 geschaffen und dementsprechend **zunächst bis zum 31.12.2020 befristet,** wie sich aus Art. 2 Nr. 1 lit. a und Art. 7 Abs. 3 des 1. BevSchG v. 27.3.2020 (BGBl. I 587) ergibt. Das EpiLage-FortgeltungsG v. 29.3.2021 (BGBl. I 370) hat nun die Fortgeltung des Abs. 1a sichergestellt, indem der Anspruch nach Abs. 1a S. 1 an die Feststellung einer epidemischen Lage von nationaler Tragweite nach § 5 Abs. 1 S. 1 anknüpft (vgl. auch BT-Drs. 19/26545, 18).

Abs. 1a fügt sich systematisch nur bedingt in § 56 ein, weil die begünstigten 56 Erwerbstätigen hier nicht als infektionsschutzrechtliche Störer iSd Abs. 1, sondern als **„Nichtstörer"** (iwS; → Rn. 13) entschädigt werden (so auch *Bachmann/Rung* in Kluckert, § 15 Rn. 36). Vielmehr dürften Erwerbstätige, die einem Erwerbstätigkeitsverbot oder einer Absonderung nach Abs. 1 unterliegen, nicht nach Abs. 1a anspruchsberechtigt sein, da sie einen Verdienstausfall nicht aufgrund notwendiger Kinderbetreuung, sondern bereits wegen des Verbots bzw. der Absonderung erleiden (weiter hingegen *Itzel* DVBl. 2020, 792 (793): „nicht nur" die Personen nach Abs. 1; *Bachmann/Rung* in Kluckert, § 15 Rn. 36: „auch" Nichtstörer). Ferner unterscheidet sich Abs. 1a von Abs. 1 dadurch, dass sich eine Schließung von Schulen und Kinderbetreuungseinrichtungen, eine Anordnung oder Verlängerung von Schul- oder Betriebsferien, eine Aufhebung der Präsenzpflicht an Schulen oder eine behördliche Empfehlung, vom Schulbesuch etc. abzusehen, – anders als die Tätigkeitsverbote oder die Absonderung nach Abs. 1 – nicht ausschließlich an die Erwerbstätigen richtet (von einer „nur mittelbaren" Betroffenheit sprechen *Bachmann/Rung* in Kluckert, § 15 Rn. 36; ähnlich *Stöß/Putzer* NJW 2020, 1465 81470)).

I. Anspruchsvoraussetzungen

Die Voraussetzungen für die Verdienstausfallentschädigung der Sorge- 57 berechtigten wurden durch das Corona-SteuerhilfeG v. 19.6.2020 (BGBl. I 1385) neu gefasst; nach der Enumeration des Abs. 1a S. 1 muss während einer epidemischen Lage von nationaler Tragweite iSd § 5 Abs. 1 S. 1 erstens ein bestimmtes infektionsschutzrechtlich motiviertes behördliches Handeln iSv Nr. 1 dazu führen, dass zweitens eine erwerbstätige Person ihr Kind anstelle von Schulen, Kinderbetreuungseinrichtungen oder Einrichtungen für Menschen mit Behinderung selbst beaufsichtigt, betreut oder pflegt (Nr. 2), und drittens die erwerbstätige Person hierdurch einen Verdienstausfall erleidet. Der Anspruch besteht allerdings nach Abs. 1 S. 3 nicht, soweit eine Schließung ohnehin wegen der Schul- oder Betriebsferien erfolgen würde.

Abs. 1a S. 1 Nr. 1 benennt mögliche infektionsschutzrechtlich motivierte 58 behördliche Maßnahmen, welche die Erwerbstätigen zur Kinderbetreuung „zwingen" und somit den Entschädigungsanspruch auslösen können. Bereits die Erstfassung des Abs. 1a enthielt die vorübergehende **Schließung** von Schulen und Kinderbetreuungseinrichtungen sowie die **Untersagung ihres Betretens;** die explizite Einbeziehung der Einrichtungen für Menschen mit Behinderung (insbes. Werkstätten und Tagesförderstätten, BT-Drs. 19/19601, 38) erfolgte durch das Corona-SteuerhilfeG v. 19.6.2020 (BGBl. I 1385). Erfasst sind alle Arten von Schulen und Einrichtungen, unabhängig von ihrer Trägerschaft (*Eckart/Kruse* in BeckOK InfSchR § 56 Rn. 49.1). Die Schließungsanordnung bzw. das Betretensverbot muss **zur Verhinderung der Verbreitung** von Infektionen oder übertragbaren Krankheiten erfolgen. Damit knüpft die Vorschrift an den Zweck der Bekämpfung übertragbarer Krankheiten an, insbes. an AllgVerf. auf der Grundlage des § 28a Abs. 1 Nr. 15 oder 16 oder RVOen nach § 32 iVm § 28a Abs. 1 Nr. 15 oder 16, wie sie während der Corona-Pandemie in den Jahren 2020 und 2021 in allen Ländern erlassen wurden (*Stöß/Putzer* NJW 2020, 1465 (1468)). Die Schließung bzw. das Betretensverbot darf dagegen nicht nur einen Verhütungszweck (vgl. § 16; zur Unterscheidung von Verhütung und Bekämpfung → Einf. Rn. 19f.; zur Abgrenzung des § 16 von § 28 → § 16 Rn. 10f., → § 28 Rn. 15) aufweisen (*Bachmann/Rung* in Kluckert, § 15 Rn. 37). Auf die **Rechtmäßigkeit** der behördlichen Maßnahme kann es hier ebenso wenig ankommen wie bei den Erwerbstätigkeitsverboten und Absonderungen nach Abs. 1 (→ Rn. 20, 23; ebenso *Eckart/Kruse* in BeckOK InfSchR § 56 Rn. 51); vielmehr genügen die Wirksamkeit und Vollziehbarkeit.

59   Das 3. BevSchG v. 18.11.2020 (BGBl. I 2397) hat klargestellt, dass auch die **Absonderung eines einzelnen Kindes** ein Betretensverbot iSd Abs. 1a S. 1 Nr. 1 begründet (BT-Drs. 19/23944, 38; *Eckart/Kruse* in BeckOK InfSchR § 56 Rn. 50.1). Wegen der Klarstellungsfunktion, die der Gesetzgeber dieser Regelung beimaß, wird dies auch für vor dem 19.11.2020 erfolgte Absonderungen von Kindern gelten können (*Weber* DB 2020, 2692 (2693); *Eckart/Kruse* in BeckOK InfSchR § 56 Rn. 50.1). Die Absonderung eines Elternteils kann demgegenüber keinen Anspruch nach Abs. 1a, sondern allenfalls nach Abs. 1 auslösen (→ Rn. 56). Die **Anordnung oder Verlängerung von Schul- oder Betriebsferien** wurde in Abs. 1 S. 1 Nr. 1 durch das SonderzahlungsG v. 21.12.2020 (BGBl. I 3136) mit Rückwirkung zum 16.12.2020 eingefügt; seit dem EpiLage-FortgeltungsG v. 29.3.2021 (BGBl. I 370) kann auch bereits die **bloße Empfehlung,** vom Besuch einer Schule, einer Kinderbetreuungseinrichtung oder einer Einrichtung für Menschen mit Behinderung abzusehen, den Entschädigungsanspruch nach Abs. 1a auslösen. Mit dieser letzten Ergänzung wollte der Gesetzgeber an die entsprechende Formulierung des § 45 Abs. 2a SGB V, der das Krankengeld bei Erkrankung des Kindes betrifft, anknüpfen; in diesen Fällen soll der Anspruch unabhängig davon bestehen, ob die geschuldete Arbeitsleistung nicht auch in Heimarbeit erbracht werden könnte (BT-Drs. 19/27291, 65).

60   Nach der ursprünglichen Fassung des Abs. 1a konnten nur Sorgeberechtigte (vgl. §§ 1626ff., 1631 BGB) eine Entschädigung erhalten, deren **Kind** entweder das **zwölfte Lebensjahr** noch nicht vollendet hat oder deren Kind **behindert und auf Hilfe angewiesen** ist. Obwohl das Gesetz bzgl. Letzterer keine Altersgrenze vorgab, folgte aus der Anknüpfung an die Sorgeberechtigung, dass das Kind noch minderjährig sein musste (*Stöß/Putzer* NJW 2020,

1465 (1469); iErg ähnlich *Bachmann / Rung* in Kluckert, § 15 Rn. 38, die an das Merkmal der Betreuungseinrichtung anknüpfen). Um die Einbeziehung volljähriger, betreuungsbedürftiger Kinder bzw. deren Eltern zu ermöglichen, hat der Gesetzgeber mit dem Corona-SteuerhilfeG v. 19.6.2020 (BGBl. I 1385) rückwirkend von der Bezugnahme auf die Sorgeberechtigung Abstand genommen und auf das eigene Kind der erwerbstätigen Person („ihr Kind") abgestellt (BT-Drs. 19/19601, 38; *Eckart / Kruse* in BeckOK InfSchR § 56 Rn. 47). Sofern das Kind nicht behindert und auf Hilfe angewiesen ist, setzt Abs. 1a S. 1 Nr. 2 jedoch weiterhin voraus, dass das Kind das zwölfte Lebensjahr noch nicht vollendet hat. Eltern können von vornherein keine Entschädigung erhalten, wenn sich das Kind in **Vollzeitpflege** nach § 33 SGB VIII befindet; denn dann steht ein etwaiger Anspruch nach Abs. 1a S. 4 den Pflegeeltern zu.

Der Anspruch setzt nach Abs. 1a S. 1 Nr. 2 weiter voraus, dass der Erwerbs- **61** tätige das Kind tatsächlich selbst betreut und dass er **keine anderweitige zumutbare Betreuungsmöglichkeit** für das Kind sicherstellen kann. Dies hat der Erwerbstätige gem. § 56 Abs. 1 S. 2 gegenüber der zuständigen Behörde, auf Verlangen des Arbeitgebers auch diesem gegenüber **darzulegen.** Welche alternativen Betreuungsmöglichkeiten noch zumutbar sind, bedarf der Prüfung im Einzelfall, wobei generell die Betreuungsmöglichkeit qualitativ hinter der durch Schulen und Kinderbetreuungseinrichtungen gewährleisteten zurückbleiben kann (zutreffend *Bachmann / Rung* in Kluckert, § 15 Rn. 39: „noch tragbar"). Weil § 56 Abs. 1a in erster Linie die Erwerbstätigen und deren Interesse an einer Verbindung von Beruf und Familie schützen will, nicht das Interesse der Kinder an Betreuung – letztere ist im Falle einer Entschädigungsberechtigung (durch die Erwerbstätigen) ja gewährleistet –, ist die Frage der Zumutbarkeit einer Betreuungsalternative aus der Sicht der Erwerbstätigen – unter Zugrundelegung eines objektiven Maßstabs – zu beantworten. Dem Gesetzgeber stehen als **zumutbare Betreuungsalternativen** etwa Angebote der sog. Notbetreuung in Kindertagesstätten und Schulen vor Augen, aber auch eine Betreuung durch den anderen Elternteil oder durch **andere Familienmitglieder.** Als zumutbar erachtet er auch die vorrangige Nutzung von Arbeitszeitguthaben; auch in **Kurzarbeit** befindliche Erwerbstätige sollen während der Zeit, in der sie keine Arbeitsleistung erbringen müssen, ihre Kinder selbst betreuen (ausf. BT-Drs. 19/18111, 25; vgl. auch *Lutz,* § 56 Rn. 12 f.). Inwieweit Arbeitszeiten, die im sog. **Homeoffice** geleistet werden können, als anderweitige Betreuungsmöglichkeit gelten können, erscheint dagegen fraglich (eingehend *Stöß / Putzer* NJW 2020, 1465 (1469); ablehnend *Winter / Thürk* in Schmidt, § 22 Rn. 22; *Hohenstatt / Krois* NZA 2020, 413 (414)), weil während dieser Zeiten gerade Arbeitsleistungen erbracht werden (sollen). Im Gesetzgebungsverfahren zum EpiLage-FortgeltungsG v. 29.3.2021 (BGBl. I 370) konnte sich ein Antrag auf die Aufnahme einer ausdrücklichen Regelung, derzufolge eine Ausübung der Erwerbstätigkeit in Heimarbeit keine zumutbare Betreuungsalternative darstellen sollte, allerdings nicht durchsetzen (BT-Drs. 19/27291, 55 f.). Von welchem das zwölfte Lebensjahr überschreitende Alter an **ältere Geschwister** als zumutbare Betreuungspersonen anzusehen sind, wird in der Gesetzesbegründung nicht angesprochen. Regelmäßig wird man die Betreuung aber auch Vierzehnjährigen zutrauen können (anders

Stöß/Putzer NJW 2020, 1465 (1469): erst vom 16. Lebensjahr an; für eine Einzelfallbetrachtung *Eckart/Kruse* in BeckOK InfSchR § 56 Rn. 52.1). Damit steht aber die Zumutbarkeit dieser Betreuungsalternative noch nicht fest, sondern bedarf der Einzelfallbetrachtung, insbes. auch mit Blick auf das Alter des zu betreuenden Kindes und den hiermit einhergehenden Betreuungsbedarf. Als keine zumutbare Betreuungsalternative erachtet der Gesetzgeber Personen, die – etwa aufgrund ihres Alters oder von Vorerkrankungen – einer sog. **Risikogruppe** in Bezug auf die Infektion oder übertragbare Krankheit gehören, zu deren Bekämpfung die Schulen und Kinderbetreuungseinrichtungen gerade geschlossen wurden (BT-Drs. 19/18111, 25; hierzu auch *Stöß/Putzer* NJW 2020, 1465 (1469); *Bachmann/Rung* in Kluckert, § 15 Rn. 41, die auf die Offenheit des Begriffs der Risikogruppe hinweisen und deshalb ein tendenziell weites Verständnis befürworten).

62   Infolge der „erzwungenen" Betreuung des Kindes muss der Erwerbstätige gem. Abs. 1 a S. 1 einen **Verdienstausfall** erlitten haben. Die Vorschrift schützt also nur **bereits erwerbstätige Personen** (sa BT-Drs. 19/18111, 25; *Stöß/Putzer* NJW 2020, 1465 (1469); *Eckart/Kruse* in BeckOK InfSchR § 56 Rn. 45). Während die ursprüngliche Fassung des Abs. 1 a von „Sorgeberechtigten" sprach und deshalb Zweifel aufkommen ließ, wem der Entschädigungsanspruch zustand, wurde mit dem Corona-SteuerhilfeG v. 19. 6. 2020 (BGBl. I 1385) rückwirkend klargestellt worden, dass anspruchsberechtigt der einzelne erwerbstätige Sorgeberechtigte ist (*Eckart/Kruse* in BeckOK InfSchR § 56 Rn. 46).

63   Der Verdienstausfall muss stets gerade auf der „erzwungenen" Betreuung beruhen (Abs. 1 S. 1: **„dadurch"**) und nicht auf anderen Ursachen, etwa auf einem den Erwerbstätigen treffenden Erwerbstätigkeitsverbot, einer Absonderung des Erwerbstätigen oder der Anordnung einer Maßnahme nach §§ 28, 32 (zur Absonderung des Kindes (→ Rn. 59). Auch wenn das Kind, etwa aufgrund einer Erkrankung, am Schul- oder Einrichtungsbesuch gehindert ist, fehlt es an dem erforderlichen Ursachenzusammenhang (*Eckart/Kruse* in BeckOK InfSchR § 56 Rn. 56).

64   Ein Verdienstausfall entsteht den Erwerbstätigen nicht, wenn ihnen trotz eines Fernbleibens von der Arbeit zum Zwecke der Kinderbetreuung ein Anspruch auf Entgeltzahlung zusteht, insbes. nach **§ 616 S. 1 BGB** wegen vorübergehender Verhinderung an der Arbeitsleistung aus Gründen eines unvorhersehbaren Betreuungsbedarfs. Jedenfalls bei mehrtägigen oder gar mehrwöchigen Schließungen kann aber von einer „verhältnismäßig nicht erheblichen Zeit" iSd § 616 S. 1 BGB keine Rede mehr sein (zutreffend *Stöß/Putzer* NJW 2020, 21465 (1469); vertiefend *Hohenstatt/Krois* NZA 2020, 413 (414 ff.); *Noack* NZA 2021, 251 ff.; *Eckart/Kruse* in BeckOK InfSchR § 56 Rn. 53.1).

65   Der Anspruch auf Verdienstausfallentschädigung besteht nach Abs. 1 a S. 3 nicht, soweit eine Schließung während der **Schul- oder Betriebsferien** erfolgen würde. Während dieser Zeit müssen sich die Erwerbstätigen ohnehin darauf einstellen, ihre Kinder selbst zu betreuen. Die infektionsschutzrechtlichen Maßnahmen sind dann auch nicht ursächlich für den Betreuungszwang (*Eckart/Kruse* in BeckOK InfSchR § 56 Rn. 55). Der Anspruchsausschluss bezieht sich auf die regulären Schul- oder Betriebsferien; aus infektionsschutz-

rechtlichen Gründen angeordnete Schul- oder Betriebsferien bleiben selbstredend außer Betracht (*Eckart/Kruse* in BeckOK InfSchR §56 Rn. 55). Der Ausschluss erfasst auch die Schließung von Kinderbetreuungseinrichtungen während der Schulferien; insofern ist aber jeweils zu berücksichtigen, dass diese Einrichtungen nicht notwendig während der gesamten Schulferien geschlossen sind (zutreffend *Stöß/Putzer* NJW 2020, 1465 (1469)).

II. Rechtsfolge und Verfahren

Auf Rechtsfolgenseite ist gem. Abs. 1a S. 1 eine **Entschädigung in Geld** **66** zu gewähren, die sich grundsätzlich – ebenso wie im Falle des Abs. 1 – gem. Abs. 2 S. 1 nach dem Verdienstausfall bemisst. Abweichend von den zur Entschädigung nach Abs. 1 getroffenen Bestimmungen ordnet jedoch Abs. 2 S. 4 an, dass die Verdienstausfallentschädigung wegen Kindesbetreuung von Beginn an in Höhe von **67% des Verdienstausfalls** gewährt wird; für einen vollen Monat ist sie überdies nach oben auf 2.016 Euro begrenzt; die Erwerbstätigen werden also stets nur in derselben Höhe entschädigt wie Entschädigungsberechtigte nach Abs. 1 von der siebenten Woche an (Abs. 2 S. 2). Ggf. kann die Entschädigung auch für einen Teilverdienstausfall gewährt werden, wenn der betreuungsbedingte Verdienstausfall lediglich einzelne Tage betrifft (*Stöß/Putzer* NJW 2020, 1465 (1469)). Die Entschädigung ist auch in zeitlicher Hinsicht begrenzt und wird jeder erwerbstätigen Person gem. Abs. 2 S. 5 für die Dauer der vom Bundestag nach §5 Abs. 1 S. 1 festgestellten epidemischen Lage von nationaler Tragweite nur für einen Zeitraum von **längstens zehn Wochen** gewährt. Die gilt ausweislich des Abs. 2 S. 5 unabhängig von der Zahl der zu betreuenden Kinder. Erwerbstätigen, die ihre Kinder allein beaufsichtigen, betreuen oder pflegen, erkennt Abs. 2 S. 5 die Verdienstausfallentschädigung für die Dauer der epidemischen Lage von nationaler Tragweite für **längstens zwanzig Wochen** zu. Diese Frist wird gehemmt, soweit es zu einer Unterbrechung der Betreuungszeit kommt (*Stöß/Putzer* NJW 2020, 1465 (1470)).

Die Abwicklung des Entschädigungsanspruchs nach Abs. 1a entspricht im **67** Wesentlichen der des Anspruchs nach Abs. 1. Bei Arbeitnehmern hat der **Arbeitgeber** nach Abs. 5 S. 1 anstelle der Behörde die Zahlungen zu leisten und kann nach Abs. 5 S. 3 hierfür Erstattung verlangen (→ Rn. 45). Allerdings gilt dies seit dem EpiLage-FortgeltungsG v. 29.3.2021 (BGBl. I 370) gem. Abs. 5 S. 2 abweichend von Abs. 5 S. 1 nicht lediglich für die ersten sechs Wochen, sondern für den gesamten Zeitraum des Entschädigungsbezugs, dh für **bis zu 10 bzw. 20 Wochen** (vgl. Abs. 1a S. 5). Der Gesetzgeber beabsichtigt mit dieser Neuregelung eine vereinfachte Abwicklung der Entschädigungsansprüche; diese soll nicht durch wechselnde Auszahlungszuständigkeiten verkompliziert werden (BT-Drs. 19/27291, 66). Es soll also eine Folgeproblematik vermieden werden, welches sich aus der bereits durch das Corona-SteuerhilfeG v. 19.6.2020 (BGBl. I 1385) verfügten Verlängerung der Höchstbezugsdauer in Abs. 1a S. 5 ergibt. Dagegen konnte es nach der ursprünglichen Konzeption des 1. BevSchG bei Arbeitnehmern nicht zu Entschädigungsleistungen unmittelbar durch die Behörde kommen, da die Entschädigung höchstens für sechs Wochen gewährt und die ebenso lange Vorleistungspflicht des Arbeitgebers gem. Abs. 5 S. 1 durch eine Unterbrechung der Betreuungszeit gehemmt wurde (hierzu *Stöß/Putzer* NJW 2020, 1465 (1470); → Voraufl. § 56 Rn. 65). **Selbständige** haben die Verdienstausfallentschädigung gem. Abs. 5 S. 4 bei der zuständigen Behörde zu beantragen (→ Rn. 46). Für diese **Anträge** sowie die Anträge der Arbeitgeber auf Erstattung gem. Abs. 5 S. 3 gilt die zweijährige Frist des Abs. 11 S. 1 (→ Rn. 48).

§ 57 Verhältnis zur Sozialversicherung und zur Arbeitsförderung

(1) [1]**Für Personen, denen eine Entschädigung nach § 56 Abs. 1 zu gewähren ist, besteht eine Versicherungspflicht in der gesetzlichen Rentenversicherung fort.** [2]**Bemessungsgrundlage für die Beiträge sind**
1. **bei einer Entschädigung nach § 56 Abs. 2 Satz 2 das Arbeitsentgelt, das der Verdienstausfallentschädigung nach § 56 Abs. 3 vor Abzug von Steuern und Beitragsanteilen zur Sozialversicherung oder entsprechender Aufwendungen zur sozialen Sicherung zugrunde liegt,**
2. **bei einer Entschädigung nach § 56 Abs. 2 Satz 3 80 von Hundert des dieser Entschädigung zugrunde liegenden Arbeitsentgelts oder Arbeitseinkommens.**

[3]**Das entschädigungspflichtige Land trägt die Beiträge zur gesetzlichen Rentenversicherung allein.** [4]**Zahlt der Arbeitgeber für die zuständige Behörde die Entschädigung aus, gelten die Sätze 2 und 3 entsprechend; die zuständige Behörde hat ihm auf Antrag die entrichteten Beiträge zu erstatten.**

(2) [1]**Für Personen, denen nach § 56 Abs. 1 Satz 2 eine Entschädigung zu gewähren ist, besteht eine Versicherungspflicht in der gesetzlichen Kranken- und in der sozialen Pflegeversicherung sowie nach dem Dritten Buch Sozialgesetzbuch sowie eine Pflicht zur Leistung der aufgrund der Teilnahme an den Ausgleichsverfahren nach § 1 oder § 12 des Aufwendungsausgleichsgesetzes und nach § 358 des Dritten Buches Sozialgesetzbuch zu entrichtenden Umlagen fort.** [2]**Absatz 1 Satz 2 bis 4 gilt entsprechend.**

(3) [1]**In der gesetzlichen Unfallversicherung wird, wenn es für den Berechtigten günstiger ist, der Berechnung des Jahresarbeitsverdienstes für Zeiten, in denen dem Verletzten im Jahr vor dem Arbeitsunfall eine Entschädigung nach § 56 Abs. 1 zu gewähren war, das Arbeitsentgelt oder Arbeitseinkommen zugrunde gelegt, das seinem durchschnittlichen Arbeitsentgelt oder Arbeitseinkommen in den mit Arbeitsentgelt oder Arbeitseinkommen belegten Zeiten dieses Zeitraums entspricht.** [2]**§ 82 Abs. 3 des Siebten Buchs Sozialgesetzbuch gilt entsprechend.** [3]**Die durch die Anwendung des Satzes 1 entstehenden Mehraufwendungen werden den Versicherungsträgern der zuständigen Behörde erstattet.**

(4) **In der Krankenversicherung werden die Leistungen nach dem Arbeitsentgelt berechnet, das vor Beginn des Anspruchs auf Entschädigung gezahlt worden ist.**

(5) Zeiten, in denen nach Absatz 1 eine Versicherungspflicht nach dem Dritten Buch Sozialgesetzbuch fortbesteht, bleiben bei der Feststellung des Bemessungszeitraums für einen Anspruch auf Arbeitslosengeld nach dem Dritten Buch Sozialgesetzbuch außer Betracht.

(6) Wird eine Entschädigung nach §56 Absatz 1a gewährt, gelten die Absätze 1, 2 und 5 entsprechend mit der Maßgabe, dass sich die Bemessungsgrundlage für die Beiträge nach Absatz 1 Satz 2 Nummer 2 bestimmt.

Schrifttum: *Altmann*, „Integration" des Entschädigungsanspruchs nach dem Infektionsschutzgesetz in die Sozialversicherung, B+P 2020, 569.

A. Zweck und Bedeutung der Norm

§57 will **versicherungsrechtliche Nachteile vermeiden**, die nach §56 **1** entschädigungsberechtigten Personen während des Zeitraums der Entschädigungsberechtigung entstehen könnten (*Erdle*, §57, S.164; *Gerhardt*, §57 Rn.1; *Becker* in Huster/Kingreen Hdb. InfSchR Kap.9 Rn.126; *Kruse* in BeckOK InfSchR §57 Rn.1; zu den Vorläufervorschriften des BSeuchG BT-Drs. 6/2176, 2). Hierzu ordnet §57 das Fortbestehen einer Versicherungspflicht in der gesetzlichen Renten- (SGB VI), der gesetzlichen Kranken- (SGB V), in der sozialen Pflegeversicherung (SGB XI) und nach dem Arbeitsförderungsrecht (SGB III) an. Die Vorschrift betrifft damit nach §56 entschädigungsberechtigte Personen, die einer entsprechenden Versicherungspflicht unterliegen, während für nicht versicherungspflichtige Entschädigungsberechtigte, namentlich Selbständige, §58 eingreift. Eine Versicherungspflicht auf Antrag (vgl. §28a SGB III, §4 SGB VI) lässt sich als Versicherungspflicht iSd §57 auffassen (*Kruse* in BeckOK InfSchR §57 Rn.7.1). Während Abs.1, 3 und 4 für sämtliche nach §56 Abs.1 entschädigungsberechtigte Personen gelten, betreffen Abs.2 und 5 allein die im Zusammenhang mit einer Absonderung (§30) nach §56 Abs.1 S.2 Entschädigungsberechtigten, Abs.6 betrifft allein die von §56 Abs.1a erfassten Sorgeberechtigten. Die durch Abs.2 bewirkte Privilegierung der aufgrund einer Absonderung nach §56 Abs.1 S.2 Entschädigungsberechtigten gegenüber den von einem Tätigkeitsverbot (vgl. §56 Abs.1 S.1) Betroffenen beruht auf der Wertung, dass Abgesonderte intensiveren Einschränkungen unterliegen als Personen, denen lediglich die Ausübung einer bestimmten beruflichen Tätigkeit untersagt ist (*Kruse* in BeckOK InfSchR §57 Rn.1, im Anschluss an OLG Karlsruhe MDR 1976, 669). Die Erstreckung des Abs.2 auf die Entschädigungsfälle des §56 Abs.1a lässt diese Differenzierung indes fragwürdig erscheinen, weil die Betreuung ihrer Kinder den erwerbstätigen Sorgeberechtigten kaum mehr Einschränkungen abverlangt als ein Berufsausübungsverbot, ein Grund für ihre sozialversicherungsrechtliche Gleichstellung mit den Abgesonderten mithin nicht erkennbar ist (zu Recht kritisch *Kruse* in BeckOK InfSchR §57 Rn.1.1).

§57 schließt an §49a und §49b BSeuchG an (BT-Drs. 14/2530, 88); durch **2** das 1. BevSchG v. 27.3.2020 (BGBl. I 587) wurde sie um Abs.6 für die Fälle der Verdienstausfallentschädigung wegen „erzwungener" Kinderbetreuung ergänzt. Durch das 3. BevSchG v. 18. 11. 2020 (BGBl. I 2397) wurde Abs. 2 S. 1 um die Pflicht des Arbeitgebers zur fortlaufenden Entrichtung der Umlage wegen Entgeltfortzahlung im Krankheitsfall gem. § 1 Abs. 1 AAG, der Umlage für Mutterschaftsaufwendungen gem. § 1 Abs. 2 AAG sowie der Insolvenzgeld-Umlage gem. § 358 SGB III ergänzt.

B. Gesetzliche Rentenversicherung (Abs. 1)

3   Abs. 1 S. 1 ordnet für sämtliche nach § 56 Abs. 1 entschädigungsberechtigte Personen, die einer Versicherungspflicht in der GRV gem. §§ 1 ff. SGB VI unterliegen, deren Fortbestehen an. Dabei ist unerheblich, ob der Entschädigungsanspruch nach § 56 Abs. 1 aus einem Erwerbstätigkeitsverbot (§ 56 Abs. 1 S. 1) oder aus einer Absonderung (§ 56 Abs. 1 S. 2) resultiert (*Kruse* in BeckOK InfSchR § 57 Rn. 8). Für die Fälle des § 56 Abs. 1a (Kinderbetreuung) gilt Abs. 1 S. 1 gem. Abs. 6 entsprechend. S. 2 führt hinsichtlich der Bemessungsgrundlage für die Beiträge die in § 56 Abs. 2 vorgenommene Differenzierung nach der zeitlichen **Dauer des Erwerbstätigkeitsverbots** fort (→ § 56 Rn. 31): Für die ersten sechs Wochen, während derer die Entschädigung gem. § 56 Abs. 2 S. 2 iHd Verdienstausfalls gewährt wird, knüpft Abs. 1 S. 2 Nr. 1 an das Arbeitsentgelt an, das nach § 56 Abs. 3 der Verdienstausfallentschädigung zugrunde liegt. Vom Beginn der siebten Woche des Erwerbstätigkeitsverbots an sind Bemessungsgrundlage für die Beiträge 80 % des Arbeitsentgelts bzw. Arbeitseinkommens, welches der am Krankengeld (§ 47 Abs. 1 SGB V) ausgerichteten Entschädigung nach § 56 Abs. 3 S. 3 zugrunde gelegt wird. Bei der Beitragsbemessung wird damit in sozialversicherungsrechtlicher Hinsicht ein Gleichlauf mit der Entgeltfortzahlung im Krankheitsfall und dem Krankengeld hergestellt (*Kruse* in BeckOK InfSchR § 57 Rn. 12 ff.). Für die Fälle des § 56 Abs. 1a (Kinderbetreuung) knüpft Abs. 6 an Abs. 1 S. 2 Nr. 2 an.

4   Abs. 1 S. 3 ordnet an, dass das entschädigungspflichtige **Land** die Beiträge zur GRV **allein** trägt. Dies ist gem. § 66 Abs. 1 S. 1 das Land, in dem das Erwerbstätigkeitsverbot erlassen wurde, im Falle eines kraft Gesetzes eintretenden Erwerbstätigkeitsverbots (vgl. § 34 Abs. 1–3 und § 42) das Land, in welchem die verbotene Erwerbstätigkeit ausgeübt wurde (→ § 66 Rn. 5 ff.). Das Land hat die Beiträge an den jeweiligen Sozialversicherungsträger abzuführen, ohne dass dies von dem Entschädigungsberechtigten gesondert beantragt werden müsste (*Kruse* in BeckOK InfSchR § 57 Rn. 15).

5   Abs. 1 S. 4 betrifft den Fall, dass der **Arbeitgeber** die Verdienstausfallentschädigung auszahlt, also das Fortbestehen des Arbeitsverhältnisses und den Zeitraum der ersten sechs Wochen des Erwerbstätigkeitsverbots, vgl. § 56 Abs. 5 S. 1 (→ § 56 Rn. 45). Dann gelten gem. § 57 Abs. 1 S. 4 die S. 2 und S. 3 entsprechend, dh die Bemessungsgrundlage für die Beiträge richtet sich nach Abs. 1 S. 2 Nr. 1 (nicht nach Nr. 2, da eine Entschädigung iSd § 56 Abs. 2 S. 3 nicht durch den Arbeitgeber ausgezahlt wird, § 56 Abs. 5 S. 1 und S. 3). Arbeitnehmerbeitragsanteile sind nicht abzuziehen (*Kruse* in BeckOK InfSchR § 57 Rn. 16; *Altmann* B+P 2020, 569 (570)). Ferner hat das entschädigungspflichtige Land die Beitragslast allein zu tragen; die Grundregel des Abs. 1 S. 3 wird also durch Abs. 1 S. 4 lediglich modifiziert (*Kruse* in BeckOK

InfSchR § 57 Rn. 16). Gem. § 57 Abs. 1 S. 4 Hs. 2 hat daher die zuständige Behörde dem Arbeitgeber die entrichteten Beiträge zu erstatten. Die Vorschrift setzt einen **Antrag** des Arbeitgebers voraus, enthält allerdings – anders als § 56 Abs. 11 für die Erstattung der vom Arbeitgeber gezahlten Verdienstausfallentschädigung nach § 56 Abs. 5 S. 2 – keine Fristbestimmung, obwohl die Erstattung von Verdienstausfallentschädigung und Versicherungsbeiträgen denselben Verfahrensregeln unterliegen sollte (zu Recht kritisch *Kruse* in BeckOK InfSchR § 57 Rn. 24, die deshalb für eine entsprechende Anwendung des § 56 Abs. 11 plädiert). Der Anspruch unterliegt der regelmäßigen Verjährung (§§ 195, 199 BGB). Während § 57 Abs. 1 S. 4 Hs. 2 die zuständige Behörde zur Auszahlung verpflichtet, richtet sich der materielle Erstattungsanspruch gegen das nach § 66 Abs. 1 S. 1 zur Zahlung der Entschädigung verpflichtete Land; im Streitfall ist seit dem 19. 11. 2020 der Verwaltungsrechtsweg eröffnet (*Kruse* in BeckOK InfSchR § 57 Rn. 25 ff.; → § 68 Rn. 7 ff.).

C. Abgesonderte Personen (Abs. 2)

Abs. 2 betrifft nur die im Zusammenhang mit einer Absonderung gem. § 56 **6** Abs. 1 S. 2 Entschädigungsberechtigten (→ § 56 Rn. 21); sie werden im Vergleich zu den von einem Tätigkeitsverbot nach § 56 Abs. 1 S. 1 Betroffenen als besonders schutzbedürftig angesehen (→ Rn. 1, dort auch zur Problematik der durch Abs. 6 vorgenommenen Erstreckung dieser Privilegierung auf Entschädigungsberechtigte nach § 56 Abs. 1 a). Für die nach § 56 Abs. 1 S. 2 Entschädigungsberechtigten ordnet Abs. 2 S. 1 das **Fortbestehen der Versicherungspflichten** in der gesetzlichen Kranken- und in der sozialen Pflegeversicherung sowie nach SGB III, also nach Arbeitsförderungsrecht, an. Das Fortbestehen der Versicherungspflicht in der **GRV** folgt für die Betroffenen bereits aus Abs. 1, da sich diese Vorschrift auf sämtliche Entschädigungsberechtigte nach § 56 Abs. 1 bezieht (→ Rn. 3). Abs. 2 S. 2 ordnet die entsprechende Geltung von Abs. 1 S. 2–4 an, dh die Bemessungsgrundlage für die Beiträge orientiert sich nach Maßgabe der zeitlich differenzierten Vorgabe des Abs. 1 S. 2 Nr. 1 bzw. Nr. 2 während der ersten sechs Wochen der Absonderung am Arbeitsentgelt und vom Beginn der siebten Woche an am Krankengeld nach § 47 Abs. 1 SGB V (→ Rn. 11). Die Beiträge sind ferner vollständig von dem nach § 66 Abs. 1 S. 1 entschädigungspflichtigen Land zu tragen (Abs. 2 iVm Abs. 1 S. 3; → § 66 Rn. 5 ff.). Und soweit der Arbeitgeber die Verdienstausfallentschädigung für die Behörde auszahlt, also bei Fortbestehen des Arbeitsverhältnisses und während der ersten sechs Wochen der Absonderung (vgl. § 56 Abs. 5 S. 1; → § 56 Rn. 45), gelten die Regelungen hinsichtlich der Berechnungsgrundlage für die Beiträge, hinsichtlich der Kostentragung und hinsichtlich der Erstattungspflicht der zuständigen Behörde in Abs. 1 S. 2 Nr. 1, S. 3 und S. 4 entsprechend.

Das 3. BevSchG v. 18. 11. 2020 (BGBl. I 2397) hat in Abs. 2 S. 1 auch die **7** Pflicht des Arbeitgebers zur fortlaufenden Entrichtung der Umlage wegen Entgeltfortzahlung im Krankheitsfall gem. § 1 Abs. 1 AAG, der Umlage für Mutterschaftsaufwendungen gem. § 1 Abs. 2 AAG sowie der Insolvenzgeld-Umlage gem. § 358 SGB III (sog. Umlagen U1, U2 und U3) aufgenommen.

Hieraus folgt, dass der Erstattungsanspruch des Arbeitgebers die entsprechenden Umlage-Zahlungen einschließt. Hierbei soll es sich der BReg zufolge um eine bloße Klarstellung handeln (vgl. BT-Drs. 19/23944, 28 und BT-Drs. 19/24232, 50; sowie zum Ganzen *Kruse* in BeckOK InfSchR § 57 Rn. 9a, 16).

D. Gesetzliche Unfallversicherung (Abs. 3)

8   Abs. 3 betrifft die gesetzliche Unfallversicherung nach dem SGB VII und die Berechnung der dort zu erbringenden Versicherungsleistungen. Die Vorschrift nimmt auf „eine Entschädigung nach § 56 Abs. 1" Bezug und ist somit sowohl auf die Fälle des Erwerbstätigkeitsverbots (§ 56 Abs. 1 S. 1) als auch der Absonderung (§ 56 Abs. 1 S. 2) anwendbar, erfasst allerdings ersichtlich nicht die Fälle der Kinderbetreuung nach § 56 Abs. 1a (*Kruse* in BeckOK InfSchR § 57 Rn. 17).

9   Die in Geld erbrachten Leistungen der gesetzlichen Unfallversicherung, die nach dem Jahresverdienst berechnet werden, knüpfen gem. §§ 81, 82 Abs. 1 S. 1 an den Gesamtbetrag der Arbeitsentgelte (vgl. § 15 SGB IV) bzw. der Arbeitseinkommen (vgl. § 15 SGB IV) des Versicherten an, die dieser in den **zwölf Monaten vor Eintritt des Versicherungsfalls** (dh dem Arbeitsunfall oder der Berufskrankheit iSd §§ 7 ff. SGB VII) erzielt hat. War dem versicherten Verletzten in dem Jahr vor dem Arbeitsunfall eine Verdienstausfallentschädigung nach § 56 Abs. 1 zu gewähren, so wird nach § 57 Abs. 3 S. 1 das Arbeitsentgelt oder Arbeitseinkommen zugrunde gelegt, das seinem durchschnittlichen Arbeitsentgelt oder Arbeitseinkommen in den mit Arbeitsentgelt oder Arbeitseinkommen belegten Zeiten dieses Zeitraums entspricht. Dies gilt gem. Abs. 3 S. 1 jedoch nur, soweit es für den Berechtigten **günstiger** ist. Abs. 3 S. 3 bestimmt, dass etwaige Mehraufwendungen, die den Trägern der gesetzlichen Unfallversicherung entstehen können, von der für die Gewährung der Verdienstausfallentschädigungen nach §§ 56 ff. zuständigen Behörde erstattet werden; der Erstattungsanspruch richtet sich gegen das nach § 66 Abs. 1 S. 1 zur Zahlung der Entschädigung verpflichtete Land und ist seit dem 19.11.2020 im Streitfall auf dem Verwaltungsrechtsweg geltend zu machen (§ 68 Abs. 1 S. 1; → § 68 Rn. 7 ff.).

10   Abs. 3 S. 2 ordnet die entsprechende Geltung von § 82 Abs. 3 SGB VII an, wonach Arbeitsentgelt und Ausbildungsbeihilfe nach den §§ 43, 44 StVollG nicht als Arbeitsentgelt iSd § 82 Abs. 1 SGB VII gelten; diese scheiden damit als Berechnungsgrundlage für Geldleistungen der gesetzlichen Unfallversicherung aus.

E. Gesetzliche Krankenversicherung (Abs. 4)

11   Abs. 4 regelt die Berechnung der Leistungen in der „Krankenversicherung" und meint damit die GKV nach dem SGB V (*Kruse* in BeckOK InfSchR § 57 Rn. 20.1). Die Vorschrift betrifft Leistungen, soweit diese an das Arbeitsentgelt anknüpfen, insbes. das **Krankengeld** nach § 47 SGB V. Abs. 4 schließt es aus, dass der Krankengeldanspruch eines Versicherten, der im Anschluss an ein Erwerbstätigkeitsverbot arbeitsunfähig wird, sich dadurch mindert, dass die

Verdienstausfallentschädigung nach § 56 hinter dem Arbeitsentgelt des Versicherten, das dieser vor dem Eintritt des Verbots bezogen hat, zurückbleibt: Die Berechnung der Versicherungsleistungen erfolgt nach dem Arbeitsentgelt, das vor Beginn „des Anspruchs auf Entschädigung" gezahlt worden ist. Diese Formulierung meint den Zeitpunkt des Tätigkeitsverbots, nicht den der behördlichen Festsetzung der Entschädigung. Ist der Betroffene selbstständig, so ist der Begriff des Arbeitsentgelts unter Einbeziehung auch von Arbeitseinkommen erweiternd iSd Regelentgelts nach § 47 Abs. 1 S. 1 SGB V auszulegen (*Kruse* in BeckOK InfSchR § 57 Rn. 20.2).

Abs. 4 differenziert nicht zwischen den Gründen einer Entschädigungs- **12** berechtigung und findet damit sowohl auf die Fälle des Erwerbstätigkeitsverbots (§ 56 Abs. 1 S. 1) als auch auf die der Absonderung (§ 56 Abs. 1 S. 2) Anwendung. Der Wortlaut der Vorschrift („Anspruch auf Entschädigung") erlaubt es sogar, Abs. 4 auf die Fälle des § 56 Abs. 1a (Kinderbetreuung) anzuwenden, obwohl eine entsprechende Bezugnahme in Abs. 6 fehlt (dafür *Kruse* in BeckOK InfSchR § 57 Rn. 21).

F. Arbeitsförderungsrecht (Abs. 5)

Abs. 5 regelt das Verhältnis zum Arbeitsförderungsrecht des SGB III und **13** knüpft hierbei seinem Wortlaut nach an das Fortbestehen der gesetzlichen Versicherungspflicht nach Abs. 1, also in der GKV, an. Die Bezugnahme auf Abs. 1 ergibt jedoch für den Regelungsgehalt des Abs. 5 keinen Sinn und lässt sich daher nur als gesetzgeberisches „Redaktionsversehen" verstehen (zutreffend *Kruse* in BeckOK InfSchR § 57 Rn. 23). Vielmehr kann sich Abs. 5 nur auf das Fortbestehen einer Versicherungspflicht in der Arbeitslosenversicherung und somit auf Abs. 2 beziehen. Dies hat zur Folge, dass Abs. 5 allein für Entschädigungsberechtigte nach § 56 Abs. 1 S. 2 (Absonderung) und § 56 Abs. 1a (Kinderbetreuung) gilt, nicht dagegen für Entschädigungsberechtigte nach § 56 Abs. 1 S. 1 (Tätigkeitsverbot), weil Abs. 2 S. 1 für Letztere nicht das Fortbestehen der Versicherungspflicht nach SGB III anordnet (zutreffend *Kruse* in BeckOK InfSchR § 57 Rn. 23 ff.; anders noch Voraufl., Rn. 1, 9). Indem die Zeiten, in denen nach Abs. 2 eine Versicherungspflicht fortbesteht, bei der Feststellung des Bemessungszeitraums für einen Anspruch auf **Arbeitslosengeld** (vgl. § 150 SGB III) außer Betracht bleiben, wird vermieden, dass der Arbeitslosengeldanspruch eines vormals nach § 56 Abs. 1 S. 1 oder Abs. 1a Entschädigungsberechtigten sich dadurch reduziert, dass die Verdienstausfallentschädigung hinter dem Arbeitsentgelt zurückbleibt. Denn die Höhe des Arbeitslosengeldes richtet sich gem. §§ 149 ff. SGB III nach der Höhe des **Arbeitsentgelts im Bemessungszeitraum.** Umgekehrt schließt es die Regelung des Abs. 5 aber auch aus, dass ein Versicherter infolge der Entschädigungsberechtigung ein höheres Arbeitslosengeld erhält (ebenso *Kruse* in BeckOK InfSchR § 57 Rn. 22). Dies würde auch der Zielsetzung des § 56 Abs. 1, eine Billigkeitsregelung zur Sicherung vor sozialer Not zu gewähren (hierzu BT-Drs. 3/1888, 27; → § 56 Rn. 3) kaum gerecht.

G. Entschädigungsberechtigte nach § 56 Abs. 1a (Abs. 6)

14   Abs. 6 trifft eine Sonderregelung für Personen, denen nach § 56 Abs. 1a eine Verdienstausfallentschädigung wegen „erzwungener" Kinderbetreuung gewährt wird (→ § 56 Rn. 2, 5, 55 ff.), und ordnet die entsprechende Geltung von § 57 Abs. 1, 2 und 5 an, die sich auf die wegen eines Tätigkeitsverbots Entschädigungsberechtigten iSd § 56 Abs. 1 beziehen (zur fehlenden Bezugnahme auf Abs. 4 → Rn. 12). Für die nach § 56 Abs. 1a entschädigungsberechtigten Sorgeberechtigten besteht somit die Versicherungspflicht in der GRV (§ 57 Abs. 1; → Rn. 3 ff.) ebenso fort wie die Versicherungspflicht in der GKV, in der sozialen Pflegeversicherung und nach dem Arbeitsförderungsrecht des SGB III (§ 57 Abs. 5; → Rn. 13). Mit dieser Regelung will der Gesetzgeber den **Versicherungsschutz der Sorgeberechtigten** sicherstellen (BT-Drs. 19/18111, 26). Aus der entsprechenden Anwendung des Abs. 1 S. 3 ergibt sich, dass das nach § 66 Abs. 1 S. 1 zahlungsverpflichtete Land allein die Beiträge zur GRV zu tragen hat. Ferner gilt die in Abs. 1 S. 4 getroffene Regelung zur Zahlung der Entschädigung durch den Arbeitgeber und zur Erstattungspflicht der zuständigen Behörde entsprechend. Hinsichtlich der Bemessungsgrundlage für die Beiträge in den genannten Versicherungen verweist Abs. 6 auf Abs. 1 S. 2 Nr. 2, dh es sind die Beiträge auf der Grundlage von 80% des der Entschädigung nach § 56 Abs. 2 S. 3 iHd Krankengeldes (§ 47 Abs. 1 SGB V) zugrundeliegenden Arbeitsentgelts bzw. Arbeitseinkommens zu bemessen. Hiermit will der Gesetzgeber an die Regelungen zur Beitragsbemessung bei Bezug von kurzfristigen Entgeltersatzleistungen anknüpfen (BT-Drs. 19/18111, 26).

§ 58   Aufwendungserstattung

[1]**Entschädigungsberechtigte im Sinne des § 56 Abs. 1 und 1a, die der Pflichtversicherung in der gesetzlichen Kranken-, Renten- sowie der sozialen Pflegeversicherung nicht unterliegen, haben gegenüber dem nach § 66 Absatz 1 Satz 1 zur Zahlung verpflichteten Land einen Anspruch auf Erstattung ihrer Aufwendungen für soziale Sicherung in angemessenem Umfang.** [2]**In den Fällen, in denen sie Netto-Arbeitsentgelt und Arbeitseinkommen aus einer Tätigkeit beziehen, die als Ersatz der verbotenen Tätigkeit ausgeübt wird, mindert sich der Anspruch nach Satz 1 in dem Verhältnis dieses Einkommens zur ungekürzten Entschädigung.**

Schrifttum: *Altmann,* „Integration" des Entschädigungsanspruchs nach dem Infektionsschutzgesetz in die Sozialversicherung, B+P 2020, 569.

A. Zweck und Bedeutung der Norm

1   § 58 ergänzt die Regelung in § 57 zum Verhältnis der Verdienstausfallentschädigung nach § 56 zur gesetzlichen Krankenversicherung, Rentenversicherung und sozialen Pflegeversicherung und betrifft **Personen, die insoweit keiner**

Versicherungspflicht unterliegen und deshalb nicht von § 57 erfasst werden. § 58 S. 1 räumt den zu diesem Personenkreis gehörenden nach § 56 Abs. 1 oder Abs. 1 a Entschädigungsberechtigten einen besonderen Erstattungsanspruch hinsichtlich der Aufwendungen für soziale Sicherung ein, der ggf. als „Annex" zu dem Anspruch auf Verdienstausfallentschädigung hinzutritt. Es handelt sich um eine Folge des für die Verdienstausfallentschädigung nach § 56 Abs. 3 S. 1, 4 maßgeblichen Nettoprinzips (→ § 56 Rn. 32), nach dem die Aufwendungen für soziale Sicherung nicht von der Entschädigung umfasst sind (zum Ganzen auch *Kruse* in BeckOK InfSchR § 58 Rn. 2, 5). Eine entsprechende Regelung war bereits in § 49 c BSeuchG enthalten. Durch das 1. BevSchG v. 27.3.2020 (BGBl. I 587) wurde § 58 S. 1 durch eine Bezugnahme auf die durch dieses G eingeführte Verdienstausfallentschädigung der Sorgeberechtigten wegen Kinderbetreuung nach § 56 Abs. 1 a (→ § 56 Rn. 2, 5, 55 ff.) ergänzt.

B. Erstattung von Versicherungsaufwendungen

Wer nicht dazu verpflichtet ist, sich in der GKV zu versichern, von der Versicherungspflicht in der GRV und von der Versicherungspflicht in der sozialen Pflegeversicherung befreit ist, erbringt für seine Absicherung, bspw. durch eine private Krankenversicherung, Aufwendungen, insbes. in Form von Versicherungsbeiträgen. Um eine Gleichbehandlung gesetzlich versicherungspflichtiger und nicht versicherungspflichtiger Personen zu erreichen, gewährt **S. 1** den nicht Versicherungspflichtigen einen **Anspruch auf Erstattung ihrer Aufwendungen für die soziale Sicherung.** Der Erstattungsanspruch nach § 58 S. 1 knüpft an eine Entschädigungsberechtigung nach § 56 Abs. 1 oder Abs. 1 a an; es muss also ein entsprechender Anspruch auf Verdienstausfallentschädigung bestehen (*Kruse* in BeckOK InfSchR § 58 Rn. 2, 5, die zutreffend von einem „Annex" zu dem Anspruch nach § 56 spricht). Der Erstattungsanspruch nach § 58 S. 1 setzt zudem voraus, dass die Entschädigungsberechtigten nicht der Pflichtversicherung in der GKV (§§ 5 ff. SGB V), in der GRV (§§ 1 ff. SGB VI) oder in der sozialen Pflegeversicherung (§§ 20 ff. SGB XI) unterliegt und entsprechende Aufwendungen für soziale Sicherung aufbringt. Obwohl der Wortlaut des § 58 S. 1 von einer (kumulativen) Versicherungsfreiheit in sämtlichen erwähnten Pflichtversicherungen ausgeht, wird man die Vorschrift bereits anwenden müssen, *soweit* der Betroffene einzelnen Versicherungspflichten nicht unterliegt (*Kruse* in BeckOK InfSchR § 58 Rn. 3.1).

Der Erstattungsanspruch nach § 58 S. 1 bezieht sich auf Aufwendungen „in angemessenem Umfang". Mit dieser Formulierung enthält das Gesetz einen **unbestimmten Rechtsbegriff** (*Erdle,* § 58, S. 164), der in vergleichbarer Weise auch in § 56 Abs. 4 bzgl. Mehraufwendungen und laufender Betriebskosten verwendet wird (→ § 56 Rn. 40 ff.). Unbestimmte Rechtsbegriffe eröffnen der Behörde grundsätzlich keinen Beurteilungsspielraum und unterliegen der vollen gerichtlichen Überprüfung (weiterführend *Maurer/Waldhoff*, § 7 Rn. 27 ff., 37 ff.). Ein „Ermessen" ist durch § 58 S. 1 insbesondere auch nicht hinsichtlich des „Ob" der Erstattung eröffnet (anders wohl *Gerhardt*, § 58 Rn. 1); vielmehr ist die Behörde zur Erstattung verpflichtet, soweit der Betroffene im Einzelfall „angemessene" Aufwendungen tatsächlich erbracht hat und nachweisen kann (*Erdle,* § 58, S. 164). Die Behörde muss zwar den „angemessenen" Umfang der Erstattung zunächst in eigenverantwortlicher Einschätzung bestimmen; ihre Entscheidung unterliegt dann aber der vollen – nunmehr verwaltungsgerichtlichen (§ 68 Abs. 1 S. 1; → § 56 Rn. 42) – Kontrolle (*Kruse* in BeckOK InfSchR § 58 Rn. 7; vgl. zur Problematik des bis zum 18.11.2020 eröffneten ordentlichen Rechtswegs Voraufl., § 58 Rn. 2). Vor dem Hintergrund, dass der Gesetzgeber mit § 56 eine eng zu verstehende „Billigkeitsregelung" treffen wollte (BT-Drs. 3/1888, 27; → § 56 Rn. 3), wird man davon ausgehen müssen, dass der **„angemessene" Umfang der Erstattung** grundsätzlich hinter den tatsächlich erbrachten Aufwendungen zurückbleiben darf (*BBS* § 58 Rn. 1; *Kruse* in BeckOK InfSchR § 58 Rn. 7). Als Vergleichsmaßstab können die Beiträge der gesetzlichen Versicherungen herangezogen werden, da § 58 S. 1 auf eine Gleichbehandlung gesetzlich versicherungspflichtiger und nicht versicherungspflichtiger Personen zielt. Etwaige Arbeitgeberzuschüsse sind nicht erfasst (*Kruse* in BeckOK InfSchR § 58 Rn. 7; *Altmann* B+P 2020, 569 (571)).

4   § 58 enthält keine verfahrensrechtlichen Bestimmungen. Weil der Erstattungsanspruch nach § 58 S. 1 dem Anspruch auf Verdienstausfallentschädigung nach § 56 Abs. 1 bzw. Abs. 1a folgt, wird man **§ 56 Abs. 11 entsprechend** anwenden können; die Erstattung ist demnach ebenso wie die Verdienstausfallentschädigung bei der zuständigen Behörde zu beantragen (*Kruse* in BeckOK InfSchR § 58 Rn. 10; zum Antragsverfahren im Einzelnen → § 56 Rn. 44ff., 48ff.). Die in § 56 Abs. 5 S. 1 geregelte vorläufige Auszahlung durch den Arbeitgeber ist nicht vorgesehen, zumal die Vorschrift in erster Linie auf Selbstständige zugeschnitten ist. Sollte ein Arbeitnehmer einer der in § 58 S. 1 genannten Versicherungspflichten nicht unterliegen und hat der Arbeitgeber Beiträge für ihn abgeführt, so kann sich der Arbeitgeber den Erstattungsanspruch nach § 58 S. 1 abtreten lassen (*Kruse* in BeckOK InfSchR § 58 Rn. 10; *Altmann* B+P 2020, 569 (571)). Der Erstattungsanspruch nach § 58 S. 1 richtet sich gem. § 66 Abs. 1 gegen das zur Zahlung verpflichtete Land und ist seit dem 19.11.2020 gerichtlich auf dem Verwaltungsrechtsweg geltend zu machen (§ 68 Abs. 1 S. 1).

5   Üben nicht Versicherungspflichtige iSd S. 1 eine Tätigkeit als Ersatz für die verbotene Erwerbstätigkeit aus und beziehen sie hierfür ein Netto-Arbeitsentgelt oder Arbeitseinkommen, so ordnet **S. 2** an, dass sich der Erstattungsanspruch nach S. 1 in dem Verhältnis dieses Einkommens zur ungekürzten Entschädigung **mindert.** Dieser Vorschrift liegt – ebenso wie § 56 Abs. 8 S. 1 Nr. 2 – die gesetzgeberische Wertung zugrunde, dass bei einem lediglich teilweisen Verdienstausfall zugleich die Aufwendungen für soziale Sicherung nur teilweise zu erstatten sind (*Kruse* in BeckOK InfSchR § 58 Rn. 9). S. 2 bezieht sich auf eine Tätigkeit als Ersatz „der verbotenen Tätigkeit" und somit seinem Wortlaut nach allein auf die von § 56 Abs. 1 S. 1 erfassten Fälle eines Tätigkeitsverbots. Es erscheint jedoch angebracht, die Vorschrift auch auf die Fälle des § 56 Abs. 1 S. 2 (Absonderung) und des § 56 Abs. 1a (Kinderbetreuung) anzuwenden und auch hier die Erstattung von Aufwendungen für soziale Sicherung anteilig zu mindern, zumal der Erstattungsanspruch nach § 58 S. 1 auch in diesen Fällen „Annex" zum Anspruch auf Verdienstausfallentschädigung ist (überzeugend *Kruse* in BeckOK InfSchR § 58 Rn. 9.1).

§ 59   Sondervorschrift für Ausscheider

Ausscheider, die Anspruch auf eine Entschädigung nach § 56 haben, gelten als körperlich Behinderte im Sinne des Dritten Buches Sozialgesetzbuch.

§ 59 ergänzt die Bestimmungen zur Verdienstausfallentschädigung nach **1** § 56 um eine gesonderte Regelung für **Ausscheider,** also für Personen iSd § 2 Nr. 6, die Krankheitserreger ausscheiden und dadurch eine Ansteckungsquelle für die Allgemeinheit sein können, ohne jedoch krank (vgl. § 2 Nr. 4) oder krankheitsverdächtig (vgl. § 2 Nr. 5) zu sein (zum Begriff des Ausscheiders ausf. → § 2 Rn. 25 ff.). Die Vorschrift hatte eine Vorgängerregelung in § 50 BSeuchG. Der Gesetzgeber wollte mit ihr dem Umstand Rechnung tragen, dass Ausscheider ggf. ihrer bisherigen beruflichen Tätigkeit dauerhaft oder für einen längeren Zeitraum nicht weiter nachgehen können und deshalb umgeschult werden müssen (BT-Drs. 3/1888, 28). Sie gelten als **körperlich behinderte Menschen** iSd § 19 SGB III, der wiederum auf die Legaldefinition des § 2 Abs. 1 SGB IX verweist. Auf Ausscheider finden aufgrund der in § 59 angeordneten Fiktion dementsprechend die Bestimmungen über aktive Arbeitsförderung nach dem SGB III, namentlich §§ 44 ff. SGB III (Aktivierung und berufliche Eingliederung), Anwendung (vgl. hierzu weiterführend die Erläuterungen von *Schmidt* in BeckOK Sozialrecht, §§ 44 ff. SGB III; *Bieback* in Gagel, SGB II/III, Stand: 1.3.2020, §§ 44 ff. SGB III). Die Gleichstellung mit behinderten Menschen betrifft allerdings allein den Anwendungsbereich des SGB III, nicht dagegen andere Rechtsmaterien, was in Anbetracht der Zielsetzung der §§ 56 ff., Nachteile im Erwerbsleben abzumildern, schlüssig ist (*Kruse* in BeckOK InfSchR § 59 Rn. 5).

Die Gleichstellung mit körperlich behinderten Menschen erscheint allein **2** für „Dauerausscheider" (→ § 2 Rn. 25) sachgerecht, während für Ausscheider, die lediglich für kurze Zeit von einem Tätigkeitsverbot oder einer Absonderung betroffen sind, eine Umschulung regelmäßig nicht erforderlich erscheint (ebenso *Kruse* in BeckOK InfSchR § 59 Rn. 2). Bedeutsam sind Maßnahmen der aktiven Arbeitsförderung vielmehr für sog. Carrier (→ § 2 Rn. 28), denen dauerhaft die Ausübung bestimmter Berufe untersagt werden kann. Dass diese vom Wortlaut des § 59 jedoch nicht erfasst werden, lässt sich damit erklären, dass Carrier früher dem Kreis der Ausscheider zugeordnet wurden, der Wortlaut des § 59 insoweit aber nicht an das unter dem IfSG veränderte Begriffsverständnis angepasst wurde. Damit die Vorschrift nicht weitgehend leerläuft, wird man sie jedoch auch auf heute als Carrier einzuordnende Personen anwenden können (ebenso *Kruse* in BeckOK InfSchR § 59 Rn. 22, die de lege ferenda für eine Aufnahme der Carrier in § 59 plädiert), zumal der Gesetzgeber bei der Schaffung mit § 59 schlicht an § 50 BSeuchG anknüpfte (BT-Drs. 14/2530, 88), die Gesetzesmaterialien zu § 50 BSeuchG aber gerade die dauerhaft an ihrer Berufsausübung gehinderten Personen vor Augen hatten (BT-Drs. 3/1888, 28).

§ 59 bezieht sich seinem Wortlaut nach auf die Entschädigung „nach § 56" **3** und unterscheidet damit nicht zwischen der Verdienstausfallentschädigung

wegen Tätigkeitsverbots oder Absonderung (§ 56 Abs. 1) und der Verdienstausfallentschädigung der Sorgeberechtigten (§ 56 Abs. 1 a). Dennoch kann in
§ 59 **allein** die Verdienstausfallentschädigung wegen Tätigkeitsverbots oder
Absonderung nach **§ 56 Abs. 1** gemeint sein, weil nur diese an die Eigenschaft
als Ausscheider anknüpft (vgl. § 56 Abs. 1 S. 2; ebenso *Kruse* in BeckOK Inf-
SchR § 59 Rn. 3). Der Gesetzgeber konnte deshalb davon absehen, im Zuge
der Einführung von § 56 Abs. 1 a eine entsprechende Klarstellung in § 59 ein-
zufügen.

4   Die Leistungen der Arbeitsförderung nach dem SGB III werden von den jeweils zuständigen Agenturen für Arbeit erbracht. Dabei kann sich die Frage
stellen, inwieweit die Agenturen für Arbeit das Bestehen eines Anspruchs
nach § 56 Abs. 1, an den die Fiktion des § 59 anknüpft, zu prüfen haben. Der
Umstand, dass § 59 seinem Wortlaut nach auf den Anspruch und nicht auf
einen behördlichen Bescheid (→ § 56 Rn. 44) abstellt, spricht zunächst für
eine Verpflichtung der Agenturen zur eigenständigen Beurteilung (*Kruse* in
BeckOK InfSchR § 59 Rn. 3). Da § 59 jedoch vor allem dauerhaft an ihrer Berufsausübung gehinderte Personen erfasst, wird die Entschädigungsberechtigung nach § 56 vielfach bereits durch VA festgestellt sein. Da ein iSd § 43
VwVfG wirksamer VA eine sog. Tatbestandswirkung entfaltet, die von sämtlichen staatlichen Stellen zu beachten ist (vgl. BVerwGE 117, 351 (354 f.);
BVerwGE 158, 182 Rn. 60; weiterführend *Ramsauer* in Kopp/Ramsauer
VwVfG § 43 Rn. 16 ff.), müssen sich in diesen Fällen die Agenturen für Arbeit
einer eigenständigen Prüfung der Entschädigungsberechtigung enthalten.

5   Zusätzliche Kosten, die infolge der Anwendung des SGB III entstehen,
trägt die Bundesagentur für Arbeit als für die Durchführung des SGB III zuständiger Verwaltungsträger (vgl. § 368 Abs. 1 SGB III), da eine abweichende
Regelung nicht existiert; insbesondere konnte sich der für das BSeuchG 1961
zunächst vorgesehene Erstattungsanspruch gegen das für den Vollzug des
Infektionsschutzrechts zuständige Land (vgl. BT-Drs. 3/1888, 11) im Gesetzgebungsverfahren nicht durchsetzen, weil die Wiedereingliederung von Ausscheidern in den Arbeitsmarkt der Arbeitsförderung zugeordnet wurde (zum
Ganzen auch *Kruse* in BeckOK InfSchR § 59 Rn. 6 f.).

**§ 60 Versorgung bei Impfschaden und bei Gesundheitsschäden
        durch andere Maßnahmen der spezifischen Prophylaxe**

(1) ¹**Wer durch eine Schutzimpfung oder durch eine andere Maßnahme der spezifischen Prophylaxe, die**

1. **von einer zuständigen Landesbehörde öffentlich empfohlen und in
   ihrem Bereich vorgenommen wurde,**

2. **auf Grund dieses Gesetzes angeordnet wurde,**

3. **gesetzlich vorgeschrieben war oder**

4. **auf Grund der Verordnungen zur Ausführung der Internationalen
   Gesundheitsvorschriften durchgeführt worden ist,**

**eine gesundheitliche Schädigung erlitten hat, erhält nach der Schutz-
impfung wegen des Impfschadens im Sinne des § 2 Nr. 11 oder in dessen entsprechender Anwendung bei einer anderen Maßnahme wegen**

der gesundheitlichen und wirtschaftlichen Folgen der Schädigung auf Antrag Versorgung in entsprechender Anwendung der Vorschriften des Bundesversorgungsgesetzes, soweit dieses Gesetz nicht Abweichendes bestimmt. [2]Satz 1 Nr. 4 gilt nur für Personen, die zum Zwecke der Wiedereinreise in den Geltungsbereich dieses Gesetzes geimpft wurden und die ihren Wohnsitz oder gewöhnlichen Aufenthalt in diesem Gebiet haben oder nur vorübergehend aus beruflichen Gründen oder zum Zwecke der Ausbildung aufgegeben haben, sowie deren Angehörige, die mit ihnen in häuslicher Gemeinschaft leben. [3]Als Angehörige gelten die in § 10 des Fünften Buches Sozialgesetzbuch genannten Personen.

(2) [1]Versorgung im Sinne des Absatzes 1 erhält auch, wer als Deutscher außerhalb des Geltungsbereichs dieses Gesetzes einen Impfschaden durch eine Impfung erlitten hat, zu der er auf Grund des Impfgesetzes vom 8. April 1874 in der im Bundesgesetzblatt Teil III, Gliederungsnummer 2126-5, veröffentlichten bereinigten Fassung, bei einem Aufenthalt im Geltungsbereich dieses Gesetzes verpflichtet gewesen wäre. [2]Die Versorgung wird nur gewährt, wenn der Geschädigte

1. nicht im Geltungsbereich dieses Gesetzes geimpft werden konnte,
2. von einem Arzt geimpft worden ist und
3. zur Zeit der Impfung in häuslicher Gemeinschaft mit einem Elternteil oder einem Sorgeberechtigten gelebt hat, der sich zur Zeit der Impfung aus beruflichen Gründen oder zur Ausbildung nicht nur vorübergehend außerhalb des Geltungsbereichs dieses Gesetzes aufgehalten hat.

(3) [1]Versorgung im Sinne des Absatzes 1 erhält auch, wer außerhalb des Geltungsbereichs dieses Gesetzes einen Impfschaden erlitten hat infolge einer Pockenimpfung auf Grund des Impfgesetzes oder infolge einer Pockenimpfung, die in den in § 1 Abs. 2 Nr. 3 des Bundesvertriebenengesetzes bezeichneten Gebieten, in der Deutschen Demokratischen Republik oder in Berlin (Ost) gesetzlich vorgeschrieben oder auf Grund eines Gesetzes angeordnet worden ist oder war, soweit nicht auf Grund anderer gesetzlicher Vorschriften Entschädigung gewährt wird. [2]Ansprüche nach Satz 1 kann nur geltend machen, wer

1. als Deutscher bis zum 8. Mai 1945,
2. als Berechtigter nach den §§ 1 bis 4 des Bundesvertriebenengesetzes oder des § 1 des Flüchtlingshilfegesetzes in der Fassung der Bekanntmachung vom 15. Mai 1971 (BGBl. I S. 681), das zuletzt durch Artikel 24 des Gesetzes vom 26. Mai 1994 (BGBl. I S. 1014) geändert worden ist, in der jeweils geltenden Fassung,
3. als Ehegatte oder Abkömmling eines Spätaussiedlers im Sinne des § 7 Abs. 2 des Bundesvertriebenengesetzes oder
4. im Wege der Familienzusammenführung gemäß § 94 des Bundesvertriebenengesetzes in der vor dem 1. Januar 1993 geltenden Fassung

seinen ständigen Aufenthalt im Geltungsbereich dieses Gesetzes genommen hat oder nimmt.

(4) [1]Die Hinterbliebenen eines Geschädigten im Sinne der Absätze 1 bis 3 erhalten auf Antrag Versorgung in entsprechender Anwendung der Vorschriften des Bundesversorgungsgesetzes. [2]Partner einer eheähnlichen Gemeinschaft erhalten Leistungen in entsprechender Anwendung der §§ 40, 40a und 41 des Bundesversorgungsgesetzes, sofern ein Partner an den Schädigungsfolgen verstorben ist und der andere unter Verzicht auf eine Erwerbstätigkeit die Betreuung eines gemeinschaftlichen Kindes ausübt; dieser Anspruch ist auf die ersten drei Lebensjahre des Kindes beschränkt. [3]Satz 2 gilt entsprechend, wenn ein Partner in der Zeit zwischen dem 1. November 1994 und dem 23. Juni 2006 an den Schädigungsfolgen verstorben ist.

(5) [1]Als Impfschaden im Sinne des § 2 Nr. 11 gelten auch die Folgen einer gesundheitlichen Schädigung, die durch einen Unfall unter den Voraussetzungen des § 1 Abs. 2 Buchstabe e oder f oder des § 8a des Bundesversorgungsgesetzes herbeigeführt worden sind. [2]Einem Impfschaden im Sinne des Satzes 1 steht die Beschädigung eines am Körper getragenen Hilfsmittels, einer Brille, von Kontaktlinsen oder von Zahnersatz infolge eines Impfschadens im Sinne des Absatzes 1 oder eines Unfalls im Sinne des Satzes 1 gleich.

(6) Im Rahmen der Versorgung nach Absatz 1 bis 5 finden die Vorschriften des zweiten Kapitels des Zehnten Buches Sozialgesetzbuch über den Schutz der Sozialdaten Anwendung.

Übersicht

Schrifttum: *Becker*, Soziales Entschädigungsrecht. Bestand, Grundsätze, Neuordnung, 2018; *Knickrehm* (Hrsg.), Das neue Soziale Entschädigungsrecht – SGB XIV. Einführung mit Synopse, 2021; *Makoski/Netzer-Nawrocki*, Die Impfpflicht nach dem Masernschutzgesetz, GesR 2020, 427; *Reinhard*, Neuregelung des Sozialen Entschädigungsrechts im SGB XIV, NZS 2019, 221; *Tabbara*, Neues Sozialgesetzbuch XIV – Die Reform des Sozialen Entschädigungsrechts, NZS 2020, 210; *Schiwy*, Impfung und Aufopferungsentschädigung, 1974; *Zuck*, Öffentliche Empfehlungen zur Masernimpfung, MedR 2017, 85.

Kümper

A. Zweck und Bedeutung der Norm

§ 60 Abs. 1 S. 1 begründet einen **Anspruch auf Versorgung** wegen einer **1** im Zuge einer Impfung oder einer anderen Maßnahme der spezifischen Prophylaxe erlittenen gesundheitlichen Schädigung und bildet damit die zentrale Vorschrift des in §§ 60 ff. geregelten Impfschadensrechts. Dieses war seinerseits lange Zeit als Kern des 12. Abschnitts des IfSG anzusehen (*Köbl* in EFP § 84 Rn. 83), bis im Zuge der Corona-Pandemie in jüngster Zeit die Entschädigung für infektionsschutzrechtlich motivierte Eingriffe in die berufliche und gewerbliche Betätigung in den Mittelpunkt der Diskussion rückte (→ Vor §§ 56 ff. Rn. 5). Die etablierte Bezeichnung als **„Impfschadensrecht"** ist angesichts der Einbeziehung anderer Maßnahmen der spezifischen Prophylaxe nicht ganz präzise (*Meßling* in Knickrehm § 60 IfSG Rn. 1), wird aber auch hier beibehalten. Die Versorgung wegen Impfschadens ist als Ausgleich für **hoheitlich veranlasste** Schädigungen konzipiert (zutr. *Becker* in Huster/Kingreen Hdb. InfSchR Kap. 9 Rn. 76, 78): Gewährt wird sie gem. § 60 Abs. 1 S. 1 allein für Schädigungen im Zuge rechtsverbindlich vorgeschriebener oder zumindest behördlicherseits öffentlich empfohlener Impfungen bzw. Prophylaxemaßnahmen.

Eine bundeseinheitliche Rechtsgrundlage für den Ausgleich von Pflicht- **2** impfungen wurde erstmals mit dem BSeuchG von 1961 geschaffen (§§ 51 ff. BSeuchG). Zuvor hatte der BGH eine Entschädigung für Impfschäden – unter Aufgabe der ablehnenden Rechtsprechung des RG, das noch unter Berufung auf die „nationalsozialistische Staatsauffassung" von einer „Opferpflicht" des Einzelnen ausging (RGZ 156, 305 (311 ff.); hierzu *Becker* in Huster/Kingreen Hdb. InfSchR Kap. 9 Rn. 74), – auf den in § 75 Einl. ALR zum Ausdruck gebrachten allgemeinen **Aufopferungsgedanken** gestützt (BGHZ 9, 83 (85 f.); zur Entwicklung *Schiwy*, S. 10 ff.; *Becker*, S. 52 f., 96 ff.; *ders.* in Huster/Kingreen Hdb. InfSchR Kap. 9 Rn. 47 f., 74; *Meßling* in Knickrehm § 60 IfSG Rn. 2 ff.). Auch heute wird der in § 60 Abs. 1 S. 1 geregelte Anspruch verbreitet als positiv-rechtliche Ausprägung des Aufopferungsgedankens angesehen, der eine Entschädigung für das dem Einzelnen zum Wohl der Allgemeinheit abverlangte **Sonderopfer** fordert (BSG NJW 1977, 77 (78) – zu § 51 BSeuchG; *Ossenbühl/Cornils*, S. 132; *Gerhardt*, § 60 Rn. 1; *Meßling* in Knickrehm § 60 IfSG Rn. 1, die das Ziel der Impfung betont, die Allgemeinheit vor Ansteckung zu schützen; *Becker*, S. 96, 118; *ders.* in Huster/Kingreen Hdb. InfSchR Kap. 9 Rn. 75 f., der den Anspruch „im Grenzbereich zwischen Staatshaftungsrecht und sozialem Entschädigungsrecht" verortet; ebenfalls zugleich auf das Ziel der sozialen Sicherung abstellend *Philippi* in BeckOK InfSchR § 60 Rn. 1 ff.). Die gesetzliche Normierung macht jedenfalls einen Rückgriff auf den allgemeinen Aufopferungsanspruch hinfällig und ist insoweit als **abschließend** anzusehen (*Meßling* in Knickrehm § 60 IfSG Rn. 10; *Philippi* in BeckOK InfSchR § 60 Rn. 3; *Maurer/Waldhoff*, § 28 Rn. 4, die die §§ 60 ff. als großzügiger einstufen als das nach dem Aufopferungsgedanken geforderte Mindestmaß).

In seiner Erstfassung ließ das Impfschadensrecht der §§ 51 ff. BSeuchG den **3** Umfang der zu leistenden Entschädigung offen. Die hiermit verbundenen

Schwierigkeiten sollte das 2. ÄndG zum BSeuchG v. 25.8.1971 (BGBl. I
1401) beseitigen, durch das die Bezugnahme auf die **Versorgung nach dem
BVG** in § 60 Abs. 1 S. 1 hergestellt wurde. Die für die Versorgung von Soldaten und zivilen Kriegsopfern geschaffenen Vorschriften des BVG finden allerdings nur „entsprechende" Anwendung; zudem sollen verschiedene Modifi-
zierungen der BVG-Vorschriften durch die §§ 60ff. den Besonderheiten des
Impfschadensrechts Rechnung tragen (zum Ganzen ausf. *Meßling* in Knickrehm § 60 IfSG Rn. 3, 11). Mit Erlass des IfSG wurden zum 1.1.2001 als Schä-
digungsanlässe neben den Schutzimpfungen die sonstigen Maßnahmen der
spezifischen Prophylaxe aufgenommen (→ Rn. 7); dem Gesetzgeber stand insoweit die Gabe von Immunglobulinen und Antibiotika vor Augen (BT-Drs.
14/2530, 80; *Philippi* in BeckOK InfSchR § 60 Rn. 5). Das G zur Regelung
des Sozialen Entschädigungsrechts v. 12.12.2019 (BGBl. I 2652) wird mit
Wirkung zum 1.1.2024 § 60 in § 24 des neuen SGB XIV überführen. Das
SGB XIV soll das bislang in zahlreiche Spezialgesetze zersplitterte Soziale Entschädigungsrecht zusammenführen und insbesondere auch das BVG ablösen,
welches als „Leitgesetz" des Sozialen Entschädigungsrechts nicht mehr als
funktionsgerecht angesehen wird, da es zur Versorgung der Opfer des Zweiten
Weltkrieges geschaffen wurde, mittlerweile aber andere Entschädigungsfälle
(ua Terrorakte und zivile Gewalt) im Vordergrund stehen (vgl. BT-Drs.
19/13824, 1; *Philippi* in BeckOK InfSchR § 60 Rn. 8f.; zum Diskussionspro-
zess und zur Reform weiterführend *Becker,* S. 143ff.; *Reinhard* NZS 2019, 221;
Tabbara NZS 2020, 210; Gesamtdarstellung des neuen Rechts bei *Knickrehm*
(Hrsg.), Das neue Soziale Entschädigungsrecht – SGB XVI, 2021).

4   Die einzelnen Absätze der umfangreichen geltenden Regelung erfüllen folgende Funktionen: Abs. 1 ist Grundlage des Entschädigungs- bzw. Versorgungsanspruchs, normiert Anspruchsvoraussetzungen und Rechtsfolgen. Abs. 2 und
Abs. 3 behandeln Fälle mit Auslandsbezug und beziehen bestimmte Personen
in den Kreis der Versorgungsberechtigten ein. Abs. 4 regelt die Voraussetzungen
einer impfschadensrechtlichen Versorgung von Hinterbliebenen. Abs. 5 erweitert den Begriff des Impfschadens (vgl. § 2 Nr. 11) und erstreckt ihn auf gewisse
unfallbedingte gesundheitliche Schädigungen sowie auf die Beschädigung bestimmter Hilfsmittel.

5   Während § 61 BSeuchG für die Geltendmachung infektionsschutzrechtlicher Entschädigungsansprüche noch den ordentlichen Rechtsweg vorsah, erfolgt die gerichtliche Durchsetzung von Impfschadensansprüchen heute grundsätzlich vor den Sozialgerichten (vgl. § 68 Abs. 2 sowie die Ausnahme hiervon in
§ 68 Abs. 3) nach Durchführung eines Widerspruchsverfahrens gem. § 64 Abs. 2
IfSG iVm §§ 78 SGG (→ § 68 Rn. 15). Zur Erbringung der Versorgungsleistungen ist gem. § 66 Abs. 2 Nr. 1 grundsätzlich das Land verpflichtet, in dem der
Schaden verursacht, dh die Impfung vorgenommen wurde (→ § 66 Rn. 10ff.).
Übertragung, Verpfändung und Pfändung der Ansprüche nach § 60 richten sich
gem. § 67 Abs. 2 nach den Vorschriften des BVG (→ § 67 Rn. 6).

B. Der Versorgungsanspruch wegen Impfschadens (Abs. 1, 2, 3 und 5)

Die Voraussetzungen des Versorgungsanspruchs wegen Impfschadens er- **6** geben sich in erster Linie aus Abs. 1 S. 1. Zu diesem Grundtatbestand sind indes Abs. 1 S. 2 und 3, Abs. 2 und 3 sowie Abs. 5 hinzuzunehmen, weil sie Einschränkungen und Erweiterungen des versorgungsberechtigten Personenkreises und Erweiterungen des Impfschadensbegriffs enthalten und somit in systematischem Zusammenhang mit der Anspruchsgrundlage des Abs. 1 S. 1 stehen.

I. Anlass: Impfung oder andere Maßnahme der spezifischen Prophylaxe

Der Versorgungsanspruch nach Abs. 1 S. 1 knüpft an bestimmte Schutzimp- **7** fungen und andere Maßnahmen der spezifischen Prophylaxe an, die den Anlass der Schädigung bilden müssen. Der Begriff der Schutzimpfung ist in **§ 2 Nr. 9**, der Begriff der Maßnahme der spezifischen Prophylaxe in **§ 2 Nr. 10** legaldefiniert (→ § 2 Rn. 35 f.). Hervorzuheben ist, dass sich die Impfung begrifflich auf den **Vorgang des Einbringens** in den Körper beschränkt (vgl. § 2 Nr. 9: „Gabe" des Impfstoffs), nicht dagegen den Vorgang der Immunisierung erfasst (BSG VersR 1986, 761; *Meßling* in Knickrehm § 60 IfSG Rn. 22; *Philippi* in BeckOK InfSchR § 60 Rn. 12). Schutzimpfungen wie andere Maßnahmen der spezifischen Prophylaxe können nur dann einen Versorgungsanspruch nach Abs. 1 S. 1 auslösen, wenn sie sich den Tatbeständen des Abs. 1 S. 1 Nr. 1–4 zuordnen lassen; die einzelnen Tatbestände lassen sich als **„hoheitliche Veranlassung"** charakterisieren (zu dieser Wertung auch *Becker*, S. 96; *ders.* in Huster/Kingreen Hdb. InfSchR Kap. 9 Rn. 76, 78).

1. Öffentliche Empfehlung durch eine zuständige Landesbehörde 8 (Abs. 1 S. 1 Nr. 1). Abs. 1 S. 1 Nr. 1 knüpft einen etwaigen Versorgungsanspruch daran, dass die Impfung oder Maßnahme der spezifischen Prophylaxe von einer zuständigen Landesbehörde öffentlich empfohlen und in ihrem Bereich vorgenommen wurde. Dieser Tatbestandsalternative kommt in der Praxis die größte Bedeutung zu (*Meßling* in Knickrehm § 60 IfSG Rn. 25). Sie gründet auf der Wertung, dass eine öffentliche Impfempfehlung, obgleich nicht rechtlich verbindlich, eine gewisse **staatliche Autorität** beansprucht, mit deren Hilfe die Impfbeteiligung zum Schutz der Allgemeinheit gefördert werden soll (BGHZ 24, 45 (46 f.); 31, 187 (189 ff.); BSGE 50, 136 (140 f.); *Meßling* in Knickrehm § 60 IfSG Rn. 26; *Gerhardt,* § 60 Rn. 7; *Becker* in Huster/Kingreen Hdb. InfSchR Kap. 9 Rn. 78; *Philippi* in BeckOK InfSchR § 60 Rn. 18). Die öffentliche Empfehlung muss allerdings im Zeitpunkt der Impfung bzw. Prophylaxemaßnahme bereits ausgesprochen worden sein; es genügt nicht, wenn sie erst – und sei es noch so kurze Zeit – danach bekannt gegeben wird, da die Impfung und die durch sie verursachte Schädigung der öffentlichen Hand nicht zuzurechnen sind (vgl. auch BSGE 96, 66; *Meßling* in Knickrehm § 60 IfSG Rn. 27, die auf den Härteausgleich nach § 63 Abs. 5 IfSG iVm § 89 BVG hinweist, der jedoch wegen fehlender „Veranlassung" ebenfalls ausscheiden dürfte).

9   Abs. 1 S. 1 Nr. 1 beschränkt den Kreis anspruchsbegründender öffentlicher Empfehlungen auf solche der **zuständigen Landesbehörden;** anders als noch nach § 51 Abs. 1 BSeuchG scheiden Empfehlungen von Bundesbehörden aus (*Meßling* in Knickrehm § 60 IfSG Rn. 30). Im Übrigen knüpfen die Anforderungen an eine öffentliche Empfehlung isd Abs. 1 S. 1 Nr. 1 an § 20 Abs. 2 und 3 an. Nach § 20 Abs. 3 sollen die **obersten Landesbehörden** (also die zuständigen Ministerien) öffentliche Empfehlungen für Schutzimpfungen oder andere Maßnahmen der spezifischen Prophylaxe auf der Grundlage der **Empfehlungen der STIKO** (vgl. § 20 Abs. 2) aussprechen. Die Empfehlungen der STIKO selbst genügen noch nicht, um nach Abs. 1 S. 1 Nr. 1 einen Anspruch zu begründen (*Gerhardt*, § 60 Rn. 6; *Philippi* in BeckOK InfSchR § 60 Rn. 16); vielmehr muss eine oberste Landesbehörde sie sich durch eine von ihr ausgesprochene Empfehlung „zu eigen machen". Die Impfempfehlungen der jeweiligen obersten Landesbehörden müssen einander nicht vollständig entsprechen, sondern können sich an regionalen Besonderheiten ausrichten. Indem § 20 Abs. 3 formuliert, die Empfehlungen der obersten Landesbehörden sollten „auf der Grundlage" der STIKO-Empfehlungen erfolgen, belässt die Vorschrift den Landesbehörden einen Spielraum zur **eigenverantwortlichen Entscheidung.** Die STIKO-Empfehlungen fungieren also lediglich als Entscheidungshilfen für die Empfehlungen der obersten Landesbehörden (BSGE 95, 66 (68); *Meßling* in Knickrehm § 60 IfSG Rn. 30 f.).

10   Weder § 60 Abs. 1 S. 1 Nr. 1 noch § 20 Abs. 3 verhalten sich zur gebotenen Form einer **öffentlichen Empfehlung** durch die obersten Landesbehörden, etwa den Anforderungen an die Bekanntmachung; doch dürfte dieser Aspekt angesichts der anerkannten „Rechtsscheinshaftung" (→ Rn. 12) für die Anspruchsbegründung von untergeordneter praktischer Bedeutung sein und dürfte es genügen, wenn die Empfehlung durch die oberste Landesbehörde „nach außen" kommuniziert wird und **an die Allgemeinheit,** dh nicht nur an Einzelne, gerichtet ist (*Gerhardt,* § 60 Rn. 7; *Philippi* in BeckOK InfSchR § 60 Rn. 17). Einer bestimmten Form bedarf es dann nicht. Den Charakter einer „Empfehlung" hat eine solche Verlautbarung, wenn sie die Impfung oder sonstige Maßnahme der spezifischen Prophylaxe **befürwortet** und zu ihrer Durchführung auffordert (BSG NJW 1977, 77 (78); *Philippi* in BeckOK InfSchR § 60 Rn. 18). Nicht genügen kann dagegen der schlichte Hinweis auf die Möglichkeit einer Impfung, erst recht nicht die Warnung vor einer Reise in ein Seuchengebiet (BSG NJW 1977, 77 (78); *Gerhardt*, § 60 Rn. 7).

11   Inhaltlich kann sich die öffentliche Empfehlung sowohl **auf das „Ob" als auch auf das „Wie"** der Impfung bzw. Prophylaxemaßnahme beziehen, kann also über die Krankheiten, vor denen sie schützen soll, hinaus auch die Modalitäten ihrer Durchführung aufzeigen (BSGE 95, 66 (68); BSG BeckRS 2005, 42955; *Philippi* in BeckOK InfSchR § 60 Rn. 19). Die oberste Landesbehörde ist aber nicht dazu verpflichtet, sich auf bestimmte Mittel oder Darreichungsformen der Impfung festzulegen, sondern lediglich befugt, ihre Empfehlung in dieser Hinsicht einzugrenzen (überzeugend *Meßling* in Knickrehm § 60 IfSG Rn. 32; strenger aber BSG NJOZ 2009, 873 Rn. 18: Die Empfehlung müsse

sich stets auf das „Ob" und auf das „Wie" der Impfung beziehen.). Die Empfehlung kann sich auf die Art des zu verwendenden Impfstoffs und auf eine bestimmte Darreichungsform (oral oder vakzinal) festlegen (BSG NJOZ 2009, 873 Rn. 18). Sie darf sich insbes. auch auf **zugelassene Impfstoffe** beschränken, so dass Impfungen mit noch in der Zulassungsphase befindlichen Arzneimitteln (vgl. §§ 21ff. AMG) grundsätzlich keine Versorgungsansprüche nach §§ 60ff. auslösen können (BSGE 95, 66 (68); BSG NVwZ-RR 2010, 399 Rn. 14; *Meßling* in Knickrehm § 60 IfSG Rn. 33f.). Hier kann aber ggf. ein Versorgungsanspruch auf die Grundsätze des Rechtsscheins gestützt werden; im Einzelfall ist die öffentliche Empfehlung näher auszulegen, was namentlich in den Fällen der Mehrfach- und Kombinationsimpfungen Schwierigkeiten bereiten kann (weiterführend BSG NVwZ-RR 2010, 399; *Meßling* in Knickrehm § 60 IfSG Rn. 34ff.). Die bloße Freigabe eines Impfstoffs gegenüber dem Hersteller, Apotheken und Medizinalpersonen erfüllt die Anforderungen an eine öffentliche Empfehlung iSd Abs. 1 S. 1 Nr. 1 jedenfalls noch nicht (*Meßling* in Knickrehm § 60 IfSG Rn. 38).

Einer öffentlichen Empfehlung iSd Abs. 1 S. 1 Nr. 1 kann der von der zu- **12** ständigen obersten Landesbehörde zurechenbar gesetzte **Rechtsschein** einer Impfempfehlung gleichzustellen sein. In Anknüpfung an die zivilrechtlichen Grundsätze der Duldungs- und Anscheinsvollmacht ist dann die konkrete Impfung so zu behandeln, als ob ihr eine öffentliche Empfehlung zugrunde gelegen hätte (grundlegend BSGE 50, 136 (139); ferner etwa BSG NVwZ-RR 2010, 399 Rn. 18ff.; *Gerhardt*, § 60 Rn. 7; *Becker* in Huster/Kingreen Hdb. InfSchR Kap. 9 Rn. 79; ausführlich *Philippi* in BeckOK InfSchR § 60 Rn. 20ff.; *Meßling* in Knickrehm § 60 Rn. 39ff. mwN). Voraussetzung hierfür ist erstens, dass der Rechtsschein einer öffentlichen Impfempfehlung dadurch gesetzt wurde, dass die betroffenen Personen derart belehrt wurden, dass sie annehmen konnten, die Impfung sei öffentlich empfohlen. Zweitens muss dieser Rechtsschein ursächlich geworden sein, dh der Betroffene muss sich gerade mit Blick auf das vermeintliche behördliche Anraten der Impfung unterzogen haben. Und drittens muss der Rechtsschein der zuständigen obersten Landesbehörde zurechenbar sein, dh sie muss den Rechtsschein entweder selbst gesetzt oder pflichtwidrig nicht beseitigt haben. Ausgelöst werden kann der Rechtsschein einer öffentlichen Impfempfehlung insbes. durch sog. **Medizinalpersonen** (Arzt, in BSGE 50, 136 etwa Säuglingsschwester), darüber hinaus aber **auch durch weitere Personen,** etwa durch ein Pharmaunternehmen, das im Rahmen einer Impfstudie zur Zulassung eines neuen Impfstoffs Patienteninformationen ausgibt (hierzu BSG NVwZ-RR 2010, 399 Rn. 18ff.). Der zuständigen obersten Landesbehörde zurechenbar ist der Rechtsschein, wenn die Behörde in vorwerfbarer Weise ihre **Informations- und Kontrollpflichten** verletzt hat (BSG 50, 136 (139); *Meßling* in Knickrehm § 60 IfSG Rn. 43; *Philippi* in BeckOK InfSchR § 60 Rn. 21f.). So müssen bspw. im Vorfeld von Impfstudien (§§ 40ff. AMG) die Patienteninformationen einer präventiven behördlichen Prüfung unterzogen werden (BSG NVwZ-RR 2010, 399 Rn. 22ff.). Ist die Erfüllung von Kontroll- und Überwachungspflichten einer anderen als der obersten Landesbehörde übertragen, so muss diese dennoch „darüber wachen, dass sich kein von der tatsächlichen Impfempfehlung abweichendes Beratungswesen etablieren kann" und ggf. gegenüber einer fehlerhaften Beratungspraxis nachgeordneter Stellen einschreiten (BSG NVwZ-RR 2010, 399 Rn. 27 ff.; *Meßling* in Knickrehm § 60 IfSG Rn. 44). Unterlässt sie dies, so ist ihr auch der durch nachgeordnete Stellen gesetzte Rechtsschein zuzurechnen.

13   **2. Anordnung auf der Grundlage des IfSG (Abs. 1 S. 1 Nr. 2).** Abs. 1 S. 1 Nr. 2 knüpft an § 20 Abs. 6 und 7 an, die Ermächtigungen zur Anordnung von Schutzimpfungen und anderen Maßnahmen der spezifischen Prophylaxe enthalten. Nach § 20 Abs. 6 S. 1 kann das BMG mit Zustimmung des BR durch RVO Anordnungen für bedrohte Teile der Bevölkerung treffen, wenn eine übertragbare Krankheit mit klinisch schweren Verlaufsformen auftritt und mit ihrer epidemischen Verbreitung zu rechnen ist. Solange der Bund von dieser Ermächtigung keinen Gebrauch macht, können nach Abs. 7 die Länder entsprechende Anordnungen treffen. Diese Verordnungsermächtigungen setzen jedoch enge Grenzen: Sie beziehen sich nur auf einzelne Bevölkerungsgruppen und zudem auf eine besondere Krisensituation (*Meßling* in Knickrehm § 60 IfSG Rn. 46; zum Ganzen auch → § 20 Rn. 27 ff.).

14   **3. Gesetzliche Verpflichtung (Abs. 1 S. 1 Nr. 3).** Gem. Abs. 1 S. 1 Nr. 3 können Versorgungsansprüche wegen Impfschadens an eine Impfung bzw. Maßnahme der spezifischen Prophylaxe anknüpfen, die gesetzlich vorgeschrieben „war". Die Vorschrift bezieht mit dieser Formulierung ausdrücklich Impfpflichten nach bereits außer Kraft getretenen Gesetzen ein, solange die gesetzliche Verpflichtung noch im Zeitpunkt der Impfung bestand. Hinzuweisen ist insofern auf die Verpflichtung zur Pockenschutzimpfung nach dem ReichsimpfG v. 8.4.1874 (RGBl., 31) bzw. dem G über die Pockenschutzimpfung v. 18.5.1976 (BGBl. I 1216), die durch das G zur Aufhebung des Gesetzes über die Pockenschutzimpfung v. 24.11.1982 (BGBl. I 1529) beseitigt wurde. Sie dürfte jedoch mittlerweile kaum mehr praktische Bedeutung haben (*Meßling* in Knickrehm § 60 IfSG Rn. 49; *Gerhardt,* § 60 Rn. 9). Zuletzt wurde in § 20 Abs. 8 durch das Gesetz für den Schutz vor Masern und zur Stärkung der Impfprävention **(MasernschutzG)** v. 10.2.2020 eine Impfpflicht zum Schutz vor Masern begründet (zu Einzelheiten *Makoski/Netzer-Nawrocki* GesR 2020, 427; → § 20 Rn. 36 ff.), die vom BVerfG im Eilverfahren nicht beanstandet wurde (BVerfG-K NJW 2020, 1946). Überdies besteht im gesamten Bundesgebiet eine öffentliche Empfehlung zur Impfung gegen Masern, an die eine Versorgung wegen Impfschadens ebenfalls anknüpfen könnte (Abs. 1 S. 1 Nr. 1, → Rn. 8 ff.; *Philippi* in BeckOK InfSchR § 60 Rn. 26; zu diesen Empfehlungen auch *Zuck* MedR 2017, 85).

15   **4. Internationale Gesundheitsvorschriften (Abs. 1 S. 1 Nr. 4).** Gem. Abs. 1 S. 1 Nr. 4 kommen Versorgungsansprüche wegen Impfschadens schließlich auch bei Impfungen oder Maßnahmen der spezifischen Prophylaxe in Betracht, welche aufgrund der Verordnungen zur Ausführung der IGV durchgeführt worden sind. Dies ist allerdings **nur bei Personen** der Fall, welche die Voraussetzungen des Abs. 1 S. 2 erfüllen, sowie ggf. deren Angehörigen (*Gerhardt,* § 60 Rn. 10; *Meßling* in Knickrehm § 60 IfSG Rn. 57). Als Angehörige gelten gem. S. 3 die in § 10 SGB V genannten Personen, also Ehegatten, Lebenspartner und Kinder. Die Verordnungen zur Ausführung der IGV im

Land-, Wasser- und Luftverkehr (zu ihnen *Meßling* in Knickrehm § 60 IfSG Rn. 52) sind nach Art. 5 Abs. 2 des G zur Durchführung der IGV (2005) und zur Änderung weiterer Gesetze v. 21.3.2013 (BGBl. I 566) außer Kraft getreten. Die dort normierten Impfpflichten bestehen somit nicht mehr, und auch im Rahmen der Überführung des Impfschadensrechts in das SGB XIV wurde diesen Fällen offenbar keine praktische Bedeutung beigemessen, weil § 60 Abs. 1 S. 1 Nr. 4 in § 24 SGB XIV keine Entsprechung mehr findet (*Philippi* in BeckOK InfSchR § 60 Rn. 33). Dem BSG zufolge können im Ausland vorgenommene Schutzimpfungen selbst dann nicht zu einem Versorgungsanspruch nach § 60 Abs. 1 S. 1 führen, wenn der Auslandsaufenthalt (bspw. bei einem Bundeswehrsoldaten) dienstlich angeordnet war; auch ein Härteausgleich (vgl. § 63 Abs. 5 IfSG iVm § 89 BVG) komme hier nicht in Betracht (BSG BeckRS 1999, 30045580; *Meßling* in Knickrehm § 60 IfSG Rn. 59).

II. Gesundheitliche Schädigung als Folge der Impfung bzw. Prophylaxemaßnahme

Der Versorgungsanspruch setzt nach Abs. 1 S. 1 weiter voraus, dass bei dem **16** Betroffenen durch die Impfung oder andere Maßnahme der spezifischen Prophylaxe eine gesundheitliche Schädigung eingetreten ist. Insoweit ist der Legaldefinition des „Impfschadens" in **§ 2 Nr. 11** zu entnehmen, dass die gesundheitliche Schädigung über das übliche Maß einer Impfreaktion hinausgehen muss (→ § 2 Rn. 38). Nach dieser Legaldefinition ist allerdings der **„Impfschaden"** nicht diese gesundheitliche Schädigung als unmittelbare Impfreaktion, sondern deren gesundheitliche und wirtschaftliche Folge, während in § 60 Abs. 1 S. 1 „wegen des Impfschadens" Versorgung wegen der gesundheitlichen und wirtschaftlichen Folgen gewährt wird und § 2 Nr. 11 Hs. 2 den Impfschadensbegriff auf eine gesundheitliche Schädigung Dritter anstelle des Geimpften erweitert. Das Gesetz weist also hinsichtlich der Begrifflichkeit gewisse Widersprüche auf, die jedoch die Rechtsanwendung kaum beeinträchtigen. Sie sind womöglich auf den früheren Sprachgebrauch des BSG zurückzuführen, der noch die Impfkomplikation als „Impfschaden" bezeichnete (BSGE 60, 58 (59); anders nun etwa BSG BeckRS 2011, 73176 Rn. 36; vgl. auch *Philippi* in BeckOK InfSchR § 60 Rn. 36).

Die gesundheitliche Schädigung, der sog. **Primärschaden** bzw. die **17** Impfkomplikation, ist in § 60 Abs. 1 S. 1 jedenfalls Anknüpfungspunkt für die Haftungsbegründung (*Meßling* in Knickrehm § 60 IfSG Rn. 62; *Philippi* in BeckOK InfSchR § 60 Rn. 36; *Becker* in Huster/Kingreen Hdb. InfSchR Kap. 9 Rn. 80 f.). Die Legaldefinition des § 2 Nr. 11 ist nach § 60 Abs. 1 S. 1 auch auf andere Maßnahmen der spezifischen Prophylaxe anzuwenden (*Gerhardt*, § 60 Rn. 13; *Meßling* in Knickrehm § 60 IfSG Rn. 61). Sie stellt klar, dass nicht jegliche gesundheitliche Schädigung genügt und **übliche Impfreaktionen** wie Schwellungen, Rötungen oder Schmerzen an der Injektionsstelle keinen Versorgungsanspruch begründen können (*Gerhardt*, § 60 Rn. 11 f.; *Meßling* in Knickrehm § 60 IfSG Rn. 62; *Philippi* in BeckOK InfSchR § 60 Rn. 38). Für die Abgrenzung von üblicher Impfreaktion und gesundheitlicher Schädigung, die über das übliche Ausmaß einer Impfreaktion hinausgeht, entwickelt der RKI gem. § 20 Abs. 2 S. 3 Kriterien (→ § 20 Rn. 10 ff.). Die von § 2 Nr. 11 vorausgesetzte gesundheitliche Schädigung, etwa ein Verschluss von Arterien, eine postvakzinale Enzephalits/Enzephalopathie oder Neuritis/Neuropathie, muss nachgewiesen sein (sog. **Vollbeweis;** vgl. aus der Rspr. etwa BSG BeckRS 2011, 73176; BeckRS 2018, 1131; LSG München BeckRS 2018, 27192; BeckRS 2019, 15686). Die Impfkomplikation muss gem. § 60 Abs. 1 S. 1 „durch" die Impfung oder Prophylaxemaßnahme erlitten worden, dh durch diese verursacht worden sein (sog. **haftungsbegründende Kausalität**). Für diese ursächliche Verknüpfung zwischen Impfung und gesundheitlicher Schädigung genügt gem. § 61 S. 1 die Wahrscheinlichkeit (*Meßling* in Knickrehm § 60 IfSG Rn. 68; *Becker* in Huster/Kingreen Hdb. InfSchR Kap. 9 Rn. 86; *Philippi* in BeckOK InfSchR § 60 Rn. 42; → § 61 Rn. 4 ff.).

18　　Die Legaldefinition des Impfschadens in § 2 Nr. 11 bezieht unter bestimmten Voraussetzungen in Hs. 2 auch **dritte Personen** ein (*Meßling* in Knickrehm § 60 Rn. 63: „mittelbare Impfschäden"; *Philippi* in BeckOK InfSchR § 60 Rn. 37; *Becker* in Huster/Kingreen Hdb. InfSchR Kap. 9 Rn. 84): Ein Impfschaden liegt auch vor, wenn mit vermehrungsfähigen Erregern geimpft und eine andere als die geimpfte Person geschädigt wurde. Somit können auch solche Personen Versorgung nach § 60 Abs. 1 S. 1 erhalten, die sich bei der Pflege der geimpften Person (etwa ihres Kindes) infiziert haben, des Weiteren **Kinder,** die vor ihrer Geburt durch die Impfung der Mutter geschädigt worden sind (*Meßling* in Knickrehm § 60 IfSG Rn. 63 mwN; → § 2 Rn. 39).

19　　Gem. **Abs. 5 S. 1** gelten „als Impfschaden im Sinne des § 2 Nr. 11" auch die Folgen einer gesundheitlichen Schädigung, die durch einen Unfall unter den Voraussetzungen des § 1 Abs. 2 lit. e oder f oder des § 8a BVG herbeigeführt worden sind. Diese Regelung wird teilweise als Erweiterung des Begriffs der gesundheitlichen Schädigung verstanden (*Meßling* in Knickrehm § 60 IfSG Rn. 64; *Philippi* in BeckOK InfSchR § 60 Rn. 58). Der Wortlaut sowohl von Abs. 5 S. 1 als auch von § 2 Nr. 11 Hs. 1, der sich auf Folgen einer gesundheitlichen Schädigung bezieht, spricht indes eher dafür, in Abs. 5 S. 1 nicht eine Erweiterung der Haftungsbegründung, sondern der Haftungsausfüllung zu sehen: Es sollen nicht nur die Folgen der gesundheitlichen Schädigung durch die Impfung, sondern darüber hinaus die von **Wegeunfällen** ausgeglichen werden, die sich auf dem Weg zu einer wegen der impfbedingten gesundheitlichen Schädigung erforderlichen Heilbehandlung oä ereignet haben. Dies ergibt sich aus den in Bezug genommenen Vorschriften des BVG, die an Maßnahmen wegen bereits eingetretener Schädigungen anknüpfen. Die impfbedingte Gesundheitsschädigung muss also bereits eingetreten sein; Unfälle auf dem Weg zur Impfung oder im Zusammenhang mit einer Impfung werden von Abs. 5 S. 1 nicht erfasst (so auch *Meßling* in Knickrehm § 60 IfSG Rn. 65; *Philippi* in BeckOK InfSchR § 60 Rn. 60). Obgleich Abs. 5 S. 1 an den „Impfschaden" anknüpft, ist die Vorschrift richtigerweise mit Blick auf andere Maßnahmen der spezifischen Prophylaxe entsprechend anwendbar (überzeugend *Meßling* in Knickrehm § 60 IfSG Rn. 64).

III. Gesundheitlicher oder wirtschaftlicher Schaden als Folge der gesundheitlichen Schädigung

Die impfbedingte gesundheitliche Schädigung muss nach Abs. 1 S. 1 ge- **20** sundheitliche oder wirtschaftliche Folgen nach sich ziehen. Diese Schädigungsfolgen füllen den Haftungstatbestand aus (sog. **haftungsausfüllende Kausalität**). Erfasst sind gleichermaßen gesundheitliche wie wirtschaftliche Folgen, wobei diese für den Betroffenen nachteilig sein müssen, auch wenn Abs. 1 S. 1 und § 2 Nr. 11 neutral von „Folgen" sprechen. Gesundheitliche Beeinträchtigungen müssen von Dauer sein (BSG BeckRS 2011, 73176 Rn. 36; *Philippi* in BeckOK InfSchR § 60 Rn. 40; *Meßling* in Knickrehm § 60 IfSG Rn. 69: „anhaltende Gesundheitsstörung"). **Abs. 5 S. 1** dehnt die Folgewirkungen einer impfbedingten Gesundheitsschädigung ausdrücklich auf bestimmte Wegeunfälle aus, die der Impfgeschädigte im Zuge von Behandlungsmaßnahmen etc. erleidet (→ Rn. 19). **Abs. 5 S. 2** stellt die Beschädigung eines am Körper getragenen Hilfsmittels, einer Brille, von Kontaktlinsen oder von Zahnersatz als Folge eines Impfschadens iSv Abs. 1 S. 1 oder eines Unfalls iSv Abs. 5 S. 1 einem Impfschaden gleich. Die Vorschrift zählt damit diese Beschädigungen ausdrücklich zu den Folgen einer impfbedingten gesundheitlichen Schädigung (Abs. 1 S. 1) bzw. einer unfallbedingten gesundheitlichen Schädigung (Abs. 5 S. 1). Dabei bezieht sie sich jedoch – ebenso wie § 8b BVG – nicht auf Hilfsmittel, die Teil der Versorgungsleistungen sind, sondern nur auf solche, die nicht mit der impfbedingten Gesundheitsschädigung in Zusammenhang stehen (*Philippi* in BeckOK InfSchR § 60 Rn. 62).

IV. Geschützter Personenkreis

Die Versorgung wegen Impfschadens steht nach Abs. 1 S. 1 grundsätzlich **21** dem Geimpften bzw. im Wege der anderweitigen spezifischen Prophylaxe **Behandelten** zu. Hierzu kann **jedermann** gehören, der sich im Geltungsbereich des IfSG einer entsprechenden Behandlung unterzogen hat („wer"); zum geschützten Personenkreis gehören also grundsätzlich nicht lediglich Deutsche, sondern auch Ausländer, die sich dauerhaft oder vorübergehend in der Bundesrepublik aufhalten (*Meßling* in Knickrehm § 60 IfSG Rn. 19). Eingeschränkt wird der Personenkreis allerdings im Fall des Abs. 1 S. 1 Nr. 4 (IGV) durch Abs. 1 S. 2 (→ Rn. 15). In den Fällen des § 2 Nr. 11 Hs. 2 ist versorgungsberechtigt auch eine **andere Person** als der Geimpfte, wenn diese an seiner statt gesundheitlich geschädigt worden ist (→ Rn. 18). Durch die Bezugnahme in Abs. 5 S. 1 ua auf § 8a Abs. 2, 3 BVG wird der Versorgungsschutz zudem auf Pflege- und Begleitpersonen des impfbedingt Gesundheitsgeschädigten erstreckt (*Philippi* in BeckOK InfSchR § 60 Rn. 61). Abs. 2 und Abs. 3 erweitern den geschützten Personenkreis um bestimmte Sonderkonstellationen, die als Ausnahmevorschriften keiner erweiternden Anwendung zugänglich sind (BSGE 54, 202; *Meßling* in Knickrehm § 60 IfSG Rn. 76; *Philippi* in BeckOK InfSchR § 60 Rn. 50) und denen nur noch geringe praktische Bedeutung zukommt (*Gerhardt,* § 60 Rn. 16; *Erdle,* § 60 Rn. 9). Sie betreffen ausschließlich Pockenschutzimpfungen auf der Grundlage des ReichsimpfG v. 8. 4. 1974, die bis zu dessen Außerkrafttreten am 22. 5. 1976 an Deutschen außerhalb des Geltungsbereichs des IfSG vorgenommen wurden (weiterführend *Meßling* in Knickrehm § 60 IfSG Rn. 77 ff.; *Philippi* in BeckOK InfSchR § 60 Rn. 50 ff.).

V. Antragserfordernis

22   Die Versorgung wegen Impfschadens wird nach Abs. 1 S. 1 nur auf Antrag der geimpften bzw. behandelten Person, in den Fällen des § 2 Nr. 11 Hs. 2 – also der Schädigung einer anderen als der geimpften Person – auf deren Antrag, gewährt (zum Verfahren → § 64 Rn. 4). Eine Fristbindung besteht nicht; doch können Leistungen erst vom Monat des Antrags an gewährt werden (*Philippi* in BeckOK InfSchR § 60 Rn. 43, unter Hinweis auf § 60 Abs. 1 S. 1 BVG).

VI. Rechtsfolge: Anspruch auf Versorgung nach dem BVG

23   Rechtsfolge des Impfschadensanspruchs ist die Versorgung in entsprechender Anwendung des BVG, soweit das IfSG nicht etwas anderes bestimmt. Derartige eigene Bestimmungen enthält das IfSG in § 60 Abs. 4 bzgl. der Hinterbliebenen (→ Rn. 24) sowie in §§ 62–64. Besondere Bedeutung kommt im Kontext der Impfschadensversorgung den Bestimmungen über die Heil- und Krankenbehandlung in §§ 10–24a BVG zu (vgl. auch → § 62 Rn. 2); es sind aber grundsätzlich **sämtliche Leistungsarten des BVG** in Betracht zu ziehen (*Meßling* in Knickrehm § 60 IfSG Rn. 74 f.).

C. Versorgung von Hinterbliebenen eines Geschädigten (Abs. 4)

24   Abs. 4 trifft eine Regelung zur Versorgung der Hinterbliebenen eines Impfgeschädigten im Sinne der Absätze 1–3 (zum betreffenden Personenkreis → Rn. 21). Abs. 4 S. 1 ordnet insofern die entsprechende Anwendung der Vorschriften des BVG für Hinterbliebene einer geschädigten Person an, also der Bestimmungen über die Hinterbliebenenrente in §§ 38 ff. BVG. Versorgungsberechtigte **Hinterbliebene** sind in „entsprechender", dh in sinngemäßer und nicht notwendig „wörtlicher", Anwendung des § 38 Abs. 1 BVG der Ehegatte – abweichend von § 38 Abs. 1 BVG nicht allein die Witwe –, der Lebenspartner, die Waisen und die Verwandten der aufsteigenden Linie. Der hinterbliebene Partner einer **eheähnlichen Gemeinschaft** darf aus Gründen des Art. 3 Abs. 1 iVm Art. 6 Abs. 1 GG nicht ohne Versorgung bleiben, wenn er die gemeinsamen Kinder versorgt (grundlegend BVerfGE 112, 50 (67 ff.); vgl. auch *Dau* in Knickrehm § 38 BVG Rn. 2; *Meßling* in Knickrehm § 60 IfSG Rn. 84; *Philippi* in BeckOK InfSchR § 60 Rn. 57). Deshalb wurde durch G v. 19.6.2006 (BGBl. I 1305) die Regelung des Abs. 4 S. 2 eingefügt, die für den Partner einer eheähnlichen Gemeinschaft, der nach dem Versterben des anderen Partners an den Schädigungsfolgen unter Verzicht auf eine Erwerbstätigkeit ein gemeinsames Kind betreut, während der ersten drei Lebensjahre des Kindes einen Versorgungsanspruch in entsprechender Anwendung der §§ 40, 40a, 41 BVG vorsieht (BT-Drs. 16/1162, 12). Abs. 4 S. 3 ordnet eine Rückwirkung der in S. 2 getroffenen Versorgungsregelung für den Fall an, dass ein Partner in der Zeit zwischen dem 1.11.1994 und dem 23.6.2006 an den Schädigungsfolgen verstorben ist. Diese Bestimmung dürfte mittlerweile keine praktische Bedeutung mehr haben (so auch *Gerhardt*, § 60 Rn. 17).

D. Datenschutz (Abs. 6)

Abs. 6 hat keine Vorläufervorschrift im BSeuchG und wurde erst durch das **25** IfSG eingefügt. Die Regelung betrifft den Datenschutz und ordnet die Anwendung der datenschutzrechtlichen Bestimmungen des SGB X an, also der §§ 67–78 SGB X. § 67a SGB X erlaubt die Erhebung der in § 67 Abs. 2 SGB X legaldefinierten Sozialdaten, wenn deren Kenntnis zur Erfüllung einer Aufgabe der erhebenden Stelle nach dem SGB X erforderlich ist, § 67b SGB X die Speicherung, Veränderung, Nutzung und Übermittlung nach Maßgabe der §§ 67c ff. SGB X sowie anderer Bestimmungen des SGB X.

§ 61 Gesundheitsschadenanerkennung

[1]Zur Anerkennung eines Gesundheitsschadens als Folge einer Schädigung im Sinne des § 60 Abs. 1 Satz 1 genügt die Wahrscheinlichkeit des ursächlichen Zusammenhangs. [2]Wenn diese Wahrscheinlichkeit nur deshalb nicht gegeben ist, weil über die Ursache des festgestellten Leidens in der medizinischen Wissenschaft Ungewissheit besteht, kann mit Zustimmung der für die Kriegsopferversorgung zuständigen obersten Landesbehörde der Gesundheitsschaden als Folge einer Schädigung im Sinne des § 60 Abs. 1 Satz 1 anerkannt werden. [3]Die Zustimmung kann allgemein erteilt werden.

A. Zweck und Bedeutung der Norm

§ 61 bestimmt den Maßstab für den **Kausalzusammenhang** zwischen **1** einer gesundheitlichen Schädigung durch eine Impfung oder anderen Maßnahme der spezifischen Prophylaxe einerseits und einem Gesundheitsschaden als Folge dieser Schädigung andererseits und betrifft damit die Anspruchsvoraussetzungen des Versorgungsanspruchs wegen Impfschadens. § 60 Abs. 1 S. 1 verlangt insoweit ua, dass erstens durch eine Impfung bzw. Prophylaxemaßnahme eine über das übliche Ausmaß einer Impfreaktion hinausgehende gesundheitliche Schädigung verursacht wurde (sog. **haftungsbegründende Kausalität**) und zweitens diese impfbedingte gesundheitliche Schädigung ihrerseits gesundheitliche oder wirtschaftliche Folgen nach sich zieht (sog. **haftungsausfüllende Kausalität**). Die allgemeinen Beweisgrundsätze würden für das Bestehen dieser Kausalzusammenhänge einen Vollbeweis, dh den Nachweis bzw. die richterliche Überzeugung, fordern. § 61 S. 1 sieht demgegenüber zugunsten des Geschädigten eine **Beweiserleichterung** vor, indem er für den ursächlichen Zusammenhang zwischen einer Schädigung iSd § 60 Abs. 1 S. 1 und einem Gesundheitsschaden die Wahrscheinlichkeit genügen lässt (*Gerhardt,* § 61 Rn. 1, 4; *Meßling* in Knickrehm § 60 IfSG Rn. 71 f., § 61 IfSG Rn. 1; *Philippi* in BeckOK InfSchR § 61 Rn. 1). Dabei bezieht sich die Regelung ihrem Wortlaut nach allein auf den Gesundheitsschaden als Folge einer impfbedingten Schädigung und damit auf die haftungsausfüllende Kausalität, insoweit zudem allein auf die gesundheitlichen, nicht auf die wirtschaftlichen Folgen der impfbedingten Schädigung; danach müsste der ursächliche Zusammenhang zwischen Impfung und impfbedingter gesundheitlicher Schädigung voll nachgewiesen werden. Die Beweiserleichterung des § 61 wird aber überwiegend auch auf diesen haftungsbegründenden Kausalzusammenhang erstreckt (*Meßling* in Knickrehm § 60 IfSG Rn. 71 und § 61 IfSG Rn. 1, 5, 7; *Gerhardt,* § 60 Rn. 1, 4; der Sache nach BSG BeckRS 2011, 73176; eingehend LSG München BeckRS 2013, 65412). Hierfür spricht einmal die Zielsetzung der Vorschrift, den Geschädigten im Hinblick auf das Beweismaß gerade bzgl. der medizinischen Wirkungszusammenhänge zu begünstigen. Zudem unterscheidet das Gesetz auch in § 60 und § 2 Nr. 11 begrifflich nicht immer konsequent zwischen der impfbedingten gesundheitlichen Schädigung und deren Folgen (→ § 60 Rn. 16).

2   Für den Fall, dass sich auch die Wahrscheinlichkeit des ursächlichen Zusammenhangs nicht bejahen lässt, weil die Ursache des festgestellten Leidens in der medizinischen Wissenschaft **nicht geklärt** ist, sieht S. 2 die Möglichkeit einer **behördlichen Anerkennung** des Gesundheitsschadens und damit der Gewährung von Ermessensleistungen vor. Dies erfordert die Zustimmung der für die Kriegsopferversorgung zuständigen obersten Landesbehörde, die gem. S. 3 auch allgemein erteilt werden kann.

3   § 61 entspricht im Wesentlichen der Vorläufervorschrift in § 52 Abs. 2 S. 1–3 BSeuchG, die lediglich in sprachlicher Hinsicht geringfügig modifiziert wurde, um die Unterscheidung zwischen primärer gesundheitlicher Schädigung und Schädigungsfolge (Schaden) deutlicher zum Ausdruck zu bringen und hierdurch eine Anpassung an die Formulierungen anderer Entschädigungstatbestände zu erreichen (BT-Drs. 14/2530, 88; *Meßling* in Knickrehm § 61 IfSG Rn. 3; *Philippi* in BeckOK InfSchR § 61 Rn. 2). Durch das G zur Änderung des Bundesversorgungsgesetzes und anderer Vorschriften des sozialen Entschädigungsrechts v. 13.12.2007 (BGBl. I 2904) wurde der **frühere S. 4** aufgehoben, der eine Regelung zur Rücknahme einer Gesundheitsschadenanerkennung mit Wirkung für die Vergangenheit für den Fall enthielt, dass sich die Impfung nachträglich als nicht ursächlich für die gesundheitliche Schädigung erwies. Nach Aufhebung des S. 4 gilt für diese Fallgestaltung die allgemeine Rücknahmevorschrift des **§ 45 SGB X** (*Meßling* in Knickrehm § 61 IfSG Rn. 4; *Philippi* in BeckOK InfSchR § 61 Rn. 3).

4   Die von § 61 S. 1 vorausgesetzte Wahrscheinlichkeit ist auch Maßstab in anderen Bereichen des Sozialen Entschädigungsrechts. Dementsprechend ist aufgrund der Überführung des Impfschadensrechts in das SGB XIV (→ § 60 Rn. 3) anstelle des § 61 S. 1 vom 1.1.2024 an die allgemeine Vorschrift des § 4 Abs. 4 SGB XIV maßgeblich, die insoweit über die bisherige Regelung hinausgeht, als sie in S. 2 eine Legaldefinition der Wahrscheinlichkeit enthält, die an das bisherige Begriffsverständnis (→ Rn. 5) anknüpft (*Becker* in Huster/Kingreen Hdb. InfSchR Kap. 9 Rn. 66; *Philippi* in BeckOK InfSchR § 61 Rn. 1, 4). Eine § 61 S. 2 entsprechende Regelung trifft § 4 Abs. 6 SGB XIV.

B. Maßstab der haftungsbegründenden und der haftungsausfüllenden Kausalität

Abweichend vom allgemeinen Erfordernis des Vollbeweises (Nachweis 5 bzw. richterliche Überzeugung) lässt S. 1 für die sog. haftungsausfüllende Kausalität einer impfbedingten gesundheitlichen Schädigung iSd § 60 Abs. 1 S. 1 für ein Dauerleiden als deren gesundheitliche Folge die bloße Wahrscheinlichkeit genügen. Diese **Beweiserleichterung** gilt über den Wortlaut des S. 1 hinaus auch für die sog. haftungsbegründende Kausalität (*Meßling* in Knickrehm § 60 IfSG Rn. 71 und § 61 IfSG Rn. 1, 5, 7; *Gerhardt*, § 60 Rn. 1, 4). **Wahrscheinlich** in diesem Sinne ist die Kausalität dann, wenn nach der herrschenden medizinisch-wissenschaftlichen Lehrmeinung **mehr für als gegen sie** spricht, dh die für den Zusammenhang sprechenden Umstände deutlich überwiegen und ernste Zweifel einer anderen Verursachung ausscheiden; die bloße Möglichkeit genügt dagegen nicht (BSGE 60, 58; BSG BeckRS 2011, 73176; *Gerhardt*, § 61 Rn. 4; *Philippi* in BeckOK InfSchR § 61 Rn. 9; *Becker* in Huster/Kingreen Hdb. InfSchR Kap. 9 Rn. 66; *Meßling* in Knickrehm § 61 IfSG Rn. 8, unter Hinweis auf den parallelen Maßstab des § 1 Abs. 3 BVG). Nicht ausreichend ist auch der bloße zeitliche Zusammenhang zwischen dem Auftreten der Impfkomplikation und dem Auftreten eines Dauerleidens (LSG Essen BeckRS 2016, 11362) oder der Umstand, dass keine andere Ursache für die Erkrankung ausgemacht werden kann (LSG Stuttgart BeckRS 2015, 69463: Krampfanfall belegt noch nicht die Erstmanifestation einer Epilepsie). Andererseits verlangt S. 1 nicht, dass andere Ursachen gänzlich ausgeschlossen sind; bei mehreren möglichen Ursachen müssen diese aber für den Schadenseintritt „annähernd gleichwertig" sein (LSG München BeckRS 2016, 67978; *Philippi* in BeckOK InfSchR § 61 Rn. 7; *Becker* in Huster/Kingreen Hdb. InfSchR Kap. 9 Rn. 65).

Bei der Ermittlung der **herrschenden Lehrmeinung** in der medizini- 5a schen Wissenschaft wurde den früheren Anhaltspunkten für die ärztliche Gutachtertätigkeit (AHP) die Qualität eines sog. antizipierten Sachverständigengutachtens und somit normähnliche Wirkung beigemessen (BSGE 91, 107). Diese wurden jedoch durch die Versorgungsmedizin-VO v. 10.12.2008 (BGBl. I 2412) abgelöst und hierbei die in den AHP getroffenen Aussagen über Impfreaktionen und impfbedingte Kausalzusammenhänge nicht übernommen (ausf. zum Ganzen *Meßling* in Knickrehm § 61 IfSG Rn. 10 ff. mwN; *Philippi* in BeckOK InfSchR § 61 Rn. 10 ff.). Bestehen somit für die Ermittlung der medizinisch-wissenschaftlichen Lehrmeinung zur Beurteilung der Kausalität keine verbindlichen Vorgaben, so können als wichtige Anhaltspunkte insbes. die betreffenden Mitteilungen der STIKO herangezogen werden, machen indes weitere ggf. notwendige Ermittlungen nicht entbehrlich (ausf. zum Ganzen *Meßling* in Knickrehm § 61 IfSG Rn. 13 ff.; *Philippi* in BeckOK InfSchR § 61 Rn. 15). Eine weitere Heranziehung der früheren AHP als antizipierte Sachverständigengutachten, die das BSG im Jahre 2011 noch für möglich erachtet hat (BSG BeckRS 2011, 73176), erscheint wegen der fehlenden Aktualisierung der AHP zunehmend fragwürdig (gegen die weitere Anwendung *Meßling* in Knickrehm § 61 IfSG Rn. 15; dafür *Philippi* in

BeckOK InfSchR § 61 Rn. 15, die jedoch ebenfalls die Notwendigkeit einer Überprüfung auf die Aktualität hinweist); jedenfalls muss der aktuelle Kenntnisstand der Entscheidung zugrunde gelegt und müssen hierfür ggf. ergänzende Erkenntnisquellen hinzugenommen werden (so auch BSG BeckRS 2011, 73176; *Becker* in Huster/Kingreen Hdb. InfSchR Kap. 9 Rn. 87). Die objektive **Beweislast** für die Wahrscheinlichkeit trifft den Geschädigten. Die für den Arzthaftungsprozess entwickelten Grundsätze zur Beweislastumkehr bei streitigem Kausalzusammenhang zwischen Behandlungsfehler und Gesundheitsschaden werden nicht auf das Impfschadensrecht übertragen (BSG NJW 1984, 1839; *Meßling* in Knickrehm § 61 IfSG Rn. 20; *Philippi* in BeckOK InfSchR § 61 Rn. 8).

6   Der Maßstab der Wahrscheinlichkeit kann nach S. 1 allein für die haftungsbegründende und haftungsausfüllende Kausalität gelten; bzgl. der **weiteren Voraussetzungen** des Versorgungsanspruchs nach § 60 Abs. 1 S. 1 gilt weiterhin das Erfordernis des **Vollbeweises,** dh die Schutzimpfung, die über das übliche Ausmaß einer Impfreaktion hinausgehende gesundheitliche Schädigung und die Schädigungsfolge, welche gesundheitlicher oder wirtschaftlicher Natur sein kann, müssen erwiesen, im Hinblick auf diese Voraussetzungen muss also jeder vernünftige Zweifel ausgeschlossen sein (BSG MDR 1986, 788; *Erdle,* § 61, S. 168; *Gerhardt,* § 61 Rn. 3; *Meßling* in Knickrehm § 61 IfSG Rn. 71 f.; *Philippi* in BeckOK InfSchR § 61 Rn. 8).

C. Behördliche Anerkennung (S. 2 und S. 3)

7   Wenn auch die Wahrscheinlichkeit des ursächlichen Zusammenhangs nicht angenommen werden kann, weil die Ursache des festgestellten Leidens in der medizinischen Wissenschaft nicht geklärt ist, kann gem. S. 2 eine behördliche Anerkennung des Gesundheitsschadens erfolgen. Die fortbestehenden **Zweifel an der Wahrscheinlichkeit** der Ursächlichkeit dürfen ausschließlich auf das wissenschaftliche Erkenntnisdefizit zurückzuführen sein, wie sich aus der Formulierung „nur deshalb" in S. 2 ergibt. Eine Ungewissheit in der medizinischen Wissenschaft iSd S. 2 ist anzunehmen, wenn es keine einheitlichen, sondern verschiedene ärztliche Lehrmeinungen gibt, wobei Bezugspunkt für die Ermittlung der divergierenden Auffassungen die „Schulmedizin" (dh der allgemein anerkannte Stand der medizinischen Wissenschaft) ist (LSG Essen BeckRS 2019, 16895; LSG München BeckRS 2019, 15686 mwN; *Philippi* in BeckOK InfSchR § 61 Rn. 20). Es genügt jedoch auch hier nicht die bloße Möglichkeit bzw. die Erkenntnis, dass der Ursachenzusammenhang sich nicht ausschließen lässt. Vielmehr muss es zumindest eine wissenschaftliche Lehrmeinung geben, die sich positiv für eine hinreichende Wahrscheinlichkeit des Kausalzusammenhangs ausspricht; denn andernfalls stimmen alle Meinungen darin überein, dass ein Kausalzusammenhang nicht hergestellt werden kann, und das Fehlen der hinreichenden Wahrscheinlichkeit des Kausalzusammenhangs ist nicht auf eine Ungewissheit zurückzuführen (LSG München BeckRS 2019, 15686 mwN; *Philippi* in BeckOK InfSchR § 61 Rn. 20, in Anknüpfung an den Maßstab der „guten Möglichkeit"; *Meßling* in Knickrehm § 61 IfSG Rn. 23). Dass § 61 S. 2 allein darauf zielt, nachteilige Folgen fehlen-

der medizinisch-wissenschaftlicher Erkenntnisse über den Kausalzusammenhang zu vermeiden, verdeutlicht auch Teil C Nr. 4 der Versorgungsmedizinischen Grundsätze (VGM, Anlage zu § 2 VersMedVO). Denn nach Nr. 4.4 rechtfertigen weder Zweifel über den Zeitpunkt der Entstehung der Gesundheitsstörung noch eine mangelnde diagnostische Klärung, eine unzureichende Sachverhaltsaufklärung oder sonstige Ungewissheiten im Sachverhalt die Anwendung des § 61 S. 2.

Mit der Formulierung „kann" scheint S. 2 der zuständigen Behörde Ermessen bzgl. der Gesundheitsschadenanerkennung einzuräumen (dafür *Gerhardt,* § 60 Rn. 4). Die Rspr. geht aber davon aus, dass die **„Kann–Versorgung"** unter den Voraussetzungen des S. 2 **verpflichtend** zu gewähren ist (etwa LSG Essen BeckRS 2009, 50674; *Philippi* in BeckOK InfSchR § 61 Rn. 18; *Meßling* in Knickrehm § 61 IfSG Rn. 22, unter Hinweis auf die Parallele zu § 1 Abs. 3 BVG). Es handelt sich somit nicht um ein „Ermessens-Kann", sondern ein bloßes „Kompetenz-Kann" (zu dieser Unterscheidung *Maurer/Waldhoff,* § 7 Rn. 9). 8

Die behördliche Anerkennung setzt nach S. 2 die **Zustimmung** der für die Kriegsopferversorgung zuständigen **obersten Landesbehörde,** also des betreffenden Landesministeriums, voraus. Es handelt sich also um einen sog. mitwirkungsbedürftigen VA. Die Zustimmung ist Voraussetzung für die Rechtmäßigkeit, nicht für die Wirksamkeit der Gesundheitsschadenanerkennung (vgl. auch *U. Stelkens* in SBS § 35 Rn. 239 mwN). Das Zustimmungserfordernis kann zur Vereinheitlichung und Fortentwicklung der Entschädigungspraxis beitragen (*Becker* in Huster/Kingreen Hdb. InfSchR Kap. 9 Rn. 66). S. 3 eröffnet der obersten Landesbehörde die Möglichkeit, ihre Zustimmung auch **allgemein,** also bspw. für bestimmte Fallgruppen oder Krankheiten, zu erteilen (*Meßling* in Knickrehm § 61 IfSG Rn. 25; *Philippi* in BeckOK InfSchR § 61 Rn. 22). 9

§ 62 Heilbehandlung

Dem Geschädigten im Sinne von § 60 Abs. 1 bis 3 sind im Rahmen der Heilbehandlung auch heilpädagogische Behandlung, heilgymnastische und bewegungstherapeutische Übungen zu gewähren, wenn diese bei der Heilbehandlung notwendig sind.

A. Zweck und Bedeutung der Norm

Gem. § 60 Abs. 1 S. 1 ist Inhalt des Entschädigungsanspruchs wegen Impfschadens grundsätzlich die Versorgung nach Maßgabe der Vorschriften des BVG; der Geschädigte hat damit insbesondere Anspruch auf Heil- und Krankenbehandlung nach §§ 10−24a BVG. **§ 62 erweitert** zugunsten des nach § 60 Entschädigungsberechtigten diesen **Leistungskatalog;** im Rahmen der Heilbehandlung sind neben den in § 11 BVG genannten Leistungen auch die notwendige heilpädagogische Behandlung sowie notwendige heilgymnastische und bewegungstherapeutische Übungen zu gewähren. Hintergrund dieser Erweiterung soll das häufig jugendliche Alter der Impfgeschädigten sein, in 1 welchem der heilpädagogischen Behandlung und heilgymnastischen wie bewegungstherapeutischen Übungen besondere Bedeutung zukommen (BT-Drs. 6/1568, 9; *Gerhardt,* § 62 Rn. 1; *Philippi* in BeckOK InfSchR § 62 Rn. 7). Der Gesetzgeber hat § 62 als inhaltsgleiche Nachfolgeregelung zu § 53 BSeuchG geschaffen (BT-Drs. 14/2530, 88). Weil die durch § 62 bewirkte Erweiterung des BVG-Leistungskatalogs marginal ist, hat die Vorschrift kaum praktische Relevanz (deutlich *Meßling* in Knickrehm § 62 IfSG Rn. 2, 4; *Philippi* in BeckOK InfSchR § 62 Rn. 7, 10).

B. Erweiterung des BVG-Leistungskatalogs

2   § 62 erweitert den Katalog der Heilbehandlungsleistungen nach § 11 BVG; die in § 62 genannten Leistungen sind dementsprechend solche, die nicht bereits in § 11 BVG vorgesehen sind. Vor diesem Hintergrund ergibt sich insbesondere für die in § 62 angesprochenen heilgymnastischen und bewegungstherapeutischen Übungen lediglich ein schmaler Anwendungsbereich, da § 11 Abs. 1 S. 1 Nr. 3 BVG bereits die „Versorgung mit Heilmitteln einschließlich Krankengymnastik, Bewegungstherapie, Sprachtherapie und Beschäftigungstherapie [...]" vorsieht (ausf. *Philippi* in BeckOK InfSchR § 62 Rn. 8 ff.). In Frage kommen daher als heilgymnastische oder bewegungstherapeutische Übungen nach § 62 allenfalls solche, die **Therapieansätze** verfolgen, welche nicht nach dem BVG anerkannt sind (*Meßling* in Knickrehm § 62 IfSG Rn. 4; zum BVG-Leistungskatalog auch *Vogl* in Knickrehm § 11 BVG Rn. 14; *Hase* in RBA § 26 Rn. 66). Auch Maßnahmen der heilpädagogischen Behandlung, die dem Erkrankten die Teilhabe an Gemeinschafts- und Umweltbeziehungen ermöglichen sollen, lassen sich jedenfalls für **Kinder und Jugendliche** regelmäßig bereits den nichtärztlichen sozialpädiatrischen Leistungen iSd § 11 Abs. 1 Nr. 10 BVG zuordnen (vgl. hierzu *Vogl* in Knickrehm § 11 BVG Rn. 28). Ein Anwendungsbereich für heilpädagogische Leistungen nach § 62 besteht daher vor allem bei der Integration **erwachsener** Impfgeschädigter in die Gesellschaft (vertiefend *Meßling* in Knickrehm IfSG § 62 Rn. 5).

§ 63 Konkurrenz von Ansprüchen, Anwendung der Vorschriften nach dem Bundesversorgungsgesetz, Übergangsregelungen zum Erstattungsverfahren an die Krankenkassen

(1) **Treffen Ansprüche aus § 60 mit Ansprüchen aus § 1 des Bundesversorgungsgesetzes oder aus anderen Gesetzen zusammen, die eine entsprechende Anwendung des Bundesversorgungsgesetzes vorsehen, ist unter Berücksichtigung des durch die gesamten Schädigungsfolgen bedingten Grades der Schädigungsfolgen eine einheitliche Rente festzusetzen.**

(2) **Trifft ein Versorgungsanspruch nach § 60 mit einem Schadensersatzanspruch auf Grund fahrlässiger Amtspflichtverletzung zusammen, so wird der Anspruch nach § 839 Abs. 1 des Bürgerlichen Gesetzbuchs nicht dadurch ausgeschlossen, dass die Voraussetzungen des § 60 vorliegen.**

(3) Bei Impfschäden gilt § 4 Abs. 1 Nr. 2 des Siebten Buches Sozialgesetzbuch nicht.

(4) § 81 a des Bundesversorgungsgesetzes findet mit der Maßgabe Anwendung, dass der gegen Dritte bestehende gesetzliche Schadensersatzanspruch auf das zur Gewährung der Leistungen nach diesem Gesetz verpflichtete Land übergeht.

(5) ¹Die §§ 64 bis 64 d, 64 f und 89 des Bundesversorgungsgesetzes sind entsprechend anzuwenden mit der Maßgabe, dass an die Stelle der Zustimmung des Bundesministeriums für Arbeit und Soziales die Zustimmung der für die Kriegsopferversorgung zuständigen obersten Landesbehörde tritt. ²Die Zustimmung ist bei entsprechender Anwendung des § 89 Abs. 2 des Bundesversorgungsgesetzes im Einvernehmen mit der obersten Landesgesundheitsbehörde zu erteilen.

(6) § 20 des Bundesversorgungsgesetzes ist mit den Maßgaben anzuwenden, dass an die Stelle der in Absatz 1 Satz 3 genannten Zahl die Zahl der rentenberechtigten Beschädigten und Hinterbliebenen nach diesem Gesetz im Vergleich zur Zahl des Vorjahres tritt, dass in Absatz 1 Satz 4 an die Stelle der dort genannten Ausgabe der Krankenkassen je Mitglied und Rentner einschließlich Familienangehörige die bundesweiten Ausgaben je Mitglied treten, dass Absatz 2 Satz 1 für die oberste Landesbehörde, die für die Kriegsopferversorgung zuständig ist, oder für die von ihr bestimmte Stelle gilt und dass in Absatz 3 an die Stelle der in Satz 1 genannten Zahl die Zahl 1,3 tritt und die Sätze 2 bis 4 nicht gelten.

(7) Am 1. Januar 1998 noch nicht gezahlte Erstattungen von Aufwendungen für Leistungen, die von den Krankenkassen vor dem 1. Januar 1998 erbracht worden sind, werden nach den bis dahin geltenden Erstattungsregelungen abgerechnet.

(8) ¹Für das Jahr 1998 wird der Pauschalbetrag nach § 20 des Bundesversorgungsgesetzes wie folgt ermittelt: ²Aus der Summe der Erstattungen des Landes an die Krankenkassen nach diesem Gesetz in den Jahren 1995 bis 1997, abzüglich der Erstattungen für Leistungen bei Pflegebedürftigkeit nach § 11 Abs. 4 und § 12 Abs. 5 des Bundesversorgungsgesetzes in der bis zum 31. März 1995 geltenden Fassung und abzüglich der Erstattungen nach § 19 Abs. 4 des Bundesversorgungsgesetzes in der bis zum 31. Dezember 1993 geltenden Fassung, wird der Jahresdurchschnitt ermittelt.

A. Zweck und Bedeutung der Norm

§ 63 enthält Bestimmungen über das Zusammentreffen von Impfschadensansprüchen nach § 60 mit anderen Ansprüchen und über die Anwendung bestimmter BVG-Vorschriften; außerdem enthalten die Absätze 6–8 Regelungen zum Erstattungsverfahren an die Krankenkassen. Die Abs. 1–5 entsprechen den in § 54 BSeuchG getroffenen Bestimmungen; die Abs. 6–8 wurden erst nach- **1** träglich (vgl. § 74 BSeuchG) in das Gesetz aufgenommen (vgl. auch BT-Drs. 14/2530, 8; *Gerhardt*, § 63 Rn. 1; *Meßling* in Knickrehm § 63 IfSG Rn. 2; *Philippi* in BeckOK InfSchR § 63 Rn. 3). Zum Rechtsweg bei Zusammentreffen verschiedener Ansprüche → § 68 Rn. 6.

B. Ansprüche aus § 60 und solche aus § 1 BVG oder aus anderen Gesetzen (Abs. 1)

2   Abs. 1 betrifft die Konkurrenz von Impfschadensansprüchen mit anderen Versorgungsansprüchen des sozialen Entschädigungsrechts, entweder nach § 1 BVG oder aber solchen Vorschriften, die auf das BVG verweisen. Als solche Gesetze sind ua bspw. das Soldatenversorgungsgesetz (SVG) oder das Opferentschädigungsgesetz (OEG) zu nennen (*Gerhardt*, § 63 Rn. 2; *Meßling* in Knickrehm § 63 IfSG Rn. 8; *Philippi* in BeckOK InfSchR § 63 Rn. 5). Die in § 63 Abs. 1 angeordnete Festsetzung einer **einheitlichen Rente** soll eine dem jeweiligen Einzelfall angemessene Ausgestaltung der Versorgung gewährleisten; dementsprechend ist hier eine Gesamtbetrachtung der Schädigungsfolgen anzustellen (*Meßling* in Knickrehm § 63 IfSG Rn. 6; *Gerhardt*, § 63 Rn. 2; *Philippi* in BeckOK InfSchR § 63 Rn. 6 für § 54 Abs. 1 BSeuchG auch BT-Drs. 7/2506, 10). Dem Anliegen einer einheitlichen Regelung der Versorgung korrespondieren zum einen entsprechende anderweitige Vorschriften des sozialen Entschädigungsrechts (vgl. etwa § 84 Abs. 3 S. 1 SVG, § 3 Abs. 1 OEG) und zum anderen die in § 66 Abs. 3 getroffene Regelung zur Kostenpflicht des Leistungsträgers im Falle des Hinzutretens einer weiteren Schädigung (*Meßling* in Knickrehm § 63 IfSG Rn. 7; → auch § 66 Rn. 14). Die nach Abs. 1 festzusetzende einheitliche Rente schließt sämtliche Geldleistungen nach dem BVG ein, die aufgrund des Gesamt-Grades der Schädigungsfolgen (sog. **Gesamt-GdS**) beansprucht werden können. Der Gesamt-GdS wird nach Maßgabe des § 30 BVG sowie der Versorgungsmedizinischen Grundsätze (**VGM,** Anlage zu § 2 der Versorgungsmedizin-Verordnung – VersMedV) bestimmt (*Meßling* in Knickrehm § 63 IfSG Rn. 9; *Philippi* in BeckOK InfSchR § 63 Rn. 7; *Hase* in RBA § 26 Rn. 82 ff.; *Dau* in Knickrehm § 30 BVG Rn. 14 ff.).

C. Ansprüche aus § 60 und Amtshaftungsansprüche (Abs. 2)

3   Wurde die Impfung von einem **Amtsarzt** vorgenommen, ist dieser bspw. den ihm obliegenden Aufklärungspflichten hinsichtlich der Risiken nicht nachgekommen, kommt neben dem Impfschadensanspruch ein Anspruch aus Amtspflichtverletzung nach § 839 BGB/Art. 34 GG in Betracht (grundlegend hierzu BGH NJW 1990, 2311; vgl. ferner OLG Hamm BeckRS 2000, 324). Obgleich § 839 Abs. 1 S. 1 BGB an die „Beamten"eigenschaft anknüpft, kommt es nicht auf den Beamtenstatus des Arztes an, sondern er muss nach Art. 34 S. 1 GG lediglich „in Ausübung eines öffentlichen Amtes", also in öffentlich-rechtlicher Funktion handeln; er muss sog. **Beamter im haftungsrechtlichen Sinne** sein (vertiefend zum haftungsrechtlichen Beamtenbegriff

Maurer/Waldhoff, § 26 Rn. 12 ff.; *Ossenbühl/Cornils,* S. 14 ff.). Bei der Bestimmung der dem Amtsarzt obliegenden Amtspflichten sind ua die aktuellen STIKO-Empfehlungen (→ 20 Rn. 10 ff.) zu berücksichtigen (OLG Hamm BeckRS 2000, 324; *Meßling* in Knickrehm § 63 IfSG Rn. 14; *Philippi* in BeckOK InfSchR § 63 Rn. 11).

Ein etwaiger **Amtshaftungsanspruch** wird nach Abs. 2 durch einen daneben bestehenden Entschädigungsanspruch nach § 60 Abs. 1 S. 1 **nicht ausgeschlossen.** Diese Regelung, die § 54 Abs. 4 BSeuchG entspricht (vgl. auch BT-Drs. 14/2530, 89), trägt dem Umstand Rechnung, dass Amtshaftung und Impfschadenversorgung auf unterschiedlichen Wertungen – hoheitliches Unrecht einerseits, Aufopferung andererseits – beruhen. Indem Abs. 2 beide Ansprüche nebeneinander bestehen lässt, ist zugleich der Ausschluss des Amtshaftungsanspruchs wegen anderweitiger Ersatzmöglichkeit nach § 839 Abs. 1 S. 2 BGB (sog. **Subsidiaritätsklausel,** vgl. *Maurer/Waldhoff,* § 26 Rn. 29 ff.; *Ossenbühl/Cornils,* S. 80 ff.) von vornherein **nicht anwendbar** (*Gerhardt,* § 63 Rn. 3; *Philippi* in BeckOK InfSchR § 63 Rn. 9). Die nach Amtshaftungsrecht begründete Verpflichtung zum vollen Schadensersatz (§§ 249 ff. BGB) kann über die nach Impfschadensrecht zu leistenden Versorgungsleistungen hinausgehen, wie auch die Regelung zum gesetzlichen Forderungsübergang in § 63 Abs. 4 IfSG iVm § 81 a BVG anzeigt. Der Geschädigte kann den Amtshaftungsanspruch aber nur geltend machen, soweit er nicht von der Legalzession erfasst wird (BGH NJW 1990, 2311; *Meßling* in Knickrehm § 63 IfSG Rn. 15). **4**

D. Nichtgeltung von § 4 Abs. 1 Nr. 2 SGB VII (Abs. 3)

Abs. 3 regelt das Zusammentreffen von Impfschadensansprüchen nach § 60 mit Ansprüchen aus der **gesetzlichen Unfallversicherung** und trifft eine **Günstigkeitsregelung,** mit der etwaige nachteilige Wirkungen des § 4 Abs. 1 Nr. 2 SGB VII zugunsten von Impfgeschädigten ausgeschlossen werden sollen (*Meßling* in Knickrehm IfSG § 63 Rn. 17; *Gerhardt,* § 63 Rn. 4; *Erdle,* § 63, S. 170; für die inhaltsgleiche Vorläufervorschrift des § 54 Abs. 4 BSeuchG auch BT-Drs. 7/2506, 10). Gem. § 4 Abs. 1 Nr. 2 SGB VII sind Personen, soweit für sie das BVG oder Gesetze, die eine entsprechende Anwendung des BVG vorsehen, gelten, grundsätzlich versicherungsfrei. Wegen des Verweises in § 60 Abs. 1 S. 1 auf das BVG würde dies zum Ausschluss von Leistungen aus der gesetzlichen Unfallversicherung führen, die aber womöglich höher sind als die nach dem BVG. Weil § 63 Abs. 3 aber § 4 Abs. 1 Nr. 2 SGB VII für unanwendbar erklärt, kann der Geschädigte, wenn der Impfschaden zugleich ein Arbeitsunfall ist, die ggf. höheren Leistungen aus der gesetzlichen Unfallversicherung erhalten. § 65 Abs. 1 S. 1 Nr. 1 BVG, der über § 60 Abs. 1 S. 1 anwendbar ist, ermöglicht dann eine Meistbegünstigung und vermeidet gleichzeitig Doppelleistungen: **Zusätzliche Leistungen** nach dem IfSG (bzw. BVG) sind (nur) zu erbringen, soweit sie die der gesetzlichen Unfallversicherung übersteigen (zum Ganzen *Meßling* in Knickrehm § 63 IfSG Rn. 17, 18; *Philippi* in BeckOK InfSchR § 63 Rn. 13, 14; *Erdle,* § 63, S. 170). **5**

Obwohl Abs. 3 sich seinem Wortlaut nach allein auf Impfschäden bezieht und damit die Maßnahmen der **spezifischen Prophylaxe** – abweichend von **6**

§ 60 – nicht erwähnt, sollte die Vorschrift auch auf Versorgungsansprüche nach § 60 Abs. 1 S. 1 Anwendung finden, die auf einer Maßnahme der spezifischen Prophylaxe beruhen. Die Übernahme der in § 54 Abs. 5 BSeuchG enthaltenen Formulierung ohne Anpassung an die Erweiterung des § 60 auf die Maßnahmen der spezifischen Prophylaxe lässt sich als „redaktionelles Versehen" des Gesetzgebers werten (*Meßling* in Knickrehm § 63 IfSG Rn. 19; *Philippi* in BeckOK InfSchR § 63 Rn. 15). Und weil § 60 für Impf- und Prophylaxegeschädigte denselben Schutz vorsieht, wäre es widersprüchlich, letzteren die Günstigkeitsregel des § 63 Abs. 3 zu versagen.

7   Der praktische Anwendungsbereich des Abs. 3 ist überschaubar, weil Schutzimpfungen etc. regelmäßig als persönliche Angelegenheiten einzuordnen sind, die nicht der gesetzlichen Unfallversicherung unterfallen; nur selten wird daher ein Impfschaden zugleich einen Arbeitsunfall oder eine Berufskrankheit isd § 7 SGB VII darstellen (*Meßling* in Knickrehm § 63 IfSG Rn. 20). Das betriebliche Interesse an einer Impfung sowie deren Durchführung und Finanzierung durch den Arbeitgeber genügt hierfür noch nicht (BSG BeckRS 1974, 00274). Als **Arbeitsunfall** kann ein Impfschaden einzustufen sein, soweit eine Schutzimpfung vorgeschrieben ist, bspw. für den Gesundheitsdienst, bzw. mit dem Beschäftigungsverhältnis in unmittelbarem Zusammenhang steht (*Erdle*, § 63, S. 170; *Meßling* in Knickrehm § 63 IfSG Rn. 22). Dies setzt aber eine **spezifische** mit der beruflichen Tätigkeit verbundene Gefährdung voraus, die eine über die allgemeine Gesundheitsvorsorge hinausgehende Impfung bzw. Prophylaxe erfordert (BSG BeckRS 1974, 00274).

E. Übergang des gesetzlichen Schadensersatzanspruchs gegen Dritte (Abs. 4)

8   Abs. 4 trifft eine Regelung zum gesetzlichen Forderungsübergang **(Legalzession)** und ordnet die Anwendbarkeit von § 81a BVG an, nach dessen Abs. 1 ein gesetzlicher Schadensersatzanspruch, der einem Versorgungsberechtigten gegen Dritte zusteht, in dem Umfang auf den Bund übergeht, in dem Leistungen nach dem BVG zu erbringen sind. Abs. 4 modifiziert diese Vorschrift dahingehend, dass der gesetzliche Schadensersatzanspruch gegen einen Dritten nicht auf den Bund, sondern auf das jeweils zur Versorgung verpflichtete Land übergeht. Dies trägt der Regelung zur Leistungspflicht in § 66 Abs. 2 Rechnung (*Gerhardt*, § 63 Rn. 5; *Philippi* in BeckOK InfSchR § 63 Rn. 17; → § 66 Rn. 10ff.). Obgleich Abs. 4 allgemein von „Leistungen nach diesem Gesetz" spricht, ergibt sich aus der systematischen Stellung der Vorschrift sowie dem Zusammenhang mit den Vorschriften des BVG, dass allein die Versorgung wegen Impfschadens nach § 60 Abs. 1 S. 1 gemeint ist, nicht dagegen etwa die Verdienstausfallentschädigung nach § 56 Abs. 1 und Abs. 1a.

9   Als Schadensersatzansprüche des Versorgungsberechtigten gegen Dritte iSd Abs. 4 kommen in diesem Zusammenhang vor allem solche gegen den die Impfung bzw. Prophylaxemaßnahme durchführenden Arzt in Betracht, ggf. auch solche gegen Unfallbeteiligte iSd § 60 Abs. 5. Von der Legalzession erfasst sind nach Abs. 4 aber allein **gesetzliche Schadensersatzansprüche,** dh ins-

besondere solche aus unerlaubter Handlung nach § 823 Abs. 1 und Abs. 2 BGB, nicht dagegen vertragliche Schadensersatzansprüche, etwa aus einem mit dem impfenden Arzt geschlossenen Behandlungsvertrag (anders offenbar *Erdle*, § 63, S. 170, der auch Ansprüche aus „positiver Vertragsverletzung" als erfasst ansieht). Zu den durch Abs. 4 auf das versorgungspflichtige Land übergeleiteten gesetzlichen Schadensersatzansprüchen gehört grundsätzlich auch der als „Delikt" des Amtswalters konzipierte **Amtshaftungsanspruch** nach § 839 BGB/Art. 34 GG (BGH NJW 1990, 2311; *Meßling* in Knickrehm § 63 IfSG Rn. 15).

Der Forderungsübergang reicht nach Abs. 4 **nur so weit,** wie der Geschä- 10 digte Leistungen nach § 60 Abs. 1 S. 1 iVm den Vorschriften des BVG erhält; er findet also nicht etwa in dem Umfang des gegen den Dritten gerichteten Schadensersatzanspruchs statt (so aber *Erdle*, § 63, S. 170; zutr. *Philippi* in BeckOK InfSchR § 63 Rn. 19: „Kongruenz" von Versorgungsansprüchen und übergegangenen Ersatzansprüchen in zeitlicher Hinsicht sowie hinsichtlich Art., Zwecksetzung und Höhe der Leistung; vgl. hierzu auch *Vogl* in Knickrehm § 81a BVG Rn. 16ff.). Vielmehr bleiben die Versorgungsleistungen wegen Impfschadens als Entschädigung ggf. hinter dem Schadenssatz iSd §§ 249ff. BGB zurück: Schadensersatz ist danach grundsätzlich auf die volle (Natural-)Restitution gerichtet und schließt unter den Voraussetzungen von §§ 252, 253 BGB den Ersatz des entgangenen Gewinns sowie immaterieller Schäden ein. Ein Anspruch auf sog. **Schmerzensgeld** (§ 253 Abs. 2 BGB) wird, weil dieses nicht zu den Leistungen der Impfschadensversorgung gehört, nicht von der Legalzession nach Abs. 4 erfasst und kann deshalb weiterhin von dem Impfgeschädigten gegenüber dem Dritten geltend gemacht werden.

F. Berechtigte außerhalb des Geltungsbereichs dieses Gesetzes, Härtefallregelungen (Abs. 5)

Abs. 5 erklärt die §§ 64–64d, § 64f und § 89 BVG für entsprechend an- 11 wendbar; aus der systematischen Stellung und dem Regelungsgehalt der Vorschrift ergibt sich, dass dies für den Bereich des Impfschadensrechts, also die §§ 60ff., gelten soll (für eine entsprechende Geltung für die §§ 56ff. insgesamt allerdings *Gerhardt*, § 63 Rn. 6).

Die §§ 64–64f BVG betreffen die Leistungsberechtigung von Personen, die 12 ihren Wohnsitz außerhalb der Bundesrepublik haben (weiterführend *Reinhard* in Knickrehm § 64 BVG Rn. 6ff.). Gem. § 64 S. 2 BVG können Leistungen mit Zustimmung des BMAS ganz oder teilweise versagt oder entzogen werden, wenn der Leistungszweck der Versorgung nicht erreicht werden kann (Nr. 1) oder wenn in der Person des Berechtigten ein von diesem zu vertretender wichtiger Grund vorliegt (Nr. 2). Der Leistungszweck kann bspw. nicht erreicht werden, wenn der Wohnsitzstaat des Berechtigten die Versorgungsleistungen nach IfSG auf anderweitige, von ihm gewährte Leistungen anrechnet. Ein von dem Berechtigten zu vertretender wichtiger Grund kann in einer gegen die Bundesrepublik gerichteten Handlung gesehen werden (zum Ganzen *Philippi* in BeckOK IfSG § 63 Rn. 22). An die Stelle der **Zustimmung** des BMAS tritt nach § 63 Abs. 5 S. 1 für die Versorgung wegen Impfschadens die

Zustimmung der für die Kriegsopferversorgung zuständigen obersten Landesbehörde. Ohne diese Zustimmung darf eine Versagung oder Entziehung nach § 64 S. 2 BVG nicht ausgesprochen werden.

13   § 89 BVG betrifft den Ausgleich von Härtefällen und ermöglicht die Gewährung von Versorgungsleistungen auch in solchen Fällen, in denen bei Anwendung der einschlägigen Vorschriften keine Versorgungsansprüche bestünden, dieses Ergebnis jedoch in Widerspruch zur gesetzgeberischen Zielsetzung stünde (ausf. *Dau* in Knickrehm § 89 BVG Rn. 2 ff.; *Meßling* in Knickrehm § 63 IfSG Rn. 29 ff.; *Philippi* in BeckOK IfSG § 63 Rn. 23 ff.) Es handelt sich um eine eng auszulegende Sondervorschrift, für deren Anwendung erst dann Raum ist, wenn eine einzelne Anspruchsvoraussetzung nur „knapp verfehlt" wird (*Dau* in Knickrehm § 89 BVG Rn. 2); dies gilt auch für den Bereich des Impfschadensrechts (*Philippi* in BeckOK IfSG § 63 Rn. 25). Hier kann bspw. ein Härteausgleich womöglich in Betracht gezogen werden, in denen der Geschädigte nicht zu dem von einer öffentlichen Impfempfehlung iSd § 60 Abs. 1 S. 1erfassten Personenkreis gehört (BSG, Urt. v. 17. 11. 1981 – 9 RVi 1/81; *Meßling* in Knickrehm § 63 IfSG Rn. 33; *Philippi* in BeckOK IfSG § 63 Rn. 26). Die behördliche Ermessensentscheidung richtet sich zudem nach dem wirtschaftlichen Bedürfnis für einen Ausgleich (*Philippi* in BeckOK IfSG § 63 Rn. 24). Im Falle von Auslandsimpfungen, die nicht von § 60 Abs. 2, 3 IfSG erfasst werden, scheidet dem BSG zufolge ein Härteausgleich von vornherein aus, weil der Gesetzgeber mit diesen Vorschriften eine abschließende Regelung getroffen habe (BSGE 54, 202; BSG BeckRS 1999, 30045580; ferner *Meßling* in Knickrehm § 63 IfSG Rn. 38; *Philippi* in BeckOK IfSG § 63 Rn. 26). Die in § 89 Abs. 2 BVG vorausgesetzte Zustimmung erfordert gem. S. 2 das Einvernehmen der obersten Landesgesundheitsbehörde, dh des zuständigen Ministeriums. Diese Regelungen tragen dem Umstand Rechnung, dass die Länder gem. § 66 Abs. 2 die Kosten der Impfschadensversorgung tragen (*Erdle,* § 63, S. 170; *Gerhardt,* § 63 Rn. 6; → § 66 Rn. 10 ff.). Das **„Einvernehmen"** hat als behördliche Mitwirkungshandlung dieselbe rechtliche Bedeutung wie eine „Zustimmung"; ohne erteiltes Einvernehmen darf ein Härteausgleich nicht gewährt werden (vgl. allg. weiterführend *Maurer/Waldhoff,* § 9 Rn. 29; *Ramsauer* in Kopp/Ramsauer § 35 Rn. 128 ff.).

G. Erstattungsansprüche der Krankenkassen, Übergangsregelungen (Abs. 6–8)

14   Abs. 6–8 betreffen die durch § 19 BVG begründeten Erstattungsansprüche der Krankenkassen, welche für Impfgeschädigte Leistungen erbracht haben, gegenüber den Versorgungsbehörden und beziehen sich auf § 20 BVG in der Fassung des G zur Änderung von Erstattungsvorschriften im sozialen Entschädigungsrecht v. 25. 7. 1996 (BGBl. I 1118), das zum 1. 1. 1998 in Kraft getreten ist. Gem. § 20 Abs. 1 S. 1 BVG werden die Erstattungsansprüche der Krankenkassen sowie erstattungsfähige Verwaltungskosten **pauschal abgegolten** (weiterführend *Vogl* in Knickrehm § 20 BVG Rn. 5 ff.). Grundlage für die Festsetzung des Pauschalbetrages eines Kalenderjahres ist die Erstattung des Vorjahres (§ 20 Abs. 1 S. 2 BVG). Diese wird nach Maßgabe von § 20 Abs. 1 S. 3, 4 BVG an Veränderungen hinsichtlich der Versorgungsberechtigten und der von den Krankenkassen erbrachten Leistungen angepasst.

Abs. 6 passt die in § 20 BVG festgelegten Berechnungs- und Erstattungs- **15** modalitäten und Zuständigkeiten den in §§ 60 ff. getroffenen impfschadensrechtlichen Regelungen an. So wird § 20 Abs. 1 S. 4 BVG dahingehend modifiziert, dass nicht die Ausgaben der Krankenkasse je Mitglied und Rentner, sondern die bundesweiten Ausgaben je Mitglied treten. Hierdurch wird zum einen berücksichtigt, dass der Kreis der nach §§ 60 ff. Entschädigungsberechtigten erheblich kleiner ist als derjenige der nach dem BVG Rentenberechtigten, zum anderen, dass hierzu – anders als in den Fällen des BVG – nicht vorrangig Rentner, sondern vor allem auch Kinder und Jugendliche zählen (*Meßling* in Knickrehm § 63 IfSG Rn. 38; *Philippi* in BeckOK InfSchR § 63 Rn. 33). Ferner modifiziert Abs. 6 die in § 20 Abs. 2 S. 1 BVG getroffene Zuständigkeitsregelung, da anstelle des nach dem BVG zuständige BMAS – entsprechend der durch § 66 Abs. 3 IfSG begründeten Kostenträgerschaft (→ § 66 Rn. 10 ff.) die oberste Landesbehörde die Pauschalbeträge auszuzahlen hat. Schließlich beziffert Abs. 6 abweichend von § 20 Abs. 3 die den Krankenkassen zu erstattenden Verwaltungskosten.

Abs. 7 trifft eine Übergangsregelung für den vorherigen Zeitraum bzgl. am **16** 1. 1. 1998 noch nicht geleisteter Erstattungen; diese werden nach den bis zum Ende des Jahres 1997 geltenden Bestimmungen abgerechnet. Abs. 8 trifft eine Übergangsregelung für das Jahr 1998 bzgl. der erstmaligen Ermittlung des Pauschalbetrags nach § 20 BVG (*Erdle*, § 63, S. 170; *Gerhardt*, § 63 Rn. 7; *Philippi* in BeckOK InfSchR § 63 Rn. 36 ff.).

§ 64 Zuständige Behörde für die Versorgung

(1) [1]Die Versorgung nach den §§ 60 bis 63 Abs. 1 wird von den für die Durchführung des Bundesversorgungsgesetzes zuständigen Behörden durchgeführt. [2]Die örtliche Zuständigkeit der Behörden bestimmt die Regierung des Landes, das die Versorgung zu gewähren hat (§ 66 Abs. 2), durch Rechtsverordnung. [3]Die Landesregierung ist befugt, die Ermächtigung durch Rechtsverordnung auf eine andere Stelle zu übertragen.

(2) Das Gesetz über das Verwaltungsverfahren der Kriegsopferversorgung in der Fassung der Bekanntmachung vom 6. Mai 1976 (BGBl. I S. 1169), zuletzt geändert durch das Gesetz vom 18. August 1980 (BGBl. I S. 1469), mit Ausnahme der §§ 3 und 4, die Vorschriften des ersten und dritten Kapitels des Zehnten Buches Sozialgesetzbuch sowie die Vorschriften des Sozialgerichtsgesetzes über das Vorverfahren sind anzuwenden.

(3) Absatz 2 gilt nicht, soweit die Versorgung in der Gewährung von Leistungen besteht, die den Leistungen der Kriegsopferfürsorge nach den §§ 25 bis 27j des Bundesversorgungsgesetzes entsprechen.

A. Zweck und Bedeutung der Norm

1   Die Vorschrift trifft in Abs. 1 Regelungen zur für die Impfschadensversorgung zuständigen Behörde sowie in Abs. 2 und Abs. 3 Regelungen zum für die Impfschadensversorgung anzuwendenden **Verwaltungsverfahrensrecht.** Sie entspricht im Wesentlichen ihrer Vorgängerregelung in § 55 BSeuchG (BT-Drs. 14/2530, 89; *Gerhardt,* § 64 Rn. 1).

B. Zuständige Behörde für die Impfschadensversorgung (Abs. 1)

2   Abs. 1 S. 1 erklärt für die Impfschadensversorgung nach den §§ 60–63 die für die Durchführung des BVG zuständigen Behörden für sachlich zuständig. Nach § 2 S. 1 des G über das Verwaltungsverfahren der Kriegsopferversorgung (KOVVfG) sind dies grundsätzlich die Versorgungsämter. Weil § 2 S. 1 KOVVfG nicht als zwingende Vorschrift anzusehen ist, dürfen die **Länder** von dieser Regelung **abweichen** (BSGE 102, 149; *Knörr* in Knickrehm § 2 KOVVfG Rn. 2; *Philippi* in BeckOK InfSchR § 64 Rn. 2) und machen von dieser Befugnis auch Gebrauch (vgl. etwa § 8 Abs. 2 IfSGB NRW: Landschaftsverbände; *Knörr* in Knickrehm § 2 KOVVfG Rn. 2); es ist aber jeweils dieselbe Behörde für **Kriegsopferversorgung** und Impfschadensversorgung zuständig (*Meßling* in Knickrehm § 64 IfSG Rn. 1; *Gerhardt,* § 64 Rn. 2; *Erdle,* § 64, S. 171).

3   Abs. 1 S. 2 und S. 3 betreffen die **örtliche Zuständigkeit.** Sie wird durch RVO des Landes bestimmt, das nach § 66 Abs. 2 die Versorgung zu gewähren hat. Die durch das IfSG neu eingeführte Vorschrift des Abs. 1 S. 3 ermöglicht eine **Subdelegation** der Bestimmung der örtlichen Zuständigkeit nach S. 2 von der Landesregierung auf eine andere Behörde; dies hat grundsätzlich in Form der RVO zu geschehen, vgl. auch Art. 80 Abs. 1 S. 4 GG. Nach Art. 80 Abs. 4 GG ist es den Ländern aber auch gestattet, die örtliche Zuständigkeit in gesetzlicher Form zu regeln, wie dies zB mit § 11 Abs. 2, 3 IfSGBG NRW geschehen ist (*Philippi* in BeckOK InfSchR § 64 Rn. 3.1).

C. Verwaltungsverfahren für die Impfschadensversorgung (Abs. 2, 3)

4   Abs. 2 bestimmt – ebenso wie die Vorgängerregelung in § 55 Abs. 2 BSeuchG – das für die Impfschadensversorgung einschlägige Verwaltungsverfahrensrecht. Neben den Bestimmungen des KOVVfG und den Vorschriften des SGG über das Vorverfahren erwähnt Abs. 2 – insoweit über § 55 Abs. 2 BSeuchG hinausgehend – auch das zwischenzeitlich erlassene SGB X. Soweit das KOVVfG keine besondere Regelung trifft, wird es durch die §§ 77 ff. SGG und die §§ 1 ff. SGB X ergänzt (*Meßling* in Knickrehm § 64 IfSG Rn. 3; *Erdle,* § 64, S. 171); hiermit korrespondiert die Eröffnung des Rechtswegs zu den **Sozialgerichten** nach § 68 Abs. 2 (→ § 68 Rn. 15). Im Verwaltungsverfahren hat die Behörde nach Maßgabe der §§ 12 ff. KOVVfG den Sachverhalt aufzuklären, kann hierzu ua – mit Einverständnis des Antragstellers – Krankenakten anfordern (vgl. § 12 Abs. 2 KOVVG; *Philippi* in BeckOK InfSchR § 64 Rn. 7). Besondere Bedeutung hat in diesem Zusammenhang **§ 15 S. 1 KOVVfG,** wonach bereits allein die Angaben eines Antragstellers, die sich auf die mit der Schädigung im Zusammenhang stehenden Tatsachen beziehen, der Entscheidung über die Versorgung zugrunde zu legen sind, soweit sie glaubhaft erscheinen und Unterlagen nicht vorhanden oder nicht zu beschaffen oder ohne Verschulden des Antragstellers oder seiner Hinterbliebenen verlorengegangen sind (*Meßling* in Knickrehm § 64 IfSG Rn. 4; ThürLSG BeckRS 2003, 31041602). Für eine derartige Glaubhaftigkeit von Angaben genügt es, dass sie mit überwiegender Wahrscheinlichkeit zutreffen (BSGE 8, 159 (160); 45, 1 (9); *Philippi* in BeckOK InfSchR § 64 Rn. 8). Die Behörde kann vor dem Antragsteller nach § 15 S. 2 KOVVfG in besonderen Fällen – allerdings nur in diesen (*Philippi* in BeckOK InfSchR § 64 Rn. 8) – eine eidesstattliche Versicherung verlangen.

Abs. 3 nimmt die in Abs. 2 angeordnete Anwendung des KOVVfG, des **5** SGG und des SGB X für den Versorgungsleistungsbereich der **Kriegsopferfürsorge** nach den §§ 25–27j BVG ausdrücklich aus. Insoweit ist die Verordnung zur Kriegsopferfürsorge **(KFürsV)** v. 16.1.1979 (BGBl. I 80) einschlägig, ergänzend gelten die allg. Verwaltungsverfahrensgesetze der Länder sowie die Regelungen zum Vorverfahren in §§ 68 ff. VwGO (*Meßling* in Knickrehm § 64 IfSG Rn. 5; *BBS,* § 64 Rn. 2; *Philippi* in BeckOK InfSchR § 64 Rn. 9, 10; weiterführend *Grube* in Knickrehm Vorb. §§ 25 ff. BVG, Rn. 19, 28 ff.); hiermit korrespondiert die in § 68 Abs. 3 S. 2 angeordnete Eröffnung des **Verwaltungsrechtswegs** (→ § 68 Rn. 16).

§ 65 Entschädigung bei behördlichen Maßnahmen

(1) [1]**Soweit auf Grund einer Maßnahme nach den §§ 16 und 17 Gegenstände vernichtet, beschädigt oder in sonstiger Weise in ihrem Wert gemindert werden oder ein anderer nicht nur unwesentlicher Vermögensnachteil verursacht wird, ist eine Entschädigung in Geld zu leisten; eine Entschädigung erhält jedoch nicht derjenige, dessen Gegenstände mit Krankheitserregern oder mit Gesundheitsschädlingen als vermutlichen Überträgern solcher Krankheitserreger behaftet oder dessen verdächtig sind.** [2]**§ 254 des Bürgerlichen Gesetzbuchs ist entsprechend anzuwenden.**

(2) [1]**Die Höhe der Entschädigung nach Absatz 1 bemisst sich im Falle der Vernichtung eines Gegenstandes nach dessen gemeinem Wert, im Falle der Beschädigung oder sonstigen Wertminderung nach der Minderung des gemeinen Wertes.** [2]**Kann die Wertminderung behoben werden, so bemisst sich die Entschädigung nach den hierfür erforderlichen Aufwendungen.** [3]**Die Entschädigung darf den gemeinen Wert nicht übersteigen, den der Gegenstand ohne die Beschädigung oder Wertminderung gehabt hätte.** [4]**Bei Bestimmung des gemeinen Wertes sind der Zustand und alle sonstigen den Wert des**

Gegenstandes bestimmenden Umstände in dem Zeitpunkt maßgeblich, in dem die Maßnahme getroffen wurde. [5]**Die Entschädigung für andere nicht nur unwesentliche Vermögensnachteile darf den Betroffenen nicht besser stellen, als er ohne die Maßnahmen gestellt sein würde.** [6]**Auf Grund der Maßnahme notwendige Aufwendungen sind zu erstatten.**

Schrifttum: *Antweiler,* Betriebsuntersagungen durch COVI-19-Rechtsverordnungen: Eigentumseingriff und Entschädigung, NVwZ 2020, 584; *Bethge/Dombert,* Entschädigungsansprüche für Öffnungsverbote im Rahmen der Corona-Bekämpfung, NordÖR 2020, 329; *Brenner,* Entschädigungsansprüche von Hotels und Gaststätten im Angesicht von COVID-19?, DÖV 2020, 660; *Cornils,* Corona – entschädigungsrechtlich betrachtet, Verfassungsblog v. 13.3.2020; *Dünchheim/Gräler,* Entschädigungs- und Schadensersatzansprüche wegen COVID-19-bedingter Anordnungen zur Schließung von Verkaufsstätten in der Bundesrepublik Deutschland, VerwArch 112 (2021), 38; *Eibenstein,* Zur Entschädigung von durch Schließungsanordnungen betroffenen Gewerbetreibenden, NVwZ 2020, 930; *Eusani,* Staatshaftungsrechtliche Ansprüche des Gewerbetreibenden bei Covid-19-bedingten Ertragsausfälle, MDR 2020, 962; *Froese,* Wirtschaftliche Sonderopfer in der Pandemie: Entschädigungsansprüche bei einem regionalen Lockdown, DVBl. 2020, 1566; *Giesberts/Gayger/Weyand,* COVID-19 – Hoheitliche Befugnisse, Rechte Betroffener und staatliche Hilfen, NVwZ 2020, 417; *Itzel,* Staatliche Entschädigung in Zeiten der Pandemie, DVBl. 2020, 792; *Krakau,* Offene Rechtsfragen der Entschädigung für Seuchenschutzmaßnahmen, DÖV 1970, 178; *Kümper,* Zur Verortung der infektionsschutzrechtlichen Entschädigungstatbestände im Gefüge der öffentlichen Ersatzleistungen – Ergänzungen zur Debatte um die Folgen der Corona-Pandemie, DÖV 2020, 904; *Maaß,* Coronavirus – aktuelle rechtliche Entwicklungen, NVwZ 2020, 589; *Papier,* Freiheitsrechte in Zeiten der Pandemie, DRiZ 2020, 180; *Reschke,* Entschädigungsansprüche für rechtmäßige infektionsschutzrechtliche Maßnahmen im Zuge der COVID-19-Pandemie, DÖV 2020, 423; *Rinze/Schwab,* Dulde und liquidiere – Staatshaftungsansprüche in Corona-Zeiten, NJW 2020, 1905; *Rommelfanger,* Entschädigung für Vermögensschäden aufgrund Betriebseinschränkungen/-schließungen infolge Maßnahmen nach dem Infektionsschutzgesetz, CoVuR 2020, 178; *Schmitz/Neubert,* Praktische Konkordanz in der Covid-Krise. Vorübergehende Zulässigkeit schwerster Grundrechtseingriffe zum Schutz kollidierenden Verfassungsrechts am Beispiel von Covid-19-Schutzmaßnahmen, NVwZ 2020, 666; *Schwintowski,* Haftung des Staates für (rechtmäßige) hoheitliche Corona-Eingriffe, NJOZ 2020, 1473; *Shirvani,* Entschädigungsansprüche bei Betriebsschließungen nach dem Infektionsschutzrecht, DVBl. 2021, 158; *Spitzlei/Hautkappe,* Die Entschädigung für polizeiliches Einschreiten – Versuch einer Systematisierung, DÖV 2018, 134; *Struß/Fabi,* Entschädigungsansprüche für unternehmensbezogene Eingriffe nach dem IfSG, DÖV 2020, 665; *Treffer,* Dulde und liquidiere? Zur Entschädigung des Nichtstörers in Corona-Zeiten, NVwVBl. 2020, 273; *von Usslar,* Überblick zu Entschädigungsansprüchen von Hotels und Gastronomie wegen der in der Corona-Krise verfügten Betriebsschließungen, VR 2020, 325; *Vießmann,* „Corona-Entschädigungen" für Unternehmer im Lockdown: Kein Sonderopfer wegen Störereigenschaft?, NVwZ 2021, 15.

A. Zweck und Bedeutung der Norm

1   § 65 begründet unter der unscharfen Überschrift „Entschädigung bei behördlichen Maßnahmen" (um solche handelt es sich auch bei behördlich angeordneten Erwerbstätigkeitsverboten und Absonderungen im Falle des § 56; → § 56 Rn. 14 ff.) in Abs. 1 S. 1 einen **Entschädigungsanspruch** zugunsten

dessen, der durch eine **Maßnahme zur Verhütung** nach §§ 16, 17 übertragbarer Krankheiten einen **Vermögensschaden** erleidet. Der Anspruch steht indes allein dem sog. **Nichtstörer** zu, wie sich aus Abs. 1 S. 1 Hs. 2 ergibt, der eine Entschädigung für denjenigen ausschließt, von dessen Gegenständen eine Gefahr bzw. ein Gefahrenverdacht ausgeht und der somit im infektionsschutzrechtlichen Sinne als „Störer" anzusehen ist (sa BT-Drs. 14/2530, 89). Ebenso hat auch nach allg. Polizei- und Ordnungsrecht der Störer aufgrund seiner Verantwortlichkeit Maßnahmen der Gefahrenabwehr entschädigungslos hinzunehmen; er wird durch sie lediglich in die Schranken seiner Handlungsfreiheit sowie die Bindungen seines Eigentums und Besitzes verwiesen (BGHZ 55, 366 (369); BGH NJW 2011, 3157 Rn. 8; *Ossenbühl/Cornils,* S. 491 f.; *Kingreen/ Poscher,* § 26 Rn. 11; *Schoch,* Rn. 1004 mwN). Das IfSG versagt in Abs. 1 S. 1 Hs. 2 zudem explizit **auch dem Verdachtsstörer** eine Entschädigung, die im allg. Polizei- und Ordnungsrecht für den Fall in Betracht kommt, dass sich ein Gefahrenverdacht nachträglich als unbegründet herausstellt (BGHZ 117, 303 = NJW 1992, 2639; *Kingreen/Poscher,* § 26 Rn. 16). Abs. 1 S. 1 normiert die Anspruchsvoraussetzungen, Abs. 1 S. 2 und Abs. 2 betreffen mit der entsprechenden Anwendung der Regelung zum Mitverschulden in § 254 BGB (Abs. 1 S. 2) und Bestimmungen zur Höhe der Entschädigung (Abs. 2) die Rechtsfolge und den Anspruchsumfang. Ein Antragserfordernis sowie Bestimmungen über ein behördliches Entscheidungsverfahren enthält § 65 – anders als § 56 – nicht (mehr), sondern begründet lediglich einen materiell-rechtlichen Anspruch (→ Rn. 15 und → § 56 Rn. 44, 48). Für Streitigkeiten über Ansprüche nach § 65 ist seit dem EpiLage-FortgeltungsG v. 29.3.2021 (BGBl. I 370) nicht mehr der ordentliche, sondern der Verwaltungsrechtsweg gegeben, § 68 Abs. 1 (→ § 68 Rn. 5, 11). Passivlegitimiert ist gem. § 66 Abs. 1 S. 2 das Land, in dem der Schaden verursacht worden ist (→ § 66 Rn. 9).

§ 57 BSeuchG 1961 enthielt bereits – in Fortführung entsprechender Rege- **2** lungen in §§ 29 ff. RSeuchG (hierzu *Kruse* in BeckOK InfSchR § 65 Rn. 3.1; *Becker* in Huster/Kingreen Hdb. InfSchR Kap. 9 Rn. 44 ff.) – eine Vorläuferregelung zu § 65; doch wurde die Vorschrift seither **in wesentlichen Punkten geändert** und hat infolge veränderter verfassungsrechtlicher Rahmenbedingungen zudem einen **grundlegenden Funktionswandel** erfahren (zur Entwicklung auch *Kruse* in BeckOK InfSchR § 65 Rn. 2 ff.; *Kümper* DÖV 2020, 904 (907 f.)). § 57 BSeuchG 1961 bezog sich allein auf die Vernichtung und Beschädigung von Gegenständen durch Maßnahmen nach § 39 BSeuchG 1961 zur „Entseuchung, Entwesung und Entrattung", also **Maßnahmen zur Bekämpfung** übertragbarer Krankheiten. Die Vorschrift sollte gerade keine Enteignungsentschädigung gewähren, weil die betroffenen Verfügungsberechtigten als **Störer** anzusehen seien. Der Gesetzgeber wollte ihnen dennoch eine Entschädigung gewähren, weil sie „regelmäßig ohne Verschulden schicksalsbedingt Störer geworden" seien (BT-Drs. 3/1888, 29). Es handelte sich nach damaligem Verständnis um eine – über das von Art. 14 GG Gebotene hinausreichende – **„Billigkeitsregelung"** (BGHZ 55, 366 = NJW 1971, 1080 (1081)). § 57 BSeuchG 1961 war damit vom Gesetzgeber eine vergleichbare Funktion zugedacht wie der Verdienstausfallentschädigung nach § 49 BSeuchG (nunmehr § 56; sa BT-Drs. 3/1888, 27 und → § 56 Rn. 3). Zudem sollte die Entschädigung nach § 57 BSeuchG 1961 einen Anreiz für die Duldung von Maßnahmen der Seuchenbekämpfung setzen (BT-Drs. 3/1888, 53; *Kruse* in BeckOK InfSchR § 65 Rn. 4.2). Für Maßnahmen der Verhütung sollte nicht § 57 BSeuchG 1961, sondern sollten die allg. Entschädigungsregeln bei polizeilichen Maßnahmen gelten (BGHZ 55, 366 = NJW 1971, 1080 (1081)).

3   Mit der Neufassung des § 57 BSeuchG durch das 3. ÄndG v. 25.8.1971 (BGBl. I 1401) wollte der Gesetzgeber die bisherige „Billigkeitsregelung" einschränken, weil diese wegen ihrer „außerordentlichen Großzügigkeit" zu erheblichen finanziellen Belastungen der Länder geführt und „geradezu einen Anreiz geboten" habe, „die im Verkehr erforderliche Sorgfalt beim Einkauf von Lebensmitteln zu vernachlässigen" (BT-Drs. 6/1568, 7; *Kruse* in BeckOK InfSchR § 65 Rn. 5 f., die treffend auf die „Gratwanderung" hinweist, die in einer Gewährung öffentlicher Entschädigungsleistungen für rechtmäßiges Hoheitshandeln liegt). Entschädigung sollte nur noch zu leisten sein, wenn sich die Maßnahme gegen einen **Nichtstörer** gerichtet habe und „deshalb eine **Enteignung**" iSd Art. 14 Abs. 3 GG darstellte (BT-Drs. 6/1568, 7). Allerdings wollte der Gesetzgeber, um dem verfassungsrechtlichen Entschädigungserfordernis Rechnung zu tragen, „alle in der Praxis vorkommenden Enteignungsfälle" erfassen (BT-Drs. 6/1568, 10). Hierzu bezog er in § 57 BSeuchG erstens neben Maßnahmen nach § 39 BSeuchG auch solche nach § 10 BSeuchG (nunmehr § 16 IfSG), also **Maßnahmen zur Verhütung** übertragbarer Krankheiten, ein. Zweitens fügte er den konkret bezeichneten „Enteignungstatbeständen" der Vernichtung (etc.) von Gegenständen einen „Auffangtatbestand" hinzu, wonach Entschädigung auch für die Verursachung eines **anderen nicht nur unwesentlichen Vermögensnachteils** zu leisten sein sollte (BT-Drs. 6/1568, 10). Dieses Vorgehen lässt sich vor dem Hintergrund des damaligen weiten materiellen Enteignungsbegriffs erklären (*Kümper* DÖV 2020, 904 (907)), der die entschädigungspflichtige Enteignung (Art. 14 Abs. 3 GG) von der nicht entschädigungspflichtigen Inhalts- und Schrankenbestimmung durch das Kriterium des „Sonderopfer" bzw. einer besonderen Belastung abzugrenzen suchte und unter Enteignung jede unmittelbare Beeinträchtigung des Eigentums verstand, welche die „Opfergrenze" überschritt (zur Entwicklung weiterführend *Maurer/Waldhoff*, § 27 Rn. 12 ff; *Ossenbühl/Cornils*, S. 192 ff.). Weil sich auf dieser Grundlage das Vorliegen einer entschädigungspflichtigen Enteignung kaum abstrakt vorhersagen ließ, griff die Gesetzgebung regelmäßig auf sog. **salvatorische Entschädigungsklauseln zurück,** um der verfassungsrechtlichen Entschädigungspflicht gerecht zu werden, sollte sich eine Maßnahme im Einzelfall als Enteignung iSd Art. 14 Abs. 3 GG erweisen. Eine solche Klausel intendierte der Gesetzgeber der Sache nach mit der Einfügung des „Auffangtatbestandes" des anderen nicht nur unwesentlichen Vermögensnachteils. Nachdem das BVerfG den materiellen durch einen **förmlichen Enteignungsbegriff** (grdl. BVerfGE 52, 1 – Kleingartenrecht; BVerfGE 50, 300 – Nassauskiesung; zuletzt va BVerfGE 143, 246 Rn. 245 ff. – 13. AtG-Novelle: „Güterbeschaffungsvorgang") abgelöst und salvatorische Entschädigungsklauseln für mit der Junktimklausel des Art. 14 Abs. 3 S. 2 GG unvereinbar erklärt hat (zur Entwicklung auch *Maurer/Waldhoff*, § 27 Rn. 26 ff., 62 ff.; *Ossenbühl/Cornils*, S. 205 ff., 245 ff.), lässt sich das § 57 BSeuchG 1971 zugrundeliegende Verständnis nicht mehr aufrechterhalten. Aus Sicht von Art. 14 GG handelt es sich bei Gefahrenabwehrmaßnahmen vielmehr um den Vollzug

von Inhalts- und Schrankenbestimmungen isd Art. 14 Abs. 1 S. 2 GG (bereits BVerfGE 20, 351)). Deshalb trifft es nicht zu, wenn § 65 heute noch als Enteignungsvorschrift eingeordnet wird (so aber *Erdle*, § 65, S. 172; *Winter/Thürk* in Schmidt, § 22 Rn. 26; zutr. hingegen *BBS*, § 65 Rn. 1).

Durch das 4. ÄndG v. 18.12.1979 (BGBl. I, 2248) wurde in § 57 BSeuchG **4** die Bezugnahme auf Maßnahmen nach „§ 10 oder § 39" durch die Worte „§§ 10 bis 10c" ersetzt, womit eine „Folgeänderung" zur Neufassung der §§ 10 ff. BSeuchG beabsichtigt war (BT-Drs, 8/2468, 32); es waren nämlich in § 39 BSeuchG 1961 vorgesehene Bekämpfungsmaßnahmen der Verhütung nach § 10a BSeuchG zugeordnet worden (BT-Drs. 8/2468, 20). Im Ergebnis galt somit die Vorschrift **nur noch für Maßnahmen zur Verhütung** übertragbarer Krankheiten. An diese Fassung des § 57 BSeuchG knüpfte der Gesetzgeber bei Erlass des IfSG im Jahr 2000 an. Dabei fügte er § 65 Abs. 1 S. 1 die in Hs. 2 getroffene Regelung hinzu, um zu verdeutlichen, dass Entschädigung nur geleistet werden soll, wenn sich die Maßnahmen gegen einen Nichtstörer gerichtet haben (BT-Drs. 14/2530, 89). Der Sache nach regelte dies bereits – in anderer Formulierung – § 57 BSeuchG 1971 (zutr. *Kruse* in BeckOK InfSchR § 65 Rn. 8, 23). Damit hat der Gesetzgeber den Charakter der Vorschrift als **Nichtstörer-Entschädigung** bestätigt, an dem auch auf der Grundlage des heutigen Eigentums- und Enteignungsverständnisses festgehalten werden kann. § 65 ist damit eine **spezialgesetzliche Regelung** der im allg. Polizei- und Ordnungsrecht vorgesehenen Entschädigungstatbestände zur Entschädigung des im sog. polizeilichen Notstand in Anspruch genommenen Nichtstörers (*Gerhardt*, § 65 Rn. 1; *BBS*, § 65 Rn. 1; *Bachmann/Rung*, § 15 Rn. 48; *Shirvani* DVBl. 2021, 158 (160), der hierin zugleich eine ausgleichspflichtige Inhaltsbestimmung des Eigentums sieht; krit. zur Einordnung als Nichtstörer-Entschädigung aber *Kruse* in BeckOK InfSchR § 65 Rn. 9.2, 10.1, die § 65 als Normierung des Anspruchs wegen enteignenden Eingriffs versteht; für eine „Störer"-Eigenschaft von Unternehmern in der Pandemie und eine hiermit einhergehende Entschädigungslosigkeit von infektionsschutzrechtlichen Bekämpfungsmaßnahmen *Vießmann* NVwZ 2021, 15 (16ff.); zum Polizei- und Ordnungsrecht weiterführend *Schoch*, Rn. 1006ff.; *Spitzlei/Hautkappe* DÖV 2018, 134 (135f.)), die als gesetzliche Ausprägung des allg. **Aufopferungsgedankens** angesehen wird (*Kingreen/Poscher*, § 26 Rn. 5; *Ossenbühl/Cornils*, S. 492ff.; *Spitzlei/Hautkappe* DÖV 2018, 134 (136); den Aufopferungsgedanken auch bei § 65 betonend *Kruse* in BeckOK InfSchR § 65 Rn. 9.2, 10.1).

Dem in § 57 BSeuchG bzw. § 65 vorgesehenen Entschädigungsanspruch **5** kam lange Zeit nur eine untergeordnete Bedeutung zu (ebenso der Befund von *Kruse* in BeckOK InfSchR § 65 Rn. 1); ein gewisses Anwendungsfeld hatte er – vor allem in der „großzügigen" Fassung des § 57 BSeuchG 1961 – in Fällen der seuchenpolizeilichen Vernichtung von Fleisch- und Wurstwaren (aus der Rspr. etwa BGH MDR 1968, 478 – argentinische „Salmonellen-Hasen"; ähnliche Fallgestaltungen BGH NJW 1969, 2282; BGHZ 55, 366 = NJW 1971, 1080; aus dem Schrifttum *Krakau* DÖV 1970, 178). In der **aktuellen Diskussion** über die entschädigungsrechtlichen Folgen der Corona-Pandemie erfährt die Vorschrift jedoch ungeahnte Aufmerksamkeit, weil sie mit der Entschädigung für einen „andere(n) nicht nur unwesentliche(n) Vermögensnachteil" nach Auffassung mancher Autoren einen Ansatzpunkt für den Ausgleich von **Umsatz- und Gewinneinbußen** bietet, die infolge der Schließung von Geschäften und Gaststätten sowie der Untersagung öffentlicher Veranstaltungen entstanden sind (befürwortend etwa *Maaß* NVwZ 2020, 589 (595); *Rommelfanger* CoVuR 2020, 178 (179f.); *Schwintowski* NJOZ 2020, 1473 (1474ff.); für eine Analogie *Eusani* MDR 2020, 962 (964)). Vor dem Hintergrund von Entstehungsgeschichte, Fassung und Funktion der Vorschrift erscheint es aber fragwürdig, in § 65 eine Grundlage für die Entschädigung infolge allg. Beschränkungen der wirtschaftlichen Betätigung zu sehen (zutr. *Cornils* Verfassungsblog v. 13.3.2020; *Reschke* DÖV 2020, 423 (425); *Giesberts/Gayger/Weyand* NVwZ 2020, 417 (420); *Shirvani* DVBl. 2021, 158 (160)).

B. Entschädigungsanspruch des nach §§ 16, 17 in Anspruch genommenen Nichtstörers (Abs. 1)

6   Gem. Abs. 1 S. 1 setzt der Entschädigungsanspruch voraus, dass (1.) eine Maßnahme nach §§ 16, 17 (2.) einen der bezeichneten Schäden verursacht hat und (3.) der Geschädigte sog. Nichtstörer ist, weil Abs. 1 S. 1 Hs. 2 die Entschädigung zulasten des Störers ausschließt.

I. Maßnahme nach §§ 16, 17

7   Abs. 1 S. 1 knüpft den Entschädigungsanspruch erstens an eine Maßnahme nach §§ 16, 17, also eine solche **zur Verhütung** übertragbarer Krankheiten. Dies können insbes. Desinfektionsmaßnahmen (zB Vernichtung kontaminierter Lebensmittel), Hygieneanordnungen, die Schließung von Einrichtungen oder Betretungsverbote sein (*Kruse* in BeckOK InfSchR § 65 Rn. 12; ausf. → § 16 Rn. 15ff. und → § 17 Rn. 2ff.). Die tatbestandliche Weite, welche § 65 durch den Kreis dieser Maßnahmen erhält, wird durch den Anspruchsausschluss nach Abs. 1 S. 1 Hs. 2 (→ Rn. 12) allerdings erheblich eingeschränkt (zutr. *Kruse* in BeckOK InfSchR § 65 Rn. 13).

8   Maßnahmen **zur Bekämpfung**, etwa auf der Grundlage des § 28 (ggf. iVm § 32), werden vom Wortlaut der Vorschrift eindeutig **nicht** (mehr) erfasst (→ Rn. 2ff.). Entscheidend ist nicht die vonseiten der Behörde gewählte Rechtsgrundlage, sondern die objektive Zielrichtung der Maßnahme (*Kruse* in BeckOK InfSchR § 65 Rn. 14; *Becker* in Huster/Kingreen Hdb. InfSchR Kap. 9 Rn. 97). Man wird mit Blick auf die Streichung der Bekämpfungsmaßnahmen aus § 57 BSeuchG auch nicht mehr von einem „gesetzgeberischen Versehen" sprechen können, nachdem der Gesetzgeber bei Erlass des IfSG an die bis dahin geltende Fassung des § 57 BSeuchG angeknüpft hat (→ Rn. 4). Die in §§ 16ff. und §§ 24ff. getroffene systematische Unterscheidung der infektionsschutzrechtlichen Maßnahmen nach ihrer Zielrichtung (› Einf. Rn. 19f.) wird also in § 65 fortgeführt (LG Hannover NJW-RR 2020, 1226 (1227); *Kruse* in BeckOK IfSG § 65 Rn. 13; *Reschke* DÖV 2020, 423 (425)). Dass infolgedessen auf § 28 (ggf. iVm § 32) gestützte Maßnahmen von § 65 nicht erfasst werden, erlangt im Zuge der **Corona-Pandemie** besondere Bedeutung: Die Schließung von Geschäften und Gaststätten sowie die Untersagung öffentlicher Veranstaltungen erfolgten zur Eindämmung der Pandemie und stellen sich somit als Bekämpfungsmaßnahmen dar; zu Recht wird deshalb eine Entschädigung der erlittenen Umsatz- und Gewinneinbußen auf der Grundlage des § 65 ganz überwiegend abgelehnt (LG Hannover NJW-RR 2020, 1226 (1227); *Kruse* in BeckOK InfSchR § 65 Rn. 14.1; *Giesberts/Gayger/Weyand* NVwZ 2020, 417 (420); *Antweiler* NVwZ 2020, 584 (589); *Schmitz/Neubert* NVwZ 2020, 666 (669); *Reschke* DÖV 2020, 423 (424); *Rinze/Schwab* NJW 2020, 1905 (1905 f.); *Treffer* NWVBl. 2020, 273 (273 f.); *Eibenstein* NVwZ 2020, 930 (931); *Itzel* DVBl. 2020, 792 (793); *Lutz,* § 65 Rn. 2; aA *Maaß* NVwZ 2020, 589 (595); *Rommelfanger* CoVuR 2020, 178 (180)). Auch der Einwand, bei den Corona-Maßnahmen überschnitten sich Bekämpfungs- und Verhütungszwecke (*Rommelfanger* CoVuR 2020, 178 (180); *Schwintowski* NJOZ 2020, 1473 (1476); *Bachmann/Rung* in Kluckert, § 15 Rn. 50 f.), kann die Anwendbarkeit des § 65 nicht überzeugend begründen: Sobald eine Maßnahme – zumindest auch – der Bekämpfung übertragbarer Krankheiten dient, kann § 65 keine Anwendung finden (*Kruse* in BeckOK IfSG § 65 Rn. 13; *Kümper* DÖV 2020, 904 (910)).

Der Entschädigungsanspruch nach Abs. 1 S. 1 kann auch **nicht analog** auf **9** Maßnahmen zur Bekämpfung nach §§ 28, 32 Anwendung finden (dafür aber *Eusani* MDR 2020, 962 (964); *Bachmann/Rung* in Kluckert, § 15 Rn. 52: „bedenkenswert"; zur Diskussion auch – nun iErg abl – *Thürck* in Schmidt § 22 Rn. 30 ff.), denn es fehlt bereits an einer planwidrigen Regelungslücke (mit anderer Begr. auch LG Hannover NJW-RR 2020, 1226 (1227 f.); *Eibenstein* NVwZ 2020, 930 (931 f.); *Rinze/Schwab* NJW 2020, 1905 (1906); *Schmitz/Neubert* NVwZ 2020, 666 (669); *Shirvani* DVBl. 2021, 158 (161); *Becker* in Huster/Kingreen Hdb. InfSchR Kap. 9 Rn. 98), weil der Entschädigungstatbestand durch das 4. ÄndG zum BSeuchG gezielt auf Maßnahmen der Verhütung begrenzt wurde, insbes. um die Abgrenzung zwischen Verhütung und Bekämpfung zu erleichtern (BT-Drs. 8/2468, 19 → Rn. 4). Auch scheint die für eine Analogie erforderliche Vergleichbarkeit der Interessenlage bei Verhütungs- und Bekämpfungsmaßnahmen nicht ohne Weiteres gegeben zu sein (wie hier LG Hannover BeckRS 2020, 34842 Rn. 155; *Kruse* in BeckOK IfSG § 65 Rn. 13; *Kümper* DÖV 2020, 904 (910)): Anders als die Verhütung setzt die Bekämpfung in einer Situation „öffentlicher Not" ein (für die frühere „Billigkeitsregelung" des § 57 BSeuchG 1961 BGH, NJW 1969, 2282; BGHZ 55, 366 = NJW 1971, 1080 (1080 f.)), in der womöglich auch Nichtstörern angesonnen werden kann, Maßnahmen entschädigungslos hinzunehmen – zwingend ist dies nicht, doch erfordert der Ausgleich zwischen Gefahrenabwehrinteressen und Individualgütern die Entscheidung des Gesetzgebers.

Erfasst werden von Abs. 1 S. 1 die **Maßnahmen** nach §§ 16, 17. Die Vor- **10** schriften ermächtigen nicht nur zu an Einzelpersonen gerichteten VAen, sondern auch zum Erlass von AllgVfg. und RVOen (iE → § 17 Rn. 24 ff.); auch auf sie nimmt § 65 seinem Wortlaut nach Bezug. Anknüpfungspunkt für die Entschädigung nach § 65 werden aber letztlich nur an Einzelpersonen gerichtete VAe sein können, weil Abs. 1 S. 1 eine gezielte Inanspruchnahme als Nichtstörer voraussetzt (→ Rn. 14; aA *Kruse* in BeckOK InfSchR § 65 Rn. 12, 22, die kritisiert, dass § 65 andernfalls kaum einen Anwendungsbereich mehr hätte). Insoweit darf das weite Verständnis der polizei- und ordnungsbehördlichen

„Maßnahme", das der Ordnungsbehördenhaftung für rechtswidrige Gefahrenabwehrmaßnahmen (vgl. zB § 39 Abs. 1 lit. b OBG NRW) zugrunde liegt (*Kingreen/Poscher,* § 26 Rn. 20; *Ossenbühl/Cornils,* S. 517 f.; *Schoch,* Rn. 1028 mwN), nicht unbesehen auf die Nichtstörer-Entschädigung übertragen werden (in diese Richtung aber *Eibenstein* NVwZ 2020, 930 (933); zutr. hingegen *Ossenbühl/Cornils,* S. 494; für ein „weites" Verständnis – insofern zutr. – bzgl. Realakten *Schoch,* Rn. 1006). Ebenso wie die allg. Tatbestände der Nichtstörer-Entschädigung nach Polizei- und Ordnungsrecht (allg. *Kingreen/Poscher,* § 26 Rn. 5; *Schoch,* Rn. 1006 mwN) setzt auch § 65 Abs. 1 S. 1 voraus, dass die Maßnahme nach §§ 16, 17 **rechtmäßig** ist (aA *Kruse* in BeckOK InfSchR § 65 Rn. 15 f.; *Becker* in Huster/Kingreen Hdb. InfSchR Kap. 9 Rn. 99; iErg. wie hier *Struß/Fabri* DÖV 2020, 665 (669), allerdings mit dem wenig überzeugenden Argument, dies folge aus der Formulierung „Maßnahme nach den §§ 16 und 17"). Infolge rechtswidriger Maßnahmen entstandene Schäden sind nach den hierfür geltenden allg. Regeln zu entschädigen bzw. zu ersetzen, ggf. reichen die behördlichen Einstandspflichten dann auch weiter, weil voller Schadensersatz (§§ 249 ff. BGB) und nicht lediglich Entschädigung zu gewähren ist, insbes. nach Amtshaftungsrecht (§ 839 BGB/Art. 34 GG).

II. Verursachung eines der in Abs. 1 S. 1 bezeichneten Schäden

11   Gem. Abs. 1 S. 1 müssen durch die Maßnahme nach §§ 16, 17 Gegenstände vernichtet, beschädigt oder in sonstiger Weise in ihrem Wert gemindert werden oder ein anderer nicht nur unerheblicher Vermögensnachteil verursacht worden sein. Die Formulierung „auf Grund" zeigt zunächst das Erfordernis eines Kausalzusammenhangs zwischen Maßnahme und Schädigung an (*Kruse* in BeckOK InfSchR § 65 Rn. 22). Der Begriff des Gegenstandes soll grds. weit zu verstehen sein und ua auch Grundstücke, Räume, Anlagen und Schiffe umfassen (*Kruse* in BeckOK § 65 Rn. 17 unter Hinweis auf BT-Drs. 8/2468, 20 zu § 10a BSeuchG 1979). Vernichtung und Beschädigung stellen – unterschiedlich intensive – Eingriffe in die Sachsubstanz dar.

12   Problematisch erscheint die Weite der letzten Alternative des **„anderen nicht nur unerheblichen Vermögensnachteils"** (für ein grundsätzlich weites Verständnis unter Einschluss auch rein faktischer oder zufälliger Eingriffe *Kruse* in BeckOK InfSchR § 65 Rn. 22). Gerade im Zuge der Diskussion um die entschädigungsrechtlichen Folgen der Corona-Pandemie wird hier ein Anknüpfungspunkt für eine umfassende Ersatzpflicht für erlittene Umsatz- und Gewinneinbußen gesehen (befürwortend etwa *Maaß* NVwZ 2020, 589 (595); zu Recht abl. *Kruse* in BeckOK InfSchR § 65 Rn. 20). Dagegen spricht jedoch der enteignungsrechtliche Entstehungshintergrund dieses „Auffangtatbestandes" (*Bachmann/Rung* in Kluckert, § 15 Rn. 54; hierzu auch → Rn. 3): Das Kriterium der „Erheblichkeit" markierte danach die enteignungsrechtliche Belastungsgrenze; mit dem offen formulierten „Auffangtatbestand" erfasste der Gesetzgeber auch die Fälle, in denen die enteignungsrechtliche „Opfergrenze" nicht bereits durch die seuchenpolizeiliche Einwirkung auf den Gegenstand überschritten wurde, sondern erst durch eine anderweitige Einbuße an vermögenswerten Rechtspositionen. Zwar wurde die Formulierung unverändert in der nunmehr als Nichtstörer-Entschädigungstatbestand fungierenden

Vorschrift belassen, so dass sich ihr nicht unmittelbar Begrenzungen auf Eigentumseingriffe entnehmen lassen (so *Bachmann/Rung* in Kluckert, § 15 Rn. 54). Auch in der geltenden Fassung lässt sich jedoch § 65 so verstehen, dass allein gegenstandsbezogene behördliche Maßnahmen erfasst sein sollen, zumal der Anspruchsausschluss zulasten des (Verdachts-)Störers in Abs. 1 S. 1 Hs. 2 an Gegenstände anknüpft (für eine gegenstandsbezogene Lesart auch *Giesberts/Gayger/Weyand* NVwZ 2020, 417 (420); *Itzel* DVBl. 2020, 792 (793); *Eibenstein* NVwZ 2020, 930 (931 f.); *Bethge/Dombert* NordÖR 2020, 329 (330); *Shirvani* DVBl. 2021, 158 (160)). Das weite Verständnis des Gegenstandsbegriffs (→ Rn. 11) spricht ebenfalls nicht für die Annahme eines anderen nicht nur unerheblichen Vermögensnachteils iSd Abs. 1 S. 1 im Falle von Umsatz- und Gewinneinbußen infolge einer infektionsschutzrechtlichen Untersagung wirtschaftlicher Tätigkeit (dafür aber *Struß/Fabi* DÖV 2020, 665 (666, 670); in der Tendenz auch *Kruse* in BeckOK InfSchR § 65 Rn. 21); denn die Schließung eines Ladengeschäfts oder Gewerbebetriebs ist nicht auf die Räumlichkeit als solche, sondern auf die Unterbindung der dort ausgeübten Tätigkeit gerichtet. Zudem folgen Begrenzungen der Entschädigungspflicht insbes. aus dem Erfordernis der Nichtstörer-Eigenschaft des Geschädigten nach Abs. 1 S. 1 Hs. 2 (→ Rn. 13; krit. zur gegenstandsbezogenen Sichtweise *Kruse* in BeckOK InfSchR § 65 Rn. 22, die zu Recht auf einen äußerst engen Anwendungsbereich der Vorschrift bei diesem Verständnis hinweist).

III. Nichtstörer-Eigenschaft des Geschädigten (Abs. 1 S. 1 Hs. 2)

Abs. 1 S. 1 Hs. 2 schließt den Entschädigungsanspruch zulasten dessen aus, **13** dessen Gegenstände mit Krankheitserregern oder mit Gesundheitsschädlingen als vermutlichen Überträgern solcher Krankheitserreger behaftet oder dessen verdächtig sind. Die Vorschrift bringt zum Ausdruck, dass eine Entschädigung nur geleistet wird, wenn sich die Maßnahme gegen einen Nichtstörer gerichtet hat (BT-Drs. 14/2530, 89; *Gerhardt,* § 65 Rn. 2; krit. zur Einordnung als „Nichtstörer-Entschädigung" aber *Kruse* in BeckOK InfSchR § 65 Rn. 23, die auf die Problematik der Abgrenzung von „Störern" und „Nichtstörern" im Infektionsschutzrecht hinweist; hierzu allg. auch → § 2 Rn. 18). Abs. 1 S. 1 Hs. 2 versagt explizit **auch dem Verdachtsstörer** eine Entschädigung, die im allg. Polizei- und Ordnungsrecht für den Fall in Betracht kommt, dass sich ein Gefahrenverdacht nachträglich als unbegründet herausstellt (BGHZ 117, 303 = NJW 1992, 2639; *Kingreen/Poscher,* § 26 Rn. 16).

Als spezielle Regelung zur Nichtstörer-Entschädigung knüpft Abs. 1 S. 1 − **14** ebenso wie die Nichtstörer-Entschädigung nach allg. Polizei- und Ordnungsrecht (*Ossenbühl/Cornils,* S. 493 f.; *Schoch,* Rn. 1006) − an eine **gezielte Inanspruchnahme** an, dh an die finale Beanspruchung der Güter des Betroffenen. Hierdurch wird die Entschädigungspflicht entscheidend **begrenzt** (*Ossenbühl/Cornils,* S. 492). Dagegen stellen **flächendeckende** Maßnahmen gegenüber der **Allgemeinheit,** wie sie im Zuge der Corona-Pandemie ergriffen wurden − zB gegenüber sämtlichen Gewerbetreibenden bestimmter Branchen, sämtlichen Großveranstaltungen etc. (→ § 28 Rn. 5 ff., 62) − im Unterschied zum Verbot einer einzelnen Versammlung im sog. **polizeilichen Notstand** (ausf. *Schoch,* Rn. 438 ff., 447 ff.) keine Nichtstörer-Inanspruchnahme dar (*Kruse* in BeckOK InfSchR § 65 Rn. 34a; *Shirvani* DVBl. 2021, 158 (162); in diese Richtung auch *Reschke,* DÖV 2020, 423 (426)). Nichtstörer im gefahrenabwehrrechtlichen wie im entschädigungsrechtlichen Sinne ist somit nicht bereits jeder, der nicht die Störereigenschaft aufweist. Bei von Maßnahmen gegenüber der Allgemeinheit Betroffenen handelt es sich auch nicht um sog. unbeteiligte Dritte, die unbeabsichtigt ("zufällig") von Gefahrenabwehrmaßnahmen betroffen werden und bzgl. derer zT die entsprechende Anwendung der Vorschriften über die Nichtstörer-Entschädigung erwogen wird (weiterführend *Schoch,* Rn. 1008; *Ossenbühl/Cornils,* S. 499ff.). Vielmehr richten sich Maßnahmen gegenüber allgemein gefassten Personenkreisen an den "nachhaltig betroffenen Jedermann" (*Schoch,* Rn. 1010; aus der Rspr. etwa OLG Koblenz LKRZ 2009, 469 (470) – Verdienstausfall wegen Bombenevakuierung), der dem gezielt in Anspruch genommenen Nichtstörer nicht gleichzustellen ist und dem keine Entschädigung zusteht (*Ossenbühl/Cornils,* S. 496, 502f.: "allg. Lebensrisiko"; *Schoch,* Rn. 1010: "allg. Sozialpflichtigkeit"; zur Unterscheidung von Nichtstörern ieS und Allgemeinheit → auch § 28 Rn. 5ff.).

C. Rechtsfolge und Entschädigungsumfang

15   Sind die Anspruchsvoraussetzungen erfüllt, so erhält der Geschädigte gem. Abs. 1 S. 1 eine **Entschädigung in Geld.** Zu leisten ist also nicht Schadensersatz in Form von Naturalrestitution (vgl. §§ 249ff. BGB), sondern § 65 begründet einen reinen Zahlungsanspruch, der überdies nur auf den Ausgleich von Vermögensschäden gerichtet ist, wie sich aus der Anknüpfung an die in Abs. 1 S. 1 genannten Schadenskonstellationen ergibt (allg. zu diesen Beschränkungen der Nichtstörer-Entschädigung auch *Schoch,* Rn. 1013ff. mwN). Der Anspruch unterliegt der regelmäßigen Verjährungsfrist von drei Jahren (§§ 195, 199 BGB); die Verjährung wird gem. § 204 Abs. 1 Nr. 1 BGB durch die gerichtliche Geltendmachung gehemmt (*Bachmann/Rung* in Kluckert § 15 Rn. 62; *Kruse* in BeckOK InfSchR § 65 Rn. 37). Anders als noch für den "großzügig" als "Billigkeitsentschädigung" konzipierten § 57 BSeuchG ist für § 65 kein Antragserfordernis und kein behördliches Entscheidungsverfahren vorgesehen (*Kruse* in BeckOK InfSchR § 65 Rn. 35, die zu Recht auf die Zweckmäßigkeit einer Geltendmachung des Anspruchs bei der Behörde vor einer etwaigen Klageerhebung hinweist; → § 68 Rn. 11). Eine VA-förmige Entscheidung über den Entschädigungsanspruch ("Gewährung") findet bei § 65 nicht statt, so dass kaum nachvollziehbar ist, weshalb § 77 Abs. 5 an VA-bezogene Fristvorschriften der VwGO anknüpft (→ § 68 Rn. 11).

16   Bzgl. der **Höhe der Entschädigung** differenziert Abs. 2 nach der Art des verursachten Schadens. Gem. Abs. 2 S. 1 richtet sie sich im Falle der Vernichtung eines Gegenstandes nach dessen **gemeinem Wert,** im Falle der Beschädigung oder sonstigen Wertminderung nach der Minderung des gemeinen Wertes. Mit Blick auf die "Billigkeitsregelung" des § 57 BSeuchG 1961 hat der BGH den "gemeinen Wert" am Wiederbeschaffungspreis einwandfreier Ware der vernichteten Art ausgerichtet, nicht etwa an dem Restwert, den vernichtete Gegenstände angesichts des Befalls mit Krankheitserregern und einer evtl. daraus resultierenden Unverkäuflichkeit noch hätten (BGH NJW 1969, 2282; hieran anknüpfend *Gerhardt,* § 65 Rn. 3; *Erdle,* § 65, S. 172; *Lutz,* § 65 Rn. 3; *Bachmann/Rung* in Kluckert, § 15 Rn. 56). Nachdem der Gesetzgeber jedoch von der aus seiner Sicht übermäßig „großzügigen" Regelung des § 57 BSeuchG Abstand genommen hat und § 65 zur Nichtstörer-Entschädigung umgeformt wurde (→ Rn. 3 f.), muss diese Rspr. überholt erscheinen (aA *Kruse* in BeckOK InfSchR § 65 Rn. 28), zumal nach S. 3 der Zustand und alle sonstigen wertbildenden Faktoren im Zeitpunkt der Maßnahme zu berücksichtigen sind und hierdurch zum Ausdruck gebracht wird, dass nicht ohne Weiteres von einem vollwertigen, intakten Gegenstand auszugehen ist (so auch *BBS,* § 65 Rn. 2; *Gerhardt,* § 65 Rn. 3 – mit Blick auf eine etwaige Abnutzung des Gegenstandes). In den Fällen des „nicht nur unwesentlichen Vermögensnachteils" enthält sich § 65 Abs. 2 näherer Vorgaben zur Höhe der Entschädigung; die Gesetzesmaterialien verweisen – noch aus enteignungsrechtlicher Sicht und unter Bezugnahme auf Art. 14 Abs. 3 S. 3 GG – auf eine „gerechte Abwägung der Interessen der Allgemeinheit und der Beteiligten" sowie auf eine sinngemäße Anwendung von Abs. 2 S. 1–4 (BT-Drs. 6/1568, 10; *Kruse* in BeckOK InfSchR § 65 Rn. 29). Abs. 2 S. 5 enthält eine ausdrückliche Regelung des allgemeinen Bereicherungsverbots, Abs. 2 S. 6 begründet einen Anspruch auf Erstattung notwendiger Aufwendungen. Mit Letzterem hatte der Gesetzgeber Fälle vor Augen, in denen die Vermögenseinbuße nicht oder nicht nur in einer Vernichtung oder Wertminderung eines Gegenstandes besteht, namentlich Nutzungsuntersagungen bzgl. zu desinfizierender Häuser, Wohnungen und Räume auf der Grundlage von § 39 Abs. 4 BSeuchG 1971 (BT-Drs. 6/1568, 10; *Kruse* in BeckOK InfSchR § 65 Rn. 30).

Trifft den Geschädigten ein **Mitverschulden,** so ist gem. Abs. 1 S. 2 die **17** Regelung zum Mitverschulden in § 254 BGB entsprechend anzuwenden und der Entschädigungsanspruch entsprechend dem jeweiligen Verschuldensanteil zu beschränken. Der Gesetzgeber will hiermit an einen „allgemein geltenden Grundsatz" anknüpfen (BT-Drs. 14/2530, 89), der in der Tat auch in anderen Bereichen der verschuldensunabhängigen staatlichen Einstandspflichten anerkannt ist (vgl. *Ossenbühl/Cornils,* S. 149; *Maurer/Waldhoff,* § 27 Rn. 73). Das Mitverschulden des Geschädigten kann sowohl darin liegen, die Verhütungsmaßnahme nach §§ 16, 17 ausgelöst zu haben, als auch darin, den Umfang des eingetretenen Schadens vergrößert resp. nicht gemindert zu haben (*Kruse* in BeckOK InfSchR § 65 Rn. 25). Geht man – anders als hier (→ Rn. 10) von einer Anwendbarkeit des § 65 auch auf rechtswidrige Maßnahmen aus, so ist konsequent ein Mitverschulden iSd ferner in Erwägung zu ziehen, wenn der Betroffene schuldhaft den Schaden nicht durch ein Rechtsmittel abgewendet hat (so *Kruse* in BeckOK InfSchR § 65 Rn. 26; für den enteignungsgleichen Eingriff und die Rechtswidrigkeitshaftung nach Polizei- und Ordnungsrecht auch *Ossenbühl/Cornils,* S. 312, 526).

D. Verhältnis zu anderen Anspruchsgrundlagen

18   Sind die Voraussetzungen des spezialgesetzlichen Entschädigungsanspruchs nach § 65 nicht erfüllt, so ist der Rückgriff auf die Entschädigungsregeln des allg. Polizei- und Ordnungsrechts ausgeschlossen, soweit diese die Entschädigung des gezielt in Anspruch genommenen Nichtstörers betreffen. Dies folgt aus der **Spezialität des besonderen Gefahrenabwehrrechts** und des dort getroffenen Interessenausgleichs und gilt auch, soweit spezialgesetzliche Entschädigungstatbestände – wie insbes. § 65 Abs. 1 S. 1 hinsichtlich der Bekämpfungsmaßnahmen – hinter den Bestimmungen des allg. Polizei- und Ordnungsrechts zurückbleiben (BGHZ 136, 172 = NJW 1998, 544; *Ossenbühl/Cornils,* S. 527; *Schoch,* Rn. 1007). Wegen von § 65 Abs. 1 S. 1 nicht erfasster Bekämpfungsmaßnahmen nach §§ 28, 32 können deshalb nicht die Vorschriften zur Nichtstörer-Entschädigung in den **Landespolizeigesetzen** zur Anwendung kommen (LG Hannover BeckRS 2020, 14033; LG Heilbronn NVwZ 2020, 975 Rn. 21; *Reschke* DÖV 2020, 423 (426); *Bachmann/Rung* in Kluckert, § 15 Rn. 67; *Kruse* in BeckOK InfSchR § 65 Rn. 33; *Becker* in Huster/Kingreen Hdb. InfSchR Kap. 9 Rn. 131; nicht abschließend entschieden *Quarch/Plottek/Reuter* in Quarch/Geissler/Plottek/Epe § 4 Rn. 8 ff., 15 f., 37). Selbst wenn man dies bzgl. der allg. Regelungen zur Nichtstörer-Entschädigung anders sehen wollte (*Giesberts/Gayger/Weyand* NVwZ 2020, 417 (420 f.); *Rommelfanger* CoVuR 2020, 178 (181 ff.); *Eibenstein* NVwZ 2020, 930 (932); *von Usslar* VR 2020, 325 (328)), würden jedoch auch diese allg. Grundlagen der Nichtstörer-Entschädigung eine **gezielte Inanspruchnahme des Nichtstörers** im sog. polizeilichen Notstand voraussetzen (→ Rn. 14), so dass flächendeckende Maßnahmen gegenüber der Allgemeinheit in aller Regel keine Entschädigungsansprüche begründen könnten (zutr. LG Heilbronn NVwZ 2020, 975 Rn. 21).

19   Die (allg. wie besondere) gefahrenabwehrrechtliche Nichtstörer-Entschädigung **verdrängt** als positivrechtliche Ausprägung des Aufopferungsgedankens das gewohnheits- bzw. richterrechtliche Institut des Anspruchs aus **enteignendem Eingriff** (*Ossenbühl/Cornils,* S. 527; *Maurer/Waldhoff,* § 27 Rn. 103; *Kingreen/Poscher,* § 26 Rn. 35). Für § 65 muss dies ebenfalls gelten, so dass sich nicht über § 65 Abs. 1 S. 1 hinaus Entschädigungsansprüche aus enteignendem Eingriff wegen rechtmäßiger infektionsschutzrechtlicher Maßnahmen (insbes. solcher der Bekämpfung nach §§ 28, 32) begründen lassen (zutr. LG Heilbronn NVwZ 2020, 975 Rn. 22; im Ergebnis ebenso für eine abschließende gesetzliche Regelung *Kruse* in BeckOK InfSchR § 65 Rn. 34; ausf. *Kümper* DÖV 2020, 904 (912 ff.)). In der aktuellen Diskussion um die entschädigungsrechtlichen Folgen der Corona-Pandemie wird dies zT unter Hinweis auf die Gesetzesmaterialien zum BSeuchG 1961 anders gesehen (*Giesberts/Gayger/Weyand* NVwZ 2020, 417 (420), *Rommelfanger* CoVuR 2020, 178 (181); *Eusani* MDR 2020, 962 (965); *Winter/Thürk* in Schmidt, § 22 Rn. 62; *Shirvani* DVBl. 2021, 158 (162); für das Verhältnis zum Polizeirecht ebenso *Eibenstein* NVwZ 2020, 930 (932)): Nach dieser sollten die Entschädigungsregelungen des BSeuchG „keine ausschließliche Regelung" darstellen und nicht einer Entschädigungspflicht „auf Grund anderweitiger Rechtsvorschriften oder auf

Grund Gewohnheitsrechts" entgegenstehen (BT-Drs. 3/1888, 27; hieran anschließend für § 57 BSeuchG 1961 BGHZ 55, 366 = NJW 1971, 180 (1081)). Diese Argumentation übersieht jedoch, dass die Entschädigungsregelungen, auf die der Gesetzgeber sich mit diesen Erwägungen bezog, (abgesehen vom Impfschadensrecht) ausschließlich „Billigkeitsregelungen" waren, insbes. § 57 BSeuchG 1961 ebenfalls eine solche Funktion zugedacht war (→ Rn. 3). Zur Nichtstörer-Entschädigung wurde die Vorschrift erst in der Folgezeit (→ Rn. 4 f.), ohne dass der Gesetzgeber sich erneut für eine ergänzende Anwendung allg. Haftungsgrundlagen ausgesprochen hätte. Deshalb ist auch im Verhältnis zum Anspruch aus enteignendem Eingriff von einer Sperrwirkung des § 65 auszugehen (→ auch Vorb. §§ 56−68 Rn. 15 f.). Weil § 65 allein die Entschädigung für eine rechtmäßige Inanspruchnahme von Nichtstörern regelt (→ Rn. 10; aA *Kruse* in BeckOK InfSchR § 65 Rn. 32, die konsequent ua den Amtshaftungsanspruch neben § 65 für anwendbar erachtet), versperrt die Vorschrift nicht den Rückgriff auf die allg. Ansprüche wegen rechtswidriger Maßnahmen (zu diesen → Vorb. §§ 56−68 Rn. 14).

In der aktuellen Diskussion um die entschädigungsrechtlichen Folgen der **20 Corona-Pandemie** wird vielfach von einer Anwendbarkeit der gewohnheitsbzw. richterrechtlichen Entschädigungstatbestände ausgegangen und werden daher insbes. Ansprüche aus enteignendem Eingriff wegen **flächendeckenden Betriebsschließungen** uä Maßnahmen erwogen (befürwortend etwa *Antweiler* NVwZ 2020, 584 (589); *Eibenstein* NVwZ 2020, 930 (933 f.); *Rommelfanger* CoVuR 2020, 178 (182 f.); *Rinze/Schwab* NJW 2020, 1905 (1910); tendenziell auch *Bachmann/Rung* in Kluckert, § 15 Rn. 71 ff.; in Betracht ziehend auch *Giesberts/Gayger/Weyand* NVwZ 2020, 417 (421); *Winter/Thürk* in Kluckert, § 18 Rn. 72 ff.). Der Entschädigungsanspruch aus enteignendem Eingriff wird auf den allg. Aufopferungsgedanken der §§ 74, 57 Einl. ALR zurückgeführt und setzt voraus, dass eine vermögenswerte Rechtsposition iSd Art. 14 Abs. 1 S. 1 GG durch rechtmäßiges Verwaltungshandeln unmittelbar beeinträchtigt wird und dem Betroffenen hierdurch ein Sonderopfer iSe übermäßigen Belastung auferlegt wird (weiterführend, auch zur grds. Kritik an diesem Rechtsinstitut *Maurer/Waldhoff,* § 27 Rn. 107 ff., 112 ff.; *Ossenbühl/Cornils,* S. 325 ff.). Im Mittelpunkt der aktuellen Debatte steht die Frage, ob Gewerbetreibenden durch flächendeckende Schließungsanordnungen ein derartiges **Sonderopfer** auferlegt ist, was nach der Rspr. voraussetzt, dass der Betroffene im Vergleich zu anderen entgegen dem verfassungsrechtlichen Gleichheitssatz ungleich behandelt und zu einem besonderen, anderen nicht zugemuteten Opfer für die Allgemeinheit gezwungen wird (etwa BGH NJW 2013, 1736 Rn. 8 mwN). Dies wird im Schrifttum für flächendeckende bzw. branchenbezogene Maßnahmen zu Recht verneint, weil es an der Individualisierung der Belastung fehlt, diese vielmehr sämtliche Adressaten der Maßnahme (sämtliche Einzelhändler, Gastronomen etc.) gleichermaßen trifft (*Reschke* DÖV 2020, 423 (429); *Itzel* DVBl. 2020, 792 (794); *Kruse* in BeckOK InfSchR § 65 Rn. 34 a; *Becker* in Huster/Kingreen Hdb. InfSchR Kap. 9 Rn. 138; *Shirvani* DVBl. 2021, 158 (163); diff. *Schmitz/Neubert* NVwZ 2020, 666 (670); aus der Rspr. nun auch LG Hannover BeckRS 2020, 14033; diff. bei regional beschränkten Maßnahmen *Froese* DVBl. 2020, 1566 (1568 ff.)). Nicht überzeugen kann es dagegen, wenn Befürworter einer Entschädigungspflicht (etwa

Rinze/Schwab NJW 2020, 1905 (1910); *Quarch/Plottek/Reuter* in Quarch/
Geissler/Plottek/Epe § 4 Rn. 61 ff.; *Winter/Thürk* in Schmidt, § 22 Rn. 74;
Eibenstein NVwZ 2020, 930 (934)) auf das Kriterium der **Existenzbedro-
hung** verweisen und insoweit auf die Fälle von **Straßenbauarbeiten** Bezug
nehmen, in denen existenzgefährdeten Gewerbetreibenden (unter engen Voraussetzungen) eine Entschädigung zugesprochen wurde (etwa BGHZ 57, 359
= NJW 1972, 243; BGH NJW 1980, 2703). Denn diese Situationen treffen
durch den spezifischen örtlichen Bezug der Bauarbeiten jeweils einen individuellen Betrieb, nicht aber einen nach allgemeinen Merkmalen bestimmten
Kreis von Gewerbetreibenden. Ebenso wenig überzeugen branchenspezifische
Differenzierungen (dafür aber *Bachmann/Rung* in Kluckert, § 15 Rn. 75; *Win-
ter/Thürk* in Schmidt, § 18 Rn. 76; *Quarch/Plottek/Reuter* in Quarch/Geissler/
Plottek/Epe § 4 Rn. 64), weil die einer bestimmten Branche zugehörigen Gewerbetreibenden ebenfalls gleichermaßen betroffen sind. Und auch eine Differenzierung der Auswirkungen auf verschiedene Betriebe (dafür *Struß/Fabri*
DÖV 2020, 665 (675)) führt für die Frage des Sonderopfers nicht weiter: Weil
das Verbot bspw. ein Ladengeschäft zu betreiben, gegenüber sämtlichen Geschäftsinhabern dieselbe Anordnung trifft, kann es für die gleichheitsrechtliche
Beurteilung (Art. 3 Abs. 1 GG) nicht darauf ankommen, dass es sich ggf. auf
einzelne Händler mehr oder weniger nachteilig auswirkt, soweit diese neben
dem Ladengeschäft noch Online-Handel betreiben oder nicht.

§ 66　Zahlungsverpflichteter

(1) ¹**Ansprüche nach den §§ 56 bis 58 richten sich gegen das Land,**
1. **in dem das berufliche Tätigkeitsverbot erlassen wurde oder in den
Fällen des § 34 Abs. 1 bis 3 und des § 42, in dem die verbotene Tätigkeit ausgeübt worden ist,**
2. **in dem das Absonderungsgebot angeordnet oder erlassen wurde
oder in dem die Absonderung aufgrund einer nach § 36 Absatz 8
Satz 1 Nummer 1 erlassenen Rechtsverordnung vorgenommen
wurde oder**
3. **in dem Einrichtungen zur Betreuung von Kindern, Schulen oder
Einrichtungen für Menschen mit Behinderungen vorübergehend
geschlossen wurden, deren Betreten untersagt wurde, Schul- oder
Betriebsferien angeordnet oder verlängert wurden, die Präsenzpflicht in einer Schule aufgehoben, der Zugang zum Kinderbetreuungsangebot eingeschränkt oder eine behördliche Empfehlung abgegeben wurde, vom Besuch einer Einrichtung zur Betreuung von
Kindern, einer Schule oder einer Einrichtung für Menschen mit
Behinderung abzusehen.**
²**Ansprüche nach § 65 richten sich gegen das Land, in dem der Schaden verursacht worden ist.**

(2) ¹**Versorgung wegen eines Impfschadens nach den §§ 60 bis 63 ist
zu gewähren**
1. **in den Fällen des § 60 Abs. 1 von dem Land, in dem der Schaden
verursacht worden ist,**

2. in den Fällen des § 60 Abs. 2
   a) von dem Land, in dem der Geschädigte bei Eintritt des Impf-
      schadens im Geltungsbereich dieses Gesetzes seinen Wohnsitz
      oder gewöhnlichen Aufenthalt hat,
   b) wenn bei Eintritt des Schadens ein Wohnsitz oder gewöhnlicher
      Aufenthalt im Geltungsbereich dieses Gesetzes nicht vorhanden
      ist, von dem Land, in dem der Geschädigte zuletzt seinen Wohn-
      sitz oder gewöhnlichen Aufenthalt gehabt hat oder
   c) bei minderjährigen Geschädigten, wenn die Wohnsitzvorausset-
      zungen der Buchstaben a oder b nicht gegeben sind, von dem
      Land, in dem der Elternteil oder Sorgeberechtigte des Geschä-
      digten, mit dem der Geschädigte in häuslicher Gemeinschaft
      lebt, seinen Wohnsitz oder gewöhnlichen Aufenthalt im Gel-
      tungsbereich dieses Gesetzes hat oder, falls ein solcher Wohnsitz
      oder gewöhnlicher Aufenthalt nicht gegeben ist, zuletzt seinen
      Wohnsitz oder gewöhnlichen Aufenthalt gehabt hat,
3. in den Fällen des § 60 Abs. 3 von dem Land, in dem der Geschädigte
   seinen Wohnsitz oder gewöhnlichen Aufenthalt im Geltungsbereich
   dieses Gesetzes hat oder erstmalig nimmt.
²Die Zuständigkeit für bereits anerkannte Fälle bleibt unberührt.

(3) In den Fällen des § 63 Abs. 1 sind die Kosten, die durch das Hinzutreten der weiteren Schädigung verursacht werden, von dem Leistungsträger zu übernehmen, der für die Versorgung wegen der weiteren Schädigung zuständig ist.

Schrifttum: *Gerhold/Öller/Strahl,* Kommt die öffentliche Hand ungeschoren davon?,
DÖV 2020, 676.

A. Zweck und Bedeutung der Norm

§ 66 trifft eine Regelung zur Tragung der Kosten für die Entschädigungs-   1
ansprüche des 12. Abschnitts. Abs. 1 S. 1 bestimmt die **Passivlegitimation,**
dh das zahlungsverpflichtete Rechtssubjekt, für die Ansprüche auf Verdienstausfallentschädigung sowie die hiermit in Verbindung stehenden Erstattungs-,
Vorschuss- und Ersatzansprüche nach §§ 56−58. Abs. 1 S. 2 trifft eine entsprechende Regelung für die Nichtstörer-Entschädigung nach § 65. Abs. 2 regelt
die **Kostenträgerschaft** für die Impfschadensversorgung, Abs. 3 die Kostenträgerschaft im Falle eines Zusammentreffens von Impfschadensansprüchen
mit Versorgungsansprüchen aus anderen Gründen.

Zahlungsverpflichtete sind nach den Bestimmungen des § 66 jeweils die   2
Länder, auch wenn die infektionsschutzrechtlichen Maßnahmen, welche
einen Entschädigungsanspruch etwa nach § 56 Abs. 1, § 56 Abs. 1a oder § 65
auslösen, von Gemeinden oder Landkreisen getroffen wurden (→ Rn. 5 ff.;
BGH NJW-RR 2009, 165 Rn. 9; *Kruse* in BeckOK InfSchR § 66 Rn. 2). Vor
diesem Hintergrund handelt es sich jedenfalls nicht durchgängig um eine der
Aufgabenerfüllung folgende Einstandspflicht (so aber *Gerhold/Öller/Strahl*
DÖV 2020, 676 (685); *Kruse* in BeckOK InfSchR § 66 Rn. 3). Auch auf die

aufopferungsrechtliche Wertung, die Entschädigungspflicht möge den jeweils begünstigten Hoheitsträger treffen (hierzu allg. *Ossenbühl/Cornils*, S. 146; speziell für § 66 BGH NJW-RR 2009, 165 Rn. 7; *Kruse* in BeckOK InfSchR § 66 Rn. 3, 9, 12), lässt sich § 66 nur teilweise zurückführen, weil die Schutzwirkungen der entschädigungspflichtigen Maßnahmen sich nicht auf das Landesgebiet beschränken müssen und Abs. 2 zT auf den Eintritt des Impfschadens abstellt (→ Rn. 11). Eine entsprechende Anwendung des § 66 auf Ansprüche wegen rechtswidriger infektionsschutzrechtlicher Maßnahmen (zB Amtshaftungsansprüche nach § 839 BGB/Art. 34 GG) ist nicht geboten, denn die ggf. ersatzpflichtigen Gemeinden und Landkreise sollen ihre Verantwortlichkeit für fehlerhaftes Verwaltungshandeln nicht auf das Land abwälzen können (befürwortend aber *Gerhold/Öller/Strahl* DÖV 2020, 676 (685)).

3   § 66 entsprach lange im Wesentlichen § 59 BSeuchG, und die Grundentscheidung für die Zahlungsverpflichtung der Länder führt die Vorschrift nach wie vor fort (für frühere Fassungen auch *Meßling* in Knickrehm § 66 IfSG Rn. 1; *Gerhardt,* § 66 Rn. 1). Abs. 1 S. 1 wurde aber im Zuge der Einführung einer Verdienstausfallentschädigung bei „erzwungener" Kinderbetreuung nach § 56 Abs. 1a (→ § 56 Rn. 2, 5, 55 ff.) durch das 1. BevSchG v. 27.3.2020 (BGBl. I 587) um eine Regelung zu dieser Fallgestaltung (Schließung bzw. Betretungsverbot) ergänzt. Durch das 3. BevSchG v. 18.11.2020 (BGBl. I 2397) wurde die bisherige Bezugnahme des Abs. 1 S. 1 allein auf § 56 um eine Bezugnahme auch auf §§ 57, 58 erweitert, um den Anwendungsbereich der Vorschrift auf jene (Erstattungs-)Ansprüche zu erstrecken (BT-Drs. 19/24334, 75). Außerdem wurde die bisherige Formulierung „Verpflichtet zur Zahlung" in Abs. 1 S. 1 und S. 2 durch eine auf die betreffenden Ansprüche bezogene Wortwahl ersetzt, ohne dass sich hieraus eine inhaltliche Änderung ergäbe. Zuletzt führte das EpiLage-FortgeltungsG v. 29.3.2021 (BGBl. I 370) zu einer erneuten Änderung des Abs. 1 S. 1, indem eine ausdrückliche Aufzählung der einzelnen hoheitlichen Maßnahmen, an welche die Ansprüche nach §§ 56–58 anknüpfen, in die Vorschrift aufgenommen wurde.

4   Im Zuge der Überführung des Impfschadensrechts in das künftige SGB XIV (→ § 60 Rn. 3) werden mit Ablauf des 31.12.2023 die Abs. 2 und 3 außer Kraft treten, vgl. Art. 46 Nr. 6 und Art. 60 Abs. 7 des G zur Regelung des Sozialen Entschädigungsrechts v. 12.12.2019 (BGBl. I 2652). Das nach Art. 2 iVm Art. 8 Abs. 3 des 3. BevSchG v. 18.11.2020 (BGBl. I 2397) vorgesehene Außerkrafttreten des Abs. 1 S. 1 Nr. 3 betreffend die Verdienstausfallentschädigungen von Sorgeberechtigten nach § 56 Abs. 1a mit Ablauf des 31.3.2021 wird nunmehr durch Art. 8 des EpiLage-FortgeltungsG v. 29.3.2021 (BGBl. I 370) verhindert.

B. Passivlegitimation für Ansprüche nach §§ 56–58 (Abs. 1 S. 1)

5   Abs. 1 S. 1 regelt die Passivlegitimation für Ansprüche „nach den §§ 56 bis 58" und erfasst mit dieser umfassenden Formulierung die Ansprüche auf Verdienstausfallentschädigung nach § 56 Abs. 1 und § 56 Abs. 1a, Abs. 1 S. 2 sowie die hiermit in Verbindung stehenden Erstattungs-, Vorschuss- und Ersatzansprüche in § 56 Abs. 4, § 56 Abs. 5 S. 2, § 56 Abs. 12, § 57 Abs. 1 S. 4, § 57 Abs. 3 S. 3 und § 58 S. 1. Seit dem EpiLage-FortgeltungsG v. 29.3.2021 (BGBl. I 370) enthält Abs. 1 S. 1 zudem eine explizite Aufzählung sämtlicher hoheitlicher Maßnahmen, welche Ansprüche nach §§ 56–58 auslösen können. Mit dieser Neuregelung wollte der Gesetzgeber zum einen Änderungen in § 36 Abs. 8 S. 1 Nr. 1 und § 56 Abs. 1a S. 1 Nr. 1 Rechnung tragen, zum anderen aber auch die Fälle des § 56 Abs. 1 S. 2 (Absonderung) erfassen, die bislang aufgrund eines „Redaktionsfehlers" keine Berücksichtigung gefunden hätten (BT-Drs. 19/27291, 66). Die bisherige Fassung des Abs. 1 S. 1 ließ es jedoch trotz der Wortwahl „Verbot" wegen der umfassenden Anknüpfung an die §§ 56–58 durchaus zu, neben den Erwerbstätigkeitsverboten auch die Fälle der Absonderung als erfasst anzusehen (überzeugend *Kruse* in BeckOK InfSchR § 66 Rn. 7.1).

Wird der Anspruch auf Verdienstausfallentschädigung nach § 56 Abs. 1 **6** durch eine **behördliche Anordnung** (Erwerbstätigkeitsverbot oder Absonderung) ausgelöst, so ist gem. Abs. 1 S. 1 Nr. 1 bzw. Nr. 2 das Land entschädigungspflichtig, in dem die behördliche Anordnung erlassen wurde. Dies gilt nach dem klaren Wortlaut der Vorschrift unabhängig davon, ob eine Landesbehörde oder eine Gemeinde als örtliche Gefahrenabwehrbehörde gehandelt hat; Abs. 1 S. 1 schließt damit eine Einstandspflicht der Gemeinde, die nach allg. Staatshaftungsrecht in Betracht zu ziehen wäre (weiterführend *Ossenbühl/Cornils*, S. 114, 318; *Maurer/Waldhoff*, § 26 Rn. 44, § 27 Rn. 101), aus; auch der Landkreis als Träger der handelnden Behörde kann nach § 66 Abs. 1 nicht passivlegitimiert sein (BGH NJW-RR 2009, 165 Rn. 9). Weil § 56 Abs. 1 keine Haftung für fehlerhaftes Verwaltungshandeln, sondern eine Maßnahme der sozialen Sicherung darstellt (→ § 56 Rn. 3), erscheint diese Zuordnung der Verantwortung nicht sachfremd.

Ist das **Erwerbstätigkeitsverbot,** das den Anspruch auf Verdienstausfall- **7** entschädigung ausgelöst hat, unmittelbar **kraft Gesetzes** eingetreten (vgl. § 34 Abs. 1–3 und § 42), so ist nach Abs. 1 S. 1 das Land, in dem die verbotene Tätigkeit ausgeübt worden ist, zur Zahlung der Entschädigung verpflichtet. Maßgeblicher Anknüpfungspunkt ist damit der Ort der Erwerbstätigkeit, nicht etwa der Wohnsitz des Entschädigungsberechtigten.

Für den Fall der Verdienstausfallentschädigung wegen „erzwungener" **Kin-** **8** **derbetreuung** nach § 56 Abs. 1a bestimmt Abs. 1 S. 1 Nr. 3 als Entschädigungspflichtigen das Land, in dem die Schließung der Schule oder der Kinderbetreuungseinrichtung veranlasst worden ist. Auch insoweit unterscheidet die Vorschrift nicht danach, ob die Schließung durch eine Landesbehörde oder eine Gemeinde angeordnet wurde und folgt die Einstandspflicht des Landes also nicht notwendig einem „Veranlasserprinzip", sondern einer vom Bundesgesetzgeber festgelegten Verantwortung für die soziale Sicherung der Betroffenen.

C. Passivlegitimation für Ansprüche nach § 65
(Abs. 1 S. 2)

9   Abs. 1 S. 2 bestimmt als Passivlegitimierten der infektionsschutzrechtlichen **Nichtstörer-Entschädigung** nach § 65 das Land, in dem der Schaden verursacht worden ist. Anders als das allg. Polizei- und Ordnungsrecht mancher Länder (weiterführend *Ossenbühl/Cornils,* S. 526 f.; *Schoch,* Kap. 1 Rn. 1021) unterscheidet auch diese Vorschrift nicht danach, ob die Gefahrenabwehrmaßnahme von einer Landes- oder von einer kommunalen Behörde ergriffen wurde. Maßgeblicher Anknüpfungspunkt ist nach Abs. 2 S. 2 der Ort der „Verursachung" des Schadens, nicht derjenige des Schadenseintritts. Dies wird in aller Regel das Land sein, in welchem die Maßnahme nach §§ 16, 17 erlassen worden ist, auch wenn Abs. 1 S. 2 – anders als Abs. 1 S. 1 – nicht ausdrücklich auf den Erlass der Maßnahme abstellt (*Kruse* in BeckOK InfSchR § 66 Rn. 10).

D. Verpflichteter für die Impfschadensversorgung
(Abs. 2, 3)

10   Abs. 2 und Abs. 3 regeln die Verpflichtung zur Gewährung der Impfschadensversorgung nach §§ 60 ff. Als Ausgangspunkt bestimmt Abs. 2 S. 1 Nr. 1 als Verpflichteten und Kostenträger das Land, in dem der Schaden verursacht worden ist. Maßgeblicher Anknüpfungspunkt ist also auch hier der **Ort der Schadensverursachung**, nicht der des Schadenseintritts. Es kommt also darauf an, wo die Impfung oder andere Maßnahme der spezifischen Prophylaxe vorgenommen wurde (*Meßling* in Knickrehm § 66 IfSG Rn. 2; *Kruse* in BeckOK InfSchR § 66 Rn. 11). Diese Grundregel gilt gem. Abs. 2 S. 1 Nr. 1 „in den Fällen des § 60 Abs. 1", dh soweit der Impfgeschädigte nicht dem in § 60 Abs. 2 und Abs. 3 umrissenen besonderen Personenkreis mit Auslandsbezug angehört.

11   Diese Fallgestaltungen mit **Auslandsbezug** werden von Abs. 2 S. 1 Nr. 2 und Nr. 3 erfasst. In den Fällen des § 60 Abs. 2 ist nach § 66 Abs. 2 S. 1 Nr. 2 lit. a zunächst der Wohnsitz des Geschädigten im Zeitpunkt des Schadenseintritts entscheidend; der Ort des Schadenseintritts als solcher ist dagegen unerheblich (missverständlich insofern *Meßling* in Knickrehm § 66 IfSG Rn. 2: „Bundesland des Schadenseintritts"). Diese Regelung soll auf der Wertung beruhen, dass der Bevölkerung des Wohnsitz-bzw. Aufenthaltslandes des Impfgeschädigten der Impfschutz zugutekam (BT-Drs. VI/1568, 10; *Kruse* in BeckOK InfSchR § 66 Rn. 12), was allerdings nicht immer zutreffen muss, weil § 66 Abs. 2 S. 1 Nr. 2 lit. a auf den Zeitpunkt des Impfschadenseintritts, nicht auf den der Impfung abstellt und sich Wohnsitz oder gewöhnlicher Aufenthalt in der Zwischenzeit verändert haben können.

12   Abs. 2 S. 1 regelt den Fall, dass bei Eintritt des Impfschadens ein Wohnsitz oder gewöhnlicher Aufenthalt nicht vorhanden war, und verpflichtet dann das Land des letzten Wohnsitzes oder gewöhnlichen Aufenthaltes. Der Begriff des **Wohnsitzes** kann in Anlehnung an §§ 7–11 BGB bestimmt werden (*Gerhardt,*

§ 66 Rn. 1; *Erdle,* § 66, S. 174; auf § 7 Abs. 1 Nr. 3 BVG, der diese Begriffe jedoch lediglich verwendet und nicht näher beschreibt, abstellend *Meßling* in Knickrehm § 66 IfSG Rn. 2). Der **gewöhnliche Aufenthaltsort** ist der Ort, an dem sich jemand ständig oder in der Regel über einen längeren Zeitraum aufhält; anders als für den Wohnsitz kommt es für ihn allein auf die tatsächlichen Verhältnisse an und ist zu seiner Begründung kein rechtsgeschäftlicher Wille erforderlich (eingehend *Ramsauer* in Kopp/Ramsauer § 3 Rn. 27 ff.). Für minderjährige Impfgeschädigte, die weder Abs. 2 S. 1 Nr. 2 lit. a noch lit. b der Vorschrift unterfallen, also niemals im Geltungsbereich des IfSG gelebt haben, kommt es darauf an, in welchem Bundesland ihre Eltern bzw. Sorgeberechtigten leben oder gelebt haben (*Meßling* in Knickrehm § 66 IfSG Rn. 2). Für den Fall des § 60 Abs. 3 stellt § 66 Abs. 2 S. 1 Nr. 3 darauf ab, in welchem Land der Geschädigte seinen Wohnsitz oder gewöhnlichen Aufenthalt hat oder erstmalig nimmt.

Abs. 2 S. 3 ordnet an, dass die Zuständigkeit, dh die Versorgungspflichtigkeit **13** und Kostenträgerschaft, für **bereits anerkannte Fälle** unberührt bleibt, so dass der Impfgeschädigte sich auf den Fortbestand der Verpflichtung verlassen kann (*Meßling* in Knickrehm § 66 IfSG Rn. 2).

Abs. 3 regelt die Kostenträgerschaft im Falle eines **Zusammentreffens** von **14** Impfschadensansprüchen **mit Ansprüchen nach § 1 BVG** oder nach anderen auf das BVG verweisenden Gesetzen (zB dem OEG, SVG etc.; → § 63 Rn. 2). Obwohl in einem solchen Fall gem. § 63 Abs. 1 eine einheitliche Rente festzusetzen ist, ordnet § 66 Abs. 3 eine **Trennung der Kostenträgerschaft** an: Nur die durch das Hinzutreten der weiteren Schädigung verursachten Kosten sind von dem anderen Leistungsträger zu übernehmen, dh der Kostenlast richtet sich nach dem jeweiligen Anteil am gesamten Grad der Schädigung (Gesamt-GdS), auf dessen Grundlage die einheitliche Rente festgesetzt wird. Bspw. wird im Falle eines Gesamt-GdS von 70, der sich aus einem Grad der Schädigung (GdS) von 50 wegen Impfschadens und aus einem GdS von 20 wegen einer Schädigung nach dem OEG ergibt, nach Abs. 3 von dem Träger der Leistungen nach dem OEG nur der Betrag übernommen, der über den Grundrentenbetrag nach dem GdS von 50 hinausgeht (Beispiel nach *Meßling* in Knickrehm § 66 IfSG Rn. 2)

§ 67 Pfändung

(1) **Die nach § 56 Abs. 2 Satz 2 und 3 zu zahlenden Entschädigungen können nach den für das Arbeitseinkommen geltenden Vorschriften der Zivilprozessordnung gepfändet werden.**

(2) **Übertragung, Verpfändung und Pfändung der Ansprüche nach den §§ 60, 62 und 63 Abs. 1 richten sich nach den Vorschriften des Bundesversorgungsgesetzes.**

Schrifttum: *Mock,* Corona-Krise: Zugriff auf Entschädigungsanspruch bei angeordneter Quarantäne nach dem Infektionsschutzgesetz, VE 2020, 116.

A. Zweck und Bedeutung der Norm

1   § 67 enthält Bestimmungen über die Pfändung verschiedener auf der Grundlage des IfSG bestehender Entschädigungsansprüche, mithin zur **Zwangsvollstreckung** wegen Geldforderungen in Geldforderungen (§§ 704 ff., 828 ff. ZPO). Bzgl. der Ansprüche nach Impfschadensrecht trifft Abs. 2 im Wege der Verweisung auf das BVG zudem Bestimmungen zur Übertragbarkeit und Verpfändbarkeit. § 67 begründet hinsichtlich der genannten Ansprüche einen gewissen Pfändungsschutz, weil die Verdienstausfallentschädigung sowie die impfschadensrechtlichen Versorgungsleistungen den notwendigen Lebensunterhalt sichern sollen (*Kruse* in BeckOK InfSchR § 66 Rn. 1). Die Vorschrift übernimmt überwiegend die zuvor in § 60 BSeuchG getroffenen Regelungen.

2   § 67 bezieht sich allerdings allein auf Ansprüche auf Verdienstausfallentschädigung nach § 56 Abs. 1 sowie auf impfschadensrechtliche Versorgungsansprüche, nicht aber auf Ansprüche auf Nichtstörer-Entschädigung nach § 65. Während § 60 BSeuchG 1961 sich noch auf sämtliche Entschädigungsansprüche des (damals siebten, nun zwölften) Gesetzesabschnitts bezog und für insoweit allgemein die Unpfändbarkeit sowie die entsprechende Anwendung von § 850b Abs. 2 und 3 ZPO anordnete, wurde diese Regelung nicht in das IfSG übernommen, weil die Entschädigungsansprüche nach § 65 an die Stelle ansonsten pfändbarer Sachen träten (BT-Drs. 14/2530, 89). Vor dem Hintergrund, dass sich § 65 von sozialstaatlich motivierten Schutzvorschrift zugunsten „schicksalhaft" Betroffener zu einem Tatbestand der Nichtstörer-Entschädigung entwickelt hat (→ § 65 Rn. 2 ff.), lässt sich das frühere Motiv des Gesetzgebers, ein besonderer Pfändungsschutz sei „mit Rücksicht auf den Rechtsgrund des Anspruchs gerechtfertigt" (BT-Drs. 3/1888, 30) nicht auf die heutige Rechtslage übertragen (dies erwägend *Kruse* in BeckOK InfSchR § 67 Rn. 5, die jedoch zu Recht auf die geringe praktische Relevanz der Frage hinweist). Ansprüche nach § 65 können daher – ebenso wie im Ausgangspunkt sämtliche Geldforderungen – nach Maßgabe der allg. zwangsvollstreckungsrechtlichen Vorschriften gepfändet werden.

B. Pfändung von Verdienstausfallentschädigung (Abs. 1)

3   Abs. 1 betrifft Entschädigungsansprüche (untechnisch der Wortlaut „zu zahlenden Entschädigungen") nach § 56 Abs. 2 S. 2 und 3. Da sie sich nach dem Verdienstausfall bemessen und somit ein **Äquivalent zum Arbeitseinkommen** darstellen (*Erdle*, § 67, S. 174; *Gerhardt*, § 67 Rn. 1), ist es sachgerecht, ihre Pfändbarkeit an die des Arbeitseinkommens nach §§ 833, 850 ff. ZPO zu knüpfen. Keine andere Beurteilung ergibt sich aus einem Verständnis der Verdienstausfallentschädigung nach § 56 Abs. 1 als Maßnahme der sozialen Sicherung (→ § 56 Rn. 3); denn laufende Sozialleistungen können nach § 54 Abs. 4 SGB I grundsätzlich wie Arbeitseinkommen gepfändet werden.

4   Abs. 1 gilt gleichermaßen für die Entschädigung in Höhe des Verdienstausfalls für die ersten sechs Wochen (§ 56 Abs. 2 S. 2) wie für die Entschädigung in Höhe des Krankengeldes (§ 56 Abs. 2 S. 3); die noch in § 60 Abs. 1 S. 1, 2

BSeuchG 1979 enthaltene Differenzierung wurde im IfSG nicht fortgeführt, weil der Gesetzgeber hierfür keinen Grund erkennen konnte (BT-Drs. 14/2530, 89). Abs. 1 gilt jedoch allein für die Entschädigungsleistungen nach (§ 56 Abs. 2 S. 2 und S. 3; dagegen unterliegen Ansprüche auf Erstattung von Mehraufwendungen und Ersatz nicht gedeckter Betriebsausgaben (§ 56 Abs. 4), Erstattungsansprüche nach § 56 Abs. 5 S. 2, § 57 Abs. 1 S. 4 und Abs. 3 S. 3 sowie nach § 58 S. 1 nicht dem Pfändungsschutz (*Kruse* in BeckOK Inf-SchR § 67 Rn. 2). Die in § 56 Abs. 2 S. 2 und S. 3 angelegte Verringerung der Entschädigungsleistungen nach sechs Wochen kann es aus Gläubigersicht erforderlich machen, nach Ablauf dieser Frist einen neuen Pfändungs- und Überweisungsbeschluss zu beantragen (*Kruse* in BeckOK InfSchR § 67 Rn. 2; *Mock* VE 2020, 116).

Abs. 1 nimmt ausdrücklich allein auf die in § 56 Abs. 2 S. 2 und S. 3 angesprochene Verdienstausfallentschädigung für von einem Erwerbstätigkeitsverbot Betroffene Bezug, nicht dagegen auf die **Verdienstausfallentschädigung wegen Kinderbetreuung** nach § 56 Abs. 1a; diese wird in § 56 Abs. 2 S. 4 abweichend von § 56 Abs. 2 S. 2 und S. 3 geregelt. Hier ist an die Vorschriften über die Pfändbarkeit von Sozialleistungen anzuknüpfen, die ggf. ebenfalls zur Pfändbarkeit wie Arbeitseinkommen führen (§ 54 Abs. 4 SGB I; dies – alternativ zu einer entsprechenden Anwendung des § 67 Abs. 1 – erwägend auch *Kruse* in BeckOK InfSchR § 67 Rn. 3, die von einer planwidrigen Regelungslücke ausgeht). 5

C. Übertragbarkeit und Pfändbarkeit von Impfschadensansprüchen (Abs. 2)

Abs. 2 betrifft die Versorgungsansprüche auf der Grundlage des Impfschadensrechts nach §§ 60, 62, 63 und verweist für deren Übertragung, Verpfändung und Pfändung auf das BVG. Die betreffenden **§§ 67–70a BVG** wurden jedoch bereits mit der Einführung des SGB I zum 11.12.1975 (BGBl. I 3015) **aufgehoben,** so dass die Verweisung bereits vor der Ablösung des § 60 Abs. 2 BSeuchG durch § 67 Abs. 2 IfSG ins Leere ging. Anstelle der §§ 67 ff. BVG gelten seit dem 1.1.1976 die **§§ 53–55 SGB I**; die Fortführung der Verweisung auf das BVG lässt sich nur als „gesetzgeberisches Versehen" einordnen (*Meßling* in Knickrehm § 67 IfSG Rn. 2; vgl. ferner *Erdle,* § 67, S. 174; *Gerhardt,* § 67 Rn. 1; *Kruse* in BeckOK InfSchR § 67 Rn. 4). 6

Im Zuge der Überführung des Impfschadensrechts in das künftige SGB XIV (→ § 60 Rn. 3) wird mit Ablauf des 31.12.2023 Abs. 2 außer Kraft treten, vgl. Art. 46 Nr. 6 und Art. 60 Abs. 7 des G zur Regelung des Sozialen Entschädigungsrechts v. 12.12.2019 (BGBl. I 2652). 7

13. Abschnitt – Rechtsweg und Kosten

§ 68 Rechtsweg

(1) Für Streitigkeiten über Ansprüche nach den §§ 56 bis 58 und § 65 gegen das nach § 66 Absatz 1 zur Zahlung verpflichtete Land ist der Verwaltungsrechtsweg gegeben.

(1a) Für Streitigkeiten über Ansprüche nach einer auf Grund des § 20i Absatz 3 Satz 2 Nummer 1 Buchstabe a, auch in Verbindung mit Nummer 2, des Fünften Buches Sozialgesetzbuch sowie § 5 Absatz 2 Satz 1 Nummer 4 Buchstabe c und f erlassenen Rechtsverordnung ist der Verwaltungsrechtsweg gegeben.

(2) ¹Für öffentlich-rechtliche Streitigkeiten in Angelegenheiten der §§ 60 bis 63 Abs. 1 ist der Rechtsweg vor den Sozialgerichten gegeben. ²Soweit das Sozialgerichtsgesetz besondere Vorschriften für die Kriegsopferversorgung enthält, gelten diese auch für Streitigkeiten nach Satz 1.

(3) ¹Absatz 2 gilt nicht, soweit Versorgung entsprechend den Vorschriften der Kriegsopferfürsorge nach den §§ 25 bis 27j des Bundesversorgungsgesetzes gewährt wird. ²Insoweit ist der Rechtsweg vor den Verwaltungsgerichten gegeben.

Schrifttum: *Kümper,* Zur Verortung der infektionsschutzrechtlichen Entschädigungstatbestände im Gefüge der öffentlichen Ersatzleistungen – Ergänzungen zur Debatte um die Folgen der Corona-Pandemie, DÖV 2020, 904; *Leisner-Egensperger,* Impfpriorisierung und Verfassungsrecht, NJW 2021, 202; *Quarch/Geissler/Plottek/Epe* (Hrsg.), Staatshaftung in der Coronakrise. Ansprüche bei rechtmäßigen und unrechtmäßigen COVID-19-Schutzmaßnahmen, 2020; *Sangs,* Das Dritte Gesetz zum Schutz der Bevölkerung bei einer epidemischen Lage von nationaler Tragweite und Gesetzgebung während der Pandemie, NVwZ 2020, 1780; *Wolff,* Priorisierung in der Pandemie – Zehn Thesen zur Allokation eines zukünftigen Corona-Impfstoffs, DVBl. 2020, 1379.

A. Zweck und Bedeutung der Norm

1 § 68 bestimmt in erster Linie, auf welchem **Rechtsweg** die im 12. Abschnitt des IfSG begründeten Entschädigungs-, Ersatz-, Erstattungs-, Vorschuss- und Versorgungsansprüche nach den §§ 56, 60ff., 65 gerichtlich geltend zu machen sind. Seit dem EpiLage-FortgeltungsG v. 29.3.2021 (BGBl. I 370) enthält § 68 in Abs. 1a zudem eine Rechtswegzuweisung für Ansprüche nach einer aufgrund von § 20i Abs. 3 S. 1 lit. a SGB V und § 5 Abs. 2 S. 1 Nr. 4 lit. c und lit. f IfSG erlassenen RVO und legt insoweit insb. den Rechtsweg für Streitigkeiten über Ansprüche auf Schutzimpfungen gegen SARS-CoV-2 nach § 1 der CoronaImpfV v. 10.3.2021 (BAnz AT 11.3.2021 V1) fest. Entsprechend dieser Erweiterung des Regelungsgegenstandes ist § 68 nun nicht mehr dem speziell auf die „Entschädigung in besonderen Fällen" bezogenen 12., sondern dem allgemeineren 13. Abschnitt „Rechtsweg und Kosten" zugeordnet. Die Vorschrift regelt aber nach wie vor die Rechtswegzuständig-

keiten für infektionsschutzrechtliche Streitigkeiten **keineswegs erschöpfend;** vielmehr sind neben den punktuellen Bestimmungen des § 68 ggf. die allg. Rechtswegzuweisungen heranzuziehen, bspw. ist für Rechtsbehelfe gegen Maßnahmen auf der Grundlage der §§ 16, 17 oder der §§ 28 ff. die verwaltungsgerichtliche Generalklausel (§ 40 Abs. 1 S. 1 VwGO) einschlägig.

Der Gesetzgeber kann – von verfassungsrechtlich determinierten Sonder- **2** fällen abgesehen (Art. 14 Abs. 3 S. 4, Art. 34 S. 3 GG) – Rechtswegzuweisungen grundsätzlich frei vornehmen (*Voßkuhle* in MKS Art. 95 Rn. 22). Die Durchführung der gerichtlichen Verfahren richtet sich dann nach den Prozessordnungen der jeweiligen Gerichtsbarkeiten (GVG, ZPO, VwGO, SGG). Da sich die einzelnen Prozessordnungen jedoch zT erheblich unterscheiden, insb. die der öffentlich-rechtlichen Fachgerichtsbarkeiten (VwGO, SGG) eng mit dem Verwaltungsverfahrensrecht verzahnt und auf die Gewaltengliederung in Exekutive und Judikative (bspw. durch eingeschränkte gerichtliche Überprüfung behördlicher Ermessensentscheidungen, vgl. § 114 S. 1 VwGO) ausgerichtet sind, können sich Rechtswegbestimmungen als mehr oder weniger sachgerecht erweisen. Insoweit erscheinen die vom Gesetzgeber in § 68 und seinen Vorläufervorschriften getroffenen Entscheidungen sowie die hierfür angeführten Gründe nicht immer überzeugend.

Bereits **§ 61 BSeuchG 1961** enthielt eine Regelung zum Rechtsweg, nach **3** der für Streitigkeiten über Entschädigungsansprüche aus dem BSeuchG der **ordentliche Rechtsweg** (§ 13 GVG) gegeben war. Der Gesetzgeber wollte hiermit für sämtliche Anspruchsgrundlagen eine einheitliche Rechtswegbestimmung treffen (BT-Drs. III/1888, 30) und ließ die in §§ 49, 57 BSeuchG vorgesehenen „Billigkeitsentschädigungen" hinsichtlich des Rechtswegs dem Impfschadensanspruch folgen, für den seinerzeit wegen der Einordnung als Aufopferungsanspruch (grundlegend BGHZ 9, 83; → § 60 Rn. 2) noch der ordentliche Rechtsweg gegeben war. Diesem gesetzgeberischen Anliegen wurde indes durch die spätere Zuweisung des Impfschadensrechts an die Sozial- und Verwaltungsgerichtsbarkeit (vgl. Abs. 2, 3; → Rn. 15 ff.) die Grundlage entzogen (zum Ganzen auch *Kruse* in BeckOK InfSchR § 68 Rn. 1 ff.; *Kümper* DÖV 2020, 904 (906)). Gleichwohl wurde die Zuweisung der anderen seuchenrechtlichen Entschädigungsansprüche (nunmehr §§ 56, 65) sowie der hiermit in Zusammenhang stehenden Erstattungs-, Ersatz- und Vorschussansprüche (vgl. §§ 56–58) zur ordentlichen Gerichtsbarkeit bis zum 18. 11. 2020 beibehalten (→ hierzu auch die Voraufl., § 68 Rn. 3 f.). Die Eröffnung des ordentlichen Rechtswegs erschien freilich bzgl. der Verdienstausfallentschädigung (§ 49 BSeuchG 1961, nunmehr § 56) wie der Entschädigung wegen behördlicher Maßnahmen (§ 57 BSeuchG 1961, nunmehr § 65) bereits unter Geltung des BSeuchG 1961 fragwürdig, weil beide Ansprüche in ihrer Ursprungsfassung „Billigkeitsentschädigungen" darstellten (→ § 56 Rn. 3; → § 65 Rn. 2), über die auf Antrag durch VA entschieden wurde, der ZPO jedoch das Institut der Bestandskraft von VAen fremd ist, so dass sich behördlich verwaltete Leistungen nicht ohne Weiteres in das Verfahrensrecht der ordentlichen Gerichtsbarkeit einfügen. Während sich die Problematik für § 57 BSeuchG erledigte, weil das Antragserfordernis und die behördliche Entscheidung durch VA entfielen, konnte es bei Ansprüchen nach §§ 56–58 zu erheblichen **Friktionen** kommen, soweit über diese Ansprüche auf Antrag durch

VA entschieden wurde (vgl. § 56 Abs. 11; → § 56 Rn. 44, 48): Nicht nur können VAe nach der ZPO in Ermangelung von Rechtsbehelfsfristen wie §§ 70, 74 VwGO nicht in Bestandskraft erwachsen, so dass sich Ansprüche nach §§ 56–58 vor den ordentlichen Gerichten bis zum Ende der Verjährungsfrist einklagen ließen. Zudem hätte eine Gewährung von Leistungen durch VA bzgl. etwaiger behördlicher Rückforderungen in Anwendung der sog. Kehrseitentheorie den Erlass eines Leistungsbescheides (VA) nahegelegt, was zugleich das Rechtsschutzbedürfnis für eine Klage der öffentlichen Hand vor den ordentlichen Gerichten fraglich erscheinen ließ (zum Ganzen Voraufl., § 68 Rn. 3 f.; *Kruse* in BeckOK InfSchR § 68 Rn. 1 b; *Geissler* in Quarch/ Geissler/Plottek/Epe § 7 Rn. 36). Das **3. BevSchG** v. 18.11.2020 (BGBl. I 2397) hat vom 19.11.2020 an die Entscheidung über Ansprüche nach §§ 56–58 der **Verwaltungsgerichtsbarkeit** zugewiesen, § 68 Abs. 1 S. 1 aF, nunmehr Abs. 1 (hierzu auch *Sangs* NVwZ 2020, 1780 (1783)).

4   Für Ansprüche nach § 65 blieb es nach dem 3. BevSchG zunächst gem. § 68 Abs. 1 S. 2 aF beim ordentlichen Rechtsweg (→ Rn. 6). Das **EpiLage-FortgeltungsG** v. 29.3.2021 (BGBl. I 370) hat nun durch eine Neufassung des Abs. 1 neben den Ansprüchen nach §§ 56–58 auch die Ansprüche nach § 65 dem **Verwaltungsrechtsweg** zugewiesen. Für den Gesetzgeber war insoweit leitend, dass „oftmals aus beiden Anspruchsgrundlagen Ansprüche verfolgt werden und eine Rechtswegzersplitterung bei einer einheitlichen Entscheidung gleicher Sachverhalte nicht praxisgerecht erscheint" (BT-Drs. 19/27291, 66). Diese Erwägung lässt sich nur damit erklären, dass die im Zuge der Corona-Pandemie erhobenen Entschädigungsforderungen wegen allgemeiner Einschränkungen wirtschaftlicher Betätigung – zu Unrecht – vielfach zugleich auf § 56 und § 65 bzw. eine analoge Anwendung dieser Vorschriften gestützt werden, obgleich keine der beiden einschlägig ist (zur Diskussion näher → Vorb. § 56 Rn. 5; → § 56 Rn. 12 f.; → § 65 Rn. 8 ff.). Tatbestandlich und gesetzessystematisch betreffen § 56 und § 65 grundsätzlich verschiedene Maßnahmen und Schadenskonstellationen – personenbezogenes Verbot bzw. Absonderung einerseits, gegenstandsbezogene Bekämpfungsmaßnahme andererseits –, so dass allenfalls in besonderen Ausnahmefällen beide Vorschriften auf einen einheitlichen Lebenssachverhalt anwendbar sein werden. Die Zuweisung auch der Ansprüche nach § 65 an die Verwaltungsgerichtsbarkeit erscheint daher keineswegs zwingend, zumal ggf. bereits § 17 Abs. 2 S. 1 GVG eine einheitliche gerichtliche Entscheidung erlauben würde (→ Rn. 6). Da über Ansprüche nach § 65 nicht behördlich durch VA entschieden wird, erscheint es vielmehr fragwürdig, dass das **EpiLage-FortgeltungsG** v. 29.3.2021 (BGBl. I 370) mit § 77 Abs. 5 eine Übergangsregelung getroffen hat, welche die Anwendung verwaltungsaktbezogener VwGO-Vorschriften (§ 58 Abs. 2 S. 1, § 70 Abs. 1 S. 1 und § 75 S. 2 VwGO) auf Leistungsbegehren nach § 65 anordnet (→ Rn. 11).

5   Im Zuge der Überführung des Impfschadensrechts in das künftige SGB XIV (→ § 60 Rn. 3) werden mit Ablauf des 31.12.2023 die Abs. 2 und 3 außer Kraft treten, vgl. Art. 46 Nr. 8 lit. b und Art. 60 Abs. 7 des G zur Regelung des Sozialen Entschädigungsrechts v. 12.12.2019 (BGBl. I 2652).

6   Bei Zusammentreffen verschiedener Ansprüche, die bei isolierter Betrachtung unterschiedlichen Rechtswegen zuzuordnen sind, ordnet **§ 17 Abs. 2**

S. 1 GVG an, dass das Gericht des zulässigen Rechtswegs den Rechtsstreit unter allen in Betracht kommenden rechtlichen Gesichtspunkten entscheidet, also auch die **„rechtswegfremden" Ansprüche** einbezieht. Hiervon macht allerdings § 17 Abs. 2 S. 2 GVG aus verfassungsrechtlichen Gründen eine Ausnahme ua für Amtshaftungsansprüche nach § 839 BGB/Art. 34 GG, über die aufgrund von Art. 34 S. 3 GG nicht außerhalb des ordentlichen Rechtswegs entschieden werden darf. Das für die Entscheidung über einen Impfschadensanspruch nach Abs. 2 zuständige Sozialgericht darf also bspw. nicht über ein Schadensersatzbegehren wegen einer Amtspflichtverletzung durch den behandelnden Amtsarzt mitentscheiden (zur materiellen Anspruchskonkurrenz → § 63 Rn. 3 f.).

B. Eröffnung des Verwaltungsrechtswegs für Ansprüche nach § 56−58 und § 65 (Abs. 1)

Durch das 3. BevSchG v. 18. 11. 2020 (BGBl. I 2397) wurde § 68 Abs. 1 neu **7** gefasst und wurden vom 19. 11. 2020 an die Streitigkeiten über Ansprüche nach §§ 56−58 dem Verwaltungsrechtsweg zugewiesen (→ Rn. 4). Eine **Übergangsregelung** trifft **§ 77 Abs. 3** und ordnet für Streitigkeiten über Ansprüche nach §§ 56−58, die nach dem 18. 11. 2020 rechtshängig werden, die Anwendung von § 58 Abs. 2 S. 1 VwGO, § 70 Abs. 1 VwGO und § 75 S. 2 VwGO mit der Maßgabe an, dass die dort vorgeschriebenen Fristen frühestens am 19. 11. 2020 zu laufen beginnen (hierzu auch *Sangs* NVwZ 2020, 1780 (1783); → § 77 Rn. 2). Von Bedeutung ist dies insbes., soweit über Entschädigungsanträge vor Inkrafttreten der Neuregelung entschieden wurde, aber noch keine Klage bei den bis zu diesem Zeitpunkt zuständigen Zivilgerichten rechtshängig (vgl. §§ 261 Abs. 1, 253 Abs. 1 ZPO: Zustellung der Klageschrift an den Beklagten) geworden ist. Freilich wird es in diesen Fällen regelmäßig an einer auf das Verfahrensrecht der VwGO bezogenen Rechtsbehelfsbelehrung fehlen, so dass am 19. 11. 2020 gem. § 58 Abs. 2 S. 1 (ggf. iVm § 70 Abs. 2) VwGO lediglich eine Jahresfrist zu laufen beginnt (zum Ganzen auch *Kruse* in BeckOK InfSchR § 68 Rn. 10 a.1).

In seiner neuen Fassung erfasst Abs. 1 **„Ansprüche nach den §§ 56 bis 58"** **8** und somit sämtliche Ansprüche aus dem Bereich der Verdienstausfallentschädigungen einschließlich der verschiedenen Erstattungsansprüche, sowohl die Ansprüche der Entschädigungsberechtigten (vgl. § 56 Abs. 1 S. 1 und S. 2, § 56 Abs. 1 a, § 56 Abs. 4, § 58 S. 1) als auch die Ansprüche anderer Personen, insbesondere die Erstattungsansprüche der Arbeitgeber nach § 56 Abs. 5 S. 2, § 57 Abs. 1 S. 4 und § 57 Abs. 3 S. 3 (*Kruse* in BeckOK InfSchR § 68 Rn. 3 ff.). Durch die **umfassende** Bezugnahme auf §§ 56−58 hat die Neufassung des Abs. 1 die in der früheren Fassung enthaltenen Verweisungsfehler − Bezugnahme auf § 56 Abs. 4 S. 2 anstatt auf § 56 Abs. 5 S. 2 sowie auf § 57 Abs. 1 S. 3 anstatt auf § 57 Abs. 1 S. 4 − korrigiert (BT-Drs. 19/24334, 75; *Kruse* in BeckOK InfSchR § 68 Rn. 5). Lediglich Streitigkeiten über ggf. im Wege der Legalzession (vgl. § 56 Abs. 9, 10) übergegangene Ansprüche werden **nicht** von Abs. 1 erfasst; vielmehr folgt bei ihnen aus § 56 nur der Forderungsübergang, und es kommt für die Bestimmung des Rechtswegs auf die Rechtsnatur des umstrittenen Anspruchs an (BSGE 27, 276; *Kruse* in BeckOK InfSchR § 68 Rn. 5a). Die umfassende Formulierung des Abs. 1 spricht schließlich dafür, dass diese sog. aufdrängende Sonderzuweisung an die Verwaltungsgerichtsbarkeit (zu diesem Begriff nur *Ruthig* in Kopp/Schenke VwGO § 40 Rn. 2) auch etwaige Streitigkeiten über die Auszahlung der Verdienstausfallentschädigung durch den Arbeitgeber nach § 56 Abs. 5 S. 1 erfasst, zumal der Entschädigungsanspruch seine Grundlage nicht im Arbeitsverhältnis hat (→ § 56 Rn. 3, 25). Dass dementsprechend nun ggf. Arbeitnehmer und Arbeitgeber vor dem Verwaltungsgericht um die Auszahlung der Verdienstausfallentschädigung streiten können, etwa wenn der Arbeitgeber die Zahlung unter Berufung auf einen Ausschlussgrund (→ § 56 Rn. 26ff.) verweigert, mag ungewöhnlich anmuten, ist durch die VwGO aber nicht ausgeschlossen und letztlich Konsequenz der umfassenden Rechtswegzuweisung in Abs. 1 S. 1 sowie der durch § 56 Abs. 5 S. 1 vorgesehenen Indienstnahme des Arbeitgebers.

9   Die von Abs. 1 erfassten Entschädigungs- und Erstattungsansprüche sind, soweit über sie durch VA entschieden wird, im Wege der **Verpflichtungsklage** (§ 42 Abs. 1 Alt. 2 VwGO) geltend zu machen (*Kruse* in BeckOK InfSchR § 68 Rn. 10b). Dies betrifft namentlich die Entschädigungs- und Erstattungs-, Kostenersatz- und Vorschussanträge nach § 56 Abs. 1, Abs. 1a, Abs. 4, Abs. 5 S. 2, Abs. 11 und Abs. 12 sowie in § 57 Abs. 1 S. 4 und § 58 S. 1. Bei ihnen sprechen das Antragserfordernis sowie die Einräumung eines behördlichen Entscheidungsspielraums (zB über den „angemessenen Umfang" der Erstattung, vgl. etwa § 56 Abs. 4 und § 58 S. 1) dafür, dass über das Bestehen der betreffenden Ansprüche verbindlich durch (ggf. konkludenten) VA entschieden wird (weiterführend hierzu *W.-R. Schenke* in Kopp/Schenke VwGO Anh § 42 Rn. 25f.; *U. Stelkens* in SBS VwVfG § 35 Rn. 89, 99ff., 145; im Ergebnis ebenso *Kruse* in BeckOK InfSchR § 68 Rn. 10b.1, die auf das gesetzgeberische Ziel der Bestandskraftmöglichkeit hinweist, das allerdings bei fehlender VA-Qualität durch die bloße Zuweisung zum Verwaltungsrechtsweg noch nicht erreicht würde). Soweit das Gesetz indes allein einen dem Umfang nach festgelegten materiellen Erstattungsanspruch begründet, etwa in § 57 Abs. 3 S. 3 bzgl. der Mehraufwendungen der Versicherungsträger (→ § 57 Rn. 9), erscheint die Annahme eines VA zweifelhaft, denn in der bloßen Erfüllung oder Verweigerung dieses Anspruchs ist noch keine Regelung iSd § 35 S. 1 VwVfG zu erblicken (*U. Stelkens* in SBS VwVfG § 35 Rn. 89, 99). Deshalb ist hier im Falle einer gerichtlichen Geltendmachung des Anspruchs die allgemeine Leistungsklage einschlägig. Auch soweit Arbeitnehmer und Arbeitgeber um die Auszahlung der Verdienstausfallentschädigung nach § 56 Abs. 5 S. 1 oder deren Rückgewähr im Falle einer rechtsgrundlosen Auszahlung streiten, ist auf die allg. Leistungsklage zurückzugreifen, weil dem Arbeitgeber in diesem Zusammenhang keine VA-Befugnis zur verbindlichen Feststellung von Ansprüchen zukommt; er ist als „Zahlstelle" der Verwaltung im Rahmen des § 56 Abs. 5 S. 1 (→ § 56 Rn. 45) noch nicht Beliehener (zum Begriff des Beliehenen nur *Maurer/Waldhoff*, § 23 Rn. 63ff.). Innerhalb des betreffenden Zeitraums von 6 Wochen muss der Arbeitnehmer ggf. eine einstweilige (Regelungs-)Anordnung nach § 123 Abs. 1 S. 2 VwGO erwirken. Soweit über Ansprüche nach §§ 56–58 nicht durch VA entschieden wird, findet ua § 75 S. 2 VwGO keine Anwendung, dh die Leistungsklage darf bereits vor Ablauf der dort grds. vor-

gesehenen Dreimonatsfrist erhoben werden; diese Fallgestaltungen werden auch von § 77 Abs. 3 nicht erfasst. Die systematische Stellung des § 77 Abs. 3 sowie dessen Bezeichnung als „Übergangsvorschrift" sprechen dafür, dass es sich lediglich um eine besondere Regelung für den Fristbeginn handelt, welche die Anwendbarkeit der VA-bezogener Rechtsbehelfsfristen (vgl. § 70 Abs. 1 S. 1, § 75 S. 2 VwGO) voraussetzt.

Bereits mit Blick auf § 68 Abs. 1 aF wurde überwiegend angenommen, dass **10** die Rechtswegzuweisung auch Streitigkeiten um die **Rückforderung und Rückerstattung behördlich gewährter Leistungen** einschließe (*Erdle*, § 68, S. 174; *Bachmann/Rung* in Kluckert § 15 Rn. 63; zur Widerklage einer Behörde BGH NJW 1983, 2029). Dies gilt nun jedenfalls für die Neufassung des Abs. 1 (im Ergebnis auch *Kruse* in BeckOK InfSchR § 68 Rn. 5a), zumal die Ansprüche nach §§ 56–58 öffentlich-rechtlicher Natur sind und durch die Eröffnung des Verwaltungsrechtswegs eine Rechtswegspaltung bzgl. der gegen die Behörde gerichteten Entschädigungs- und Erstattungsbegehren einerseits und Streitigkeiten um Rückforderungsbegehren andererseits, insbesondere behördliche Rückforderungsbegehren in Form eines Leistungsbescheides, vermieden wird (zur Problematik Voraufl., § 68 Rn. 4). Bei behördlich durch VA festgestellten Entschädigungs- oder Erstattungsleistungen ist jedoch zu beachten, dass im Sinne der sog. Kehrseitendoktrin (hierzu *Maurer/Waldhoff*, § 10 Rn. 35) auch ein etwaiger Erstattungsanspruch – freilich erst nach Aufhebung des die Zahlung gewährenden VA (so auch BGH NJW 1983, 2029: vor Aufhebung keine Widerklage der Behörde) – durch VA (Leistungsbescheid) durchgesetzt (und ggf. behördlich vollstreckt) werden kann; für eine Leistungsklage der Verwaltung fehlt das allg. Rechtsschutzbedürfnis (*Rennert* in Eyermann Vorb. §§ 40–53 Rn. 13). Der Adressat jenes Rückforderungsbescheides muss dann gegen diesen im Wege der Anfechtungsklage (§ 42 Abs. 1 Alt. 1 VwGO) vorgehen; die Eröffnung des Verwaltungsrechtswegs folgt hier, soweit man Abs. 1 nicht auf Streitigkeiten über Rückforderungsbescheide ausdehnen möchte, aus der Generalklausel des § 40 Abs. 1 S. 1 VwGO.

Neben den Ansprüchen nach §§ 56–58 sind gem. Abs. 1 seit dem EpiLage-**11** FortgeltungsG v. 29. 3. 2021 (BGBl. I 370) auch die **Ansprüche nach § 65** dem Verwaltungsrechtsweg zugewiesen. Das gesetzgeberische Motiv hierfür war die Beobachtung, dass Klagebegehren häufig zugleich auf § 56 und § 65 gestützt würden; insoweit sollte eine Rechtswegspaltung vermieden werden (BT-Drs. 19/27291, 66; zur Kritik → Rn. 4). Die Ansprüche nach § 65 unterscheiden sich allerdings von den meisten in §§ 56–58 geregelten Ansprüchen in verfahrensrechtlicher Hinsicht insbes. dadurch, dass für sie kein Antragsverfahren vorgesehen ist und keine behördliche Entscheidung durch VA erfolgt. Dementsprechend sind sie im Wege einer allg. Leistungsklage gerichtlich geltend zu machen. Es wird sich regelmäßig empfehlen, dass der Anspruchsteller vor Klageerhebung auch den Anspruch aus § 65 ggf. zunächst gegenüber der Behörde geltend macht; tut er dies nicht, lässt das aber nicht bereits das Rechtsschutzbedürfnis für seine Klage entfallen (*Ehlers* in Schoch/Schneider VwGO Vor § 40 Rn. 82; *W.R. Schenke* in Kopp/Schenke, Vor § 40 Rn. 51 mwN auch zur Gegenauffassung). Die bloße Erfüllung oder Verweigerung der Entschädigungszahlung durch die Behörde hat jedenfalls keine Regelungs-

bzw. VA-Qualität nach § 35 S. 1 VwVfG (*U. Stelkens* in SBS VwVfG § 35 Rn. 89, 99). Weil über Entschädigungsansprüche nach § 65 nicht durch VA entschieden wird, lässt sich kaum nachvollziehen, weshalb die Übergangsvorschrift des § 77 Abs. 5 für diese Ansprüche von einer Anwendbarkeit der VA-bezogenen Fristen in § 58 Abs. 2 S. 1, § 70 Abs. 1 und § 75 S. 2 VwGO ausgeht. Der Gesetzgeber wollte mit § 77 Abs. 5 eine Regelung „analog zu Absatz 3" treffen, hat dabei aber offenbar die unterschiedliche verfahrensrechtliche Ausgestaltung der von § 77 Abs. 3 erfassten Ansprüche nach §§ 56−58 einerseits und der von § 77 Abs. 5 erfassten Ansprüche nach § 65 andererseits nicht bedacht. Die systematische Stellung des § 77 Abs. 3 sowie dessen Bezeichnung als „Übergangsvorschrift" zeigen an, dass eine besondere Regelung für den Fristbeginn getroffen wird, welche die Anwendbarkeit der VA-bezogener Rechtsbehelfsfristen (vgl. § 70 Abs. 1 S. 1, § 75 S. 2 VwGO) voraussetzt, bei Fehlen eines VA jedoch ins Leere gehen muss.

C. Eröffnung des ordentlichen Rechtswegs aufgrund einer perpetuatio fori

12   Für Streitigkeiten über Ansprüche nach §§ 56−58, die vor dem Inkrafttreten der Neuregelung, also bis zum 18.11.2020, auf der Grundlage des § 68 Abs. 1 aF bei den ordentlichen Gerichten rechtshängig gemacht wurden (vgl. §§ 261 Abs. 1, 253 Abs. 1 ZPO), verbleibt es nach dem Grundsatz der **perpetuatio fori**, der nach § 17 Abs. 1 S. 1 GVG auch hinsichtlich des Rechtswegs gilt, bei der Zuständigkeit der Zivilgerichte (BT-Drs. 19/24334, 75); denn § 17 Abs. 1 S. 1 GVG erfasst auch die nachträgliche Änderung von Rechtswegzuweisungen (BGH NJW 2002, 1351; *Kruse* in BeckOK InfSchR § 68 Rn. 5b). Die sachliche Zuständigkeit richtet sich grds. nach den allg. streitwertabhängigen Regeln der §§ 23,71 GVG, weil sich § 71 Abs. 2 Nr. 2 GVG lediglich auf die Verletzung öffentlich-rechtlicher Pflichten bezieht, die Verdienstausfallentschädigungen nach § 56 jedoch nicht an eine derartige Pflichtverletzung anknüpfen (→ auch § 56 Rn. 3; für eine Anwendung von § 71 Abs. 2 Nr. 2 GVG aber *Geissler* in Quarch/Geissler/Plottek/Epe, § 6 Rn. 4). Eine streitwertunabhängige erstinstanzliche Zuständigkeit des Landgerichts kann sich allerdings aufgrund von § 71 Abs. 3 GVG iVm Landesrecht ergeben (*Kruse* in BeckOK InfSchR § 68 Rn. 6). Wurde vor Erhebung der zivilgerichtlichen Klage nicht der gesetzlich vorgesehene Antrag (etwa nach § 56 Abs. 11) gestellt, fehlt für die gerichtliche Geltendmachung das Rechtsschutzbedürfnis (*Kruse* in BeckOK InfSchR § 68 Rn. 9). Ist die Behörde auf einen Antrag hin untätig geblieben, soll der Anspruchsteller in Anlehnung an § 75 S. 2 VwGO vor der Klageerhebung drei Monate abwarten müssen (*Geissler* in Quarch/ Geissler/Plottek/Epe, § 6 Rn. 38; flexibler und in Anlehnung auch an Art. 22 Abs. 1 BayAGGVG aF *Kruse* in BeckOK InfSchR § 68 Rn. 9.1: „jedenfalls zwei bis drei Monate"). Dies erscheint jedoch nicht überzeugend, weil die ZPO für die Erhebung von Leistungsklagen lediglich ein allg. Rechtsschutzbedürfnis fordert.

13   Streitigkeiten über Ansprüche nach § 65 wegen behördlicher Verhütungsmaßnahmen nach §§ 16, 17 waren bis zum G zur Fortgeltung der die epidemische Lage von nationaler Tragweite betreffenden Regelungen v. 29.3.2021 (BGBl. I 370) nach Abs. 1 S. 2 aF dem ordentlichen Rechtsweg (§ 13 GVG) und damit den Zivilgerichten zugewiesen. Für diese Rechtswegzuweisung entschied sich der Gesetzgeber bereits in § 61 BSeuchG 1961 mit dem Ziel, eine einheitliche Rechtswegzuständigkeit für sämtliche Entschädigungstatbestände des BSeuchG zu schaffen (BT-Drs. III/1888, 30; → Rn. 2). Mit Blick auf die Vorläufervorschrift des § 65, § 57 BSeuchG 1961 war dies freilich nur bedingt sachgerecht, weil diese in ihrer damaligen Fassung – ebenso wie heute noch § 56 Abs. 1 (→ § 56 Rn. 3) – eine „Billigkeitsentschädigung" für „schicksalsbedingt" Betroffene darstellte, über deren Gewährung auf Antrag (§ 57 Abs. 2 BSeuchG 1961) durch VA entschieden wurde (→ § 65 Rn. 2, 15; *Kümper* DÖV 2020, 904 (907)). Die Zuweisung an die ordentliche Gerichtsbarkeit hätte deshalb zu denselben Schwierigkeiten führen können, die den Gesetzgeber zuletzt zur Zuweisung der Verdienstausfallentschädigung nach § 56 an die Verwaltungsgerichtsbarkeit veranlassten (→ Rn. 2). In der Folgezeit entwickelte sich § 57 BSeuchG bzw. § 65 jedoch zu einem Tatbestand der **Nichtstörer-Entschädigung** (→ § 65 Rn. 3 f.; *Kümper* DÖV 2020, 904 (907)), die ihrerseits eine Ausprägung des Aufopferungsgedankens darstellt (*Ossenbühl/Cornils*, S. 492 ff.; → § 65 Rn. 4). Dementsprechend wurden das Antragserfordernis und die Gewährung der Entschädigung durch VA abgelöst durch eine Regelung allein des materiellen Entschädigungsanspruchs. Vor dem Hintergrund dieser Entwicklung erschien die in Abs. 1 S. 2 aF getroffene Entscheidung für den ordentlichen Rechtsweg nachträglich – gleichsam „zufällig" – passend. Denn die Vorschrift folgte letztlich dem Muster der Polizei- und Ordnungsgesetze der Länder (vgl. etwa § 43 Abs. 1 OBG NRW, § 58 PolG BW) sowie des § 40 Abs. 2 S. 1 VwGO für Ansprüche aus Aufopferungsentschädigung, insbesondere für die Entschädigung wegen einer Inanspruchnahme als Nichtstörer (weiterführend *Rennert* in Eyermann § 40 Rn. 107 ff.; *Sodan* in Sodan/Ziekow § 40 Rn. 533 ff.). Für Streitigkeiten über Ansprüche nach § 65, die vor dem Inkrafttreten der Neuregelung durch das EpiLage-FortgeltungsG, also bis zum 31.3.2021., auf der Grundlage des § 68 Abs. 1 S. 2 aF bei den ordentlichen Gerichten rechtshängig gemacht wurden (vgl. §§ 261 Abs. 1, 253 Abs. 1 ZPO), verbleibt es nach dem Grundsatz der perpetuatio fori, der nach § 17 Abs. 1 S. 1 GVG auch im Falle einer nachträglichen Änderung von Rechtswegzuweisungen gilt (BGH NJW 2002, 1351), bei der Zuständigkeit der Zielgerichte. Deren sachliche Zuständigkeit richtet sich grds. nach den allg. streitwertabhängigen Regeln der §§ 23,71 GVG, weil sich § 71 Abs. 2 Nr. 2 GVG lediglich auf die Verletzung öffentlich-rechtlicher Pflichten bezieht, § 65 jedoch an rechtmäßige Verhütungsmaßnahmen anknüpft (für eine Anwendung von § 71 Abs. 2 Nr. 2 GVG aber *Geissler* in Quarch/Geissler/Plottek/Epe § 6 Rn. 4). Eine streitwertunabhängige erstinstanzliche Zuständigkeit des Landgerichts kann sich allerdings aufgrund von § 71 Abs. 3 GVG iVm Landesrecht ergeben (*Kruse* in BeckOK InfSchR § 68 Rn. 6).

D. Eröffnung des Verwaltungsrechtswegs für Ansprüche insb. auf der Grundlage der CoronaImpfV (Abs. 1a)

14   Der durch das EpiLage-FortgeltungsG v. 29.3.2021 (BGBl. I 370) eingefügte Abs. 1a begründet die Zuständigkeit der Verwaltungsgerichtsbarkeit
für Streitigkeiten über Ansprüche nach einer aufgrund von § 20i Abs. 3 S. 2
Nr. 1 lit. a (ggf. iVm S. 2) SGB V und § 5 Abs. 2 S. 1 Nr. 4 lit. c und f erlassenen
RVO. Insoweit hatte der Gesetzgeber insbes. Ansprüche auf Zugang zu Schutzimpfungen gegen SARS-CoV-2 nach § 1 der CoronaImpfV v. 10.3.2021
(BAnz AT 11.3.2021 V1) im Blick, hinsichtlich derer in der Praxis Unsicherheit darüber bestanden habe, ob der Rechtsweg zu den Sozialgerichten oder zu
den Verwaltungsgerichten eröffnet sei; durch Abs. 1a sollte eine ausdrückliche
Klarstellung erfolgen (BT-Drs. 19/27291, 66). Verschiedene Verwaltungsgerichte hatten insoweit bereits ihre Rechtswegzuständigkeit nach § 40 Abs. 1
S. 1 VwGO bejaht (überzeugend VG Gelsenkirchen BeckRS 2021, 58; vgl.
ferner VG München BeckRS 2021, 1183; VG Regensburg BeckRS 2021,
2149; zur Kritik an der verordnungsförmigen Regelung anstelle eines förmlichen Parlamentsgesetzes *Leisner-Egensperger* NJW 2021, 202; zur Problematik
der Impfpriorisierung bereits vor Erlass der CoronaImpfV instruktiv *Wolff*
DVBl. 2020, 1379). Die in Abs. 1a vorgenommene Rechtswegzuweisung
reicht wegen ihrer weiten Formulierung jedoch über die Streitigkeiten über
Ansprüche auf Schutzimpfungen nach § 1 CoronaImpfVO hinaus. Erstens
kann sie aufgrund ihrer Bezugnahme auf § 20i Abs. 3 S. 2 Nr. 1 lit. a (ggf. iVm
S. 2) SGB V und § 5 Abs. 2 S. 1 Nr. 4 lit. c und f der Wortwahl „nach einer"
VO grds. weitere aufgrund jener Ermächtigungen erlassene RVOen erfassen.
Und zweitens bezieht sie sich allg. auf „Ansprüche nach" einer derartigen
RVO und erfasst damit grds. sämtliche durch die betr. RVO begründeten An-
sprüche, dh auch andere als die Ansprüche auf Schutzimpfung, etwa den durch
§ 10 Abs. 1 S. 1 CoronaImpfV begründeten Erstattungsanspruch gegen private
Krankenversicherungsunternehmen.

E. Zuordnung von Impfschadensansprüchen (Abs. 2 und Abs. 3)

15   Abs. 2 S. 1 weist die öffentlich-rechtlichen Streitigkeiten aus dem Bereich
des Impfschadens (§§ 60ff.) abweichend von § 40 Abs. 1 S. 1 VwGO der **Sozialgerichtsbarkeit** zu (sog. abdrängende Sonderzuweisung iSd § 40 VwGO;
vgl. auch § 51 Abs. 1 Nr. 10 SGG). Die Entschädigung für Impfschäden wird
aus entstehungsgeschichtlicher und aus systematischer Sicht vielfach als Aufop-
ferungsausgleich eingestuft (→ Vorb. §§ 56–68 Rn. 10 und § 60 Rn. 2), so dass
eine Zuweisung an die ordentliche Gerichtsbarkeit ebenfalls denkbar wäre; bis
zur Aufnahme der Verknüpfung von Impfschadensrecht und BVG durch das 2.
ÄndG zum BSeuchG v. 25.8.1971 (BGBl. I 1401) und die Neuregelung der
Rechtswege durch § 61 Abs. 2 BSeuchG war sogar für Impfschadensansprüche
der ordentliche Rechtsweg gegeben (*Meßling* in Knickrehm § 68 IfSG Rn. 3).
Nun ist die Zuweisung der Streitigkeiten über die Versorgung wegen Impfscha-

dens an die Sozialgerichte Konsequenz der in §60 Abs. 1 S. 1 enthaltenen Verweisung auf die Vorschriften des BVG, die auch im Übrigen durch §51 Abs. 1 Nr. 6 SGG dem Aufgabenbereich der Sozialgerichtsbarkeit zugewiesen sind (*Erdle*, §68, S. 175; *Meßling* in Knickrehm §68 IfSG Rn. 3; *Kruse* in BeckOK InfSchR §68 Rn. 11). Der Bundesgesetzgeber kann ohnehin von der in §40 Abs. 2 S. 1 VwGO getroffenen Rechtswegbestimmung für Aufopferungsansprüche abweichen, vgl. §40 Abs. 1 S. 1 VwGO aE. (*Sodan* in Sodan/Ziekow §40 Rn. 483). Vor Klageerhebung ist der Versorgungsanspruch bei den zuständigen Versorgungsämtern geltend zu machen (§64 Abs. 2 iVm KOVVfG; → §64 Rn. 4); zudem sehen §§78ff. SGG die Durchführung eines Widerspruchsverfahrens vor.

Abs. 3 nimmt Versorgungsansprüche, die entsprechend den Vorschriften **16** über die Kriegsopferfürsorge nach §§25−27j gewährt werden, von der Zuständigkeit der Sozialgerichte aus und weist sie dem **Verwaltungsrechtsweg** zu. Diese Regelung hat vor dem Hintergrund von §51 Abs. 1 Nr. 6 SGG und §40 Abs. 1 S. 1 VwGO letztlich nur zusätzliche klarstellende Funktion (*Meßling* in Knickrehm §68 IfSG Rn. 2; *Kruse* in BeckOK InfSchR §68 Rn. 13). Vor Klageerhebung ist ein Antrag nach §64 Abs. 3 iVm §§53ff. KFürsV zu stellen (→ §64 Rn. 5) und ggf. ein Widerspruchsverfahren nach §§68ff. VwGO durchzuführen (*Kruse* in BeckOK InfSchR §68 Rn. 14).

Macht der Geschädigte neben dem Impfschadensanspruch nach §60 Abs. 1 **17** S. 1 einen Schadensersatzanspruch wegen einer **Amtspflichtverletzung** durch den behandelnden Amtsarzt nach §839 BGB/Art. 34 GG geltend (zur materiellen Anspruchskonkurrenz → §63 Rn. 3f.), so muss er diesen gesondert auf dem ordentlichen Rechtsweg (nicht „gegen den Arzt" – so *Erdle*, §68, S. 175 –, sondern gegen den Hoheitsträger, für den der Amtsarzt gehandelt hat; weiterführend *Ossenbühl/Cornils*, S. 112ff.) verfolgen. Denn gem. **§17 Abs. 2 S. 2 GVG** und Art. 34 S. 3 GG darf über Amtshaftungsansprüche nicht außerhalb des ordentlichen Rechtswegs entschieden werden (sa → Rn. 6).

§69 Kosten

(1) ¹Folgende Kosten sind aus öffentlichen Mitteln zu bestreiten, soweit nicht ein anderer Kostenträger zur Kostentragung verpflichtet ist:

1. **Kosten für die Übermittlung der Meldungen nach den §§6 und 7,**
2. **Kosten für die Durchführung der Erhebungen nach §13 Absatz 2 Satz 5,**
3. **Kosten für die Ablieferung von Untersuchungsmaterial an bestimmte Einrichtungen der Spezialdiagnostik nach §13 Absatz 3 Satz 1,**
4. **Kosten für Maßnahmen nach §17 Absatz 1, auch in Verbindung mit Absatz 3, soweit sie von der zuständigen Behörde angeordnet worden sind und die Notwendigkeit der Maßnahmen nicht vorsätzlich herbeigeführt wurde,**
5. **Kosten für Maßnahmen nach §19,**

6. Kosten für Schutzimpfungen oder andere Maßnahmen der spezifischen Prophylaxe gegen bestimmte übertragbare Krankheiten nach § 20 Absatz 5,
7. Kosten für die Durchführung von Ermittlungen nach § 25,
8. Kosten für die Durchführung von Schutzmaßnahmen nach den §§ 29 und 30,
9. Kosten für ärztliche Untersuchungen nach § 36 Absatz 5 Satz 1 und 3, Absatz 6 Satz 2, Absatz 7 Satz 2 und Absatz 10 Satz 2.

[2]Soweit ein anderer Kostenträger zur Kostentragung verpflichtet ist oder solange dies noch nicht feststeht, können die entsprechenden Kosten vorläufig aus öffentlichen Mitteln bestritten werden. [3]Der andere Kostenträger ist zur Erstattung der Kosten verpflichtet.

(2) Wer die öffentlichen Mittel aufzubringen hat, bleibt, soweit nicht bundesgesetzlich geregelt, der Regelung durch die Länder vorbehalten.

(3) [1]Für aus öffentlichen Mitteln zu bestreitende Kosten der Quarantänemaßnahmen nach § 30 ist der Kostenträger zuständig, in dessen Bezirk die von der Maßnahme betroffene Person zum Zeitpunkt der Anordnung der Maßnahme ihren gewöhnlichen Aufenthalt hat oder zuletzt hatte. [2]Falls ein gewöhnlicher Aufenthaltsort nicht feststellbar ist, werden die Kosten vorläufig von dem Kostenträger übernommen, in dessen Bezirk die Maßnahme angeordnet wird. [3]Der zuständige Kostenträger ist im Fall des Satzes 2 zur Erstattung verpflichtet. [4]Satz 1 gilt nicht, soweit die Länder abweichende Vereinbarungen treffen.

A. Zweck und Bedeutung der Norm

1   § 69 hat seine aktuelle Fassung durch das 3. BevSchG v. 18.11.2020 (BGBl. I 2397) erhalten. Die Norm enthält den Grundsatz, dass die **öffentliche Hand** alle nicht von dritter Seite (zB der Krankenversicherung) gedeckten **Kosten** zu tragen hat, die durch überwiegend **im öffentlichen Interesse** liegende Maßnahmen verursacht werden (*Gerhardt*, § 69 Rn. 1 mit Verweis auf die amtl. Begründung des BSeuchG 1961). Solche Kosten sollen den betroffenen Personen nicht auferlegt werden, dh es werden für die aufgeführten Maßnahmen keine Sonderopfer zugunsten des Gemeinwohls gefordert.

B. Entstehungsgeschichte

2   § 69 war in ähnlicher Form bereits in § 62 BSeuchG enthalten. Die letzten Änderungen vor der Corona-Pandemie erfolgten durch das Pflegepersonal-StärkungsG (PpSG) v. 11.12.2018 (BGBl. I 2394) und durch das Terminservice- und VersorgungsG (TSVG) v. 6.5.2019 (BGBl. I 646) (*Gerhardt*, § 69 Rn. 1 a). Bei den Änderungen des § 69 Abs. 1 durch das 2. BevSchG handelte es sich lediglich um redaktionelle Anpassungen und um eine Neunummerie-

rung des Abs. 1 S. 1. Durch das 3. BevSchG wurde § 69 Abs. 1 S. 1 Nr. 9 um den ebenfalls durch das 3. BevSchG neu eingefügten § 36 Abs. 10 S. 2 ergänzt.

C. Kosten (Abs. 1)

I. S. 1

In § 69 Abs. 1 S. 1 sind enumerativ in neun Nrn. Handlungen und Maßnah- **3** men aufgeführt, für die etwaige anfallende Kosten nicht von den betroffenen Personen, sondern von der öffentlichen Hand zu tragen sind, falls kein vorrangig verpflichteter Kostenträger existiert. Die Norm beinhaltet nicht nur eine objektiv-rechtliche Regelung, sondern gewährt den zur Durchführung einer der aufgezählten Maßnahmen herangezogenen Personen bei Vorliegen der erforderlichen sachlichen Voraussetzungen einen unmittelbaren gesetzlichen Anspruch auf Ersatz der ihnen durch die hoheitliche Inanspruchnahme entstandenen Aufwendungen gegenüber dem öffentlichen Kostenträger (VG Trier Urt. v. 7.4.2014 – 6 K 1342.13.TR, Rn. 17; BVerwG Urt. v. 2.3.1977 – I C 36.70, Rn. 33 zu § 62 Abs. 1 S. 1 lit. d BSeuchG; VG Bln. Urt. v. 14.3.2018 – 14 KR 65.15, Rn. 28; aA zu Nr. 1 *BBS*, § 69 Rn. 2). Die Entstehung eines solchen Erstattungsanspruchs aus § 69 Abs. 1 setzt – neben dem Vorliegen der in der jeweiligen Nr. genannten Maßnahme(n) – voraus, dass die geltend gemachten Kosten **infolge einer hoheitlichen, dem Vollzug des IfSG dienenden Inanspruchnahme** entstanden sind, dass die handelnde Behörde im Verhältnis zum Kostengläubiger zum Vollzug des IfSG **ermächtigt war** und **innerhalb der ihr zugewiesenen Befugnisse gehandelt** hat (VG Bln. Urt. v. 14.3.2018 – 14 K 65.15, Rn. 28).

Nr. 1 erfasst die Kosten, die aus den Meldepflichten für Krankheiten nach **4** § 6 und für Krankheitserreger nach § 7 resultieren. Die Sicherheit, dass solche Kosten nicht von den meldepflichtigen Personen zu tragen sind, dürfte dafür sorgen, dass diese nicht angesichts unsicherer Kostenerwartungen vor einer Meldung zurückschrecken. Zwecks möglichst umgehender Maßnahmen gegen die Weiterverbreitung übertragbarer Krankheiten zur Vermeidung hoher Folgekosten hat der Staat ein großes Interesse an schnellen, aussagekräftigen und detaillierten Meldungen (BT-Drs. 14/2530, 89). Die Kostentragung bezieht sich nach einheitlicher Verwaltungspraxis der Länder dabei nur auf die für die Übermittlung der Meldungen anfallenden Sach- und Portokosten, nicht hingegen auf Personalaufwendungen (*Erdle*, § 69, S. 176; *Gerhardt*, § 69 Rn. 2). Der Gesetzgeber geht davon aus, dass der Arzt für entsprechende Meldungen kein Honorar erhält und keine Personalkosten hat, die er der meldepflichtigen Person auferlegen könnte, da es sich um eine gesetzliche staatsbürgerliche Meldepflicht handelt, für die keine Gebühr verlangt werden kann (*Erdle*, § 69, S. 176).

Nach **Nr. 2** von der öffentlichen Hand zu tragen sind Kosten für die Durch- **5** führung der Erhebungen nach § 13 Abs. 2 S. 5. Dabei handelt es sich um zusätzliche Sentinel-Erhebungen der obersten Landesgesundheitsbehörden (→ § 13 Rn. 13).

Auch **Nr. 3** nimmt Bezug auf § 13 und erlegt die Kosten für die Ablieferung **6** von Untersuchungsmaterial an bestimmte Einrichtungen der Spezialdiagnostik nach § 13 Abs. 3 S. 1 der öffentlichen Hand auf. Es handelt sich bei dem betreffenden Material um Untersuchungsmaterial und Isolate von Krankheitserregern, die an bestimmte Einrichtungen der Spezialdiagnostik, insbes. an NRZ (→ § 4 Rn. 9), an Konsiliarlaboratorien (→ § 4 Rn. 9), an das RKI (→ § 4) und an fachlich unabhängige Landeslaboratorien abgeliefert werden. Auch hier sind die anfallenden Sachkosten und die Kosten der Ablieferung umfasst, nicht hingegen etwaige Personalkosten für das (ohnehin) tätige Personal (*Eckart* in BeckOK InfSchR § 69 Rn. 6).

7   **Nr. 4** erfasst Kosten für Maßnahmen nach § 17 Abs. 1 (iVm Abs. 3), soweit sie von der zuständigen Behörde angeordnet worden sind (s ergänzend die Entschädigungsregelung gem. § 65). Es geht hierbei ua um Kosten für notwendige Desinfektionen, Reinigungen und notfalls auch Vernichtungen von Gegenständen oÄ. Damit wird eine **Ausnahme** von der grundsätzlichen Haftung des **„Zustandsstörers"** geschaffen (*BBS,* § 69 Rn. 4). Die Kostentragung durch die öffentliche Hand ist **ausgeschlossen**, wenn die Notwendigkeit dieser Maßnahmen **vorsätzlich herbeigeführt** worden ist. Dabei muss sich der Vorsatz **auf die Herbeiführung der Gefahrensituation** beziehen (VG Mainz Urt. v. 29.11.2017 – 1 K 1430/16.MZ, Rn. 71). Ebenfalls selbst für die Kostentragung verantwortlich ist, wer die Maßnahmen ergreift, **ohne** dass diese angeordnet worden sind. Dann ist Nr. 4 nicht einschlägig (*Gerhardt,* § 69 Rn. 4). Dies kann ggf. die Folge haben, dass besonders umsichtige und freiwillig mitwirkende Personen ggü. besonders uneinsichtigen oder gedankenlosen Personen benachteiligt werden (sa *Erdle,* § 69, S. 176; dagegen VG Mainz Urt. v. 29.11.2017 – 1 K 1430/16.MZ, Rn. 72; *Eckart* in BeckOK InfSchR § 69 Rn. 8). Schon in der Vergangenheit war es in diesem Zusammenhang den Ländern überlassen, solchen **Ungerechtigkeiten** durch **ergänzende landesrechtliche Regelungen** zu begegnen, die vorsahen, dass die Gesundheitsämter notwendige Desinfektionsmaßnahmen kostenlos durchführen bzw. – sofern der Bürger sie selbst durchführen kann – die erforderlichen Desinfektionsmittel auf eigene Kosten zur Verfügung stellen (*Erdle,* § 69, S. 176f.). Dies dürfte auch weiterhin die Praxis bleiben.

8   **Nr. 5** erlegt die Kosten für Untersuchungen und Beratungen bei Krankheiten nach § 19 Abs. 1 der öffentlichen Hand auf. Dies stellt eine **Ausnahme** von dem Grundsatz dar, dass die Kosten für die Behandlung von Krankheiten vom IfSG normalerweise nicht erfasst sind (→ § 28 Abs. 1 S. 3, der die Anordnung einer Heilbehandlung ausdrücklich verbietet). Die Maßnahmen nach § 19 Abs. 1 sind Angebote der Gesundheitsämter zur **freiwilligen** Behandlung (*Erdle,* § 69, S. 177).

9   Von **Nr. 6** erfasst sind nur die Kosten für Schutzimpfungen oder andere Maßnahmen der spezifischen Prophylaxe, die von den Gesundheitsämtern gem. § 20 Abs. 5 vorgenommen werden. In der Praxis werden die meisten Schutzimpfungen von den Krankenkassen bezahlt, vgl. § 20i SGB V, da das **Gesundheitsamt nur subsidiär** zuständig ist.

10   Als Kosten für die Durchführung von Ermittlungen iSv **Nr. 7** werden nur solche angesehen, die **unmittelbar** für solche Ermittlungen aufzuwenden sind. Verwaltungskosten, die im Vollzug von § 25 Abs. 3 oder von § 29 Abs. 2 anfallen (zB für Vorladeanordnungen oder polizeiliche Vollzugshilfe), gehören zu den Kosten iSv **Nr. 8** (*Erdle,* § 69, S. 177).

Nr. 8 deckt etwa notwendige Fahrtkosten der betroffenen Person bei Vor- **11** ladungen ab. **Nicht** zu den Kosten nach **Nr. 8** zählt Verdienstausfall aufgrund von Vorladungen oder Untersuchungen durch das Gesundheitsamt; dies ist abschließend von § 56 erfasst. Eine Ausnahme zu der Kostentragung aus öffentlichen Mitteln regelt seit dem EpiLage-FortgeltungsG der neue § 36 Abs. 8 S. 1 Nr. 1 (→ § 36 Rn. 59 ff.). In dem dort geregelten Fall einer verordneten Absonderung nach einem Aufenthalt in einem Risikogebiet sind die Kosten der Absonderung aus eigenen Mitteln zu bestreiten (s BT-Drs. 19/27291, 63).

IRv **Nr. 8 Alt. 2** können sich ggf. **Abgrenzungsprobleme** zwischen Ab- **12** sonderungs- und **Heilbehandlungskosten** ergeben. Letztere sind von Nr. 8 **nicht** erfasst. Die Abgrenzung wird problematisch, wenn eine Absonderung in einem Krankenhaus nur erfolgt, weil eine Isolierung in der häuslichen Wohnung aus tatsächlichen Gründen nicht möglich ist (→ § 30 Rn. 14) und im Krankenhaus dann zugleich eine Heilbehandlung durchgeführt wird. Werden die Krankenhauskosten in einem solchen Fall – wie häufig – pauschaliert veranschlagt, dh nicht unterteilbar in Unterbringungs- und Verpflegungskosten einerseits und Heilbehandlungskosten andererseits, stellt sich die Frage, ob § 69 überhaupt einschlägig ist oder ob die Krankenversicherung die Kosten (insgesamt oder zT?) tragen muss (sa *Gerhardt*, § 69 Rn. 8). Nach der **Rspr.** können solche pauschalen Pflegesätze **nur insgesamt** als nach § 69 Abs. 1 Nr. 8 erstattungsfähige Absonderungskosten oder als nach dieser Vorschrift nicht erstattungsfähige Heilbehandlungskosten qualifiziert werden (BVerwG Urt. v. 2.3.1977 – I C 36.70, Rn. 70; VG Bln. Urt. v. 14.3.2018 – 14 K 65.15, Rn. 33; *Erdle*, § 69, S. 177 f.). Dabei unterscheidet die Rspr. danach, ob eine gelegentlich der Absonderung durchgeführte stationäre Heilbehandlung schon **aus medizinischen Gründen erforderlich** gewesen wäre – in diesem Falle fallen die Krankenhauskosten als Heilbehandlungskosten an – oder ob aus medizinischer Sicht eine stationäre Behandlung **nicht nötig gewesen wäre** – in diesem Falle handelt es sich um Absonderungskosten (BVerwG Urt. v. 2.3.1977 – I C 36.70, Rn. 71 mwN; VG Bln. Urt. v. 14.3.2018 – 14 K 65.15, Rn. 33; sa *BBS*, § 69 Rn. 8 f.). Dieselben Erwägungen gelten entsprechend für die Kosten eines Krankentransports in die Absonderungseinrichtung (*Gerhardt*, § 69 Rn. 8).

Besonders iRv **Nr. 8 Alt. 2** problematisch werden kann ferner die Frage, ob **13** die Kosten infolge einer **hoheitlichen,** dem Vollzug des IfSG dienenden Inanspruchnahme entstanden sind (→ Rn. 3). Dabei legt die Rspr. den Begriff der hoheitlichen Inanspruchnahme **weit** aus (VG Bln. Urt. v. 14.3.2018 – 14 K 65.15, Rn. 30). Es bedarf **keiner ausdrücklichen behördlichen Absonderungsanordnung** oder des Erlasses eines entsprechenden VA (VG Trier Urt. v. 7.4.2014 – 6 K 1342.13.TR, Rn. 18; BVerwG Urt. v. 2.3.1977 – I C 36.70, Rn. 35 f.; VG Bln. Urt. v. 14.3.2018 – 14 K 65.15, Rn. 30). Vielmehr genügt es, wenn und soweit der Kostengläubiger durch eine hierfür zuständige Behörde zum Zwecke des Vollzugs des § 30 zu den von ihm erbrachten Krankenhausleistungen **veranlasst worden ist** (BVerwG Urt. v. 2.3.1977 – I C 36.70, Rn. 35; VG Bln. Urt. v. 14.3.2018 – 14 K 65.15, Rn. 30), dh wenn sich die herangezogene Person einem ihr gegenüber mit hinreichender Deutlichkeit und Bestimmtheit geäußerten **Willen der Behörde unterordnet** und die von dieser für erforderlich gehaltenen und gewünschten Maßnahmen

Hollo 691

vornimmt (OVG Münster Beschl. v. 30.11.2007 – 13 A 1454.07, Rn. 4; BVerwG Urt. v. 2.3.1977 – I C 36.70, Rn. 57; VG Bln. Urt. v. 14.3.2018 – 14 K 65.15, Rn. 30). Grund für dieses weite Verständnis ist, dass es unbillig wäre, wenn nur der durch VA zum Gesetzesvollzug Herangezogene Kostenersatz beanspruchen könnte, nicht dagegen derjenige, der sich aus Einsicht, ggf. sogar im Einvernehmen aller Beteiligten, einem rechtlich nicht verbindlichen Ersuchen der Behörde unterwirft (BVerwG Urt. v. 2.3.1977 – I C 36.70, Rn. 57; VG Bln. Urt. v. 14.3.2018 – 14 K 65.15, Rn. 30; vgl. zur Abgrenzung OVG Münster Beschl. v. 30.11.2007 – 13 A 1454.07, Rn. 4 ff.: kein Kostenerstattungsanspruch eines Krankenhauses bei bloßer Meldung eines Tuberkuloseverdachts an das Gesundheitsamt). Zur Unterscheidung zwischen „freiwilliger" und zwangsweiser Absonderung → § 30 Rn. 6 ff.

14   **Nr. 9** regelt, dass die Kosten für bestimmte, genau aufgeführte ärztliche Untersuchungen, die der Betroffene zu dulden hat, von der öffentlichen Hand zu tragen sind. Durch das 3. BevSchG neu hinzugekommen ist die Kostentragungspflicht für ärztliche Untersuchungen nach § 36 Abs. 10 S. 2. Der Tatbestand des durch das 3. BevSchG neugefassten § 36 Abs. 10 S. 2 sieht vor, dass Personen, die kein aufgrund der RVO nach § 36 Abs. 10 S. 1 erforderliches ärztliches Zeugnis vorlegen, verpflichtet sind, eine ärztliche Untersuchung zum Ausschluss der bedrohlichen übertragbaren Krankheit nach § 38 Abs. 8 S. 1 zu dulden. Diese Untersuchung wurde in den Anwendungsbereich des § 69 Abs. 1 S. 1 Nr. 9 aufgenommen, damit die hierfür anfallenden Kosten aus öffentlichen Mitteln zu bestreiten sind. Die Beschränkung der Nr. 9 auf die zu erduldenden staatlichen Untersuchungen ist bewusst erfolgt (BT-Drs. 19/8351, 223 mwN), privat einzuholende ärztliche Zeugnisse sollen nicht erfasst sein (BT-Drs. 19/8351, 223).

II. S. 2–3

15   S. 2 und 3 regeln die vorläufige Kostentragung durch die öffentliche Hand, damit die Maßnahmen nach S. 1 zügig und ohne Zeitverlust durch vorherige (Rechts-)Streitigkeiten vorgenommen werden. Die Kostenerstattung und evtl. Streitaustragungen erfolgen im Nachhinein. Statthafte Klageart für Erstattungsbegehren nach S. 3 ist die **allg. Leistungsklage**, da der Kostenanspruch qua Gesetzes besteht. Eines vorgelagerten Festsetzungs- oder Bewilligungsbescheides bedarf es nicht.

D. Regelungsvorbehalt (Abs. 2)

16   Abs. 2 enthält einen klarstellenden Regelungsvorbehalt für die Länder zur näheren Ausgestaltung der Kostenträgerschaft für die iRv Abs. 1 erforderlichen Mittel. Da das IfSG als eigene Angelegenheit der Länder nach Art. 83, 84 GG ausgeführt wird, ist eine Regelung durch die Länder nicht erforderlich, wenn der Vollzug durch Behörden der unmittelbaren Landesverwaltung erfolgt (*Erdle*, § 69, S. 178 mwN; *BBS*, § 69 Rn. 11). S die Sonderregelung in § 19 Abs. 2.

E. Quarantäne/Absonderung (Abs. 3)

Abs. 3 wurde durch das GMÜK v. 17.7.2018 (BGBl. I 2615) angefügt und **17** soll die Problematik länderübergreifender Kostentragung iRd § 30 regeln (BT-Drs. 18/10938, 75). Für die Kosten für Quarantänemaßnahmen nach § 30 sollte – unbeschadet abweichender Regelungen in den Ländern (S. 4) – ein transparenter und gerechter Ausgleichsmechanismus geschaffen werden (BT-Drs. 18/10938, 75). Seit dem 2. BevSchG v. 19.5.2020 (BGBl. I 1018) heißt es in § 30 nicht mehr „Quarantäne", sondern „Absonderung" (→ § 30 Rn. 4). Die sprachliche Anpassung bei § 69 wurde offenbar versäumt und ist weder im Zuge des 3. BevSchG noch des EpiLage-FortgeltungsG nachgeholt worden.

F. Rechtsschutzmöglichkeiten

Statthafte Klageart für **Erstattungsbegehren eines Leistungserbringers** **18** **gegen den öffentlichen Kostenträger** (gegensätzlicher Fall von Abs. 1 S. 3) ist die **allg. Leistungsklage,** da der Kostenanspruch keinen mit einer Verpflichtungsklage zu begehrenden Erlass eines vorgelagerten Festsetzungs- oder Bewilligungsbescheides voraussetzt (VG Bln. Urt. v. 14.3.2018 – 14 KR 65.15, Rn. 24). Die allg. Leistungsklage kann mit einem Anfechtungsantrag gem. § 42 Abs. 1 VwGO verbunden werden, falls der öffentliche Kostenträger das Erstattungsbegehren bereits mit Bescheid abgelehnt hat (VG Bln. Urt. v. 14.3.2018 – 14 KR 65.15, Rn. 25).

14. Abschnitt – Straf- und Bußgeldvorschriften

Vorbemerkung vor §§ 73 ff.

Übersicht

Schrifttum: *Cerny/Makepeace,* Coronavirus, Strafrecht und objektive Zurechnung, KriPoZ 2020, 148; *Deutscher,* Die „Corona-Krise" und das materielle Strafrecht, StRR 4/2020, 4; *ders.,* Die „Corona-Krise" – Straftaten und Ordnungswidrigkeiten, ZAP 2020, 489; *Esser/Tsambikakis* (Hrsg.), Pandemiestrafrecht, 2020; *Fahl,* Das Strafrecht in den Zeiten von Corona, JURA 2020, 1058; *Giese/Schomburg,* Compliance – Strafbarkeitsrisiken des Arbeitgebers in der Pandemie, NStZ 2020, 327; *Heuser,* Das Strafrecht der Ausgangs- und Kontaktsperre in Zeiten der Pandemie, StV 2020, 426; *ders.,* Die Sanktionsbewehrung der infektionsschutzrechtlichen Generalklausel des § 28 I S. 1 IfSG – Zur mangelnden Bestimmtheit des Blankettkonstrukts i. S. v. Art. 103 Abs. 2 GG, HRRS 2021, 63 ff., *Hotz,* Die Strafbarkeit des Verbreitens von Krankheitserregern am Beispiel der Corona-Krise, NStZ 2020, 320; *Kaltenhäuser/Braun,* Der Entwurf eines Masernschutzgesetzes vom 9.8.2019 – Chancen und Risiken, medstra 2020, 24; *Kubiciel,* Arbeitsstrafrecht und Hygiene-Compliance nach dem Shutdown, jurisPR-StrafR 8/2020 Anm. 1; *Lorenz/Oğlakcıoğlu,* Keine Panik im Nebenstrafrecht – Zur Strafbarkeit wegen Verstößen gegen Sicherheitsmaßnahmen nach dem IfSG, KriPoZ 2020, 108; *Lorenz,* Anmerkung zu AG Reutlingen, Urt. v. 3.7.2020 – 5 OWi 26 Js 13211/20, COVuR 2020, 613 ff.; *ders./Bade/Bayer,* Straf- und ordnungswidrigkeitenrechtliche Fragen zu Schnell- und Selbsttests zum Nachweis von SARS-CoV-2 und COVID-19, PharmR 2020, 649 ff.; *ders.,* Anmerkung zu OLG Oldenburg, Beschl. v. 11.12.2020 – 2 Ss (OWi) 286/20, COVuR 2021, 119; *ders.,* Anmerkung zu AG Braunschweig, Urt. v. 29.10.2020 – 112 C 1262/20, JR 2021, im Erscheinen; *ders.,* Anmerkung zu OLG Hamburg, Beschl. v. 17.2.2021 – 2 RB 69/201, COVuR 2021, 247; *ders.,* Anmerkung zu AG Straubing, Urt. v. 1.2.2021 – 7 OWi 704 Js 30876/20, COVuR 2021, 263; *Makepeace,* Coronavirus: Körperverletzung ohne Symptome?, ZJS 2020, 189; *ders.,* Damit nicht auch das Strafrecht erkrankt – Können rechtswidrige Verordnungen strafbewehrend sein?, JR 2020, 542; *ders.,* Missbrauch des Strafrechts: Strafbarkeit aufgrund materiell rechtswidriger Verwaltungsakte?, GA 2020, 485; *Merz,* Social distancing in Dortmund – coronabedingte Kontaktverbote unwirksam und damit bußgeldlos? Zugleich Anmerkung zu AG Dortmund, COVuR 2020, 896;

Münster, Strafbarkeitsrisiken bei der Forschung an gefährlichen Viren in Hochsicherheitslaboren, medstra 2019, 211; *Peglau,* jurisPR-StrafR 7/2020; *Putzer,* Verstöße gegen Landesverordnungen zur Eindämmung des neuartigen Corona-Virus – Straftat oder Ordnungswidrigkeit?, HRRS 2020, 445; *Rau,* Straftaten nach dem Infektionsschutzgesetz in der aktuellen Corona-Pandemie, StV 2020, 622; *Rixen,* Gesundheitsschutz in der Coronavirus-Krise – Die (Neu-)Regelungen des Infektionsschutzgesetzes, NJW 2020, 1097; *Ruppert,* Die Strafbarkeit nach dem Infektionsschutzgesetz. Strafrechtliche Implikationen des Coronavirus, medstra 2020, 148; *Ulsenheimer/Gaede* (Hrsg.), Arztstrafrecht in der Praxis, 6. Aufl. 2020; *Weisser,* Strafrecht in Zeiten des Coronavirus – Konsequenzen des Verstoßes gegen Quarantänemaßnahmen bei Infektionskrankheiten, medstra 2020, 153; *Weißenberger,* Die Corona-Pandemie und das Strafrecht, insbesondere in Verbindung mit dem (neuen) IfSG, HRRS 2020, 166.

A. Zweck und praktische Bedeutung

Die Straf- und Bußgeldvorschriften sichern zahlreiche Ge- und Verbote des **1** IfSG durch Sanktionsandrohung ab. Das IfSG selbst bezweckt die Vorbeugung, frühzeitige Erkennung von Infektionen und Verhinderung der Weiterverbreitung übertragbarer Krankheiten beim Menschen (→ § 1 Rn. 4f.). Als Rechtsgüter bzw. legitime Interessen der straf- und bußgeldbewehrten Verbote lassen sich sowohl **Individual- als auch Kollektivinteressen** benennen (Leben und körperliche Integrität einerseits, Bevölkerungsgesundheit andererseits). In der Vergangenheit ist die praktische Bedeutung der Strafvorschriften des IfSG **gering** geblieben. Die Zahl der Abgeurteilten ist marginal (Statistisches Bundesamt, Fachserie 10 Reihe 3: 2015: 7; 2016: 3; 2017: 3; 2018: 8; 2019: 3). Das wird auch die Corona-Pandemie (Pandemie des Virus SARS-CoV-2 und der dadurch ausgelösten Lungenkrankheit COVID-19), v. a. auch im Hinblick auf die reformbedingte Zurücknahme der Strafdrohung aus § 75 Abs. 1 Nr. 1 (→ Rn. 2), nicht ändern (*Rau* StV 2020, 722 (724)). Für die Bußgeldvorschriften existieren keine statistischen Erhebungen. Infolge der Corona-Pandemie war jedoch schon früh auf Grundlage zahlreicher Medienberichte ein deutlicher Anstieg der Zahl von Bußgeldverfahren zu prognostizieren. Tatsächlich war der Presse im Frühherbst 2020 zu entnehmen, dass allein in den sieben größten deutschen Städten (ca. 10,1 Mio. Einwohner) bis Anfang Oktober mehr als 35.000 Bußgeldverfahren wegen Verstößen gegen die Eindämmungs-VOen bzw. -AllgVfg der Länder eingeleitet worden sind.

B. Historie

Die Straf- und Bußgeldvorschriften wurden seit Inkrafttreten des IfSG immer **2** wieder ergänzt (zur Entwicklung des Infektionsschutzrechts → Einf. Rn. 8ff.). **Wichtige Änderungen** aus jüngerer Vergangenheit anlässlich der **Masernimpfpflicht** und der **Corona-Pandemie** sind die Einführung des § 73 Abs. 1a Nr. 7a–7d (mWv 1.3.2020 durch das MasernschutzG v. 10.2.2020 (BGBl. I 148)) sowie des § 73 Abs. 1a Nr. 1 nF und die Änderung der Nr. 24 (jeweils mWv 28.3.2020 durch das 1. BevSchG v. 27.3.2020 (BGBl. I 587)) gewesen. Die Anpassung des § 73 Abs. 1a Nr. 24 war notwendig, um unmittelbare Verstöße gegen RVOen zur Eindämmung des Coronavirus überhaupt sanktionieren zu können (→ Rn. 6). In einer weiteren, ebenfalls der Corona-Pandemie geschuldeten Überarbeitung wurden § 73 Abs. 1 a Nr. 1, 6 und 24 sowie § 75 Abs. 1 Nr. 1 **grdl. reformiert** (mWv 23. 5. 2020 durch das 2. BevSchG v. 19. 5. 2020 (BGBl. I 1018)). Im Zuge dessen wurde § 73 Abs. 1 a Nr. 6 um die Bezugsnormen §§ 28 Abs. 1 S. 2, 30 Abs. 1 S. 2 und 31 erweitert, § 75 Abs. 1 Nr. 1 spiegelbildlich um eben jene Normen reduziert. Dadurch wurden zahlreiche Verhaltensweisen von Straftaten zu Ordnungswidrigkeiten (im Folgenden OWi) herabgestuft. Auswirkungen hat dies va auch für **Altfälle** (→ Rn. 21 ff.). Der Gesetzgeber sah sich zu diesem Schritt veranlasst, weil er die ursprüngliche Differenzierung zwischen der Ahndung von Verstößen gegen Eindämmungsmaßnahmen nach § 28 Abs. 1 S. 1 (OWi: § 73) und S. 2 (Straftat: § 75 Abs. 1 Nr. 1 aF) angesichts eines nicht durchgängig erkennbaren Stufenverhältnisses als unbefriedigend bewertete und eine gleichmäßige Sanktionierung als OWi für angezeigt hielt (BT-Drs. 19/18967, 61). Unbegründet blieb sein Vorgehen mit Blick auf § 30 Abs. 1 S. 2 und § 31. Hintergrund könnte das krisenbedingte politische Anliegen gewesen sein, der laufenden Strafverfolgung, zB der nicht unerheblichen Zahl von Personen, die gegen eine Absonderungsmaßnahme verstoßen haben und vorher strafrechtlich unbescholten waren, die Grundlage zu entziehen (ebenso *Rau* StV 2020, 722 (724)). Angesichts der massiven Gefährdung der Allgemeinheit, die bspw durch die Delinquenz eines abgesonderten infektiösen Kranken entstehen kann, ist diese Entscheidung in ihrer Pauschalität aber wenig überzeugend (aA wohl *Tsambikakis/Kessler* in Pandemiestrafrecht, § 1 Rn. 92 ff.). Weiterhin wurde in § 6 Abs. 1 Nr. 1 lit. t COVID-19 als **meldepflichtige Krankheit** sowie in § 7 Abs. 1 Nr. 44a SARS-CoV bzw. SARS-CoV-2 als **meldepflichtiger Krankheitserreger** aufgenommen. Mangels einer derartig expliziten Nennung in der enumerativen Aufzählung schied eine Strafbarkeit nach §§ 74, 75 Abs. 5 (→ § 75 Abs. 5 Rn. 15) und die Erfolgsqualifikation nach § 75 Abs. 3 StGB in Bezug auf SARS-CoV-2 und COVID-19 zuvor wohl aus (zutreffend *Peglau* JurisPR-StrafR 7/2020, Anm. 1) bzw. hätte auf die vagen Auffangtatbestände aus § 6 Abs. 1 Nr. 5 und § 7 Abs. 2 gestützt werden müssen (zu den Problemen allerdings → § 75 Rn. 14). Die nächste Reform der §§ 73 ff. erfolgte mWv 19. 11. 2020 durch das 3. BevSchG v. 18. 11. 2020 (BGBl. I 2397). In § 73 Abs. 1 a wurden durch das Gesetz erforderlich gewordene Folgeänderungen berücksichtigt (→ § 73 Rn. 4, 9), redaktionelle Fehler behoben (→ § 73 Rn. 10, 12), Erweiterungen der in Bezug genommenen Ermächtigungsgrundlagen vorgenommen (→ § 73 Rn. 12) sowie die bereits in der Vorauflage kritisierte Nr. 8 (zunächst) vollständig aufgehoben (→ § 73 Rn. 7). § 74 wurde erweitert, sodass nunmehr auch die Verbreitung von einer in einer RVO nach § 15 Abs. 1 oder Abs. 3 genannten Krankheit oder eines dort genannten Krankheitserregers erfasst ist (→ § 74 Rn. 1). Der § 77 wurde um eine Fristenregelung ergänzt (→ § 77). Ursprünglich sollte aufgrund des 3. BevSchG zum 1. 4. 2021 der § 73 Abs. 1 a Nr. 1 außer Kraft treten und von Nr. 24 Verstöße gegen RVOen ausgenommen werden, die auf § 5 Abs. 2 S. 1 Nr. 4 lit. c–g oder Nr. 8 lit. c gestützt wurden (BGBl. I 2397 (2405)). Davon wurde mit dem EpiLage-FortgeltungsG v. 29. 3. 2021 (BGBl. I 370) wegen des Andauerns der Corona-Pandemie Abstand genommen. Weitere Änderungen dieser Reform waren die Aufhebung des § 73 Abs. 1 und Überführung des darin enthaltenen Verbots in den neugeschaffenen § 73 Abs. 1a Nr. 22b (→ § 73 Rn. 3), die Wiedereinführung von § 73 Abs. 1a Nr. 8 nach Reform der Bezugsnorm in § 22 Abs. 1 (kritisch → § 73 Rn. 7), eine Anpassung hinsichtlich der Ermächtigungsgrundlagen in § 73 Abs. 1a Nr. 24 (→ § 73 Rn. 12) sowie eine Ergänzung des § 77 um Abs. 4 und 5 (→ § 77 Rn. 2). Mit der jüngsten Reform durch das 4. BevSchG v. 22. 4. 2021 (BGBl. I 802) wurden in § 28b Ge- und Verbote implementiert, die unter bestimmten Voraussetzungen ohne Umsetzungsakt, dh unmittelbar kraft Gesetzes gelten und zur Eindämmung der Corona-Pandemie dienen sollen (→ § 28b Rn. 1 ff.). Zur wirksamen Umsetzung der vorgesehenen Maßnahmen der „Notbremse" wurde die Bußgeldvorschrift angepasst und § 73 Abs. 1a Nr. 11b–m eingefügt sowie § 73 Abs. 1a Nr. 24 um die neue Ermächtigungsgrundlage aus § 28b Abs. 6 S. 1 Nr. 1 ergänzt. Verstöße hiergegen sind taugliche Anknüpfungspunkte der Strafvorschrift aus § 74, ohne dass es dafür einer Anpassung bedurfte (BT-Drs. 19/28444, 16). Neben dem bundesrechtlichen IfSG hatten infolge der Corona-Pandemie einige Bundesländer auch ein eigenes IfSG mit weitergehenden Straf- und Bußgeldvorschriften erlassen (zB BayIfSG, außer Kraft getreten am 31. 12. 2020, und IfSBG NRW).

C. Überblick und Systematik

I. Grobstruktur der Sanktionsnormen

Die Sanktionsnormen des IfSG (§§ 73, 74, 75) erfahren durch eine **Dreitei-** 3 **lung** eine Grobstruktur. Anders als im Arzneimittelstrafrecht impliziert die Abfolge der Vorschriften nicht den Schweregrad des Verstoßes. Vielmehr enthält § 73 einen Ordnungswidrigkeitentatbestand, der numerisch nach den Anknüpfungsverboten und -geboten geordnet ist (zu den Bezugsnormen → § 73 Rn. 2 ff.). Es folgt die Strafvorschrift des § 74, die als Vorsatz-Vorsatz-Kombination wiederum an bestimmte Ordnungswidrigkeiten des § 73 Abs. 1 (→ § 74 Rn. 1), Abs. 1a (Nr. 1–7, 11–20, 22, 22a, 23 oder 24) knüpft, im Erfolgsteil allerdings die Verbreitung einer in § 6 Abs. 1 S. 1 Nr. 1 genannten Krankheit, eines in § 7 genannten Krankheitserregers oder nunmehr auch einer, in einer RVO nach § 15 genannten Krankheit oder eines Krankheitserregers verlangt (→ § 74 Rn. 2 ff.). Die zweite Strafvorschrift des § 75 Abs. 1, 2 und 5 erfasst Verstöße gegen bestimmte Formen verwaltungsrechtlicher Ver- und Gebote, die der Gesetzgeber für besonders wichtig und damit deren Missachtung für strafwürdig erachtet hat. In § 75 Abs. 3 findet sich zudem eine **Qualifikation,** die beim Eintritt des in § 74 beschriebenen Erfolgs greift, während § 75 Abs. 4 die fahrlässige Verwirklichung des § 75 Abs. 1 oder 2 unter Strafe stellt.

II. Verwaltungsakzessorietät

Die Strafvorschriften und Ordnungswidrigkeiten knüpfen einerseits unmit- 4 telbar an gesetzliche Ge- und Verbote (Tätigkeitsverbote, Meldepflichten, insgesamt die Maßnahmen der „Notbremse" aus § 73 Abs. 1a Nr. 11b–m), anderseits an verschiedene Handlungsformen der Verwaltung an. Hierzu zählen zum einen vollziehbare Anordnungen in Form von VAen oder AllgVfg. und zum anderen RVOen. Dies macht die Sanktionsnormen des IfSG **verwaltungsakzessorisch** und zieht ubiquitäre Rechtsfragen des Nebenstrafrechts wie auch strafverfassungsrechtliche Bedenken nach sich (→ Rn. 4 ff., 15 ff., zusf. *Lorenz / Oğlakcıoğlu* KriPoZ 2020, 108 (111)).

5   **1. Einheitliche Auslegung contra Normspaltung.** Soweit eine Strafvorschrift auf ein bestimmtes Ver- oder Gebot Bezug nimmt, prallen die divergierenden Regelungsziele des Verwaltungsrechts (hier in Form des Gefahrenabwehrrechts → Einf. Rn. 23 ff.) einerseits und des Strafrechts andererseits aufeinander. Der Konflikt manifestiert sich in der Frage einer mehr oder weniger restriktiven Auslegung der Bezugsnormen. Während eine extensive, gefahrenabwehrrechtlich gebotene Auslegung aus strafrechtlicher Perspektive Friktionen im Hinblick auf den Bestimmtheitsgrundsatz und das Verhältnismäßigkeitsprinzip mit sich bringt, führt eine genuin an den Maßstäben des Strafrechts orientierte Interpretation aus dem Blickwinkel des Sicherheitsrechts zu einem vermeidbaren Effektivitätsverlust. Plädiert wird daher für die Möglichkeit einer **strafrechtsautonomen Auslegung** der Bezugsnormen (sog. „Normspaltung", hierzu *Kudlich / Oğlakcıoğlu,* Wirtschaftsstrafrecht, 2020, Rn. 50; *Francusci* JuS 2014, 886). Eine ggf. verwaltungsrechtlich angezeigte und methodisch zulässige, extensive Auslegung einer Verhaltensnorm (→ § 42 Rn. 3) lässt noch keine zwingenden Rückschlüsse auf die Auslegung des Verbots als strafrechtlich relevanter Verstoß zu (vgl. hierzu BGH NJW 1990, 2477 (2478)).

6   **2. Verstöße gegen Maßnahmen der Exekutive.** Bei Vorschriften, welche auf Verwaltungshandeln Bezug nehmen, ist die vom Gesetzgeber **gewählte Formulierung** maßgeblich: Soweit ein Verstoß gegen eine RVO (und nicht „in Verbindung mit") zur Voraussetzung erhoben wird, genügt es nicht, wenn lediglich eine vollziehbare Anordnung missachtet wird. Umgekehrt kann das Handeln wider eine RVO nicht genügen, wenn die Sanktionsnorm den Verstoß gegen eine vollziehbare Anordnung voraussetzt (aA *Rau* in Schmidt, § 23 Rn. 11). Letzteres wurde während der Corona-Pandemie im Hinblick auf § 75 Abs. 1 Nr. 1 und die Eindämmungsmaßnahmen nach § 28 Abs. 1 anfangs zum Teil übersehen (*Lorenz / Oğlakcıoğlu* KriPoZ 2020, 108, (111); zust. *Tsambikakis / Kessler* in Pandemiestrafrecht, § 1 Rn. 92); der Gesetzgeber hat mittlerweile den unmittelbaren Verstoß gegen eine RVO explizit in den Katalog der Ordnungswidrigkeiten aufgenommen (§ 73 Abs. 1 a Nr. 24, BGBl. I 587), was die hiesige Auffassung stützt (in diese Richtung wohl auch BVerfG NVwZ 2020, 622 (623) zu § 75 Abs. 1 Nr. 1 aF: Strafbarkeitsrisiko „nicht allein schon durch eine Missachtung der abstrakt-generellen Verbote der Verordnung", sondern erst durch Zuwiderhandlung gegen einen „an ihn gerichteten, der Konkretisierung des jeweiligen Verbots im Einzelfall dienenden" VA; zust. auch *Deutscher* ZAP 2020, 489 (494) und AG Tiergarten BeckRS 2020, 36250, Rn. 10). Der Unterscheidung zwischen dem unmittelbaren Verstoß gegen eine RVO und dem gegen eine vollziehbare Anordnung kommt allerdings keine Bedeutung mehr zu, da letzterer ebenso – und zwar losgelöst von der herangezogenen Ermächtigungsgrundlage (§ 28 Abs. 1 S. 1 oder S. 2 → Rn. 3, 25 ff., 36 ff.; zur Differenzierung ausf. *Rixen* NJW 2020,

1097 ff.) – allein dem Ordnungswidrigkeitenregime unterstellt wurde (§ 73 Abs. 1 a Nr. 6, BGBl. I 1018; überholt sind daher bereits zahlreiche erste Systematisierungen, zB *Ruppert* medstra 2020, 148 ff.).

3. Nichtige und (sofort vollziehbare,) rechtswidrige Maßnahmen. **7** Nach Auffassung des BVerfG ist es verfassungsrechtlich nicht zu beanstanden, dass die Strafbarkeit an einen noch nicht bestandskräftigen, sondern nur vollziehbaren VA anknüpft (BVerfG NJW 1990, 37 zu § 20 Abs. 1 Nr. 1 VereinsG). Doch sind die Folgen der Rechtswidrigkeit verwaltungsrechtlicher Maßnahmen auf die Strafbarkeit im Einzelnen umstritten (dazu auch *Makepeace* GA 2020, 485 ff.). Da der Diskurs teils erheblich voneinander abweichende Bezugsmaterien betrifft, lassen sich kaum allg. Leitlinien nachzeichnen, die als herrschend bezeichnet werden könnten. Feststehen dürfte, dass die Bezugsmaterie selbst neben der Qualität der Maßnahme (Erlaubnis oder Untersagungsverfügung, VA oder RVO), ihre Anfechtbarkeit sowie ihre sofortige Vollziehbarkeit wichtige Parameter darstellen, welche den Einfluss der Verwaltungsrechtswidrigkeit auf das Strafrecht beeinflussen. Einigkeit dürfte überdies wohl im Hinblick auf **nichtige Rechtsakte** bestehen: Soweit die vollziehbare Anordnung nichtig nach § 44 VwVfG ist, kann diese nicht als Grundlage für eine Strafbarkeit fungieren (hierzu *Sternberg-Lieben* in Schönke/Schröder Vor §§ 32 ff. Rn. 62 a mwN; dieser Grundsatz dürfte auch für RVOen Geltung beanspruchen, so *Peglau* JurisPR-StrafR 7/2020, Anm. 1). Für einen „strafrechtlichen Folgenbeseitigungsanspruch" hinsichtlich bereits gezahlter Bußgelder oder Geldstrafen bei nichtigen Verordnungen plädiert *Makepeace* KriPoZ 2020, 542 (545). Nach hM steht dagegen die **bloße Rechtswidrigkeit bzw. Anfechtbarkeit des VA** einer Strafbarkeit nicht entgegen, da auch rechtswidrige VAe mit Bestandskraft vom Betroffenen zu beachten sind (BGHSt 23, 91; *Heine/Schittenhelm* in Schönke/Schröder Vor §§ 324 ff. Rn. 16 a; offenlassend AG Tiergarten BeckRS 2020, 36251, Rn. 13). Dem ist entgegenzutreten, mithin ein rechtmäßiger VA zu fordern: Das zentrale Unrechtsmoment des Verstoßes gegen eine vollziehbare Anordnung liegt nicht in der Auflehnung gegen den Sofortvollzug selbst (dann müsste übrigens wiederum dessen Rechtmäßigkeit überprüft werden, vgl. hierzu auch *Wehowsky* in Erbs/Kohlhaas, § 39 WpHG (aF) Rn. 80), sondern im Zuwiderhandeln gegen die Anordnung als solche (zust. *Putzer* HRRS 2020, 445 (451); *Heuser* HRRS 2021, 63 (79)). Eine strenge Verwaltungsaktsakzessorietät führt iÜ auch dazu, dass die Strafbarkeit des Täters von der Nichtanfechtung des VA abhängig gemacht wird (zum Ganzen *Schmitz* in MüKo-StGB Vor § 324 Rn. 88 ff. am Beispiel des Umweltstrafrechts); soweit man – wie die hM – auch rechtswidrige VAe als Anknüpfungspunkt für eine Strafbarkeit genügen lässt, wird eine nachträglich festgestellte Rechtswidrigkeit der Maßnahme jedenfalls als **Strafausschließungsgrund** Berücksichtigung finden müssen (vgl. *Sternberg-Lieben* in Schönke/Schröder Vor §§ 32 ff. Rn. 63 e, 130 a).

III. Allgemeine Voraussetzungen der Straf- und Ahndbarkeit

1. Vorsatz und Irrtumslehre. Vorsatz und Fahrlässigkeit. Hinsicht- **8** lich der Schuldformen ist zwischen § 73 als OWi und den §§ 74, 75 zu differenzieren. Die fahrlässige Verwirklichung des § 73 Abs. 1 aF war mangels **aus-**

drücklicher **Anordnung (§ 10 OWiG)** nicht ahndbar (vgl. nun → § 73 Rn. 3). Dagegen erfasst § 73 Abs. 1a sowohl die vorsätzliche als auch fahrlässige Begehung. Während § 74 nur vorsätzliche Handlungen unter Strafe stellt, ist für § 75 Abs. 1 und Abs. 2 die Fahrlässigkeitsstrafbarkeit in Abs. 4 angeordnet. Die Feststellung der Schuldform bzw. des Vorsatzes folgt hierbei den allg. Regeln, mithin wird anhand objektiver Indizien „zugeschrieben", ob der Täter den Tatbestand in Kenntnis aller Tatumstände willentlich verwirklichte. Dabei ist zu berücksichtigen, dass das IfSG nicht nur an die professionell mit der Materie befassten Akteure, sondern auch an die potenziell von Sicherungsmaßnahmen betroffenen **Rechtslaien** gerichtet ist. Insofern könnten unterschiedlich strenge Anforderungen an den eingangs beschriebenen Zuschreibungsakt gestellt werden. Soweit sich ein verwaltungsrechtliches Verbot an einen ganz bestimmten Personenkreis richtet (und damit zumindest faktisch von einem Sonderdeliktscharakter des jeweiligen Straf- oder Ordnungswidrigkeitentatbestands ausgegangen werden kann), können die im Berufskreis geltenden Rechtssätze und Verkehrsgepflogenheiten als **Maßstabsfiguren** sowohl zur Bestimmung eines Eventualvorsatzes als auch im Kontext der Feststellung eines etwaigen Sorgfaltspflichtverstoßes herangezogen werden.

9   **Irrtümer.** Als „Krisenrecht" ist das Infektionsschutzrecht gerade in Zeiten, in denen es zur Anwendung gelangen soll, kontinuierlichen Änderungen unterworfen, was zu einer erhöhten Relevanz vorsatz- oder schuldausschließender Rechtsirrtümer führt. Grds. sind auch hier – mangels Sondervorschriften zur Behandlung von Irrtümern – die allg. Lehren hinzuzuziehen, dh die „klassische" Unterscheidung nach Tatsachen- und Rechtsirrtümern vorzunehmen. Dies bedeutet, dass auch für Irrtümer im Infektionsschutzstraf- und Ordnungswidrigkeitenrecht §§ 16 und 17 StGB bzw. § 11 Abs. 1 und 2 OWiG als Alternativen in Betracht zu ziehen sind. Überwiegend sind die Tatbestände aufgrund der beschriebenen Verwaltungsakzessorietät als **Blankette** ausgestaltet, sodass sich auch hier die Frage stellt, wie es sich auswirkt, wenn die Norm „falsch zusammengelesen" wird bzw. dem Rechtsadressaten sonstige Fehler bei der Interpretation unterlaufen. Nach hM ist der Rechtsanwender und -adressat gehalten, die Blankettnorm so zu lesen, als stünde die Ausfüllungsnorm im Strafgesetz. Fehler, die beim Zusammenlesen unterlaufen, sind damit „nur" als Verbotsirrtum zu bewerten, der unter den strengen Voraussetzungen der Unvermeidbarkeit allenfalls zu einem Schuldausschluss, bei Vermeidbarkeit zum fakultativen Strafmilderungsgrund des § 17 S. 2 StGB führt (zum Ganzen *Kudlich/Oğlakcıoğlu,* Wirtschaftsstrafrecht, 2020, Rn. 57 ff. mwN, vgl. aber § 11 Abs. 2 OWiG ohne die Möglichkeit der Strafmilderung).

10   Dies führt angesichts des Umstands, dass sich die stetigen Änderungen unterliegenden Vorschriften auch an Rechtslaien wenden, zu einer ggf. unangemessenen Härte, und zwar auch in denjenigen Fällen, in denen die Rechtslage durch eine Konkretisierung vermeintlich klar ist bzw. keinen Interpretationsspielraum lässt. Selbst in Konstellationen, in denen der Exekutivakt konkrete (rein deskriptive) Vorgaben enthält, mithin bspw. in numerischen Werten festlegt, welcher Abstand einzuhalten ist (1,5 m) bzw. wie viele Personen sich auf wieviel qm Raum gemeinsam aufhalten dürfen, ist ein vorwerfbarer Subsumtionsirrtum keinesfalls in Stein gemeißelt. Denn eine zeitlich unmittelbar aufeinanderfolgende Abänderung dieser Zahlen, und die Abrufbarkeit überholter

Normtexte kann in Zeiten des web 2.0 (Stichwort: „Desinformation und Corona-Fake-News") trotz etwaiger Informationskampagnen zu nicht anzulastenden **Rechtsirrtümern** führen. Dies gilt erst Recht vor dem Hintergrund, dass selbst Autoritäten fehlerhaftes Verhalten unterlief (Stichwort: „Aufzug-Gate" des Bundesgesundheitsministers Spahn), die RVOen und Regelungstechniken iÜ in den **unterschiedlichen Bundesländern** erheblich divergierten und auch die FAQs auf den staatlichen Informationsseiten als vorgegebene Informationsquelle zum Teil **irreführende Angaben** enthielten (*Lorenz/Oğlakcıoğlu* KriPoZ 2020, 108, (113)). Insofern überzeugt es nicht, unter Verweis auf die mediale Berichterstattung und die „Recherchemöglichkeiten im Internet" von einer regelmäßigen Vermeidbarkeit derartiger Irrtümer auszugehen (zust. *Heuser* HRRS 2021, 63 (85 Fn. 214), nicht diff. *Rau* in Schmidt, § 23 Rn. 32; insgesamt dazu AG Tiergarten BeckRS 2020, 36250, Rn. 7). Durch die self-executing Maßnahmen der sog. „Notbremse", die bei bestimmten Inzidenzwerten automatisch in und außer Kraft treten, sowie das Mehrebenensystem der Maßnahmen zur Pandemiebekämpfung (→ § 28b Rn. 10) hat sich die Problematik der Möglichkeit der Rechtskenntnis des Bürgers noch einmal verschärft.

Das Problem verschärft sich beim Rückgriff des Verordnungsgebers oder der **11** anordnenden Behörde auf **wertungsoffene Wendungen** bzw. unbestimmte Rechtsbegriffe (bspw.: „Umfeld des Wohnbereichs", „triftige Gründe, insbes …"). Soweit etwa das OVG Bautzen (COVuR 2020, 41 (43)) im Rahmen der Frage, was unter der Wendung „Sport und Bewegung vorrangig im Umfeld des Wohnbereichs" zu verstehen ist, meint, diesen Bereich könne man „bei aller Unschärfe bei etwa 10 bis 15 Kilometer von der Wohnung entfernt annehmen", erscheint es nicht angemessen, dem Rechtsadressaten eine divergierende Subsumtion zum Vorwurf zu machen; zumindest dürfte dies gelten, wenn es an einer irgendwie gearteten Erläuterung bzw. näheren Konkretisierung des Merkmals fehlt und dieses wiederum stetigen Änderungen unterworfen ist. Das Beispiel dürfte demonstrieren, dass mehr als an anderer Stelle hier eine vergleichbare Handhabe des Blankettirrtums mit normativen Tatbestandsmerkmalen (jedenfalls in Zeiten der zeitlich in schneller Abfolge erfolgenden Anwendung der Ermächtigungsgrundlagen) bzw. die Zugrundelegung eines **„weichen" Vermeidbarkeitsmaßstabs** angezeigt ist (zur Heilbarkeit unbestimmt ausgestalteter RVO vgl. VerfGH Bln BeckRS 2020, 9726).

2. Rechtfertigung und Entschuldigung. Eine **rechtfertigende Ein-** **12** **willigung** ist – soweit diese strukturell überhaupt in Betracht käme – mangels Dispositionsbefugnis (geschützt werden auch überindividuelle Rechtsgüter → Rn. 1) ausgeschlossen. Dies gilt auch für den § 74 (sowie § 75 Abs. 3), obwohl dieser als unechter **Mischtatbestand** (→ § 74 Rn. 1) ausgestaltet ist und im Erfolgsteil einen Verbreitungserfolg voraussetzt. Zwar ist bei Strafvorschriften mit dualem Schutzkonzept grds. umstritten, ob die Einwilligung in den individualschützenden Teil des Tatbestandes einer Strafbarkeit entgegensteht (instr. *Sternberg-Lieben* in Schönke/Schröder Vor §§ 32 ff. Rn. 36; abl. zu § 30 Abs. 1 Nr. 3 BtMG: BGH NStZ 2004, 204 und zu § 315c StGB: BGH NJW 1970, 1380). Allerdings handelt es sich beim Verbreitungserfolg nicht um ein individualschützendes Merkmal. Bereits sprachlich wird nur die Verbreitung der Krankheit und nicht der individuell Betroffene in den Blick genommen (anders bei § 315 c StGB und § 30 Abs. 1 Nr. 3 BtMG). Die Aufwertung von OWi zur Straftat (bzw. Erfolgsqualifikation, § 75 Abs. 3) wird primär von der Steigerung der abstrakten Gefahr für die Bevölkerungsgesundheit durch die Verbreitung getragen. Eine **Einwilligung** ist daher **nicht möglich.**

13   Verstöße gegen die §§ 73 ff. können wegen deren auch allgemeinschützenden Charakters nicht im Wege der Notwehr (§ 32 StGB, § 15 OWiG) gerechtfertigt werden. Erforderliche „Verteidigung" kann nur Verhalten gegen die (denknotwendig) individuellen Rechtsgüter eines Angreifers sein. Dagegen kommt eine Rechtfertigung von Verstößen gegen die §§ 73 ff. gem. § 34 StGB, § 16 OWiG **(rechtfertigender Notstand)** grds. in Betracht. Wer zB wegen akuter häuslicher Gewalt aus der Wohnung flüchtet und damit einer Absonderungsanordnung nach § 30 (ehem. entspr. der Überschrift als Quarantäne bezeichnet) zuwiderhandelt (OWi bei Ermächtigungsgrundlage § 30 Abs. 1 S. 2 → § 73 Rn. 3, Straftat bei Ermächtigungsgrundlage § 30 Abs. 1 S. 1 → § 75 Rn. 3), ist gerechtfertigt. Voraussetzung ist stets, dass die Notstandsgefahr nicht bereits durch das Herbeiholen fremder Hilfe abgewendet werden kann. Absonderungsverstöße zum Zwecke der Deckung des täglichen Bedarfs an Lebensmitteln können daher idR nicht gerechtfertigt werden (regelmäßig lassen sich mildere Mittel feststellen, so zB Hilfe durch Verwandte, entsprechende Stellen, Lieferservice etc.). Zudem muss „das geschützte Interesse das beeinträchtigte wesentlich überwieg[en]" und die Tat „ein angemessenes Mittel" darstellen (§ 34 StGB, § 16 OWiG). Diese Aspekte können bei **wirtschaftlichen Notlagen** relevant werden: Droht einem auf Grundlage des IfSG geschlossenen Betrieb (trotz staatlicher Hilfe) die Insolvenz, scheiden § 34 StGB, § 16 OWiG bei Verstößen gegen die §§ 73 ff. (zB Öffnung trotz Verbots) aus. Das dürfte schon angesichts des abstrakten Rechtsgütervergleichs gelten (Vermögen vs. Bevölkerungsgesundheit). IÜ ist die Tat nach hM nur dann angemessenes Mittel, wenn die individuelle Härte auf atypischen, gesetzgeberisch nicht einkalkulierten Besonderheiten beruht (*Erb* in MüKo-StGB § 34 Rn. 187 ff.). Das wird bei durch VA, AllgVfg. oder RVO angeordneten Verboten kaum angenommen werden können.

14   Für eine denkbare **Entschuldigung** nach § 35 StGB gelten die **allg. Regeln.**

D. Verfassungsmäßigkeit

15   Die Regelungstechnik des IfSG, welche es den Exekutivorganen ermöglicht, die Strafvorschriften und Ordnungswidrigkeiten des IfSG mittels RVOen und vollziehbaren Anordnungen zu konkretisieren, ist aus (straf-)verfassungsrechtlicher Perspektive nicht unproblematisch (anders bzgl. Art. 103 Abs. 2 bei parlamentarisch beschlossenen Maßnahmen der „Notbremse" in § 73 Abs. 1a Nr. 11b–m). Zum einen kann die Erweiterung und Neuformulierung von Tatbestandsmerkmalen mit dem **Bestimmtheitsgrundsatz** (Art. 103 Abs. 2 GG) kollidieren (zu den Auswirkungen unbestimmter Rechtsbegriffe auf den Vorsatz bzw. die persönliche Vorwerfbarkeit → Rn. 9 ff.; auch hier tritt die Kollision eines in diesem Kontext weniger strengen Gefahrenabwehrrechts auf der einen, eines rechtsgüterschützenden Strafrechts auf der anderen Seite, besonders deutlich hervor, → Rn. 5); zum anderen müssen Strafvorschriften mit einem **„Kompetenzsprung"** besonders kritisch im Hinblick auf ihre Vereinbarkeit mit Art. 103 Abs. 2 GG, Art. 20 Abs. 3 GG bzw. **Art. 80 Abs. 1 S. 2 GG** überprüft werden. Soweit bspw. § 74 im Handlungsteil auf § 73 Abs. 1 a Nr. 4 – Nr. 6, 24 Bezug nimmt, der wiederum ua an den Verstoß gegen vollziehbare Anordnungen nach § 28 Abs. 1 S. 1 und 2 oder den Verstoß gegen RVOen nach § 32 S. 1 knüpft, stellte sich diese Frage in besonderem Maße. Schließlich enthielt § 28 Abs. 1 S. 1 aF lediglich eine **Generalklausel,** die den Erlass mannigfaltiger – in ihrer Qualität kaum vergleichbarer – VAe ermöglichte, solange diese als notwendige Schutzmaßnahmen in Betracht kamen (→ § 28 Rn. 3; → auch Vorauf. § 28 Rn. 3). Ähnliches galt für eine RVO nach § 32 S. 1 (→ § 32 Rn. 4 ff.). Mit dem 3. BevSchG hat der Gesetzgeber jedoch den § 28 a geschaffen, der zahlreiche Standardmaßnahmen auflistet, Voraussetzungen für ihre Ergreifung benennt und auf den die §§ 28 Abs. 1 S. 1 und § 32 S. 1 verweisen.

Grds. steht es dem Gesetzgeber offen, die Konkretisierung einer Verhaltens- **16** norm an die Exekutivorgane durch die Schaffung einer Ermächtigungsgrundlage zu delegieren (*Kudlich/Oğlakcıoğlu,* Wirtschaftsstrafrecht, 2020, Rn. 49 ff.). Die verfassungsrechtliche Zulässigkeit dieser Regelungstechnik hat das BVerfG in einem vielbeachteten Beschluss zum **RindfleischetikettierungsG** bestätigt (BVerfGE 143, 38 = NJW 2016, 648 m. Anm *Hecker;* und unlängst in einer weiteren Entscheidung zum LFGB wiederholt, vgl. BVerfG NZWiSt 2020, 263 ff.), und zugleich die Anforderungen an solch eine Delegation konkretisiert. Demnach ist es verfassungswidrig, wenn es der Behörde als der den Rechtsakt erlassende Institution völlig freisteht zu bestimmen, welche Verstöße als strafwürdig anzusehen sind, mithin die Formulierung der Verhaltensnorm als solche im Belieben der Behörden steht. Die Frage der Verfassungsmäßigkeit kann also nicht pauschal beantwortet werden. Man wird aber Strafnormen insoweit als mit Art. 103 Abs. 2 GG und Art. 20 Abs. 3 GG unvereinbar und damit **verfassungswidrig** einordnen müssen, als sie im Handlungsteil an Verstöße gegen Vorschriften knüpfen, die den Verhaltensnormverstoß nicht näher konkretisieren bzw. in Art und Umfang der Maßnahme nicht auf deutlich abgesteckten Ermächtigungsgrundlagen basieren (ebenso *Heuser* StV 2020, 426, (427 ff.)).

Soweit § 75 Abs. 1 Nr. 1 an das Zuwiderhandeln gegen vollziehbare Anord- **17** nungen nach **§ 30 Abs. 1 S. 1** knüpft, handelt es sich um eine Ermächtigungsgrundlage, die sowohl hinsichtlich ihres sachlichen Anwendungsbereichs (Lungenpest, von Mensch zu Mensch übertragbarem hämorrhagischem Fieber) als auch bezüglich der vorzunehmenden Maßnahme (Absonderung in einem Krankenhaus/in einer geeigneten Einrichtung) erheblich eingeschränkt und konkretisiert ist, sodass die verfassungsrechtlichen Vorgaben an eine Normkonkretisierungsdelegation nicht Gefahr laufen, nicht erfüllt zu werden. Allerdings bestehen bei Absonderungen andere verfassungsrechtliche Bedenken wegen des fehlenden Richtervorbehalts (Art. 104 Abs. 2 S. 1 GG; → § 30 Rn. 29 f.). Entsprechendes dürfte – jedenfalls im Hinblick auf den Konkretisierungsgrad – für § 5 Abs. 2 Nr. 1 gelten, auf den § 73 Abs. 1 a Nr. 1 Bezug nimmt. Dagegen sind diejenigen Vorschriften des IfSG, welche auf gefahrenabwehrrechtliche Generalklauseln wie §§ 16, 28 Abs. 1 S. 1 Bezug nehmen (was auch nach Novellierung des Gesetzestextes nach wie vor der Fall ist, vgl. § 74 iVm § 73 Abs. 1 a Nr. 6, 24), verfassungsrechtlich bedenklich (vgl. bereits *Lorenz/Oğlakcıoğlu* KriPoZ 2020, 108, (113); krit. auch AG Dortmund COVuR 2020, 896 (wenngleich in anderen Punkten und va in Bezug auf die verfassungsrechtliche Einordnung der Ermächtigungsgrundlagen im Duktus deutlich überzogen) mit abl. Anm. *Kersten,* iErg zust. AG Reutlingen BeckRS 2020, 36861, AG Ludwigsburg BeckRS 2021, 2829, AG Weimar BeckRS 2021, 257, AG Wuppertal BeckRS 2021, 6653, zuletzt für einen Verstoß zahlreicher Bußgeldtatbestände gegen den Bestimmtheitsgrundsatz auch ThürVerfGH Urt. v. 1.3.2021 – VerfGH 18/20, Rn. 140 ff.; instr. zur Thematik *Heuser* HRRS 2021, 63 ff.; aA OLG Oldenburg BeckRS 2021, 780, Rn. 10 ff.; OLG Oldenburg COVuR 2021, 119 (121); OLG Hamburg COVuR 2021, 244 ff. mAnm *Lorenz;* OLG Hamm BeckRS 2021, 1231, Rn. 16, BeckRS 2021, 2237 Rn. 14 ff.; OLG Koblenz BeckRS 2021, 5203; OLG Karlsruhe BeckRS 2021, 6532). Soweit nunmehr in § 28 a jedoch ein umfangreicher Katalog an erforderlichen Schutzmaßnahmen iSd § 28 Abs. 1 S. 1 vorgesehen ist, dürfte der Gesetzgeber verfassungsrechtlich ausreichende Vorgaben für die Normkonkretisierungsdelegation geschaffen haben. Hierauf gestützte RVOen bzw. einzelne Regelungen können ihrerseits jedoch wegen Verstoßes gegen den Bestimmtheitsgrundsatz aus Art. 103 Abs. 2 GG verfassungswidrig sein, wenn sie unbestimmte Rechtsbegriffe verwenden (→ bereits Rn. 11; ebenso OLG Oldenburg COVuR 2021, 119 f. mAnm *Lorenz:* „physische Kontakte [...] auf ein absolutes Minimum [...] reduzieren"; zu den „triftigen Gründen", AG Straubing COVuR 2021, 250 ff. mAnm *Lorenz*).

E. Verhältnis zum Kernstrafrecht

18 Verstöße gegen die Strafvorschriften würden bereits aufgrund der divergierenden Schutzrichtung idR in **Tateinheit** (§ 52 StGB) zu Delikten des Kernstrafrechts stehen. Besonderes Augenmerk ist hier auf die Konstellationen einer tatsächlich erfolgten oder jedenfalls für möglich gehaltenen Infektion einer anderen Person und deren Folgen zu legen. Dabei ist im Vorfeld zu klären, inwieweit Körperverletzungs- oder Tötungsdelikte überhaupt in Betracht kommen.

19 Die hL und Rspr. sehen in einer nachweislichen, vorsätzlichen Infektion einer anderen Person mit einer nicht ganz unerheblichen Krankheit bzw. einem Virus („andere gesundheitsschädliche Stoffe") eine **gefährliche Körperverletzung** gem. § 224 Abs. 1 Nr. 1 Alt. 2 StGB (*Fischer* StGB, § 223 Rn. 13, § 224 Rn. 5). Das gilt jedenfalls, wenn die entspr. Symptome aufgetreten sind. Mit seiner Rspr. zur HIV-Ansteckung hat der BGH allerdings auch bereits die **symptomfreie Übertragung** als tatbestandlich erachtet (NJW 1989, 781 (783)). Angesichts der tatsächlichen Besonderheiten des HI-Virus (lebenslange Trägerschaft, Infektiösität und nur durch dauerhafte Medikamenteneinnahme verhinderbarer Ausbruch der AIDS-Erkrankung) und den Unterschieden zu anderen Infektionskrankheiten, hier sei exemplarisch wegen der besonderen Bedeutung in der jüngeren Vergangenheit auf das durch SARS-CoV-2 ausgelöste COVID-19 abgestellt (zeitlich deutlich begrenzte

Trägerschaft und Ansteckung kann auch ohne Behandlung ohne jegliche Symptome vorübergehen), ist die **Übertragung dieser Judikatur** zumindest nicht selbstverständlich (dafür *Deutscher* StRR 4/2020, 5 (6); *Eschelbach* in BeckOK StGB § 229 Rn. 1, § 224 Rn. 44; *Lorenz* NJW-aktuell 12/2020, 17; *Fahl* JURA 2020, 1058 (1059); *Neuhöfer/Kindhäuser* in BeckOK InfSchR § 74 Rn. 37 f.; *Pörner* JuS 2020, 498 (499); *Rau* in Schmidt, § 23 Rn. 46; *Tsambikakis* in Kluckert § 18 Rn. 12; *Weisser* medstra 2020, 153 (156); *Weißenberger* HRRS 2020, 166 (180); abl. *Cerny/Makepeace* KriPoZ 2020, 148 ff.; *Makepeace* ZJS 2020, 189 ff.; *Hotz* NStZ 2020, 320 (321 f.)). Entscheidet man sich dafür, muss für das vollendete Delikt auch der Kausalitätsnachweis eines Kontakts für die Infektion geführt werden. In der Praxis wird dies häufig Schwierigkeiten bereiten (→ auch § 74 Rn. 5). Das gilt zB für das Coronavirus (*Lorenz* NJW-aktuell 12/2020, 17; zust. *Neuhöfer/Kindhäuser* in BeckOK InfSchR § 74 Rn. 28.1). Ein sicherer **Virussequenzvergleich** ist derzeit nicht möglich (anders bei HIV). Der Ausschluss anderer, in dubio pro reo zu berücksichtigender Infektionsquellen (§ 261 StPO) dürfte bei weiter Verbreitung in der Bevölkerung (insbes. hohe Dunkelziffer wg teilw. **Symptomfreiheit**) sehr selten möglich sein. Ist das jedoch einmal der Fall (zu Ausnahmen → § 74 Rn. 5), kann eine Strafbarkeit an der objektiven Zurechnung des Erfolgs scheitern (zur eigenverantwortlichen Selbstgefährdung → § 74 Rn. 6; *Cerny/Makepeace* KriPoZ 2020, 148 ff.). Zudem lässt sich zumindest ein **Versuch** in Betracht ziehen, soweit ein entspr. (Eventual-)Vorsatz festgestellt werden kann. Vorstellbar ist auch die Feststellung eines Tötungsvorsatzes, gerade bei der billigend in Kauf genommenen Infektion von Risikopersonen (hohes Alter, Vorerkrankung etc.). Bei Unkenntnis über die eigene Infektion dagegen kommen allenfalls Fahrlässigkeitsdelikte (§§ 222, 229 StGB) in Betracht, sofern Anhaltspunkte für den Verdacht bestehen (Kontakt mit Infizierten; Aufenthalt im Risikogebiet; nicht ausreichend wohl unspezifische Symptome wie Husten, Fieber etc.; auch hier bereitet freilich der Kausalitätsnachweis Probleme). Eine Körperverletzung kann auch ohne nachweisbare Infektion in Betracht kommen, wenn ein Verhalten, z. B. absichtliches Anhusten in Zeiten einer Pandemie, zu psychischen Beeinträchtigungen führt, die somatisch objektivierbar und von einer gewissen Erheblichkeit sind (zB mindestens einwöchige Ein- und Durchschlafschwierigkeiten, vgl. AG Braunschweig Urt. v. 29.10.2020 – 112 C 1262/203 JR 2021, im Erscheinen mAnm *Lorenz*).

Soweit die nach den Vorschriften des Kernstrafrechts strafbare Infektions- **20** handlung zugleich einen Verstoß gegen das IfSG darstellt, ist hinsichtlich des Konkurrenzverhältnisses zwischen verwirklichten Straftaten nach §§ 74, 75 und der OWi nach § 73 zu differenzieren. Wenn man das Kausalitätsproblem überwunden hat (bzw. zur Überzeugung des Gerichts eine Kausalität angenommen werden kann), wird man sich auch von einem zurechenbaren Verbreitungserfolg überzeugen können. Dann besteht Tateinheit gem. § 52 StGB zwischen den Delikten des Kern- und Nebenstrafrechts (→ Rn. 18). Entsprechendes gilt bei Begehungsformen, die nicht an den Eintritt eines Erfolgs knüpfen (versuchte Körperverletzung einerseits, strafbarer Verstoß nach § 75 andererseits). Allerdings ist für die **Erfolgsqualifikation** in **Abs. 3** (Verbreitung einer Krankheit iSd § 6 Abs. 1 Nr. 1 oder eines Krankheitserregers nach § 7) **gesetzliche Subsidiarität** angeordnet, dh die Vorschrift greift nur ein, soweit die Tat in anderen Vorschriften nicht mit einer schwereren Strafe bedroht ist. Hinter **§ 224 StGB** etwa tritt § 75 Abs. 3 daher zurück. Soweit infektionsschutzrechtlich lediglich eine **OWi** nach **§ 73** vorliegt, richtet sich das Konkurrenzverhältnis nach den allg. Regeln zum **Verhältnis zwischen OWi** und **Straftat** → § 73 Rn. 17 ff.

F. Auswirkungen bei Änderungen der Rechtslage

21   Zur Bekämpfung von naturgemäß dynamischen Infektionswellen ist eine ständige Anpassung der getroffenen Eindämmungsmaßnahmen (AllgVfg., RVOen) notwendig (→ Rn. 10 f.). Das hat sich in der **Corona-Pandemie** gezeigt: Auf zunächst tiefgreifende Einschränkungen durch Ver- und Gebote folgten mit Rückgang der Zahlen der Neuinfektionen wieder Lockerungen und darauf wegen eines erneuten Anstiegs wieder Verschärfungen der Eindämmungsmaßnahmen. Deshalb stellt sich die Frage, wie ein Verstoß bei späterer Änderung der Rechtslage zu bewerten ist. Im Grundsatz bestimmt sich die Strafe bzw. Geldbuße nach dem Gesetz, das zur **Zeit der Tat** bzw. Handlung gilt (§ 2 Abs. 1 StGB, § 4 Abs. 1 OWiG). Während strengeres Recht rückwirkend zweifellos keine Anwendung findet (Art. 103 Abs. 2 GG, § 1 StGB), ist bei einer milderen Rechtslage zu überprüfen, ob die Ausnahme vom Grundsatz des Tatzeitrechts **(lex mitior)** zur Anwendung gelangt (§ 2 Abs. 3 bzw. § 4 Abs. 3 OWiG).

22   Nach § 2 Abs. 4 S. 1 StGB und § 4 Abs. 4 S. 1 OWiG ist ein Gesetz, das nur für **eine bestimmte Zeit** gelten soll, auch dann auf Taten bzw. Handlungen anzuwenden, die während seiner Geltung begangen worden sind, wenn es inzwischen außer Kraft getreten ist. Bei den als Blankett ausgestalteten Straf- und Ordnungswidrigkeitenvorschriften des IfSG handelt es sich um **Zeitgesetze im engeren Sinne** (zu den Begriffen *Hassemer/Kargl* in NK-StGB § 2 Rn. 48 ff.), soweit – wie zB während der Corona-Pandemie geschehen – in den ausgestaltenden AllgVfg. und RVOen jeweils eine **zeitliche Befristung** enthalten ist. Die Geltung des außer Kraft getretenen Zeitgesetzes oder aber der nunmehr milderen Rechtslage bestimmt sich hier danach, ob die gesetzgeberische Tätigkeit entweder auf eine Änderung der tatsächlichen, außergewöhnlichen Umstände oder auf eine „verbessernde Rechtserkenntnis" (Bewertungsänderung) zurückzuführen ist (*Dannecker/Schuhr* in LK-StGB § 2 Rn. 159). Diese Frage ist in jedem **Einzelfall** vom Rechtsanwender zu klären. In der Praxis wird das regelmäßig übersehen (bspw in AG Reutlingen COVuR 2020, 611 ff. mAnm *Lorenz;* OLG Koblenz BeckRS 2021, 5203 Rn. 13 oder v. OStA *Merz,* COVuR 2021, 14 (19); and. OLG Hamburg COVuR 2021, 244 ff. mAnm *Lorenz;* OLG Karlsruhe BeckRS 2021, 6532 Rn. 13 ff. und AG Tiergarten BeckRS 2020, 36251, Rn. 12). Ein **pauschaler Hinweis** darauf, die Anpassungen folgten stets den tatsächlichen, epidemiologischen Entwicklungen, weshalb das Zeitgesetz auch nach Außerkrafttreten Anwendung finden müsse, genügt nicht. Es ist kaum von der Hand zu weisen, dass zB in der Corona-Pandemie einige Lockerungen von Maßnahmen **normativen** und **nicht empirischen Ursprungs** gewesen sind **(Risikoneubewertung).** Beispielhaft hierfür zu nennen sind die anfangs in einigen Bundesländer angeordneten, bald aber wieder aufgegebenen und auch iRd schweren „zweiten Welle" zum Teil nicht reaktivierten Ausgangsbeschränkungen, die ein Verlassen der Wohnung „nur aus triftigen Gründen" gestatteten.

Soweit vor dem 23.5.2020 Strafverfahren nach § 75 Abs. 1 Nr. 1 wegen **23** Verstoßes gegen vollziehbare Anordnungen nach §§ 28 Abs. 1 S. 2, 30 Abs. 1 S. 2 und 31 eingeleitet worden sind, ist diesen mit dem 2. BevSchG (→ Rn. 2) die Grundlage entzogen. Denn bei den Ermächtigungsgrundlagen und der Strafvorschrift selbst handelt es sich zweifelsohne nicht um Zeitgesetze im engeren Sinne. Die Anwendung der Lex-mitior-Regeln des § 2 Abs. 3 StGB führt in diesen Altfällen zu **Straffreiheit.** Eine Ahndung als OWi nach § 73 Abs. 1a Nr. 6, 24 bleibt möglich (näher *Rau* StV 2020, 722 (723); zust. AG Tiergarten BeckRS 2020, 36251, Rn. 11 f.).

G. Opportunitäts- und Legalitätsprinzip

Während für OWi gem. § 73 das **Opportunitätsprinzip** gilt (§ 47 OWiG), **24** unterliegen die Straftaten iSd §§ 74, 75 dem **Legalitätsprinzip** (§§ 152 Abs. 2, 160 StPO). Das hat zur Folge, dass die Verfolgung ersterer im pflichtgemäßen Ermessen der Verfolgungsbehörde steht. Bei Straftaten sind Opportunitätseinstellungen nur unter den Voraussetzungen der §§ 153 ff. StPO möglich.

Diese theoretischen Grundlagen spiegeln sich in der Praxis nur teilweise wider. Das hat sich während der Corona-Pandemie gezeigt. Mit Blick auf die **25** bußgeldbewehrten Verstöße gegen Eindämmungsmaßnahmen wurden vereinheitlichende Bußgeldkataloge geschaffen (→ § 73 Rn. 14). Diese derogieren zwar nicht das Opportunitätsprinzip, doch dürfte die Nichtverfolgung eines darin als „Regelfall" erfassten Verstoßes, dem ein bestimmtes Bußgeld zugewiesen wird, nur bei ganz erheblichen Andersartigkeiten zu rechtfertigen sein. Das gebietet schon der Grundsatz der **Gleichbehandlung.** Tatsächlich ist die Verfolgung entspr. OWi, aber auch von (ehem.) Straftaten (→ Rn. 21 ff.), in der Realität sehr unterschiedlich gehandhabt worden. Während gerade im Frühjahr 2020 in der ersten Zeit nach Erlass der Eindämmungsmaßnahmen ein strenger Kurs von Polizei und Ordnungsbehörden zu beobachten war, ist mit zunehmender Dauer eine gewisse **„Verfolgungszurückhaltung"** eingetreten. Das äußerte sich darin, dass sowohl bei bereits verwirklichten OWi als auch Straftaten allein Hinweise auf die Rechtslage erteilt oder diese gar kommentar- oder jedenfalls folgenlos geduldet wurden. Beispielhaft sei hier auf die Kontaktverbote hingewiesen, die Ansammlungen von Menschen bestimmter Anzahl im öffentlichen Raum – jedenfalls zum Zeitpunkt der Begehung – untersagt haben (aktuell → § 28a Rn. 39; s auch Voraufl. § 28 Rn. 44). Hiergegen wurde in zahlreichen Fällen ohne weitere Ahndung (wohl auch im Lichte des Art. 8 GG) verstoßen, zu denken ist dabei etwa an die medial begleiteten Demonstrationen gegen Corona (**„Hygienedemos"**). Diese Entwicklung ist kritisch zu sehen, weil sie zu schwindender Akzeptanz der Eindämmungsmaßnahmen führen kann und eine Erosion des Rechts befürchten lässt.

§ 73 Bußgeldvorschriften

(1) [aufgehoben]

(1a) Ordnungswidrig handelt, wer vorsätzlich oder fahrlässig

1. einer vollziehbaren Anordnung nach § 5 Absatz 2 Satz 1 Nummer 6 Buchstabe b zuwiderhandelt,

2. entgegen § 6 oder § 7, jeweils auch in Verbindung mit § 14 Absatz 8 Satz 2, 3, 4 oder 5 oder einer Rechtsverordnung nach § 15 Absatz 1 oder 3, eine Meldung nicht, nicht richtig, nicht vollständig, nicht in der vorgeschriebenen Weise oder nicht rechtzeitig macht,

3. entgegen § 15 a Absatz 2 Satz 1, § 16 Absatz 2 Satz 3, auch in Verbindung mit § 25 Absatz 2 Satz 1 oder 2 zweiter Halbsatz oder einer Rechtsverordnung nach § 17 Absatz 4 Satz 1, oder entgegen § 29 Absatz 2 Satz 3, auch in Verbindung mit einer Rechtsverordnung nach § 32 Satz 1, eine Auskunft nicht, nicht richtig, nicht vollständig oder nicht rechtzeitig erteilt,

4. entgegen § 15 a Absatz 2 Satz 1, § 16 Absatz 2 Satz 3, auch in Verbindung mit § 25 Absatz 2 Satz 1 oder 2 zweiter Halbsatz oder einer Rechtsverordnung nach § 17 Absatz 4 Satz 1, eine Unterlage nicht, nicht richtig, nicht vollständig oder nicht rechtzeitig vorlegt,

5. entgegen § 15 a Absatz 3 Satz 2, § 16 Absatz 2 Satz 2, auch in Verbindung mit § 25 Absatz 2 Satz 1 oder einer Rechtsverordnung nach § 17 Absatz 4 Satz 1, oder entgegen § 51 Satz 2 ein Grundstück, einen Raum, eine Anlage, eine Einrichtung, ein Verkehrsmittel oder einen sonstigen Gegenstand nicht zugänglich macht,

6. einer vollziehbaren Anordnung nach § 17 Abs. 1, auch in Verbindung mit einer Rechtsverordnung nach Abs. 4 Satz 1, § 17 Abs. 3 Satz 1, § 25 Absatz 3 Satz 1 oder 2, auch in Verbindung mit § 29 Abs. 2 Satz 2, dieser auch in Verbindung mit einer Rechtsverordnung nach § 32 Satz 1, § 25 Absatz 4 Satz 2, § 28 Abs. 1 Satz 1 oder Satz 2, § 30 Absatz 1 Satz 2 oder § 31, jeweils auch in Verbindung mit einer Rechtsverordnung nach § 32 Satz 1, oder § 34 Abs. 8 oder 9 zuwiderhandelt,

7. entgegen § 18 Abs. 1 Satz 1 ein Mittel oder ein Verfahren anwendet,

7 a. entgegen § 20 Absatz 9 Satz 4 Nummer 1, auch in Verbindung mit Absatz 10 Satz 2 oder Absatz 11 Satz 2 eine Benachrichtigung nicht, nicht richtig, nicht vollständig oder nicht rechtzeitig vornimmt,

7 b. entgegen § 20 Absatz 9 Satz 6 oder Satz 7 eine Person betreut oder beschäftigt oder in einer dort genannten Einrichtung tätig wird,

7 c. entgegen § 20 Absatz 12 Satz 1, auch in Verbindung mit § 20 Absatz 13 Satz 1 oder Satz 2, einen Nachweis nicht, nicht richtig, nicht vollständig oder nicht rechtzeitig vorlegt,

7 d. einer vollziehbaren Anordnung nach § 20 Absatz 12 Satz 3, auch in Verbindung mit § 20 Absatz 13 Satz 1 oder Satz 2, zuwiderhandelt,

8. entgegen § 22 Absatz 1 eine Schutzimpfung nicht, nicht richtig, nicht vollständig oder nicht rechtzeitig dokumentiert,

9. entgegen § 23 Absatz 4 Satz 1 nicht sicherstellt, dass die dort genannten Infektionen und das Auftreten von Krankheitserregern aufgezeichnet oder die Präventionsmaßnahmen mitgeteilt oder umgesetzt werden,

9 a. entgegen § 23 Absatz 4 Satz 2 nicht sicherstellt, dass die dort genannten Daten aufgezeichnet oder die Anpassungen mitgeteilt oder umgesetzt werden,

9 b. entgegen § 23 Absatz 4 Satz 3 eine Aufzeichnung nicht oder nicht mindestens zehn Jahre aufbewahrt,

10. entgegen § 23 Absatz 4 Satz 4 Einsicht nicht gewährt,

10 a. entgegen § 23 Absatz 5 Satz 1, auch in Verbindung mit einer Rechtsverordnung nach § 23 Absatz 5 Satz 2, nicht sicherstellt, dass die dort genannten Verfahrensweisen festgelegt sind,

11. entgegen § 25 Absatz 4 Satz 1 eine Untersuchung nicht gestattet,

11 a. einer vollziehbaren Anordnung nach § 28 Absatz 2, auch in Verbindung mit einer Rechtsverordnung nach § 32 Satz 1, zuwiderhandelt,

11 b. entgegen § 28 b Absatz 1 Satz 1 Nummer 1 erster Halbsatz an einer Zusammenkunft teilnimmt,

11 c. entgegen § 28 b Absatz 1 Satz 1 Nummer 2 erster Halbsatz sich außerhalb einer Wohnung, einer Unterkunft oder des jeweils dazugehörigen befriedeten Besitztums aufhält,

11 d. entgegen § 28 b Absatz 1 Satz 1 Nummer 3 eine dort genannte Einrichtung öffnet,

11 e. entgegen § 28 b Absatz 1 Satz 1 Nummer 4 erster Halbsatz ein Ladengeschäft oder einen Markt öffnet,

11 f. entgegen § 28 b Absatz 1 Satz 1 Nummer 5 erster Halbsatz, auch in Verbindung mit Nummer 5 zweiter Halbsatz, eine dort genannte Einrichtung öffnet oder eine Veranstaltung durchführt,

11 g. entgegen § 28 b Absatz 1 Satz 1 Nummer 6 erster Halbsatz Sport ausübt,

11 h. entgegen § 28 b Absatz 1 Satz 1 Nummer 7 erster Halbsatz, auch in Verbindung mit Nummer 7 zweiter Halbsatz, eine Gaststätte öffnet,

11 i. entgegen § 28 b Absatz 1 Satz 1 Nummer 7 fünfter Halbsatz eine Speise oder ein Getränk verzehrt,

11 j. entgegen § 28 b Absatz 1 Satz 1 Nummer 7 sechster Halbsatz eine Speise oder ein Getränk abverkauft,

11 k. entgegen § 28 b Absatz 1 Satz 1 Nummer 8 erster Halbsatz eine Dienstleistung ausübt oder in Anspruch nimmt,

11 l. entgegen § 28 b Absatz 1 Satz 1 Nummer 9 erster oder dritter Halbsatz eine dort genannte Atemschutzmaske oder Gesichtsmaske nicht trägt,

11m. entgegen § 28 b Absatz 1 Satz 1 Nummer 10 ein Übernachtungs-
     angebot zur Verfügung stellt,
12. entgegen § 29 Abs. 2 Satz 3, auch in Verbindung mit einer
     Rechtsverordnung nach § 32 Satz 1, Zutritt nicht gestattet,
13. entgegen § 29 Abs. 2 Satz 3, auch in Verbindung mit Satz 4 oder
     einer Rechtsverordnung nach § 32 Satz 1, § 49 Absatz 1 Satz 1,
     § 50 Satz 1 oder 2 oder § 50a Absatz 1 Satz 1 eine Anzeige nicht,
     nicht richtig, nicht vollständig oder nicht rechtzeitig erstattet,
14. entgegen § 34 Abs. 1 Satz 1, auch in Verbindung mit Satz 2 oder
     Abs. 3, eine dort genannte Tätigkeit ausübt, einen Raum betritt,
     eine Einrichtung benutzt oder an einer Veranstaltung teilnimmt,
15. ohne Zustimmung nach § 34 Abs. 2 einen Raum betritt, eine
     Einrichtung benutzt oder an einer Veranstaltung teilnimmt,
16. entgegen § 34 Abs. 4 für die Einhaltung der dort genannten Ver-
     pflichtungen nicht sorgt,
16a. entgegen § 34 Absatz 5 Satz 1 oder § 43 Absatz 2 eine Mitteilung
     nicht, nicht richtig, nicht vollständig oder nicht rechtzeitig
     macht,
17. entgegen § 34 Abs. 6 Satz 1, auch in Verbindung mit Satz 2, oder
     § 36 Absatz 3a das Gesundheitsamt nicht, nicht richtig, nicht
     vollständig oder nicht rechtzeitig benachrichtigt,
17a. entgegen § 34 Absatz 10a Satz 1 einen Nachweis nicht oder nicht
     rechtzeitig erbringt,
18. entgegen § 35 Satz 1 oder § 43 Abs. 4 Satz 1 eine Belehrung nicht,
     nicht richtig, nicht vollständig oder nicht rechtzeitig durchführt,
19. entgegen § 36 Absatz 5 Satz 1 oder Satz 3, Absatz 6 Satz 2 erster
     Halbsatz, Absatz 7 Satz 2 erster Halbsatz oder Absatz 10 Satz 2
     eine ärztliche Untersuchung nicht duldet,
20. entgegen § 43 Abs. 1 Satz 1, auch in Verbindung mit einer
     Rechtsverordnung nach Abs. 7, eine Person beschäftigt,
21. entgegen § 43 Abs. 5 Satz 2 einen Nachweis oder eine Bescheini-
     gung nicht oder nicht rechtzeitig vorlegt,
22. einer vollziehbaren Auflage nach § 47 Abs. 3 Satz 1 zuwiderhan-
     delt,
22a. entgegen § 50a Absatz 2, auch in Verbindung mit einer Rechts-
     verordnung nach § 50a Absatz 4 Nummer 1, Polioviren oder
     dort genanntes Material nicht oder nicht rechtzeitig vernichtet,
22b. entgegen § 50a Absatz 3 Satz 1, auch in Verbindung mit einer
     Rechtsverordnung nach § 50a Absatz 4 Nummer 2, Polioviren
     oder dort genanntes Material besitzt,
23. entgegen § 51 Satz 2 ein Buch oder eine sonstige Unterlage nicht
     oder nicht rechtzeitig vorlegt, Einsicht nicht gewährt oder eine
     Prüfung nicht duldet oder
24. einer Rechtsverordnung nach § 5 Absatz 2 Satz 1 Nummer 4
     Buchstabe c bis f oder g oder Nummer 8 Buchstabe c, § 13
     Absatz 3 Satz 8 oder Absatz 4 Satz 2, § 17 Absatz 4 Satz 1 oder
     Absatz 5 Satz 1, § 20 Abs. 6 Satz 1 oder Abs. 7 Satz 1, § 23 Ab-
     satz 8 Satz 1 oder Satz 2, § 28b Absatz 6 Satz 1 Nummer 1, § 32

Satz 1, § 36 Absatz 8 Satz 1 oder Satz 4, jeweils auch in Verbindung mit Satz 5, Absatz 10 Satz 1 Nummer 1, auch in Verbindung mit Satz 3, Nummer 2 oder 3, § 38 Abs. 1 Satz 1 Nr. 3 oder Abs. 2 Nr. 3 oder 5 oder § 53 Abs. 1 Nr. 2 oder einer vollziehbaren Anordnung auf Grund einer solchen Rechtsverordnung zuwiderhandelt, soweit die Rechtsverordnung für einen bestimmten Tatbestand auf diese Bußgeldvorschrift verweist.

(2) Die Ordnungswidrigkeit kann in den Fällen des Absatzes 1a Nummer 7a bis 7d, 8, 9b, 11a, 17a und 21 mit einer Geldbuße bis zu zweitausendfünfhundert Euro, in den übrigen Fällen mit einer Geldbuße bis zu fünfundzwanzigtausend Euro geahndet werden.

A. Allgemeines

Der Ordnungswidrigkeitentatbestand des § 73 knüpft an zahlreiche Ge- und **1** Verbote des IfSG an, wobei die Auflistung schlicht der **numerischen Reihenfolge** der Bezugsnormen folgt. Einige der Vorschriften wenden sich lediglich an einen ganz bestimmten Personenkreis; jedoch sind die Tatbestände gesetzestechnisch nicht als echte **Sonderdelikte** ausgestaltet. Allerdings können sich subjektive Einschränkungen im Täterkreis aus verwaltungsrechtlichen Kontextnormen (bspw. § 8 für den Kreis der Leiter bestimmter Einrichtungen) ergeben. Soweit auf Grundlage des IfSG das einzelne Mitglied der Rechtsgemeinschaft zur Verhütung und Bekämpfung von Infektionskrankheiten in die Pflicht genommen wird, können die diese Pflichten flankierenden Ordnungswidrigkeiten (und auch Strafvorschriften) **„Jedermanns-Charakter"** entfalten. Der auf den ersten Blick unübersichtliche Gesetzestext lässt sich nach bestimmten **Tatbestandstypen** systematisieren. Im Wesentlichen kann zwischen Vorschriften differenziert werden, die unmittelbar an gesetzliche Ver- oder Gebote knüpfen (ggf. konkretisiert durch eine RVO), den Verstoß gegen eine vollziehbare Anordnung oder direkt den Verstoß gegen eine RVO ahnden.

Im Folgenden werden zunächst diejenigen Ordnungswidrigkeiten in § 73 **2** Abs. 1a erläutert, die an unmittelbar gesetzliche Ge- und Verbote des IfSG knüpfen (diese machen den Großteil der OWi aus): Zwar kann auch iRd Ordnungswidrigkeitentatbestände eine autonome (und insofern restriktive) Interpretation der Tatbestandsmerkmale angezeigt sein (zur Möglichkeit einer **Normspaltung,** die im Rahmen der Ordnungswidrigkeiten freilich kritischer gesehen werden könnte → Vorb. §§ 73 Rn. 5); doch ergeben sich Inhalt und Reichweite der Bezugsnormen weitestgehend aus diesen selbst heraus, sodass insoweit auf die entsprechenden Erläuterungen verwiesen werden kann.

B. Bezugsnormen

Verstoß gegen Verwaltungsgesetze. Durch das EpiLage-FortgeltungsG **3** v. 29.3.2021 (BGBl. I 370) wurde die Struktur des § 73 verändert. Der § 73 Abs. 1 aF wurde gestrichen und das darin enthaltene Verbot in § 73 Abs. 1a Nr. 22b überführt. Ziel dieser Änderung war, dass künftig auch die fahrlässig

Erfüllung des Tatbestandes geahndet werden kann (BT-Drs. 19/27291, 66, zur vorherigen Rechtslage → Vorb. §§ 73 Rn. 8). Damit sind nun alle durch einen Ordnungswidrigkeitentatbestand abgesicherten Ge- und Verbote in Abs. 1 a enthalten. In **§ 73 Abs. 1 a Nr. 22b** wird der nach § 50a Abs. 3 verbotene (nur zugelassenen, zentralen Stellen erlaubte) Besitz von **Polioviren** oder diese enthaltendes Material als Ordnungswidrigkeit unter Bußgelddrohung gestellt. Bei der Auslegung der im Nebenstrafrecht häufigen Tathandlung „besitzen" kann auf die entspr. Kasuistik bei sonstigen Tatbeständen zurückgegriffen werden, die den **Besitz** von körperlichen Gegenständen bei Strafe verbieten (vgl. etwa *Oğlakcıoğlu* in MüKo-StGB § 29 BtMG Rn. 1108 ff.). Erforderlich ist demnach ein tatsächliches Herrschaftsverhältnis, das die ungehinderte Einwirkungsmöglichkeit auf das Virenmaterial beinhaltet und auf nennenswerte Dauer angelegt ist. Nach § 73 Abs. 1 a Nr. 22a stellt zudem der Verstoß gegen die Pflicht, bestimmte Polioviren oder Material, das möglicherweise solche Viren enthält, unverzüglich zu vernichten, sobald diese nicht mehr benötigt werden (§ 50a Abs. 2), eine Ordnungswidrigkeit dar.

4   **§ 73 Abs. 1 a Nr. 2** sanktioniert als echtes Unterlassungsdelikt den **Verstoß gegen Meldepflichten** nach den §§ 7 ff. (der Kreis der Meldepflichtigen wird ebenso wie die Anforderungen an die Meldung in den darauffolgenden Vorschriften näher konkretisiert; zudem besteht die Möglichkeit, die Meldepflichten durch RVO zu erweitern (→ § 7 Rn. 1 ff.)). Zum BSeuchG hatte das Bay-ObLG entschieden, dass die Frage, ob ein Krankheitsverdacht gegeben ist, sich nicht nach der subjektiven Auffassung des Meldepflichtigen zu richten habe, sondern nach objektiven Gesichtspunkten. Der Meldepflichtige müsse sich demnach nur der dem Verdacht begründenden tatsächlichen Umstände bewusst sein (BayObLGSt 1981, 69). Ob bei einer Person Erscheinungen bestehen, welche das Vorliegen einer bestimmten übertragbaren Erkrankung vermuten lassen und ob diese von einem gewissenhaften Meldepflichtigen richtig bewertet werden können, könne dabei in aller Regel nur durch ein Sachverständigengutachten geklärt werden. MWv 19. 11. 2020 wurden durch das 3. BevSchG Folgeänderungen, die durch eben jenes Gesetz notwendig wurden, an der Vorschrift vorgenommen (BT-Drs. 19/23944, 39).

5   Ähnlich ausgestaltet wie § 73 Abs. 1 a Nr. 2 sind die **§ 73 Abs. 1 a Nr. 3–4,** die ua den Verstoß gegen **Auskunftspflichten,** die nach den §§ 15a, 16 Abs. 2 S. 3, 29 Abs. 2 S. 3 bestehen, sanktionieren. Die weiteren Vorlage- und Duldungspflichten dienen auch der Kontrolle der ordnungsgemäßen Durchführung der infektionshygienischen Überwachung nach § 15a (§ 15a → Rn. 1 f.). Dass aber die fehlende Mitwirkung an einem Betretungsrecht der Behörde ordnungswidrigenkeitenrechtlich geahndet werden kann (**§ 73 Abs. 1 a Nr. 5),** erscheint im Hinblick darauf, dass die Behörde ihre Interessen in diesen Fällen unproblematisch mit den Mitteln des Zwangs durchsetzen könnte, überzogen. Nach **§ 73 Abs. 1 a Nr. 7** wird die Anwendung von Mitteln entgegen § 18 Abs. 1 S. 1 (→ § 18 Rn. 1 ff.) geahndet. Die Vorstellung, die notwendige Anerkennung des Mittels oder Verfahrens bei Entseuchungen, Entwesungen und bei Maßnahmen zur Bekämpfung von Wirbeltieren durch die zuständige Bundesoberbehörde liege vor, dürfte einem Vorsatz entgegenstehen.

6   Praktische Relevanz dürfte auch den **Nr. 7a–d** zukommen, die auf die neu eingefügten Vorschriften zur **Masernimpfung** des umfassend erweiterten

§ 20 (Abs. 9 S. 4 Nr. 1, S. 6 oder S. 7 sowie Abs. 12 S. 1 dazu → § 20 Rn. 48 ff.) Bezug nehmen. In den Katalog der Straftaten wurde keine der neu aufgestellten Pflichten aufgenommen. Dies erklärt sich va vor dem Hintergrund, dass es sich beim MasernschutzG um ein innerhalb der Rechtsgemeinschaft äußerst kontrovers diskutiertes Vorhaben handelte (and. *Kaltenhäuser/Braun* medstra 2019, 24 (27): Vermutung eines redaktionellen Versehens). Der Gesetzgeber hat sich gegen eine Suspension der Schulpflicht entschieden, sodass insoweit keine Sanktionierung der Schulpflichtigen oder deren Sorgeberechtigter nach § 20 Abs. 13 (Verstoß gegen eine Untersagungsverfügung in Form vollziehbarer Anordnung nach § 20 Abs. 12 S. 3) droht (denkbar bleibt allerdings eine vorübergehende Maßnahme nach § 28 Abs. 2). Allerdings kommt die Verhängung eines Bußgelds bereits eine „Stufe" zuvor in Betracht, nämlich dann, wenn der vom Gesundheitsamt eingeforderte Nachweis nicht erbracht wird, § 73 Abs. 1a Nr. 7 c. Ist jedoch die verpflichtete Person ohne Vorwerfbarkeit daran gehindert, einen Nachweis vorzulegen (etwa im Fall eines Impfstoffmangels), kommt ein Bußgeld nicht in Betracht (vgl. auch BR-Drs. 358/19, 32). Nr. 7 a sanktioniert den Verstoß gegen die Benachrichtigungspflicht der Leitung einer betroffenen Einrichtung gegenüber dem Gesundheitsamt (§ 20 Abs. 9 S. 4 Nr. 1 iVm den Übergangsvorschriften nach Abs. 10 und 11); den Verstoß gegen das Betreuungs-, Beschäftigungs- und Tätigkeitsverbot ohne den entsprechenden Nachweis hinsichtlich der Masernimpfung bzw. der Masernimmunität (§ 20 Abs. 9 S. 6 und 7) erfasst Nr. 7 b.

In **§ 73 Abs. 1a Nr. 8** wird die **Impfdokumentation** iSd § 22 Abs. 1 mit **7** einem Ordnungswidrigkeitentatbestand abgesichert. Die Norm wurde in jüngerer Vergangenheit häufig überarbeitet. Ursprünglich konnte danach die entgegen § 22 Abs. 1 S. 1 oder 2 nicht, nicht richtig, nicht vollständig oder nicht rechtzeitig vorgenommene Eintragung in einen Impfausweis oder Ausstellung einer Impfbescheinigung geahndet werden (zur Diff. → § 22 Rn. 4). Mit G v. 10. 2. 2020 wurde die Bezugsnorm des § 22 Abs. 1 jedoch umfangreich reformiert. Es existiert seitdem kein § 22 Abs. 1 S. 2 mehr, sodass der Verweis in § 73 Abs. 1a Nr. 8 aF ins Leere lief. Zudem war in § 22 Abs. 1 kein Verweis mehr auf die inhaltlichen Vorgaben für die Richtigkeit und Vollständigkeit in § 22 Abs. 2 enthalten. Es war mit Blick auf die Wortlautgrenze daher kaum vertretbar, bei einer nach § 22 Abs. 2 nicht richtigen oder nicht vollständigen Eintragung oder Ausstellung davon zu sprechen, dieses Verhalten sei „entgegen § 22 Abs. 1 Satz 1 oder 2" erfolgt. Hier bestand gesetzgeberischer Nachholbedarf. Mit dem 3. BevSchG hat der Gesetzgeber dies erkannt und die Nr. 8 **aufgehoben,** weil sie „gegenstandslos geworden" war (BT-Drucks. 19/23944, 39). Durch das EpiLage-FortgeltungsG v. 29. 3. 2021 (BGBl. I 370) wurde die Vorschrift in veränderter Form wieder eingeführt. Ordnungswidrig handelt danach, wer entgegen § 22 Abs. 1 eine Schutzimpfung nicht, nicht richtig, nicht vollständig oder nicht rechtzeitig dokumentiert. Begründet wurde die Wiedereinführung mit der wichtigen Nachweisfunktion von Impfnachweisen in vielen Bereichen des Lebens (BT-Drs. 18/27291, 66 f.). Der Gesetzgeber hat den § 22 Abs. 1 zwar insofern verbessert, als er mit der klaren Nennung des Normadressaten („zur Durchführung von Schutzimpfungen berechtigte Person") die Anknüpfung der Norm an die Bußgeldvorschrift schaffen wollte (BT-Drs. 18/27291, 62). Doch fehlt es weiterhin an der Inbezugnahme des

§ 22 Abs. 2. Der § 73 Abs. 1 a Nr. 8 bleibt daher – wie zuvor vom Gesetzgeber richtig festgestellt – gegenstandslos. Es ist noch eine weitere Reform nötig.

8   **Ärztliche Dokumentations-, Aufbewahrungs- und Mitwirkungspflichten** nach § 23 Abs. 4, 5 (→ § 23 Rn. 47 ff., 54 ff.) werden ordnungswidrigkeitenrechtlich von **§ 73 Abs. 1 a Nr. 9–10 a** abgesichert. Da die Mitteilungspflicht nach § 23 Abs. 4 S. 2 an die Vornahme einer Anpassungshandlung knüpft, führt dies zur widersinnigen Konsequenz, dass in einem Fall, in dem die erforderliche Anpassung überhaupt nicht vorgenommen wird, keine Mitteilungspflicht entsteht und damit auch nicht geahndet werden kann (vgl. auch *Lutz*, § 73 Rn. 13). Eine **unmittelbare „Hygiene-Compliance"-Haftung** findet sich in § 73 a Abs. 1 a Nr. 10 a, da ordnungswidrig agiert, wer als zuständige Person nicht sicherstellt, dass ein Hygiene-Plan aufgestellt wird (vgl. auch *Kubiciel* jurisPR-StrafR 8/2020, Anm. 1). Freilich ist die Umsetzung des Plans der wichtigere Part, weswegen es nicht einleuchtet, warum nicht auch eine genuin ordnungswidrigenkeitenrechtlich abgesicherte Pflicht aufgestellt wird, den Plan umzusetzen.

9   § 73 Abs. 1 a **Nr. 11 und 12** knüpfen an bestimmte Duldungspflichten (§ 25 Abs. 4 S. 1: Gewahrsamsinhaber eines Verstorbenen und § 29 Abs. 2 S. 3: der Beobachtung unterworfene Person), während **Nr. 13** den Verstoß gegen zahlreiche Anzeigepflichten, die über das Gesetz verstreut sind (zentral: diejenige des Beobachteten gem. § 29 Abs. 2 S. 3) mit Bußgeld bewehrt. Auf die Kontrollmaßnahmen und aufgestellten Pflichten in Gemeinschaftseinrichtungen (§§ 33–36) nehmen schließlich die **Nr. 14–19** (und insoweit auch die bereits beschriebene Nr. 7 a–d, nämlich in Schuleinrichtungen) Bezug. Mit dem 3. BevSchG wurde Nr. 19 als Folgeänderung um die neu geschaffene Bezugsnorm des § 36 Abs. 10 Satz 2 ergänzt (BT-Drs. 19/23944, 39). Arbeitgeberrechtliche Pflichten im Bereich des Infektionsschutzes (Stichwort: Unbedenklichkeitsbescheinigung, zu den Strafbarkeitsrisiken des Arbeitgebers in der Pandemie *Giese/Schomburg* NStZ 2020, 327 ff.) nach § 43 Abs. 1 S. 1 und § 43 Abs. 5 (→ § 43 Rn. 1 ff.) erfassen die Nr. **20–21.** Zuletzt im Rahmen derjenigen Ordnungswidrigkeiten, die auf verwaltungsrechtliche Pflichten Bezug nehmen, ist Nr. 23 (zu Nr. 24 → Rn. 12) zu nennen, der einen Verstoß gegen die Dokumentations- und Mitwirkungspflichten aus § 51 S. 2 desjenigen für ahndbar erklärt, der eine Tätigkeit mit Krankheitserregern ausübt.

9a   Mit dem 4. BevSchG v. 22.4.2021 (BGBl. I 802) wurden jüngst die § 73 Abs. 1 a Nr. 11 b–m in den Ordnungswidrigkeitentatbestand integriert. Dadurch sind Verstöße gegen die **self-executing** Maßnahmen der sog. „Notbremse", welche unter bestimmten Voraussetzungen aktiviert werden (→ § 28b Rn. 11 ff.), mit Bußgeld bewehrt. Zu ihrer Auslegung vgl. primär → § 28b Rn. 27 ff., wobei eine Normspaltung angezeigt sein kann → Vor §§ 73 Rn. 5. In **§ 73 Abs. 1 a Nr. 11b** ist das Verbot der Teilnahme an Zusammenkünften bestimmter Größe und Zusammensetzung geregelt. Der zentrale Begriff der **Zusammenkunft** wurde vom Gesetzgeber nicht näher erläutert, ist in der (ordnungswidrigkeitenrechtlichen) Rspr. während der Pandemie jedoch ausführlich diskutiert worden. Jedenfalls soweit Zusammenkünfte im öffentlichen Raum verboten wurden, ist stets eine räumliche Komponente zu fordern, sodass entweder die **Einhaltung eines Mindestabstands von 1,5 Metern** (AG Reutlingen COVuR 2020, 611 mAnm *Lorenz*) oder zumindest eine derartig

deutliche räumliche Trennung bzw. Distanz, aufgrund derer von vornherein die **typische Gefahr der Unterschreitung eines ein Infektionsrisiko ausschließenden Mindestabstands** ausgeschlossen ist (OLG Hamm BeckRS 2021, 1231, Rn. 30f.; zust. OLG Oldenburg OLG Oldenburg BeckRS 2021, 5229, Rn. 14ff.), einem Verbotsverstoß zwingend entgegensteht. Der **§ 73 Abs. 1a Nr. 11c** knüpft an den verbotenen Aufenthalt außerhalb einer Wohnung, einer Unterkunft oder des jeweils dazugehörigen befriedeten Besitztums während einer **nächtlichen Ausgangssperre** an. Diese Maßnahme ist besonders kontrovers diskutiert worden und verfassungsrechtlich problematisch (→ § 28b Rn. 11ff.). Teilt man bereits die vorgebrachten Bedenken aus gefahrenabwehrrechtlicher Sicht, müssen sie gegen die Sanktionsnormen erst recht durchgreifen. Problematisch ist auch der Ausnahmetatbestand des § 28b S. 1 Abs. 1 Nr. 2 lit. f., der das Verbot einschränkt, wenn der Aufenthalt „aus ähnlich gewichtigen und unabweisbaren Zwecken" erfolgt. Für die Bevölkerung ist die Reichweite dieser Ausnahme kaum einschätzbar (→ § 28b Rn. 34). Positiv hervorzuheben ist, dass der Gesetzgeber die verbotene Handlung nicht mit dem „Verlassen der Wohnung" umschreibt, hatte diese rechtstechnische Entscheidung in der Vergangenheit doch zu erheblichen Auslegungs- und Bestimmtheitsproblemen geführt (näher AG Straubing COVuR 2021, 250, Rn. 14ff. mAnm *Lorenz*). Über **§ 73 Abs. 1a Nr. 11 d–f und h** ist die verbotene Öffnung bestimmter Einrichtungen und Ladengeschäfte sowie Märkte bußgeldbewehrt. In Konflikt mit dem Bestimmtheitsgebot können dabei die Sanktionsandrohungen geraten, die an Verbote mit offenen Oberbegriffen anknüpfen (§ 28b S. 1 Abs. 1 Nr. 3 und 5: „(…) Freizeiteinrichtung wie insbesondere (…)"; „(…) sowie entsprechende Veranstaltungen (…)"; → § 28b Rn. 34). Weiterhin wird über **§ 73 Abs. 1a Nr. 11f** auch die Durchführung bestimmter Veranstaltungen erfasst. Das Gesetz verbietet dabei in § 28b Abs. 1 S. 1 Nr. 5 Hs. 1 korrespondierend zu den **enumerativ aufgezählten** und zu schließenden Einrichtungen (Theater, Oper, Konzerthäuser etc.) „entsprechende Veranstaltungen". Der Wortlaut ist an dieser Stelle wegen Art. 103 Abs. 2 GG keiner erweiternden Auslegung auf weitere, vergleichbare Veranstaltungen zugänglich. Der **§ 73 Abs. 1a Nr. 11g** enthält einen Bußgeldtatbestand für die nach § 28b Abs. 1 S. 1 Nr. 6 Hs. 1 unzulässige Ausübung von Sport. Soweit es um den Leistungssport, wie zB Fussball geht, ist die Fixierung der Sanktion auf die Sportler, denn nur sie üben den Sport aus, bemerkenswert. Wird bei einem Spiel etwa unzulässigerweise Personen Zutritt zu einem Stadion gestattet oder das Schutz- und Hygienekonzept nicht eingehalten, steht eine Sanktion der Spieler (dürfte idR am Vorsatz scheitern) und nicht der verantwortlichen Veranstalter im Raum (§ 28b Abs. 1 S. 1 Nr. 3 dürfte nicht erfüllt sein). Über **§ 73 Abs. 1a Nr. 11i und j** sind der unzulässige Verzehr und der Abverkauf von Speisen und Getränken verboten. Das Verbot der Ausübung und Inanspruchnahme von Dienstleistungen, bei denen eine körperliche Nähe zum Kunden unabdingbar ist (§ 28b Abs. 1 S. 1 Nr. 8), ist ebenfalls in die Bußgeldvorschrift aufgenommen worden, **§ 73 Abs. 1a Nr. 11k.** Zudem werden mit der Maskenpflicht aus **§ 28b Abs. 1 S. 1 Nr. 9** und dem Beherbergungsverbot aus **§ 28b Abs. 1 S. 1 Nr. 10** zwei weitere Maßnahmen der „Norbremse" mit der Sanktionsdrohung abgesichert.

Verstoß gegen vollziehbare Anordnungen. In § 73 Abs. 1a Nr. 1, 6, 7d, **10** 11a finden sich Vorschriften, die das Zuwiderhandeln gegen eine **vollziehbare**

Anordnung bzw. im Falle des § 73 Abs. 1 a Nr. 22 einer vollziehbaren **Auflage** ahnden (zu den damit verbundenen verfassungsrechtlichen wie auch dogmatischen Rechtsfragen → Vorb. §§ 73 ff. Rn. 4 ff.). Die Vollziehbarkeit des VA ist in jedem Einzelfall gesondert zu prüfen, ggf. entfällt der Suspensiveffekt einer Anfechtungsklage **kraft Gesetzes** (vgl. § 16 Abs. 8 oder § 5 Abs. 4 S. 2); ist dies nicht der Fall, kann von einer sofortigen Vollziehbarkeit nur bei ausdrücklicher Anordnung (§ 80 Abs. 2 S. 1 Nr. 4 VwGO) oder Unanfechtbarkeit des VA ausgegangen werden. § 73 Abs. 1a Nr. 1 bezieht sich auf die neu eingeführte und kontrovers diskutierte Ermächtigungsgrundlage des § 5. Die Vorschrift wurde mWv 19. 11. 2020 durch das 3. BevSchG v. 18. 11. 2020 geändert (Korrektur eines Redaktionsfehlers: Ermächtigungsgrundlage § 5 Abs. 2 **S. 1;** Reduktion um aufgehobene Ermächtigungsgrundlage § 5 Abs. 2 S. 1 Nr. 1, 2) und sollte ursprünglich mWv 1. 4. 2021 außer Kraft treten. Durch das EpiLage-FortgeltungsG v. 29. 3. 2021 (BGBl. I 370) ist es dazu nicht gekommen (→ Vorb. §§ 73 Rn. 2). § 73 Abs. 1a Nr. 6 ahndet das Zuwiderhandeln gegen vollziehbare Anordnungen als Maßnahmen nach den §§ 17 Abs. 1, 28 Abs. 1 S. 1 oder S. 2 (auch iVm § 28a), 30 Abs. 1 S. 2 (zur Reichweite der jeweiligen Ermächtigungsgrundlage sei auf die dortigen Ausführungen verwiesen).

11   Im Rahmen der Corona-Pandemie wurden zunächst zahlreiche AllgVfg. mitunter für ganze Bundesländer erlassen und es bestand die weit verbreitete Auffassung, Verstöße hiergegen seien solche gegen sofort vollziehbare Anordnungen. Es war aber zweifelhaft, dass die Exekutive dieses Rechtsinstrument gewählt hat, handelt es sich doch vielmehr um eine abstrakt-generelle Regelung, die in Form einer RVO zu treffen ist (→ § 32 Rn. 7 ff.; zu diesem „Etikettenschwindel" *Lorenz / Oğlakcıoğlu* KriPoZ 2020, 108, 115). Zu dieser Einsicht kamen später die zuständigen Stellen, inzwischen wurden RVOen erlassen. Auch das IfSG wurde entspr. angepasst und unmittelbare Verstöße hiergegen zutreffend dem § 73 Abs. 1 Nr. 24 zugewiesen (→ Vorb. §§ 73 Rn. 2; → Rn. 12). Soweit man AllgVfg. im hiesigen Kontext gleichwohl als zulässige Form des Verwaltungshandelns akzeptiert, sei hinsichtlich der einzelnen, darin enthaltenen Verhaltensnormen auf die Ausführungen zu den EindämmungsVOen der Länder verwiesen → § 28a.

12   **Verstoß gegen RVO.** In § 73 Abs. 1a Nr. 24 ist schließlich der unmittelbare Verstoß gegen eine RVO als Ordnungswidrigkeit erfasst. In diesen Fällen dienen die RVOen nicht zur Konkretisierung gesetzlich vorgesehener Ge- und Verbote des IfSG (→ Rn. 3), sondern konstituieren die Verhaltensnormen erst. Taugliche Ermächtigungsgrundlagen für deren Erlass sind § 5 Abs. 2 S. 1 Nr. 4 lit. c–f oder g, Nr. 8 lit. c, § 13 Abs. 3 S. 8 oder Abs. 4 S. 2, § 17 Abs. 4 S. 1 oder Abs. 5 S. 1, § 20 Abs. 6. S. 1 oder Abs. 7 S. 1, § 23 Abs. 8 S. 1 oder S. 2, § 28b Abs. 6 S. 1 Nr. 1, § 32 S. 1, § 36 Abs. 8 S. 1 oder S. 4, jeweils auch iVm Satz 5 oder § 36 Abs. 10 S. 1 Nr. 1 auch iVm S. 3, Nr. 2 oder 3, § 38 Abs. 1 S. 1 Nr. 3 oder Abs. 2 Nr. 3 oder 5 oder § 53 Abs. 1 Nr. 2. MWv 19. 11. 2020 wurde die Vorschrift durch das 3. BevSchG redaktionell angepasst (Korrektur eines Redaktionsfehlers: Ermächtigungsgrundlage § 5 Abs. 2 **S. 1**) und erweitert (Aufnahme neu geschaffener Ermächtigungsgrundlagen: § 36 Abs. 8 S. 1 und 3 (nun S. 4) und Abs. 10 S. 1 (nun S. 1 Nr. 2 oder 3). Die ursprünglich zum 1. 4. 2021 vorgesehene Streichung des § 5 Abs. 2 S. 1 Nr. 4 lit. c–f oder g, Nr. 8 lit. c aus der Nr. 24 ist aufgrund des EpiLage-FortgeltungsG ausgeblieben

(→ Rn. 10). Dieses Gesetz hat zudem zu Änderungen hinsichtlich einiger Ermächtigungsgrundlagen geführt (vgl. zur Begründung BT-Drs. 19/27291, 24, 67). Es handelt sich bei § 73 Abs. 1a Nr. 24 um den einzigen **Bußgeldtatbestand** in § 73, der den Verstoß gegen eine vollziehbare Anordnung **auf Grund einer RVO,** die auf eine der dort genannten Ermächtigungsgrundlagen aus dem IfSG gestützt wird, sanktioniert. Voraussetzung ist, dass, wie bei einem unmittelbaren Verstoß gegen die RVO, diese für einen bestimmten Tatbestand auf die Bußgeldvorschrift in § 73 Abs. 1a Nr. 24 **verweist.** Insofern handelt es sich um ein sog. unechtes Blankett mit einer dem Bestimmtheitsgrundsatz Rechnung tragenden **Rückverweisungsklausel** (BMJV, Handbuch des Nebenstrafrechts, 2018, Rn. 204). Hinsichtlich der in Bezug genommenen Ermächtigungsgrundlagen und der darauf gestützten Maßnahmen in den RVOen gelten die dortigen Ausführungen. Für die EindämmungsVO der Länder während der Corona-Pandemie ist etwa zunächst die Generalklausel des § 28, später § 28a maßgeblich gewesen (zu Ausgangsbeschränkungen, Kontaktverboten etc. → § 28a Rn. 30 ff.). Mittlerweile hat auch die BReg eine Ermächtigungsgrundlage in § 28b Abs. 6 S. 1 Nr. 1, auf die sie eigene RVOen mit Ge- und Verboten zur Pandemiebekämpfung stützen kann, welche über § 73 Abs. 1a Nr. 24 mit dem Ordnungswidrigkeitentatbestand abgesichert sind.

C. Zumessung der Geldbuße

Abs. 2 sieht grds. als Höchstsatz eine Geldbuße bis zu **25.000 EUR** vor. In **13** Ausnahme hierzu gilt für Verstöße gegen Abs. 1a Nr. 7 lit. a–d, 8, 9 lit. a, 11 lit. a, 17 lit. a und 21 ein deutlich reduzierter Höchstsatz von **2.500 EUR.** Bei fahrlässigem Handeln halbiert sich der Bußgeldrahmen (§ 17 Abs. 2 OWiG). Der Mindestsatz liegt bei **5 EUR** (§ 17 Abs. 1 OWiG).

Die Bußgeldzumessung richtet sich nach den allg. Kriterien des § 17 Abs. 3 **14** OWiG (instr. *Mitsch* in KK-OWiG § 17 Rn. 97; zu Fällen aus der Corona-Pandemie, vgl. AG Tiergarten BeckRS 2020, 36250, Rn. 11 und AG Tiergarten BeckRS 2020, 36251, Rn. 18 sowie OLG Oldenburg COVuR 2021, 119 (120) mAnm *Lorenz* (eingeschränkte wirtschaftliche Verhältnisse einer Jugendlichen)). Zum Zwecke der Vereinheitlichung und Vereinfachung der Ahndungspraxis bei Massenphänomenen können **Bußgeldkataloge** (als Verwaltungsvorschrift oder RVO) erlassen werden. Diese listen Tatbestände auf und setzen Regelsätze für das Bußgeld fest (Fixbetrag oder Rahmen). Soweit der umschriebene Regelfall vorliegt, muss die Ordnungsbehörde entspr. ahnden. Nur bei erheblichen Abweichungen oder ausdr. Ausnahmeklauseln ist eine andere Festsetzung gerechtfertigt. Demgegenüber können Gerichte mit eigenen Zumessungserwägungen auch bei Regelfällen von den Regelsätzen abweichen, wenn der Bußgeldkatalog als Verwaltungsvorschrift erlassen wurde. Kommt diesem jedoch Rechtssatzqualität zu, wie bei der BKatV, ist das nicht möglich. Im Zuge der Corona-Pandemie haben die Bundesländer Bußgeldkataloge erlassen, die Regelsätze für einzelne verbotene Verhaltensweisen vorsehen (zB Ansammlung einer bestimmten Anzahl von Menschen). Soweit dies durch RVO bzw. als Anlage hierzu geschehen ist (zB in Sachsen-Anhalt; diese Möglichkeit übersehen *Tsambikakis/Kessler* in Pandemiestrafrecht § 1

Rn. 184), dürfte das bisher Gesagte allerdings nicht gelten. Zwar besteht Rechtssatzqualität, doch entspringen die Regelsätze anders als bei der BKatV keiner gefestigten Erfahrung aus der Praxis. Das damit einhergehende Fehlen von breiter Akzeptanz und einer ausdrücklichen Ermächtigungsgrundlage (wie § 26 a StVG) zum Erlass spricht gegen die **Bindungswirkung** für Gerichte (vgl. zu Bußgeldkatalogen in der Corona-Pandemie ferner OLG Hamm BeckRS 2021, 1231, Rn. 58 f.: „für die Gerichte nicht bindend", darf aber „mit Blick auf eine möglichst gleichmäßige Behandlung aller gleichgelagerten Fällen nicht gänzlich außer Betracht bleiben").

15   Als weiteres Zumessungskriterium gilt, dass die Geldbuße den **wirtschaftlichen Vorteil,** den der Täter persönlich aus der OWi gezogen hat, überschreiten soll (§ 17 Abs. 4 S. 1 OWiG). Soweit notwendig, kann dafür auch der gesetzlich vorgesehene Höchstsatz überschritten werden (§ 17 Abs. 4 S. 2 OWiG). Relevant kann diese Vorschrift zB bei Verstößen gegen berufliche Tätigkeitsverbote (§ 31) oder Betriebsschließungen aufgrund des IfSG werden. Zur Berechnung und weiteren Einzelfragen vgl. *Mitsch* in KK-OWiG § 17 Rn. 116 ff.)

16   Verstöße gegen § 73 können in Tateinheit (§ 19 OWiG) oder Tatmehrheit (§ 20 OWiG) zueinanderstehen (zu den Voraussetzungen *Mitsch* in KK-OWiG § 19 Rn. 6 ff. und § 20 Rn. 2). Im Falle von Tateinheit wird nur eine einzige Geldbuße festgesetzt (§ 19 Abs 1 OWiG), deren Höhe sich bei mehreren verletzten Gesetzen nach der höchsten angedrohten Geldbuße bestimmt (§ 19 Abs. 2 S. 1 OWiG). Auf im anderen Gesetz angedrohte Nebenfolgen kann erkannt werden (§ 19 Abs. 2 S. 2 OWiG). Bei Tatmehrheit wird jede verwirkte Geldbuße gesondert festgesetzt (§ 20 OWiG) und anschließend schematisch addiert. In Abweichung zu §§ 53, 54 StGB **(Asperationsprinzip)** gilt das **Kumulationsprinzip.** In den Grenzen einer prozessualen Tat kann dann nur ein Bußgeldbescheid ergehen. Bei mehreren prozessualen Taten können die Rechtsfolgen in einem Bußgeldbescheid gebündelt oder mehrere erlassen werden (umfassend *Mitsch* in KK-OWiG § 20 Rn. 5 ff.).

D. Konkurrenzen, Verfahrensrechtliches und Verjährung

17   § 21 Abs. 1 S. 1 OWiG ordnet bei **Tateinheit** zwischen Straftat und OWi (iSv § 19 OWiG) ausdrücklich die **Subsidiarität** letzterer an. Das gilt auch bei divergierenden Schutzrichtungen. Bsp.: Wer sich während der Corona-Pandemie anfänglich entgegen eines auf Grundlage von § 28 Abs. 1 S. 1 iVm § 32 S. 1 in einer entspr. RVO ergangenen Kontaktverbots mit zwei nicht im Haushalt lebenden Personen traf, handelte ordnungswidrig (→ § 73 Rn. 12). Steckte er dabei vorsätzlich eine der Personen an oder versuchte dies zumindest, verdrängte das Körperverletzungsdelikt die OWi. Die Rechtsfolge bestimmt sich nach der Straftat, wobei die verdrängte OWi bei der Strafzumessung berücksichtigt werden kann (näher *Mitsch* in KK-OWiG § 21 Rn. 14).

18   Besteht **Tatmehrheit** zwischen Straftat und OWi, ist zu differenzieren: Besteht sie innerhalb einer Tat im prozessualen Sinne (§ 264 StPO), findet ein Strafverfahren statt (§ 82 Abs. 1 OWiG) und Strafe und Geldbuße werden nebeneinander ausgesprochen. Hat bei mehreren Taten im prozessualen Sinne eine nur OWi, eine andere nur Straftaten zum Gegenstand, kann bei Verbindung ein Mischverfahren entstehen. Dieses ist näher in § 83 OWiG geregelt.

Ergibt ein Bußgeldbescheid wegen einer Handlung, die als OWi nach § 73 **19** eingestuft wird, obwohl eigentlich eine Straftat nach § 74 vorliegt, tritt auch bei Bestandskraft **kein Strafklageverbrauch** ein (§ 86 OWiG). Ein solche Situation war zB während der Corona-Pandemie vorstellbar, wenn ein vorsätzlicher Verstoß gegen Eindämmungsmaßnahmen als OWi geahndet wird und sich im Nachhinein eine Verbreitung und damit eine Straftat nach § 74 feststellen ließ. Im Strafverfahren wird der Bußgeldbescheid aufgehoben (§ 86 Abs. 1 S. 1 OWiG) und aufgrund dessen gezahlte oder beigetriebene Geldbeträge nach Maßgabe des § 86 Abs. 2 angerechnet. Das gilt auch, wenn es im Strafverfahren nicht zu einer Verurteilung kommt, jedoch die Feststellungen, die das Gericht in der abschließenden Entscheidung trifft, dem Bußgeldbescheid entgegenstehen (§ 86 Abs. 1 S. 2). Zu damit verbundenen Einzelfragen bei Einstellungen nach §§ 153, 153 a StPO näher *Lutz* in KK-OWiG § 86 Rn. 7 ff.

Die **Verfolgungs-** (§ 31 OWiG) und **Vollstreckungsverjährung** (§ 34 **20** OWiG) richtet sich nach den allg. Regeln des OWiG. Entscheidend für die Verfolgungsverjährung ist das gesetzliche vorgesehene Höchstmaß der Geldbuße (→ Rn. 5): Danach verjähren die in § 73 Abs. 2 mit 25.000 EUR bedrohten OWi in drei Jahren (§ 31 Abs. 2 Nr. 1 OWiG), sofern sie fahrlässig begangen und daher mit 12.500 EUR bedroht sind in zwei Jahren (§ 31 Abs. 2 Nr. 2 OWiG) und die mit 2.500 EUR (vorsätzlich) oder 1.250 EUR (fahrlässig) bedrohten OWi in einem Jahr (§ 31 Abs. 2 Nr. 3 OWiG). Die Vollstreckungsverjährung bestimmt sich nach der rechtskräftig festgesetzten Geldbuße (§ 34 Abs. 1, 2 OWiG).

§74 Strafvorschriften

Mit Freiheitsstrafe bis zu fünf Jahren oder mit Geldstrafe wird bestraft, wer eine in § 73 Absatz 1 oder Absatz 1a Nummer 1 bis 7, 11 bis 20, 22, 22a, 23 oder 24 bezeichnete vorsätzliche Handlung begeht und dadurch eine in § 6 Absatz 1 Satz 1 Nummer 1 genannte Krankheit, einen in § 7 genannten Krankheitserreger oder eine in einer Rechtsverordnung nach § 15 Absatz 1 oder Absatz 3 genannte Krankheit oder einen dort genannten Krankheitserreger verbreitet.

A. Allgemeines

Für den Straftatbestand des § 74 dienen die meisten **OWi aus § 73 als An- 1 knüpfungspunkt** (zu diesen Verstößen insoweit → § 73 Rn. 4 ff.; der Verweis auf Abs. 1 geht ins Leere (→ § 73 Rn. 3) und sollte gestrichen werden). § 74 stuft diese zu einer Straftat herauf, wenn durch die vorsätzliche Handlung (→ Vorb. §§ 73 ff. Rn. 8 ff.) eine in § 6 Abs. 1 S. 1 Nr. 1 genannte Krankheit, ein in § 7 genannter Krankheitserreger (zum Problem der Auffangtatbestände § 6 Abs. 1 Nr. 5 und § 7 Abs. 2 → 75 Rn. 14) oder (mWv 19.11.2020 durch das 3. BevSchG) eine in einer RVO nach § 15 Abs. 1 oder Abs. 3 genannte Krankheit oder einen dort genannten Krankheitserreger verbreitet wird. Insofern ist von einem unechten **Mischtatbestand** die Rede (*Mitsch* in KK-OWiG § 21 Rn. 12). Durch die Einstufung als Straftat soll eine erhöhte sozial-ethische Vorwerfbarkeit zum Ausdruck gebracht werden (BT-Drs. 3/1888, 32). Zu damit verbundenen Konkurrenzfragen → Rn. 8. Daher ist auch, mehr als bei den Ordnungswidrigkeitentatbeständen eine ggf. autonome (und insofern restriktive) Interpretation der Bezugsnormen angezeigt (zur Möglichkeit einer **Normspaltung** → Vorb. §§ 73 Rn. 5).

B. Gemeinsamer Taterfolg und Zurechnungszusammenhang

2   In den Gesetzesmaterialien zur Schaffung des IfSG wird hinsichtlich des Begriffs der Verbreitung auf die Vorgängerregelungen des **BSeuchG** verwiesen (§§ 63, 74 BSeuchG). Danach war nach dem Willen des Gesetzgebers unter Verbreiten „das Übertragen der Krankheit auf einen anderen mit dem Vorsatz der Ansteckung einer unbestimmten Zahl von Menschen zu verstehen" (BT-Drs. 3/1888, 30). Auf die Art und Weise der Verbreitung (Kontaktinfektion, unvorsichtiger Umgang mit Sachen etc.) sollte es nicht ankommen. Der Täterkreis sei zudem nicht auf Infizierte beschränkt (Bsp.: Beschäftigung eines Infizierten im Lebensmittelgewerbe durch Arbeitgeber und anschließende Verbreitung, § 75 Abs. 1 Nr. 2, Abs. 3 iVm § 42 Abs. 1 S. 1).

3   Diese **objektiv-subjektive Begriffsbestimmung** überzeugt nicht. Zuzustimmen ist ihr insofern, als Verbreiten sprachlich bereits mehr als die Übertragung der Krankheit auf eine andere Person nahelegt. Dieser Befund bestätigt sich mit Blick auf das geschützte Rechtsgut der Bevölkerungsgesundheit, welche gerade durch die unkontrollierte Ausbreitung einer Krankheit auf eine unbestimmte Zahl von Menschen gefährdet wird. Nicht ausreichend darf es indes sein, dass letztgenannter Effekt lediglich vom Vorsatz des Täters umfasst ist. Anderenfalls läge eine vollendete Verbreitung selbst dann vor, wenn die Infektion einer unbestimmten Zahl von Menschen objektiv nicht zu befürchten steht (zB Ansteckung eines ohnehin in Absonderung (§ 30) befindlichen Verdachtsfalles). Damit umginge man jedoch die wegen des Charakters als Vergehen (§ 12 Abs. 2 StGB) erforderliche (§ 23 Abs. 1 StGB), jedoch fehlende ausdrückliche Anordnung der Versuchsstrafbarkeit. Untaugliche, straflose Verbreitungsversuche würden zu vollendeten, strafbaren Verbreitungen iSd § 74.

4   Vorzugswürdig erscheint daher eine **rein objektive Begriffsbestimmung.** Danach setzt Verbreiten 1. eine Übertragung der Krankheit bzw. des Erregers auf eine andere Person voraus, die 2. eine unkontrollierte Ansteckung einer unbestimmten Zahl von Personen **erwarten lässt** (idS auch *Lutz,* § 74 Rn. 4).

5   Dafür ist erforderlich, dass ein **Kausalitätsnachweis** für die Übertragung geführt wird. Schon der Gesetzgeber hat bei der Schaffung der Vorgängervorschriften des BSeuchG erkannt, dass dies bei manchen Krankheiten schwierig sein kann (BT-Drs. 3/1888, 30). Die Corona-Pandemie zeigt, dass diese Befürchtung berechtigt war und ein Nachweis sehr selten möglich ist (→ Vorb. §§ 73 ff. Rn. 19). Ausnahmsweise ließe sich Kausalität des Verhaltens einer Person für eine bestimmte Infektion nachweisen, wenn zB der Neuinfizierte **nur eine Kontaktperson** hatte (denkbar zB bei ambulanter Pflege). Ist ein Nach-

weis nicht möglich, scheidet eine Strafbarkeit nach dem IfSG mangels Anordnung der Versuchsstrafbarkeit generell aus.

Eine rechtfertigende Einwilligung in § 74 (auch § 75, insbes. Abs. 3) scheidet aus (→ Vorb. §§ 73 ff. Rn. 12). Abgesehen davon kann über einen Zurechnungsausschluss der Verbreitung wegen eigenverantwortlicher Selbstgefährdung nachgedacht werden (zur Abgrenzung *Roxin/Greco* AT I, 2020, § 11 Rn. 121 ff.). Mit der Rspr. des BGH zu § 30 Abs. 1 Nr. 3 BtMG wäre zu differenzieren: In der Norm liege ungeachtet evtl. Eigenverantwortlichkeit die „positiv-rechtliche Entscheidung des Gesetzgebers" gegen einen Zurechnungsausschluss (BGH NStZ 2001, 205 (206)). Etwas anderes gelte bei den individualschützenden Tatbeständen der §§ 222 ff., 229 StGB. Diese Sichtweise ist kritisch zu betrachten (näher *Lorenz/Heidemann* JA 2020, 427 (430)) mwN). Dadurch würde bei § 30 Abs. 1 Nr. 3 BtMG die Selbstbestimmung des Einzelnen in paternalistischer Manier unter Hinweis auf die vermeintlich betroffene öffentliche Gesundheit unzulässig beschnitten. Der § 74 (auch § 75, insbes. Abs. 3) indes zielt in der Sache nicht auf den paternalistischen Schutz der zunächst, ggf. eigenverantwortlich infizierten Person, sondern auf den tatsächlichen Schutz der Gesamtbevölkerung vor einer unkontrollierten Verbreitung der Krankheit bzw. des Erregers (→ Vor §§ 73 ff. Rn. 12). Diese reale, abstrakte Gefährdung des Rechtsguts der Bevölkerungsgesundheit vermag hier – anders als im BtMG – die Ablehnung eines Zurechnungsausschlusses wegen Eigenverantwortlichkeit zu rechtfertigen (zust. *Neuhöfer/Kindhäuser* in BeckOK InfSchR § 74 Rn. 28). Für die individualschützenden Tatbestände der §§ 222 ff., 229 StGB ist damit noch nichts gesagt. Erkennt man paternalistische Sorgfaltsnormen an, deren Verletzung die Zurechnung trotz eigenverantwortlicher Selbstgefährdung begründen kann, wäre eine Strafbarkeit möglich. Entscheidend ist dann, ob man einzelnen Eindämmungsmaßnahmen, auf die § 74 Bezug nimmt, derartige Sorgfaltsnormen zur Verhinderung von Eigengefährdungen entnimmt (z. B. Untersagung von größeren Menschenansammlungen zum Schutz vor Selbstansteckung, aber auch zur Verhinderung der Selbstgefährdung anderer). Vorzugswürdig erscheint demgegenüber die in der Lit. wohl vorherrschende Ablehnung der Einschränkung des Grundsatzsatzes der Eigenverantwortlichkeit. Die Einwilligung in eine Ansteckung ist entsprechend der Rechtsgutslösung möglich, solange dadurch nicht aus der ex-ante-Sicht die konkrete Gefahr einer schweren Körperverletzung oder des Todes begründet wird.

Selbst wenn eine Übertragung nachweisbar ist, muss diese eine unkontrollierte Ansteckung einer unbestimmten Zahl von Personen erwarten lassen. Dieses **prognostische Teilelement** des Begriffs Verbreiten ist aus einer objektivierten **ex-ante Perspektive** zu bestimmen. Es kann etwa bei der Übertragung des Virus auf isoliert lebende Menschen fehlen (zB bereits in Absonderung nach § 30 befindliche oder ambulant gepflegte Bettlägerige ohne weitere Sozialkontakte). Bemerkenswert ist, dass gerade in diesen Konstellationen der Kausalitätsnachweis eher gelingen kann.

C. Konkurrenzen und Verjährung

8   Die ggü. § 73 zusätzlichen Merkmale des unechten Mischtatbestands in § 74 steigern das objektive Unrecht zur Straftat, sodass **§ 21 Abs. 1 OWiG** gilt (→ § 73 Rn. 17). Zu den Konkurrenzen mit dem Kernstrafrecht → Vorb. §§ 73 ff. Rn. 18 ff. Ist eine Handlung demnach zugleich Straftat und OWi, wird nur das Strafgesetz angewendet. Die zuständigen Bußgeldbehörden sind zudem – ohne eigenes Ermessen – wegen § 41 OWiG dazu verpflichtet, bei Anfangsverdacht auf eine Straftat die Akten an die Staatsanwaltschaft zu übermitteln. Ein Unterlassen kann Strafvereitelung gem. §§ 258, 13 Abs. 1 StGB sein (*Rau* in Schmidt, § 23 Rn. 15).

9   Die **Verfolgungsverjährung** beträgt gem. **§ 78 Abs. 3 Nr. 4 StGB fünf Jahre.**

§ 75   Weitere Strafvorschriften

(1) **Mit Freiheitsstrafe bis zu zwei Jahren oder mit Geldstrafe wird bestraft, wer**
1. **einer vollziehbaren Anordnung nach § 30 Absatz 1 Satz 1, auch in Verbindung mit einer Rechtsverordnung nach § 32 Satz 1, zuwiderhandelt,**
2. **entgegen § 42 Abs. 1 Satz 1, auch in Verbindung mit Satz 2, jeweils auch in Verbindung mit einer Rechtsverordnung nach § 42 Abs. 5 Satz 1, oder § 42 Abs. 3 eine Person beschäftigt oder eine Tätigkeit ausübt,**
3. **ohne Erlaubnis nach § 44 Krankheitserreger verbringt, ausführt, aufbewahrt, abgibt oder mit ihnen arbeitet oder**
4. **entgegen § 52 Satz 1 Krankheitserreger oder Material abgibt.**

(2) **Ebenso wird bestraft, wer einer Rechtsverordnung nach § 38 Abs. 1 Satz 1 Nr. 5 oder Abs. 2 Nr. 4 oder einer vollziehbaren Anordnung auf Grund einer solchen Rechtsverordnung zuwiderhandelt, soweit die Rechtsverordnung für einen bestimmten Tatbestand auf diese Strafvorschrift verweist.**

(3) **Wer durch eine in Absatz 1 bezeichnete Handlung eine in § 6 Abs. 1 Nr. 1 genannte Krankheit oder einen in § 7 genannten Krankheitserreger verbreitet, wird mit Freiheitsstrafe von drei Monaten bis zu fünf Jahren bestraft, soweit nicht die Tat in anderen Vorschriften mit einer schwereren Strafe bedroht ist.**

(4) **Handelt der Täter in den Fällen der Absätze 1 oder 2 fahrlässig, so ist die Strafe Freiheitsstrafe bis zu einem Jahr oder Geldstrafe.**

(5) **Mit Freiheitsstrafe bis zu einem Jahr oder mit Geldstrafe wird bestraft, wer entgegen § 24 Satz 1, auch in Verbindung mit Satz 2, dieser auch in Verbindung mit einer Rechtsverordnung nach § 15 Abs. 1, eine Person behandelt.**

A. Allgemeines

In § 75 werden Zuwiderhandlungen gegen verschiedene Bezugsnormen **1** (zur Systematik → Vorb. §§ 73 ff. Rn. 3 ff.) unter Strafe gestellt. Im Unterschied zu § 74 ist bei § 75 ein **Verbreitungserfolg nicht** notwendig. Der **Strafrahmen** liegt mit Freiheitsstrafe bis zu zwei Jahren oder Geldstrafe daher deutlich niedriger. Für vorsätzliche Verstöße gegen § 75 Abs. 1 existiert in Abs. 3 jedoch eine Erfolgsqualifikation, die das Höchstmaß der Freiheitsstrafe bei einem Verbreitungserfolg an § 74 angleicht, im Mindestmaß aber keine Geldstrafe, sondern Freiheitsstrafe von drei Monaten vorsieht (zum Problem der Erweiterung der meldepflichtigen Krankheiten und Krankheitserreger über RVOen nach § 15 Abs. 1 S. 1 → Rn. 14). Zum Merkmal des Verbreitens → § 74 Rn. 2 ff. Zu den Konkurrenzen → Vorb. §§ 73 ff. Rn. 18 ff. Abweichend von § 74 ist in § 75 Abs. 4 zudem die Möglichkeit **fahrlässiger Tatbegehung** in den Fällen der Abs. 1 und 2 vorgesehen. Der Strafrahmen beträgt hier Freiheitsstrafe bis zu einem Jahr oder Geldstrafe.

B. Bezugsnormen

§ 75 lässt sich – wie bereits der Ordnungswidrigkeitentatbestand – nach be- **2** stimmten Tatbestandstypen systematisieren: Vorschriften, die unmittelbar an gesetzliche Ver- oder Gebote (ggf. konkretisiert durch eine RVO), an Verstöße gegen eine vollziehbare Anordnung oder solche gegen eine RVO anknüpfen.

§ 75 Abs. 1 Nr. 1: Allgemein und speziell in der Corona-Pandemie ist bzw. **3** wäre (keine Anwendung auf Altfälle → Vorb. §§ 73 ff. Rn. 21) § 75 Abs. 1 Nr. 1 in seiner ursprünglichen Fassung große Bedeutung zugekommen. Durch die reformbedingte **Reduktion der Bezugsnormen** (→ Vorb. §§ 73 ff. Rn. 2) auf § 30 Abs. 1 S. 1, auch iVm einer RVO nach § 32 S. 1, ist er nunmehr praktisch kaum von Relevanz. Die in der Norm genannte **Lungenpest** ist nach Angaben des RKI seit Jahrzehnten nicht mehr in Deutschland aufgetreten (RKI-Ratgeber Pest, online abrufbar unter: https:\\www.rki.de/DE/Content/Infekt/EpidBull/Merkblaetter/Ratgeber_Pest.html). Auch für das von Mensch zu Mensch übertragbare **hämorrhagische Fieber** meldet das Institut für das Jahr 2018 eine einstellige Zahl, die zwar Deutsche betraf, aber zumeist im entspr. Infektions- und Reiseland und damit außerhalb des Geltungsbereichs des IfSG behandelt wurde (Epidemiologisches Bulletin 2019/48, S. 6 f).

§ 75 Abs. 1 Nr. 2: Die Vorschrift stellt bestimmte Tätigkeits- und Beschäf- **4** tigungsverbote aus § 42 unter Strafe. Sofern beide Verbote existieren, richtet sich die Strafdrohung an Arbeitgeber und Arbeitnehmer. Zur Reichweite der Verbote und den Begrifflichkeiten → § 42 Rn. 2 ff.

§ 75 Abs. 1 Nr. 3: Diese Vorschrift knüpft an die Erlaubnispflichtigkeit der **5** Verbringung von Krankheitserregern iSd § 2 Nr. 1 in den Geltungsbereich dieses Gesetzes sowie weiterer gefährlicher Umgangsformen (Ausfuhr, Aufbewahrung, Abgabe oder die Arbeit mit diesen; umf. zu Strafbarkeitsrisiken bei Forschung an Viren *Münster* medstra 2019, 211 ff.). Diese Regelungstechnik eines Verbots mit Erlaubnisvorbehalt entspricht derjenigen anderer Materien, die den Umgang mit gefährlichen Substanzen oder Gegenständen zum Inhalt haben (zB BtMG, AMG, MPG).

6   Unter **Verbringen** ist die menschlich gesteuerte, körperliche Verlagerung eines Krankheitserregers von außerhalb in den Geltungsbereich des IfSG zu verstehen, also dessen Übertritt über die maßgebliche Grenze durch eine wie auch immer geartete Einwirkung eines Menschen. Die Art und Weise bzw. der Weg, wie sie ins Inland gelangen, ist unerheblich. Eigenhändigkeit oder tatsächliche Verfügungsgewalt über die Krankheitserreger beim Einfuhrvorgang sind nicht erforderlich. Hilfe menschlicher, tierischer oder technischer Natur sind möglich (zum Begriff der Einfuhr und zu Täterschaft und Teilnahme *Oğlakcıoğlu* in MüKo-StGB § 2 BtMG Rn. 54ff., § 29 Rn. 657ff.). Unter **Ausfuhr** versteht man spiegelbildlich das Verbringen eines Krankheitserregers aus dem Geltungsbereich des IfSG über die Grenze ins Ausland. **Aufbewahren** ist jede Art der Lagerung (*Lutz,* § 75 Rn. 7). Unter **Abgeben** versteht man die Übertragung der eigenen freien tatsächlichen Verfügungsgewalt über einen Krankheitserreger – ungeachtet einer Entgeltlichkeit oder Gewinnerzielungsabsicht – auf einen anderen mit der Wirkung, dass dieser fortan frei darüber verfügen kann (zum Abgabebegriff iSd § 29a Abs. 1 Nr. 2 BtMG *Oğlakcıoğlu* in MüKo-StGB § 29a BtMG Rn. 64f. und zu Einzelfragen § 29 Rn. 868–871). Mit Krankheitserregern **arbeitet,** wer an ihnen etwa Versuche unternimmt, sie untersucht oder sie züchtet (*Lutz,* § 44 Rn. 1).

7   Vom Grundsatz der Erlaubnispflicht sieht das Gesetz in § 45 **Ausnahmen** vor. Unter den Voraussetzungen der Abs. 1 und 2 bedarf es einer Erlaubnis von vornherein nicht bzw. ist sie nicht erforderlich, unter denen von Abs. 3 ist eine Freistellung von der Erlaubnispflicht zu erteilen. Zugleich kann die zuständige Behörde gem. Abs. 4 die Tätigkeiten iSd Abs. 1–3 dennoch untersagen, wenn eine Person, die die Arbeiten ausführt, sich als unzuverlässig erwiesen hat. Allerdings knüpft § 75 Abs. 1 Nr. 3 ausschließlich an erlaubnispflichtige Tätigkeiten. Fehlt es also an einer Erlaubnispflicht (wie in den Fällen von § 45 Abs. 1 und 2), muss eine Strafbarkeit nach § 75 Abs. 1 Nr. 3 selbst dann ausscheiden, wenn das Täterverhalten aufgrund der ausdrücklichen Untersagung im Unwertgehalt einem Handeln ohne Erlaubnis entspricht. Einer teleologisch-extensiven Auslegung steht die Wortlautgrenze entgegen (Art. 103 Abs. 2 GG). Abhilfe kann der Gesetzgeber schaffen, indem er das Handeln entgegen einer Untersagung unter Strafe stellt. Führt jemand indes sonstige Arbeiten iSd § 45 Abs. 3 aus, ohne eine Freistellung der zuständigen Behörde von der – hier im Grundsatz bestehenden – Erlaubnispflicht zu haben, ist das Merkmal „ohne Erlaubnis nach § 44" erfüllt.

8   Schließlich bedarf nach **§ 46** keiner Erlaubnis, wer unter **Aufsicht** desjenigen, der eine Erlaubnis besitzt oder nach § 45 keiner Erlaubnis bedarf, tätig ist. Verliert der Beaufsichtigende seine Erlaubnis für die erlaubnispflichtige Tätigkeit, handeln die unter ihm Tätigen nunmehr ohne Erlaubnis und erfüllen § 75 Abs. 1 Nr. 3, sofern sie diesbzgl. Vorsatz haben. Eine grds. mögliche **Fahrlässigkeitshaftung** (§ 75 Abs. 4) dürfte idR daran scheitern, dass die unter Aufsicht Tätigen unter normalen Umständen keine Pflicht zur Kontrolle der Erlaubnis der ihnen übergeordneten Person haben. Wird dem Beaufsichtigenden die Tätigkeit nach § 45 Abs. 4 untersagt, handelt er in seiner

Person zwar nicht ohne Erlaubnis (→ Rn. 7), jedoch die unter ihm tätigen Personen.

§ 75 Abs. 1 Nr. 4: Hier wird das in § 52 S. 1 verankerte Verbot der Abgabe **9** von Krankheitserregern sowie Material, das solche enthält, für strafbewehrt erklärt. Während in § 75 Abs. 1 Nr. 3 die Strafbarkeit der Abgabe bei fehlender, erforderlicher Erlaubnis des Abgebenden normiert ist, erfasst Nr. 4 Fälle, in denen an einen Empfänger abgegeben wird, der weder unter den Ausnahmetatbestand des § 45 Abs. 2 Nr. 1 oder 3 fällt noch unter Aufsicht eines Erlaubnisinhabers tätig ist oder gar selbst eine Erlaubnis besitzt. Die unterschiedlichen Perspektiven der Verbote erklären auch § 52 S. 2, da bei staatlichen human- oder veterinärmedizinischen Untersuchungseinrichtungen als Empfänger die Erlaubnis unterstellt wird (BT-Drs. 14/2530, 87). Bei dieser Lesart ist diese Ausnahmevorschrift auch nicht dahingehend missverständlich, die genannten Einrichtungen wären berechtigt, Krankheitserreger oder Material an Unbefugte abzugeben (aA *Lutz,* § 52 Rn. 1).

§ 75 Abs. 2: In Abs. 2 werden zum einen unmittelbare Zuwiderhandlun- **10** gen gegen eine RVO nach § 38 Abs. 1 S. 1 Nr. 5 oder Abs. 2 Nr. 4 mit Freiheitsstrafe bis zu zwei Jahren oder mit Geldstrafe bedroht, soweit die RVO für einen bestimmten Tatbestand auf diese Strafvorschrift verweist. Es handelt sich dabei um die vom BMG erlassene **Trinkwasserverordnung** idF d Bekanntmachung v. 10. 3. 2016 (BGBl. I 459), die zuletzt durch Art. 1 der Verordnung v. 20. 12. 2019 (BGBl. I 2934) geändert worden ist (→ § 38 Rn. 7 f.). Im dortigen § 24 TrinkwV wird auf § 75 Abs. 2 und 4 verwiesen (→ § 38 Rn. 15).

Zum anderen sind auch **Handlungen wider vollziehbare Anordnun- 11 gen** aufgrund einer solchen RVO nach § 75 Abs. 2 strafbar.

§ 75 Abs. 5: § 75 Abs. 5 nimmt auf **§ 24 S. 1** Bezug, welcher wiederum die **12** Feststellung oder die Heilbehandlung von entsprechenden Krankheiten oder Infektionen mit Krankheitserregern sowie sonstiger sexuell übertragbarer Krankheiten nur einem Arzt gestattet (→ § 24 Rn. 2 ff.). Bei **In-vitro-Diagnostika,** die für patientennahe Schnelltests verwendet werden, sind Ausnahmen vorgesehen (S. 2, 3). Diese exklusive Behandlungserlaubnis soll strafrechtlich über § 75 Abs. 5 abgesichert werden. Strafbar ist danach die Behandlung einer Person entgegen § 24 S. 1, auch in Verbindung mit S. 2, dieser auch in Verbindung mit einer RVO nach § 15 Abs. 1. Die Strafdrohung beträgt im Höchstmaß Freiheitsstrafe bis zu einem Jahr und ist damit ggü. den übrigen vorsätzlichen Delikten des § 75 halbiert.

Während die Bezugsnorm des § 24 ua mWv 1. 3. 2020 durch das Masern- **13** schutzG v. 10. 2. 2020 (BGBl. I 148) reformiert wurde, ist die Sanktionsnorm des § 75 Abs. 5 **nicht angepasst** worden. Das ist problematisch. In § 24 aF waren die in § 24 nF verwendeten Begriffe Heilbehandlung und Feststellung unter dem Begriff der Behandlung **zusammengefasst.** Das war durch § 24 S. 3 aF klargestellt. Es bestand insoweit Übereinstimmung mit § 75 Abs. 5. Die nunmehr erfolgte Differenzierung wirft die Frage auf, ob eine nach § 75 Abs. 5 sanktionierte Behandlung nur in einer **Heilbehandlung** erblickt werden kann. Ein gesetzgeberischer Wille zu dieser Einschränkung ist nicht erkennbar. Allerdings deutet eine grammatikalische Auslegung in diese Richtung, sah der Gesetzgeber mit dem § 24 S. 3 aF immerhin die Notwendigkeit einer – jetzt fehlenden – **Klarstellung.**

14   Der in § 75 Abs. 5 enthaltene Verweis auf § 24 S. 2, auch iVm einer RVO
nach § 15 Abs. 1, geht nach der Reform ins Leere. In § 24 S. 2 aF wurde S. 1
für entspr. anwendbar erklärt, wenn Krankheiten oder Krankheitserreger
durch RVO auf Grund des § 15 Abs. 1 in die Meldepflicht einbezogen wurden.
§ 24 S. 2 nF ist demgegenüber, mit einer Ausnahmeregelung für In-vitro-Diagnostika, gänzlich anderen Inhalts (→ § 24 Rn. 6b). Der Verweis ist daher **be-
deutungslos.** Aufgrund der im Strafrecht strikt zu beachtenden Wortlautgrenze (Art. 103 Abs. 2 GG) fallen Krankheiten und Krankheitserreger, die
über eine RVO auf Grund des § 15 Abs. 1 in die Meldepflicht einbezogen
sind, daher nicht unter die Strafvorschrift (zur Normspaltung beim gefahrenabwehrrechtlichen § 24 → 24 Rn. 3). An dieser Stelle muss der Gesetzgeber
also erneut nachbessernd tätig werden. Nicht ausreichend dürfte der durch das
3. BevSchG eingefügte § 15 Abs. 1 S. 2 sein, der bei einer Ausdehnung der
Meldepflicht über S. 1 die entsprechende Geltung der für Krankheiten nach
§ 6 Abs. 1 S. 1 und Krankheitserregern nach § 7 Abs. 1 S. 1 maßgeblichen Vorschriften anordnet. Insbesondere am Beispiel von SARS-CoV-2 und CO-
VID-19 hat sich gezeigt, dass eine gesetzgeberische Anpassung wichtig werden
könnte. Mangels expliziter Nennung in § 6 bzw. § 7 musste auf die Auffangtatbestände des § 6 Abs. 1 Nr. 5 und § 7 Abs. 2 zurückgegriffen werden. Deren
Voraussetzungen sind jedoch in hohem Maße prognostisch, die Maßstäbe
grob und die Beurteilung für den Normadressaten, insb. im frühen Stadium
des Auftretens der Phänomene, nicht einfach vorzunehmen. Es muss daher in
besonderem Maße der Bestimmtheitsgrundsatz aus Art. 103 Abs. 2 GG berücksichtigt und zurückhaltend bei der Annahme von Strafbarkeit agiert werden (*Lorenz/Bade/Bayer* PharmR 2020, 649 ff.)

15   Zu den straf- und ordnungswidrigkeitenrechtlichen Fragen rund um
Schnell- und Selbsttests, insbes. auf SARS-CoV-2 und COVID-19, → § 24
Rn. 4 ff. und ausf. *Lorenz/Bade/Bayer* PharmR 2020, 649 ff.

§ 76 Einziehung

**Gegenstände, auf die sich eine Straftat nach § 75 Abs. 1 oder 3 be-
zieht, können eingezogen werden.**

1   Die straf- und ordnungswidrigkeitenrechtliche Vermögensabschöpfung
richtet sich nach dem durch das G zur Reform der strafrechtlichen Vermögensabschöpfung v. 1.7.2017 (BGBl. I 872) neugefassten siebten Titel des
StGB (§§ 73 ff.) sowie den §§ 22 ff. OWiG. Einziehung bei den Straftaten der
§§ 74, 75 ist nach diesen allg. Vorschriften möglich. Für die Bußgeldvorschrift
des § 73 IfSG fehlt es an einem notwendigen speziellen Androhungsgesetz
(dazu *Mitsch* in KK-OWiG § 22 Rn. 1), sodass Einziehung ausscheidet.

2   § 76 **erweitert** als Sondervorschrift iSd § 74 Abs. 2 StGB die Einziehungs-
möglichkeit auf Gegenstände, auf die sich eine Straftat nach § 75 Abs. 1 oder 3
bezieht. Bei § 75 Abs. 1 Nr. 3 und 4 können diese Beziehungsgegenstände –
parallel zu den BtM bei §§ 33 Abs. 2 S. 1 BtMG – zB die Krankheitserreger
iSd § 2 Nr. 1 sein. Darüber hinaus dürfte § 76 **kaum Bedeutung** zukommen.

15. Abschnitt – Übergangsvorschriften

§ 77 Übergangsvorschriften

(1) ¹Die nach den Vorschriften des Bundes-Seuchengesetzes bestehende Erlaubnis für das Arbeiten und den Verkehr mit Krankheitserregern gilt im Geltungsbereich dieses Gesetzes als Erlaubnis im Sinne des § 44; bei juristischen Personen gilt dies bis fünf Jahre nach Inkrafttreten dieses Gesetzes mit der Maßgabe, dass die Erlaubnis nach § 48 zurückgenommen oder widerrufen werden kann, wenn ein Versagungsgrund nach § 47 Abs. 1 Nr. 2 bei den nach Gesetz oder Satzung zur Vertretung berufenen Personen vorliegt; die Maßgabe gilt auch, wenn der Erlaubnisinhaber nicht selbst die Leitung der Tätigkeiten übernommen hat und bei der von ihm mit der Leitung beauftragten Person ein Versagungsgrund nach § 47 Abs. 1 vorliegt. ²Die Beschränkung des § 47 Abs. 4 Satz 1 gilt nicht für die in § 22 Abs. 4 Satz 2 des Bundes-Seuchengesetzes genannten Personen, wenn bei Inkrafttreten dieses Gesetzes sie selbst oder diejenigen Personen, von denen sie mit der Leitung der Tätigkeiten beauftragt worden sind, Inhaber einer insoweit unbeschränkten Erlaubnis sind. ³Bei Personen, die die in § 20 Abs. 1 Satz 1 des Bundes-Seuchengesetzes bezeichneten Arbeiten vor dem Inkrafttreten des Gesetzes berechtigt durchgeführt haben, bleibt die Befreiung von der Erlaubnis für diese Arbeiten fünf Jahre nach Inkrafttreten des Gesetzes bestehen; § 45 Abs. 4 findet entsprechend Anwendung.

(2) Ein Zeugnis nach § 18 des Bundes-Seuchengesetzes gilt als Bescheinigung nach § 43 Abs. 1.

(3) Auf Streitigkeiten über Ansprüche nach den §§ 56 bis 58 gegen das nach § 66 Absatz 1 Satz 1 zur Zahlung verpflichtete Land, die nach dem 18. November 2020 rechtshängig werden, sind § 58 Absatz 2 Satz 1 der Verwaltungsgerichtsordnung, § 70 Absatz 1 Satz 1 der Verwaltungsgerichtsordnung und § 75 Satz 2 der Verwaltungsgerichtsordnung mit der Maßgabe anzuwenden, dass die Fristen frühestens am 19. November 2020 zu laufen beginnen.

(4) Abweichend von § 5 Absatz 1 Satz 3 gilt eine vor dem 30. März 2021 getroffene Feststellung nach § 5 Absatz 1 Satz 1 erst dann als nach § 5 Absatz 1 Satz 2 aufgehoben, wenn der Deutsche Bundestag das Fortbestehen der epidemischen Lage von nationaler Tragweite nicht bis zum 1. Juli 2021 feststellt.

(5) Auf Streitigkeiten über Ansprüche nach § 65 gegen das nach § 66 Absatz 1 Satz 2 zur Zahlung verpflichtete Land, die nach dem 30. März 2021 rechtshängig werden, sind § 58 Absatz 2 Satz 1, § 70 Absatz 1 Satz 1 und § 75 Satz 2 der Verwaltungsgerichtsordnung mit der Maßgabe anzuwenden, dass die Fristen frühestens am 31. März 2021 zu laufen beginnen.

(6) [1]**Für die Zählung der nach § 28b Absatz 1 Satz 1 und Absatz 3 Satz 2 maßgeblichen Tage werden die drei unmittelbar vor dem 23. April 2021 liegenden Tage mitgezählt.** [2]**In Landkreisen und kreisfreien Städten, in denen die Sieben-Tage-Inzidenz an den drei unmittelbar vor dem 23. April 2021 liegenden Tagen den nach § 28b Absatz 1 und 3 jeweils maßgeblichen Schwellenwert überschritten hat, gelten die Maßnahmen nach § 28b Absatz 1 und 3 ab dem 24. April 2021.** [3]**In den Fällen des Satzes 2 macht die nach Landesrecht zuständige Behörde den Tag, ab dem die Maßnahmen nach § 28b Absatz 1 und 3 gelten, am 23. April 2021 bekannt.**

(7) **Bis zum Erlass einer Rechtsverordnung nach § 28c bleiben landesrechtlich geregelte Erleichterungen oder Ausnahmen von Geboten und Verboten nach dem fünften Abschnitt dieses Gesetzes für Personen, bei denen von einer Immunisierung gegen das Coronavirus SARS-CoV-2 auszugehen ist, unberührt.**

1   § 77 Abs. 1 und 2 regeln die Fortgeltung von nach dem BSeuchG bestehenden Erlaubnissen bzw. Erlaubnisbefreiungen und Zeugnissen nach Inkrafttreten des IfSG. Die teilw. vorgesehene Übergangsfrist von fünf Jahren ist inzwischen verstrichen. Der mWv 19.11.2020 durch das 3. BevSchG v. 18.11.2020 eingefügte Abs. 3 enthält eine Übergangsvorschrift zu der geänderten Rechtswegregelung in § 68 Abs. 1 (*Hirzebruch* in BeckOK InfSchR § 77 Rn. 6ff.). Danach verbleibt es für bis zum 19.11.2020 bereits rechtshängige Streitigkeiten gemäß § 17 Abs. 1 S. 1 GVG bei der bisherigen Rechtswegzuständigkeit. Bei bis zu diesem Zeitpunkt noch nicht rechtshängigen Streitigkeiten ordnet Abs. 3 an, dass die Fristen in den dort genannten Vorschriften frühestens mit dem Inkrafttreten des Gesetzes (19.11.2020) zu laufen beginnen (BT-Drs. 19/24334, 83).

2   Durch das EpiLage-FortgeltungsG v. 29.3.2021 (BGBl. I 370) wurde § 77 um Abs. 4 und 5 ergänzt. Nach Inkrafttreten dieses Gesetzes hat der Beschluss nach § 5 Abs. 1 S. 3 über das Fortbestehen der epidemischen Lage von nationaler Tragweite innerhalb von drei Monaten zu erfolgen. Soweit diese Lage vorher nicht aufgehoben wird, soll nach **§ 77 Abs. 4** die neue Fiktion aus § 5 Abs. 1 S. 3 frühestens drei Monate nach Inkrafttreten des EpiLage-FortgeltungsG greifen (BT-Drs. 19/27291, 67). In Abs. 5 ist nunmehr eine Übergangsvorschrift analog zu Abs. 3 vorgesehen.

3   Mit dem 4. BevSchG v. 22.4.2021 (BGBl. I 802) sind die Abs. 6 und 7 eingefügt worden. Bei Abs. 6 handelt es sich um eine Übergangsvorschrift, die in erster Linie das erstmalige Eingreifen der Maßnahmen nach § 28b betrifft und dazu dienen soll, dass die bundeseinheitliche Notbremse schnellstmöglich greift, um möglichst effektiv zu wirken (BT-Drs. 18/28732, 22). In Abs. 7 wird angeordnet, dass landesrechtliche Erleichterungen oder Ausnahmen von Ge- und Verboten nach dem 5. Abschnitt des Gesetzes für Personen, bei denen von einer Immunisierung gegen SARS-Cov-2 auszugehen ist, bis zum Erlass einer RVO nach § 28c IfSG unberührt bleiben (BT-Drs. 19/28732, 22).

Stichwortverzeichnis

Die halbfett gedruckten Zahlen bezeichnen die Paragrafen,
die mageren Zahlen die Randnummern.

Stichwortverzeichnis

Stichwortverzeichnis

Stichwortverzeichnis

Stichwortverzeichnis

Stichwortverzeichnis

Stichwortverzeichnis

Stichwortverzeichnis

Stichwortverzeichnis